R을 활용한
데이터 시각화

R을 활용한 데이터 시각화

초판 1쇄 발행 2015년 4월 30일 **4쇄 발행** 2022년 9월 28일 **지은이** 유충현·홍성학 **펴낸이** 한기성 **펴낸곳** (주)도서출판인사이트 **편집** 조연희 **본문 디자인** 윤영준 **제작·관리** 이유현, 박미경 **용지** 월드페이퍼 **인쇄·제본** 에스제이피앤비 **후가공** 이지앤비·이레금박 **등록번호** 제2002-000049호 **등록일자** 2002년 2월 19일 **주소** 서울특별시 마포구 연남로5길 19-5 **전화** 02-322-5143 **팩스** 02-3143-5579 **이메일** insight@insightbook.co.kr **ISBN** 978-89-6626-142-0 책값은 뒤표지에 있습니다. 잘못 만들어진 책은 바꾸어 드립니다. 이 책의 정오표는 http://blog.insightbook.co.kr에서 확인하실 수 있습니다.

프로그래밍 인사이트

R을 활용한
데이터 시각화

R Visualization

유충현 · 홍성학 지음

인사이트

차례

2장 R 그래픽스의 기초   25

6장 ggplot2 그래픽스

7장 유용한 플롯

8장 데이터분석 모델 지원 시각화   687

9장 유용한 R 그래픽 팁   749

10장 데이터 분석을 위한 시각화　803

저자 소개

유충현

일찍이 데이터 분석 도구인 R의 매력에 흠뻑 빠져서, 지금껏 헤어나오지 못하고 있다. 데이터 분석의 본질은 데이터에 있고, 데이터 시각화가 데이터의 본질을 꿰뚫을 수 있는 최선의 방법이라는 신념을 가지고 있으며, R과 통계학에 대한 몇몇 서적을 집필하였다. 현재는 R의 자유와 공유의 사상이 공공기관과 기업의 현장에서도 꽃피우는 세상을 꿈꾸며, 오늘도 R 코드를 주무르고 있다.

홍성학

대학원에서 텍스트마이닝과 기계학습을 전공한 후 글로벌 포털사의 검색 엔지니어로 근무하였다. 또 국내 통신사에서 빅데이터 분석 전문 데이터 사이언티스트로 근무한 바 있으며, 현재는 온라인 광고 전문 회사에서 맥락 분석 및 추천 시스템 관련 데이터 사이언티스트로 일하고 있다. 개인적으로는 데이터 시각화와 데이터 분석 자동화에 대한 연구를 하고 있다.

추천사

R의 장점은 이것이 오픈소스이고 수많은 자발적 기여, 그리고 뛰어난 가변성이다. 단점은 무엇일까? R이 스크립트를 써야 된다는 점을 다들 꼽지만, 나는 이것보다는 R의 사용방법을 정확히 설명해주는 문서와 교재가 아직은 부족하다는 점을 꼽는다.

유충현·홍성학 님의 이 책은 R의 데이터 시각화에 관한 한 최고의 결정판이다. 저자들은 R의 기본 그래픽 함수와 lattice, ggplot2, 그리고 그 밖의 특수한 그래픽 함수들을 하나씩 꼼꼼하게 테스트하고 사용자의 입장에서 사용자를 위해 사용 방법을 썼다.

이 책은 우리나라의 모든 R 사용자에게 데스크 레퍼런스로서 정말 유용할 것이다. 저자들은 우리나라의 R 커뮤니티를 위해 좋은 기여를 했다. 시각화외 여러 토픽에서 이런 교재가 출현하길 기대한다.

- 허명회(고려대 교수, 통계학) 2015년 3월

저자서문

문득 대나무로 만들어진 30센치 자로 막대 그래프를 그리던 초등학교 산수 시간이 떠오른다. 요즘의 플라스틱 자는 그 모양이 반듯하지만 형으로부터 물려 받은 그 대나무 자는 네 귀퉁이가 닳아서 둥글었다. 세월이라고 이야기해도 될 정도로 너무나 많은 시간이 흘렀지만 정확한 높이를 계산하려고 애쓰던 그 마음이 아련히 전해진다. 하나의 그래프가 그려지기 위해서, 16절 갱지 위에는 잘못 그린 도형을 수정하느라 지우개 밥이 수북히 쌓여 있었고 얇은 종이는 지우개의 힘에 못 이겨 조금 찢어지기도 했으리라. 아마 그 시절이 필자가 생애 처음으로 데이터 시각화 작업을 경험한 때일 것이다.

1990년대 초반 필자는 처음 접했던 S-PLUS(R의 상업용 버전에 해당함)의 그래픽스 기능에 매료되어 버렸다. 이때 제일 먼저 바이오리듬 그래프를 그렸던 것이 기억난다. 워낙 그래픽스 기능이 뛰어났기에 그 시각화 결과는 지금 다시 보아도 손색이 없을 정도로 훌륭한 결과를 보여주었다. 이 경험은 한용운 님의 시 '님의 침묵'에 나온 "날카로운 첫 키스의 추억"에 비견할 만한 큰 충격을 준 사건이었다.

그 당시에는 시각화라는 용어도 없었고 '그래프'라는 이름으로 획일화되어 불렸다. 데이터 분석에서 차지하는 비중이 거의 없는, 주목 받지 못하는 방법론이었다. 다변량 분석 수업 시간에 체르노프(Chernoff, H.)에 의해 제안된 '얼굴 그래프(faces graph)'를 배웠지만 그냥 짧게 스쳐 지나가 버렸다.

S-PLUS를 일찍 접했던 것은 큰 행운이었다. 군 제대 후 복학하였더니 새로 부임한 낯선 교수님이 계셨고, 이 교수님은 S-PLUS 프로그램과 한 질의 매뉴얼을 제본해주셨다. 프로그램 버전은 3.2였고, 매뉴얼은 일곱 권이었다. 요즘에는 인터넷에서 몇 개의 키워드로 넘쳐나는 학습 리소스를 얻을 수 있지만, 그 시절은 매뉴얼과 도움말이 최고의 리소스이자 유일한 리소스였다. R의 도움말 체계가 이미 그때에도 동일하게 구성되어 있었다.

어느 날 교수님은 서재에서 낡은 빨간색 책 한 권을 보여주셨다. 존 튜키(John Tukey) 박사가 지은 'Exploratory Data Analysis'였다. 그리고 데이터 분석에 있어서 중요한 내용이 실려 있는데, 국내 많은 통계학자들은 관심을 기울이지 않는다는 안타까운 이야기를 곁들이셨다. 그날 '박스 플롯'이라는 것을 그 책을 통해 처음 접했다.

이제는 'Exploratory Data Analysis'라는 방법론은 데이터 분석의 필수 아이템이 되었고, '박스 플롯'도 애용되는 시각화 기법이 되었다. S-PLUS와 EDA, 그리고 '박스 플롯'을 경험케 해주신 교수님의 가르침은 필자의 직업과 데이터 분석에 대한 가치관에 지대한 영향을 주었다. 내가 누군가의 인생에 영향을 준다는 것과 누군가로부터 영향을 받는다는 것은 그 당시에는 깨닫지 못한 일이었다. 그러나 훗날 과거를 추억하면서 그때 그 만남이 '첫 키스'라는 것을 알게 되었다. 다만 누군가의 인생에 영향을 준 그 '님'은 이를 알 수 없을 것이고, 영향을 받은 자의 단방향 교감으로 남을 것이다.

S-PLUS의 경험이 R로 이어졌고 이십여 년이 흐른 후에야 비로소 '그 첫 키스의 추억'을 아우르는 R 시각화 기법을 내놓게 되었다. 양질의 서적과 문서들이 넘쳐나는 정보화 시대에서 이 졸저를 대체할 훌륭한 서적과 문서가 많을 것이다. 그러나 R을 이용한 데이터 분석 과정에서의 시각화에 대한 개념과 방법을 한 권에 담으려고 노력한 의도가 누군가에게는 '날카로운 키스'로 남기를 간절하게 바란다.

예제를 중심으로 집필하였으며, 일부 영역에서는 함수의 도움말 인수 섹션을 한글로 옮겨 놓았다. 바람이 있다면 예제는 반드시 스스로 실행해보고 "R을 학습하는 데에는 도움말을 능가하는 것이 없다"는 필자의 신념을 여러분도 느낄 수 있다면 좋겠다. 함수의 도움말을 먼저 찾아보고 도움말의 예제를 수행해보는 습관을 갖기 바란다. 이는 수많은 사람들이 약 20년 동안 S-PLUS와 R을 사용한 방식이다. 구체적인 학습 방법은 1장 후반부의 'R 시각화를 위한 길잡이'를 반드시 참고하기 바란다. 참고로 2장, 3장, 5장은 2005년도에 출판되었다가 지금은 절판된 『R 그래픽스』(자유아카데미)에서 핵심을 발췌한 후 오류를 수정하고, 개선된 R의 기능을 반영해 다시 집필했음을 밝혀둔다.

이 자리를 빌어서 필자에게 날카로운 첫 키스의 추억을 선사해주신 이상호 교수님께 뒤늦은 감사의 말씀을 드린다. 그리고 주말과 휴일을 남편과 아빠의 등 뒤만 바라보게 해도 이해해주고 응원해준 아내 전은경과 두 아들 유상민, 유상원에게도 고마움과 미안한 마음을 전한다. 마지막으로 집필의 방향성에 조언을 주신 인사이트 출판사의 한기성 대표님과 송우일, 조연희 에디터님, 윤영준 디자이너님께도 감사의 말씀을 드린다.

> "날카로운 첫 키스의 추억은 나의 운명의 지침을 돌려 놓고, 뒷걸음처서 사리졌습니다." - 한용운님의 '님의 침묵' 중에서

- 2015년 유충현

사람은 숫자보다는 그림에 더 빨리 집중하고 오랫동안 기억한다고 알려져 있다. 데이터로부터 패턴이나 규칙성 그리고 알려지지 않은 사실을 알아내는 작업은, 수학적으로 매우 예민하고 뛰어난 사람이라면 나열된 숫자를 보는 것만으로도 가능하겠지만 일반적인 사람이라면 그림으로 표현해서 보는 게 이해하는 데 훨씬 효과적이다. 이렇게 데이터를 가공해서 분석하거나 기억하고 이해하기 위해 숫자를 그림으로 바꾸는 것을 데이터 시각화라고 한다.

예를 들어 온라인 쇼핑 회사의 방문 사용자 수가 날씨와 상관관계가 있을 것이라는 가정은 상식적으로 이상한 것이 없다. 비가 오면 사람들의 이동성이 떨어지고 그로 인해 온라인 서비스에 대한 사용량이 늘어날 것이고, 쇼핑 사이트에도 자주 방문하게 될 것이다. 여기까지는 가정이고 실제로 확인을 위해서 데이터를 프로세싱하고 간단한 시계열 그래프로 시각화해서 보면 비즈니스에 따라 관련이 있는 경우도 있고 아닌 경우도 있고 여러 가지 재미 있는 사실들도 알 수 있다.

하지만 숫자의 나열만으로는 그런 사실을 빨리 알아차리기 어렵기에 그림을 곁들이면 좋다. 예를 들어 수년 분의 데이터를 담은 단순한 표만 갖고는 내용을 알아차리기 힘들지만, 몇 장의 시계열 그래프를 그린 후 들여다보면 확연하게 알 수 있는 것들이 늘어난다. 많은 양의 데이터나 복잡한 데이터에서 인사이트를 찾아내거나 가정했던 사실을 확인할 때 가장 효과적인 방식이 데이터 시각화다.

많은 사람이 데이터 시각화라는 용어에서 쉽게 엑셀에서 만드는 막대 그래프나 파이 차트, 선 그래프 등을 연상할 테고, 복잡하게는 과학 논문 등에서 볼 수 있는 플롯을 연상할 것이다. 데이터와 관련된 서적이나 문서, 논문 등에서는 공통적으로 어떤 것이든 시각화가 동반된다. 데이터와 관련된 일에서 시각화가 필요한 이유는 인간은 데이터를 이해하기 위해서 요약이 필요하기 때문이다.

데이터 분석을 통해 하려는 일은 대개 사실 확인, 판단, 결정 등과 관련되고, 그게 비즈니스와 관련되었든 과학 연구와 관련되었든 이 맥락에서 벗어나지는 않는 게 일반적이다. 초심자는 데이터를 다루는 작업에서 시각화를 단순히 차트 등을 아름답게 그리는 것이라 생각하기 쉽다. 하지만 시각화는 단순히 도형을 이용해서 데이터를 그리고 아름답게 꾸미는 것만을 뜻하지 않는다. 이해하기 쉽고 기억하기 쉽게 만드는 작업이 핵심이다.

데이터 시각화는 설명하고 싶어하는 것, 알아내려는 것, 검증하려는 것을 쉽고 명확하게 확인하기 위해 숫자를 시각적으로 표현하는 데 집중해야 하고, 시각화는 시각화 라이브러리나 패키지 소프트웨어를 능숙하게 사용한다라는 소극적 의미뿐 아니라 데이터를 통한 해석 그리고 비즈니스 결정을 어떻게 도울 수 있을까라는 점까지 고려해야 한다. 모든 데이터는 각각 그 특성이 다르고 알아내야 하는 사실이 다르며 적용해보려 하는 분석 알고리즘도 다르며 심지어 같은 데이터에서 나오는 패턴이나 양상도 시간의 흐름에 따라 계속 변하기 때문이다. 그런 상황에 적절히 대응하기 위해서는 데이터 시각화도 그때그때 상황에 맞게 달라질 수밖에 없다. 그렇기 때문에 분석적인 관점에서는 정형화된 시각화보다는 도입하기 쉬운 기본 틀을 도입한 후 변형하는 것이 효과적이며 그런 것을 수행할 수 있는 가장 적합한 도구 중 하나가 R이다.

R은 역사가 오래된 통계 및 데이터 분석용 언어다. R이 프로그래밍 언어임에도 데이터 시각화 작업에 필요한 많은 기능을 포함하고 있다. 이는 데이터 시각화가 데이터 분석에 있어 얼마나 중요한지를 간접적으로 알려준다. 물론 R에는 시각화 외에도 많은 통계분석 알고리즘과 분석 기법들이 내장되어 있다. 시각화 패키지를 강조하는 게 데이터의 탐색이나 알고리즘 적용, 통계적인 기법 적용, 기계학습 기법, 데이터 마이닝과 같은 내용이 시각화보다 중요하지 않다는 의미는 아니다. 하지만 그런 여타의 작업 프로세스에서 시각화를 따로 분리하기 어렵고 데이터와 관련된 일은 결국 대부분 시각화와 함께 마무리되기 마련이다.

R의 시각화가 강력하다는 의미는 그래픽스를 생성하는 속도 혹은 마우스를 사용한 드릴다운이나 생성과 같은 사용자 친화적인 인터페이스를 말하는 게 아니다. 강력함이란, 다양한 시각화를 비교적 빠른 시간에 만들 수 있는 기본 기능과 부가적인 확장 기능을 가지고 있다는 의미다.

R의 시각화를 제대로 배우려면 다소 오랜 시간이 필요하다. 조급함을 가진다면 금세 지칠 것이다. 다소 지루하고 긴 여행이 될 수 있지만 이 책이 빠른 인사이트를 도출하기 위한 유연한 시각화 기법을 익히는 데 도움이 되는 바라는 마음이다.

마지막으로 처음 쓰는 책을 처음부터 끝까지 방향을 정해주고 도움을 주신 주저자 유충현 님께 감사를 드리며 많은 시간을 함께 하지 못한 소홀함에도 계속 응원해 준 필자의 가족들에게 감사한다.

- 2015년 홍성학

1장

데이터 시각화

과거 초등학교 산수 시간에 필자는 자로 막대의 높이를 좀 더 정확하게 재려고 노력하며 막대 그래프를 그리던 순수한 아이였다. 그로부터 한 세대가 훌쩍 지나버린 지금은 그래프의 홍수 시대가 되었다. 또한 단순히 그래프라고 표현하기에는 너무나 전문적인 시각화 도구들이 많이 나왔고, 이제 데이터 시각화(Visualization)는 체계적인 학문의 영역처럼 공고히 형성되었다.

이에 필자가 그간 익혀온 시각화 기술을 체계적으로 정리하는 것이 필요해졌다. 이 장에서는 감히 데이터 시각화의 정의를 제시하는 것보다는 기본적인 화두 정도를 담아보겠다.

1.1 데이터 시각화

위키피디아(Wikipedia)에서 Visualization은 다음과 같이 정의되어 있다.

> "Visualization is any technique for creating images, diagrams, or animations to communicate a message."

데이터 시각화(Data Visualization)란 메시지를 전달하기 위해서 작성하는 이미지나 다이어그램, 혹은 애니메이션들의 기술로 정의하는데, 가장 중요한 것은 메시지의 전달이다. 여기서 메시지의 전달은 데이터가 내포하고 있는 정보라 할 수 있다.

그런데 굳이 데이터 시각화가 주목을 받는 이유는 인간의 감각 기관 중에서 시각 기능이 가장 강력한 정보 수용체이기 때문이다. 같은 정보를 수치로 전달하는 것보다는 그래프로 그려서 전달하는 것이 좀 더 빠르게 인식되기 때문이다. 그래서 필자는 시각화를 이야기할 때 '백수이불여일화(百數以不如一畵)'라 한다. 수치 값은 뇌에서 일차로 수치적 해석을 통해서 의미를 이해하지만, 그래프 등과 같은 시각화 표현은 그 자체로 수월하게 이해가 가능하여 수치 값보다 효율성이 높기 때문이다. 그런데 과거에도 "One picture is worth ten thousand words"[1]라는 유사한 표현이 있는 것을 보면 시각화의 중요성을 이전부터 인지하고 있었다고 볼 수 있다.

1.2 데이터 시각화의 목적 및 접근 방법

데이터 분석가의 입장에서 필자는 데이터 시각화의 목적을 다음과 같은 두 가지로 분류하곤 한다.

· 데이터 분석 목적의 데이터 탐색(EDA[2]) 및 데이터 분석 모델의 이해
· 데이터 분석 결과 공유를 위한 보고서 작성의 시각화

1.2.1 데이터 분석을 위한 시각화
흔히 데이터 분석 목적의 시각화는 기능 위주의 방법으로 접근하고, 보고서 작성 목적의 시각화는 정보 전달의 용이성과 미적인 측면을 고려한 방법으로 접근한다.

데이터 분석 과정의 기능 위주 시각화 방법은 데이터를 파악할 때 데이터 구조와 특징에 맞는 시각화 기법을 사용하는 것으로, 플롯을 예쁘게 꾸미려는 노력을 최대한 배제한다. 분석가가 빠르고 쉬운 방법으로 원하는 정보를 찾는 과정이므로 굳이 남에게 예쁘게 보여줄 필요가 없기 때문에 범례도 필요 없다. 오직 데이터의 속성과 파악하려는 정보를 효율적으로 관찰할 수 있는 시각화 기법을 적용하는 것이 중요하다. 예를 들면 수치 데이터가 정규분포를 따르는가를 파악하기 위해서 Q-Q 플롯(Q-Q plot)[3]을 그려보고, 이상치(outliers)[4]를 찾기 위해서 박스 플롯(box plots)을 그려보는 것이 분석 목적의 시각화인 것이다.

1.2.2 분석 결과 공유를 위한 시각화
데이터 분석 결과를 공유하기 위한 시각화 방법은 타인에게 데이터 의미를 쉽

---

1   프레드릭 R. 버나드(Frederick R. Barnard), Printer's Ink, 10 March 1927
2   Exploratory Data Analysis, 탐색적 데이터 분석
3   두 개의 표본이 같은 분포를 따르는가를 판단하기 위해서 분위수 데이터를 표현한 시각화 기법
     (3장)
4   데이터의 분포에서 비정상적으로 벗어난, 아주 작거나 큰 값들을 의미함

게 전달하거나 데이터로부터 가공된 정보를 전달하는 목적으로 시도하는 것이다. 그러므로 타인이 플롯을 해석하기 쉽도록 여러 가지의 시각적 배려를 해야 한다.

분석 결과의 공유를 위한 시각화 방법은 데이터 분석 목적의 시각화를 보완하는 방법이다. 일반적으로 플롯에서 점이나 선 등이 표현하는 정보가 무엇인지 알려 주는 범례(legend)와 플롯의 제목, 좌표축의 이름 및 지표의 단위 등을 추가한다. 이는 플롯을 해석할 때 오류를 방지하고 좀 더 빠르게 정보를 파악할 수 있도록 부가 정보를 표현하는 방법이다.

"보기 좋은 떡이 먹기도 좋다"라는 속담처럼 최근에는 데이터의 시각화에 심미적인 측면을 요구하기도 한다. 물론 이 요구사항은 데이터의 분석 목적보다는 분석 결과를 공유하기 위한 시각화에서 요구되는 기능이다.

1.3 데이터 시각화의 기능

데이터 시각화를 통해 얻을 수 있는 기능은 다음과 같이 정리할 수 있다.

· 커뮤니케이션(communication): 메시지를 쉽고 빠르게 전달할 수 있음
· 디스커버리(discovery): 새로운 사실 관계를 파악하기 위해서 많은 양의 정보를 표현함
· 인사이트(insight): 이미 알고 있는 것에 대해서 좀 더 나은 통찰력을 얻을 수 있음

1.3.1 커뮤니케이션

커뮤니케이션은 데이터에 있는 정보를 빠르고 쉽게 전달하는 기능이다. 앞서서 언급한 '백수이불여일화'에 해당하는 기능이라 할 수 있다.

그림 1.1은 전세계 페이스북(facebook) 사용자들의 소셜 네트워크 그래프로, 페이스북의 인턴[5]이 R을 이용해서 밑그림을 그린 데이터 분석 결과를 공유하기 위해 만든 시각화다. 전세계 페이스북 사용자들이 어떻게 네트워크를 형성하는 가는 보여주는 이 시각화는 어떤 설명이나 수치 정보로도 표현할 수 없는 많은 정보를 빠르고 쉽게 전달한다.

시각화 플롯을 보면 페이스북은 전세계적으로 북미와 유럽 사용자가 많고, 두 대륙 간의 네트워크 관계가 활발함을 알 수 있다. 미국의 경우에는 동부에 사용

---

5   폴 버틀러(Paul Butler), 2010년 12월, https://www.facebook.com/notes/facebookengineering/visualizing-friendships/469716398919에 수록

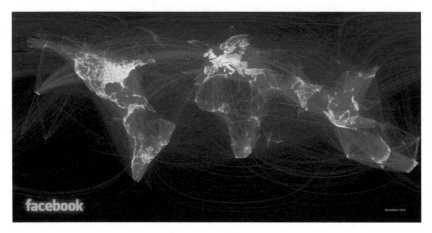

그림 1.1 facebook 사용자 네트워크 시각화

자가 몰려 있으며, 하와이와 알래스카 사이의 관계도 뚜렷하게 확인 가능하다. 인도에도 많은 사용자가 있음을 알 수 있고, 우리 나라와 일본 간의 네트워크도 파악된다. 한편 중국은 소셜 네트워크의 정보가 거의 없음을 알 수 있다.

만약 여러분이 글로 그림 1.1을 대체하려면 적어도 몇 페이지의 보고서를 만들어야 할 것이다. 이처럼 시각화의 커뮤니케이션 기능은 많은 정보를 간단하고 빠르게 전달할 수 있도록 해준다.

1.3.2 디스커버리

디스커버리는 새로운 사실 관계를 파악하기 위해서 정보를 표현하는 것이다. 즉, 이미 알고 있는 정보가 아니라 미지의 데이터에서 새로운 사실을 알려주는 정보를 표현하는 것이라 할 수 있다.

lattice 패키지에서 제공하는 데이터에 barley[6]라는 데이터 프레임(data.frame)[7]이 있다. 이 데이터는 농업 실험장에서 보리의 수확량을 실험하기 위해 시도된 경작 자료로, 미국 미네소타주의 여섯 개 농업 실험장에서 열 개의 보리 품종을 2년 간 수확한 수율 정보가 들어 있다. 그러므로 실험장, 품종, 수확 년도의 조합인 6×10×2=120개 관측 대상에 대한 수율 데이터다. 참고로 수율은 단위 면적당 수확된 보리의 양으로, 각 조건에서 확률 추출된 세 개의 블록의 평균치는 다음의 관계를 가지고 있다.

· 수율(yield): bushels/acre

---

6   이머(Immer), R. F, H. K. 헤이즈(H. K. Hayes), 리로이 파워스(LeRoy Powers)(1934). Statistical Determination of Barley Varietal Adaptation. Journal of the American Society of Agronomy, 26, 403-419

7   데이터 프레임은 DBMS의 테이블과 유사한 R의 데이터 구조이다.

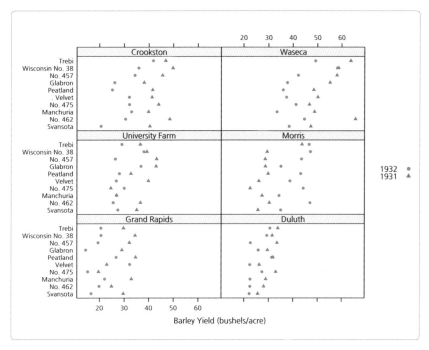

그림 1.2 보리 경작 데이터 Trellis Chart

· 부셸(bushel): 건량(乾量) 단위. 약 35리터
· 에이커(acre): 면적의 단위. 약 $4,046.8m^2$ (약 1,224평)

1934년 발표한 논문에 보리 경작 데이터가 수록되었고, R. A. 피셔(R. A. Fisher)는 실험계획(The Design of Experiments)이라는 책에 이 자료를 게재하였다. 이 출판물로 인해서 보리 수확 실험의 자료는 유명해졌고, 그 후 다른 많은 사람들에 의해 분석되며 새로운 통계분석 방법의 예제 데이터로도 사용되었다. 그리고 마침내 1993년 이 데이터가 트렐리스 디스플레이(Trellis Display)[8]에 의해 그래프로 시각화되었는데, 이 그래프는 놀랄 만한 반향을 불러왔다. 60년이 넘는 시간 동안 많은 사람들의 데이터 분석을 통해서도 발견하지 못한 것을 격자 그래픽이 발견한 것이다.

보리 경작 데이터를 트렐리스 디스플레이로 표현한 것이 그림 1.2이다. 그림을 보면 모든 실험장에서 1931년의 수율이 1932년 수율에 비해 현저하게 높은 것으로 나타나지만, 모리스(Morris)의 실험장에서는 정반대의 결과를 보여 준다. 아마도 이 원인은 의도하지 않게 자료의 취합 과정에서 두 년도가 뒤바뀌었든가 혹은 모리스의 실험장에 질병이나 이상 기후 등의 예외 사항이 동시에 발

---

8 클리블랜드(Cleveland), 윌리엄 S.(William S.), Visualizing Data(1993). Hobart Press, Summit, New Jersey

생하는 등 아주 색다른 자연현상에 기인한 결과일 수 있다.

격자 그래픽은 1993년 벨 연구소의 빌 클리블랜드(Bill Cleveland)가 쓴 "Visualizing Data"라는 책에서 아이디어가 처음 나왔고 이후 릭 베이커(Rick Becker), 빌 클리블랜드 등이 개발한 데이터 시각화를 위한 프레임워크(Framework)[9]이다. 아이디어가 도출된 이후 1993년부터 1996년 동안 개발과 평가를 거쳐 마침내 S 언어[10] 기반으로 탄생하였다.

트렐리스 디스플레이는 독립된 단위 플롯인 패널을 한 화면에 여러 개 표현한다. 방법적으로는 여러 개의 개별 패널을 가로, 세로 혹은 페이지의 배열로 배치하여 서로 비교할 수 있도록 도와준다. 그래서 다변량 데이터에서의 변수들 간의 유기적인 관계나 특징을 파악하는 데 유용하다. 트렐리스 디스플레이의 개발자가 트렐리스(Trellis)라고 명명한 것은 격자를 구현하는 기술이 어린 시절 정원의 격자 짜기(garden trelliswork)와 유사했기 때문이라 한다.

많은 종류의 트렐리스 디스플레이는 데이터 분석의 모델링[11]이나 실험의 몇몇 배경을 점검하는 단계에서 데이터에 오류가 있는 것을 판단하는 데 도움을 준다. 특히 보리 경작 실험의 예처럼 자료의 특성을 쉽게 간파할 수 있게 도움을 주는데, 이는 바로 트렐리스 디스플레이의 가장 큰 장점이다. 이 에피소드를 보고 혹자는 60여 년 동안 많은 데이터 분석가들이 신중치 못하였다고 생각할 수도 있지만, IT 산업의 발달로 컴퓨터가 보급되면서 변수들 간의 관계를 쉽게 찾을 수 있는 유용한 통계 그래픽스가 개발되었기 때문이라고 이해하는 것이 맞을 것이다. 어쨌든 분명한 것은 단순한 데이터의 집계보다 도식화된 플롯이 데이터의 특성을 쉽게 설명해 준다는 것이다. 특히 다변량 데이터에서 변수들의 조합별 플롯을 한눈에 볼 수 있게 도식화하는 것이 한 단계 더 진일보한 그래픽 분석 방법이라는 것이다. 이 사상에 최적화된 도구가 벨 연구소에서 클리블랜드가 개발한 트렐리스 디스플레이다. 그리고 R에서는 lattice 패키지(5장)로 포팅되어 트렐리스 디스플레이를 구현하고 있다.

1차원과 2차원의 데이터는 쉽게 표현할 수 있고, 해석할 수도 있다. 그러나 3차원 이상 데이터들의 조합은 표현도 어렵고 해석도 쉽지 않다. 그런데 최근의 데이터 분석에서는 3차원 이상의 고차원 데이터가 대부분이다. 즉 고차원의 데이터에서 숨어 있는 정보를 발견해야(디스커버리) 하는 요구를 수용하기 위한 시각화의 중요성이 커졌고, 격자 그래픽과 같이 고차원의 데이터를 표현하는 시각화 도구가 그 요구를 수행하고 있다. 그림 1.2의 경우도 수율 정보를 경작 년

9　http://cm.bell-labs.com/cm/ms/departments/sia/project/trellis/wwww.html
10　R의 전신. 통계분석을 목적으로 개발된 언어다. 상용으로는 S-PLUS, 오픈소스는 R로 컨버전되었다.
11　예측모델 등 통계나 마이닝 모델을 적합시키는 과정을 의미한다.

도, 보리 품종, 경작 농장의 3차원의 조합에서 비교하는 플롯이다.

1.3.3 인사이트

시각화의 인사이트 기능은 정보가 숨겨져 있어서 미처 파악하지 못한 사실이나, 이미 알고 있는 사실보다 좀 더 나은 통찰력을 얻을 수 있도록 정보를 표현하는 것이다.

R에서 제공하는 데이터에 anscombe[12]라는 데이터 프레임이 있다. 이 데이터는 선형회귀분석을 수행하기 위한 네 가지의 x와 y의 가상의 데이터로 그 내용은 표 1.1과 같다.

데이터 종류 순번	I		II		III		IV	
	x1	y1	x2	y2	x3	y3	x4	y4
1	10.00	8.04	10.00	9.14	10.00	7.46	8.00	6.58
2	8.00	6.95	8.00	8.14	8.00	6.77	8.00	5.76
3	13.00	7.58	13.00	8.74	13.00	12.74	8.00	7.71
4	9.00	8.81	9.00	8.77	9.00	7.11	8.00	8.84
5	11.00	8.33	11.00	9.26	11.00	7.81	8.00	8.47
6	14.00	9.96	14.00	8.10	14.00	8.84	8.00	7.04
7	6.00	7.24	6.00	6.13	6.00	6.08	8.00	5.25
8	4.00	4.26	4.00	3.10	4.00	5.39	19.00	12.50
9	12.00	10.84	12.00	9.13	12.00	8.15	8.00	5.56
10	7.00	4.82	7.00	7.26	7.00	6.42	8.00	7.91
11	5.00	5.68	5.00	4.74	5.00	5.73	8.00	6.89

표 1.1 anscombe 데이터

네 벌의 데이터 I, II, III, IV의 x와 y 변수에 대한 중심 값과 산포 및 상관관계를 알아보기 위해서 각각 산술평균, 분산, 상관계수[13]를 구하면 표 1.2와 같다. 모든 통계량이 거의 동일하므로 모두 한 모집단에서 추출된 표본이라고 생각할 수 있겠다.

데이터 종류 통계량	I		II		III		IV	
	x1	y1	x2	y2	x3	y3	x4	y4
평균	9.0	7.5	9.0	7.5	9.0	7.5	9.0	7.5
분산	11.0	4.1273	11.0	4.1276	11.0	4.1226	11.0	4.1232
상관계수	0.8164205		0.8162365		0.8162867		0.8165214	

표 1.2 anscombe 데이터의 통계량

---

12 프란시스 J. 앤스콤비(Francis J. Anscombe), Graphs in statistical analysis(1973). American Statistician, 27, 17-21

13 두 데이터의 선형관계를 파악하기 위한 통계량

이번에는 네 벌의 데이터 I, II, III, IV의 x와 y 변수로 단순 선형회귀분석 (simple linear regression)을 수행하고 변수 x 및 절편에 대한 회귀계수를 추정하였다. 그리고 몇 개의 지표를 비교한 것이 표 1.3처럼 도출되었는데, 이 결과도 거의 동일하다. 그러므로 네 가지의 데이터에 대한 추정 회귀식은 $y = 3.0 + 0.5x$로 표현할 수 있다.

통계량 \ 데이터 종류	I	II	III	IV
Coefficient Intercept	3.0000909	3.0000909	3.0024545	3.0017273
Coefficient x	0.5000909	0.500000	0.4997273	0.4999091
Regression sum of squares	27.510	27.500	27.470	27.490
Residuals sum of squares	13.763	13.776	13.756	13.742
Estimated standard error of x	0.1179	0.118	0.1179	0.1178
Multiple R-square	0.6665	0.6662	0.6663	0.6667

표 1.3 anscombe 데이터의 단순 선형회귀분석 결과

네 쌍의 데이터에 대한 평균과 분산, 상관계수 등의 통계량[14] 및 단순 선형회귀분석은 모두 동일하게 계산되었다. 그러면 우리는 네 쌍의 데이터를 동일한 집단에서 추출된 데이터로 판정할 수 있을까? 여러 종류의 통계량과 회귀분석의 결과는 이 믿음에 확신을 준다. 그러나 데이터를 산점도로 출력하면 상황이 달라진다. 그림 1.3은 동일한 통계량을 갖는 네 쌍의 데이터를 시각화한 결과다. 그런데 결과를 보면, 네 쌍의 데이터는 전혀 다른 분포를 보여준다. 즉, 통계량이 같다고 동일한 분포를 갖는다는 편견이 잘못된 접근 방법이라는 중요한 통찰(인사이트)을 시각화가 증명하는 사례라 할 수 있다.

사실 데이터 분석을 수행할 경우에 제일 먼저 시도하는 것이 데이터를 시각화해서 인사이트를 찾는 것이므로, 실제 데이터 분석 과정에서는 앞서 나온 예처럼 오류를 범하지는 않을 것이다. 그러나 이 예제를 통해 우리가 얻을 수 있는 시사점은 데이터 분석을 위해서 통계나 마이닝 모델을 적합(fitting)하기 전에 시각화를 통해서 데이터의 분포를 파악해야 한다는 교훈이다.

1.4 R 그래픽스

R 재단의 홈페이지(http://www.r-project.org)에서는 R을 통계 컴퓨팅과 그래픽을 위한 언어 및 환경으로 정의한다. 또한 부연 설명에서는 R의 중요한 기능 중의 하나로 그래픽 기술(graphical techniques), 즉 데이터의 시각화를 꼽는다.

14 　데이터의 특징을 요약한 수치 값으로 평균 및 표준편차 등이 있음

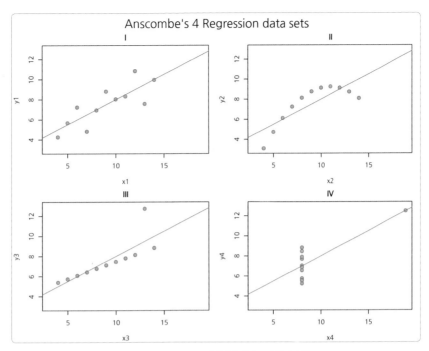

그림 1.3 Anscombe 데이터의 산점도 및 회귀직선

일반적으로 데이터 분석을 위한 시각화는 인터렉티브하게 그래픽 화면 (window)에 표현되며, 보고를 위한 시각화는 그래픽 파일이나 pdf 파일 등에 출력한다. R의 그래픽 기술도 이와 유사하지만, 더 많은 시각화 기능을 위한 다음과 같은 구조를 포함하는데, 그 관계는 그림 1.4와 같다.

· R 그래픽 장치(R graphic devices): 그래픽 화면이나 그래픽 파일 등 R에서 시각화가 표현되는 기본적인 그래픽 장치
· 저수준 그래픽(low level plots): 그래픽 장치 위에 점, 선, 면, 좌표, 범례 등의 기본적인 시각화를 표현하는 함수 집합
· 고수준 그래픽(high level plots): 그래픽 장치 위에 기능적으로 완성된 시각화 표현을 하는 함수 및 패기지 집합
· 외부 애플리케이션 인터페이스(external application interfaces): 타 응용 프로그램과 R의 시각화를 연동하는 방법
· 외부 그래픽 장치(external graphic devices): R의 기본 그래픽 장치가 아닌 확장된 기능의 그래픽 장치

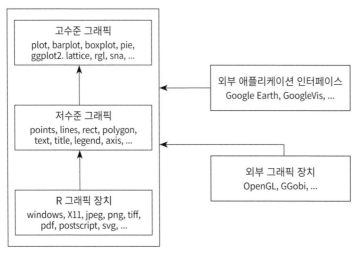

그림 1.4 R 그래픽스 아키텍처

1.4.1 R 그래픽 장치 - 그래픽 윈도우

화가가 그림을 그리기 위해서는 그림을 그릴 캔버스가 필요한 것처럼 R에서 시각화를 표현하기 위해서는 그래프가 그려질 캔버스와 같은 물리적인 장치가 필요하다. 이를 R 그래픽 장치(R graphic devices)라고 한다. 대표적인 것이 그래픽 윈도우[15]로 운영체제에서 GUI 환경을 구성하는 장치를 기본으로 한다. 그러므로 운영체제마다 차이가 있으며 MS-Windows 운영체제에서는 윈도우(window), Mac OS X에서는 퀴츠(quartz), 리눅스 같은 X WINDOW 시스템에서는 X11 그래픽 장치를 사용한다.

1.4.1.1 윈도우

MS-Windows 운영체제의 그래픽 윈도우 장치. 프린터(printer), 윈도우 메타파일(Windows Metafile)도 지원한다.

1.4.1.2 퀴츠

퀴츠(quartz)는 Mac OS X 운영체제의 이차원(2D) 텍스트 출력 및 렌더링(rendering)[16]을 수행하는 그래픽 라이브러리다. 그러므로 퀴츠는 Mac OS X 운영체제에서 플롯이 출력되는 기본 그래픽 윈도우 장치다.

---

15 그래픽 윈도우는 R에서 플롯이 그려지는 기본 윈도우 화면을 의미한다.
16 렌더링은 2차원의 화상에서 광원, 광원의 위치, 색상 등을 고려해 사실감을 표현한 3차원의 화상을 만드는 과정을 뜻하는 컴퓨터 그래픽스 용어이다.

1.4.1.3 x11, X11

X11은 유닉스 계열 운영체제에서 GUI 환경을 구현하기 위한 소프트웨어와 네트워크 프로토콜의 집합이다. 일반적으로 x11 혹은 X11은 유닉스 계열의 운영체제에서 사용하는 그래픽 장치다.

1.4.2 R 그래픽 장치 - 그래픽 파일

그래픽 윈도우는 화면으로 표현되는 것에 반해 그래픽 파일은 시각화의 결과가 그래픽 파일로 출력된다. 그러므로 결과를 확인하기 위해서는 그래픽 파일을 지원하는 이미지 브라우저나 오피스[17] 프로그램에서 확인해야 한다. 그리고 그래픽 파일 중 pdf 파일은 어도비(Adobe)의 아크로뱃 리더로 확인할 수 있다.

1.4.2.1 pdf

어도비의 아크로뱃(PDF) 파일 장치다. PNG, JPEG, BMP 등 일반적으로 알려진 그래픽 파일보다 출력 결과물이 미려하여 보기 좋은 장점이 있으나 점의 개수가 무수히 많은 산점도 등의 시각화 출력물을 PDF 파일 리더에서 로드하는 데 드는 시간이 상대적으로 길다는 단점도 있다. 그러나 무엇보다도 가장 큰 장점은 하나의 PDF 파일에 두 개 이상의 플롯을 출력할 수 있다는 것이다. 반대로 다른 그래픽 파일 장치는 하나의 파일에 하나의 시각화 결과만 담을 수 있다.

1.4.2.2 postscript

어도비의 PostScript 파일 장치로 과거에는 많이 사용하던 파일 포맷이나 최근에는 PDF에 밀려서 잘 사용하지 않는 그래픽 장치다.

1.4.2.3 xfig

유닉스 호환 운영체제에서 구동되는 오픈소스 벡터 그래픽 편집기인 xfig 파일 장치다.

1.4.2.4 bitmap

비트맵 그래픽 파일 장치다.

1.4.2.5 pictex

LaTeX[18] 문서에 포함하기에 적합한 그래픽 구문을 생성한다. LaTeX에서 figure

---

17 엑셀, 워드, 파워포인트 등 MS 오피스나 OS X의 iWorks 오피스, 혹은 한컴오피스의 한글 등
18 문서 조판에 사용되는 프로그램이다.

구문을 만들어 주며, LaTex의 pictex 패키지와 graphics 패키지를 사용하는 구문을 갖는 LaTex 스크립트 파일을 생성한다.

1.4.2.6 cairo_pdf

Cairo 그래픽 라이브러리[19]의 pdf 파일 장치다. Cairo는 MS-Windows, X11, Quartz 등 여러 출력 장치를 지원하는 2D 그래픽 라이브러리로 PostScript나 PDF가 사용하는 방법과 유사하게 그래픽 출력 작업을 수행한다. 그래서 그래픽 표현의 출력 성능이 더 미려하여 보기 좋다는 장점이 있다. pdf보다 cairo_pdf 장치의 시각화 결과가 더 좋기 때문에 cairo_pdf의 사용을 권장한다.

1.4.2.7 cairo_ps

Cairo 그래픽 라이브러리의 postscript 파일 장치다.

1.4.2.8 svg

SVG(Scalable Vector Graphics) 그래픽 파일 장치다. SVG는 2차원 벡터 그래픽을 표현하기 위한 XML 기반의 파일 형식으로, 1999년 W3C(World Wide Web Consortium)의 주도하에 개발된 오픈 표준의 벡터 그래픽 파일 형식이다.

SVG는 화면을 확대해도 계단현상이 발생하지 않기 때문에 시각화 결과를 확대했을 때도 그래픽이 미려하다는 장점이 있지만, 해당 포맷의 파일을 읽을 수 있는 브라우저가 많지 않기 때문에 불편한 점이 있다.

1.4.2.9 png

PNG 그래픽 파일 장치다. 포터블 네트워크 그래픽스(Portable Network Graphics, PNG)는 비손실 그래픽 파일 포맷의 하나로 특허 문제가 얽힌 GIF 포맷의 문제를 해결하고 개선하기 위해서 고안되었다.

PNG 그래픽 파일은 파일의 크기 및 출력물의 미려함이 JPEG나 BMP 등에 비해서 우수하므로 간단한 시각화 결과의 그림 파일을 첨부하는 문서를 만들 경우에 유용하게 사용할 수 있다.

1.4.2.10 jpeg

JPEG 그래픽 파일 장치다. JPEG(Joint Photographic Experts Group)는 정지화상을 위해서 만들어진 손실 압축 방법의 표준으로 ISO와 ITU-T에서 제정하

---

19 안티앨리어싱이 되는 벡터 기반 랜더링을 지원하는 멀티 플랫폼 그래픽 라이브러리.

였다. JPEG를 사용하는 파일 형식들도 보통 JPEG 이미지라 불리며 .jpg, .jpeg, .jpe 등의 확장자를 사용한다.

1.4.2.11 bmp

BMP 그래픽 파일 장치다. BMP 그래픽은 비트맵 디지털 그림을 저장하는 데 사용하는 파일 포맷으로 MS-Windows 운영 체제에서 널리 쓰인다.

1.4.2.12 tiff

TIFF 그래픽 파일 장치다. TIFF(Tagged Image File Format)는 앨더스(Aldus)와 마이크로소프트가 공동 개발한 이미지 저장 포맷이다.

1.4.3 저수준 그래픽

저수준 그래픽(low level plots)은 그래픽 장치 위에 점을 찍고 선을 그리고 다각형을 그리는 등의 기능을 하는, 즉 시각화를 구현하기 위해서 R에서 제공하는 기초 함수다.

1.4.4 고수준 그래픽

고수준 그래픽(high level plots)은 그래픽 장치 위에 파이 차트나 막대 그래프와 같이 독립된 시각화 표현을 하는 함수로, 저수준 그래픽을 적절하게 조합하여 구현한다.

1.4.5 외부 애플리케이션 인터페이스

외부 애플리케이션 인터페이스(external application interfaces)는 외부 시각화 애플리케이션과 R을 연동하는 방법이다. Google Earth와 같이 Google Earth의 지도 위에 R의 시각화 기능을 출력하는 방법과 좀 더 광의적으로 생각하면 esri사의 ArcGis라는 GIS[20] 애플리케이션에서 사용하는 수치 지도 정보 파일인 shape[21] 파일을 읽어서 R의 그래픽 장치에 표현하는 방법 등이 해당된다.

전자의 경우는 애플리케이션과의 직접적인 연결의 방법을 제공하여 애플리케이션 위에 R의 시각화를 표현하는 방법이고, 후자는 애플리케이션의 데이터를

---

20 GIS(Geographic Information System, 지리정보 시스템)는 지리 공간적으로 참조 가능한 모든 형태의 정보를 효과적으로 수집, 저장, 갱신, 조정, 분석, 표현할 수 있도록 설계된 컴퓨터의 하드웨어와 소프트웨어 및 지리적 자료, 인적자원의 통합체. http://ko.wikipedia.org/wiki/지리_정보_시스템 참조
21 esri사의 지리정보 데이터의 기하학적 위치와 속성 정보를 저장하는 파일. 일반적으로 파일의 확장자는 shp로 표현한다.

그림 1.5 Google Earth와 R을 연동한 시각화

가져와서 R 환경에서 시각화로 표현하는 방법이다.

Google Earth와 R을 연동하여 Google Earth 위에 R의 시각화를 표현한 예제
가 그림 1.5이다.

1.4.6 외부 그래픽 장치

외부 그래픽 장치(external graphic devices)는 R에서 제공하는 기본적인 그래
픽 장치에서 제공하지 않는 시각화 기능을 구현하기 위해서 외부 그래픽 장치를
접목하는 것이다. 대표적으로는 3차원 랜더링이 가능한 OpenGL[22] 등이 있다.
이 그래픽 장치를 사용하면 3차원의 랜더링 이미지를 마우스로 방향을 바꿔가
면서 탐색하는 기능을 구현할 수 있다.

R에서 OpenGL의 기능을 구현하는 rgl 패키지[23]를 이용하면, 그림 1.6과 같은
그래픽 윈도우를 생성할 수 있다.

1.5 유용한 R 그래픽 도구들

R을 이용한 데이터 시각화 방법은 사용자가 직접 시각화 함수를 개발하여 표현
하는 것과 이미 누군가 만들어 놓은 시각화 도구를 이용하여 표현하는 것이 있

---

22 1992년 실리콘 그래픽스사에서 만든 2차원 및 3차원 그래픽스 표준 API 규격으로 단순한 기하
도형에서부터 복잡한 삼차원 시각화가 가능. rgl 패키지가 OpenGL 기능을 R에서 구현하고
있음
23 9장 4절에서 다루므로 관심있는 독자는 9장을 참고하기 바란다.

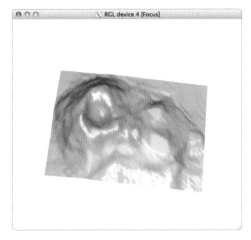

그림 1.6 OpenGL의 기능을 구현하는 rgl 패키지 활용 예

다. 그런데 아마 여러분은 이미 누가 만들어 놓은 시각화 함수를 적절하게 운용하는 방법으로 데이터 시각화의 대부분 작업을 수행할 것이다.

graphics 패키지는 우리가 익히 알고 있는 많은 종류의 시각화 기능을 제공하는 함수들을 포함하고 있으며, lattice 패키지와 ggplot2 패키지는 다변량 데이터 분석에 적합한 시각화 방법을 제공한다. 그리고 데이터 분석 방법에 특성화되어 있는 많은 종류의 시각화 기법이 열거하기 힘들 정도로 많은 패키지로 지원되고 있다.

1.5.1 graphics 패키지

저수준 그래픽 함수들과 파이 차트, 막대 그래프, 히스토그램과 같은 대중화된 시각화 도구로부터 변수들 간의 연관성을 살필 수 있는 포폴드 플롯(fourfold plot)[24]까지 많은 종류의 플롯을 그릴 수 있는 시각화 함수를 제공한다.

graphics 패키지에서 제공하는 몇몇 함수들의 시각화 예제는 그림 1.7과 같다.

1.5.2 lattice 패키지

lattice 패키지는 다변량 데이터의 시각화에 유용하게 사용할 수 있는 시각화 방법을 제공한다. 아이디어는 간단하다. 특정 변수의 수준(level, 범주형 데이터 값의 종류, 예를 들면 남자/여자)별로 패널(panel)을 격자 모양으로 쌓아서 한

---

24   fourfoldplot( ) 함수로 그리는 포폴드 플롯은 3장에서 자세히 다루며, 그 모양은 그림 3.44와 같다.

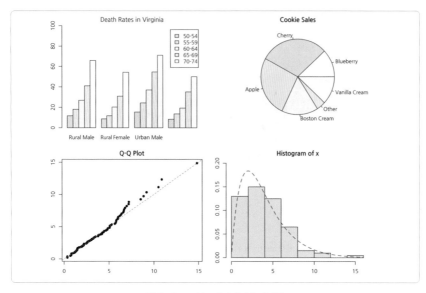

그림 1.7 graphics 패키지 사용 예제들

눈에 비교하는 방법이다. 즉, 성별 연령대(10대 이하, 20대, 30대, 40대, 50대 이상)에 따라 수도권과 비수도권의 인구를 표현하는 막대그래프를 그리는 경우에 2(성별 개수) × 5(연령대 개수) = 10개의 독립된 패널을 격자처럼 배치하고, 개별 패널 안에 수도권과 비수도권에 대한 막대 그래프를 그리는 것이다. 그러면 성별 연령대별 수도권과 비수도권의 인구의 차이를 살펴볼 수 있는 훌륭한 시각화 도구가 된다.

lattice 패키지는 ggplot2 패키지가 만들어지기 이전에는 R 분석가에게 대중적으로 사용되던 유용한 시각화 도구이다. 최근에는 ggplot2 패키지에 사용자를 빼앗기고 있는 추세지만, 아직 R 사용자가 선호하는 시각화 패키지의 상위에 랭크되어 있어서 그 효용성과 가치를 간접적으로 증명하고 있다.

lattice 패키지에서 제공하는 시각화 예제는 그림 1.8과 같다. 이 예제는 피지 섬 근처에서 발생한 지진의 진앙지를, 수심을 나타내는 Depth 변수의 크기, 즉 수심대별로 지진이 발생한 위도 경도의 지리적 위치를 나타낸다. 개별 패널은 동일한 수심대에서 진앙지의 위치를 나타내므로 수심대별로 진앙지의 위치를 파악하기가 수월하다.

1.5.3 ggplot2 패키지

ggplot2 패키지는 그래픽에 문법적인 요소를 가미하여 그래프와 사용자 간에 어느 정도 상호작용(interaction)을 제공하는 시각화 도구다. 그러므로 시각화 과정에서 코드의 재사용성이 뛰어나고, 상호작용으로 인해서 데이터 분석을 위한

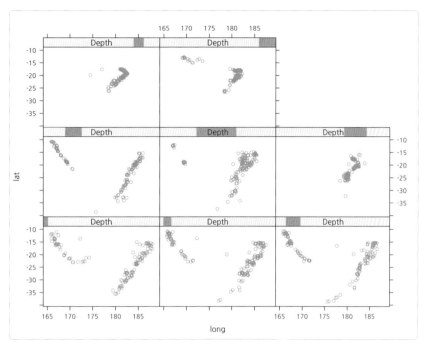

그림 1.8 lattice 패키지 사용 예제

시각화에 적합하다. 또한 표현되는 시각화 모양의 일관성이 있고 미려하게 조작할 수 있어 최근 가장 사랑받고 있는 그래픽 패키지로 부상하고 있다. 혹시 여기서 설명할 내용이 다소 이해하기 어려울 수도 있겠지만, 이후 6장에서 ggplot2 패키지를 심도 있게 다룰 것이므로 일단 여기서는 예제 그림과 ggplot2 패키지가 유용하다는 것만 알고 넘어도 충분하다.

ggplot2 패키지에서 제공하는 시각화 예제는 그림 1.9[25]와 같다.

1.5.4 ggmap 패키지

최근에는 GIS 데이터의 시각화가 빈번히 사용된다. R에서는 GIS 데이터를 지도 위에 표현하는 주제도[26]를 그리는 여러 패키지가 만들어지는데, ggplot2 기반의 ggmap 패키지[27]가 최근 많이 사용되고 있다.

ggmap 패키지를 사용하여 서울시의 지도를 시각화한 예가 그림 1.10이다. 만약 이 지도 위에 서울시의 각 구별 인구 정보라든가 범죄에 대한 내용을 그려 넣는다면, 인구나 범죄에 대한 주제도가 되는 것이다. 일반적으로 ggmap 패키지

---

25 Data Science with R Documenting with KnitR, Graham.Williams@togaware.com, 15th May 2013
26 지도 위에 특정 주제의 정보를 표현하는 그림
27 7장 2절에서 사용법을 다루므로, 관심 있는 독자는 7장을 참고하기 바란다.

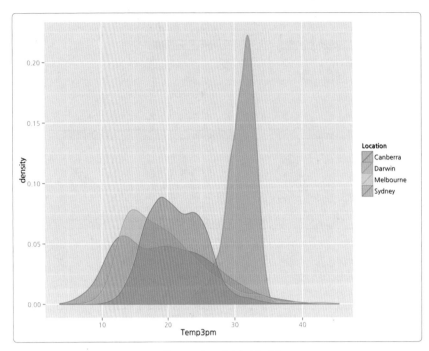

그림 1.9 ggplot2 패키지 사용 예제

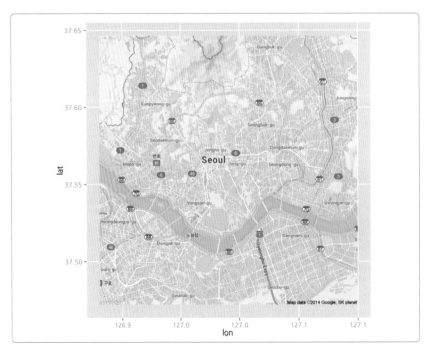

그림 1.10 ggmap 패키지 사용 예제

와 같은 R 기반의 지리 시각화 도구는 Google Maps 등과 같은 지도 정보를 가져다가 표현하는 방법을 사용하곤 한다. 이 예제 그림의 우측 하단에 맵 데이터 (Map data)가 구글임의 표현하는 내용을 볼 수 있다.

1.6 R 시각화를 위한 길잡이

이제 R 사용자로서 데이터를 시각화하는 작업에 막 걸음을 내딛는 여러분은 흥미로운 시간을 경험할 것이다. 수치와 문자의 텍스트로 존재하는 원시 데이터가 번데기가 허물을 벗고 나비가 되는 것처럼 기하학적인 요소를 얻어 멋진 플롯으로 다시 태어나는 것이다. 그 아름다운 탄생의 순간에 여러분은 창조자의 위치에서 흐뭇함을 느낄 수 있을 것이다.

번데기는 나비가 될 수도 있고, 나방이 될 수도 있다. 또 장수하늘소가 될 수도 있다. 그리고 몇 분 안에 허물을 벗기도 하고, 하루가 넘도록 허물을 벗지 못할 수도 있다.

이 책은 여러분들에게 나비, 장수하늘소와 같은 시각화 결과를 얻을 수 있도록 제언을 해줄 것이다. 또한 단기간에 허물을 벗을 수 있는 방법도 알려줄 것이다. 분량이 상당한 책이라 먼저 각 장마다 이야기하려는 학습 내용을 공유하는 것이 좋을 것 같다.

1장. 데이터 시각화: 데이터 시각화의 개념과 시각화의 기능을 잊지 말아야 한다. 특히 창조주인 독자가 데이터 분석을 위한 목적으로 시각화를 수행하는지, 분석 결과의 공유를 위해서 시각화를 수행하는지를 인식하고 접근해야 한다. 나비를 만들지 혹은 장수하늘소를 만들지를 먼저 고민하고 접근하기 바란다. R 그래픽 장치의 구조를 이해하면, 2장과 3장에서 많은 도움이 될 것이다.

2장. R 그래픽의 기초: 어느 무협 영화에서 무림의 고수가 되기 위해서 절대 지존에게 무술을 전수받는 제자가 스승에게 항의하는 장면이 오버랩된다. 십 년 동안 청소하고 장작을 패고 물을 긷는 혹독한 머슴살이를 했는데 무술은 언제 가르쳐주냐는 것이다. 스승은 이미 비법을 전수했다며 권법을 가르치기 시작하고, 제자는 순식간에 고수가 된다는 이야기다. 그동안의 허드렛일이 무술을 위한 체력 증대와 무술의 기본 동작의 반복이었던 것이다. 저수준 그래픽 함수는 절대 허드렛일이 아니다. R의 그래픽 철학을 이해할 수 있으며 응용을 통한 개인의 시각화 도구를 개발하기 위한 초석이다. 지루하더라도 일독을 권장한다.

3장. 데이터 시각화 함수: 데이터 시각화 함수는 무림고수가 알려주는 권법의 종류다. 무림에는 많은 권법이 있다. 그러나 절대적인 권법이란 없고 적과의 대결 상황에서 적당한 권법으로 바꿔서 방어하거나 공격해야 한다. 저수준 그래픽스 함수로 기초를 쌓은 여러분은 이제 데이터 시각화 함수로 원하는 작업을 수행할 수 있다. 조언을 하자면, 각 시각화 도구들이 사용하는 인수들의 공통점과 차이점을 꼭 인식하면서 학습하기 바란다. 3장에서 다루는 대부분 데이터 시각화 함수는 graphics 패키지에 수록된 함수들이다. 이 장에서 무림 고수는 권법의 비기인 도움말의 인수와 기능을 중심으로 기법을 전수한다.

4장. 사용자정의 플롯: 사용자정의 플롯을 만드는 방법을 제시하였다. 제자가 스승의 권법에서 벗어나 자신만의 권법을 만드는 과정이다. 그러므로 스승에게 하직인사를 하고 강호에 발을 내딛자마자 권법을 만들 수 없듯이 당장 익혀서 써먹을 기법은 아니다. 그러므로 새로운 시각화 도구의 개발이 필요하지 않다면 건너뛰어도 무방하다. 그러나 많은 시각화 작업의 경험을 축적한 독자라면 반드시 읽어보기 바란다.

5장. 트렐리스 디스플레이: 여기서는 lattice 패키지를 다룬다. lattice 패키지는 다변량 데이터의 시각화에 유용한 도구인데, 일단 트렐리스 디스플레이의 개념과 특장점을 이해하는 것이 좋다. 그러나 ggplot2 패키지와 카니발라이제이션(Cannibalization, 자기잠식효과: 유사한 기능으로 서로의 영역을 잠식하는 개념) 관계인 내용이므로 시간이 없는 독자라면, 6장의 ggplot2 패키지를 우선 학습하는 방식을 선택할 수도 있다(만약 이 경우라면 필자는 ggplot2 패키지를 먼저 학습하라고 권하고 싶다). 그러나 트렐리스 디스플레이를 R로 구현한 원조 패키지이므로 가볍게 여겨서는 안 된다.

6장. ggplot2 그래픽스: 최근 R 그래픽스의 대세로 자리잡은 패키지인 ggplot2를 다룬다. 5장의 트렐리스 디스플레이가 개별 함수의 인수에 따른 기능을 중심으로 이야기한다면, 여기서는 예제 중심으로 이야기한다. 그리고 그 흐름을 순차적으로 따라가야 하므로 반드시 순서대로 학습하기 바란다. 다만 ggplot2 패키지가 워낙 방대한 기능을 가지고 있어서 꼭 필요한 개념을 파악하는 수준의 내용을 담고 있다.

7장. 유용한 플롯: 특정 분야의 전문적인 기능을 하는 시각화 패키지를 다룬다. 근래의 데이터 분석 분야의 시각화 요구에 부합하는 유용한 시각화 기법을 다루고 있다. 그러나 여러분이 지리정보를 시각화하거나 텍스트 정보를 시각화할 필요가 없다면 가볍게 건너뛰어도 된다. 단, 7.1의 EDA 플롯은 모든 독자들에게 필요한 중요한 기능이므로 반드시 학습하기 바란다.

8장. 데이터분석 모델 지원 시각화: 통계나 마이닝 기반의 모델 분석 시에 필요한 여러 시각화 방법을 다루었다. 그러므로 해당 모델을 사용할 때 참고할 수 있을 것이다. 여러분이 데이터 분석가가 아닐 경우 혹은 해당 모델을 사용할 기회가 없다면 넘어가도 무방하다.

9장. 유용한 R 그래픽 팁: R을 이용해서 시각화 작업을 수행할 때 필요한 여러 팁을 다루었다. 인포그래픽은 분석 결과를 공유하기 위해서 시각화를 수행하는 여러분에게 사용할 수 있는 팁이다. 9.3의 팁들도 분석 결과를 공유할 목적으로 한 시각화 작업에 필요한 유용한 팁을 다룬다. 특히 한글 그래픽 환경설정하기 편은 모두에게 필요한 팁이므로 반드시 숙지해야 한다.

10장. 데이터 분석을 위한 시각화: 앞서 서술한 강호에 뛰어든 제자가 언젠가는 터득해야 할 무술의 기본 개념과 유사한 개념이다. 즉, 데이터 분석을 위한 목적으로 시각화를 수행한다면 반드시 알아야 하는 시각화의 중요한 기본 개념을 다루었다. 분석 결과를 공유하기 위한 시각화의 내용도 포함되어 있으므로 꼭 일독하기를 권한다.

1.6.1 예제의 실행 환경

필자가 이 책에서 예제로 수행한 모든 소스와 내용은 Mac OS X의 RStudio 환경에서 수행하였다. 여러분 대부분이 Windows 환경에서 작업하겠지만, Windows에서 수행해도 큰 문제가 없을 것이다. 또한 한글 설정은 Windows와 Linux 환경에서 수행해본 소스와 결과물을 실었으므로 호환성 문제도 없을 것이다. 다만 한글을 출력하는 예제 코드는 MS-Windows에서는 아무 설정 없이 동작하지만 Mac OS X에서는 다음과 같이 한글 폰트를 지정한 후 실행해야 한다. (자세한 내용은 '9.2 한글 그래픽 환경설정하기'를 참고하기 바란다.)

```
> par(family = 'AppleGothic')
```

마지막으로 필자가 작업한 R의 버전은 다음과 같다.

```
> R.version
platform       x86_64-apple-darwin13.1.0
arch           x86_64
os             darwin13.1.0
system         x86_64, darwin13.1.0
status
major          3
minor          1.1
year           2014
month          07
day            10
svn rev        66115
language       R
version.string R version 3.1.1 (2014-07-10)
nickname       Sock it to Me
```

1.6.2 학습 가이드

1.6.2.1 예제와 그림

이 책의 예제는 콘솔(console)에서 실행된 것을 그대로 옮겨 표현하였지만, 소스의 가독성을 높이기 위해서 세컨드 프롬프트인 '+'는 일부러 표현하지 않았다. 그러므로 예제를 일일이 타이핑하여 학습하는 독자는 명령 스크립트 앞에 있는 프롬프트인 '〉'만 제거하고 타이핑하면 무리 없이 수행할 수 있을 것이다. 또한 실행한 결과는 음영으로 표현하여 명령 스크립트와 수행 결과를 쉽게 구분할 수 있게 하였다.

한편 이 책은 예제 스크립트의 실행 결과로 출력되는 많은 플롯 그리고 설명을 위한 삽화를 담고 있다. 각 그림은 설명하는 문장에 '그림 6.12'와 같은 형식의 그림의 이름을 포함하고 있어 쉽게 확인하며 학습할 수 있다.

1.6.2.2 연습문제

연습문제는 본문의 내용과 관계 있는 시각화 사례, 활용할 수 있는 사례, 응용의 사례를 예로 들어서 학습 효과를 높이기 위한 목적으로 제시한 시나리오다. 그리고 연습문제 바로 다음에는 해답 내용으로 R 스크립트와 실행 결과를 제시해 놓았다. 우선은 바로 해답을 보지 말고 스스로 해결할 수 있도록 노력하기 바란다. 연습문제는 **연습문제 2.23**과 같이 기재하였고, 다음과 같은 방식으로 구성했으므로 본문과 쉽게 구별할 수 있을 것이다.

연습문제 2.23

par( ) 함수의 pty 인수를 사용하는 그래프를 그려보자.

다음 예제의 수행 결과는 그림 2.24와 같다.

```
> op <- par(no.readonly = TRUE)
> theta <- seq(-pi, pi, length = 30)
> x <- cos(theta)
> y <- sin(theta)
> par(mfrow = c(1, 2), pty = "s", bty = "o")
> plot(x, y, type = "l", main = "pty = \"s\"")
> par(pty = "m")
> plot(x, y, type = "l", main = "pty = \"m\"")
> par(op)
```

1.6.2.3 주석

본문의 주석에는 참고문헌이나 참조된 홈페이지 주소를 많이 포함하고 있다. 책의 말미에 있는 참고문헌에도 이들을 기술하였지만, 학습의 편의를 위해서 주석에도 적극 기술하였으니 확인해보기 바란다.

1.6.2.4 팁

팁은 본문의 설명과 관계 있는 유용한 팁이나 아이디어를 자세하게 기술한 내용으로 본문과 구별해 놓았다. 팁은 조판에서 **팁**과 같이 구분하였으므로 본문과 쉽게 구별할 수 있을 것이다.

1.6.2.5 주의사항

주의사항은 본문의 설명과 관계 있는 실수하기 쉬운 작업, 오해할 수 있는 사실, 지양해야 할 방법 등을 자세하게 기술한 내용이다. 주의사항은 조판에서 **주의**와 같이 구분하였으므로 본문과 쉽게 구별할 수 있을 것이다.

1.6.2.6 고난이도 표시

본문에서 ✪를 한 내용은 통계/마이닝의 이론적 원리를 이해하려는 독자가 학습하면 좋은 내용으로, 난이도가 상당히 높으므로 그 부분은 건너뛰고 학습해도 무방하다.

1.6.3 프로그램 소스

이 책에 실린 모든 프로그램 소스[28]는 https://www.dropbox.com/s/80f4fq4qz5fktfz/R_visualization.zip에서 다운로드할 수 있다. 그러나 소스의 길이가 긴 사용자정의 함수 이외의 코드는 독자가 직접 입력하여 학습할 것을 추천한다. 배포한 소스를 단순히 복사하여 실행하는 것보다 일일이 타이핑하여 실행해 보는 것이 번거롭지만 학습 효과가 높기 때문이다.

1.6.4 버전업에 대한 대처

R과 3rd party 패키지는 버전업이 잦은 편이다. 그만큼 새로운 기술과 추가적인 기능을 능동적으로 수용하고 버그 등의 문제점을 재빨리 해결하는 장점이 있다. 그러나 반대로 버전업은 이전에 개발해 놓은 프로그램과의 호환성에 충돌이 생기는 경우를 초래하기도 한다.

본서는 R을 이용한 데이터 시각화의 광범위한 영역을 다루기 때문에, 본문에 게시한 예제의 환경과 다른 버전의 패키지가 설치된 독자의 환경에서는 일부 영역에서 예기치 않은 결과가 초래할 수도 있을 것이다.

필자는 오랜 시간 동안 R을 사용하면서 버전의 상이함으로 인해서 과거에 작성했던 프로그램 코드가 정상적으로 수행되지 않는 경험을 간혹 하게 되었다.

---

28 UTF-8으로 인코딩되었으므로 MS-Window 사용자는 RStudio 등에서 UTF-8로 열어야 한다.

이럴 경우에는 그 오류 메시지를 Google에서 검색하여 효과적으로 대체하는 편이다. 다만, NAVER 등과 같은 국내 검색 환경에서는 상대적으로 해답을 찾기가 쉽지 않았다. 책임감이 없는 이야기로 들릴 수 있겠지만, 버전의 상이함으로 문제가 발생할 경우에는 검색을 통해서 해결하기 바란다.

2장

R 그래픽스의 기초

데이터의 특성을 파악하기 위한 시각화는 R의 여러 가지 기능 중에서 단연 최고일 것이다. 그런데 여러분이 데이터 시각화를 구현하려면, R에서 제공하는 그래픽 관련 기능과 응용 기술을 이해해야 한다. 이는 화가가 그림을 그리기 위해서 캔버스에 물감과 붓을 사용하는 방법과 흡사하다.

이 장에서는 데이터를 시각화하는 여정을 떠나는 초보 화가인 여러분에게 R의 캔버스 위에 그래픽 관련 함수를 이용해서 점을 찍고, 선을 그리고, 다각형 등을 그려서 데이터 특성을 표현하는 방법과 응용법까지 제시한다.

필자는 빈센트 반 고흐의 '별이 빛나는 밤'이라는 그림을 좋아한다. 이제부터 여러분도 자신이 좋아하는 화가의 그림을 상상하며 R의 캔버스에 플롯을 그리는 방법을 익혀보면 좋을 것이다.

2.1 그래픽 장치

화가가 그림을 그리는 캔버스에 해당하는 것을 그래픽 장치(graphic devices)라 한다. 콘솔이 명령어를 입력하거나 결과가 출력되는 문자 중심의 입출력 장치라면, 그래픽 장치는 플롯이 출력되는 출력 장치를 의미한다.

2.1.1 그래픽 장치의 분류

우리는 이미 1장에서 다양한 그래픽 장치를 살펴보았다. 그리고 다양한 그래픽 장치가 그래픽 윈도우와 그래픽 파일로 나뉜다는 것을 배웠다. 여러분은 주로 윈도우 장치를 사용할 것인데, 경우에 따라서는 그래픽 파일 장치를 이용해서 플롯을 보고서나 논문에 첨부할 수도 있을 것이다. 참고로 그래픽 파일로 출력되는 플롯의 모양은 그래픽 윈도우에서 보여지는 것과 같다.

windows, quartz, X11(x11)이라는 이름의 그래픽 윈도우를 제외한 그래픽 장치는 그래픽 파일을 의미한다. 그리고 그래픽 파일 장치는 그 이름이 의미하는 그래픽 포맷의 파일로 플롯을 출력한다. 또한 그래픽 파일 중에서 pdf는 여러 개의 플롯을 한 파일 안에 저장할 수 있지만, 나머지 그래픽 파일은 한 개의 플롯만 저장할 수 있다.

2.1.2 그래픽 장치의 구조

히스토그램을 그릴 때 R의 그래픽 장치로 출력되는 플롯의 구조는 그림 2.1과 같다. 우리가 표현하고자 하는 것은 히스토그램이지만, 이해를 돕기 위해서 몇 몇 개의 정보도 출력했다. 마치 그 정보는 화가가 캔버스 위에 그림을 그리기 위해서 마음 속으로 나누어 놓은 가상의 구도들과 흡사하다.

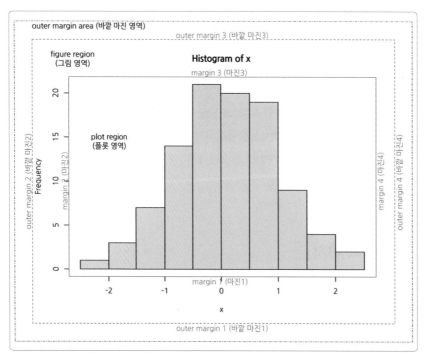

그림 2.1 R 그래프의 구조

가장 기본이 되는 영역은 실제 플롯이 출력되는 플롯 영역(plot region)인데, 이 곳에 시각화하려는 플롯을 그린다. 예제에는 플롯 영역에 열 개의 계급 구간을 갖는 히스토그램이 그려져 있다.

그림 영역(figure region)은 플롯 영역을 포함한 네 개의 마진(margin)을 갖는

데, 마진은 여백을 의미한다. 각각 마진 1, 마진 2, 마진 3, 마진 4로 불리며, 플롯 영역을 중심으로 아래, 왼쪽, 위, 오른쪽의 여백을 의미한다. 여백에는 x-축과 y-축, 각 축의 라벨 및 플롯 제목 등이 출력된다.

그림 영역 밖의 여백은 바깥 마진(outer margins)이라고 한다. 바깥 마진도 마진처럼 아래, 왼쪽, 위, 오른쪽의 위치를 나타내는 바깥 마진 1, 바깥 마진 2, 바깥 마진 3, 바깥 마진 4가 존재한다. 그런데 통상적으로 바깥 마진은 정보를 표현하기 보다는 캔버스를 둘러치는 액자처럼 빈 공간으로 사용된다.

2.1.3 그래픽 장치의 운용

여러분이 화면에 플롯을 그리기 위해서는 그래픽 장치를 열어야(open) 한다. MS-Windows에서 그래픽 윈도우를 열려면 win.graph( )나 window( ) 함수를 사용하며, UNIX의 X WINDOW에서는 x11( )나 X11( ) 함수를 사용한다.

그래픽 함수는 두 가지로 구분할 수 있다. 그래프를 그리는 가장 대표적인 함수인 plot( ) 함수나 히스토그램을 그리는 hist( ) 함수 등은 고수준 그래픽 함수(high level graphic functions)로 분류되고, 선을 그리고 점을 찍거나 여백에 문자를 출력하는 등 이미 그려진 플롯 위에 부가적인 정보를 덧그리는 함수는 저수준 그래픽 함수(low level graphic functions)로 분류된다.

고수준 그래픽 함수가 호출되면, 이미 그래픽 윈도우에 출력된 플롯이 사라지고 나중에 호출한 함수의 플롯으로 대체된다. 그러나 저수준 그래픽 함수는 현재의 플롯에 덧그리는 함수이므로 윈도우에 출력된 플롯이 사라지는 일은 없다. 즉, 고수준 그래픽 함수는 화가가 새로운 캔버스에 그림을 그리는 작업과 유사하고 저수준 그래픽 함수는 지금 그리는 캔버스의 그림 위에 붓으로 추가 대상을 그리는 작업과 유사하다. 고수준 그래픽 함수를 사용하면 자동으로 그래픽 윈도우가 열리므로 특별한 일이 없으면 win.graph( ) 함수, x11( ) 함수 등을 사용할 필요가 없다.

2.2 고수준 그래픽 함수

여러 가지 저수준 그래픽 함수의 기능을 모아서 하나의 완성된 플롯을 그리는 함수를 만드는데, 이러한 함수를 고수준 그래픽 함수라고 한다.

2.2.1 plot( ) 함수

가장 대표적인 고수준 그래픽 함수에 plot( ) 함수가 있다. plot( )은 데이터를 x-y 좌표 상에 출력한다.

연습문제 2.1

plot( ) 함수를 이용해서 몇 개의 그래프를 그려보자.

```
> # x-좌표를 위한 벡터
> x1 <- 1:5
> # y-좌표를 위한 벡터
> y1 <- x1^2
> # 벡터 생성
> z1 <- 5:1
> # 행렬 생성
> (mat1 <- cbind(x1, y1, z1))

     x1 y1 z1
[1,]  1  1  5
[2,]  2  4  4
[3,]  3  9  3
[4,]  4 16  2
[5,]  5 25  1

> # 그래픽 윈도우의 화면 분할 (2행 3열)
> op <- par(no.readonly = TRUE)
> par(mfrow=c(2, 3))
> # 일변량 그래프
> plot(y1, main="using index")
> # 이변량 그래프
> plot(x=x1, y=y1, main="x^2")
> # 이변량 그래프 (행렬)
> plot(mat1, main="using matrix")
> plot(x1, y1, type="l", main="line")
> plot(x1, y1, type="h", main="high density")
> plot(x1, y1, type="n", main="no plotting")
> # 그래픽 윈도우의 화면 병합 (1행 1열)
> par(op)
```

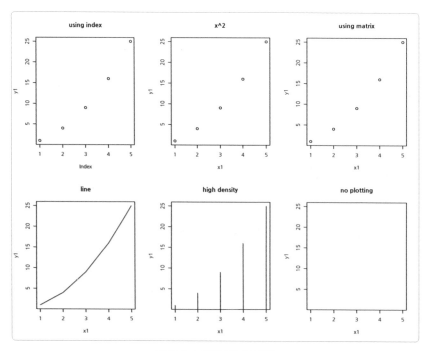

그림 2.2 plot( ) 함수의 사용 예제

예제 2.1에서는 par( ) 함수가 화면의 분할과 배치를 지정하고, plot( ) 함수가 플롯 영역에 그래프를 그린다. par( )는 그래픽 장치의 옵션을 설정하거나 조회하는 함수로 그래픽 장치를 2행 3열의 영역으로 분할하고, 각 plot( ) 함수가 분할된 여섯 개의 그림 영역에 플롯을 그렸다.

plot(x = x1, y = y1)는 플롯의 x-좌표에 x1, y-좌표에 y1를 대응하여 산점도를 그린다. 그냥 plot(x1, y1)이라고 해도 되는데, 여기서 벡터 x1과 y1의 길이는 당연히 같아야 한다. plot(y1)을 실행하면 y1은 y-좌표 값이 되고, x-좌표 값에는 index 즉 1:length(y1)이 사용된다. 행렬 mat1을 이용하여 plot(mat1)을 실행시키면, 첫 번째 열을 x-좌표 값으로 두 번째 열을 y-좌표 값으로 사용한다. 행렬의 나머지 열인 z1은 사용되지 않는다.

type 인수[1]는 "p"가 기본 값으로 좌표 (x1[1], y1[1]), (x1[2], y1[2]), ..., (x1[n], y1[n])의 n개 점을 찍어 산점도를 그린다. 인수 "l"은 n개의 점을 선으로 연결시켜 선 그래프를 그리고, 인수 "h"는 y-축에 평행한 n개의 선을 그려 히스토그램을 표현한다. 인수 "n"은 데이터를 표현하지 않는다.

type 인수의 값을 정리하면 다음과 같다.

· p: 점(points)
· l: 선(lines)
· b: 점과 선(both points and lines)
· c: b 옵션에서 점이 빠진 모습
· o: 겹친 점과 선(overplotted)
· h: 수직선(high density)
· s: 수평선 우선의 계단모양(steps)
· S: 수직선 우선의 계단모양(steps)
· n: 출력하지 않음(no plotting)

main 인수는 플롯에 메인 타이틀(main title)을 만들어 준다. 이 밖에 plot( ) 함수는 아주 많은 인수를 사용할 수 있으나 자세한 사용법은 도움말을 참고하기 바란다.

중요한 것은 par( ) 함수[2]에서 정의한 설정은 R 세션이 종료될 때까지 유효한 글로벌(global) 변수라는 점이다. 그래서 그림 영역 여섯 개의 설정을 해제하기 위해 마지막에 par( ) 함수로 한 개의 그림 영역을 설정하는 작업을 수행했다.

---

1   2장 4절에서 자세히 다루므로 관심있는 독자는 참고하기 바란다.
2   2장 4절에서 자세히 다루므로 관심있는 독자는 참고하기 바란다.

2.3 저수준 그래픽 함수

2.3.1 저수준 그래픽 함수의 종류

저수준 그래픽 함수에는 그래픽 장치의 기본적인 환경을 설정하는 par( ) 함수를 비롯해서 점, 선, 면, 문자, 좌표축, 범례를 만드는 함수 등 일일이 열거하기 힘들 정도로 많은 것이 있다. par( ) 함수를 제외한 이들 함수는 고수준 그래픽 함수를 이용해서 그려 놓은 플롯 위에서 동작하며, 점을 찍거나 제목을 입력하는 등의 그래픽 꾸밈 작업을 한다.

2.3.2 점을 찍는 함수

2.3.2.1 points( ) 함수

points( ) 함수는 플롯 영역의 지정한 좌표 위에 점(points)를 찍는다. 기본적인 인수로는 x-좌표를 지정하는 x와 y-좌표를 지정하는 y가 있으며, 좌표를 지정하는 방법은 plot( ) 함수와 동일하다.

연습문제 2.2

points( ) 함수의 pch 인수는 점의 모양을 지정한다. pch 인수 값에 따른 점의 모양을 비교할 수 있는 플롯 그려보자. 그리고 pch 인수 값에 한글도 적용해보자. pct(point character) 인수는 점으로 표현할 문자를 지정한다.

다음은 각 점을 표현하는 플롯을 그리는 예제다.

```
> x <- rep(1:5, rep(5, 5))
> x
```

```
[1] 1 1 1 1 1 2 2 2 2 2 3 3 3 3 3 4 4 4 4 4 5 5 5 5 5
```

```
> y <- rep(5:1, 5)
> y
```

```
[1] 5 4 3 2 1 5 4 3 2 1 5 4 3 2 1 5 4 3 2 1 5 4 3 2 1
```

```
> pchs <- c("&", "z", "Z", "1", "가")
> plot(1:5, type = "n", xlim = c(0, 7.5), ylim = c(0.5, 5.5), main = "points by 'pch'")
> points(x, y, pch = 1:25, cex = 1.5)                          #(1)
> text(x - 0.4, y, labels = as.character(1:25), cex = 1.2)
> points(rep(6, 5), 5:1, pch = 65:69, cex = 1.5)              #(2)
> text(rep(6, 5) - 0.4, y, labels = as.character(65:69), cex = 1.2)
> points(rep(7, 5), 5:1, pch = pchs, cex = 1.5)              #(3)
> text(rep(7, 5) - 0.4, y, labels = paste("'", pchs, "'", sep = ""), cex = 1.2)
```

pch 인수는 점의 모양을 지정하는 인수로 세 가지 방법을 사용할 수 있다.

첫째, (1)은 1부터 25까지의 정수로 정의된 25가지의 심볼을 출력한다. 둘째,

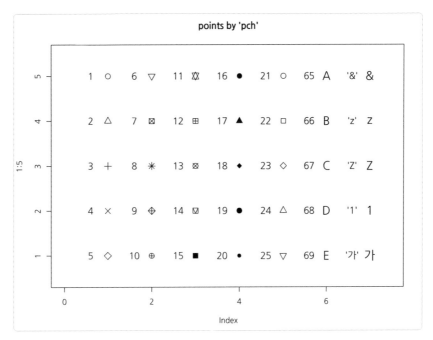

그림 2.3 points( ) 함수의 사용 예제

(2)는 32부터 127까지의 정수는 아스키(ASCII) 문자를 출력한다. 예제에서는 65 부터 69까지의 아스키 코드에 해당하는 "A", "B", "C", "D", "E" 문자를 지정하였다. 셋째, (3)은 문자를 직접 지정하는 경우로 문자형 데이터를 입력한다. 한글도 지원하므로 예제에서 한글 "가"를 출력해 보았다. 그러나 문자의 길이는 1이어야 한다. 이보다 긴 문자열을 입력한다면 맨 처음 문자만 출력된다.

cex(character expansion) 인수는 점(문자)의 크기를 지정한다. 기본 값이 1이며 인수의 크기와 점의 크기는 비례한다.

plot( ) 함수에서 xlim(x-axis limits) 인수와 ylim(y-axis limits) 인수는 각각 x-축과 y-축의 좌표 범위를 지정한다. 예제에서는 x-축은 0과 7.5 사이, y-축은 0.5와 5.5 사이의 좌표 영역으로 그래프가 그려진다.

text( ) 함수는 문자열을 좌표 영역에 출력하는 함수로 points( ) 함수와 기능이 비슷하다. 자세한 사용 방법은 2.3.5.2에서 다루겠다.

2.3.3 선을 그리는 함수

선을 그리는 함수로는 abline( ), lines( ), arrows( ), segments( )가 있다.

2.3.3.1 abline( ) 함수

abline( )는 직교좌표에 직선을 그리는 함수로, 인수의 종류별로 다음과 같이 다섯 가지 방법으로 직선을 그린다.

- a, b 인수: y = a + bx 방정식의 직선을 그린다. 즉, 기울기(slope) b와 절편 (intercept) a를 갖는 직선을 그린다.
- h 인수: x-축과 평행하고, y의 값이 h(horizontal)인 가로 직선을 그린다.
- v 인수: y-축과 평행하고, x의 값이 v(vertical)인 세로 직선을 그린다.
- coef 인수: 기울기와 절편이 포함된 수치 벡터로 직선을 그린다. 통상적으로 선형회귀모형의 계수(coefficients)를 사용한다.
- reg 인수: 선형회귀모형(regression)을 적용한 lm 객체로 직선을 그린다.

연습문제 2.3

abline( ) 함수를 이용해서 h, v, a 와 b, coef 인수 값에 따른 직선의 모양을 비교할 수 있는 플롯을 그려보자.

다음은 각 직선을 표현하는 플롯을 그리는 예제다.

```
> cars[1:4,]
```

	speed	dist
1	4	2
2	4	10
3	7	4
4	7	22

```
> z <- lm(dist ~ speed, data = cars)
> is(z)
```

```
[1] "lm"        "oldClass"
```

```
> z$coef
```

```
(Intercept)      speed
 -17.579095    3.932409
```

```
> plot(cars, main = "abline")
> # horizontal
> abline(h = 20)                            #(1)
> abline(h = 30)                            #(2)
> # vertical
> abline(v = 20, col="blue")                #(3)
> # y = a + bx
> abline(a = 40, b = 4, col="red")          #(4)
> # reg 인수
> abline(z, lty = 2, lwd = 2, col="green")  #(5)
> # coef 인수
> abline(z$coef, lty = 3, lwd = 2, col="red")  #(6)
```

(1), (2)의 abline(h = 20)과 abline(h = 30)은 x-축에 평행한 직선으로 y = 20과 y = 30인 직선을 그린다. (3)의 abline(v = 20)은 y-축에 평행한 직선으로 x = 20 인 직선을 그린다. (4)의 abline(a = 40, b = 4)은 절편이 40이고 기울기가 4인

직선을 그린다. 즉, y = a + bx이므로 y = 40 + 4x의 직선을 그린다. 또한 a와 b를 생략하여 그냥 abline(40, 4)라 해도 결과는 동일하다. 그리고 abline(h = 20)과 abline(h = 30)도 abline(a = 20, b = 0), abline(a = 30, b = 0)과 동일하다.

예제에서 사용한 cars는 주행 속도와 브레이크를 밟았을 때 정지한 거리를 변수로 갖는 데이터 프레임 객체다. 주행속도 변수는 speed이고 정지거리 변수는 dist이다. 이것을 lm( ) 함수를 이용해서 선형회귀 추정을 한 결과가 z이다. 그리고 회귀계수 추정치는 z$coef이다. 그러므로 (5), (6)의 abline(z)와 abline(z$coef)는 abline(a=-17.579095, b=3.932409)을 실행한 것과 동일하다. 예상대로 주행 속도와 정지한 거리는 비례하고 있다. 다른 직선과 구별하기 위해서 lty(line type) 인수로 직선의 모양을 파선으로 바꾸고, lwd(line width) 인수를 이용해서 직선도 굵게 표시하였다. 결과는 그림 2.4와 같다.

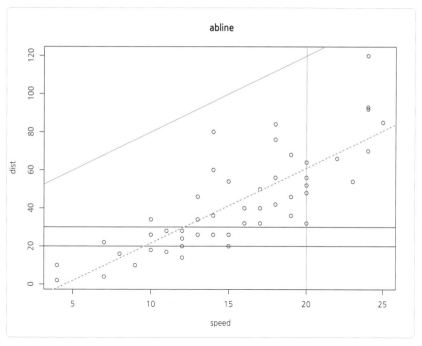

그림 2.4 abline( ) 함수의 사용 예제

2.3.3.2 lines( ) 함수

lines( ) 함수는 좌표의 점들을 이어서 선을 그리는 함수다. plot( ) 함수의 type 인수에 "l"을 사용한 것과 유사하며 좌표를 지정하는 방법도 plot( ) 함수와 동일하다. lty 인수로 선의 모양을 지정한다.

연습문제 2.4

lines( ) 함수를 이용해서 lty 인수 값에 따른 선의 유형을 비교할 수 있는 플롯을 그려보자.

```
> op <- par(no.readonly = TRUE)
> par(mar=c(0, 2, 3, 2))
> lty1 <- c("blank", "solid", "dashed", "dotted", "dotdash",
"longdash","twodash")
> lty2 <- c("33", "24", "F2", "2F","3313", "F252","FF29")
> plot(0:6, 0:6, type="n", ylim=c(0,20), xlab="", ylab="", main="lines")
> lines(c(1, 3), c(20, 20), lty = 1); text(4, 20, "1")
> lines(c(1, 3), c(19, 19), lty = 2); text(4, 19, "2")
> lines(c(1, 3), c(18, 18), lty = 3); text(4, 18, "3")
> lines(c(1, 3), c(17, 17), lty = 4); text(4, 17, "4")
> lines(c(1, 3), c(16, 16), lty = 5); text(4, 16, "5")
> lines(c(1, 3), c(15, 15), lty = 6); text(4, 15, "6")
> lines(c(1, 3), c(14, 14), lty = lty1[1]); text(4, 14, lty1[1])
> lines(c(1, 3), c(13, 13), lty = lty1[2]); text(4, 13, lty1[2])
> lines(c(1, 3), c(12, 12), lty = lty1[3]); text(4, 12, lty1[3])
> lines(c(1, 3), c(11, 11), lty = lty1[4]); text(4, 11, lty1[4])
> lines(c(1, 3), c(10, 10), lty = lty1[5]); text(4, 10, lty1[5])
> lines(c(1, 3), c(9, 9), lty = lty1[6]); text(4, 9, lty1[6])
> lines(c(1, 3), c(8, 8), lty = lty1[7]); text(4, 8, lty1[7])
> lines(c(1, 3), c(7, 7), lty = lty2[1]); text(4, 7, lty2[1])
> lines(c(1, 3), c(6, 6), lty = lty2[2]); text(4, 6, lty2[2])
> lines(c(1, 3), c(5, 5), lty = lty2[3]); text(4, 5, lty2[3])
> lines(c(1, 3), c(4, 4), lty = lty2[4]); text(4, 4, lty2[4])
> lines(c(1, 3), c(3, 3), lty = lty2[5]); text(4, 3, lty2[5])
> lines(c(1, 3), c(2, 2), lty = lty2[6]); text(4, 2, lty2[6])
> lines(c(1, 3), c(1, 1), lty = lty2[7]); text(4, 1, lty2[7])
> par(op)
```

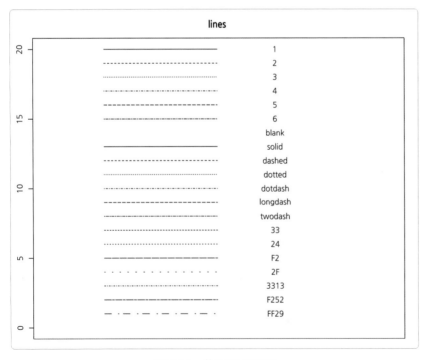

그림 2.5 lines( ) 함수의 사용 예제

lty 인수의 인수 값을 지정하는 방법에는 세 가지가 있다. 첫 번째는 1부터 6까지의 정수를 지정하는 방법으로 각각의 정수에 미리 정의된 모양으로 선을 그린다. 6보다 큰 정수를 지정하면 리사이클링 룰(recycling rule)[3]에 의해서 7은 1, 8은 2에 해당하는 선을 그린다. 두 번째는 선의 유형 이름을 문자열로 지정하는 방법이다. 선의 유형 이름에는 "blank", "solid", "dashed", "dotted", "dotdash", "longdash", "twodash"의 일곱 가지가 있다. 여기서 "blank"는 선이 없음을 의미하고, 나머지 여섯 개는 정수로 지정한 것과 동일하다. 즉 다음과 같은 관계가 성립한다.

- "solid"=1
- "dashed"=2
- "dotted"=3
- "dotdash"=4
- "longdash"=5
- "twodash"=6

세 번째 방법은 사용자가 임의의 패턴으로 선 모양을 정의하는 방법이다. 이 방법은 다음과 같은 두 가지 유형으로 나눌 수 있다.

- lty = "BW"
- lty = "BWBW"

인수 값에서 B는 black, W는 white를 의미하며 16진수를 사용한다. B는 검은색 길이를 의미하므로 선의 길이를, W는 하얀색 길이를 의미하므로 공백의 길이를 의미한다. 파선일 경우는 "33" 정도로 표시할 수 있다. 선의 길이가 3이고 공백의 길이가 3인 것이 반복해서 이루어진 선의 모양을 정의하는 것이다. 그러나 실제로는 선의 길이보다 공백의 길이가 조금 짧게 출력된다. 같은 3이라고 하지만 공백의 길이가 더 짧다. 그러므로 기하학적인 의미보다는 패턴으로 이해하는 것이 좋다. "F252"는 선의 길이가 15이고 공백의 길이가 2, 다시 선의 길이가 5이고 공백의 길이가 2인 반복 패턴을 정의한다. 선과 공백을 순서대로 반복해서 선을 그린다고 생각하면 된다.

　　plot( ) 함수에서 사용한 xlab(x-axis labels) 인수와 ylab(y-axis labels) 인수는 x-축과 y-축의 라벨(이름)을 지정하는 인수로 이 예에서는 x-축과 y-축의 이름을 출력하지 않기 위해서 ""을 입력하였다. lines( ) 함수는 abline( ) 함수처럼 lwd

---

3　　3장 1절에서 자세히 설명하므로 개념이 생소한 독자는 먼저 학습하는 것을 추천한다.

인수를 이용해서 선의 굵기를 지정하고 col(colors) 인수를 사용해서 선의 색상을 지정한다. 이 예제의 결과는 그림 2.5와 같다.

2.3.3.3 arrows( ) 함수

arrows( ) 함수는 화살표를 그리는 함수다. 이 함수는 좌표 값으로 네 개의 인수를 사용한다. 좌표에서 화살표의 시작점과 끝점을 나타내는 인수로 x0, y0, x1, y1을 사용한다. (x0, y0)는 시작점의 좌표이고, (x1, y1)은 끝점의 좌표다.

연습문제 2.5

arrows( ) 함수의 length, angle, code 인수 값에 따른 화살표의 모양을 비교할 수 있는 플롯을 그려보자.

```
> op <- par(no.readonly = TRUE)
> par(mar=c(0, 0, 2, 0))
> plot(1:9, type = "n", axes = FALSE, xlab = "", ylab = "", main = "arrows")
> arrows(1, 9, 4, 9, angle = 30, length = 0.25, code = 2)
> text(4.5, 9, adj = 0, "angle = 30, length = 0.25, code = 2(default)")
> arrows(1, 8, 4, 8, length = 0.5); text(4.5, 8, adj = 0, "length = 0.5")
> arrows(1, 7, 4, 7, length = 0.1); text(4.5, 7, adj = 0, "length = 0.1")
> arrows(1, 6, 4, 6, angle = 60); text(4.5, 6, adj = 0, "angle = 60")
> arrows(1, 5, 4, 5, angle = 90); text(4.5, 5, adj = 0, "angle = 90")
> arrows(1, 4, 4, 4, angle = 120); text(4.5, 4, adj = 0, "angle = 120")
> arrows(1, 3, 4, 3, code = 0); text(4.5, 3, adj = 0, "code = 0")
> arrows(1, 2, 4, 2, code = 1); text(4.5, 2, adj = 0, "code = 1")
> arrows(1, 1, 4, 1, code = 3); text(4.5, 1, adj = 0, "code = 3")
> par(op)
```

angle 인수는 화살의 각도를 나타내며 기본 값으로 30이 설정되어 있다. length 인수는 화살의 길이를 나타내는데, 단위는 인치(inch)이며 0.25가 기본 값으로 설정되어 있다. code 인수는 화살표의 모양을 설정한다. 0은 화살촉이 없는 선이고, 1은 시작점에 화살촉이 있는 화살표, 2는 끝점에 화살촉이 있는 화살표, 3은 시작점과 끝점 모두 화살촉이 있는 화살표를 의미한다.

arrows( ) 함수도 lty, lwd, col 인수를 사용하여 선의 형태, 굵기, 색상을 지정할 수 있다.

plot( ) 함수에서 사용한 axes 인수는 좌표축의 출력여부를 설정하는 인수인데 FALSE를 지정하여 좌표축을 표시하지 않았다. 이 인수의 기본 값은 TRUE다. text( ) 함수는 좌표에 문자열을 출력하는 함수로 이 절의 끝에서 다룬다. 이 예제의 결과는 그림 2.6과 같다.

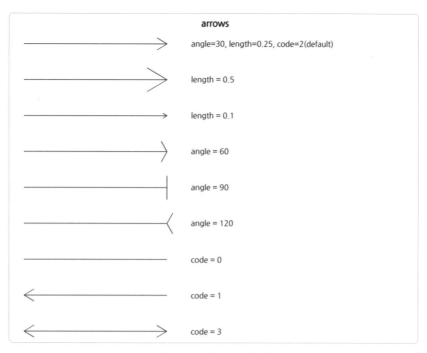

그림 2.6 arrows( ) 함수의 사용 예제

2.3.3.4 segments( ) 함수

segments( ) 함수는 좌표점들의 그룹을 만든 후 각각의 그룹별로 꺾은선을 그린다는 점만 빼고 lines( ) 함수와 동일한 기능을 한다. 그러므로 하나의 꺾은선이 아니라 여러 꺾은선을 한 좌표 상에 표현할 경우에 사용한다. 단순히 하나의 꺾은선을 그리는 경우라면 앞의 lines( ) 함수의 예제처럼 두 함수의 기능은 동일하다. 다음 예를 실행해보자.

연습문제 2.6

일양난수[4]와 정규난수[5]를 각각 12개씩 생성한 후 segments( ) 함수로 그룹화된 꺾은선 그래프를 그려보자.

```
> op <- par(no.readonly = TRUE)
> par(mar=c(4, 4, 3, 2), mfrow = c(2, 1))
> set.seed(3)
> x <- runif(12)
> set.seed(4)
> y <- rnorm(12)
> i <- order(x); x <- x[i]; y <- y[i]
> plot(x, y, main = "2 segments by segments function")
```

---

4   구간 [0,1]에서 동일한 확률로 추출되는 난수로 일양확률분포 기반에서 추출됨
5   평균이 0이고 표준편차가 1인 표준 정규분포로부터 추출되는 난수

```
> s <- seq(length(x) - 1)
> segments(x[s], y[s], x[s + 2], y[s + 2], lty = 1:2)     #(1)
> plot(x, y, main = "3 segments by segments function")
> s <- seq(length(x) - 2)
> segments(x[s], y[s], x[s + 3], y[s + 3], lty = 1:3)     #(2)
> box(which = "outer")
> par(op)
```

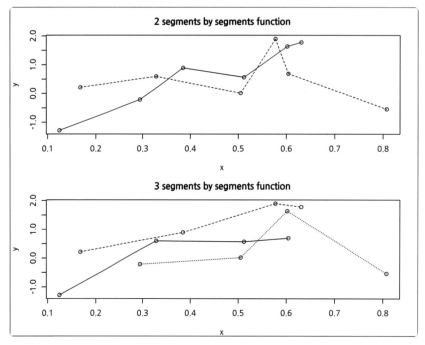

그림 2.7 segments( ) 함수의 사용 예제

(1)의 첫 번째 segments( ) 함수는 홀수 번째 점끼리 연결하여 하나의 꺾은선을 그리고, 짝수 번째를 점끼리 연결하여 또 하나의 꺾은선을 그린다. (2)의 두 번째 segments( ) 함수는 세 개의 꺾은선을 그린다. 이 예제의 결과는 그림 2.7과 같다.

만약 lines( ) 함수를 사용한다면 다음과 같이 각각 두 개와 세 개의 lines( ) 함수를 호출해야 할 것이다.

```
> par(mfrow = c(2, 1))
> plot(x, y, main = "Example segments by 2 segment")
> lines(x[seq(1, 12, 2)], y[seq(1, 12, 2)], lty = 1)
> lines(x[seq(2, 12, 2)], y[seq(2, 12, 2)], lty = 2)
> plot(x, y, main = "Example segments by 3 segment")
> lines(x[seq(1, 12, 3)], y[seq(1, 12, 3)], lty = 1)
> lines(x[seq(2, 12, 3)], y[seq(2, 12, 3)], lty = 2)
> lines(x[seq(3, 12, 3)], y[seq(3, 12, 3)], lty = 3)
> box(which = "outer")
> par(mfrow=c(1, 1))
```

2.3.4 면을 그리는 함수

면을 그리는 함수에는 box( ), rect( ), polygon( )이 있다. 각 함수의 사용법을 알아보자.

2.3.4.1 box( ) 함수

box( ) 함수는 현재의 그래픽 장치의 특정 영역에 사각형 상자를 그린다. 인수에는 which가 있는데 상자를 그릴 영역을 지정한다. 인수 값으로는 "outer", "inner", "plot", "figure"가 있다. "outer"는 그래픽 장치의 바깥쪽을 의미하며, "inner"는 바깥 마진의 안쪽 영역을 의미한다. "figure"는 그림 영역의 테두리를 의미하고 "plot"은 플롯 영역의 테두리를 의미한다. 기본 값으로 "plot"이 설정되어 있다.

연습문제 2.7

box( ) 함수를 이용해서 "outer", "inner", "plot", "figure" 영역을 표현해보자.

```
> op <- par(no.readonly = TRUE)
> # margin & outer margin
> par(mar = c(2, 2, 2, 2), oma = c(2, 2, 2, 2))
> set.seed(1)
> hist(rnorm(50), axes = F, xlab = "", ylab = "", main = "box")
> # 영역의 종류
> whichs <- c("outer", "inner", "plot", "figure")
> box(which = whichs[1], lty = 1, lwd = 1.2, col = "red")      #(1)
> box(which = whichs[2], lty = 2, lwd = 1.2, col = "black")    #(2)
> box(which = whichs[3], lty = 3, lwd = 1.2, col = "blue")     #(3)
> box(which = whichs[4], lty = 4, lwd = 1.2, col = "green")    #(4)
> legend(locator(1), legend = whichs, lwd = 1.2, lty = 1:4,
          col = c("red", "black", "blue", "green"))
> par(op)
```

플롯을 쉽게 이해하기 위해 par( ) 함수를 이용해서 여백을 조정하였다. hist( ) 함수는 히스토그램을 그리는 고수준 그래픽 함수다. 여기서는 50개의 정규난수의 분포를 히스토그램으로 출력하였다. 화면을 분할하지 않았기 때문에 which 인수 값으로 사용한 "inner"와 "figure"에 해당하는 상자의 위치가 동일하다. 그래서 (2)의 두 번째로 호출한 box( ) 함수로 그려진 상자가 (4)의 네 번째로 호출한 box( ) 함수의 인수 값 "figure"에 의해서 겹쳐져 버렸다. 색상과 선의 모양이 달라서 상자가 겹쳐져 그려졌음을 유추할 수 있다.

box( ) 함수의 bty 인수는 상자의 모양을 지정한다. 이 인수는 사실상 which 인수 값이 "plot"일 경우에만 유용하게 쓰일 수 있다. 그 이유는 bty 인수가 지정하는 상자의 모양이 플롯의 좌표축을 둘러싼 상자의 모양을 의미하기 때문이다. 그러므로 which 인수의 인수 값이 "plot"이 아닌 경우에는 굳이 사용할 필요가 없다. 이 예제의 결과는 그림 2.8과 같다.

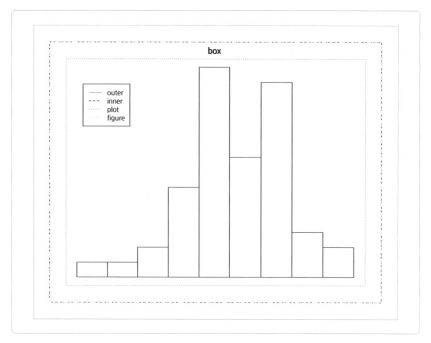

그림 2.8 box( ) 함수의 사용 예제

2.3.4.2 rect( ) 함수

rect( ) 함수는 플롯 영역 내부의 좌표 상에 사각형의 도형을 그린다. rect( ) 함수의 좌표를 지정하는 인수는 네 개다. xleft 인수는 사각형의 왼쪽 x-좌표, ybottom 인수는 아래쪽 y-좌표, xright 인수는 오른쪽 x-좌표, ytop 인수는 위쪽 y-좌표를 나타낸다. 각각의 인수에는 스칼라나 벡터가 올 수 있다.

　col 인수는 사각형 내부의 색상을 지정하고 border 인수는 사각형 테두리 색상을 지정한다. 만약에 border 인수를 사용하지 않으면 col의 인수 값으로 테두리의 색상이 결정된다. density 인수는 내부를 채우는 선의 밀도를 나타내며 1인치당 선의 개수를 의미한다. angle 인수는 내부를 채울 선의 기울기 각도를 도(degree) 단위로 지정하는데, 기본 설정 값은 45이다. density 인수의 기본 값은 NULL인데, 이 경우에는 angle 인수를 사용하는 것은 의미가 없다. lty 인수와 lwd 인수는 테두리와 내부의 선에 공통으로 적용된다.

연습문제 2.8

rect( ) 함수를 이용해서 다양한 사각형을 그려보자. col, border, density, lwd, lty 등의 인수를 적절하게 사용하여 표현해보자.

```
> op <- par(no.readonly = TRUE)
> par(mar = c(0, 2, 2, 2))
```

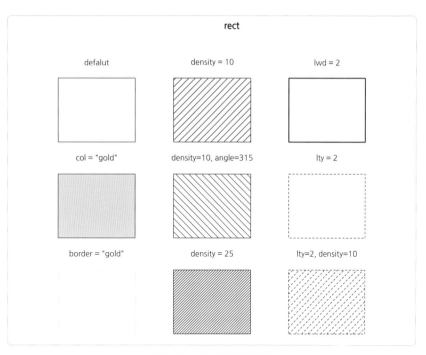

그림 2.9 rect( ) 함수의 사용 예제

```
> plot(1:10, type = "n", main = "rect", xlab = "", ylab = "", axes = F)
> rect(xleft = 1, ybottom = 7, xright = 3, ytop = 9)
> text(2, 9.5, adj = 0.5, "defalut")
> rect(1, 4, 3, 6, col = "gold")
> text(2, 6.5, adj = 0.5, "col = \"gold\"")
> rect(1, 1, 3, 3, border = "gold")
> text(2, 3.5, adj = 0.5, "border = \"gold\"")
> rect(4, 7, 6, 9, density = 10)
> text(5, 9.5, adj = 0.5, "density = 10")
> rect(4, 4, 6, 6, density = 10, angle = 315)
> text(5, 6.5, adj = 0.5, "density=10, angle=315")
> rect(4, 1, 6, 3, density = 25)
> text(5, 3.5, adj = 0.5, "density = 25")
> rect(7, 7, 9, 9, lwd = 2)
> text(8, 9.5, adj = 0.5, "lwd = 2")
> rect(7, 4, 9, 6, lty = 2)
> text(8, 6.5, adj = 0.5, "lty = 2")
> rect(7, 1, 9, 3, lty = 2, density = 10)
> text(8, 3.5, adj = 0.5, "lty=2, density=10")
> par(op)
```

예제 2.8을 실행하면, 그림 2.9와 같은 결과를 얻을 수 있다.

여러분은 rect( ) 함수를 응용하여 히스토그램과 막대그래프 등의 고수준 그래픽 함수와 범례 등의 저수준 그래픽 함수를 만들 수 있다. 일반적으로 저수준 그래픽 함수들을 적절하게 조합하여 고수준 그래픽 함수를 만드는 경우가 많다.

2.3.4.3 polygon( ) 함수

polygon( ) 함수는 좌표 점들을 이어서 다각형을 그리는 함수다. 좌표를 지정하는 방법은 plot( ) 함수와 같고 나머지 인수들은 rect( ) 함수와 같다. 단지 rect( ) 함수가 사각형을 그리는 반면에 polygon( ) 함수는 다양한 모양의 다각형을 그릴 수 있는 점만 다르다.

좌표를 나타내는 벡터를 순서대로 연결하고 마지막의 좌표에서는 첫 번째 좌표와 연결을 해서 다각형을 만든다. 만약 점의 개수가 두 개이면 단순히 선만 그린다. 점들을 이어서 다각형을 만들기 때문에 경우에 따라서는 다각형이 볼록하게 튀어 나오는 부분도 있고 오목하게 들어간 부분도 생기게 되며, 선분이 교차하는 다각형이 만들어질 수도 있다.

연습문제 2.9

polygon( ) 함수로 몇 개의 다각형을 그려보자. 또한 density, col, lty, lwd 인수 값을 적용하여 다양한 형태의 다각형을 표현해보자.

다음은 다양한 다각형을 출력하는 예제다.

```
> op <- par(no.readonly = TRUE)
> par(mar = c(0, 2, 2, 2))
> # 원 모양을 만들기 위해 theta를 구함
> theta <- seq(-pi, pi, length = 12)
> x <- cos(theta)
> y <- sin(theta)
> plot(1:6, type = "n", main = "polygon", xlab = "", ylab = "", axes = F)
> # 좌표 이동을 위한 작업
> x1 <- x + 2
> y1 <- y + 4.5
> polygon(x1, y1)
> x2 <- x + 2
> y2 <- y + 2
> polygon(x2, y2, col = "gold")
> x3 <- x + 5
> y3 <- y + 4.5
> polygon(x3, y3, density = 10)
> x4 <- x + 5
> y4 <- y + 2
> polygon(x4, y4, lty = 2, lwd = 2)
> text(2, 5.7, adj = 0.5, "defalut")
> text(2, 3.2, adj = 0.5, "col = \"gold\"")
> text(5, 5.7, adj = 0.5, "density = 10")
> text(5, 3.2, adj = 0.5, "lty = 2, lwd = 2")
> par(op)
```

예제에서는 polygon( ) 함수를 이용해서 정십일각형을 만들었다. 삼각 함수의 각도를 나타내는 수치형 벡터 theta[6]의 길이가 12이지만 -π와 π에 해당하는 좌표점이 겹쳐져서 십일각형이 된다. 그러므로 lines( ) 함수를 사용해도 동일한 십

---

6   2장 6.1절의 '원그리기' 참조

일각형을 얻을 수 있다. 만약 seq( ) 함수의 length 인수 값을 크게 해서 좌표 점의 개수를 늘리면, 그 다각형은 원의 모양에 가까워진다. 이렇게 만들어진 원은 반지름이 1인 원이다.

예제를 실행하면 그림 2.10과 같은 그래프를 얻을 수 있다.

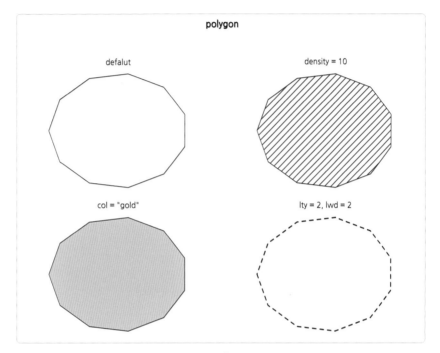

그림 2.10 polygon( ) 함수의 사용 예제

2.3.5 문자를 그리는 함수

문자를 그리는 함수에는 title( ) 함수, text( ) 함수, mtext( ) 함수 등이 있다. 이들은 플롯의 제목, 축의 라벨을 출력하거나 특정 위치에 문자열로 부연 설명 등을 나타내는 용도로 사용한다.

2.3.5.1 title( ) 함수

title( ) 함수는 함수의 이름처럼 플롯에 타이틀을 출력하는 함수다. 출력할 수 있는 타이틀의 종류는 네 개로 각각의 인수를 지정하여 출력한다. 인수에는 메인 타이틀을 정의하는 mian 인수, 서브 타이틀을 지정하는 sub 인수, x-축의 이름을 지정하는 xlab 인수, y-축의 이름을 지정하는 ylab 인수가 있다. 각각의 인수 값으로는 문자열을 사용한다. 이들 네 개의 인수는 하나의 title( ) 함수 안에서 사용할 수도 있으며 각각 개별 title( ) 함수로 나누어서 사용할 수도 있다.

메인 타이틀은 마진 3에 출력되고, 서브 타이틀은 마진 1에 출력된다. x-축의 이름도 마진 1에 출력되며, y-축의 이름은 마진 2에 출력된다. line 인수를 사용하여 각각 영역에서의 위치를 지정할 수 있다. outer 인수는 기본 값이 FALSE인데, TRUE로 지정하면 마진이 아닌 바깥 마진에 출력된다. R 그래프의 영역은 앞의 그림 2.1을 참고하자.

연습문제 2.10

title( ) 함수로 그래프의 메인 타이틀과 서브 타이틀, x-축의 이름, y-축의 이름을 출력해보자.

다음은 타이틀과 축의 이름을 출력하는 예제다.

```
> op <- par(no.readonly = TRUE)
> par(mar = c(4, 4, 4, 4), oma = c(4, 0, 0, 0))
> set.seed(2)
> plot(rnorm(20), type = "o", xlab = "", ylab = "")
> title(main = "Main title on line1", line = 1)
> title(main = "Main title on line2", line = 2)
> title(main = "Main title on line3", line = 3)
> title(sub = "subtitle on line1", line = 1, outer = T)
> title(sub = " subtitle on line2", line = 2, outer = T)
> title(sub = " subtitle on line3", line = 3, outer = T)
> title(xlab = "X lable on line1", line = 1)
> title(xlab = "X lable on line2", line = 2)
> title(xlab = "X lable on line3", line = 3)
> title(ylab = "Y lable on line1", line = 1)
> title(ylab = "Y lable on line2", line = 2)
> title(ylab = "Y lable on line3", line = 3)
> par(op)
```

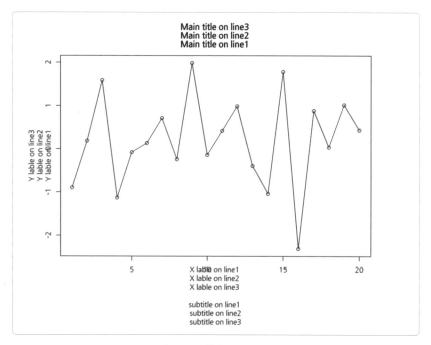

그림 2.11 title( ) 함수의 사용 예제

이 예제에서는 par( ) 함수의 oma(outer margins area) 인수를 이용하여 바깥 마진 1의 여백 크기를 4로 지정했다. 그 이유는 서브 타이틀의 위치와 x-축의 위치가 같게 출력되어서 서브 타이틀의 출력 위치를 바깥 마진 1로 지정하기 위해서다.

title( ) 함수는 글자의 색상, 크기, 모양을 지정할 수도 있으며 수식 문자를 출력할 수도 있다. 예제를 실행하면 그림 2.11과 같은 그래프를 얻을 수 있다.

2.3.5.2 text( ) 함수

text( ) 함수는 플롯 영역의 좌표에 문자를 출력하는 함수다. 좌표는 x, y의 인수로 지정하며 labels 인수에 출력할 문자를 지정한다. 앞서 조금 다루었지만, 다음 예제를 통해 text( ) 함수에 대해 좀 더 자세하게 알아보자.

연습문제 2.11

text( ) 함수로 다양한 글자를 그래프 영역에 출력해보자.

```
> op <- par(no.readonly = TRUE)
> par(mar = c(0, 0, 2, 0))
> plot(1:10, 1:10, type = "n", xlab = "", ylab = "", main = "text")
> text(1.5, 9, adj = 0, labels = "피타고라스의 정리(定理)")
> polygon(c(5, 3, 5), c(9, 7, 7))
> polygon(c(5, 5, 4.8, 4.8), c(7, 7.2, 7.2, 7))
> text(3.64, 8.36, adj = 0, labels = "c")
> text(3.94, 6.67, adj = 0, labels = "a")
> text(5.36, 7.95, adj = 0, labels = "b")
> # Example expression labels
> text(1.5, 8, adj = 0, labels = expression(c^2 == a^2 + b^2))
> text(1.5, 6, adj = 0, labels = expression(cos(r^2) * e^{-r/6}))
> text(2, 3, adj = 0.3, labels = expression(z[i] == sqrt(x[i]^2 + y[i]^2)))
> text(9, 4, adj = 1, labels = expression(f(x) == frac(1, sqrt((2 *
      pi)^n ~ ~det(Sigma[x]))) ~ ~exp * bgroup("(", -frac(1, 2) ~ ~(x -
      mu)^T * Sigma[x]^-1 * (x - mu), ")")))
> text(5, 5, adj = 0.5, labels = expression(y == bgroup("(", atop(a ~ ~b, c ~ ~d), ")")))
> # Example position by pos
> points(8, 8, pch = 16)
> text(8, 8, "position1", pos = 1)
> text(8, 8, "position2", pos = 2)
> text(8, 8, "position3", pos = 3)
> text(8, 8, "position4", pos = 4)
> # Example offset
> points(8, 6, pch = 16)
> text(8, 6, "offset1", pos = 1, offset = 1)
> text(8, 6, "offset2", pos = 2, offset = 1.5)
> text(8, 6, "offset3", pos = 3, offset = 2)
> text(8, 6, "offset4", pos = 4, offset = 2.5)
> # Example adj by adj(x, y)
> text(4, 2, "at(4, 2) left/top by adj = c(0, 0)", adj = c(0, 0))
> text(4, 1.5, "at(4, 2) center/bottom by adj = c(0.5, 1)", adj = c(0.5, + 1))
> text(8, 3, "at(8, 3) right/middle by adj = c(1, 0.5)", adj = c(1, 0.5))
> par(op)
```

adj(adjust) 인수는 문자열의 정렬 방식을 지정한다. 0부터 1까지의 값을 가질 수 있는데 0은 왼쪽 정렬, 1은 오른쪽 정렬, 0.5는 가운데 정렬을 의미한다. 0.3,

0.7 등의 값을 사용할 수도 있다. 0.3은 왼쪽 정렬과 가운데 정렬을 혼합한 형태고, 0.7은 오른쪽 정렬과 가운데 정렬을 혼합한 형태라 할 수 있다. adj 인수에 길이가 2인 벡터를 사용하면 (x, y)의 정렬이 된다. 즉 앞의 x는 왼쪽, 가운데, 오른쪽 등 x-축에 대한 정렬이고, 뒤의 y는 위, 중간, 아래 등 y-축에 대한 정렬을 의미한다. 그러므로 adj 인수는 좌우 정렬과 상하 정렬의 두 가지 방법으로 사용할 수 있는 셈이다.

labels 인수에 출력할 문자를 입력하면 지정한 좌표 점에 문자가 출력된다. 만약 expression( ) 함수를 사용하면 일반 문자가 아닌 수식 문자를 출력할 수도 있다. 그러기 위해서는 expression( ) 함수가 인식할 수 있는 문법으로 표현해야 한다. 이 부분의 자세한 설명은 R 도움말 및 plotmath 데모를 참조하기 바란다. plotmath 데모를 보려면, R 콘솔에서 demo(plotmath)를 입력하면 된다.

pos(position) 인수는 지정한 좌표 점을 기준으로 아래, 왼쪽, 위, 오른쪽의 점의 위치를 지정한다. 마진을 지정할 때와 기본 값이 같아서 1, 2, 3, 4 중에 하나의 값을 취할 수 있다. pos 인수는 adj 인수와 유사하다.

offset 인수는 pos 인수와 함께 사용한다. 이 값은 좌표에서 pos 방향으로 얼마나 떨어져서 문자를 출력할지를 설정하는 인수다. 그러므로 offset 인수 하나만 사용하는 것은 의미가 없다. 예제를 실행하면 그림 2.12와 같은 그래프를 얻을 수 있다.

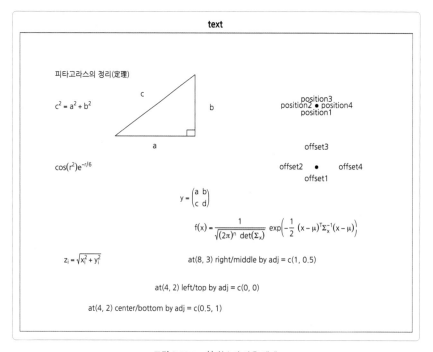

그림 2.12 text( ) 함수의 사용 예제

2.3.5.3 mtext( ) 함수

mtext( ) 함수는 마진이나 바깥 마진에 문자를 출력하는 함수다. side 인수로 여백의 위치를 지정하며 text 인수에 출력할 문자를 지정한다. title( ) 함수와 기능 면에서 유사하다. line과 outer 인수도 title( ) 함수와 동일한 기능을 한다. 아마 mtext( ) 함수를 이용해서 title( ) 함수를 쉽게 구현할 수도 있을 것이다. 이처럼 저수준 그래픽 함수는 마치 분자를 구성하는 원소와 같아서 고수준 그래픽 함수를 정의하는 데 사용되거나 같은 저수준 그래픽 함수를 만드는 데도 이용된다.

연습문제 2.12

유사점을 비교할 수 있도록 그림 2.13과 같은 그래프를 그려보자. 다음은 mtext( ) 함수와 title( ) 함수를 비교하는 예제다.

```
> op <- par(no.readonly = TRUE)
> par(mar = c(4, 4, 4, 4), oma = c(4, 0, 0, 0))
> set.seed(5)
> plot(rnorm(20), type = "o", xlab = "", ylab = "")
> mtext("Position3 on line1", line = 1)
> mtext("Position3 on line2", side = 3, line = 2)
> mtext("Position3 on line3", side = 3, line = 3)
> mtext("Outer position1 on line1", side = 1, line = 1, outer = T)
> mtext("Outer position1 on line2", side = 1, line = 2, outer = T)
> mtext("Outer position1 on line3", side = 1, line = 3, outer = T)
> mtext("Position1 on line1", side = 1, line = 1, adj = 0)
> mtext("Position1 on line2", side = 1, line = 2, adj = 0.5)
> mtext("Position1 on line3", side = 1, line = 3, adj = 1)
> mtext("Position2 on line1", side = 2, line = 1, adj = 0)
> mtext("Position2 on line2", side = 2, line = 2, adj = 0.5)
> mtext("Position2 on line3", side = 2, line = 3, adj = 1)
> mtext("at 0, Posion4 on line1", side = 4, line = 1, at = 0)
> mtext("at 0, adj 0, Position4 on line2", side = 4, line = 2, at = 0, adj = 0)
> mtext("at 0, adj 1, Position4 on line3", side = 4, line = 3, at = 0, adj = 1)
> par(op)
```

adj 인수는 마진 1이나 마진 3, 즉 위와 아래의 여백에서는 0이 왼쪽, 1이 오른쪽 정렬을 의미한다. 마진 2이나 마진 4, 즉 왼쪽과 오른쪽의 여백에서는 0이 아래쪽, 1이 위쪽 정렬을 의미한다. 또한 padj(perpendicular adjustment) 인수도 있는데 이 인수는 마진 1이나 마진 3에서는 높이에 대한 정렬이고, 마진 2이나 마진 4에서는 좌우에 대한 정렬을 의미하는 인수다. at 인수는 좌표 값의 기준으로 정렬을 지정한다. 이 예제에서는 y-축의 값이 0인 위치를 지정하였다. 이때 adj 인수 값이 1이면 문자열의 오른쪽이 0에, 인수 값이 0이면 문자열의 왼쪽이 0의 위치에 정렬된다. adj 인수의 기본 값은 0.5로 문자열의 중앙이 0의 위치에 정렬되었다. 예제를 실행하면 그림 2.13과 같은 그래프를 얻을 수 있다.

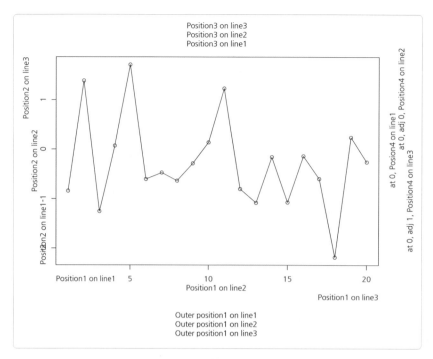

그림 2.13 mtext( ) 함수의 사용 예제

2.3.6 범례를 그리는 함수

2.3.6.1 legend( ) 함수

범례는 두 개 이상의 변수를 표현한 플롯에서 변수가 어떻게 표현되었는지를 그 모양으로 설명하는 정보인데 legend( ) 함수로 그린다.

범례의 종류는 크게 세 가지가 있다. 첫째는 점을 구분하는 범례로 산점도처럼 점으로 표현하는 플롯에 사용한다. 둘째는 선으로 구분하는 범례로 추세선과 같은 선 그래프에 이용되는 것이다. 이 두 가지를 혼합한 형태의 범례도 가능하다. 마지막은 면으로 구분하는 범례로 히스토그램이나 막대 그래프에 이용된다. 점을 사용하는 범례는 pch 인수를, 선을 사용하는 범례는 lty 인수를 이용하는데, 두 가지 인수를 다 사용하면 선과 점을 혼합한 범례를 만들 수 있다. 면을 사용하는 범례는 fill 인수를 이용한다.

범례의 위치를 지정하는 방법에는 세 가지가 있다. 일단 첫 번째는 (x, y) 좌표를 이용하는 방법이고, 두 번째는 위치를 나타내는 문자를 이용하는 방법이다. 위치를 나타내는 문자는 하단 예제를 참고하기 바란다. 세 번째는 locator( ) 함수를 이용하는 방법으로 첫 번째 방법을 응용한 것이다. locator( ) 함수가 호출되면 십자가 모양의 마우스 커서가 나타나는데, 플롯 영역을 클릭하면 해당 좌표의 x와 y값을 반환한다. 그 좌표에 범례를 생성할 수 있기 때문에 사용자가 임

의로 빈 공간을 선택해서 범례를 위치시킬 때 사용할 수 있는 아주 유용한 방법
이다. legend( ) 함수는 이렇게 세 가지 방법으로 지정한 좌표 점에 범례의 좌측
상단을 위치시킨다.

연습문제 2.13

legend( ) 함수를 이용해서 플롯에 범례를 표시하자.

다음은 플롯에 범례를 표시하는 예제다.

```
> plot(1:10, type = "n", xlab = "", ylab = "", main = "legend")
> legend("bottomright", "(x, y)", pch = 1, title = "bottomright")
> legend("bottom", "(x, y)", pch = 1, title = "bottom")
> legend("bottomleft", "(x, y)", pch = 1, title = "bottomleft")
> legend("left", "(x, y)", pch = 1, title = "left")
> legend("topleft", "(x, y)", pch = 1, title = "topleft")
> legend("top", "(x, y)", pch = 1, title = "top")
> legend("topright", "(x, y)", pch = 1, title = "topright")
> legend("right", "(x, y)", pch = 1, title = "right")
> legend("center", "(x, y)", pch = 1, title = "center")
> legends <- c("Legend1", "Legend2")
> legend(3, 8, legend = legends, pch = 1:2, col = 1:2)
> legend(7, 8, legend = legends, pch = 1:2, col = 1:2, lty = 1:2)
> legend(3, 4, legend = legends, fill = 1:2)
> legend(7, 4, legend = legends, fill = 1:2, density = 30)
> legend(locator(1), legend = "Locator", fill = 1)
```

예제 2.13을 수행하면 legend( ) 함수는 그림 2.14와 같이 다양한 위치에 범례를
그린다.

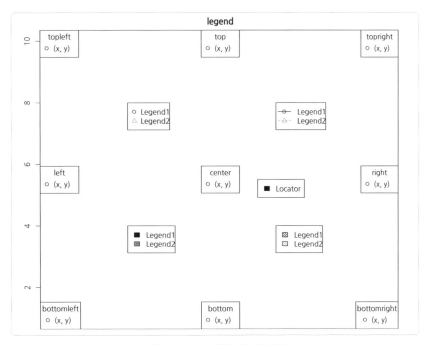

그림 2.14 legend( ) 함수의 사용 예제

2.3.7 좌표축을 그리는 함수

일반적으로 고수준 그래픽 함수를 이용해서 플롯을 그리면 좌표축과 각 축들의 이름이 자동으로 출력된다. 그러나 획일화된 모습으로 출력되기 때문에 사용자가 다른 모양이나 위치에 출력하고자 한다면 저수준 그래픽 함수로 그려야한다.

2.3.7.1 axis( ) 함수

plot( ) 함수를 이용하거나 hist( ) 함수 등을 이용해서 플롯을 그리면 x-축은 마진 1에, y-축은 마진 2에 그려진다. 그런데 y-축을 오른쪽에 그리려면 어떻게 할까? 또 좌표의 구간을 사용자가 임의로 나누려면 어떻게 할까? 이런 경우 마진이나 바깥 마진에 좌표축을 그리는 axis( ) 함수가 그 해답을 줄 수 있다.

axis( ) 함수는 side 인수를 이용해서 좌표축을 그릴 위치를 지정한다. 이 함수에서는 outer 인수를 이용해서 바깥 마진에 좌표축을 그리고, line 인수를 사용해서 좌표축을 그릴 라인 위치를 설정할 수 있다. 이는 mtext( ) 함수와 같다. col 인수는 좌표축의 선과 틱(ticks)[7]마크의 색상을 지정하고, col.axis 인수는 틱 마크의 라벨 색상을 지정한다. 만약 두 개의 인수를 동시에 사용할 경우 틱 마크의 색상은 col 인수를 따르고, 틱 마크의 라벨은 col.axis 인수를 따른다. 이때 tick 인수의 값이 FALSE면 라벨 표시하고, 틱 마크는 표시하지 않는다. 또 at 인수는 기준점을 정의하고, pos(position) 인수는 좌표축을 마진이 아닌 플롯 영역에 출력하는 위치를 지정한다.

연습문제 2.14

axis( ) 함수를 이용해서 그래프의 축을 조정하자.

다음은 그래프의 축을 조정하는 예제다.

```
> op <- par(no.readonly = TRUE)
> par(oma = c(0, 0, 2, 0))
> plot(1:5, type = "l", main = " axis", axes = FALSE, xlab = "", ylab = "")
> axis(side = 1, at = 1:5, labels = LETTERS[1:5], line = 2)
> # tick = F 이므로 col.axis는 의미 없음
> axis(side = 2, tick = F, col.axis = "blue")
> axis(side = 3, outer = T)
> axis(side = 3, at = c(1, 3, 5), pos = 3, col = "blue", col.axis = "red")
> axis(side = 4, lty = 2, lwd = 2)
> par(op)
```

이 예제는 그림 2.15와 같은 플롯을 출력한다.

---

7   플롯에서 좌표축에 그려진 등 간격의 눈금을 의미한다.

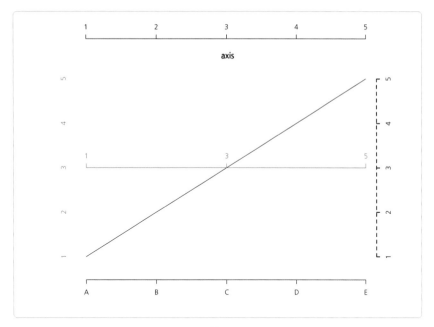

그림 2.15 axis( ) 함수의 사용 예제

2.3.8 기타 저수준 그래픽 함수

이 밖에 유용한 몇 개의 저수준 그래픽 함수에 대해 알아보자.

2.3.8.1 grid( ) 함수

grid( ) 함수는 좌표 평면에 격자를 그린다. 격자를 그리면 좌표 평면의 점들에 대한 지시선으로 작용해서 해당 좌표 값의 위치를 쉽게 파악할 수가 있다.

연습문제 2.15

grid( ) 함수로 좌표 평면에 출력된 좌표 점들의 지시선을 그리자.

다음 예제의 결과는 그림 2.16과 같다.

```
> op <- par(no.rcadonly = TRUE)
> par(mar = c(4, 4, 2, 2), mfrow = c(2, 1))
> plot(iris$Sepal.Length, iris$Sepal.Width, pch = 16, col = as.integer(iris$Species))
> # (1)
> grid( )
> title("grid( )")
> plot(iris$Sepal.Length, iris$Sepal.Width, pch = 16, col = as.integer(iris$Species))
> # (2)
> grid(3, 4, lty = 1, lwd = 1.2, col = "blue")
> title("grid(3, 4, lty = 1, lwd = 2, col = \"blue\")")
> par(op)
```

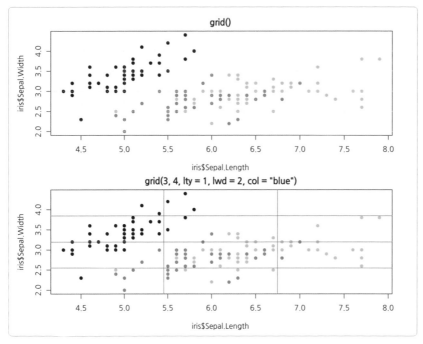

그림 2.16 grid( ) 함수의 사용 예제

예제의 (1)은 grid( ) 함수의 기본형으로 격자는 x-축과 y-축의 틱 마크에 선을 그어 만들어진다. 이때 격자선의 색상은 "lightgray", 선의 유형은 "dotted"로 그려진다는 것을 알 수 있다. (2)는 x-축에는 3개의 격자, y-축에는 4개의 격자를 생성한다. 그러므로 x-축에는 2개의 선이 그려지고, y-축에는 3개의 선이 그려진다. 선의 색상은 파란색, 굵기는 2로 지정된다.

2.3.8.2 rug( ) 함수

그래프에 일차원 정보인 러그(rug)를 추가하는 rug( ) 함수가 있다. 러그란 데이터들을 일차원의 좌표축에 표시하는 방법으로 자료의 밀도에 따라 띠 모양의 선이 그려진다.

연습문제 2.16

rug( ) 함수로 좌표축에 데이터의 밀도에 러그를 추가하여 그려보자.

다음 예제의 결과는 그림 2.17과 같다.

```
> op <- par(no.readonly = TRUE)
> par(mar = c(4, 4, 2, 2), mfrow = c(2, 1))
> plot(density(quakes$lat), main = "rug(lat)")
> # (1)
> rug(quakes$lat)
```

```
> plot(density(quakes$long), main = "side=3, col='blue', ticksize=0.04")
> # (2)
> rug(quakes$long, side = 3, col = "blue", ticksize = 0.04)
> par(op)
```

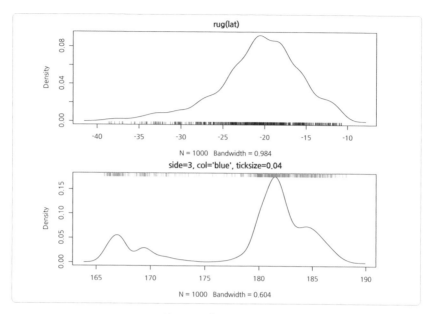

그림 2.17 rug( ) 함수의 사용 예제

예제에서 사용한 density( ) 함수는 데이터의 밀도(density)를 추정하는 함수다. 예제 (1)은 기본 형태의 러그를 만드는데, 그 위치는 아래쪽(side 1)에 생성된다. (2)는 윗쪽(side 3)에 러그를 만들며 선의 색상은 파란색, ticksize는 0.04로 지정한다. 밀도곡선의 높이가 높을수록 러그의 밀도가 크게 출력된다는 것을 알 수 있다. 이차원 플롯보다는 정보가 부족하지만 밀도의 크기를 비교하는 수준의 정보로는 가치가 있다.

2.3.8.3 chull( ) 함수

chull( ) 함수는 좌표 점들의 집합이 주어졌을 때 모든 점을 포함하는 볼록한 (convex) 테두리(hull) 좌표 점들의 원소를 구하는 함수다. chull( ) 함수는 직접 플롯을 그리지는 않지만, 플롯을 그리는 정보로 이용된다.

연습문제 2.17

chull( ) 함수로 산점도에서 출력된 점들을 묶어 그려보자.

다음 예제의 결과는 그림 2.18과 같다.

```
> set.seed(1)
> dot <- matrix(rnorm(200), ncol = 2)
> plot(dot)
> chull.data <- chull(dot)
> polygon(dot[chull.data, ], angle = 45, density = 15, col = "red")
> title(main = "Polygon by chull")
```

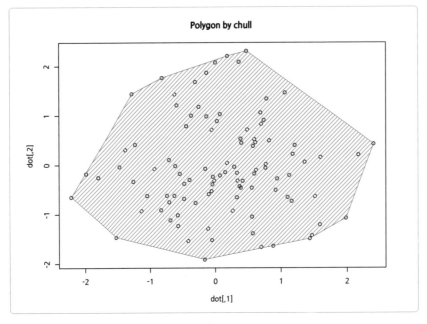

그림 2.18 chull( ) 함수의 사용 예제

2.4 par( ) 함수

플롯을 출력하는 그래픽 장치는 여러 가지 그래픽 인수(graphical parameters)를 가지고 있다. 그래픽 인수는 그래픽 속성을 정의한 값으로, 화면의 분할 방법 및 마진, 글자의 크기 및 색상 등의 설정 값이다. 그러므로 그래픽 인수의 설정으로 플롯의 모양과 그래픽 환경을 다양하게 조정할 수 있다. par( ) 함수는 그래픽 인수를 조회하거나 설정하는데, 이 절에서는 par( ) 함수를 이용해서 플롯의 출력을 조정하는 방법을 학습한다.

2.4.1 mfrow, mfcol 인수와 유사함수

그림 영역을 분할해서 플롯 영역을 만들고 배치의 순서를 설정하는 인수다. 일반석으로 한 화면에 여러 플롯을 그려 비교하는 경우에 유용하다. 이미 앞선 예제에서 다룬 바 있다. 기본 값은 mfrow=c(1, 1)과 mfcol=c(1, 1)로, 두 가지 모두 한 화면에 하나의 플롯을 그리도록 그래픽 환경을 설정한다.

mfrow와 mfcol의 인수 값은 c(nr, nc)와 같은 길이가 2인 벡터를 사용한다. 이 인수 값을 이용해서 그림 영역(figure region)를 등간격(동일한 간격)으로 분할하여 nr * nc개의 플롯 영역(plot region)을 만든다. 이때, nr은 분할하려는 행의 개수를 의미한다. 마찬가지로 nc는 분할하려는 열의 개수를 의미한다. 이렇게 미리 분할한 플롯 영역에 고수준 그래픽 함수에 의해 플롯이 그려진다.

mfrow 인수는 그려지는 플롯을 배치할 때 행 우선으로 배치하고, mfcol 인수는 열 우선으로 배치한다. 예를 들면 mfrow=c(3, 2)의 경우는 3행 2열의 6개 플롯 영역을 만든다. 그리고 호출되는 고수준 그래픽 함수에 의해서 1행 2열, 1행 2열, 2행 1열, 2행 2열, 3행 1열, 3행 2열의 위치에 차례로 플롯이 그려진다.

2.4.1.1 layout( ) 함수

mfrow, mfcol 인수와 유사한 기능을 하는 함수로는 layout( )이 있다. 경우에 따라서는 이 함수가 확장성이 더 뛰어나고 유용할 수 있다. mfrow, mfcol 인수는 그림 영역을 가로와 세로를 격자처럼 대칭으로 분할하는데, layout( ) 함수는 대칭이 아닌 모양으로도 분할이 가능하다.

연습문제 2.18

layout( ) 함수로 화면을 분할하여 그래프를 그려보자.

이 예제는 그림 2.19와 같은 그래프를 출력한다.

```
> (m <- matrix(c(1, 1, 2, 3), ncol = 2, byrow = T))
     [,1] [,2]
[1,]    1    1
[2,]    2    3
> layout(mat = m)
> plot(cars, main = "scatter plot of cars data", pch = 19, col = 4)
> hist(cars$speed)
> hist(cars$dist)
```

layout( ) 함수는 인수 값이 행렬 객체인 mat 인수를 이용해서 화면을 분할한다. 예제에서 행렬 m의 크기가 2행 2열이므로 그래픽 영역도 2행 2열의 네 개 영역으로 균등하게 분할된다. 그런데 행렬의 원소가 1, 2, 3으로 구성되었으므로 1번부터 3번까지의 세 개의 영역으로 조정된다. 행렬의 1행의 원소가 모두 1로 채워졌기 때문에 화면은 하나로 합쳐지고 1번 영역으로 인식된다. 2행 1열의 원소가 2이므로 왼쪽 아래의 화면은 2번 영역으로 인식된다. 마찬가지로 2행 2열의 원소가 3이므로 오른쪽 아래의 화면은 3번 영역으로 인식된다.

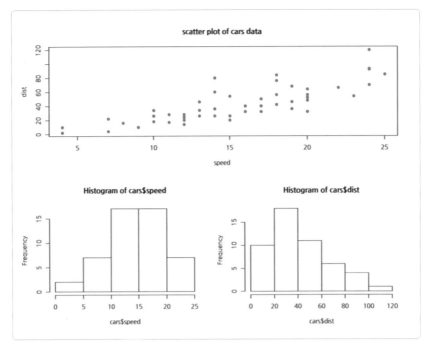

그림 2.19 layout( ) 함수의 사용 예제

화면이 분할된 이후에는 고수준 그래픽 함수가 호출되는 순서에 따라 1번 영역, 2번 영역, 3번 영역의 순으로 플롯을 배치한다. layout( ) 함수는 각각의 영역에 대한 높이와 너비도 지정할 수 있으며 행렬을 복잡하게 생성할수록 복잡한 모양의 화면 분할이 가능하다.

2.4.1.2 layout.show( ) 함수

layout.show( ) 함수는 layout( ) 함수를 이용해서 분할한 그래픽 화면의 모양을 파악할 수 있도록 해당 구역의 테두리에 선을 그린다.

2.4.1.3 split.screen( ) 함수군

split.screen( )도 하나의 그래픽 장치를 여러 개의 화면으로 분할하는 함수다. 이 함수를 사용하면 layout( )처럼 화면을 자유자재로 분할하여 플롯을 그릴 수 있다. 그리고 layout( ) 함수보다 더 부가적인 기능을 수행하는 몇 개의 함수를 제공한다. split.screen( ) 함수군에는 화면을 분할하는 split.screen( )와 분할된 화면을 지정하는 screen( ), 지정된 화면의 플롯을 지우는 erase.screen( ), 화면 분할의 작업을 마치는 close.screen( )가 있다.

연습문제 2.19

split.screen( ) 함수군을 사용하는 그래프를 그려보자. split.screen( )으로 화면을 분할하고 screen( )
으로 화면을 지정해보자. 또한 erase.screen( )으로 화면을 지우고 마지막으로 close.screen( )으로
화면을 닫아라.

다음 예제를 실행하면, 그림 2.20과 같은 결과를 얻을 수 있다. 결과는 layout( )
함수를 사용한 것과 동일하게 출력되었다.

```
> op <- par(no.readonly = TRUE)
> # 바탕색을 흰색으로 지정
> par(bg = "white")
> # 상하 2개로 화면 분할
> split.screen(fig = c(2, 1))            #(1)

[1] 1 2

> # 2번(아래) 화면을 좌우 두 개로 분할
> split.screen(c(1, 2), screen = 2)      #(2)

[1] 3 4

> # 3번(아래 왼쪽) 화면을 지정
> screen(n = 3)                          #(3)
> hist(cars$speed)
> # 1번(위쪽) 화면을 지정
> screen(1)                              #(4)
> plot(cars, main = "scatter plot of cars data by split.screen")
> # 4번(아래 오른쪽) 화면을 지정                #(5)
> screen(4)
> hist(cars$dist)
> # 1번 화면을 바탕색으로 칠함(지움)
> erase.screen(n = 1)                    #(6)
> # 다시 1번 화면(위쪽)을 지정
> screen(1)                              #(7)
> plot(cars, main = "scatter plot of cars data by split.screen", pch = 19,
       col = "blue")
> # 화면 분할 정의를 마침
> close.screen(all = TRUE)               #(8)
> par(op)
```

이 예제를 한 줄 한 줄 실행해야만 각 함수가 어떤 작용을 하는지 이해할 수 있
으므로 모든 라인의 소스를 한꺼번에 수행하지 말고 한 줄씩 수행하기 바란다.

split.screen( ) 함수는 fig 인수로 화면을 분할한다. 이 인수 값은 두 개의 원소
를 갖는 정수 벡터를 사용하는데, 앞의 것이 행의 분할 개수이고 뒤의 것이 열의
분할 개수다. 또한 이 함수에서 screen 인수는 분할하려는 화면의 번호를 지정
한다. 예제에서는 (1)로 c(2, 1)로 화면을 2행 1열, 즉 상하 두 개로 나누고, (2)로
다시 아래의 화면을 좌우 두 개로 나누었다. 그리고 이 함수는 화면 번호를 반환
하였다. 그러므로 반환된 화면 번호를 보고 분할하려는 화면이나 플롯을 그릴
화면을 지정하면 된다. 예제에서는 2번 화면을 반으로 나누어서 3번과 4번 화면
으로 분할한 것이다.

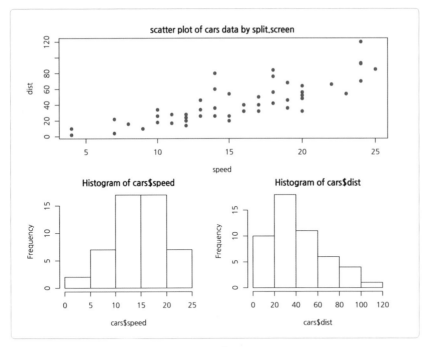

그림 2.20 split.screen( ) 함수의 사용 예제

(3)과 (5)의 screen( ) 함수로 3번과 4번 화면을 지정한 후 플롯을 그리면 3번과 4번 화면의 영역에 플롯이 출력된다. 그 이유는 3번과 4번 화면이 2번 화면을 분할하여 만들어진 화면이기 때문이다. 그러므로 의도한 대로 플롯이 그려지도록 주의해서 화면 번호를 지정해야 한다. (6)의 erase.screen( ) 함수는 지정한 화면을 전경색으로 칠해 화면에 그려진 플롯을 지운다. 주의할 것은 전경색이 기본설정인 par(bg="transparent")로 되어 있다면 아무런 효과가 없다는 점이다. "transparent" 색상이 투명색이기 때문이다.

여기서는 erase.screen( ) 함수로 점의 내부 색상이 흰색인 산점도가 그려진 화면을 지운 다음, 점의 색상인 파란색인 산점도를 그렸기 때문에 화면의 점 색상이 파란색으로 변한다. 마지막으로 (7)의 close.screen( ) 함수로는 화면 분할 작업을 했다.

그래픽 장치의 환경 변수는 전역 변수(코드 전체에서 사용되는 변수)라서 par( ) 함수로 환경설정을 바꾸면 R 세션이 종료되기 전까지 변경된 인수의 값이 플롯 생성에 영향을 미친다. 그래서 par( ) 함수가 호출되기 전에 op <- par(no.readonly = TRUE) 구문으로 op에 그래픽 환경 변수를 저장하고, par( ) 함수가 호출된 후 맨 마지막에 par(op)로 저장된 환경 변수들로 환경 변수를 되돌렸다. 이 방법은 앞으로 par( ) 함수가 호출되는 예제에서 자주 사용할 것이다.

2.4.2 fig 인수

fig 인수는 그래픽 장치의 영역에서 그림 영역(figure region)의 크기와 위치를 설정한다. 인수 값은 c(x1, x2, y1, y2) 형식으로 지정한다. x1는 그래픽 장치의 영역에서 그림 영역이 차지할 좌측 위치를 x2는 우측 위치를 지정한다. 마찬가지로 y1과 y2는 하단과 상단의 위치를 지정한다. 위치를 나타내는 값의 최소 값과 최대 값은 각각 0과 1이다. 그러므로 그래픽 장치의 전체 영역을 그림 영역으로 설정하는 인수 값은 c(0, 1, 0, 1)이며, 이 인수의 기본 값이기도 하다.

fig 인수를 적절하게 지정하면 앞서 다룬 layout( ) 함수의 예제와 동일한 그래프도 출력할 수 있다. 물론 복잡한 모양의 분할은 layout( ) 함수를 사용하는 것이 현명하다. 왜냐하면 fig 인수를 사용하면 네 개의 인수 값을 일일이 계산해야 하는 번거로움이 있기 때문이다.

fig 인수를 사용하는 목적이 그래픽 장치를 분할하여 여러 개의 플롯을 그리기 위함이라면 par( ) 함수로 fig 인수를 설정할 때 기본 값이 FALSE인 new(new device)라는 인수의 인수 값을 TRUE로 설정해야 한다. 만약에 new 인수의 인수 값을 TRUE로 바꾸지 않으면 기존에 그려져 있던 플롯은 사라진다.

연습문제 2.20

par( ) 함수의 fig 인수를 사용하는 그래프를 그려보자.

다음 예제를 수행하면 그림 2.21과 같은 그래프를 출력한다.

```
> op <- par(no.readonly = TRUE)
> par(mfrow = c(2, 2))
> par(fig = c(0, 1, 0.5, 1))                              #(1)
> plot(cars, main = "scatter plot of cars data by fig")
> par(fig = c(0, 0.5, 0, 0.5), new = T)                  #(2)
> hist(cars$speed, main = "Histogram of cars$speed by fig")
> par(fig = c(0.5, 1, 0, 0.5), new = T)                  #(3)
> hist(cars$dist, main = "Histogram of cars$dist by fig")
> par(op)
```

예제에서는 (1)에서 첫 번째 플롯의 너비는 [0, 1]로 그래픽 장치의 전체 영역을, 높이는 그래픽 장치를 상하로 이등분한 상단을 사용하기 위해서 [0.5, 1]로 지정하였다. 즉, c(0, 1, 0.5, 1)로 설정하였다. (2), (3)으로 두 번째와 세 번째 플롯도 동일한 방법으로 분할하였는데, x의 영역은 첫 번째 플롯 크기의 반으로 설정하였다. 세 개의 플롯을 하나의 그래픽 장치에 출력하기 위해서는 두 번째와 세 번째의 플롯은 기존 플롯에 추가하여 그려야 한다. 그래서 hist( ) 함수를 호출하기 전에 par( ) 함수에서 new 인수를 TRUE로 변경했다. 만약 new 인수를 TRUE로 지정하지 않으면 세 번째 플롯만 오른쪽 하단 위치에 출력될 것이다. 또한 new 인수는 각 hist( ) 함수를 위해서 두 번 설정해야 한다. 그 이유는 그래픽 인수인

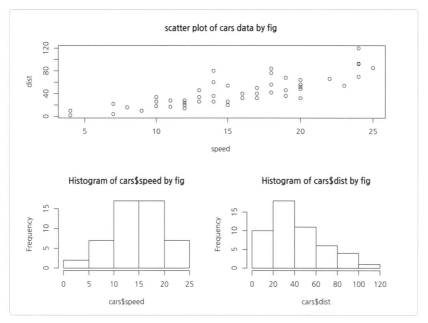

그림 2.21 fig 인수의 사용 예제

new는 고수준 그래픽 함수가 호출된 후 자동적으로 기본 값인 FALSE로 돌아가기 때문이다.

2.4.3 new 인수

new 인수는 다음번에 고수준 그래픽 함수가 호출될 때 그림 영역의 내용을 초기화하는 여부를 설정한다. 기본 값은 FALSE로 고수준 그래픽 함수가 호출될 때 현재의 그림 영역은 초기화된다. 인수 값이 TRUE면 다음번 고수준 그래픽 함수가 호출될 때에도 현재 그림 영역에 그려진 그래프는 초기화되지 않는다.

만약 화면을 분할하지 않아서 그림 영역이 하나라면, 고수준 그래픽 함수가 호출될 때마다 새로운 그래프가 그림 영역에 출력된다. 이는 new 인수의 기본 값이 FALSE기 때문이다. 만약 이때 new 인수를 TRUE로 바꾼다면, 다음번 고수준 그래픽 함수의 결과는 이전의 고수준 그래픽 함수의 결과에 겹쳐서 출력된다. 저수준 그래픽 함수는 이 인수에 상관없이 항상 현재의 플롯 위에 겹쳐서 보인다. 그렇기 때문에 new 인수는 두 개 이상의 고수준 그래픽 함수를 한 그림 영역에 출력할 때 주로 사용된다.

연습문제 2.21

par( ) 함수의 new 인수를 사용하는 그래프를 그려보자. 인수 값에 TRUE와 FALSE를 사용하여 플롯을 겹쳐 그리거나 독립적으로 하나의 플롯을 그리는 방법을 익혀보자.

다음 예제의 수행 결과는 그림 2.22와 같다.

```
> op <- par(no.readonly = TRUE)
> par(mfrow = c(2, 2))
> plot(1:10, type = "l", main = "plot")
> par(new = F)
> plot(10:1, type = "s", main = "plot by new = F")
> plot(1:10, type = "l")
> par(new = T)
> plot(10:1, type = "s", main = "plot by new = T")
> x <- rnorm(10)
> plot(x)
> par(new = T)
> hist(x)
> par(op)
```

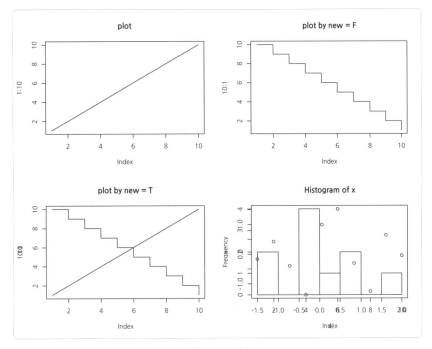

그림 2.22 new 인수의 사용 예제

2.4.4 bty 인수

bty(box type) 인수는 플롯 영역을 둘러싼 상자의 모양을 설정한다. 그 모양에 따라 "o", "l", "7", "c", "u", 혹은 "]"을 선택한다. 상자의 모양은 문자의 모양과 유사하게 그려진다. 기본 값은 "o"이다.

연습문제 2.22

par( ) 함수의 bty 인수를 사용하는 그래프를 그려보자.

다음 예제의 수행 결과는 그림 2.23과 같다.

```
> op <- par(no.readonly = TRUE)
> par(mfrow = c(2, 3), bty = "l")
> # C모양(1, 2, 3 영역)
> plot(0:6, 0:6, bty = "c", main = " bty = \"c\" ")
> # 출력하지 않음
> plot(0:6, 0:6, bty = "n", main = " bty = \"n\" ")
> # O모양(1, 2, 3, 4 영역)
> plot(0:6, 0:6, bty = "o", main = " bty = \"o\" ")
> # 7모양(3, 4 영역)
> plot(0:6, 0:6, bty = "7", main = " bty = \"7\" ")
> # U모양(1, 2, 4 영역)
> plot(0:6, 0:6, bty = "u", main = " bty = \"u\" ")
> # L영역(1, 2 영역)
> plot(0:6, 0:6, main = " bty = \"l\" ")
> par(op)
```

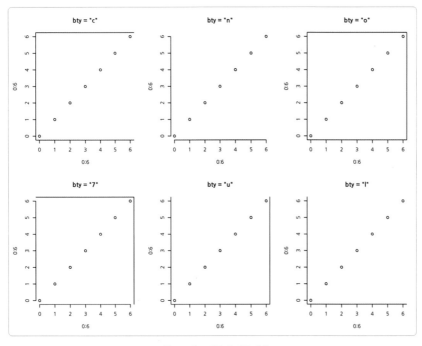

그림 2.23 bty 인수의 사용 예제

par( ) 함수 안에서 bty 인수를 지정하고 plot( ) 함수에서 또 bty 인수를 사용하면, plot( ) 함수의 bty 인수 값을 따른다. 그 이유는 고수준 그래픽 함수에서 설정한 인수가 우선하기 때문이다. 하지만 plot( ) 함수에 bty 인수의 사용이 없으면 바로 전의 plot( ) 함수에서 사용한 bty 인수를 따르는 것이 아니고 par( ) 함수의 것을 따른다. 고수준 그래픽 함수에서 설정한 인수 값은 그 함수가 호출될 시점에만 일회성으로 반영되기 때문이다.

그림을 보면 마지막 플롯에서는 plot( ) 함수에서 안에 bty 인수를 사용하지 않았지만, par( ) 함수에서 지정한 값을 따라서 L자 모양이 됐다. 결과를 보면 bty 인수의 문자의 모양과 상자(box)의 모양이 비슷함을 알 수 있다.

2.4.5 pty 인수

pty(plot type) 인수는 플롯 영역의 형태를 지정한다. 인수 값으로는 "s"와 "m" 을 사용할 수 있다. "s"는 플롯 영역을 x-축과 y-축의 비율이 동일하게 설정하고, "m"은 최대 크기로 플롯 영역을 설정한다. 눈치챘겠지만 R에서는 인수의 이름도 그 기능을 유추할 수 있게 사전적 의미로 만들고 인수 값도 동일한 기준으로 정의한다. 이 인수에서 "s"는 square에서 따왔고 "m"은 maximal에서 따왔다. 이 원리만 이해해도 인수와 인수 값을 기억하는 데 많은 도움이 된다.

연습문제 2.23

par( ) 함수의 pty 인수를 사용하는 그래프를 그려보자. 2장 6.1절의 삼각 함수를 이용한 원 그리기 예제를 응용하여 원과 타원을 표현해보자.

다음 예제의 수행 결과는 그림 2.24와 같다.

```
> op <- par(no.readonly = TRUE)
> theta <- seq(-pi, pi, length = 30)
> x <- cos(theta)
> y <- sin(theta)
> par(mfrow = c(1, 2), pty = "s", bty = "o")
> plot(x, y, type = "l", main = "pty = \"s\"")
> par(pty = "m")
> plot(x, y, type = "l", main = "pty = \"m\"")
> par(op)
```

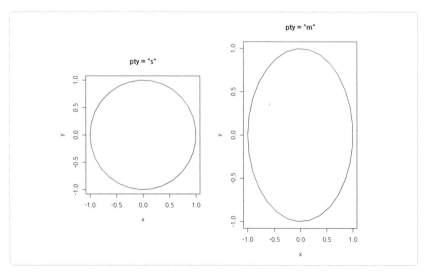

그림 2.24 pty 인수의 사용 예제

원을 출력하는 예제로 "s" 인수 값을 사용한 플롯은 예상대로 원이 그려지지만, "m" 인수 값을 사용한 예제에서는 원이 아니라 타원이 그려진다. 그러므로 x-축과 y-축이 스케일이 동일해야 하는 플롯을 그릴 때는 "s" 인수 값을 사용해야 한다. par( ) 함수에서 bty 인수 값을 사용한 것은 바로 앞의 예제에서 그래픽 인수인 bty를 변경했기 때문이다.

2.4.6 type 인수

type 인수는 좌표 영역에 데이터가 표현되는 형태(type)를 설정하는 인수다. 이미 앞서 여러 번 사용한 인수라 이번에는 앞서 사용하지 않은 형태로 살펴본다.

연습문제 2.24

par( ) 함수의 type 인수를 사용하는 그래프를 그려보자.

다음 예제의 수행 결과는 그림 2.25와 같다.

```
> op <- par(no.readonly = TRUE)
> par(mfrow = c(2, 3), type = "n")
> plot(0:6, 0:6, main = "default")
> plot(0:6, 0:6, type = "b", main = "type = \"b\"")
> plot(0:6, 0:6, type = "c", main = "type = \"c\"")
> plot(0:6, 0:6, type = "o", main = "type = \"o\"")
> plot(0:6, 0:6, type = "s", main = "type = \"s\"")
> plot(0:6, 0:6, type = "S", main = "type = \"S\"")
> par(op)
```

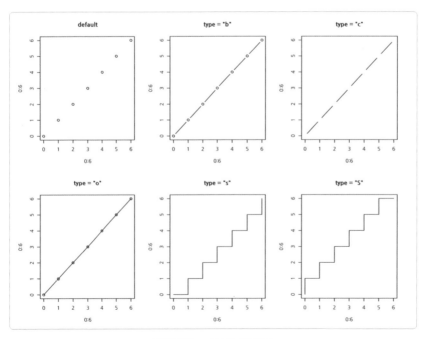

그림 2.25 type 인수의 사용 예제

par( ) 함수로 이 값을 변경해도 plot( ) 함수 안에서는 적용되지 않는다. 예제에서는 type="n"을 선언해도 plot( ) 함수에서 기본 값인 "p"가 적용된다.

2.4.7 pch 인수

pch(point character) 인수는 점으로 표시될 문자를 지정한다. 이미 points( ) 함수에서 다룬 바 있는 인수다. 기본으로 설정된 값은 1이다. 그러므로 속이 빈 동그라미 문자가 출력된다(그림 2.25 참고).

```
> par("pch")
[1] 1
```

점을 출력하는 그래프를 그리는 함수에서 pch 인수를 지정하지 않으면 속이 빈 동그라미 문자로 출력된다. 일반적으로 R 사용자들이 선호하는 pch 인수의 값은 16이나 19로 속이 찬 동그라미 문자다.

2.4.8 lty 인수

lty(line type) 인수는 선의 종류를 지정하는데, 이미 lines( ) 함수에서 다룬 바 있는 인수다. 기본으로 설정된 값은 "solid"이므로 최초에는 실선으로 그려진다(그림 2.4 참고). 이 값은 정수의 1과 동일하다.

```
> par("lty")
[1] "solid"
```

2.4.9 xlab, ylab 인수

xlab(x-axis labels) 인수는 x-축의 라벨을 지정하고, ylab(y-axis labels) 인수는 y-축의 라벨을 지정한다. par( ) 함수에서는 지원하지 않는 인수로 고수준 그래픽 함수에서 사용한다.

2.4.10 xlim, ylim 인수

xlim(x-axis limits) 인수는 x-축의 범위를 지정하고 ylim(y-axis limits) 인수는 y-축의 범위를 지정한다. 각각의 인수 값은 시작 값과 끝 값의 길이가 2인 수치형 벡터다. 이 인수 역시 par( ) 함수에서는 지원하지 않는 인수로 고수준 그래픽 함수에서 사용한다. 그 이유는 이들 인수가 데이터에 종속적이므로 모든 그래프에 일반화시킬 값을 설정할 수 없기 때문이다.

연습문제 2.25

par( ) 함수의 xlim, ylim 인수를 사용하는 그래프를 그려보자.

다음 예제의 수행 결과는 그림 2.26과 같다.

```
> op <- par(no.readonly = TRUE)
> x <- 0:4
> set.seed(7)
> (y <- dbinom(x, size = 4, prob = 0.5))
```

```
[1] 0.0625 0.2500 0.3750 0.2500 0.0625
```

```
> par(oma = c(0, 0, 2, 0), mfrow = c(2, 2))
> plot(x, y, type = "h", main = "default")                              #(1)
> plot(x, y, type = "h", ylim = c(0, max(y)), main = "ylim = (0, max(y))")  #(2)
> plot(x, y, type = "h", ylim = c(0.1, 0.3), main = "ylim = c(0.1, 0.3)")   #(3)
> plot(x, y, type = "h", xlim = c(1, 3), main = "xlim = c(1, 3)")        #(4)
> title(main = "binomial density", line = 0, outer = T)
> par(op)
```

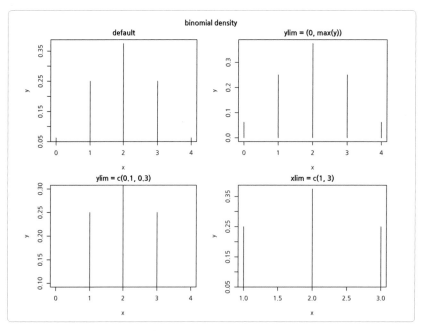

그림 2.26 xlim, ylim 인수의 사용 예제

예제는 이항분포[8](n=4, p=0.5)의 확률질량함수 그래프를 보여준다. 그 결과는 (1)이 수행된 그래프에서 보듯이 y-축 값의 범위를 지정해주지 않으면 이항분포 (n=4, p=0.5)의 질량함수를 표현하는 다섯 개의 점을 모두 다 보여주지만, 0부터

---

8   동전 던지기에서 앞면이 나올 확률 등 출현 가능한 사건이 2가지인 것을 반복 수행하는 실험 등이 이항분포(binomial distribution)를 따른다. 모수(parameters)는 시행횟수인 n과 사건이 발생할 확률 p가 있다.

표현되는 그래프는 아니다. 이 경우 확률을 표현하는 막대가 0을 포함하지 않으므로 눈으로 그 크기를 정확하게 서로 비교하는 것이 어렵다. 따라서 (2)가 수행된 두 번째 그래프에서는 ylim 인수를 사용하여 y-축에 0을 포함시켜 확률의 크기를 제대로 비교할 수 있게 하였다. 물론 첫 번째 그래프로도 어느 정도 비교할 수는 있지만 경우에 따라서는 절대 0 구간부터 값의 구간까지 좌표의 영역으로 표현하는 것이 필요하다. 그래서 좌표축의 구간을 지정하는 기능이 필요하다.

(3)의 세 번째 그래프에서는 y-축의 범위를 0.1에서 0.3까지로 제한해서 x의 값이 0과 4인 경우에는 출력되지 않았다. (4)의 네 번째는 그래프에서 x-축의 범위를 1에서 3으로 제한해서 x의 값이 0과 4인 경우는 아예 그래프의 좌표에서도 빠져 버렸다. 그렇기 때문에 좌표축의 범위를 제한할 경우에는 누락되는 데이터의 존재 여부를 확인하여야 한다. 그렇다고 자료의 범위보다 훨씬 큰 범위를 지정하는 것도 바람직하지 않다. 만약 좌표축의 범위를 자료의 최소 값부터 최대 값까지 정하고 싶으면 자료의 최소 값과 최대 값을 반환하는 range( ) 함수를 이용하면 된다. 마지막에 사용한 title( ) 함수는 네 개의 그래프를 대표하는 타이틀을 그리기 위해 사용하였다.

2.4.11 col 인수

단변량의 플롯을 굳이 여러 색상으로 그릴 필요는 없다. 그러나 다변량 플롯이나 보여주려는 내용이 여러 개일 경우에는 서로 다른 색이나 심볼로 그리는 것이 가독성이 높다. 그래서 플롯을 그리는 함수는 색상의 선택을 지원하는 인수를 가지고 있는데, 대표적인 것이 col 인수다. col(colors) 인수는 문자나 점 등 모든 출력물들의 색상을 지정한다. 자세한 내용은 2.5 '색상 표현하기'에서 다룬다.

2.4.12 cex 인수

cex(charater expansion) 인수는 문자나 점의 크기를 설정한다. 기본 설정 값은 1이며 수치가 클수록 점이나 글자의 크기가 커진다.

연습문제 2.26

par( ) 함수의 cex 인수를 사용하는 그래프를 그려보자.

다음 예제의 수행 결과는 그림 2.27과 같다.

```
> op <- par(no.readonly = TRUE)
> par(mfrow = c(2, 2), oma = c(0, 0, 2, 0), cex = 1)
> plot(0:6, 0:6, type = "n", main = "cex in text")          #(1-1)
> text(1:3, 1:3, labels = LETTERS[1:3], cex = 1:3)          #(1-2)
> plot(0:6, 0:6, type = "n", cex = 2, main = "cex in plot")
> text(1:3, 1:3, labels = LETTERS[1:3], cex = 1:3)          #(2)
> par(cex = 1.2)
```

```
> plot(0:6, 0:6, type = "n", main = "cex in par")
> text(1:3, 1:3, labels = LETTERS[1:3], cex = 1:3)        #(3)
> plot(0:6, 0:6, type = "n", main = "cex in par")
> text(1:3, 1:3, labels = c("가", "나", "다"), cex = 1:3)    #(4)
> points(3:5, 1:3, pch = 1:3, cex = 1:3)
> title(main = "cex", line = 0, outer = T)
> par(op)
```

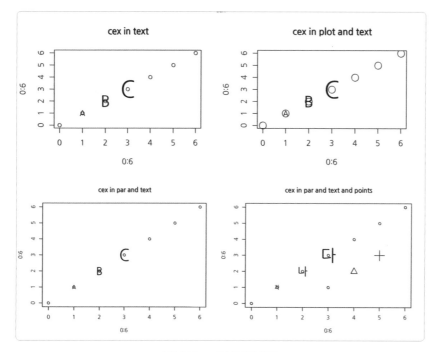

그림 2.27 cex 인수의 사용 예제

(1)에 의한 첫 번째 플롯은 text( ) 함수 안에서 cex 인수를 지정하였다. 문자 "A"는 cex=1이고, "B"는 cex=2이고, "C"는 cex=3인 경우이다. 인수의 값이 클수록 문자의 크기가 커짐을 알 수 있다.

(2)에 의한 두 번째 플롯은 plot( ) 함수에서 cex=2를 지정하였지만, text( ) 함수로 출력한 문자 "A", "B", "C"에 전혀 영향을 미치지 않았다. 이는 plot( ) 함수에서 그리는 내용에만 적용되기 때문에 메인 타이틀의 크기와 원 문자만 커진 것이다. 이처럼 인수의 적용 범위는 호출한 함수 내이며, 함수 호출 시 설정하지 않은 그래픽 인수는 함수의 기본 인수 값이나 par( ) 함수를 통해 설정한 값이 적용된다.

(3)에 의한 세 번째 플롯은 par( ) 함수가 cex을 0.7로 지정한 것에 영향을 받는다. plot( ) 함수에 의해 출력되는 모든 문자, 즉 축에서 틱(ticks)의 리벨 및 x-축과 y-축의 라벨 등 모든 것이 0.7배로 축소되었다. 그리고 text( ) 함수로 출력하는 문자의 크기는 text( ) 함수 안에서 지정된 cex 인수와 par( ) 함수에서 지정한

값의 곱만큼 글자가 확대(혹은 축소)됨을 알 수 있다. 예를 들면 par( ) 함수에서 cex=0.7이고, text( ) 함수에서 cex=2인 문자 "B"의 크기는 cex가 2가 아니라 1.4의 크기로 출력된다.

　(4)에 의한 네 번째 플롯처럼 cex 인수는 points( ) 함수에서도 동일한 방법으로 적용되며 한글에도 적용된다.

2.4.13 srt 인수

srt(string rotation) 인수는 문자열을 회전하여 출력할 때 사용한다. 기본 설정 값은 0이며, 회전의 단위를 도(degree) 단위로 지정한다. 한 바퀴 회전하는 데 360°이며, 이때는 0°와 동일하다. 이 인수 값에는 음수도 사용할 수 있다. 인수 값이 양수면 시계 반대 방향으로 회전하고 음수면 시계 방향으로 회전한다. 즉, 수학에서의 호도법과 동일하게 동작한다.

연습문제 2.27

par( ) 함수의 srt 인수를 사용하는 그래프를 그려보자.

다음 예제의 수행 결과는 그림 2.28과 같다.

```
> par("srt")
```

```
[1] 0
```

```
> op <- par(no.readonly = TRUE)
> par(mar = c(2, 2, 2, 2))
> plot(0:6, 0:6, type = "n", axes = F, xlab = "", ylab = "")
> text(3, 5, "srt = 0", srt = 0, cex = 2)
> text(1, 3, "srt = 90", srt = 90, cex = 2)
> text(3, 1, "srt = 180", srt = 180, cex = 2)
> text(5, 3, "srt = 270", srt = 270, cex = 2)
> text(5, 5, "srt = -45", srt = -45, cex = 2)
> text(1, 5, "srt = 45", srt = 45, cex = 2)
> points(3, 3, pch = "A", srt = 45, cex = 2)
> title("srt", srt = 45)
> mtext(side = 2, "srt = 270", srt = 270, cex = 2)
> axis(side = 1, srt = 45)
> par(op)
```

이 인수는 text( ) 함수에서 사용할 수 있으며 points( ) 함수, title( ) 함수에서는 사용할 수 없다. 여기서 네 개의 마진에 문자를 출력하면 마진 2와 마진 4에 출력되는 문자열이 90° 회전하여 출력되는데, 이 인수 값으로 조정된 것이다. 또한 마진에 문자열을 출력하는 mtext( ) 함수에서는 srt 인수의 효과는 나타나지 않고, axis( ) 함수에서도 srt 인수가 적용되지 않음을 알 수 있다. 예제에서는 0°, 90°, 180°, 270°의 문자열 회전을 통해서 일반적인 회전에 대한 방법을 예시하였고, 45°와 -45°를 통해서 양의 인수 값과 음의 인수 값에 대한 이해를 도왔다.

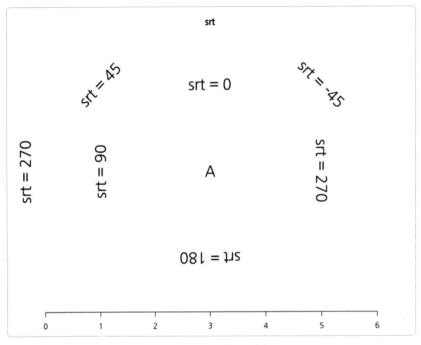

그림 2.28 srt 인수의 사용 예제

한편 예제에서는 points( ) 함수로 문자 "A"를 45° 회전하여 출력했으나 생각처럼 회전되지 않는다. 이는 점 문자는 위치의 정보에 초점을 맞춘 기능이기 때문에 군이 회전할 필요가 없기 때문이다. title( ) 함수나 기타 srt 인수가 적용되지 않는 함수들도 같은 이유로 동작한 것이다. 그런데 좌표축의 눈금선을 나타내는 값의 회전이 필요할 경우가 있다. 예를 들면 눈금선에 좌표 값 등을 출력할 때 겹치는 경우가 발생할 때인데, 이때는 적절하게 좌표값을 회전하면 겹치는 것을 막을 수 있다. 이 기능은 grid 패키지의 grid.text( ) 함수 등을 이용하여 사용한다.

2.4.14 tck 인수

tck(tick marks) 인수는 좌표 눈금선인 틱(ticks)의 길이를 지정한다. tck 인수는 플롯 영역의 높이(height)나 너비(width) 중에서 작은 것의 길이를 단위 1로 하여 tck ≤ 0.5인 경우에는 그 비율의 길이만큼 눈금선을 그린다. 즉 min(height, width) * tck가 눈금선의 길이가 된다. tck > 0.5인 경우에는 x-축 좌표의 눈금 길이는 y-축 길이(height)에 tck를 곱한 값이고, y-축 좌표의 눈금 길이는 x-축의 길이(width)에 tck를 곱한 값이 된다. 기본 값은 NA로 tcl = -0.5로 적용된다.

연습문제 2.28

par( ) 함수의 tck 인수를 사용하는 그래프를 그려보자.

예제 2.28의 수행 결과는 그림 2.29와 같다.

```
> op <- par(no.readonly = TRUE)
> par(mfrow = c(3, 3), oma = c(0, 0, 2, 0), mar = c(2, 2, 2, 2))
> plot(0:4, 0:4, tck = -0.2, main = "tck = -0.2")
> plot(0:4, 0:4, tck = -0.1, main = "tck = -0.1")
> plot(0:4, 0:4, tck = 0, main = "tck = 0")
> plot(0:4, 0:4, tck = 0.3, main = "tck = 0.3")
> plot(0:4, 0:4, tck = 0.5, main = "tck = 0.5")
> plot(0:4, 0:4, tck = 0.7, main = "tck = 0.7")
> plot(0:4, 0:4, tck = 1, main = "tck = 1")
> par(tck = 0.2)
> plot(0:4, 0:4, main = "tck defined in par")
> plot(0:4, 0:4, tck = -0.1, main = "tck defined in both")
> title(main = "tck", line = 0, outer = T)
> par(op)
```

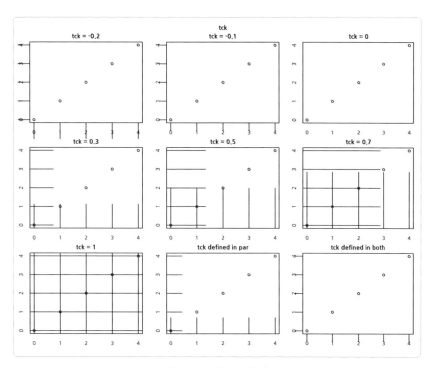

그림 2.29 tck 인수의 사용 예제

인수 값이 양수면 플롯 영역 안으로 눈금선이 그려지고, 음수일 경우에는 밖으로 눈금선이 그려진다.

y-축 길이가 x-축 길이보다 짧으므로 y-축의 길이가 tck = 1로 되어 tck ≤ 0.5 인 조건의 -0.2, -0.1, 0.3, 0.5를 사용한 예제는 x-축과 y-축의 좌표 눈금선이 y-축에 비례한다.

인수 값이 0.7, 1인 경우는 tck 〉 0.5의 조건을 만족하여 x-좌표의 눈금은 y-축의 길이에 비례하고, y-좌표의 눈금은 x-축의 길이에 비례한다. 따라서 tck = 1인 경우에는 두 좌표의 눈금선이 그래프 영역을 다 채운다.

2.4.15 tcl 인수

tcl(tick marks length) 인수도 좌표 눈금선의 길이를 지정하는 인수다. tck가 플롯 영역의 크기를 기준으로 계산되지만, tcl은 cex = 1일 때의 문자의 길이를 tcl = 1로 정하여 계산된다. tcl 인수의 기본 값은 -0.5이고, NA인 경우는 tck = -0.01의 값으로 설정된다.

2.4.16 mar 인수

앞선 예제를 통해 다룬 바 있는 mar(margins) 인수는 플롯 영역의 마진을 설정한다. par( ) 함수로만 지정할 수 있으며 기본 값은 c(5, 4, 4, 2) + 0.1이다. 인수 값은 순서에 따라 아래, 왼쪽, 위쪽, 오른쪽 마진을 의미하며, 이를 마진 1, 마진 2, 마진 3, 마진 4라고 한다. 자세한 내용은 그림 2.1을 참조하기 바란다. 여기서 기본 값의 크기가 마진 1 〉 마진 2 = 마진 3 〉 마진 4 순으로 설정되었는데, 그 이유는 다음과 같다.

첫째, 마진 4가 제일 작은 이유는 일반적으로 그래프를 그릴 때 y-축의 좌표에 대한 틱 마크나 라벨을 왼쪽에 그리기 때문에 오른쪽에는 좌표와 관련된 영역이 필요하지 않기 때문에 제일 작은 것이다

둘째, 마진 1이 제일 큰 이유는 x-축에 관련된 틱 마크와 라벨이 출력되고, 서브 타이틀(sub title)이 출력되는 영역이 마진 1이기 때문이다. 그러므로 서브 타이틀 영역만큼 여백을 더 부여한 것이다. 그러나 기본 설정으로는 서브 타이틀과 x-축의 이름은 같은 줄에 출력됨을 유의해야 한다.

셋째, 마진 2와 마진 3이 같은 크기인 이유는 마진 2의 y-축에 관련된 꾸밈을 위한 영역의 크기가 메인 타이틀(main title)이 출력하는 영역과 비슷하기 때문이다.

연습문제 2.29

par( ) 함수의 mar 인수를 사용하는 그래프를 그려보자.

다음 예제의 수행 결과는 그림 2.30과 같다.

```
> op <- par(no.readonly = TRUE)
> par(mfrow = c(2, 2))
> par("mar")
```

```
[1] 5.1 4.1 4.1 2.1

> # Figure 1
> par(mar = c(0, 0, 0, 0))                                    #(1)
> plot(0:4, 0:4)
> title("mar = c(0, 0, 0, 0)")
> # Figure 2
> par(mar = c(2, 2, 2, 2))                                    #(2)
> plot(0:4, 0:4, main = "mar = c(2, 2, 2, 2)")
> # Figure 3
> par(mar = c(5, 5, 5, 5))                                    #(3)
> plot(0:4, 0:4, main = "mar = c(5, 5, 5, 5)")
> # Figure 4
> par(mar = c(1, 2, 3, 4))                                    #(4)
> plot(0:4, 0:4, main = "mar = c(1, 2, 3, 4)")
> par(op)
```

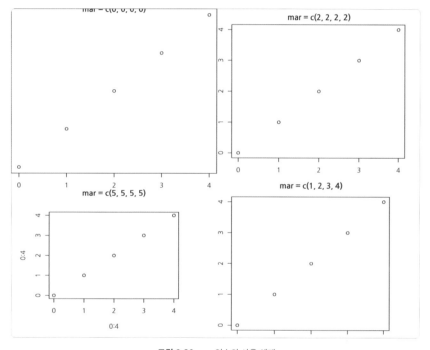

그림 2.30 mar 인수의 사용 예제

예제에서는 화면을 네 개의 그림 영역으로 분할하고 행 우선으로 그래프를 배치
하도록 설정하였다. 처음 플롯은 (1)로 mar=c(0, 0, 0, 0)로 상, 하, 좌, 우 모든
마진을 0으로 지정하였다. 이 경우는 plot( ) 함수에 의한 영역이 그래픽 장치의
1/4 크기로 거의 그림 영역 모두를 채운다. 결국 메인 타이틀을 인쇄할 여백조차
도 없고, x-축 라벨과 y-축 라벨, y-축 틱 마크 등도 그림 영역의 범위를 벗어나서
출력되지 않았다. 다만 마진 1인 아래 여백만 세 번째 그림 영역을 침범하여 출
력되었다.

두 번째 플롯은 (2)의 mar=c(2, 2, 2, 2)로 상, 하, 좌, 우 모든 마진을 2로 지정

해서 x-축 라벨과 y-축 라벨 영역만 여백의 범위를 벗어나 출력되지 않았다.

세 번째 플롯은 (3)의 mar=c(5, 5, 5, 5)로 상, 하, 좌, 우 모든 마진을 5로 지정하였다. 이 경우는 모든 것이 정상적으로 출력되었다. 그러나 여백을 너무 과다하게 지정한 나머지 플롯 영역이 너무 작게 만들어졌다.

네 번째 플롯은 (4)의 mar=c(1, 2, 3, 4)로 상, 하, 좌, 우 마진을 각각 1, 2, 3, 4로 지정하여 x-축 라벨과 y-축 라벨 영역만 여백의 범위를 벗어나 출력되지 않았다.

mar 인수로 마진이 여백을 지정할 경우에는 너무 과다하게 지정해서 플롯 영역이 상대적으로 작게 출력되거나, 너무 작게 지정해서 타이틀이나 x-축 라벨과 y-축 라벨, 좌표 눈금 등이 출력되지 않는 일이 발생하지 않게 주의해야 한다.

2.4.17 oma 인수

oma(outer margins) 인수도 이미 앞에서 예제를 통해 다룬 바 있는 바깥 마진의 크기를 설정한다. 플롯 마진이 아니라 바깥 마진을 설정한다는 점만 다르고 mar 인수와 동일하다. 그림 2.1을 참고하기 바란다.

2.4.18 family, font 인수

family(font family) 인수는 그래픽 장치에서 출력되는 문자의 폰트 종류를 설정한다. 기본 값은 ""로 운영체제에 설정된 기본 폰트를 사용한다. 여기에 사용할 수 있는 인수 값에는 "serif", "sans", "mono", "symbol" 등 폰트의 family 이름이다. 특정 운영체제에서 한글을 출력하기 위해서는 한글 폰트를 지정해야 할 수도 있다.

font 인수는 출력되는 폰트의 체형을 설정하는 인수다. 정수의 값을 가지며 기본 값은 1이다. 각각 인수 값의 의미는 다음과 같다.

- 1 : plain체
- 2 : bold체
- 3 : italic체
- 4 : bold italic체
- 5 : symbol

그러나 font 인수는 6 이상의 값도 지정이 가능하며, 이 경우에는 특정한 폰트의 family에 대해서 plain체, bold체, italic체, bold italic제를 반복한다.

한글 폰트에 대한 설정 방법은 9장의 '운영체제와 R의 한글 사용'을 참고하기 바란다.

연습문제 2.30

par( ) 함수의 font 인수를 사용하는 그래프를 그려보자.

다음 예제의 수행 결과는 그림 2.31과 같다.

```
> op <- par(no.readonly = TRUE)
> par(mar = c(2, 2, 2, 2))
> plot(1:10, type = "n", main = "par(font)", axes = FALSE, ylab = "",
       xlab = "")
> lab <- "Written with font parameter "
> for (i in 1:10) {
    par(font = i)
    text(5.5, 11 - i, labels = paste(lab, i), adj = 0.5, cex = 1.5)
  }
> box( )
> par(op)
```

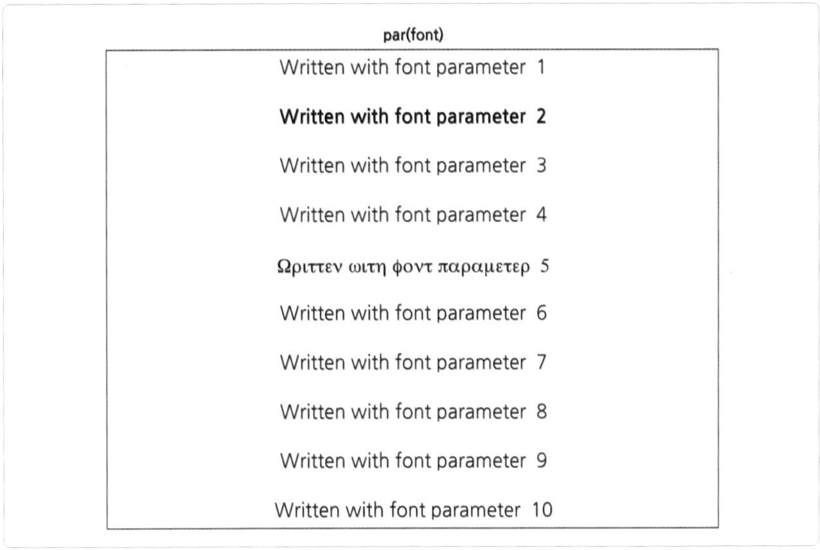

그림 2.31 font 인수의 사용 예제

여기서는 font 인수 예제만 다루었다. 예제의 font 인수는 par( ) 함수로 설정하였지만 text( ) 함수 안에서 지정할 수도 있다.

2.4.19 fg, bg 인수

fg(fore ground color), bg(back ground color) 인수는 그래픽 장치의 전경색 및 배경색을 지정한다. 기본 값은 각각 "black"과 "transparent"다. 전경색의 지정 범위는 좌표축과 상자로 둘러싼 그래프 영역이다. "transparent"는 투명한 색을 의미한다.

연습문제 2.31

par( ) 함수의 fg, bg 인수를 사용하는 그래프를 그려보자.

다음 예제의 수행 결과는 그림 2.32와 같다.

```
> op <- par(no.readonly = TRUE)
> # 기본 값 조회
> unlist(par("fg", "bg"))
```

```
          fg            bg
     "black" "transparent"
```

```
> par(bg = "thistle", fg = "blue")
> hist(rnorm(30), main = "bg = \"thistle\", fg = \"blue\"")
> par(op)
```

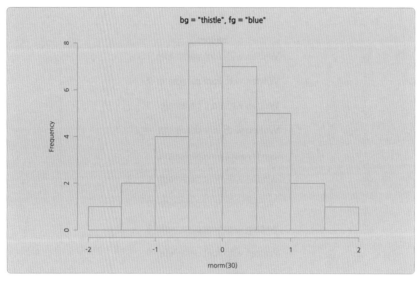

그림 2.32 fg, bg 인수의 사용 예제

2.5 색상 표현하기

80년대 말 필자가 PC를 처음 접했을 때 사용하던 IBM XT 기종은 허큘레스 그래픽 카드가 탑재되었고, 모니터는 모노크롬이었다. 모니터 색상은 녹색의 단색이었지만, 어떤 이는 이것을 보고 컬러 모니터라고도 부르기도 하였다. 흑백의 반대로서 컬러만 생각하여 흑백이 아니니 컬러라고 하였던 것이다. 이후, CGA, VGA, Super VGA 등 그래픽 카드의 비약적인 발전을 거듭하여 지금과 같은 컴퓨팅 환경에 이르게 되었다.

단변량 데이터의 시각화를 위해서는 각각의 데이터를 굳이 다른 색상으로 드로잉할 필요는 없다. 그러나 여러 변량이나, 아니면 보여주고자 하는 내용이 여러 개일 경우에는 서로 다른 색이나 심볼로 표현하는 것이 좋다. 단일 색상이 아니라 여러 색상을 적절하게 조합하면 보다 직관적인 시각화 결과를 생성할 수 있다.

색상은 시각화에서 가중 중요한 요소 중의 하나다. 색채학이라는 학문이 있을 정도로 색에 대한 과학적인 이론도 무궁무진하다. 색상을 통해서 주목도[9]를 높이거나 서로 다른 그룹의 데이터를 구분하며, 겹쳐서 분포한 데이터를 분리하기도 한다.

이번에는 기본적인 색에 대한 부분을 다루고자 하는데, 주로 R에서의 색상을 표현하는 방법에 한해서 설명하겠다. 구체적인 색의 원리 등은 추가적인 문서를 참고하기 바란다.

2.5.1 색상 표현 방법의 종류

색상은 col 인수에 기술되거나 전경색을 의미하는 fg 인수, 배경색을 의미하는 bg 인수 등에도 기술된다. R에서 색상을 표현하는 방법은 다음과 같은 것들이 있다.

· 색상 상수로 표현하는 방법
· 색상의 이름으로 표현하는 방법
· RGB 색상으로 표현하는 방법

2.5.2 색상 상수로 표현하기

R에서 색상을 나타내는 상수는 1부터 8까지의 정수로 정의되어 있다. 그러므로 색상 상수로는 여덟 가지 색상을 표현할 수가 있다. 만약에 8보다 큰 정수를 사용하면 '리사이클링 룰[10]'에 의해서 순환된 색상을 출력한다. 즉, 9는 1번의 색상을 10은 2번의 색상을 출력한다.

색상을 나타내는 상수는 다음과 같이 정의되어 있다.

· 1: 검정색(black)
· 2: 빨간색(red)
· 3: 녹색(green)
· 4: 파란색(blue)
· 5: 하늘색(cyan)
· 6: 자주색(magenta)
· 7: 노란색(yellow)
· 8: 회색(gray)

---

9   注目度. 어떤한 것을 관심을 가지고 주의 깊게 바라보는 정도
10   리사이클링 룰을 모른다면 3장의 리사이클링 룰을 반드시 숙지해야 함

연습문제 2.32

색상 상수를 사용하는 몇 가지의 플롯을 그려보자.

다음 예제를 수행하기 위해서 col.table( )이라는 사용자정의 함수를 만들었다. 그리고 그림 2.33은 사용자정의 함수인 col.table( ) 함수로 색상 상수인 1부터 20까지의 색상을 출력한 예제의 결과로, 리사이클링 룰에 의해서 순환된 색상이 출력됨을 확인할 수 있다.

```
> col.table <- function(cols, main=NULL, fg=NULL) {
    n <- length(cols)
    plot(seq(n), rep(1, n), xlim = c(0, n), ylim = c(0, 1), type = "n",
        xlab = "", ylab = "", axes = F)
    main.txt <- if(is.null(main)) paste("Color Table by",
                                        deparse(substitute(cols)))
                else main
    title(main=main.txt)
    fg <- if(is.null(fg)) unlist(lapply(cols, function(x)
        ifelse(mean(col2rgb(x)) > 127 | toupper(x) %in% c("WHITE",
            "#FFFFFF"), "black", "white")))
            else rep(fg, n)
    for(i in 1:n) {
        polygon(c(i - 1, i - 1, i, i), c(0.05, 1, 1, 0.05), col = cols[i])
        text(mean(c(i - 1, i)), 0.52, labels = cols[i], srt=90, adj=0.5,
            col=fg[i], cex=1.5)
    }
}
> op <- par(no.readonly = TRUE)
> par(mfrow=c(2,1))
> col.table(1:16)
> col.table(5:20)
> par(op)
```

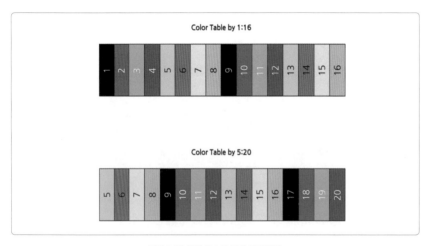

그림 2.33 색상 상수로 색상 지정하기

2.5.3 색상 이름으로 표현하기

우리는 일상 생활에서 색상을 의미하는 단어를 자주 사용하곤 한다. '검은색 머리카락', '초록색 신호등', '울긋불긋한 단풍'과 같이 일상 생활에서 사용하는 색상의 표현은 다분히 추상적인 부분도 없지 않다. 즉, 색상 상수에서 정의한 여덟 가지 색상은 색상 이름으로도 어렵지 않게 표현되지만, 색상을 좀 더 구체적으로 분류하면 사전적 단어로 표현하기에는 한계가 있다. 그래도 많은 사람들은 색상을 이해할 때 색상의 이름을 사용하고 있으며, R에서도 657가지 색상을 색상 이름으로 표현할 수 있다. R에서 정의된 색상 이름은 당연하게도 영어 단어로 되어 있어서 기초적인 색상을 제외한 색상의 이름을 우리가 직관적으로 이해하고 사용하기에는 한계가 있다.

657가지 색상 정보는 MS-Windows의 경우에는 R 홈 디렉터리 밑에 etc 디렉터리에 표 2.1처럼 'rgb.txt'라는 이름으로 정의되어 있다. 이는 전체 중의 일부인데 RGB 값이 16진수가 아닌 10진수로 표현되어 있다. 'name'으로 표현된 컬럼은 색상의 이름을, {red,green,blue}로 표현된 컬럼이 10진수의 RGB로 정의된 색상을 의미한다. 이 파일 덕분에 시각화 함수의 col 인수에 'name'으로 표현된 색상의 이름을 지정하여 색상을 선택할 수 있다.

UNIX 계열의 운영체제에서는 대부분 /usr/lib/X11/rgb.txt로 존재하며, Mac 운영체제에서는 /opt/X11/share/X11 디렉터리에 rgb.txt 파일로 존재하지만, 그 형식과 내용은 MS-Windows의 것과 차이가 있다.

colors( ) 함수는 657 개의 색상 테이블로 구성된 문자 벡터를 반환한다. 이 값들은 영문으로 된 색상의 사전적 의미를 갖는 단어로 구성되어 RGB보다 직관적이지만 많은 색상 이름을 영어 단어로 암기해야 한다는 부담이 있다. 그래도 매번 rgb.txt 파일을 열어보는 수고는 덜어준다.

colors( ) 함수로 색상의 이름을 조회할 수 있다 하더라도 기초적인 색상을 제외하면, 색상 이름이 대략 어떤 색인지 알 수 없는 노릇이다. col2rgb( ) 함수가 이 문제를 어느 정도 해결해준다. 이 함수는 색상의 이름에 해당하는 10진수의 RGB 값을 반환한다. 그러므로 colors( ) 함수와 col2rgb( ) 함수를 사용하면 rgb.txt 파일을 열지 않고도 그 내용을 살펴볼 수 있다.

```
Colours known to GrapphApp (name, {red,green,blue}
    'AliceBlue',              {240,248,255},
    'AntiqueWhite,            {250,235,215},
    'AntiqueWhite1,           {255,239,219}
    ## 이하 생략 ##
```

텍스트 rgb.txt 파일의 내용

colors( ) 함수로 색상 이름을 조회하면 생소한 색상들이 많다. 예제에서 "sky"라는 단어가 들어간 색상을 조회하였더니 15가지의 색상 이름이 반환되었다. 아무래도 이 색상들은 하늘색처럼 푸른 계통의 색상일 것이다. 이들 색상을 col2rgb( )

함수로 살펴보니 RGB에서 푸른색인 bule의 값이 크게 적용된 것을 알 수 있다. 그림 2.34는 "sky"와 "red"가 들어간 색상 이름을 시각화하여 그 색상을 표현한 예제다. 색상의 차이가 뚜렷하게 두드러지지 않지만 색상의 이름 뒤에 숫자가 붙은 것들은 숫자가 클수록 색상이 짙어진다는 공통점이 있음을 알 수 있다.

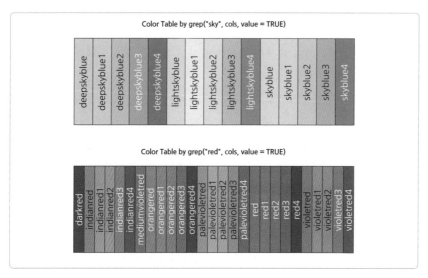

그림 2.34 몇 가지 색상 이름의 출력 예

연습문제 2.33

색상 이름을 사용하는 몇 가지의 그래프를 그려보자.

다음은 색상 이름을 가진 그래프들을 출력하는 예제다.

```
> cols <- colors( )
> length(cols)
```

```
[1] 657
```

```
> cols[1:5]
```

```
[1] "white"         "aliceblue"      "antiquewhite"   "antiquewhite1"
[5] "antiquewhite2"
```

```
> grep("sky", cols, value=TRUE)
```

```
 [1] "deepskyblue"    "deepskyblue1"   "deepskyblue2"   "deepskyblue3"
 [5] "deepskyblue4"   "lightskyblue"   "lightskyblue1"  "lightskyblue2"
 [9] "lightskyblue3"  "lightskyblue4"  "skyblue"        "skyblue1"
[13] "skyblue2"       "skyblue3"       "skyblue4"
```

```
> col2rgb(grep("sky", cols, value=TRUE))
```

```
      [,1] [,2] [,3] [,4] [,5] [,6] [,7] [,8] [,9] [,10] [,11] [,12] [,13]
red      0    0    0    0    0  135  176  164  141    96   135   135   126
green  191  191  178  154  104  206  226  211  182   123   206   206   192
blue   255  255  238  205  139  250  255  238  205   139   235   255   238
```

```
      [,14] [,15]
red    108    74
green  166   112
blue   205   139
```

```
> op <- par(no.readonly = TRUE)
> par(mfrow=c(2, 1), mar=c(1, 1, 3, 1))
> col.table(grep("sky", cols, value=TRUE))
> col.table(grep("red", cols, value=TRUE))
> par(op)
```

그림 2.35는 사용자정의 함수인 col.map( ) 함수로 657개의 색상을 표현한 플롯이다. 검정색과 회색 계열의 색상이 적지 않지만 간단하게 이름으로 색상을 사용할 수 있음을 보여주는 예다.

사용자정의 함수인 col.map( )은 그래프 좌표에 주어진 색상들을 바둑판처럼 출력한다. 단, 가로와 세로의 동수를 만들기 위해서 몇 개의 색상은 출력이 되지 않을 수 있다. 만약 모든 입력 색상을 다 출력하려면 올림 함수인 floor( ) 함수 대신 반올림 함수인 round( ) 함수를 사용하면 되지만, 사각형 모양으로 표현되지 않을 수 있다.

연습문제 2.34

675 개의 색상 이름을 모두 사용하여 색상 맵을 그려보자.

```
> col.map <- function(cols=colors( )) {
    n <- length(cols)
    cnt <- floor(sqrt(n))
    plot.new( )
    plot.window(xlim=c(0, cnt), ylim=c(0, cnt))
    for (i in 1:cnt) for (j in 1:cnt)
        rect(i-1, j-1, i, j, col=cols[(i-1)*cnt +j], border=NA)
}
> col.map(colors( ))
```

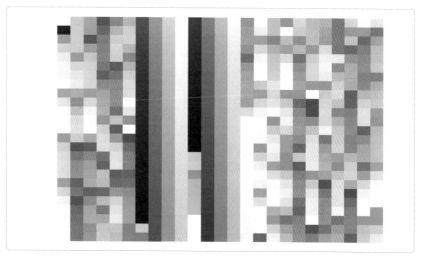

그림 2.35 657개의 색상

2.5.4 RGB 색상으로 표현하는 방법

R에서 657가지 색상만 사용할 수 있다고 생각하면 안 된다. RGB로 구성된 색상도 지정할 수 있기 때문에 표현할 수 있는 색상은 무궁무진하다 (RGB의 색상 조합의 수는 256×256×256 = 16,777,216가지의 색상을 정의할 수 있다).

RGB란 빛의 삼원색인 R(Red), G(Green), B(Blue)의 조합으로 정의되는 색상이다. 이 값의 형식은 '#RRGGBB'로 각각의 영역의 두 자리는 00(십진수 0)부터 FF(십진수 255)까지의 16진수가 올 수 있다. 00은 해당 색상이 전혀 없는 것이고, FF는 해당 색상이 충만함을 의미한다.

그러므로 '#FF0000'은 빨간색(Red)이다. 또 '#00FF00'은 초록색(Green), '#0000FF'은 파란색(Blue)이다. 그러면 '#FFFFFF'은 무슨 색일까? 빛의 삼원색은 동일하게 섞으면 하얀색 빛이 되므로 흰색이다. 그리고 '#000000'은 세 가지 색상의 빛이 전혀 없으니 검은색이다. 빛이 없으면 검은 것은 당연하다.

연습문제 2.35

RGB 포맷의 색상으로 그래프를 그려보자.

다음은 RGB 값에 따른 색상을 살펴보기 위한 예제로, 결과는 그림 2.36과 같다. 16진수 00에서 FF로 증가할수록 색상이 밝아지는 것을 알 수 있다.

```
> seqs <- seq(0, 255, length = 15)
> hexs <- toupper(as.character.hexmode(seqs))
> red <- paste("#", hexs, "0000", sep = "")
> green <- paste("#00", hexs, "00", sep = "")
> blue <- paste("#0000", hexs, sep = "")
> mix1 <- paste("#", hexs, hexs, hexs, sep = "")
> mix2 <- paste("#", rev(hexs), hexs, rev(hexs), sep = "")
```

2.5.5 색상 팔레트

그림 2.36의 첫째부터 넷째까지의 플롯은 같은 간격으로 연속된 RGB 색상의 벡터를 이용한 그림이다. 즉 일정한 간격으로 색상이 변하게 의도한 그림이다. 마치 화가가 팔레트에 미리 짜 놓은 물감을 적당하게 사용하여 그림을 그리는 것처럼 의도적으로 색상 벡터를 미리 정해 놓고 이를 사용할 수 있다. 이를 색상 팔레트(color palettes)라 부른다. 일반적으로 색상 팔레트는 그라데이션[11] 효과를 줄 때 사용한다.

색상 팔레트를 만드는 몇 개의 유용한 함수가 있다. 그 중에서 rainbow( ) 함수는 무지개 색상의 팔레트를 만들고, heat.colors( ) 함수는 따뜻한 색감의 색

---

11 그래픽에서 사용하는 기법으로 어두운 색에서 밝은 색으로 혹은 한 색상에서 다른 색상으로 점진적으로 변해가는 것을 의미한다.

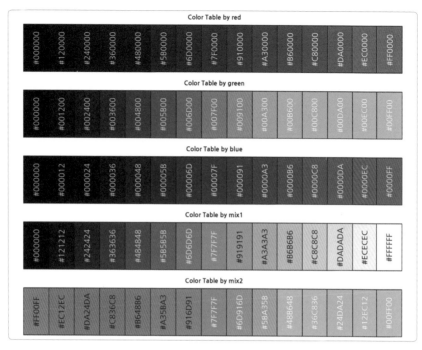

그림 2.36 RGB 색상의 사용 예제

상 팔레트를 만든다. terrain.colors( ) 함수와 topo.colors( ) 함수는 지형을 표현하는 등고선에 최적화된 색상을, cm.colors( ) 함수는 Cyan(청록색) 색상에서 Magenta(보라색) 색상으로 진행되는 팔레트를 만든다.

연습문제 2.36

색상 팔레트 함수를 이용한 색상으로 그래프를 그려보자.

다음은 색상을 이용한 그래프 예제다.

```
> op <- par(no.readonly = TRUE)
> par(mfrow = c(5, 1), mar = c(0, 0, 2, 0))
> col.table(rainbow(20))
> col.table(heat.colors(20))
> col.table(terrain.colors(20))
> col.table(topo.colors(20))
> col.table(cm.colors(20))
> par(op)
```

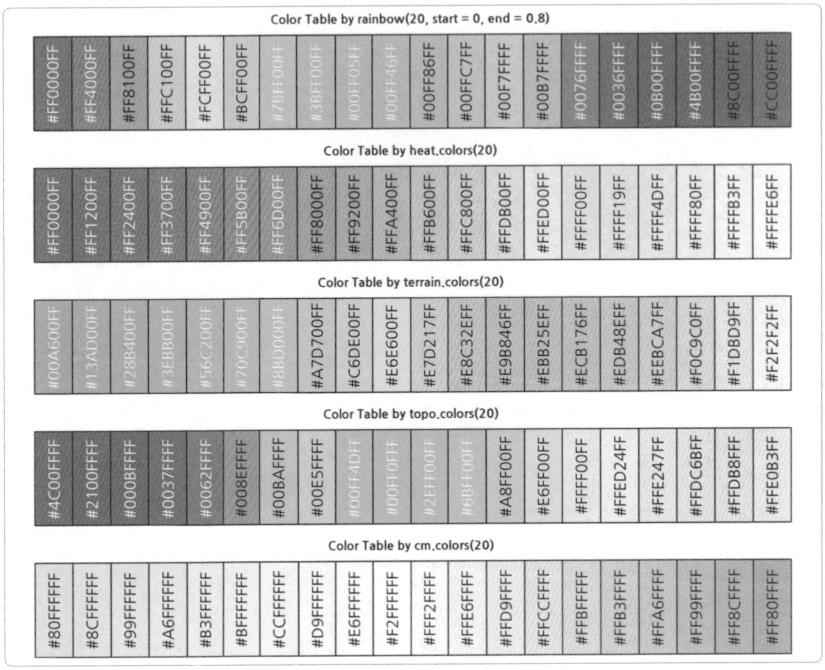

Color Table by rainbow(20, start = 0, end = 0.8)

| #FF0000FF | #FF4000FF | #FF8100FF | #FFC100FF | #FCFF00FF | #BCFF00FF | #7BFF00FF | #3BFF00FF | #00FF05FF | #00FF46FF | #00FF86FF | #00FFC7FF | #00F7FFFF | #00B7FFFF | #0076FFFF | #0036FFFF | #0B00FFFF | #4B00FFFF | #8C00FFFF | #CC00FFFF |

Color Table by heat.colors(20)

| #FF0000FF | #FF1200FF | #FF2400FF | #FF3700FF | #FF4900FF | #FF5B00FF | #FF6D00FF | #FF8000FF | #FF9200FF | #FFA400FF | #FFB600FF | #FFC800FF | #FFDB00FF | #FFED00FF | #FFFF00FF | #FFFF19FF | #FFFF4DFF | #FFFF80FF | #FFFFB3FF | #FFFFE6FF |

Color Table by terrain.colors(20)

| #00A600FF | #13AD00FF | #28B400FF | #3EBB00FF | #56C200FF | #6FC900FF | #8BD000FF | #A7D700FF | #C6DE00FF | #E6E600FF | #E7D217FF | #E8C32FF | #E9B846FF | #EBB25EFF | #ECB176FF | #EDB48EFF | #EEBCA7FF | #F0C9C0FF | #F1DBD9FF | #F2F2F2FF |

Color Table by topo.colors(20)

| #4C00FFFF | #2100FFFF | #000BFFFF | #0037FFFF | #0062FFFF | #008CFFFF | #00BAFFFF | #00E5FFFF | #00FF4DFF | #00FF10FF | #2EFF00FF | #6BFF00FF | #A8FF00FF | #E6FF00FF | #FFFF00FF | #FFED24FF | #FFE247FF | #FFDC6BFF | #FFDB88FF | #FFE0B3FF |

Color Table by cm.colors(20)

| #80FFFFFF | #8CFFFFFF | #99FFFFFF | #A6FFFFFF | #B3FFFFFF | #BFFFFFFF | #CCFFFFFF | #D9FFFFFF | #E6FFFFFF | #F2FFFFFF | #FFF2FFFF | #FFE6FFFF | #FFD9FFFF | #FFCCFFFF | #FFBFFFFF | #FFB3FFFF | #FFA6FFFF | #FF99FFFF | #FF8CFFFF | #FF80FFFF |

그림 2.37 색상 팔레트 1

연습문제 2.37

색상 팔레트 함수를 이용한 색상으로 색상 맵을 그려보자.

다음은 색상 맵을 그리는 예제다.

```
> op <- par(no.readonly = TRUE)
> par(mfrow = c(2, 2), mar = c(0, 0, 2, 0))
> col.map(rainbow(400, start = 0, end = 0.8))
> col.map(heat.colors(400))
> col.map(cm.colors(400))
> col.map(topo.colors(400))
> par(op)
```

> **주의: heat.colors( ) 사용 시 주의점**
>
> heat.colors( )가 표현하는 색상의 그라데이션은 우리가 익숙한 그라데이션과 차이가 있을 수 있으니 주의해서 사용해야 한다. 일반적으로 우리는 데이터를 그라데이션으로 표현할 때, 값이 클수록 백색에서 적색으로 증가하는 그라데이션을 생각한다. 그러나 heat.colors( )는 값이 클수록 적색에서 백색으로 향하는 그라데이션을 만들어 준다. 이는 불꽃의 온도가 백색이 가장 밝고 붉은 색은 온도가 낮다는 과학적 사실에 기인한다.

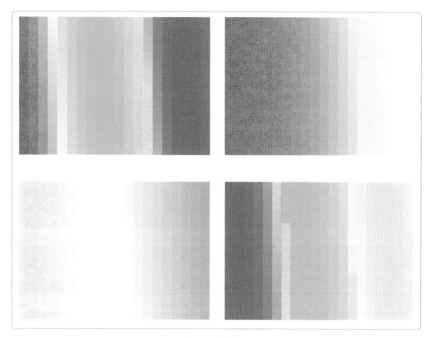

그림 2.38 색상 팔레트 2

2.5.6 알파 채널

색상에서 중요한 요소 중의 하나는 색상의 투명도를 나타내는 알파 투명 채널 (alpha transparency channel)이다. 보통 줄여서 알파 채널(alpha channel)이라 하는데 색상의 투명도를 지정하는 값이다. 표현하는 방법은 RGB을 표현하는 #RRGGBB 형식의 문자열에 두 자리의 16진수를 붙여서 #RRGGBBAA로 표현한다. 'AA'에 색상의 투명도를 나타내는 16진수의 알파 채널을 지정하는데, 00을 넣으면 투명, FF를 넣으면 불투명을 의미한다. 그러므로 00으로 지정할 경우에는 색상이 보이지 않게 되고 FF로 지정할 경우에는 알파 채널을 지정하지 않은 것과 같은 동일한 효과를 낸다. 즉, 투명도가 전혀 없는 것이다.

연습문제 2.38

알파 채널을 사용하여 그래프를 그려보자.

다음 예제의 결과인 그림 2.39를 보면 상단 세 개의 그림인 빨간색, 녹색, 파란색의 알파 채널은 마치 물감의 농도를 조절한 것처럼 알파 채널이 클수록 본래의 색을 보여주고 있다. 네 번째 그림은 rainbow 팔레트를 알파 채널 없이 표현한 것이고, 다섯 번째의 그림은 알파 채널을 적용한 그림이다. 우측의 알파 채널 값이 큰 것은 별 차이가 없지만 좌측의 알파 채널 값이 작은 것은 색상 차이가 상당하는 것을 알 수 있다.

```
> seqs <- seq(0, 255, length = 20)
> alpha <- toupper(as.character.hexmode(seqs))
> op <- par(no.readonly = TRUE)
> par(mfrow = c(5, 1), mar = c(0, 0, 2, 0))
> col.table(paste("#FF0000", alpha, sep = ""), fg = 1)
> col.table(paste("#00FF00", alpha, sep = ""), fg = 1)
> col.table(paste("#0000FF", alpha, sep = ""), fg = 1)
> col.table(rainbow(20), main = "Alpha Channel 사용 안함")
> col.table(rainbow(20, alpha = seq(0, 1, length = 20)),
            main = "Alpha Channel 사용", fg=1)
> par(op)
```

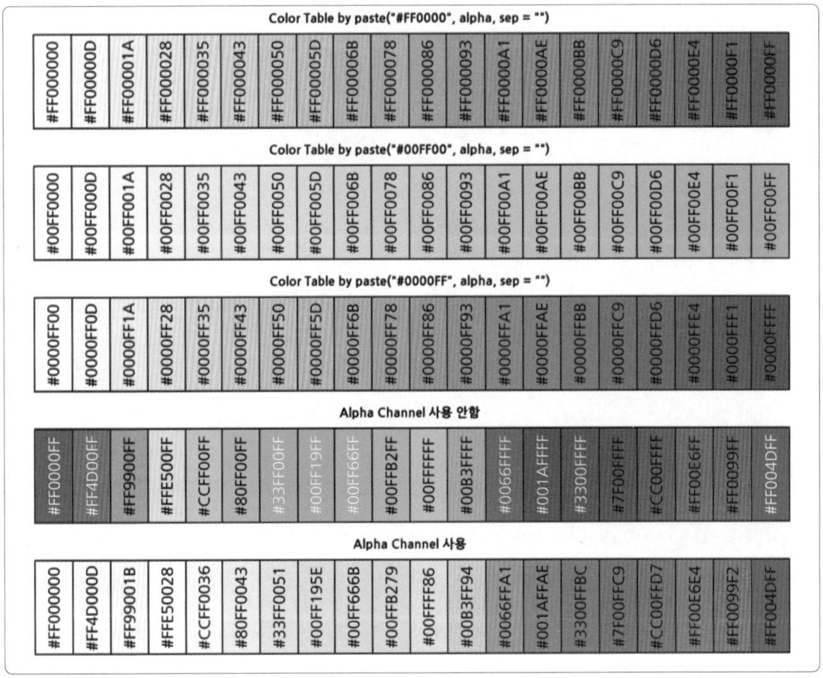

그림 2.39 알파 채널의 사용 예제1

연습문제 2.39

알파 채널을 사용하여 벤다이어그램 그래프를 그려보자.

00과 FF 사이의 알파 채널 값을 지정하여 적당한 투명도로 플롯을 그리면 유용
하다. 가장 유용한 기능은 동일한 영역에 표현되는 하나 이상의 정보를 분리해
서 파악할 수 있다는 것이다. 다음 예제를 통해서 알파 채널의 용도를 알아보자.
예제의 결과인 그림 2.40에서는 두 개의 벤다이어그램을 볼 수 있다. 먼저 우측
의 알파 채널을 사용한 벤다이어그램은 겹쳐진 영역의 색상이 잘 분리되어 그
구조를 쉽게 이해할 수 있는 반면 알파 채널을 사용하지 않은 좌측의 벤다이어
그램은 나중에 그린 원이 바탕에 깔려 있는 원을 덮어버려서 구조를 파악하기
어렵다.

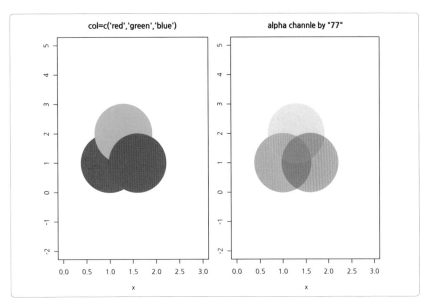

그림 2.40 알파 채널의 사용 예제2

```
> op <- par(no.readonly = TRUE)
> x <- c(1, 1.3, 1.6)
> y <- c(1, 2, 1)
> par(mar = c(4, 2, 3, 1), mfrow = c(1, 2))
> plot(x, y, pch = 16, cex = 20, col = c("red", "green", "blue"),
      xlim = c(0,3), ylim = c(-2, 5))
> title(main = "col=c('red','green','blue')")
> plot(x, y, pch = 16, cex = 20, col = c("#FF000077", "#00FF0077", "#0000FF77"),
      xlim = c(0, 3), ylim = c(-2, 5))
> title(main = "alpha channle by \"77\"")
> par(op)
```

연습문제 2.40

알파 채널을 사용하여 가을산의 단풍을 표현해보자.

알파 채널을 이용해서 가을산의 단풍을 시뮬레이션한다고 해보자. 이 시뮬레이션은 Korean R User Conferences 2012에서 한 발표자[12]가 '움직이는 데이터 그림'이라는 주제로 발표한 시각화 내용을 모티브로 하여 알파 채널을 적용해 본 예제다. 빨간색이 단풍이고 녹색은 단풍이 들기 전의 나뭇잎 색이라 이해하면 되겠다. 단풍이라는 것이 기온이 내려가면서 서서히 붉은 빛으로 변하기 때문에 빨간색 농담의 표현을 알파 채널로 시도한 것이다. 결과는 그림 2.41과 같다.

```
> play.circle <- function(circle.counts=100, limits=3, radius=0.2, densitys=1) {
    circle <- function (x, y, r=1, col=1) {
        angle <- (0:360)*pi/180
        pos.x <- r*cos(angle) + x
```

---

12 허명회. 고려대학교 통계학과 교수. Covering by Circles 중에서

```
        pos.y <- r*sin(angle) + y
        lines(pos.x, pos.y, col=col)
    }
    leaf <- function(limits, xs, ys, radius, r=1, alpha="55") {
        isin <- function(x, y) {
            any(sqrt((xs-x)^2+(ys-y)^2) <= radius)
        }
        x <- runif(1, 0, limits)
        y <- runif(1, 0, limits)
        angle <- (0:360)*pi/180
        pos.x <- r*cos(angle) + x
        pos.y <- r*sin(angle) + y
        polygon(pos.x, pos.y, col=paste(ifelse(isin(x,y), "#FF0000", "#00FF00"),
            alpha, sep=""), border=NA)
    }
    xs <- runif(n=circle.counts, min=0, max=limits)
    ys <- runif(n=circle.counts, min=0, max=limits)
    plot(radius:(limits-radius), radius:(limits-radius), type='n', axes=F,
        xlab='', ylab='')
    box( )
    for (i in 1:circle.counts) {
        circle(xs[i], ys[i], r=radius, col="#FF000011")
    }
    for (i in 1:(circle.counts^2*densitys)) {
        leaf(limits, xs, ys, radius, r=radius/5)
    }
}
> play.circle( )
```

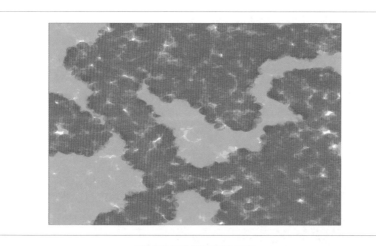

그림 2.41 알파 채널의 사용 예제3

2.5.7 색상 관련 함수들

2.5.7.1 hsv( ) 함수

색의 세 가지 속성인 색상(hue), 채도(saturation), 명도(value)를 사용해서 색상을 지정한다. 이외에 알파 채널 값도 지정할 수 있다. 함수의 인수는 h, s, v, alpha를 가지고 있으며 반환 값은 RGB 포맷의 색상을 나타내는 문자열이다.

즉, '#RRGGBBAA' 혹은 '#RRGGBB' 포맷의 문자열을 반환한다. 각 인수들이 취할 수 있는 값은 [0, 1] 사이의 값을 갖는 수치 벡터다.

연습문제 2.41

hsv( ) 함수를 사용하여 그래프를 그려보자.

다음은 hsv( ) 함수를 사용하는 예제로, 결과는 그림 2.42와 같다. 재미있는 것은 네 개의 플롯에서 각각의 좌측 하단의 셀은 hsv(.5, .5, .5)를 적용해서 같은 색이지만 주변의 색상에 따라 그 색상이 달리 보이는 착시현상을 가져온다.

```
> hsv(0.5, 0.5, 0.5)
```

```
[1] "#408080"
```

```
> hsv1 <- c(hsv(0.5, 0.5, 0.5), hsv(0.6, 0.5, 0.5), hsv(0.7, 0.5, 0.5),
    hsv(0.8, 0.5, 0.5))
> hsv2 <- c(hsv(0.5, 0.5, 0.5), hsv(0.5, 0.6, 0.5), hsv(0.5, 0.7, 0.5),
    hsv(0.5, 0.8, 0.5))
> hsv3 <- c(hsv(0.5, 0.5, 0.5), hsv(0.5, 0.5, 0.6), hsv(0.5, 0.5, 0.7),
    hsv(0.5, 0.5, 0.8))
> hsv4 <- c(hsv(0.5, 0.5, 0.5), hsv(0.6, 0.6, 0.6), hsv(0.7, 0.7, 0.7),
    hsv(0.8, 0.8, 0.8))
> op <- par(no.readonly = TRUE)
> col.map(hsv1)
> title("hsv1")
> col.map(hsv2)
> title("hsv2")
> col.map(hsv3)
> title("hsv3")
> col.map(hsv4)
> title("hsv4")
> par(op)
```

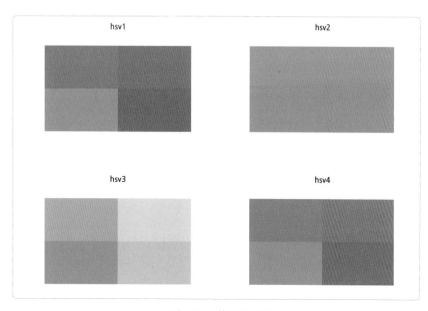

그림 2.42 hsv( ) 함수의 예제

2.5.7.2 rgb( ) 함수

빛의 3원색인 red, green, blue와 alpha 인수를 이용해서 색상을 나타낸다. 각 인수들은 수치 벡터를 갖는다. 그 범위는 [0, M]으로 maxColorValue 인수가 최대 색상일 경우의 값 M을 지정한다. 기본 값은 1이고, 이 경우 red, green, blue와 alpha 인수는 0:255/255의 값을, maxColorValue 인수 값 M이 255일 경우에는 0:255의 값을 가질 수 있다.

2.5.7.3 gray( ) 함수

회색 계열의 색상을 만든다. 인수 level은 0과 1 사이의 숫자를 가질 수 있으며, 1이면 흰색을 0이면 검정색의 색상을 만든다. alpha 인수도 가지고 있다.

연습문제 2.42

rgb( ) 함수와 gray( ) 함수를 사용하여 그래프를 그려보자.

다음은 rgb( ) 함수와 gray( ) 함수를 사용하는 예제로, 결과는 그림 2.43과 같다.

```
> reds1 <- rgb((0:15)/15, g = 0, b = 0)
> reds2 <- rgb((0:15)/15, g = 0, b = 0, alpha = 0.5)
> gray1 <- gray(0:8/8)
> gray2 <- gray(0:8/8, alpha = 0.5)
> op <- par(no.readonly = TRUE)
> par(mfrow = c(2, 2), mar = c(1, 3, 1, 1))
> col.map(reds1)
> title("rgb((0:15)/15, g=0, b=0)")
> col.map(reds2)
> title("rgb((0:15)/15, g=0, b=0, alpha=0.5)")
> col.map(gray1)
> title("gray(0:8/8)")
> col.map(gray2)
> title("gray(0:8/8, alpha=0.5)")
> par(op)
```

2.6 R을 이용한 도형 그리기

이번에는 앞서 다룬 그래픽 관련 함수와 인수를 이용해서 각종 도형을 그리는 방법을 알아본다. 이 절을 통해서 다시 한번 그래픽 장치에 대해서 이해하고 수학적 사고를 통해 각종 도형을 그리는 방법을 학습한다.

2.6.1 원 그리기

원이란 한 점에서 같은 거리에 있는 점들의 집합이다. 따라서 한 점을 의미하는 원의 중심 좌표와 거리를 의미하는 반지름을 알면 원을 그릴 수 있다. 그러므로 원을 함수라고 한다면 중심점과 반지름을 인수(모수, parameters)로 갖는 함수가 된다. 다음은 원의 공식이다.

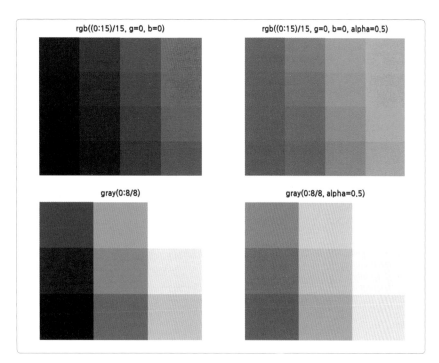

그림 2.43 rgb( ) 함수와 gray( ) 함수의 예제

$$(x\text{-}a)^2 + (y\text{-}b)^2 = r^2$$

이 공식에서 원의 중심 좌표는 (a, b)이고 반지름은 r이다.

연습문제 2.43

원의 중심 좌표가 (3, 4)이고 반지름 r이 5인 원을 그려보자.

다음은 제시된 수치를 넣어 원을 만드는 예제다.

```
> op <- par(no.readonly = TRUE)
> par(pty = "s")
> # 방법 1
> angle <- (0:360) * pi/180
> # 방법 2
> angle <- seq(-pi, pi, length - 361)
> x <- 3 + 5 * cos(angle)
> y <- 4 + 5 * sin(angle)
> plot(x, y, type = "l", main = "circle with radius 5 and center (3, 4)")
> par(op)
```

다음 예제에서 360개의 점을 이어서 원을 만드는데, 이 원은 사실 정360각형이다. 그러므로 원이 아니라 원처럼 보이는 정다각형을 그렸다는 것이 옳은 표현이다. 그러나 어쨌든 원을 그렸다고 해두자. 그러면 어떻게 원을 이루는 점의 좌표를 구할 수 있을까?

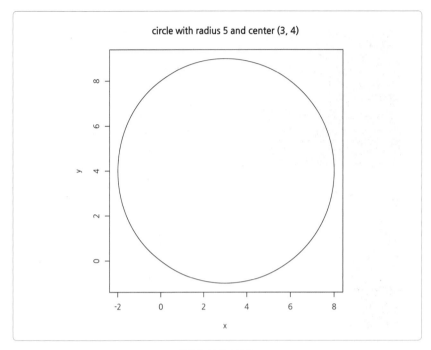

그림 2.44 원 그리기

그림 2.45와 같은 직각 삼각형에서의 밑변의 길이와 높이를 구하는 공식을 고등학교 수학시간에 배운 적이 있을 것이다.

그림 2.45에서 각 θ를 이루는 꼭지점을 원점이라 가정하면 원점을 기준으로 밑변의 길이가 x-축의 좌표이고, 원점을 기준으로 높이가 y-축의 좌표가 된다. 이는 원의 중심이 원점인 경우이므로 x-축의 좌표에 a를 더하고, y-축의 좌표에 b를 더하면 원의 중심 좌표가 (a, b)이고 반지름이 r인 원의 좌표를 구할 수 있는 것이다. 그리고 원의 각도인 360°는 2π 라디안이므로 2π를 N개로 나누면, N개의 꼭지점을 갖는 다각형을 만들 수 있다. 그런데 그 점의 개수가 일정량을 넘으면 원처럼 보인다. 앞의 예제에서는 N이 360이고, 그 다각형은 우리의 눈으로는 원으로 보일 것이다. 물론 원으로 보일 정도가 되려면 반지름인 r이 커지면서 n의 수도 그 이상으로 커져야 됨은 당연하다.

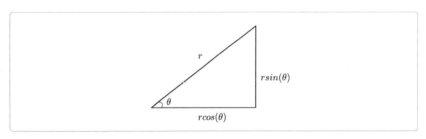

그림 2.45 직각 삼각형의 밑변과 높이 구하기

예제에서는 도 단위의 각도를 라디안으로 바꾼 θ의 집합을 방법 1을 통해서 구했고, 라디안 단위로 각도 θ의 집합을 방법 2를 통해서 구했다. 그리고 방법 1 과 방법 2로 구한 벡터의 원소의 개수가 361개이지만, 처음과 마지막 각도가 중복되었으므로 실제로는 360개이다.

또한 그래픽 장치로 출력한 것이 육안으로 원인 것처럼 보이기 위해서는 pty 인수의 값을 's'로 지정해야 한다. 그렇지 않으면 R은 원의 좌표로 원이 아닌 타원을 출력하게 될 것이다. 이미 pty 인수에서 다룬 내용이다. 예제를 실행하면 그림 2.44와 같은 원이 그려진다. 대충 살펴보아도 반지름이 5이고 원의 중심 좌표가 $(3, 4)$임을 알 수 있다.

2.6.2 다각형 그리기

다각형(polygon)은 polygon( ) 함수를 이용해서 그리는 것이 일반적이지만, 좀 더 복잡한 다각형은 lines( ) 함수 등으로 응용하여 그릴 수 있다. 이 절에서는 lines( ) 함수 등을 이용하여 다각형을 그리는 방법을 살펴보기로 한다.

연습문제 2.44

정삼각형, 정사각형, 정오각형 및 별을 그려보자.

정삼각형, 정사각형, 정오각형 및 별을 그려보자. 여기서는 2.6.1의 원 그리기를 응용하였다. (1)에서 정삼각형은 2π 라디안을 3등분하였고 (2)에서는 정사각형은 2π 라디안을 4등분하였으며, 마찬가지로 (3)에서는 정오각형은 5등분하였다. 그리고 y-축을 기준으로 좌우 대칭을 이루기 위해서 정삼각형과 정오각형은 2π 라디안의 영역을 $[\pi/2, \pi/2+2\pi]$로 조정하였다. 사각형은 2π 라디안의 영역을 $[\pi/4, \pi/4+2\pi]$로 조정하였다. 별을 그리기 위해서는 (4)처럼 정오각형의 좌표 값을 이용해서 선을 잇는 순서를 1, 3, 5, 2, 4의 순서로 변경하였다. 다음 예제의 실행 결과는 그림 2.46과 같다.

```
> op <- par(no.readonly = TRUE)
> par(oma = c(0, 0, 2, 0), mar = c(4, 2, 2, 0), mfrow = c(2, 2), pty = "s")
> # triangle  (1)
> theta <- seq(pi/2, pi/2 + 2 * pi, by = 2 * pi/3)
> tri.x <- cos(theta)
> tri.y <- sin(theta)
> plot(tri.x, tri.y, type = "l", xlim = c(-1, 1), ylim = c(-1, 1),
      main = "triangle")
> # square    (2)
> theta <- seq(pi/4, pi/4 + 2 * pi, by = 2 * pi/4)
> sq.x <- cos(theta)
> sq.y <- sin(theta)
> plot(sq.x, sq.y, type = "l", xlim = c(-1, 1), ylim = c(-1, 1),
      main = "square")
> # pentagon  (3)
```

```
> theta <- seq(pi/2, pi/2 + 2 * pi, by = 2 * pi/5)
> pent.x <- cos(theta)
> pent.y <- sin(theta)
> plot(pent.x, pent.y, type = "l", xlim = c(-1, 1), ylim = c(-1, 1),
      main = "pentagon")
> # star      (4)
> s <- seq(length(pent.x))
> # line 순서를 지정하기 위한 벡터
> s <- c(s[s%%2 == 1], s[s%%2 == 0])
> plot(pent.x, pent.y, type = "n", xlim = c(-1, 1), ylim = c(-1, 1), +
      main = "star shape")
> lines(pent.x[s], pent.y[s])
> # main title
> title(main = "drawing polygon", line = 0, outer = T)
> par(op)
```

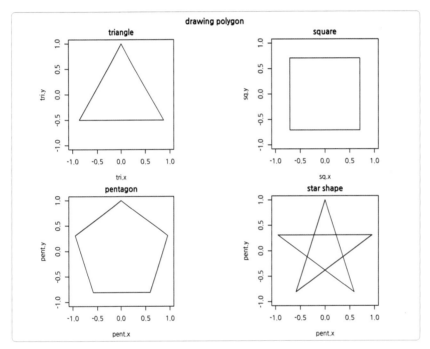

그림 2.46 다각형 그리기

3장

데이터 시각화 함수

고수준 그래픽 함수(high level graphic functions)는 데이터를 시각화하는 가장 기본적인 도구로 앞서 학습한 저수준 그래픽 함수를 적절하게 적용하여 데이터 시각화 기능을 구현한 것이다. 여러분이 고수준 그래픽 함수의 사용법을 숙지한다면 쉽게 데이터 시각화를 수행할 수 있다.

이번 장에서는 데이터 시각화계의 초보 화가인 여러분이 정물화를 그리거나 인물화를 그리는 것과 같이 직접 R의 캔버스 위에 막대 그래프를 그리고 히스토그램을 그리는 방법을 살펴본다. 고수준 그래픽 함수에서 제공하는 인수들은 사용하는 방법에 따라 시각화의 모양과 내용이 달라지므로 특히 중요한 개별 인수의 사용법을 구체적으로 설명하겠다. 즉, 2장에서 다룬 그래픽 함수의 대표적인 인수들 중에서 기능에 크게 차이점이 없는 것들을 제외한, 각 고수준 그래픽 함수의 특성이 반영되어 있는 그래픽 인수의 사용 방법과 이를 응용하는 방법을 제시한다. 필자들은 이후로 고수준 그래픽 함수를 데이터 시각화 함수(data visualization function)라 칭하겠다. 고수준 그래픽 함수가 결국은 데이터를 시각화하기 위한 목적으로서의 최종의 기능을 구현한 객체이기 때문이다.

빈센트 반 고흐가 '별이 빛나는 밤'이라는 그림을 그리던 그날 밤하늘을 상상하며 캔버스에 별무리를 그렸듯 자신이 표현하고자 하는 데이터의 특성과 시각화된 그래프를 상상하며 데이터 시각화 함수로 R의 캔버스에 그래프를 직접 그려보기 바란다.

3.1 시작하기에 앞서 학습할 내용

본격적인 데이터 시각화 함수를 다루기 전에 필요한 몇 가지 사전 지식이 필요하다.

3.1.1 차트, 그래프, 플롯

차트(charts), 그래프(graphs), 플롯(plots)은 때때로 동등하게 사용하기도 하는 모호한 용어다. 이는 구체적인 정의로 세 가지의 차이를 명쾌히 설명해 주는 자료를 찾아보기 어렵다는 것을 의미한다. 정의도 제각각인데, 필자들은 여러분에게 대부분 외국에서 만들어진 시각화 도구의 이름을 혼선 없는 용어로 전달하기 위해 고민을 했으나 쉽지 않았다. 위키피디아(Wikipedia)에서조차도 명확히 구분해 설명하고 있지 않다.

3.1.1.1 차트

위키피디아에서 차트(charts[1])는 심볼, 막대 그래프에서의 막대, 선 그래프에서의 선, 파이 차트에서의 조각처럼 데이터의 그래픽 표현이라 정의한다.

차트를 점, 선, 면 등의 도형을 이용해서 해당 데이터를 표현하는 것으로 이해할 수 있다. 그러므로 시각화된 차트는 데이터를 빠르게 이해할 수 있도록 그 특징을 간결하게 표현해야 한다.

3.1.1.2 그래프

위키피디아에서 그래프(graph[2])는 수학 함수나 방정식 등의 과학적 데이터의 시각화처럼 두 개 이상의 변수 사이의 관계를 묘사한 그래픽이라 정의한다. 그러므로 주식시장에서의 주가와 같은 시계열 데이터의 추세 그래프나 정규분포의 확률밀도 함수의 그래프 등이 그래프에 해당할 것이다.

그래프는 x-축과 y-축으로 정의되는 직교좌표계(Cartesian coordinate system)의 좌표 위치에 데이터를 표현하는 것으로 이해할 수 있다. 그러므로 시각화된 그래프는 데이터의 대략적인 표현으로 그 특징을 파악하도록 하는 것이 아니라 구체적인 값을 정확하게 제시해야 한다.

3.1.1.3 플롯

위키피디아에서 플롯(plot[3])은 일반적으로 두 개 이상의 변수 사이의 관계를 나타내는 그래프로, 데이터 세트를 나타내는 그래픽 기법이라 정의한다. 재미있는 것은 플롯의 정의에 그래프라는 단어가 나온다는 것이다. 또한 여기서는 그래프를 알려진 하나의 함수로 미지의 변수를 그려서 값을 판독하는 데 사용할 수 있고, 함수 그래프는 수학, 과학, 공학, 기술, 금융 및 기타 분야에 사용된다고 한다.

---

1   http://en.wikipedia.org/wiki/Chart
2   http://en.wikipedia.org/wiki/Graph
3   http://en.wikipedia.org/wiki/Plot_graphics

3.1.1.4 시각화 도구의 분류

차트, 그래프, 플롯의 구분이 모호하지만, 필자는 다음과 같이 정리해보았다.

- 차트: 점, 선, 면 등의 도형으로 데이터의 특징을 간결하게 표현하는 시각화 방법
- 그래프: 플롯에 포함되며 수학 함수나 시계열적인 데이터를 좌표계에 표현하는 시각화 방법
- 플롯: 두 개 이상의 변수 사이의 관계를 좌표계에 표현하는 시각화 방법

그러나 많은 시각화 도구의 번역 용어 및 원문의 영어 용어가 기준 없이 작명된 듯하다. 흔히 데이터 시각화 함수의 이름은 histogram과 같은 고유명사화된 것을 제외하면 charts, graphs, plots의 접미어로 분류된다. R의 대표적인 데이터 시각화 함수 이름을 예로 들면 다음과 같다.

- charts: dotchart, stripchart, lattice::barchart, …
- graphs: 대표적인 함수 중에서 찾아볼 수 없음
- plots: plot, barplot, boxplot, qqplot, coplot, mosaicplot, …
- 접미어가 없는 것: pie, hist, stars, curve, contour, heatmap, …

재미있는 것은 lattice 패키지에서는 barchart가, graphics 패키지에서는 barplot이 존재한다. bar라는 접두어가 charts와 plots의 접미어를 가지고 있다는 것이다. 또한 영문 용어에는 plots 접미사를 쓰는 경우가 가장 많았으며, 개념은 graphs이지만 접미어를 사용하지 않아서 접미사 기준으로 분류한 것에 graphs가 없었다.

이번에는 번역한 후 사용되는 시각화 도구의 이름을 분류했다.

- 차트: 파이 차트, 막대 차트, 라인 차트, 버블 차트, 레이더 차트, …
- 그래프: 막대 그래프, 선 그래프, 점 그래프, 원형 그래프, 방사형 그래프, …
- 플롯: 박스 플롯, 바 플롯, 버블 플롯, 레이더 플롯, …
- 접미어가 없는 것: 히스토그램, 산점도, 히트맵, …

그런데 번역된 이름이 영문 이름에 쉽게 매핑되지 않는다. 또한 레이더 차트와 방사형 그래프, 막대 그래프와 바 플롯, 선 그래프와 라인 차트 등 동일한 영문으로 추정되는 용어가 다르게 번역되는 경우도 보인다. 또한 번역된 용어에는 그래프 접미사를 쓰는 경우가 가장 많았다. 함수 이름인 barplot은 막대 그래프로 번역되는 식으로 예전에는 그래프라는 접미어를 애용했던 것 같다. 그러나 이들 용어가 이미 대중화되어서 되돌리기는 어려울 것이다.

우리는 앞으로 많은 데이터 시각화 함수를 다룰 것이다. 그래서 이들이 표현하는 시각화 결과를 국문으로 번역할 때 다음과 같은 몇 가지 기준을 정하고자한다.

· 시각화로 표현되는 모든 결과를 호칭할 때 일반화된 용어로서 '플롯'을 사용한다.

　　예) "시각화 함수는 '플롯'을 그리는 기능 이외에도..."

· 예제로 출력된 시각화 결과, 설명을 위한 삽화 등은 '그림'으로 통일하여 부른다.

　　예) 그림 1.4 등

· 용어의 정확성보다는 현재 보편적으로 사용되는 용어를 선택하였다.

　　예) bar chart를 막대 차트가 아닌 '막대 그래프'로 부름

· 설혹 음독된 용어가 더 많이 쓰이더라도, 혼선의 우려가 없다면 번역된 용어를 우선하였다.

　　예) parallel plot을 패러럴 플롯이 아닌 '평행좌표 플롯'이라 부름

· 생소하고 새로운 용어는 뜻으로 번역하기보다는 음독된 용어를 사용하였다.

　　예) fourfold plot을 '포폴드 플롯'으로 부름

이렇게 필자가 나름대로 기준의 구분은 해두었지만, 명확한 체계를 만들어서 구분하기 힘들기 때문에 각 시각화된 그래픽스의 이름을 그냥 관습적으로 기억해두는 것이 편할 것이다.

3.1.2 벡터라이제이션

벡터의 연산 과정인 입력(input), 연산(compute), 출력(output)에서 벡터를 원소(elements) 하나씩 반복적으로 처리하지 않고 통째로 처리하는 기법을 벡터라이제이션(Vectorization)이라 한다. 벡터라이제이션으로 연산하면 반복문을 사용하지 않고 처리가 가능하다. 또한 반복문이 사용되지 않기 때문에 수행 속도가 반복문을 사용하는 것보다 빠르다.

　벡터라이제이션 프로그래밍을 위해서는 for문이나 while문과 같은 반복문을 사용하지 않는다. 또한 조건문에 절대로 if문을 사용하면 안 된다. 조건문이 필요할 경우에는 ifelse( ) 함수를 사용해야 한다. 베터라이제이션으로 프로그래밍을 하지 않으면, R은 연산속도가 저하되는 문제가 생긴다. 물론 그렇다고 무조건 for문을 사용하지 말라는 뜻은 아니다.

　그럼 먼저 1부터 10까지의 정수의 짝수 여부를 판단하는 것을 반복분을 이용해서 처리해보자. 다음 예제는 for문을 이용한 연산이다.

```
> x <- 1:10
> even.loop <- logical(length(x))
> names(even.loop) <- x
>
> for (i in x) {
    if (i %% 2 == 0) {
        even.loop[i] <- TRUE }
    else {
        even.loop[i] <- FALSE
    }
}
> even.loop
```

1	2	3	4	5	6	7	8	9	10
FALSE	TRUE	FALSE	TRUE	FALSE	TRUE	FALSE	TRUE	FALSE	TRUE

이번에는 동일한 작업을 벡터라이제이션을 이용해보자. 앞의 예제와 동일한 결과를 도출하지만, 코드가 간결하다.

```
> even.vectoriz <- x %% 2 == 0
> names(even.vectoriz) <- x
> even.vectoriz
```

1	2	3	4	5	6	7	8	9	10
FALSE	TRUE	FALSE	TRUE	FALSE	TRUE	FALSE	TRUE	FALSE	TRUE

일반적으로 R에서 제공하는 많은 연산자나 함수들이 벡터라이제이션을 제공한다. 앞에서 다룬, 나누기의 몫을 계산하는 "%%" 연산자도 벡터라이제이션을 지원한다. 그렇기 때문에 even.vectoriz을 계산할 때 벡터라이제이션이 동작한 것이다.

벡터라이제이션을 지원하는 연산자나 함수도 사용하는 방법에 따라서 벡터라이제이션 처리를 무력화시킬 수 있다. 다음의 if문이 대표적인 사례다. 결과를 보면 경고 메시지(warning message)와 함께 벡터의 첫 번째 원소의 것만 계산된다.

```
> if (x %% 2 == 0) "짝수" else "홀수"
```

```
[1] "홀수"
경고 메시지:
In if (x%%2 == 0) "짝수" else "홀수" :
 length > 1 이라는 조건이 있고, 첫 번째 요소만이 사용될 것입니다
```

벡터라이제이션 처리를 위해서는 다음처럼 논리식에 if문이 아닌 ifelse( ) 함수를 사용해야 한다. 경고 메시지도 없고 모두 10개의 원소에 대해서 짝수, 홀수가 판정되었다.

```
> ifelse(x %% 2 == 0, "짝수", "홀수")
```

```
[1] "홀수" "짝수" "홀수" "짝수" "홀수" "짝수" "홀수" "짝수" "홀수" "짝수"
```

마지막으로 반복 처리와 벡터라이제이션 처리의 수행 속도에 대해서 알아보자. 1천만 개의 정수에 대해서 짝수 여부를 판단하는 작업이다.

```
> x <- 1:10000000
>
> # 반복 처리의 수행 속도
> even <- function(x) {
    z <- logical(length(x))
    for (i in x) {
        if (i %% 2 == 0) {
            z[i] <- TRUE }
        else {
            z[i] <- FALSE
        }
    }
    z
}
>
> runtime.loop <- system.time(z1 <- even(x))
> runtime.loop
```

```
  사용자   시스템 elapsed
 12.717    0.101  12.920
```

```
>
> # 벡터라이제이션 처리의 수행 속도
> runtime.vec <- system.time(z2 <- x %% 2 == 0)
> runtime.vec
```

```
  사용자   시스템 elapsed
  0.255    0.036   0.295
```

```
>
> # 결과의 비교
> sum(z1 != z2)
```

```
[1] 0
```

반복문의 수행 속도는 12.920초가 걸린 반면에 벡터라이제이션의 수행 속도는 0.295초 밖에 걸리지 않았다. 사용자의 컴퓨터 사양이나 환경에 따라 수행 시간은 다르겠지만, 벡터라이제이션의 수행 속도가 빠른 것만은 자명하다. 마지막으로 두 가지 연산의 결과 중 다른 것이 있는지 검산한 결과 0건으로 두 결과가 동일함도 알 수 있다.

system.time( ) 함수는 R 코드가 수행되는 시간을 반환한다. '사용자'는 R 코드가 순수하게 수행된 cpu의 연산 시간을, '시스템'은 시스템 영역에서의 cpu 연산 시간을 의미한다. 'elapsed'는 실제로 R 코드가 수행된 시간을 의미한다.

3.1.3 리사이클링 룰

R은 벡터 연산에 사용되는 벡터의 길이(length)가 다를 경우 짧은 쪽의 벡터를 긴 쪽의 벡터의 길이에 맞추어 재사용하여 처리한다. 이를 리사이클링 룰(recycling rule)이라 한다. 이 개념은 R에서 매우 중요한 특징이다. 사실 리사이클링 룰은 벡터라이제이션의 연산을 위해서 만들어진 매커니즘이라 할 수 있는데, 벡터라이제이션은 서로 다른 두 벡터의 길이가 같아야 하기 때문이다.

다음은 리사이클링 룰의 예제다.

길이가 각각 2, 4, 3인 벡터 x, y, z에 대해 x + y는 길이가 2인 x를 길이가 4인 y에 맞추기 위해서 첫째와 둘째 원소를 사용해서 계산한다. 그런데 x + z는 길이가 2인 x를 길이가 3인 z에 맞추려 하는데, z의 길이가 3으로 x의 길이인 2에 배수가 되지 않는다. 이럴 경우에는 경고 메시지가 출력되면서 연산이 이루어진다. 즉, 긴 쪽의 길이가 짧은 쪽의 길이의 배가 되지 않을 경우에는 경고 메시지를 출력한다.

```
> x <- 1:2
> y <- 1:4
> z <- 1:3
> x + y

[1] 2 4 4 6

> x + z

[1] 2 4 4
경고 메시지:
In x + z: 두 객체의 길이가 서로 배수관계에 있지 않습니다
```

데이터 시각화 함수에서도 리사이클링 룰이 적용된다. 색상, 선의 유형, 점의 종류를 나타내는 col, lty, pch 인수들에서 의식하지 못한 채 리사이클링 룰이 적용되고 있다. 다음 예제는 5개의 정규난수로 산점도를 그리는 예제로 리사이클링 룰이 적용되는 사례다. 결과는 그림 3.1과 같다.

```
> op <- par(no.readonly = TRUE)
> set.seed(1)
> (x <- rnorm(5))

[1] -0.6264538  0.1836433 -0.8356286  1.5952808  0.3295078

> par(mfrow = c(1, 3))
> plot(x, col="red", pch=16, cex=2)
> plot(x, col=1:5, pch=15:19 , cex=2)
> plot(x, col=1:2, pch=15:16 , cex=2)
> par(op)
```

산점도에서 출력하려는 점의 개수가 5개인데 원래는 5개 모두 색상과 모양, 크기를 지정해야 한다. 그러나 일반적으로 1개의 값만 지정한다. 그러면 리사이클링 룰에 의해서 길이가 5인 벡터에 맞추기 위해서 길이가 1인 벡터를 재사용하는 것이다. 첫째 산점도(scatter plot)[4]가 이에 해당한다. 둘째 산점도는 모든 점에 대해서 색상과 모양, 크기를 지정해서 리사이클링 룰이 적용되지 않은 사례다. 셋째 산점도도 리사이클링 룰이 적용된 경우다. 그런데 긴 쪽이 짧은 쪽에

---

4   산점도는 두 개의 수치 데이터를 각각 x-축과 y-축에 대응하여 교차하는 좌표 (x, y)에 점을 찍어 표현하는 시각화 기법이다.

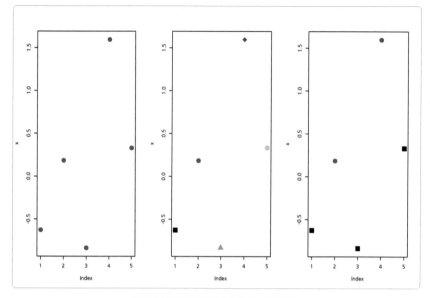

그림 3.1 데이터 시각화 함수의 리사이클링 룰

배수가 되지 않았는데도 경고 메시지는 출력되지 않는다.

3.2 graphics 패키지

2장에서 간단하게 다룬 plot( ) 함수는 대표적인 데이터 시각화 함수다. 또한 대부분의 데이터 시각화 함수들은 이미 우리가 알고 있는 여러 종류의 통계 그래픽스를 출력한다. 그리고 데이터 시각화 함수 중에는 생소한 기능의 데이터 시각화 함수와 데이터 모델링 기법을 지원하는 데이터 모델링 전용 시각화 함수도 존재한다.

　plot( ) 함수를 비롯한 기본적인 데이터 시각화 기법은 graphics 패키지에 포함되어 있다. 이 절에서는 graphics 패키지에 포함되어 있는 데이터 시각화 함수로 여러 가지 통계 그래픽스를 출력하는 방법을 알아본다.

3.2.1 barplot( ) 함수

barplot( ) 함수는 범주형 데이터[5]의 도수(frequency)[6]나 범주형 데이터(categorical data)의 수준(level)[7]별 지표(measures)로 막대 그래프를 그린다. 함수

5　성별, 연령대와 같이 변수가 취할 수 있는 값이 범주(category)로 주어지는데이터를 범주형 데이터라 한다.
6　범주의 수준에 해당되는 데이터의 개수를 도수라 한다. 예를 들어 성별 범주의 남성과 여성이라는 수준에 해당하는 데이터의 개수가 도수다.
7　범주형 데이터가 취할 수 있는 값들의 종류, 성별, 범주형 데이터의 경우에는 '남성', '여성'이수준에 해당한다.

의 원형(prototype)과 인수의 사용 방법은 다음과 같다.

함수 원형 barplot( )

```
barplot(height, width = 1, space = NULL,
        names.arg = NULL, legend.text = NULL, beside = FALSE,
        horiz = FALSE, density = NULL, angle = 45,
        col = NULL, border = par("fg"),
        main = NULL, sub = NULL, xlab = NULL, ylab = NULL,
        xlim = NULL, ylim = NULL, xpd = TRUE,
        axes = TRUE, axisnames = TRUE,
        cex.axis = par("cex.axis"), cex.names = par("cex.axis"),
        inside = TRUE, plot = TRUE, axis.lty = 0, offset = 0, ...)
```

이 함수는 막대 그래프를 가로 또는 세로로 나타낼 수 있으며 또한 음의 수치도 표현할 수 있다.

height

막대 그래프로 표현할 데이터 객체를 지정하는데 인수 값으로는 벡터나 행렬이 올 수 있다. 만약 height가 행렬이고 beside = FALSE라면 각 막대의 크기는 열의 합에 비례하고, 각 막대에서 행의 값들은 그 비율대로 나뉘어져 막대를 쌓은 것처럼 그려진다. 즉, 열의 수는 막대의 개수로 표현되고, 행의 수는 각 막대에서의 마디 수로 표현된다. height가 행렬이고, beside = TRUE면 작은 막대가 쌓인 형태가 아니고 그룹화되어 병렬로 배열된 형태가 된다.

연습문제 3.1

12개의 일양 난수를 만든 후 height 인수와 beside 인수에 따른 여러 모양의 막대 그래프를 그려보자.

height가 음수의 값을 가질 경우에도 막대 그래프가 출력된다. 그리고 서로 다른 집단 내에서의 값의 분포를 비교할 때는 행렬로 막대 그래프로 그린다. 결과는 그림 3.2와 같다.

```
> op <- par(no.readonly = TRUE)
> set.seed(1)
> bar.x <- round(runif(12) * 50)
> set.seed(2)
> bar.y <- matrix(bar.x, ncol = 3, byrow = T)
> par(mfrow = c(2, 2))
> barplot(bar.x)
> title(main = "Vector Barplot")
> barplot(-bar.x)
> title(main = "Vector Barplot(Negative Value)")
> barplot(bar.y)
> title(main = "Matrix Barplot")
> barplot(bar.y, beside = TRUE)
> title(main = "Matrix Barplot by beside = TRUE")
> par(op)
```

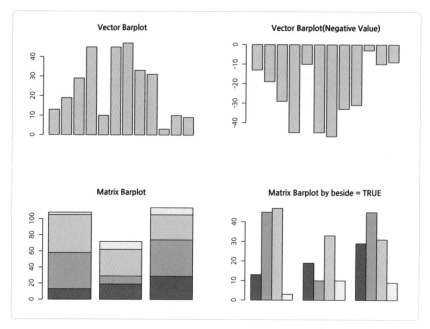

그림 3.2 막대 그래프 예제 1

beside

만약에 height가 행렬이고 beside가 논리 값 TRUE면, 막대 그래프는 벡터형으로 출력된다. 예를 들면 4×5 행렬일 경우에는 20개의 막대가 출력된다. 그런데 이 인수 값이 FALSE면 각각 4개의 마디를 갖는 5개의 막대가 출력된다. 이 경우에는 열이 그룹을 나타내고, 행이 그룹 안에서의 수준으로 인식하여 누적 막대 그래프(stacked bar plot)를 그리는 것이다. 기본 값은 FALSE로 이 인수 값을 어떻게 사용하는가에 따라 그래프의 모양은 달라진다.

width

막대의 너비를 지정한다. 벡터를 인수 값으로 사용하며 리사이클링 룰에 의해서 막대의 개수에 맞게 지정된다. horiz = TRUE면 막대의 높이를 지정한다.

space

막대 간의 간격을 지정해준다. 이 값이 0이면 각각의 막대가 붙어서 하나의 블록으로 나타난다. height가 행렬이고, beside = TRUE면 인수 값은 두 개의 숫자를 갖는다. 이 경우 첫 번째의 값은 같은 그룹 안에서 막대들의 간격이고, 두 번째 값은 그룹들 사이의 간격이다. 이 인수를 지정하지 않아서 beside=TRUE일 경우에는 c(0, 1), 나머지의 경우는 0.2로 설정된다.

연습문제 3.2

width와 space 인수를 바꿔가면서 막대 그래프의 모양을 살펴보자.

width 인수는 리사이클링 룰이 적용되므로 bar.width에 1:3을 사용해도 차이가 없다. 결과는 그림 3.3과 같다.

```
> op <- par(no.readonly = TRUE)
> bar.width <- rep(1:3, 4)
> bar.width
```

```
[1] 1 2 3 1 2 3 1 2 3 1 2 3
```

```
> par(mfrow = c(2, 2))
> barplot(bar.x, width = 1)
> title(main = "Vector Barplot by default width")
> barplot(bar.x, width = bar.width)
> title(main = "Vector Barplot by width 1:3")
> barplot(bar.x, space = 2)
> title(main = "Vector Barplot by space = 2")
> barplot(bar.y, beside = TRUE, space = c(0.5, 2))
> title(main="Vector Barplot by space = c(0.5, 2)")
> par(op)
```

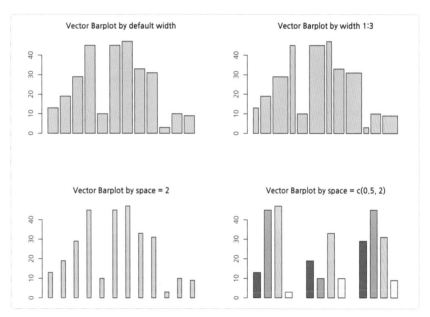

그림 3.3 막대 그래프 예제 2

names.arg

막대나 막대 그룹의 이름을 지정하는 벡터 값의 인수다. 여기서 지정한 이름이 막대 아래쪽에 출력되며, 만약 지정하지 않으면 height 인수의 names 속성, 즉 names(height)로 지정된다. height 인수가 행렬이면 열의 이름, 즉 colnames (height)으로 지정된다.

legend.text

범례(legend)에 사용할 문자형 벡터를 지정하거나 혹은 범례를 포함시켜야 하는지 여부에 대한 논리 값을 지정한다. 그러므로 두 가지 유형의 인수 값을 사용할 수 있는 인수다. 인수 값이 논리 값일 경우는 height 인수가 행렬일 때만 유효하다. 만약 TRUE면 범례의 라벨은 행렬의 행 이름으로 대치한다. 즉, rownames(height)이다. 행렬일 경우도 문자형 벡터로 지정할 수도 있다.

연습문제 3.3

names.arg와 legend.text 인수를 바꿔가면서 막대 그래프의 모양을 살펴보자.

height 인수 값이 행렬일 경우의 막대의 이름과 범례의 출력을 위해서 bar.y 행렬의 행의 이름과 열의 이름을 만들었는데, 만약 이 과정이 선행되지 않으면 막대의 이름과 범례는 출력되지 않는다. 예제의 결과는 그림 3.4와 같다. 그런데 범례의 경우는 막대와 겹쳐서 출력되어 가독성이 떨어져 보인다. 이유는 R이 막대 그래프를 그릴 때, 내부 룰에 의해서 특정 위치에 범례를 출력하기 때문이다.

범례를 원하는 빈 공간에 효과적으로 배치하려면 legend.text 인수를 사용하지 말고 legend( ) 함수를 이용한다. 이 경우는 locator( ) 함수[8]로 원하는 빈 공간을 마우스로 좌표를 선택하는 방법과 이미 정해져 있는 위치의 이름을 사용하는 방법이 있다.

```
> op <- par(no.readonly = TRUE)
> rownames(bar.y) <- paste("row", 1:4)
> colnames(bar.y) <- paste("col", 1:3)
> par(mfrow = c(2, 2))
> barplot(bar.x, names.arg = letters[1:length(bar.x)])
> title(main = "Vector Barplot using names.arg")
> barplot(bar.y)
> title(main = "Matrix Barplot using default names.arg")
> barplot(bar.x, legend.text = letters[1:length(bar.x)])
> title(main = "Vector Barplot using legend.text")
> barplot(bar.y, legend.text = T)
> title(main = "Matrix Barplot using legend.text = T")
> par(op)
```

horiz

논리 값을 인수 값으로 갖는다. 만약 이 값이 논리 TRUE면 막대 그래프가 수평(horizontal)으로 그려진다.

density

막대 내부를 채우는 사선의 밀도(density)를 지정한다. 기본 값인 NULL일 경우

---

8   locater() 함수를 호출하면 플롯 영역에 십자 모양의 마우스 커서가 표현되며, 특정 위치에서 왼쪽 버튼을 누르면 해당 위치의 좌표 값인 x와 y의 값을 반환한다.

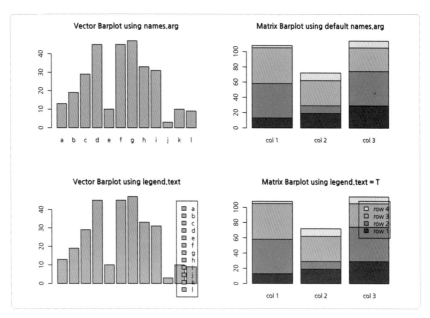

그림 3.4 막대 그래프 예제 3

에는 속이 텅 빈 막대가 만들어지고, 양의 정수일 경우에는 1인치당 사선의 수로 막대의 내부를 채운다.

angle

density를 지정해서 사선을 그릴 때 막대 안에 그려지는 사선의 각도(angle)를 지정한다. 도(degree) 단위로 지정하며 기본 값은 45다.

col

막대 안을 채울 색상을 지정한다. 기본 값은 height 인수가 벡터일 경우에는 회색(grey)이고, 행렬일 경우에는 행의 개수만큼 회색 계열의 색상으로 지정된다.

border

막대의 테두리(border) 색상을 지정한다. 기본 값은 par("fg")로 설정되어 있다.

연습문제 3.4

horiz, density, angle, col, border 인수를 사용하여 막대 그래프를 그려보자.

다음 예제는 horiz, density, angle, col, border 인수를 적절히 사용한 것으로, 그림 3.5와 같은 막대 그래프를 출력한다.

```
> op <- par(no.readonly = TRUE)
> par(mfrow = c(2, 2))
> barplot(bar.x, horiz = T, density = 5)
> title(main = "Vector Barplot by horiz = T, density = 5")
```

```
> barplot(bar.x, density = 15, angle = 135)
> title(main = "Vector Barplot by density = 15, angle = 135")
> barplot(bar.x, col = rainbow(length(bar.x)))
> title(main = "Vector Barplot by rainbow color")
> barplot(bar.y, border = "red",
          col = c("lightblue", "mistyrose","lightcyan", "lavender"))
> title(main = "Matrix Barplot by col, border")
> par(op)
```

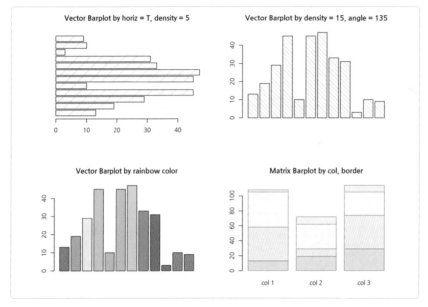

그림 3.5 막대 그래프 예제 4

xpd

막대가 그림 영역 밖에서도 출력되는지 여부를 지정하는 논리 값이다.

axes

그래프의 좌표축 출력 유무를 지정한다. 기본 값은 TRUE로 수직 좌표축을 출력한다. 만약 이 인수 값이 TRUE고, horiz 인수 값이 TRUE면 수평 좌표축이 출력된다.

axisnames

names.arg 인수가 지정되거나 유도할 수 있을 경우, 이 인수 값이 TRUE면 범주형 축도 그린다. 이때 lty = 0으로 설정되기 때문에 좌표축은 보이지는 않고 막대의 라벨만 출력된다.

cex.axis

좌표축(y-축)에 출력되는 수치형 라벨의 문자 크기를 지정한다. 막대의 이름에는 적용되지 않는다.

cex.names

범주형 축(x-축)의 이름을 나타내는 라벨 문자의 크기를 지정한다.

inside

현재 R에서는 이 인수가 구현되어 있지 않다. 다만, S-PLUS의 old-style 막대 그래프에서 beside 인수가 TRUE, space 인수가 0이여서 마치 모양이 히스토그램과 같을 경우, 이 인수 값이 TRUE면 막대들 간에 선을 그어 마치 막대 개수만큼의 사각형을 붙여놓은 것처럼 보인다. FALSE면 막대를 구분하는 선이 없어서 마치 하나의 다각형처럼 출력된다. 그러나 R에서 구현되어 있지 않으므로 이 기능이 없다고 이해하는 것이 좋을 듯하다.

plot

그래프 출력 여부를 지정한다. FALSE[9]면 그래프를 그리지 않고 막대의 크기를 나타내는 벡터를 콘솔(console)에 출력한다.

axis.lty

범주축(x-축)과 틱 마크(tick marks)를 그리는 선의 종류를 지정한다. 기본형은 범주축(수평축)이 출력되지 않는다.

offset

막대를 x-축을 기준으로 이동(shift)되는 정도를 나타낸다. 그러므로 전체적인 막대 그래프의 모양은 변하지 않고 y-축의 범위만 변한다.

연습문제 3.5

axes, axisnames, cex.axis, cex.names, plot, offset 인수를 사용하여 막대 그래프를 그려보자.

다음은 axes, axisnames, cex.axis, cex.names, plot, offset 인수를 적절히 사용한 예제로, 결과는 그림 3.6과 같다.

```
> op <- par(no.readonly = TRUE)
> par(mfrow = c(2, 2))
> barplot(bar.x, axes = FALSE)
> title(main = "Vector Barplot by axes = FALSE")
> barplot(bar.y, cex.axis = 1.8, ylim = c(0, 90), xpd = T)
> title(main = "Matrix Barplot by cex.axis,ylim, xpd = T")
> barplot(bar.y, axisnames = T, cex.names = 1.8, axis.lty = 2)
> title(main = "Matrix Barplot by cex.names, axis.lty")
> t(barplot(bar.x, plot = F))        # 그래프를 그리지 않는다.

     [,1] [,2] [,3] [,4] [,5] [,6] [,7] [,8] [,9] [,10] [,11] [,12]
[1,]  0.7  1.9  3.1  4.3  5.5  6.7  7.9  9.1 10.3  11.5  12.7  13.9

> barplot(bar.y, plot = F)       # 그래프를 그리지 않는다.
```

---

9   R의 명령어를 입력 받고 결과를 출력하는 윈도우

```
[1] 0.7 1.9 3.1
> barplot(bar.y, offset = 20, main = "Matrix Barplot by offset = 20")
> par(op)
```

예제에서는 plot = F를 사용해서 벡터를 콘솔에 출력할 행 벡터로 만들어 한 줄에 출력하기 위해서 t( ) 함수로 전치(transpose)[10]시켰다. 행렬을 plot=F로 출력하면 열의 합의 크기에 비례해서 막대의 크기 정보가 콘솔에 출력된다. 첫 번째 그래프에서는 모든 축이 출력되지 않았으며, 두 번째 그래프에서는 좌표축의 글자 크기가, 세 번째 그래프에서는 범주축의 글자 크기가 1.8의 크기로 커졌다. 세 번째 그래프에서는 범주축이 파선으로 그려지고, 마지막 그래프는 좌표축의 범위가 20부터 시작되었음을 알 수 있다. 두 번째 그래프에서는 막대가 플롯 영역을 벗어나 출력되었다.

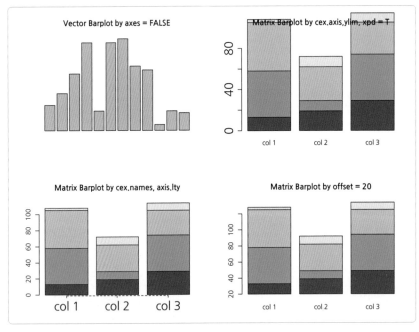

그림 3.6 막대 그래프 예제 5

3.2.2 boxplot( ) 함수

박스 플롯(box and whisker plot)은 순서통계량[11]을 기반으로 데이터의 분포를 살펴보는 시각화 도구로 그림 3.7과 같은 구조로 그린다. 그리고 플롯을 그릴 때 사용하는 각 통계량은 다음과 같다. 이 사례에서는 상단에 이상치(outliers)

---

10 행렬에서 행은 열로, 열은 행으로 바꾸는 것을 의미한다.
11 데이터를 크기 순서대로 나열한 것을 순서통계량이라 한다.

가 존재해서 윗 울타리(upper fence)까지 수염(whisker)이 그려졌다. 그리고 울타리(fence)는 가상의 선으로 박스 플롯을 그릴 때 표현하지 않는다. 이 fence를 벗어나는 것을 이상치로 해석한다.

- lower fence: 아래 울타리, $Q_1 - 1.5 \times IQR$
- min: 최소 값
- Q_1: 1사분위수, 정렬된 데이터 중 25% 위치의 값
- median: 중위수, 정렬된 데이터 중 50% 위치의 값
- Q_3: 3사분위수, 정렬된 데이터 중 75% 위치의 값
- max: 최대 값
- upper fence: 윗 울타리, $Q_3 + 1.5 \times IQR$
- IQR: 사분위수 범위(Inter-Quartile Range), $Q_3 - Q_1$
- outliers: 이상치

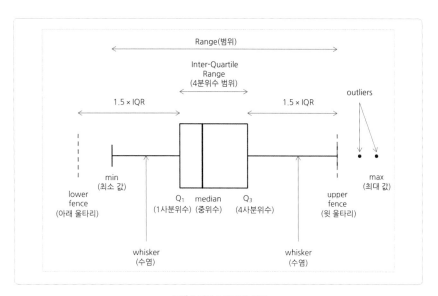

그림 3.7 박스 플롯의 구조

그림 3.7에서는 표현하지 않았지만 $1.5 \times IQR$ 기준의 울타리를 안 울타리(inner fence)라고 하고, $3 \times IQR$ 기준의 울타리를 바깥 울타리(outer fence)라고 부르기도 한다. 이 경우에는 안 울타리와 바깥 울타리 사이에 있는 값을 이상치라 하고 바깥 울타리를 벗어나는 값을 극단 이상치(extreme outliers)라 한다.

boxplot( ) 함수는 박스 플롯(box and whisker plot)을 그리며, 함수의 원형은 다음과 같다.

두 가지 방법으로 인수를 지정하나 데이터를 지정하는 방법을 제외하고는 서

로 동일하다고 할 수 있다. formula 버전의 인수 개수가 적은 것처럼 보이지만 '...' 인수가 있으므로 두 방법을 하나로 묶어 생각해도 무리가 없겠다. 이는 Default 버전에서 지원하는 대부분의 인수를 사용할 수 있다는 것을 의미한다.

함수 원형 boxplot

```
# S3 method for class 'formula'
boxplot(formula, data = NULL, ..., subset, na.action = NULL)
# Default S3 method
boxplot(x, ..., range = 1.5, width = NULL, varwidth = FALSE,
        notch = FALSE, outline = TRUE, names, plot = TRUE,
        border = par("fg"), col = NULL, log = "",
        pars = list(boxwex = 0.8, staplewex = 0.5, outwex = 0.5),
        horizontal = FALSE, add = FALSE, at = NULL)
```

formula

R의 포뮬러 모델(formula model)을 지정한다. y ~ grp와 같이 '~' 문자를 이용한다. y와 grp는 data라는 데이터 프레임 객체의 변수 이름으로 '~'의 좌변 y는 수치형 벡터이고, 우변 grp는 그룹 변수이다. 즉, y의 값은 y-축의 값으로 출력되고, grp는 범주축에 출력될 박스 플롯의 이름으로 출력된다.

data

formula 인수에서 사용할 데이터 프레임 객체

subset

박스 플롯을 그릴 데이터의 부분 집합(sub set)을 지정한다. 즉, subset 인수에서 정의한 논리적 기준을 만족하는 데이터만으로 박스 플롯을 그린다.

na.action

데이터 객체가 NA를 포함할 때 어떻게 처리할 것인지를 정의한 함수를 선택한다. 기본 값은 NULL로 종속 변수나 그룹 변수에 상관하지 않고 결측치를 무시한다고 도움말에 나와 있지만, 엄밀하게는 R 시스템의 na.action 옵션을 따른다고 봐야 한다. 그것은 R 시스템을 설치하면, 기본적으로 R 시스템의 na.action 옵션이 na.omit으로 설정되어 있다. 그런데 이 설정을 na.fail로 바꾸면, na.action 인수에 NULL을 할당해도 데이터에 NA가 있을 경우 에러가 발생하고, 박스 플롯은 그려지지 않기 때문이다.

인수 값으로 사용할 수 있는 함수는 na.fail( ), na.omit( ), na.exclude( ), na.pass( )가 있다. na.fail는 데이터에 NA가 있으면 에러가 발생하고, 나머지는 NA를 제외하고 플롯을 그린다는 정도로 이해하면 된다. na.fail( ) 함수의 도움말에 네 개 함수에 대한 자세한 설명이 수록되어 있으니 관심있는 독자는 도움말을 학습하기 바란다.

x

박스 플롯을 그릴 데이터 객체를 지정한다. 수치형 벡터나 수치형 벡터를 포함하는 단일 리스트를 인수 값으로 사용한다. 이 인수는 결측치를 포함할 수 있다.

연습문제 3.6

x 인수를 사용하는 방법과 formula 인수를 사용하는 방법으로 박스 플롯을 그려보자.

boxplot( ) 함수에서 x 인수와 formula 인수를 사용하여 그린 박스 플롯은 그림 3.8과 같다.

```
> op <- par(no.readonly = TRUE)
> par(mfrow = c(2, 2))
> set.seed(1)
> norm1 <- round(rnorm(100, 3, 2), digits = 2)
> set.seed(2)
> norm2 <- round(rnorm(100, 3, 3), digits = 2)
> # (1)
> boxplot(norm1)
> title("boxplot of one vector")
> # (2)
> boxplot(norm1, norm2)
> title("boxplot of two vectors")
> list1 = list(data1 = norm1, data2 = norm2, data3 = rnorm(100, 7, 4))
> # (3)
> boxplot(list1)
> title("boxplot of simple list")
> dimnames(InsectSprays)

[[1]]
 [1] "1"  "2"  "3"  "4"  "5"  "6"  "7"  "8"  "9"  "10" "11" "12" "13" "14" "15" "16"
[17] "17" "18" "19" "20" "21" "22" "23" "24" "25" "26" "27" "28" "29" "30" "31" "32"
[33] "33" "34" "35" "36" "37" "38" "39" "40" "41" "42" "43" "44" "45" "46" "47" "48"
[49] "49" "50" "51" "52" "53" "54" "55" "56" "57" "58" "59" "60" "61" "62" "63" "64"
[65] "65" "66" "67" "68" "69" "70" "71" "72"
[[2]]
[1] "count" "spray"

> dim(InsectSprays)

[1] 72  2

> # (4)
> boxplot(count ~ spray, data = InsectSprays, col = "lightgray")
> title("boxplot of dataframe by formula")
> par(op)
```

(1)은 하나의 벡터에 대한 박스 플롯을 그리는 예제로 평균 = 3, 표준편차 = 2인 100개의 정규 난수를 출력한 것이다. (2)는 (1)에서 출력한 수치형 벡터와 평균 = 3, 표준편차 = 3인 100개의 정규난수를 함께 출력한 예로, 두 개 이상의 벡터를 x 인수로 사용할 수 있음을 보여준다. 결과를 보면 중위수는 비슷하고 상자의 크기를 비교하면 두 번째 상자가 더 크다는 것을 알 수 있다. 그 이유는 평균은 같지만 표준편차는 norm2 객체가 더 크기 때문이다.

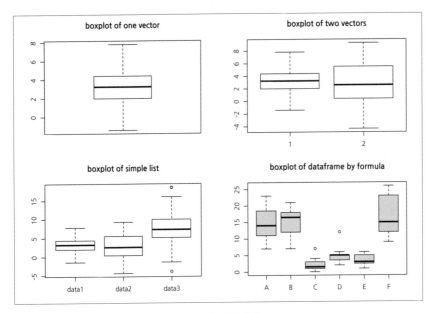

그림 3.8 박스 플롯 예제 1

(1), (2)는 x 인수로 벡터를 사용할 수 있음을 보여준 반면, (3)은 x 인수로 리스트 객체를 사용할 수 있음을 보여준다. 여기서 사용한 리스트 객체는 (1), (2)에서 사용한 벡터를 포함하고 있다.

(4)는 InsectSprays라는 데이터 프레임에 formula 인수를 적용한 예제다. count 변수는 수치형 변수고 spray는 범주형 변수다. 즉, spray의 종류별로 박스 플롯을 그린다.

대부분의 데이터 시각화 함수는 플롯을 그릴 때 포뮬러 모델을 지원한다. 4장에서 다룰 lattice 패키지에서 자세하게 다루겠지만, 간단하게 몇 가지 대표적인 포뮬러 모델을 소개한다.

· Y ~ X1: 변수 X1에 의한 모델 Y
· Y ~ X1 + X2: 변수 X1과 변수 X2의 곱에 의한 모델 Y

여기서 Y는 종속(반응) 변수이고, X1, X2는 독립(설명)[12] 변수라고 이해하면 된다. 첫 번째 모델은 이미 앞서서 y ~ grp 모델에서 다루었고, 두 번째 모델은 변수 X1과 X2의 곱(multiple)이므로 두 독립 변수의 조합별로 박스 플롯을 그리며, 세 번째 모델은 변수 X2의 조건하에서 X1별로 박스 플롯을 그린다. 이 모델에 subset 인수를 적용하면, 더 많은 종류의 박스 플롯을 그릴 수 있다.

---

12 실험이나 모델링에서 사용되는 변수는 독립 변수(independent variable), 종속 변수(dependent variable)로 분류할 수 있다. 독립 변수는 입력 값이나 원인을 나타내며, 종속 변수는 결과물이나 효과를 나타낸다. http://ko.wikipedia.org/wiki/독립_변수와_종속_변수 참조

연습문제 3.7

ToothGrowth 데이터 프레임을 다양한 포뮬러 모델을 사용하여 박스 플롯을 그려보자.

ToothGrowth라는 데이터 프레임은 세 개의 변수와 60개의 관측치로 이루어졌다. 이 데이터는 기니피그(Guinea Pig, 모르모트라고도 함)이라는 설치류의 치아 성장 길이에 대한 실험 데이터다. len 변수는 치아의 길이를, supp 변수는 음식의 첨가물의 종류로 비타민 C(VC)와 오렌지 주스(OJ)를 나타낸다. dose 변수는 첨가제의 양을 밀리그램 단위로 정의한 것으로 첨가제의 양은 0.5, 1, 2 밀리그램의 세 집단으로 나뉜다. 이상을 종합하면 len은 반응 변수이고, supp와 dose는 설명 변수다. 이 데이터는 datasets 패키지에 포함되어 있다.

```
> op <- par(no.readonly = TRUE)
> par(mfrow = c(3, 2))
> boxplot(len ~ dose, data = ToothGrowth)
> title("len ~ dose")
> boxplot(len ~ supp, data = ToothGrowth)
> title("len ~ supp")
> boxplot(len ~ dose + supp, data = ToothGrowth)
> title("len ~ dose + supp")
> boxplot(len ~ supp == "VC", data = ToothGrowth)
> title("len ~ supp == \"VC\"")
> boxplot(len ~ dose, data = ToothGrowth, subset = supp == "VC")
> title("len ~ dose, subset = supp == \"VC\"")
> boxplot(len[supp == "VC"] ~ dose[supp == "VC"], data = ToothGrowth)
> title("len[supp == \"VC\"] ~ dose[supp == \"VC\"]")
> par(op)
```

이 예제의 결과는 그림 3.9와 같다.

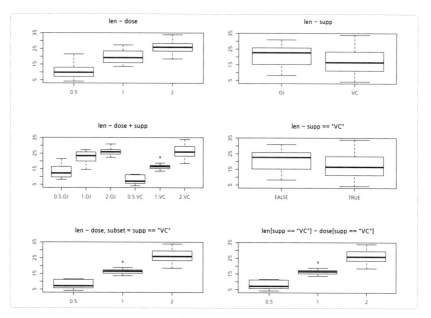

그림 3.9 박스 플롯 예제 2

첫 번째 플롯은 첨가제의 양에 따른 치아의 길이를 의미한다. 첨가제의 양이 많을수록 기니피그의 치아의 길이가 길게 나타난다. 두 번째 플롯은 첨가제의 종류에 따른 치아의 길이를 보여주는데, 오렌지 주스를 먹인 기니피그의 치아의 길이가 길고 분산은 작음을 알 수 있다. 이 두 플롯은 가장 간단한 모델의 예다.

세 번째 플롯은 첨가제의 종류와 양에 따른 치아의 길이를 보여주는데, 전체적으로는 오렌지 주스를 먹인 기니피그의 치아의 길이가 길다. 그러나 2 밀리그램의 비타민 C를 먹인 기니피그의 치아의 길이가 여섯 집단 중에서 가장 길게 나타났다(중위수는 오렌지 주스를 2 밀리그램 먹인 집단이 컸고 분산도 작았다).

네 번째 플롯은 비타민 C의 투여 여부에 따른 치아의 길이를 보여준다. 사실 내용은 두 번째 플롯과 같다. 여기서는 포뮬러 모델이 다르다는 점에 주목하기 바란다.

다섯 번째 플롯은 비타민 C를 먹인 집단에 대해서 첨가제의 양별로 박스 플롯에 subset 인수를 사용한 예제이다.

여섯 번째 플롯은 비타민 C를 투여한 경우에 첨가제의 양에 따른 치아의 길이를 보여준다. 이 예제는 subset 인수를 사용하지 않았지만 다섯 번째 플롯과 같은 결과를 얻는다.

range

range는 수염의 길이를 결정한다. range 값이 양수이면 상자로부터 $range \times IQR$의 길이 내에 있는 데이터 중에서 가장 멀리 있는 것까지만 수염을 그린다. 박스 플롯에서 보통 $1.5 \times IQR$은 안 울타리(inner fence)의 길이, $3 \times IQR$은 바깥 울타리(outer fence)의 길이다. range의 기본 값은 1.5 즉, 안 울타리의 길이다. 인수 값이 0이면 수염은 데이터의 최대 값과 최소 값까지만 연결된다. 즉, 모든 데이터의 범위를 수염의 길이로 갖는다.

연습문제 3.8

range 인수 값에 따른 변화를 보여주는 박스 플롯을 그려보자.

이번에는 range 인수 값에 따른 변화를 보여주는 예인데, 강제로 이상치를 만들어 박스 플롯을 그렸다. 결과는 그림 3.10과 같다.

```
> op <- par(no.readonly = TRUE)
> set.seed(3)
> z <- round(rnorm(50) * 10)
> summary(z)
```

```
   Min. 1st Qu.  Median    Mean 3rd Qu.    Max.
 -23.00   -7.00   -1.50   -0.66    7.00   17.00
```

```
> z[50] <- 40          # 50번째 데이터를 40으로 치환하여 이상치를 만든다.
> summary(z)
```

```
   Min. 1st Qu.  Median   Mean 3rd Qu.    Max.
 -23.00   -7.00   -0.50   0.32   7.75   40.00
```

```
> par(mfrow = c(2, 2))
> boxplot(z)
> title(main="range = default(1.5)")
> boxplot(z, range = 0)
> title(main="range = 0")
> boxplot(z, range = 1.0)
> title(main="range = 1.0")
> boxplot(z, range = 2.0)
> title(main="range = 2.0")
> par(op)
```

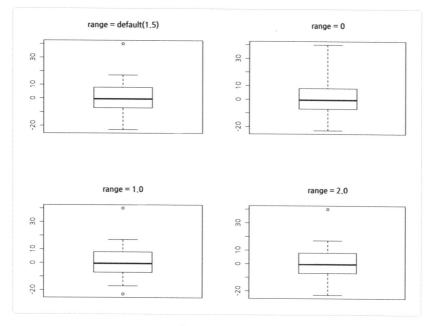

그림 3.10 박스 플롯 예제 3

그림 3.10에서 보듯이 range = 0이면, 울타리가 없으므로 수염은 최대 값, 최소 값까지 연결되고 나머지 경우에는 울타리 안에서의 가장 멀리 있는 값까지만 연결된다.

width

수치형 벡터를 인수 값으로 갖는다. 두 개 이상의 상자를 출력할 때 각 상자의 폭의 크기를 지정한다. 이 인수를 사용하지 않으면, 동일한 폭의 상자가 출력된다.

varwidth

인수 값으로 논리 값을 갖는다. 만약 이 값이 TRUE면, 각 상자의 폭의 크기는 각각의 관측치 수의 제곱근에 비례한 크기로 출력된다. 기본 값은 FALSE며, 만약 width 인수가 사용됐다면 이 값은 무시된다.

notch

논리 값을 인수 값으로 취하는데, 기본 값은 FALSE다. 만약 이 값이 TRUE면, 박스 플롯에 모중위수의 95% 신뢰구간[13]을 표시한다. 이 신뢰구간은 상자의 양 옆에 V자형의 홈으로 표시된다.

outline

논리 값을 인수로 갖는다. 기본 값은 TRUE며, 이상치의 위치를 점으로 출력해준다.

names

각각의 박스 플롯의 이름을 지정해준다. 인수 값으로는 문자열 벡터를 취한다. 그런데 데이터가 names 속성을 포함한다면, 이 인수를 사용하지 않아도 names 속성 값으로 출력된다.

연습문제 3.9

width와 varwidth 인수를 사용해서 박스 플롯을 그려보자.

다음은 width와 varwidth 인수의 사용 예제다. 결과는 그림 3.11과 같다.

```
> op <- par(no.readonly = TRUE)
> x1 <- runif(20)
> x2 <- runif(20)
> x3 <- runif(20)
> x4 <- runif(20)
> x5 <- runif(20)
> x <- list(x1, x2, x3, x4, x5)
> y1 <- runif(10)
> y2 <- runif(40)
> y3 <- runif(90)
> y4 <- runif(160)
> y <- list(y1, y2, y3, y4)
> par(mfrow = c(2, 2))
> boxplot(x)
> title(main = "default")
> boxplot(x, width = 1:5)
> title(main = "width = 1:5")
> boxplot(y, varwidth = T)
```

---

13 통계학에서 신뢰수준(信賴水準, confidence level)은 관심의 대상이 되는 모집단의 대표 값인 모수(참값)가 추정한 구간에 포함되어 있으리라고 확신하는 정도(확률)를 의미한다. 그리고 신뢰구간(信賴區間, confidence interval)은 모수가 어느 범위 안에 있는지를 확률적으로 보여주는 방법이다.
신뢰구간은 보통 표본에서 산출된 통계와 함께 제공된다. 예를 들어 "신뢰수준 95%에서 투표자의 35%~45%가 A후보를 지지하고 있다."라고 할 때 95%는 신뢰수준이고, 35%~45%는 신뢰구간으로 A후보의 지지율은 95%의 확률로 신뢰수준에 포함되는 것이다. http://ko.wikipedia.org/wiki/신뢰구간 참조

```
> title(main = "varwidth = T")
> boxplot(y, varwidth = T, width = 4:1)
> title(main = "varwidth = T & width = 4:1")
```

예제의 결과를 보면 width와 varwidth 인수를 함께 사용했을 경우에는 width
인수가 우선 적용됨을 알 수 있다. 중요한 것은 rnorm( )나 runif( ) 함수 등을 사
용한 예제는 본 책에서의 결과와 독자가 실행한 결과가 다르다는 것에 유의해야
한다. 그 이유는 난수를 발생시키는 함수는 매번 수행할 때마다 다른 난수를 발
생시키기 때문이다. 그러나 전체적인 모습은 비슷하게 출력될 것이다.

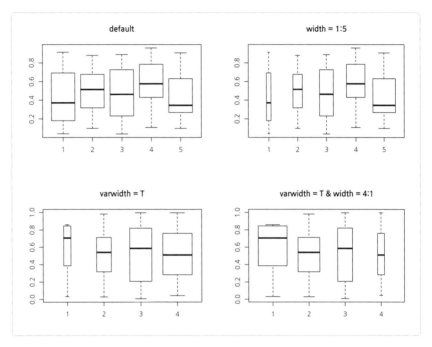

그림 3.11 박스 플롯 예제 4

연습문제 3.10

notch와 outline 인수를 사용해서 박스 플롯을 그려보자.

다음 예제는 notch와 outline 인수의 사용 예제로 결과는 그림 3.12와 같다.

```
> op <- par(no.readonly = TRUE)
> par(mfrow = c(2, 2))
> boxplot(y)
> title(main = "notch = default(FALSE)")
> boxplot(y, notch = T, main = "notch = TRUE")
> boxplot(z, main = "outline = default(TRUE)")
> boxplot(z, outline = F, main = "outline = FALSE")
> par(op)
```

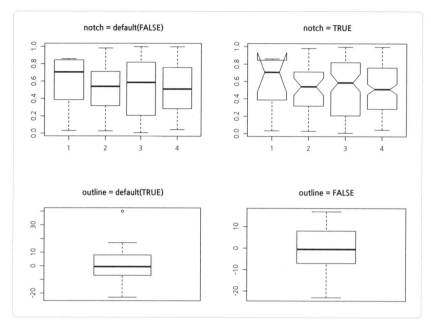

그림 3.12 박스 플롯 예제 5

boxwex

boxwex(box width expansion) 인수는 박스 플롯에서 상자의 확장 폭을 지정해준다. 기본 크기는 0.8이다. 앞에서 다룬 width는 각 그룹 대비 크기이지만, 이 인수는 모든 그룹에 동일하게 적용된다.

staplewex

staplewex(staple width line expantion) 인수는 박스 플롯에서 최대 값, 최소값을 나타내는 스태플(staple, whisker end cap) 선의 폭(길이)을 지정한다. 상자 두께(width)를 기준으로 하기 때문에 인수 값이 1이면 스태플 선의 길이가 상자의 두께와 같다. 기본 값은 0.5이다.

outwex

outwex(outer line width expansion) 인수는 상자 두께에 비례한 이상치를 나타내는 선의 폭(길이)을 지정한다. 그런데 S-PLUS에서는 이상치는 점이 아닌 선으로 표시한다. R에서도 인수로 정의한 것 같지만 실제로는 구현되지 않았다.

연습문제 3.11

names, boxwex, staplewex 인수를 사용해서 박스 플롯을 그려보자.

다음은 names, boxwex, staplewex 인수의 사용 예제로, 결과는 그림 3.13과 같다.

```
> op <- par(no.readonly = TRUE)
> par(mfrow = c(2, 2))
> # names 인수를 사용할 경우
> xname <- c("x1", "x2", "x3", "x4", "x5")
> boxplot(x, names = xname)
> title(main = "using names argument")
> # names attributes를 이용할 경우
> names(x) <- c("x1", "x2", "x3", "x4", "x5")
> boxplot(x)
> title(main = "using names attributes")
> boxplot(x, boxwex = 1)
> title(main = "boxwex = 1")
> boxplot(x, staplewex = 2)
> title(main = "staplewex = 2")
> par(op)
```

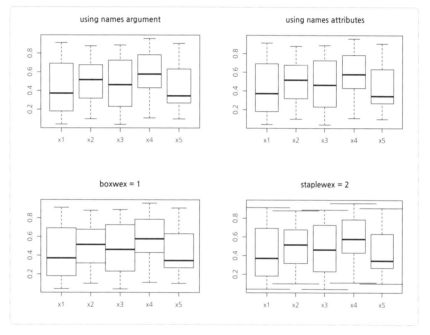

그림 3.13 박스 플롯 예제 6

plot

논리 값을 인수 값으로 갖는데, 기본 값은 TRUE다. 이 값이 TRUE면 그래픽 장치에 박스 플롯을 출력하지만, FALSE일 경우에는 박스 플롯을 출력하지 않고, 데이터들의 정보를 리스트 값으로 반환한다.

리스트의 요소는 다음과 같다.

· stats: 행렬로 각 열은 울타리 안에서의 최소 값, Q_1, 중위수, Q_3, 울타리 안에서의 최대 값을 의미한다.
· n: 각 그룹의 관측치 개수를 의미하는 벡터

- conf: 행렬로 각 열은 모중위수의 95% 신뢰구간의 하한과 상한을 의미한다.(notch)
- out: 이상치의 값을 나타낸다.
- group: 이상치의 값과 동일한 크기로 이상치가 속한 그룹을 가리킨다. 두 개이상의 그룹이 출력된 그림에서 유용하다.
- names: 그룹의 이름을 나타내는 벡터이다.

다음 예제는 앞에서 다룬 리스트 x와 벡터 z에 대한 plot=FALSE의 결과이다. 플롯이 출력되지 않고 플롯을 구성하는 데 필요한 데이터의 요약 정보가 콘솔로만 출력됨을 알 수 있다.

```
> boxplot(x, plot = FALSE)

$stats
          [,1]       [,2]       [,3]       [,4]       [,5]
[1,] 0.04117032 0.09869789 0.03852075 0.1087810 0.09831946
[2,] 0.18077793 0.31802044 0.23061703 0.4298766 0.26834736
[3,] 0.37115586 0.51577862 0.46259269 0.5765672 0.34477785
[4,] 0.69219256 0.67721069 0.72621593 0.7847074 0.63193596
[5,] 0.91342360 0.87987004 0.88821092 0.9586770 0.90653142
$n
[1] 20 20 20 20 20
$conf
          [,1]      [,2]      [,3]      [,4]      [,5]
[1,] 0.1904737 0.3888772 0.2874982 0.4512060 0.2163224
[2,] 0.5518380 0.6426801 0.6376872 0.7019285 0.4732332
$out
numeric(0)
$group
numeric(0)
$names
[1] "x1" "x2" "x3" "x4" "x5"

> boxplot(z, plot = FALSE)

$stats
       [,1]
[1,] -23.0
[2,]  -7.0
[3,]  -0.5
[4,]   8.0
[5,]  17.0
$n
[1] 50
$conf
          [,1]
[1,] -3.851686
[2,]  2.851686
$out
[1] 40
$group
[1] 1
$names
[1] "1"
```

> 팁: [plot = FALSE]
>
> 적지 않은 수의 시각화 함수는 플롯을 그리는 기능 이외에도 그래프의 정보를 반환한다. 다만 정보를 반환할 때 return( ) 함수가 아닌 invisible( ) 함수를 사용하기 때문에 콘솔에 출력되지 않을 뿐이다. 그러므로 굳이 plot = FALSE를 사용하지 않더라도 info <- boxplot(x)처럼 객체에 저장 후 그 정보를 유용하게 활용할 수도 있다. 도움말 페이지에 Value 섹션이 있다면, 그 함수는 정보를 반환하는 함수다. invisible( ) 함수는 값을 반환하지만 콘솔 등에서 눈에 보이지 않게 값을 반환하는 함수다. 그 결과를 확인하기 위해서는 반환되는 값을 객체에 할당한 후 해당 객체를 조회해야 한다.

border

박스 플롯에서 outline 그림의 색상 즉, 상자 내부를 제외한 그림의 색상을 지정하는 벡터를 인수 값으로 갖는다. 리사이클링 룰이 적용된다.

col

박스 플롯에서 상자의 내부 색상을 지정하는 벡터를 인수 값으로 갖는다. 인수 값이 NULL이 아니면 지정한 색상을 이용하고, 리사이클링 룰이 적용된다.

log

좌표축을 로그를 취한 스케일로 변환 출력한다. x-축, y-축, 혹은 두 개의 축 모두 사용할 수 있으며 각각 "x", "y", "xy"를 사용한다. 일반적으로 x-축은 범주형 데이터가 적용되므로 이상한 모습으로 출력된다.

horizontal

논리 값을 인수 값으로 갖는다. 만약 이 값이 TRUE면 박스 플롯이 수평 방향으로 그려진다.

pars

그 밖의 그래픽 인수를 리스트 객체로 지정할 때 사용한다.

at

박스 플롯을 그릴 위치를 나타내는 수치형 벡터를 인수 값으로 갖는다. 특히 add = TRUE일 때 사용되며, 기본 값은 1:n이다. 여기서 n은 그룹의 수다.

앞서 정의한 boxplot( ) 함수 원형에서는 누락되었으나 사용 가능한 인수를 몇 가지를 소개한다. 아마 S-PLUS에서의 기능을 R에서 구현하면서 유사한 기능으로 구현했지만 도움말의 함수 원형에는 누락된 듯하다.

staplelty

staplety(staple line type) 인수는 박스 플롯에서 최대 값, 최소 값을 나타내는 스테플 선의 종류를 지정한다. lty의 인수 값과 동일하다.

outpch

outpch(outline pont characters) 인수는 이상치를 나타내는 점문자(point charac-
ters)를 지정한다. 인수 값은 pch 인수 값과 동일하다. 기본 값은 par("pch")이다.

연습문제 3.12

border, col, horizontal, log 인수를 사용해서 박스 플롯을 그려보자.

다음 예제는 border, col, horizontal, log 인수의 사용 예제로, 실행 결과는 그림
3.14와 같다.

```
> op <- par(no.readonly = TRUE)
> par(mfrow = c(2, 2))
> boxplot(x, border = "magenta",
          col = c("lightblue", "mistyrose", "lightcyan", "lavender"))
> title(main = "use border, col")
> boxplot(x, horizontal = TRUE)
> title(main = "horizontal = TRUE")
> boxplot(x, log = "y", main = "log = \"y\"")
> boxplot(x, log = "x", main = "log = \"x\"")
> par(op)
```

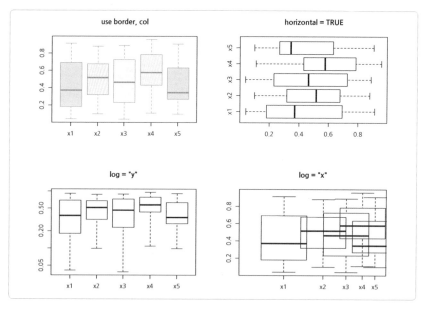

그림 3.14 박스 플롯 예제 7

연습문제 3.13

add, at, staplelty, outpch 인수를 사용해서 박스 플롯을 그려보자.

다음은 add, at, staplelty, outpch 인수의 사용 예제로, 결과는 그림 3.15와 같이
출력된다.

```
> op <- par(no.readonly = TRUE)
> par(mfrow = c(2, 2))
> #(1)
> boxplot(x)
> boxplot(y, add = TRUE)
> title(main = "add = TRUE(y is added to x)")
> #(2)
> boxplot(len ~ dose, data = ToothGrowth, boxwex = 0.25, at = 1:3 - 0.2,
          subset = supp == "VC", col = "yellow", main = "Guinea Pigs' Tooth Growth",
          xlab = "Vitamin C dose mg", ylab = "tooth length", ylim = c(0, 35))
> boxplot(len ~ dose, data = ToothGrowth, add = TRUE, boxwex = 0.25, at = 1:3 + 0.2,
          subset = supp == "OJ", col = "orange")
> legend(2, 9, c("Ascorbic acid", "Orange juice"), fill = c("yellow", "orange"))
> #(3)
> boxplot(y, staplelty = 3)
> title(main = "staplelty = 3")
> boxplot(z, outpch = 2)
> #(4)
> title(main = "outpch = 2")
> par(op)
```

예제에서 (1)에 의한 첫 번째 플롯은 x와 y의 리스트를 겹쳐서 출력하였다. at 인수로 적절하게 겹치지 않게 출력하지 않고 기본 값을 사용해서 겹쳐 출력되었다. 리스트 x의 요소가 하나 더 많아 x5는 겹치지 않게 출력됨을 알 수 있다.

(2)에 의한 두 번째 플롯은 R의 boxplot( ) 함수의 도움말에서 인용한 예제로 인수들의 다양한 사용법을 제시하고 있다. 특히 add와 at 인수를 사용하여 두 개의 그림을 겹치지 않게 한 플롯은 보기 좋게 모아서 그렸다.

(3)에 의한 세 번째 플롯은 스테플 선의 종류가 3으로 지정되어 파선 형태로 그

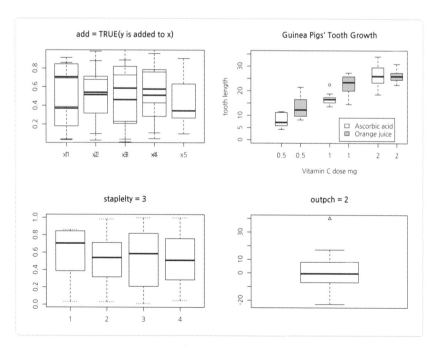

그림 3.15 박스 플롯 예제 8

려졌다. 이 인수는 lines( ) 함수의 lty 인수처럼 여러 가지 방법으로 지정할 수 있다.

(4)에 의한 네 번째 플롯에서는 이상치를 나타내는 문자의 종류를 2로 지정하여 기본 값인 동그라미가 아닌 세모로 출력되었다. 이 인수도 points( ) 함수의 pch 인수처럼 여러 가지 방법으로 지정할 수 있다.

3.2.3 dotchart( ) 함수

dotchart( ) 함수는 트렐리스 디스플레이(Trellis Display)를 개발한 벨 연구소의 클리블랜드가 만든 점 그래프(dot chart)를 그리는 함수로 함수의 원형은 다음과 같다.

함수 원형 dotchart( )

```
dotchart(x, labels = NULL, groups = NULL, gdata = NULL,
        cex = par("cex"), pch = 21, gpch = 21, bg = par("bg"),
        color = par("fg"), gcolor = par("fg"), lcolor = "gray",
        xlim = range(x[is.finite(x)]),
        main = NULL, xlab = NULL, ylab = NULL, ...)
```

x

점 그래프를 그릴 데이터 객체로 수치형의 벡터이거나 행렬로 결측치(NA)를 포함할 수 있다. 인수 값이 행렬이면 점 그래프는 병렬로 나열된다.

labels

각각의 점들을 지시할 라벨을 출력하기 위한 벡터를 지정한다. 이 인수를 사용하지 않으면 x가 벡터일 경우에는 names(x)를 사용하고, 행렬일 경우에는 행의 이름인 dimnames(x)[[1]]을 사용한다.

groups

x 인수의 데이터 객체의 원소들을 그룹화하는 방법을 지정한다. 인수 값으로는 범주형 데이터(factor)를 갖는다. 만약 인수 x가 행렬이면, x의 열 이름을 기본 값으로 갖는다.

gdata

각 그룹의 요약을 위한 벡터 값을 지정한다. 이 인수 값은 사용자가 정의하는데, 일반적으로 각 그룹의 중위수나 평균과 같은 요약된 데이터를 사용한다.

연습문제 3.14

x, labels, groups 인수를 사용해서 점 그래프를 그려보자.

다음은 x, labels, groups 인수의 사용 예제로, 결과는 그림 3.16과 같다.

```
> op <- par(no.readonly = TRUE)
> par(mfrow = c(2, 2))
> month <- matrix(1:12, ncol = 3)
> rownames(month) <- paste("Row", 1:4)
> colnames(month) <- paste("Col", 1:3)
> # (1) 벡터
> dotchart(as.vector(month), label = month.abb)
> title(main = "x is a vector")
> # (2) 행렬
> dotchart(month)
> title(main = "x is a matrix")
> # (3) group
> quarter.name <- c("1QT", "2QT", "3QT", "4QT")
> quarter <- factor(row(month), label = quarter.name)
> quarter
```

```
 [1] 1QT 2QT 3QT 4QT 1QT 2QT 3QT 4QT 1QT 2QT 3QT 4QT
Levels: 1QT 2QT 3QT 4QT
```

```
> dotchart(month, groups = quarter)
> title(main = "groups = quarter")
> # (4) groups, labels
> name <- c("1st", "2nd", "3rd")
> dotchart(month, groups = quarter, labels = name)
> title(main = "groups = quarter, labels = name")
> par(op)
```

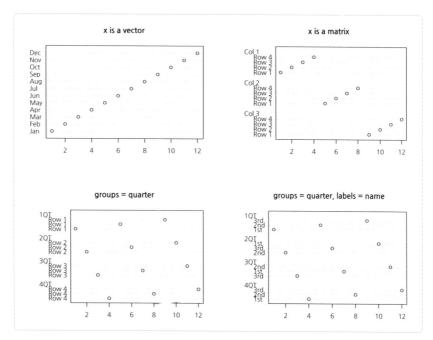

그림 3.16 점 그래프 예제 1

예제에서 (1)은 벡터를, (2)는 행렬을 사용한 예로 month라는 행렬에 행과 열의 이름을 지정한 후 점 그래프를 출력하였다. (3)의 경우는 groups 인수를 사용하고, (4)의 경우는 groups와 labels 인수를 사용한 예제다.

그룹을 지정하지 않으면 행렬은 열 차원이 그룹으로 지정되고, 행 차원이 그룹 내 요소로 지정됨을 (2)에 의한 두 번째 플롯을 통해 알 수 있다. (3)에 의한 세 번째 플롯은 groups 인수를 사용해서 분기별로 그룹을 지었지만, 그룹 내의 이름이 의미가 없어 네 번째 플롯에서 비로소 제대로 된 점 그래프를 만들 수 있었다.

연습문제 3.15

gdata 인수를 사용해서 점 그래프를 그려보자.

다음은 gdata 인수를 이용해서 각 분기별 평균을 점 그래프에 추가한 예제다. 결과는 그림 3.17과 같다.

```
> op <- par(no.readonly = TRUE)
> par(mfrow = c(1, 2))
> dotchart(month, group = quarter, labels = month.abb)
> title(main = "group=quarter, labels=month.abb")
> gmean <- tapply(month, quarter, mean)
> gmean
```

```
1QT 2QT 3QT 4QT
  5   6   7   8
```

```
> dotchart(month, group = quarter, labels = month.abb, gdata = gmean)
> title(main = "group=quarter, labels=month.abbngdata=gmean")
> par(op)
```

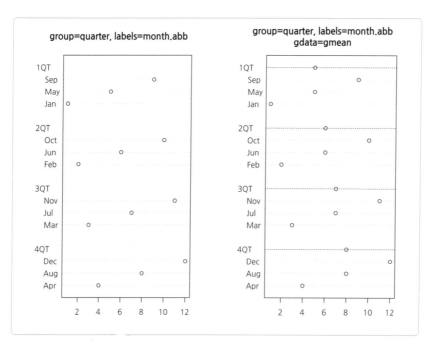

그림 3.17 점 그래프 예제 2

이 예제에서는 각 그룹의 산술평균을 구하여 gdata 인수 값으로 사용하였으며, 결과를 보면 그룹의 개수만큼 점들이 추가됨을 알 수 있다.

gpch

gpch(group point characters) 인수는 그룹의 대표 값을 표현하기 위한 점이나 심볼의 종류를 지정한다. 역시 기본 값은 21로 속이 빈 동그라미다.

bg

점 그래프의 점문자와 그룹의 점문자 안의 색상을 지정하는데, 기본 값은 par("bg")이다. 그리고 par( ) 함수의 bg인수 값인 'par(bg= *)'는 점 그래프 전체의 배경색을 지정한다.

color

그룹 내 원소들의 점문자 테두리와 라벨의 색상을 지정하는 벡터를 인수 값으로 갖는다. 리사이클링 룰이 적용된다.

gcolor

gcolor(group colors) 인수는 그룹의 점문자 테두리와 라벨의 색상을 지정하는 벡터를 인수 값으로 갖는다. 리사이클링 룰이 적용된다. 기본 값은 par("fg")이다.

lcolor

lcolor(line colors) 인수는 그룹 내 원소들의 점을 잇는 수평선의 색상을 지정하는 벡터를 인수 값으로 갖는다. 리사이클링 룰이 적용된다.

연습문제 3.16

cex, pch, gpch 인수를 사용해서 점 그래프를 그려보자.

다음은 cex, pch, gpch 인수의 사용 예제로, 결과는 그림 3.18과 같다.

```
> op <- par(no.readonly = TRUE)
> par(mfrow = c(2, 2))
> dotchart(month, labels = month.abb, main = "default cex")
> dotchart(month, labels = month.abb, cex = 1.1, main = "cex = 1.1")
> dotchart(month, labels = month.abb, pch = 2, main = "pch = 2")
> dotchart(month, labels = month.abb, groups = quarter, pch = 2, gpch = 5,
          gdata = gmean)
> title(main = "pch = 2, gpch = 5")
> par(op)
```

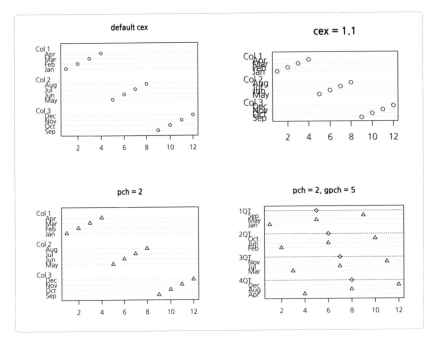

그림 3.18 점 그래프 예제 3

연습문제 3.17

bg, color, gcolor, lcolor 인수를 사용해서 점 그래프를 그려보자.

다음은 bg, color, gcolor, lcolor 인수에 대한 사용 예제로, 결과는 그림 3.19와 같다. 이들 색상에 관한 인수는 리사이클링 룰이 적용되지만, bg와 color 인수의 개수는 동일하게 사용하는 것이 바람직하다.

```
> op <- par(no.readonly = TRUE)
> par(mfrow = c(2, 2))
> dotchart(month, cex = 1.1, bg = "red")
> title(main = "bg = \"red\"")
> dotchart(month, cex = 1.1, bg = "red", color = "blue")
> title(main = "bg = \"red\", color = \"blue\"")
> dotchart(month, cex = 1.1, color = "red", gcolor = "blue", groups = quarter,
        gdata = gmean)
> title(main = "color = \"red\", gcolor = \"blue\"")
> dotchart(month, cex = 1.1, lcolor = "red", gcolor = "blue", groups = quarter,
        gdata = gmean)
> title(main = "lcolor = \"red\", gcolor = \"blue\"")
> par(op)
```

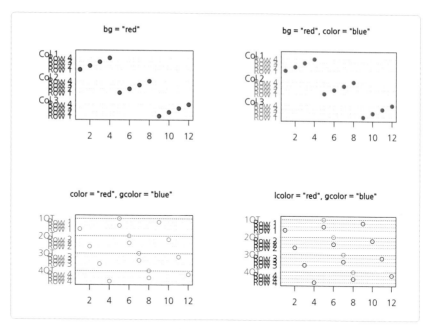

그림 3.19 점 그래프 예제 4

연습문제 3.18

버지니아 주의 사망률 데이터인 VADeaths 행렬을 사용해서 점 그래프를 그려보자.

다음은 버지니아 주의 사망률 데이터인 VADeaths 행렬에 대한 데이터의 점 그래프 출력 예제다. 결과는 그림 3.20과 같다.

이 결과를 보면 행렬로 된 데이터의 점 그래프는 왼쪽 그림처럼 열(인구집단)로 그룹을 지어 행(연령대)에 대한 점(사망률)을 그리기 때문에 지역별로 연령에 대해 사망률의 비교가 가능하다. 만약 행(연령대)으로 묶어 각 열(인구집단)을 점으로 비교한다면 어떻게 해야 할까? 그 해답은 의외로 간단하다. 데이터 행렬을 전치(transpose)시키면 된다. 이처럼 행렬을 이용해서 점 그래프를 그릴 경우에는 행과 열의 관계를 이해한 후 그림을 그려야 한다.

```
> op <- par(no.readonly = TRUE)
> VADeaths
```

	Rural Male	Rural Female	Urban Male	Urban Female
50-54	11.7	8.7	15.4	8.4
55-59	18.1	11.7	24.3	13.6
60-64	26.9	20.3	37.0	19.3
65-69	41.0	30.9	54.6	35.1
70-74	66.0	54.3	71.1	50.0

```
> par(mfrow = c(1, 2))
> dotchart(VADeaths)
> title(main = "Death Rates in Virginian(Population group)")
```

```
> dotchart(t(VADeaths), xlim = c(0, 100))
> title(main = "Death Rates in Virginian(Age group)")
> par(op)
```

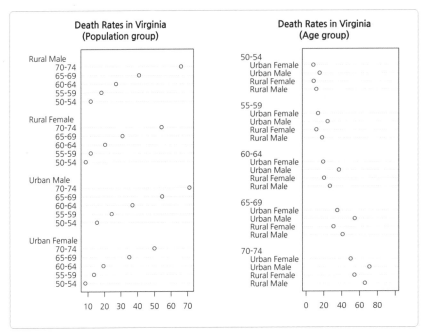

그림 3.20 점 그래프 예제 5

3.2.4 hist( ) 함수

hist( ) 함수는 히스토그램을 그리는 함수로 함수의 원형은 다음과 같다.

함수 원형 hist( )

```
hist(x, breaks = "Sturges",
    freq = NULL, probability = !freq,
    include.lowest = TRUE, right = TRUE,
    density = NULL, angle = 45, col = NULL, border = NULL,
    main = paste("Histogram of" , xname),
    xlim = range(breaks), ylim = NULL,
    xlab = xname, ylab,
    axes = TRUE, plot = TRUE, labels = FALSE,
    nclass = NULL, warn.unused = TRUE, ...)
```

x

히스토그램을 그리기 위한 데이터인 벡터 데이터 객체이다.

breaks ✪

히스토그램에서 계급 구간(class unit interval)의 점을 나타내는 벡터 값 즉, 계급의 경계(class break point)를 지정한다. 지정하는 방법은 다음과 같이 네 가지이다.

- 계급의 구간을 나타내는 벡터를 직접 지정하는 방법
- 계급의 수를 지정하는 방법
- 계급의 수를 구하는 알고리즘의 문자열을 지정하는 방법
- 계급의 수를 구하는 함수를 지정하는 방법

R에서는 여기서 뒤의 세 가지 방법을 권장하고 있다. 사실 첫 번째 방법은 사용하기가 불편할 뿐만 아니라 오류의 위험도 잠재하고 있기 때문이다. 계급의 수를 지정하면 정확하게 지정한 수만큼의 계급이 생기지는 않는다. 지정된 수는 단지 근사 값이기 때문이다. 그리고 계급의 수를 구하는 알고리즘의 문자열에는 "Sturges", "Scott", "FD", "freedman-diaconis"가 있다. 여기서 "FD"와 "freedman-diaconis"는 문자열이 다르지만 같은 알고리즘이다.

breaks 인수의 기본 값은 세 번째 방법의 "Sturges"를 취한다. 이는 Sturges의 공식으로 잘 알려진 $\log_2 N + 1$이다. 즉, ceiling($\log^2$(length(x)) + 1)이라는 표현식으로 계산된다. 그러므로 최종 결과 값은 두 번째 방법으로 귀결된다.

계급의 수를 구하는 함수에는 nclass.Sturges, nclass.scott, nclass.FD가 있으며 알고리즘의 이름에 대응된다. 만약 계급의 수인 nclass 인수 값이 10이라면, breaks는 길이가 11인 수치 벡터를 인수 값으로 갖는다. 또한 각 계급 구간은 같은 간격을 갖는다. 그런데 특별한 경우가 아니라면 nclass 인수나 breaks 인수는 기본 값을 사용하는 것이 데이터의 분포를 파악하는 데 유용하다.

그리고 hist( ) 함수는 nclass나 breaks 인수 값과 일치하는 계급의 수를 갖는 히스토그램을 그리지 않는다는 것이 중요하다. breaks가 Sturges 공식으로 구해지든 숫자로 지정하든 간에 최종으로 pretty( ) 함수를 이용해서 breaks(히스토그램에서 계급 구간의 경계를 나타내는 벡터 값)를 구하기 때문이다.

S-PLUS에서는 hist( ) 함수를 barplot( ) 함수를 재사용하여 정의하였다. space = 0이면, 모양이 히스토그램과 같음을 이미 barplot( ) 함수에서 다루었다. R에서는 이러한 방법은 사용하지 않았지만, 내부적으로 구현하는 방법은 유사할 것이다. 다음은 S-PLUS에서 breaks를 구하는 로직이다.

```
if(missing(nclass))
nclass <- log(length(x), base = 2) + 1
breaks <- pretty(x, nclass)
```

여기서 사용한 pretty( ) 함수는 입력 데이터의 범위를 임의의 개수로 분할한 벡터 값을 반환하는 함수이다. 이 함수는 두 개의 인수 값을 갖는다. 첫 번째 인수 값은 입력 데이터의 벡터이고, 두 번째 인수 값은 분할하려는 개수이다. 이 함수의 예를 몇 개 들어보면 다음과 같다.

```
> pretty(0:1)
```

```
[1] 0.0 0.2 0.4 0.6 0.8 1.0
```

```
> pretty(0:1, 2)
```

```
[1] 0.0 0.5 1.0
```

```
> pretty(0:1, 1)
```

```
[1] 0 1
```

```
> pretty(c(.1, .98), 3)
```

```
[1] 0.0 0.5 1.0
```

```
> pretty(c(.1, 1.05), 3)
```

```
[1] 0.0 0.5 1.0 1.5
```

즉, breaks나 nclass 인수에서 지정하거나 계산된 계급의 개수는 pretty( ) 함수를 통해서 breaks 벡터로 최종 변환되는 것이다. 그러므로 경우에 따라서는 변환 과정에서 계급의 수가 차이가 날 수도 있는 것이다. 그 이유는 pretty( ) 함수가 정확히 지정한 수대로 계급을 분할하지 않기 때문이다.

hist( ) 함수에서 계급의 구간에 속하는 관찰 값의 도수는 right 인수가 기본 값인 TRUE일 경우 반개구간 (i, i+1]에 속한 관찰치의 합이다. 즉, sum(breaks[i] < x & x <= breaks[i+1])과 같이 구할 수 있다. right 인수가 FALSE면 반개구간 [i, i+1)이므로 sum(breaks[i] <= x & x < breaks[i+1]) 정도로 이해하면 된다.

nclass

히스토그램에서 계급 구간 개수를 지정한다. breaks 인수 값에 숫자를 입력하는 것과 동일한 방법이지만, breaks의 수는 계급의 구간 개수 + 1임을 주의하자.

연습문제 3.19 ✪

100개의 정규 난수 데이터에 대해서 Sturges 공식으로 계급의 수를 구한 후 pretty( ) 함수로 구한 breaks를 이용해서 히스토그램을 그려보자.

다음은 Sturges 공식으로 계급의 수를 구하고, pretty( ) 함수로 구한 breaks를 이용해서 히스토그램을 그리는 예제다. 결과는 그림 3.21과 같이 네 개의 히스토그램이 동일하게 출력됨을 알 수 있다.

```
> set.seed(7)
> hist.data <- rnorm(100, 3, 2)
> hist.data <- round(hist.data, digits = 2)
> summary(hist.data)
```

```
   Min. 1st Qu.  Median    Mean 3rd Qu.    Max.
 -0.570   1.880   3.210   3.278   4.442   8.430
```

```
> # Sturges 공식으로 구해진 계급의 수
> class.n <- ceiling(log(length(hist.data), base = 2) +1)
> class.n
```

[1] 8

```
> # pretty 함수로 구한 breaks
> hist.breaks <- pretty(hist.data, class.n)
> hist.breaks
```

[1] -1 0 1 2 3 4 5 6 7 8 9

```
> par(mfrow = c(2, 2))
> hist(hist.data, main = "breaks = default")
> hist(hist.data, breaks = class.n, main = "nclass = class.n")
> hist(hist.data, breaks = hist.breaks, main = "breaks = hist.breaks")
> hist(hist.data, nclass = hist.breaks, main = "nclass = hist.breaks")
> # 도수분포표 계산
> freq <- integer(length(hist.breaks) - 1)
> for (i in seq(freq)) {
      freq[i] <- sum(hist.breaks[i] < hist.data & hist.data <= hist.breaks[i + 1])
  }
> freq
```

[1] 4 5 17 20 20 18 8 3 4 1

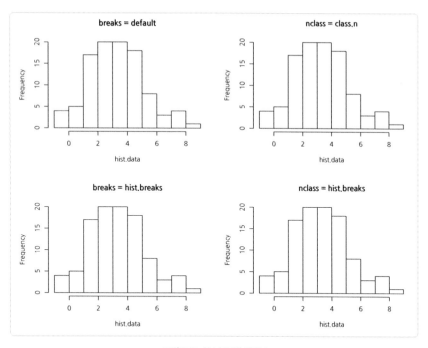

그림 3.21 히스토그램 예제 1

이 예제에서는 Sturges 공식으로 계급의 수를 8개로 구했지만, pretty( ) 함수로 breaks 벡터가 11개의 원소로 만들어져서 실제로 출력되는 히스토그램은 10개의 계급이다. 그러므로 계급의 수는 breaks의 벡터의 길이에서 1을 뺀 것과 같다. 그 이유는 계급은 구간의 개념이기 때문이다.

마지막 예제는 for문을 이용해서 각 계급 구간의 도수를 구한 것이다. 실제로 그래프의 길이와 비교하면 맞아 떨어짐을 알 수 있다.

연습문제 3.20 ⚙

계급의 수를 구하는 알고리즘을 바꾸어 가면서 히스토그램을 그려보자.

다음은 계급의 수를 구하는 세 가지 알고리즘과 임의로 지정한 계급의 수에 따른 히스토그램의 모습을 비교한 예제다. 결과는 그림 3.22와 같다. 알고리즘을 지정하는 방법은 알고리즘의 이름을 입력하는 방법과 알고리즘에 대응하는 함수의 이름을 지정하는 방법을 사용하였다.

```
> op <- par(no.readonly = TRUE)
> nclass.Sturges(hist.data)
```

```
[1] 8
```

```
> nclass.scott(hist.data)
```

```
[1] 7
```

```
> nclass.FD(hist.data)
```

```
[1] 9
```

```
> pretty(hist.data, nclass.Sturges(hist.data))
```

```
 [1] -1  0  1  2  3  4  5  6  7  8  9
```

```
> pretty(hist.data, nclass.scott(hist.data))
```

```
 [1] -1  0  1  2  3  4  5  6  7  8  9
```

```
> pretty(hist.data, nclass.FD(hist.data))
```

```
 [1] -1  0  1  2  3  4  5  6  7  8  9
```

```
> pretty(hist.data, 10)
```

```
 [1] -1  0  1  2  3  4  5  6  7  8  9
```

```
> par(mfrow = c(2, 2))
> hist(hist.data, breaks = "Sturges", main = "breaks = \"Sturges\"")
> hist(hist.data, breaks = "Scott", main = "breaks = \"Scott\"")
> hist(hist.data, breaks = nclass.FD, main = "breaks = nclass.FD")
> hist(hist.data, breaks = 10, main = "breaks = 10")
> par(op)
```

결과를 보면 "Scott"의 방법만 계급의 수가 다르게 출력되었다. 그리고 나머지 세 개의 경우는 계급의 수는 다르게 계산되었지만, pretty( ) 함수를 통해서 만들어진 계급의 벡터는 동일해져서 같은 모양의 히스토그램으로 출력되었다.

freq

논리 값을 인수로 갖는다. 만약 TRUE면 히스토그램을 표현할 때 y-축의 단위가

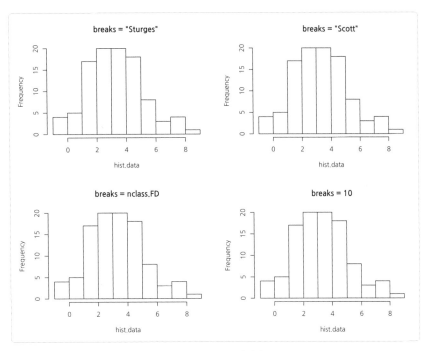

그림 3.22 히스토그램 예제 2

도수(frequencies)[14]로 표현된다. FALSE면 상대도수(probabilities)[15]로 표현된다.

probability

freq 인수와 반대의 작용을 한다. 기본 값은 !freq이다. 즉, freq 인수의 부정이다.

include.lowest

인수 값이 TRUE면, breaks 값이 벡터인 경우에 벡터 x의 원소가 breaks와 같을 경우 x를 원소를 breaks가 계급 구간의 시작점이 되는 계급에 포함시킨다. 즉, right = FALSE와 같다. 반대로 인수 값이 FALSE면, breaks 값이 벡터인 경우에 벡터 x의 원소가 breaks와 같을 경우 breaks가 계급 구간의 끝점이 되는 계급에 포함시킨다. 즉, right = TRUE와 같다. 인수 값이 FALSE고 breaks 값이 벡터가 아닌 경우에는 이 옵션은 무시되며, 경고 메시지가 출력된다.

right

인수 값이 TRUE면 계급 구간이 반개구간 (i, i+1]이 되고, FALSE면 반개구간 [i, i+1)이 된다.

---

14 계급 구간 안에 포함되는 데이터의 개수
15 도수의 합계에 대한 각 계급의 도수의 비율은 상대 도수라 한다. 그러므로 상대 도수의 합은 1이 된다.

density

막대 기둥 내부를 채우는 사선의 밀도를 지정한다. 기본 값인 NULL일 경우에는 속이 텅 빈 기둥이 만들어지고, 양의 정수일 경우에는 1인치당 사선의 수를 의미한다.

angle

density를 지정해서 사선을 그릴 때 막대 안에 그려지는 사선의 각도를 지정한다. 도(degree) 단위로 기본 값은 45이다.

col

막대를 채울 색을 지정한다. 기본 값은 NULL로 막대의 내부를 채우지 않는다.

border

막대의 테두리 색상을 지정한다. 기본 값은 par("fg")로 설정되어 있다.

main, xlab, ylab

주 타이틀과 x-축과 y-축의 이름을 지정한다. 만약에 main을 지정하지 않으면 기본 값은 문자 "Histrogram of"에 인수 x의 인수 값의 이름을 붙여서 만들어진 문자이다. 즉, paste("Histrogram of", quote(x)) 혹은 paste("Histrogram of", xname)이다.

xlim, ylim

좌표축의 범위를 지정한다. 여기서 xlim 인수 값에 따라 히스토그램의 breaks가 변경되는 것이 아니라 출력하는 영역으로서의 범위만 지정하는 것이다. xlim 인수의 기본 값은 range(breaks)이다.

axes

히스토그램에서 좌표축의 출력 유무를 지정한다. 기본 값은 TRUE로 좌표축을 출력해준다.

plot

논리 값을 인수 값으로 갖는데, 기본 값은 TRUE다. 이 값이 TRUE면 그래픽 장치에 히스토그램을 출력하지만 FALSE일 경우에는 히스토그램을 출력하지 않고, 데이터들의 정보를 리스트 값으로 반환한다.

리스트의 요소는 다음과 같다.

· breaks: breaks 벡터로 계급 구간의 경계를 의미한다.
· counts: 각 계급의 도수를 나타낸다.

· intensities: density와 같다.

· density: 확률밀도 즉, 상대도수(확률)를 의미한다.

· mids: 계급의 중앙 값(대표 값)

· xname: x 인수 값의 이름

· equidist : 계급 구간의 등 간격 여부의 논리 값

labels

막대에 라벨을 추가할 경우에 사용한다. 논리 값이나 문자 값을 인수로 사용할 수 있다. 인수 값이 TRUE면 freq = FALSE일 경우 상대도수(비율) 값들이, freq = TRUE면 도수 값들이 막대 위에 출력된다. 문자형 벡터를 지정하면 해당 문자가 막대 위에 출력된다.

연습문제 3.21

freq, probability, labels 인수를 사용해서 히스토그램을 그려보자.

다음은 freq, probability, labels 인수에 대한 사용 예제이다. 앞부분에는 히스토그램과 연관성이 높은 cut( ) 함수와 table( ) 함수에 대해서 사용 예제를 들었다. 특히 table( ) 함수는 도수분포 테이블을 생성하는 함수로 앞의 예제에서 for문을 이용한 각 계급의 도수의 산출 방법에 대한 훌륭한 대안이 될 수 있다. 이 예제의 결과는 그림 3.23과 같이 출력된다.

```
> op <- par(no.readonly = TRUE)
> hist.interval <- cut(hist.data, breaks = hist.breaks)
> hist.interval
  [1] (7,8]  (0,1]  (1,2]  (2,3]  (1,2]  (1,2]  (4,5]  (2,3]  (3,4]  (7,8]  (3,4]
 [12] (8,9]  (7,8]  (3,4]  (6,7]  (3,4]  (1,2]  (2,3]  (2,3]  (4,5]  (4,5]  (4,5]
 [23] (5,6]  (0,1]  (5,6]  (3,4]  (4,5]  (4,5]  (1,2]  (2,3]  (1,2]  (4,5]  (3,4]
 [34] (2,3]  (2,3]  (1,2]  (4,5]  (0,1]  (2,3]  (3,4]  (5,6]  (1,2]  (2,3]  (0,1]
 [45] (2,3]  (2,3]  (5,6]  (4,5]  (3,4]  (4,5]  (2,3]  (2,3]  (3,4]  (6,7]  (4,5]
 [56] (3,4]  (-1,0] (3,4]  (3,4]  (1,2]  (3,4]  (3,4]  (4,5]  (4,5]  (3,4]  (5,6]
 [67] (4,5]  (5,6]  (5,6]  (4,5]  (3,4]  (1,2]  (1,2]  (1,2]  (-1,0] (0,1]  (1,2]
 [78] (1,2]  (2,3]  (7,8]  (3,4]  (3,4]  (3,4]  (2,3]  (1,2]  (2,3]  (2,3]  (2,3]
 [89] (-1,0] (4,5]  (6,7]  (1,2]  (4,5]  (3,4]  (4,5]  (1,2]  (5,6]  (-1,0] (2,3]
[100] (2,3]
Levels: (-1,0] (0,1] (1,2] (2,3] (3,4] (4,5] (5,6] (6,7] (7,8] (8,9]

> table(hist.interval)
hist.interval
(-1,0]  (0,1]  (1,2]  (2,3]  (3,4]  (4,5]  (5,6]  (6,7]  (7,8]  (8,9]
    4      5     17     20     20     18      8      3      4      1

> par(mfrow = c(2, 2))
> hist(hist.data, ylim=c(0, 22), labels = T, main = "freq = default")
> hist(hist.data, ylim=c(0, 0.22), freq = F, labels = T, main = "freq = FALSE, labels = T")
> hist(hist.data, ylim=c(0, 0.22), probability = TRUE, main = "probability = TRUE")
> hist(hist.data, ylim=c(0, 22), labels = LETTERS[1:10], main = "labels = LETTERS[1:10]")
> par(op)
```

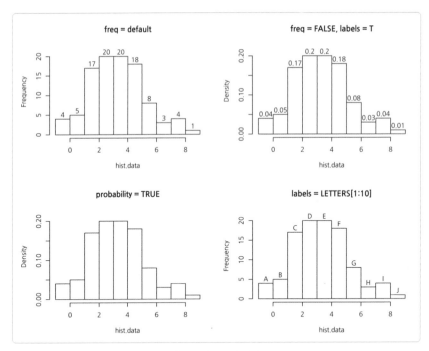

그림 3.23 히스토그램 예제 3

이 예제에서는 앞서 다룬 pretty( ) 함수는 계급 구간을 위한 구간의 경계 값의 벡터를 생성하는 반면에 cut( ) 함수는 breaks에 의해 구간을 나눈 후 각 벡터의 원소에 구간으로 표현된 수준을 할당한 값을 반환한다. 이 함수는 include. lowest, right 인수도 사용할 수 있는 등 hist( ) 함수와 유사한 구조를 가지고 있다. 또 예제에서는 right 인수의 기본 값인 TRUE가 적용되어서 (-2,-1]와 같이 오른쪽이 폐구간인 개폐구간의 값으로 만들어졌다.

그려진 히스토그램을 보면 y-축이 확률밀도로 그려진 히스토그램과 y-축이 도수로 그려진 히스토그램의 모양에는 차이가 없다. 다만 y-축이 도수 스케일에서 비율 스케일로만 바뀔 뿐이다. labels 인수를 사용하여 각 계급의 막대 위에 값을 출력하면 쉽게 해당 계급의 y 좌표 값을 알 수 있다.

연습문제 3.22

right, xlim, density, col, angle, border, axes 인수를 사용해서 히스토그램을 그려보자.

다음은 right, xlim, density, col, angle, border, axes 인수에 대한 사용 예제로, 결과는 그림 3.24와 같이 출력된다.

```
> op <- par(no.readonly = TRUE)
> par(mfrow = c(2, 2))
> hist(hist.data, right = FALSE, main = "right = FALSE")
```

```
> hist(hist.data, xlim = c(1, 5), main = "xlim = c(1, 5)")
> hist(hist.data, density = 20, col = "red", angle = 135, border = "blue")
> hist(hist.data, axes = FALSE, main = "axes = FALSE")
> par(op)
```

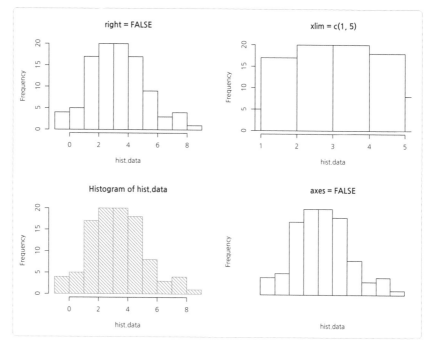

그림 3.24 히스토그램 예제 4

이 예제의 결과의 세 번째 히스토그램을 보면 main 인수를 사용하지 않을 경우에는 주 타이틀이 "Histogram of hist.data"로 출력됨을 알 수 있다. right 인수를 FALSE로 사용한 경우는 별 차이가 없었다. 이 인수 값이 TRUE냐 FALSE에 따라 히스토그램의 모양이 변하는 것은 데이터 값이 계급 경계에 있는 경우이다.

다음 예제는 plot = FALSE의 예로, 히스토그램에 대한 정보만 콘솔로 출력된다.

```
> hist(hist.data, plot = FALSE)
```

```
$breaks
 [1] -1  0  1  2  3  4  5  6  7  8  9
$counts
 [1]  4  5 17 20 20 18  8  3  4  1
$density
 [1] 0.04 0.05 0.17 0.20 0.20 0.18 0.08 0.03 0.04 0.01
$mids
 [1] -0.5  0.5  1.5  2.5  3.5  4.5  5.5  6.5  7.5  8.5
$xname
[1] "hist.data"
$equidist
[1] TRUE
attr(,"class")
[1] "histogram"
```

3.2.5 pie( ) 함수

pie( ) 함수는 파이 차트를 그리는 함수로 함수의 원형은 다음과 같다.

함수 원형 pie( )

```
pie(x, labels = names(x), edges = 200, radius = 0.8,
    clockwise = FALSE, init.angle = if(clockwise) 90 else 0,
    density = NULL, angle = 45, col = NULL, border = NULL,
    lty = NULL, main = NULL, ...)
```

x

양의 값을 갖는 수치형 벡터를 인수 값으로 사용한다. 벡터 x의 원소들은 파이 차트에서 각각의 파이 조각으로 표현된다. x 인수 값에는 0과 결측치(NA)가 있어서는 안 된다. 벡터 x의 원소는 순서대로 오른쪽 수평선(0도)부터 시계 반대 방향으로 출발하여 파이 조각으로 표현된다.

파이 조각의 크기는 각 원소들의 상대도수의 크기로 다음과 같이 구해진다. 일단 벡터 x가 1, 2, 3, 4, 5의 원소로 이루어졌다고 가정하면, 다음과 같다.

```
> x <- 1:5
> x <- c(0, cumsum(x) / sum(x))
> x
```

```
[1] 0.00000000 0.06666667 0.20000000 0.40000000 0.66666667 1.00000000
```

```
> dx <- diff(x)
> dx
```

```
[1] 0.06666667 0.13333333 0.20000000 0.26666667 0.33333333
```

```
> sum(dx)
```

```
[1] 1
```

여기서 dx가 최종 상대도수(비율)이며 이들의 합이 1임을 알 수 있다.

labels

파이 차트는 많은 모서리(edges)를 갖는 다각형으로 이루어졌다. 인수를 지정하지 않으면 기본 값인 names(x)가 라벨로 출력된다. names(x)가 NULL이면, 다음 프로그램 코드에 의해 원소의 순서를 나타내는 숫자가 라벨로 출력된다.

```
if (is.null(labels))
    labels <- as.character(1:length(x))
```

만약 labels 인수 값인 벡터의 원소 중에 NA나 빈 문자열이 있으면 해당 파이 조각의 라벨은 출력되지 않는다.

edges

파이 차트는 많은 모서리(edges)를 갖는 다각형으로 이루어졌다. 단지 모서리의 개수를 많게 해서 원처럼 보인 것이다. 2장에서도 정다각형이 각의 개수가 증가할수록 원에 근접하게 보이는 것을 경험하였다.

이 인수의 기본 값은 200이며 인수 값을 작게 하면, 원의 모양이 아닌 요상한 다각형 모양의 파이 차트를 만들 수도 있다. 그러나 실제 그려진 파이 차트의 모서리 개수는 edges 인수 값과 일치하지 않는다. 그 이유는 다음 프로그램 코드에 기인한다.

```
for (i in 1:nx) {
    # 파이 조각의 모서리 수 n을 계산한다.
    n <- max(2, floor(edges * dx[i]))
    # 모서리수 n을 이용해서 파이조각의 각도 벡터를 구한다.
    t2p <- 2 * pi * seq(x[i], x[i + 1], length = n)
    xc <- c(cos(t2p), 0) * radius
    yc <- c(sin(t2p), 0) * radius
    polygon(xc, yc, density = density[i], angle = angle[i],
        border = border[i], col = col[i], lty = lty[i])
    t2p <- 2 * pi * mean(x[i + 0:1])
    xc <- cos(t2p) * radius
    yc <- sin(t2p) * radius
    if (!is.na(lab <- labels[i]) && lab != "") {
        lines(c(1, 1.05) * xc, c(1, 1.05) * yc)
        text(1.1 * xc, 1.1 * yc, lab, xpd = TRUE,
            adj = ifelse(xc < 0, 1, 0), ...)
    }
}
```

위 프로그램 코드를 보면 floor( ) 함수를 사용해서 실제로 보이는 파이 차트의 모서리의 개수는 edges 인수의 개수보다 작거나 같게 된다는 것을 알 수 있다.

radius

파이 차트의 반지름을 지정한다. 파이 차트는 x-축과 y-축의 범위가 (-1, 1)인 정사각형의 좌표 영역 안에 그려지므로 반지름(radius)이 1인 파이 차트를 그리면 이 영역이 꽉 찬다. 그런데 각각의 파이 조각에 라벨을 출력하기 위해서는 어느 정도의 여백이 필요하다. 그래서 radius 인수의 기본 값은 0.8로 설정되었고, 빈 공간에 라벨이 출력되는 것이다. 만약 라벨의 이름이 길 경우는 어떻게 할까? radius 인수로 파이 차트의 반지름을 줄이면 라벨의 출력 영역은 늘어나고, 긴 라벨의 출력이 가능하다.

density

파이 조각의 내부를 채우는 사선의 밀도를 지정한다. 양의 정수일 경우에는 1인치당 사선의 수를 의미하며 리사이클링 룰이 적용된다. 기본 값인 NULL일 경우에는 속이 텅 빈 파이 조각이 만들어진다.

angle

density를 지정해서 사선을 그릴 때 파이 조각 안에 그려지는 사선의 각도를 지정한다. 도(degree) 단위로 기본 값은 45이고, 리사이클링 룰이 적용된다.

col

파이 조각의 내부를 채우기 위한 색상을 지정한다. 기본 값은 NULL로 density 인수 값도 NULL일 경우에는 c("white", "lightblue", "mistyrose", "lightcyan", "lavender", "cornsilk")와 같이 흰색과 다섯 가지의 파스텔 색상으로 구성된 여섯 개의 색상이 지정된다. 그리고 기본 값이 NULL인데, density 인수 값이 NULL이 아니라면 모든 파이 조각의 색상은 회색으로 채워진다. 리사이클링 룰이 적용된다.

border, lty

파이 조각의 테두리 색상과 선의 종류를 지정한다. 기본 값은 par("fg")와 par("lty")로 설정되어 있고, 리사이클링 룰이 적용된다.

연습문제 3.23

labels, edges 인수를 사용해서 파이 차트를 그려보자.

다음은 labels, edges 인수의 사용 예제로 결과는 그림 3.25와 같다. (3), (4)에 의한 세 번째와 네 번째 파이 차트에서 edges 인수 값이 작아서 파이 차트의 모양이 일반 다각형처럼 보이며, edges 인수 값과 실제의 모서리의 개수가 다름을 알 수 있다.

```
> op <- par(no.readonly = TRUE)
> set.seed(5)
> pie.data <- sample(7)
> pie.data
```

```
[1] 2 5 6 7 1 4 3
```

```
> par(mfrow = c(2, 2))
> pie(pie.data, main = "default")                                    #(1)
> pie(pie.data, labels = LETTERS[1:7], main = "labels = LETTERS[1:7]")  #(2)
> pie(pie.data, edges = 10, main = "edges = 10")                     #(3)
> pie(pie.data, edges = 20, main = "edges = 20")                     #(4)
> par(op)
```

연습문제 3.24

radius 인수를 사용해서 파이 차트를 그려보자.

다음은 radius 인수의 사용 예제로, 결과는 그림 3.26과 같다. (4), (3)에 의해서 radius 인수 값을 0과 1.5로 사용한 파이 차트는 시각화 결과로 의미가 없을 정도의 이상한 모양으로 출력되었다.

```
> op <- par(no.readonly = TRUE)
> par(mfrow = c(2, 2))
> pie(pie.data, main = "default radius")          #(1)
> pie(pie.data, radius = 0.5, main = "radius = 0.5")  #(2)
> pie(pie.data, radius = 1.5, main = "radius = 1.5")  #(3)
> pie(pie.data, radius = 0, main = "radius = 0")    #(4)
> par(op)
```

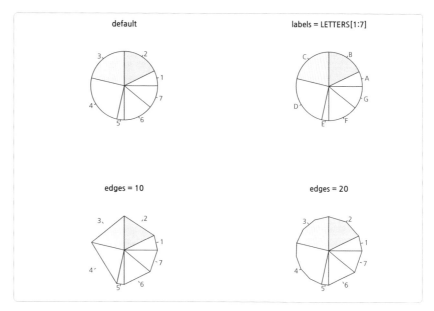

그림 3.25 파이 차트 예제 1

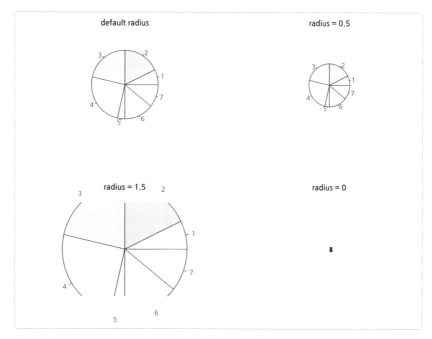

그림 3.26 파이 차트 예제 2

3.2.6 stripchart( ) 함수

stripchart( ) 함수는 일차원 산점도인 스트립 차트(strip charts)를 그리는데, 표본의 수가 작을 때 boxplot( ) 함수를 대신하기에 좋은 플롯이다. 함수의 원형은 다음과 같다.

함수 원형 stripchart( )

```
stripchart(x, method = "overplot", jitter = 0.1, offset = 1/3,
           vertical = FALSE, group.names, add = FALSE,
           at = NULL, xlim = NULL, ylim = NULL,
           ylab = NULL, xlab = NULL, dlab = "", glab = "",
           log = "", pch = 0, col = par("fg"), cex = par("cex"),
           axes = TRUE, frame.plot = axes, ...)
```

플롯을 그리기 위한 데이터로 단일 벡터나 벡터들로 구성된 리스트 객체를 인수 값으로 갖는다. 리스트일 경우는 각 성분 즉, 벡터별로 그래프가 그려진다. 또한 'x ~ g'와 같은 포뮬러 모델(formula model)을 사용할 수도 있다. 포뮬러의 x는 관측치인 수치 벡터이고, g는 그룹을 나타내는 범주형 데이터(factor)다. 여기서 사용되는 데이터는 결측치 NA를 허용한다.

연습문제 3.25

x 인수 값으로 벡터, 리스트 및 포뮬러 모델을 사용해서 스트립 차트를 그려보자.

다음은 x 인수 값의 종류별 stripchart( ) 함수의 사용 예제로 결과는 그림 3.27과 같다.

```
> op <- par(no.readonly = TRUE)
> set.seed(1)
> x <- round(rnorm(50), 1)
> set.seed(2)
> y <- round(rnorm(50), 1)
> set.seed(3)
> z <- round(rnorm(50), 1)
> strip.data <- list(x, y, z)
> par(mfrow = c(2, 2))
> stripchart(x, main = "a single vector")                    #(1) 벡터
> stripchart(strip.data, main = "a list having 3 vectors")   #(2) 리스트
> with(OrchardSprays, stripchart(decrease ~ treatment,       #(3) formula
        main = "formula decrease ~ treatment ", xlab = "treatment", ylab = "decrease"))
> par(op)
```

이 예제는 각각 50개의 정규난수로 세 개의 벡터를 만들고, 이 벡터를 성분으로 묶어서 리스트를 만들었다. (1)에 의한 첫 번째 플롯은 단일 벡터를 x 인수 값으로 사용한 예제다. (2)에 의한 두 번째 플롯은 세 개의 성분을 갖는 리스트를 x 인수 값으로 사용한 예제로, 개별 성분의 벡터에 대한 일차원 산점도가 그려졌다. (3)에 의한 세 번째 예제에서는 with( ) 함수를 사용하여 treatment라는 그룹

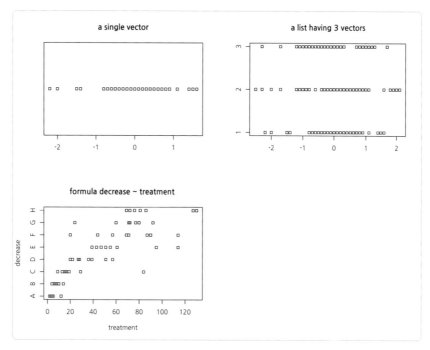

그림 3.27 스트립 차트 예제 1

별로 decrease 데이터를 시각화한 것으로, A부터 H까지의 여덟 개의 그룹별로 점들이 그려졌다.

with( ) 함수는 지정한 데이터 프레임을 참조할 때 데이터 프레임의 이름 없이 변수의 이름만 가지고 표현식을 수행하는 함수다. 그러므로 데이터를 기술할 때 변수의 이름만으로 값을 취할 수 있다. 여기서는 OrchardSprays 데이터 프레임에서 stripchart( ) 함수의 표현식을 수행하였다. 이 경우에는 OrchardSprays를 attach한 효과와 동일하며, OrchardSprays$decrease, OrchardSprays$treatment가 아니라 변수 이름인 decrease, treatment로 데이터를 참조할 수 있다.

OrchardSprays는 오차드 스프레이(Orchard Sprays)의 효능을 실험한 데이터로 4개의 변수로 구성된 64개의 관측치로 구성된 데이터 프레임이다. 꿀벌을 격퇴를 위해서 과수원에서 사용하는 스프레이의 다양한 성분의 효능을 평가하기 위해 실시된 실험 데이터는 다음과 같은 변수를 포함한다.

· rowpos: 실험의 행 조건 위치
· colpos: 실험의 열 조건 위치
· treatment: 실험의 처리 수준
· decrease: 쫓아버린 꿀벌의 수

method

스트립 차트에서 겹치는 점들을 분리해서 배치하는 방법을 지정한다. 기본 값은 "overplot"으로 같은 좌표의 점들을 한 줄로 늘어뜨려 겹쳐서 표현한다. "jitter"는 점들을 흐트러지게 표현한다. "stack"은 같은 좌표의 점들을 퇴적물처럼 쌓아올려 표현한다.

jitter

method 인수 값이 "jitter"일 경우 사용된다. 값을 흐트려 놓는 정도를 지정한다. 기본 값은 0.1이다.

offset

method 인수 값이 "stack"일 경우 사용된다. 점들을 쌓을 때의 점 간의 여백을 지정한다. 기본 값은 1/3으로 여백이 가장 적당하게 표현된다. 이보다 작으면 점들이 겹쳐질 수 있고 크면 여백이 너무 벌어진다.

vertical

논리 값을 인수 값으로 갖는다. 기본 값은 FALSE로 플롯이 수직(x-축 방향)으로 그려지고, TRUE면 수평(y-축 방향)으로 그려진다.

group.names

x 인수 값이 리스트일 경우 각각의 일차원 산점도를 가리키는 라벨의 이름을 지정한다. 이 인수를 지정하지 않으면 순서에 따라 "1", "2", "3", … 이 출력된다.

add

논리 값을 인수로 갖는다. 현재의 플롯에 일차원 산점도의 추가 여부를 지정한다. 기본 값은 FALSE다. TRUE면 현재 플롯에 스트립 차트가 덧그려진다. 즉, FALSE면 plot.new( ) 함수가 호출된 후 새 스트립 차트가 그려지는 것이다.

at

그래프를 그릴 위치를 지정하는 수치형 벡터를 인수 값으로 갖는다. x 인수 값이 단일 벡터일 경우에는 길이가 1인 벡터가 된다. 기본 값은 1:n으로 n은 리스트의 성분 개수이다. 이 인수는 주로 add 인수 값이 TRUE일 때 사용된다.

xlim, ylim, main, ylab, xlab, log, pch, col, cex

그래픽 인수들로 데이터 시각화 함수에서의 사용 방법과 동일하다.

연습문제 3.26

method 인수의 여러 인수 값을 사용해서 스트립 차트를 그려보자.

다음은 method의 여러 인수 값에 따라 스트립 차트를 그린 예제로 stripchart( ) 함수의 도움말에서 발췌하였는데, 결과는 그림 3.28과 같다.

```
> set.seed(3)
> x <- rnorm(50)
> xr <- round(x, 1)
> stripchart(x)                                          #(1)
> m <- mean(par("usr")[1:2])
> text(m, 1.04, "stripchart(x, \"overplot\")")
> stripchart(xr, method = "stack", add = TRUE, at = 1.2)  #(2)
> text(m, 1.35, "stripchart(round(x, 1), \"stack\")")
> stripchart(xr, method = "jitter", add = TRUE, at = 0.7) #(3)
> text(m, 0.85, "stripchart(round(x,1), \"jitter\")")
```

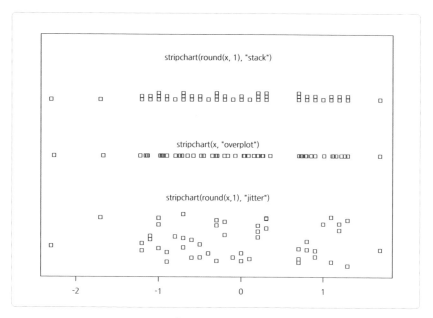

그림 3.28 스트립 차트 예제 2

이 예제에서는 (2), (3)에 의한 두 번째와 세 번째 stripchart( ) 함수의 호출에서 add 인수를 TRUE로 지정하여 첫 번째 플롯 영역에 두 개의 스트립 차트를 그려 넣었다. 이때 플롯의 중첩을 막기 위해서 at 인수를 각각 1.2와 0.7로 지정하여 첫 번째 플롯의 상단과 하단에 그려 넣었다. at 인수를 지정하지 않으면 단일 벡 터일 경우에는 출력 위치가 1이 된다. 그래서 (1)에 의한 첫 번째 플롯의 위치인 1을 피해서 두 번째와 세 번째 플롯의 위치는 1을 기준으로 적당히 가감하여 겹 치지 않게 출력하였다.

연습문제 3.27

jitter 인수와 offset 인수를 사용해서 스트립 차트를 그려보자.

다음은 method 인수의 인수 값이 "jitter"일 경우에 jitter 인수의 사용법과 "stack" 일 경우에 offset 인수의 사용법을 보인 예제다. 여기에 기타 여러 그래픽 인수들을 조합해보았는데, 결과는 그림 3.29와 같이 출력된다.

```
> op <- par(no.readonly = TRUE)
> par(mfrow = c(2, 1))
> with(OrchardSprays, stripchart(decrease ~ treatment, method = "jitter",
      jitter = 0.2, col = "red", pch = 16, cex = 1.5, vertical = TRUE, log = "y",
      main="stripchart(Orchardsprays)", xlab = "treatment", ylab = "decrease",
      group.names = paste(LETTERS[1:8], "group")))
> with(OrchardSprays, stripchart(decrease ~ treatment, method = "stack",
      offset = 1/2, col = 1:8, pch = 15, cex = 1.5,
      main = "stripchart(Orchardsprays)"))
> par(op)
```

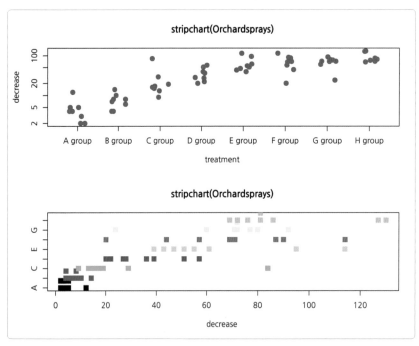

그림 3.29 스트립 차트 예제 3

3.2.7 curve( ) 함수

수학 함수나 수식으로 정의한 함수에 대한 함수 그래프(function graphs)를 그리는 함수로 함수의 원형은 다음과 같다.

함수 원형 curve( )

```
curve(expr, from = NULL, to = NULL, n = 101, add = FALSE,
      type = "l", xname = "x", xlab = xname, ylab = NULL,
      log = NULL, xlim = NULL, ...)
# S3 method for class 'function'
plot(x, y = 0, to = 1, from = y, xlim = NULL, ylab = NULL, ...)
```

이 함수 원형을 보고 짐작하듯 plot( ) 함수도 curve( ) 함수와 동일하게 사용될
수 있다. 그래서 plot( ) 함수는 curve( ) 함수와 같이 다루겠다.

expr

그래프를 그릴 함수의 이름이나 수식(expression)을 지정한다. 이 인수에서 사
용하는 함수는 R의 내장 함수이거나 사용자가 정의한 함수일 수도 있다. 함수일
경우에는 반드시 x 인수를 사용해야 하며, 결과도 수치 값을 반환해야 한다.

x

수치형 벡터를 반환하는 R 함수를 인수 값으로 갖는다. 이 함수로 그래프를 그
린다. plot( ) 함수에서 사용한다.

from, to

그래프를 그릴 x 좌표의 범위로, 이 값이 expr, x 인수로 지정된 수식이나 함수
에 대입되어 계산된 값을 y-축의 좌표로 지정하여 그래프를 그린다. 일종의 함수
의 정의구역[16]인 셈이다. plot( ) 함수에서는 기본 값으로는 from 인수 값이 0이
고, to 인수 값이 1이다. 즉, x 좌표의 범위는 구간 [0,1]이 된다.

n

expr, x 인수가 연속 함수라면 좌표점들은 무수히 많아진다. 그래서 그래프를
그릴 좌표점의 개수를 지정하고, 이 점들을 잇는 그래프를 그린다. 이때 좌표점
들의 개수를 지정하는 인수로 정수 값을 갖는데, 기본 값은 101이다.

xlim

x-축의 범위를 지정한다. 시작과 끝 점을 나타내는 길이 2의 수치 벡터를 인수
값으로 갖는다. 이 인수를 지정하고 from, to 인수를 지정하지 않았을 경우에는
이 인수 값이 from, to의 인수 값이 된다. 이 인수 값이 expr, x 인수에 대입되는
것은 아니다.

type, ylab, log

type 인수는 선의 종류를 지정하고, ylab은 y-축의 라벨을 지정하며, log는 log

---

16 두 변수 x, y 사이에 y가 x의 함수로 나타내어질 때에, x가 취할 수 있는 값의 범위

를 취할 좌표축을 지정한다.

연습문제 3.28

curve( ) 함수와 plot( ) 함수를 사용해서 함수 그래프를 그려보자.

다음은 curve( ) 함수와 plot( ) 함수를 이용해서 그래프를 그리는 방법에 대한 예제로, 결과는 그림 3.30과 같다.

```
> op <- par(no.readonly = TRUE)
> par(mfrow = c(2, 2))
> # (1) Expression
> curve(x ^ 3 - 3 * x, -2, 2)
> title(main = "User defined expression")
> myfun <- function(x) x ^ 2 + 2
> # (2) User Function
> curve(myfun, -pi, pi)
> title(main = "User defined function")
> # (3) R Function
> curve(dnorm, from = -3, to = 3)
> title(main = "Normal distribution density")
> # (4) plot Function
> plot(dnorm, from = -3, to = 3)
> title(main = "curve by plot function")
> par(op)
```

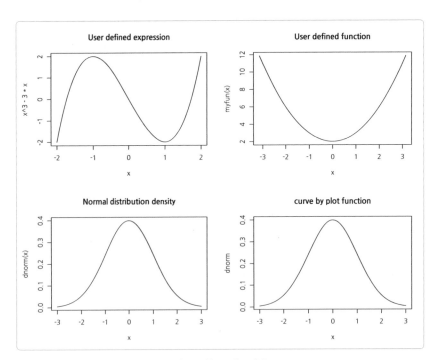

그림 3.30 함수 그래프 예제 1

이 예제에서 (1)은 표현식을 그래프로 그린 경우이고, (2)는 사용자가 정의한 myfun( )이라는 함수를 그린 경우이다. (3)은 정규분포의 밀도함수인 dnorm( ) 함수를 그린 예이다. (4)는 동일한 함수를 plot( ) 함수를 이용해서 그렸다. (3)과 (4)의 결과가 동일하게 출력됨을 알 수 있다. 이처럼 plot( ) 함수는 R의 그래픽 함수 중에서 가장 빈번히 사용되는 대표적인 함수다.

연습문제 3.29

curve( ) 함수의 여러 인수를 사용해서 함수 그래프를 그려보자.

다음은 curve( ) 함수의 여러 인수의 사용 예제로, 결과는 그림 3.31과 같다.

```
> op <- par(no.readonly = TRUE)
> par(mfrow = c(2, 2))
> curve(dnorm, from = -3, to = 3, n = 10)
> title(main = "dnorm by n = 10")
> curve(dnorm, from = -1, to = 1, xlim = c(-3, 3))
> title(main = "dnorm by from=-1, to=1, xlim=c(-3,3)")
> curve(sin, from = -2 * pi, to = 2 * pi, lty = 1, col = "red")
> curve(cos, from = -2 * pi, to = 2 * pi, lty = 2, col = "blue", add = T)
> title(main = "add = TRUE")
> curve(dnorm, from = -3, to = 3, log = "y")
> title(main = "dnorm by log = \"y\"")
> par(op)
```

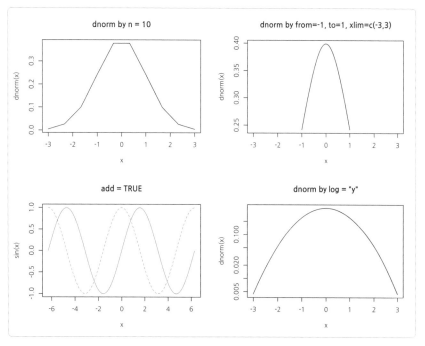

그림 3.31 함수 그래프 예제 2

예제의 첫 번째 그래프는 n의 크기를 10으로 작게 하여 정규분포 곡선이 부자연스럽게 출력되었다. 두 번째 그래프는 x 값의 범위를 [-1, 1]로 x-축의 범위를 [-3, 3]으로 지정한 예이고, 세 번째 그래프는 add 옵션을 이용해서 두 개의 그래프를 한 플롯 영역(plot region)에 그린 예이다. 마지막 그래프는 y 좌표에 log를 취한 예제다.

add 인수 값을 TRUE로 지정하면 내부적으로 lines( ) 함수를 사용한다고 add 인수의 설명부에 언급되어 있다. 다음 코드가 curve( ) 함수에서 add 인수의 역할을 보여준다.

```
if (isTRUE(add))
    lines(x, y, type = type, ...)
else
    plot(x, y, type = type, ylab = ylab, xlim = xlim, log = lg, ...)
```

3.2.8 matplot( ), matpoints( ), matlines( ) 함수

행렬 데이터를 하나의 좌표 위에 열(columns)별로 그룹을 지어 플롯을 그리는 데 사용하는 함수에 다음과 같은 세 개의 함수가 있다.

함수 원형 matpot( ), matpoints( ), matlines( )

```
matplot(x, y, type = "p", lty = 1:5, lwd = 1, lend = par("lend"),
        pch = NULL,
        col = 1:6, cex = NULL, bg = NA,
        xlab = NULL, ylab = NULL, xlim = NULL, ylim = NULL,
        ..., add = FALSE, verbose = getOption("verbose"))
matpoints(x, y, type = "p", lty = 1:5, lwd = 1, pch = NULL,
        col = 1:6, ...)
matlines (x, y, type = "l", lty = 1:5, lwd = 1, pch = NULL,
        col = 1:6, ...)
```

세 가지 함수 중에 기본이 되는 함수는 matplot( ) 함수다. 이 함수는 행렬을 열별로 lines( ) 함수를 이용해서 플롯을 그린다. 그러므로 내부적으로는 열의 수만큼 lines( ) 함수가 호출된다.

matpoints( ) 함수는 단지 type 인수 값을 "p"로 설정하고 matplot( ) 함수를 재호출하고, matlines( ) 함수도 단지 type 인수 값을 "l"로 설정하고 matplot( ) 함수를 재호출한다. 이것이 가능한 이유는 lines( ) 함수가 선을 그리는 저수준 그래픽 함수이지만, type 인수 값이 "p"이면 points( ) 함수처럼 점을 그릴 수 있기 때문이다.

참고로 matplot( ) 함수는 새로운 플롯을 생성하지만, matpoints( ) 함수와 matlines( ) 함수는 현재의 플롯 위에 새 플롯을 추가로 덧그린다.

x, y

플롯을 그릴 데이터로 벡터나 행렬을 인수 값으로 취한다. 두 데이터 객체는 행의 개수가 동일해야 하며 인수들은 결측치(NA)를 허용한다. 만약 두 인수 중에 하나만 지정하면 지정한 인수는 y 인수로 적용되고, x 인수는 1부터 지정한 인수의 행의 수만큼 시퀀스를 갖는다. 즉 1:NROW(y)가 된다. 다음의 코드를 참고하기 바란다.

```
if (missing(x)) {
    if (missing(y))
        stop("must specify at least one of 'x' and 'y'")
    else x <- 1:NROW(y)
}
else if (missing(y)) {
    y <- x
    ylabel <- xlabel
    x <- 1:NROW(y)
    xlabel <- ""
}
```

type

플롯의 유형을 지정하는 단일 문자나 문자 벡터를 인수로 갖는다. 벡터일 경우는 y 인수의 각각의 열에 대해서 지정하며 리사이클링 룰이 적용된다.

pch

열별 데이터를 구분할 수 있는 점문자를 지정한다. 인수 값으로는 문자 벡터나 문자를 지정하는 수치 벡터를 사용하는데, type 인수가 "p"나 "o"일 경우 의미가 있으며 리사이클링 룰이 적용된다. 이 인수의 기본 값은 "1"부터 "9"까지와 "0"을 원소로 갖는 문자 벡터다. 0:9의 순서가 아님을 주의해야 한다. 만약 열의 개수가 10을 초과한다면, 그 다음은 "a", "b", …, "z" 문자를 원소로 사용한다.

verbose

논리 값을 인수 값으로 갖는다. 기본 값은 FALSE인데, TRUE면 콘솔에 그래프에 대한 정보를 한 줄로 표시한다.

연습문제 3.30

matplot( ) 함수, matpoints( ) 함수, matlines( ) 함수로 행렬을 시각화하자.

다음은 matplot( ) 함수, matpoints( ) 함수, matlines( ) 함수의 사용 예제로, 결과는 그림 3.32와 같다.

```
> op <- par(no.readonly = TRUE)
> set.seed(10)
```

```
> y1 <- rnorm(20, mean = -3, sd = 1)
> set.seed(20)
> y2 <- rnorm(20, mean = 0, sd = 1)
> set.seed(30)
> y3 <- rnorm(20, mean = 3, sd = 1)
> mat <- cbind(y1, y2, y3)
> par(mfrow = c(2, 2))
> matplot(y1, type = "l", main = "One vecter argument")
> matplot(y1, y2, main = "Two vecter arguments")
> matplot(mat, main = "Matrix argument")
> matplot(mat, type = "n", main = "Add matlines, matpoints")
> matlines(mat)
> matpoints(mat)
> par(op)
```

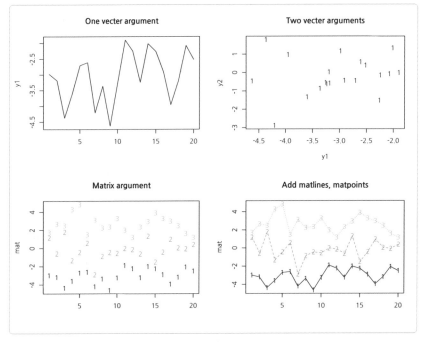

그림 3.32 행렬의 시각화 예제 1

이 예제는 표준편차가 1이고 평균이 서로 다른 세 개의 데이터를 시각화한 예제로, 마지막의 matpoints( ) 함수, matlines( ) 함수는 네 번째 플롯에 점과 선을 추가하는 작업만 수행하였음을 알 수 있다.

연습문제 3.31

matplot( ) 함수의 여러 인수를 사용하여 행렬을 시각화하자.

다음은 matplot( ) 함수의 여러 인수들에 대한 사용 예제로, 결과는 그림 3.33과 같다.

```
> op <- par(no.readonly = TRUE)
> par(mfrow = c(2, 2))
> matplot(mat, type = "lSo", main = "type = \"lSo\"")
> matplot(mat, type = c("l","S","o"), main = "type = c(\"l\", \"S\", \"o\")")
> matplot(mat, col = c("red","blue","green"), cex = c(1, 1.2, 1.4))
> title(main = "c(\"red\", \"blue\", \"green\")", cex=c(1, 1.2, 1.4)")
> matplot(mat, type = "l", lty = 3:5, lwd = 1:3)
> title(main = "lty = 3:5, lwd = 1:3")
> par(op)
```

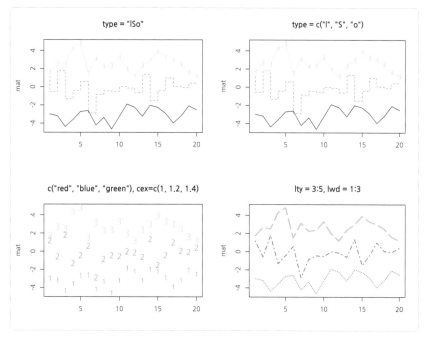

그림 3.33 행렬의 시각화 예제 2

matplot( ) 함수에서는 type 인수를 사용해서 여러 가지의 그래프 유형을 한 좌표 평면에 나타낼 수 있는데, 그 방법도 벡터를 이용하는 방법과 단일 인수 값을 묶은 문자열을 사용하는 방법이 있음을 첫 번째와 두 번째 플롯을 통해서 알 수 있다.

연습문제 3.32

add, verbose 인수와 matlines( ) 함수, matpoints( ) 함수를 사용하여 행렬을 시각화하자.

다음은 add, verbose 인수와 matlines( ) 함수, matpoints( ) 함수를 사용한 예제로, 결과는 그림 3.34와 같다. 이 예제에서 matlines( ) 함수뿐만 아니라 matpoints( ) 함수로도 선을 그릴 수 있음을 알 수 있다.

```
> op <- par(no.readonly = TRUE)
> par(mfrow = c(2, 2))
```

```
> matplot(mat)
> matplot(rnorm(20), type = "l", add = TRUE)
> title(main = "matplot add matplot")
> matplot(mat, type = "n")
> matlines(rnorm(20), type = "p")
> title(main = "matlines type = \"p\"")
> matplot(mat, type = "n")
> matpoints(rnorm(20), type = "l")
> title(main = "matpoints type = \"l\"")
> matplot(mat, pch = 1:3, col = 3:5, verbose = TRUE) # matplot 정보가 출력됨
```

```
matplot: doing 3 plots with  col= ("3" "4" "5") pch= ("1" "2" "3") ...
```

```
> title(main = "pch = 1:3")
> par(op)
```

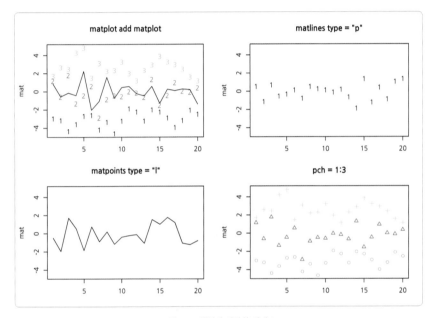

그림 3.34 행렬의 시각화 예제 3

3.2.9 qqnorm( ), qqline( ), qqplot( ) 함수

qqplot( ) 함수는 Q-Q 플롯(Quantile-Quantile plots)[17]을 그린다. 그리고 관련된 함수에 qqnorm( ) 함수와 qqline( ) 함수가 있다. 함수의 원형은 다음과 같다.

함수 원형 qqnorm( ), qqline( ), qqplot( )

```
qqnorm(y, ylim, main = "Normal Q-Q Plot",
       xlab = "Theoretical Quantiles", ylab = "Sample Quantiles",
       plot.it = TRUE, datax = FALSE, ...)
qqline(y, datax = FALSE, distribution = qnorm,
       probs = c(0.25, 0.75), qtype = 7, ...)
qqplot(x, y, plot.it = TRUE, xlab = deparse(substitute(x)),
       ylab = deparse(substitute(y)), ...)
```

---

17 두 분표의 분위수들을 쌍으로 직교좌표에 표시한 플롯

qqnorm( ) 함수는 y 인수 값으로 정규분포의 Q-Q 플롯을 그려 준다. qqline( ) 함수는 정규분포의 Q-Q 플롯에 1 사분위수(Q_1)와 3 사분위수(Q_3)를 지나는 직선을 그려준다. qqplot( ) 함수는 두 개의 데이터 객체의 Q-Q 플롯을 그린다.

Q-Q 플롯은 두 가지의 통계적 의미를 지니고 있다. 하나는 분석하려는 데이터가 특정한 분포에서 추출되었는가를 검증하는 것이고, 또 하나는 두 개의 데이터가 같은 분포로부터 추출되었는지를 검증하는 것이다. qqnorm( ) 함수와 qqline( ) 함수는 분석하려는 데이터가 특정 분포에서 추출되었는가를 검증하는 함수로, 여기서 말하는 특정 분포는 정규분포가 된다. 일반적으로 수평축(x-축)은 표준 정규분포[18]의 분위수이고, 수직 축(y-축)은 데이터에서 계산된 분위수를 나타낸다. 그러므로 데이터가 정규분포를 따른다면 그림은 직선이 된다. qqplot( ) 함수는 두 개의 데이터가 같은 분포에서 추출되었는지를 검증하는 함수다. qqplot( ) 함수의 그래프에서 두 개의 데이터가 같은 분포를 따르면 직선 'y = x'의 그래프가 그려진다.

qqnorm( ) 함수와 qqplot( ) 함수는 Q-Q 플롯으로 그려질 x-y 좌표 상의 위치를 나타내는 x와 y를 성분으로 갖는 리스트 객체를 반환한다. 여기서 성분 x와 y는 함수의 x, y 인수와는 다르다. qqplot( ) 함수라면 성분 x와 y는 인수 x와 y의 정렬된 값이 된다. 즉 sort(x), sort(y)와 같다. 그리고 qqnorm( ) 함수라면 성분 x는 표준 정규분포의 분위수이고, 성분 y는 인수 y 데이터의 순서통계량을 나타낸다.

x

qqplot( ) 함수에서 Q-Q 플롯을 그리기 위한 첫 번째 표본 데이터를 지정한다.

y

qqplot( ) 함수에서는 Q-Q 플롯을 그리기 위한 두 번째 표본 데이터를 지정한다. 그러나 qqnorm( ) 함수와 qqline( ) 함수에서는 정규분포를 따르는지 검증하려는 표본 데이터를 지정한다.

plot.it

논리 값을 인수 값으로 갖는다. 기본 값은 TRUE로 그래프를 그리지만, FALSE면 그래프를 그리지 않는다.

datax

논리 값을 인수 값으로 갖는다. 기본 값은 FALSE로 y 인수의 데이터(표본 데이터)가 y-축에 출력되고, TRUE면 x-축에 출력된다.

---

18 평균이 0이고 표준편차가 1인 정규분포

연습문제 3.33

qqplot( ) 함수로 Q-Q 플롯을 그려보자.

다음은 qqplot( ) 함수의 기능과 사용 방법을 알아보는 예제로, 결과는 그림 3.35와 같다.

```
> op <- par(no.readonly = TRUE)
> set.seed(1)
> data1 <- round(rnorm(100, 3, 2), 2)
> set.seed(2)
> data2 <- round(rnorm(100, 3, 2), 2)
> par(mfrow = c(2, 1))
> qqplot(data1, data2, main = "Q-Q 플롯")
> abline(0,1)
> plot(sort(data1), sort(data2), main = "plot of sorted data")
> abline(0,1)
> par(op)
```

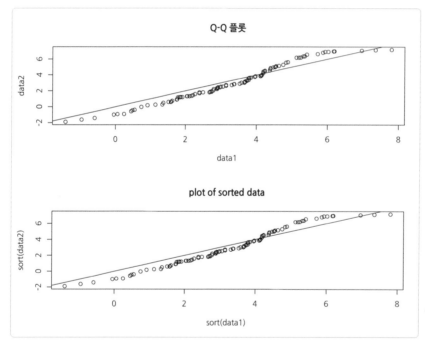

그림 3.35 Q-Q 플롯 예제 1

이 예제는 정규분포(평균 = 3, 표준편차 = 2)로부터 100개의 난수를 생성하여 data1 객체를 만들고 같은 분포로부터 한 번 더 100개의 난수를 생성하여 data2 객체를 만들었다. 그리고 첫 번째 플롯은 qqplot( ) 함수를 이용해서 그렸고, 두 번째 플롯은 data1과 data2를 정렬시킨 후 plot( ) 함수를 이용해서 x-y 좌표에 데이터를 출력한 플롯이다. 그런데 두 플롯의 결과가 동일하다. 즉, 두 번째 플롯을 그리는 방법으로 qqplot( ) 함수가 구현됐음을 알 수 있다.

data1 객체의 데이터를 크기가 작은 것부터 차례로 정렬한 것을 $x_{(1)}$, $x_{(2)}$, ..., $x_{(100)}$라 하자. 이를 순서통계량이라 한다. 그리고 data2의 순서통계량을 같은 방법으로 구해서 $y_{(1)}$, $y_{(2)}$, ..., $y_{(100)}$라 하자. 이때 $(x_{(1)}, y_{(1)})$, $(x_{(2)}, y_{(2)})$, ..., $(x_{(100)}, y_{(100)})$인 100개의 좌표점을 x-y의 평면에 그린 것이 두번째 플롯인 것이다. 그리고 abline( ) 함수로 그린 y = x의 직선 상에 좌표점들이 유사하게 근접해 있으므로 두 표본의 모집단이 비슷함을 추측할 수 있다.

연습문제 3.34

plot.it 인수 값을 FALSE로 지정하고, qqplot( ) 함수로 Q-Q 플롯을 그려보자.

다음 예제를 통해서 나시 한번 qqplot( ) 함수에 대해서 알아보자.

```
> x <- round(rnorm(10), 2)
> y <- round(rnorm(10), 2)
> qqplot(x, y, plot.it = FALSE)
> .Last.value

$x
 [1] -1.97 -1.05 -0.84 -0.56 -0.32  0.94  1.14  1.28  1.67  2.07
$y
 [1] -2.00 -1.79 -0.90 -0.82 -0.70 -0.48  0.08  0.16  0.51  2.03

> qq <- qqplot(x, y, plot.it = FALSE)
> qq

$x
 [1] -1.97 -1.05 -0.84 -0.56 -0.32  0.94  1.14  1.28  1.67  2.07
$y
 [1] -2.00 -1.79 -0.90 -0.82 -0.70 -0.48  0.08  0.16  0.51  2.03
```

이 예제는 편의상 표준 정규분포에서 10개씩의 난수를 추출하여 x와 y의 벡터를 만들었다. 그리고 plot.it 인수 값을 FALSE로 지정하여 qqplot( ) 함수를 호출하였다. plot.it 인수를 FALSE로 지정했기 때문에 플롯은 그려지지 않았다.

R에서는 가장 마지막으로 계산된 표현식의 값은 항상 .Last.value라는 객체에 보관한다. 그러므로 qqplot( ) 함수에서 Q-Q 플롯을 그리기 위해서 최종적으로 사용한 값이 .Last.value에 저장되었다고 추측할 수 있다. 그래서 .Last.value의 값을 출력하였더니 x와 y라는 성분의 이름으로 이루어진 리스트 객체가 조회되었다. 이는 x, y 벡터를 정렬한 값임을 알 수 있다.

두 번째는 qqplot( ) 함수에서 반환하는 값을 qq라는 객체에 할당하고, 이를 조회해보았다. 이 값은 앞서 조회한 .Last.value 객체의 값과 동일하다.

연습문제 3.35 ✪

표본의 개수가 다른 두 집단에 대한 Q-Q 플롯을 그려보자.

다음은 표본의 개수가 다른 두 집단에 대한 Q-Q 플롯의 예제로, 결과는 그림

3.36과 같다.

```
> op <- par(no.readonly = TRUE)
> par(mfrow = c(2,1))
> set.seed(1)
> data1 <- rnorm(100, 3, 2)
> set.seed(2)
> data3 <- round(rnorm(50), 2)
> qqplot(data1, data3, main = "Q-Q 플롯 length(data1) != length(data3)")
> abline(-3/2, 1/2)
> abline(0, 1, lty = 2)
> seq.odd <- seq(1, 99, 2)
> seq.even <- seq(2, 100, 2)
> data.odd <- sort(data1)[seq.odd]
> data.even <- sort(data1)[seq.even]
> data.mean <- (data.odd + data.even ) / 2
> plot(data.mean, sort(data3), main = "plot of modified data")
> abline(-3/2, 1/2)
> abline(0, 1, lty = 2)
> par(op)
```

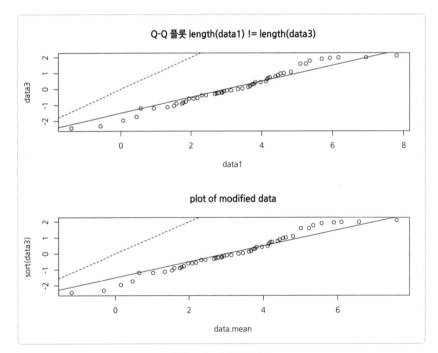

그림 3.36 Q-Q 플롯 예제 2

이 예제에서는 data1는 원소의 개수가 100개이고, data3은 원소의 개수가 50개로 서로 다르다. 그리고 qqplot( ) 함수로 그린 플롯에 보이는 점은 100개가 아닌 50개뿐이다. 이 결과 qqplot( ) 함수는 데이터의 개수가 적은 쪽의 데이터는 크기순으로 배열하고, 많은 쪽의 데이터는 보간법(interpolation)[19] 등을 사용하

19 불연속적으로 주어진 데이터 점들을 이용하여 그 점들 사이의 값을 추정하는 방법

여 적은 것의 개수와 같게 분위수(quantile) 값을 추정하여 x-y 좌표에 출력한다고 추측해보았다.

이 같은 추측이 사실임을 확인하기 위하여 두 번째 플롯을 그려보았다. y 인수 값인 data3의 데이터 개수가 x 인수 값인 data1의 데이터 개수보다 적으므로 data3를 크기순으로 배열하여 $y_{(1)}, y_{(2)}, \ldots, y_{(50)}$을 만든다. data1은 다음과 같이 선형보간법(linear interpolation)[20]을 사용하여 데이터의 개수를 50개로 줄인다. data1을 크기 순으로 배열하여 $x_{(1)}, x_{(2)}, \ldots, x_{(100)}$으로 만든다. 보간법을 사용하여 $u_{(1)} = \dfrac{x_{(1)} + x_{(2)}}{2}, u_{(2)} = \dfrac{x_{(3)} + x_{(4)}}{2}, \ldots, u_{(50)} = \dfrac{x_{(99)} + x_{(100)}}{2}$으로 50개의 데이터로 줄인다. 그리고 plot( ) 함수로 $(u_{(1)}, y_{(1)}), (u_{(2)}, y_{(2)}), \ldots, (u_{(50)}, y_{(50)})$의 50개 점을 x-y 좌표 위에 출력하였다. 그림 3.36의 두 플롯이 동일함을 알 수 있다.

data1은 정규분포(평균 = 3, 표준편차 = 2)로부터 추출된 데이터이고, data3은 표준 정규분포(평균 = 0, 표준편차 = 1)로부터 추출된 데이터이므로 우리는 쉽게 $\dfrac{x-3}{2} = y$의 관계를 알 수 있다. 즉, $y = -\dfrac{3}{2} + \dfrac{1}{2}x$가 된다. 그래서 그림에 abline(-3/2, 1/2)를 추가하여 점들이 이 직선 근처에 있음을 확인할 수 있었다. y = x의 선을 점선으로 표시하였는데, 50개의 점들이 이 직선에 근접하지 않아 이 두 표본을 생성시킨 모집단이 서로 다름을 알 수 있다.

마지막으로 R에서 정의한 qqplot( ) 함수를 보면 앞서 가정한 모든 추측이 맞았음을 알 수 있다.

```
qqplot <- function (x, y, plot.it = TRUE, xlab =
deparse(substitute(x)),
    ylab = deparse(substitute(y)), ...)
{
    sx <- sort(x)
    sy <- sort(y)
    lenx <- length(sx)
    leny <- length(sy)
    if (leny textless lenx)
        sx <- approx(1:lenx, sx, n = leny)$y
    if (leny textgreater lenx)
        sy <- approx(1:leny, sy, n = lenx)$y
    if (plot.it)
        plot(sx, sy, xlab = xlab, ylab = ylab, ...)
    invisible(list(x = sx, y = sy))
}
```

이 함수 정의부에서 사용한 approx( ) 함수는 주어진 데이터를 보간법으로 가공한 근사 값을 반환하는 함수다. 이 프로그램에서는 데이터의 개수가 큰 쪽의 데이터를 선형보간법으로 작은 쪽의 개수만큼 만들었음을 알 수 있다. invisible( ) 함수는 return( ) 함수처럼 값을 반환하는 함수다. 다만 다른 것은 결과를 반환할

---

20 주어진 2개의 점을 직선으로 연결하여 그 사이의 값을 추정하는 방법

때 결과 값이 콘솔에 출력되지 않는다는 점이다. 물론 반환 값을 객체에 담으면 참조할 수 있다. 그래서 앞의 예제에서는 qq라는 이름에 함수 호출 결과를 할당한 후 만들어진 qq 객체를 출력하였던 것이다.

이제 R에서 통계 그래픽을 사용하는 데 함수 및 제어구문 등 최소한의 문법이 왜 필요한지 이해할 수 있을 것이다. 필요에 따라서 qqplot( ) 함수처럼 사용자가 데이터 시각화 함수를 정의해서 사용할 수도 있기 때문이다. 그러므로 아직 R의 문법에 익숙치 않은 독자는 관련 데이터를 살펴보며 숙지하기 바란다.

qqnorm( ) 함수는 qqplot( ) 함수의 사용법과 비슷하다. x-축에 표본의 개수에 따른 표준 정규분포의 분위수(quantile)를 위치시키고, y-축에 표본의 순서통계량을 위치시킨다.

연습문제 3.36

qnorm( ) 함수로 Q-Q 플롯을 그려보자.

다음 예를 실행시키면 그림 3.37과 같은 결과가 출력된다.

```
> set.seed(4)
> data4 <- rnorm(50)
> seq.norm <- seq(1, 99, 2) / 100      # 분위수를 구하기 위한 시퀀스
> qnorm.data <- qnorm(seq.norm)        # 표준 정규분포의 분위수 계산
> par(mfrow = c(2,1))
> qqnorm(data4, main = "Q-Q Norm")
> used.qqnorm <- .Last.value           # qqnorm이 사용한 데이터 추출
> abline(0, 1)
> qqline(data4, lty = 2)
> plot(qnorm.data, sort(data4), main = "using seq")
> abline(0, 1)
> qqline(data4, lty = 2)
> sort(data4)                          # data4를 정렬한 순서통계량

 [1] -1.79738202 -1.68804858 -1.48218912 -1.28124663 -0.92802811 -0.86214614
 [7] -0.82099358 -0.75421121 -0.63754350 -0.54249257 -0.46589588 -0.40451983
[13] -0.37565514 -0.28344457 -0.28294368 -0.22740542 -0.21314452 -0.10036844
[19] -0.04513712 -0.04420400  0.01571945  0.03435191  0.09884369  0.15346418
[25]  0.16516902  0.16902677  0.18153538  0.21675486  0.38305734  0.56660450
[31]  0.59289694  0.59598058  0.68927544  0.72390416  0.86113187  0.89114465
[37]  0.90983915  0.93409617  1.05193258  1.16502684  1.24018084  1.25588403
[43]  1.28825688  1.29251234  1.30762236  1.34370863  1.54081498  1.63561800
[49]  1.77686321  1.89653987

> sort(used.qqnorm$y)                  # qqnorm이 사용한 y 좌표 값

 [1] -1.79738202 -1.68804858 -1.48218912 -1.28124663 -0.92802811 -0.86214614
 [7] -0.82099358 -0.75421121 -0.63754350 -0.54249257 -0.46589588 -0.40451983
[13] -0.37565514 -0.28344457 -0.28294368 -0.22740542 -0.21314452 -0.10036844
[19] -0.04513712 -0.04420400  0.01571945  0.03435191  0.09884369  0.15346418
[25]  0.16516902  0.16902677  0.18153538  0.21675486  0.38305734  0.56660450
[31]  0.59289694  0.59598058  0.68927544  0.72390416  0.86113187  0.89114465
[37]  0.90983915  0.93409617  1.05193258  1.16502684  1.24018084  1.25588403
[43]  1.28825688  1.29251234  1.30762236  1.34370863  1.54081498  1.63561800
[49]  1.77686321  1.89653987
```

```
> qnorm.data                            # 표준 정규분포의 분위수

 [1] -2.32634787 -1.88079361 -1.64485363 -1.47579103 -1.34075503 -1.22652812
 [7] -1.12639113 -1.03643339 -0.95416525 -0.87789630 -0.80642125 -0.73884685
[13] -0.67448975 -0.61281299 -0.55338472 -0.49585035 -0.43991317 -0.38532047
[19] -0.33185335 -0.27931903 -0.22754498 -0.17637416 -0.12566135 -0.07526986
[25] -0.02506891  0.02506891  0.07526986  0.12566135  0.17637416  0.22754498
[31]  0.27931903  0.33185335  0.38532047  0.43991317  0.49585035  0.55338472
[37]  0.61281299  0.67448975  0.73884685  0.80642125  0.87789630  0.95416525
[43]  1.03643339  1.12639113  1.22652812  1.34075503  1.47579103  1.64485363
[49]  1.88079361  2.32634787
```

```
> sort(used.qqnorm$x)                   # qqnorm이 사용한 x 좌표 값

 [1] -2.32634787 -1.88079361 -1.64485363 -1.47579103 -1.34075503 -1.22652812
 [7] -1.12639113 -1.03643339 -0.95416525 -0.87789630 -0.80642125 -0.73884685
[13] -0.67448975 -0.61281299 -0.55338472 -0.49585035 -0.43991317 -0.38532047
[19] -0.33185335 -0.27931903 -0.22754498 -0.17637416 -0.12566135 -0.07526986
[25] -0.02506891  0.02506891  0.07526986  0.12566135  0.17637416  0.22754498
[31]  0.27931903  0.33185335  0.38532047  0.43991317  0.49585035  0.55338472
[37]  0.61281299  0.67448975  0.73884685  0.80642125  0.87789630  0.95416525
[43]  1.03643339  1.12639113  1.22652812  1.34075503  1.47579103  1.64485363
[49]  1.88079361  2.32634787
```

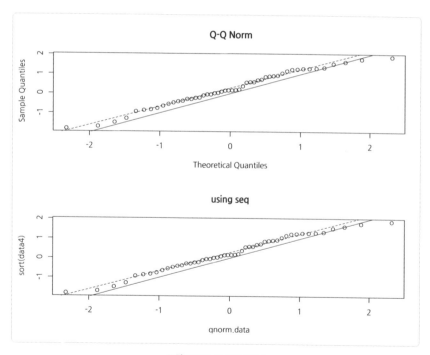

그림 3.37 Q-Q 플롯 예제 3

그림 3.37에는 두 개의 플롯이 있다. 첫 번째는 표준 정규분포에서 50개의 난수
를 추출한 데이터인 data4의 표준 정규분포의 분위수에 대한 Q-Q 플롯이다. 두
번째는 data4의 개수와 일치하게 계산된 표준 정규분포의 분위수에 대한 정렬된
data4의 산점도를 그렸다.

n개의 분위수는 $(\frac{1}{2n}, \frac{3}{2n}, \frac{5}{2n}, \cdots, \frac{2n-1}{2n})$ 분위수를 구하는 방법으로 구했다. 이 두 플롯이 일치하는 것과 플롯을 그리기 위한 x-축과 y-축의 데이터들이 일치하는 것을 토대로 qqnorm( ) 함수의 역할을 이해할 수 있다.

3.2.10 sunflowerplot( ) 함수

sunflowerplot( )는 해바라기 산점도(sunflower scatter plot)를 그리는 함수로 원형은 다음과 같다.

함수 원형 sunflowerplot( )

```
# Default S3 method:
sunflowerplot(x, y = NULL, number, log = "", digits = 6,
              xlab = NULL, ylab = NULL, xlim = NULL, ylim = NULL,
              add = FALSE, rotate = FALSE,
              pch = 16, cex = 0.8, cex.fact = 1.5,
              col = par("col"), bg = NA, size = 1/8, seg.col = 2,
              seg.lwd = 1.5, ...)
# S3 method for class 'formula'
sunflowerplot(formula, data = NULL, xlab = NULL, ylab = NULL, ...,
              subset, na.action = NULL)
```

해바라기 산점도는 좌표 상에서 중복된 점에 대해서 그 중복된 개수만큼 꽃잎으로 표현한 산점도다. 그러므로 plot( ) 함수를 사용한 산점도보다는 유용하게 사용할 수 있다. plot( ) 함수로 산점도를 그리면 동일한 좌표점에 여러 점들이 있더라도 하나의 점으로 출력되기 때문에 정보의 손실이 발생한다. 물론 대안으로 jitter( ) 함수를 이용해서 노이즈(noise)를 주면 중첩되지 않고 비슷한 위치에 여러 개의 점들을 모을 수 있다. 그리고 해바라기 산점도를 이용하는 것도 대안이 될 수 있다. 단, 점들이 밀집해 있을 경우에 오히려 그래프가 산만할 수도 있다는 단점이 있다. 해바라기 산점도는 모양이 해바라기꽃 같아서 해바라기 산점도라도 명명한 것이다.

연습문제 3.37

해바라기 산점도와 plot( ) 함수를 이용한 산점도, jitter( ) 함수와 plot( ) 함수를 이용한 산점도를 비교해보자.

다음은 해바라기 산점도와 plot( ) 함수를 이용한 산점도, jitter( ) 함수와 plot( ) 함수를 이용한 산점도 예제로 결과는 그림 3.38과 같다.

```
> x <- NULL
> y <- NULL
> for (i in 1:50) {
      x <- c(x, rep(ifelse(i%%10 == 0, 10, i %%10), i))
      y <- c(y, rep((i-1) %/% 10 + 1, i))
  }
```

```
> # (1)
> t(table(x, y))

    x
y   1  2  3  4  5  6  7  8  9 10
  1  1  2  3  4  5  6  7  8  9 10
  2 11 12 13 14 15 16 17 18 19 20
  3 21 22 23 24 25 26 27 28 29 30
  4 31 32 33 34 35 36 37 38 39 40
  5 41 42 43 44 45 46 47 48 49 50
```

```
> layout(matrix(c(1, 1, 2, 3), ncol = 2, byrow = T))
> sunflowerplot(x, y, ylim = c(0.5, 5.2))
> title(main = "sunflowerplot's petals")
> text(x=ifelse(1:50 %% 10==0, 10, 1:50 %% 10), y=((1:50 - 1)%/%10+1) - 0.5,
      as.character(1:50))
> plot(x, y, pch = 16)
> title(main = "scatter plot by plot")
> plot(jitter(x), jitter(y), pch = 16)
> title(main = "scatter plot by plot using jitter")
```

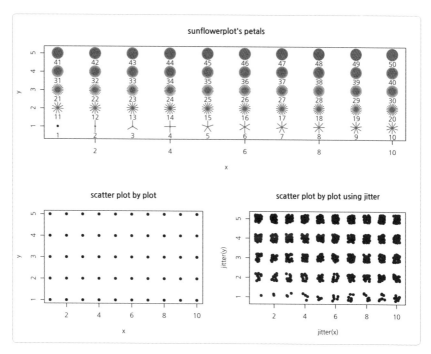

그림 3.38 해바라기 산점도와 산점도 예제

이 예제에서는 x, y 인수에 대한 (x, y) 좌표의 도수분포가 (1)처럼 1부터 50까지의 값을 갖도록 데이터를 만들었다. 그리고 이를 sunflowerplot( ) 함수를 이용해서 해바라기 산점도를 그려보고, plot( ) 함수와 jitter( ) 함수를 응용한 plot( ) 함수로 출력하였다.

먼저 해바라기 산점도는 도수가 1인 경우에는 꽃잎이 없이 점(꽃술)만 출력하고, 2부터는 도수에 따라 꽃잎을 그렸다. 도수가 20을 넘어서면 꽃잎의 수를 헤

아리기는 어렵고, 다만 모양으로 도수의 규모를 파악해야 한다. 그리고 plot( ) 함수를 이용한 산점도에서는 도수가 1이든 50이든 점이 하나의 좌표점에 출력되어서 단 하나의 점만 출력되는 것처럼 보인다. 그러므로 분포의 정확한 모습을 파악하지 못한다. 그래서 jitter( ) 함수를 이용해서 좌표점들에 노이즈를 주어서 산점도를 그린 것이 세 번째 플롯이다. 이 경우에는 도수의 분포를 알 수 있지만 모든 산점도에 적용되지는 않는다. 그러므로 데이터의 대략적인 특성을 파악한 후에 사용할 수 있는 방법이다.

x

x 좌표점을 나타내는 수치형 벡터나 산점도 출력이 가능한 구조의 데이터 객체

y

y 좌표점을 나타내는 수치형 벡터

number

x와 y 인수 값과 동일한 길이를 갖는 수치형 벡터다. 이 인수는 좌표점의 도수를 지정한다. 즉, number[i] = (x[i], y[i])이 된다. 만약 이 인수를 지정하지 않으면 x와 y 인수 값에 따라서 자동으로 계산되는데, 중첩의 정도에 따라 x와 y 인수 값과 동일한 길이를 갖지 않을 수도 있다.

digits

number를 계산할 때의 정밀도를 지정한다. x와 y의 원소를 digits에서 지정한 소수점 자리까지 비교하여 동일한 값을 갖는 것을 세어서 number를 계산한다. 기본 값은 6으로 소수점 아래 7자리에서 반올림하여 비교한다.

rotate

기준이 되는 꽃잎의 배치 각도를 지정한다. 기본 값은 FASLE로 점을 기준으로 90도 각도의 위치에 첫 번째 꽃잎을 배치한다. TRUE 값을 지정하면 임의의 각도에 첫 번째 꽃잎을 배치한다. 하나의 점을 기준으로 꽃잎 사이의 각도는 같다.

pch

좌표점을 나타내는 점문자(꽃술)를 지정한다. 기본 값은 16으로 속이 찬 동그라미다.

cex.fact

좌표점을 나타내는 점문자(꽃술)의 크기를 축소하는 값을 지정한다. 꽃잎이 있는 경우에만 적용되며 기본 값은 1.5이다. 꽃술의 크기는 cex / cex.fact이다.

cex

좌표점을 나타내는 점문자(꽃술)의 크기를 지정한다. 기본 값은 0.8이다.

col, bg

좌표점을 나타내는 점문자(꽃술)의 색상을 지정한다. col은 테두리 색상이고, bg는 테두리 안의 색상이다. pch의 기본 값인 16은 점문자의 테두리 안의 영역이 없으므로 col 인수만 적용된다. 만약에 pch 인수 값이 21처럼 속이 빈 원이라면 col, bg 인수가 모두 적용될 것이다.

size

꽃잎의 길이를 지정한다. 단위는 인치이며 기본 값은 1/8(inch) = 2.54(cm)/8 = 3.175(mm)이다.

seg.col

꽃잎의 색상을 지정한다. 기본 값은 2로 빨간색을 사용한다. 만약 이 인수 값을 "gold"로 사용한다면 해바라기꽃과 비슷한 색상이 된다.

seg.lwd

꽃잎을 나타내는 선의 굵기를 지정한다.

이 함수는 다음과 같은 성분을 갖는 리스트를 반환하며 각 성분의 길이는 같다.

- x: 점들의 x 좌표 값
- y: 점들의 y 좌표 값
- number: (x, y) 좌표의 도수

연습문제 3.38

sunflowerplot( ) 함수로 해바라기 산점도를 그려보자.

다음은 sunflowerplot( ) 함수의 사용 예제로, 결과는 그림 3.39와 같다.

```
> op <- par(no.readonly = TRUE)
> set.seed(101)
> x <- sample(1:5, 200, replace = T)
> set.seed(102)
> y <- sample(1:5, 200, replace = T)
> par(mfrow = c(2, 1), mar = c(2.1, 4.1, 2.1, 2.1), fig = c(0, 1, 0.7, 1))
> sunflowerplot(x, y)
> par(fig=c(0, 1, 0, 0.7), new = T)
> sunflowerplot(1:10, rep(1, 10), ylim = c(0.5, 5.5), number = 1:10,
                pch = 21, col = "blue", bg = "green", cex = 2)
> text(5, 1.3, "number = 1:10, pch = 21, col = \"blue\", bg = \"green\",
       cex = 2", adj = 0.5)
```

```
> sunflowerplot(1:10, rep(2, 10), add = T, number = 1:10,
                seg.col = "gold", size = 1/3, seg.lwd = 2.5)
> text(5, 2.3, "add = T, number = 1:10, seg.col = \"gold\", size = 1/3,
        seg.lwd = 2.5", adj = 0.5)
> sunflowerplot(1:10, rep(3, 10), add = T, number = 1:10, cex.fact = 0.2)
> text(5, 3.3, "add = T, number = 1:10, cex.fact = 0.2", adj = 0.5)
> sunflowerplot(1:10, rep(4, 10), add = T, number = 1:10, cex.fact = 2.0)
> text(5, 4.3, "add = T, number = 1:10, cex.fact = 2.0", adj = 0.5)
> sunflowerplot(1:10, rep(5, 10), add = T, number = 1:10, rotate = TRUE)
> text(5, 5.3, "add = T, number = 1:10, rotate = TRUE", adj = 0.5)
> par(op)
```

첫 번째 플롯은 number를 자동 계산한 경우이고, 두 번째 플롯은 number 인수
를 사용자가 지정한 경우이다. 나머지는 기타 인수들의 조합에 따른 예제이다.

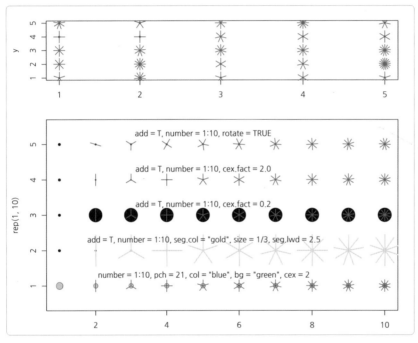

그림 3.39 해바라기 산점도 예제

3.2.11 symbols( ) 함수

symbols( ) 함수는 심볼(symbols) 플롯을 그리는 데 사용하며, 함수 원형은 다
음과 같다.

함수 원형 symbols( )

```
symbols(x, y = NULL, circles, squares, rectangles, stars,
        thermometers, boxplots, inches = TRUE, add = FALSE,
        fg = par("col"), bg = NA,
        xlab = NULL, ylab = NULL, main = NULL,
        xlim = NULL, ylim = NULL, ...)
```

심볼 플롯은 x-y 좌표 위에 심볼을 출력하는 플롯으로 심볼의 종류는 원(circles), 정사각형(squares), 사각형(rectangles), 별(stars) 그림, 온도계(thermometers) 그림, 박스 플롯(boxplots)의 여섯 가지 종류가 있다.

x, y

심볼을 출력할 x와 y의 좌표를 지정한다.

circles

원 심볼의 반지름을 나타내는 벡터를 인수 값으로 갖는다.

squares

정사각형 심볼들의 변의 길이를 나타내는 벡터를 인수 값으로 갖는다.

rectangles

사각형 심볼의 폭과 높이를 지정하는 열의 개수가 2인 행렬을 인수 값으로 갖는다. 첫 번째 열이 사각형의 너비를, 두 번째 열이 사각형의 높이를 나타낸다.

stars

스타 플롯을 그리는 열의 개수가 3 이상인 행렬을 인수 값으로 갖는다. 각 열의 값은 별의 중심에서 길어진 선의 길이를 나타낸다. NA는 0으로 취급된다.

thermometers

온도계 심볼을 그리는 열의 개수가 3이거나 4인 행렬을 인수 값으로 갖는다. 첫 번째 열이 온도계 너비를, 두 번째 열이 사각형의 높이를 나타낸다. 만약 열의 개수가 3일 경우 세 번째 열은 온도계의 내부를 채울 높이를 온도계 높이에 대비한 비율로 나타낸다. 즉, 온도계 내부를 바닥부터 이 비율의 높이만큼 채운다. 만약 열의 개수가 4일 경우 세 번째 열과 네 번째 열도 비율을 나타낸다. 이 경우에는 온도계 그림에서 높이를 기준으로 세 번째와 네 번째 비율의 사이의 내부를 채운다.

boxplots

박스 플롯 심볼을 그리는 열의 개수가 5인 행렬을 인수 값으로 갖는다. 첫 번째 열이 상자의 너비를, 두 번째 열이 높이를 나타낸다. 세 번째 열이 상자 아래 수염(lower whiskers)의 길이를, 네 번째는 위쪽 수염(upper whiskers)을 나타낸다. 다섯 번째 열은 상자에서 중위수를 나타내는 선을 그릴 위치를 아래부터 순서대로 비율 값으로 나타내는데, 구간 [0, 1] 안의 값을 갖는다.

이들 여섯 개의 심볼 인수 중 반드시 하나를 지정해야 한다.

inches

논리 값이나 양의 수치 값을 인수 값으로 갖는다. 이 값이 FALSE면 심볼들의 높이를 지정하는 스케일 단위는 x-축의 단위를 사용하며, TRUE면 심볼들의 높이를 지정하는 스케일 단위는 가장 큰 심볼을 1인치로 정한 스케일을 따른다. 양의 수치 값을 지정하면 심볼들의 높이를 지정하는 스케일 단위는 가장 큰 심볼을 inches 인수 값의 인치로 정한 스케일을 따른다.

fg

심볼의 테두리 색상을 지정한다. 기본 값은 그래픽 인수 par("col")로 사용자가 변경하지 않았으면 "black"이다.

bg

심볼의 테두리 안쪽을 채울 색상을 지정한다. 기본 값은 테두리 안쪽을 채우지 않는 것이다.

연습문제 3.39

symbols( ) 함수로 여섯 가지 심볼 그래프를 그려보자.

다음은 symbols( ) 함수의 여섯 가지 심볼에 대한 사용 예제로, 결과는 그림 3.40과 같다.

```
> op <- par(no.readonly = TRUE)
> x <- round(rnorm(20), 2)
> y <- round(rnorm(20), 2)
> z1 <- abs(round(rnorm(20), 2))
> z2 <- abs(round(rnorm(20), 2))
> z3 <- round(runif(20), 2)
> z4 <- round(runif(20), 2)
> z5 <- round(runif(20), 2)
> par(mfrow = c(2, 3))
> symbols(x, y, circles = abs(x), inches = 0.2, bg = 1:20)
> title(main = "symbols are circles")
> symbols(x, y, squares = abs(x), inches = 0.2, bg = 1:20)
> title(main = "symbols are squares")
> symbols(x, y, rectangles = cbind(abs(x), abs(y)), inches = 0.2, bg = 1:20)
> title(main = "symbols are rectangles")
> symbols(x, y, stars = cbind(abs(x), abs(y), z1, z2, z3), inches = 0.2, bg=1:20)
> title(main = "symbols are stars")
> symbols(x, y, thermometers = cbind(abs(x), abs(y), z4), inches=0.2, bg=1:20)
> title(main = "symbols are thermometers")
> symbols(x, y, boxplots = cbind(abs(x), abs(y), z3, z4, z5), inches=0.2, bg=1:20)
> title(main = "symbols are boxplots")
> par(op)
```

이 예제에서는 정규난수와 일양난수로 가상의 데이터를 생성하였다. 여기서는 심볼을 종류에 따른 그래프의 모양만 살펴보기 바란다.

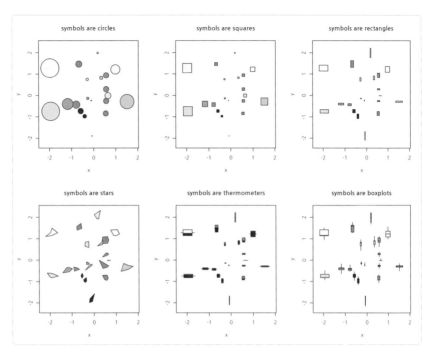

그림 3.40 심볼 그래프 예제 1

연습문제 3.40

inches 인수를 사용하여 심볼 그래프를 그려보자.

다음은 inches 인수의 사용 예제로, 결과는 그림 3.41과 같다.

```
> op <- par(no.readonly = TRUE)
> N <- nrow(trees)
> palette(rainbow(N, end = 0.9))
> par(mfrow = c(3, 1))
> with(trees, {
    symbols(Height, Volume, circles = Girth/16, inches = FALSE, bg = 1:N,
            fg = "gray30", main = "symbols(*, circles = Girth/16, inches = FALSE)")
    symbols(Height, Volume, circles = Girth/16, inches = TRUE, bg = 1:N,
            fg = "gray30", main = "symbols(*, circles = Girth/16,inches = TRUE)")
    symbols(Height, Volume, circles = Girth/16, inches = 0.1, bg = 1:N,
            fg = "gray30", main = "symbols(*, circles = Girth/16, inches = 0.1)")
})
> palette("default")
> par(op)
```

그림 3.41의 결과를 보면 inches 인수 값이 FALSE인 경우가 가장 이상적으로 출력된다. x-축의 스케일을 기준으로 플롯을 그리기 때문이다. 두 번째 플롯은 inches 인수 값이 TRUE인 경우로 이 경우는 가장 큰 데이터의 심볼의 높이가 1인치이기 때문에 적어도 하나는 반지름이 1인치인 심볼이 그려진다. 만약 squares 인수를 사용한다면 변의 길이가 1인치이기 때문에, circles 인수를 사용한 것이 squares 인수를 사용한 것보다 면적이 π배 크다.

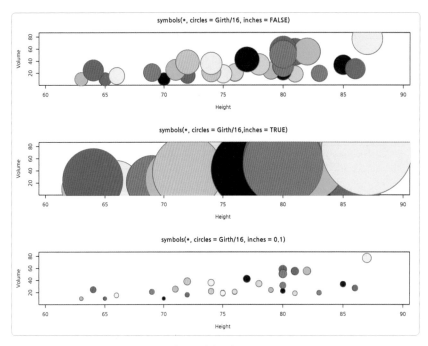

그림 3.41 심볼 그래프 예제 2

3.2.12 assocplot( ) 함수 ⚙

assocplot( ) 함수는 2차원 분할표로부터 코핸-프렌들리(Cohen-Friendly)의 어소시에이션 플롯(association plot)을 그리며, 함수의 원형은 다음과 같다.

함수 원형 assocplot( )

```
assocplot(x, col = c("black", "red"), space = 0.3,
        main = NULL, xlab = NULL, ylab = NULL)
```

코핸, A.(Cohen, A.)와 프렌들리, M.(Friendly, M.)이 고안한 어소시에이션 플롯은 2차원 분할표로부터 행과 열의 독립 여부를 가늠하는 플롯을 그려준다. 이 그래프는 피어슨(Pearson)의 카이-제곱 검정[21]을 응용한 플롯이다.

x

2차원 분할표[22]를 나타내는 행렬을 인수 값으로 갖는다.

col

원소의 개수가 2인 벡터로 사각형의 색깔을 지정한다. 이 인수의 첫 번째 값은 피어슨 잔차(Pearson's residuals)가 양수일 경우의 색상이고, 두 번째 값은 음수

---

21 두 번주형 변수가 서로 상관이 있는지 독립인지를 판단하는 통계적 검정 방법
22 분할표(contingency table)는 행의 범주와 열의 범주의 교차칸에 해당 자료의 건수를 기록한 표이다.

일 경우의 색상이다. 기본 값은 c("black", "red")이다.

space

각 사각형 사이의 간격을 지정한다. 사각형 폭의 평균 값과 높이의 평균 값에 space 인수 값을 곱한 것이 각 사각형 사이의 가로와 세로의 간격인데, 기본 값은 0.3이다.

2차원 분할표에서 행의 첨자를 i라 하고 열의 첨자를 j라 하자. 그리고 각 셀의 관측 도수를 f_{ij}라 하고, 기대 도수를 e_{ij}라고 한 후 $d_{ij} = \frac{f_{ij} - e_{ij}}{\sqrt{e_{ij}}}$ 를 구할 수 있다. 이를 피어슨의 잔차라 한다. 이 값이 양수이면 관측 도수가 기대 도수보다 큰 것으로 그려지는 사각형의 색상이 col[1]의 색상을 따르고, 음수이면 기대 도수가 관측 도수보다 큰 것으로 사각형의 색상은 col[2]를 따른다. 그리고 사각형의 높이는 d_{ij}에 비례하고 폭은 $\sqrt{e_{ij}}$에 비례하여 그려진다. 만약 d_{ij}가 음수라면 기준선 아래로 사각형이 그려진다. 기준선은 $d_{ij} = 0$인 선으로, 이 선은 독립을 의미한다. 즉, 두 변수가 독립이라면 $d_{ij} = 0$이 되어 사각형은 기준선과 일치한다.

연습문제 3.41

datasets 패키지에 있는 HairEyeColor라는 배열로 어소시에이션 플롯을 그려보자.

다음은 datasets 패키지에 있는 HairEyeColor라는 배열을 이용해서 assocplot( ) 함수의 사용 예를 알아본 것으로, 결과는 그림 3.42와 같다.

```
> x <- margin.table(HairEyeColor, c(1, 2))
> x
         Eye
Hair      Brown Blue Hazel Green
   Black     68   20    15     5
   Brown    119   84    54    29
   Red       26   17    14    14
   Blond      7   94    10    16
> assocplot(x, main = "Relation between hair and eye color")
> chisq.test(x)

	Pearson's Chi-squared test
data:  x
X-squared = 138.2898, df = 9, p-value < 2.2e-16
```

여기서 사용한 HairEyeColor 데이터는 592명의 모 통계학과 학생들의 머리카락 색상과 눈의 색상 그리고 성별 데이터다. 그 중에서 머리카락과 눈의 색상에 대해서 이차원 분할표를 만들고, 이 분할표로 어소시에이션 플롯을 그려보았다. 플롯에서 검정색은 분할표에서 해당 셀의 관측 도수가 기대 도수보다 큰 경우이고, 빨간색은 관측 도수가 기대 도수보다 작은 경우다.

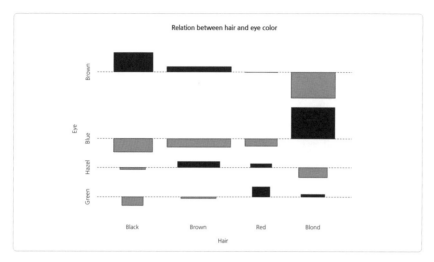

그림 3.42 어소시에이션 플롯 예제 1

금발의 머리카락을 가진 학생들 중에는 파란 눈의 학생이 기대 도수보다 월등히 많고, 반대로 갈색 눈을 가진 학생은 기대 도수보다 매우 낮은 분포를 보였다. 또한 검은 머리에 갈색 눈을 가진 학생도 기대 도수보다 많은 분포를 보였다. 이 플롯을 보면 머리카락의 색깔과 눈의 색깔은 독립적인 관계가 아니리라고 짐작할 수 있을 것이다.

카이-제곱 검정은 변수들 간의 독립성이나 균일성의 여부만 알 수 있지 변수들 간의 연관성을 알 수 없다는 단점이 있다. 그러나 어소시에이션 플롯은 변수들 간의 연관성을 알아볼 수 있는 플롯이다. 마지막으로 chisq.test( ) 함수로 피어슨의 카이-제곱 검정을 수행했다. 행과 열의 개수가 각각 4이므로 자유도가 9이며, p-value가 2.2e-16로 매우 낮았다. 즉, 머리카락의 색깔과 눈의 색깔은 독립적인 관계가 아닐 것이라는 짐작이 맞은 것이다.

연습문제 3.42

독립적인 2차원 분할표로 어소시에이션 플롯을 그려보자.

다음은 두 변수가 완전 독립인 2차원 분할표를 만들어서 어소시에이션 플롯을 그린 예제로, 결과는 그림 3.43과 같다.

```
> op <- par(no.readonly = TRUE)
> x <- matrix(rep(120, 4), ncol = 2, dimnames = list(c("row1", "row2"),
              c("col1", "col2")))
> x
```

```
     col1 col2
row1  120  120
row2  120  120
```

```
> y <- matrix(c(120, 120 ,120, 121), ncol = 2, dimnames = list(c("row1",
           "row2"), c("col1", "col2")))
> y
```

```
     col1 col2
row1  120  120
row2  120  121
```

```
> par(mfrow = c(2, 1))
> assocplot(x, col = 2:3, space = 0.5)
> title(main = "independence data")
> assocplot(y, col = 2:3, space = 0.5)
> title(main = "like independence data")
> chisq.test(x)
```

```
	Pearson's Chi-squared test
data:  x
X-squared = 0, df = 1, p-value = 1
```

```
> chisq.test(y)
```

```
	Pearson's Chi-squared test with Yates' continuity correction
data:  y
X-squared = 0, df = 1, p-value = 1
```

```
> par(op)
```

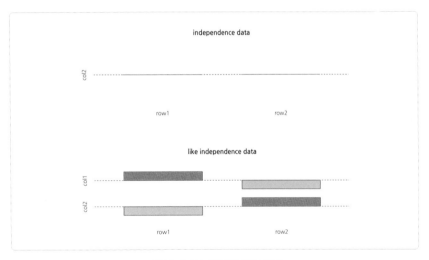

그림 3.43 어소시에이션 플롯 예제 2

이 그림을 보면 완전 독립적인 첫 번째 플롯은 기준선 하나만 달랑 출력되었다. 그런데 기준선은 파선인데 중간에 두 개의 실선이 보인다. 이것이 바로 높이가 0인 사각형이다. 그리고 두 번째 플롯도 독립은 아니지만 거의 독립에 가까운 데이터의 플롯이다. 잔차의 크기가 음과 양으로 거의 비슷한 높이로 나타나지만, 두 변수 간의 독립을 검정할 때는 chisq.test( ) 함수와 병행하여 사용하는 것이 바람직하다.

3.2.13 fourfoldplot( ) 함수 ✪

fourfoldplot( )는 $2\times2\times k$ 분할표로 포폴드 플롯(fourfold plot)을 그리는 함수로, 원형은 다음과 같다.

함수 원형 fourfoldplot( )

```
fourfoldplot(x, color = c("#99CCFF", "#6699CC"),
             conf.level = 0.95,
             std = c("margins", "ind.max", "all.max"),
             margin = c(1, 2), space = 0.2, main = NULL,
             mfrow = NULL, mfcol = NULL)
```

포폴드 플롯은 한 개나 여러 개(k개)의 계층에서 두 개의 양분성(dichotomous) 변수들 간의 연관성을 시각적으로 살필 수 있도록 도와준다. 이 플롯은 $2\times2\times k$ 분할표에서 k개의 계층별로 2×2 분할표의 각각의 셀에 해당하는 네 개의 영역에서 해당하는 도수를 출력하고, 오즈비(odds ratio)[23]와 오즈비의 신뢰구간을 나타내는 1/4원(quarter circles)을 각각의 영역에 그린다.

이 플롯에서는 대각선 방향의 셀은 같은 색으로 그려지며, 대각선이 아닌 인접하는 다른 셀과 1/4원의 반지름이 차이가 나면 행과 열의 두 변수 사이에 연관관계(association, 오즈비≠1)가 있다는 것을 의미한다. 오즈비를 위한 신뢰구간의 1/4원은 계층별로 연관관계가 없다(오즈비=1)는 귀무가설을 시각적으로 검증하는 보충 데이터로 사용된다. 여기서 일반적으로 k는 층화한 변수의 수준 개수이다.

x

배열 형태로 $2\times2\times k$ 분할표를 인수 값으로 갖거나 k=1이면, 2×2 분할표를 인수 값으로 갖는다.

color

색상을 나타내는 길이가 2인 벡터를 인수 값으로 사용한다. 각 색상은 반지름의 길이가 짧은 대각선 방향의 1/4원 색상과 반지름의 길이가 긴 대각선 방향의 1/4원 색상을 지정한다. 기본 값은 c("#99CCFF", "#6699CC")이다.

conf.level

오즈비의 신뢰수준을 지정한다. [0,1) 구간의 단일 값을 갖는다. 이 값에 따라 계산된 오즈비의 신뢰구간의 상한과 하한이 1/4원에 그려진다. 만약 인수 값이 0

---

23 연관성을 나타내는 측도 중 하나로 1에 가까우면 연관성이 없음을 나타내고, 0에 접근하거나 매우 클수록 연관성이 크다는 것을 나타내는 정도로만 이해하고 넘어가겠다. 더 깊은 내용에 관심있다면, 통계학 서적을 참고하기 바란다.

이면 상한과 하한의 값을 나타내는 1/4원은 그려지지 않고, 오즈비의 1/4원만 그려진다.

std

분할표를 표준화[24]하는 방법을 지정한다. "margins", "ind.max", "all.max" 중에서 반드시 하나의 방법을 지정해야 한다. "margins"은 오즈비는 유지하면서 margin 인수의 인수 값에 의거 주변확률[25]의 값이 같게 표준화한다.

"ind.max", "all.max" 인수 값을 사용할 경우에 1/4원의 반지름이 $\sqrt{n_{ij}}$에 비례하는 크기를 갖고, 따라서 1/4원의 크기는 n_{ij}에 비례한다. "ind.max"일 경우에는 개별 2×2 분할표에서의 최대 값을 갖는 셀을 이용해서 표준화하고, "all.max"일 경우에는 2×2×k 분할표에서 최대 값을 갖는 셀을 이용해서 표준화한다. 그리고 최대의 값을 갖는 셀에서의 도수 값이 1이 되게 표준화한다. 그러므로 k가 1인 분할표에서는 "ind.max"와 "all.max"가 차이가 없다.

margin

std 인수 값이 "margins"일 경우에만 적용되는 인수다. 2×2 분할표를 표준화하여 주변확률을 같게 하는 방법을 지정하며, 인수 값은 반드시 1, 2, c(1, 2) 중에 하나를 선택해야 한다. 1일 경우는 행의 주변확률만 같게 표준화하고, 2일 경우는 열의 주변확률만 같게 표준화하고, c(1, 2)일 경우는 행과 열의 주변확률을 같게 표준화한다. 기본 값은 c(1, 2)이다.

2×2 분할표에서 오즈비를 구하고, margin=c(1, 2)의 방법으로 표준화하여 각 셀의 오즈비 θ와 θ의 신뢰구간을 구하는 방법은 다음과 같다.

2×2 분할표 $\begin{bmatrix} n_{11} & n_{12} \\ n_{21} & n_{22} \end{bmatrix}$에서 오즈비의 추정치 $\hat{\theta} = \frac{n_{11} \times n_{22}}{n_{21} \times n_{22}}$ 이고, 행과 열의 주변확률이 같게 표준화하면 $\begin{bmatrix} p & (1-p) \\ (1-p) & p \end{bmatrix}$의 모양으로 표준화할 수 있다.

오즈비는 $\theta = \frac{p^2}{(1-p)^2}$ 이 되며 이를 p에 대해서 정리하면 $p = \frac{\sqrt{\theta}}{(1-\sqrt{\theta})}$ 가 된다. 그러므로 오즈비의 추정치 $\hat{\theta}$와 $\hat{p} = \frac{\sqrt{\theta}}{(1-\sqrt{\theta})}$ 를 구한 후 $\begin{bmatrix} p & (1-\hat{p}) \\ (1-\hat{p}) & p \end{bmatrix}$에 대입하면 표준화된 분할표가 만들어지고, 이를 이용해서 1/4원을 그린다.

오즈비의 $100(1-\alpha)\%$의 신뢰구간은 $\{\hat{\theta} \cdot exp(-z \cdot \sqrt{V(\Psi)}),\ \hat{\theta} \cdot exp(+z \cdot \sqrt{V(\Psi)})\}$의 식으로 구할 수 있다. 여기서 $V(\Psi) = \sum\sum n_{ji}^{-1}$이며 z는 표준 정규분포에서 $100(1-\frac{\alpha}{2})$ 분위수다.

24　스케일이 다른 데이터들을 객관적으로 비교하기 위해서 동일한 스케일을 갖도록 데이터를 보정하는 방법
25　분할표에서 각 행이나 열별로 원소들을 모아서 계산한 소계의 의미를 갖는 확률 값

이 공식들을 이용해서 fourfoldplot( ) 함수가 플롯을 그리는데, 이 함수 내부에서 표준화하는 로직은 다음과 같다.

```
stdize <- function(tab, std, x) {
    if (std == "margins") {
        if (all(sort(margin) == c(1L, 2L))) {
            u <- sqrt(odds(tab)$or)
            u <- u/(1 + u)
            y <- matrix(c(u, 1 - u, 1 - u, u), nrow = 2L)
        }
        else if (margin %in% c(1, 2))
            y <- prop.table(tab, margin)
        else stop("incorrect 'margin' specification")
    }
    else if (std == "ind.max")
        y <- tab/max(tab)
    else if (std == "all.max")
        y <- tab/max(x)
    y
}
```

이 로직은 std 인수 값이 "margins"이고 margin 인수 값이 c(1, 2)일 경우만 오즈비를 이용해서 플롯을 그리며, std 인수 값이 "margins"이고 margin 인수 값이 1이나 2인 경우는 해당 주변합으로 도수를 나눈 비율 값을 이용함을 알 수 있다. 여기서 사용된 R의 내장함수 prop.table( ) 함수는 분할표를 이용한 분석에 유용하게 사용할 수 있는 함수다.

space
행과 열의 라벨을 그리기 위한 장소의 크기를 지정한다. 1/4원의 가장 큰 반지름의 비율로 표시되며 기본 값은 0.2이다.

mfrow
c(nr, nc) 형식의 수치형 벡터를 인수 값으로 갖는다. 2×2 분할표 그림을 nr×nc 레이아웃으로 배치하며 열 우선으로 배치한다. 그래픽 인수의 par("mfrow")와는 반대로 배치된다. par("mfcol")의 방법처럼 배치한다.

mfcol
c(nr, nc) 형식의 수치형 벡터를 인수 값으로 갖는다. 2×2 분할표 그림을 nr×nc 레이아웃으로 배치하며 행 우선으로 배치한다. 그래픽 인수의 par("mfcol")와는 반대로 배치된다. par("mfrow")의 방법처럼 배치한다.

이 mfrow, mfcol 인수를 지정하지 않으면, mfrow(ceiling(sqrt(k)), ceiling(k/nr))의 값을 기본 값으로 갖는다.

fourfoldplot( ) 함수에서 k개의 2×2 분할표 플롯의 배치를 위한 정보를 구하
는 다음과 같은 프로그램 코드를 보면 쉽게 이해가 된다.

```
if (!is.null(mfrow)) {
    nr <- mfrow[1]
    nc <- mfrow[2]
}
else if (!is.null(mfcol)) {
    nr <- mfcol[1]
    nc <- mfcol[2]
    byrow <- TRUE        # 행 우선으로 배치됨
}
else {
    nr <- ceiling(sqrt(k))
    nc <- ceiling(k/nr)
}
```

연습문제 3.43

datasets 패키지에 UCBAdmissions라는 데이터 객체가 있다. 이 데이터는 1973년 미국의 UC
Berkeley의 대학원 입학 허가 여부를 여섯 개의 학부별 성별로 조사한 데이터다. 이 데이터는 총
4526명을 대상으로 조사하여 2×2×6의 분할표로 만든 배열 객체다. 세 가지 변수와 각 변수의 수준
은 다음과 같다.

· Admit: Admitted, Rejected
· Gender: Male, Female
· Dept: A, B, C, D, E, F

이 데이터를 가지고 fourfoldplot( ) 함수의 사용 방법을 익혀 보자.

다음 예제를 실행하면 그림 3.44, 그림 3.45, 그림 3.46의 세 개의 그래프가 그려
진다.

```
> admis <- aperm(UCBAdmissions, c(2, 1, 3))
> dimnames(admis)[[2]] <- c("Yes", "No")
> names(dimnames(admis)) <- c("Sex", "Admit?", "Department")
> ftable(admis)
```

```
            Department  A   B   C   D   E   F
Sex    Admit?
Male   Yes             512 353 120 138  53  22
       No              313 207 205 279 138 351
Female Yes              89  17 202 131  94  24
       No               19   8 391 244 299 317
```

```
> # (1) 성별 합격 여부 데이터
> admis.sex <- margin.table(admis, c(1, 2))
> admis.sex
```

```
         Admit?
Sex       Yes    No
  Male   1198  1493
  Female  557  1278
```

```
> # (2) 성별 합격/불합격 비율
> prop.table(admis.sex, 1)
```

```
         Admit?
Sex            Yes        No
  Male   0.4451877 0.5548123
  Female 0.3035422 0.6964578
```

```
> # (3)
> fourfoldplot(admis.sex)
> # (4)
> fourfoldplot(admis)
> # (5)
> fourfoldplot(admis, margin = 2)
```

이 예제에서는 UCBAdmissions 데이터를 aperm( ) 함수를 이용해서 차원의 순서를 Gender, Admit, Dept의 순서로 재구성하였다. 그리고 차원의 이름을 정하고 합격 여부의 이름도 바꾸고, ftable( ) 함수를 이용해서 배열을 분할표로 출력해보았다. admis 배열 객체를 (1)과 같이 margin.table( ) 함수를 이용해서 성별과 합격 여부의 2×2 분할표를 만든 후 이 데이터를 성별로 합격률을 알아보기 위해서 (2)와 같이 prop.table( ) 함수를 사용하였다. 결과를 보면 남자의 합격률이 44.5%이고 여자의 합격률이 30.3%로 남자가 여자보다 합격률이 10% 이상 높게 나타났음을 알 수 있다.

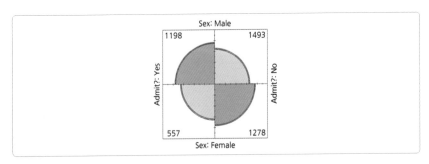

그림 3.44 포폴드 플롯 예제 1

(3)과 같이 fourfoldplot( ) 함수로 2×2 분할표를 포폴드 플롯으로 그려 그림 3.44와 같은 플롯을 얻었다. 이 플롯을 보면 네 개의 각 셀에 도수가 출력되었으며, 오즈비를 나타내는 1/4원과 95% 신뢰구간의 1/4원도 그려졌다. 그런데 1/4원의 크기가 달라서 성별과 합격 여부는 연관성이 있음을 알 수 있다. 남자의 합격과 여자의 불합격을 나타내는 1/4원과 95% 신뢰구간을 나타내는 1/4원이 다

른 대각선의 1/4원보다 더 크게 나타났다. 이는 남자의 합격률이 여자의 합격률보다 높다는 사실을 설명하는 것이다.

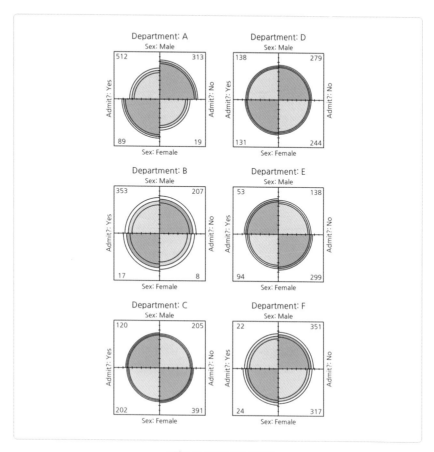

그림 3.45 포폴드 플롯 예제 2

(4)에 의해서 $2 \times 2 \times 6$ 분할표를 포폴드 플롯으로 그려 그림 3.45와 같은 플롯을 얻었다. 이 그림을 보면 B, C, D, E, F 학부의 1/4원은 거의 비슷해서 원에 가깝고, A 학부의 것은 남자의 불합격과 여자의 합격이 더 크게 나왔다. 오히려 여자가 더 합격률이 높게 나타는데, 이는 심프슨의 파라독스(Simpson's paradox)[26]가 발생한 것이다. 전체 데이터를 보면 남자가 합격률이 높은데 학부라는 변수를 추가하여 조사하니 여자의 합격률이 더 높게 나타났기 때문이다.

---

26 여러 하위 집단에서 나타나는 결과가 이들을 합하여 나타나는 결과와 상이한 현상을 일컫는다.

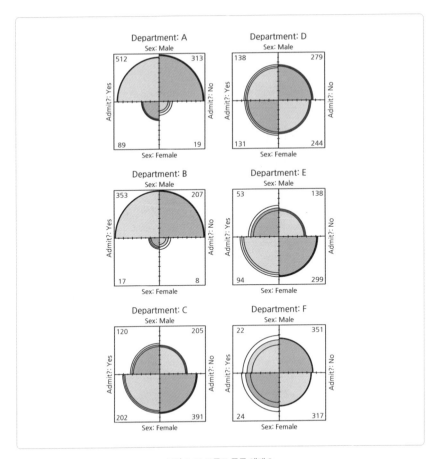

그림 3.46 포폴드 플롯 예제 3

(5)에 의해서 2×2×6 분할표를 포폴드 플롯으로 그려 그림 3.46과 같은 플롯을 얻었다. 이 그래프는 합격 여부 변수에 대해서만 주변확률이 같도록 표준화하여 그린 그림이다.

이 그림을 보면 여자의 지원자가 매우 적은 A와 B 학부에서는 여자의 합격률이 남자의 합격률보다 높게 나왔고, 여자의 지원자가 더 많은 C와 E 학부에서는 여자의 합격률이 남자의 합격률보다 낮게 나왔다. 이것이 원인이 되어서 심프슨의 파라독스가 발생한 것이다. 또한 남자와 여자의 합격률이 같은 곳에서는 수직 축을 기준으로 유의수준 범위 안에서 1/4원이 중첩되었음을 알 수 있다.

다음은 심프슨의 파라독스를 확인하기 위해서 여섯 개의 학부별로 남자와 여자의 합격률을 조사한 예제다.

```
> prop.table(admis[,,1], 1)

        Admit?
Sex          Yes        No
  Male   0.6206061 0.3793939
  Female 0.8240741 0.1759259

> prop.table(admis[,,2], 1)

        Admit?
Sex          Yes        No
  Male   0.6303571 0.3696429
  Female 0.6800000 0.3200000

> prop.table(admis[,,3], 1)

        Admit?
Sex          Yes        No
  Male   0.3692308 0.6307692
  Female 0.3406408 0.6593592

> prop.table(admis[,,4], 1)

        Admit?
Sex          Yes        No
  Male   0.3309353 0.6690647
  Female 0.3493333 0.6506667

> prop.table(admis[,,5], 1)

        Admit?
Sex          Yes        No
  Male   0.2774869 0.7225131
  Female 0.2391858 0.7608142

> prop.table(admis[,,6], 1)

        Admit?
Sex          Yes        No
  Male   0.05898123 0.9410188
  Female 0.07038123 0.9296188

> # 학부별 합격률
> round(prop.table(margin.table(admis, c(2, 3)), 2) * 100, 2)

        Department
Admit?     A     B     C     D     E     F
   Yes 64.42 63.25 35.08 33.96 25.17  6.44
   No  35.58 36.75 64.92 66.04 74.83 93.56
```

이 예제를 보면 A 학부에서는 여자의 합격률이 82.4%이고, 남자의 합격률이 62.1%로 나타난다. 마찬가지로 B, D, F 학부에서도 여자의 합격률이 남자의 합격률보다 높다. 그러므로 남자의 합격률이 여자의 합격률보다 높다고 할 수 없다. 그리고 마지막 결과를 보면 학부별로 합격률에도 많은 차이가 있음을 알 수 있다.

이 사례는 비교연구를 다루는 통계학 서적에 자주 사용되는 데이터로 특히 2차원 분할표를 그릴 때 발생할 수 있는 오류의 심각성을 역설적으로 알려준다.

자세한 내용은 마이클 프렌들리(Micheal Friendly)의 "A Fourfold display for 2 by 2 by k Tables"(1995)를 참조하기 바란다.

3.2.14 mosaicplot( ) 함수

mosaicplot( )는 범주형 데이터(categorical data)로 모자이크 플롯(mosaic plot)을 그리는 함수로, 원형은 다음과 같다.

함수 원형 mosaicplot( )

```
# Default S3 method:
mosaicplot(x, main = deparse(substitute(x)),
           sub = NULL, xlab = NULL, ylab = NULL,
           sort = NULL, off = NULL, dir = NULL,
           color = NULL, shade = FALSE, margin = NULL,
           cex.axis = 0.66, las = par("las"), border = NULL,
           type = c("pearson", "deviance", "FT"), ...)
# S3 method for class 'formula'
mosaicplot(formula, data = NULL, ...,
           main = deparse(substitute(data)), subset,
           na.action = stats::na.omit)
```

모자이크 플롯은 분할표의 도수 크기에 비례한 크기로 사각형 모자이크 조각을 그린다. 이때 분할표의 셀과 모자이크 조각의 위치는 같게 배치된다. 그러므로 모자이크 조각의 크기를 통해 각 수준별 데이터의 분포를 쉽게 파악할 수 있다.

mosaicplot( ) 함수는 확장된(extended) 모자이크 플롯도 그릴 수 있다. 확장된 모자이크 플롯은 모자이크 조각들(분할표에서의 각 셀들)의 색상이나 테두리 선의 종류를 달리하여 로그-선형모형(loglinear model)의 표준화된 잔차(standardized residuals)를 표현한다. 잔차의 값이 음수이면 모자이크 조각의 테두리를 파선으로 표현하고 색상을 빨간색으로 지정한다. 잔차의 값이 양수이면 모자이크 조각의 테두리를 실선으로 표현하고, 색상을 파란색으로 지정한다. 이때 잔차의 절대 값이 클수록 색상의 농도는 짙어진다. 이는 앞서 다룬 어소시에이션 플롯과 유사하다. 단, 모자이크 플롯은 3차원 이상의 분할표도 지원하기 때문에 로그-선형모형을 이용하는 것이다. 여기서 사용하는 잔차의 종류는 피어슨의 카이-제곱(Pearson's chi-squared), 우도비 카이-제곱(Likelihood ratio chi-squared), 프리만-투키의 잔차(Freeman-Tukey residuals)가 있다.✪

x

모자이크 플롯을 그릴 배열 형식의 분할표 데이터를 지정한다. 배열이나 분할표는 성분의 이름과 성분 안에서 수준의 이름 속성인 dimnames(x)를 정의하는 것이 좋다.

formula

~ x + y + z와 같은 형식의 포뮬러 모델을 지정한다. 각 변수들은 범주형 변수로 모자이크 플롯을 그릴 수준들을 값으로 취한다.

data

formula 인수에서 사용한 변수를 포함한, 모자이크 플롯을 그릴 데이터 프레임 이나 리스트 객체 혹은 분할표 데이터를 지정한다.

subset

모자이크 플롯을 그리기 위한 데이터의 부분집합을 지정한다. 즉, subset 인수 값으로 사용한 논리식의 결과가 TRUE가 되는 조건의 데이터로 모자이크 플롯 을 그린다.

na.action

데이터 객체가 NA를 포함할 때 어떻게 할 것인지를 지시하는 함수를 선택하는 옵션이다. 기본 값은 na.omit다. 이 인수 값으로 올 수 있는 함수로는 na.fail( ), na.omit( ), na.exclude( ), na.pass( )가 있는데, na.fail( )을 사용할 경우 데이터 객체에 NA가 있으면 에러가 발생하고, 나머지는 NA를 제외하고 그래프를 그린 다는 정도로 이해하면 된다.

sort

모자이크 플롯에서 표현할 범주형 변수의 순서를 지정한다. 1:length(dim(x)) 가 반환하는 정수들의 순열(permutation)을 인수 값으로 갖는다. 기본 값은 1:length(dim(x))다.

off

각 수준별 모자이크 조각 사이의 여백을 백분율 단위로 지정하는 벡터로 기본 값은 10이다. 리사이클링 룰이 적용되지 않으므로 반드시 차원의 개수만큼 지정 해야 한다.

dir

모자이크 플롯에서 각각의 수준을 분리하여 배치할 방향을 지정하는 벡터를 인 수 값으로 갖는다. "v"는 수직 방향으로 분리하고, "h"는 수평 방향으로 분리한 다. 기본 값은 수직 방향부터 나누기 시작해서 수평 방향으로 나누어 순서가 서 로 교차하게 나눈다. 즉, rep(c("v", "h"), length = length(dim(x)))가 기본 값이 다. 리사이클링 룰이 적용되지 않으므로 반드시 차원의 개수만큼 지정해야 한다.

color

shade 인수 값이 FALSE인 경우에만 적용되며 논리 값이나 색상을 나타내는 벡터를 인수 값으로 갖는다. sort 인수에서 지정한 마지막 변수에서 수준의 개수만큼 지정한다. 리사이클링 룰이 적용되며 TRUE를 인수 값으로 사용하면 지정된 색상이 설정된다. 그러나 기본 값인 NULL이나 FALSE면 모자이크 조각은 색상을 출력하지 않는다.

shade

확장 모자이크 플롯에서 사용하는 인수다. 확장 모자이크 플롯을 만들지 여부를 지정하는 논리 값이나 잔차의 크기를 구분하는 경계 값의 절대치를 제공하는 다섯 개 이하의 원소로 된 수치형 벡터를 인수 값으로 갖는다. 기본 값은 FALSE로 확장 모자이크 플롯을 그리지 않지만 TRUE를 지정하면 확장 모자이크 플롯을 그린다.

인수 값이 TRUE면 잔차 범위의 구간을 자르는 점(cut points)으로 절대 값 2와 4를 사용한다. 즉, 잔차의 범위를 자르는 점을 -4, -2, 0, 2, 4로 적용해서 $[-\infty, -4)$, $[-4, -2)$, $[-2, 0)$, $[0, 2)$, $[2, 4)$, $[4, \infty)$의 6개 구간으로 잔차 범위를 나눈다. 양수의 벡터를 지정하면 지정한 벡터와 대응하는 음수의 벡터, 그리고 0을 포함한 벡터가 잔차의 범위를 자르는 점이 된다. 예를 들면 c(1, 2, 3)은 $[-\infty, -3)$, $[-3, -2)$, $[-2, -1)$, $[-1, 0)$, $[0, 1)$, $[1, 2)$, $[2, 3)$, $[3, \infty)$의 8개 구간으로 범위를 나눈다. 이 구간들의 색상은 범례를 통해서 확인이 가능한데 잔차가 양수인 구간은 파란색 계통의 색상으로 테두리가 실선인 모자이크 조각을 그리고, 음수의 구간은 빨간색 계통의 색상으로 테두리가 파선인 모자이크 조각을 그린다.

margin

확장 모자이크 플롯에서는 잔차를 계산하는 로그-선형모형에 사용할 각각의 주변합 벡터를 성분으로 갖는 리스트를 인수 값으로 갖는다. 기본 값은 독립 모형(independence model)을 위한 리스트가 적용된다. 예를 들어서 변수가 세 개일 경우에는 list(c(1, 2), c(1, 3), c(2, 3))가 기본 값으로 사용된다. shade 인수가 TRUE여야 적용된다.

cex.axis

동일한 수준 안에서 축(axis)에 출력할 라벨의 문자 크기의 확대 비율을 지정한다. 기본 값은 0.66으로 리사이클링 룰이 적용된다.

las

축(axis)에 라벨을 출력하는 스타일을 지정한다. 다음과 같은 네 가지 스타일을 사용한다. 기본 값은 par("las")로 일반적으로 0이 사용된다.

- 0: x-축은 수평방향으로 y-축은 수직방향으로 출력한다.
- 1: 수평방향으로 라벨을 출력한다.
- 2: x-축은 수직방향으로 y-축은 수평방향으로 출력한다. 즉, 각 축에 직각으로 출력한다.
- 3: 수직방향으로 라벨을 출력한다.

type

확장 모자이크 플롯에서 잔차를 표현하는 방법을 지정한다. 그러므로 shade 인수가 FALSE가 아니어야 적용된다. "pearson", "deviance", "FT" 중에 하나를 선택한다. 이들은 각각 피어슨의 카이-제곱, 우도비의 카이-제곱, 프리만-투키의 잔차를 의미한다.

연습문제 3.44

포폴드 플롯에서 다룬 버클리 대학원 입학 허가에 대한 데이터로 모자이크 플롯을 그려보자.

다음은 앞서 포폴드 플롯에서 다룬 버클리 대학원 입학허가에 대한 데이터로 모자이크 플롯을 그리는 예제로, 결과는 그림 3.47과 같다.

```
> par(mfrow = c(2, 2))
> #(1)
> mosaicplot(admis.sex, color = FALSE, las = 0, main = "color = FALSE, las = 0")
> #(2)
> mosaicplot(admis.sex, color = TRUE, las = 1, dir = c("h", "v"),
        xlab = "Admit?", ylab = "Sex",
        main = "color = T, las = 1,dir = c(\"h\", \"v\"), xlab, ylab")
> #(3)
> mosaicplot(~ Gender + Admit, data = UCBAdmissions, sort = c(2, 1),
        color = 2:3, las = 2,
        main = "formula, sort = c(2, 1), color = 2:3, las = 2")
> #(4)
> mosaicplot(admis.sex, off = c(5, 20), las = 3, shade = TRUE,
         main = "off = c(5, 20), las = 3, shade = TRUE")
> par(op)
```

(1)의 첫 번째 플롯을 보자. sort 인수는 기본 값 1:2를 가지므로 table 객체인 admis.sex의 Sex 변수와 Admit? 변수 순서로 플롯이 만들어진다. 즉, 성별 도수 크기에 비례하여 모자이크 조각이 만들어지고, 성별 조각 안에서 입학 허가 여부의 도수 크기에 비례해서 성별 모자이크 조각을 자른다. 그러므로 모자이크 조각의 가로 비율은 성별 도수의 크기에 비례하고, 세로의 비율은 입학 허가 여부의 도수에 크기에 비례한다. 또한 모자이크 조각의 면적은 2×2 분할표에서 각 셀의 도수 크기에 비례한다.

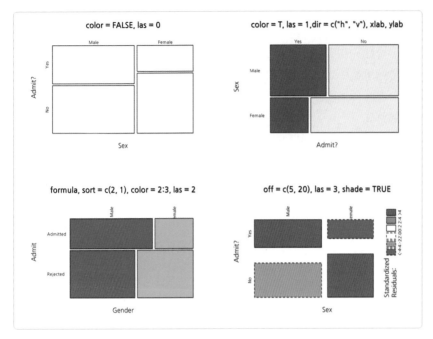

그림 3.47 모자이크 플롯 예제 1

플롯을 보면 남자의 도수가 여자의 도수보다 많고 남자의 합격률이 여자의 합격률보다 높음을 알 수 있다. color 인수는 기본 값인 FALSE를 사용하여 모자이크 내부를 채우지 않았고, las 인수도 기본 값인 0을 사용하여 x-축은 수평 방향으로 y-축은 수직 방향으로 라벨이 출력되었다. 즉, 라벨이 축 방향과 같은 방향으로 출력되었다.

(2)의 두 번째 플롯에서는 color 인수 값을 TRUE로 주어 모자이크 플롯에서 지정된 색상으로 입학 허가 여부별 모자이크 조각을 구분하였다. 표현되는 마지막 변수를 기준으로 색상이 지정되는 것이다. 또한 dir 인수에서 모자이크 조각을 배치할 순서를 c("h", "v")로 지정해서 모자이크를 가로로 먼저 잘라서 성별로 구분하였다. 마치 첫 번째 플롯을 행렬을 전치시킨 것과 유사하게 축을 바꿔서 플롯이 그려졌다. 여기서 중요한 것은 dir 인수를 지정하여 모자이크 조각을 배치할 순서를 바꾸더라도 x-축의 이름과 y-축의 이름이 바뀌지 않는다는 점이다. 그래서 xlab, ylab 인수를 사용하여 x 축의 이름을 "Admit?"로 지정했고 y 축의 이름을 "Sex"로 지정하였다. las 인수 값이 1이어서 라벨이 수평 방향으로 출력된다.

(3)의 세 번째 플롯은 모자이크 플롯의 formula 버전을 사용한 예다. 이미 만들어 놓은 admis 객체를 사용하지 않고 가공 이전의 데이터인 UCBAdmissions 객체를 사용하였다. 그 이유는 admis에서는 입학 허가 여부의 이름을 "Admit?"로 변경했기 때문이다. "?"로 인해서 포뮬러 모델을 적용할 수 없었다. 그 이유는

포뮬러 모델의 공식에서는 "?"를 포함한 변수명을 허용하지 않기 때문이다.

sort 인수 값은 c(2, 1)로 지정해서 Admit 변수와 Gender 변수의 순서로 그래 프가 만들어졌다. 그래서 입학 허가 여부의 크기에 비례하여 모자이크 조각이 만들어지고, 입학 허가 여부의 조각 안에서 성별 도수 크기에 비례해서 입학 허 가 여부의 모자이크 조각을 잘랐다. color 인수 값으로 모자이크의 색상을 2번, 3번으로 바꾸었고 las 인수 값을 2로 주어서 라벨이 각 축의 수직 방향으로 출력 되었다.

(4)의 네 번째 플롯은 shade 인수 값을 TRUE로 줘서 확장 모자이크 플롯이 만 들어졌다. 이는 margin 인수를 기본 값으로 사용한 예다. 플롯을 보면 오른쪽에 표준화된 잔차의 구간을 5개로 나눈 범례가 출력되었다. 0보다 작은 범례에서 는 사각형의 테두리가 파선이고, 잔차의 절대 값이 클수록 짙은 빨간색을 가진 다. 마찬가지로 0보다 큰 범례에서는 사각형의 테두리가 실선이고 잔차가 클수 록 짙은 파란색을 가졌다.

플롯을 살펴보면 남자이면서 합격한 그룹이 파란색으로 기대도수 이상의 관 측도수를 가지고 있음을 알 수 있다. 또한 여자이면서 불합격한 그룹도 파란색 으로 기대도수 이상의 도수를 가지고 있음을 알 수 있다. 이 그래프를 보면 모자 이크 조각의 크기로도 각 그룹 간의 관계를 쉽게 파악할 수 있지만 표준화 잔차 의 정보를 통해서 더욱 정확한 판단을 할 수 있게 된다. 플롯대로라면 남자의 합 격률이 여자의 합격률보다 높다.

또한 이 플롯에서는 off 인수 값을 c(5, 20)으로 지정하여 수직의 여백을 5%로 지정하고, 수평의 여백을 20%로 지정하였다. las 인수 값은 3으로 모든 라벨이 수직 방향으로 출력되었다.

연습문제 3.45

admis 객체의 2×2×6 분할표로 모자이크 플롯을 그려보자.

다음은 admis 객체의 2×2×6 분할표에 대한 모자이크 플롯이다. shade 인수를 TRUE로 주어 표준화 잔차의 정보를 출력하였는데, A 학부에서만 여자의 합격 이 기대도수 이상으로 높게 나타났다. 즉 여자의 합격률이 남자의 합격률보다 높아 앞의 예제에서의 모자이크 플롯의 결과를 감안하면, 심프슨의 파라독스가 발생한다는 것을 알 수 있다. 이 예제의 결과는 그림 3.48과 같다.

```
> mosaicplot(admis, sort = c(3, 1, 2), shade = T, margin = list(c(1, 3), c(2, 3)),
    xlab = "Department", main = "Sex, Admit?, Department Mosaic Plots")
```

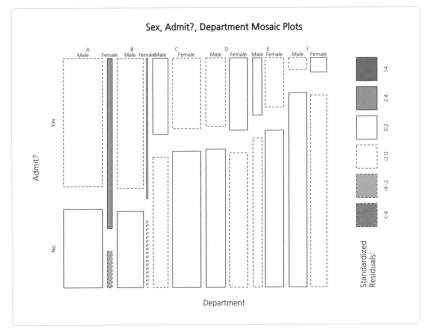

그림 3.48 모자이크 플롯 예제 2

3.2.15 pairs( ) 함수

pairs( )는 산점도 행렬(scatterplot matrix)을 그릴 때 사용하며 함수의 원형은 다음과 같이 2가지가 있다.

함수 원형 pairs( )

```
# S3 method for class 'formula'
pairs(formula, data = NULL, ..., subset,
      na.action = stats::na.pass)
# Default S3 method:
pairs(x, labels, panel = points, ...,
      lower.panel = panel, upper.panel = panel,
      diag.panel = NULL, text.panel = textPanel,
      label.pos = 0.5 + has.diag/3, line.main = 3,
      cex.labels = NULL, font.labels = 1,
      row1attop = TRUE, gap = 1, log = "")
```

하나의 산점도는 plot( ) 함수를 이용해서 그리면 되지만, 다차원 데이터의 산점도를 변수의 조합별로 비교하기 위해서는 화면을 분할하여 몇 개의 plot( ) 함수를 사용하는 것이 고작이다. pairs( ) 함수는 하나의 그래프에 변수들의 조합에 따른 산점도를 마치 분산-공분산 행렬처럼 보여주는 시각화 함수다.

x

산점도 행렬을 그릴 수치형 행렬을 원소로 갖는다. 행렬의 각 열 요소들이 하나의 독립된 변수로 간주되어서 산점도의 좌표 값을 이룬다. data.matrix( ) 함수로 행렬로 변환이 가능한 데이터 프레임 객체도 인수로 사용할 수 있다.

formula

formula 버전의 pairs( ) 함수에서의 포뮬러 모델을 지정한다. ~ x + y + z와 같은 형식이다. 각 변수들은 수치형 벡터를 사용하며 산점도 행렬에서 개별 산점도로 표현할 변수로 사용된다. 지정한 변수는 다른 변수들과 결합해서 산점도를 그리므로 변수는 2개 이상 주어져야 한다.

data

formula 인수에서 사용할 변수들을 포함하는 데이터 프레임이나 리스트 객체

subset

산점도 행렬을 그릴 때 사용되는 관측치의 부분 집합을 지정한다. 즉, data 객체의 일부 집합으로 산점도 행렬을 그린다.

na.action

데이터 객체가 NA를 포함할 때 어떻게 할 것인지를 지시하는 함수를 지정하는 옵션이다. 기본 값은 na.pass( )다. 이 인수 값으로 올 수 있는 함수에는 na.fail( ), na.omit( ), na.exclude( ), na.pass( )가 있으며, na.fail( )을 사용할 경우 데이터 객체에 NA가 있으면 에러가 발생하고, 나머지는 NA를 제외하고 플롯을 그린다는 정도로 이해하면 된다.

labels

그래프에 출력할 변수의 이름을 지정하는 인수로 지정하지 않으면 행렬일 경우는 열의 이름, 즉 colnames(x)을 사용하며, 이 값이 NULL이면 paste("var", seq(ncol(x))이 지정된다. 그러므로 여기서는 "var 1", "var 2", ...이다. 데이터 프레임 객체일 경우는 변수의 이름을 사용한다.

연습문제 3.46

datasets 패키지에 포함되어 있는 swiss라는 데이터 프레임으로 산점도 행렬을 그려보자.

다음은 formula 인수를 사용한 pairs( ) 함수의 사용 예제다. swiss는 1888년 스위스의 사회-경제 지표와 출산 능력에 대한 데이터다. 이 예제의 결과는 그림 3.49와 같다.

```
> pairs(~ Fertility + Education + Catholic, data = swiss,
    subset = Education < 20, main = "Swiss data, Education < 20",
    col = 1 + (swiss$Agriculture > 50), cex = 1.2,
    pch = 1 + (swiss$Agriculture > 50))
```

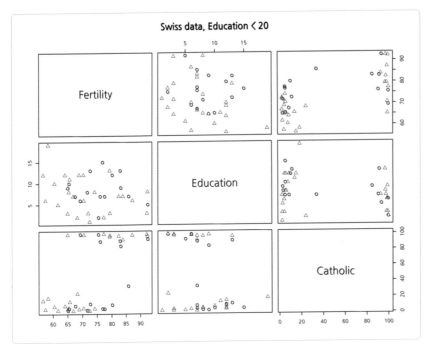

그림 3.49 산점도 행렬 예제 1

이 예제는 스위스 47개 프랑스어권 지역에 대한 다산(多産) 측정지표, 초등학교 이상의 교육을 받은 사람들의 백분율, 카톨릭 신자의 백분율을 나타내는 Fertility, Education, Catholic 세 변수에 대한 산점도를 그린다. 여기서는 subset 인수를 사용해서 Education이 20 이하인 데이터만 사용하였다. 산점도에서는 Agriculture가 50보다 큰 것과 작은 것을 나누어서 문자의 모양과 색상을 달리하였다.

연습문제 3.47

피셔(Fisher)의 붓꽃 데이터로 산점도 행렬을 그려보자.

다음은 유명한 피셔의 붓꽃 데이터를 x 인수 값으로 사용한 pairs( ) 함수의 사용 예제다. 결과는 그림 3.50과 같다. 이 예제에서는 붓꽃의 종류에 따라 색깔을 달리 출력하였다.

```
> pairs(iris[1:4], main = "Anderson's Iris Data--3 species",
    pch = 21, bg = c("red", "green3", "blue")[unclass(iris$Species)])
```

산점도 행렬에서는 변수의 개수가 n개이면, n×n개의 단위 산점도가 그려진다. 이 개별 플롯을 패널(panel)이라고 한다. 패널을 성격별로 나누면 대각 패널(diagonals panel)과 상삼각 패널(upper panel), 하삼각 패널(lower panel)로 나눌 수 있다. 기본적으로 대각 패널에는 변수의 이름이 출력되고, 상삼각 패널

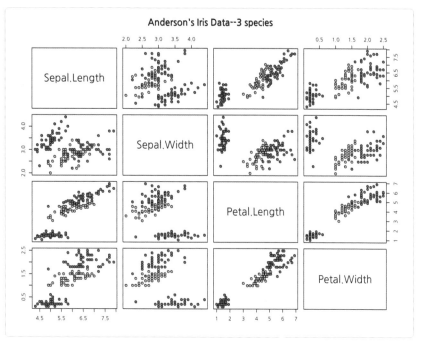

그림 3.50 산점도 행렬 예제 2

과 하삼각 패널은 x와 y-축의 위치만 바뀔 뿐 두 변수에 대한 산점도가 출력된다. 그러므로 둘 중에 하나만 출력해도 전체의 변수들의 관계를 파악하는 데 지장이 없다. 이것은 마치 분산-공분산 행렬과 흡사하다. 이 패널에 출력되는 그래프의 모습은 해당하는 인수들의 인수 값으로 변경할 수도 있다.

panel
각각의 패널에 출력되는 콘텐츠를 만드는 함수를 인수 값으로 사용하며 기본 값은 points( ) 함수다. 함수의 원형은 function(x, y, ...)와 같이 지정해야 한다.

lower.panel, upper.panel
상삼각 패널과 하삼각 패널에 출력되는 콘텐츠를 만드는 함수를 인수 값으로 사용하며 기본 값은 panel 인수 값이다.

diag.panel
대각 패널에 출력되는 콘텐츠를 만드는 함수를 인수 값으로 사용하며 기본 값은 NULL이다. 함수의 원형은 function(x, ...)와 같이 지정해야 한다.

text.panel
문자 패널에 출력되는 콘텐츠를 만드는 함수를 인수 값으로 사용한다. 함수의 원형은 function(x, y, labels, cex, font, ...)와 같이 지정해야 하며 대각 패널에 적용된다.

연습문제 3.48

사용자가 패널과 대각 패널을 지정하는 방법으로 산점도 행렬을 그려보자.

다음은 사용자가 패널과 대각 패널을 지정하는 예제로, 결과는 그림 3.51과 같다.

```
> # 대각 패널 함수의 정의
> panel.hist <- function(x, ...)
{
    usr <- par("usr"); on.exit(par(usr))
    par(usr = c(usr[1:2], 0, 1.5) )
    h <- hist(x, plot = FALSE)
    breaks <- h$breaks; nB <- length(breaks)
    y <- h$counts; y <- y/max(y)
    rect(breaks[-nB], 0, breaks[-1], y, col = "cyan", ...)
}
> pairs(USJudgeRatings[1:3], panel = panel.smooth,
    cex = 1.5, pch = 24, bg = "light blue",
    diag.panel = panel.hist, cex.labels = 2, font.labels = 2)
```

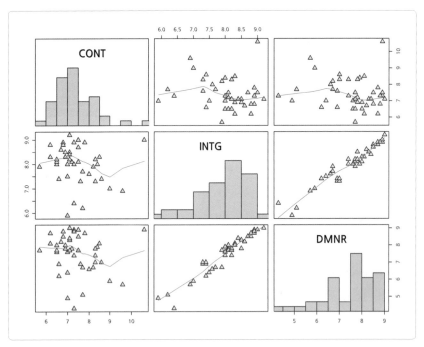

그림 3.51 산점도 행렬 예제 3

이 예제에서는 대각 패널에 지정할 함수를 panel.hist라는 이름으로 정의하였다. 이 함수로 대각 패널에는 변수의 이름을 나타내는 라벨과 해당 변수의 히스토그램을 출력한다. panel.hist( ) 함수의 원형이 function(x,...)인 것은 대각 패널에서는 해당하는 변수의 값만 사용되기 때문이다.

대각 패널에 히스토그램을 그릴 때 hist( ) 함수를 사용하지 않고 rect( ) 함수 등을 이용한 이유는 hist( )는 데이터 시각화 함수로 새로운 그래픽장치를 열기 때문에 패널에 함수로 사용할 수 없기 때문이다. 그래서 rect( )와 같은 저수준 그래픽 함수로 히스토그램을 구현한다. 또한 라벨의 크기는 cex.labels 인수를 이용해서 크기를 2로 지정하였고, font.labels 인수로 서체를 bold체로 지정하였다.

panel 인수에서 사용한 panel.smooth( ) 함수는 패널에 points( ) 함수를 이용해서 산점도를 그리고, lowess( ) 함수를 이용해서 smooth 곡선을 그린다. panel.smooth( ) 함수는 다음과 같다.

```
function (x, y, col = par("col"), bg = NA, pch = par("pch"),
    cex = 1, col.smooth = "red", span = 2/3, iter = 3, ...)
{
    points(x, y, pch = pch, col = col, bg = bg, cex = cex)
    ok <- is.finite(x) & is.finite(y)
    if (any(ok))
        lines(stats::lowess(x[ok], y[ok], f = span, iter = iter),
            col = col.smooth, ...)
}
```

label.pos

대각 패널에 출력되는 변수명의 라벨의 y 좌표 위치를 지정한다.

cex.labels, font.labels

변수 이름을 출력할 라벨의 크기와 폰트의 종류를 지정한다.

row1attop

row1attop(row 1 at the top) 인수는 논리 값을 인수 값으로 갖는다. TRUE면 대각 패널이 왼쪽 상단에서 오른쪽 하단으로 만들어지고, FALSE면 오른쪽 상단에서 왼쪽 하단으로 만들어진다.

gap

패널 사이의 간격을 지정한다.

연습문제 3.49

lower.panel, upper.panel, row1attop, gap 인수를 사용한 산점도 행렬을 그려보자.

다음은 lower.panel, upper.panel, row1attop, gap 인수를 사용한 pairs( ) 함수의 사용 예제로, 결과는 그림 3.52와 같다.

```
> panel.cor <- function(x, y, digits = 2, prefix = "", cex.cor)
{
    usr <- par("usr"); on.exit(par(usr))
    par(usr = c(0, 1, 0, 1))
    r <- abs(cor(x, y))
    txt <- format(c(r, 0.123456789), digits = digits)[1]
    txt <- paste(prefix, txt, sep = "")
    if(missing(cex.cor)) cex <- 0.8 / strwidth(txt)
    text(0.5, 0.5, txt, cex = cex * r)
}
> pairs(USJudgeRatings[1:3], row1attop = FALSE, gap = 2,
    lower.panel = panel.smooth, upper.panel = panel.cor )
```

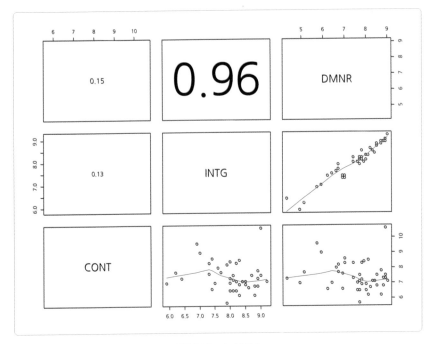

그림 3.52 pairs 예제 4

예제에서는 panel.cor( ) 함수를 사용해서 상삼각 패널에는 상관계수를 출력하
였다. 이때 상관계수의 크기에 따라 라벨의 크기도 달라진다. 상관계수가 클수
록 라벨의 크기가 커진다. 또한 row1attop 인수 값을 FALSE로 지정해서 대각
패널의 위치를 바꾸었으며, gap 인수 값을 2로 지정해서 패널 간의 여백도 늘려
보았다.

　이 예제처럼 대각선을 기준으로 한쪽에는 상관계수를 출력하고, 한쪽에는 산
점도를 출력하는 방식은 유용하다. 대각선을 기준으로 동일한 산점도를 출력하
는 것보다는 하나의 정보를 더 출력하는 것이 더 많은 정보를 주기 때문이다.

3.2.16 coplot( ) 함수

coplot( )은 조건부 플롯(conditioning plots)을 그리는 함수로, 원형은 다음과
같다. 조건부 플롯은 특정 변수의 분포의 조건에 따른 두 변수의 산점도를 그
린다.

함수 원형 coplot( )

```
coplot(formula, data, given.values, panel = points, rows, columns,
       show.given = TRUE, col = par("fg"), pch = par("pch"),
       bar.bg = c(num = gray(0.8), fac = gray(0.95)),
       xlab = c(x.name, paste("Given :", a.name)),
       ylab = c(y.name, paste("Given :", b.name)),
       subscripts = FALSE,
       axlabels = function(f) abbreviate(levels(f)),
       number = 6, overlap = 0.5, xlim, ylim, ...)
co.intervals(x, number = 6, overlap = 0.5)
```

formula

조건부 플롯을 그리기 위한 포뮬러 모델을 지정하는 인수로 다음과 같은 두 가
지 유형을 사용할 수 있다.

· 'y ~ x | a': 변수 a의 조건별로 변수 x와 y의 산점도를 그린다. '|' 오른쪽 변수
의 조건에 따라 '|' 왼쪽 변수로 산점도를 그린다. 산점도는 '~' 왼쪽 변수가 y-
축에 오른쪽의 변수가 x-축에 그려진다.

· 'y ~ x | a * b': 변수 a와 b의 조건별로 변수 x와 y의 산점도를 그린다. 마찬가
지로 '|' 오른쪽 변수가 조건부 변수이고 '|' 왼쪽 변수가 산점도를 그릴 변수
인데, '~' 왼쪽 변수가 y-축에 오른쪽 변수가 x-축에 그려진다.

formula 인수는 반드시 세 개나 네 개의 변수를 사용해야 하며, 모든 변수는 수
치값이나 범주형 데이터(factor)여야 한다. 변수 a와 b의 조건이란 수치형 변수
일 경우 a와 b를 각각 몇 개의 구간으로 나누는(binning) 것을 의미하며 범주형
이면 구간은 범주의 각 수준으로 대치된다. 그러므로 변수 a와 b를 어떻게 나누
는가가 조건부 플롯의 모양을 결정하는 중요한 요소라 할 수 있다.

data

조건부 플롯을 그릴 데이터 프레임으로 formula에서 사용하는 변수를 포함해야
한다.

given.values

조건부 변수 a 혹은 b를 나누는 구간 값을 지정한다. 조건 a만으로 기술된
formula라면 일반적으로 열의 개수가 2인 행렬을 인수 값으로 갖는데, 행이 구
간을 의미하고 첫 번째 열이 구간의 시작, 두 번째 열이 구간의 끝을 의미한다.

여기서 구간은 중첩을 허용한다.

또한 인수에 수치형 벡터도 사용할 수 있고 a가 범주형 데이터일 경우에는 범주 수준(levels) 집합도 가능하다. 변수 a와 b를 나누는 구간 값일 경우에 given. values 인수는 각 변수의 구간 값을 성분으로 갖는 리스트를 인수 값으로 갖는다. 구간을 나누는 co.intervals( ) 함수를 이용하면 given.values 인수 값을 쉽게 구할 수 있다.

다음은 co.intervals( ) 함수의 사용 예제다.

```
> length(quakes$depth)
```

```
[1] 1000
```

```
> summary(quakes$depth)
```

```
   Min. 1st Qu.  Median    Mean 3rd Qu.    Max.
   40.0    99.0   247.0   311.4   543.0   680.0
```

```
> inter <- co.intervals(quakes$depth, number = 4, overlap = 0.1)
> inter
```

```
       [,1]   [,2]
[1,]   39.5  107.5
[2,]   96.5  260.5
[3,]  238.5  544.5
[4,]  534.5  680.5
```

```
> inter[, 2] - inter[, 1]        # 등 간격이 아님
```

```
[1]  68 164 306 146
```

```
> length.inter <- as.numeric(0)
> for (i in 1:4)
    length.inter[i] <- length(quakes$depth[inter[i, 1] <= quakes$depth &
                              quakes$depth <= inter[i, 2]])
> length.inter                   # 도수의 분포를 균일하게 나눔
```

```
[1] 272 272 271 270
```

```
> sum(length.inter)             # 도수의 합이 1000을 넘음
```

```
[1] 1085
```

결과를 보면 co.intervals( ) 함수는 구간을 등 간격으로 나누는 것이 아니라 각각의 구간의 도수가 균등하도록 구간을 나눈다. 1000개의 quakes$depth를 [39.5, 107.5], [96.5, 260.5], [238.5, 544.5], [534.5, 680.5]의 4개 구간으로 나누었고, 각의 구간의 도수는 272, 272, 271, 270임을 알 수 있다. 그런데 각 구간의 도수의 합이 1000이 아니라 1085인 것은 overlap 인수로 0.1의 비율로 중복을 만들었기 때문이다. 그런데 중복의 비율은 overlap 인수에서 지정한 값이 아닌 근사값 0.085로 집계되었다.

panel

각 패널에 출력되는 콘텐츠를 만드는 함수를 인수 값으로 사용한다. 기본 값은 points( ) 함수다. 함수의 원형은 function(x, y, col, pch, …)와 같이 지정해야 한다.

rows

패널을 배열의 형태로 배치할 때 행의 수를 지정한다. formula에서 a와 b 변수를 사용하고 number 인수에서 a의 구간 개수와 b의 구간 개수를 지정할 경우, number 인수가 우선 적용되고, rows 인수 값은 적용되지 않는다. 마찬가지로 given.values 인수와 사용할 경우에도 given.values 인수가 우선한다. formula에서 a 변수만 사용하고, number 인수 값보다 rows 인수 값이 클 경우에는 그 차이만큼 행간에 공백이 만들어진다.

columns

패널을 배열의 형태로 배치할 때 열의 수를 지정한다. 행이 아니라 열인 것만 빼고 rows 인수와 동일한 작용을 한다.

연습문제 3.50

quakes는 datasets 패키지에 포함된 데이터로 1964년 이래 피지 섬 부근에서 발생한 리히터 규모 4.0 이상의 지진에 대한 데이터다. 다섯 개의 변수에 대한 1000개의 관측치가 있으며 다섯 개의 변수는 진앙지의 위도(lat), 경도(long), 깊이(depth, km), 리히터 진도(mag), 관측된 장소(stations)의 수이다. 이 데이터를 이용해서 조건부 플롯을 그려보자.

다음은 진앙지의 깊이별로 위도와 경도의 조건부 플롯을 그리는 예제다. 결과는 그림 3.53과 같다.

```
> dim(quakes)

[1] 1000    5

> is.data.frame(quakes)

[1] TRUE

> names(quakes)

[1] "lat"      "long"     "depth"     "mag"      "stations"

> coplot(lat ~ long | depth, data = quakes)
```

이 예제는 진앙지 깊이를 여섯 개 구간으로 나누고, 각 구간별로 y-축에는 위도를 x-축에는 경도를 표시한 산점도 패널을 만든다. 패널의 개수와 구간은 coplot( ) 함수의 기본 값으로 계산되었으며 패널의 상단에는 변수 a, 즉 depth

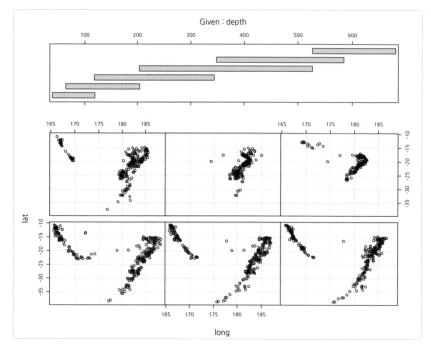

그림 3.53 조건부 플롯 예제 1

변수의 구간에 대한 정보가 그림으로 그려져 있음을 알 수 있다. 패널의 순서는 왼쪽 하단부터 시작해서 오른쪽 상단으로 끝난다.

연습문제 3.51

포뮬러 모델이 'y ~ x | a * b'인 조건부 플롯을 그려보자.

다음은 formula가 'y ~ x | a * b'인 경우의 예제다. 결과는 그림 3.54와 같다.

```
> inter1 <- co.intervals(quakes$depth, number = 4, overlap = 0.1)
> inter2 <- co.intervals(quakes$mag, number = 3, overlap = 0.2)
> inter <- list(inter1, inter2)
> formulas <- lat ~ long | depth * mag
> coplot(formulas, data = quakes, panel = panel.smooth, given.values = inter, rows = 2)
```

예제에서는 panel에 panel.smooth( )를 사용하였지만, 사실 데이터의 성격상 어울리는 함수는 아니다. 이는 단지 방법상의 예를 들기 위해서 지정한 것이다. 그리고 rows 인수 값을 2로 지정하였지만, given.values 인수를 통해 행의 수를 3으로 지정하였기 때문에 이 인수가 적용되지 않았다.

또한 조건부 변수를 구간으로 나눌 때 등 간격이 아니라 도수의 값이 균등하게 나눈다는 것을 앞에서 배웠다. 그러므로 패널의 위쪽과 오른쪽에 있는 진앙지의 깊이와 진도의 그림에서 구간의 길이가 짧은 쪽에 지진 발생의 빈도가 높다는 의미가 된다. 그러므로 지진의 발생 빈도는 진앙지가 얕은 곳(100km 내외)에서 높고, 진도 4.5 부근에서 발생 빈도가 높음을 알 수 있다.

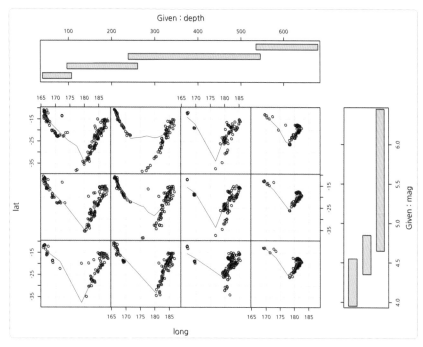

그림 3.54 조건부 플롯 예제 2

연습문제 3.52

조건부 변수가 범주형 데이터인 조건부 플롯을 그려보자.

다음은 조건부 변수가 범주형 데이터일 경우의 coplot( ) 함수의 사용 예제로, 결과는 그림 3.55와 같다.

```
> dim(iris)

[1] 150   5

> is.data.frame(iris)

[1] TRUE

> names(iris)

[1] "Sepal.Length" "Sepal.Width"  "Petal.Length" "Petal.Width"
[5] "Species"

> table(iris$Species)
```

```
   setosa versicolor  virginica
       50         50         50
```

```
> coplot(Sepal.Length ~ Sepal.Width | Species, data = iris)
```

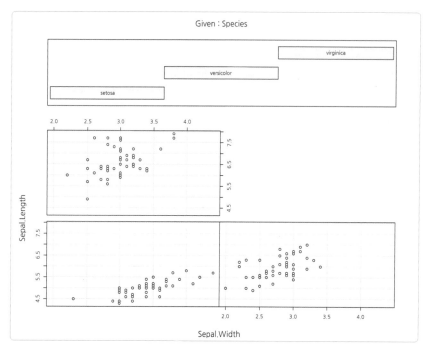

그림 3.55 조건부 플롯 예제 3

이 예제는 붓꽃 데이터인 iris를 사용하였으며 조건부 변수는 붓꽃의 종류인 Species를 사용하였다. 이 범주형 변수의 수준은 setosa, versicolor, virginica의 세 가지다. 당연히 패널의 개수는 변수의 수준의 개수와 동일하게 세 개로 만들 어졌다. 또한 수준별 관측치의 개수는 50으로 동일하기 때문에 조건부 변수의 구간을 나타내는 막대의 길이가 동일함을 알 수 있다.

show.given

논리 값을 인수 값으로 갖는다. 이 값이 TRUE면 상단과 오른쪽에 있는 두 조건 부 변수에 대한 구간의 정보가 플롯에 출력되고 FALSE면 출력되지 않는다. 기 본 값은 TRUE며, 리사이클링 룰이 적용된다. 즉, TRUE면 c(TRUE, TRUE)다.

bar.bg

조건부 변수의 구간의 길이를 나타내는 막대의 색깔을 지정한다. 길이가 2인 벡터를 인수 값으로 사용한다. num이라는 이름의 원소는 조건부 변수가 수치 형 벡터일 경우의 색상을 지정하고, fac이라는 이름의 원소는 조건부 변수가 범주형 데이터일 경우의 색상을 지정한다. 기본 값은 c(num = gray(0.8), fac = gray(0.95))이다.

xlab

x-축의 이름과 첫 번째 조건부 변수의 이름을 출력하는 라벨을 지정한다. 인수 값이 하나만 지정된다면 인수 값은 x-축의 이름이 되고, 첫 번째 조건부 변수 라벨은 포뮬러 모델에서 a의 변수명이 된다. 기본 값은 c(x.name, paste("Given :", a.name))이다.

ylab

y-축의 이름과 두 번째 조건부 변수의 이름을 출력하는 라벨을 지정한다. 인수 값이 하나만 지정된다면 인수 값은 y-축의 이름이 되고, 두 번째 조건부 변수 라벨은 포뮬러 모델에서 b의 변수명이 된다. 기본 값은 c(y.name, paste("Given :", b.name))이다.

subscripts

이 인수 값이 TRUE고 panel 인수에 지정한 함수에 추가 인수인 subscripts 인수가 정의되었다면, 이 인수 값이 지정된 함수의 subscripts 인수에 전달된다.

axlabels

변수 x나 y가 범주형 데이터일 경우에 좌표축의 틱 마크의 라벨을 지정하는 함수를 인수 값으로 갖는다. 기본 값은 function(f) abbreviate(levels(f))이다. 여기서 사용된 abbreviate( ) 함수는 문자열의 길이를 줄이는 함수로 기본적으로 네 자로 줄여준다. 즉 범주형 데이터의 수준의 이름을 네 자로 압축한 문자열을 라벨로 지정한다.

number

co.intervals( ) 함수와 coplot( ) 함수에 공통적으로 사용되는 인수로 조건부 변수의 구간 개수를 지정한다. a와 b 변수를 위해 한 개나 두 개의 원소를 갖는 정수형 벡터를 인수 값으로 사용한다. 만약 조건부 변수가 범주형 데이터이면, 이 값이 사용되지 않는다. 이때는 수준의 개수로 설정된다.

overlap

1보다 작은 수치로 구간을 나눌 때 데이터의 중첩 비율을 지정한다. a와 b의 조건부 변수를 위해서는 길이가 2인 수치형 벡터를 인수 값으로 갖는다. 인수 값이 0이면 중첩이 없으며, 0보다 작으면 구간들이 전체 데이터를 포함하지 못한다.

x

co.intervals( ) 함수에서 사용되는 인수로 인수 값은 구간을 나누려는 대상 객체다. 수치형 벡터를 인수 값으로 갖는다.

연습문제 3.53

col, pch, number, bar.bg 등 여러 인수를 사용하여 조건부 플롯을 그려보자.

다음은 col, pch, number, bar.bg 등 여러 인수를 사용한 coplot( ) 함수의 사용 예제로 결과는 그림 3.56과 같다.

```
> formulas <- lat ~ long | depth * mag
> coplot(formulas, data = quakes, col = "red", pch = 2,
        number = c(3, 4), bar.bg = c(num = "green", fac = "blue"))
```

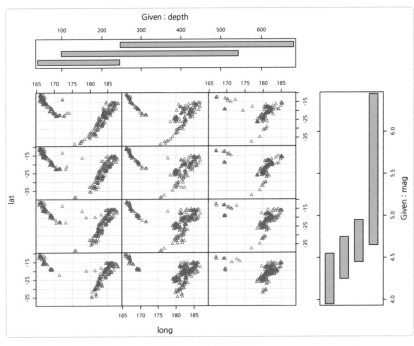

그림 3.56 조건부 플롯 예제 4

이 예제에서는 depth와 mag 변수가 수치형 변수여서 변수의 구간을 나타내는 막대의 색상이 녹색으로 출력되었으며, 산점도 패널 안의 문자가 삼각형 문자로 출력되었다. 또한 패널들은 depth 변수는 세 개의 구간으로, mag 변수는 네 개의 구간으로 나누어서 출력되었다.

3.2.17 stars( ) 함수

stars( )는 스타 플롯(star plots)과 세그먼트 다이어그램(segment diagrams)을 그리는데, 함수 원형은 다음과 같다.

함수 원형 stars( )

```
stars(x, full = TRUE, scale = TRUE, radius = TRUE,
    labels = dimnames(x)[[1]], locations = NULL,
    nrow = NULL, ncol = NULL, len = 1,
    key.loc = NULL, key.labels = dimnames(x)[[2]],
    key.xpd = TRUE,
    xlim = NULL, ylim = NULL, flip.labels = NULL,
    draw.segments = FALSE,
    col.segments = 1:n.seg, col.stars = NA, col.lines = NA,
    axes = FALSE, frame.plot = axes,
    main = NULL, sub = NULL, xlab = "", ylab = "",
    cex = 0.8, lwd = 0.25, lty = par("lty"), xpd = FALSE,
    mar = pmin(par("mar"),
              1.1+ c(2*axes+ (xlab != ""),
              2*axes+ (ylab != ""), 1, 0)),
    add = FALSE, plot = TRUE, ...)
```

스타 플롯은 다변량 데이터를 이차원 평면 위에 기술하는 방법 중 하나다. 하나의 점을 기준으로 가상의 원을 생각하자. 그리고 변수들의 개수만큼 같은 간격으로 원을 등분한다. 그리고 원을 등분한 곳에 각 변수를 할당하고, 변수 값에 비례해서 반지름을 구한다. 마지막으로 원점에서 각각의 반지름까지 선을 그리고, 각각의 변수의 반지름의 끝점끼리 연결한다. 이때 가상의 원은 그림으로 표현하지 않는다. 그러면 마치 별과 유사한 모양의 그림이 나오는데, 이를 스타 플롯(stars plot)이라 한다. star가 아니라 stars라고 부르는 이유는 하나의 관측 데이터가 아닌 여러 관측 데이터별로 스타 플롯을 그린 다음 별의 모양을 통해 관측 대상들의 유사성을 알아보는 방법이기 때문이다. 물론 하나의 별을 그리는 것도 가능하다.

　stars( ) 함수는 스타 플롯 외에 스타 플롯과 유사한 세그먼트 다이어그램(segment diagram)도 그린다. 세그먼트 다이어그램은 파이 차트와도 유사하다. 파이 차트는 반지름이 동일하고 도수의 크기에 따라 각도가 비례하지만 세그먼트 다이어그램은 세그먼트(파이)의 각도는 동일하며 도수의 크기(sacle)에 비례하여 반지름의 크기가 결정된다. 즉, 스타 플롯과 파이 차트를 섞어 놓은 플롯이다. 또한 스파이더 플롯(spider plot)이나 레이더 플롯(RADAR plot)도 그린다. 스파이더 플롯은 여러 개의 스타 플롯을 하나의 좌표점(location)을 기준으로 겹쳐서 출력한 플롯이고, 레이더 플롯은 여러 세그먼트 다이어그램을 하나의 좌표점을 기준으로 겹쳐서 출력한 플롯으로 이해하면 된다.

x

플롯을 그리기 위한 행렬이나 데이터 프레임 객체. x의 각 행은 단일 스타 플롯이나 세그먼트 다이어그램 등으로 그려지고, 결측치(NA)를 허용하는데 결측치는 0으로 간주된다.

full

논리 값을 인수 값으로 갖는다. TRUE면 스타 플롯과 세그먼트 다이어그램이 원형을 이루고, 그 외의 값을 인수 값으로 사용하면 스타 플롯과 세그먼트 다이어그램이 위쪽으로 반원으로 그려진다. 기본 값은 TRUE다.

scale

논리 값을 인수 값으로 갖는다. TRUE면 행렬의 열들이 독립적으로 스케일되어 각각의 열별로 최대 값은 1이고 최소 값은 0으로 변환된다. FALSE면 기타의 알고리즘에 의해서 데이터의 값이 [0,1] 범위의 값으로 바뀐다.

변수들(행렬의 열들)은 오른쪽부터 시작해서 시계 반대 방향으로 진행하며 그려지는데, 계산된 스케일이 중심점에서 변수를 표현하고 있는 점까지의 반경으로 그려진다.

radius

인수 값으로 논리 값을 가지며 TRUE면 각 변수들에 대응하는 반지름을 선으로 표시한다. FASLE면 반지름을 선으로 표시하지 않아서 스타 플롯의 테두리만 그려진다.

labels

스타 플롯의 라벨을 위한 문자열들의 벡터. 인수 값이 NULL이면 라벨을 그리지 않으며, 기본 값은 dimnames(x)[[1]]이다.

locations

개별 플롯들을 그릴 위치를 지정하는 x-축 좌표와 y-축 좌표를 나타내는 두 개의 열로 구성된 행렬을 인수 값으로 갖는다. 또한 스파이더 플롯과 같이 하나의 기준점을 사용하는 플롯은 원소 개수가 2인 수치형 벡터를 인수 값으로 갖는다. 기본 값은 NULL로 각 플롯이 사각형 격자 위에 위치한다.

nrow, ncol

locations 인수 값이 NULL일 때 사용한다. 스타 플롯을 배치할 행과 열의 개수를 지정한다. 기본 값은 nrow == ncol으로 행과 열의 개수가 같다.

len

scale 인수가 반경이나 세그먼트 조각 길이의 스케일로 각 변수들에 대응하는 반면에 len 인수는 모든 변수들에 공통적으로 적용된다. 기본 값은 1이다.

key.loc

스타 플롯이나 세그먼트 다이어그램의 범례(key)를 그릴 x-y 좌표를 지정하는 위치 벡터. 기본 값은 NULL로 범례를 출력하지 않는다.

key.labels

범례의 라벨을 지정하는 문자열 벡터로 기본 값은 dimnames(x)[[2]]이다.

key.xpd

논리 값이나 NA를 인수 값으로 갖는다. FALSE면 범례가 플롯 영역 안에서만 출력되고, TRUE면 범례가 그림 영역(figure region) 안에서도 출력된다. 또한 인수 값이 NA이면 그래픽 장치 안에서도 범례가 출력된다. 기본 값은 TRUE다.

flip.labels

논리 값을 인수 값으로 갖는다. TRUE면 라벨을 출력할 때 플롯과 플롯 사이의 라벨이 위 아래 방향으로 지그재그로 출력되어서 라벨끼리 겹치는 것을 방지한다. FASLE면 동일한 방향에 라벨을 출력한다.

draw.segments

논리 값을 인수 값으로 갖는다. TRUE면 세그먼트 다이어그램을 그린다.

col.segments

세그먼트 다이어그램에서 각 세그먼트(개별 변수에 해당하는)의 색상을 지정하는 벡터를 인수 값으로 갖는다. draw.segments 인수 값이 FALSE면 무시된다.

col.stars

스타 플롯에서 각 조각(case)의 내부 색상을 지정하는 벡터를 인수 값으로 갖는다. draw.segments 인수 값이 TRUE면 무시된다.

frame.plot

논리 값을 가지며 TRUE일 경우에 플롯 영역에 사각형 프레임을 그린다.

cex

스타 플롯의 라벨 문자의 크기를 지정한다. 기본 값은 0.8이다.

xpd

논리 값이나 NA를 인수 값으로 갖는다. FALSE면 플롯들이 플롯 영역 안에서만 출력되고 TRUE면 플롯들이 그림 영역 안에서도 출력된다. 또한 인수 값이 NA 이면, 그래픽 장치 안에서도 플롯이 출력된다. 플롯의 크기가 커서 플롯 영역을 벗어나는 플롯의 출력 여부를 결정하는 셈이다. 기본 값은 FALSE다.

mar

플롯의 여백을 지정하는 네 개의 원소를 갖는 수치형 벡터를 인수 값으로 갖는다.

이 함수는 스타 플롯과 세그먼트 다이어그램에 대해서 각 단의 그림들의 위치 값을 반환한다. 위치 값은 각 그림들의 중심 점의 x-좌표 값과 y-좌표 값이 각 각 첫 번째 열과 두 번째 열인 행렬이다.

연습문제 3.54

1973년 미국의 50개 주의 강력 범죄율에 대한 데이터인 USArrests 데이터 프레임으로 stars( ) 함수의 사용법을 알아보자.

USArrests 데이터는 네 개 변수에 대한 50개 주의 관측치로 이루어졌다. 변수로는 10만 명당 살인범 수인 Murder, 10만 명당 폭행범 수인 Assault, 10만 명당 강간범 수인 Rape, 도시 인구의 백분율인 UrbanPop으로 이루어졌다. 여기서는 50개 주 중에서 서부에 위치한 13개의 주에 대해서 stars( ) 함수를 이용해서 네 가지의 그림을 그렸는데, 결과는 그림 3.57과 같다.

```
> op <- par(no.readonly = TRUE)
> WESTarrests <- USArrests[state.region == "West",]
> # (1)
> par(mfrow = c(2, 2))
> stars(WESTarrests, draw.segments = FALSE, len = 0.7, key.loc = c(7, 2))
> # (2)
> title(main = "Stars Plot, unit key, len = 0.7")
> stars(WESTarrests, draw.segments = TRUE, full = FALSE, key.loc = c(7, 2))
> # (3)
> title(main = "Segments Plot,unit key, full = F")
> stars(WESTarrests, locations = c(0, 0), scale = TRUE, radius = FALSE,
        col.stars = 0, key.loc = c(0, 0))
> # (4)
> title(main = "Spider Plot,unit key, scale = T, radius = F")
> stars(WESTarrests, locations = 0:1, scale = TRUE, draw.segments = TRUE,
        col.segments = 0, col.stars = 0, key.loc = 0:1)
> # (5)
> title(main = "Radar Plot,unit key, scale = T")
> par(op)
```

이 예제에서는 미국 서부 지역의 주를 얻기 위해서 (1)과 같이 state.region 벡터를 이용해서 지역이 "West"인 것을 추출해서 WESTarrests라는 객체를 만들

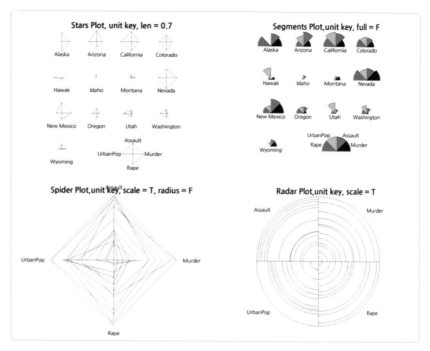

그림 3.57 stars( ) 함수의 사용 예제

었다. 이 객체는 13개 주의 데이터를 담고 있다. state.region 데이터 객체는 dataset 패키지에 포함되어 있다.

(2)는 stars( ) 함수를 이용해서 스타 플롯을 그리는 방법으로 draw.segments 인수 값을 FALSE로 하였다. 스타 플롯을 그리기 위해서는 draw.segments 인수 값을 FALSE로 지정해야 한다. 또한 범례를 그리기 위해서 key.loc 인수로 범례를 c(7,2) 위치에 출력하였다. 결과를 보면 아리조나(Arizona), 캘리포니아(California), 콜로라도(Colorado), 네바다(Nevada), 뉴 멕시코(New Mexico) 주가 범죄율이 높고 각 변수들의 패턴도 비슷하다. 또한 알래스카(Alaska) 주는 도시 인구의 백분율은 작은데 반해 강력 범죄율이 높으며, 하와이(Hawaii) 주는 인구 백분율에 비해 강력 범죄율이 현저히 낮음을 알 수 있다.

(3)은 세그먼트 다이어그램을 그리기 위해 draw.segments 인수 값을 TRUE로 지정하였다. 또한 full 인수 값을 FALSE로 지정하여 수평선을 기준으로 하여 위쪽만 그려졌다. (2)와 마찬가지로 key.loc 인수를 사용하여 범례를 c(7, 2) 위치에 출력하였다. 결과를 보면 파이 차트와 유사함을 알 수 있다. 만약 full 인수 값을 TRUE로 지정하면 파이 차트처럼 동그랗게 그려진다.

(4)는 스파이더 플롯을 그린 예로 locations 인수 값을 c(0, 0)으로 지정하였다. 즉, 위치 값을 하나만 지정하면 스파이더 플롯이 그려진다. 그리고 scale 인수를

TRUE로 주어서 데이터의 각 열별로 최대 값을 1, 최소 값을 0으로 스케일하여 그림을 그렸다. 또한 radius 인수 값을 FALSE로 주어서 원점에서 꼭지점까지의 선이 그려지지 않았다.

(5)는 레이더 플롯을 그린 예로 draw.segments 인수 값을 TRUE로 주었으며, locations 인수 값을 한 점 c(0, 1)로 지정하였다. 그리고 scale 인수를 TRUE로 줘서, 각 열별 최대 값을 기준으로 스케일이 정해졌다. 또한 col.segments 인수 값과 col.stars 인수 값을 0으로 지정해서 레이더 플롯이 복잡하지 않게 출력하였다. 만약 색상을 지정하면 가독성이 많이 떨어지므로 색상을 지정하지 않는 것이 좋다.

결론적으로 draw.segments 인수 값이 FALSE이고 locations 인수 값을 x 인수의 행의 개수만큼 점으로 지정한 경우 스타 플롯이 그려지고, locations 인수 값에 한 점을 지정하면 스파이더 플롯이 그려진다. 또한 draw.segments 인수 값이 TRUE고 locations 인수 값을 x 인수의 행의 개수만큼 점으로 지정한 경우 세그먼트 다이어그램이 그려지고, locations 인수 값에 한 점을 지정하면 레이더 플롯이 그려진다.

3.2.18 persp( ) 함수

persp( ) 함수는 삼차원 데이터를 이차원의 x-y 평면에 투영하여 투시도를 그리는 함수로 함수의 원형은 다음과 같다.

함수 원형 persp( )

```
persp(x = seq(0, 1, length.out = nrow(z)),
      y = seq(0, 1, length.out = ncol(z)),
      z, xlim = range(x), ylim = range(y),
      zlim = range(z, na.rm = TRUE),
      xlab = NULL, ylab = NULL, zlab = NULL,
      main = NULL, sub = NULL,
      theta = 0, phi = 15, r = sqrt(3), d = 1,
      scale = TRUE, expand = 1,
      col = "white", border = NULL, ltheta = -135, lphi = 0,
      shade = NA, box = TRUE, axes = TRUE, nticks = 5,
      ticktype = "simple", ...)
```

x, y

z 값이 측정된 곳에서의 x-y 좌표의 위치를 지정한다. 반드시 x, y는 오름차순으로 정렬된 수치형 벡터여야 한다. 기본 값은 0부터 1까지 등간격으로 분포된 값을 갖는 seq(0, 1, len = nrow(z))와 seq(0, 1, len = ncol(z))이다. 만약 x가 리스트이면 성분 x$x와 x$y가 x와 y 내신으로 사용 된다.

z

높이를 표현할 값들로 구성된 행렬이며, 좌표인 x와 y 값에 대응하는 값이다. 그러므로 length(x) × length(y)의 크기를 갖는 행렬이 인수 값으로 온다. 좌표점 z[i,j]는 (x[i], y[j])로 구해지며, 행렬 z의 행(rows)은 x-축의 인덱스로, 행렬 z의 열(cols)은 y-축의 인덱스로 사용된다. 결측치를 허용하며 x가 x, y, z의 성분을 갖는 리스트라면 z을 생략할 수 있다.

theta, phi

3차원의 대상을 바라보는 각도를 지정한다. theta[27]는 방위각(azimuthal)을 phi는 여위도(colatitude; 餘緯度; 어느 위도와 90°와의 차이)를 의미한다. theta 인수 값이 양수이면 해당 각도만큼 오른쪽에서 바라보고, 음수이면 해당 각도만큼 왼쪽에서 바라보는 모양이 된다. phi 인수 값이 양수이면 해당 각도만큼 위쪽에서 바라보고, 음수이면 해당 각도만큼 아래쪽에서 바라보는 모양이 된다. theta 인수는 기본 값이 0이고, phi 인수는 15를 기본 값으로 갖는다.

r

플로팅 상자(plotting box, 육면체의 경계 안에 투시도가 그려지므로 플로팅 상자라 함)의 중심에서 눈의 위치까지의 거리를 지정한다.

d

원근 변환의 크기를 지정한다. 이 인수 값이 1보다 크면 조망의 효과를 약화시켜 시야에서 가까워 보이며, 1보다 작으면 조망의 효과를 강화시켜 멀어져 보인다.

scale

투시도에서 가장 작은 단위인 표면(surface)을 정의하는 x, y, z의 세 좌표가 구간 [0, 1]으로 변환된다. 이 인수 값이 TRUE면 각 좌표들이 별도로 변환되며, FALSE면 종횡비(縱橫比; aspect ratio)가 유지된 채로 변환된다.

expand

z-좌표축에 적용되는 확장 계수(expansion factor)로 통상 0과 1 사이의 값을 사용하는데, 기본 값은 1이다. 이 계수가 클수록 투시도가 z-축의 방향으로 확장된다. z-축의 방향으로 확장될수록 투시도는 수축되어 보여진다.

col

표면(surface facet)의 색상을 지정한다. 표면이란 x-축과 y-축의 격자에서의 z 값들이 만나서 만들어지는 (nx-1) × (ny-1)개의 조각이다. 이 인수는 리사이클링 룰이 적용된다. 기본 값은 "white"이며, 투명한 색상인 "transparent"는 무시된다.

---

27 수학에서는 각도를 나타내는 그리스어 문자에 θ를 사용하는 것이 일반적임. 그래서 이 책의 예제나 설명에서도 각도를 나타내는 변수나 인수의 이름으로 θ(theta)를 사용한다.

border

표면의 테두리 색상을 지정한다. 기본 색상은 NULL로 par("fg")의 색상을 사용한다. NA는 테두리 선을 그리지 않으므로 표면에 그림자가 졌을 때 유용하게 사용하기도 한다.

ltheta, lphi

ltheta 인수와 lphi 인수에 유한 값이 지정되면 표면이 마치 ltheta 방위각과 lphi 여위도의 방향으로부터 조명을 비춘 것처럼 그림자를 만든다. 기본 값은 -135와 0이다.

shade

표면에 생기는 그림자의 음영을 $(\frac{1+d}{2})^{shade}$로 계산한다. 여기서 d는 facet(격자에 의해 만들어진 표면의 조각)에 수직인 단위 벡터와 광원의 방향으로의 단위 벡터 간의 내적이다. shade 인수 값이 1에 가까우면 그림자가 한 점의 광원 모델과 유사하고, 0.5부터 0.75 사이의 값은 낮의 조명(daylight illumination)과 비슷하다. 1에 가까울수록 그림자가 짙게 드리우고, 0에 가까울수록 그림자가 엷게 드리워진다. 도움말에는 0은 그림자를 만들지 않는다고 하는데, 결과는 shade 인수 값이 1인 것과 같게 그림자가 짙게 드리워진다.

box

투시도로 표현되는 경계에 상자를 그리는지 여부를 지정한다. 기본 값은 TRUE로 x, y, z 세 개 축선에 대응하는 육면체의 모서리를 그려준다.

ticktype

좌표축의 눈금인 틱(ticks)의 유형을 설정한다. "simple"과 "detailed" 중에 하나를 선택한다. "simple"은 각 좌표축에서 값의 증가 방향으로 화살표만 출력하고, "detailed"은 2차원 그래프에서처럼 좌표의 눈금을 표시하고 눈금의 라벨을 출력한다. 기본 값은 "simple"이다.

nticks

좌표축에서의 대략적인 눈금의 개수를 지정한다. 정수를 인수 값으로 사용하며 지정한 값에 근사한 개수의 눈금이 각 축별로 생긴다. ticktype 인수 값이 "simple"이면 아무런 작용을 하지 않는다.

　이 함수는 조망 변환 행렬(viewing transformation matrix)을 반환한다. 이 행렬은 4×4 행렬로 삼차원 좌표 (x, y, z)를 이차원 평면에 투영할 때 필요한 사차원 좌표 (x, y, z, t)로 투시도에 lines( ) 함수나 points( ) 함수를 사용해서 점이나 선을 추가할 때 활용된다. 이때 다음 예제에서 선보일 trans3d( )와 같은 함수를 사용한다.

연습문제 3.55

싱크 함수(sinc function)에 persp( ) 함수를 추가하여 투시도로 표현하라. 싱크 함수는 사인 함수와 그 변수의 비를 이용하는 함수로 sinc(x)로 나타낸다[28]. 이 함수로 투시도를 그리면 멕시코 밀집모자처럼 생긴 그림을 얻을 수 있다.

다음은 싱크함수를 persp( )를 이용해서 투시도로 그리는 예제다. persp( ) 함수는 도움말 페이지에 수록되어 있으며, 예제의 결과는 그림 3.58과 같다.

```
> # (1) sinc 함수를 정의함
> x <- seq(-10, 10, length = 30)
> y <- x
> f <- function(x, y) { r <- sqrt(x ^ 2 + y ^ 2); 10 * sin(r) / r }
> z <- outer(x, y, f)
> z[is.na(z)] <- 1          # 결측치의 값을 1로 바꾼다.
>
> # (2) sinc 함수를 투시도로 그림
> persp(x, y, z, theta = 30, phi = 30, expand = 0.5, col = "lightblue",
        ltheta = 120, shade = 0.75, ticktype = "detailed",
        xlab = "X", ylab = "Y", zlab = "Sinc( r )") -> res
> title(main="Perspective Plots with Sinc Function")
> round(res, 3)        # persp( ) 함수의 반환 값

      [,1]    [,2]    [,3]    [,4]
[1,] 0.087 -0.025  0.043 -0.043
[2,] 0.050  0.043 -0.075  0.075
[3,] 0.000  0.074  0.042 -0.042
[4,] 0.000 -0.273 -2.890  3.890

>
> # (3) 3차원 좌표로 변환하는 함수
> trans3d <- function(x, y, z, pmat) {
    tr <- cbind(x, y, z, 1) %*% pmat
    list(x = tr[,1] / tr[,4], y = tr[,2] / tr[,4])
}
>
> xE <- c(-10,10); xy <- expand.grid(xE, xE)
> points(trans3d(xy[,1], xy[,2], 6, pm = res), col = 2, pch = 16)
> lines (trans3d(x, y =10, z = 6 + sin(x), pm = res), col = 3)
>
> phi <- seq(0, 2 * pi, len = 201)
> r1 <- 7.725
> xr <- r1 * cos(phi)
> yr <- r1 * sin(phi)
> lines(trans3d(xr, yr, f(xr, yr), res), col = "pink", lwd = 2)
```

이 예제에서는 방위각 30도와 여위도 30도 위치에서 투시한 플롯으로 expand 인수 값을 0.5로 주어 z축을 축소하였다. col 인수를 "lightblue"로 지정해서 표면의 색상을 연한 푸른색으로 지정하였는데, shade 인수 값을 0.75로 지정해서

---

28 http://ko.wikipedia.org/wiki/싱크함수

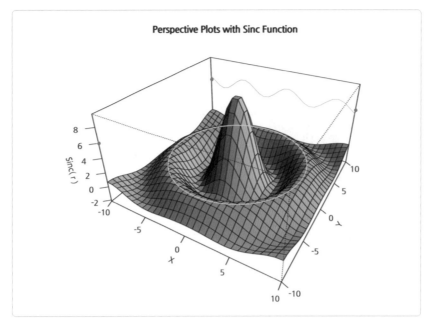

그림 3.58 투시도 예제 1

그림자가 짙게 드리워져 전반적으로 어두운 색을 띤다. 방위각 120도에서 조명을 비춘 것처럼 그림자 방향을 만들었다. 또한 ticktype 인수 값을 "detailed"로 주어서 축의 눈금도 출력되었다.

trans3d( ) 함수는 3차원의 좌표 값을 구할 때 사용하는데, 이 함수를 통해서 앞서 그린 투시도에 몇 개의 점과 선을 출력하였다. trans3d( ) 함수는 재사용이 가능한 함수이기 때문에 유사한 작업이 필요할 때 응용해도 되겠다.

연습문제 3.56

datasets 패키지의 volcano 행렬은 뉴질랜드의 오클랜드(Auckland)에 위치한 마운트 화우(Maunga Whau, Maunga는 마오리어로 산을 의미한다.) 화산의 지형 정보를 담은 행렬이다. 10m×10m 크기의 격자에 해당하는 87×61개의 화산 높이를 나타내는 지형 정보에서 행 인덱스는 격자에서 동쪽에서 서쪽으로, 열 인덱스 남쪽에서 북쪽으로의 위치 정보를 나타낸다. 그리고 행렬의 원소는 행과 열의 인덱스가 교차하는 지점의 높이를 나타내는 수치 표고 모델(DEM, Digital Elevation Model) 데이터[29]다. 이 행렬로 투시도를 그려보자.

volcano를 투시도로 그려보는 예제가 persp( ) 함수의 도움말에 있는데 다음과 같다. 이 예제를 수행하면 그림 3.59와 같은 그래프를 얻을 수 있다.

---

29 지형의 고도 값을 수치로 저장함으로써 지형의 형상을 나타내는 자료이다.

```
> op <- par(no.readonly = TRUE)
> z <- 2 * volcano          # Exaggerate the relief
> x <- 10 * (1:nrow(z))     # 10 meter spacing (S to N)
> y <- 10 * (1:ncol(z))     # 10 meter spacing (E to W)
>
> par(bg = "lavender")
> persp(x, y, z, theta = 135, phi = 30, col = "green3", scale = FALSE,
        ltheta = -120, shade = 0.75, border = NA, box = FALSE)
> title("Perspective Plots with volcano")
> par(op)
```

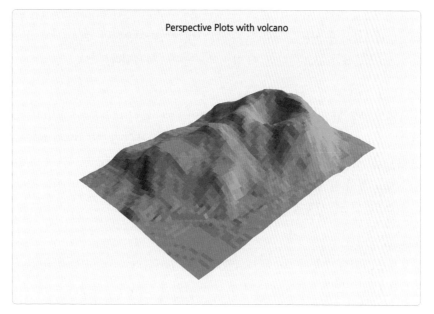

그림 3.59 투시도 예제 2

이 예제에서는 실제의 산의 모습을 표현하려고 col 인수 값을 "green3"로 지정해서 수풀이 우거진 모습처럼 보였고, border 인수 값을 NA로 줘서 표면의 테두리를 없앴다. 오른쪽 상단에 분화구가 위치하고 있다.

3.2.19 contour( ) 함수

contour( )는 삼차원 데이터로 등고선을 그리는 함수이고, contourLines( )는 등고선을 그릴 수 있는 정보를 반환하는 함수로, 이미 그려진 플롯 위에 등고선을 추가할 때 사용된다. 함수의 원형은 다음과 같다.

함수 원형 contour( )

```
contour(x = seq(0, 1, length.out = nrow(z)),
        y = seq(0, 1, length.out = ncol(z)),
        z, nlevels = 10, levels = pretty(zlim, nlevels),
        labels = NULL,
        xlim = range(x, finite = TRUE),
        ylim = range(y, finite = TRUE),
        zlim = range(z, finite = TRUE),
```

```
labcex = 0.6, drawlabels = TRUE, method = "flattest",
vfont, axes = TRUE, frame.plot = axes,
col = par("fg"), lty = par("lty"), lwd = par("lwd"),
add = FALSE, ...)
```

x, y

z 값이 측정된 곳에서의 격자선의 위치를 지정한다. 반드시 x, y는 오름차순으로 정렬된 수치형 벡터이어야 한다. 기본 값은 구간 [0,1]을 같은 간격으로 나눈 값을 가지므로 각각 seq(0, 1, len = nrow(z))와 seq(0, 1, len = ncol(z))이다. 만약 x가 리스트이면, 성분 x$x와 x$y가 x와 y 대신으로 사용된다. 그리고 이 리스트가 z의 성분을 가지고 있다면, 이 함수의 z 인수로 사용된다.

z

높이를 표현할 값들로 구성된 행렬로 좌표인 x와 y값에 대응하는 값이다. 그러므로 length(x) × length(y)의 크기를 갖는 행렬이 인수 값으로 온다. 좌표점 z[i,j]는 (x[i], y[j])로 구해지며 행렬 z의 행(rows)은 x-축의 인덱스로, 행렬 z의 열(cols)은 y-축의 인덱스로 사용된다. 결측치를 허용하며, x가 x, y, z의 성분을 갖는 리스트라면 z를 생략할 수 있다.

nlevels

요구되는 등고선 수준의 개수를 대략적으로 지정한다. levels 인수를 기술한 경우에는 이 인수는 필요하지 않다. 기본 값은 10이며, 등고선 수준의 수는 데이터에 따라 대략적으로 구해지므로 반드시 인수 값과 일치하지는 않는다.

levels

등고선을 그려야 할 곳의 수준에 대한 숫자형 벡터, 즉 등고선 높이를 나타내는 벡터가 인수 값으로 온다. 만약 벡터의 크기(length)가 n이면 등고선의 개수도 n개가 되며, 각각 벡터 값 원소에 해당하는 값의 위치에 등고선이 그려진다. 기본 값은 pretty(zlim, nlevels)이다. pretty( ) 함수는 구간 zlim를 적당히 나누어서 nlevels의 개수에 근접한 구간 벡터를 만든다.

labels

등고선들을 표시하는 라벨을 지정하는 벡터를 인수로 갖는다. 만약 NULL이면 수준(levels)이 라벨로 사용된다.

labccx

등고선 라벨의 크기를 지정한다. cex 값과 같은 단위이며 기본 값은 0.6이다.

drawlabels

논리 값을 인수 값으로 갖는다. TRUE면 등고선에 라벨을 출력하고, FALSE면 라벨을 출력하지 않는다.

method

등고선에 라벨이 위치하는 곳을 지정하는 문자열이다. 가능한 값들은 "simple", "edge", "flattest"이다. "simple"은 등고선의 가장자리에 라벨을 그리는데, 선 위에 겹쳐서 출력한다. "edge"는 등고선의 가장자리에 라벨을 그리는데, 기존에 있는 선과 겹치지 않게 그린다. "flattest"는 등고선의 가장 평평한 위치에 라벨을 그리는데, 역시 기존에 있는 선에 겹치지 않게 그린다. 이때 "edge"과 "flattest" 인수 값을 사용하면 경우에 따라서 모든 등고선에 라벨을 추가하는 것은 아니다. 기본 값은 "flattest"이다.

vfont

등고선 라벨의 폰트를 지정하는 두 개의 원소를 갖는 벡터를 인수 값으로 사용한다. 만약 크기가 2인 문자형 벡터가 정의되면 Hershey 벡터 폰트가 사용되며, 첫 번째 원소는 폰트의 typeface를 결정하고, 두 번째 원소는 폰트의 스타일을 지정하는 fontindex를 결정한다. 기본 값은 c("sans serif", "plain")로 "sans serif" 폰트의 "plain"체를 지정한다. 폰트의 자세한 사용법은 Hershey 벡터 폰트 도움말을 참고하기 바란다.

axes, frame.plot

좌표축의 출력 여부와 프레임의 출력 여부를 설정하는 논리 값을 인수 값으로 사용한다. TRUE면 각각 좌표축 프레임 상자를 출력하고, FALSE면 출력하지 않는다.

contourlines( ) 함수는 등고선을 그리는 함수가 아니라 등고선을 그릴 수 있는 정보를 반환하는 함수다. 각각의 등고선에 해당하는 다음과 같은 성분을 갖는 리스트를 반환한다.

· level: 등고선의 수준
· x: 등고선의 x 좌표
· y: 등고선의 y 좌표

연습문제 3.57

volcano 데이터 객체를 contour( ) 함수를 이용해서 등고선으로 표현하라.

다음은 volcano 데이터 객체를 contour( ) 함수를 이용해서 등고선을 그리는 예제로, 전체적인 데이터의 입출력은 앞서 다룬 persp( ) 함수의 예제와 유사하다. 실행 결과는 그림 3.60과 같다.

```
> op <- par(no.readonly = TRUE)
> rx <- range(x <- 10 * 1:nrow(volcano))
> ry <- range(y <- 10 * 1:ncol(volcano))
> ry <- ry + c(-1, 1) * (diff(rx) - diff(ry)) / 2
> tcol <- terrain.colors(12)
> par(pty = "s", bg = "lightcyan")
> plot(x = 0, y = 0, type = "n", xlim = rx, ylim = ry, xlab = "", ylab = "")
> u <- par("usr")
> rect(u[1], u[3], u[2], u[4], col = tcol[8], border = "red")
> contour(x, y, volcano, col = tcol[2], lty = "solid", add = TRUE,
          vfont = c("sans serif", "plain"))
> title("A Topographic Map of Maunga Whau", font = 4)
> abline(h = 200 * 0:4, v = 200 * 0:4, col = "lightgray", lty = 2, lwd = 0.1)
> par(op)
```

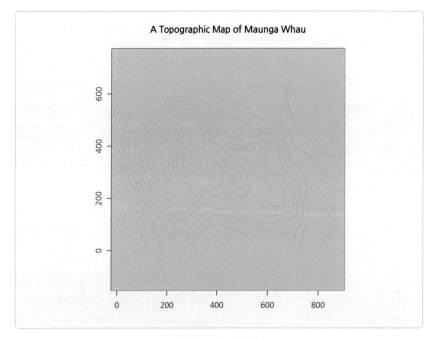

그림 3.60 등고선 예제

이 예제에서는 plot( ) 함수의 type 인수 값을 "n"으로 하여 등고선을 그릴 영역을 만들어 놓고, contour( ) 함수의 add 인수 값을 TRUE로 하여 등고선을 추가로 그렸다. 등고선은 실선으로 그려졌으며, method 인수 값은 기본 값인 "flattest"가 적용되었다. 그래서 등고선이 가장 평편한 위치에 라벨이 출력되었는데, 등고선의 각 구간은 10m 차이를 나타낸다. 마지막으로 x-축과 y-축을 각각 200m로 나누어서 회색의 구분선을 그렸다.

그림 3.60의 등고선을 보면 x 좌표 c(200, 400)과 y 좌표 c(200, 400)의 위치에 분화구가 위치함을 알 수 있다. 또한 동쪽의 경사도가 완만하고, 서쪽의 지형은 급경사로 이루어졌음을 알 수 있다.

연습문제 3.58

volcano 데이터 객체를 contourlines( ) 함수를 이용해서 등고선으로 표현하라.

이번에도 마운트 화우 화산의 등고선을 그리는 예제로, 여기서는 contourlines( ) 함수를 사용하였다. 이 예제를 실행하면 그림 3.61과 같은 등고선이 그려지는데, 앞서 그린 것과 거의 유사하게 출력된다.

```
> op <- par(no.readonly = TRUE)
> line.list <- contourLines(x, y, volcano)   # (1) contourLines 호출
> par(pty = "s", bg = "lightcyan")
> plot(x = 0, y = 0, type = "n", xlim = rx, ylim = ry, xlab = "", ylab = "")
> rect(u[1], u[3], u[2], u[4], col = tcol[8], border = "red")
> is.list(line.list)                         # (2) 리스트 여부 확인

[1] TRUE

> length(line.list)                          # (3) 성분의 개수

[1] 20

> names(line.list[[1]])                      # (4) 성분의 이름

[1] "level" "x"       "y"

> line.list[[1]]                             # (5) 첫 번째 성분 출력

$level
[1] 100
$x
 [1] 870.0000 860.0000 850.9173 850.0000 840.0000 830.9173 830.0000
 [8] 820.9173 820.0000 810.9173 810.0000 800.9173 800.0000 790.9173
[15] 790.0000 780.9173 780.0000 770.4807 770.0000 760.3257 760.0000
[22] 750.3257 750.0000 740.2463 740.0000 730.2463 730.0000 720.3257
[29] 720.0000 710.4807 710.0000 700.9173 700.0000 690.9173
[36] 690.9173 690.9173 690.0000 680.9173 680.9173 680.9173 680.9173
[43] 680.0000 670.9173 670.9173 670.9173 670.9173
$y
 [1] 340.9173 340.9173 350.0000 350.9173 350.9173 360.0000 360.9173
 [8] 370.0000 370.9173 380.0000 380.9173 390.0000 390.9173 400.0000
[15] 400.9173 410.0000 410.4807 420.0000 420.3257 430.0000 430.3257
[22] 440.0000 440.2463 450.0000 450.2463 460.0000 460.3257 470.0000
[29] 470.4807 480.0000 490.0000 490.9173 500.0000 500.9173 510.0000
[36] 520.0000 530.0000 530.9173 540.0000 550.0000 560.0000 570.0000
[43] 570.9173 580.0000 590.0000 600.0000 610.0000

> templines <- function(clines) {           # (6) 등고선과 라벨 출력 함수 정의
    lines(clines[[2]], clines[[3]])
    text(clines[[2]][1], clines[[3]][1], clines[[1]][1], cex = 0.5, col = "blue")
}
> invisible(lapply(line.list, templines))   # (7) 등고선을 그린다.
> title("A Topographic Map of Maunga Whau by contourLines", font=4)
> abline(h = 200 * 0:4, v = 200*0:4, col = "lightgray", lty = 2, lwd = 0.1)
> par(op)
```

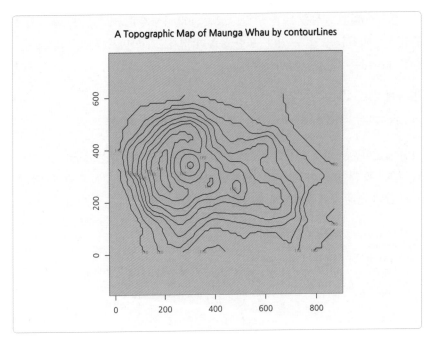

그림 3.61 contourLines( ) 함수로 그린 등고선 예제

(1)에서는 contourlines( ) 함수를 이용해서 등고선을 그릴 수 있는 리스트 객체를 생성하는데 x, y는 앞의 예제에서 만든 객체다. contourlines( )는 그래픽 함수가 아니라 등고선을 그릴 데이터를 생성하는 함수다.

(2), (3)을 통해서 contourlines( ) 함수가 반환하는 값이 20개의 성분을 갖는 리스트라는 것을 알 수 있다. 그런데 이 객체는 20개의 성분이 (4)의 결과와 같이 level, x, y의 성분을 갖는 리스트이다. 즉, 20개의 성분은 20개의 등고선의 선을 그리기 위한 정보다. 이 정보는 수준과 x-축과 y-축의 좌표 정보를 포함하고 있다.

(5)는 첫 번째 등고선 라인 정보로 100m 위치의 등고선을 그릴 수 있는 좌표의 정보와 수준의 정보를 포함하고 있다.

(6)은 리스트의 성분을 읽어서 등고선의 선과 라벨을 그리는 templines( )라는 이름의 사용자정의 함수를 만든다. 이 함수를 (7)에서 lapply( ) 함수에 적용해서 20개의 수준에 대해서 등고선을 그린다.

이 예제는 앞서 그린 등고선과는 다른 방법으로 그리지만 등고선 라벨의 위치나 색상을 제외하고는 동일하게 표현되었다.

3.2.20 image( ) 함수

image( ) 함수는 3차원 데이터나 공간 데이터로 이미지 플롯을 그려주며 함수의 원형은 다음과 같다.

함수 원형 image( )

```
image(x, y, z, zlim, xlim, ylim, col = heat.colors(12),
      add = FALSE, xaxs = "i", yaxs = "i", xlab, ylab,
      breaks, oldstyle = FALSE, useRaster, ...)
```

image( ) 함수는 z 값에 따라 색이 다른 격자형 사각형들을 만들어서 삼차원 혹은 공간 데이터를 이미지로 표현한다. 이 함수는 일반적으로 순서형 범주형 데이터를 표현하는데, heat.colors( ) 함수, terrain.colors( ) 함수, topo.colors( ) 함수 등을 이용하여 열-스펙트럼이나 지형학적인 색상을 생성한 후 이미지 플롯을 그린다.

x, y

z 값이 측정된 곳에서의 격자선의 위치를 지정한다. 반드시 x, y는 오름차순으로 정렬된 수치형 벡터여야 한다. 기본 값은 구간 [0, 1]을 같은 간격으로 나눈 값을 가지므로 seq(0, 1, len = nrow(z))와 seq(0, 1, len = ncol(z))이다. 만약 z가 리스트이면 x와 y는 성분 z\$x와 z\$y로 대치된다.

x 인수의 원소의 개수는 nrow(z)+1이거나 nrow(z)여야 한다. 첫 번째의 경우에는 x가 각 셀의 경계들을 나타내며, 두 번째 경우는 각 셀의 중앙값을 나타낸다. 이는 y에도 비슷하게 적용된다.

z

그림을 그리기 위한 값들로 구성된 행렬로 x-y 좌표 값에 대응하는 z 값을 포함한다. 그러므로 length(x) × length(y)의 크기를 갖는 행렬을 인수 값으로 사용한다. 좌표점 z[i,j]는 f(x[i], y[j])로 구해지며 행렬 z의 행(rows)은 x-축의 인덱스로, 행렬 z의 열(cols)은 y-축의 인덱스로 사용된다. 결측치를 허용하며, z가 x, y, z의 성분을 갖는 리스트라면 x와 y를 생략할 수 있다.

zlim

색을 칠해야 하는 z 값의 최소 값과 최대 값의 범위를 지정한다. 주어진 색들 각각은 이 범위 안에서 등 간격의 구간을 색칠하는 데 사용된다. 이 인수의 범위 밖의 것도 출력되지만 색상은 지정되지 않는다.

col

rainbow( ), heat.colors( ), topo.colors( ), terrain.colors( ), cm.colors( ) 등의 함수로 만들어진 색상들의 목록을 담은 벡터를 인수 값으로 갖는다. 사용자가 색상 팔레트를 지정해도 되지만, 이들 함수를 사용하는 것이 바람직하다.

xaxs, yaxs

x-축과 y-축의 구간을 나누는 스타일을 지정하며, 다음과 같은 인수 값을 갖는다.

- "r": (regular) 데이터의 범위를 양쪽으로 4% 확장하여 좌표축의 구간을 정하고 눈금을 적당하게 만든다.
- "i": (internal) 데이터의 범위 안에서 좌표축의 눈금을 적당하게 나눈다. 데이터의 최소치와 최대치가 구간의 시작과 끝이 된다.
- "e": (extended) 데이터의 범위를 확장하여 좌표축의 구간을 정하고 눈금을 적당하게 만든다.
- "s": (standard) 데이터의 범위 안에서 좌표축의 구간을 정하고 눈금을 적당하게 만든다.
- "d": (direct) 다음의 그래프에서 현재의 좌표축을 이용한다. 즉, 여러 개의 그래프를 그릴 때 좌표축을 고정한다.
- 기본 값은 "i"이며, 현재 R에서는 인수 값 "r"과 "i"만 구현되어 있다. 그러므로 "r"과 "i"만 사용 가능하다.

breaks

breaks는 색상 지정을 위한 브레이크 포인트(breakpoints, 비닝을 위한 컷오프 기준점)의 집합이다. 반드시 색의 개수보다 하나 더 많게 정의해야 한다.

oldstyle

이미지 플롯의 유형을 지정하는 논리 값을 인수 값으로 갖는다. TRUE면 색상 구간의 중점(midpoints)들이 등 간격으로 만들어지며, zlim[1]과 zlim[2]가 중점으로 적용된다. 기본 값은 FALSE로 범위를 등 간격으로 나누어서 색상의 구간을 지정한다.

연습문제 3.59

volcano 데이터 객체를 image( ) 함수를 이용해서 이미지 플롯으로 표현하라.

다음은 volcano 데이터를 이용해서 image( ) 함수의 사용법을 알아보는 예제로, 결과는 그림 3.62와 같다.

```
> image(volcano, zlim = c(150, 200), xaxs = "r", yaxs = "r",
        xlab = "West to East", ylab = "South to North")
> image(volcano, zlim = c(0, 150), add = T, col = cm.colors(12),
        xlab = "0 to 1", ylab = "0 to 1")
> title(main = "image & add image")
```

이 예제에서는 zlim 인수로 데이터를 두 개의 구간으로 나누어 image( ) 함수를

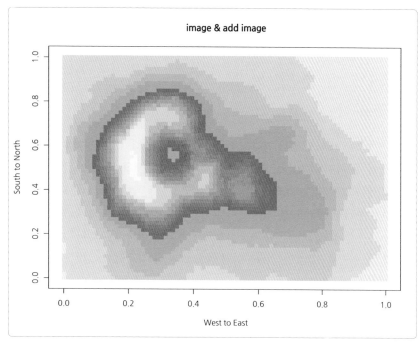

그림 3.62 이미지 플롯 예제 1

두 번 호출하였다. 물론 뒤의 것은 add 인수를 TRUE로 주어 앞의 이미지 플롯에 추가하였다. 두 이미지 플롯을 구분하기 위해서 앞의 image( ) 함수는 col 인수를 지정하지 않아 색상을 기본 값인 heat.colors( ) 함수를 이용하였고, 뒤의 image( ) 함수는 col 인수 값에 cm.colors( ) 함수를 적용하였다.

　xaxs 인수 값과 yaxs 인수 값을 "r"로 주었기 때문에 이미지 플롯과 프레임 상자의 사이에 여백이 생겼으며, x와 y 인수를 사용하지 않고 z 인수만 사용하였다. 그래서 x와 y가 기본 값인 구간 [0, 1]을 등 간격으로 나눈 벡터를 인수 값으로 갖는다. 그림을 보더라도 x-축과 y-축의 범위가 0에서 1까지의 값을 갖는 것을 알 수 있다.

　두 번째 image( ) 함수에서 add 인수를 TRUE로 지정하면 앞서 그린 플롯에 이미지 플롯은 추가되지만 xlab, ylab 등의 인수는 적용되지 않는다. add 인수는 현재의 좌표축 상의 플롯 영역에 그림을 추가하는 것이기 때문에 좌표축의 이름을 변경하지는 못한다.

연습문제 3.60

volcano 데이터 객체를 image( ) 함수와 contour( ) 함수를 이용해서 이미지 플롯으로 표현하라.

다음은 image( ) 함수의 도움말에 수록된 예제로, 결과는 그림 3.63과 같이 출력된다.

```
> x <- 10 * (1:nrow(volcano))
> y <- 10 * (1:ncol(volcano))
> image(x, y, volcano, col = terrain.colors(100), axes = FALSE)
> contour(x, y, volcano, levels = seq(90, 200, by = 5),
          add = TRUE, col = "peru")
> axis(1, at = seq(100, 800, by = 100))
> axis(2, at = seq(100, 600, by = 100))
> box( )
> title(main = "Maunga Whau Volcano", font.main = 4)
```

이 예제에서는 10m 단위의 거리를 지정하기 위해서 x와 y 인수 값을 10의 단위로 조정한 후 이미지 플롯을 그렸다. 이때 axes 인수 값을 FALSE로 설정해서 축을 그리지는 않았다. 그리고 contour( ) 함수에서 add 인수를 TRUE로 설정해서 등고선을 추가하였다. 축을 지정하지 않기 때문에 axis( ) 함수를 이용해서 x-축과 y-축을 그리고, box( ) 함수를 사용해서 프레임 상자를 그렸다.

결과 그림을 보면 앞에서 다룬 여러 플롯보다 더 시각적으로 많은 정보를 주는 플롯이 그려졌다. 이처럼 contour( ) 함수와 image( ) 함수를 함께 사용하면 유용한 등고선을 그릴 수 있다.

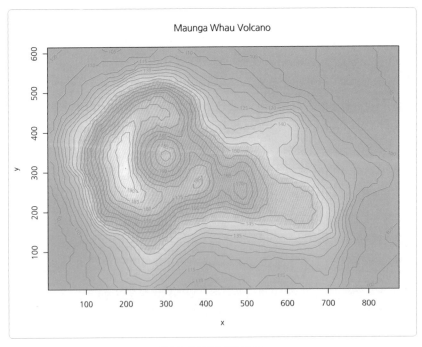

그림 3.63 이미지 플롯 예제 2

3.3.21 filled.contour( ) 함수

filled.contour( ) 함수는 contour( ) 함수처럼 등고선을 그리고 image( ) 함수처럼 등고선 사이에 색을 칠한 후, 플롯의 오른쪽에는 등고선 수준의 색상 값을 예시한 범례(key)를 위치시킨다. 즉, contour( ) 함수와 image( ) 함수의 장점을 구현한 함수다. contour( ) 함수와는 달리 등고선에 라벨을 출력하지 않아 범례로 해석해야 한다.

등고선과 관련된 함수의 관계를 보면 contour + image = filled.contour의 관계를 유추할 수 있다. 사실 이 세 함수의 기능은 거의 대동소이하다. 그러므로 인수 값도 거의 유사하고, 사용 방법도 유사하다. 따라서 용도에 따라 적당한 함수를 골라서 사용하기 바란다.

이 플롯을 정의한 벨 연구소의 클리블랜드는 이 그래프를 레벨 플롯(level plots)이라 불렀다. 함수의 원형은 다음과 같다.

함수 원형 filled.contour( )

```
filled.contour(x = seq(0, 1, length.out = nrow(z)),
               y = seq(0, 1, length.out = ncol(z)),
               z,
               xlim = range(x, finite = TRUE),
               ylim = range(y, finite = TRUE),
               zlim = range(z, finite = TRUE),
               levels = pretty(zlim, nlevels), nlevels = 20,
               color.palette = cm.colors,
               col = color.palette(length(levels) - 1),
               plot.title, plot.axes, key.title, key.axes,
               asp = NA, xaxs = "i", yaxs = "i", las = 1,
               axes = TRUE, frame.plot = axes, ...)
```

x, y

z 값이 측정된 곳에서의 격자선의 위치를 지정한다. 반드시 x, y는 오름차순으로 정렬된 수치형 벡터여야 한다. 기본 값은 구간 [0, 1]을 같은 간격으로 나눈 값을 가지므로 seq(0, 1, len = nrow(z))와 seq(0, 1, len = ncol(z))이다. 만약 z가 리스트이면 x와 y는 성분 z$x와 z$y로 대치된다.

z

z는 그림을 그리기 위한 값들로 구성된 행렬로 x-y 좌표 값에 대응하는 z 값을 포함한다. 그러므로 length(x) × length(y)의 크기를 갖는 행렬이 인수 값으로 온다. 좌표점 z[i,j]는 f(x[i], y[j])로 구해지며 행렬 z의 행(rows)은 x-축의 인덱스로, 행렬 z의 열(cols)은 y-축의 인덱스로 사용된다. 결측치를 허용하며, z가 x, y, z의 성분을 갖는 리스트라면 x와 y를 생략할 수 있다.

levels

등고선을 그려야 할 곳의 수준에 대한 숫자형 벡터다. 즉, 등고선의 높이를 나타내는 벡터 값이 인수 값으로 온다. 만약 벡터의 크기(length)가 n이면 등고선의 구간의 개수도 n개가 되며, 각각 벡터 값 원소에 해당하는 값의 위치에 등고선이 그어진다. 기본 값은 pretty(zlim, nlevels)이다. pretty는 구간 zlim를 적당히 나누어서 nlevels의 개수에 근접한 구간 벡터를 만든다.

nlevels

요구되는 등고선 수준의 개수를 대략적으로 지정한다. levels 인수를 기술한 경우에는 이 인수는 필요하지 않으며 기본 값은 20이다. 등고선 수준의 수는 데이터에 따라 대략적으로 구해지므로 반드시 인수 값과 일치하지는 않는다.

color.palette

등고선 사이에 색상을 지정할 때 사용할 팔레트 함수를 인수 값으로 사용한다. 기본 값은 cm.colors이며, rainbow, heat.colors, terrain.colors, topo.colors 등의 함수를 사용할 수 있다.

col

실제로 등고선 사이의 색상을 지정한다. 색상을 지정할 벡터의 원소 개수는 수준의 개수보다 1이 작은 수다. 기본 값은 color.palette(length(levels) - 1)로 color.palette 인수에서 사용한 팔레트 함수를 이용한다.

plot.title

등고선 그림의 메인 타이틀을 지정한다.

plot.axes

등고선의 x-축과 y-축의 좌표축을 정의한다.

key.title

범례(key)의 타이틀을 지정한다.

key.axes

범례의 좌표축을 정의한다.

asp

등고선의 종횡 비(aspect ratio)를 지정한다. 비율은 y/x의 값이다.

xaxs, yaxs

x-축과 y-축의 구간을 나누는 스타일을 지정한다. 기본 값은 각각 "i"이다.

las

축(axis)에 라벨을 출력하는 스타일을 지정한다. 기본 값은 1로 수평 방향으로 라벨을 출력한다.

axes, frame.plot

좌표축의 출력 여부와 프레임의 출력 여부를 설정하는 논리 값을 인수 값으로 사용한다. TRUE면 좌표축과 프레임 상자를 출력하고 FALSE면 출력하지 않는다.

연습문제 3.61

volcano 데이터 객체로 filled.contour( ) 함수를 이용해서 레벨 플롯(level plot)으로 표현하라.

다음은 앞서 다룬 volcano 데이터 객체로 filled.contour( ) 함수를 이용해서 레벨 플롯을 그린 예제다. 결과는 그림 3.64와 같다.

```
> x <- 10 * 1:nrow(volcano)
> y <- 10 * 1:ncol(volcano)
> filled.contour(x, y, volcano, color = terrain.colors,
                plot.title = title(main = "The Topography of Maunga Whau",
                                  xlab = "Meters North", ylab = "Meters West"),
                plot.axes = { axis(1, seq(100, 800, by = 100))
                            axis(2, seq(100, 600, by = 100)) },
                key.title = title(main = "Heightn(meters)"),
                key.axes = axis(4, seq(90, 190, by = 10)))
```

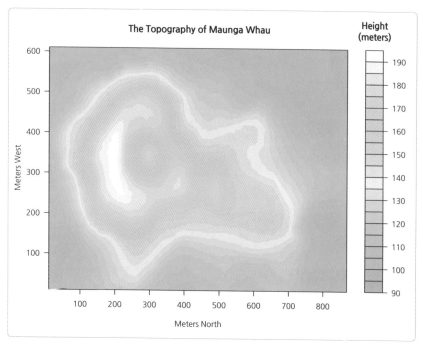

그림 3.64 레벨 플롯 예제

이 예제는 filled.contour( ) 함수의 도움말 페이지에 수록된 예제다. 예제에서 주의 깊게 살펴볼 부분은 plot.axes 인수와 key.axes 인수다. plot.axes 인수에서는 x-축과 y-축의 좌표 구간을 나누는 axis( ) 함수로 x-축과 y-축의 좌표축을 정의하였다. 인수 값으로 { }로 묶인 블록이 사용되었다. key.axes 인수에서는 높이의 척도만 관심이 있으므로 axis( ) 함수에서 위치(position)를 4(오른쪽)로 지정한 하나의 좌표축만 정의하였다.

key.title 인수 값에서는 "\n"의 개행 문자를 이용해서 메인 타이틀을 두 줄로 나누어 출력하였다. 범례(key) 영역의 가로의 크기가 매우 작기 때문에 일반적으로 한 줄로 타이틀을 표시하기에는 무리가 있기 때문이다.

4장

사용자정의 그래프

여러분은 R에서 제공하는 시각화 함수를 적절하게 사용하는 것만으로도 웬만한 데이터 시각화는 충분히 구현할 수 있다. 그런데 경우에 따라서는 직접 시각화 함수를 만들어야 할 경우가 발생할 수 있다. 중요한 것은 우리가 이미 다루었던 데이터 시각화 함수도 누군가의 필요에 의해서 만들어졌다는 것이다.

이 장에서는 R 사용자가 시각화를 위한 사용자정의 함수를 만드는 방법을 다룬다. 그러나 후에 설명할 lattice 패키지나 ggplot2 패키지처럼 방대하고 파워풀한 기능을 구현하는 것은 아니다. 다만 사용자정의 그래프를 만드는 방법의 제시를 통해서 소소한 기능의 데이터 시각화 기능을 수행할 수 있는 자신감을 키우고자 한다.

4.1 사용자정의 그래프를 위한 기초 지식

사용자정의 그래프를 구현하기 위해서는 R 그래프의 기초적인 지식을 학습해야 한다. 이는 이미 2장에서 어느 정도 다루었던 부분인데, 이번에는 좀 더 구체적으로 몇몇 기초적인 R의 그래픽 매커니즘을 살펴보기로 한다.

4.1.1 플롯 영역의 구조

2장의 그림 2.1은 R의 그래픽 장치로 출력되는 그래프의 구조를 도식화한 것이다. 이 그래프 구조에서 가장 핵심이 되는 부분은 실제로 시각화가 표현되는 플롯 영역(plot region)이다. 이 플롯 영역을 좀더 분해하면 그림 4.1과 같다.

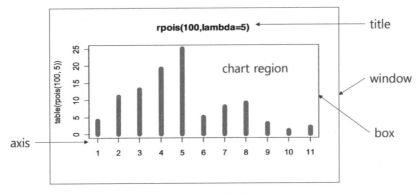

그림 4.1 플롯 영역의 대표적인 구조

플롯 영역의 대표적인 구조를 정리하면 다음과 같다.

· 윈도우(window): 플롯 영역이 표현되는 그래픽 윈도우 영역
· 차트 영역(chart region): 실제로 시각화 플롯이 출력되는 영역
· 박스(box): 차트 영역을 쉽게 구별하기 위해서 둘러친 사각형 영역
· 좌표축(axis): 그래프의 좌표 영역으로 축의 정보를 표현하는 영역
· 타이틀(title): 그래프의 제목 등을 출력하는 영역

그리고 플롯 영역의 대표적인 구조를 생성하는 함수와 기능을 정리하면 다음과 같다.

· 윈도우: plot.window( ) 함수, window를 만듦
· 차트 영역: 저수준 그래픽 함수들. 점, 선, 면 등을 이용해서 시각화함
· 박스: box( ) 함수. 상자를 그림
· 좌표축: Axis( ) 함수. 좌표축을 그림
· 타이틀: title( ) 함수. 그래프의 메인 타이틀(제목), 서브 타이틀(부제목), x-축 라벨, y-축 라벨을 출력함

4.1.2 플롯을 생성하는 순서

데이터 시각화 함수를 사용한다면 굳이 플롯을 생성하는 순서를 이해할 필요가 없지만, 사용자정의 플롯을 생성하기 위해서는 어떠한 과정을 거쳐 플롯이 생성되는지를 반드시 이해해야 한다.

4.1.2.1 1단계 - 새로운 그래픽 윈도우 생성

plot.new( ) 함수를 호출하여 마진(margins)을 포함한 빈 그래픽 윈도우를 만든다. 이때 내부적으로 par( ) 함수 등을 이용하여 전역 그래픽 인수(global graphics parameter)를 가져온다. 아직까지는 눈에 보이는 것은 없으며, 다만 시각화를 표현할 윈도우를 만들기만 한 것이다.

4.1.2.2 2단계 - 캔버스의 높이와 폭 정의 및 종횡비 지정

plot.window( ) 함수로 그래픽 윈도우의 높이 및 폭의 스케일(scale)을 지정한다. 이때 가로와 세로의 비율인 종횡비도 지정한다. 일반적으로 종횡비는 1로 정의한다. 또한 경우에 따라서는 log를 취한 축을 정의하기도 한다.

plot.window( ) 함수에서 그래픽 윈도우의 높이 및 폭의 스케일은 각각 ylim, xlim 인수로 지정하며, 종횡비는 asp 인수로 지정한다. log를 취하는 축은 log = "x"와 같이 정의한다.

4.1.2.3 3단계 - 플롯 그리기

저수준 그래픽 함수를 이용해서 차트 영역 안에 플롯을 그린다. 보통 점을 찍는 함수인 points( ) 함수, 선을 그리는 함수인 abline( ) 함수, lines( ) 함수 및 면을 그리는 함수인 rect( ) 함수, polygon( ) 함수 등을 사용한다.

4.1.2.4 4단계 - 플롯 꾸미기

axis(1, 1:4, LETTERS[1:4])와 같이 axis( ) 함수로 x-축, y-축 등 좌표축을 꾸민다. 그리고 메인 타이틀, 서브 타이틀, x-축 라벨, y-축 라벨 등 플롯에서 주석의 기능을 하는 정보를 만든다. 예를 들면 title(main="Histogram of score")와 같이 플롯의 메인 타이틀을 지정할 수 있다. 마지막으로 box( ) 함수로 차트 영역에 사각형으로 테두리를 그리기도 한다.

플롯을 생성하는 순서에 의거해서 저수준 그래픽 함수로 산점도에 단순 선형회귀[1]의 추정식에 해당하는 직선을 그려보자. 다음 예제는 저수준 그래픽 함수로 사용자정의 플롯을 그리는 기초적인 방법으로, 결과는 그림 4.2와 같다. 마치 캔버스 위에 화가가 그림을 그리는 것처럼 점과 선으로 멋진 그래프를 표현한 것이다.

```
> x <- seq(0, 1, length=10)
> set.seed(1)
> y <- 10 * x + rnorm(length(x))
> # 1단계 - 새로운 그래픽 윈도우 생성
> plot.new( )
> # 2단계 - 캔버스의 높이와 폭 정의 및 종횡비 지정
> plot.window(xlim = range(x), ylim = range(y))
> # 3단계 - 플롯 그리기
> points(x, y, col="blue", cex=1.2, pch=16)
```

1 　단순 선형회귀 모형(simple linear regression model)은 하나의 설명변수에 기반한 종속변수의 선형 상관관계를 가정하는 회귀분석이다.

```
> abline(lm(y~x), col="red")
> # 4단계 - 플롯 꾸미기
> axis(1)
> axis(2)
> title(main = "f(x)=10*x+e")
> title(ylab = "f(x)")
> title(xlab = "sequence")
> box( )
```

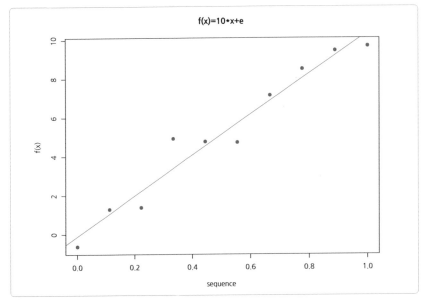

그림 4.2 저수준 그래픽 함수로 표현한 시각화 결과

4.2 사용자정의 플롯 그리기

저수준 그래픽 함수를 이용해서 시각화를 표현하거나, plot( ) 함수 등을 이용한 기초적인 시각화 표현 후 저수준 그래픽 함수로 의미 있는 정보를 추가로 표현하는 것을 '사용자정의 플롯'이라 한다. 여기서 사용자정의 플롯을 익숙하게 그리기 위한 다양한 방법의 시각화 표현 표현 방법을 제시한다.

4.2.1 삼각형의 내접원 그리기

이번에는 2.6.1의 원 그리기를 참고하여 삼각형의 내접원[2]을 그려보자. 다음 예제의 사용자정의 함수인 radius( )는 삼각형의 내접원을 그리는 함수로, 수행 결과는 그림 4.3과 같다.

2 　내접원(內接圓)은 어떤 2차원 다각형에 대해, 그 다각형의 변들을 원의 둘레(원주) 위에 가지고 있는 원을 뜻한다. 내접원의 중심은 내심이라고 한다. 모든 삼각형과 모든 정다각형에는 내접원이 존재하지만, 일반적으로 다각형에 내접원이 항상 존재하는 것은 아니다. http://ko.wikipedia.org/wiki/내접원 참조

```
> radius <- function ( ) {
    par(mfrow=c(1, 1), pty='s')
    plot(c(-1, 1), c(-1, 1), type='n', axes=F, xlab="", ylab="")
    angle <- (0:(10*6))/(10*6)*2*pi
    # 내접원을 그릴 좌표의 생성 및 내접원 그리기
    x1 <- cos(angle)/2
    y1 <- sin(angle)/2
    lines(x1, y1, col="blue")
    # 삼각형을 그릴 좌표의 계산
    x <- rep(0, 3)
    y <- rep(0, 3)
    for (i in 0:3) {
        x[i+1] <- cos(angle[i*20+1])
        y[i+1] <- sin(angle[i*20+1])
    }
    # 삼각형 그리기
    lines(x, y)
    # 원점 찍기
    points(0, 0, pch=19)
    # 정삼각형의 중심과 꼭지점간의 선 그리기
    lines(c(0, x[2]), c(0, y[2]))
    # 원의 반지름 표현하기
    lines(c(0, cos(pi)/2), c(0, 0), col="red", lwd=2)
    text(cos(pi)/4, -0.05, "반지름", cex=0.7)
    # 반지름을 구성하는 각도
    text(-0.15, 0.1, labels=expression(frac(pi, 2*n)), cex=0.8)
  }
> radius( )
```

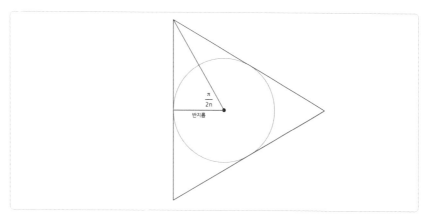

그림 4.3 삼각형의 내접원

4.2.2 원에 가까워지는 다각형

정다각형의 각의 수가 많아질수록 다각형의 모양은 원에 가까워진다. 그렇다면
정다각형의 내접원과 외접원[3]을 그릴 경우에는 각의 수가 많아질수록 내접원과
외접원의 크기가 비슷해질 것이다. 아마 정이십각형만 되더라도 사람의 눈으로
보기에는 내접원과 외접원이 같은 것으로 보일 수 있다.

---

3   외접원이란, 어떤 2차원 다각형에 대해, 그 다각형의 꼭지점들을 원주 위에 가지고 있는 원을
    뜻한다. 그 원의 중심은 외심이라고 한다. 일반적으로 다각형에 외접원이 항상 존재하는 것은
    아니다. http://ko.wikipedia.org/wiki/외접원 참조

연습문제 4.1

정삼각형, 정육각형, 정구각형, 정십이각형의 내접원과 외접원을 그려서 각의 수가 많을수록 내접원과 외접원의 크기가 비슷해짐을 증명하라.

다음 예제의 사용자정의 함수인 circle( ) 함수는 다각형의 내접원과 외접원을 그리는 함수다. 정삼각형, 정육각형, 정구각형, 정십이각형의 내접원과 외접원을 그려보면, 그림 4.4와 같이 표현된다. 정십이각형만 되더라도 내접원과 외접원의 크기가 비슷하게 보인다.

```
> # 사용자정의 함수 구현
> circle <- function (points) {
      par(pty='s')
      plot(c(-1, 1), c(-1, 1), type='n', axes=F, xlab="", ylab="")
      angle <- (0:(10*points))/(10*points)*2*pi
      # 내접원 좌표 구하기
      x1 <- cos(2*pi/(points*2))*cos(angle)
      y1 <- cos(2*pi/(points*2))*sin(angle)
      # 외접원 좌표 구하기
      x2 <- cos(angle)
      y2 <- sin(angle)
      # 내접원과 외접원 그리기
      lines(x1, y1, col="blue")
      lines(x2, y2)
      # 다각형 좌표 구하기
      x <- rep(0, points)
      y <- rep(0, points)
      for (i in 0:points) {
          x[i+1] <- cos(angle[i*10+1])
          y[i+1] <- sin(angle[i*10+1])
      }
      # 다각형 그리기
      lines(x, y, col="red", lwd=1.7)
  }
>
> op <- par(no.readonly = TRUE)
> par(mfrow=c(2,2))
> circle(3)
> circle(6)
> circle(9)
> circle(12)
> par(op)
```

4.2.3 레이더 플롯 그리기

원을 그리는 방법을 익혔으니 이를 응용하여 레이더 플롯(RADAR chart)[4]을 그려보자. 레이더 플롯은 대상의 성격을 설명하는 여러 개 지표들의 분포를 비교하는 시각화 도구인데, 대상 안에서 각각의 지표들 간의 점수 관계를 살펴보거

---

4   레이더 플롯은 어떤 측정 목표에 대한 평가항목이 여러 개일 때 사용한다. 일단 항목 수에 따라 원을 같은 간격으로 나누고, 중심으로부터 일정 간격의 동심으로 척도를 재는 칸을 나누어 각 평가항목의 정량화된 점수에 따라 그 위치에 점을 찍고 평가항목 간 점을 이어 선으로 만든다. 이를 통해 항목간 균형을 한눈에 볼 수 있도록 해준다. http://ko.wikipedia.org/wiki/레이더_도표

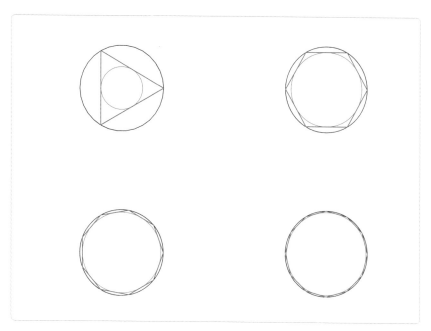

그림 4.4 원으로의 수렴

나 여러 대상 간의 특성 차이를 비교할 때 유용하게 사용된다. 이는 마치 다변량 분석에서 사용하는 스타 플롯(stars plot)과도 유사하다.

레이더 플롯을 그리기 위해서는 다음과 같은 단계로 작업을 수행한다.

1. 원을 그린다.
2. 지표의 개수만큼 원을 등간격으로 분할하여 원점으로부터 선을 그려 넣는다.
3. 원의 반지름의 크기를 만점으로 하여, 분할된 선 위에 개별 지표가 해당하는 환산된 점수 위치에 점을 찍는다.
4. 해당 지표의 점수를 나타내는 점들을 선으로 잇는다
5. 지표의 이름과 점수의 범례를 출력한다.

로스 이하카(Ross Ihaka)가 2003년에 뉴질랜드 오클랜드(auckland) 대학의 통계학 강의에서 출제한 기말고사 문제 중에 하나가 레이더 플롯을 R로 그리는 것이었는데, 그 모범 답안은 다음과 같다. 그려진 내용은 그림 4.5처럼 12개의 월도에 임의의 측도를 매핑한 레이더 플롯이다.

```
> temp <- c( 3.9, 4.4, 6.7, 8.9, 12.2, 15.6, 17.8, 17.2, 15.0, 10.6, 6.7, 4.4)
> month <- c("Jan", "Feb", "Mar", "Apr", "May", "Jun", "Jul", "Aug", "Sep", "Oct",
             "Nov", "Dec")
> op <- par(no.readonly = TRUE)
> plot.new( )
```

```
> par(mar=rep(0.1, 4))
> plot.window(xlim=c(-25, 25), ylim=c(-25, 25), asp=1)
> # 회색의 다각형을 만든다.
> theta <- seq(0, length=12, by=2 * pi/12)
> x <- temp * cos(theta)
> y <- temp * sin(theta)
> polygon(x, y, col = "lightgray")
> # 12개의 기준선(파선)을 그린다.
> segments(0, 0, 20 * cos(theta), 20 * sin(theta), lty="dotted")
> # 원을 그린다.
> segments(0, 0, 20 * cos(theta), 20 * sin(theta), lty="dotted")
> phi <- seq(3, 360 - 3, length = 72) * (pi/180)
> for (r in c(5, 10, 15))
        lines(r * cos(phi), r * sin(phi), lty="dotted")
> lines(20 * cos(phi), 20 * sin(phi))
> # 12월도 Text를 출력한다.
> text(24 * cos(theta), 23 * sin(theta), month)
> # 기준점수 Text를 출력한다.
> labs <- seq(5, 20, by=5)
> text(labs, rep(0, length(labs)), labs)
> par(op)
```

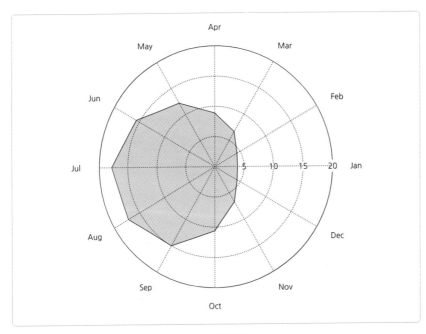

그림 4.5 레이더 플롯

4.3 사용자정의 그래픽 함수

일회성 작업으로 그린 플롯이 아닌, 유용한 기능을 가지고 있어 자주 사용할 가
능성이 높은 사용자정의 시각화는 함수로 만들어 두는 것이 좋다. 함수로 만들
어 놓으면 필요할 때마다 새로 코드를 작성할 필요 없이 함수의 호출로 쉽게 플
롯을 그릴 수 있기 때문이다. 이번에는 사용자정의 시각화 함수를 만드는 방법

을 제시한다.

4.3.1 함수 작성 시 주의사항

4.3.1.1 보편적인 인수 정의하기

사용자정의 그래픽 함수의 인수는 R의 데이터 시각화 함수(고수준 그래픽 함수)들의 인수와 유사하게 정의한다. 예를 들면 main, xlab, ylab과 같은 타이틀을 지정하는 인수와 col, cex, lwd와 같은 점과 선 등의 색상 그리고 문자 크기와 선 굵기 등을 지정할 수 있는 인수를 정의해야 한다. 이러한 인수를 사용할 수 없다면, 시각화의 결과는 사용자의 다양한 요구를 충족시킬 수 없을 것이다.

인수의 이름을 작명할 때에는 기존의 시각화 함수에서 비슷한 기능을 하는 인수 이름을 빌려 쓰는 것이 좋다. 그래야 사용자정의 그래픽 함수를 사용하는 사용자가 R의 시각화 함수의 사용 방법을 유추하여 쉽게 사용할 수 있으며, 그 사용 방법도 오래 기억할 수 있기 때문이다. 만약 색상을 지정하는 인수의 이름을 'col'이 아니라 'sack'이라고 정의한다면, 함수를 처음 접하는 사용자는 혼란에 빠지게 될 것이다.

4.3.1.2 변경된 그래픽 환경변수 되돌리기

사용자정의 그래픽 함수에서 par( ) 함수 등을 사용하여 전역 변수인 그래픽 환경변수를 변경할 경우에는 함수 종료 시 반드시 원래의 환경으로 복귀시켜야 한다. 전역 변수는 R 세션이 종료될 때까지 적용되므로, 사용자정의 함수에서 그래픽 환경 변수를 바꿀 경우에는 사용자정의 함수를 호출한 이후의 모든 시각화 함수에 적용된다. 그래서 사용자정의 함수가 아닌 R의 시각화 함수를 사용할 때에도 원치 않는 결과를 초래할 수도 있다. 그러므로 사용자정의 그래픽 함수에서는 반드시 on.exit( ) 함수를 사용하여 함수의 종료와 동시에 그래픽 환경변수를 이전 환경으로 돌려 놓아야 한다.

on.exit( )는 함수 수행 과정에서 오류가 발생할 때에도 반드시 실행되어야 할 코드를 수행해주는 함수이다. 예를 들어 on.exit( ) 함수를 사용하지 않고 그래픽 환경변수 값을 되돌리는 코드를 만들었다고 하자. 이때 만약 되돌리는 코드가 수행되기 이전에 에러가 발생하면, 해당 코드를 수행하지 않고 함수가 종료되어서 변경한 그래픽 환경변수가 되돌려지지 않을 수 있다. 그러므로 on.exit( ) 함수를 사용해서 에러가 발생해도 환경변수를 되돌릴 수 있도록 해야 한다.

그래픽 환경변수를 변경할 경우에는 다음의 절차로 변경된 그래픽 환경변수를 되돌리는 로직을 반영한다.

1. par( ) 함수로 현재의 그래픽 환경을 저장해둔다.

   예) op <- par(no.readonly = TRUE)

2. par( ) 함수로 그래픽 환경변수의 값을 수정한다.

   예) par(mar=c(1, 1, 2, 1))

3. on.exit( ) 함수와 par( ) 함수를 사용하여 저장한 환경변수의 값으로 그래픽
   환경변수의 값을 되돌리게 한다.

   예) on.exit(par(op))

4.3.1.3 유용한 정보 반환하기

많은 데이터 시각화 함수는 플롯을 그리는 동시에 플롯을 그리는 과정에서 계
산된 유용한 정보를 반환해서 데이터 분석에 활용할 수 있도록 도움을 준다. 시
각화 함수의 도움말 중에서 Value 태그가 정의되어 있다면, Value 태그에 설명
된 정보들이 플롯을 그리면서 반환되는 정보들이다. hist( ) 함수, boxplot( ) 함
수 등이 대표적인 정보 반환 시각화 함수다. 다만 이들 함수는 정보를 반환할 때
invisible( ) 함수를 사용하기 때문에 콘솔 창에 그 정보들이 출력되지 않을 뿐이
다. 정보를 반환는 것은 아주 유용한 기능이므로 가능하다면 데이터 집계 정보
등을 반환하기 위해 노력해야 한다.

4.3.2 날짜를 표현한 추이 그래프

날짜별로 지표의 추이를 그리고자 할 때 R에서 번거로운 점은 x-축에 날짜를 표
현하는 것이다. 데이터 분석에 최적화되어 있는 시각화 함수인 plot( ) 함수는 x-
축에 날짜를 표현하는 것에 인색하다. 날짜별로 한 개의 관측치로 구성된 n개
의 날짜에 대한 데이터를 그래프로 표현할 때 x-축의 틱 라벨은 단순하게 1부터
n까지의 인덱스(Index)로 표현되는 것이 일반적이다. 그러나 우리는 x-축의 틱
라벨에 인덱스가 아닌 날짜를 출력하고 싶다. plot( ) 함수의 xaxt 인수의 값을
"n"으로 지정하여 x-축 좌표의 눈금을 표현하지 않고 axis( ) 함수로 좌표의 눈금
에 날짜를 출력하면, 좌표축의 눈금에 쉽게 날짜를 표현할 수 있다. 그리고 추이
그래프의 특성을 반영해서 선형회귀직선 등을 덧그리면 훌륭한 추이 그래프를
그릴 수 있다.

여기서는 구현할 날짜를 포함한 추이 그래프는 x-축에 날짜와 같은 포맷의 정
보를 표현할 수 있는 방법을 제시한다.

4.3.2.1 날짜를 표현하지 않는 추이 그래프

날짜별로 지표의 추이를 담고 있는 가상의 데이터를 만들어 보자. 먼저 sample. log이라는 1000개의 관측치를 포함하는 가상의 데이터 프레임을 생성하자. dtime 변수는 "%Y-%m-%d %H:%m:%s" 포맷의 일자-시간의 정보이며, cnt는 임의의 정수 값이다. date.log 데이터 프레임은 sample.log를 일 집계한 데이터로 극단 값을 제거하기 위해서 처음 날짜와 마지막 날짜를 제외하였다.

```
> set.seed(1)
> d <- Sys.time( ) + sample(-5000:5000, size=1000) * 60 * 2
> set.seed(10)
> # "년-월-일 시:분:초" 포맷으로 가상의 데이터 생성
> sample.log <-
      data.frame(dtime=as.character(d),
                 cnt=sample(1:5, size=1000, replace=TRUE) + 1:1000)
> head(sample.log)
```

```
                dtime cnt
1 2014-10-19 15:10:08   4
2 2014-10-21 02:42:08   4
3 2014-10-23 21:34:08   6
4 2014-10-28 13:20:08   8
5 2014-10-18 17:52:08   6
6 2014-10-28 10:00:08   8
```

```
> # "년-월-일" 포맷으로 일자별 집계한 데이터 생성
> date.format <- strftime(sample.log$dtime, format="%Y-%m-%d")
> date.log <- aggregate(sample.log$cnt, list(date.format), sum)
> names(date.log) <- c("date", "cnt")
> date.log <- date.log[-c(1, NROW(date.log)), ]
> date.log
```

```
          date   cnt
2   2014-10-16 43497
3   2014-10-17 34745
4   2014-10-18 36096
5   2014-10-19 29553
6   2014-10-20 41719
7   2014-10-21 37899
8   2014-10-22 38475
9   2014-10-23 28737
10  2014-10-24 29130
11  2014-10-25 45160
12  2014-10-26 28408
13  2014-10-27 33484
14  2014-10-28 43893
```

기존 방식대로 plot( ) 함수로 이용해서 date.log를 그려보자. plot( ) 함수로 그린 그림 4.6을 보면 x-축의 라벨이 "Index"로 표기되어 있고 좌표의 눈금도 날짜로 표현되어 있지 않다.

```
> plot(date.log[, "cnt"], pch=16, main="plot( ) 함수를 이용한 추이 그래프")
```

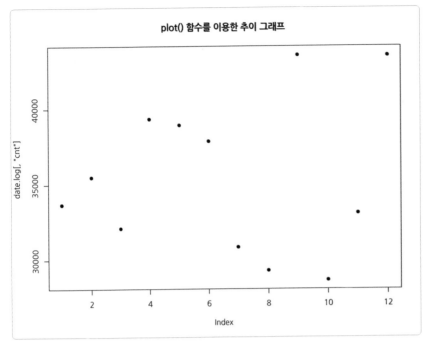

그림 4.6 plot( ) 함수를 이용한 추이그래프

4.3.3.2 날짜를 표현하는 추이 그래프

여기서는 날짜를 표현하는 추이 그래프를 그리는 사용자정의 그래픽 함수를 만든다. 함수의 이름은 trendPlot( )이며, 함수의 원형은 다음과 같다.

함수 원형 trendPlot()
```
lineChart(datetime, data, stats=c("length", "mean", "sum")[3], format="%Y-%m-%d",
          trend=c("no", "lm", "lowess", "all")[1], length.out=10, ...)
```

datetime

날짜와 시간을 표현하는 문자열 벡터 또는 Date-Time 클래스 객체의 벡터

data

표현하고자 하는 데이터

stats

데이터를 표현할 통계량을 선택한다. "length", "mean", "sum"을 사용할 수 있다. "length"는 format 인수의 기준으로 집계된 데이터의 건수를 의미하고 "mean", "sum"은 평균과 합계를 계산하여 그래프에 표현한다. 기본 값은 "sum"으로 합계를 표현한다.

format

표현하고자 날짜와 시간의 포맷. 기본 값은 "%Y-%m-%d"로 '년-월-일'의 포맷으로 집계하고 좌표축에 표시한다. %H, %M, %S는 각각 시, 분, 초를 의미한다. 그러므로 '년-월-일 시'를 표현한다면 포맷을 "%Y-%m-%d %H"를 기술하면 된다.

trend

그래프에 추가로 그릴 추세선의 종류를 기술한다. "no", "lm", "lowess", "all"을 사용할 수 있는데 각각 추세선 미추가, 선형회귀 추세선, 국소-가중 다항회귀 추세선, 두 가지 추세선 모두를 의미한다. 기본 값은 "no"이다.

length.out

x-축의 좌표축에 표현할 눈금의 개수를 지정한다. 기본 값은 10이다.

4.3.2.3 trendPlot( ) 함수의 소스

trendPlot( ) 함수의 소스는 다음과 같다. format 인수를 기준으로 데이터를 집계하기 위해서 사용한 aggregate( ) 함수의 사용 로직과 x-축의 좌표에 날짜 형식의 문자열 출력을 위한 plot( ) 함수와 axis( ) 함수의 사용 로직을 주의 깊게 살펴볼 필요가 있다.

```
trendPlot <- function(datetime, data, stats=c("length", "mean", "sum")[3],
                      format="%Y-%m-%d", trend=c("no", "lm", "lowess",
                      "all")[1], length.out=10, ...) {
  format.str <- strftime(datetime, format)
  data <- aggregate(data, list(format.str), as.name(stats))
  names(data) <- c("base", "stat")
  xlim <- c(1, NROW(data))
  ylim <- range(data[, "stat"])
  at <- seq(xlim[1], xlim[2], length.out=length.out)
  labels <- as.character(data[, "base"][at])
  plot(data[, "stat"], xlim=xlim, ylim=ylim, xaxt="n", ...)
  axis(1, at=at, labels=labels)
  if (trend=="lm" || trend=="all") {
    x <- xlim[1]:xlim[2]
    abline(lm(data[, "stat"]~x), lty=2, col=2, lwd=1.3)
  }
  if (trend=="lowess" || trend=="all") {
    x <- xlim[1]:xlim[2]
    if(trend=="all") {
      col=4
      lty=3
    }
    else {
      col=2
      lty=2
    }
    lines(lowess(data[, "stat"]), lty=lty, col=col, lwd=1.3)
  }
}
```

4.3.2.4 trendPlot( ) 함수의 예제

예제를 위해서 만든 가상의 데이터 sample.log를 사용하여 '년-월-일 시:분:초' 단위로 발생하는 로그의 일 평균에 대한 추이를 출력하는 그래프를 그리려고 한다. 일자별 집계를 위해서 format 인수는 기본 값을 그냥 사용하면 된다. 그리고 같은 날짜에 여러 데이터가 있으므로 같은 날의 대표 값으로 산술평균을 사용하기 위해서 stats 인수는 "means"을 사용한다. 예제의 결과는 그림 4.7과 같다.

```
> trendPlot(sample.log$dtime, sample.log$cnt, stats="mean", trend="all",
          pch=21, col=1, bg="blue",
          main="trend by date", xlab="date", ylab="mean")
```

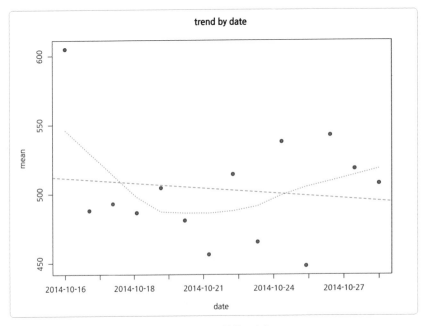

그림 4.7 trendPlot( ) 함수 예제 1

연습문제 4.2

date.log 데이터로 추이 그래프를 그려보자. 단, 건수의 합을 표현하고 데이터는 점과 선으로 연결한다.

다음과 같이 trendPlot( ) 함수를 이용하면 그림 4.8과 같은 결과를 얻는다. 이 예제에서는 type 인수에 "b"를 사용해서 점과 선으로 연결된 모양의 그래프를 만들었다. 그리고 stats 인수의 기본 값 "sum"을 적용하기 위해서 이 인수는 사용하지 않았다.

```
> trendPlot(date.log$date, date.log$cnt, trend="all", pch=21, col=1,
          bg="blue", type="b", main="trend by date", xlab="date",
          ylab="count")
```

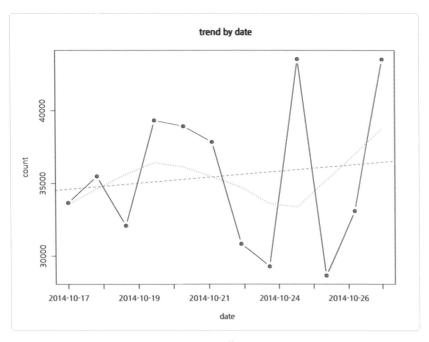

그림 4.8 trendPlot( ) 함수 예제 2

4.3.3 그림자와 입체감 있는 선 그래프

우리가 사용하는 R의 데이터 시각화 함수는 데이터 분석을 목적으로 설계되어서 출력 결과가 단순 간결하다는 특징을 가지고 있다. 그래서 예쁘게 치장한 플롯을 그릴 수 없다고 생각할 수 있다. 하지만 조금만 신경을 쓴다면 좀 더 그럴싸한 플롯을 만들 수 있다. 그러나 중요한 점은 예쁜 플롯보다는 단순하고 간결한 그래프가 더 유용한 플롯임을 명심하기 바란다.

이번에는 선에 입체감을 부여하고 그림자를 넣은 입체감 있는 선 그래프를 그리는 함수를 정의하자. 여기에는 다음과 같은 기능을 구현하기로 한다.

· 선에 입체감 넣기
· 선의 그림자 표현하기
· 그래프 영역에 배경색과 전경색 표현하기
· LOWESS[5] 추세선 추가하기

그림자를 표현하는 방법은 의외로 간단하다. 표시하고자 하는 점과 선의 좌표에서 오른쪽 하단으로 좌표 이동 후 점과 선을 그리는데, 이것이 그림자가 되는 것이다. 그 후 원래의 좌표 위에 점이나 선을 그리면 그림자가 표현된다. 이때 그

---

5   locally-weighted polynomial regression. 국소-가중 다항회귀

림자와 원래 데이터를 구분하려면, 그림자는 회색 계열의 색으로 출력하면 된다. 오른쪽 하단에 그림자를 그리므로 광원은 좌측 상단에 있는 셈이다. 그림자의 위치가 반드시 오른쪽 하단에 있을 필요는 없지만 이 위치가 편안하게 플롯을 해석할 수 있는 안정감을 준다.

선에 입체감을 넣는 방법도 의외로 간단하다. 선을 그리는 lines( ) 함수로 선을 그릴 때 선의 굵기를 지정하는 lwd 인수를 응용하면 된다. 동일한 위치에 선을 그리는데, 먼저 굵게 선을 그리고, 그 위에 좀 더 가는 선을 몇 개 그려나가면 된다. 이때 중요한 것은 굵은 선의 색상에서 가는 선의 색상으로 갈수록 밝은 색을 나타내도록 그라데이션 효과를 주어야 한다는 것이다.

4.3.3.1 lineChart( ) 함수의 원형

위 두 가지 아이디어를 구현한 lineChart( ) 함수의 함수 원형은 다음과 같다.

함수 원형 lineChart( )

```
lineChart(x, y=NULL, shadow=F, axes=T, main=NULL, sub=NULL, xlab=NULL, ylab=NULL,
        col=1, log="", xlim=NULL, ylim=NULL, bg="gray", fg="gray95", asp=NULL,
        lowess=F, ...)
```

x, y

선 그래프를 그릴 데이터의 좌표를 지정한다. x는 x-축의 위치를 y는 y-축의 위치를 나타내는데, 이 좌표점을 잇는 선분들이 선 그래프를 구성한다.

shadow

그림자의 출력 여부를 지정한다. 기본 값은 FALSE로 TRUE면 선 아래 그림자를 출력한다.

lowess

국소-가중 다항회귀 추세선의 추가 여부를 지정한다. 기본 값은 FALSE로 TRUE면 추세선을 출력한다.

fg, bg

그래프의 배경색과 전경색을 지정한다. 기본 값은 각각 "gray"와 "gray95"다.

4.3.3.2 lineChart( ) 함수의 소스

lineChart( ) 함수의 소스는 다음과 같다. lowess 인수에 따라 추세선을 추가하고, shadow 인수에 따라 그림자를 추가하는 로직을 주의 깊게 살펴보기 바란다.

```
lineChart <- function(x, y=NULL, shadow=F, axes=T, main=NULL, sub=NULL,
                       xlab=NULL, ylab=NULL, col=1, log="", xlim=NULL,
                       ylim=NULL, bg="gray", fg="gray95", asp=NULL,
                       lowess=F, ...) {
  op <- par(no.readonly = TRUE)
  par(bg=bg)
  on.exit(par(op))
  xlabel <- if (!missing(x)) deparse(substitute(x))
  ylabel <- if (!missing(y)) deparse(substitute(y))
  xy <- xy.coords(x, y, xlabel, ylabel)
  xlab <- if (is.null(xlab)) xy$xlab else xlab
  ylab <- if (is.null(ylab)) xy$ylab else ylab
  xlim <- if (is.null(xlim)) range(xy$x[is.finite(xy$x)]) else xlim
  ylim <- if (is.null(ylim)) range(xy$y[is.finite(xy$y)]) else ylim
  plot.new( )
  plot.window(xlim, ylim, log, asp, ...)
  plot.xy(xy, type="n", ...)
  usr <- par("usr")
  rect(usr[1], usr[3], usr[2], usr[4], col=fg, border = NA)
  lwds <- c(8, 6, 4, 1)
  cols <- cbind(c("red2", "orangered", "palevioletred", "white"),
                c("chocolate", "darkorange", "gold", "white"),
                c("darkgreen", "forestgreen", "limegreen", "white"),
                c("darkcyan", "cyan4", "cyan", "white"),
                c("dodgerblue3", "mediumblue", "lightsteelblue2", "white"),
                c("darkviolet", "mediumorchid", "violet", "white"))
  if (lowess) {
    if(shadow) points(xy$x + xinch(.05), xy$y - yinch(.05), cex=1.2,
                      pch=16, col="lightgray")
    points(xy, pch=21, bg="dodgerblue", col="blue", cex=1.2)
    lowess.fit <- lowess(x,y)
    if(shadow) lines(lowess.fit$x + xinch(.05), lowess.fit$y - yinch(.05),
                     lwd=8, col="lightgray")
    lines(lowess.fit, lwd = lwds[1], col = cols[1, col])
    lines(lowess.fit, lwd = lwds[2], col = cols[2, col])
    lines(lowess.fit, lwd = lwds[3], col = cols[3, col])
    lines(lowess.fit, lwd = lwds[4], col = cols[4, col])
  }
  else {
    if(shadow) lines(xy$x + xinch(.1), xy$y - yinch(.1), lwd=8,
                     col="lightgray")
    lines(xy, lwd = lwds[1], col = cols[1, col])
    lines(xy, lwd = lwds[2], col = cols[2, col])
    lines(xy, lwd = lwds[3], col = cols[3, col])
    lines(xy, lwd = lwds[4], col = cols[4, col])
  }
  if (axes) {
    Axis(if (is.null(y)) xy$x else x, side = 1, ...)
    Axis(if (is.null(y)) x else y, side = 2, ...)
  }
  box( )
  title(main = main, sub = sub, xlab = xlab, ylab = ylab)
}
```

4.3.3.3 lineChart( ) 함수의 예제

다음은 lineChart( ) 함수의 실행 예제다. 예제를 실행하면 그림 4.9와 같은 결과를 얻을 수 있다. shadow 인수가 TRUE여서 선에 그림자가 출력되었다. 전경색은 "seashell"로 배경색은 "lightcyan"로 설정하였다.

```
> set.seed(7)
> lineChart(rnorm(30), shadow=TRUE, main="custom line chart", fg="seashell",
            bg="lightcyan")
```

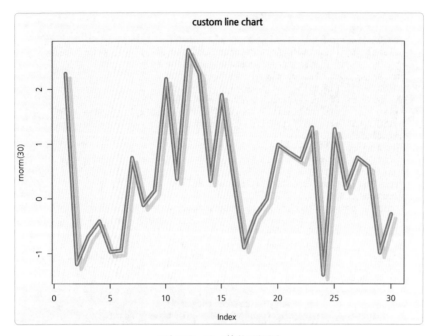

그림 4.9 lineChart( ) 함수의 예제

연습문제 4.3

cars 데이터 프레임의 속도 변수 speed에 따른 제동거리 변수 dist의 분포를 산점도로 그리고, 추세선을 추가하여라.

속도를 나타내는 변수 speed에 따른 제동거리 변수 dist의 분포를 산점도로 그리고, 추세선을 추가하는 예제는 다음과 같이 간단하게 수행할 수 있다. 결과인 그림 4.10을 보면 그림자와 추세선의 입체감이 잘 표현되었음을 알 수 있다. shadow 인수가 TRUE여서 데이터의 위치를 나타내는 점과 추세선에 그림자가 출력되었다. 또한 lowess 인수도 TRUE여서 입체감 있는 국소-가중 다항회귀 추세선이 그려졌다.

```
> lineChart(cars$speed, cars$dist, col=3, lowess=TRUE, shadow=TRUE,
            main="lowess by cars data", fg="lightcyan", bg="peachpuff")
```

4.3.4 산점도를 품은 박스 플롯

산점도의 x-축과 y-축에 박스 플롯을 추가하면 두 변수의 관계를 파악함과 동시에 x-축과 y-축의 데이터의 분포를 좀 더 구체적으로 파악할 수 있어 유용하다. 그리고 필자는 이 시각화 도구를 편의상 '산점도를 품은 박스 플롯'이라 부르겠다.

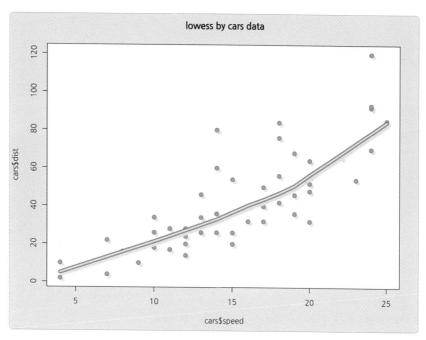

그림 4.10 lineChart( ) 함수의 예제 2

산점도를 품은 박스 플롯을 그리기 위해서는 화면을 분할한 후 분할된 영역에 산점도와 x-축과 y-축의 박스 플롯을 그려야 한다. 그런데 그래픽 환경변수를 설정하는 par( ) 함수에서 mfrow와 mfcol 인수는 화면을 등 간격으로 행과 열을 나누므로 박스 플롯을 포함한 산점도를 그리기에는 부족하다.

4.3.4.1 layout( ) 함수를 이용한 플롯 영역의 분할

layout( )은 플롯 영역을 분할하는 함수다. 분할하는 각 영역의 크기를 사용자가 정의할 수 있기 때문에 산점도를 품은 박스 플롯을 그리기에 적당한 도구다. layout( ) 함수는 플롯 영역을 분할하여 여러 개의 그림 영역(figure region)을 생성하는 룰을 지정하는 mat 인수와 각 영역의 너비를 정의하는 widths, 높이를 정의하는 heights 인수를 가지고 있다. mat 인수는 0 이상의 정수 값을 갖는 수치 행렬을 사용하는데 행렬의 원소는 그림 영역을 의미한다. 단, 원소의 값이 0이면 그 위치의 그림 영역은 사용하지 않으며, 동일한 정수를 갖는 셀(원소)들은 묶어서 하나의 그림 영역으로 합친다. 그리고 지정한 정수는 데이터 시각화 함수가 그려지는 순서를 나타낸다. 즉 정수의 값이 1, 2, 3이라면 그 순서대로 해당 그림 영역에 순서대로 플롯을 그린다.

layout.show( )는 layout( )으로 정의한 플롯 영역의 분할 내용을 보여주는 함수로, 사용자가 정의한 플롯 영역을 분할하여 여러 개의 그림 영역을 생성하는 룰이 올바른가를 파악할 때 유용하게 사용할 수 있다. 인수는 보여주는 그림 영역의 개수를 의미하는 n이 있다. 실제로 산점도를 품은 박스 플롯을 구현하는 함수를 정의할 때에는 layout.show( ) 함수를 사용하지 않아야 한다.

다음은 산점도를 품은 박스 플롯을 그리기 위하여 layout( ) 함수로 플롯 영역의 분할한 예제이다. 여기서 각 레이아웃(layout)의 용도는 다음과 같고, 수행 결과는 그림 4.11과 같다.

· 1: 산점도 영역
· 2: x-축 라벨 영역
· 3: y-축 라벨 영역
· 4: x-축 박스 플롯 영역
· 5: y-축 박스 플롯 영역
· 6: 메인 타이틀 영역

```
> layout(mat = rbind(c(0,6,6,6,0),
                     c(0,0,4,0,0),
                     c(3,0,1,5,0),
                     c(0,0,0,0,0),
                     c(0,0,2,0,0)),
        height = c(lcm(2), lcm(2), 1, lcm(2),lcm(1)),
        width = c(lcm(1), lcm(2), 1, lcm(2), lcm(1)))
> layout.show(6)
> box("outer", lty = "dotted")
```

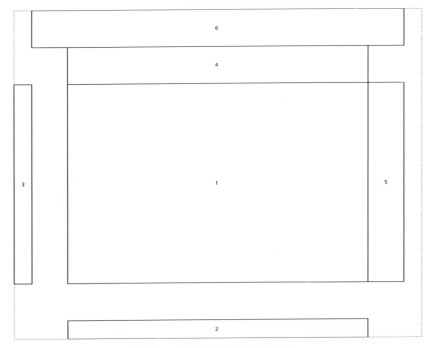

그림 4.11 산점도를 품은 박스 플롯 레이아웃

4.3.4.2 boxScatter( ) 함수의 원형

layout( ) 함수를 이용한 화면 분할의 아이디어로 구현한 boxScatter( )라는 이름의 함수 원형은 다음과 같다.

boxScatter( )

```
boxScatter(x, y, main="Boxplot and Scatterplot", pch=16, bpch=16,
        col=1, bcol=0, xlab = NULL, ylab = NULL, ...)
```

x, y

산점도를 품은 박스 플롯을 그릴 데이터를 지정한다.

main, xlab, ylab

메인 타이틀, x-축 라벨, y-축 라벨을 지정한다.

pch, bpch

pch는 산점도의 점의 모양을 나타내는 문자를 지정하고 bpch는 박스 플롯에서 점의 모양을 나타내는 문자를 지정한다.

col, bcol

col은 산점도의 점의 색상을 지정하고, bcol은 박스 플롯에서의 점의 색상을 지정한다.

4.3.4.3 boxScatter( ) 함수의 소스

boxScatter( ) 함수의 소스는 다음과 같다. layout( ) 함수에서 지정한 레이아웃 순서에 따라 데이터 시각화 함수의 결과가 그려지는 것을 주의 깊게 살펴보기 바란다.

```
boxScatter <- function (x, y, main="Boxplot and Scatterplot", pch=16,
                        bpch=16, col=1, bcol=0, xlab = NULL,
                        ylab = NULL, ...) {
  op <- par(no.readonly = TRUE)
  layout(rbind(c(0,6,6,6,0),
               c(0,0,4,0,0),
               c(3,0,1,5,0),
               c(0,0,0,0,0),
               c(0,0,2,0,0)),
         height = c(lcm(2), lcm(2), 1, lcm(2),lcm(1)),
         width = c(lcm(1), lcm(2), 1, lcm(2), lcm(1)))
  par(mar = rep(0, 4), cex = 1)
  on.exit(par(op))
  plot(x, y, las = 1, type="p", pch=pch, col=col, ...)
  xlabel <- if (!missing(x)) deparse(substitute(x))
  ylabel <- if (!missing(y)) deparse(substitute(y))
  xlab <- if (is.null(xlab)) xlabel else xlab
  ylab <- if (is.null(ylab)) ylabel else ylab
  plot.new( )
```

```
    plot.window(xlim = c(0, 1), ylim = c(0, 1))
    text(.5, .5, xlab)
    plot.new( )
    plot.window(xlim = c(0, 1), ylim = c(0, 1))
    text(.5, .5, ylab, srt=90)
    boxplot(x, horizontal=TRUE, axes=FALSE, pch=bpch, col=bcol)
    boxplot(y, axes=FALSE, pch=bpch, col=bcol)
    plot.new( )
    plot.window(xlim = c(0, 1), ylim = c(0, 1))
    text(.5, .25, main, cex = 1.5, font = 2)
}
```

4.3.4.4 boxScatter( ) 함수의 예제

cars 데이터 프레임에서 속도를 나타내는 변수 speed에 따른 제동거리 변수 dist 의 분포를 산점도로 표현하고, 산점도 주변에 속도 및 제동거리의 분포를 박스 플롯으로 표현해보자. 다음 예제의 결과는 그림 4.12에서 산점도와 박스 플롯이 두 변수 간의 관계와 개별 변수 안에서의 데이터 분포 등을 포함하여 잘 설명하 고 있다.

```
> boxScatter(cars$speed, cars$dist, xlab="Speed (mph)",
             ylab="Stopping distance (ft)",
             main="Speed and Stopping Distances of Cars",
             col="blue", bcol="lightgray", cex=1.2)
```

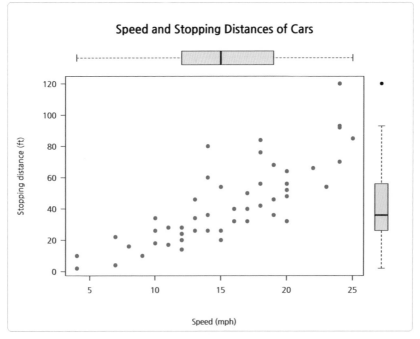

그림 4.12 boxScatter( ) 함수의 예제 1

layout( ) 함수의 도움말에는 boxScatter( ) 함수의 기능과 유사하게 산점도를 그리고, 그 주변에 x-축과 y-축에 대해 히스토그램을 그리는 예제가 수록되어 있다. boxScatter( )처럼 여러분도 사용자정의 함수를 만들어 보기 바란다.

연습문제 4.4

USArrests 데이터 프레임의 속도 변수 Murder와 변수 Assault로 산점도를 품은 박스 플롯을 그리자.

다음 예제를 수행하면 그림 4.13이 나오는데, 산점도의 점의 색상과 박스 플롯의 색상을 달리 하여 그려본 것이다.

```
> boxScatter(USArrests$Murder, USArrests$Assault,
             xlab="Murder arrests (per 100,000)",
             ylab="Assault arrests (per 100,000)",
             main="Violent Crime Rates by US State",
             col="black", bcol="lightblue", cex=1.2)
```

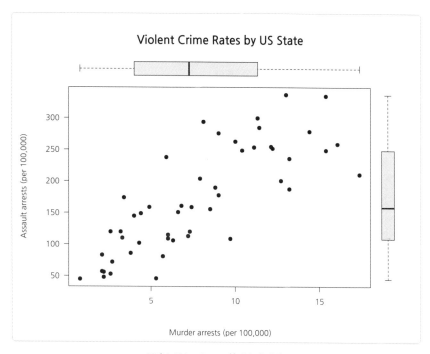

그림 4.13 boxScatter( ) 함수의 예제 2

4.3.5 피라미드 플롯

피라미드 플롯(pyramid plots)은 인구의 연령 분포를 표시하는 데 유용하게 사용할 수 있는 시각화 방법이다. 여기서는 연령이나 연령대의 범주 안에서의 도수나 상대 비율을 막대 그래프를 눕혀서 표현한다. 또한 남성과 여성의 두 가지 성별을 동일한 연령대로 배치하여 성별 연령대별 인구의 분포를 비교할 수 있다. 피라미드 플롯은 비교하려는 범주 수준(levels)별 막대 그래프를 두 수준을 갖는 서브 범주 기준으로 좌우에 배치하여 서브 범주에 안에서 수준별 도수를 비교할 때 유용한 시각화 도구다. 피라미드 플롯은 막대 그래프를 두 벌 만들어서 비교하므로 한쌍의 막대 그래프(paired bar plot) 정도로 이해하면 쉬운데, layout( ) 함수로 쉽게 정의할 수 있다. 두 수준의 막대 그래프를 좌우에 배치하도록 그림 영역 (figure region)을 만든 후 좌우 영역에 막대 그래프를 그리면 된다.

4.3.5.1 layout( ) 함수를 이용한 플롯 영역의 분할

다음은 피라미드 플롯을 그리기 위하여 layout( ) 함수로 플롯 영역의 분할한 예 제로, 레이아웃의 용도를 표현한다. 수행 결과는 그림 4.14와 같다.

- 1: 좌측 막대 그래프 영역
- 2: 우측 막대 그래프 영역
- 3: 좌측 막대 그래프의 라벨(서브 범주의 수준) 출력 영역
- 4: 우측 막대 그래프의 라벨(서브 범주의 수준) 출력 영역
- 5: 막대 그래프의 수준 이름 출력 영역
- 6: 메인 타이틀 영역
- 7: 서브 타이틀 영역으로 막대 그래프로 표현할 변량을 설명한다.

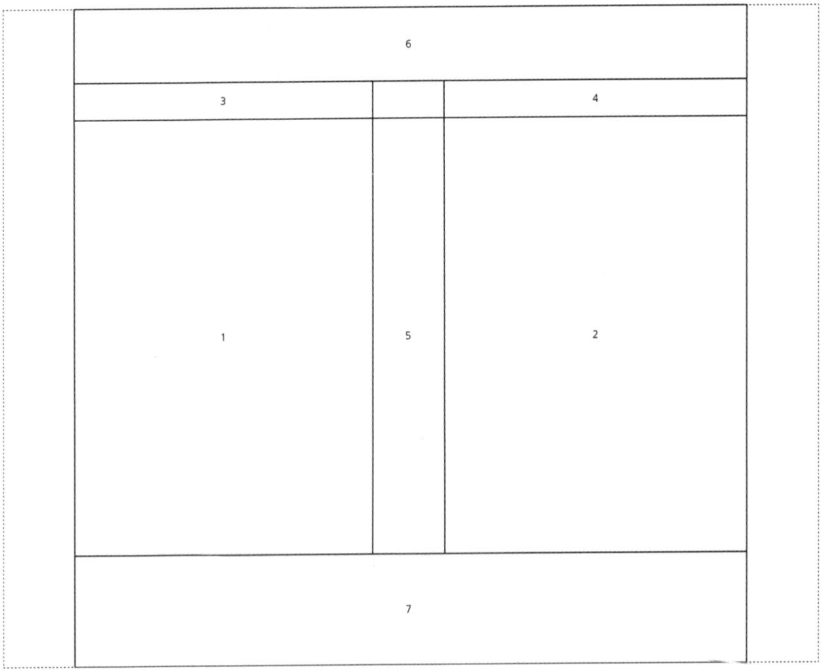

그림 4.14 피라미트 플롯의 레이아웃

```
> layout(matrix(c(0,6,6,6,0,
                  0,3,0,4,0,
                  0,1,5,2,0,
                  0,7,7,7,0), nc = 5, byrow = TRUE),
       widths = c(lcm(2), 1, lcm(2), 1, lcm(2)),
       heights = c(lcm(2), lcm(1), 1, lcm(3)))
> layout.show(7)
> box("outer", lty = "dotted")
```

4.3.5.2 plotPairBar( ) 함수의 원형

피라미트 플롯을 구현한 plotPairBar( )라는 이름의 함수 원형은 다음과 같다.

함수 원형 plotPairBar( )

```
plotPairBar(left, right, level, main = NULL, sub = NULL, l.lab = NULL,
           r.lab = NULL, l.col = "lightsalmon", r.col="lightblue")
```

left, right

좌측과 우측에 출력할 막대 그래프를 그릴 데이터

level

막대 그래프를 그릴 범주 변수의 이름

main, sub

메인 타이틀과 서브 타이틀을 지정한다.

l.lab, r.lab

좌측과 우측에 출력할 막대 그래프의 수준 이름을 지정한다.

l.col, r.col

좌측과 우측에 출력할 막대 그래프의 막대 색상을 지정한다. 기본 값은 각각
"lightsalmon"와 "lightblue"이다.

4.3.5.3 plotPairBar( ) 함수의 소스

plotPairBar( ) 함수의 소스는 다음과 같다. 함수 내에서 정의한 plothist( ) 함수
의 사용법을 주의 깊게 살펴볼 필요가 있다. 특히 좌측의 막대 그래프를 그리는
plothist( ) 함수에서는 rev 인수 값이 TRUE고, 우측에서는 FALSE가 됨을 반드
시 기억해야 한다.

```
plotPairBar <- function(left, right, level, main = NULL, sub = NULL,
                        l.lab = NULL, r.lab = NULL,
                        l.col = "lightsalmon", r.col="lightblue")
{
  plothist <-
    function (height, width = 1, density = NULL, angle = 45, col = NULL,
              rev = F, border = par("fg"), xlim = NULL, ylim = NULL,
              offset = 0)
    {
      NR <- if (is.vector(height)) 1 else nrow(height)
      NC <- if (is.vector(height)) length(height) else ncol(height)
      width <- rep(width, length.out = NC)
      offset <- rep(as.vector(offset), length.out = length(width))
      height <- if (is.vector(height)) rbind(0, height)
      else rbind(0, apply(height, 2L, cumsum))
      rAdj <- offset + (-0.01 * height)
      delta <- width/2
      w.r <- cumsum(width)
      w.m <- w.r - delta
      w.l <- w.m - delta
      if (is.null(xlim))
        xlim <- range(rAdj, height + offset, na.rm = TRUE)
      if (is.null(ylim))
        ylim <- c(min(w.l), max(w.r))
      if(rev) xlim <- rev(xlim)
      plot.new( )
      plot.window(xlim, ylim)
      usr <- par("usr")
      abline(v=seq(usr[1], usr[2], length.out=6), col="lightgray")
      abline(h=seq(usr[3], usr[4], length.out=9), col="lightgray")
      for (i in 1L:NC) {
        rect(height[1L:NR, i] + offset[i], w.l[i],
             height[-1, i] + offset[i], w.r[i], angle = angle,
             density = density, col = col, border = border)
      }
      axis(1)
      box( )
    }
  op <- par(no.readonly = TRUE)
  layout(matrix(c(0,6,6,6,0,
                  0,3,0,4,0,
                  0,1,5,2,0,
                  0,7,7,7,0),
                nc = 5, byrow = TRUE),
         widths = c(lcm(2), 1, lcm(2), 1, lcm(2)),
         heights = c(lcm(2), lcm(1), 1, lcm(3)))
  par(mar = rep(0, 4), cex = 1)
  on.exit(par(op))
  llabel <- if (!missing(left))
    deparse(substitute(left))
  rlabel <- if (!missing(right))
    deparse(substitute(right))
  l.lab <- if (is.null(l.lab))
    llabel
  else l.lab
  r.lab <- if (is.null(r.lab))
    rlabel
  else r.lab
  main <- if (is.null(main))
    paste(l.lab, r.lab, sep=" vs ")
  else main
  sub <- if (is.null(sub))
    "counts"
```

```
        else sub
        plothist(left, col=l.col, rev=T)
        plothist(right, col=r.col)
        plot.new( )
        plot.window(xlim = c(0, 1), ylim = c(0, 1))
        text(.5, .5, l.lab)
        plot.new( )
        plot.window(xlim = c(0, 1), ylim = c(0, 1))
        text(.5, .5, r.lab)
        plot.new( )
        plot.window(xlim = c(0, 1), ylim = c(0, 1))
        ypos <- seq(0, 1, length.out=length(level))
        ypos <- seq(0 + mean(diff(ypos)) / 2, 1 - mean(diff(ypos)) / 2,
                    length.out=length(level))
        text(.5, ypos, level)
        plot.new( )
        plot.window(xlim = c(0, 1), ylim = c(0, 1))
        text(.5, .2, main, cex=1.5)
        plot.new( )
        plot.window(xlim = c(0, 1), ylim = c(0, 1))
        text(.5, .2, sub)
}
```

4.3.5.4 plotPairBar( ) 함수의 예제

통계청에서는 5년마다 인구 센서스 조사를 수행하고 해당 정보를 홈페이지를 통해서 제공하고 있다. 필자가 통계청의 인구 센서스 데이터를 다운 받아서 R의 데이터 파일로 가공하였다. 다음 예제는 1970년도 서울의 남녀 성별로 연령대의 인구 분포를 나타내는 피라미드 플롯을 작성한 것인데, 결과는 그림 4.14처럼 출력된다. 해당 데이터는 하단에 링크한 필자의 드롭박스에서 다운 받은 후 사용하기 바란다.

> **팁: Dropbox의 R 데이터 파일 불러오기**
>
> Dropbox를 이용해서 데이터를 공유하는 방법이 유용하게 사용되곤 한다. 그런데 필자들이 가끔 사용하던 방법[6]으로 이진(Binary) 파일인 R 데이터 불러 오기에서 오류가 발생하기 시작하였다. 아마 Dropbox에서 SSL인 https만 지원되는 것으로 정책이 바뀐 것 같다. 그래서 RCurl 패키지를 이용해서 getDropboxRData( )라는 이름의 함수를 만들었다. 수행과 동시에 다운로드 후 바로 R로 데이터를 읽어 들이므로 간단하게 활용할 수 있을 것이다.

getDropboxRData( ) 함수는 다음과 같다.

```
> getDropboxRData <- function(URL) {
      require(RCurl)
      # URL로부터 바이너리 정보 다운로드
      bin <- getBinaryURL(URL, ssl.verifypeer=FALSE)
      # 파일 이름 추출하기
```

---

6   load(url("http://dl.dropboxusercontent.com/u/46305178/datas/population.info.RData"))

```
        strs <- strsplit(URL, "/")[[1]]
        fname <- strs[length(strs)]
        # URL로부터의 파일 정보 기술
        con <- file(fname, open="wb")
        # 이진 파일로 출력하기
        writeBin(bin, con)
        # 이진 파일 닫기
        close(con)
        # R Data 파일 불러 들이기
        load(file=fname, envir = parent.frame( ), verbose=TRUE)
    }
```

getDropboxRData( ) 함수로 인구 센서스 데이터를 가져오고, 이를 집계하여 피라미드 그래프를 그렸다. population.info 데이터 프레임을 xtabs( ) 함수를 사용하여 1970년도의 서울 지역의 남녀 인구를 집계하였고, 결과는 그림 4.15와 같다.

```
> getDropboxRData("https://dl.dropboxusercontent.com/u/46305178/datas/population.info.
                RData")
Loading objects:
  population.info
>
> # 데이터 건수와 변수의 개수
> dim(population.info)
```

```
[1] 3888    5
```

```
> # 몇 건의 데이터 조회
> head(population.info)
```

```
  year    region age.group gender frequency
1 1970 Gangwon-do    00~04   male    146701
2 1970 Gangwon-do    00~04 female    137419
3 1970 Gangwon-do    05~09   male    150569
4 1970 Gangwon-do    05~09 female    139755
5 1970 Gangwon-do    10~14   male    139304
6 1970 Gangwon-do    10~14 female    127247
```

```
> # 데이터의 구조 파악
> str(population.info)
```

```
'data.frame':   3888 obs. of  5 variables:
 $ year     : Factor w/ 8 levels "1970","1975",..: 1 1 1 1 1 1 1 1 1 1 ...
 $ region   : Factor w/ 16 levels "Busan","Chungcheongbuk-do",..: 6 6 6 6 6 6 6 6 6 6 ...
 $ age.group: Factor w/ 18 levels "00~04","05~09",..: 1 1 2 2 3 3 4 4 5 5 ...
 $ gender   : Factor w/ 2 levels "female","male": 2 1 2 1 2 1 2 1 2 1 ...
 $ frequency: int  146701 137419 150569 139755 139304 127247 85470 76604 58973 55609 ...
```

```
> # 1970년도 서울의 남성 인구 집계
> male <- xtabs(frequency~gender+age.group, data=population.info,
            subset=gender=="male" & year=="1970" & region=="Seoul",
            drop.unused.levels=TRUE)
> # 1970년도 서울의 여성 인구 집계
> female <- xtabs(frequency~gender+age.group, data=population.info,
            subset=gender=="female" & year=="1970" & region=="Seoul",
            drop.unused.levels=TRUE)
> # 1970년도 서울의 인구 피라미드
> plotPairBar(male, female, names(male[1, ]), main="Korea census(seoul, 1970)",
        sub="population counts")
```

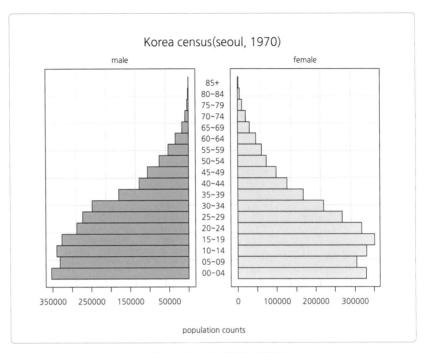

그림 4.15 plotPairBar( ) 함수의 예제 1

연습문제 4.5

DescTools 패키지의 PlotPyramid( )는 피라미드 플롯을 그리는 함수이다. R 도움말 페이지에 수록된 두 번째 예제의 인구 피라미드를 PlotPyramid( ) 함수로 그려보자.

다음 예제를 수행하면, 그림 4.16과 같은 그림이 그려진다. 연령 구간이 국내 인구 센서스의 구간과 동일함을 알 수 있다.

```
> # DescTools 패키지의 로드, 없으면 설치 후 로드
> if (!require(DescTools)) {
      install.packages("DescTools")
      require(DescTools)
  }
> m.pop<-c(3.2,3.5,3.6,3.6,3.5,3.5,3.9,3.7,3.9,3.5,
          3.2,2.8,2.2,1.8,1.5,1.3,0.7,0.4)
> f.pop<-c(3.2,3.4,3.5,3.5,3.5,3.7,4,3.8,3.9,3.6,3.2,
          2.5,2,1.7,1.5,1.3,1,0.8)
> age <- c("0-4","5-9","10-14","15-19","20-24","25-29",
          "30-34","35-39","40-44","45-49","50-54",
          "55-59","60-64","65-69","70-74","75-79","80-44","85+")
> # 인구 피라미드 그리기
> x <- PlotPyramid(m.pop, f.pop, ylab = age, space = 0,
                  col = c("cornflowerblue", "indianred"),
                  main="Age distribution at baseline of HELP study",
                  lxlab="male", rxlab="female" )
```

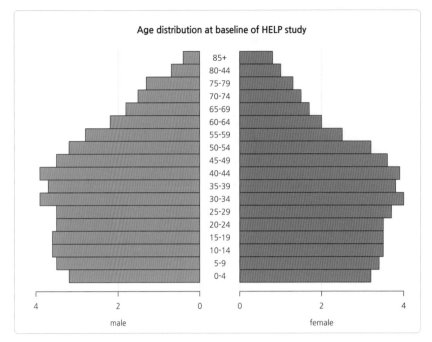

그림 4.16 DescTools::PlotPyramid( ) 함수의 예제

연습문제 4.6

PlotPyramid( ) 함수에서 생성한 m.pop, f.pop, age 벡터를 plotPairBar( ) 함수를 이용하여 그림 4.16과 동일한 모양의 인구 피라미드를 그려보자.

다음 예제를 수행하면, 그림 4.17이 그려진다. 격자와 박스의 모양을 빼면, 4.16과 거의 동일하게 출력된다.

```
> plotPairBar(m.pop, f.pop, age,
              main="Age distribution at baseline of HELP study",
              sub="", l.lab="male", r.lab="female", l.col="cornflowerblue",
              r.col="indianred")
```

4.3.6 주제도-산점도

특정한 목적으로 주어진 주제의 통계 값을 그림 또는 그래프 등으로 지도에 그려 넣어서 완성한 통계 지도를 주제도[7]라 한다. 최근에는 구글 맵(Google Maps)과 같은 오픈된 지도 서비스와 해당 서비스를 연동할 수 있는 Open API 들을 제공하기 때문에 상용 소프트웨어 없이 쉽게 주제도를 작성할 수 있다.

RgoogleMaps 패키지는 구글 맵 이미지(Google Maps Image) API 중에서 정적 맵(Static Maps) API로 구글 맵에서 원하는 위치의 정적 이미지를 다운로드

---

7   http://ko.wikipedia.org/wiki/지도의_종류

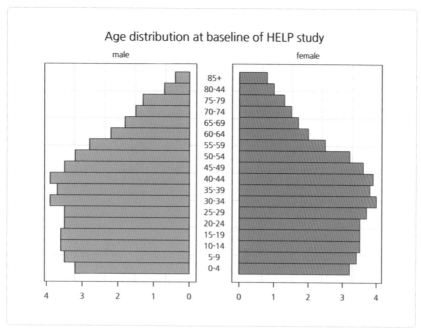

그림 4.17 plotPairBar( ) 함수의 예제 2

한 후, R의 저수준 그래픽 함수 등을 이용하여 점과 선 등의 표시를 통해서 정보를 표현할 수 있는 패키지다. 즉, 구글에서 제공하는 지도를 이용해서 시각화를 하게 해주는 패키지이다. 이번에는 RgoogleMaps 패키지를 조금 수정하여 몇 개의 주제도를 그리는 함수를 정의하고 사용하는 방법을 다룬다.

4.3.6.1 구글 맵 이미지 API

정적 맵 API V2 개발자 가이드[8]를 살펴보면 간단한 URL로 구글 맵의 지도 이미지를 불러올 수 있는 방법이 잘 설명되어 있다. 먼저 다음의 URL을 웹 브라우저에 입력하면, 브라우저에서 그림 4.18과 같은 지도를 얻을 수 있다.

http://maps.googleapis.com/maps/api/staticmap?center=37.55,126.97&zoom=12&size=600x600&sensor=false

그림 4.18은 URL에서 유추할 수 있는 것처럼 동경 126.97, 북위 37.55 지역을 중심으로 한 지도를 600×600 픽셀 크기의 이미지로, 웹 브라우저에 다운로드한 그림이다. 줌(zoom)이 12로 설정되어 있는데, 이 수치가 클수록 해당 지역을 중심점으로 하여 확대된 지도를, 작을수록 축소된 지도를 얻을 수 있다.

정적 맵 API에서 지원하는 지도 유형은 다음과 같지만, 국내 지도에서는 API

---

8   https://developers.google.com/maps/documentation/staticmaps/index

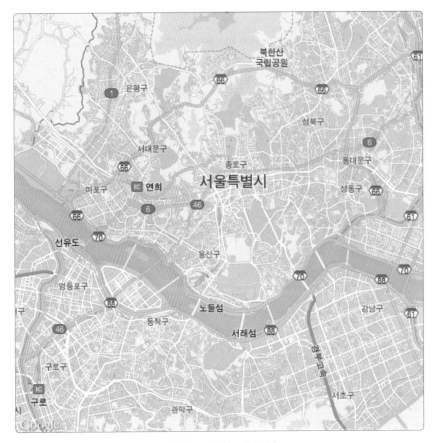

그림 4.18 정적 맵 API 호출 결과

스펙과 다소 차이가 발생할 수 있다. 그것은 국내 지도 정보를 제공하는 OEM 업체[9]에서 제공하는 기준과 글로벌 기준의 차이에 기인한다.

- roadmap: 구글 맵 웹사이트에서 흔히 볼 수 있는 표준 로드맵 이미지(기본 값)
- satellite: 위성 이미지
- terrain: 지형과 초목을 표시하는 실제 입체 지도 이미지
- hybrid: 위성 이미지와 로드맵 이미지의 하이브리드하여, 위성 이미지 위에 주요 도로 및 장소 이름의 투명한 레이어를 표시

지도 유형을 지형과 초목을 표시하는 실제 입체 지도인 terrain으로 바꾸기 위해서는 다음과 같이 웹 브라우저의 URL에 maptype=terrain을 추가 입력한다. 그러

---

9   2014년 10월 현재는 SK planet의 맵을 사용하고 있음

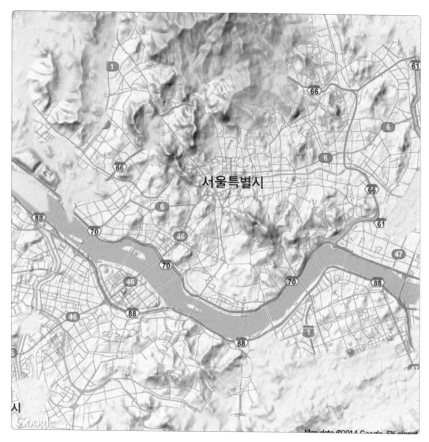

그림 4.19 지도 유형이 terrain인 결과

면 브라우저에서 그림 4.19와 같은 지도를 얻을 수 있다.

그림 4.19를 보면 지도의 완성도가 조금 떨어지는 것을 알 수 있다. 만약 줌 값을 크게 늘리면 완성도가 현저히 떨어짐을 알 수 있을 것이다. 그러나 국내 지도가 아닌 해외 지도의 경우는 정적 맵 API의 스팩에 맞춰서 나름 완성도 있는 결과물을 얻을 수 있을 것이다.

4.3.6.2 ScatterOnStaticMap( ) 함수

RgoogleMaps 패키지의 PlotOnStaticMap( ) 함수는 구글 맵의 지도 위에 점이나 선을 그릴 수 있는 함수다. 이 함수를 조금 수정하여 ScatterOnStaticMap( ) 함수를 정의했다. 이 함수는 지도 위에 산점도를 그리는 기능을 하는데, 다음과 같은 두 가지의 정보를 표현할 수 있다.

- 도수: 해당 위도 및 경도의 위치에 도수의 크기에 비례하여 원을 그린다.
- 비율: 해당 위도 및 경도의 위치에 비율의 크기에 따라 원의 색상을 그라데이션 색상으로 표현한다. 비율의 값이 작을수록 녹색을 클수록 빨간색을 띄게 된다.

4.3.6.3 ScatterOnStaticMap( ) 함수의 원형

ScatterOnStaticMap( ) 함수의 원형은 다음과 같다.

함수 원형 ScatterOnStaticMap( )

```
ScatterOnStaticMap(x, lat, lon, xlim=range(lon), ylim=range(lat), col=NULL,
                   col.regions=NULL, level.cnt=30, alpha=1, title=NULL,
                   maptype=c("roadmap", "satellite", "terrain", "hybrid")[1],
                   alpha=1, title=NULL)
```

x

도수와 비율의 두 개 변수를 갖는 데이터 프레임으을 인수 값으로 갖는다. 지도 위에 표현할 통계 값을 정의한다.

lat, lon

지도 위에 표현할 통계 값이 표현될 위도(latitude) 및 경도(longitude)의 위치 벡터

xlim, ylim

지도에 표현할 위도 및 경도의 범위를 지정한다. 기본 값은 range(lon)와 range(lat)이다.

col, col.regions, level.cnt, alpha

지도 위에 표현할 원의 색상 및 색상 팔레트 함수, 팔레트의 레벨 개수, 알파 채널의 값을 지정한다. level.cnt의 기본 값은 30이며, alpha 값은 0부터 1 사이의 실수로, 기본 값은 1이다.

maptype

지도 유형을 지정한다. "roadmap", "satellite", "terrain", "hybrid" 중에서 선택이 가능하며, 기본 값은 "roadmap"이다.

title

주제도 메인 타이틀을 지정하는 인수

4.3.6.4 ScatterOnStaticMap( ) 함수의 소스

ScatterOnStaticMap( ) 함수의 소스는 다음과 같다.

```
ScatterOnStaticMap <-
  function(x, lat, lon, xlim=range(lon), ylim=range(lat),
           col=NULL, col.regions=NULL, level.cnt=30, alpha=1, title=NULL,
           maptype=c("roadmap", "satellite", "terrain", "hybrid")[1]) {
  if (length(lat)!=length(lon))
    stop("Must same length latitute and longitutde")
  if (length(lat)!=NROW(x))
    stop("Must same length location(latitute, longitutde) and data(x)")
  library(lattice)
  library(RColorBrewer)
  library(RgoogleMaps)
  alpha <- round(alpha * 255)
  if(is.null(col.regions)) col.regions <- colorRampPalette(rev(brewer.
pal('RdYlGn', n=10)))
  if (is.null(col))
    col <- level.colors(x[,2], at=do.breaks(range(x[,2]), level.cnt),
                        col.regions=col.regions)
  col <- apply(col2rgb(col), 2, function(x) rgb(x[1], x[2], x[3],
alpha=alpha, max=255))
  size <- scale(x[,1])
  cex <- size + abs(min(size)) + 1
  filename <- "tmp.png"
  zoom <- min(MaxZoom(range(lat), range(lon)))
  MyMap <- GetMap.bbox(lonR=xlim, latR=ylim, maptype=maptype,
destfile=filename, zoom=zoom)
  tmp <- PlotOnStaticMap(MyMap, lat=lat, lon=lon, cex=cex, pch=21, bg=col,
                         lwd=1.8, add=F)
  if (!is.null(title)) {
    if(is.list(title)) {
      labels <- title$labels
      col <- ifelse(is.null(title$col), 1, title$col)
      cex <- ifelse(is.null(title$cex), 1, title$cex)
      font <- ifelse(is.null(title$font), 1, title$font)
    }
    if (is.character(title)) {
      labels <- title
      col <- cex <- font <- 1
    }
    locs <- LatLon2XY.centered(MyMap, lat=MyMap$BBOX$ur[,"lat"],
                               lon=mean(c(MyMap$BBOX$ur[,"lon"],
                               MyMap$BBOX$ll[,"lon"])), zoom=MyMap$zoom)
    text(locs$newX, locs$newY-15, labels, col=col, cex=cex, font=font)
  }
}
```

4.3.6.5 ScatterOnStaticMap( ) 함수의 예제

다음은 ScatterOnStaticMap( ) 함수의 예제에 사용할 임의의 서울 여섯 지역의 데이터를 생성하고, 그 내용을 지도 위에 산점도로 표현한다. 다음 예제를 수행한 결과는 그림 4.20과 같다.

```
> mapinfo <- data.frame(I_LATITUDE = c(37.51484, 37.53197, 37.51155,
                                       37.51136, 37.53621, 37.50740),
                        I_LONGITUDE = c(127.0738, 127.0786, 127.0806,
                                        127.0832, 127.0832, 127.0840),
                        CNT = c(309, 720, 741, 812, 2576, 526),
                        RATIO = c(.5, .29, .21, .37, .12, .05))
>
```

```
> ScatterOnStaticMap(x=mapinfo[,c("CNT","RATIO")], lat=mapinfo$I_LATITUDE,
                     lon=mapinfo$I_LONGITUDE, alpha=0.8,
                     maptype="roadmap", title=list(labels="Scatter plot
                        example using Google Maps", font=1,
                        col="red", cex=1.5))
```

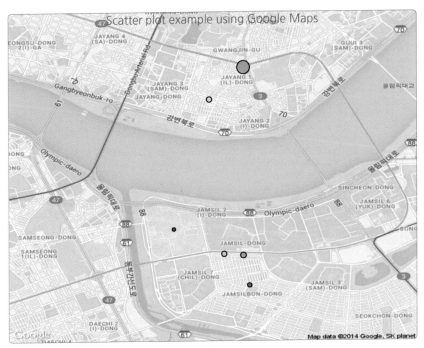

그림 4.20 ScatterOnStaticMap( ) 함수의 예제 1

연습문제 4.7

mapinfo 데이터로 ScatterOnStaticMap( ) 함수를 이용해서 주제도를 그려보자. 단, 지도의 유형은 "satellite", 알파 채널의 값은 0.5로 지정하고, 메인 타이틀의 라벨은 "종합운동장 주변 주제도 예제", 크기는 2.0, 색상은 파란색으로 표현한다.

위성 사진인 "satellite"는 "roadmap"보다 조금 어둡게 표현되며, 수행 결과는 그림 4.21과 같다.

```
> ScatterOnStaticMap(x=mapinfo[,c("CNT","RATIO")], lat=mapinfo$I_LATITUDE,
                     lon=mapinfo$I_LONGITUDE, alpha=0.5, maptype="satellite",
                     title=list(labels="종합운동장 주변 주제도 예제", col="blue",
                        cex=2.0))
```

그림 4.21 ScatterOnStaticMap( ) 함수의 예제 2

4.3.7 주제도-파이 차트

파이 차트로 표현되는 주제도를 그려보자.

4.3.7.1 PieOnStaticMap( ) 함수

RgoogleMaps 패키지의 PlotOnStaticMap( ) 함수를 이용해서 파이 차트를 표현할 수도 있다. 이 파이 차트도 다음과 같은 두 가지의 변량을 표현할 수 있다.

· 도수의 합: 해당 위도 및 경도의 위치에 모든 변수들의 도수의 합 크기에 비례하여 파이 차트의 원을 그린다.
· 도수의 비율: 해당 위도 및 경도의 위치에 변수의 비율이 파이 조각으로 표현되는 파이 차트를 그린다.

4.3.7.2 PieOnStaticMap( ) 함수의 원형

PieOnStaticMap( ) 함수의 원형은 다음과 같다.

함수 원형 PieOnStaticMap( )

```
PieOnStaticMap(x, lat, lon, legend=FALSE, legend.text=NULL,
          legend.pos=c("bottomright", "bottom", "bottomleft", "left",
          "topleft", "top", "topright", "right")[7], border=1,
```

```
maptype=c("roadmap", "satellite", "terrain", "hybrid")[1],
edges=200, clockwise=FALSE, init.angle=if (clockwise) 90 else 0,
col=NULL, alpha=1, title=NULL)
```

x

지도 위에 표현할 통계 값을 표현한 행렬이다. 열의 값은 파이 차트에서 파이의 조각으로 표현될 수치 데이터이며, 행의 값은 관측치를 나타낸다.

lat, lon

지도 위에 표현할 통계 값의 위치를 나타내는 벡터로 각각 위도 및 경도의 값을 나타낸다.

legend, legend.text, legend.pos, legend.bg, legend.box.col

범례의 표현 여부를 지정하는 legend 인수는 기본 값을 FALSE로 출력하지 않게 설정되어 있다. 범례를 출력하려면 이 인수 값을 TRUE로 지정한다. legend.text는 범례 텍스트를 지정하는 인수로 NULL일 경우에는 행렬 x의 열 이름을 기본 값으로 취한다. legend.pos는 범례를 출력할 위치를 지정하는 인수로 "bottomright", "bottom", "bottomleft", "left", "topleft", "top", "topright", "right" 중에서 선택할 수 있으며, 기본 값은 "topright"다. legend.bg는 범례의 배경색을 지정한다.

maptype

지도의 유형을 지정한다. "roadmap", "satellite", "terrain", "hybrid" 중에서 선택이 가능하고 기본 값은 "roadmap"이다.

border

파이 차트의 테두리 색상을 지정한다. 기본 값은 1로 검정색으로 테두리를 그린다.

edges

edges는 파이 차트를 표현하는 다각형의 각의 수를 의미하며, 기본 값은 200인 200각형이다. 여기서 200각형은 사람의 눈으로는 원으로 보일 것이다.

clockwise

파이 차트의 조각을 시계 방향으로 만들기 위해서는 clockwise 인수가 TRUE가 되어야 하며, FALSE면 시계 반대 방향으로 파이 조각이 생성된다. 기본 값은 FALSE다.

init.angle

파이 차트의 조각을 표현할 때 첫 파이 조각이 시작되는 각도를 의미한다. 기본
값은 clockwise가 TRUE일 경우에는 90, FALSE일 경우에는 0이다.

col, alpha

col은 파이 차트의 파이 조각으로 표현할 색상 벡터, alpha는 알파 채널의 값으
로, 0부터 1 사이의 실수를 갖는다. 기본 값은 1이다.

title

주제도 메인 타이틀을 지정하는 인수다.

4.3.7.3 ScatterOnStaticMap( ) 함수의 소스

PieOnStaticMap( ) 함수의 소스는 다음과 같다.

```
PieOnStaticMap <- function(x, lat, lon, legend=FALSE, legend.text=NULL,
           legend.bg=NULL, legend.pos=c("bottomright",
           "bottom", "bottomleft", "left", "topleft",
           "top", "topright", "right")[7],
           maptype=c("roadmap", "satellite", "terrain", "hybrid")[1],
           border=1, edges=200, clockwise=FALSE,
           init.angle=if (clockwise) 90 else 0, col=NULL,
           alpha=1, title=NULL) {
  if (length(lat)!=length(lon)) stop("Must same length latitute and
                                longitutde")
  if (length(lat)!=NROW(x)) stop("Must same length location(latitute,
                                longitutde) and data(x)")
  library(RgoogleMaps)
  filename <- "tmp.png"
  center <- c(mean(lat), mean(lon))
  zoom <- min(MaxZoom(range(lat), range(lon)), 15)
  MyMap <- GetMap(center=center, zoom=zoom, maptype=maptype,
                  destfile=filename)
  tmp <- PlotOnStaticMap(MyMap, lat=lat, lon=lon, type="n", add=F)
  locs <- LatLon2XY.centered(MyMap, lat, lon, zoom=MyMap$zoom)
  if (is.null(col))
    col <- c("lightblue", "mistyrose", "lightcyan", "lavender", "cornsilk")
  alpha <- round(alpha * 255)
  col <- apply(col2rgb(col), 2, function(x) rgb(x[1], x[2], x[3],
              alpha=alpha, max=255))
  radius <- margin.table(x, 1)/max(margin.table(x, 1)) * MyMap$zoom * 2
  data <- prop.table(x, 1)
  data <- apply(data, 1, function(t) c(0, cumsum(t)/sum(t)))
  dx <- diff(data)
  nx <- apply(dx, 2, length)
  t2xy <- function(t, radius) {
    t2p <- ifelse(clockwise, -2, 2) * pi * t + init.angle * pi/180
    list(x = radius * cos(t2p), y = radius * sin(t2p))
  }
  for (i in 1L:NCOL(data)) {
    cols <- rep(col, length.out=nx[i])
    for (j in 1L:nx[i]) {
      n <- max(2, floor(edges * dx[j, i]))
      P <- t2xy(seq.int(data[j, i], data[j + 1, i], length.out=n),
                radius[i])
```

```
        polygon(c(P$x, 0)+locs$newX[i], c(P$y, 0)+locs$newY[i],
            border=border, col=cols[j])
    }
  }
  if (legend) {
    if (is.null(legend.text))
      legend.text <- colnames(x)
    legend(x=legend.pos, legend=legend.text, fill=rep(col, NCOL(x))
[1:NCOL(x)], bg=legend.bg)
  }
  if (!is.null(title)) {
    if(is.list(title)) {
      labels <- title$labels
      col <- ifelse(is.null(title$col), 1, title$col)
      cex <- ifelse(is.null(title$cex), 1, title$cex)
      font <- ifelse(is.null(title$font), 1, title$font)
    }
    if (is.character(title)) {
      labels <- title
      col <- cex <- font <- 1
    }
    locs=LatLon2XY.centered(MyMap, lat=MyMap$BBOX$ur[,"lat"], lon=mean(c(My
                      Map$BBOX$ur[,"lon"], MyMap$BBOX$ll[,"lon"])),
                      zoom=MyMap$zoom)
    text(locs$newX, locs$newY-15, labels, col=col, cex=cex, font=font)
  }
}
```

4.3.7.4 PieOnStaticMap( ) 함수의 예제

다음은 PieOnStaticMap( ) 함수의 예제를 위해서 부산에 위치한 임의의 두 지역의 데이터를 생성하고, 그 내용을 지도 위에 파이 차트로 표현하였다. 수행 결과는 그림 4.22와 같다. 이 주제도에서는 지도의 유형을 "satellite"로 지정하여, 위성 지도로 표현을 해보았다. 여기에서 행렬 piedata의 구조와 출력된 파이 차트의 모양을 주의 깊게 살펴보자.

```
> piedata <- rbind(c(800, 400, 800), c(300, 200, 500))
> colnames(piedata) <- c("자가", "월세", "전세")
> piedata
```

```
      자가 월세 전세
[1,]  800  400  800
[2,]  300  200  500
```

```
> lat <- c(35.18254, 35.19294)
> lon <- c(129.2041, 129.2061)
> PieOnStaticMap(piedata, lat, lon, alpha=0.8, maptype="satellite",
              legend=TRUE, title=list(labels="주택 소유 여부 현황", font=2,
              col="blue", cex=1.5))
```

그림 **4.22** PieOnStaticMap( ) 함수의 예제 1

연습문제 4.8

piedata 데이터로 PieOnStaticMap( ) 함수를 이용해서 주제도를 그려보자. 단, 지도의 유형은 "terrain", 알파 채널의 값은 0.5로 지정하라. 그리고 그림4.22는 범례가 잘 식별되지 않았으므로, 이 번에는 범례의 배경색을 "gray90"으로 표현하라.

위성 사진인 "terrain"은 "satellite"보다 밝게 표현되었다. 범례의 배경색이 회색 으로 가독성이 좋아졌는데, 수행 결과는 그림 4.23과 같다.

```
> PieOnStaticMap(piedata, lat, lon, alpha=0.8, maptype="terrain",
                 legend=TRUE, legend.bg="gray90",
                 title=list(labels="주택 소유 여부 현황", font=2, col="blue",
                            cex=1.5))
```

그림 4.23 PieOnStaticMap( ) 함수의 예제 2

5장

트렐리스 디스플레이

이 장에서는 트렐리스 디스플레이(trellis display) 및 트렐리스 디스플레이의 R 버전인 래티스 그래픽(lattice graphics)을 알아본다. 래티스 그래픽은 다변량 데이터에서 기준이 되는 하나의 변수를 정해 놓고, 이 변수와 나머지 변수들과의 관계를 파악할 때 유용하게 사용되는 통계 그래픽스다. 이 장을 통해 래티스 그래픽을 이해하고, 여러 래티스 그래픽의 사용 방법과 응용 방법을 알아보자.

5.1 래티스 그래픽의 이해

5.1.1 트렐리스 디스플레이와 래티스 그래픽

트렐리스 디스플레이는 빌 클리블랜드(Bill Cleveland)가 1993년에 쓴 "Visualizing Data"라는 책에서 아이디어가 처음 나왔고, 이후 릭 베이커(Rick Becker), 빌 클리블랜드 등이 개발한 데이터 시각화를 위한 프레임워크(framework)로 아이디어가 도출된 이후 1993년부터 1996년 동안에 개발과 평가를 거쳐 S 언어 기반으로 탄생하였다.

트렐리스 디스플레이는 패널이라는 여러 개의 독립된 단위 플롯을 가로, 세로 혹은 페이지의 배열로 나타내어서 비교 분석한다. 그래서 다변량 데이터에서 변수들 간의 유기적인 관계나 특징을 파악하기 용이하다. 이들이 트렐리스(trellis)라고 명명한 것은 트렐리스 디스플레이를 구현하는 기술이 덩쿨 장미 가지가 타고 올라가도록 해주는 '정원의 격자 짜기'(garden trelliswork)와 유사했기 때문이다.

래티스 그래픽은 디피앙 사카(Deepayan Sarkar)가 트렐리스 디스플레이를 R에 구현한 것으로 lattice 패키지로 그릴 수 있다. 사전적 의미로 trellis와 lattice

는 같으며, 래티스 그래픽의 기능도 트렐리스 디스플레이와 거의 같다.

그럼 이제 트렐리스 디스플레이의 진가를 살펴보자. lattice 패키지는 R의 기본 패키지이므로 따로 설치할 필요가 없다. 다음의 예제를 수행하면, 그림 5.1과 같은 트렐리스 디스플레이를 얻을 수 있다.

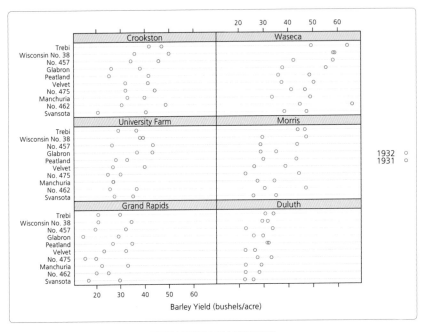

그림 5.1 트렐리스 디스플레이의 예

그림 5.1은 트렐리스 디스플레이의 점 그래프(dot plots)로 농업 실험장에서 보리의 수확량을 테스트하기 위해 시도된 실험 데이터들을 도식화한 것이다. 예제에 사용된 barley 데이터 프레임 객체는 미국 미네소타주의 여섯 개 농업 실험장에서 열 개의 보리 품종에 대해서 2년간 수확량의 수율 데이터로 실험장, 품종, 수확 년도의 조합인 6×10×2=120개의 관측 대상에 대해 수율 데이터이다. 여섯 개의 패널이 각 실험장마다 출력되었으며, 패널에는 열 개의 품종별로 두 개 년도의 수율이 비교 출력되어 있다. 이 플롯을 통해서 실험장과 품종별로 1931년의 수율과 1932년의 수율의 차이를 비교할 수 있다.

보리 경작 실험은 1930년대에 수행되었고, 실험 데이터는 실험자가 보고서로 출판한 1934년에 처음으로 사용되었다. 그리고 이 데이터는 R. A. 피셔(R. A. Fisher)의 '실험 계획(The Design of Experiments)'이라는 책에 게재되었다. 이 출판물로 인해서 보리 경작 실험 데이터는 유명해졌고, 그 후 많은 다른 사람들에 의해 분석되었으며 새로운 통계분석 방법의 예제 데이터로도 사용되었다. 마침내 1990년대 초, 이 데이터가 트렐리스 디스플레이에 의해 플롯으로 시각화되었는데, 이 플롯은 놀랄 만한 반향을 불러왔다. 60년이 넘는 시간 동안 많은 사람들의 데이터분석을 통해서도 발견하지 못한 것을 트렐리스 디스플레이가 발견한 것이다.

그림을 보면 모든 실험장에서 1931년의 수율이 1932년 수율보다 전체적으로 현저하게 높은 수치로 나왔지만, 모리스(Morris)의 실험장에서는 정반대의 결과가 나왔다. 아마도 이 원인은 의도하지 않게 데이터의 취합 과정에서 두 년도가 뒤바뀌었던가 모리스 실험장에 질병이나 이상 기후 등의 예외 사항이 동시에 발생하는 등, 아주 색다른 자연 현상에 기인한 결과일 것이다.

많은 종류의 트렐리스 디스플레이는 데이터 분석이나 실험의 몇몇 배경을 점검하는 단계에서 데이터에 오류가 있는 것을 판단하는 데 도움을 준다. 특히 보리 경작 실험의 예처럼 트렐리스 디스플레이는 데이터의 특성을 쉽게 간파할 수 있게 돕는데, 이것이 바로 트렐리스 디스플레이의 가장 큰 장점이다. 이 에피소드를 보고 혹자는 60여 년 동안 많은 데이터 분석가들이 신중치 못하였다고 생각할 수도 있지만, IT 산업의 발달로 컴퓨터가 보급되고 유용한 통계 그래픽이 개발되면서 데이터에 숨어 있는 변수들 간의 관계를 쉽게 찾을 수 있는 도구가 개발되었기 때문이라고 이해하는 것이 맞다. 분명한 것은 단순한 데이터의 집계보다 도식화된 플롯이 데이터의 특성을 쉽게 설명하며, 특히 다변량 데이터에 있어서는 변수들의 조합에 따른 플롯을 한눈에 볼 수 있게 도식화하는 것이 한 단계 더 진일보한 그래픽 분석 방법이라는 것이다. 이 사상에 최적화된 도구가 트렐리스 디스플레이(이하 래티스 그래픽으로 표기)이다.

5.1.2 래티스 그래픽의 구조

래티스 그래픽은 단위 플롯인 패널(panel)과 각 패널에 사용된 변수 등의 정보를 출력하는 널빤지 모양의 스트립(strip)의 쌍을 격자처럼 배열한 형태의 구조를 갖는다. 이 모양은 데이터 시각화 함수인 coplot( )의 결과와 흡사하다. 레이아웃(layout) 구조는 단위 플롯(패널과 스트립의 한 쌍)의 행×열×페이지의 배열로 구성된다. 그러므로 래티스 그래픽의 형태적인 구조는 패널, 스트립, 레이아웃, 그리고 표현하고자 하는 플롯의 종류로 압축된다. 앞의 보리 경작 실험 데이터의 예를 들면 패널과 스트립으로 구성된 단위 플롯이 3×2×1의 레이아웃으로 배치되었는데, 패널은 점 그래프로 구성되었으며 스트립은 농업 실험장 변수의 값이 출력된 구조다. 래티스 그래픽도 R 그래픽 함수처럼 저수준 래티스 함수, 고수준 래티스 함수로 나눌 수 있다. 저수준 래티스 함수는 패널과 스트립의 내용을 조정하거나 레이아웃을 조정하는 데 사용되는 기저 함수이고, 고수준 래티스 함수는 앞서 다룬 dotplot( ) 함수처럼 하나의 완성된 래티스 플롯을 그리는 함수다.

5.2 래티스 그래픽 장치

5.2.1 래티스 그래픽 장치의 운용

래티스 그래픽 장치(lattice device)도 R의 그래픽 장치와 대동소이하다. 래티스 그래픽 장치는 "x11", "windows", "mac", "postscript", "pdf", "png" 등의 R 그래픽 장치 안에서 운용된다. 또한 고수준 래티스 그래픽 함수를 사용하면, 래티스 그래픽 장치가 자동으로 초기화되는 것도 R의 데이터 시각화 함수와 유사하다. 다만 각 장치에 출력되는 내용이 래티스 그래픽이라는 점만 다르다. 그러므로 래티스 그래픽은 엄밀하게 말해서 물리적인 장치가 아니라 논리적인 그래픽 장치라 할 수 있다. 그리고 R의 그래픽 장치는 각 장치별로 초기화하는 함수가 windows( ), win.graph( ), x11( ), win.metafile( ), win.print( ), postscript( ), pdf( )로 나누어져 있지만, 래티스 그래픽 장치는 trellis.device( )라는 함수 하나를 사용한다.

5.2.2 trellis.device( ) 함수

trellis.device( )의 함수 원형은 다음과 같다.

함수 원형 trellis.device( )

```
trellis.device(device = getOption("device"),
               color = !(dev.name == "postscript"),
               theme = lattice.getOption("default.theme"),
               new = TRUE, retain = FALSE, ...)
```

device

래티스 그래픽을 출력할 그래픽 장치를 선택한다. 인수 값으로는 "x11", "windows", "mac", "postscript", "pdf", "png" 등을 사용할 수 있으며 기본 값은 getOption("device")이다. 운영체제로 MS-Windows를 사용한다면, 이 값은 일반적으로 "windows"로 설정된다.

color

논리 값을 인수 값으로 갖는다. TRUE면 플롯의 색상을 컬러로 그리고, FALSE면 흑백으로 그린다. 기본 값은 device 인수 값이 "postscript"이면 FALSE고, 나머지는 TRUE다.

theme

래티스 플롯을 그릴 때의 색상이나 점 문자 등을 설정한 테마를 지정한다. 기본 테마는 "lattice.theme"로 배경색의 값이 "#909090"로 짙은 회색으로 출력되므로, "col.whitebg"를 권장한다. 이 테마의 배경색은 "transparent"로 그래픽 장치의 배경색인 par("bg")와 같다.

new

논리 값을 인수 값으로 갖는다. TRUE면 새로운 그래픽 장치를 초기화하고, FALSE일 경우 현재의 그래픽 장치에 적용된다. 기본 값은 TRUE다.

retain

논리 값을 인수 값으로 갖는다. 이미 그래픽 장치가 열려 있고 인수 값이 TRUE 면, 앞선 설정 값이 새 그래픽 장치에 적용된다. 기본 값은 FALSE다.

5.2.3 래티스 그래픽 장치 환경설정

래티스 그래픽 장치에서 중요한 점이 하나 있다. R의 그래픽 장치에서는 par( ) 함수를 이용해서 그래픽 장치의 설정 값을 조회하고 변경할 수 있었지만, 래티스 그래픽에서는 par( ) 함수를 사용할 수 없다는 점이다. 그러나 래티스 그래픽 장치에서는 par( ) 함수 대용으로 trellis.par.get( ) 함수를 이용해서 환경설정을 조회하고, trellis.par.set( ) 함수를 이용해서 그래픽 환경을 설정한다. 이 환경설정 인수는 종류에 따라 많은 차이가 있다.

다음 trellis.par.get( ) 함수의 예제를 보자.

```
> trellis.par.get("background")$col        # (1)

[1] "transparent"

> trellis.par.get("fontsize")              # (2)

$text
[1] 12
$points
[1] 8

> ltce.list <- trellis.par.get( )          # (3)
> is.list(ltce.list)                       # (4)

[1] TRUE

> names(ltce.list)                         # (5)

 [1] "grid.pars"        "fontsize"        "background"
 [4] "panel.background" "clip"            "add.line"
 [7] "add.text"         "plot.polygon"    "box.dot"
[10] "box.rectangle"    "box.umbrella"    "dot.line"
[13] "dot.symbol"       "plot.line"       "plot.symbol"
```

```
[16] "reference.line"      "strip.background"    "strip.shingle"
[19] "strip.border"        "superpose.line"      "superpose.symbol"
[22] "superpose.polygon"  "regions"              "shade.colors"
[25] "axis.line"           "axis.text"           "axis.components"
[28] "layout.heights"      "layout.widths"       "box.3d"
[31] "par.xlab.text"       "par.ylab.text"        "par.zlab.text"
[34] "par.main.text"       "par.sub.text"
```

```
> names(ltce.list$fontsize)                 # (6)
```

```
[1] "text"   "points"
```

(1)에서는 래티스 그래픽의 배경 색상을 조회하였다. 결과는 투명인 "trans-parent"로 그래픽 장치에서 볼 때는 흰색으로 보인다. 그런데 과거에는 "#909090" 인 짙은 회색이 배경색이었다. (2)에서는 래티스 그래픽의 글자 크기는 글자가 12 이고, 점 문자가 8임을 알 수 있다. (3)은 래티스 그래픽의 모든 환경설정 값을 조회하여 ltce.list 객체에 할당하였는데, (4)에서 이 객체가 리스트임을 알 수 있다. (5)는 모든 환경설정 값을 출력하였는데, 모두 35개의 환경 변수가 있음을 확인할 수 있다. 그런데 이 리스트의 하위 성분 중에는 또 리스트인 것들이 많이 있다. (6) 을 통해서 글자의 크기를 지정하는 fontsize는 text 성분과 points 성분으로 이루어 진 리스트임을 알 수 있다.

trellis.par.get( ) 함수는 기본적으로 하나의 래티스 그래픽 장치를 열고 환경 설정 값을 반환한다. 그렇다고 호출할 때마다 그래픽 장치를 여는 것은 아니고, 마치 par( ) 함수와 유사하게 작동한다. 래티스 그래픽의 환경설정 변수들은 그 양이 방대하므로 이 책에서는 다루지는 않지만 관심있는 여러분은 각 변수의 값 의 의미와 결과를 추가로 탐구하기 바란다. 변수의 이름을 보면 충분히 그 기능 을 유추할 수 있다.

다음은 trellis.par.set( ) 함수의 사용 예제인데, trellis.par.set( ) 함수는 래티스 그래픽 장치가 열려 있는 상태에서 사용해야 한다. 즉, 현재의 래티스 그래픽 장치에 환경설정을 하는 것이다.

```
> # 방법 1
> fontsize <- trellis.par.get("fontsize")
> fontsize$points <- 9
> trellis.par.set("fontsize", fontsize)
> trellis.par.get("fontsize")
```

```
$text
[1] 12
$points
[1] 9
```

```
> # 방법 2
> trellis.par.set(list(fontsize = list(points = 10)))
> trellis.par.get("fontsize")
```

```
$text
```

```
[1] 12
$points
[1] 10

> # 방법 3
> trellis.par.set(fontsize = list(points = 8))
> trellis.par.get("fontsize")

$text
[1] 12
$points
[1] 8

> trellis.par.set(theme = col.whitebg( ))        # (1)
> trellis.par.get("background")$col

[1] "transparent"

> names(col.whitebg( ))

 [1] "background"        "plot.polygon"       "box.rectangle"
 [4] "box.umbrella"      "dot.line"           "dot.symbol"
 [7] "plot.line"        "plot.symbol"        "regions"
[10] "strip.shingle"     "strip.background"  "reference.line"
[13] "superpose.line"    "superpose.symbol"
```

이 예제에서는 점 문자의 크기를 세 가지 방법으로 설정하고 있다. 여러분의 마음에 드는 방법을 선택해서 사용하면 된다. 그리고 (1)처럼 변수가 아니라 테마를 설정할 수도 있다. 테마를 변경하면, 배경색이 투명색(transparent)으로 변경되었음을 알 수 있다.

테마란 일정한 특징을 가질 수 있도록 여러 환경 변수를 특정 값으로 설정한 집합이다. 여기서 사용한 col.whitebg 테마가 대표적인데, 사실 테마는 리스트 값에 불과하며 예제처럼 14개의 환경 변수를 이용해서 만들어졌다. 그러므로 여러분도 35개의 환경 변수를 조합해서 자신만의 테마를 설정할 수 있다. 테마는 col.whitebg( ) 함수를 사용하여 만들 수 있다.

다음은 col.whitebg 테마를 만드는 col.whitebg( ) 함수의 예제다. 단순하게 리스트 값만 반환하는 것을 볼 수 있다.

```
> col.whitebg

function ( )
list(background = list(col = "transparent"), plot.polygon = list(col = "#c8ffc8"),
    box.rectangle = list(col = "darkgreen"), box.umbrella = list(col = "darkgreen"),
    dot.line = list(col = "#e8e8e8"), dot.symbol = list(col = "darkgreen"),
    plot.line = list(col = "darkgreen"), plot.symbol = list(col = "darkgreen"),
    regions = list(col = heat.colors(100)), strip.shingle = list(col = c("#ff7f00",
        "#00ff00", "#00ffff", "#0080ff", "#ff00ff", "#ff0000",
        "#ffff00")), strip.background = list(col = c("#ffe5cc",
        "#ccffcc", "#ccffff", "#cce6ff", "#ffccff", "#ffcccc",
        "#ffffcc")), reference.line = list(col = "#e8e8e8"),
    superpose.line = list(col = c("darkgreen", "red", "royalblue",
        "brown", "orange", "turquoise", "orchid"), lty = 1:7),
    superpose.symbol = list(pch = c(1, 3, 6, 0, 5, 16, 17), cex = rep(0.7,
```

```
      7), col = c("darkgreen", "red", "royalblue", "brown",
         "orange", "turquoise", "orchid")))
<bytecode: 0x103548348>
<environment: namespace:lattice>
```

현재 설정된 값으로 어떤 래티스 그래픽을 그릴 수 있는지 가늠하기는 쉽지가 않다. 왜냐하면 색상의 35개의 변수는 또 다시 여러 개의 하부 변수를 갖고 있기 때문에 그 숫자도 방대하고 색상 값들은 "#e8e8e8"과 같이 RGB 값으로 지정되어 있기 때문이다.

다음은 래티스 그래픽의 기본 설정에 col.whitebg 테마를 지정할 경우에 설정된 환경 변수들이 어떤 모양의 플롯을 그릴 수 있는지를 유추할 수 있는 예제로, 결과는 그림 5.2와 같다.

```
> trellis.device(theme = "col.whitebg")
> show.settings( )
```

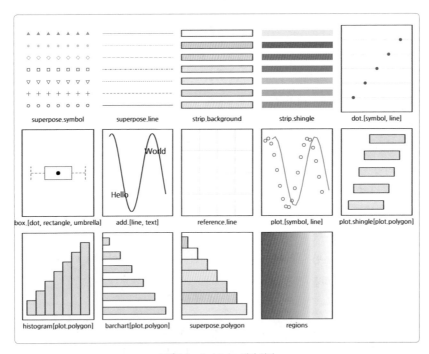

그림 5.2 col.whitebg 테마 설정

show.settings( ) 함수는 현재의 그래픽 설정 값을 이용해서 대표적인 항목을 플롯으로 보여준다.

앞서 래티스 그래픽의 기본 설정을 사용하지 않고 여러 치례 col.whitebg 테마를 사용했다. 그림 5.3의 결과를 보면 굳이 기본 설정을 사용하지 않는 이유를 느낄 수 있을 것이다. 두 결과를 비교하면 plot.polygon과 regions는 색상에 차이가 있고, superpose.symbol, superpose.line은 색상의 차이와 모양의 차이가 두드러짐을 알 수 있다. 인수 값에 따라 점의 모양이나 선의 유형이 다른 col.whitebg 테마가 데이터를 구분하기 쉽도록 플롯을 그려준다.

```
> trellis.device( )
> show.settings( )
```

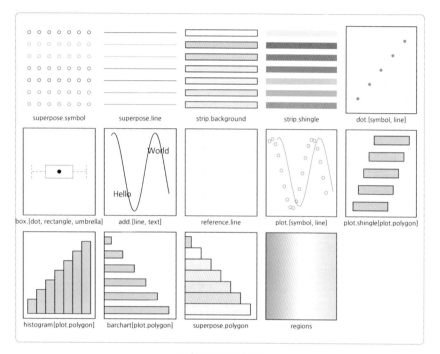

그림 5.3 기본 테마 설정

다음은 래티스 그래픽 장치를 열 때 trellis.device( ) 함수에서 color 인수 값에 FALSE를 준 경우의 예제로, 결과는 그림 5.4와 같다.

```
> trellis.device(color = FALSE)
> show.settings( )
```

trellis.par.get( ) 함수와 trellis.par.set( ) 함수를 이용해서 래티스 그래픽 환경 설정 작업을 할 수도 있지만, 저수준의 환경설정은 lattice.options( ), lattice.getOption( ) 함수를 이용한다. lattice.options( ) 함수는 조회와 설정이 가능하고, lattice.getOption( ) 함수는 특정 변수의 설정 값을 조회하는 함수다. 저수준의 환경설정 값의 종류도 매우 많다. 그 내용은 이 책에서는 다루지 않는다. 관심있는 여러분은 함수의 반환 리스트를 참고하기 바란다.

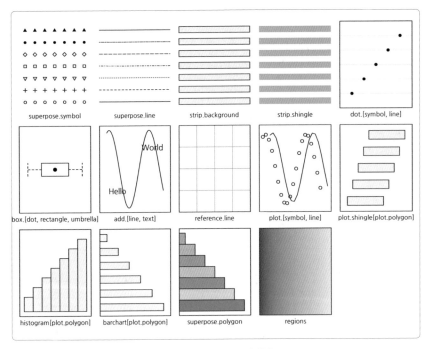

그림 5.4 color = FALSE의 설정

다음은 lattice.options( )와 lattice.getOption( ) 함수의 사용 예제다.

```
> names(lattice.options( ))
```

```
 [1] "save.object"                "panel.error"
 [3] "drop.unused.levels"         "legend.bbox"
 [5] "banking"                    "default.args"
 [7] "axis.padding"               "skip.boundary.labels"
 [9] "interaction.sep"            "panel.contourplot"
[11] "panel.levelplot"            "panel.levelplot.raster"
[13] "panel.parallel"             "panel.densityplot"
[15] "panel.splom"                "panel.wireframe"
[17] "panel.dotplot"              "panel.qq"
[19] "panel.stripplot"            "panel.xyplot"
[21] "panel.qqmath"               "panel.barchart"
[23] "panel.bwplot"               "panel.histogram"
[25] "panel.cloud"                "panel.pairs"
[27] "prepanel.default.bwplot"    "prepanel.default.cloud"
[29] "prepanel.default.densityplot" "prepanel.default.histogram"
[31] "prepanel.default.levelplot" "prepanel.default.parallel"
[33] "prepanel.default.qq"        "prepanel.default.qqmath"
[35] "prepanel.default.splom"     "prepanel.default.xyplot"
[37] "prepanel.default.dotplot"   "prepanel.default.barchart"
[39] "prepanel.default.wireframe" "prepanel.default.contourplot"
[41] "axis.units"                 "layout.heights"
[43] "layout.widths"              "highlight.gpar"
```

```
> names(lattice.getOption("layout.heights"))
```

```
[1] "top.padding"    "main"        "main.key.padding"
[4] "key.top"        "xlab.top"    "key.axis.padding"
```

```
   [7] "axis.top"            "strip"            "panel"
  [10] "axis.panel"          "between"          "axis.bottom"
  [13] "axis.xlab.padding" "xlab"               "xlab.key.padding"
  [16] "key.bottom"          "key.sub.padding"  "sub"
  [19] "bottom.padding"
```

```
> lattice.getOption("save.object")
```

```
[1] TRUE
```

```
> lattice.options(save.object = F)     # save.object 값을 변경함
> lattice.getOption("save.object")     # save.object 값이 변경됨
```

```
[1] FALSE
```

```
> lattice.options(save.object=T)       # save.object 값을 복원함
> lattice.getOption("save.object")     # save.object 값이 변경됨
```

```
[1] TRUE
```

래티스 그래픽의 배경색을 변경하기 위한 방법을 정리하면 다음과 같다.

1. trellis.device( ) 함수를 이용하는 방법

   trellis.device(theme = "col.whitebg")

2. trellis.par.set( ) 함수를 이용하는 방법

   trellis.par.set(background = list(col = "transparent"))

3. lattice.options( ) 함수를 이용하는 방법

   lattice.options(default.theme = "col.whitebg")

1에서는 dev.off( ) 함수를 사용해서 그래픽 장치를 닫아버리면 그 설정도 소멸한다. 그러므로 다시 래티스 그래픽 장치를 생성할 때 theme 인수 값을 설정해야 하는 번거로움이 있다. 2에서도 1과 동일하다. 3은 래티스 그래픽의 환경설정을 바꾸는 함수로, R을 종료할 때까지 설정이 유효하다. 그러므로 3의 방법을 사용하는 것이 효과적이다. 이런 방법들은 그래픽 파일이나 포스트스크립트 파일, 아크로벳 파일에도 동일하게 적용된다. 그런데 lattice 패키지의 최근 버전은 jpeg( ) 함수에서 파일의 배경색을 지정하는 bg 옵션을 허용하지 않는다. 그래서 JPEG 그래픽 파일로 출력할 경우에는 앞의 세 가지 방법을 사용해도 배경색이 투명색(transparent)으로 출력된다.

5.3 래티스 그래픽 시작하기

5.3.1 고수준 래티스 함수의 종류

고수준 래티스 그래픽 함수의 종류는 표 5.1과 같은데, 이 장의 후반부에서 각

함수의 사용법을 자세히 다룬다.

표 5.1은 고수준 래티스 그래픽 함수의 목록으로, 이 함수들의 사용법도 다룰 것이다.

구분	함수 이름	용도
단변량	barchart bwplot densityplot dotplot histogram qqmath stripplot	막대 그래프 박스 플롯 커널 밀도 그래프 점 차트 히스토그램 Q-Q 플롯 스트립 플롯
이변량	qq xyplot	두 분포의 Q-Q 플롯 산점도
삼변량	levelplot contourplot cloud wireframe	레벨 플롯 등고선 플롯 삼차원 산점도 삼차원 투시도
초변량	splom parallelplot	산점도 행렬 병렬좌표 플롯
기타	rfs tmd	잔차와 적합 값의 Q-Q 플롯 튜키의 민-디퍼런스 플롯

표 5.1

5.3.2 패널 함수

래티스 그래픽에서 실제로 표현되는 정보는 패널 영역에 출력된다. 그리고 이 패널 영역에 플롯을 출력하는 함수를 패널 함수라 한다. lattice 패키지에는 여러 패널 함수가 포함되어 있는데, 표 5.1에서 분류한 고수준 래티스 그래픽 함수의 핵심이 패널 함수다. 패널 함수는 사용자가 정의할 수도 있다. 이는 래티스 플롯의 모습을 사용자 입맛에 맞게 변화를 줄 수 있다는 의미와 일맥상통한다. 이 장의 후반부에서 사용자 패널 함수를 통해서 래티스 플롯에 변화를 주는 방법을 배운다.

참고로 lattice 패키지에 포함된 패널 함수의 목록은 다음과 같이 조회할 수 있다.

```
> ls(pos = grep("lattice", search( )), pat = "^panel\\.")
```

```
 [1] "panel.3dscatter"        "panel.3dwire"
 [3] "panel.abline"           "panel.arrows"
 [5] "panel.average"          "panel.axis"
 [7] "panel.barchart"         "panel.brush.splom"
 [9] "panel.bwplot"           "panel.cloud"
[11] "panel.contourplot"      "panel.curve"
[13] "panel.densityplot"      "panel.dotplot"
[15] "panel.error"            "panel.fill"
[17] "panel.grid"             "panel.histogram"
[19] "panel.identify"         "panel.identify.cloud"
```

```
[21] "panel.identify.qqmath"  "panel.levelplot"
[23] "panel.levelplot.raster" "panel.linejoin"
[25] "panel.lines"            "panel.link.splom"
[27] "panel.lmline"           "panel.loess"
[29] "panel.mathdensity"      "panel.number"
[31] "panel.pairs"            "panel.parallel"
[33] "panel.points"           "panel.polygon"
[35] "panel.qq"               "panel.qqmath"
[37] "panel.qqmathline"       "panel.rect"
[39] "panel.refline"          "panel.rug"
[41] "panel.segments"         "panel.smoothScatter"
[43] "panel.spline"           "panel.splom"
[45] "panel.stripplot"        "panel.superpose"
[47] "panel.superpose.2"      "panel.superpose.plain"
[49] "panel.text"             "panel.tmd.default"
[51] "panel.tmd.qqmath"       "panel.violin"
[53] "panel.wireframe"        "panel.xyplot"
```

5.3.3 formula

고수준 래티스 그래픽 함수에서는 formula 인수로 플롯의 형식을 지정한다. 이미 앞서 coplot( ) 함수 등 몇몇 R 데이터 시각화 함수에서도 formula 인수를 선택적으로 사용했다. 그러나 고수준 래티스 그래픽 함수에서는 formula 인수가 필수적으로 사용된다.

고수준 래티스 그래픽 함수에서 일반적인 formula 인수는 다음과 같다.

1. ~ x | g1 * g2 ...
2. y ~ x | g1 * g2 ...
3. z ~ x * y | g1 * g2 ...

여기서 변수 x, y, z와 g는 R의 데이터 객체이거나 함수의 호출이다. 변수 y는 수직 축에 출력되는 변수를 의미하고, 변수 x는 수평 축에 출력되는 변수를 의미한다. 삼차원 플롯에서 사용되는 3번의 경우의 변수 z는 x-y 평면에서의 높이를 지정한다. 변수 g는 조건부 변수를 의미하며, 여러 개의 변수가 올 수 있다. 각 변수의 조합(product)별로 x, y, z의 플롯을 출력한다. 이때 변수 g들의 조합은 일반적으로 하나의 패널에 대응된다. 변수 g는 선택적 변수로 생략할 수도 있는데, 이 경우는 전체 데이터에 대해서 x, y, z의 플롯을 출력함을 의미한다.

1, 2, 3의 formula는 각각 일차원(변량), 이차원(변량), 삼차원(변량)의 변수를 출력할 때 사용되는 포뮬러 모델(formula model)을 의미하는데, 두 번째의 경우 y 변수의 값이 범주형 데이터이면 일차원 플롯처럼 출력된다. 가장 대표적이고 많은 것은 2의 사례로 x 변수와 y 변수가 수치형 변수일 경우이다. 이때는 흔히 xyplot( ) 함수를 사용하는데, R의 데이터 시각화 함수에서의 핵심인 plot( ) 처럼 고수준 래티스 그래픽 함수에서 가장 기본이 되는 함수다.

5.3.4 xyplot( ) 함수

xyplot( ) 함수는 이차원 산점도를 그릴 때 사용하며, 함수의 원형은 다음과 같다.

함수 원형 xyplot( )

```
xyplot(formula, data, subset = TRUE,
    panel=lattice.getOption("panel.xyplot"),
    allow.multiple = is.null(groups) || outer, outer = !is.null(groups),
    aspect="fill", prepanel = NULL,
    as.table=FALSE, between, groups = NULL, key,
    auto.key=FALSE, legend, layout, main, sub,
    page, par.strip.text, scales = list( ), skip,
    strip=TRUE, xlab, ylab, xlim, ylim,
    drop.unused.levels = lattice.getOption("drop.unused.levels"),
    par.settings, perm.cond,
    index.cond, default.scales, panel.groups="panel.xyplot",
    subscripts = !is.null(groups), ...)
```

formula

y ~ x | g1 * g2 * ...

  y-축 위에 출력되는 y 변수와 x-축 위에 출력되는 x 변수, 조건부 변수 g의 관계를 지정하는 포뮬러 모델을 지정한다.

data

formula 인수에서 사용한 변수들을 포함하는 데이터 프레임 객체를 인수 값으로 갖는다. 래티스 플롯을 그릴 데이터 객체다.

groups

data 인수 값인 데이터 프레임 객체의 변수나 이를 이용한 표현식을 인수 값으로 가지며 각각의 패널 안에서 변수들을 그룹화하는 작용을 하는데, 각 그룹들은 색상이나 선의 유형 등으로 구분된다. 그룹 지어진 변수들은 key나 범례(legend)에서 표현된다.

subset

데이터에 대한 논리 조건을 기술하여 플롯을 그릴 부분 집합을 정의한다.

drop.unused.levels

subset 인수를 이용해서 사용하지 않는 범주형 데이터의 수준(level)이 생길 경우 이를 버리는지 포함하는지의 여부를 지정한다.

allow.multiple, outer

포뮬러 모델에서 y1 + y2 ~ x | a * b와 같이 '+'를 사용할 수 있다. 만약 allow.multiple이 TRUE라면 y1 ~ x | a * b와 y2 ~ x | a * b 양쪽 두 개를 그리고, FALSE면 y1 + y2를 y1과 y2의 합으로 이해한다. 이 인수는 groups 인수와 결합

하지 않고 조건부 변수 이전에 적용되며, 기본 값은 groups 인수가 지정되지 않거나 outer 인수 값이 TRUE면 TRUE다. outer 인수는 기본 값이 groups 인수가 지정되었으면 TRUE고, 아니면 FALSE다. TRUE면 y1*x와 y2*x의 결합 곱의 패널을 만든다. 두 인수의 기본 값은 allow.multiple = is.null(groups) || outer, outer = !is.null(groups)이다.

panel
패널 함수를 지정한다. 기본 값은 panel.superpose( ) 함수다.

panel.groups
패널 함수가 panel.superpose( )이고, groups 인수가 지정되었을 때 패널 안의 그룹에 적용되는 함수를 지정한다.

aspect
패널의 물리적 종횡비(수평 너비/수직 높이)를 지정한다.

as.table
패널을 배치하는 순서를 지정하는 논리 값을 인수 값으로 갖는다.

between
패널들을 배치할 때 패널들 사이의 간격을 지정한다.

auto.key
key 범례의 출력 여부를 지정한다.

key
key 범례를 정의한다.

legend
key 범례를 확장하여 정의한다.

layout
여러 개의 패널을 배치할 레이아웃을 지정한다.

par.strip.text
스트립에 출력되는 문자의 모양을 지정한다.

page
페이지 번호 하나를 인수로 사용하여 페이지에 적용할 사용자 함수를 지정한다.

main, sub

각 페이지의 상단에 출력할 메인 타이틀과 하단에 출력할 서브 타이틀을 지정한다.

prepanel

panel 함수의 적용 이전에 사용할 함수를 정의한다.

scales

x-축과 y-축의 스케일을 정의한다.

skip

패널을 배치할 위치에 패널의 배치 여부를 지정한다.

strip

논리 값이나 함수를 인수 값으로 갖는다. 만약 인수 값에 FALSE가 오면 스트립을 그리지 않고, 함수가 오면 해당 함수로 스트립을 그린다. 기본 값은 TRUE 이다.

subscripts

논리 값을 인수 값으로 사용한다. TRUE면 패널 함수에 subscripts라는 이름을 갖는 벡터를 subscripts 인수 값으로 넘겨주고, FALSE라면 넘겨주지 않는다. 기본 값은 groups 인수가 지정되지 않을 경우와 패널 함수에서 subscripts 인수가 없을 경우에 FALSE다.

xlab, ylab

x-축과 y-축에 표시할 라벨을 정의한다.

xlim, ylim

x-축과 y-축의 좌표 범위를 지정한다.

par.settings

래티스 그래픽의 출력을 위한 그래픽 환경 변수를 설정한다. 인수 값으로 trellis.par.set( ) 함수를 이용해서 환경 변수를 설정할 수 있다.

perm.cond

패킷을 생성할 때 사용되는 조건부 변수의 순서를 지정한다.

index.cond

패널 배치 적용될 패킷의 순서를 인덱스 값으로 지정한다. 인수 값에 리스트나 함수가 올 수 있다.

default.scales

데이터 시각화 함수에 적용할 기본 scales을 정의하는 리스트를 인수 값으로 갖는다.

연습문제 5.1

ethanol 데이터 프레임은 lattice 패키지에 포함된 데이터로, 에탄올의 연소로 배출되는 엔진 배기가스에 대한 데이터다. 이 데이터는 다음과 같이 세 개의 변수를 갖는 88개의 관측치로 구성되어 있다.

· NOx: 질소산화물(NO, NO2)의 배출량(micrograms/J)
· C: 엔진의 압축비
· E: 공기와 연료의 혼합비

xyplot( ) 함수로 공기와 연료의 혼합비와 질소산화물 배출량의 단일 패널 산점도를 그리자.

다음 예제를 실행하면 그림 5.5와 같은 플롯을 얻을 수 있는데, 단일 패널의 xyplot( ) 함수의 결과는 plot( ) 함수를 사용하는 것과 동일하게 출력된다. 모든 래티스 플롯의 기본은 이와 같은 단일 패널의 플롯으로부터 시작된다.

```
> is.data.frame(ethanol)

[1] TRUE

> dim(ethanol)

[1] 88  3

> names(ethanol)

[1] "NOx" "C"    "E"

> xyplot(NOx ~ E , data = ethanol, main = "Single Panel by xyplot ethanol")
```

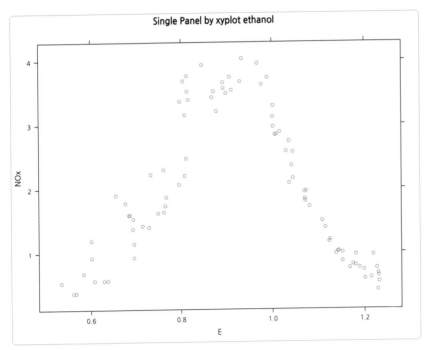

그림 5.5 단일 패널의 산점도

연습문제 5.2

ethanol 데이터 프레임의 엔진 압축비를 조건부 변수로 사용하는, 공기와 연료의 혼합비와 질소산화물 배출량의 산점도를 그려보자.

다음은 조건부 변수 C에 의한 xyplot( ) 함수의 예제로, 결과는 그림 5.6과 같다. 이제야 비로소 래티스 그래픽다운 모습을 보이기 시작한다.

```
> xyplot(NOx ~ E | C , data = ethanol, main = "NOx ~ E | C (ethanol)")
```

이 그림을 보면 엔진의 압축비인 C 변수별로 다섯 개의 패널이 만들어졌다. 그리고 각 패널은 공기의 혼합비와 질소 산화물의 배출량의 산점도로 표현되어 있다. 패널의 개수는 조건부 변수의 수준의 개수와 같다.

```
> table(ethanol$C)
```

```
7.5   9   12   15   18
 22  17   14   19   16
```

그림 5.6과 table( ) 함수의 결과를 보면 C의 값이 7.5인 하단 왼쪽의 패널에는 22개의 점이 출력되었고, 마찬가지로 상단 오른쪽에는 16개의 점이 출력되었음을 알 수 있다

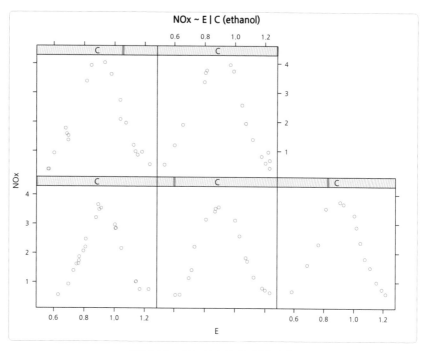

그림 5.6 Condition Variable을 이용한 산점도

5.4 래티스 함수의 주요 인수들

고수준 래티스 그래픽 함수에서 가장 기본이 되는 인수는 formula, data인데, 이 인수들은 이미 coplot( ) 함수 등에서 다루었다. 이번에는 래티스 그래픽을 효과적으로 운용할 수 있는 공통 인수들을 학습한다.

5.4.1 subset

subset 인수는 플롯을 그릴 데이터에서 일부를 추출하여 플롯을 그릴 부분 집합을 정의한다. data 인수에서 지정한 데이터 프레임 객체에서 시각화에 포함할 부분 집합을 지정하려면, subset 인수 값으로 R의 표현식(expression)을 사용한다. 이 표현식의 결과는 논리 벡터나 데이터 프레임의 인덱스를 나타내는 정수 벡터이어야 한다. 만약 subscripts 인수 값이 TRUE면, 부분 집합을 계산하기 전에 subscripts를 패널 함수에 넘겨 준다.

연습문제 5.3

ethanol 데이터 프레임의 엔진 압축비를 조건부 변수로 사용하는, 공기와 연료의 혼합비와 질소산화물 배출량의 산점도를 그려보자. 단, 엔진의 압축비가 8보다 큰 경우의 데이터만 사용하라.

다음은 subset 인수로 엔진의 압축비인 변수 C가 8보다 크다는 조건을 지정한
예제로, 결과는 그림 5.7과 같다.

```
> xyplot(NOx ~ E | C , data = ethanol, subset = C > 8,
         main = "NOx ~ E | C , data = ethanol, subset = C > 8")
```

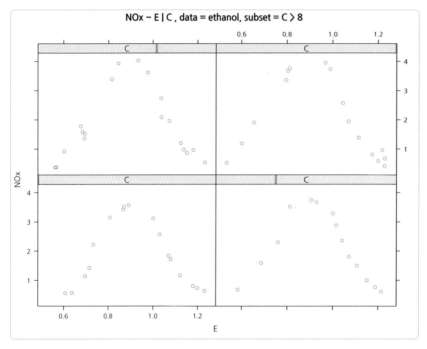

그림 5.7 subset 인수를 사용한 산점도

다음 예제에서는 압축비가 8 이상인 건에 대해서만 플롯을 그리는데, 실행하면
패널이 네 개로 줄어든다. 그 이유는 table( ) 함수의 결과를 보면 알 수 있다.

```
> table(ethanol$C[ethanol$C > 8])
```

```
 9 12 15 18
17 14 19 16
```

또한 예제에서 사용한 subset 인수의 효과를 다음과 같은 두 가지 방법으로 구현
할 수 있다.

```
> ii <- ethanol$C > 8
> xyplot(NOx[ii] ~ E[ii] | C[ii], data = ethanol)          # 방법 1
> xyplot(NOx ~ E | C, data = ethanol[ethanol$C > 8, ])     # 방법 2
```

방법 1은 포뮬러 모델에 추출 연산자(extract operators)인 "["를 사용한 방법이
다. 즉 포뮬러 모델 안에서 데이터를 한정한 것으로, 결과는 그림 5.8과 같다.

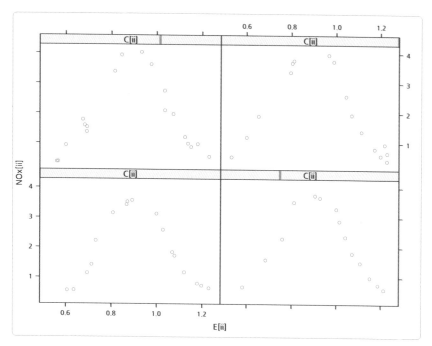

그림 5.8 groups 포뮬러 모델을 사용한 부분 출력

방법 2는 래티스 플롯을 그릴 데이터 객체를 지정하는 인수인 data에서 추출 연산자로 데이터를 한정한 것으로, 결과는 그림 5.9와 같다.

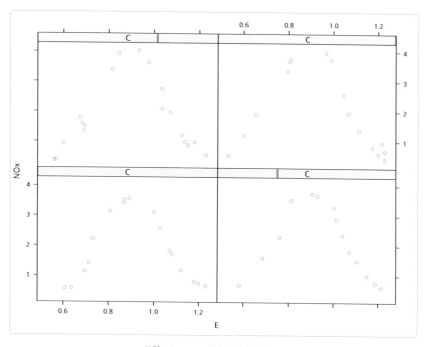

그림 5.9 groups 인수를 사용한 산점도

다만 축의 라벨이나 스트립(strips) 안에서 패널의 라벨에서 차이가 날뿐 방법 1 과 방법 2는 동일한 플롯을 그린다.

5.4.2 groups

groups 인수는 data 인수 값인 데이터 프레임 객체의 변수나 이를 이용한 표현 식을 사용하여 패널에 출력할 변수 값들을 그룹화한다. 각각의 패널 안에서 각 그룹들은 서로 다른 색상이나 선의 유형 등으로 구별되어 표현된다. 그룹화된 변수들은 키(key)나 범례(legend)로 표현되어 그 의미를 파악할 수 있다.

연습문제 5.4

ethanol 데이터 프레임의 엔진 압축비 변수 C에 groups 인수를 적용하여 산점도를 그려보자. 엔진 압축비는 연속형 데이터이기 때문에 범주형으로 비닝(binning)[1]이 필요하다. co.intervals( ) 함수를 사용해서 세 개의 구간으로 나눈 후 작업하라.

다음은 ethanol 데이터의 압축비 변수 C에 groups 인수를 적용한 예제다. groups 인수는 범주형 데이터의 변수에 적용하는 것이 일반적이나, 여기서 사용한 변수는 연속형 데이터다. 그러나 7.5, 9, 12, 15, 18로 다섯 개의 값을 갖고 있기 때문에 범주형 데이터로 생각해도 무난하나, 예제에서는 "Low", "Middle", "High"의 세 수준으로 변환하였다. 범주형 데이터에서의 결과는 그림 5.1의 보리 경작 데이터의 예제를 참고하기 바란다.

```
> inter <- co.intervals(ethanol$C, number = 3, overlap = -1)
> inter
      [,1]  [,2]
[1,]  6.75  8.25
[2,]  8.25 12.75
[3,] 14.25 18.75

> setLevel <- function (x) {
      for (i in 1:nrow(inter)) {
          if (inter[i, 1] < x && x <= inter[i, 2]) {
              return (switch(as.character(i),
                             "1" = "Low",
                             "2" = "Middle",
                             "3" = "High"))
          }
      }
  }
> grade <- apply(t(ethanol$C), 2, setLevel)
> grade <- ordered(grade, levels = c("Low", "Middle", "High"))
> new.ethanol <- data.frame(ethanol, grade)
> new.ethanol[sample(1:88, 5),]
      NOx    C     E grade
x73 1.527 15.0 0.694  High
```

---

1   연속형 데이터를 구간화를 통해서 범주형 데이터로 변경하는 작업

```
x57 1.397  7.5 0.729    Low
x68 3.290 12.0 1.002 Middle
x48 3.519  9.0 0.872 Middle
x45 0.571  9.0 0.637 Middle
```

```
> xyplot(NOx ~ E, data = new.ethanol, groups = grade,
         auto.key = list(space = "top", columns = 3))
```

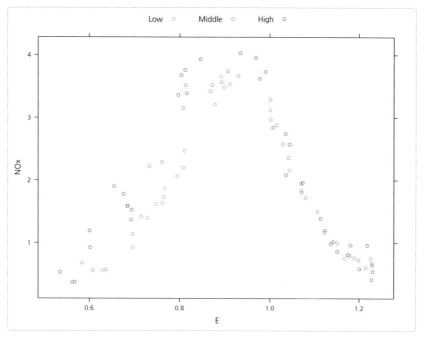

그림 5.10 groups 인수를 사용한 산점도

이 예제에서는 co.intervals( ) 함수를 이용해서 압축비를 세 개의 범주로 나누었다. 이때 겹치는 부분을 없애기 위해서 overlap 인수의 값은 -1로 주었다. 압축비의 변수 C를 세 개의 수준으로 분류하려면, setLevel( ) 함수를 정의한 후 apply( ) 함수를 이용해서 "Low", "Middle", "High"의 세 수준을 갖는 grade 변수를 정의한다. 또 원시 데이터인 ethanol에 grade를 추가하여 new.ethanol라는 데이터 프레임을 만들고, 이 데이터를 이용한 xyplot( ) 함수로 그림 5.10의 플롯을 그렸다.

5.4.3 drop.unused.levels

drop.unused.levels는 subset 인수를 이용해서 구한 부분 집합의 범주형 변수 중에서 몇몇 수준의 데이터가 포함되지 않을 경우가 종종 발생한다. 원래의 데이터에서 성별 변수의 수준이 '남성'과 '여성'으로 구성되어 있다고 가정하자. 그리고 subset 인수 값에 의해서 부분 집합 데이터에는 '남성'만 남았다면 '여성'의 수준은 데이터로는 존재하지 않지만, 성별 변수가 저장된 factor 객체의 levels 정보에는 "이 범주형 데이터의 수준은 '남성'과 '여성'으로 구성되었다."는 의미로 포함된다. 이는 사용하지 않는 범주형 데이터의 수준(unused levels)이라 불린다.

　drop.unused.levels 인수는 사용하지 않는 범주형 데이터의 수준이 생길 경우 이를 버릴지 혹은 포함할지의 여부를 지정한다. 인수 값은 논리 값으로 TRUE면 사용하지 않는 범주형 데이터의 수준을 플롯을 그릴 때 제외하고, FALSE면 사용하지 않는 범주형 데이터의 수준을 플롯을 그릴 때 사용한다. 기본 값은 래티스 그래픽 환경설정에서 정의한 값을 사용하는데, 사용자가 이 값을 변경하지 않았다면 TRUE로 설정되어 사용하지 않는 수준이 버려진다. 경우에 따라서 패널의 레이아웃을 변형시키지 않기 위해서 FALSE를 사용하기도 한다.

연습문제 5.5

ethanol 데이터 프레임으로 subset 인수와 drop.unused.levels 인수를 함께 사용한 산점도를 그려보자.

다음은 subset 인수와 drop.unused.levels 인수를 함께 사용한 예제로, 결과는 그림 5.11과 같이 출력된다. 이는 앞서 subset 인수에 대한 예제에서 출력된 그림 5.7과는 대조적이다.

```
> lattice.getOption("drop.unused.levels")
```

```
$cond
[1] TRUE
$data
[1] TRUE
```

```
> xyplot(NOx ~ E | C , data = ethanol, subset = C > 8, drop.unused.levels = FALSE,
        main= "NOx ~ E | C , data = ethanol, subset=C > 8, drop.unused.levels = F")
```

그림 5.7에서는 drop.unused.levels 인수 값을 기본 값인 TRUE를 사용하였기에, subset 인수의 조건을 만족하지 못하는 변수 C의 값이 7.5인 수준이 사용되지 않아서 네 개의 패널이 그려졌다. 그러나 이 예제에서는 drop.unused.levels 인수 값이 FALSE이므로 변수 C의 값이 7.5인 수준에 해당하는 것이 포함되어 다섯 개의 패널이 그려졌다. 그런데 해당 패널에는 산점도가 그려지지 않고, 빈 좌표만 출력되었다. 그 이유는 subset 인수로 인해서 7.5 수준을 갖는 데이터가 포함되지 않았기 때문이다. 이 예제에서는 drop.unused.levels 인수 값에 단일 FALSE를 지정했기 때문에 리사이클링 룰(recycling rule)에 의해서 cond와 data 성분 모두 FALSE로 지정되었다.

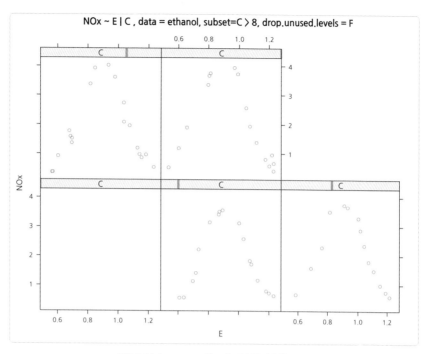

그림 5.11 drop.unused.levels 인수를 사용한 산점도

5.4.4 allow.multiple, outer

포뮬러 모델에서는 y1+y2 ~ x | a*b와 같이 '+'를 사용할 수 있다. 만약 allow. multiple 인수 값이 TRUE라면 이 포뮬러 모델은 y1 ~ x | a*b와 y2 ~ x | a*b 의 두 개의 포뮬러 모델에 해당하는 플롯을 그린다. 그리고 인수 값이 FALSE면, y1+y2를 y1과 y2의 합으로 이해한다. '+' 부호는 ~ 연산자의 좌측과 우측의 양쪽 에서 사용할 수 있다. allow.multiple 인수는 groups 인수와는 결합하지 않으며 조건부 변수 이전에 적용된다. 기본 값은 groups 인수가 지정되지 않거나 outer 인수 값이 TRUE일 경우 TRUE다.

outer 인수의 기본 값은 groups 인수가 지정되었으면 TRUE고, 아니면 FALSE 다. 인수 값이 TRUE일 경우면 y1*x와 y2*x의 결합 곱만큼의 패널을 만들어 표 현하고, FALSE면 하나의 패널에 표현을 한다.

연습문제 5.6

피셔(Fisher)의 붓꽃 데이터인 iris 데이터 프레임으로 allow.multiple 인수를 사용한 산점도를 그려 보자.

다음은 붓꽃 데이터인 iris를 이용한 allow.multiple 인수의 사용 예제다. iris는 150개의 관측치로 이루어졌는데, 꽃받침의 높이, 꽃받침의 너비, 꽃잎의 높이,

꽃잎의 너비, 붓꽃의 품종이라는 다섯 개의 변수로 구성되어 있다. 이 예제를 실행하면, 그림 5.12와 같은 플롯이 출력된다.

```
> is.data.frame(iris)
```

[1] TRUE

```
> dim(iris)
```

[1] 150   5

```
> names(iris)
```

[1] "Sepal.Length" "Sepal.Width" "Petal.Length" "Petal.Width" "Species"

```
> trellis.par.set(theme = col.whitebg( ))
> xyplot(Sepal.Length + Sepal.Width ~ Petal.Length + Petal.Width | Species,
        data = iris, allow.multiple = TRUE,
        auto.key = list(x = .6, y = .7, corner = c(0, 0)),
        main = "allow.multiple = TRUE")
```

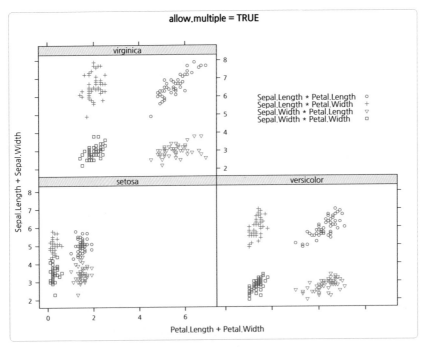

그림 5.12 allow.multiple = TRUE 인수를 사용한 산점도

예제의 결과에서는 포뮬러 모델에서 두 개의 '+'로 꽃받침과 꽃잎에 대해서 각각 높이와 너비를 다중 변수로 지정했다. 그래서 2×2=4가지의 그룹이 생겨서 groups 인수를 지정하지 않았지만, groups 인수를 지정한 것처럼 표현되었다. 여기서 allow.multiple 인수 값을 TRUE로 지정한 것을 주목하자. 물론 이 인수는 기본 값이 TRUE기 때문에 군이 지정하지 않아도 되지만, 다음에 보여줄 인수

값이 FALSE인 경우와 확실히 구별하기 위해서 인수 값을 지정했다.

연습문제 5.7

피셔의 붓꽃 데이터인 iris 데이터 프레임으로 allow.multiple 인수와 outer 인수를 함께 사용하여 산점도를 그려보자. 이때 allow.multiple 인수 값과 outer 인수 값은 TRUE로 지정하라.

그럼 outer 인수는 어떤 작용을 하는지 다음 예제로 알아보자. 이 예제를 실행하면, 그림 5.13과 같은 플롯이 출력된다.

```
> xyplot(Sepal.Length + Sepal.Width ~ Petal.Length + Petal.Width | Species,
         data = iris, allow.multiple = TRUE, outer = TRUE,
         main = "allow.multiple = TRUE, outer = TRUE")
```

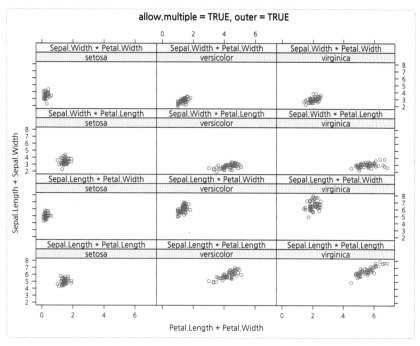

그림 5.13 outer=TRUE 인수를 사용한 산점도

이 예제에서는 outer 인수 값을 TRUE로 지정하였다. outer 인수가 TRUE면 2× 2=4가지 경우의 패널이 생겨서 포뮬러 모델에서 조건부 변수를 지정하지 않아도, 조건부 변수를 지정한 것처럼 표현된다. outer 인수의 기본 값인 FALSE가 사용된 그림 5.12와는 대조적이다. allow.multiple 인수를 FALSE로 지정하면, 그림 5.14와 같은 플롯이 출력된다.

```
> xyplot(Sepal.Length + Sepal.Width ~ Petal.Length + Petal.Width | Species,
         data = iris, allow.multiple = FALSE,
         auto.key = list(x = .6, y =.7, corner = c(0, 0)),
         main = "allow.multiple = FALSE")
```

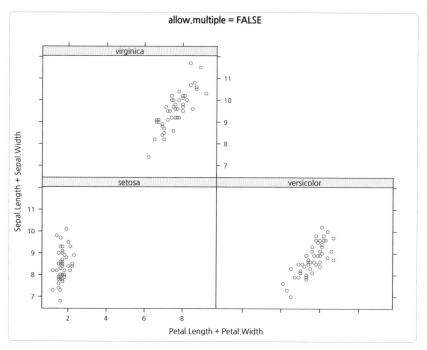

그림 5.14 allow.multiple = FALSE 인수를 사용한 산점도

만약에 allow.multiple 인수를 사용하지 않으려면 포뮬러 모델을 다음과 같이 지정해도 된다.

I(Sepal.Length + Sepal.Width) ~ I(Petal.Length + Petal.Width) | Species

5.4.5 panel

래티스 그래픽의 핵심은 패널의 정의라 할 수 있다. 그리고 앞에서 lattice 패키지는 54개의 패널 함수를 가지고 있음을 알아보았다. panel 인수는 패널을 그릴 패널 함수를 정의한다. 일반적으로 고수준 래티스 그래픽 함수는 기본 패널 함수를 가지고 있고, 이 인수의 기본 값은 이 기본 패널 함수가 된다. 하지만 경우에 따라서 패널 안의 모양을 바꿀 필요가 있을 때 사용자가 정의한 패널 함수를 사용할 수 있는데, 이때 사용하는 인수가 panel이다.

연습문제 5.8

ethanol 데이터 프레임으로 panel 인수에 사용자 패널 함수를 지정한 산점도를 그려보자. 단, 패널 함수에 panel.loess( ) 함수와 panel.grid( ) 함수는 반드시 포함하라.

다음 예제는 그림 5.6의 그림에서 panel 인수에 사용자 패널 함수를 지정한 것으로, 결과는 그림 5.15와 같이 출력된다.

```
> xyplot(NOx ~ E | C, data = ethanol,
        panel = function(x, y) {
            panel.grid(h = -1, v = 2)
            panel.xyplot(x, y, pch = 16, col = "blue")
            panel.loess(x, y, col = "red")},
        main = "User Defined panel function")
```

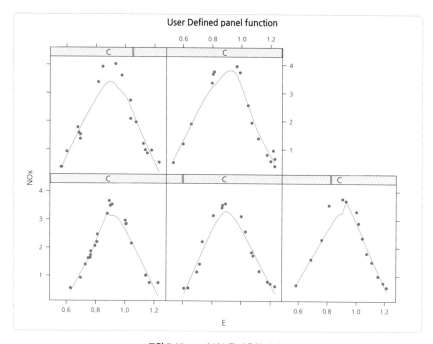

그림 5.15 panel 인수를 사용한 산점도

예제에서 만든 사용자 패널 함수는 lattice 패키지에서 제공하는 패널 함수를 조합해서 만들었다. panel.grid( ) 함수로 회색의 격자를 그렸고 panel.xyplot( ) 함수로 파란색의 산점도를 출력하였다. 마지막으로 panel.loess( ) 함수로 산점도를 평활화하는 국소 다항 회귀곡선(local polynomial regression fitting)[2]을 그렸다.

이처럼 panel 인수에 적용되는 패널 함수에 따라 그려지는 래티스 플롯은 그 모양이 매우 다양해질 수 있다. 그러나 일반적으로 고수준 래티스 그래픽 함수의 기본 패널 함수를 사용하는 것이 무난하며, 특별한 경우에만 사용자 패널 함수를 이용하는 것이 좋다.

5.4.6 panel.groups

패널 함수가 panel.superpose( )이고, groups 인수가 지정되었을 때 패널 안의 그룹에 적용되는 함수를 지정한다.

2　이 책의 범위를 넘어서 설명하지 않았다. 관심있는 여러분은 통계학 서적을 참고하기 바란다.

연습문제 5.9

ethanol 데이터 프레임에서 변수 C로 grade라는 파생변수를 추가하여 만든 new.ethanol 데이터 프레임을 사용하여 다음을 조건을 수행하라.

· groups 인수 값에 grade 변수를 적용하라.

· panel 인수 값에 panel.superpose( ) 함수를 적용하라.

· panel.groups 인수 값에 panel.linejoin( ) 함수를 적용하라.

· 키 범례에 grade 변수의 수준을 메인 타이틀 아래 출력하되 한 줄로 표현하라.

다음은 panel.groups 인수의 사용 예제로, 결과는 그림 5.16과 같다. 여기서 사용한 데이터는 앞서서 사용한 new.ethanol을 이용하였다.

```
> xyplot(NOx ~ E, data = new.ethanol, groups = grade,
         panel = "panel.superpose",
         panel.groups = "panel.linejoin", horiz = FALSE,
         key = list(lines = Rows(trellis.par.get("superpose.line"), 1:3),
                    text = list(lab = as.character(levels (new.ethanol$grade))),
                    columns = 3),
         main = "panel.groups = \"panel.linejoin\"")
```

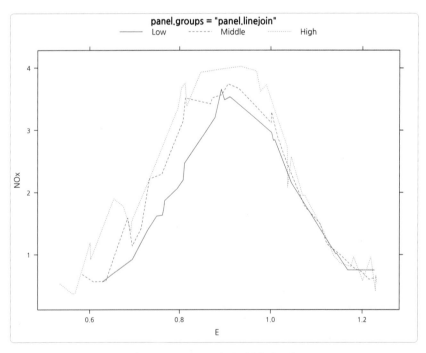

그림 5.16 panel.groups 인수를 사용한 선 그래프

이 예제에서는 panel.groups 인수 값에 panel.linejoin( ) 함수를 적용하였다. 그래서 세 개의 그룹에 대해서 각각 선으로 연결한 플롯이 그려졌다. 그림을 보면 압축비에 비례하여 질소 산화물 가스의 배출의 양이 증가함을 알 수 있다. 그러므로 대기오염을 줄이기 위해서는 압축비를 낮게 조정하는 것이 바람직하다고 할 수 있다.

5.4.7 aspect

aspect 인수는 패널의 물리적 종횡비(수직 높이/ 수평 길이)를 지정한다. 패널의 종횡비를 조절할 수 있다는 것이 래티스 그래픽에서의 유용한 기능 중 하나다. 종횡비를 지정하는 방법은 두 가지가 있다. 첫 번째는 패널의 수직 높이/수평 길이의 종횡비를 수치로 입력하는 방법이고, 두 번째는 정해진 문자열의 인수 값을 사용하는 방법이다. 문자열 인수 값은 총 세 가지가 있다.

- "fill": 기본 값으로 패널에서 사용 가능한 공간에 최대한 크게 채워서 출력할 수 있도록 종횡비를 계산한다.
- "xy": 45도 뱅킹 룰에 의해서 종횡비를 계산한다.
- "iso": 등측척(isometric scales, 等測尺). 그래픽 장치에서의 물리적 거리와 데이터에서의 거리의 스케일이 양 축에서 같게 종횡비를 계산한다.

연습문제 5.10

ethanol 데이터 프레임을 사용하여 종횡비가 1/2인 산점도를 그려보자.

다음은 ethanol 데이터를 종횡비 1/2로 출력한 예로, 결과는 그림 5.17과 같다.

```
> xyplot(NOx ~ E | C, data = ethanol, aspect = 1/2, pch=16,
         main = "aspect = 1/2(vertical size/horizontal size)")
```

이 예제의 결과를 보면 y-축의 길이가 x-축의 길이의 1/2임을 쉽게 알 수 있다. 만약에 aspect 인수 값을 1로 한다면 정사각형의 패널이 만들어질 것이다.

aspect 인수의 기본 값은 "fill"이다. 앞서 그린 모든 xyplot( ) 함수의 예제가 "fill"로 그려진 것이다. 그리고 등측척을 나타내는 aspect 인수 값이"iso"인 경우는 aspect = diff(range(y)) / diff(range(x))를 의미하기도 한다.

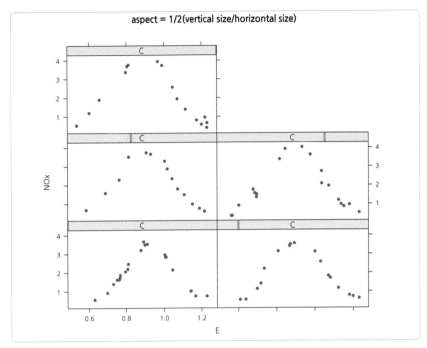

그림 5.17 aspect = 1/2 인수를 사용한 산점도

연습문제 5.11

aspect 인수 값 "iso"인 경우와 diff(range(y)) / diff(range(x))가 같은 플롯을 그리는지 알아보자.

다음 예제를 통해서 두 가지 경우가 같은 플롯을 그리는지 확인한다.

```
> # (1) aspect = "iso"인 경우
> xyplot(NOx ~ E | C, data = ethanol, aspect = "iso",
        main = "aspect = \"iso\"")
> # (2) aspect = diff(range(ethanol$NOx))/diff(range(ethanol$E))인 경우
> xyplot(NOx ~ E | C,
        aspect=diff(range(ethanol$NOx))/diff(range(ethanol$E)),
        data = ethanol,
        main="aspect=diff(range(ethanol$NOx))/diff(range(ethanol$E))")
```

예제에서 (1)은 인수 값에 "iso"를 사용하는 경우로, 결과는 그림 5.18과 같다. 또 (2)는 인수 값에 diff(range(ethanol$NOx))/diff(range(ethanol$E))를 사용하는 경우로, 결과는 그림 5.19와 같다. 이제 두 플롯이 동일하게 출력됨을 확인하였다. 재미있는 것은 최적의 출력을 위해서 패널 배치의 레이아웃이 바뀌었다는 점이다.

트렐리스 디스플레이를 개발한 클리블랜드는 실험을 통해 45° 부근에서 데이터들을 식별하여 보는 것이 가장 쉽다는 것을 알았다. 그래서 만들어진 것이 45도 뱅킹(banking) 룰이다. 여기서의 banking은 사전적 의미로 경사를 나타낸

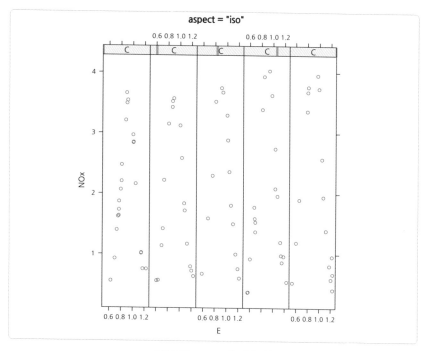

그림 5.18 aspect = "iso"인 경우

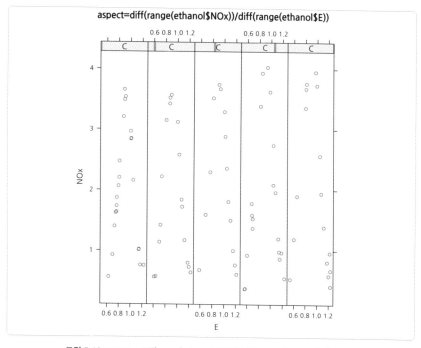

그림 5.19 aspect = diff(range(ethanol$NOx))/diff(range(ethanol$E))인 경우

다. 이 45도 뱅킹 룰이 트랠리스 디스플레이의 장점 중의 하나로, 보리 경작 실험의 데이터에서 트랠리스 디스플레이의 능력이 발휘된 것처럼 태양의 흑점 데이터에서 숨은 사실을 밝혀내는 데 한 몫을 했다.

연습문제 5.12

datasets 패키지에 sunspot.year라는 이름의 시계열 데이터가 있다. 이 데이터는 1700년부터 1988년까지의 년도별 태양의 흑점을 기록한 데이터다. 이 데이터를 45도 뱅킹 룰 알고리즘을 이용해서 시계열 그래프를 그려보자.

sunspot.year를 다음과 같이 aspect 인수 값에 "xy"를 지정하여 45도 뱅킹 룰 알고리즘을 적용하면, 그림 5.20과 같은 시계열 그래프가 그려진다.

```
> attributes(sunspot.year)
```

```
$tsp
[1] 1700 1988    1
$class
[1] "ts"
```

```
> plot <- xyplot(sunspot.year ~ 1700:1988, xlab = "", type = "l",
                 scales = list(x = list(alternating = 2)),
                 main = "Yearly Sunspots")
> print(plot, position = c(0, .3, 1, .9), more = TRUE)
> print(update(plot, aspect = "xy", main = "", xlab = "Year"),
        position = c(0, 0, 1, .3))
```

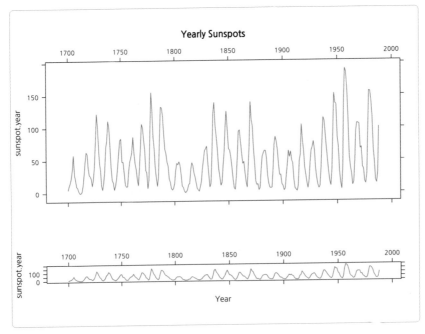

그림 5.20 aspect = 'xy' 인수를 사용한 선 그래프

이 그래프의 상단에 있는 패널은 일반적인 시계열 그래프이고 하단에 있는 패널이 aspect 인수 값을 "xy"로 지정한 45도 뱅킹 룰 알고리즘을 이용해서 그린 시계열 그래프이다. 이 그래프에서 태양의 흑점 발생 주기에 대한 숨겨진 사실이 드러났다. 그것은 흑점의 발생 주기는 전형적으로 증가하는 것이 감소하는 것보다 빠르게 나타난다는 것이다. 이 동작은 높은 고점에서 뚜렷하게 나타나며, 중간의 고점에서는 적게 나타나고 낮은 고점에서는 거의 발생하지 않는다. 이러한 정보는 상단의 패널에서는 알 수가 없지만, 하단의 패널에서는 쉽게 알 수 있다. 즉, 45도 뱅킹 룰 알고리즘을 적용한 그래프에서는 경사면의 기울기의 해독이 쉬운 반면, 일반 시계열 그래프의 종횡비를 갖는 상단의 그래프는 경사면의 기울기 해독이 거의 불가능했던 것이다.

5.4.8 layout

layout 인수는 조건부 변수를 사용하여 패널이 여러 개 생길 경우, 패널을 배치하는 레이아웃을 설정하는 인수다. 레이아웃은 삼차원 구조로 열, 행, 페이지의 구조를 갖는다. 인수 값으로는 수치 벡터를 사용하는데, c(cols, rows, pages)의 형식을 따른다. 페이지를 지정하지 않을 경우에는 c(cols, rows)로 사용한다. 행과 열의 개수가 행렬의 배치와는 다르다는 것에 주의해야 한다. layout에서는 열의 개수가 먼저 오고 행렬에서는 행의 개수가 먼저 오기 때문이다. 기본 값으로 열의 개수는 첫 번째 조건부 변수의 수준의 개수이고, 행의 개수는 두 번째 조건부 변수의 수준의 개수이다. 즉 c(length(levels(g2)), length(levels(g2))이다. 만약 조건부 변수의 개수가 하나이면, c(0, length(levels(g1)))이 기본 값이 된다.

연습문제 5.13
보리 경작의 데이터로 년도별 실험장별 조건부 변수에 의한 2×6=12개의 패널을 c(6,2)의 레이아웃으로 그려보자.

다음은 보리 경작의 데이터로 년도별 실험장별 조건부 변수의 조합별 패널을 layout 인수를 이용해서 배치한 예제로, 결과는 그림 5.21과 같다.

```
> dotplot(variety ~ yield | year * site, data = barley, layout = c(6, 2),
        xlab = "Barley Yield (bushels/acre) ", ylab = NULL,
        main = "variety ~ yield | year*site, layout = c(6,2)")
> levels(barley$year)   # 첫 번째 조건부 변수의 수준

[1] "1932" "1931"

> levels(barley$site)   # 두 번째 조건부 변수의 수준

[1] "Grand Rapids"    "Duluth"          "University Farm" "Morris"
[5] "Crookston"       "Waseca"
```

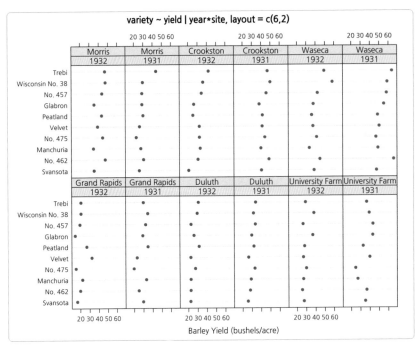

그림 5.21 layout=c(6,2) 인수를 사용한 점 그래프

여기서는 첫 번째 조건부 변수 year의 수준과 두 번째 조건부 변수 site의 수준의 조합으로 플롯을 그리는데, 이 조건부 변수의 조합의 데이터를 패킷(packet)이 라고 한다. 일반적으로 패킷이란 데이터 통신에서의 데이터 단위를 의미하는데, 래티스 그래픽에서는 패널의 출력을 위해서 패널에 보내는 정보다. 여기서는 연 도와 실험장의 조합 개수만큼의 패킷에 보리의 품종과 수율에 대한 정보가 들어 있다.

　데이터 통신에서 통신 선로를 따라 패킷이 순차적으로 전달되는 것처럼 래티 스 그래픽에서도 패널로 보내지는 패킷은 일정한 순서를 가지고 있다. 이 경우 의 패널에 넘겨지는 패킷의 순서를 구하면 다음과 같다.

```
> packet <- outer(levels(barley$year), levels(barley$site), paste)
> dim(packet) <- c(12, 1)
> packet
      [,1]
 [1,] "1932 Grand Rapids"
 [2,] "1931 Grand Rapids"
 [3,] "1932 Duluth"
 [4,] "1931 Duluth"
 [5,] "1932 University Farm"
 [6,] "1931 University Farm"
 [7,] "1932 Morris"
 [8,] "1931 Morris"
 [9,] "1932 Crookston"
```

```
[10,] "1931 Crookston"
[11,] "1932 Waseca"
[12,] "1931 Waseca"
```

또한 패널의 배치에도 순서가 있다. 하단의 좌측부터 시작해서 상단의 우측으로 끝을 맺는데, 한 줄을 우선 채우고 다음 윗줄로 넘어간다. 그러므로 이 순서로 물리적인 패널이 위치하고, 패널의 순서에 대응하는 패킷의 데이터가 전달되어서 플롯이 그려진다. 이처럼 layout 인수와 조건부 변수의 순서를 조정하면 원하는 모양, 원하는 순서로 다중 패널을 만들 수 있다.

패널 안의 범주형 데이터는 어떻게 순서가 정해질까? 물론 단위 패널이 이차원 산점도일 경우에는 좌표 값에 점으로 출력되지만, 그림 5.21과 같은 하나의 차원은 보리의 품종처럼 범주형 값이고, 다른 하나의 차원은 수율과 같은 수치형 값인 경우에는 범주형 변수의 수준이 갖는 수치 값의 중위수의 크기 순으로 순서가 정해진다.

```
> variety.medians <- tapply(barley$yield, barley$variety, median)
> variety.medians
```

```
          Svansota          No. 462       Manchuria          No. 475
          28.55000         30.45000        30.96667         31.06667
            Velvet         Peatland         Glabron          No. 457
          32.15000         32.38334        32.40000         33.96666
 Wisconsin No. 38            Trebi
          36.95000         39.20000
```

품종별로 중위수를 구해보았더니 중위수의 크기가 Svansota, No. 462, Manchuria, ..., Trebi의 순서이다. 그림 5.21을 보면 단위 패널의 점 그래프(dot plots)의 순서도 이와 동일하게 출력되었다.

5.4.9 as.table

패널을 배치하는 순서를 지정하는 논리 값을 인수 값으로 갖는다. 기본 값은 FALSE로 패널을 왼쪽에서 오른쪽, 아래에서 위쪽의 순서로 배치한다. 즉, 아래의 왼쪽에서 오른쪽으로 채우고, 한 줄을 다 배치한 후 아래서 둘째 줄의 왼쪽에서 오른쪽으로 배치한다. TRUE면 왼쪽에서 오른쪽, 위쪽에서 아래쪽의 순서로 배치한다.

5.4.10 between

패널들을 배치할 때 패널들 사이의 간격을 지정한다. 인수 값으로는 x와 y의 성분으로 구성된 리스트 값으로 각 성분은 패널 사이의 간격을 지정한 수치 벡터이다. 만약 layout 인수 값이 c(cols, rows)라고 하면 성분 x의 벡터의 원소 개수는 cols-1이고, 성분 y의 벡터의 원소 개수는 rows-1로 지정해야 한다.

연습문제 5.14

상단과 하단의 패널 사이의 간격을 2, 좌측과 중앙의 패널의 간격을 0, 중앙과 우측의 패널의 간격을 1로 하는 산점도를 그려보자.

다음 예제는 between 인수를 사용해서 상단과 하단의 패널 사이의 간격을 2, 좌측과 중앙의 패널의 간격을 0, 중앙과 우측의 패널의 간격을 1로 설정한 예로, 결과는 그림 5.22와 같이 출력된다.

```
> xyplot(NOx ~ E | C, data = ethanol, between = list(x = c(0, 1), y = 2),
        main = "between = list(x = c(0, 1), y = 2)")
```

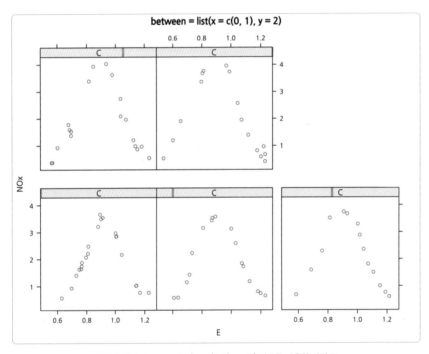

그림 5.22 between = list(x = c(0, 1), y = 2) 인수를 사용한 산점도

5.4.11 skip

패널을 배치할 위치에 패널의 배치 여부를 지정한다. 논리형 벡터를 인수 값으로 가지며, TRUE면 해당 위치에는 패널을 배치하지 않고 건너뛴다. 패킷을 버리는 것이 아니기 때문에 해당 패킷은 skip = FALSE인 패널에서 사용된다.

연습문제 5.15

ethanol 데이터 프레임에서 조건부 변수에 C를 사용하면 다섯 개의 수준에 대한 패널이 만들어진다. layout 인수에 c(3, 2)를 지정하여 6개의 영역을 확보한 후 다섯 번째 패널의 위치를 건너뛰어서 패널을 배치하라.

다음 예제는 다섯 번째 패널의 위치를 건너뛴 예제로 결과는 그림 5.23과 같다.

```
> xyplot(NOx ~ E | C, data = ethanol,
         skip = c(FALSE, FALSE, FALSE, FALSE, TRUE, FALSE), layout=c(3, 2),
         main = "skip = c(FALSE, FALSE, FALSE, FALSE, TRUE, FALSE)")
```

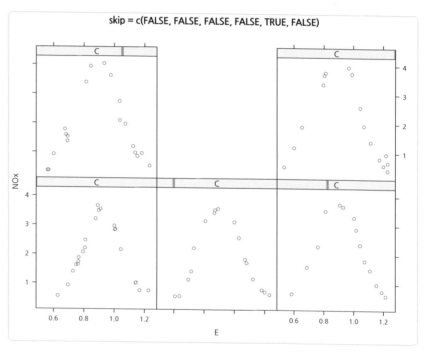

그림 5.23 skip = c(F, F, F, F, T, F) 인수를 사용한 산점도

5.4.12 strip

논리 값이나 함수를 인수 값으로 갖는다. 만약 인수 값이 FALSE면 스트립(strip: 패널 위에 위치한 길다란 널빤지 모양의 정보)을 그리지 않고, 함수이면 해당 함수로 스트립을 그린다. 기본 값은 TRUE로 strip.default( ) 함수를 사용해서 스트립을 그린다. 패널 함수와 마찬가지로 사용자가 스트립 함수를 정의할 수도 있다. 일반적으로 스트립 안에는 싱글(shingles)이라는 작은 널빤지 모양의 정보와 해당 조건부 변수의 이름이 들어 있다. 싱글은 coplot( ) 함수에서 해당 패널의 데이터의 분포를 보여주는 것과 동일한 작용을 하는 정보다.

연습문제 5.16

다음 기준을 만족하는 산점도에 사용자정의 스트립 함수를 적용해보자.

· 붓꽃 데이터인 iris 데이터 프레임을 사용하여 산점도를 그려라.

· x-축에는 꽃잎의 너비를 나타내는 Petal.Length를 y-축에는 꽃받침의 너비를 나타내는 Sepal. Length 변수를 지정하라.

· 조건부 변수는 품종인 Species를 사용하라.

· 단순회귀 직선을 추가로 그려라.

· 스트립에 품종의 이름과 상관계수를 출력하는 스트립 함수를 만들어 적용하라.

다음은 사용자정의 스트립 함수를 적용한 예제로, 결과는 그림 5.24와 같다.

```
> library(grid)
> xyplot(Sepal.Length ~ Petal.Length | Species,
       data = iris, scales = "free", layout = c(2, 2),
       panel = function(x, y) {
           panel.xyplot(x, y)
           panel.lmline(x, y, col="red")},
       strip = function(which.given, which.panel, var.name, factor.levels,
                   bg = trellis.par.get("strip.background")$col[which.given], ...) {
           if (which.given == 1) {
               grid.rect(gp = gpar(fill = "lightblue", col = "black"))
               ltext(factor.levels[which.panel[which.given]],
                   x = .24, y = .5, adj = 1)
           }
           grid.rect(x = .26, width = 0.74, just = "left",
                   gp = gpar(fill = bg, col = "black"))
           ltext(paste("Correlation :", round(cor(iris$Sepal.Length[iris$Species ==
               factor.levels[which.panel[which.given]]], iris$Petal.Length[iris$Species==
               factor.levels[which.panel[which.given]]]), 3)), x = .28, y = .5, adj = 0)
       }, par.strip.text = list(lines = 1), main = "User defined strip function")
```

이 예제는 사용자정의 패널 함수로 패널에 선형회귀직선을 적합시켰고, 스트립 함수도 새로 정의해서 싱글 왼쪽에는 붓꽃의 품종을 의미하는 Species 변수의 수준 이름을, 오른쪽에는 해당 수준 내에서의 꽃잎의 너비와 꽃받침의 너비의 상관계수를 계산해서 출력했다. 그리고 스트립 함수에서 사용한 grid.rect( ) 함수를 위해서 xyplot( ) 함수를 호출하기 이전에 grid 패키지를 로드하였다. 플롯을 보면 선형 회귀직선의 기울기와 상관계수의 값과 비례한다는 것을 쉽게 알수 있다.

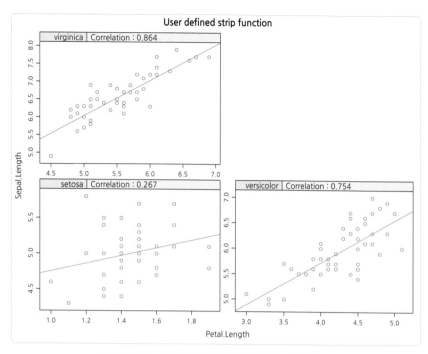

그림 5.24 strip 인수에 사용자정의 스트립 함수를 적용한 산점도

5.4.13 par.strip.text

스트립에 출력되는 문자의 모양을 지정한다. col, cex, font, lines를 성분으로 갖는 리스트를 인수 값으로 지정한다. col, cex, font는 각각 색상, 크기, 폰트의 모양을 지정한다. lines는 스트립에 출력되는 문자의 공간을 확보하는데, 단위는 라인의 수이다. 즉 lines 성분의 값이 2라면 스트립의 높이가 문자를 두 줄 출력할 수 있는 높이로 설정된다. 네 개의 성분 중에서 일부만 선택하여 사용할 수도 있다.

연습문제 5.17

par.strip.text 인수의 네 가지 성분으로 구성된 리스트를 적용한 산점도를 그려보자.

다음은 par.strip.text 인수의 네 가지 성분으로 구성된 리스트를 적용한 예로, 결과는 그림 5.25와 같다.

```
> xyplot(Sepal.Length ~ Petal.Length | Species, data = iris,
         main="par.strip.text=list(col=\"blue\", cex=1.5, font=3, lines=2)",
         par.strip.text=list(col = "blue", cex=1.5, font=3, lines=2))
```

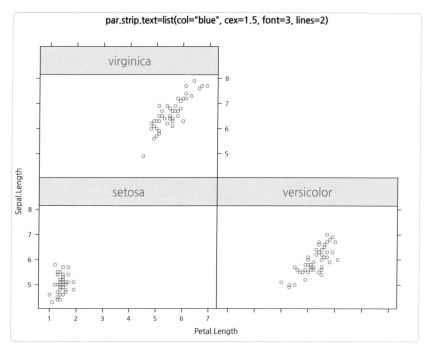

그림 5.25 par.strip.text를 사용한 산점도

5.4.14 key

래티스 그래픽에 출력할 키(key)를 정의한다. 래티스 그래픽에서 키는 범례 (legend)를 의미한다. 이 인수는 리스트 객체를 인수 값으로 갖는데 이 값은 draw.key( ) 함수로 키를 그리는 인수로 사용된다. 그림 5.25의 스트립 함수에 서 grid.rect( )를 사용하였는데, draw.key( )도 grid 패키지의 함수를 사용한다. lattice 패키지는 grid 패키지를 이용해서 만들었기 때문에 grid 패키지에 포함된 함수를 사용하는 경우가 있다.

키 범례를 출력할 위치를 지정하는 방법에는 두 가지가 있다. 첫 번째는 space 라는 이름의 성분에 "top", "bottom", "left", "right"의 값으로 위치를 지정하는 방법이고, 두 번째는 x, y, corner라는 이름의 성분으로 정의하는 방법이다. 여기서 x와 y는 [0, 1] 사이의 값을 가지며, key 범례가 출력될 좌표를 지정한 다. corner 성분은 키 범례가 놓일 모퉁이를 지정하는데, c(0,0), c(1,0), c(1,1), c(0,1) 중에 하나를 선택한다. corner 벡터의 첫 번째 값이 0이면 x 값의 좌표에 키 범례의 왼쪽이 위치하고, 1이면 오른쪽이 위치한다. 마찬가지로 두 번째 값이 0이면 y 값의 좌표에 키 범례의 아래쪽이 위치하고, 1이면 위쪽이 위치한다. 키 범례를 표현하는 컨텐츠는 사각형, 선, 점, 문자가 있는데 각각 rectangles, lines, points, text라는 이름의 성분으로 정의된다. 이 성분들은 몇 개의 그래픽 인수를 성분으로 갖는 리스트를 성분 값으로 갖는다. 각 컨텐츠가 가질 수 있는 성분들과 기본 값은 다음과 같다. 이 중에서 adj, angle, density는 아직 기능이 구현되지 않은 성분이다.

- cex = 1
- col = "black"
- lty = 1
- lwd = 1
- font = 1
- fontface
- fontfamily
- pch = 8
- type = "l"
- size = 5
- adj = 0
- angle = 0
- density = -1

또한 다음과 같은 성분을 사용할 수 있다.

between

키 범례에서 각 열을 둘러싸는 여백의 값을 지정하는 벡터를 인수 값으로 갖는다. 열의 양 옆이 같은 여백을 갖도록 나누어서 지정하므로, 열과 열사이의 여백이 말단부의 열의 여백보다 두 배 정도 크다. 여기서의 열이란 지시자와 설명 부를 나눈 각각의 영역이며, 리사이클링 룰이 적용된다.

title

키 범례 타이틀을 지정한다.

rep

논리 값을 인수 값으로 갖는다. 기본 값인 TRUE일 경우에는 키 범례에 각 열을 정의하는 rectangles, lines, points, text는 원소의 개수를 가장 큰 성분의 원소 개수로 복제한다. 이때 모자라는 원소는 리사이클링 룰에 의해서 생성되며, 문자(text)의 원소 개수가 모자랄 경우는 제외된다. FALSE일 경우에는 모자라는 대로 출력한다. 즉, TRUE일 경우 선의 종류를 세 개로 지정하고, 문자는 네 개일 경우에는 선의 개수를 네 개로 늘린다. 반면, 선의 종류가 세 개이고 문자의 개수가 두 개일 경우에는 문자는 그냥 두 개로 사용한다. 그밖에 pch, lty, lty, col 등도 동일하게 적용된다.

cex.title

키 범례 타이틀의 글자 크기

background

키 범례의 배경색을 지정한다.

border

키 범례에 테두리를 그리는지의 여부를 설정한다. TRUE면 테두리를 그리는데, 기본 값은 FALSE다.

transparent

키 범례 영역의 배경색을 투명색(transparent)으로 설정할지의 여부를 결정한다. 기본 값은 FALSE다.

columns

키를 나열할 열 블록의 개수를 지정한다.

betwen.columns

지시자와 설명부를 합한 열 블록 사이의 간격을 설정하며, 일반적으로 between 성분에 더해서 사용한다.

divide

만약 선의 형태인 type의 값이 "b"나 "o"여서 플롯에 심볼 문자가 들어있을 경우 키 범례의 선 안에 심볼 문자의 개수를 지정할 수 있다. 이때 사용하는 성분이 divide로 정수 값을 성분 값으로 갖는다.

연습문제 5.18

선과 점을 이어서 표현하는 panel.linepchjoin( )라는 이름의 패널 함수를 만들고, key 인수를 이용해서 선과 점으로 설명하는 키 범례를 서브 타이틀 아래 표현하는 선 그래프를 그려보자.

다음은 key 인수를 적용한 예제로, key 인수 안에 여러 성분들을 조합했다. 결과는 그림 5.26과 같다.

```
> trellis.par.set(theme = col.whitebg( ))
> panel.linepchjoin <-
    function (x, y, fun = mean, horizontal = TRUE, lwd = reference.line$lwd,
             lty = reference.line$lty, col, col.line = reference.line$col,
             pch = reference.symbol$pch, ...) {
```

```
            x <- as.numeric(x)
            y <- as.numeric(y)
            if (!missing(col)) {
                if (missing(col.line))
                    col.line <- col
            }
            if (horizontal) {
                vals <- unique(sort(y))
                yy <- seq(along = vals)
                xx <- numeric(length(yy))
                for (i in yy) xx[i] <- fun(x[y == vals[i]])
                llines(xx, vals[yy], col = col.line, lty = lty)
                lpoints(xx, vals[yy], col = col.line, pch = pch)
            }
            else {
                vals <- unique(sort(x))
                xx <- seq(along = vals)
                yy <- numeric(length(xx))
                for (i in xx) yy[i] <- fun(y[x == vals[i]])
                lpoints(vals[xx], yy, col = col.line, pch = pch)
                llines(vals[xx], yy, col = col.line, lty = lty)
            }
        }
    }
>
> xyplot(NOx ~ E, data=new.ethanol, groups=grade,
        panel="panel.superpose",
        panel.groups="panel.linepchjoin", horiz=FALSE,
        xlab="Equivalence ratio",
        ylab="NOx (micrograms/J)",
        key=list(lines=list(
            lty=trellis.par.get("superpose.line")$lty[1:3],
            pch=trellis.par.get("superpose.symbol")$pch[1:3],
            col=trellis.par.get("superpose.line")$col[1:3], type="o"),
            text=list(lab=as.character(levels(new.ethanol$grade))),
            columns=3, title="Compression ratio", background="lightgreen",
            space="bottom", border=TRUE, cex.title=1.2, between=2,
            between.columns=3, divide=2),
        main = "User defined key legend")
```

이 예제에서는 키 범례의 위치를 지정할 때 space 인수를 사용하여 아래 부분에 위치시켰다. 그리고 여러 인수의 값을 조합해서 인수들의 관계를 살필 수 있도록 하였다. panel.linepchjoin( )라는 패널 그룹 함수를 만들었는데, 이 함수는 단지 panel.linejoin( )에 심볼 문자를 출력하는 lpoints( )를 추가하여 만들었다. 그림 5.16과 비교하면 두 함수의 차이점을 알 수 있을 것이고, panel.linejoin( ) 함수의 소스를 보면 쉽게 이해할 수 있을 것이다.

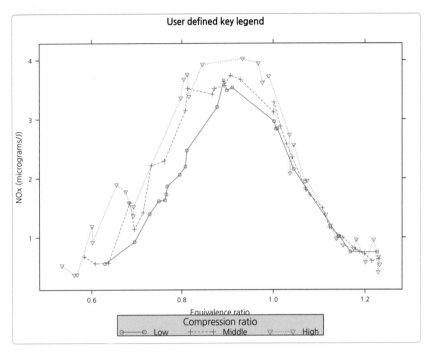

그림 5.26 key 인수를 사용한 선 그래프 1

연습문제 5.19

키 범례의 출력 위치를 x, y, corner의 세 인수로 지정하여 좌표의 영역 안에 키 범례를 출력하라.

다음은 키 범례를 출력할 위치를 x, y, corner의 세 인수로 지정한 예로, 결과는 그림 5.27과 같다.

```
> trellis.par.set(theme = col.whitebg( ))
> xyplot(NOx ~ E, data = new.ethanol, groups = grade,
        panel = "panel.superpose",
        panel.groups = "panel.linepchjoin", horiz = FALSE,
        xlab = "Equivalence ratio",
        ylab = "NOx (micrograms/J)",
        key = list(lines = list(lty=trellis.par.get("superpose.line")$lty[1:3],
                                pch=trellis.par.get("superpose.symbol")$pch[1:3],
                                col=trellis.par.get("superpose.line")$col[1:2], type="o"),
                text=list(lab=as.character(levels(new.ethanol$grade))),
                columns=3, title="Compression ratio", background="lightgreen",
                x=0.8, y=0.1, corner=c(1,1), border=TRUE, cex.title=1.2, between=2,
                between.columns=3, divide=2, rep=TRUE),
        main = "User defined key legend")
```

이 예제를 보면 키 범례가 좌표의 영역 안에 출력되었다. space 인수로는 구현할 수 없는 장점이다. 하지만 이 방법을 사용하여 플롯 영역의 밖에 출력할 때 x-축 라벨, y-축 라벨 등에 겹쳐 출력되는 경우가 있다. 물론 space 인수를 사용할 경우에는 자동으로 이 라벨문자 등에 겹치지 않게 출력된다.

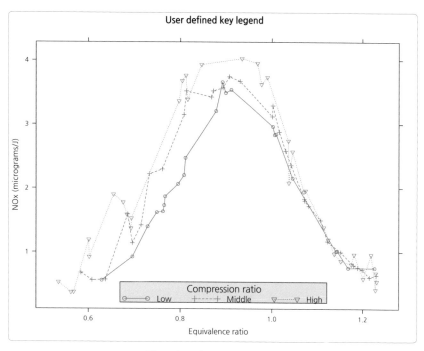

그림 5.27 key 인수를 사용한 선 그래프 2

5.4.15 auto.key

논리 값을 인수 값으로 갖는다. TRUE면 적당한 모양의 키 범례를 자동으로 만들고, 기본 값은 FALSE다.

연습문제 5.20

auto.key 인수를 이용해서 적당한 위치에 키 범례를 출력하라.

다음은 auto.key 인수를 이용해서 키 범례를 그린 예제로, 결과는 그림 5.28과 같다.

```
> trellis.par.set(theme = col.whitebg( ))
> xyplot(NOx ~ E, data = new.ethanol, groups = grade,
        panel = "panel.superpose",
        panel.groups = "panel.linepchjoin", horiz = FALSE,
        xlab = "Equivalence ratio",
        ylab = "NOx (micrograms/J)",
        auto.key = TRUE, main = "auto.key = TRUE")
```

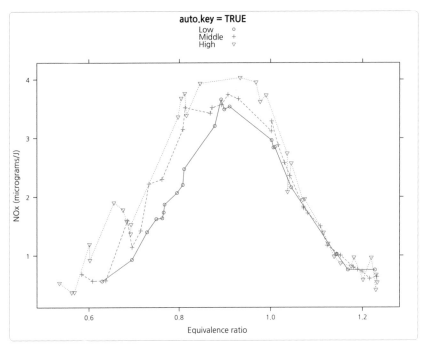

그림 5.28 auto.key 인수를 사용한 선 그래프

5.4.16 legend

legend 인수는 여러 개의 키 범례를 지정할 때 사용한다. 인수 값은 반드시 리스트이며 left, right, top, bottom, inside라는 이름의 성분을 반드시 포함해야 한다. 이들은 key 인수의 side 성분과 유사한 기능을 한다. 이 성분들은 fun이라는 성분 이름을 반드시 포함해야 하는데, 이 인수 값에는 키 범례를 출력하는 기능의 함수 이름을 지정한다. 그리고 이 함수에 인수를 할당하는 성분으로 arg라는 성분을 사용해야 한다.

연습문제 5.21

legend 인수를 이용해서 두 개의 키 범례를 출력하라. 단, 오른쪽에는 점에 대한 범례를, 아래쪽에는 선에 대한 범례를 표현하라.

다음은 legend 인수를 이용해서 두 개의 키 범례를 출력하는 예로, 결과는 그림 5.29와 같다.

```
> xyplot(NOx ~ E, data = new.ethanol, groups = grade,
         panel = "panel.superpose",
         panel.groups = "panel.linepchjoin", horiz = FALSE,
         xlab = "Equivalence ratio", ylab = "NOx (micrograms/J)",
         legend =
           list(bottom =
```

```
        list(fun = draw.key,
          args = list(key = list(space = "bottom",
            lines = list(lty = trellis.par.get("superpose.line")$lty[1:3],
              col=trellis.par.get("superpose.line")$col[1:3]),
            text = list(lab = as.character(levels (new.ethanol$grade))),
            columns = 3, title = "Compression ratio",
            background = "lightgreen", border = TRUE,
            cex.title = 1.2, between = 2, between.columns = 3))),
          right = list(fun = draw.key,
            args = list(key = list(space = "right",
              points = list(pch = trellis.par.get("superpose.symbol")$pch[1:3],
                col = trellis.par.get("superpose.line")$col[1:3]),
              text = list(lab = as.character(levels (new.ethanol$grade))),
              columns = 1, title = "Compression\nratio\n",
              background = "lightblue", border = TRUE, cex.title = 0.9)))),
      main = "legend = list(bottom, right)")
```

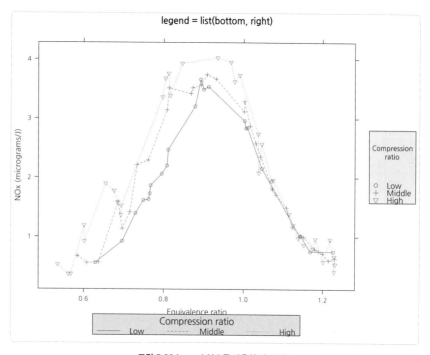

그림 5.29 legend 인수를 사용한 선 그래프

그림 5.29에서는 draw.key( ) 함수를 이용해서 오른쪽에는 심볼 문자의 키 범례를, 아래쪽에는 선에 대한 키 범례를 출력하였다.

다음은 피지섬 부근의 지진 현황 데이터인 quakes 데이터 프레임 객체를 사용해서 또 다른 legend 인수의 사용 방법을 보인 예제로, 키 범례를 색상 팔레트 함수인 heat.colors( )를 이용하여 표현하였다. 결과는 그림 5.30과 같다.

```
> val2col <- function(x, col) {
    rng <- range(x, na.rm = TRUE)
    ncol <- length(col)
    id <- 1 + round(ncol * (x - rng[1]) / diff(rng))
```

```
      id[id > ncol] <- ncol
      col[id]
  }
>
> my.key <- list(col = heat.colors(100),
                 at = seq(from = min(quakes$depth),
                          to = max(quakes$depth), length = 101),
                 space = "right")
>
> xyplot(quakes$lat ~ quakes$long, col = val2col(quakes$depth, col = heat.colors(100)),
         main = "legend, fun=draw.colorkey",
         legend = list(right = list(fun = draw.colorkey,
                                    args = list(key = my.key)
                             )))
```

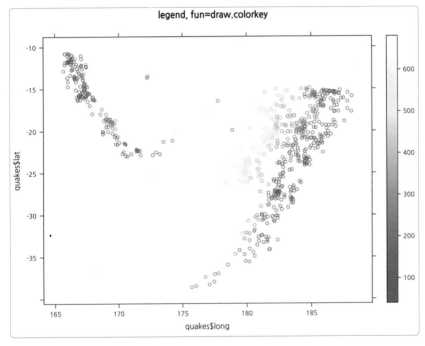

그림 5.30 legend 인수를 사용한 산점도

이 그림에서는 draw.colorkey( ) 함수를 이용해서 진앙지의 깊이를 연속적인 색으로 표현을 하였다. 여기서 사용한 프로그램 코드는 위스콘신(Wisconsin) 대학 메일링에 디피앙 사카의 답변 메일에서 얻은 코드를 응용한 것이다. 디피앙 사카가 lattice 패키지의 개발자로 과거 위스콘신 대학의 통계학과 대학원생이었다. 결과를 보면 위도 -25~-15, 경도 178~182 부근 진앙지의 깊이가 깊음을 알 수 있다.

5.4.17 prepanel

래티스 그래픽의 장점 중의 하나는 전체 플롯의 좌표 영역을 설정하고 라벨을 출력하며 종횡비를 설정하는 등의 공통 작업과 개별 패널에 플롯을 그리는 패널 함수가 서로 독립적으로 작동을 한다는 점이다. 이러한 매커니즘으로 공통 코드로 좌표의 영역과 종횡비 등이 그려진 이후에 패널 함수가 실행되기 때문에 45도 뱅킹 룰 등으로 종횡비를 조정하면, 패널 함수로 플롯을 그릴 때 x와 y의 데이터에 왜곡이 발생한다. 그 이유는 좌표 영역은 변형되었지만, 데이터는 변형된 좌표 영역의 비율대로 변환이 되지 않기 때문이다. 그러므로 단순하게 산점도만을 출력하는 패널 함수에서는 문제가 되지 않으나, 패널 함수에서 panel.lmline( ), panel.loess( ), panel.qqmathline( ) 등의 함수로 특정 모델을 적합할 경우에는 적합 모델에 왜곡이 발생한다. 이러한 문제를 해결하기 위해서 prepanel 인수를 제공하고 있다. prepanel 인수는 panel 인수와 동일한 방법으로 사용하며, 이 인수 값으로 사용한 함수는 변형된 좌표 값으로 변환된 x와 y와 데이터를 panel( ) 함수의 인수 값으로 제공하여 모델의 적합에 왜곡을 방지한다. lattice 패키지에서 제공하는 프리패널 함수에는 prepanel.lmline( ), prepanel.loess( ), prepanel.qqmathline( ), prepanel.tmd.default( ), prepanel.tmd.qqmath( )가 있다.

다음은 prepanel 인수를 사용해서 45도 뱅킹 룰에서의 모델의 적합 왜곡을 방지한 예제로, 결과는 그림 5.31과 같다.

```
> xyplot(NOx ~ E | C, data = ethanol,
        prepanel = function(x, y) prepanel.loess(x, y),
        panel = function(x, y) {
            panel.grid(h = -1, v = 2)
            panel.xyplot(x, y, pch = 16, col = "blue")
            panel.loess(x, y, col = "red")
        },
        aspect = "xy",
        main = "prepanel = function(x, y) prepanel.loess(x, y)")
```

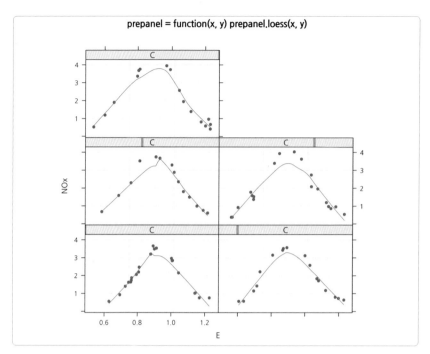

그림 5.31 prepanel 인수를 사용한 산점도

5.4.18 subscripts

논리 값을 인수 값으로 사용한다. TRUE면 패널 함수에 subscripts라는 이름을 갖는 벡터를 subscripts 인수의 인수 값으로 넘겨주고, FALSE면 넘겨주지 않는다. 기본 값은 groups 인수가 지정되지 않을 경우와 패널 함수에서 subscripts 인수가 없을 경우에 FALSE가 된다. subscripts라는 이름의 벡터는 data 인수에 지정한 데이터 프레임의 관측치의 인덱스다. 즉, 데이터의 순번을 의미한다.

연습문제 5.22

subscripts 벡터를 패널 함수에 넘기고 패널 함수에서 이를 사용하는 산점도를 그려보자. 단, ethanol 데이터 프레임의 인덱스를 산점도의 점으로 사용하라. 그리고 점의 색상은 압축비 변수 C의 수준을 오름차순 순서대로 1:5에 해당하는 색상을 지정하라.

다음은 subscripts 벡터를 패널 함수에 넘겨서 패널 함수에서 이를 사용하는 예제로, 결과는 그림 5.32와 같다.

```
> xyplot(NOx ~ E, data = ethanol, groups = C,
        main = "Used subscripts",
        panel = function(x, y, subscripts, groups)
            ltext(x, y, subscripts, cex = 0.9,
                col = match(ethanol$C, sort(unique(ethanol$C)))),
        key = list(space = "bottom",  border = TRUE,
```

```
rectangles = list(col=1:5), columns = 5,
text = list(lab = as.character(sort(unique(ethanol$C)))),
title = "Compression ratio", cex.title = 1.2,
background = "lightblue", between = 1))
```

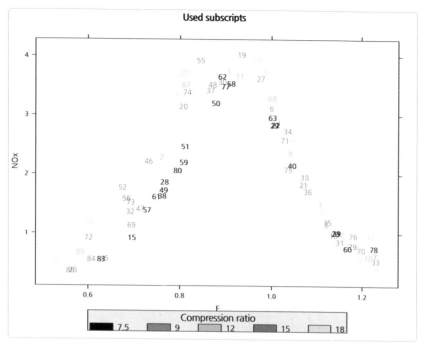

그림 5.32 subscripts 벡터를 사용한 산점도

여기서는 굳이 subscripts 인수를 사용하지 않았다. 그 이유는 패널 함수에 subscripts라는 이름의 인수가 존재해서 자동으로 TRUE로 설정되기 때문이다. 그리고 ethanol 데이터의 순서를 나타내는 번호를 해당 좌표 위에 출력했다. 이때 subscripts 값의 문자에 압축비를 나타내는 변수 C별로 색상을 달리 부여했다.

5.4.19 page

페이지 번호 하나만을 인수로 사용하는 사용자 함수를 지정한다. 각 페이지별로 플롯이 그려진 후 이 인수 값으로 지정한 함수가 호출된다. layout 인수로 다중 페이지의 래티스 플롯을 그릴 경우 그래픽 장치에서는 새로운 페이지가 현 페이지 위에 덮이며 그려지기 때문에 이전 페이지의 내용을 잃는다. 물론 RStudio와 같은 환경에서는 이전 페이지를 쉽게 볼 수 있지만 RGui 콘솔에서는 불편하다. 이 작업이 순식간에 이루어지기 때문에 우리가 볼 수 있는 페이지는 마지막 페이지가 되는 것이다.

다음 예제와 같이 page 인수를 사용하는 방법이 대안이 제시될 수 있다. 이 예제를 실행하면 그림 5.33과 같은 플롯을 얻을 수 있는데, 플롯 페이지가 출력되려면 사용자와 상호작용을 하기 위한 입력을 기다리므로, 사용자가 이에 반응해야 플롯이 그려진다.

```
> xyplot(NOx ~ E | C, data = ethanol,
        layout = c(3, 1),
        page = function(n) {
            ltext(x = 1, y = 0.95, paste("Page", n), pos = 2, col = "red")
            #winDialog("ok", "Plot next page...") #(1)
            #readline( )                          #(2)
            Sys.sleep(5)                          #(3)
        },
        main = "page function")
```

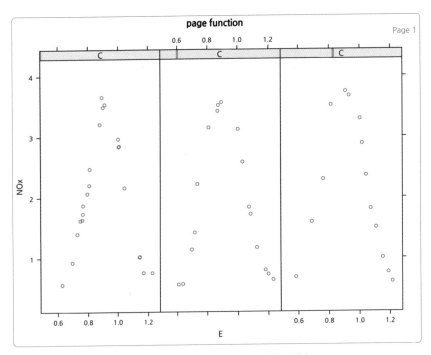

그림 5.33 page 인수를 사용한 산점도의 첫 페이지

예제에서는 주석 연산자가 없는 Sys.sleep( ) 함수를 사용한 (3)으로 상호작용을 수행하며 각각의 방법은 다음과 같은 상호작용을 수반한다.

(1)은 MS-Windows 환경에서만 실행되는데, 페이지를 그리기 전에 그림 5.34와 같은 "information"이라는 타이틀과 메시지가 "Plot next page..."인 확인 창(dialog)이 생기고, 이 창의 "OK" 버튼을 눌러야 래티스 그래픽의 그래픽 페이지가 그려진다.

그림 5.34 상호작용을 위한 다이얼로그(Dialog) 창

　(2)는 콘솔 창에서 엔터 키를 눌러야만 래티스 그래픽의 그래픽 페이지가 그려진다.

　(3)은 5초가 경과된 후에 새로운 플롯 페이지가 그려진다. 그러므로 엄밀하게 판단한다면 사용자와의 상호작용이 없이 Sys.sleep( ) 함수로 정한 시차(time interval)만큼의 시간을 기다리면 다음 그래픽 페이지가 출력되는 것이다.

　그림 5.33을 보면 오른쪽 상단에 빨간색으로 페이지 번호가 출력되었다. 이는 페이지 함수 내에서 ltext( ) 함수가 출력한 내용이다.

5.4.20 main, sub, xlab, ylab

각 페이지의 상단에 출력할 메인 타이틀과 하단에 출력할 서브 타이틀 및 x-축과 y-축에 표시할 라벨을 정의한다. x-축과 y-축 라벨의 기본 값은 formula 인수 값에서의 x의 값과 y의 값을 사용하는데, NULL이면 축의 라벨을 표시하지 않는다. 인수 값으로는 문자열이나 리스트가 올 수 있다. 리스트일 경우에는 label, cex, col, font를 성분으로 취할 수 있는데, 첫 번째 성분이 label이라면 성분 이름을 생략할 수 있으나, 나머지 성분의 이름은 생략하면 안 된다. 리스트에서 문자의 모양을 지정하는 성분의 기본 값은 다음의 명령으로 알 수 있다.

```
> unlist(trellis.par.get("par.main.text"))
     alpha        cex        col       font lineheight
       "1"      "1.2"  "#000000"        "2"        "1"
> unlist(trellis.par.get("par.sub.text"))
     alpha        cex        col       font lineheight
       "1"        "1"  "#000000"        "2"        "1"
> unlist(trellis.par.get("par.xlab.text"))
     alpha        cex        col       font lineheight
       "1"        "1"  "#000000"        "1"        "1"
> unlist(trellis.par.get("par.ylab.text"))
     alpha        cex        col       font lineheight
       "1"        "1"  "#000000"        "1"        "1"
```

여기서 alpha 성분은 색상의 투명도를 지정하는 알파 채널의 레벨(alpha level)이다.

연습문제 5.23

main, sub, xlab, ylab 인수를 다양하게 사용하는 산점도를 그려보자.

다음은 main, sub, xlab, ylab 인수의 다양한 사용 예제로, 결과는 그림 5.35와 같다. 또한 이 방법은 래티스 그래픽이 아닌 데이터 시각화 함수에서도 적용 가능하다.

```
> xyplot(NOx ~ E | C, data = ethanol,
        main = list("Ethanol Data Example", cex = 1.8, col = "blue", font = 4),
        sub = list("NOx ~ E | C", cex = 1.2, col = "red", font = 3),
        xlab = list("Equivalence ratio", cex = 1, col = 4, font = 1),
        ylab = list("NOx Concentration of nitrogen oxides\n(micrograms/J)",
                cex = 1, col = 3, font = 2))
```

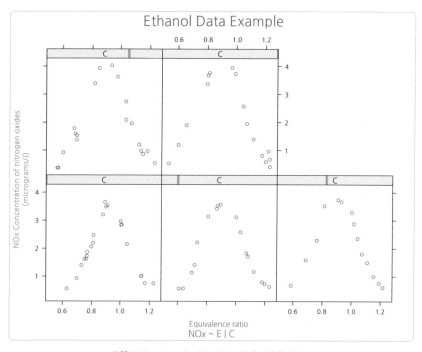

그림 5.35 main, sub, xlab ,ylab 인수를 사용한 산점도

5.4.21 perm.cond

perm.cond(permutation condition variable)은 조건부 변수를 조합해서 패킷을 만들 때 조건부 변수의 조합 순서를 나타내는 수치 벡터를 인수 값으로 사용한다. 기본 값은 formula 인수에서 기술한 변수의 순서이고, 벡터의 원소 개수는 조건부 변수의 개수와 동일하다. 이 변수의 순서에 의거해서 패널에 보내는 패킷의 순서가 정해지는데, 우선 순위가 높은 변수의 수준을 반복하면서 낮은 순위 변수의 수준을 대응시켜 패킷을 생성한다.

연습문제 5.24

그림 5.21을 그린 포뮬러 모델은 'variety ~ yield | year * site'이다. 이 포뮬러 모델을 그대로 사용하면서 조건부 변수 site를 year에 우선으로 적용하는 산점도를 그려보자.

그림 5.21을 그린 포뮬러 모델 'variety ~ yield | year * site'의 perm.cond 인수 값은 기본 값인 1:2가 된다. 이 인수 값을 2:1로 바꾸어 조건부 변수 site를 year에 우선으로 적용한 예의 패킷 순서는 다음과 같은데, 이를 플롯으로 그리면 그림 5.36처럼 출력된다.

```
> packet <- outer(levels(barley$year), levels(barley$site), paste)
> as.vector(aperm(packet, 1:2))    # (1) prem.cond = 1:2인 경우의 패킷 순서

 [1] "1932 Grand Rapids"  "1931 Grand Rapids"  "1932 Duluth"
 [4] "1931 Duluth"        "1932 University Farm" "1931 University Farm"
 [7] "1932 Morris"        "1931 Morris"        "1932 Crookston"
[10] "1931 Crookston"     "1932 Waseca"        "1931 Waseca"

> as.vector(aperm(packet, 2:1))    # (2) prem.cond = 2:1인 경우의 패킷 순서

 [1] "1932 Grand Rapids"  "1932 Duluth"        "1932 University Farm"
 [4] "1932 Morris"        "1932 Crookston"     "1932 Waseca"
 [7] "1931 Grand Rapids"  "1931 Duluth"        "1931 University Farm"
[10] "1931 Morris"        "1931 Crookston"     "1931 Waseca"

> dotplot(variety ~ yield | year * site, data = barley, layout = c(6, 2),
          xlab = "Barley Yield (bushels/acre) ", ylab = NULL,
          perm.cond = c(2, 1),
          main = "variety ~ yield | year * site, perm.cond = c(2, 1)")
```

perm.cond 인수로 패킷을 만들 때 내부적으로는 aperm( ) 함수를 이용해서 변수들의 수준들을 조합한다. (1), (2)는 이러한 내부의 과정을 perm.cond 인수의 값에 따라 시뮬레이션을 한 예제다.

(1)의 경우는 이미 앞서 그림 5.21을 그렸던 예에서 적용되는 패킷의 순서이고, (2)가 그림 5.36을 그리는 패킷의 순서를 의미한다.

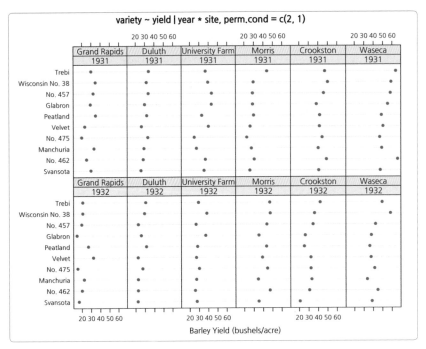

그림 5.36 perm.cond 인수를 사용한 점 그래프

5.4.22 index.cond

패킷을 만들 조건부 변수 내에서 수준의 순서를 인덱스 값으로 지정한다. 인수 값에는 리스트나 함수가 올 수 있다. 만약에 이 인수를 사용하지 않는다면, 해당 변수 내에서 수준의 원래 순서에 의해서 패킷이 만들어진다.

연습문제 5.25

그림 5.21을 보면 조건부 변수 안에서 패널의 배치 순서가 알파벳이나 숫자의 정렬된 순서가 아닌 수준의 순서대로 만들어지는 것을 알 수 있다. 이를 우리가 익숙한 알파벳과 숫자의 정렬 순서로 패널을 배치하라.

다음은 index.cond를 사용하는 예제로, 결과는 그림 5.37과 같다. 이 예제에서는 연도와 농업 실험장의 수준들의 값을 알파벳 순서대로 정렬하여 패킷을 만드는 방법을 제시하였다. index.cond 인수 값으로는 리스트를 사용하였으며, 리스트의 각 성분은 조건부 변수 year와 site의 수준을 소트한 값의 원래 수준에서의 위치를 나타내는 인덱스 값이다. match( ) 함수는 길이가 같은 두 벡터를 비교해서 같은 원소가 있으면 위치 값을 반환하는 함수다. 더욱 자세한 내용은 도움말을 참고하기 바란다.

```
> levels(barley$year)
```

```
[1] "1932" "1931"
```

```
> order.year <- match(sort(levels(barley$year)), levels(barley$year))
> order.year
```

```
[1] 2 1
```

```
> levels(barley$site)
```

```
[1] "Grand Rapids"    "Duluth"          "University Farm" "Morris"
[5] "Crookston"       "Waseca"
```

```
> order.site <- match(sort(levels(barley$site)), levels(barley$site))
> order.site
```

```
[1] 5 2 1 4 3 6
```

```
> dotplot(variety ~ yield | year * site, data = barley, layout = c(6, 2),
          xlab = "Barley Yield (bushels/acre) ", ylab = NULL,
          index.cond = list(order.year, order.site),
          main = "index.cond = list(order.year, order.site)")
```

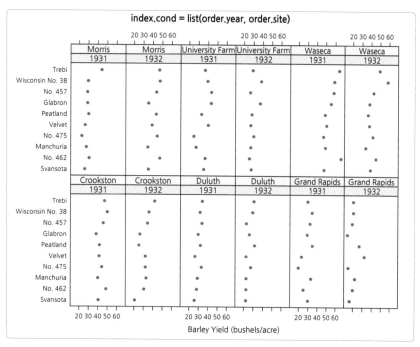

그림 5.37 index.cond 인수를 사용한 점 그래프

5.4.23 xlim, ylim

x-축과 y-축의 범위를 지정하는 길이가 2인 수치 벡터를 인수 값으로 갖는다. scales 인수의 relation 성분이 "free"이거나 "sliced"인 축에 대해서는, 다중 패널을 가질 경우에 각 패널에 해당하는 범위를 성분 값으로 갖는 리스트를 지정할 수 있다. 리사이클링 룰이 적용되기도 한다.

연습문제 5.26

iris 데이터로 다음 조건을 만족하는 산점도를 그려보자.

· x-축에는 꽃잎의 길이를 나타내는 Petal.Length를, y-축에는 꽃받침의 길이를 나타내는 Sepal. Length 변수를 지정하라.

· 조건부 변수는 품종인 Species를 사용하라.

· 패널의 배치는 3행 1열로 배치하라.

· x-축의 범위는 [0.8, 7]로 설정하라.

· y-축의 범위는 품종별로 setosa는 [4, 6], versicolor는 [4.5, 7], virginica는 [5, 8]로 설정하라.

다음은 xlim과 ylim의 사용 예제로, 결과는 그림 5.38과 같다. 이 예제에서는 x-축은 동일하게 세 패널이 공유하고, y-축은 패널별로 달리하였다.

```
> xyplot(Sepal.Length ~ Petal.Length | Species, data = iris,
        layout = c(1, 3), scales = list(y = list(relation = "free")),
        panel = function(x ,y) {
            panel.xyplot(x, y)
            panel.grid(v = -1)
        },
        xlim = c(0.8, 7), ylim = list(c(4, 6), c(4.5, 7), c(5, 8)),
        main = "xlim = c(0.8, 7), ylim = list(c(4, 6), c(4.5, 7), c(5, 8))")
```

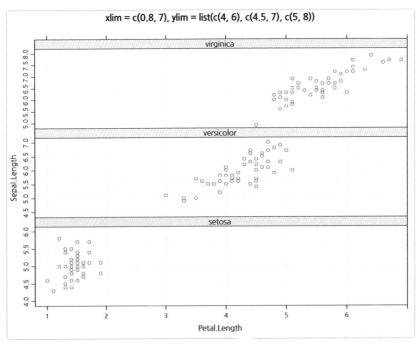

그림 5.38 xlim, ylim 인수를 사용한 산점도

이 예제에서는 패널 함수에서 panel.grid( ) 함수를 사용하며 좌표 값의 분포를 이해하기 쉽도록 했다.

5.4.24 scales

x-축과 y-축이 그려지는 모양을 설정하는 인수로, 리스트 객체를 인수 값으로 갖는다. 리스트는 'name=value' 형식의 인수를 포함한다. 여기서 인수 값의 설정은 x-축과 y-축에 공통적으로 적용되며 x-축과 y-축을 달리 지정할 경우나 하나의 축에만 적용할 경우에는 x나 y라는 성분 이름을 갖는 리스트를 인수 값으로 사용할 수 있다.

이 인수 값에서 사용할 수 있는 리스트의 성분들은 다음과 같다.

relation

각 패널에서 축의 범위를 계산하는 방법을 나타내는 문자열을 지정한다. 인수 값으로 사용할 수 있는 문자열에는 "same", "free", "sliced"이 있다.

기본 값인 "same"은 모든 패널에서 공통적으로 사용할 수 있게 충분하게 큰 범위를 계산한다. 그러므로 각 패널들의 범위는 같고 패널별로 상대적인 분포의 차이를 알 수 있다.

"free"는 각 패널 안에서의 값으로 패널별로 축의 범위를 구한다. 그러므로 패널별로 상대적인 분포의 비교하기는 어렵다.

"sliced"는 "free"처럼 각 패널 안에서의 값으로 패널별로 축의 범위를 구하지만, 각 패널의 스케일이 같도록 조정한다.

연습문제 5.27

relation의 세 가지 인수 값에 따른 플롯의 형태를 비교할 수 있는 산점도를 그려보자.

다음은 relation의 세 가지 인수 값에 따른 플롯의 형태를 비교하기 위한 예제로, 결과는 그림 5.39와 같다.

```
> p.same <- xyplot(Sepal.Length ~ Petal.Length | Species, data = iris,
                layout = c(3, 1), scales = list(relation = "same"),
                main = "scales = list(relation = \"same\")")
> p.free <- xyplot(Sepal.Length ~ Petal.Length | Species, data = iris,
                layout = c(3, 1), scales = list(relation = "free"),
                main = "scales = list(relation = \"free\")")
> p.sliced <- xyplot(Sepal.Length ~ Petal.Length | Species, data = iris,
                 layout = c(3, 1), scales = list(relation = "sliced"),
                 main = "scales = list(relation = \"sliced\")")
> is(p.same)

[1] "trellis"

> print(p.same, position = c(0, 0.66, 1, 1), more = TRUE)
> print(p.free, position = c(0, 0.33, 1, 0.65), more = TRUE)
> print(p.sliced, position = c(0, 0, 1, 0.32))
```

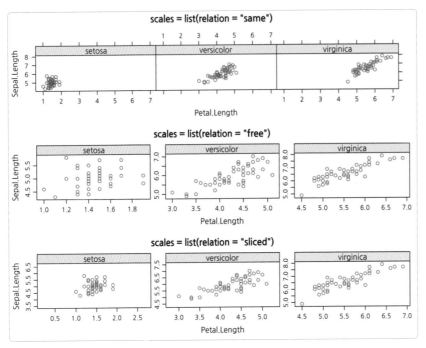

그림 5.39 scales 인수에 relation을 사용한 산점도

이 예제에서는 세 개의 래티스 플롯을 한 그래픽 장치에 출력하였다. 우선 relation의 세 가지 인수 값에 따른 래티스 플롯을 그래픽 장치에 출력하지 않고, 각각 p.same, p.free, p.sliced라는 이름의 객체로 만들었다. 고수준 래티스 그래픽 함수는 trellis 클래스 객체를 반환하기 때문에 함수의 결과를 이름에 할당을 하면, 그래픽 장치에 출력하지 않고 이름을 갖는 래티스 그래픽 객체를 만들 수 있다. 이 객체를 다시 print() 함수를 이용해서 하나의 그래픽 장치에 출력하여 그림 5.39와 같은 결과를 얻을 수 있다.

tick.number
좌표축에 그린 눈금의 개수를 지정한다. 경우에 따라서는 인수 값에서 지정한 개수가 아닌 인수 값에 근접하는 개수의 눈금이 그려질 수도 있다.

draw
인수 값이 TRUE면 좌표축에 눈금과 눈금 라벨을 그리고, FALSE면 그리지 않는다.

alternating
패널의 그룹 간에 라벨을 교차 출력하는지의 여부를 설정한다. 이 인수는 relation 인수의 값이 "same"일 경우만 적용되는데, 인수 값이 FALSE면 라벨을 교차 출력하는 것이 아니라 모든 축의 눈금에 다 출력하고, 인수 값이 TRUE면 각 축들에 대해 하나의 패널을 건너뛰면서 눈금에 라벨을 출력한다. 더욱 세밀하게 조정하기 위해서 벡터를 사용할 수 있는데, 이때 벡터의 원소가 갖는 값의 의미는 다음과 같다.

- 0: 축 라벨을 그리지 않음
- 1: 아래/왼쪽의 축만 라벨을 그림
- 2: 위/오른쪽의 축만 라벨을 그림
- 3: 양쪽 모두 라벨을 그림

limits

축의 범위를 지정하는데, xlim, ylim 인수와 동일하게 작용한다.

at

좌표 축에 출력할 눈금(틱,ticks)의 위치를 나타내는 벡터를 인수 값으로 갖는다. 지정하는 벡터의 값이 위치하는 축에 눈금을 그린다. 패널의 개수만큼의 성분을 갖는 리스트를 사용하여 각각의 패널에 지정할 수도 있다.

labels

at 인수에서 지정한 눈금에 출력할 라벨을 지정한다. 문자열이나 표현식의 벡터를 지정하며 사용법은 at 인수와 같다.

cex

좌표 눈금 라벨의 문자 크기를 설정한다. 만약 길이가 2인 벡터를 사용하면 첫 번째 원소는 왼쪽과 아래쪽 라벨의 크기를, 두 번째 원소는 오른쪽과 위쪽 라벨의 크기를 나타낸다.

font

좌표 눈금 라벨의 문자 유형을 설정한다. 1은 일반 서체(Plain), 2는 강조 서체(Bold), 3은 기울임 서체(Italic), 4는 기울인 강조 서체(Italic+Bold)를 나타낸다.

col

좌표축의 눈금과 눈금의 라벨 색상을 지정한다.

tck

좌표축의 눈금의 길이를 지정한다. 만약 길이가 2인 벡터를 사용하면 첫 번째 원소는 왼쪽과 아래쪽 눈금의 길이를, 두 번째 원소는 오른쪽과 위쪽 눈금의 길이를 나타낸다.

rot

좌표 눈금 라벨의 회전 각도를 지정한다. 만약 길이가 2인 벡터를 사용하면 첫 번째 원소는 왼쪽과 아래쪽 라벨의 회전 각도를, 두 번째 원소는 오른쪽과 위쪽 라벨의 회전 각도를 나타낸다.

abbreviate

논리 값을 인수 값으로 갖는다. TRUE면 abbreviate( ) 함수를 이용해서 눈금 라벨의 긴 문자열을 줄여서 출력한다. 특히 x-축의 문자열이 길 때 유용하게 사용할 수 있다.

minlength

abbreviate 인수 값이 TRUE일 때, abbreviate( ) 함수에 적용되는 minlength 인수 값을 지정한다. 긴 라벨 문자열을 줄일 때 최저 글자수를 나타낸다.

log

TRUE면 축을 로그 스케일로 변환하며, 기본 값은 FALSE다.

format

POSIX 변수를 사용하기 위한 포맷을 지정한다.

axs

데이터의 범위를 확장하여 축의 상한과 하한을 구하는 방법을 지정한다. 인수 값이 "r"일 경우에는 데이터의 범위를 양쪽으로 4% 확장하여 좌표축의 구간을 정하고, "i"일 경우는 데이터의 범위 안에서 축의 상한과 하한을 구한다. 즉, 데이터의 최소치와 최대치가 축의 시작과 끝이 된다.

연습문제 5.28

scales 인수의 여러 성분을 조합하여 플롯을 그려보자.

다음은 scales 인수의 여러 성분들을 조합하여 구현한 예제로, 결과는 그림 5.40과 같다.

```
> p1 <- xyplot(NOx ~ E | C, data = ethanol,
               scales = list(alternating = 1), main = "scales=list(alternating = 1)")
> p2 <- xyplot(abs(rnorm(12)) ~ 1:12, type= "o",
               scales = list(
                   x = list(at = 1:12, labels = month.name, abbreviate = T,
                            col = "red", rot = 45, font = 4, tck = 2, cex = 1.2),
                   y = list(tick.number = 3, log = T, axs = "i", col = "blue")),
               main = "scales parameters")
> print(p1, position = c(0, 0.5, 1, 1), more = TRUE)
> print(p2, position = c(0, 0, 1, 0.49))
```

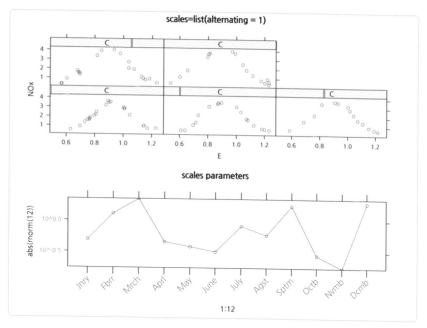

그림 5.40 scales 인수를 사용한 플롯

5.5 단변량 래티스 함수

이번에는 고수준 래티스 그래픽 함수 중에서 하나의 변량을 시각화하는 단변량 (univariate) 래티스 함수에 대해서 알아본다. 개별 함수에 대한 함수 원형의 설명은 여러 인수를 포함한 'formula' 클래스 버전이 아닌 간단한 'numeric' 클래스 버전을 사용한다. 그 이유는 이미 xyplot( ) 함수에서 'formula' 클래스 버전에서 사용되는 많은 인수를 다루었는데, 이 인수들은 함수가 다르더라도 동일한 기능을 수행하기 때문이다.

5.5.1 barchart( ) 함수

데이터 시각화 함수의 barchart( ) 함수에 대응하는 래티스의 막대 그래프 함수로 함수의 원형은 다음과 같다.

함수 원형 barchart( )

```
barchart(x, data,
        panel = lattice.getOption("panel.barchart"),
        default.prepanel = lattice.getOption("prepanel.default.barchart"),
        box.ratio = 2, ...)
```

barchart( ) 함수의 패널 함수는 lattice.getOption("panel.dotplot")의 결과인 panel.barchart( ) 함수를 사용한다. 그리고 barchart( ) 함수에서 사용하는 몇몇

인수를 사용할 수 있으며 앞서 다룬 인수들도 사용할 수 있다. box.ratio 인수는 막대 기둥들 사이의 간격을 지정하기 위한 너비의 비율을 나타낸다. 비율은 '막대기둥의 폭/여백의 너비'으로 정의되며, 기본 값은 2이다.

연습문제 5.29

barley 데이터 프레임으로 다음 기준을 만족하는 막대 그래프를 그려보자.

· 농업 실험장별로 패널을 만들어라.

· 패널에는 품종별 수율의 막대 그래프를 그리되, 연도에 따라 그룹을 지어 표현하라.

· 키 범례는 하단에 출력하라.

· x-축의 눈금에 출력하는 라벨은 품종의 이름을 사용하되 45도 회전하여 출력하라.

다음은 barley 데이터 객체를 이용해서 barchart( ) 함수로 래티스 막대 그래프 그리는 예제이며, 결과는 그림 5.41과 같다.

```
> barchart(yield ~ variety | site, data = barley,
          groups = year, layout = c(1,6),
          auto.key = list(points = FALSE, rectangles = TRUE,
                          columns = 2, space = "bottom"),
          ylab = "Barley Yield (bushels/acre)",
          main = "barchart",
          scales = list(x = list(rot = 45)))
```

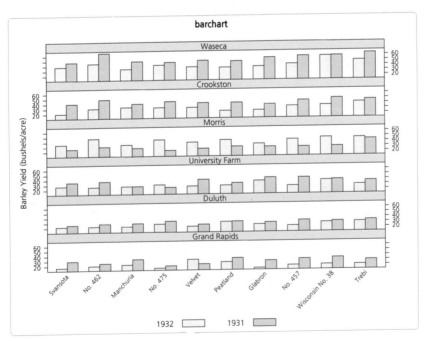

그림 5.41 막대 그래프 예제 1

연습문제 5.30

그림 5.41을 다음과 같이 변형하여 막대 그래프를 그려보자.

· 연도별 막대를 누적 표현하라.

· x-축의 눈금에 출력하는 보리 품종 이름을 최대 5자 이내로 약어화하여 출력하라.

다음은 stack 인수를 사용해서 그룹 변수의 막대를 쌓아 올려 하나의 막대로 표현한 예제로, 결과는 그림 5.42와 같다. scales 인수에서 abbreviate 성분을 사용해서 보리 품종의 긴 이름을 다섯 자로 줄여서 표현하였다.

```
> barchart(yield ~ variety | site, data = barley,
          groups = year, layout = c(1,6), box.ratio = 1,
          auto.key = list(points = FALSE, rectangles = TRUE,
                          columns = 2, space = "bottom"),
          ylab = "Barley Yield (bushels/acre)",
          scales = list(x = list(abbreviate = TRUE,
                                 minlength = 5)),
          stack = TRUE, main = "barchart")
```

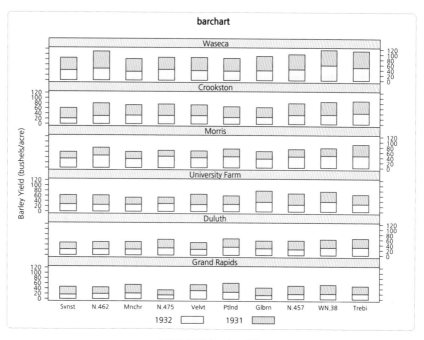

그림 5.42 막대 그래프 예제 2

5.5.2 bwplot( ) 함수

bwplot( )은 데이터 시각화 함수의 boxplot( )에 대응하는 래티스의 박스 플롯 함수로, 함수 원형은 다음과 같다.

— R

함수 원형 bwplot( )

```
bwplot(formula, data, panel = lattice.getOption("panel.bwplot"),
       box.ratio = 1, ..., horizontal, subset = TRUE)
```

boxplot( ) 함수의 패널 함수는 lattice.getOption("panel.bwplot")의 결과인 panel.bwplot( ) 함수를 사용한다. 그리고 boxplot( ) 함수에서 사용하는 몇몇 인수를 사용할 수 있으며, 4절에서 다룬 인수들도 사용할 수 있다.

연습문제 5.31

lattice 패키지에 singer라는 데이터 프레임 객체가 있다. 이 객체는 1979년 뉴욕 합창단의 235명의 단원들에 대해서 키와 성부(聲部)를 조사한 데이터다. bwplot( ) 함수 이용해서 성부별 키의 분포를 그려보자.

다음은 bwplot( ) 함수로 성부별 키의 분포를 그리는 스크립트로, 결과는 그림 5.43과 같다.

```
> dim(singer)
```

```
[1] 235   2
```

```
> dimnames(singer)[[2]]
```

```
[1] "height"    "voice.part"
```

```
> levels(singer$voice.part)
```

```
[1] "Bass 2"    "Bass 1"    "Tenor 2"   "Tenor 1"   "Alto 2"    "Alto 1"
[7] "Soprano 2" "Soprano 1"
```

```
> bwplot(voice.part ~ height, data = singer, xlab = "Height (inches)",
         main = "bwplot(voice.part ~ height, data = singer)")
```

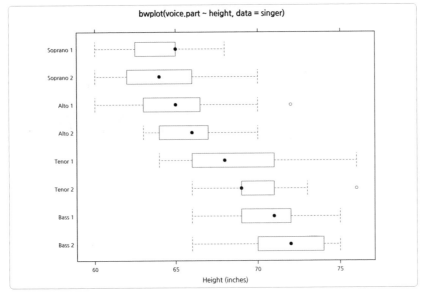

그림 5.43 박스 플롯 예제

5.5.3 densityplot( ) 함수✿

densityplot( )은 래티스 그래픽 버전의 커널 밀도 그래프(kernel density plot)를 그리는 함수로, 원형은 다음과 같다.

함수 원형 densityplot( )

```
densityplot(x, data, panel = lattice.getOption("panel.densityplot"),
            n = 50, plot.points = TRUE, ref = FALSE, ...)
```

densityplot( ) 함수는 주어진 커널(kernel) 및 bandwidth 값으로 커널 밀도(kernel density)를 예측하여 좌표축에 그리는 함수다. 자세한 사용법은 stat 패키지의 density( ) 함수를 참조하기 바란다. 다만 내용이 통계학 전공의 수준을 다루므로 건너뛰고 학습해도 무방하다. 참고로 densityplot( ) 함수도 density( ) 함수에서 사용하는 여러 인수를 사용하기 때문에 density( ) 함수의 사용법을 숙지하면 좋다.

n

밀도선을 그릴 점의 개수를 지정한다. 기본 값은 50이며, 점의 개수가 많을수록 밀도선이 부드럽게 출력되나 적당히 지정하는 것이 효율적이다.

plot.points

y = 0인 선 위에 x의 값을 점문자로 출력하는 여부를 지정하는 논리 값을 인수 값으로 갖는다. 기본 값은 TRUE다.

ref

참조의 목적으로 x-축을 그릴 수 있는데, x-축의 출력 여부를 지정한다. 논리 값을 인수 값으로 가지며, 기본 값은 FALSE다.

연습문제 5.32

singer 데이터 프레임으로 densityplot( ) 함수를 사용해서 커널 밀도 그래프를 그려보자.

다음은 singer 데이터 객체로 densityplot( ) 함수를 사용해서 커널 밀도 그래프를 그리는 예제로, 결과는 그림 5.44와 같다. 여기서는 bandwidth 값을 5로 지정하고, n의 값을 10으로 주어서 조금은 각진 밀도 플롯을 그렸다.

```
> densityplot( ~ height | voice.part, data = singer,
            layout = c(2, 4), n = 10, plot.points = TRUE, ref = TRUE,
            xlab = "Height (inches)", bw = 5,
            main = "densityplot by n = 10, plot.points = T, ref = T, bw = 5")
>
```

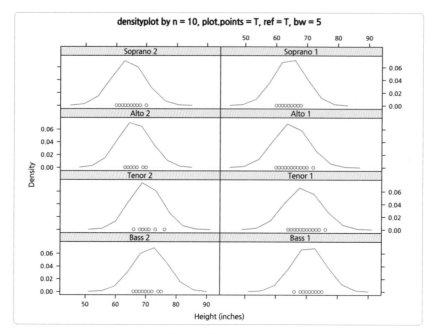

그림 5.44 커널 밀도 그래프 예제

5.5.4 dotplot( ) 함수

dotplot( ) 함수는 래티스 그래픽 버전의 점 그래프를 그릴 때 사용하며, 함수 원형은 다음과 같다.

함수 원형 dotplot( )

```
dotplot(x, data, panel = lattice.getOption("panel.dotplot"),
        default.prepanel = lattice.getOption("prepanel.default.dotplot"), ...)
```

이 함수는 graphics 패키지에 포함된 데이터 시각화 함수인 dotchart( ) 함수와 유사하며, 사용하는 패널 함수는 lattice.getOption("panel.dotplot")의 결과인 panel.dotplot( )이다. 이미 우리는 보리 경작 실험의 데이터인 barley 데이터 객체를 설명하면서 점 그래프를 그린 적이 있다.

 대부분의 고수준 래티스 그래픽 함수에 대응해서 R 데이터 시각화 함수가 있으므로, 이 두 함수의 인수의 종류 및 사용 방법을 서로 비교하여 숙지하는 것이 좋다. 그 이유는 많은 인수가 두 함수에서 공통적으로 사용되기 때문이다.

연습문제 5.33

barley 데이터 프레임으로 dotplot( ) 함수를 사용해서 점 그래프를 그려보자.

다음은 여러 인수를 사용한 dotplot( ) 함수의 예제로, 결과는 그림 5.45와 같이 출력된다.

```
> trellis.par.set(theme = col.whitebg( ))
> dotplot(variety ~ yield | site, data = barley, groups = year,
          key = simpleKey(levels(barley$year), space = "bottom", columns = 2),
          xlab = "Barley Yield (bushels/acre) ", ylab = "Variety",
          aspect=0.5, layout = c(2, 3),
          scales = list(alternating = FALSE,
                        y = list(abbreviate = TRUE, minlength = 5),
                        font = 4, col = "blue"),
          main = "dotplot(variety ~ yield | site, data = barley, groups = year)",
          sub = list("arguments = key, aspect, scales, etc", col = "gray")
  )
```

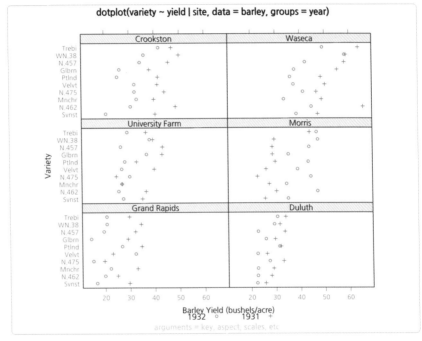

그림 5.45 점 그래프 예제

5.5.5 histogram( ) 함수

histogram( ) 함수는 래티스 그래픽 버전의 히스토그램을 그릴 때 사용하며, 함수의 원형은 다음과 같다.

함수 원형 histogram( )

```
histogram(x, data, panel = lattice.getOption("panel.histogram"),
        type = c("percent", "count", "density"),
        nint = if(is.factor(x)) length(levels(x))
          else round(log2(length(x))+1),
        endpoints = range(x[!na.x]), breaks, equal.widths = FALSE, ...)
do.breaks(endpoints, nint)
```

type

히스토그램의 유형을 지정한다. 인수 값으로는 "percent", "count", "density"의 세 가지 문자열이 올 수 있다. "percent", "count"는 히스토그램의 기둥이 상대도수(백분율)와 도수를 나타나게 한다. "density"는 밀도를 나타내는 히스토그램을 그린다. 만약 패널 함수에서 panel.mathdensity( ) 함수를 이용한다면, 인수 값으로 "density"를 사용해야 한다. 기본 값은 "percent"인데, 만약 계급 구간이 등간격이 아니거나 breaks = NULL일 때 기본 값은 "density"이다.

nint

사용자가 breaks 인수를 지정하지 않았을 때에 한해서 계급의 개수(number of bins)를 지정한다. 기본 값은 포뮬러 모델에서 변수 x가 범주형 데이터이면 length(levels(x))이고, 범주형 데이터가 아니면 round(log2(length(x))+1)이다. 즉, 변수 x가 범주형 데이터인 경우에는 수준의 개수이고, 아니면 Sturges의 공식을 이용해서 구한다.

endpoints

히스토그램에서 기둥의 x-축 양 끝을 지정한다. 원소의 개수가 2인 벡터를 인수 값으로 갖는다. breaks 인수를 지정하지 않았을 때에 한해서만 유용하다. 기본 값은 range(x[!na.x]). 즉, 결측치를 제외한 값들의 최소치와 최대치를 갖는 벡터가 된다.

breaks

히스토그램에서 계급 구간의 점들을 나타내는 벡터 값, 즉 계급의 경계(breakpoints)를 지정한다. 수치 벡터를 인수 값으로 사용하는데, 계급의 개수보다 하나 많게 원소의 개수를 지정해야 한다. 기본 값으로는 포뮬러 모델에서 변수 x가 범주형 데이터이면 seq(0.5, length = length(levels(x)) + 1)이고, 범주형 데이터가 아니면 do.breaks(endpoints, nint)이다. 일반적으로 모든 패널은 같은 계급의 경계를 갖는다.

equal.widths

논리 값을 인수 값으로 가지며 breaks = NULL일 경우에만 적용된다. 이 인수 값이 TRUE면 히스토그램의 계급 간격이 동일하게 그려진다. FALSE면 계급 간격이 동일하게 그려지지 않는데, 이때는 계급의 막대 면적이 비슷하게 그려진다.

do.breaks( )는 계급의 경계(breakpoints)를 만드는 함수로, endpoints 범위 안에서 nint개의 계급 경계를 만든다. 즉, nint - 1개의 계급을 만든다.

연습문제 5.34

singer 데이터 프레임으로 성부별 키의 분포를 나타내는 히스토그램을 그리되 nint, endpoints 인수와 breaks 인수의 관계를 이해할 수 있도록 표현하라.

다음은 nint, endpoints 인수와 breaks 인수의 관계를 나타내는 예제로, 결과는
그림 5.46과 같다.

```
> hist1 <- histogram( ~ height | voice.part, data = singer, nint = 7,
                  endpoints = c(59.5, 76.5), layout = c(2, 4), aspect = 1,
                  xlab = "Height (inches)",
                  main = "layout = c(2,4),\nnint = 7, endpoints = c(59.5, 76.5)")
> hist2 <- histogram( ~ height | voice.part, data = singer,
                  breaks = do.breaks(c(59.5, 76.5), 7), layout = c(2, 4), aspect = 1,
                  xlab = "Height (inches)",
                  main = "layout = c(2,4),\nbreaks = do.breaks(c(59.5, 76.5), 7) ")
> print(hist1, position = c(0, 0, 0.5, 1), more = TRUE)
> print(hist2, position = c(0.5, 0, 1, 1), more = FALSE)
```

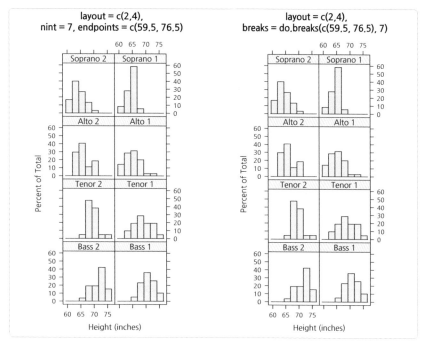

그림 5.46 히스토그램 예제 1

연습문제 5.35

singer 데이터 프레임의 성부별 키의 분포를 나타내는 히스토그램과 밀도 그래프를 함께 표현하라.

다음은 밀도를 나타내는 히스토그램을 그린 예제로, 결과는 그림 5.47과 같다.

```
> histogram(~ height | voice.part, data = singer,
        xlab = "Height (inches)", type = "density",
        layout = c(2, 4), aspect = 2/3,
        panel = function(x, ...) {
            panel.histogram(x, ...)
            panel.mathdensity(dmath = dnorm, col = "blue",
                            args = list(mean = mean(x), sd = sd(x))) },
        main = "type = \"density\" & User defined panel function")
```

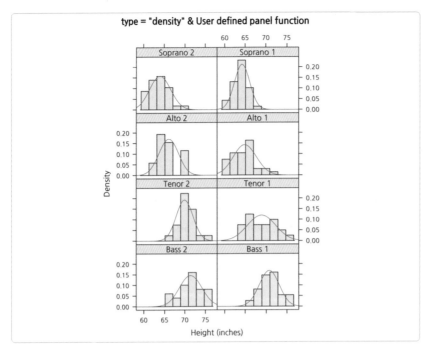

그림 5.47 히스토그램 예제 2

5.5.6 qqmath( ) 함수

qqmath( )는 표본인 데이터와 이론적인 분포의 Q-Q 플롯[3]을 그리는 함수로 원형은 다음과 같다.

함수 원형 qqmath( )

```
qqmath(x, distribution = qnorm, f.value = NULL, ...)
```

x

~ x | g1 * g2 * ... 형식의 formula로 x는 반드시 수치형이어야 한다.

distribution ⬦

x가 어떤 분포(distribution)에 근사하는지 알아보기 위한 분포 함수를 지정한다. 기본 값은 qnorm으로 정규근사의 여부를 검증하는 Q-Q 플롯을 그린다. qunif( )[4], qt( )[5] 등의 분포 함수나 사용자가 정의한 함수를 사용할 수 있다. 이 함수의 인수로 x의 분위수(Quantile)에 대응하는 확률 벡터를 사용하며, 분포 함수에 따라서 추가 인수를 필요로 할 수 있다.

---

3   3장 2.9절의 qqplot( ) 함수를 참고하자.
4   일양분포(uniform distribution)의 분위수(quantile) 함수
5   t 분포(student's t distribution)의 분위수(quantile) 함수

f.value

표본의 크기를 나타내는 단일 정수를 인수 값으로 갖는 함수로 그리려는 분위수들에 대응하는 확률 값들의 벡터를 반환한다. 이론적인 분포의 분위수에서는 ppoints( ) 함수를 사용하지만, 표본에서는 실제 데이터값을 사용하는 효과를 갖는다.

연습문제 5.36

singer 데이터 프레임의 성부별 키의 분포가 정규분포를 따르는지를 확인할 수 있는 플롯을 그려보자.

다음은 singer 데이터를 이용한 qqmath( ) 함수의 사용 예제로, 결과는 그림 5.48과 같다.

```
> qqmath(~ height | voice.part, aspect = 1, data = singer,
        prepanel = prepanel.qqmathline, layout = c(2, 4),
        panel = function(x, ...) {
            panel.qqmathline(x, ...)
            panel.qqmath(x, ...)
        }
  )
```

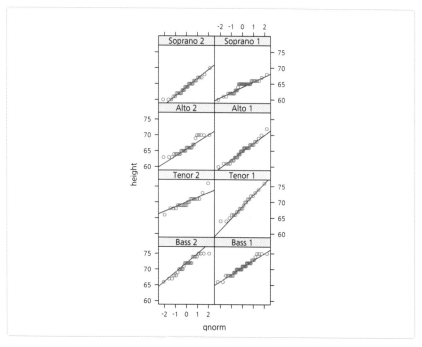

그림 5.48 Q-Q 플롯 예제 1

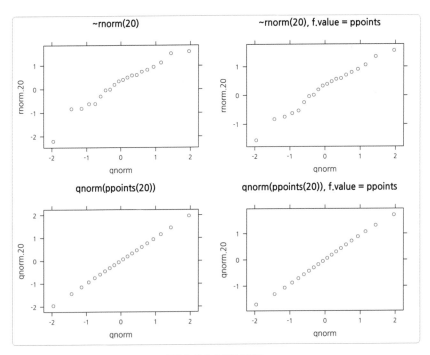

연습문제 5.37

f.value 인수 값에 대한 Q-Q 플롯의 차이점을 비교하는 Q-Q 플롯을 그려보자.

다음은 f.value 인수 값에 대한 Q-Q 플롯의 차이점을 비교하기 위한 예제로, 결과는 그림5.49와 같다.

```
> set.seed(1)
> rnorm.20 <- rnorm(20)                         # (1) 20개의 정규난수 발생
> q1 <- qqmath(~ rnorm.20, main = "~rnorm(20)")  # (2)
> q2 <- qqmath(~ rnorm.20, f.value = ppoints,    # (3)
          main = "~rnorm(20), f.value = ppoints")
> ppoints(20)                                     # (4) ppoints 사용 예시

 [1] 0.025 0.075 0.125 0.175 0.225 0.275 0.325 0.375 0.425 0.475 0.525 0.575
[13] 0.625 0.675 0.725 0.775 0.825 0.875 0.925 0.975

> qnorm.20 <- qnorm(ppoints(20))                          # (5) 정규분포의 분위수 생성
> q3 <- qqmath(~ qnorm.20, main = "qnorm(ppoints(20))")   # (6)
> q4 <- qqmath(~ qnorm.20, f.value = ppoints,             # (7)
          main = "qnorm(ppoints(20)), f.value = ppoints")
> print(q1, split = c(1, 1, 2, 2), more = TRUE)
> print(q2, split = c(2, 1, 2, 2), more = TRUE)
> print(q3, split = c(1, 2, 2, 2), more = TRUE)
> print(q4, split = c(2, 2, 2, 2), more = FALSE)
```

그림 5.49 Q-Q 플롯 예제 2

이 예제에서 (1)처럼 20개의 정규분포 난수를 만들어서 rnorm.20 객체에 할당한 이유는 (2)와 (3)의 결과를 비교하기 위함이다. 난수이기 때문에 정규난수 함수를 호출할 때마다 다른 결과가 발생하기 때문에 동일한 x 값을 보장하기 위해서 rnorm.20 객체를 만들었다. 그림을 보면 상단의 두 플롯이 비슷하지만 자세히 보면 차이가 나는 것을 알 수 있다.

(4)는 ppoints( ) 함수의 사용 예로, 결과가 등간격의 확률 값을 갖는 벡터임을 알 수 있다. 이 확률 값을 인수로 하여 (5)를 이용해서 정규분포의 분위수(quantile)를 생성하였다. 그리고 이 값을 x로 취하여 qqmath( ) 함수로 플롯을 그렸다. 당연히 결과는 하단의 그림처럼 기울기가 1인 직선에 완전히 일치한다. 이 경우에는 f.value 인수를 사용한 것과 사용하지 않은 것의 차이가 없다. x의 값 자체가 분포 함수로 계산한 분위수이기 때문에 x 값과 y 값이 같은 것이다.

5.5.7 stripplot( ) 함수

일차원 산점도인 스트립 차트(strip charts)를 그리는 함수다. 데이터 시각화 함수인 stripchart( ) 함수에 대응하는 래티스 함수로 함수의 원형은 다음과 같다.

함수 원형 stripplot( )

```
stripplot(x, data, panel = lattice.getOption("panel.stripplot"),
        jitter = FALSE, factor = .5, box.ratio = if (jitter) 1 else 0,
        groups = NULL, ..., subset = TRUE)
```

jitter

일차원 산점도를 그릴 때 랜덤하게 노이즈를 주어 점들을 위아래로 흩트려 놓는 여부를 결정한다. TRUE면 jitter 함수를 이용해서 노이즈를 주고, FALSE면 아무런 작용을 하지 않는다.

factor

jitter를 사용할 경우에 노이즈의 정도를 지정하는 수치를 인수 값으로 사용한다. 기본 값은 0.5이다.

box.ratio

이 인수는 원래 bwplot( ) 함수에서 사용하던 인수다. stripplot( ) 함수가 내부적으로 bwplot( ) 함수를 호출하여 만들어진 함수다. 그래서 인수로 사용할 수 있으며 값의 변화에 따라 조금씩 결과에 영향을 주지만, 특징이 없고 실효성도 없다.

연습문제 5.38

singer 데이터 프레임으로 jitter 인수의 사용 여부에 따른 스트립 플롯의 차이를 비교해보자.

다음은 jitter 인수의 사용 예제로, 결과는 그림 5.50과 같다.

```
> strip1 <- stripplot(voice.part ~ jitter(height), data = singer,
                      jitter = FALSE, xlab = "Height (inches)",
                      main = "jitter = FALSE, factor = 0.3")
> strip2 <- stripplot(voice.part ~ jitter(height), data = singer,
                      jitter = TRUE, factor = 0.7, xlab = "Height (inches)",
                      main = "jitter = TRUE, factor = 0.3")
> print(strip1, position = c(0, 0.5, 1, 1), more = TRUE)
> print(strip2, position = c(0, 0, 1, 0.5), more = FALSE)
```

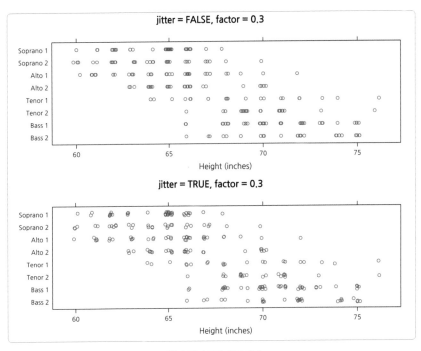

그림 5.50 스트립 차트 예제

5.6 이변량 래티스 함수

이번에는 고수준 래티스 그래픽 함수 중에서 두 개의 변량을 시각화하는 이변량 (bivariate) 래티스 함수를 학습한다. 단변량 래티스 함수와 마찬가지로 개별 함수에 대한 함수 원형의 설명은 여러 인수를 포함한 'formula' 클래스 버전이 아니라 간난한 'numeric' 클래스 버전을 사용하기로 한다.

5.6.1 qq( ) 함수

qq( )는 두 분포의 비교를 위해 각 분포에 대해서 Q-Q 플롯을 그리는 함수로, 원형은 다음과 같다.

함수 원형 qq( )

```
qq(x, data, panel = lattice.getOption("panel.qq"), f.value = NULL, ...)
```

x

y ~ x | g1 * g2 * ... 형식의 formula로 qqmath( ) 함수와 다른 점은 y가 추가되어서 두 변수를 사용한다는 점이다. x는 반드시 수치형이어야 하나 y는 범주형 데이터, 싱글(shingle), 문자 벡터나 수치 벡터도 가능하다. 단, y가 정확하게 두 개의 수준을 가져야 한다. 그래서 x의 값이 두 개의 그룹으로 나뉘어질 수 있고, 이 그룹들에 대한 분위수가 두 축에 따라 그려진다.

f.value

단일 정수(두 표본의 크기 중 큰 것을 나타내는)를 인수로 사용하는 함수를 인수 값으로 갖는다. 이 인수 값은 두 표본의 원소의 개수 중 큰 것과 같은 수의 벡터를 반환하는데, 이 값이 분포 함수에서 사용할 인수인 확률 벡터 값이다. 기본값은 NULL로 function(n) ppoints(n, a = 1)을 사용하는 것과 동일하다. 여기서 n은 max(length(x), length(y))의 결과다. 인수 a에 1을 사용하면, 최소 값(1)과 최대 값(n)을 포함하는 확률 벡터를 구할 수 있다.

연습문제 5.39

singer 데이터 프레임의 Bass 2 파트와 Tenor 1 파트 단원의 키에 대한 분포를 비교하는 플롯을 그려보자.

다음은 singer 데이터 프레임의 Bass 2 파트와 Tenor 1 파트 단원의 키에 대한 분포를 비교하기 위해서 Q-Q 플롯을 그린 예제로, 결과는 그림 5.51과 같다.

```
> qq(voice.part ~ height, aspect = 1, data = singer,
     subset = (voice.part == "Bass 2" | voice.part == "Tenor 1"),
     main = "Quantile-Quantile Plots of Two Samples")
```

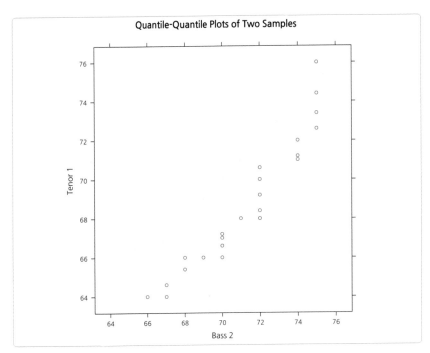

그림 5.51 두 분포에 대한 Q-Q 플롯 예제 1

다음은 f.value의 사용하는 구조에 대해서 알아보기 위한 예제로, 결과는 그림 5.52와 같다.

```
> nx <- dim(subset(singer, voice.part == "Bass 2"))[1]
> nx
```

```
[1] 26
```

```
> ny <-dim(subset(singer, voice.part == "Tenor 1"))[1]
> ny
```

```
[1] 21
```

```
> ppoints(max(nx, ny), a = 1)
```

```
 [1] 0.00 0.04 0.08 0.12 0.16 0.20 0.24 0.28 0.32 0.36 0.40 0.44 0.48 0.52
[15] 0.56 0.60 0.64 0.68 0.72 0.76 0.80 0.84 0.88 0.92 0.96 1.00
```

```
> dimnames(subset(singer, voice.part == "Bass 2"))[1]
```

```
[[1]]
 [1] "210" "211" "212" "213" "214" "215" "216" "217" "218" "219" "220" "221"
[13] "222" "223" "224" "225" "226" "227" "228" "229" "230" "231" "232" "233"
[25] "234" "235"
```

```
> dimnames(subset(singer, voice.part == "Tenor 1"))[1]
```

```
[[1]]
 [1] "129" "130" "131" "132" "133" "134" "135" "136" "137" "138" "139" "140"
[13] "141" "142" "143" "144" "145" "146" "147" "148" "149"
```

```
> qq(voice.part ~ height, aspect = 1, data = singer,
      subset = (voice.part == "Bass 2" | voice.part == "Tenor 1"),
      panel = function(x, y, subscripts) {
          ltext(x, y, subscripts)
          llines(c(0, 100), c(0, 100)) },
      main = "Quantile-Quantile Plots of Two Samples")
```

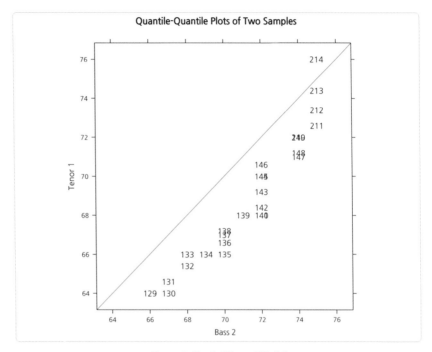

그림 5.52 두 분포에 대한 Q-Q 플롯 예제 2

이 예제에서는 f.value 인수를 사용하지 않아서 기본 값인 NULL이 적용되었다. f.value 인수 값이 NULL일 때 ppoints( ) 함수의 인수 n은 두 표본의 원소의 개수 중 큰 수를 사용하므로 Bass 2 파트의 26이 사용되었다. 그런데 그림 5.51을 보면 점이 23개만 출력되었다. 그 이유는 값이 중복되어서 한 좌표에 두 개 이상의 점이 출력되었기 때문이다. 그래서 이번 예제는 점이 아니라 subscripts 값을 출력하여 겹쳐진 부분을 확인토록 하였다.

그림 5.52를 보면 subscripts 값이 겹쳐서 출력된 곳을 찾을 수 있고, 정확히 26개가 출력된 것도 알 수 있다. 여기서는 21개까지는 Tenor 1 파트의 subscripts 값이 출력되었고, 그 이상은 Bass 2 파트의 subscripts 값이 출력되었다.

5.6.2 xyplot( ) 함수
데이터 시각화 함수의 plot( )처럼 산점도를 그리는 래티스 그래픽 함수이다. 래티스 그래픽에서도 가장 대표적인 함수로, 이미 앞에서 다룬 적이 있다.

5.7 삼변량 래티스 함수

이번에는 고수준 래티스 그래픽 함수 중에서 세 개의 변량을 시각화하는 삼변량 (trivariate) 래티스 함수에 대해서 알아본다. 이변량 래티스 함수와 마찬가지로 개별 함수에 대한 함수 원형의 설명은 여러 인수를 포함한 'formula' 클래스 버전이 아닌 간단한 'numeric' 클래스 버전을 사용하기로 한다.

5.7.1 levelplot( ) 함수

레벨 플롯(level plots)의 래티스 버전으로, 데이터 시각화 함수 중에 filled. contour( ) 함수와 유사하다. 함수 원형은 다음과 같다.

함수 원형 levelplot( )

```
levelplot(x, data, at, contour = FALSE, cuts = 15, pretty = FALSE,
          region = TRUE, ... col.regions, colorkey = region)
```

x

z ~ x * y | g1 * g2 * ... 형식의 formula를 사용한다. 이 formula에서 x와 y는 사각형의 격자 영역을 계산할 때 사용하고, z는 레벨을 표현할 반응변수이다. 세 변수 모두 수치형이어야 한다.

at

z의 범위를 나눌 위치 값을 갖는 수치 벡터를 인수 값으로 갖는다. 즉, 등고선의 경계 값을 지정한다. 이 값으로 등고선의 높이가 계산되고, 등고선 영역별로 색상이 채워진다.

col.regions

region 인수 값이 TRUE일 경우 사용할 색상 벡터를 인수 값으로 갖는다. 기본 값은 trellis.par.get("regions")$col을 사용하는데, 100개의 색상 벡터이다. 색상으로 표시할 영역이 col.regions에서 지정한 벡터의 원소 개수보다 클 경우에는 리사이클링 룰이 적용된다.

colorkey

논리 값을 인수 값으로 갖는데, TRUE면 색상 키를 그리고, FALSE면 그리지 않는다. 또한 다음 성분을 갖는 리스트를 인수 값으로 사용한다. 기본 값은 region 인수 값과 동일하다.

- space: 색상 키의 위치를 지정하는 문자열로 "left", "right", "top", "bottom"이 있다. 기본 값은 "right"다.
- x, y: 색상 키의 위치로 현재는 사용되지 않는다.
- col: 색상 키에서 사용할 색상의 벡터 테이블
- at: 색상 키에서 색상이 변하는 위치를 지정하는 수치 벡터를 인수로 사용한다. 그러므로 반드시 col 인수의 벡터보다 원소가 하나 더 많은 벡터를 지정해야 한다.
- labels: at에서 지정한 위치에 출력할 라벨을 설정한다. 문자열 벡터를 인수값으로 사용한다. 또한 확장해서 labels, at, cex, col, font를 성분으로 갖는 리스트를 인수 값으로 사용할 수도 있다.
- tick.number: 색상 키에서 눈금(틱)의 개수를 지정한다.
- corner: x와 y의 값으로 색상 키의 위치를 지정한다. 예를 들면 c(0,1)은 왼쪽 위쪽을 의미한다. S-PLUS에서는 지원하는 기능으로 스펙이 정의되어 있지만 아직 R에서는 구현되지 않았다. 즉 사용할 수 없는 기능이다.
- width: 색상 키의 폭을 지정한다.
- height: 색상 키의 높이를 지정한다.

contour

논리 값을 인수로 갖는다. TRUE면 등고선 라인을 그리고, 기본 값인 FALSE는 등고선 라인을 그리지 않는다.

cuts

z의 범위를 자를 개수를 지정한다. z의 수준 수는 cuts + 1이고, 기본 값은 15 이다.

labels

논리 값을 인수로 갖는다. TRUE면 등고선 라인에 라벨을 그리고, FALSE면 그리지 않는다. 등고선 라인에 출력할 라벨을 정의한 문자열 벡터를 인수 값으로 사용할 수도 있다. levelplot( ) 함수는 panel.levelplot( ) 패널 함수를 기본 패널 함수로 사용하는데, 이 함수의 label.style 인수를 이용해서 라벨의 스타일을 조정할 수도 있다.

pretty

논리 값을 취하는데, TRUE면 색상 키에서 라벨과 라벨의 위치를 보기 좋게 나눈다. cuts 인수 값이 작을 때 효과적이다.

region

논리 값을 인수로 갖고, 기본 값은 TRUE다. 이 경우에는 등고선 라인 사이의 영역을 col.regions 인수에서 지정한 색상으로 채우고, FALSE면 채우지 않는다.

연습문제 5.40

volcano 행렬을 이용해서 마운트 화우(Maunga Whau) 화산 지형을 레벨 플롯으로 그려보자.

다음은 levelplot( ) 함수의 여러 인수에 대한 사용 예제로, 결과는 그림 5.53과 같다.

```
> # (1) 여러 과정을 거치는 방법
> x <- 10 * 1:nrow(volcano)
> y <- 10 * 1:ncol(volcano)
> tmp <- outer(x, y, paste)
> tmp <- strsplit(tmp, " ")
> tmp <- matrix(as.numeric(unlist(tmp)), ncol = 2, byrow = TRUE)
> tmp <- as.data.frame(tmp)
> colnames(tmp) <- c("x", "y")
> z <- matrix(volcano, ncol = 1)
> my.volcano <- data.frame(tmp, z)
> # (2) expand.grid( ) 함수 사용 방법
> expand.grid.volcano <- data.frame(expand.grid(x, y), matrix(volcano, ncol = 1))
> names(expand.grid.volcano) <- c("x", "y", "z")
> # (3) reshape2 패키지의 melt( ) 함수 사용 방법
> library(reshape2)
> dimnames(volcano) <- list(x, y)
> melt.volcano <- melt(volcano)
> names(melt.volcano) <- c("x", "y", "z")
> # (4) 세 방법의 결과 비교
> all(my.volcano == expand.grid.volcano & expand.grid.volcano == melt.volcano)
```

```
[1] TRUE
```

```
> # 레벨 플롯 그리기
> levelplot(z ~ x * y, my.volcano, cuts = 50, region = TRUE,
            col.regions = terrain.colors(100),
            colorkey = list(at = seq(90, 195, by = 5),
                            tick.number = 10),
            main = "The Topography of Maunga Whau",
            xlab = "Meters North", ylab = "Meters West")
```

이 예제에서는 3장에서 volcano 데이터와 filled.contour( ) 함수로 그린 그림 3.64의 레벨 플롯과 같은 모양의 플롯을 얻을 수 있다. 약간의 차이점을 빼고는 그림 3.64와 모양이 같다.

레벨 플롯을 그릴 때 가장 중요한 부분은 포뮬러 모델을 위해서 행렬 vaolcano를 데이터 프레임 객체로 변환하는 과정의 작업이다. 이 과정을 수행하기 위해서 (1)에서는 outer( ), strsplit( ), unlist( ) 등을 비롯한 여러 개의 함수를 사용했다. strsplit( ) 함수는 주어신 문자열에 있는 특정 문자를 기준으로 분할하는 함수다. 한 단계씩 수행하는 과정의 tmp의 변화를 음미해보기 바란다. (2)는 expand.grid( ) 함수의 사용 방법이고, (3)은 reshape2 패키지의 melt( )

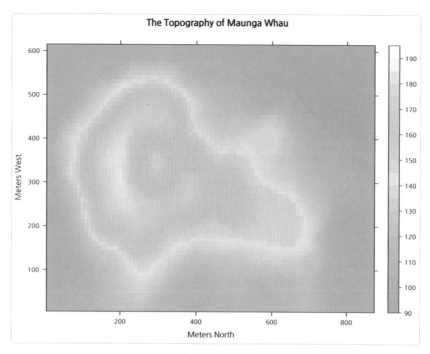

그림 5.53 레벨 플롯 예제

함수 사용 방법으로 행렬을 데이터 프레임으로 변환하였다. 그리고 (4)를 통해서 세 방법의 결과가 동일함을 알 수 있다. 이처럼 데이터의 변환과 가공을 효율적으로 처리하는 방법과 다양한 데이터 조작 함수를 알아 두는 것이 R 프로그래밍의 정도를 걷는 길이다. 데이터 프레임으로 변환하는 방법의 정답은 없지만, 가급적 간단한 방법을 사용하는 것이 좋다. 여기서 사용한 outer( ), strsplit( ), unlist( ), expand.grid( ), melt( ) 함수는 도움말을 참고해서 반드시 숙지하기 바란다.

5.7.2 contourplot( ) 함수

contourplot( ) 함수는 등고선 플롯(contour plot)을 그리는 함수다. 데이터 시각화 함수 중에 contour( )와 유사하며 함수 원형은 다음과 같다.

함수 원형 contourplot( )

```
contourplot(x, data, contour = TRUE, labels = TRUE, cuts = 7, pretty = TRUE, ...)
```

각 인수의 내용은 levelplot( ) 함수와 동일하다. 결과 플롯도 levelplot( ) 함수와 유사한 점이 많다. 그 이유는 이 함수가 내부적으로 levelplot( ) 함수를 호출하기 때문이다. 즉, levelplot( ) 함수로 contourplot( ) 함수를 만든 것이다.

연습문제 5.41

3장에서 contour( )로 그린 그림 3.63을 contourplot( )로 그려보자.

다음은 3장에서 contour( ) 함수로 그린 그림 3.63을 contourplot( ) 함수로 구현한 예제로, 결과는 그림 5.54와 같다.

```
> contourplot(z ~ x * y, my.volcano, xlab = "", ylab = "",
            panel = function(x, y, z, subscripts) {
                panel.contourplot(x, y, z, subscripts,
                                label.style = "flat", contour = TRUE,
                                col = terrain.colors(12)[2],
                                at = seq(90, 200, by = 10),
                                labels = list(seq(90, 200, by = 10),
                                col="blue", cex = 0.8),
                                col.regions = terrain.colors(12)[8],
                                region =T)
                panel.grid(h = 4, v = 4, col = "lightgray", lty = 2)
            },
            main = "The Topography of Maunga Whau")
```

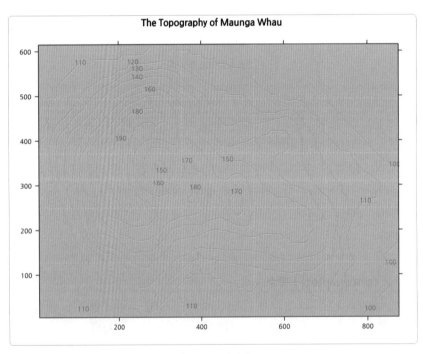

그림 5.54 등고선 예제 1

연습문제 5.42

lattice 패키지에 environmental이라는 데이터 프레임이 있다. environmental은 1973년 9월 뉴욕에서 채집된 대기환경 데이터로, 4개의 변수로 구성되어 있다. 매 시간마다 측정된 오존의 농도의 평균치인 ozone(10억만 분의 1단위) 변수와 태양의 복사량인 radiation(단위는 랭글리[6]) 변수, 하루 중 최고 기온인 temperature(단위는 화씨 온도) 변수, 평균 풍속인 wind(단위는 시간당 마일) 변수로 구성된 111건의 관측 데이터다. 이번에는 environmental 데이터 프레임으로 등고선을 그려보자.

다음과 같은 등고선 플롯 예제의 결과는 그림 5.55와 같다.

```
> attach(environmental)
> ozo.m <- loess((ozone^(1/3)) ~ wind * temperature * radiation,
                span = 1, degree = 2, parametric = c("radiation", "wind"))
> w.marginal <- seq(min(wind), max(wind), length = 50)
> t.marginal <- seq(min(temperature), max(temperature), length = 50)
> r.marginal <- seq(min(radiation), max(radiation), length = 4)
> wtr.marginal <- list(wind = w.marginal, temperature = t.marginal,
                       radiation = r.marginal)
> grid <- expand.grid(wtr.marginal)
> grid[, "fit"] <- c(predict(ozo.m, grid))
> detach(environmental)
> contourplot(fit ~ wind * temperature | radiation, data = grid,
             cuts = 10, region = TRUE,
             xlab = "Wind Speed (mph)",
             ylab = "Temperature (F)",
             main = "Cube Root Ozone (cube root ppb)")
```

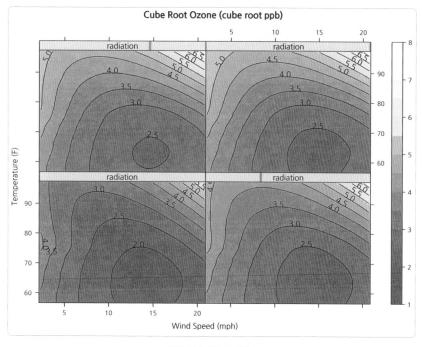

그림 5.55 등고선 예제 2

---

6   langleys: 태양열 복사(輻射)의 단위로 1분 동안 1cm² 면적당 복사되는 1칼로리의 에너지.

이 예제의 결과를 보면 태양의 복사량을 조건부 변수로 사용하여 네 개의 패널로 분리하였다. 결과를 보면 복사량에 비례하여 오존의 농도가 증가함을 알 수 있다. 또한 온도의 증가도 오존 농도의 증가를 가져온다. 한편 풍속의 증가는 오존 농도의 감소를 가져오는 등 전반적인 결과는 상식의 수준을 넘지 않았다. 그리고 네 개의 패널의 비교를 통해서 태양의 복사량이 오존의 농도에 지대한 영향을 끼친다는 것을 쉽게 파악할 수 있다.

5.7.3 cloud( ) 함수

cloud( )는 삼차원 산점도를 그리는 함수다. 마치 산점도의 모양이 구름 같아서 cloud라는 이름을 사용하는데, 함수의 원형은 다음과 같다.

함수 원형 cloud( )

```
cloud(x, data, aspect = c(1, 1), scales, zlab, zlim, zoom = 0.8, ...)
```

x

z ~ x * y | g1 * g2 * ... 형식의 포뮬러 모델을 사용한다. 이 모델에서 x와 y는 x-축과 y-축의 값이고, z는 높이를 나타내는 z-축의 값으로 사용된다. 세 좌표점이 만나는 지점에 점 문자가 출력되기 때문에 세 변수 모두 수치형이어야 한다.

aspect

축의 비를 지정하는 길이 2의 벡터를 인수 값으로 사용한다. 첫 번째 원소는 y-축/x-축을 두 번째 원소는 z-축/x-축의 값을 나타낸다. 기본 값은 c(1, 1)이다.

scales

좌표축의 스케일을 지정하는 리스트를 인수 값으로 갖는다. 리스트에 사용하는 성분은 name=value의 형식으로 사용하는데, 4절의 scales 인수를 참고하기 바란다. 또한 특정 축에 대해서 좌표축의 스케일을 지정할 경우에는 x, y, z라는 성분 이름의 스케일 리스트를 지정하면 된다.

좌표축에 눈금을 만들려면 'arrows=FALSE'를 지정하고, 눈금 없이 화살표를 만들려면 'arrows=TRUE'를 지정하며, 기본 값이기도 하다. 한편 'draw=FALSE'를 지정하면, 눈금도 화살표도 그리지 않는다.

zlab

z-축의 이름을 나타내는 라벨을 지정한다.

zlim

z-축의 범위를 지정한다.

zoom

플롯의 줌(zoom) 스케일을 지정하는데, 기본 값은 0.8이다. 인수 값이 클수록 줌 인이 되고 작을수록 줌 아웃이 된다.

screen

각 축의 회전 각도를 지정하는 리스트를 인수 값으로 사용한다. 리스트의 성분에 x, y, z을 선택적으로 사용할 수 있으며 각 축의 회전 각도를 의미한다.

distance

시점과 좌표계의 거리를 지정한다. 0과 1 사이의 수치를 인수 값으로 갖는다. 시점이 좌표계로부터 1/distance의 거리에 위치한다. 망원 렌즈가 있는 카메라를 예로 들어 설명하면, 피사체와 렌즈와의 거리를 의미한다.

perspective

논리 값을 인수 값으로 갖는다. TRUE면 투시도를 그리고, FLASE이면 distance 인수 값을 0으로 지정한다.

연습문제 5.43

붓꽃 데이터인 iris 데이터 프레임을 cloud( ) 함수를 이용해서 삼차원 산점도를 그려보자. 단 품종별로 그리되 x-축, y-축, z-축에 각각 꽃잎의 길이, 꽃잎의 너비, 꽃받침의 길이를 지정하라.

다음은 cloud( ) 함수로 붓꽃 데이터의 삼차원 산점도를 그리는 예제로, 결과는 그림 5.56과 같다.

```
> cloud(Sepal.Length ~ Petal.Length * Petal.Width | Species, data = iris,
      screen = list(x = -90, y = 70), distance = .4, zoom = .6,
      scales = list(x = list(arrows = TRUE),
                    y = list(arrows = FALSE),
                    z = list(draw = FALSE), col = "blue" , lty = 2, cex = 0.9),
      main = "cloud")
```

이 예제에서는 x, y, z의 세 축에 대해서 각기 다른 모양의 눈금을 지정하였다. 일반적으로는 하나의 모양으로 통일하지만, 예시 차원에서 달리 그렸다. 점들이 모여 있는 모양이 구름과 조금을 닮은 것 같다.

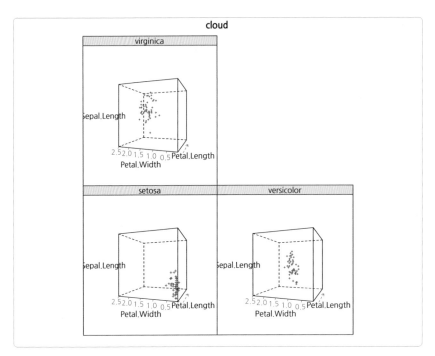

그림 5.56 삼차원 산점도 예제

5.7.4 wireframe( ) 함수

wireframe( )은 삼차원 투시도를 그리는 함수로, persp( )와 유사하다. 함수의 원형은 다음과 같다.

함수 원형 wireframe( )

```
wireframe(x, data, at = pretty(z, cuts), col.regions, alpha.regions,
        drape = FALSE, shade = FALSE, pretty = FALSE, colorkey = any(drape),
        cuts = 70, zoom, scales, ..., col.regions)
```

x

z ~ x * y | g1 * g2 * ... 형식의 포뮬러 모델을 사용한다. 이 모델에서 x와 y는 x-축과 y-축의 값이고, z는 높이를 나타내는 z-축의 값으로 사용된다. x와 y의 교차로 이루어지는 사각형의 격자들은 같은 수평 위치에 유일하게 존재해야 한다.

drape

와이어 프레임(wireframe)[7] 위에 색상을 입히는지의 여부를 결정하는 논리 값을 인수 값으로 사용한다. TRUE면 levelplot( ) 함수에서 수준별로 색깔을 입히는 것과 같이 와이어 프레임의 격자 면에 색상을 칠한다. 만약 다른 값을 가지면 배

---

7   마치 철사를 엮어서 입체적인 골격을 표현한 것 같아서 붙여진 이름

경색으로 와이어 프레임의 격자 면에 색상을 칠하는데, shade 인수 값이 TRUE
면 이 인수는 무시된다.

shade

인수 값으로 논리 값을 사용한다. TRUE면 와이어 프레임이 광원(light.source)
으로부터 조명된 것처럼 표현된다. 기본 값은 FALSE다.

light.source

광원을 표현하는 세 개의 원소로 구성된 벡터를 인수로 갖는다. 시점(viewing
point)의 값이 양의 z축에서 1/distance만큼 떨어진 지점으로, c(0, 0, 1/
distance) 값을 가지므로 이를 기준으로 광원의 위치를 산정하면 된다.

at, col.regions, alpha.regions

이 인수들은 levelplot( ) 함수에서의 인수와 유사하다. 만약 drape=TRUE면 at
은 z의 범위를 나눌 위치 값(경계 값, cutpoints)의 수치 벡터를 인수 값으로 갖
는다. 이 값으로 와이어 프레임 영역별 색상이 만들어진다. 이때 사용할 색상 벡
터는 col.regions 인수로 지정한다.

　alpha.regions은 지원되는 그래픽 장치에서 알파 투명도를 결정하는데, MS-
Windows와 Mac의 그래픽 장치에서는 반응이 없었다. 이 인수 값들은 패널 함
수에도 전달된다.

cuts

at 인수를 기술하지 않았을 경우에 한해서 대략적인 경계점(cutpoints)의 수를
지정한다. 수치 값을 인수 값으로 갖는다.

pretty

자동으로 적당한 수의 경계점(cutpoints)을 만드는지 여부를 설정한다. 논리 값
을 인수 값으로 갖는다.

colorkey

논리 값을 인수 값으로 갖는다. TRUE면 색상 키를 출력하고, FALSE면 출력하지
않는다. 자세한 사용 방법은 levelplot( ) 함수의 colorkey 인수를 참조하기 바
란다.

다음은 wireframe( ) 함수 도움말에 있는 예제를 변형하여 몇 가지 인수들의 사
용 방법을 보인 예제로, 결과는 그림 5.57과 같다.

```
> g <- expand.grid(x = 1:10, y = 5:15, gr = 1:2)
> g$z <- log((g$x^g$g + g$y^2) * g$gr)
> wire1 <- wireframe(z ~ x * y, data = g, groups = gr,
                     scales = list(arrows = FALSE), cuts = 5,
                     drape = TRUE, colorkey = TRUE,
                     screen = list(z = 30, x = -60))
> wire2 <- wireframe(z ~ x * y, data = g, groups = gr,
                     scales = list(arrows = TRUE),
                     drape = TRUE, colorkey = FALSE, shade = TRUE,
                     screen = list(y = 20, x = -60),
                     light.source = c(10,0,10))
> wire3 <- wireframe(volcano, shade = TRUE,
                     aspect = c(61/87, 0.4),
                     light.source = c(10,0,10))
> print(wire1, split = c(1,2,2,2), more = TRUE)
> print(wire2, split = c(2,2,2,2), more = TRUE)
> print(wire3, split = c(1,1,2,2), more = FALSE)
```

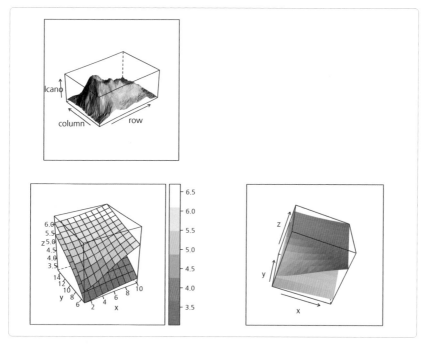

그림 5.57 삼차원 투시도 예제

예제에서 wire3은 volcano 데이터를 이용해서 화산의 투시도를 그린 예다. 그런데 이 데이터는 행렬 데이터이고 wireframe( ) 함수에서는 formula를 사용하지 않고 행렬을 인수로 사용하였다.

wire1과 wire2는 여러 가지 인수의 조합에 따른 결과를 보여준다.

5.8 초변량 래티스 함수

이번에는 고수준 래티스 그래픽 함수 중에서 여러 개의 변량을 시각화하는 초변량 (hypervariate) 래티스 함수를 알아본다.

5.8.1 splom( ) 함수

splom( )은 산점도 행렬(Scatter PLOt Matrices)을 그리는 함수로, 원형은 다음과 같다.

함수 원형 splom( )

```
splom(x, data, aspect = 1, between = list(x = 0.5, y = 0.5),
      panel = lattice.getOption("panel.splom"),
      superpanel, pscales = 5, varnames, ...)
```

x

~ x | g1 * g2 * ... 형식의 model을 사용한다. x는 데이터 프레임이나 행렬 객체를 사용하고 g1, g2, ...는 반드시 범주형 데이터나 싱글(shingles)이어야 한다. x의 변수들이 산점도 행렬을 만드는데. 마치 분산-공분산 행렬과 같은 모습이다.

pairs( ) 함수의 x 인수와 유사하나 변수명을 출력하는 대각선의 방향이 다르다. 또한 조건부 변수를 사용한다면 조건부 변수의 조합별로 별도의 산점도 행렬이 생성된다. 조건부 변수의 조합별로 생긴 산점도 행렬의 패널(panels) 안에서 개별 산점도인 패널을 서브 패널(subpanels)이라 한다.

aspect

각 패널들의 종횡비로 기본 값은 1이다.

between

패널들과 패널들 사이에서 혼란을 피하기 위해 패널들 사이에 여백을 지정한다. 기본 값은 list(x = 0.5, y = 0.5)로 폭과 높이를 각각 0.5의 여백을 준다. 조건부 변수를 지정해서 두 개 이상의 패널이 생겼을 때 의미가 있는 인수다.

panel

superpanel( ) 함수가 만들어 놓은 서브 패널 안의 좌표 위치에 점 문자 등을 출력하는 작업을 하는 단위 산점도 패널 함수다. 기본 값은 groups 인수 값이 지정되어 있으면 panel.superpose( ) 함수를, 지정되어 있지 않으면 panel.splom( ) 함수를 사용한다. 즉, if (is.null(groups)) "panel.splom" else "panel.superpose"이다.

superpanel

산점도 행렬을 그리는 기본 함수로 변수를 조합하여 산점도 행렬의 틀인 패널들을 설계하고 배치하는 함수를 지정한다. 현재는 panel.pairs( ) 함수만 지원되기 때문에 기본 값은 panel.pairs( ) 함수다.

pscales

축의 스케일을 지정한다. 만약 수치 값이 오면 각 축에 만들어질 눈금(틱)의 개수를 근사치로 산정한다. 인수 값이 0이면 축의 눈금을 만들지 않는다. 인수 값으로 리스트를 사용할 수 있는데, 리스트에 사용할 수 있는 성분은 눈금의 위치를 나타내는 at, 눈금의 라벨을 지정하는 labels, 좌표축의 범위를 지정하는 limits가 있다. 그리고 p개의 변수에 대해서 각각의 스케일을 지정할 수 있다. 이는 이변량 래티스 함수에서 x-축과 y-축의 스케일을 지정하는 방법과 동일하다. 이 인수 값은 슈퍼 패널 함수에 전달되는데, 기본 값은 5이다.

varnames

x에 있는 p개의 변수 이름을 나타내는 문자열 벡터를 인수 값으로 갖는다. 기본 값은 x의 열 이름인 colnames(x)이다. 이 인수 값이 산점도 행렬의 대각선 위치의 패널에 출력된다.

연습문제 5.44

붓꽃 종류별로 꽃잎의 길이와 너비, 꽃받침의 길이와 너비의 네 가지 변수에 대해서 산점도 행렬을 그려보자.

다음은 붓꽃 데이터인 iris 데이터 프레임을 붓꽃의 종류별로 꽃잎의 길이와 폭, 꽃받침의 길이와 폭의 네 가지 변수에 대해서 산점도 행렬을 그린 예제다. 결과는 그림 5.58과 같다.

```
> trellis.par.set(theme = col.whitebg( ))
> super.sym <- trellis.par.get("superpose.symbol")
> splom(~iris[1:4], groups = Species, data = iris,
        panel = panel.superpose,
        pscales = list(
            list(labels = c("4.0", "5.0", "6.0", "7.0", "8.0")),
            list(at = c(2, 3, 4)),
            list(limits = c(1, 10)),
            list(at = seq(0.5, 2.5, 0.5))),
        key = list(title = "Three Varieties of Iris",
                columns = 3,
                points = list(pch = super.sym$pch[1:3],
                                col = super.sym$col[1:3]),
                text = list(c("Setosa", "Versicolor", "Virginica")))))
```

이 결과를 보면 pairs( ) 함수로 그린 그림 3.50의 산점도 행렬과 큰 차이점을 발견하기가 어렵다. 단지 키 범례가 있고 변수의 이름을 출력한 대각 행렬의 위치가 다를 뿐이다. 또한 점 문자의 문자의 종류가 다르지만, 이는 동일하게 조정할 수도 있는 문제다. 추가로 pscales 인수를 사용해서 네 가지 변수의 축 스케일을 다르게 지정했다.

이변량 래티스 함수를 이용한 플롯에서는 x, y라는 성분의 리스트로 지정했는

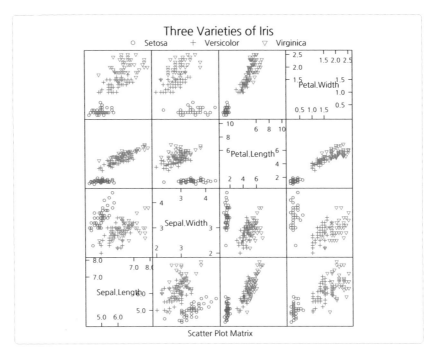

그림 5.58 산점도 행렬 예제 1

데, 여기서는 변수의 순서대로 네 개의 성분을 지정했다. 첫 번째 변수인 Sepal. Length에는 라벨 문자를 지정하였고, 두 번째 변수인 Sepal.Width에는 라벨의 출력 위치를 2, 3, 4로 지정했다. 세 번째 변수인 Petal.Length는 축의 범위를 1 부터 10까지 확장하였다. 마지막으로 Petal.Width Species 변수는 라벨 출력 위 치를 seq(0.5, 2.5, 0.5)로 지정하였다.

연습문제 5.45

조건부 변수로 붓꽃 종류를 사용하는 산점도 행렬을 그려보자. 단, 변수는 iris 데이터 프레임의 1, 2, 3 번째 변수를 지정하라.

다음은 조건부 변수를 사용한 산점도 행렬 플롯의 예제로, 결과는 그림 5.59와 같다.

```
> splom(~iris[1:3]|Species, data = iris,
       layout=c(2,2), pscales = 0,
       varnames = c("Sepal\nLength", "Sepal\nWidth", "Petal\nLength"),
       page = function(...) {
           ltext(x = seq(.6, .8, len = 4),
                 y = seq(.9, .6, len = 4),
                 lab = c("Three", "Varieties", "of", "Iris"),
                 cex = 2) },
       main = "~iris[1:3]|Species")
```

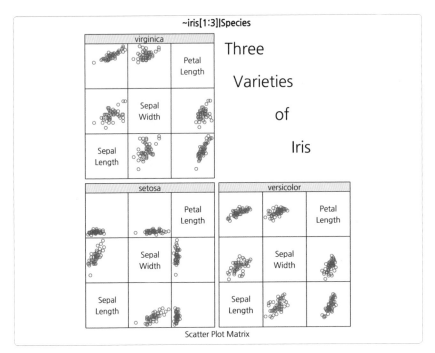

그림 5.59 산점도 행렬 예제 2

5.8.2 parallelplot( ) 함수

parallelplot( )은 병렬좌표 플롯(parallel coordinate plots)을 그리는 함수로, 원형은 다음과 같다.

함수 원형 parallelplot( )

```
parallel(x, data, between = list(x = 0.5, y = 0.5),
        panel = lattice.getOption("panel.parallel"), varnames = NULL, ...)
```

x

~ x | g1 * g2 * ... 형식의 model을 사용한다. x는 데이터 프레임이나 행렬 객체를 사용하고 g1, g2, ...는 반드시 범주형 데이터나 싱글(shingles)이어야 한다.

between

패널들 사이에 여백을 지정한다. 기본 값은 list(x = 0.5, y = 0.5)로, 세로와 가로에 각각 0.5의 여백을 준다.

panel

개별 패널 안에서 병렬좌표 플롯을 그리는 패널 함수를 지정한다. 기본 값은 panel.parallel( )이다.

varnames

x에 있는 p개의 변수 이름을 나타내는 문자열 벡터를 인수 값으로 갖는다. 기본 값은 x의 열 이름인 colnames(x)이다. 이 인수 값이 가로축의 변수 이름을 출력한다.

연습문제 5.46

iris 데이터 프레임의 붓꽃 종류별로 네 변수 모두에서 병렬좌표 플롯을 그려보자.

다음은 parallelplot( ) 함수의 사용 예제로, 결과는 그림 5.60과 같다.

```
> parallelplot(~iris[1:4] | Species, iris, between = list(x = 1, y = 0.5),
               main = "Parallel Coordinate Plots")
```

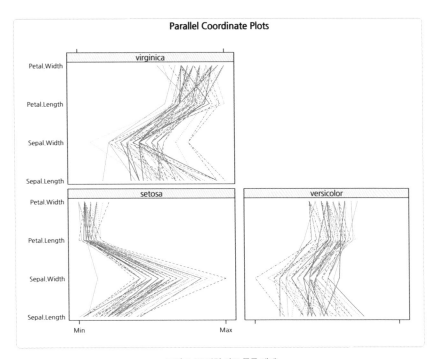

그림 5.60 병렬 좌표 플롯 예제

이 결과를 보면 패널 안에서는 네 변수에 대해서 각 관측치의 값이 선으로 연결되어 있다. 개별 관측치의 관계보다는 전체적인 관계를 살필 수 있는 플롯이다. 개별 관측치는 하나의 선으로 연결되어 있는데, 유사한 형태의 선들로 군집을 이루는 관측치들은 같은 성향의 데이터라고 판단하는 것이다. 그림 5.60을 해석해 보자. 먼저 플롯에서 가장 두드러지게 구분이 되는 왼쪽 하단의 setosa 품종은 꽃받침의 너비(Sepal.Width)가 월등히 크게 나타났다. 즉, 꽃받침의 너비(Sepal.Width)가 꽃잎의 길이(Petal.Length), 꽃잎의 너비(Petal.Width), 꽃받침의 길이(Sepal.Length)보다 월등히 큰 붓꽃은 setosa 품종이라 간주할 수 있는 것이다. 반대로 versicolor와 virginica 품종의 붓꽃은 다른 변수보다 상대적으로 꽃받침의 너비(Sepal.Width)가 작음을 알 수 있다. 그리고 이 두 품종을 비교하자면 virginica 품종이 versicolor 품종보다 꽃잎과 꽃받침의 크기가 상대적으로 크다고 할 수 있다. 그러나 패턴이 유사한 점으로 보아 그 모양은 유사할 것으로 추측된다.

5.9 기타 래티스 함수

이번에는 기타(miscellaneous) 몇 개의 고수준 래티스 그래픽 함수를 학습한다. 다만 플롯의 내용이 다소 전문적이므로 일반 독자들은 건너뛰어도 무방하다.

5.9.1 rfs( ) 함수 ✿

rfs(Residual and Fit Spread plots)( )는 적합된 값과 잔차를 가지는 객체를 qqmath( ) 함수에 의해서 적합된 값과 잔차가 각각 특정 분포를 따르는지 검증하는 Q-Q 플롯을 그린다. 함수의 원형은 다음과 같다.

함수 원형 rfs( )

```
rfs(model, layout=c(2, 1), xlab="f-value", distribution = qunif, ...)
```

이 함수로 그려지는 두 개의 Q-Q 플롯 중 하나는 선형모형 모델을 적합한 값과 적합한 값과 평균과의 차를 나타내는 값인 fitted.values(model) - mean(fitted.values(model))과 분포 함수와의 Q-Q 플롯이고, 나머지는 잔차와 분포 함수와의 Q-Q 플롯이다. rfs( ) 함수는 panel.grid( )와 panel.qqmath( )로 구성된 패널 함수를 사용하는 qqmath( ) 함수로 만들어진 함수다.

model
모델에 의해서 적합된 결과의 리스트 객체로 fitted.values와 residuals의 성분이 있어야 한다. 이것은 oneway( ) 함수[8]를 통해서 만들 수 있다.

layout
패널의 레이아웃을 설정한다. 기본 값은 c(2,1)이다.

xlab
x-축의 이름 라벨로 출력할 문자열로 기본 값은 "f.value"이다.

distribution
qqmath( ) 함수에 사용할 분포 함수를 지정한다. 기본 값은 qunif( )이다.

---

8 실험계획의 일원배치 분산분석(one-way ANOVA)을 수행하는 함수. 관심있는 여러분은 실험계획법 관련 서적을 참고하기 바란다.

다음은 rfs( ) 함수의 사용 예제로, 결과는 그림 5.61과 같다.

```
> rfs(oneway(height ~ voice.part, data = singer, spread = 1), layout = c(1, 2),
      aspect = 1, main = "rfs(oneway(height ~ voice.part, data = singer, spread = 1)")
```

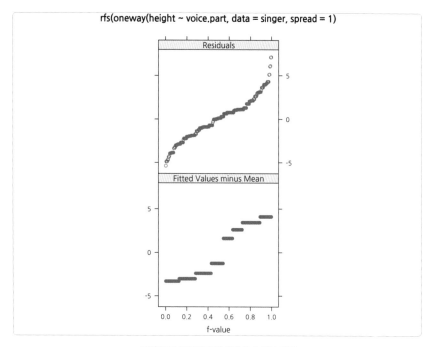

그림 5.61 잔차와 적합 값의 Q-Q 플롯 예제

5.9.2 tmd( ) 함수 ✪

tmd( ) 함수는 튜키(Tukey)의 민-디퍼런스 플롯(mean-difference plots)을 그리는 함수로, 원형은 다음과 같다.

함수 원형 tmd( )

```
tmd(object, xlab = "mean", ylab = "difference", panel = "panel.tmd",
        prepanel = "prepanel.default.tmd", ...)
```

tmd( ) 함수는 xyplot( ) 함수, qq( ) 함수, qqmath( ) 함수 등으로 반환된 trellis 클래스 객체를 인수로 받아서 민-디퍼런스 플롯을 그린다. 이때 각 패널의 (x, y) 좌표 값을 받아서 새로운 좌표 값을 만들어 출력하는데, 새로운 좌표는 ((x+y) / 2, y-x)이다. 그러므로 새로 정의된 x-축은 x와 y의 평균이고, y-축은 y와 x의 차의 값이므로, 민-디퍼런스 플롯이라 부른다.

object

xyplot( ) 함수나 qq( ) 함수 등으로 반환된 trellis 클래스 객체를 인수 값으로 갖는다.

xlab, ylab

x-축과 y-축의 라벨 이름을 지정한다. 기본 값은 각각 "mean"과 "difference"이다.

panel

패널 함수를 지정한다. 기본 값은 "panel.tmd"이다.

prepanel

프리패널 함수를 지정한다. 기본 값은 "prepanel.default.tmd"이다.

다음은 tmd( ) 함수의 사용 예제로, 결과는 그림 5.62와 같다. 이 예제에서는 qqmath( ) 함수로 만들어진 trellis 클래스 객체를 사용하였다.

```
> tmd(qqmath(~ height | voice.part, data = singer),
      main = "Mean-Difference Plots")
```

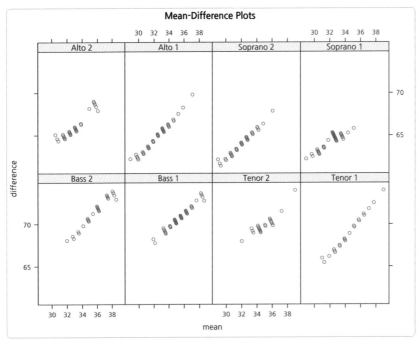

그림 5.62 tmd 예제

5.10 trellis 클래스 객체

모든 고수준 래티스 함수는 trellis 클래스 객체를 반환한다. 이 객체는 래티스 그래픽의 모든 정보를 가지고 있는데, 이 객체를 이용해서 플롯 출력을 조절하는 몇 가지 방법을 소개한다.

5.10.1 trellis 클래스 객체의 출력

고수준 래티스 함수를 임의의 이름에 할당을 하면, 해당 이름은 trellis 클래스 객체가 된다. 이때 래티스 플롯은 출력되지 않는다. 그리고 trellis 클래스 객체의 이름을 명령어 라인에 입력하면, 해당 래티스 플롯이 그래픽 장치에 출력된다.

　다음은 고수준 래티스 함수로 trellis 클래스 객체를 만들고, 이 객체를 조작하여 플롯을 그래픽 장치에 출력하는 예제이다.

```
> obj <- densityplot( ~ height | voice.part, data = singer,
                      layout = c(2, 4), n = 10, plot.points = TRUE,
                      ref = TRUE,
                      xlab = "Height (inches)", bw = 5,
                      main = "densityplot by n = 10, plot.points = T, ref = T,
                      bw = 5")
> obj                               # (1) 래티스 플롯을 출력함
> str(obj,  list.len = 10)          # (2) obj 객체의 일부 구조를 보여준다.
```

```
List of 45
 $ formula          :Class 'formula' length 2 ~height | voice.part
 .. ..- attr(*, ".Environment")=<environment: R_GlobalEnv>
 $ as.table         : logi FALSE
 $ aspect.fill      : logi TRUE
 $ legend           : NULL
 $ panel            : chr "panel.densityplot"
 $ page             : NULL
 $ layout           : num [1:2] 2 4
 $ skip             : logi FALSE
 $ strip            : chr "strip.default"
 $ strip.left       : logi FALSE
  [list output truncated]
 - attr(*, "class")= chr "trellis"
```

```
> names(obj)                        # (3) obj 객체의 성분들
```

```
 [1] "formula"          "as.table"          "aspect.fill"
 [4] "legend"           "panel"             "page"
 [7] "layout"           "skip"              "strip"
[10] "strip.left"       "xscale.components" "yscale.components"
[13] "axis"             "xlab"              "ylab"
[16] "xlab.default"     "ylab.default"      "xlab.top"
[19] "ylab.right"       "main"              "sub"
[22] "x.between"        "y.between"         "par.settings"
[25] "plot.args"        "lattice.options"   "par.strip.text"
[28] "index.cond"       "perm.cond"         "condlevels"
[31] "call"             "x.scales"          "y.scales"
[34] "panel.args.common" "panel.args"       "packet.sizes"
[37] "x.limits"         "y.limits"          "x.used.at"
[40] "y.used.at"        "x.num.limit"       "y.num.limit"
[43] "aspect.ratio"     "prepanel.default"  "prepanel"
```

```
> obj$call                          # (4) obj 객체를 만든 함수 호출을 보여줌
```

```
densityplot(~height | voice.part, data = singer, layout = c(2,
    4), n = 10, plot.points = TRUE, ref = TRUE, xlab = "Height (inches)",
    bw = 5, main = "densityplot by n = 10, plot.points = T, ref = T, bw = 5")
```

```
> obj$main                          # (5) obj 객체의 메인 타이틀
```

```
[1] "densityplot by n = 10, plot.points = T, ref = T, bw = 5"
```

```
> obj$main <- NULL          # (6) obj 객체의 메인 타이틀을 없앤다.
> names(obj)                # (7) obj 객체의 성분들
```

```
 [1] "formula"          "as.table"          "aspect.fill"
 [4] "legend"           "panel"             "page"
 [7] "layout"           "skip"              "strip"
[10] "strip.left"       "xscale.components" "yscale.components"
[13] "axis"             "xlab"              "ylab"
[16] "xlab.default"     "ylab.default"      "xlab.top"
[19] "ylab.right"       "sub"               "x.between"
[22] "y.between"        "par.settings"      "plot.args"
[25] "lattice.options"  "par.strip.text"    "index.cond"
[28] "perm.cond"        "condlevels"        "call"
[31] "x.scales"         "y.scales"          "panel.args.common"
[34] "panel.args"       "packet.sizes"      "x.limits"
[37] "y.limits"         "x.used.at"         "y.used.at"
[40] "x.num.limit"      "y.num.limit"       "aspect.ratio"
[43] "prepanel.default" "prepanel"
```

```
> obj                      # (8) obj 객체를 출력함
```

이 예제에서는 densityplot( ) 함수 호출 결과를 obj에 할당을 하여 obj라는 trellis 클래스 객체를 만들었다. (1)에서처럼 명령어 라인에 객체의 이름을 입력하면 그림 5.63처럼 플롯이 출력된다. (2)에서 사용한 str( ) 함수는 R의 객체의 구조를 문자열로 보여주는 함수로, obj 객체의 내부 구조를 보여준다. 반환되는 내용이 많아 일부를 생략하였으나, obj 객체가 리스트 구조로 만들어졌음은 알 수 있다. 그래서 (3)처럼 obj 리스트 객체의 성분을 조회했더니, 44개의 성분이 있다. 이 성분 중에서는 하위 리스트를 포함하는 성분도 있음을 (2)의 결과로 알 수 있다. (4)는 이들 성분 중에서 call이라는 성분을 조회한 것이다. call 성분이 바로 obj를 만든 함수의 호출을 담고 있다. (5)로 메인 타이틀을 조회했고, (6)으로 메인 타이틀을 삭제하였다. (7)로 obj 리스트의 성분을 조회하니 main이라는 성분이 없어졌음을 알 수 있다. 결국 trellis 클래스 객체의 성분을 조작하면 래티스 플롯을 조작하는 것이다. 이 예제에서는 간단하게 메인 타이틀을 삭제하였지만 앞에서 다룬 여러 인수들에 대해서도 조작이 가능할 수 있다. 마지막으로 (8)을 통해서 조작된 obj 객체를 그래픽 장치에 출력했는데, 결과는 그림 5.64와 같이 출력된다. 이 그림을 보면 그림 5.63에 있던 메인 타이틀이 사라진 플롯임을 알 수 있다.

5.10.2 print.trellis( ) 함수

print.trellis( )는 trellis 클래스 객체를 출력하는 함수로, 원형은 다음과 같다. 이 함수는 실제로는 print( )라는 이름으로 사용된다.

함수 원형 print.trellis( )
```
print(x, position, split, more = FALSE, newpage = TRUE,
      panel.height = lattice.getOption("layout.heights")$panel,
      panel.width = lattice.getOption("layout.widths")$panel,
      save.object = lattice.getOption("save.object"),
      prefix, ...)
```

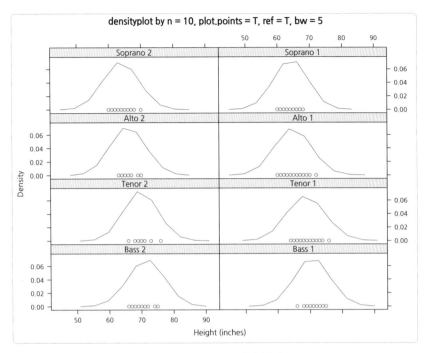

그림 5.63 trellis 클래스 객체의 출력

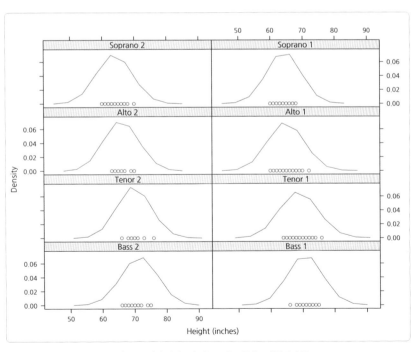

그림 5.64 메인 타이틀이 없는 trellis 클래스 객체의 출력

x

출력할 trellis 클래스 객체

position

플롯을 출력할 위치를 지정하는 네 개의 원소를 갖는 수치 벡터를 인수 값으로 갖는다. 인수 값은 c(xmin, ymin, xmax, ymax) 형식으로 각 값은 [0, 1] 사이의 값을 갖는다. 처음 두 원소는 사각형 영역에서의 왼쪽 하단의 위치를, 마지막 두 원소는 오른쪽 상단의 위치를 지정한다.

split

플롯을 출력할 위치를 지정하는 네 개의 원소를 갖는 수치 벡터를 인수 값으로 갖는다. 인수 값은 c(x, y, nx, ny) 형식으로 화면을 nx열 ny행으로 나눈 배열에서의 x, y의 위치를 나타낸다. 예를 들면 c(1, 2, 2, 2)는 2열 2행으로 분할한 화면 영역에서 1열 2행의 위치를 나타낸다.

more

논리 값을 인수 값으로 갖는다. TRUE면 현재의 화면에 다음에 그릴 플롯을 추가로 더 그리는 것을 허용한다. 그러므로 다음 print( ) 함수에 영향을 주는 인수다. 기본 값은 FALSE다.

newpage

논리 값을 인수 값으로 갖는다. TRUE면 x 객체의 플롯을 현재의 화면이 아닌 새로운 화면에 그리고, FALSE면 현재의 화면 위에 그린다. 기본 값은 FALSE다.

panel.width, panel.height

패널들의 크기를 제어하기 위해서 사용하는 인수로 x와 units라는 성분을 갖는 리스트를 인수 값으로 사용한다. unit이 단위고, x가 패널의 너비과 높이의 크기를 나타낸다. lattice.getOption("layout.heights")$panel, lattice.getOption ("layout.widths")$panel가 각각의 기본 값이다.

save.object

논리 값을 인수 값으로 갖는다. TRUE면 출력된 객체를 저장해서 print( ) 함수 호출 이후에도 객체의 접근이 가능하다. 기본 값은 lattice.getOption("save. object")다.

prefix

하나의 페이지에 여러 개의 래티스 플롯이 출력되었을 때 유사한 뷰포트끼리 식별하기 위해서 뷰포트나 grob의 이름을 나타내는 접두어를 지정한다. 자세한 내용은 grid 패키지를 참조하기 바란다.

다음은 print( ) 함수의 사용 예제로, 결과는 그림 5.65와 같다.

```
> p11 <- histogram( ~ height | voice.part, data = singer, xlab="Height")
> p12 <- densityplot( ~ height | voice.part, data = singer, xlab = "Height")
> print(p11, split = c(1,1,1,2), more = TRUE, panel.width = list(1, "inches"))
> print(p12, split = c(1,2,1,2), panel.width = list(4, "cm"))
```

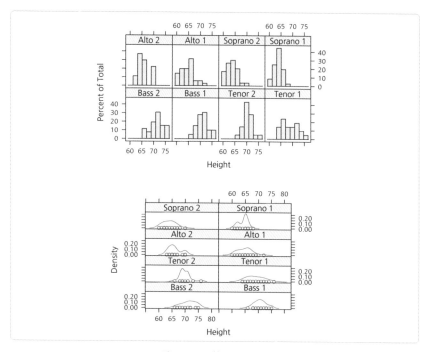

그림 5.65 print( ) 함수 출력 예제

이미 앞서 여러 차례 print( ) 함수를 사용했는데, 이 예제에서는 panel.width 인수로 인치와 센티미터를 사용하여 패널의 폭을 각각 1인치와 4센티미터로 지정하였다. 상단의 플롯이 1인치 하단의 플롯이 4센티미터의 폭을 가지는 패널을 포함한 플롯이다.

5.10.3 update.trellis( ) 함수

update.trellis( )는 trellis 클래스 객체를 수정하는 함수로, 원형은 다음과 같다.

함수 원형 update.trellis( )

```
update(object, ...)
trellis.last.object( )
trellis.last.object(...)
```

object

수정할 trellis 클래스 객체를 인수 값으로 사용한다.

...

수정할 trellis 클래스 객체에서 수정할 인수의 값을 지정한다. 이 인수 값은 trellis 클래스 객체의 성분에 대해서 name=value의 형식으로 지정한다.

앞의 코드에서 trellis.last.object( )는 최근 저장된 trellis 클래스 객체를 되찾아오는 함수다. 이 함수는 lattice.getOption("save.object")의 값이 TRUE일 경우에 가장 최근에 사용한 trellis 클래스 객체를 가져온다. 그리고 이 함수에서 ... 인수가 있으면 update( ) 함수처럼 trellis 클래스 객체를 수정한다.

다음은 update( ) 함수와 trellis.last.object( ) 함수의 사용 예제로, 결과는 그림 5.66과 같다. 이 예제는 45도 뱅킹 룰을 표현하는 것으로 이미 앞에서 다루었던 내용이다.

```
> spots <- by(sunspots, gl(235, 12, lab = 1749:1983), mean)
> time1 <- xyplot(spots ~ 1749:1983, xlab = "", type = "l",
                  scales = list(x = list(alternating = 2)),
                  main = "Average Yearly Sunspots")
> print(time1, split = c(1, 1, 1, 2), more =TRUE)
> time2 <- update(trellis.last.object(xlab = "Year"), aspect = "xy")
> print(time2, split = c(1, 2, 1, 2), more =FALSE)
> lattice.getOption("save.object")
```

```
[1] TRUE
```

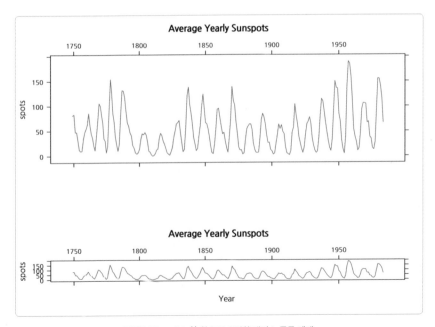

그림 5.66 update( ) 함수로 수정한 래티스 플롯 예제

6장

R V i s u a l i z a t i o n

ggplot2 그래픽스

6.1 ggplot2 소개

이 장에서는 가장 각광받고 있는 그래픽 패키지인 ggplot2에 대해 알아본다. ggplot2는 R 기본 그래픽스, lattice 그래픽스에 이은 세 번째 주요 그래픽스 시스템이라고 할 정도로, 현재 R 그래픽스에서 주류로 통하는 패키지다. 여러분은 이제부터 ggplot2 패키지로 손쉽게 미려한 그래프를 생성하거나, 다양한 기능을 조합해서 복잡한 플롯을 그리는 방법을 익힐 것이다. 만약 여러분 중 ggplot2에 대해 전혀 관심이 없거나 앞으로 당분간 사용하지 않을 것이라면, 이 장을 비롯해 ggplot2와 관계된 것을 모두 건너뛰어도 좋다. 하지만 미려한 플롯을 손쉽게 그리고 Grammar of Graphics라는 그래픽스를 다루는 개념에 대해 흥미가 있다면 학습해 두는 것이 좋다. ggplot2는 뉴질랜드 Rice 대학교의 해들리 위컴 (Hadley Wickham) 교수가 만든 그래픽스 패키지로 Grammar of Graphics[1] 개념의 구현체다. Gramma of Graphics는 컴퓨터 프로그래밍의 객체지향 디자인과 비슷한 맥락을 가지고 있으며 그래픽스를 효과적으로 생성하고, 관리하는 데매우 유용하다.

ggplot2는 증분 방식(incremental method)을 사용하여 일반 R 그래픽스보다더 인터랙티브하게 플롯을 그릴 수 있다. 증분 방식은 기초 플롯을 생성한 후 데이터 분석의 목적에 따라 탄력적으로 필요한 그래픽스 요소들을 붙이거나 수정해서 가장 적합한 플롯을 완성하는 것을 가능하도록 한다. 이 방법은 최근 유행하고 있는 빠른 데이터 분석(agile data analysis)이나 탐색적 데이터 분석(EDA)

---

[1] Grammar of Graphics는 리랜드 위킨슨(Leland Wikinson)이 제안한 것으로 그래픽을 생성할 때 그래픽의 각 요소를 구분하여 취급한다는 개념이다.

을 목적으로 하는 시각화 작업에 매우 적합하다. 이런 장점으로 인해 많은 사용자가 R의 기본 그래픽 생성 방법과 더불어 주력 시각화 도구로 사용하고 있지만, 처음에는 다소 사용하기 어려울 수도 있다. 그러나 익숙해지면 매우 직관적이고 편리하기 때문에 플롯 생성 코드의 재활용성을 높여준다. 또한 ggplot2는 'Grammar of Graphics'를 채택한 것 외에도 내부적으로 그래픽에 대한 기본적인 꾸밈 처리에 대한 설정이 좋아 기본 설정으로도 미적 완성도가 높은 결과를 만들 수 있다. 이렇게 별도의 꾸밈 작업 없이 그대로 사용해도 매우 미려한 그래프가 생성된다는 것도 장점 중의 하나다.

ggplot2 패키지는 함수들을 결합해서 사용하는 특성 때문에 함수만 따로 떼어 설명하기가 어려운 편이다. 그래서 함수를 설명할 때, 함수의 구체적인 사용법보다는 전체적인 맥락에서의 증분 방식을 파악할 수 있도록 학습할 것이다. 이에 예제에 따라서는 설명하는 함수 외에 보조 역할의 다른 함수를 결합하는 경우가 있을 것이다. 그래서 생소한 함수가 갑자기 예제에 포함될 수 있지만, 일단 그 함수의 설명을 찾아보지 말고 순서대로 계속 학습할 것을 권한다. 참고로 ggplot2 패키지는 그 자체만으로도 여러 권의 책을 출판할 수 있을 정도로 방대한 기능을 가지고 있으며 모두 상세하게 설명하려면 별도의 책으로 구성해야 할 정도이다. 이 장에서는 함수를 사용하는 방법을 가능한 자세히 설명하겠지만, ggplot2 패키지를 스스로 학습하고 활용할 수 있도록 개념을 파악하는 것에 목적을 둘 것이다. 그러므로 ggplot2 패키지에 대한 통달을 원하는 여러분은 관련 서적과 ggplot 문서 그리고 ggplot2 도움말을 참고하기 바란다. 또한 다음의 홈페이지도 유용한 리소스이므로 방문해서 정보를 접하면 좋을 것이다.

- http://ggplot2.org: ggplot2 공식 프로젝트 사이트
- http://docs.ggplot2.org: 공식 사이트의 하위 사이트로 자세한 사용법 및 예제 코드 수록
- http://groups.google.com/group/ggplot2: 문제 발생 시 도움을 얻을 수 있는 사이트

이 책에서 사용하는 ggplot 예제 중 일부는 필자가 직접 작성하기도 하였지만, 상당 부분은 위의 목록에 있는 docs.ggplot2.org 사이트에서 그대로 발췌하였거나 변형한 것이다.

6.1.1 ggplot2 설치

ggplot2 패키지는 CRAN에 등록되어 있으므로 다른 패키지와 마찬가지로 다음과 같이 install.packages( ) 함수를 이용해 손쉽게 설치하고 로드할 수 있다. 패키지 이름이 ggplot2로 뒤에 숫자 '2'가 붙는 것을 주의해야 한다. ggplot이나 ggplot1과 같은 이름의 패키지는 현재 존재하지 않는다.

```
> if (!require(ggplot2)) {
  install.packages("ggplot2")
  require(ggplot2)
}
```

여기서 require( ) 함수로 ggplot2 패키지를 R 세션에 로딩(loading)하였으므로 앞으로 설명할 예제에서는 별도로 패키지를 로드하지 않겠다.

6.1.2 ggplot2 패키지 구조

해들리 위컴이 2007년도에 작성한 "ggplot2, An implementation of the grammar of graphics"[2]에 ggplot2에 대한 개념이 잘 설명되어 있다. 이 짧은 프리젠테이션 자료에서는 표 6.1의 원천 데이터로 산점도를 그리는 과정을 통해서 ggplot2 패키지로 시각화하는 방법을 쉽게 설명한다.

length	width	depth	trt
2	3	4	a
1	2	1	a
4	5	15	b
9	10	80	b

표 6.1 원천 데이터

먼저 산점도(scatter plot)의 구조를 정리할 것인데, 산점도는 다음의 속성을 가지고 있다. 여기서 특별히 속성에 영문으로 표시한 Geom, Scale, Coordinate system은 꼭 기억해 두는 것이 좋다.

· 관측치를 점으로 표현한다. (Geom)
· x-축과 y-축의 선형 스케일을 갖는다. (Scale)
· 직교 좌표계를 사용한다. (Coordinate system)

시각화를 위해서는 원천 데이터를 시각화를 위한 데이터로 매핑(mapping)해야 한다. 표 6.1의 원천 데이터를 산점도를 그리기 위한 데이터로 변경하면, 표 6.2

---

2   http://ggplot2.org/resources/2007-vanderbilt.pdf

의 매핑 데이터를 만들 수 있다.

x	y	colour
2	3	a
1	2	a
4	5	b
9	10	b

표 6.2 매핑 데이터

매핑 데이터는 스케일과 좌표계의 단위로 변환해야 물리적으로 좌표 위에 그릴 수 있다. 여기서는 표 6.2의 매핑 데이터를 스케일과 좌표계 데이터로 변경하면, 표 6.3의 스케일 데이터를 만들 수 있다.

x	y	colour
25	11	red
0	0	red
75	53	blue
200	300	blue

표 6.3 스케일 데이터

표 6.3의 스케일 데이터에서 시각화 요소의 구조를 분리한 후 스케치하면, 그림 6.1처럼 Geom, Guides, Plot을 얻을 수 있다. Geom은 산점도의 기하학적 모양을 표현하고, Guides는 Scale과 Coordinate system로 스케일과 좌표계를 표현한다. 그리고 Plot은 그래프의 제목과 테두리 박스 같은 기하 구조에서의 시각적 속성을 표현한다.

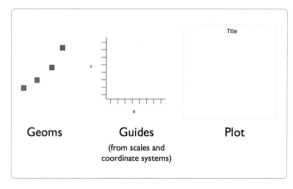

그림 6.1 시각화 요소들

분리된 시각화 요소의 구조를 병합하면, 그림 6.2처럼 완전한 형태의 산점도가
만들어진다.

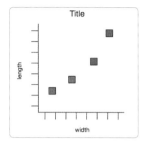

그림 6.2 시각화 요소들이 병합된 산점도

그림 6.2의 산점도에 빨간 점과 파란 점 각각의 산술평균을 구해서 선분으로 표
현하면, 그림 6.3과 같은 플롯이 만들어진다. 이 플롯은 산술평균이라는 통계
적 변환(Statistical transformation) 요소가 추가된 것이다. 즉, 그림 6.3은 산점
도로 데이터의 위치와 데이터 그룹별 산술평균의 위치가 표현된 다중 레이어
(multiple layers)를 가지고 있는 플롯이다.

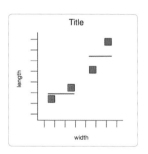

그림 6.3 통계적 요소가 추가된 산점도

6.1.3 ggplot2 플롯의 기본 성분

앞의 시각화 과정을 정리하여 도출한 ggplot2 플롯의 기본 성분(components)
은 다음과 같다.

· Data: 주로 데이터 프레임 객체 형태의 데이터
· Aesthetic Mappings: 데이터를 축, 색상 및 점의 크기 등으로 매핑하는 방법
· Geometric object: 점, 선, 도형과 같은 기하학적 객체
· Facetting: 조건부 플롯을 위해 패널을 분할하여 표현하는 방법
· Statistical transformation: 비닝(binning), 분위수(quantiles), 평활
  (smoothing) 등의 통계 변환

· Scales: 데이터의 스케일을 동적으로 조정하여 어떤 시각적 요소를 사용할 것
  인가 정의(예: 남성=빨간색, 여성=파란색, 혹은 그라디언트 색상의 지정)
· Coordinate system: 좌표계
· Position adjustment: 위치의 조정

여기에는 산점도를 그리면서 정리한 시각화 속성인 Geom, Scale, Coordinate
system이 당연히 포함되어 있다.

6.1.4 ggplot 객체

그럼 자세한 사용 방법은 뒤에서 익히도록 하고, 다음 예제를 수행하여 ggplot
플롯을 그려보자. 드디어 ggplot2 패키지의 사용에 첫 발을 디딘 것으로, 결과는
그림 6.4와 같은 회색 바탕 화면에 산점도가 그려지는 형태이다.

```
> # mtcars 데이터 프레임의 내용 확인
> head(mtcars)

                   mpg cyl disp  hp drat    wt  qsec vs am gear carb
Mazda RX4         21.0   6  160 110 3.90 2.620 16.46  0  1    4    4
Mazda RX4 Wag     21.0   6  160 110 3.90 2.875 17.02  0  1    4    4
Datsun 710        22.8   4  108  93 3.85 2.320 18.61  1  1    4    1
Hornet 4 Drive    21.4   6  258 110 3.08 3.215 19.44  1  0    3    1
Hornet Sportabout 18.7   8  360 175 3.15 3.440 17.02  0  0    3    2
Valiant           18.1   6  225 105 2.76 3.460 20.22  1  0    3    1

> # aes( )함수로 x-축과 y-축, 그리고 색상의 매핑
> p <- ggplot(mtcars, aes(wt, mpg, colour=cyl))
> # Geometric object로 점(point) 정의
> p <- p + geom_point( )
> # ggplot 클래스 객체인 p의 출력
> p
```

이 예제에서는 mtcars[3] 데이터 프레임에서의 변수 wt(중량, lb/1000)와 mpg(연
비, miles/gallon)별로 산점도를 그리고, 점의 색상은 cyl(실린더의 개수)로 표현
한다.

ggplot2 패키지에서 만들어진 그래픽은 ggplot 클래스 객체로 저장된다. 이
예제에서는 p라는 이름의 ggplot 클래스 객체를 만들었다. 그리고 마지막 줄
의 명령어 p는 print( ) 함수가 생략된, print(p)와 동일한 것이다. 이 명령어는
ggplot 클래스 객체인 p를 그래픽 디바이스(예제에서는 그래픽 윈도우)에 출력
한다.

---

3 mtcars는 Motor Trend Car Road Tests의 약어로 R에 내장된 예제 데이터로 자동차 모델에 대
   한 사양 정보를 가지고 있다.

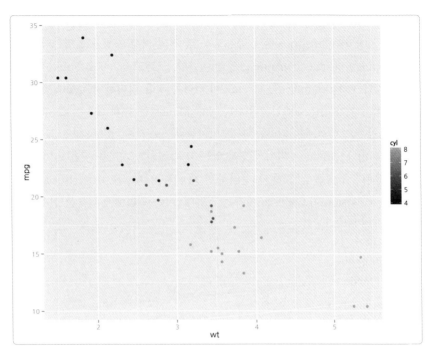

그림 6.4 ggplot2 패키지로 그린 산점도

이번에는 ggplot 클래스 객체의 구조를 살펴보자.

```
> # ggplot 클래스 객체의 성분들
> attributes(p)
```

```
$names
[1] "data"        "layers"      "scales"      "mapping"
[5] "theme"       "coordinates" "facet"       "plot_env"
[9] "labels"
$class
[1] "gg"        "ggplot"
```

```
> # p의 클래스 조회
> class(p)
```

```
[1] "gg"        "ggplot"
```

```
> # ggplot 클래스 객체의 집계
> summary(p)
```

```
data: mpg, cyl, disp, hp, drat, wt, qsec, vs, am, gear, carb
  [32x11]
mapping:  x = wt, y = mpg, colour = cyl
faceting: facet_null( )
----------------------------------
geom_point: na.rm = FALSE
stat_identity:
position_identity: (width = NULL, height = NULL)
```

이번에는 summary( ) 함수로 ggplot 클래스 객체를 집계한 결과를 알아보자.

data는 mtcars 데이터 프레임의 변수 이름과 데이터의 크기(관측치 개수×변수 개수)를 설명한다. mapping은 x-축과 y-축 및 점의 색상 매핑을 설명한다. 여기서 mapping은 aesthetic mappings을 의미한다. 그리고 faceting은 조건부 출력을 의미하는데 facet_null( )는 faceting이 없다는 것을 의미하며, geom_point는 기하학적 구조가 점(point)임을 뜻한다. stat_identity는 통계 변환이 identity, 즉 변환이 없는 상태의 데이터라는 것을 의미한다. position_identity도 표현되는 데이터 위치가 identity로 위치의 조정 없는 그 자체의 위치라는 것을 의미한다.

이 예제의 구조를 간결하게 정리하면 다음과 같다. Scale이 linear이고, Coordinate system이 Cartesian이라는 것인데, 이는 우리에게 익숙한 선형 직표 좌표계라는 의미다.

· Geom: point
· Stat: identity
· Scale: linear
· Coordinate system: Cartesian

그러면 다음과 같이 두 번째 예제를 수행해보자. 이 예제는 실린더 수에 대한 막대 그래프를 그리는데, 막대는 기어(gear)의 개수라는 조건별로 서로 다른 패싯[4]에 출력된다. 즉, 기어의 개수별로 막대 그래프가 그려지는데, 결과는 그림 6.5와 같다.

```
> # aesthetic Mappings로 축을 매핑
> p <- ggplot(mtcars, aes(factor(cyl), fill=factor(cyl)))
> # Geometric object 중에 막대(bar)를 정의
> p <- p + geom_bar(width=.5)
> p <- p + facet_grid(. ~ gear)
> # ggplot 클래스 객체인 p의 출력
> p
> summary(p)
```

```
data: mpg, cyl, disp, hp, drat, wt, qsec, vs,
  am, gear, carb [32x11]
mapping:  x = factor(cyl), fill = factor(cyl)
faceting: facet_grid( ~ gear)
-----------------------------------
geom_bar:
stat_bin: width = 0.5
position_stack: (width = NULL, height = NULL)
```

---

[4] ggplot2 패키지에서 패싯(facets)은 독립된 서브 플롯이 그려지는 패널(panels) 구조를 의미한다. lattice 패키지에서의 패널에 해당한다.

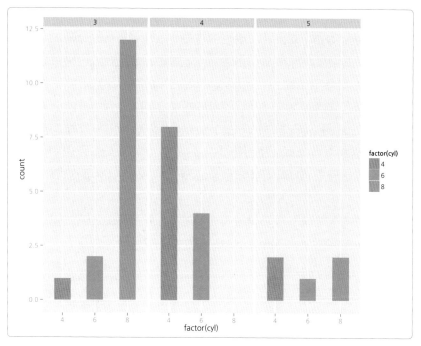

그림 6.5 ggplot2 패키지로 그린 막대 그래프

이 예제에서 summary( ) 함수로 집계한 결과를 간결하게 정리하면 다음과 같다.

· Geom: bar
· Stat: bin
· Scale: linear
· Coordinate system: Cartesian

앞선 두 개의 예제에서 p라는 객체를 만들고 + 연산자로 함수를 붙여 가면서 시각화하는 방법이 바로 ggplot2 패키지의 '증분 방식'이다. 그러므로 그리려는 플롯의 속성만 이해하면 속성을 추가하면서 쉽게 플롯을 그릴 수 있다.

6.1.5 ggplot 레이어

ggplot 객체에서 다룬 ggplot 플롯을 단순화하면, 다음과 같은 레이어(layers) 구조로 정리할 수 있다.

· ggplot = layers + scales + coordinate system
· layers = data + mapping + geom + stat + position

실제 ggplot은 layers + scales + coordinate system으로 볼 수 있으며, scales과 coordinate system은 화가가 그림을 그릴 캔버스의 개념으로 해석할 수 있다. 즉, 이 캔버스 위에 화가가 data, mapping, geom, stat, position 등을 그리는 것과 같다. 또 레이어는 data + mapping + geom + stat + position로 볼 수 있다. 레이어를 붓이 터치된 개별 층이라 생각하면, 이 레이어들이 중첩되어 그려지는 것이다. 즉 data에 mapping과 geom 등을 덧씌우는 방식이다. 그리고 풍경화에 나무와 바위가 함께 그려질 수 있는 것처럼 geom 등의 요소도 중첩되어 표현될 수 있다. 예를 들면 하나의 산점도에 점 geom과 추세선 geom을 중첩하여 그리는 것이다.

다음은 기하학적 요소인 geom을 중첩하여 사용한 예제로, 결과는 그림 6.6과 같다. geom 요소에 point와 smooth를 중첩하여 그린 것이다.

```
> # aes( )함수로 축을 매핑
> p <- ggplot(mtcars, aes(wt, mpg))
> # Geometric object인 점(point)을 정의
> p <- p + geom_point( )
> # Geometric object인 평활(smooth)을 정의
> p <- p + geom_smooth(method="loess")
> # ggplot 클래스 객체인 p의 출력
> p
> summary(p)
```

```
data: mpg, cyl, disp, hp, drat, wt, qsec, vs,
  am, gear, carb [32x11]
mapping:  x = wt, y = mpg
faceting: facet_null( )
-----------------------------------
geom_point: na.rm = FALSE
stat_identity:
position_identity: (width = NULL, height = NULL)
geom_smooth:
stat_smooth: method = loess
position_identity: (width = NULL, height = NULL)
```

레이어를 data + mapping + geom + stat + position으로 정의할 경우에 data와 mapping은 다분히 고정된 요소다. 플롯을 그릴 때 이미 data와 mapping은 어느 정도 정해져 있고 geom, stat, position에 따라 그 모양이 달라지는 경우가 많다. 예제로부터 그려진 그림 6.4, 그림 6.5, 그림 6.6의 data는 모두 mtcars이며, 그림 6.4와 그림 6.6의 mapping은 x=wt, y=mpg이다. 그래서 레이어를 협의적으로 해석한다면, ggplot의 시각화는 다음과 같은 수도 코드(psudo code)로 만들 수 있다.

함수 원형 ggplot의 수도 코드

```
ggplot(data, mapping) +
    layer(
        stat = "",
```

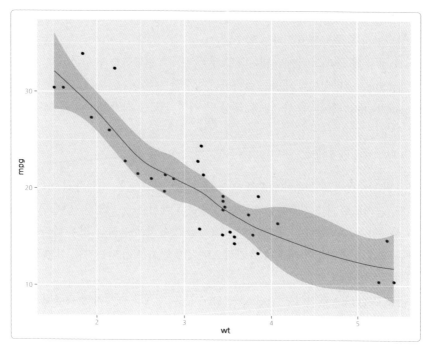

그림 6.6 geom 요소의 중첩

```
    geom = "",
    position = "",
    geom_params = list( ),
    stat_params = list( ),
  )
```

위 수도 코드는 data + mapping + geom + stat + position의 개념을 이해하는
것이 ggplot에 쉽게 익숙해지는 지름길이라는 점을 알려준다.

6.1.6 함수 분류

ggplot2 패키지는 많은 함수를 제공한다. 그리고 이 함수들은 'Grammar of
Graphics'의 분류 기준으로 다음과 같은 함수군으로 나눌 수 있다.

· Plot creation: ggplot 클래스 객체를 생성 함수군
· Geoms: 그래픽의 지오메트릭(기하학적인 형태)을 지정하고 추가하는 함수군
· Statistics: 데이터를 통계적인 관점으로 변환하는 함수군
· Scales: 축의 스케일 변환과 라벨, 범례 등을 변경하는 함수군
· Coordinate systems: 좌표계를 설정하는 함수군
· Faceting: 그래픽 패싯 레이아웃을 정의하는 함수군

- Position adjustments: 지오메트릭의 위치를 지정하는 함수군
- Anotation: 주석을 표기하는 함수군
- Fortify: 타 클래스 객체를 데이터 프레임 객체로 변환하는 함수군
- Themes: 스타일이나 테마를 설정하는 함수군
- Aesthetics: 데이터를 축, 라벨, 색상 등 기하 구조상 시각적 속성에 매핑하는 함수군
- Others: 기타 함수군

분류된 함수군별로 소속된 함수들 역시 매우 많으므로 모두 기억하기 어려울 것이다. 그러므로 자주 사용하는 함수는 실습을 통해서 사용 방법을 익혀 두고, 자주 사용하지 않는 함수는 필요할 때 도움말을 찾아서 사용하는 것이 좋다. 다만 분류 체계는 함수들이 어떻게 유기적으로 결합해서 사용되는지를 설명하므로 기억해 두면 좋다.

참고로 ggplot 레이어를 관련 있는 함수 분류 체계와 매핑하면 다음과 같다. 여기 매핑된 함수군들은 다른 함수군들보다 신경 써서 학습해야 한다.

- data = Plot creation 함수군
- mapping = Plot creation 함수군, Aesthetics 함수군
- geom = Geoms 함수군
- stat = Statistics 함수군
- position = Position adjustments 함수군

함수들의 이름은 분류 체계에 따라 접두어(prefix)를 붙여 작명했으므로 함수의 이름만으로도 그 역할과 사용법을 대략 유추할 수 있다. 또한 이 책에서는 개별 함수에 대한 설명을 이 분류 기준으로 진행할 것이다.

다음은 접두어가 "geom"인 Geoms 함수군의 목록이다.

```
> apropos("^^geom*_")

 [1] "geom_abline"    "geom_area"      "geom_bar"       "geom_bin2d"
 [5] "geom_blank"     "geom_boxplot"   "geom_contour"   "geom_crossbar"
 [9] "geom_density"   "geom_density2d" "geom_dotplot"   "geom_errorbar"
[13] "geom_errorbarh" "geom_freqpoly"  "geom_hex"       "geom_histogram"
[17] "geom_hline"     "geom_jitter"    "geom_line"      "geom_linerange"
[21] "geom_map"       "geom_path"      "geom_point"     "geom_pointrange"
[25] "geom_polygon"   "geom_quantile"  "geom_raster"    "geom_rect"
[29] "geom_ribbon"    "geom_rug"       "geom_segment"   "geom_smooth"
[33] "geom_step"      "geom_text"      "geom_tile"      "geom_violin"
[37] "geom_vline"
```

6.2 Plot creation 함수군

플롯 생성 함수(Plot creation)는 기초 플롯인 ggplot 클래스 객체를 생성한다. 주로 플롯을 생성할 데이터셋을 지정하며, 각 축에 사용할 데이터셋의 변수들과 색상 요소로 사용할 변수 등 꾸밈 정보를 지정하는 데 사용한다. 여기서 가장 중요한 기본 기능은 플롯에 들어갈 데이터를 지정하는 것이다. 플롯 생성 함수는 다음과 같은 내용을 포함하고 있으며, 가장 많이 사용하는 함수는 ggplot( )과 qplot( )이다.

· ggplot( ) 함수
· qplot( ) 함수[5]
· +.gg( ) 함수
· autoplot( ) 함수
· ggplot.data.frame( ) 함수
· is.ggplot( ) 함수
· print.ggplot( ) 함수

ggplot( )과 qplot( )의 차이점은 ggplot( ) 함수는 데이터 프레임 객체로 플롯을 그릴 때 사용하고, qplot( ) 함수는 각 변수가 독립적인 객체로 존재할 때 사용한다는 점이다. 상황에 따라 선택 가능하지만, 주로 데이터 프레임을 플롯팅하는 경우가 많아 ggplot( ) 함수의 사용 빈도가 높은 편이다. 하지만 기능적으로 큰 차이는 없어 사용자의 취향에 따라 선택할 수 있다.

이번에는 플롯의 초기 생성 방법을 익히기 위해 datasets 패키지에 포함된 mtcars 데이터 프레임으로 기초적인 플롯을 생성하자. 먼저 다음 예제는 qplot( ) 함수를 이용한 것으로 자동차의 중량(wt 변수)과 연비(mpg 변수)에 대한 산점도가 그림 6.7처럼 출력된다.

```
> qplot(mtcars$wt, mtcars$mpg)
```

다음 예제는 다른 플롯 생성 함수인 ggplot( ) 함수로 산점도를 그리는 것이다.

```
> ggplot(data=mtcars, aes(x=wt, y=mpg))
에러: No layers in plot
```

이 예제에서는 에러가 발생하고 플롯이 출력되지 않는다. 그 이유는 ggplot( )

---

5   quickplot: 빠르게 플롯을 그리는 데 유용한 함수

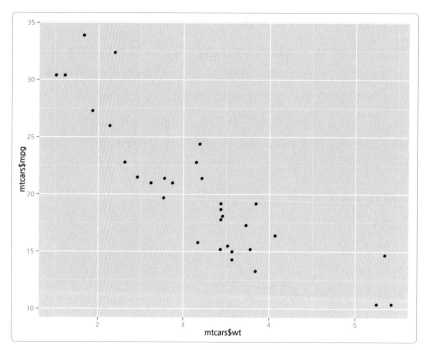

그림 6.7 qplot( ) 함수를 이용한 산점도

함수를 호출할 때 그래픽스의 기본 요소인 지오메트릭(geometric)을 지정하지 않고 플롯 생성을 시도했기 때문이다. qplot( ) 함수는 지오메트릭을 지정하지 않을 경우 지오메트릭을 지정하는 geom 인수 값이 "auto"로 적용된다. 그래서 그림 6.7의 예제는 호출되는 인수들의 유형이 산점도를 그리는 유형이라서 자동으로 산점도를 그린다. 그러나 ggplot( ) 함수는 모든 그래픽 인수들을 구체적으로 지정해야 한다. 다음 함수 인수 구조를 보면 쉽게 이해가 될 것이다. 참고로 qplot( ) 함수도 가능하면 지오메트릭을 지정하는 것이 좋다.

```
> # qplot( ) 함수의 인수들
> args(qplot)
```

```
function (x, y = NULL, ..., data, facets = NULL, margins = FALSE,
    geom = "auto", stat = list(NULL), position = list(NULL),
    xlim = c(NA, NA), ylim = c(NA, NA), log = "", main = NULL,
    xlab = deparse(substitute(x)), ylab = deparse(substitute(y)),
    asp = NA)
NULL
```

```
> # ggplot( ) 함수의 인수들
> args(ggplot)
```

```
function (data = NULL, ...)
NULL
```

두 예제의 또 다른 차이점은 데이터를 지정하는 방법이다. qplot( ) 함수는 산점도를 그릴 변수 x와 y를 따로 지정했다. 반면 ggplot( ) 함수는 data 인수에 데이터 프레임을 지정하고, aes( ) 함수를 이용하여 각 축에 데이터 프레임에서의 변수 이름을 지정했다.

qplot( ) 함수의 예제를 더 명확하게 작성하기 위해서는 다음과 같이 구체적인 플롯의 형태를 기술하는 것이 좋다. 물론 결과는 동일하다.

```
> qplot(mtcars$wt, mtcars$mpg, geom="point")
```

ggplot( ) 함수의 경우는 기본적으로 생성된 그래픽스에 명시적으로 지오메트릭을 지정해야 한다. 다음과 같이 geom_point( ) 함수를 더해 명백하게 산점도를 그리라고 기술하였다. 그 결과는 그림 6.8과 같이 출력된다. 그 모양이 qplot( ) 함수를 이용한 그림 6.7과 거의 동일함을 알 수 있다.

```
> ggplot(data=mtcars, aes(x=wt, y=mpg)) + geom_point( )
```

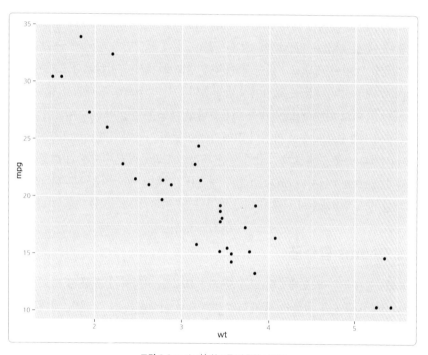

그림 6.8 ggplot( ) 함수를 이용한 산점도

두 방법이 거의 동일한 플롯을 출력하였지만 x-축과 y-축에 출력된 라벨이 다르게 표현되었다. 이 예제로 사소한 차이지만 두 함수의 사용 방식이 다르다는 것을 확인할 수 있다.

앞의 예에서 geom="point"는 qplot( ) 함수로 생성된 그래픽의 기본 지오메트릭을 점(point)으로 구체화한 것으로 산점도(scatter plot)를 그리도록 설정한다. 두 번째 함수인 ggplot( )의 인수 부분에 있는 aes( )는 앞서 설명한 함수 분류 체계에서 미학 함수(aesthetics)에 해당되며, 좌표의 축에 사용할 데이터 프레임의 변수를 지정한다.

geom_point( ) 함수는 기본 그래픽스에 점으로 된 지오메트릭을 추가하는 역할을 한다. 그런데 geom_point( )는 ggplot( ) 함수로 초기 그래프가 생성된 후 + 연산자로 덧붙여 호출되었다. 이 방법이 증분 방식의 그래픽스로 초기에 생성한 플롯에 계속해서 + 연산자를 이용해 여러 요소를 더할 수 있다.

qplot( ) 함수도 데이터 프레임을 사용할 수 있는데, 그 방법은 다음과 같이 data 인수에 데이터 프레임을 지정하는 것이다. 이 방법을 사용하면 x-축과 y-축에 출력된 변수명도 ggplot( ) 함수의 예제와 동일하게 출력될 것이다.

```
> qplot(wt, mpg, data=mtcars, geom="point")
```

지금까지 다룬 그래픽 생성 코드는 매번 사용하는 기본 코드이므로 반드시 기억해야 한다. 참고로 앞으로의 예제는 ggplot( ) 함수만을 이용해 초기 플롯을 생성할 것이며, qplot( ) 함수의 예제를 별도로 제시하지 않는다. 그 이유는 ggplot2 패키지의 가장 큰 장점이자 차별점이 증분 방식으로 그래픽을 플롯팅하는 것이고, 이로 인해서 ggplot2를 사용한다고 해도 과언이 아니기 때문이다. 물론 qplot( ) 함수로도 증분 방식의 그래픽 플롯팅이 가능하지만, qplot( )는 증분보다는 기본 플롯을 빠르게 그리기 위한 목적으로 만들어진 함수이기 때문이다. 그러나 ggplot( ) 함수와 qplot( ) 함수 중 어느 것을 사용할지는 시각화 작업자의 취향이므로 여러분의 선택이 더 중요하다.

6.3 Geoms 함수군

Geoms 함수군은 지오메트릭(geometric) 요소를 지정하기 위한 것으로 엑셀(Excel)에서 플롯을 생성할 때 갤러리 방식으로 선택하는 선 그래프, 막대 그래프, 박스 플롯, 파이 차트 등을 연상하면 기억하기 쉬울 것이다. 즉 그래프를 어떤 방식으로 표현할 것인지를 결정하는 아주 중요한 함수인데, Geoms 함수군에 포함된 지오메트릭 함수를 여러 개 결합하여 복잡한 그래픽을 만드는 데도 사용할 수 있다는 것도 기억해 두자. 이처럼 ggplot( ) 함수를 사용할 때 여러 개의 지오메트릭을 결합하는 경우도 많으므로 Geoms 함수군이 단순한 그래픽 유형을 결정한다고 생각해서는 안 된다.

ggplot2 패키지의 여러 문서에서 Geoms 함수군의 함수들이 geometric object에 관련된 것이라고 설명하고 있다. geometric object를 직역하면 기하학적 객체다. 그대로 사용하기에는 의미를 혼동하기가 쉽고 대체할 만한 적절한 한국어 표현이 마땅치 않아 앞으로는 편의상 지오메트릭(geometric)이라 부르겠다. 이제 Geoms 함수군의 각 함수별 설명과 예제를 통해서 지오메트릭 함수의 사용법을 학습해보자.

6.3.1 geom_point( ) 함수

이미 앞서 다룬 geom_point( )는 점을 그리는 함수로 주로 산점도를 표현하거나 다른 플롯에 점(point) 요소를 추가하는 용도로 사용한다. 가장 쉽게 사용할 수 있는 다음 예제는 그림 6.9와 같은 결과를 출력한다.

```
> p <- ggplot(mtcars, aes(wt, mpg))
> p + geom_point( )
```

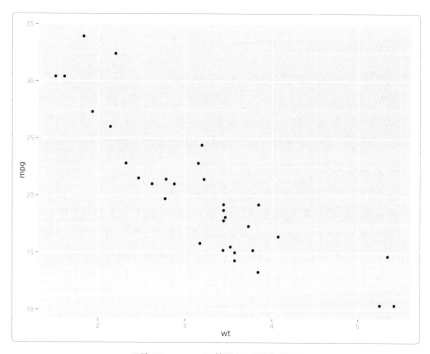

그림 6.9 geom_point( ) 함수를 이용한 산점도

첫째 줄은 ggplot( ) 함수로 data와 mapping 레이어를 정의한 ggplot 객체 p를 생성한다. 앞서 다룬 예제와는 달리 함수를 호출할 때 인수 이름에 의한 호출이 아니라 인수의 위치에 의한 호출을 사용하였다. 위치에 의한 호출이라 ggplot( ) 함수에서는 인수명 data, aes( ) 함수에서는 인수명인 x와 y가 생략되었다.

둘째 줄은 ggplot 객체 p에 geom 레이어인 점(point) 요소를 추가한 것이다. 그리고 이 명령어는 할당 연산자가 없기 때문에 R의 기본 표현 방식에 따라 생성된 ggplot 객체를 print( ) 함수로 화면에 플롯으로 출력한다.

이 예에서 geom_point( ) 함수 호출 시 인수를 지정하지 않았는데도 점이 표현된 것은 ggplot( ) 함수의 인수 값인 aes( ) 함수에서 설정한 x와 y의 인수 값을 이용해 출력하기 때문이다. 이런 증분 방식을 이해하지 못하면 ggplot을 사용하기 쉽지 않으므로 반드시 숙지하고 넘어가야 한다.

이해를 돕기 위해 앞의 코드를 명확하게 작성하면 다음과 같다. 출력 결과는 이전 예제와 동일하다.

```
> p <- ggplot(data=mtcars, aes(x=wt, y=mpg))
> p <- p + geom_point(aes(x=wt, y=mpg))
> print(p)
```

그리고 최대한 간소화하면 다음과 같이 작성할 수 있는데, 이 결과도 이전 예제와 동일하다.

```
> ggplot(mtcars, aes(wt, mpg)) + geom_point( )
```

많은 사례에서 인수 이름이나 일부 인수를 지정하는 부분이 생략된 코드를 발견할 것이다. 코드를 생략한 이유는 간소화하여 코딩의 수고를 덜어주기 때문이다. 그러나 코드를 해석하기 어려울 정도의 생략은 피해야 한다. 간소화된 표현이더라도 시각화 의도가 명확이 해석되어야 하기 때문에 증분 방식으로 덧붙이는 함수를 호출하기 전에 그래픽 요소를 중복으로 기술할 필요가 없는 것을 생략하는 것이다. aes(x=wt, y=mpg)의 경우가 이에 해당한다.

다만 간소화된 표현은 명확한 의도가 생략된 것이므로 자칫 잘못하면 그 기능을 혼동할 수도 있다. 여러분이 ggplot2 패키지에 익숙해지기 전까지는 간소화된 표현을 지양하기 바란다. 아마 어느 정도 익숙해지면 여러분도 모르는 사이에 간소화된 표현을 사용하고 있는 것을 발견할 수 있을 것이다.

연습문제 6.1

그림 6.9의 산점도에서 점의 명시성[6]을 높이기 위해서 점의 크기를 키우고 색상도 오렌지 색상으로 바꿔 그려보자.

이제 좀 더 미려한 그래픽 작업을 수행해보자. 산점도에서 점의 크기를 키우고 색상도 오렌지 색상으로 바꾸는 것은 다음과 같이 간단한 작업으로 가능하다.

```
> p <- ggplot(data=mtcars, aes(x=wt, y=mpg))
> p + geom_point(colour="orange", size=6)
```

---

[6] 두 색을 서로 대비시켰을 때 멀리서 또렷하게 보이는 정도를 말한다. 명도, 채도, 색상의 차이가 클 때 명시도가 높아진다.

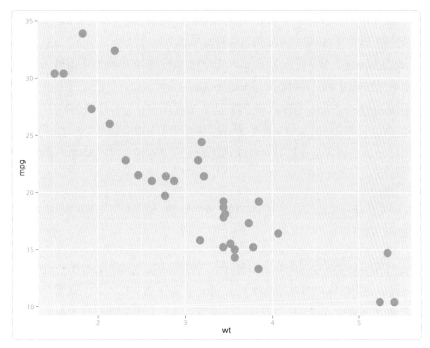

그림 6.10 geom_point( ) 함수에 colour, size 인수를 적용한 산점도

예제에서는 geom_point( ) 함수의 인수로 색상 지정을 위한 colour(color)[7] 인수와 포인트의 크기를 지정하는 size 인수를 사용하였다.

일반적으로 색상이나 크기 등의 꾸밈 속성을 데이터와 매핑할 때는 aes( ) 함수를 사용한다. 그러나 예제에서는 aes( ) 함수를 사용하지 않고 colour, size 인수를 사용하였다. aes( ) 함수를 사용하지 않고 개별 인수를 직접 사용한 것은 플롯에 표현되는 꾸밈 요소의 대상이 ggplot( ) 함수에서 매핑한 데이터(x-축의 wt와 y-축의 mpg)로 유추가 가능하기 때문이다. 다음 R 스크립트로 ggplot 객체인 p의 집계 내용을 보면, mapping 정보에 변수 wt와 mpg가 기술되어 있다.

```
> summary(p)

data: mpg, cyl, disp, hp, drat, wt, qsec, vs, am,
  gear, carb [32x11]
mapping:  x = wt, y = mpg
faceting: facet_null( )
```

그런데 만약에 색상과 크기를 꾸밀 대상이 mapping 정보에 포함되어 있지 않은 변수, 예를 들면 data 정보에서의 변수 wt와 mpg가 아닌 cyl 변수라면, geom_point( ) 함수의 colour, size 인수로 직접 기술할 수는 없다. 이 경우에는 aes( )

---

7   colour는 영어사전에도 나와 있는 영국식 단어로 오타가 아니며, color로 바꿔 사용할 수도 있다.

함수로 데이터의 cyl 변수에 대한 꾸밈 속성을 기술해야 한다. 또 산점도에서 점의 색상과 크기가 cyl 변수의 수준별로 다르게 표현될 것이다.

geom_point( ) 함수의 colour, size 인수는 모든 점들의 색상과 점의 크기를 획일적으로 동일하게 표현하고, geom_point( )에서 aes( ) 함수를 사용하면 기술한 변수의 수준별로 점들의 색상과 점의 크기가 구분되어서 표현된다. 이는 아주 중요한 개념으로, aes( ) 함수에 의한 꾸밈이나 설정의 대부분은 점의 색상, 크기와 같은 그래픽 요소를 데이터와 매핑된다는 것을 반드시 이해해야 한다.

연습문제 6.2

그림 6.9의 산점도에서 점의 크기는 기어의 개수인 gear 변수로, 점의 색상은 엔진의 실린더 개수인 cyl 변수로 표현해보자.

다음 예제를 수행해서 자동차의 실린더와 기어에 대한 정보를 플롯에 추가하자. 여기서는 실린더와 기어의 정보가 매핑 정보에 없는 변수이므로 colour, size 인수를 직접 기술할 수 없다. 그래서 다음과 같이 aes( ) 함수 내에서 색상과 크기를 매핑해야 한다.

```
p <- ggplot(data=mtcars, aes(x=wt, y=mpg))
p + geom_point(aes(colour=cyl, size=gear))
```

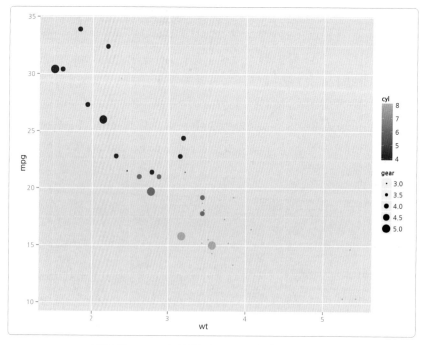

그림 6.11 geom_point( ) 함수에 mapping 인수를 적용한 산점도

앞의 예제와는 다르게 이번에는 aes( ) 함수를 사용해서 포인트의 색상과 크기를 지정했다. 여기서 cyl은 mtcars의 cyl 컬럼 변수를 의미하는 것이며, gear 변수도 마찬가지이다.

그림 6.11을 확인하면 실린더의 숫자에 따라 포인트의 색이 바뀌고, 크기 또한 기어의 숫자에 따라 바뀌었음을 알 수 있다. 색상은 ggplot2의 기본 색상이 적용되어 실린더의 개수에 따라 그라데이션으로 표현되었다.

예제의 geom_point( ) 함수는 인수 전달을 할 때 인수의 위치에 의한 방법을 사용하였다. 그래서 인수명인 mapping이 생략된 것이다.

> **팁: Geoms 함수군과 Aesthetics 함수군**
>
> Geoms 함수군은 공통적으로 첫 번째 인수로 mapping을 가지고 있는데, 대부분의 사례에서 이 인수명이 생략된다. mapping 인수의 인수 값은 aes( ) 함수로 호출된 객체를 지정해야 하는데, aes( )의 역할은 지오메트릭의 요소와 데이터를 매핑하는 함수라는 점을 기억해야 한다.
>
> 한편 Aesthetics 함수군을 사전적으로 의미를 해석해서 지오메트릭을 꾸미는 함수군으로 인식하면 안 되고, 플롯을 꾸미기 지오메트릭 요소에 데이터를 매핑하는 함수군으로 인식해야 한다.

이 예제에서 중요한 점은 색상과 포인트의 크기를 고정한 경우 중량(wt)과 연비(mpg)에 의한 이차원의 데이터를 표현할 수 있지만, aes( ) 함수를 이용해 지오메트릭의 색상과 크기에 데이터를 매핑시켜 플롯의 표현력을 사차원까지 확장한 점이다. 이는 현대의 데이터 시각화나 빅데이터 시각화에서 매우 중요한 기법 중에 하나이다.

6.3.2 geom_abline( ) 함수

geom_abline( ) 함수는 이름을 보고 추측할 수 있듯이 플롯에 선을 추가하는 함수다. 비슷한 이름으로 후에 설명할 geom_line( )이라는 선 그래프를 그리는 함수와 용도가 다르므로 혼동하지 않도록 주의해야 한다. geom_abline( ) 함수는 일반적인 선 그래프가 아닌 선형회귀에서 절편과 기울기에 의해 그려지는 지오메트릭을 추가하여 회귀선이나 직선으로 된 추세선을 그리는 데 사용한다. 이름에 붙어 있는 ab는 $a+bx$와 같은 직선식에서의 절편(intercept)인 a와 기울기(slope)인 b로 연상하면 기억하기 쉽다. 그래서 geom_abline( ) 함수는 매핑할 지오메트릭 요소에 intercept와 slope를 가지고 있다.

mtcars를 이용한 가장 간단한 geom_abline( ) 함수의 예제는 다음과 같은데, 여기서는 에러가 발생하고 빈 그래픽스만 출력될 것이다.

```
p <- ggplot(data=mtcars, aes(x=wt, y=mpg))
p + geom_abline( )
```

```
다음에 오류가 있습니다exists(name, envir = env, mode = mode) :
    기본 값이 없는 인수 "env"가 누락되어 있습니다
```

앞서 설명한 geom_point( ) 함수는 인수를 사용하지 않아도 점이 출력되는데, geom_abline( ) 함수는 다음과 같이 intercept와 slope 인수로 기울기와 절편을 명확하게 지정해야 한다. 결과는 그림 6.12처럼 음의 기울기를 갖도록 그려진 직선이다.

```
> p <- ggplot(data=mtcars, aes(x=wt, y=mpg))
> p <- p + xlim(1, 5) + ylim(10, 35)
> p + geom_abline(intercept = 37, slope = -5)
```

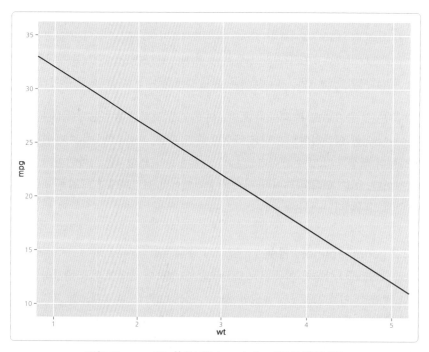

그림 6.12 geom_abline( ) 함수에 intercept, slope 인수를 적용한 플롯

geom_abline( )은 ggplot( ) 함수에서 aes( ) 함수로 지정한 데이터를 직접 플롯하는 함수가 아니며, 저수준 그래픽 함수인 abline( )처럼 그려진 플롯 위에 직선을 추가하는 용도로 활용된다. 그러므로 반드시 직선이 그려질 영역이 확보되어야 한다. 또한 intercept와 slope의 값도 미리 정의되어 있어야 한다. 그러므로 선형회귀직선을 그리려면 lm( ) 함수를 이용하고, 특정 직선을 그리려면 데이터 전처리를 통해서 intercept와 slope을 미리 구해야 한다. 그리고 예제처럼 다른 지오메트릭 함수의 사용이 없이 독자적으로 사용될 경우에는 x-축과 y-축의

범위를 지정하기 위해서 xlim( ) 함수와 ylim( ) 함수를 미리 호출하여 geom_abline( ) 함수가 선을 어느 영역에 그려야 하는지를 알려줘야 한다.

연습문제 6.3

그림 6.9의 산점도에 빨간색의 선형회귀직선을 추가하라.

다음 예제를 수행하면, 그림 6.13과 같은 플롯이 그려진다.

```
> mtcars_coefs <- coef(lm(mpg ~ wt, mtcars))
> mtcars_coefs
```

```
(Intercept)            wt
 37.285126     -5.344472
```

```
> p <- ggplot(data=mtcars, aes(x=wt, y=mpg))
> p <- p + geom_point( )
> p + geom_abline(intercept=mtcars_coefs["(Intercept)"],
                  slope=mtcars_coefs["wt"], colour="red")
```

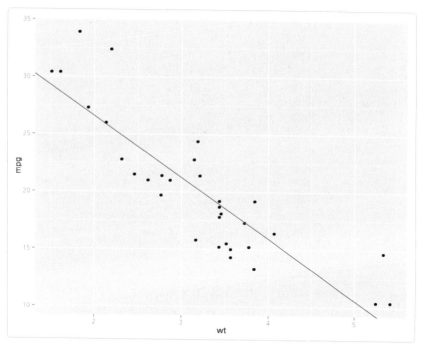

그림 6.13 geom_point( )와 geom_abline( ) 함수를 이용한 산점도와 회귀직선

먼저 lm( ) 함수를 이용해 절편과 기울기를 구하고 절편과 기울기를 geom_abline( ) 함수의 인수에 지정한다. 참고로 xlim( ) 함수와 ylim( ) 함수를 사용하지 않은 이유는 geom_point( ) 함수가 산점도를 그리면서 직선이 그려질 영역이 자동적으로 설정되었기 때문이다. 즉 기존에 그려진 산점도 플롯 위에 회귀직선을 추가로 그린 것이다.

연습문제 6.4

stat_smooth( ) 함수를 이용하여 그림 6.9의 산점도에 빨간색의 선형회귀직선을 그려보자.

사실 회귀선이나 추세선을 그리는 방법으로 ggplot2에서는 stat_smooth( ) 함수를 지원하고 있어 geom_abline( ) 함수를 사용하지 않고도 플로팅이 가능하다. 다음 예제의 결과는 그림 6.14로, 그림 6.13과 거의 동일하다.

```
> p <- ggplot(data=mtcars, aes(x=wt, y=mpg))
> p <- p + geom_point( )
> p + stat_smooth(method="lm", se=FALSE, colour="red")
```

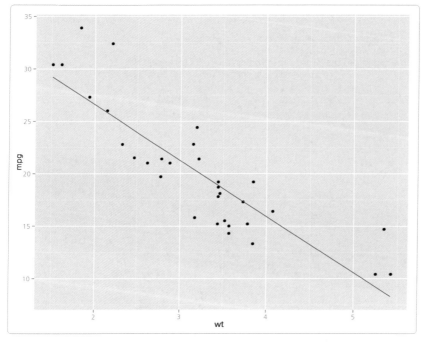

그림 6.14 stat_smooth( ) 함수를 이용한 회귀직선

회귀선이 동일하게 출력되고 단지 적색 회선의 끝부분의 여백이 다른 것을 볼 수 있지만, 데이터에 기반해서 선을 그린 것으로 문제될 것 없다. stat_smooth( ) 함수[8]는 후에 다시 설명할 것이다.

6.3.3 geom_bar( ) 함수

geom_bar( ) 함수는 이름에서 유추할 수 있듯이 막대 그래프를 플로팅하는 함수다. 막대 그래프, 누적(stacked) 형태의 막대 그래프, 가로 방향의 막대 그래프

---

8   stat_smooth( )는 스무딩(smoothing)과 관련된 함수다. 직선은 곡선의 특별한 형태라는 것을 생각하면 여기서 stat_smooth( ) 함수를 쓰는 것이 크게 이상하지 않을 것이다.

를 모두 그릴 수 있으며 가장 간단한 형태의 막대 그래프는 다음과 같이 플로팅
을 할 수 있다. 결과는 그림 6.15와 같다.

```
> p <- ggplot(data=mtcars, aes(factor(cyl)))
> p + geom_bar( )
```

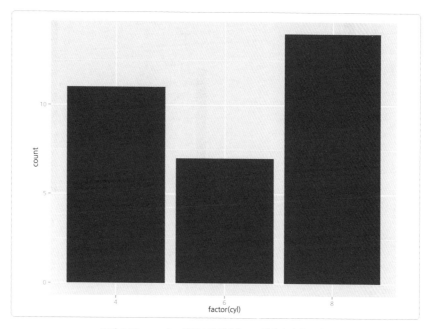

그림 6.15 geom_bar( ) 함수에 의한 factor 객체의 막대 그래프

그림 6.15는 실린더의 개수별 도수(데이터 건수)를 막대 그래프로 그린 것으로,
aes( ) 함수 안쪽에 factor[9]를 사용해서 cyl 변수를 명목형으로 바꾸었다. aes( )
함수 안쪽에 factor( ) 함수를 사용하지 않고 cyl 변수를 그대로 지정한 다음 예
제의 결과는 그림 6.16처럼 막대 그래프의 폭이 매우 좁게 그려진다. 그런데 이
는 어딘지 모르게 부자연스럽다.

```
> p <- ggplot(data=mtcars, aes(cyl))
> p + geom_bar( )
```

```
stat_bin: binwidth defaulted to range/30. Use 'binwidth = x' to adjust this.
```

위의 예제 수행 시에 메시지가 출력되는데, 이는 cyl 변수가 연속형 변수인
numeric 타입의 원소를 가진 벡터이기 때문이다. 히스토그램을 그릴 때와 마찬
가지로 연속형 변수의 경우 전처리를 수행해서 이산형[10](혹은 범주형)으로 묶어

---

9   범주형 데이터를 R에서 표현하는 데이터 객체
10   이산형(discrete): 동전을 10번 던졌을 때 앞면이 나온 수 등과 같이 정수로 딱 떨어져서 몇개로
     셀 수 있는 형태

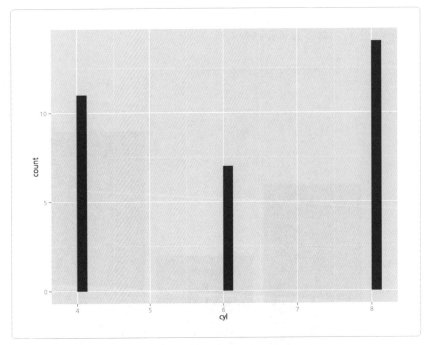

그림 6.16 geom_bar( ) 함수를 이용한 막대 그래프

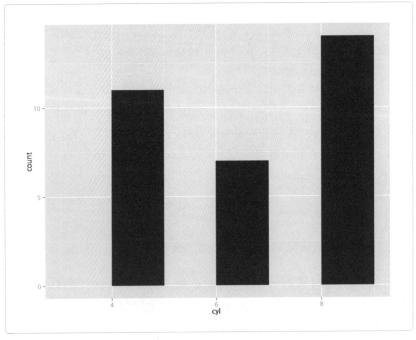

그림 6.17 binwidth 인수가 1인 막대 그래프

주거나 binwidth 인수를 사용해야 한다.

　매핑된 변수가 연속형 변수의 numeric 벡터라면 막대 그래프가 아니라 히스 토그램을 그리는 것이 타당하다. 다음 예제는 geom_bar( ) 함수의 binwidth 인 수 값을 1로 지정한 플롯으로, 결과는 그림 6.17과 같다. 사실 binwidth의 값을 2로 지정하면, 히스토그램과 동일한 모양의 플롯이 그려질 것이다.

```
> p <- ggplot(data=mtcars, aes(cyl))
> p + geom_bar(binwidth=1)
```

위의 예에서 메시지의 출력이 없어지고 플롯의 폭이 바뀌었지만 플롯의 모양은 여전히 어색할 것이다. factor( ) 함수를 이용해서 변수를 명목형[11]으로 바꾼 뒤 자동으로 처리하도록 맡겨 두는 것이 옳은 방법이다.

　geom_bar( ) 함수를 이용해 막대에 색상을 지정하거나 하는 꾸미는 작업은 geom_point( ) 함수와 크게 다르지 않다. 다음 예를 통해 이미 익힌 색상 지정 방법을 다시 확인한다.

```
> p <- ggplot(data=mtcars, aes(factor(cyl)))
> p + geom_bar(aes(fill=cyl), colour="black")
```

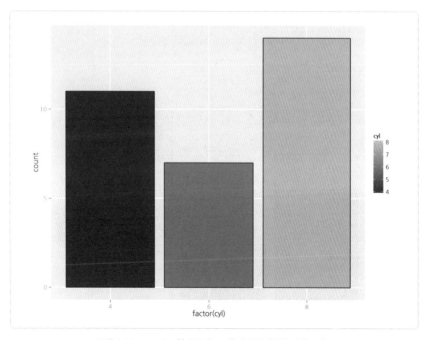

그림 6.18 geom_bar( ) 함수에 aes( ) 함수를 사용한 막대 그래프

11　명목형(nominal type): 분류가 목적인 변수로, 대표적인 것에 성별이 있다. 남자는 1의 숫자를 부여하고, 여자는 2의 숫자를 부여하였다면 명목형으로 볼 수 있다.

geom_bar( ) 함수의 인수 값 중에 aes(fill=cyl)은 지오메트릭의 내부 색상 요소 인 fill에 cyl 변수를 매핑하여 막대 내부를 칠한다는 것을 의미하며, aes( ) 함수 밖의 colour="black"은 데이터와 무관하게 모든 막대의 테두리를 검정색으로 지 정한 것이다. 데이터 매핑 여부에 따라 지정하는 방법과 효과가 다르다는 점을 다시 한 번 인지하기 바란다.

지오메트릭으로 표현할 변수와 지오메트릭의 내부를 칠할 fill 요소에 동일한 변수를 매핑하는 것은 어느 막대가 최대 값과 최소 값을 갖는지 육안으로 파악 하게 해주지만 그리 유용한 표현 방법은 아니다. 오히려 막대 내에서 다른 범주 형 변수의 분포를 누적 막대 그래프(stacked bar) 형태로 쌓아 올려 표현하여 전 달할 수 있는 정보를 더 추가하는 것이 효과적일 수 있다.

연습문제 6.5

그림 6.15의 막대 그래프에서 막대 내부에서 기어의 개수별 분포를 파악할 수 있도록 막대 그래프를 그려보자.

다음과 같이 cyl 변수 외의 변수를 사용해서 누적 막대 그래프를 그릴 수 있다. 누적하는 데 사용한 것은 gear 변수이며, 결과는 그림 6.19와 같다.

```
> p <- ggplot(data=mtcars, aes(factor(cyl)))
> p + geom_bar(aes(fill=factor(gear)), colour="black")
```

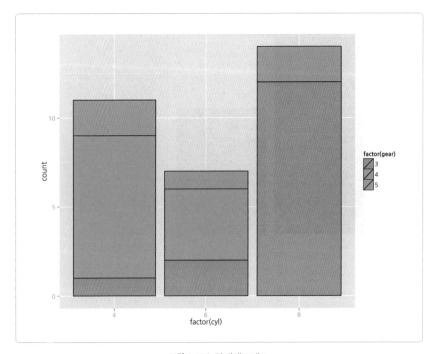

그림 6.19 누적 막대 그래프

누적 막대 그래프는 위와 같이 아주 손쉽게 그릴 수 있는데, 각 막대 그래프의 높이는 cyl 변수의 값을 나타내며 막대 그래프 안쪽의 색상으로 구분된 영역은 gear 변수에 따른 비중을 보여준다. 플롯을 해석하면 실린더가 여덟 개인 자동차는 3단 기어인 것이 많으며, 실린더가 네 개인 자동차는 4단 기어가 많음을 알 수 있다. 이는 앞서 geom_point( ) 함수의 사용법에서도 본 것처럼 aes( ) 함수로 막대 그래프에 변수를 더 추가해서 표현하는 방법이다.

연습문제 6.6

그림 6.19의 세로 방향의 막대 그래프를 가로 방향의 막대 그래프로 변경하라.

막대 그래프를 가로 방향으로 바꾸는 것은 다음 코드처럼 coord_flip( ) 함수로 쉽게 해결이 가능하며, 결과는 그림 6.20과 같다.

```
> p <- ggplot(data=mtcars, aes(factor(cyl)))
> p <- p + geom_bar(aes(fill=factor(gear)), colour="black")
> p + coord_flip( )
```

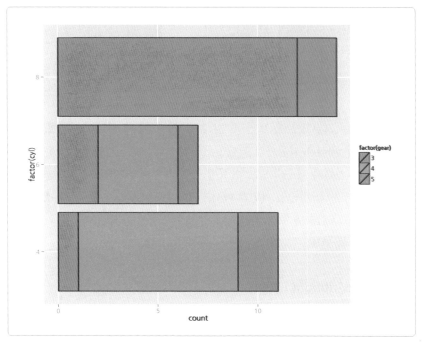

그림 6.20 가로축으로 표현한 막대 그래프

coord_flip( ) 함수는 좌표계를 회전시키는 함수로 후에 따로 설명하겠다.

이제 facet_wrap( ) 함수를 이용해 막대 그래프를 여러 개의 패싯(facets)에 나눠 그려보자. 누적 정보는 캐뷰레이터 개수를 뜻하는 carb 변수를 사용하고, 패싯으로 나눌 기준은 gear 변수를 사용했다.

```
> p <- ggplot(data=mtcars, aes(factor(cyl)))
> p <- p + geom_bar(aes(fill=factor(carb)), colour="black")
> p + facet_wrap(~ gear)
```

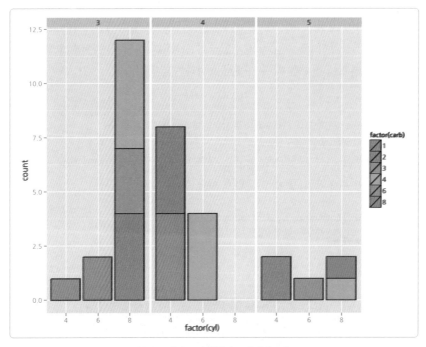

그림 6.21 패싯으로 분할하여 그린 막대 그래프

예제의 결과인 그림 6.21을 보면 패싯으로 분리된 세 개의 막대 그래프 세트를 볼 수 있으며, 패싯은 자동차의 기어(gear) 단수로 구분되었다. 이 플롯은 기어의 단수별로 실린더 개수의 빈도와 함께 동일 실린더를 가진 자동차 중에서 캐뷰레이터 수에 따라 비중이 어떻게 나뉘는지를 한꺼번에 확인할 수 있다.

facet_wrap( ) 함수에 대한 자세한 설명은 따로 다루겠지만, 기본적인 사용법은 여기서 익혀 두자.

6.3.4 geom_ribbon( ) 함수

geom_ribbon( )는 영역(area)을 채우는 플롯을 그리는 함수다. 관련된 함수로는 geom_area( )가 있는데, geom_area( )는 geom_ribbon( )의 특별한 형태의 함수로 내부에서는 geom_ribbon( )을 사용한다. 그럼 먼저 플롯을 이해하기 위해 geom_area( ) 함수의 사용법을 간략하게 확인해보자.

영역 플롯은 일반적으로 시계열(time series) 그래프를 그리는 데 많이 사용된다. 예제에 사용하는 데이터는 datasets 패키지의 LakeHuron이라는 ts 클래스 객체로 휴런 호수의 수위에 대한 시계열 데이터다. 이 데이터로 다음과 같이 영역 플롯을 그려보자.

```
> huron <- data.frame(year = 1875:1972, level = as.vector(LakeHuron))
> ggplot(data=huron, aes(x=year)) + geom_area(aes(y=level))
```

그림 6.22 geom_area( ) 함수를 이용한 영역 플롯

위 예제의 결과인 그림 6.22를 보면 시간의 흐름에 따른 호수면의 수위 변동이 선으로 표현되고 선의 하위 부분을 검은색으로 채워진 것을 알 수 있다. 이와 같은 플롯은 시간의 흐름에 따라 양적인 볼륨의 변화를 확인하는 데 유용하다.

예제에서는 데이터 전처리 부분이 포함되어 있는데, 이는 LakeHuron가 ts 클래스의 시계열 데이터이기 때문이다. ggplot( ) 함수는 ts 클래스 객체[12]를 직접 데이터로 사용할 수 없다. 그래서 ts 클래스 객체를 데이터 프레임으로 바꾸어야 한다. 예제에서 만든 huron 데이터 프레임 객체는 이후에도 사용할 것이므로 지우지 말고 유지해야 한다. 이후 huron 데이터의 전처리 부분은 생략할 것이다.

그림 6.22를 보면 좌표영역 전체가 거의 다 채워져서 변동의 폭이 눈으로 확인되지 않는 문제점이 있다. 이를 보정하기 위해서 coord_cartesian( ) 함수로 다음과 같이 y-좌표의 영역을 570부터 590 부분 사이에서 세밀하게 확대하였다. 결과인 그림 6.23을 보면 수위의 변동을 쉽게 파악할 수 있다.

---

12 R에서 시계열 데이터를 표현하기 위한 데이터 객체

```
> p <- ggplot(data=huron, aes(x=year))
> p <- p + geom_area(aes(y=level))
> p + coord_cartesian(ylim=c(570, 590))
```

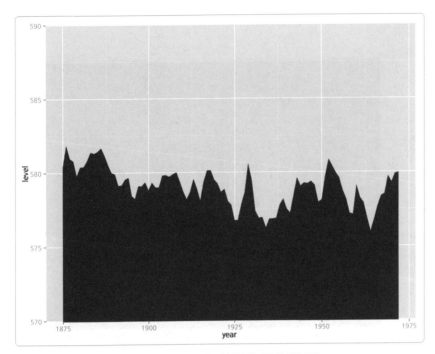

그림 6.23 coord_cartesian( ) 함수를 적용한 영역 플롯

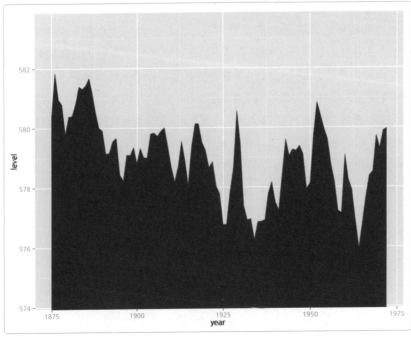

그림 6.24 좌표 고정 범위를 자동으로 잡아준 영역 플롯

ylim=c(570, 590)과 같이 좌표계의 영역을 특정 값을 입력하여 고정하는 방법은 데이터에 따라 매번 수정해야 하므로 비효율적이다. 그래서 다음과 같이 확대할 영역을 자동으로 찾아 입력하는 방법을 권장한다. 수행 결과인 그림 6.24를 보면 그림 6.23과 크게 다르지 않다.

```
> p <- ggplot(data=huron, aes(x=year))
> p <- p + geom_area(aes(y=level))
> p + coord_cartesian(ylim = c(min(huron$level)-2, max(huron$level)+2))
```

이번에는 geom_area( )의 부모 함수인 geom_ribbon( )에 대해서 알아본다. geom_ribbon( )은 이름으로 유추할 수 있듯이 리본(ribbon) 형태의 플롯을 그리는 함수인데, 영역의 모양이 마치 리본처럼 보인다. geom_ribbon( ) 함수는 geom_area( ) 함수에 비해 더 다양한 표현을 할 수 있다.

앞의 예제를 geom_ribbon( ) 함수로 바꾸면 다음과 같다. 결과인 그림 6.25를 보면 리본 모양이기 보다는 앞서 그린 영역 플롯의 모양을 하고 있다. 그 이유는 y의 최소 값(리본의 아랫 부분)을 모든 계열에서 동일하도록 min(level)-2로 지정했기 때문이다.

```
> p <- ggplot(huron, aes(x=year))
> p + geom_ribbon(aes(ymin=min(level)-2, ymax=level+2))
```

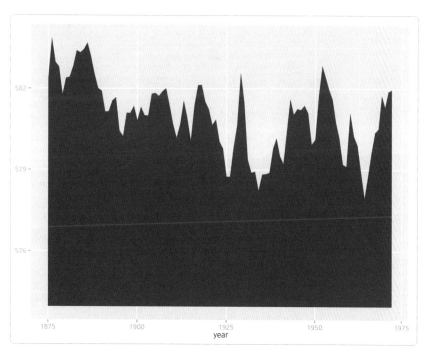

그림 6.25 geom_ribbon( ) 함수에 aes( ) 함수를 적용한 영역 플롯

geom_ribbon( ) 함수는 aes( ) 함수를 이용해 리본의 아래 부분의 영역과 위 부분의 영역을 지정하여 리본 플롯을 그린다. 다음 예제의 결과인 그림 6.26을 보면, 비로소 리본 모양다운 리본 플롯이 그려졌음을 알 수 있다.

```
> p <- ggplot(huron, aes(x=year))
> p + geom_ribbon(aes(ymin=level-2, ymax=level+2), colour="blue")
```

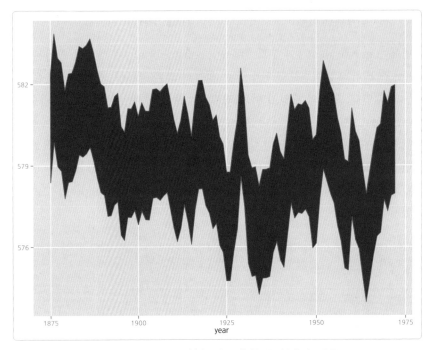

그림 6.26 geom_ribbon( ) 함수에 aes( ) 함수를 적용한 리본 플롯

이 예제에서는 리본의 세로 폭을 강제로 지정하여 데이터 해석의 관점에서는 큰 의미가 없다. 그러나 이를 응용하여 여러 가지 형태로 변형하면, 여러 정보를 플롯에 담아낼 수 있다. 특히 시계열 플롯에서 일별 변동 추이 등의 데이터가 있는 경우에 유용하다.

연습문제 6.7

2014-05-01부터 2014-05-31까지의 애플의 일일 주가 등락 폭을 리본 차트로 표현하라. 더불어 종가를 표현하고, 종가에 대한 loess 곡선도 추가하라.

다음은 geom_ribbon( )의 용도를 파악하기 쉽도록 애플의 주가 데이터를 이용해 리본 플롯을 그린 예제로, 결과는 그림 6.27과 같다.

```
> if (!require(quantmod)) {
      install.packages("quantmod")
      require(quantmod)
}
> # 애플의 주가 정보 가져오기
> getSymbols("AAPL", from=as.Date("2014-05-01"),to=as.Date("2014-05-31"))
```

[1] "AAPL"

```
> # 리본 플롯과 loess 곡선 등 그리기
> p <- ggplot(AAPL, aes(x=index(AAPL), y=AAPL.Close))
> p <- p + geom_ribbon(aes(min=AAPL.Low, max=AAPL.High), fill="lightblue",
colour="black")
> p <- p + geom_point(aes(y=AAPL.Close), colour="black", size=5)
> p <- p + geom_line(aes(y=AAPL.Close), colour="blue")
> p <- p + stat_smooth(method="loess", se=FALSE, colour="red", lwd=1.2)
> p
```

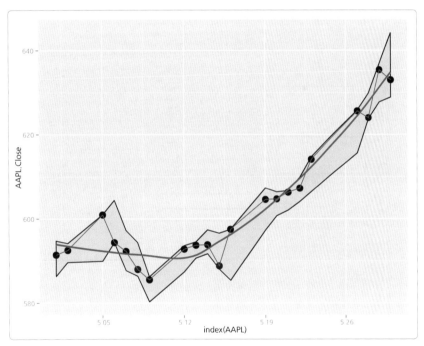

그림 6.27 선 그래프와 리본 플롯의 통합

quantmod 패키지는 시계열 모델링을 위한 패키지로 온라인에서 미국의 주가 데이터를 가져오는 getSymbols( ) 함수가 포함되어 있다. 위 예제는 애플의 주가 중에 2014년 5월의 일별 고가와 저가의 폭을 리본의 세로폭으로 표현하였고 리본 사이에 종가를 점으로 표현한 후 선으로 연결하여 추세를 보기 쉽도록 하였다. 마지막으로 간단하게 추세를 보기 위해서 stat_smooth( ) 함수를 이용해서 추세선을 추가하였다.

6.3.5 geom_boxplot( ) 함수

데이터 분석 과정에서 순서 통계량 기반으로 데이터를 요약하는 박스 플롯이 아주 유용하게 사용된다. 이미 시각화 함수인 boxplot( ) 함수를 통해서 박스 플롯을 그리는 방법에 대해서 익혔다. 유용한 시각화 도구여서 ggplot2 역시 박스 플롯을 그리는 geom_boxplot( ) 함수를 제공하고 있다.

앞선 Geoms 함수군의 함수 사용 패턴처럼 동일한 방법으로 geom_boxplot( ) 함수를 이용하여 박스 플롯을 그릴 수 있다. 다음은 mtcars 데이터의 자동차 실린더별 연비에 대한 박스 플롯을 그리는 예제로, 결과는 그림 6.28과 같다.

```
> p <- ggplot(mtcars, aes(factor(cyl), mpg))
> p + geom_boxplot( )
```

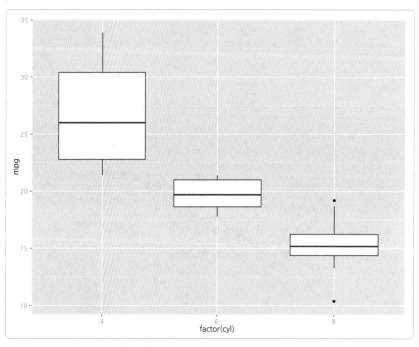

그림 6.28 실린더별 연비에 대한 박스 플롯

이번에도 앞서의 예제들과 동일한 방법으로 기본 형태에서 aes( ) 함수로 지오메트릭의 내부 색상 요소인 fill에 데이터를 매핑한다. 다음 예제는 여러 번 다루어서 이미 익숙해졌을 것인데, 결과는 그림 6.29와 같다.

```
> p <- ggplot(mtcars, aes(factor(cyl), mpg))
> p <- p + geom_boxplot(aes(fill=factor(carb)))
> p <- p + facet_grid(~am) + scale_fill_brewer( )
> p
```

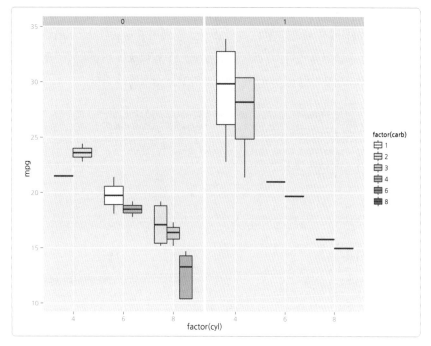

그림 6.29 여러 정보를 추가한 박스 플롯

mtcars의 am 변수는 트랜스미션의 종류를 나타내는데, 0이 자동이고 1이 수동을 의미한다. 그리고 facet_grid(~am) 구문을 추가하여 트랜스미션의 종류별로 패싯을 나누었다. scale_fill_brewer( ) 함수는 함수의 이름처럼 데이터의 스케일(크기)에 따라 팔레트의 색상을 시각화 도구의 내부에 칠하는 함수다. 자세한 내용은 후에 따로 설명할 것이다.

이제는 예제의 geom_boxplot( )을 포함한 지오메트릭 함수들의 유사한 인수 사용 패턴을 이해해야 한다. 향후 혼동하지 않도록 이번 기회에 확실하게 숙지하기 바란다.

6.3.6 geom_histogram( ) 함수

시각화 함수를 다룰 때 박스 플롯과 더불어 단변량 연속형 수치 데이터의 분포를 파악하는 용도의 히스토그램에 대해서 설명한 바 있다. 히스토그램도 박스 플롯과 더불어서 중요한 시각화 도구이다. 이번에는 ggplot2에서 히스토그램을 그리는 geom_histogram( ) 함수를 알아본다.

연속형 변수가 필요하므로 movies(IMDB 데이터베이스 영화 평가 데이터) 데이터 프레임의 rating(영화에 대한 평균 평점) 변수로 히스토그램을 그린다. 그런데 movies 데이터 프레임은 ggplot2 2.0.0 미만 버전에 포함되었지만 ggplot2

의 저작자인 Hadley Wickham은 용량이 크고 효용성이 떨어진다고 판단하여 2.0.0 이상 버전에서 제외하였다. 그리고 새로운 패키지 ggplot2movies에 이 데 이터 프레임을 옮겨 놓았다. 그러므로 ggplot2 2.0.0 이상의 버전을 설치한 독자 는 다음의 스크립트처럼 ggplot2movies 패키지를 설치해야 한다.

```
> # ggplot2 2.0.0 이상에서는 movies 데이터 프레임이 빠지고, ggplot2movies 패키지로 이동함
> major <- strsplit((installed.packages()["ggplot2", "Version"]), "\\.")[[1]][1]
> if (as.numeric(major) > 1) {
    if (!"ggplot2movies" %in% installed.packages()[, 1])
      install.packages("ggplot2movies")
    library(ggplot2movies)
}
> dim(movies)
```

```
[1] 58788    24
```

```
> p <- ggplot(data=movies, aes(x=rating))
> p + geom_histogram( )
```

```
stat_bin: binwidth defaulted to range/30. Use 'binwidth = x' to adjust this.
```

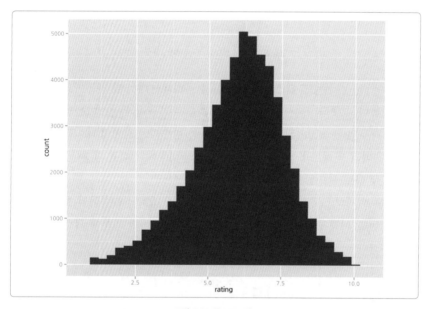

그림 6.30 히스토그램

binwidth를 지정하지 않아서 출력되는 히스토그램의 모양이 적절하지 않을 수 있다는 취지의 메시지를 볼 수 있다. 이 함수를 호출 시에는 히스토그램에 적 용할 빈(bin: 히스토그램을 구성하는 개별 막대로 계급 구간을 표현함)의 너비 (width)를 지정해야 한다. 적당한 빈의 너비를 binwidth에 넣으면 메시지는 발 생하지 않는다. 그러나 메시지가 출력되었더라도 예제의 결과에는 큰 문제가 없 어 보인다.

주의: 히스토그램과 binwidth

히스토그램에서는 빈의 너비를 정하는 것에 따라 분포의 모양이 달라진다. 그래서 적당한 빈의 너비(계급 개수의 역수, 빈의 너비는 빈의 개수와 관계 있다. 개수가 많으면 너비가 좁고 개수가 적으면 너비가 넓어짐)를 구하는 것이 중요하다. geom_histogram( ) 함수에 binwidth를 지정하지 않더라도 range/30에 해당하는 빈의 너비를 지정해준다.

만약 데이터 관측치의 개수가 충분히 크다면, 이 기본 설정도 나름 문제 없이 히스토그램을 그린다. 그러나 관측치의 개수가 적다면, 이 설정은 적절치 않는 분포를 보여주는 히스토그램을 그릴 것이다. 그러므로 먼저 기본 값으로 히스토그램을 그려서 타당성을 살펴본 후 적당한 빈의 너비를 찾아서 지정해야 한다. 예제에서는 관측치의 개수가 58,788개여서 나름 데이터의 분포를 잘 설명하는 히스토그램이 그려졌다.

연습문제 6.8

그림 6.30의 히스토그램을 빈의 너비를 1로 지정하여 다시 작성하라.

다음과 같이 binwidth의 값을 1로 지정해서 히스토그램을 그리면, 결과는 그림 6.31과 같다. 빈의 개수에 차이가 있으나 전체적인 데이터의 분포 모양은 그림 6.30과 유사하다.

```
> p <- ggplot(data=movies, aes(x=rating))
> p + geom_histogram(binwidth=1)
```

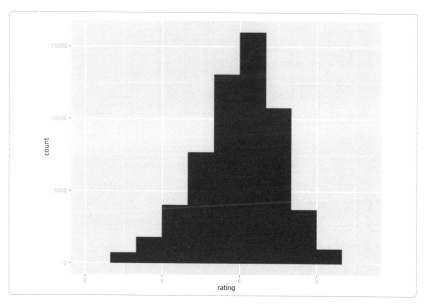

그림 6.31 binwidth를 조정한 히스토그램

이번에는 메시지 없이 히스토그램이 그려졌다. 이처럼 히스토그램에서 빈의 너

비를 조절하는 것은 매우 중요하다. 무엇보다 binwidth 인수를 사용하지 않고 자동으로 설정하는 것이 문제의 소지가 될 수 있기 때문에 주의를 주는 차원에서 메시지를 출력하는 것이다.

앞서 다른 함수들처럼 geom_histogram( )도 다음과 같이 지오메트릭 함수와 aes( ) 함수 등을 결합해서 사용할 수 있다. 다음 예제는 히스토그램 위에 커널 추정 방법에 의한 밀도곡선을 추가로 그린다. 결과는 그림 6.32와 같다.

```
> p <- ggplot(data=movies, aes(x=rating))
> p <- p + geom_histogram(binwidth=1, aes(y=..density.., fill=..count..),
                          colour="black")
> p <- p + geom_density(colour="red")
> p + scale_fill_gradient(low="white", high="#496ff5")
```

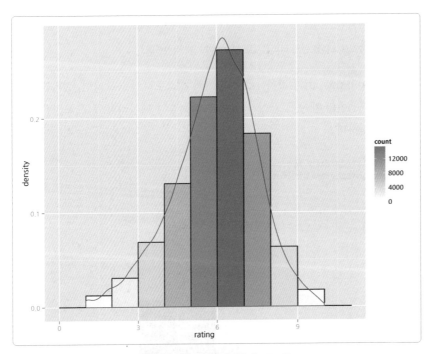

그림 6.32 밀도곡선을 추가한 히스토그램

이 예제에서는 히스토그램에서 막대의 높이를 밀도로 변환하였다. 즉 y-축의 스케일을 도수(frequency)가 아니라 상대도수(relative frequency)로 지정한 것이다. 그래서 좌표축의 눈금이 0.1, 0.2와 같이 표현되었다. 그리고 막대의 색상을 도수에 따라 등급을 나누어 표현하였다. 그러나 이 색상 표현은 기능적으로는 실익이 없다. 왜냐하면 도수가 큰 것이 막대 높이가 높기 때문이다. 도수와 상대도수의 차이는 좌표축의 스케일이 다를 뿐 막대의 높이는 동일하게 표현되기 때문이다. 여기서는 geom_density( ) 함수를 사용하여 밀도곡선을 추가하였다.

그리고 우리에게 익숙하지 않은 표현으로 '..density..'와 '..count..'를 볼 수 있을 것이다. 이는 ggplot2에서 지원하는 특별한 표기법인 '..'을 사용한 것으로, 이 방법은 데이터를 변환(transformation)하는 기능을 한다. 구체적으로 설명하면 이 기호는 데이터 매핑 과정에서 원래의 데이터를 집계를 통해서 변환하는 기능을 한다. 예제에서는 최초로 x-축에 rating을 매핑하였으며 y=..density..를 통해서 y-축의 값에 rating 변수를 비닝(binning)한 빈별 상대도수인(density)를 매핑한다. 그리고 fill=..count..를 통해서 빈의 내부 색상에는 rating 변수를 비닝(binig)한 빈별 도수(count, frequency)를 매핑한다. 이 과정은 다음의 결과로 쉽게 이해할 수 있을 것이다.

```
> summary(p)
```

```
data: title, year, length, budget,
  rating, votes, r1, r2, r3, r4, r5,
  r6, r7, r8, r9, r10, mpaa, Action,
  Animation, Comedy, Drama,
  Documentary, Romance, Short
  [58788x24]
mapping:  x = rating
faceting: facet_null( )
-----------------------------------
mapping: y = ..density.., fill = ..count..
geom_histogram: colour = black
stat_bin: binwidth = 1
position_stack: (width = NULL, height = NULL)
geom_density: na.rm = FALSE, colour = red
stat_density:
position_identity: (width = NULL, height = NULL)
```

막대를 채울 때 도수를 기반으로 색상에 등급(gradient)을 주어 표현한다. 즉 빈도가 높은 것은 진하게, 빈도가 낮은 것은 연하게 표현한다. scale_fill_gradient( ) 함수는 지오메트릭에 색을 칠할 때 그라데이션 효과를 주는 함수다. 예제에서는 low="white", high="#496ff5"처럼 낮은 등급은 흰색으로 높은 등급은 파란색인 "#496ff5"을 지정하였다. 만약 scale_fill_gradient( ) 함수를 기술하지 않았다면, ggplot은 기본 색상으로 그라데이션 처리를 할 것이다.

참고로 앞의 예에서 geom_histogram( ) 함수와 geom_density( ) 함수의 적용 순서에 따라 플롯의 표현이 미묘하게 바뀌는데, 실제로 바꿔서 그려보면 밀도를 표현한 선 그래프가 히스트그램의 막대 그래프 뒤에 가려지는 것을 확인할 수 있다. ggplot2에서는 결합의 순서 역시 플롯을 표현하는 데 영향을 미친다는 것을 기억해야 한다. 예제에서 사용한 geom_density( ) 함수와 scale_fill_gradient( ) 함수는 후에 다시 설명할 것이다.

6.3.7 geom_density( ) 함수

geom_density( )는 밀도를 표현하기 위한 함수로, 실제로는 geom_area( ) 함수와 stat_density( ) 함수를 결합하여 만든 것이다. 그리고 유사한 기능으로 이차원 표현을 위한 geom_density2d( ) 함수와 stat_density2d( ) 함수도 제공한다.

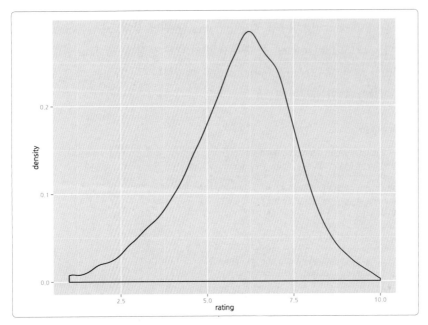

그림 6.33 밀도곡선

이는 geom_histogram( ) 함수의 설명에서 사용한 적이 있으므로 다소 익숙할 것이다. 다음 예제처럼 다른 함수들과 함께 기본 형태로 바로 사용할 수 있다.

```
> p <- ggplot(movies, aes(x = rating))
> p + geom_density( )
```

아무런 인수 설정이 없는 기본 플롯은 그림 6.33처럼 볼품없이 표현된다. 그러나 간단한 인수 설정만으로도 그림 6.34처럼 조금 더 세련된 플롯을 표현할 수 있다.

```
> p <- ggplot(movies, aes(x = rating))
> p + geom_density(aes(fill=factor(mpaa)), alpha=0.25)
```

위 예제는 mpaa라는 관람 등급을 기준으로 밀도곡선을 그리고 내부에 색을 칠한 것이며 겹쳐진 밀도 그래프가 모두 보이도록 투명도인 alpha를 0.25로 설정하였다. geom_density( ) 함수 또한 추가로 사용할 수 있는 인수가 있는데, 자세한 내용은 도움말을 참조하기 바란다.

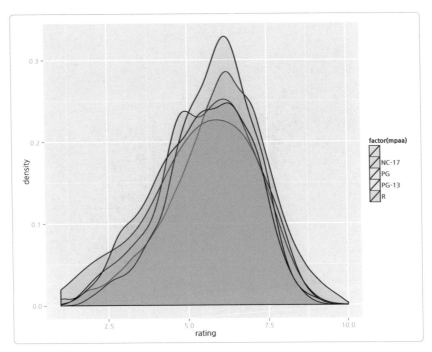

그림 6.34 여러 개의 밀도곡선

6.3.8 geom_density2d( ) 함수

앞서의 geom_density( ) 함수는 하나의 변수, 즉 일차원 데이터에 대한 밀도를 플로팅한 것이다. ggplot2에서는 이차원 밀도 플로팅을 위해서 geom_density2d( ) 함수와 stat_density2d( ) 함수를 제공하고 있다. geom_density( )와 마찬가지로 geom_density2d( )는 stat_density2d( )를 이용해서 만든 함수로 기본적인 표현만 가능하며, 복잡한 표현을 하기 위해서는 stat_density2d( )를 직접 사용해야 한다.

다음 예제는 간헐천 데이터인 geyser를 이용해서 이차원 밀도에 대한 플롯을 표현한 것으로, 결과는 그림 6.35와 같다.

```
> data(geyser, package="MASS")
> p <- ggplot(geyser, aes(x=duration, y=waiting))
> p <- p + geom_point( )
> p <- p + xlim(min(geyser$duration)-0.5, max(geyser$duration)+0.5)
> p <- p + ylim(min(geyser$waiting)-5, max(geyser$waiting)+5)
> p + geom_density2d( )
```

간헐천 데이터 geyser에서 waiting 변수는 간헐천의 유휴 시간을 의미하며 duration 변수는 간헐천이 분출되는 지속시간을 나타낸다. geom_point( ) 함수를 함께 사용한 것은 데이터의 포인트를 쉽게 확인하기 위함이며, xlim( ) 함수

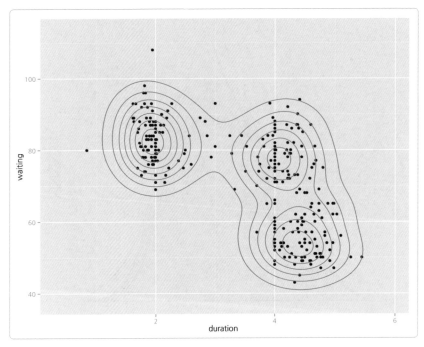

그림 6.35 이차원 밀도곡선

와 ylim( ) 함수를 사용한 것은 밀도를 표현한 등고선이 잘리는 것을 방지하기 위해 영역을 확보한 것으로 간단한 트릭이다. 이 두 개의 함수도 역시 ggplot2에서 제공하는 것이다.

예제를 통해 표현된 플롯에서 밀도 부분이 등고선으로 표현된 것을 볼 수 있다. geom_density2d( ) 함수와 stat_density2d( ) 함수의 기본 밀도 추정 방법은 커널 밀도 추정(Kernel density estimation)[13]이며 함수 내부에서는 MASS 패키지에 있는 kde2d( ) 함수를 사용하고 있다.

6.3.9 geom_contour( ) 함수

등고선을 그리는 용도의 geom_contour( )가 있는데, 공간 통계를 표현하거나 지역의 밀도를 표현할 때 유용하게 쓰이는 함수다. geom_contour( )도 stat_contour( ) 함수를 이용하여 간단한 기능을 구현한 함수다.

다음은 뉴질랜트의 오클랜드에 소재한 마운튼 화우(Maunga Whau) 화산의 지형을 등고선으로 그리는 예제로, 그림 6.36과 같은 결과를 얻을 수 있다.

---

13 커널 밀도 추정은 연속형 변수의 값을 관측한 후 관측하지 못한 부분의 값을 추정하기 위한 방법이다.

```
> if (!require(reshape2)) {
    install.packages("reshape2")
    require(reshape2)
}
> # 2차원 행렬을 변수가 세 개인 데이터 프레임으로 변환
> volcano3d <- melt(volcano)
> names(volcano3d) <- c("x", "y", "z")
> p <- ggplot(volcano3d, aes(x, y, z = z))
> p + geom_contour(binwidth = 2, size = 0.5, aes(colour= ..level..))
```

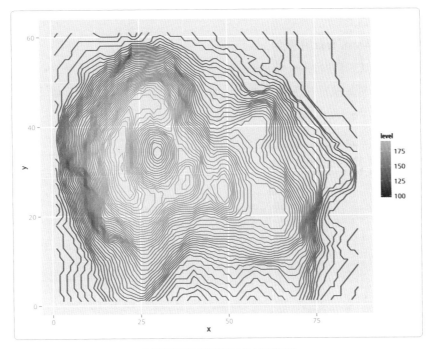

그림 6.36 마운트 화우 화산의 등고선 플롯

volcano 행렬은 마운트 화우(Maunga Whau) 화산에 대한 형상 정보를 가진 데
이터로 R에 내장된 데이터이다. reshaep2 패키지를 사용한 것은 volcano 데이
터셋을 x, y, z 좌표로 변환하기 위한 용도이다. volcano 데이터셋은 87개의 행
과 61개의 열을 가진 행렬(matrix)이며, reshape2의 melt( ) 함수를 이용해 세
개의 열을 가진 데이터 프레임으로 변환하였다.

binwidth은 등고선의 너비를 조절하기 위한 인수로 값이 클수록 등고선이 요
약되어 표현되고 작을수록 세밀하게 표현된다. 또 size 인수는 선의 두께를 지정
한다. 여기서 aes( ) 함수를 이용해서 colour에 ..level..을 지정하였는데, colour
는 선의 색상임을 이제 알 수 있을 것이다. ..level..은 앞서 설명한 적이 있는
..count..와 같이 데이터 매핑 시 데이터의 변환을 수행한다. 예제에서는 화산의
높이를 나타내는 변수 z를 레벨로 변환하는 것을 의미한다. 레벨은 연속형 수치

값을 크기에 따라서 색상으로 구분하는 것을 의미한다. 그러므로 선의 색상을 레벨에 맞춰 표현하라는 뜻이다.

geom_contour( ) 함수의 인수에서 fill에 의한 색상 매핑은 불가능하다. 그 이유는 geom_contour( ) 함수가 선을 기본 지오메트릭으로 사용하기 때문이다. 등고선에 선과 선 사이에 색을 칠하기 위해서는 stat_contour( ) 함수를 이용해야 한다.

6.3.10 geom_text( ) 함수

geom_text( ) 함수는 플롯에 텍스트를 표현하기 위한 함수로 다른 함수와 사용법이 크게 다르지 않다. 다음 예제를 통해 산점도의 점 위치에 mtcars 데이터 프레임의 행 이름(row names)을 플로팅해보자. 결과는 그림 6.37과 같다.

```
> p <- ggplot(mtcars, aes(x=wt, y=mpg, label=rownames(mtcars)))
> p <- p + geom_point( )
> p + geom_text(aes(x=wt+0.05, colour=factor(cyl)), size=5, hjust=0)
```

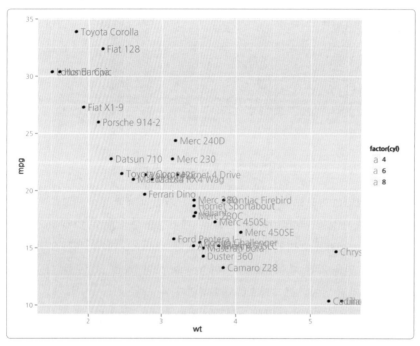

그림 6.37 문자를 포함한 산점도

label 인수는 텍스트를 지정하는 인수이며, rownames(mtcars)는 mtcars 데이터 프레임에서 행의 이름을 출력하라는 의미다. 그래서 산점도에서 각 점을 설명하는 라벨로 mtcars의 행 이름인 차량 모델명이 출력된 것이다. 여기서 geom_point( ) 함수를 함께 사용한 이유는 텍스트를 플롯하면 데이터의 실제 포인트를 식별하기가 어렵기 때문이며, 텍스트는 포인트 옆에 보기 좋게 출력하기 위해서 점과 텍스트 사이의 여백으로 wt에 0.05를 모두 더해서 출력하였다. hjust(horizontal justified)는 텍스트의 수평 정렬 기준을 설정하며, hjust=0은 텍스트의 좌측 정렬을 의미한다. 이 인수 값이 1이면 우측 정렬, 0.5이면 가운데 정렬을 의미한다.

6.3.11 geom_map( ) 함수

geom_map( ) 함수는 이름에서 유추할 수 있듯이 지도를 표현하는 함수로 간단한 공간통계의 플로팅을 위해 사용한다. 다음 예제는 USarrrests 데이터 셋을 이용해 미국의 각 주별 범죄 현황 중에서 살인범죄 현황의 플로팅이다. 결과는 그림 6.38과 같다.

```
> crimes <- data.frame(state = tolower(rownames(USArrests)), USArrests)
> if (!require(maps)) {
      install.packages("maps")
      require(maps)
  }
> # 미국 주별 지도 가져오기
> states_map <- map_data("state")
> head(states_map)

      long      lat group order   region subregion
1 -87.46201 30.38968     1     1  alabama      <NA>
2 -87.48493 30.37249     1     2  alabama      <NA>
3 -87.52503 30.37249     1     3  alabama      <NA>
4 -87.53076 30.33239     1     4  alabama      <NA>
5 -87.57087 30.32665     1     5  alabama      <NA>
6 -87.58806 30.32665     1     6  alabama      <NA>

> # 데이터 전처리
> crimesm <- melt(crimes, id=1)
> # 각 주별 살인범죄에 대한 주제도 그리기
> p <- ggplot(crimes, aes(map_id=state))
> p <- p + geom_map(aes(fill=Murder), map=states_map)
> p <- p + expand_limits(x=states_map$long, y=states_map$lat)
> p + coord_map( )
```

geom_map( ) 함수는 지도가 가진 데이터와 플로팅에 사용하는 데이터를 매핑하는 것이 까다로운 편이다. 그러나 expand_limits( ) 함수로 지도에서 경도를 나타내는 long 변수를 x-축에 매핑하고, 위도를 나타내는 lat 변수를 y-축에 매핑하면 어렵지 않게 그릴 수 있을 것이다.

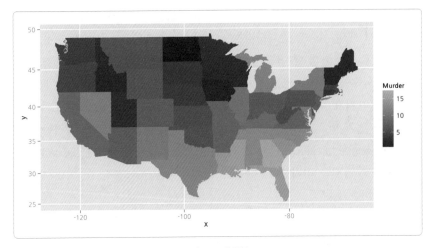

그림 6.38 맵 플롯

sp 패키지나 maptools 패키지 등과 같이 공간통계와 관련된 시각화 패키지들이 다수 있으므로 관심있는 여러분은 CRAN의 태스크 뷰 페이지인 http://cran.nexr.com/web/views/Spatial.html를 참고하기 바란다.

6.3.12 geoms의 기타 함수들

ggplot2 패키지는 앞서 설명한 함수 외에도 많은 지오메트릭 함수를 지원하고 있다. 하지만 특별한 시각화가 아닌 경우에는 활용도가 높지 않을 것이다. ggplot2의 지오메트릭 함수를 모두 설명하지는 않지만 기본 사용법은 앞서 설명한 함수들과 크게 다르지 않다. 필요하다면 용도에 맞는 함수를 찾아서 ggplot2의 기본 설정 방법과 결합 방법을 통해 시각화하는 것도 큰 무리가 없을 것이다.

6.4 Statistics 함수군

Statistics 함수군은 기하학적 요소인 지오메트릭에 사용되는 데이터 형태를 통계학적으로 바꾸거나 설정할 때 사용된다. 데이터를 표현할 때 플롯에 표현되는 모양의 요소를 설정하는 지오메트릭 함수와 달리 데이터의 통계적인 변형이 필요한 경우에 사용한다는 차이가 있다. Statistics 함수군은 단독으로 사용할 수 있으나 보통 지오메트릭 함수와 결합해서 사용하는 경우가 많다.

ggplot2의 Statistics 함수군은 모두 접두어로 'stat_'를 가지고 있으므로 쉽게 구분이 가능하다. 이외에도 Statistics 함수군은 geom이라는 인수가 있어 지오메트릭 속성을 따로 지정할 수도 있다.

6.4.1 stat_bin( ) 함수

stat_bin( ) 함수는 데이터에 비닝(binning)이 필요한 경우에 사용하는 함수이다. 비닝이 필요한 대표적인 경우는 히스토그램이 있으며 stat_bin( ) 함수도 결국 히스토그램을 그리는 데 사용하는 함수이다.

```
> p <- ggplot(movies, aes(x = rating))
> p + stat_bin(binwidth = 0.5, aes(fill = ..count..), colour = "black")
```

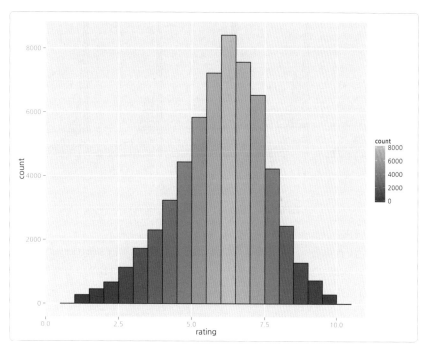

그림 6.39 stat_bin( ) 함수로 그린 히스토그램

6.4.2 stat_density( ) 함수

우리는 geom_density( ) 함수편에서 이미 밀도에 대한 플로팅을 경험했다. stat_density( ) 함수는 밀도곡선을 그린다. 앞서 다룬 geom_density( ) 함수도 stat_density( ) 함수를 이용해서 만든 것이다

다음은 ggplot2 패키지에 포함된 다이아몬드에 대한 데이터인 diamonds 데이터 프레임의 다이아몬드 커팅(cut)별 가격 분포의 밀도곡선을 stat_density( ) 함수로 표현하는 예제이다. 결과는 그림 6.40과 같다.

```
> p <- ggplot(diamonds, aes(x = price))
> p <- p + stat_density(aes(ymax = ..density..,  ymin = -..density..),
                 fill = "blue", colour = "black", alpha = 0.50,
                 geom = "area", position = "identity")
> p + facet_grid(. ~ cut)
```

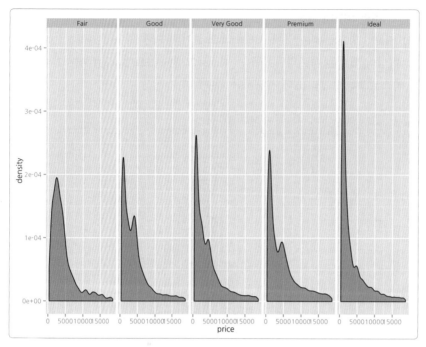

그림 6.40 stat_density( ) 함수로 그린 밀도곡선

..density.. 인수 값은 앞서 설명한 것처럼 주어진 데이터를 밀도(density, 혹은 상대도수)로 변환하는 작업을 수행한다. geom 인수는 플롯의 모양을 결정하며 예제에서는 인수 값에 "area"를 사용해 영역 플롯을 그렸다. 만약 인수 값을 "ribbon"으로 바꾸면 호리병 모양의 리본 플롯을 그릴 수 있다. position 인수 값인 "idenity"는 지오메트릭을 표현할 때 데이터를 표현하는 위치를 해당 위치에 표현하라는 의미다. 그리고 기타 꾸밈 요소의 인수는 앞에서 다룬 예제와 동일하다.

facet_grid( ) 함수는 이전에도 설명했지만, 플롯을 패싯별로 나누어 그리는 역할을 한다. 다이아몬드 커팅별로 가격의 분포를 확인하기 위한 것인데 굳이 facet_grid( ) 함수를 사용한 것은 다음 예제처럼 한 화면에 여러 개의 밀도곡선을 그리면, 중첩되는 영역이 너무 많아 식별이 용이하지 않기 때문이다. 수행 결과인 그림 6.41을 보면 밀도곡선을 비교하기가 수월하지 않다.

```
> p <- ggplot(diamonds, aes(x = price, fill=cut))
> p + stat_density(aes(ymax = ..density..,  ymin = -..density..),
                colour = "black", alpha = 0.15,
                geom = "area", position = "identity")
```

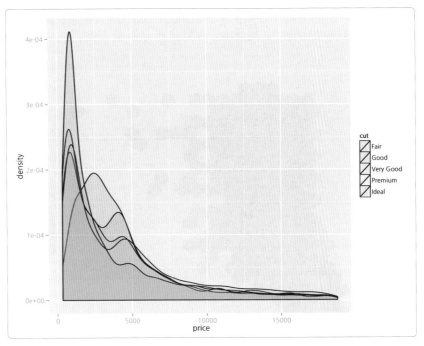

그림 6.41 한 좌표에 여러 밀도곡선 그리기

6.4.3 stat_hexbin( ) 함수

관측치가 아주 많은 데이터의 산점도를 그릴 때 중첩되는 데이터로 인한 해석의 오류를 회피하기 위해 개발된 벌집 플롯[14]을 그리기 위한 함수에 stat_binhex( ) 함수와 geom_hex( ) 함수가 있다. 최근에는 분석하려는 데이터의 관측치 건수가 매우 큰 경우가 많기 때문에 자주 응용될 수 있는 플롯이다.

연습문제 6.9

다이아몬드 데이터인 diamonds 데이터 프레임에서 캐럿의 크기(carat)별 가격(price)의 분포에 대한 산점도를 벌집 플롯으로 표현하라.

다음은 stat_binhex( ) 함수를 사용해 벌집 플롯을 그리는 예제인데, 결과는 그림 6.42와 같다.

```
> g <- ggplot(diamonds, aes(carat, price))
> g + stat_binhex(bins=20)
```

기본적인 사용법은 다른 플롯과 큰 차이가 없으나 bin이라는 단어가 붙어 있는

---

14 6각형으로 구성된 모양이 마치 벌집 모양과 유사하여 벌집 플롯이라고도 불린다.

것을 보고 짐작할 수 있듯이 빈의 크기를 설정하기 위한 인수 bin에 적절한 값을 지정해야 한다. 이 인수를 사용하지 않으면 기본 값 30이 적용된다.

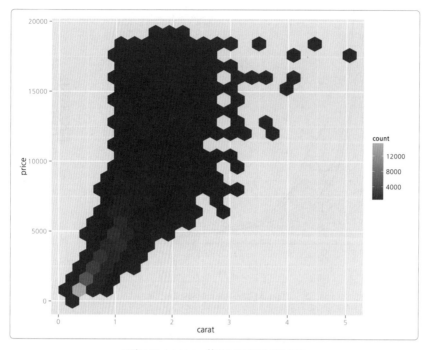

그림 6.42 stat_binhex( ) 함수를 적용한 벌집 플롯

6.4.4 stat_ecdf( ) 함수 ⚙

stat_ecdf( ) 함수는 경험적 누적분포 함수(ECDF, Empirical Cumulative Distribution Function)를 그린다. 다음은 정규분포의 누적분포 곡선을 그리는 예제인데, 결과는 그림 6.43과 같다.

```
> df <- data.frame(x = c(rnorm(100, 0, 3), rnorm(100, 0, 6)), g = gl(2, 100))
> p <- ggplot(df, aes(x, colour = g))
> p + stat_ecdf(geom="line", size=1)
```

평균이 0이고 표준편차가 각각 3과 6인 정규난수를 100개씩 생성하고, gl( ) 함수로 각각 100개의 원소가 있는 수준이 1과 2인 범주형 데이터를 생성하여 데이터 프레임을 만들었다. 그리고 stat_ecdf( )를 이용해 누적분포 함수를 그린 것이 전부다.

누적분포 함수 곡선을 보면 평균이 0인 난수라서 두 그룹 모두 x-축이 0인 지점에서 누적확률이 0.5 근방에 위치하였다. 그리고 정규난수라서 y-축이 0.5인 지점을 기준으로 S자 형태로 상하 대칭의 모양으로 표현되었다. 물론 표준편차가 작은 그룹 1의 경우의 기울기가 가파르게 표현되었다.

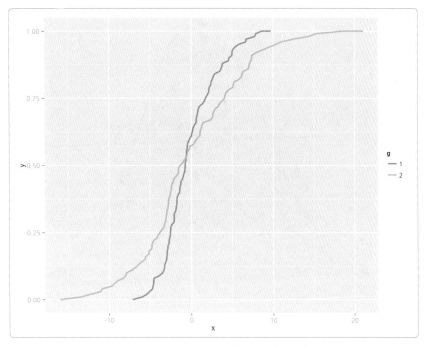

그림 6.43 stat_ecdf( ) 함수를 적용한 분포 함수 그래프

6.4.5 stat_function( ) 함수

stat_function( ) 함수는 이름에서 유추되는 것처럼 함수 y=f(x)를 플로팅한다. 다음은 100개의 정규난수를 추출한 후 geom_density( ) 함수로 밀도 추정 곡선을 그린 후 stat_function( )의 fun 인수에 dnorm( )를 지정하여 정규분포 함수의 밀도곡선을 플로팅하는 예제다. 결과는 그림 6.44와 같다.

```
> set.seed(1)
> d <- data.frame(x = rnorm(100))
> p <- ggplot(d, aes(x = x))
> p <- p + geom_density(fill = "green", alpha = 0.15)
> p + stat_function(fun = dnorm, colour = "red", fill="red", alpha=0.15,
                    geom="area")
```

난수 발생 함수를 사용하면 매번 결과가 달라져서 set.seed( ) 함수로 동일한 결과가 출력되도록 하였다. 밀도는 선으로 표현하는 것이 좋지만 꾸밈 기능이 타 함수와 동일하게 적용되는 것을 보여주기 위해서 선 아래쪽의 영역을 채색을 하였으나, 실제로 표현을 할 때는 필요 없는 과도한 꾸밈을 피해야 한다.

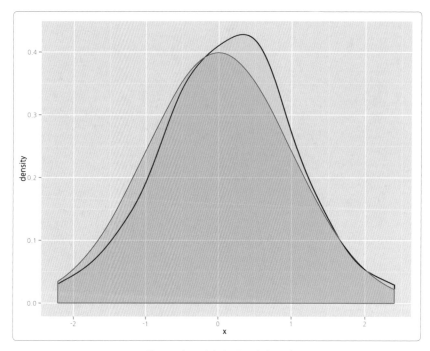

그림 6.44 밀도곡선과 정규분포의 밀도곡선

6.4.6 Statistics의 기타 함수들

Statistics 함수군에 포함되지만 자주 사용되지 않거나 이미 Geoms 함수군을 통해서 설명한 것들은 따로 다루지 않겠다. Statistics 함수군은 Geoms 함수군과 더불어 가장 많이 활용되는 것이므로 사용법을 익히는 것이 좋다. 참고로 다음과 같은 함수도 제공되고 있으므로 ggplot2 사이트 등의 예제를 살펴보고, 그 기능을 알아두기 바란다.

- stat_boxplot( )
- stat_contour( )

6.5 Scales 함수군

Scales 함수군은 지오메트릭과 데이터를 연결하는 데 관련된 함수들이다. aes( )와 다른 점은 aes( ) 함수는 데이터를 지오메트릭 요소와 연결을 해주지만, Scales 함수군은 지오메트릭에 관련된 데이터의 스케일을 동적으로 조정한다는 것이다. 대표적인 예는 데이터의 등급에 따라 색상을 계층화해서 연결해주는 함수들이다. 참고로 Scales 함수군에는 scales 접두어(prefix)를 가진 함수들과 그렇지 않은 함수들이 있는데, scales 접두어가 없는 것들은 유틸리티 성격의 보조 함수이다.

다음은 Scales 함수군의 전체 목록과 간략한 용도를 정리한 것이다. 함수의 이름과 간략한 설명만으로는 쉽게 용도를 이해하지 못할 함수들이 많기 때문에 예제를 통해서 그 용도를 학습하는 것이 필요하다.

- scale_alpha: 연속형 스케일로 투명도의 범위를 조절
- scale_alpha_continuous: 연속형 스케일로 투명도의 범위를 조절(scale_alpha와 동일)
- scale_alpha_discrete: 이산화된 스케일로 투명도의 범위를 조절
- scale_area: 폐기됨(deprecated). ggplot2 향후 버전에서 삭제될 예정임
- scale_colour_brewer: colorbrewer.org에 있는 색상 패턴으로 색상 값을 지정(scale_color_brewer와 동일)
- scale_fill_brewer: colorbrewer.org에 있는 색상 패턴으로 채움 색상 값을 지정
- scale_colour_gradient: 입력 받은 두 색상으로 그라디언트 색상을 만들어 적용
- scale_color_continuous: scale_colour_gradient와 동일
- scale_color_gradient: scale_colour_gradient와 동일
- scale_colour_continuous: scale_colour_gradient와 동일
- scale_fill_gradient: 입력 받은 두 색상으로 그라디언트 색상을 만들어 채움 색상을 지정함
- scale_fill_continuous: scale_fill_gradient와 동일
- scale_colour_gradient2(scale_fill_gradient2): 그라데이션 색상을 지정하는 함수들
- scale_colour_gradientn(scale_fill_gradientn): 여러 개의 색상 사이에서 부드럽게 그라데이션을 지정하는 함수들
- scale_colour_grey(scale_fill_grey): 순차적으로 회색 등급의 색상을 지정
- scale_colour_hue(scale_color_discrete, scale_color_hue, scale_colour_discrete, scale_fill_discrete, scale_fill_hue): hue 방식에 따라 만들어진 색상을 지정
- scale_identity(scale_alpha_identity, scale_color_identity, scale_colour_identity, scale_fill_identity, scale_linetype_identity, scale_shape_identity, scale_size_identity): 스케일링 없이 값을 적용
- scale_manual(scale_alpha_manual, scale_color_manual, scale_colour_manual, scale_fill_manual, scale_linetype_manual, scale_shape_manual, scale_size_manual): 이산형 변수에 사용자가 값을 각각 지정하게 함

- scale_linetype(scale_linetype_continuous, scale_linetype_discrete): 변수의 등급에 대해 선의 종류를 지정
- scale_shape, scale_shape_continuous, scale_shape_discrete: 도형의 내부에 대한 설정을 바꿈
- scale_size, scale_size_continuous, scale_size_discrete: 크기를 스케일링하는 함수들
- scale_x_continuous, scale_y_continuous: 연속형 변수에 대해 출력될 축의 범위를 지정
- scale_x_reverse, scale_y_reverse: 축의 출력 방향을 큰 값부터 시작하도록 변경
- scale_x_log10, scale_y_log10: 축의 스케일을 상용로그를 이용해 변환
- scale_x_sqrt, scale_y_sqrt: 축의 스케일을 제곱근을 이용해 변환
- scale_x_date(scale_y_date): 시계열 축의 범위와 틱의 개수 및 라벨을 지정 (날짜)
- scale_x_datetime, scale_y_datetime: 시계열 축의 범위와 틱의 개수 및 라벨을 지정(날짜와 시각)
- scale_x_discrete, scale_y_discrete: 이산화된 변수의 축의 라벨과 제목, 범위를 지정
- guides: 각 지오메트릭의 요소에 대한 범례의 표현 방식을 지정
- guide_legend: 범례(legend)에 대한 가이드를 설정
- guide_colourbar(guide_colorbar): 연속 색상 막대의 가이드로 설정
- expand_limits: 플롯의 제한 범위를 확장시킴
- labs(ggtitle, xlab, ylab): 축의 라벨과 범례의 제목을 바꿈
- update_labels: 축의 라벨과 범례의 제목을 수정
- xlim(ylim): x-축과 y-축의 범위를 지정

6.5.1 scale_alpha*( ) 함수

scale_alpha라는 이름으로 시작하는 세 개의 함수는 지오메트릭에 알파 채널 투명도를 적용하여 겹쳐진 데이터의 지오메트릭을 시각적으로 분리해준다. 세 개의 함수 중 scale_alpha( )와 scale_alpha_continuous( )는 동일한 함수인데도 별도의 이름을 가지고 있는 이유는 알파 투명도의 조절이 scale_alpha_continuous( )를 사용하는 경우가 더 빈번한 반면 함수 이름이 매우 길어 타이핑하기 불편하기 때문이다. 투명도에 스케일을 적용하는 가장 간단한 방법은 aes( ) 함수의 alpha 인수에 알파 투명도를 적용할 변수를 대입하는 것이다.

colour 인수나 fill 인수에 변수를 대입해서 데이터를 매핑하는 효과를 얻었던 것
과 동일한 방식이다.

다음 예제를 실행한 결과인 그림 6.45를 보면 실린더의 개수가 적을수록 투명
도가 높아 옅은 회색에 가깝게 표현되었고, 실린더의 개수가 많을수록 투명도가
낮아서 검은색에 가깝게 표현되었다.

```
> p <- ggplot(data=mtcars, aes(x=mpg, y=cyl, alpha=cyl))
> p + geom_point(size=10)
```

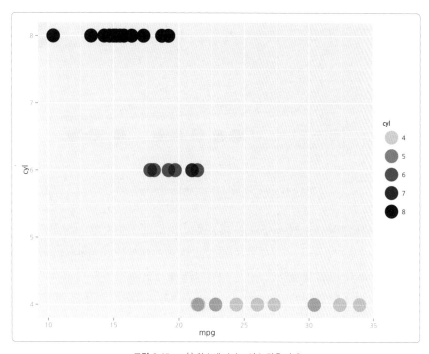

그림 6.45 aes( ) 함수에 alpha 인수 적용 사례

위 예제에서는 alpha 값의 범위가 자동으로 설정되는데, 경우에 따라서 사용자
가 범위를 지정하고 싶을 때가 있다. 이 경우에는 다음과 같이 scale_alpha( ) 함
수로 알파 채널의 범위를 지정할 수 있다. 이 예제는 알파 채널의 범위를 0.4에
서 0.8까지로 지정한 경우다. 육안으로 쉽게 구별하기는 어렵겠지만, 결과인 그
림 6.46을 보면 알파 채널의 투명도 범위가 그림 6.45보다 작음을 알 수 있다.

```
> p <- ggplot(data=mtcars, aes(x=mpg, y=cyl, alpha=cyl))
> p <- p + geom_point(size=10)
> p + scale_alpha(range=c(0.4, 0.8))
```

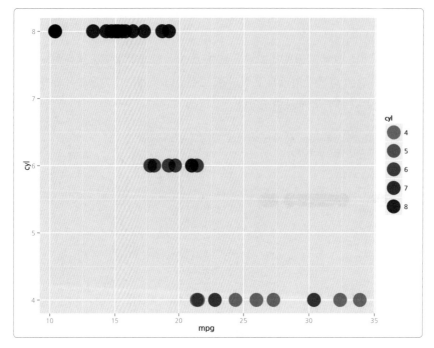

그림 6.46 scale_alpha( ) 함수의 alpha 범위 지정 사례

만약 이산화된 등급으로 투명도를 적용하려면 aes( ) 함수의 alpha 인수에 factor(범주형) 변수를 지정해야 한다. 앞의 예제에서는 alpha=cyl 부분을 alpha=factor(cyl)로 변경하면 된다. 이번에는 투명도의 범위를 바꾸기 위해서 scale_alpha( ) 함수가 아닌 scale_alpha_discrete( ) 함수를 사용할 것이다. 다음은 scale_alpha_discrete( ) 함수의 사용 예제로, 결과는 그림 6.47과 같다.

```
> p <- ggplot(data=mtcars, aes(x=mpg, y=cyl, alpha=factor(cyl)))
> p <- p + geom_point(size=10)
> p + scale_alpha_discrete(range=c(0.4, 0.8))
```

주의: 이산형 데이터와 scale_alpha_discrete( ) 함수

mtcars 데이터 프레임의 cyl 변수는 자동차의 실린더 개수를 의미한다. 그리고 이 변수는 4, 6, 8의 값을 갖는 수치형 벡터로 저장되어 있다. 그러나 이산형(discrete)의 값이기 때문에 수치형 벡터보다는 순서가 있는 범주형 데이터인 ordered factor로 저장하는 것이 타당하다.

그림 6.45와 그림 6.46을 보면 범례에 표현된 실린더의 개수는 4, 5, 6, 7, 8로 표현되어 있다. 이산형 데이터임에도 불구하고 연속형 데이터로 처리되었기 때문에 필요 없는 5와 7이 범례에 포함되었다. 그러므로 스케일을 지정할 때 이산형 데이터는 최소한 factor로 저장되어야 하며, scale_alpha_discrete( ) 함수를 사용해서 알파 투명도를 지정해야 한다.

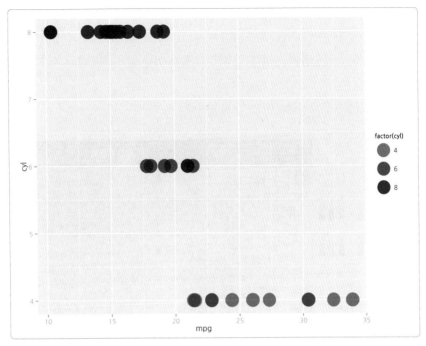

그림 6.47 scale_alpha_discrete( ) 함수의 alpha 범위 지정 사례

6.5.2 scale_*_brewer( ) 함수들

scale_colour_brewer( ), scale_color_brewer( ), scale_fill_brewer( )는 정의한 색상 팔레트로 색상을 지정하는 함수로 http://colorbrewer2.org/ 사이트의 색상 팔레트를 사용해서 색상 값을 지정한다. http://colorbrewer2.org/는 잘 정리된 색상 팔레트를 제공하는 사이트로, 시각화에 유용한 색상 값을 제공하고 있다.

　scale_colour_brewer( ) 함수와 scale_color_brewer( ) 함수는 완전하게 동일한 함수다. 색상을 뜻하는 단어를 영국식인 colour와 미국식인 color로 표현한 것의 차이므로 개인의 취향으로 선택하면 된다. 함수 이름에서 colour(혹은 color)와 fill의 차이는 colour는 지오메트릭이 테두리나 점인 것의 색상을, fill은 원이나 막대의 내부와 같은 면적을 이루는 지오메트릭의 내부를 채울 색상을 뜻한다. 앞선 예제들에서 aes( ) 함수 내부에 fill 인수와 colour 인수를 사용해서 점의 색상과 막대의 채움 색상을 변경한 것도 동일한 규칙을 따르는 것이다.

　이 함수들은 팔레트 이름을 알아야 사용할 수 있는데, http://colorbrewer2. org/를 방문해서 원하는 색상을 선택하고, 지도 위에 마우스를 올려서 출력되는 툴팁에서 그 이름을 확인하거나 EXPORT 버튼 좌측 상단에서 확인할 수 있다.

예를 들어 그림 6.48처럼 sequential 유형의 아홉 개 색상을 가진 팔레트 이름이 Purples라는 것이 EXPORT 버튼 좌측에 '9-class Purples'로 표현되어 있다. 다음 URL을 웹 브라우저에 복사해 넣으면 그림 6.48과 같은 화면으로 이동할 것이다.

http://colorbrewer2.org/?type=sequential&scheme=Purples&n=9

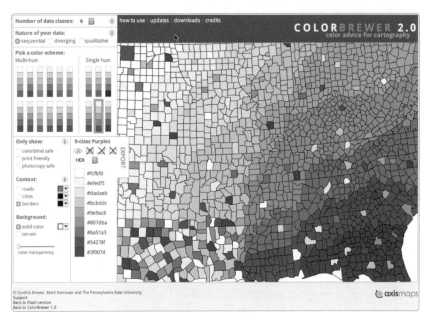

그림 6.48 http://colorbrewer2.org/의 팔레트 화면

팔레트 이름을 이미 알고 있다면 사이트를 방문하지 않고도 어떤 색상으로 구성된 팔레트인지 확인이 가능하다. scales 패키지가 제공하는 brewer_pal( ) 함수와 show_col( ) 함수를 함께 조합해서 팔레트를 시각화할 수 있다.

연습문제 6.10

아홉 가지의 색상으로 구성된 'RdYlBu' 팔레트의 색상을 인지할 수 있게 시각화하라.

'RdYlBu' 이라는 이름을 가진 팔레트의 색상을 다음처럼 brewer_pal( ) 함수와 show_col( ) 함수를 통해서 시각화하면, 그림 6.49와 같은 격자로 된 결과를 얻을 수 있다.

```
> library(scales)
> show_col(brewer_pal(pal="RdYlBu")(9))
```

세 개의 scale brewer 관련 함수는 인수로 type과 palette를 입력 받는다. 일

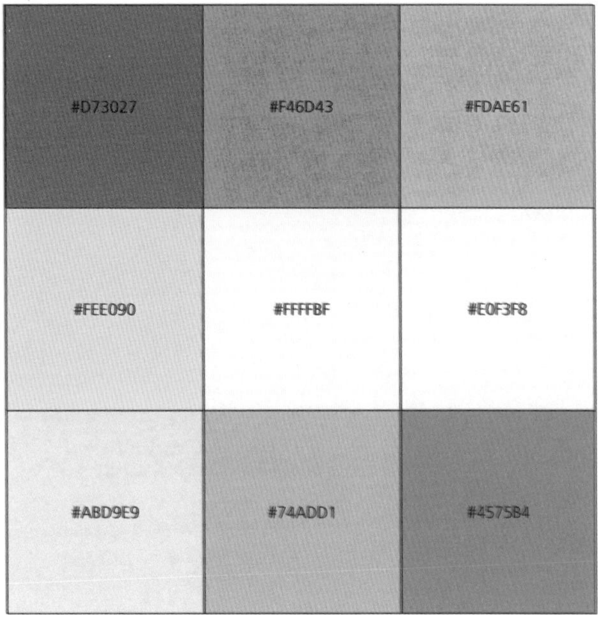

그림 6.49 'sRdYlBu' 팔레트 색상

단 type은 colorbrewer2.org 사이트의 색상 구분 방식을 인수 값으로 갖는데 "seq"(sequential), "div"(diverging), "qual"(qualitative)의 세 가지 중 하나를 지정한다. palette 인수는 "RdYlBu"처럼 팔레트 이름을 나타내는 문자열을 인수로 갖거나 몇 번째 팔레트인지를 나타내는 인덱스 번호를 인수 값으로 취한다.

다음 예제는 diamonds 데이터 프레임을 사용해 그린 산점도에 clarity 변수를 sequential 방식의 3번 팔레트로 맞춰 적용한 것으로, 결과는 그림 6.50과 같다.

```
> p <- ggplot(data=diamonds, aes(price, carat, colour=clarity))
> p <- p + geom_point( )
> p + scale_colour_brewer(type="seq", palette=5)
```

연습문제 6.11

색상 구분 방식과 인덱스 번호를 입력하는 것은 직관성이 떨어져 사용하기 불편하다. palette 인수에 "Dark2"라는 팔레트의 이름을 지정하여 산점도를 그려보자.

다음은 palette 인수에 팔레트의 이름을 지정해서 색상을 선택하는 예제인데, 결과는 그림 6.51과 같다.

```
> p <- ggplot(data=diamonds, aes(price, carat, colour=clarity))
> p <- p + geom_point( )
> p + scale_colour_brewer(palette="Dark2")
```

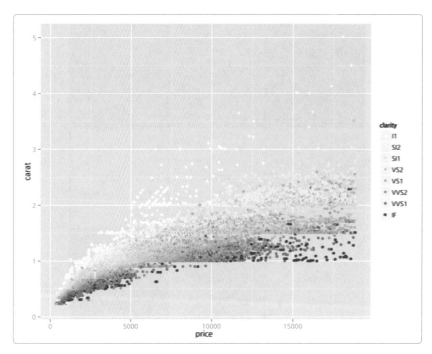

그림 6.50 sequential 방식의 3번 팔레트로 표현한 산점도

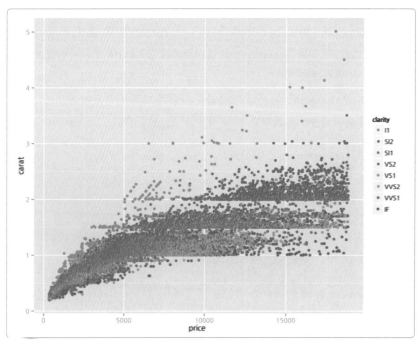

그림 6.51 "Dark2" 팔레트로 표현한 산점도

scale_fill_brewer( ) 함수도 동일한 방식으로 사용할 수 있다. 다음은 diamonds 데이터 프레임에서 다이아몬드의 순도를 나타내는 범주형 변수인 clarity의 수준별로 히스토그램의 막대 내부 색상을 칠하는 예제다. 결과는 그림 6.52와 같다.

```
> p <- ggplot(data=diamonds, aes(price, fill=clarity))
> p <- p + geom_histogram(binwidth=500)
> p + scale_fill_brewer(palette="YlGn")
```

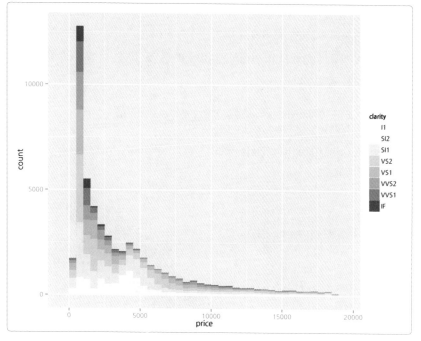

그림 6.52 "YlGn" 팔레트로 표현한 히스토그램

6.5.3 scale_*_gradient( ) 함수들

scale_colour_gradient( ) 함수, scale_fill_gradient( ) 함수와 동일하거나 유사한 기능의 함수는 다음처럼 여섯 개가 있다.

· scale_colour_gradient( ) 함수
· scale_color_continuous( ) 함수
· scale_color_gradient( ) 함수
· scale_colour_continuous( ) 함수
· scale_fill_gradient( ) 함수
· scale_fill_continuous( ) 함수

이 중에서 colour와 color가 들어간 함수는 이름만 다를 뿐 동일한 기능의 함수
다. 이미 앞에서도, 그리고 앞으로 소개할 다른 함수군에도 이 기준은 동일하다.
'_gradient' 또는 '_continous' 접미어를 가진 scale 함수들은 연속형 데이터를 레
벨화하여 레벨의 등급별로 색상을 부여하는 함수다. 색상 부여는 팔레트와 같이
연속된 색상 계열을 사용해서 그라디언트 효과를 주는 것과 동일한 작용을 한
다. 이들 함수는 연속된 색상을 만들기 위해서 low 인수와 high 인수를 사용한
다. 연속된 색상은 low 인수에 지정한 색상에서 출발해서 high 인수에서 지정한
색상의 범위 안에서 만들어진다. 그리고 limits 인수는 그라디언트 효과를 줄 색
상을 계산하는데, 사용할 데이터의 범위를 지정한다.

간단한 예제를 실행해보고 이해하는 것이 빠를 것 같다. 다음은 그림 6.53과
같은 산점도를 출력한다.

```
> dsub <- subset(diamonds, x > 5 & x < 6 & y > 5 & y < 6)
> p <- ggplot(data=dsub, aes(x, y, colour=z))
> p <- p + geom_point( )
> p + scale_colour_gradient(limits=c(3, 3.6), low="red", high="green")
```

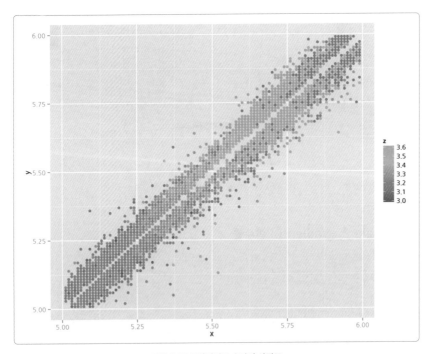

그림 6.53 그라디언트 효과의 산점도

이 예제는 낮은 등급의 색상을 적색으로 지정하고, 높은 등급의 색상을 녹색으
로 지정하여 그라디언트 색상을 만든 것이다. 낮은 등급은 변수의 수치 값이 작
은 것을 말하고 높은 등급은 변수의 수치 값이 큰 것을 의미한다. aes( ) 함수 내

에서 colour 인수를 z로 설정하였으므로 그라디언트 색상을 만드는 기준 변수는 z가 된다. limists 인수는 그라디언트 색상을 계산할 때 사용할 데이터의 범위를 지정하는 것으로 z 변수의 값 중 3과 3.6 사이에 있는 값으로 색상을 지정하며, 범위 밖의 점은 기본 값인 회색으로 정해진다. 범위 밖의 색상은 na.value 인수에 색상 값을 입력해서 별도로 지정할 수 있다.

이 함수들의 인수 중에서 limits 인수가 중요하게 사용될 수 있다. 만약 앞 예제에서 limit 인수를 사용하지 않았다면 산점도에서 보이는 모든 점이 빨간색으로 출력되었을 것이다. 그 이유는 변수 z에 이상치(outlier)인 31.80이 모든 수치를 낮은 등급으로 만들어 버리기 때문이다. 다음 예제를 통해서 우리는 이상치로 인한 노이즈와 이를 제거해야 하는 당위성을, 즉 limits 인수의 필요성을 알수 있을 것이다. 예제로 그려지는 박스 플롯인 그림 6.54를 보면, z 변수의 이상치 문제를 쉽게 파악할 수 있을 것이다.

```
> range(dsub$z)
[1]  2.25 31.80
> boxplot(dsub$z)
```

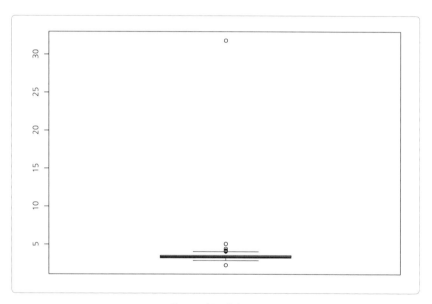

그림 6.54 변수 z의 박스 플롯

scale_fill_gradient( ) 함수는 앞서 설명한 scale_colour_gradient( )와 유사한 기능을 한다. 다만 차이점은 색상이 표출되는 지오메트릭이 점이나 선이 아닌 면적 등에 해당된다는 점이다. 즉, 지오메트릭의 채움 색상에 대해 작동한다고 이해하면 된다.

앞서 생성한 dsub 데이터로 히스토그램을 그리면서 사용법을 학습하자.

```
> p <- ggplot(data=dsub, aes(x, fill=..count..))
> p <- p + geom_histogram(binwidth=0.02)
> p + scale_fill_continuous(low="lightblue", high="blue", limits=c(200, 700),
                            na.value="white")
```

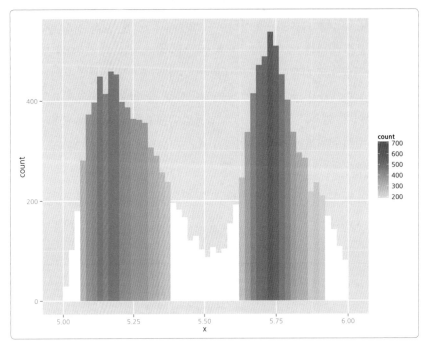

그림 6.55 그라디언트 효과의 히스토그램

예제에서는 na.value 인수를 사용해서 limits에 지정된 구간 외의 데이터는 흰색으로 채운 것이다. limits를 입력하지 않으면 구간 밖의 데이터는 없어진다. 여러분은 예제에서 인수 값을 변경하면서 사용법을 이해하기 바란다. 결과는 그림 6.55를 보면 fill=..count..를 사용한 도수 기반의 히스토그램이라는 것을 알 수 있다. 여기서는 limits=c(200, 700)를 통해서 도수가 100 미만인 계급 구간의 히스토그램 막대가 흰색으로 채워진 것을 확인할 수 있다.

6.5.4 scale_*_gradient2( ) 함수들
연속형 값에 그라디언트 색상을 적용하면 값의 구분이 명확치 않아 해석이 어려운 경우가 있다. 특히 어떤 값을 기준으로 크거나 작은 등급을 살필 때는 다른 방법으로 시각화하는 것이 필요하다. 이런 문제를 해결하기 위해 색상 등급을 더 명확하게 구분해 주는 것을 '다이버징(diverging)'이라고 하는데 다이버징 기능을 지원하는 함수가 'gradient2'라는 접미어를 가진 함수들이다.

다이버징은 작은 값에서 큰 값으로 이동하면서 생기는 그라데이션 효과를 변형하여 두 개의 그라데이션을 만드는 방법이다. 좀 더 구체적으로 설명하자면 값의 범위에서 중간점을 기준으로 아래로 향하는 그라데이션과 위로 향하는 그라데이션을 만드는 것이다. 예를 들면 0을 기준으로 양의 그라데이션을 만들고 음의 그라데이션을 만들어 등락의 폭을 비교할 때 유용하게 사용할 수 있는 방법이다.

연습문제 6.12

그림 6.53의 예제를 다이버징 기능을 넣은 산점도로 수정해보자.

다음은 앞에서 사용한 예제를 고쳐서 다이버징을 구현한 코드이다.

```
> dsub$diff <- with(dsub, sqrt(abs(x-y))* sign(x-y))
> p <- ggplot(data=dsub, aes(x, y, colour=diff))
> p <- p + geom_point( )
> p + scale_colour_gradient2(low="red", high="blue", mid="white", midpoint=0.15)
```

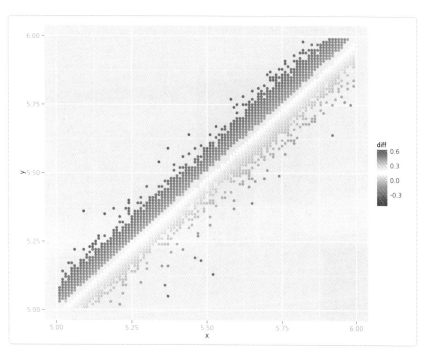

그림 6.56 다이버징이 적용된 산점도

예제를 보면 midpoint 인수가 추가되었는데, 중간 색상의 기준 값인 중간점(midpoint)을 지정하는 인수다. 결과인 그림 6.56를 보면 중간점인 0.15 부근은 흰색으로 표현되고, diff의 값이 양의 값을 가질수록 파란색, 음의 값을 가질수록 빨간색에 가깝게 표현되었다. 예제에서 diff의 값은 x의 값이 y의 값보다 큰 경우에 양의 값을 갖는다. 그러므로 기울기가 1인 사선을 기준으로 아래는 파란색이고 위는 빨간색이 된다. 같은 맥락으로 면적으로 표현되는 지오메트릭에 색상을 칠하는 것도 동일한 방법으로 활용할 수 있다. 단지 함수 이름을 scale_colour_gradient2에서 scale_fill_gradient2로 바꾸면 된다.

다음은 면적에 다이버징을 표현하기 위해서 임의로 생성한 데이터 프레임으로 막대 그래프를 그리는 예제다. 경고 메시지가 발생하지만 의도적인 시각화 처리를 위해서 어쩔 수 없이 발생하도록 했다. 일반적으로 막대 그래프는 0 이상의 값을 취하지만, 음수의 값을 갖는 데이터를 0 아래로 그리는 표현을 시도하기 때문에 어쩔 수 없이 경고 메시지가 발생한다. 양의 막대는 파란색으로 음의 막대는 빨간색으로 표현된다.

```
> dsub <- data.frame(x=letters[1:5], y=c(-3, 3, 5, 2, -2))
> p <- ggplot(data=dsub, aes(x, y, fill=y))
> p <- p + geom_bar(stat="identity")
> p + scale_fill_gradient2( )
```

경고 메시지:
Stacking not well defined when ymin != 0

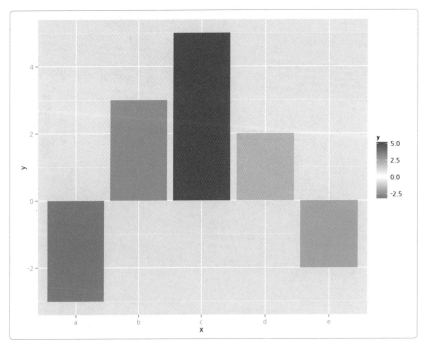

그림 6.57 다이버징이 적용된 막대 그래프

결과인 그림 6.57을 보면 0.0 값을 기준으로 큰 것은 파란색, 작은 것은 빨간색 계열의 색상으로 명확하게 구분되었음을 확인할 수 있다.

6.5.5 scale_*_gradientn( ) 함수들

scale_colour_gradientn( )과 scale_fill_gradientn( )은 gradient2 계열의 함수들과 유사하지만 색상 등급을 두 개의 색상으로 구분하는 것이 아닌 여러 색상으로 구분이 가능하게 한다는 차이점이 있다. 색상을 구분하기 위해서 gradient2 계열의 함수와는 달리 colours 인수와 values 인수를 입력 받는데, colours 인수는 사용할 색상을 지정하는 데 사용하며, values 인수는 colours 인수만으로 색상이 잘 구분되지 않는 경우 강제로 색상의 경계를 지정할 포인트를 설정하는 데 사용한다.

다음 예제는 gradient2 계열 함수의 예제를 조금 수정해서 색상 등급을 지정하는 것이다.

```
> dsub <- subset(diamonds, x > 5 & x < 6 & y > 5 & y < 6)
> dsub$diff <- with(dsub, sqrt(abs(x-y))* sign(x-y))
> p <- ggplot(data=dsub, aes(x, y, colour=diff))
> p <- p + geom_point( )
> p + scale_colour_gradientn(colours=rainbow(7))
```

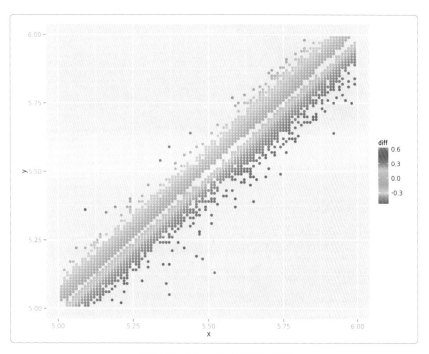

그림 6.58 rainbow 색상이 적용된 산점도

rainbow( ) 함수는 무지개 색상을 만들어주는 팔레트 함수로 이전에 설명한 적이 있다. scale_colour_gradientn( ) 함수 내의 인수 colours가 colour 인수와 철자가 비슷하여 혼동할 수 있는데 전혀 다른 인수임을 주의해야 하며 위의 예제는 등급으로 사용할 색상을 rainbow( ) 함수를 사용해 일곱 개 만들었다. 그림 6.58을 보면 범례의 색상 레벨이 마치 무지개처럼 보인다.

이번에는 values 인수로 색상 등급 경계를 강제로 지정하는 예제를 살펴보자.

```
> p <- ggplot(data=dsub, aes(x, y, colour=diff))
> p <- p + geom_point( )
> p + scale_colour_gradientn(colours=rainbow(7), values=seq(-0.51, 0.8, length=7))
```

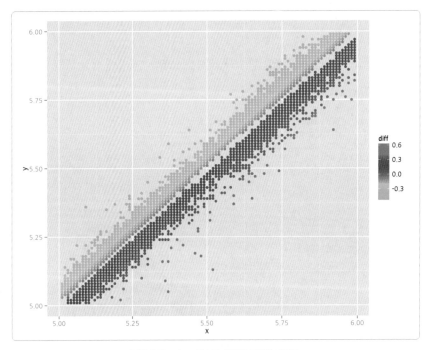

그림 6.59 values 인수로 색상을 설정한 산점도

values 인수와 colours 인수에 입력한 값의 개수가 일치하지 않아도 되지만 색상을 지정하는 것이 달라지므로 가능하면 맞추도록 한다. 예제에서는 경계 값을 의미 없이 지정하였지만, 데이터 분석 시 명확히 확인하고 싶은 데이터 구간의 색상을 구분할 필요가 있을 때 적절히 값을 지정하여 살펴볼 수 있는 유용한 기능이다. 참고로 scale_fill_gradientn( ) 함수는 지오메트릭의 채움 색상을 지정하는 것으로 앞에서 비슷한 예제를 여러 번 반복해서 따로 설명하지 않겠다.

6.5.6 scale_*_grey( ) 함수들

scale_colour_grey( ) 함수와 scale_fill_grey( ) 함수는 이름에서 유추할 수 있듯이 회색 계열의 색상 등급을 생성하는 함수이다. 이 함수들은 흑백 인쇄물을 출력하거나 구간 내의 데이터를 모두 흑백으로 표현하고, 구간 밖의 값에 대해서만 특별한 색상으로 보기 위한 용도로 사용된다. 인수로는 start, end, na.value가 있으며, start 인수는 색상의 시작 값, end 인수는 색상의 끝 값이다. 이 두 인수는 0에서 1사이의 값을 취하며 0에 근접할수록 흰색에 가깝고, 1에 근접할수록 검정색에 가까워진다.

다음 예제는 실제 사용법인데, 결과인 그림 6.60을 보면 결측치인 NA를 갖는 위치에 빨간색의 점이 출력된 것을 볼 수 있다.

```
> new_mtcars <- mtcars
> new_mtcars$miss <- factor(sample(c(NA, 1:5), nrow(new_mtcars), rep = TRUE))
> p <- ggplot(data=new_mtcars, aes(x=mpg, y=wt, colour = miss))
> p <- p + geom_point(size=3)
> p + scale_colour_grey(start=0.3, end=0.8, na.value = "red")
```

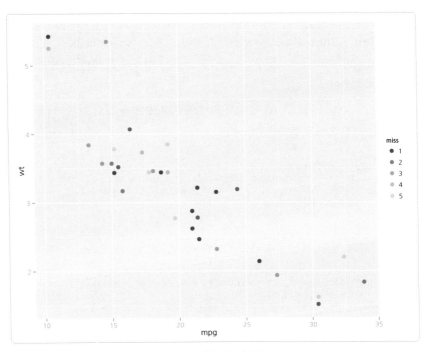

그림 6.60 회색 계열의 산점도

이 예제에서는 결측치를 적색으로 구분하기 위해서 na.value 인수 값에 "red"를 사용했으며, 회색 색상은 흰색과 검정색을 제외하고 적당히 0.3에서 0.8 사이의 색상을 사용했다. scale_fill_grey( ) 함수도 동일한 방법으로 사용하므로 사용예제는 생략한다.

6.5.7 scale_*_hue( ) 함수들

hue는 색상을 뜻하는 영어 단어지만 그래픽스 이론에서는 단순히 색상의 의미가 아닌 기술적인 의미로 통용된다. 이론적인 이해를 위해서는 별도의 학습이 필요하며 색상 디자인이나 미학에 대한 부분까지 다뤄야 하므로 이 책에서는 별도로 설명하지 않는다. 다만 이해를 돕기 위해서 쉽게 설명하면 색 대비가 뚜렷한 무지개색 계열 색상을 사용하는 것으로 이해하면 된다.

　hue 계열의 함수들은 가시광선 스펙트럼을 고리 모양으로 배치한 색상환에서 가장 파장이 긴 빨간색을 0°로 하였을 때 상대적인 배치 각도(range)를 지정하는 h 인수, 채도(chroma)를 나타내는 c 인수, 그리고 명도(lightness)를 지정하는 l 인수를 사용한다. hue 인수는 색상의 범위를 0에서 360 사이의 길이가 2인 벡터로 지정하며, 0°와 360°는 동일하게 빨간색을 의미한다. c 인수와 l 인수는 각각 0에서 100 사이의 값을 지정해야 한다. 이 방법은 경험에 의한 채득으로 이해하는 것이 빠르지만 색상에 대한 전문적인 지식이 없는 경우라면 추천하고 싶지는 않다.

　scale_colour_hue( )는 별칭으로 scale_color_discrete( ) 함수, scale_color_hue( ) 함수, scale_colour_discrete( ) 함수라고 하고, scale_fill_hue( )는 별칭으로 scale_fill_discrete( ) 함수, scale_fill_hue( ) 함수라고 한다. 명칭만 다를 뿐 기능은 동일하다.

　그럼 scale_colour_hue( )를 통해서 각 함수의 사용법을 익혀 보자. 다음 예제의 결과는 그림 6.61과 같다.

```
> new_mtcars <- mtcars
> new_mtcars$miss <- factor(sample(c(NA, 1:5), nrow(new_mtcars), rep = TRUE))
> p <- ggplot(data=new_mtcars, aes(x=mpg, y=wt, colour = miss))
> p <- p + geom_point(size=5)
> p + scale_colour_hue( )
```

다음은 색조와 명도, 색상의 범위를 지정한 예제인데, 결과는 그림 6.62와 같다.

```
> p <- ggplot(data=new_mtcars, aes(x=mpg, y=wt, colour = miss))
> p <- p + geom_point(size=5)
> p + scale_colour_hue(h=c(90, 180), l=80, c=50)
```

hue 방식의 색상은 감각적으로 숫자를 입력해서 지정하기에는 많은 연습과 경험이 필요하다. 그리고 우리가 흔히 알고 있는 가시광선 영역의 '빨주노초파남보' 무지개 색상을 떠올리면서 h 인수를 지정하면 되겠지만, 연속형의 가시광선 파장 영역을 빨주노초파남보로 일반화하기에는 무리가 있다. 또한 그 색상의 파장도 등 간격의 파장이 아니기 때문에 0부터 360까지의 각도로 표현하기가 쉽지

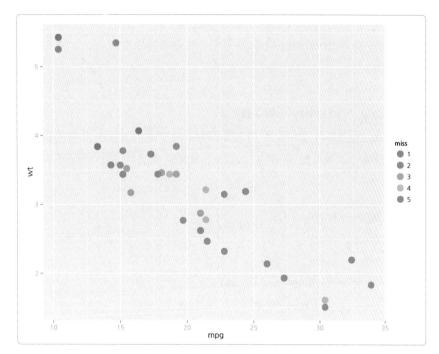

그림 6.61 scale_colour_hue( ) 함수를 이용한 산점도

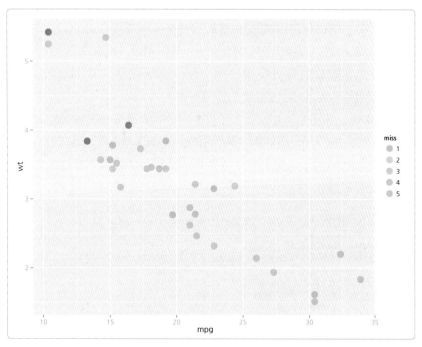

그림 6.62 색조와 명도, 색상의 범위를 지정한 산점도

않다. 그래서 개인적으로 추천하고 싶지 않은 함수 계열이다. 여기서 scale_fill_hue( ) 함수도 지오메트릭만 다를 뿐 동일하게 동작하므로 사용법을 따로 다루지는 않는다.

6.5.8 scale_*_identity( ) 함수들

scale_identity 계열의 함수들은 지오메트릭에 사용할 색상이나 요소의 유형을 직접 입력해서 적용하는 함수이다. scale_identity 계열의 함수 목록은 다음과 같다.

- scale_alpha_identity( ) 함수
- scale_color_identity( ) 함수
- scale_colour_identity( ) 함수
- scale_fill_identity( ) 함수
- scale_linetype_identity( ) 함수
- scale_shape_identity( ) 함수
- scale_size_identity( ) 함수

역시 함수의 작명 규칙을 통해 용도를 쉽게 파악할 수 있다. 함수 이름에서 'scale_' 와 '_identity' 사이의 단어별로 구분하여 설명하면 alpha는 투명도, color와 colour는 지오메트릭의 색상, fill은 채움 색상, linetype은 선의 종류, shape는 도형의 모양, 그리고 size는 크기를 지정한다. 함수로 지정한 설정은 ggplot 객체에서의 데이터 매핑 변수에 적용된다.

다음 예제는 색상과 크기를 강제로 지정한 산점도 플롯이다. scale_colour_identity( ) 함수는 colour 데이터 매핑 변수인 colours 변수에 적용되며, scale_size_identity( ) 함수는 size 데이터 매핑 변수인 sizes 변수에 적용된다. 결과는 그림 6.63과 같다.

```
> colours <- c("red", "green", "blue", "yellow", "orange")
> sizes <- c(1, 2, 3, 4, 5) + 3
> df <- data.frame(x=1:5, y=1:5)
> p <- ggplot(data=df, aes(x, y, colour = colours, size=sizes))
> p <- p + geom_point( )
> p <- p + scale_colour_identity( )
> p <- p + scale_size_identity( )
> p
```

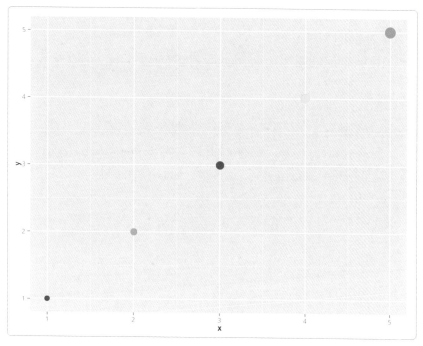

그림 6.63 scale_identity 계열의 함수 적용 예제

이 함수군의 문제는 표현될 지오메트릭의 개수와 입력한 값의 길이가 일치해야 한다는 점이다. 표현될 데이터가 많은 경우 지정하기 매우 힘들며 주로 단순한 플롯을 생성할 때 사용하거나 개체가 적을 때 사용하는 함수들이다. 다른 함수들의 사용법은 유사하므로 스스로 다양하게 활용하기 바란다.

6.5.9 scale_*_manual( ) 함수들

scale_manual 계열의 함수 목록은 다음과 같다.

· scale_alpha_manual( ) 함수
· scale_color_manual( ) 함수
· scale_colour_manual( ) 함수
· scale_fill_manual( ) 함수
· scale_linetype_manual( ) 함수
· scale_shape_manual( ) 함수
· scale_size_manual( ) 함수

scale_manual 함수 계열의 용도는 scale_identity 계열과 동일하다. 다만 scale_identity 계열은 매핑 변수의 값에 의해서 자동으로 꾸밈이 설정되지만, scale_ manual 계열은 매핑 변수의 값이 아닌 사용자가 수동으로 값을 지정해서 꾸밈 정보를 지정해야 한다.

예제를 통해서 사용법 및 scale_identity 계열과의 차이점을 살펴보자.

```
> # cyl 변수의 수준
> levels(factor(mtcars$cyl))
```

```
[1] "4" "6" "8"
```

```
> p <- ggplot(data = mtcars, aes(x = mpg, y = wt, colour = factor(cyl)))
> p <- p + geom_point(size = 3)
> p + scale_colour_manual(values = c("red", "blue", "green"))
```

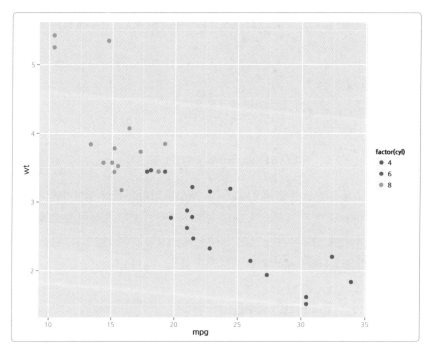

그림 6.64 scale_manual 계열의 함수 적용 예제

여기서는 aes( ) 함수에 의해 colour에 factor(cyl)가 매핑되었으며, cyl 변수의 수준(level)은 "4", "6", "8" 세 개로 이루어졌음을 알 수 있다. 이는 세 개의 색상이 필요하다는 것은 의미한다. 또 색상을 지정하기 위해 scale_colour_manual( ) 함수 내에 values 인수에 색상 세 개를 수동으로 지정한 것을 볼 수 있다. 결과는 그림 6.64와 같은데, 이 경우에 색상은 "4", "6", "8"에 대응하여 "red", "blue", "green"이 적용된다.

각 수준에 대응하는 색상을 명확히 지정하기 위해서는 다음 예제처럼 values 인수 값으로 사용하는 벡터에 수준과 일치하는 이름을 넣어주면 된다. "4", "6",

"8"에 대응하여 "green", "blue", "red"가 적용되었다. 결과는 그림 6.65와 같다. 그리고 그림 6.64와 그림 6.65처럼 범주형 데이터에 색상을 부여하면 색상에 대한 범례가 자동으로 그려진다.

```
> p <- ggplot(data = mtcars, aes(x=mpg, y=wt, colour=factor(cyl)))
> p <- p + geom_point(size=3)
> p + scale_colour_manual(values = c("8"="red", "6"="blue", "4"="green"))
```

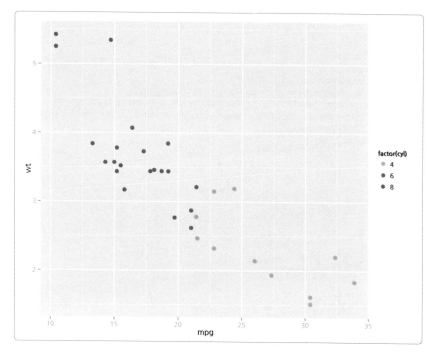

그림 6.65 수준별로 대응하는 색상을 지정한 예제

scale_colour_manual( ) 함수 내의 values 인수에 적용된 벡터에 각 "8", "6", "4"의 이름을 지정해서 앞선 예제와 다르게 색상이 지정된 것을 확인할 수 있다. 벡터에 이름을 지정할 때 수준에 없는 이름을 지정하면 결측치로 적용되므로 주의해야 한다.

　scale_manual 계열은 범주형 변수가 몇 개의 수준을 가지고 있으며, 그 수준은 무엇인지 명확하게 알아야 한다는 문제가 있다. 그러므로 플롯이 완성된 후 적당한 색상을 부여하고 싶은 경우에 사용하며, 데이터의 수준이 가변적인 경우에는 사용하기 매우 불편하다는 것을 명심해야 한다.

6.5.10 scale_linetype*( ) 함수들

scale_linetype 계열의 함수는 선의 종류(line type)를 설정하는 것이다. scale_linetype( )와 scale_linetype_discrete( )는 이름만 다를 뿐 완전히 동일한 함수다. 이 함수들은 이산형 변수에만 적용할 수 있으며 scale_linetype_continuous( ) 함수는 연속형 변수에 적용이 가능하다.

이 함수군 역시 앞서 설명한 함수들과 동일한 맥락으로 동작한다. 다음 예제를 수행한 후 결과를 살펴보자.

```
> library(reshape2)
> library(plyr)
> ecm <- melt(economics, id = "date")
> rescale01 <- function(x) (x - min(x)) / diff(range(x))
> ecm <- ddply(ecm, "variable", transform, value = rescale01(value))
> p <- ggplot(data=ecm, aes(date, value, group=variable, linetype=variable,
                colour=variable))
> p <- p + geom_line( )
> p + scale_linetype_discrete( )
```

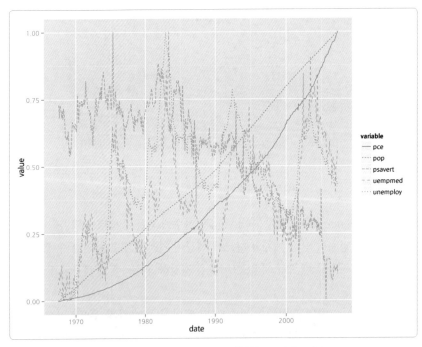

그림 6.66 scale_linetype_discrete( ) 함수로 그린 선 그래프

그림 6.66을 보면 여러 개의 선이 각기 다른 모양으로 적용된 것을 확인할 수 있다. 선 그래프를 그릴 경우 여러 범주의 데이터를 선의 모양과 색상으로 구분하도록 적용하는 데 유용한 함수들이다.

6.5.11 scale_shape*( ) 함수들

도형의 모양을 뜻하는 shape 단어가 포함된 scale_shape 계열 함수들은 aes( ) 함수 등으로 shape에 매핑된 변수가 출력되는 심볼의 모양 등을 지정한다. 이 함수들은 범례 타이틀처럼 범례에 관한 설정도 수행하는데, 순수하게 좌표 위에 표현되는 도형의 모양을 설정하는 solid 인수는 도형의 내부를 채울지 여부를 결정한다. 기본 값은 TRUE로 만약 FALSE라면, 도형의 내부를 채우지 않는다.

scale_shape_discrete( ) 함수로 간단히 예제를 통해서 살펴보자. 결과는 그림 6.67과 같다.

```
> dsmall <- diamonds[sample(nrow(diamonds), 100), ]
> p <- ggplot(data=dsmall, aes(x=carat, y=price, shape=cut))
> p <- p + geom_point(size=3)
> p + scale_shape_discrete(solid=FALSE)
```

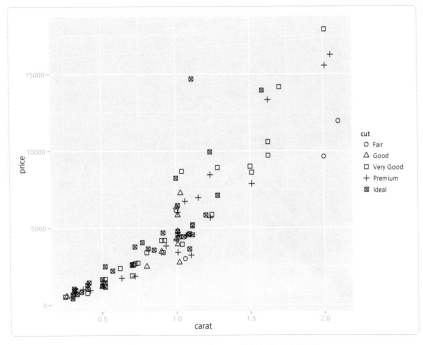

그림 6.67 scale_shape_discrete( ) 함수로 그린 산점도

위의 예제에서 scale_shape_discrete( ) 함수에 전달한 solid 인수 값 FALSE를 TRUE로 바꿔서 수행하면 이 인수의 용도를 쉽게 알 수 있을 것이다.

6.5.12 scale_size*( ) 함수들

여러분은 이쯤이면 이 계열의 함수 이름만으로 용도와 사용법을 쉽게 인식할 수 있을 것이다. 이름에서 알 수 있듯이 scale_size 계열의 함수들은 size에 매핑된

변수 값에 대해서 지오메트릭 크기의 범위를 설정한다. 범위를 지정하기 위해
range 인수를 사용하며 이 인수는 시작과 끝을 나타내는 길이가 2인 수치 벡터
를 인수 값으로 갖는다.

```
> dsmall <- diamonds[sample(nrow(diamonds), 100), ]
> p <- ggplot(data=dsmall, aes(x=carat, y=price, size=cut))
> p <- p + geom_point(alpha=0.3)
> p + scale_size_discrete(range = c(0, 10))
> # 수준의 이름
> levels(dsmall$cut)
```

```
[1] "Fair"      "Good"      "Very Good"   "Premium"   "Ideal"
```

```
> # 예상되는 점의 크기
> seq(0, 10, length=5)
```

```
[1]  0.0  2.5  5.0  7.5 10.0
```

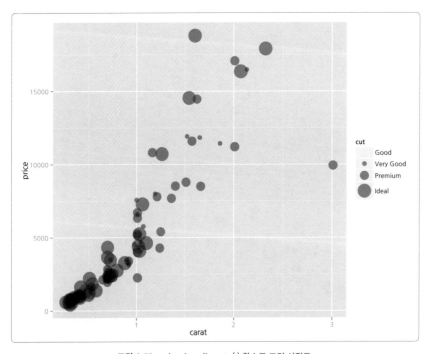

그림 6.68 scale_size_discrete( ) 함수로 그린 산점도

이 예제는 ordered factor[15]인 cut 변수의 수준별 점의 크기를 0부터 10까지의 범
위로 설정하였다. 수준의 개수가 다섯 개이므로 "Fair", "Good", "Very Good",
"Premium", "Ideal"은 각각 그 크기가 0, 2.5, 5, 7.5, 10이 된다. 그래서 그림
6.68처럼 크기가 0인 "Fair"는 산점도에 출력되지 않는다.

————
15 ordered factor는 순서에 의미가 있는 범주형 데이터를 표현하기 위한 R의 데이터 객체다.

6.5.13 scale_*_continuous( ) 함수들

scale_x_continuous( ) 함수와 scale_y_continuous( ) 함수는 각각 x-축과 y-축에 적용된다. 즉, x와 y에 매핑된 데이터가 표현되는 범위를 지정한다. 접미어로 '_continuous'가 붙어 있는 이유는 연속형 값에 대해서만 작동하기 때문이다.

　다음은 x-축과 y-축의 출력 범위를 축소하여 특정 영역을 확대한 산점도를 그리는 예제로, 결과는 그림 6.69와 같다.

```
> p <- ggplot(data=movies, aes(x=rating, y=votes))
> p <- p + geom_point( )
> p <- p + scale_x_continuous(limits=c(2.5, 9))
> p + scale_y_continuous(limits=c(0, 10000))
```

경고메시지:
Removed 3038 rows containing missing values (geom_point).

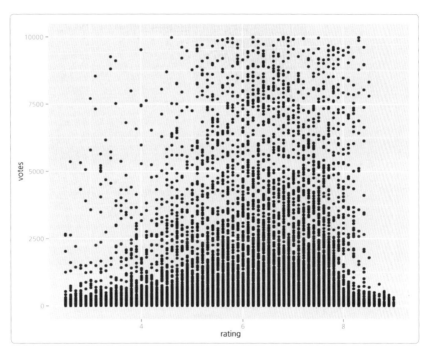

그림 6.69 x-축과 y-축의 출력 범위를 축소한 산점도

예제에서는 scale_x_continuous( ) 함수로 x-축의 범위를 c(2.5, 9)로 한정하였고, scale_y_continuous( ) 함수로 y-축의 범위를 c(0, 10000)로 한정하였다. 범위가 확실히 조절되었는지 확인하기 위해서는 두 함수를 적용하지 않은 플롯과 비교하면 된다. 예제에서 scale_x_continuous( ) 함수와 scale_y_continuous( ) 함수가 적용된 줄을 주석으로 처리하거나 제거하고 수행해서 플롯을 그려보면 그 차이를 명확하게 확인할 수 있을 것이므로 직접 실행해보기 바란다.

6.5.14 scale_*_reverse( ) 함수들

scale_x_reverse( ) 함수와 scale_y_reverse( ) 함수는 좌표계에서 축의 방향을 바꾸는 함수들이다. 보통의 좌표계에서 축은 작은 값부터 큰 값으로 전개해 나가는데, 이 방향을 반대로 적용하고 싶을 때 사용하는 함수이다. 그러므로 x-축은 왼쪽에 큰 값이 오고, y-축은 아래쪽에 큰 값이 오는 좌표계가 된다. 이 함수들은 특별한 목적으로 큰 값부터 출력해야 하는 경우에 유용하다.

다음 예제는 x-축과 y-축 모두 축의 방향을 바꾼 산점도를 출력한다.

```
p <- ggplot(data=movies, aes(x=rating, y=votes))
p <- p + geom_point( )
p <- p + scale_x_reverse( )
p + scale_y_reverse( )
```

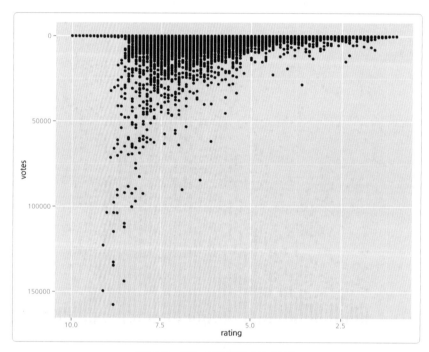

그림 6.70 x-축과 y-축의 방향을 바꾼 산점도

그림 6.70에서는 축의 방향이 모두 바뀌어 있다. 굳이 따로 비교하지 않아도 일반적으로 출력된 플롯과는 다르다는 것을 쉽게 알 수 있을 것이다. 이 예제 역시 scale_x_reverse( ) 함수와 scale_y_reverse( ) 함수가 각각 적용된 줄을 제거해 가면서 그려지는 플롯의 차이점을 비교해보자.

6.5.15 scale_*_log10( ) 함수들

scale_x_log10( ) 함수와 scale_y_log10( ) 함수는 각각 x-축과 y-축의 스케일을 상용로그를 이용해 변환한다. 데이터 값이 지수적 스케일을 가진 경우 선형성을 확인하는 용도로 사용한다.

다음은 movies 데이터로 산점도를 출력할 때 x-축과 y-축에 상용로그를 취한 예제이다. 결과는 그림 6.71과 같다.

```
> p <- ggplot(data=movies, aes(x=rating, y=votes))
> p <- p + geom_point( )
> p <- p + scale_x_log10( )
> p + scale_y_log10( )
```

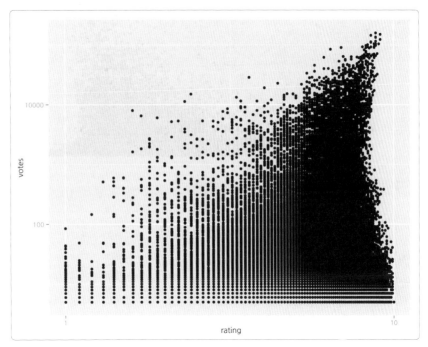

그림 6.71 x-축과 y-축에 상용로그를 취한 산점도

6.5.16 scale_*_sqrt( ) 함수들

scale_x_sqrt( ) 함수와 scale_y_sqrt( ) 함수는 앞서 다룬 '_log10' 접미어를 가진 함수들과 동일하게 축의 스케일을 바꾸는 것으로 sqrt라는 이름에서 유추하듯 제곱근을 취해서 축의 스케일을 조정하는 함수다.

다음은 _log10 계열 함수에서 사용한 예제를 이용해서 각 축에 제곱근을 적용한 예제다.

```
> p <- ggplot(data=movies, aes(x=rating, y=votes))
> p <- p + geom_point( )
> p <- p + scale_x_sqrt( )
> p + scale_y_sqrt( )
```

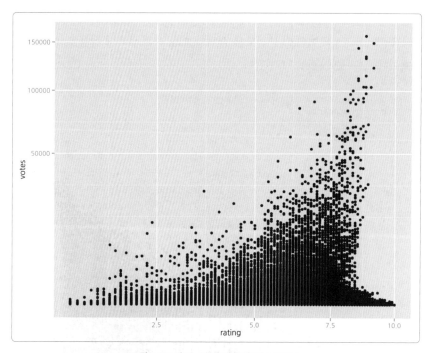

그림 6.72 x-축과 y-축에 제곱근을 취한 산점도

6.5.17 scale_*_discrete( ) 함수들

scale_x_discrete( ) 함수와 scale_y_discrete( ) 함수는 연속형 변수들을 비닝을 통해서 이산화하는 것으로 오해할 수 있는 작명의 함수들이다. 사실 변수의 이산화는 데이터의 전처리를 통해서 수행해야 한다. 이 함수들은 이산화 변수와 매핑된 축의 라벨을 바꾸거나 범위를 조절하기 위해서 사용한다.

다음은 x-축의 라벨을 변경하고 각 틱(ticks, 좌표에서 지시선의 역할을 위해서 나눈 눈금)의 라벨을 변경하는 예제다. 결과는 그림 6.73과 같은데, geom_jitter( ) 함수는 난수 기반으로 작동하는 함수이므로 예제를 수행할 때마다 그 모양이 조금씩 바뀔 것이다.

```
> p <- ggplot(data=subset(diamonds, carat > 1), aes(x=cut, y=clarity,
            colour=carat))
> p <- p + geom_jitter( )
> p + scale_x_discrete("Cutting", labels=paste("Grade", 1:5))
```

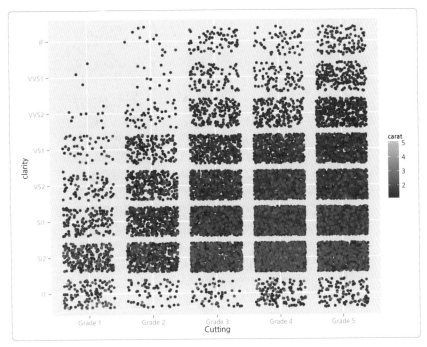

그림 6.73 축의 라벨과 틱의 라벨을 변경한 산점도

scale_x_discrete( ) 함수와 scale_y_discrete( ) 함수는 라벨을 바꾸는 것 외에도 _continuous 계열 함수들과 마찬가지로 범위를 지정할 수 있는데, 범위를 지정할 때는 이산형 데이터에 대한 수준의 이름을 벡터로 넘겨주어야 한다.

연습문제 6.13

그림 6.73의 산점도에서 x-축인 다이아몬드 커팅 등급이 "Fair", "Good", "Very Good"인 것만 출력해보자.

다음은 출력하는 산점도의 범위를 지정하는 예제로, 결과는 그림 6.74와 같다.

```
> p <- ggplot(data=subset(diamonds, carat > 1), aes(x=cut, y=clarity,
colour=carat))
> p <- p + geom_jitter( )
> p + scale_x_discrete("Cutting", labels=paste("Grade", 1:5),
limits=c("Fair", "Good", "Very Good"))
경고 메시지:
Removed 11391 rows containing missing values (geom_point).
```

x-축에 표현될 값들이 "Fair", "Good", "Very Good"으로 줄어든 것을 확인할 수 있다. 덧붙여 설명하면 limits 인수에 지정하는 수준의 이름은 원래 데이터가 가지고 있는 것을 입력해야 하며, labels 인수에 지정한 것을 사용할 수는 없다.

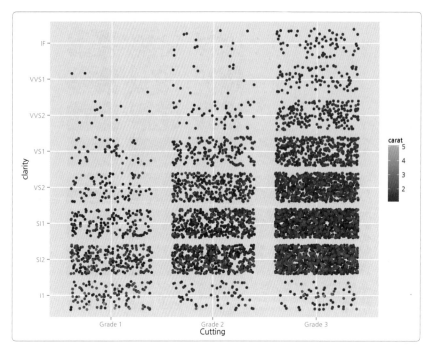

그림 6.74 축의 범위를 변경한 산점도

6.5.18 scale_*_date( ), scale_*_datetime( ) 함수들

scale_x_date( ) 함수, scale_y_date( ) 함수, scale_x_datetime( ) 함수, scale_y_datetime( ) 함수는 시계열 그래프에서 축의 범위를 지정하거나 틱의 개수 및 라벨을 설정하는 함수이다. 시계열 그래프를 그릴 때 출력해야 하는 틱의 개수와 라벨들을 조절해야 하는 경우가 빈번하게 발생하는데, 이때 유용하게 사용할 수 있는 함수다. 여기서 접미어로 '_date'를 가진 함수들은 날짜만 조절이 가능하고 '_datetime' 접미어를 가진 것은 날짜와 시간 모두 조절이 가능하다.

우선 ggplot2 패키지에서 제공하는 economics 데이터 프레임으로 간단한 시계열 그래프를 그려보자. 개인의 가계 저축률인 psavert 변수로 시계열 그래프를 그리는 다음 예제는 그림 6.75와 같은 플롯을 출력한다.

```
> p <- ggplot(data=economics, aes(x=date, y=psavert))
> p + geom_path( )
```

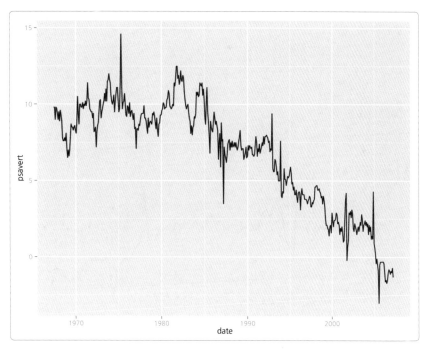

그림 6.75 geom_path( ) 함수로 그린 시계열 그래프

연습문제 6.14

그림 6.75와 같은 시계열 그래프를 scale_x_date( ) 함수를 이용해서 2000년 이후의 데이터만 출력하라. 이때 x-축의 라벨을 "21 century"로 변경하라.

날짜를 나타내는 x-축의 시간 범위를 2000년 이후로만 지정해서 플롯을 그리려면, 다음과 같이 limits 인수로 범위를 지정하면 된다.

```
> p <- ggplot(data=economics, aes(x=date, y=psavert))
> p <- p + geom_path( )
> p + scale_x_date("21 century", limits=c(as.Date("2000-01-01"),
                    max(economics$date)))
```

그림 6.76을 보면 x-축의 범위가 2000년 이후로 변경된 것을 확인할 수 있다. 또한 x-축의 라벨도 "date"에서 "21 century"로 변경되었다. 그 외에 다른 함수의 사용법도 동일하므로 스스로 예제를 활용해서 연습하자.

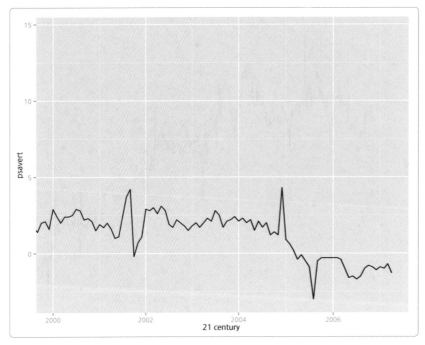

그림 6.76 scale_x_date( ) 함수로 범위를 변경한 시계열 그래프

6.5.19 guides*( ) 함수들

guides 계열의 함수는 범례가 표현될 때 범례의 라벨이나 범례의 표현 방식을 설정한다. 그리고 특별히 범례에 대한 설정을 시도하지 않으면 ggplot2는 암묵적으로 기본 설정을 수행한다. 앞에서 다룬 많은 예제를 눈여겨 보았다면 aes( ) 함수로 데이터를 매핑하는 것만으로도 자동으로 범례가 추가됨을 알아차렸을 것이다. 이는 ggplot2가 범례를 자동으로 생성하기 때문이다. 보통의 플롯에서 범례를 그리는 것은 매우 빈번한 일인데 ggplot2가 편의를 위해서 자동으로 범례를 그렸던 것이다.

자동 설정된 범례를 바꾸기 위해서는 guides( ) 함수를 사용해야 하는데 guides( ) 함수만으로는 부족하다. guides( ) 함수로 전달할 인수에 맞는 객체를 생성하기 위해서는 guide_legend( ) 함수와 guide_colourbar( ) 함수를 사용해야 한다. 그리고 guide_colorbar( ) 함수는 역시 guide_colourbar( ) 함수의 별칭이다.

우선 각 함수의 기능을 살펴보기 위해 간단한 산점도를 그려보자.

```
> dat <- data.frame(x = 1:5, y = 1:5, p = 1:5, q - factor(1:5),
                    r = factor(1:5))
> p <- ggplot(dat, aes(x, y, colour = p, size = q, shape = r))
> p + geom_point( )
```

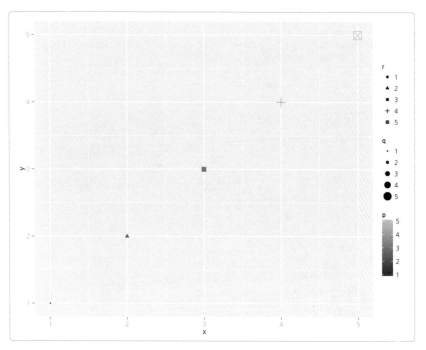

그림 6.77 세 개의 범례를 갖는 산점도

그림 6.77의 산점도 플롯은 세 개의 범례를 가지고 있는데 aes( ) 함수로 매핑된 데이터 중에서 점의 위치를 나타내는 x와 y 외에도 colour, size, shape에 대해서 범례가 자동으로 생성되었다. 이는 guides( ) 함수가 암묵적으로 수행되어 범례가 생성된 것으로 명시적으로 기술하면 다음 예제와 같다. 결과는 그림 6.77과 동일하게 출력된다.

```
> p <- ggplot(dat, aes(x, y, colour = p, size = q, shape = r))
> p <- p + geom_point( )
> p <- p + guides(colour = guide_colorbar( ), size = guide_legend( ),
                   shape = guide_legend( ))
```

위의 예제에서 guides( ) 함수의 인수 값으로 사용된 함수들인 guide_colorbar ( ) 함수와 guide_legend( ) 함수 대신 "colourbar"와 "legend"의 문자열로 인수 값이 대체가 가능하다. 그러나 좀 더 미세한 설정이 필요하다면, 결국 guide_colorbar( ) 함수와 guide_legend( ) 함수를 사용해야 한다. 이때는 이들을 기본 함수로 호출하는 것이 아니라 미세한 설정을 위해서 여러 인수를 사용해야 한다.

그림 6.77의 산점도는 범례가 세 개라서 해석을 하려면 세 가지 모두를 고려해야 한다. 그런데 세 가지 범례를 모두 사용하면 공간을 많이 차지하므로 범례를 하나로 합치는 것이 좋다. 이는 다음과 같이 guides( ) 함수를 사용해서 수행할 수 있다.

```
> p <- ggplot(dat, aes(x, y, colour = p, size = q, shape = r))
> p <- p + geom_point( )
> p + guides(colour = guide_legend("title"), size = guide_legend("title"),
             shape = guide_legend("title"))
```

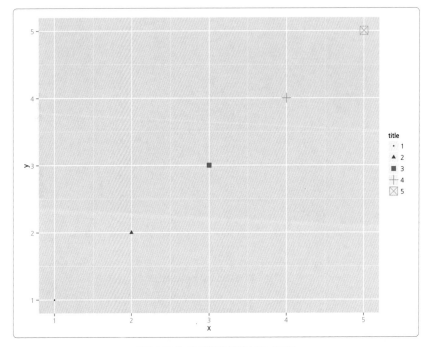

그림 6.78 한 개로 합쳐진 범례를 갖는 산점도

그림 6.78에서는 그림 6.77의 세 가지 범례가 하나로 합쳐져 있다. 이 중에서 "title"이라는 라벨의 범례를 보면, 도형의 크기가 1에서 5로 갈수록 커지고, 그 색상도 짙은 청색에서 옅은 청색으로 변하고 있다. 또한 도형의 모양은 각 수준별로 동일하게 만들어졌다는 것을 알 수 있다. 이는 하나의 범례가 세 개의 범례를 모두 수용하면서 생성된 형태이다.

추가로 guide_colorbar( ) 함수와 guide_legend( ) 함수는 많은 인수들을 가지고 있는데, 각 인수와 기능은 다음과 같다.

· title: 문자열로 범례의 타이틀을 지정
· title.position: 범례 제목의 위치를 지정
· title.theme: 범례 제목의 테마를 지정
· title.hjust: 범례 제목의 가로 정렬 방식을 지정
· title.vjust: 범례 제목의 세로 정렬 방식을 지정
· label: 범례의 라벨을 출력할 것인지의 여부를 지정

- label.position: 범례 라벨의 위치를 지정. "top", "bottom", "left", "right"를 조합해서 지정
- label.theme: 범례 라벨의 테마를 지정
- label.hjust: 범례 라벨의 가로 정렬 방식을 지정
- label.vjust: 범례 라벨의 세로 정렬 방식을 지정
- keywidth: 범례 키의 길이를 지정
- keyheight: 범례 키의 높이를 지정
- direction: 범례의 출력 방향을 지정 "horizontal"와 "vertical" 중 하나를 지정
- default.unit: keywidth 와 keyheight에서 사용할 단위를 지정
- override.aes: aes( ) 함수에서 사용한 인수 중 다시 매핑할 인수들을 지정
- nrow: 범례의 행수를 지정
- ncol: 범례의 열수를 지정
- byrow: 범례의 행렬을 채울 방식이 열 기준인지 행 기준인지를 지정
- reverse: 범례의 출력 순서를 바꿀 것인지를 지정
- order: 여러 범례가 있을 경우 각 범례에 출력 순서를 지정. 0에서 99 사이의 값을 가진 벡터

모든 인수의 설명은 도움말을 참조하자.

6.5.20 expand_limits( ) 함수

expand_limits( )는 축에 표현될 값의 범위를 확장하는 데 사용하는 함수다. 시각적인 표현과는 직접적인 관계가 없지만, 표현될 지오메트릭의 상하좌우 여백이 필요한 경우에 데이터 값의 범위를 확장시켜서 여백을 만드는 용도로 사용된다. 좀 더 구체적인 예로는 x-축의 범위가 3에서 10일 때 x-축이 0부터 시작하도록 하거나 끝이 15까지 표현되도록 할 때 사용하는 함수다. y-축에 대해서도 동일하게 사용하는데, 인수로 x와 y를 입력 받고 인수 값은 길이가 1이거나 2인 수치 벡터가 사용된다.

연습문제 6.15

mtcars 데이터 프레임으로 다음의 기준을 만족하는 산점도를 그려보자.

- x-축은 연비를 나타내는 mpg 변수를 매핑하라.
- y-축은 자동차 중량을 나타내는 wt 변수를 매핑하라.
- x-축 좌표가 0부터 표현되도록 하라.
- y-축 좌표가 -1부터 10까지 표현되도록 하라.
- expand_limits( ) 함수를 사용하라.

mtcars 데이터의 산점도에서 각 축의 범위를 확장한 다음 예제의 결과는 그림 6.79와 같다.

```
> # x-축에 매핑된 데이터의 범위
> range(mtcars$mpg)
```

```
[1] 10.4 33.9
```

```
> # y-축에 매핑된 데이터의 범위
> range(mtcars$wt)
```

```
[1] 1.513 5.424
```

```
> p <- ggplot(data = mtcars, aes(x = mpg, y = wt))
> p <- p + geom_point( )
> p + expand_limits(x=0, y=c(-1, 10))
```

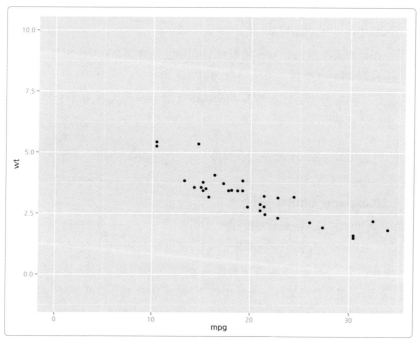

그림 6.79 범위를 확장한 산점도

expand_limits( ) 함수는 범위를 확장할 수는 있지만, 축소할 수는 없다. 축소하기 위해서는 다음에 설명할 xlim( ) 함수와 ylim( ) 함수를 이용해야 한다.

6.5.21 xlim( ), ylim( ) 함수

xlim( )과 ylim( )은 x-축의 범위와 y-축의 범위를 결정하는 함수다. 범위를 좁혀서 특정 구간의 좌표를 잘라 플롯을 확대하거나 데이터의 범위보다 넓은 범위를 지정해서 플롯을 축소하는 용도로 사용할 수 있다. xlim( ) 함수는 x-축에 적용되고, ylim( ) 함수는 y-축에 적용된다.

연습문제 6.16

expand_limits( ) 함수에서 사용한 산점도 플롯에서 다음과 같이 범위를 축소하여 플롯을 확대해 보자.

- x-축 좌표 범위가 15에서 25까지 표현되도록 하라.
- y-축 좌표 범위가 2부터 4.5까지 표현되도록 하라.
- 산점도의 점의 크기를 5로 키워라.

expand_limits( ) 함수에서 사용한 산점도 플롯에서 범위를 축소하여 플롯을 확대하는 예제는 다음과 같다. 그림 6.80과 같은 플롯이 그려지지만, 범위가 축소되면서 범위를 벗어난 11개의 관측치가 산점도에 그려지지 못하고 누락되었다는 경고 메시지가 동반되었다.

```
> p <- ggplot(data = mtcars, aes(x = mpg, y = wt))
> p <- p + geom_point(size=5)
> p <- p + xlim(15, 25)
> p <- p + ylim(2, 4.5)
> p
```

경고 메시지:
Removed 11 rows containing missing values (geom_point).

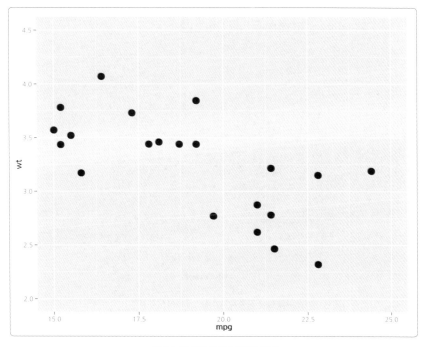

그림 6.80 특정 영역을 확대한 플롯

실제로 사용할 때는 좌표축의 범위를 축소하는 것은 축의 범위를 늘리는 것보다 더 위험한데, 예제처럼 마치 범위 밖에 값이 없는 것으로 오인될 수 있기 때문이다. 이 경우에는 시각화된 플롯을 보고서에 첨부할 때 좌표축의 범위를 축소한 것을 별도로 설명하거나 비교할 수 있는 원본 플롯을 같이 표기해야 한다.

6.5.22 labs( ), ggtitle( ), xlab( ), ylab( ) 함수

labs( ) 함수는 플롯의 타이틀과 축의 라벨을 지정하는 함수다. 사용할 수 있는 인수로는 메인 타이틀을 지정하는 title 인수, x-축 라벨을 지정하는 x 인수, y-축 라벨을 지정하는 y 인수가 있으며 각각 독립된 함수로 ggtitle( ) 함수, xlab( ) 함수, ylab( ) 함수를 별도로 가지고 있다.

다음은 플롯의 타이틀을 비롯해 x-축 라벨, y-축 라벨을 모두 변경한 예제로, 결과는 그림 6.81과 같다.

```
> p <- ggplot(data = mtcars, aes(x = mpg, y = wt))
> p <- p + geom_point( )
> p <- p + labs(title = "New main title")
> p <- p + labs(x = "New x labels")
> p + labs(y = "New y labels")
```

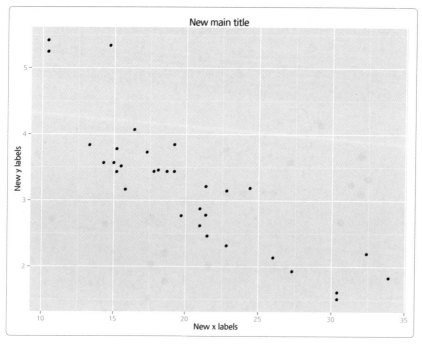

그림 6.81 플롯의 타이틀과 각 축의 라벨 출력

연습문제 6.17

ggtitle( ) 함수, xlab( ) 함수, ylab( ) 함수를 사용하여 그림 6.81과 동일한 산점도를 그려보자.

다음 예제는 ggtitle( ) 함수, xlab( ) 함수, ylab( ) 함수를 사용한 것인데, 그림 6.81과 완전 동일한 산점도가 출력된다.

```
> p <- ggplot(data = mtcars, aes(x = mpg, y = wt))
> p <- p + geom_point( )
> p <- p + ggtitle("New main title")
> p <- p + xlab("New x labels")
> p + ylab("New y labels")
```

함수의 선택은 역시 사용자의 취향이므로 여러분에게 적절한 것을 선택해서 사용하기 바란다.

6.5.23 update_labels( ) 함수

update_labels( ) 함수는 축의 라벨을 변경할 때 사용하는 함수다. labs( ) 함수와 다른 점은 labs( ) 함수는 플롯 객체를 생성할 때 적용할 수 있지만, update_labels( ) 함수는 이미 생성된 플롯 객체의 라벨을 변경하는 데 사용한다. R 스크립트의 자동화에 유용한 함수지만, 인터렉티브한 분석 작업 과정에서는 활용도가 크지 않다.

그럼 간단한 예제를 수행해보자.

```
> p <- qplot(mpg, wt, data = mtcars)
> p <- p + xlab("New x labels")
> update_labels(p, list(x = "Updated x lables"))
```

실행 결과인 그림 6.82를 통해서 x-축의 라벨이 "New x labels"로 설정된 ggplot 객체인 p의 x-축 라벨을 update_labels( ) 함수로 "Updated x lables"로 변경했음을 알 수 있다.

> **팁: Scales 함수군 숙지하기**
>
> 지금까지 Scales 함수군에 대해 모두 살펴보았다. Scales 함수군을 처음 접하면 이해하기 어렵고 혼란스러울 것이다. 함수 이름의 작명 규칙만으로 기능을 유추하기에 모호한 함수들이 많으므로 예제를 통해 어떻게 작동되는지 확실하게 숙지하는 것이 중요하다. 왜냐하면 Scales 함수군은 빈번하게 사용되는 함수들의 집합이기 때문이다.

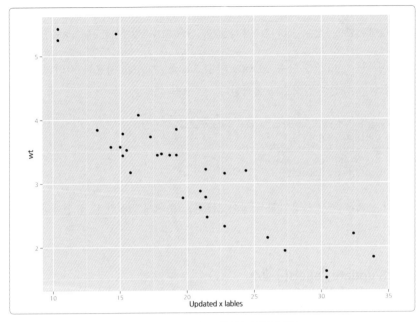

그림 6.82 update_labels( ) 함수가 적용된 플롯

6.6 Coordinate systems 함수군

Cooordinate systems이라는 단어가 말해주는 것처럼 좌표계의 설정과 관련된 함수이다. 함수의 개수는 많지 않지만 제법 빈번하게 쓰이는 함수군이다. 특히 데이터에 따라 플롯을 시계방향으로 회전시키거나 좌우를 뒤집거나 하는 경우에 많이 사용한다.

· coord_cartesian: 카테시안(cartesian)[16] 좌표계를 생성
· coord_fixed(coord_equal): x-축과 y-축의 스케일을 고정한 카테시안 좌표계의 설정
· coord_flip: 좌표계의 방향을 전환. 좌우 또는 상하 기준으로 바꿈
· coord_map: 맵을 투영
· coord_polar: 극좌표계[17]를 설정
· coord_trans: 카테시안 좌표계를 변형

---

16 카테시안 좌표계는 데카르트 좌표계라고도 하며, 흔히 중등 수학 교과서에 나오는 x-축, y-축이 직교로 이루어진 좌표를 말한다.
17 극좌표계(極座標系, polar coordinate system)는 평면 위의 위치를 각도와 거리를 써서 나타내는 2차원 좌표계이다. 극좌표계는 두 점 사이의 관계가 각이나 거리로 쉽게 표현되는 경우에 가장 유용하다. 직교 좌표계에서는 삼각 함수로 복잡하게 나타나는 관계가 극좌표계에서는 간단하게 표현되는 경우가 많다. 2차원 좌표계이기 때문에 극좌표는 반지름 성분과 각 성분의 두 성분으로 결정된다. 주로 r로 나타내는 반지름 성분은 극(데카르트 좌표에서 원점)에서의 거리를 나타낸다. 주로 로 나타내는 각 성분은 0°(직교 좌표계에서 x축의 양의 방향에 해당)에서 반시계 방향으로 잰 각의 크기를 나타낸다. http://ko.wikipedia.org/wiki/극좌표계 참조

6.6.1 coord_cartesian( ) 함수

카테시안 좌표계는 가장 빈번하게 사용되는 것으로 흔히 접하는 친숙한 직교 좌표계다. ggplot2의 기본 좌표계이므로 coord_cartesian( ) 함수를 사용해서 따로 좌표계를 명시하지는 않는다. 하지만 좌표 위에서 일부 영역을 확대하거나 축소하는 등의 조절 작업이 필요한 경우가 있는데, 그때는 좌표계의 범위를 조정하는 용도로 사용되기도 한다.

데이터 시각화에서는 집중해서 관찰할 필요가 없는 영역을 제외할 경우가 있다. 필요 없는 영역을 제외하면서 좌표계의 특정 영역을 확대하는 방법으로는 Scales 함수군을 사용하거나 Coordinate systems 함수군을 사용하는 방법이 있다. Scales 함수군은 데이터를 변형하고, Coordinate systems 함수군은 데이터 변형이 없다. 그러므로 시각적으로만 특정 영역을 확대하고 싶은 경우에만 Coordinate systems 함수군을 사용한다.

coord_cartesian( ) 함수의 사용법을 익히기 전에 먼저 다음과 같은 geom_smooth( ) 함수를 이용하여 국소 다항 회귀(loess, Local Polynomial Regression)의 방법으로 평활(smoothing) 곡선을 그려보자. 결과는 그림 6.83과 같다.

```
> p <- ggplot(data=mtcars, aes(x=disp, y=wt))
> p <- p + geom_smooth( )
> p
```

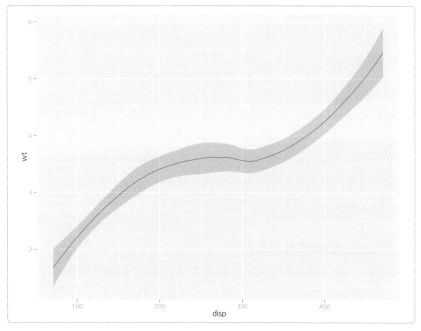

그림 6.83 평활 곡선을 그린 플롯

평활곡선을 그린 ggplot2 객체 p를 출력할 때 특정 영역을 확대하기 위해서 다음과 같이 coord_cartesian( ) 함수를 사용한다. 영역을 확대한다는 것은 좌표계에서의 각 축의 범위를 줄이는 것으로 가능하다. 이 예제에서는 x-축의 범위는 c(325, 500)로 y-축의 범위는 c(3,6)로 축소시켰다.

```
> p + coord_cartesian(xlim=c(325, 500), ylim=c(3,6))
```

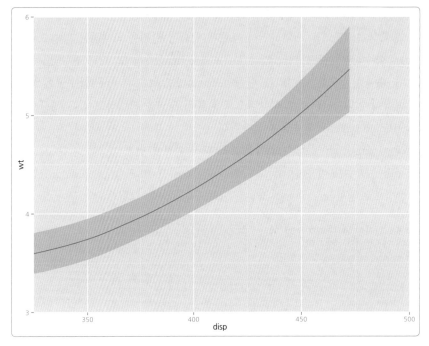

그림 6.84 특정 영역을 확대한 플롯

coord_cartesian( ) 함수를 사용하지 않은 상태로 평활곡선을 플로팅한 그림 6.83과 coord_cartesian( ) 함수를 사용하여 범위를 축소시킨 그림 6.84를 비교하면 범위가 축소되면서 영역이 확대되는 것을 쉽게 파악할 수 있다. coord_cartesian( ) 함수는 다른 유형의 플롯에서도 사용할 수 있으며 플롯에서 이상치 등을 감추는 용도로도 활용되기도 한다.

6.6.2 coord_fixed( ) 함수

coord_fixed( )는 x-좌표와 y-좌표의 비율을 조절하는 함수다. 즉, 좌표계의 종횡비를 지정하는 함수다. ggplot2의 기본 좌표 출력 방식은 데이터에 기반해 크기를 자동으로 적절하게 맞춰준다. 이는 경우에 따라 비율을 강제로 조절하거나 절대 기준으로 x-축과 y-축의 범위를 지정하여 데이터를 시각적으로 살펴봐야 할 경우가 있는데 이런 경우에 사용하는 함수다.

이 함수는 ratio 인수를 사용하는데, 바로 'y-축의 스케일/x-축의 스케일' 값인 종횡비를 의미한다. x-축과 y-축의 데이터 스케일이 비슷하면 효용성이 떨어지지만, 두 축의 데이터 스케일이 다를 경우에는 유용하게 사용된다. 예를 들어 x-축이 월 수입액이고, y-축이 월 저축액이라 할때 산점도를 보면, 수입액과 저축액의 상관관계를 충분하게 파악할 수 있을 것이다. 왜냐하면 ggplot2가 두 데이터의 스케일을 감안하여 적절한 종횡비를 만들어주기 때문이다. 그러나 산점도에서 상관관계뿐 아니라 수입대비 저축의 비율도 살펴보려 한다면, 자동으로 만들어진 종횡비가 수입대비 저축의 비율에 왜곡을 주어 수입대비 저축 비율에 대한 해석이 불가능하다.

그럼 다음과 같이 가상의 데이터로 수입대비 저축에 대한 산점도를 그려보자. 그림 6.85를 보면 저축은 수입에 비례한다는 것을 알 수 있다. 즉, 수입 금액과 저축 금액은 양의 상관관계가 있음을 알 수 있다. 그러나 수입 금액 대비 저축 금액의 비율을 알 수는 없다. 왜냐하면 스케일이 다른 두 축이 엇비슷하게 표현되었기 때문이다.

```
> # 가상의 데이터 생성 (단위: 만원)
> incomes <- c(500, 350, 700, 600, 400, 350, 500, 900, 700, 600)
> savings <- c(10, 20, 30, 30, 20, 0, 30, 100, 50, 50)
> df <- data.frame(incomes, savings)
> # 수입대비 저축에 대한 산점도 그리기
> p <- ggplot(data=df, aes(x=incomes, y=savings))
> p <- p + geom_point(size=5)
> p
```

엄밀하게 말하면 종횡비는 화면의 종횡비라기 보다는 데이터 단위의 종횡비라고 할 수 있다. x-축에 매핑된 수입 금액 데이터와 y-축에 매핑된 저축 금액 데이터의 단위는 공통적으로 만원이다. 그러므로 종횡비를 1로 지정해야 수입 금액 대비 저축 금액의 비율을 어느 정도 파악할 수 있다.

다음은 종횡비를 1로 지정해서 산점도를 그리는 예제로, 결과는 그림 6.86과 같다. 산점도가 가로로 길쭉하게 표현되었는데, 이는 수입 금액에 비해서 저축 금액이 납작한 만큼 적다는 것을 의미한다. 정확한 비율은 알 수 없어도 대략적인 관계는 파악할 수 있다.

```
> p + coord_fixed(ratio = 1)
```

만약 두 축에 매핑된 데이터의 단위가 동일하고 데이터의 스케일도 비슷할 경우, 예를 들면 전월의 수입 금액과 당월의 수입 금액과 같은 사례에서는 ratio 인수 값이 1보다 크면 세로로 좌표계가 길쭉하게 표현될 것이고, 1보다 작으면 가로로 길쭉하게 표현될 것이다. 이 원리만 숙지한다면 coord_fixed( ) 함수를 유용하게 응용할 수 있을 것이다. 그리고 별도로 제공되는 coord_equal( ) 함수는 coord_fixed( ) 함수의 ratio 인수 값이 1로 고정된 것과 동일한 역할을 한다.

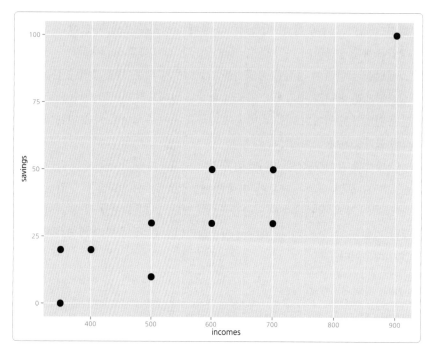

그림 6.85 수입대비 저축에 대한 산점도

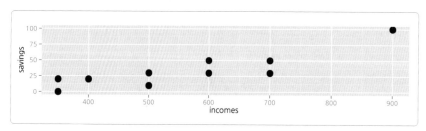

그림 6.86 데이터 단위의 종횡비가 1인 수입대비 저축에 대한 산점도

6.6.3 coord_flip( ) 함수

coord_flip( ) 함수는 직교 좌표계에서 수평 축과 수직 축을 바꿔서 플롯에 90°회 전 효과를 준다. 마치 전치행렬을 만드는 듯한 기능을 한다고 생각하면 쉽게 이 해가 될 것이다. 플롯을 회전해도 출력되는 라벨이나 다른 요소들은 적절하게 맞춰서 표현한다.

다음은 박스 플롯을 그리면서 플롯의 축을 서로 바꿔 회전시키는 예제다. 이 예제는 박스 플롯을 그리는 시각화 함수인 boxplot( )의 horizontal 인수 값을 TRUE로 지정한 것과 동일한 작용을 한다. 결과인 그림 6.87을 보면 박스 플롯들이 횡으로 누운 상태로 표현되었다.

```
> p <- ggplot(data=diamonds, aes(x=cut, y=price))
> p <- p + geom_boxplot( )
> p + coord_flip( )
```

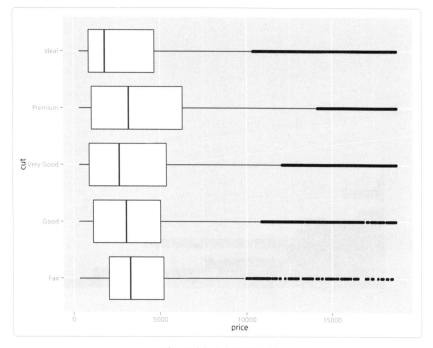

그림 6.87 축을 바꿔 그린 박스 플롯

위의 예제 코드를 일부 수정하여 coord_flip( ) 함수를 제거하여 회전시킨 것과 회전시키지 않은 것을 비교하는 것이 좋다. 이 함수는 x-축에 표현할 수준의 개수가 너무 많아서 틱 라벨이 겹쳐질 경우에 유용하게 사용된다. 좌표축을 회전시키면 회전된 플롯의 틱 라벨은 y-축에 수평으로 그려져서 틱 라벨이 겹쳐지지 않게 표현되기 때문이다.

위 예제처럼 좌표를 회전시키면 y-축으로 이동한 x-축의 데이터들이 원점을 기준으로 밑에서부터 위로 그려진다. 이는 y-축에 데이터가 표현될 때 원점을 시작점으로 두기 때문이다. 그런데 경우에 따라 좌표축을 회전시키면서 y-축의 위치로 이동한 x-축의 데이터를 원점에서 먼 순서부터 표현하고 싶은 경우가 있다. 이 문제는 scale_x_reverse( ) 함수를 추가로 결합해서 사용하면 해결이 가능하다.

그럼 먼저 다음과 같은 예제로 축을 바꿔서 회전된 히스토그램을 그려보자. 결과는 그림 6.88과 같이 히스토그램이 회전된 모양이다.

```
> p <- ggplot(data=diamonds, aes(x=carat))
> p <- p + geom_histogram(binwidth=0.2)
> p + coord_flip( )
```

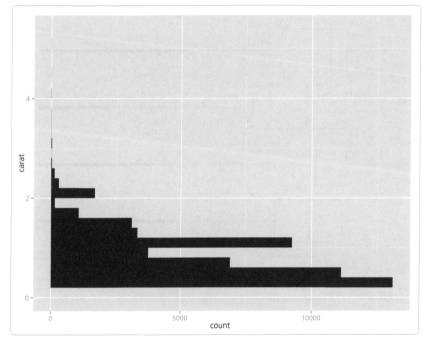

그림 6.88 축을 바꿔 그린 히스토그램

이번에는 좌표축의 회전 및 데이터 표현을 역순으로 배치한 히스토그램을 그려 보자. 결과는 그림 6.89와 같이 히스토그램이 회전되어 그려지는데, 히스토그램 의 막대들도 위쪽부터 표현되었다. 그런데 예제에서 보인 좌표축을 서로 바꾸거 나 좌표축에서 표현되는 순서를 바꾸는 것은 이 함수의 기능을 보는 데 의미가 있는 것으로 시각화에 꼭 필요한 변형은 아니다.

```
> p <- ggplot(data=diamonds, aes(x=carat))
> p <- p + geom_histogram(binwidth=0.2)
> p + coord_flip( ) + scale_x_reverse( )
```

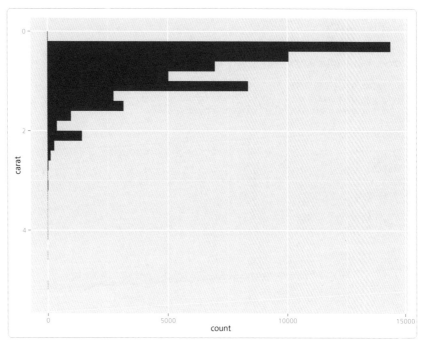

그림 6.89 축을 바꾸고 표현 순서도 바꾼 히스토그램

6.6.4 coord_map( ) 함수

coord_map( ) 함수는 지리공간분석(geo-spatial analysis)[18]과 관련된 함수로 좌표계에 mapproj 패키지에서 제공하는 투영법(projection)[19]을 적용한다. coord_map( ) 함수는 많은 인수를 가지고 있고 활용법도 다양하나 지리공간분석 및 GIS와 지도 관련 선행 지식이 필요하다. 모두 설명하는 것은 이 책이 다루는 범위에서 벗어나므로 coord_map( ) 함수의 간단한 사용법만 소개하겠다.

먼저 map 패키지에 포함되어 있는 한국 맵 데이터를 ggplot2 패키지로 출력하자. 다음과 같이 geom_polygon( ) 함수로 맵 데이터의 시각화가 가능하다. 그런데 결과인 그림 6.90을 보면 지도의 윤곽은 우리 나라 지도로 보이는데, 실측된 지도라기보다는 비만형에 가까운 비현실적인 지도이다. 표현된 지도가 다소 어색해 보이는 것은 지도가 표현된 좌표계에 투영법(projection)이 적용되지 않았기 때문이다.

---

18 지도와 공간 정보를 활용해서 분석하는 분석의 한 분야
19 지도 투영법(投影法, projection)은 위선과 경선으로 이루어진 지구상의 가상적 좌표를 평면에 옮기는 방법을 가리킨다. 지구는 구체이기 때문에, 아무리 작은 공간의 지도를 작성한다 할지라도 그 왜곡을 피할 수 없다. 따라서 투영법은 이 왜곡을 처리하는 방법이라고 정의할 수 있다. http://ko.wikipedia.org/wiki/지도_투영법 참조

```
> # 수치지도를 가져오기 위해서 map 패키지를 사용함
> require("maps")
> world <- map_data("world")
> # 세계지도에서 대한민국 지도가 발췌해 옴
> korea <- world[grep("Korea$", world$region),]

> # ggplot2에서 지도를 표현함
> p <- ggplot(korea, aes(x=long, y=lat, group=group))
> p <- p + geom_polygon(fill="white", colour="black")
> p
> p$coordinates
```

```
$limits
$limits$x
NULL
$limits$y
NULL
attr(,"class")
[1] "cartesian" "coord"
```

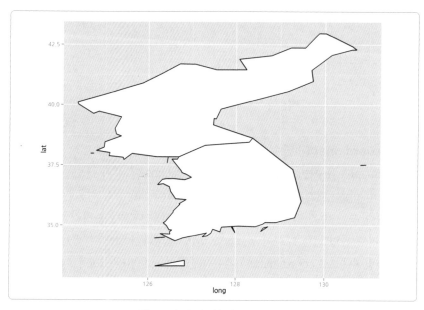

그림 6.90 지도를 단순히 도형으로 그린 플롯

예제의 마지막 줄에서 p$coordinates로 ggplot 객체인 p의 좌표계의 정보를 조회하였다. 그리고 결과인 "cartesian"를 통해서 우리는 직교 좌표계인 카테시안 좌표계가 적용된 것을 볼 수 있다. 그럼 왜 출력된 지도가 뚱뚱한지 알 수 있어야 한다. coord_fixed( ) 함수에서 다룬 내용이지만, x-축에 매핑된 경도 데이터와 y-축에 매핑된 위도 데이터는 데이터 단위가 도(°)로 동일하지만 데이터의 스케일은 경도기 위도보다 크다. 예를 들면 독도의 국토해양부 홈페이지에 독도의 좌표가 경도 131도 52분 10.4초, 위도가 37도 14분 26.8초로 기술되어 있다. 대략 우리나라는 지리적 위치상 경도가 위도보다 대략 3.5배 큰 수치의 좌표에 위

치한다. 그리고 ggplot2의 기본 좌표 출력 방식은 데이터에 기반해 종횡비 크기를 자동으로 적절하게 맞춰준다는 것을 앞서 다루었다. 이 매커니즘 때문에 우리나라 맵 데이터를 카테시안 좌표계에 표현한다면 위도보다 약 3.5배 큰 경도가 매핑된 x-축이 넓게 표현되는 것이다.

연습문제 6.18

위도와 경도의 데이터 단위는 도 단위로 동일하므로 경도/위도의 종횡비를 1로 지정하여 ggplot2가 종횡비를 자동으로 설정하는 것을 차단할 수 있다. 이번에는 카테시안 좌표계에 표현한 우리나라 지도의 경도/위도의 종횡비를 1로 조정하여 그림 6.90과 비교하자.

다음처럼 coord_fixed( ) 함수로 종횡비를 조정한 플롯은 그림 6.91과 같은 지도를 그린다. 위도와 경도의 비율이 맞아서 뚱뚱했던 지도가 다이어트되어 실측된 지도와 유사하게 표현되었음을 알 수 있다.

```
> # 종횡비를 1로 변경함
> p + coord_fixed(ratio = 1)
```

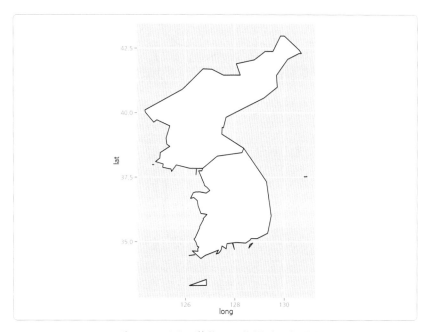

그림 6.91 coord_fixed( ) 함수로 종횡비를 바꾼 지도 플롯

이번에는 coord_map( ) 함수로 기본 투영법인 메르카토르(mercator) 투영법[20]

---

20 메르카토르도법(Mercator projection)은 1569년 네덜란드의 게르하르두스 메르카토르(Gerardus Mercator)가 발표한 지도 투영법으로서 벽지도에 많이 사용되는 대표적 도법이다. 이 도법은 방위를 바르게 표시하고, 항해에 편리하여 항해 도법으로 불린다. http://ko.wikipedia.org/wiki/메르카토르_도법 참조

을 적용해보자. 결과인 그림 6.92를 보면 현실적인 모양의 지도가 표현된 것을 알 수 있다. 이 지도가 그림 6.91보다 좀 더 정확한 지도다.

```
> p <- ggplot(korea, aes(x=long, y=lat, group=group))
> p <- p + geom_polygon(fill="white", colour="black")
> p <- p + coord_map( )
> p
> p$coordinates
```

```
$projection
[1] "mercator"
$orientation
NULL
$limits
$limits$x
NULL
$limits$y
NULL
$params
list( )
attr(,"class")
[1] "map"    "coord"
```

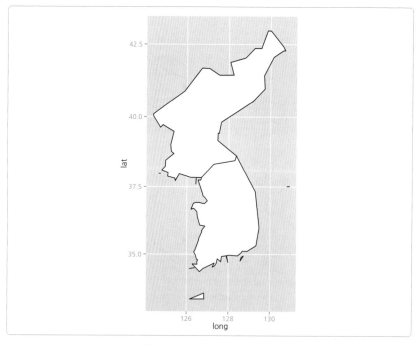

그림 6.92 지도를 투영법으로 그린 플롯

예제의 마지막 줄에서 좌표계 시스템의 정보를 조회하였더니 투영법인 projection 성분이 "mercator"로 조회되고, 좌표계의 클래스는 "map"으로 조회되었다. 지구가 타원체여서 평면에 표현하려면 반드시 투영법이 필요하다. 메르카토르 투영법이 일반적인 지도를 표현하는 투영법이므로 맵 데이터를 ggplot2에서 표현하려면, 반드시 coord_map( ) 함수로 좌표계를 맵 좌표계로 변경해야 한다. 그런데 그림 6.92를 보면 제주도를 비롯한 도서 지역이 간략화되어 표현되었는데, 이는 간략하게 표현된 세계지도 맵에서 한국 영역만 따로 추출하여 확대하였기 때문이다. 이 결과는 사용하고 있는 맵 데이터의 한계에 기인한다.

7장에서 다룰 mapdata 패키지에는 좀 더 미려한 세계 지도 데이터를 제공하는데, 이 데이터로 우리 나라 지도를 그려보자. 그림 6.93을 보면 그림 6.92의 지도보다 미려하게 그려졌다는 것을 알 수 있다.

```
> require("mapdata")
> world <- map_data("worldHires")
> # mapdata 패키지의 세계지도에서 대한민국 지도가 발췌해 옴
> korea <- world[grep("Korea$", world$region),]
> # ggplot2에서 지도를 표현함
> p <- ggplot(korea, aes(x=long, y=lat, group=group))
> p <- p + geom_polygon(fill="white", colour="black")
> p + coord_map( )
```

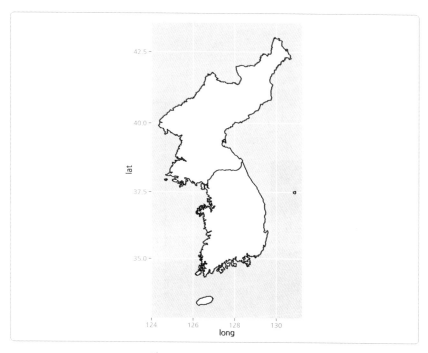

그림 6.93 worldHires 맵을 사용한 플롯

ggplot2 외에도 지도를 그릴 수 있는 다양한 패키지가 있다. 그리고 지리공간분석은 여러 패키지를 적절하게 혼합해서 사용하는 경우가 많으므로 지리공간분석에 관심이 있다면 관련된 패키지를 학습하기를 권한다. 그리고 앞으로 다룰 7장에서도 몇 가지의 지리공간분석 패키지를 다루므로 미리 참고해도 무방하다.

6.6.5 coord_polar( ) 함수

coord_polar( ) 함수는 좌표계를 각도와 길이로 표현하는 극좌표계로 설정하는 함수다. 극좌표계에 시각화하는 사례로는 파이 차트를 비롯해 레이더 플롯(RADAR plots), 세그먼트 다이어그램(segment diagram)[21] 등이 있다.

앞서 coord_map( ) 함수에서 카테시안 좌표계가 맵 좌표계로 바뀌면서 시각화되는 플롯의 모양이 변하는 것을 경험하였다. 그런데 카테시안 좌표계가 극좌표계로 변경되면, 이후 변하는 모양이 상상 이상이다.

먼저 다음과 같이 카테시안 좌표계에 막대 그래프를 그려보자. 결과는 그림 6.94처럼 히스토그램을 닮은 막대 그래프가 생성된다.

```
> p <- ggplot(mtcars, aes(x = factor(cyl)))
> p <- p + geom_bar(width = 1, colour = "black", aes(fill=cyl))
> p
> p$coordinates
```

```
$limits
$limits$x
NULL
$limits$y
NULL
attr(,"class")
[1] "cartesian" "coord"
```

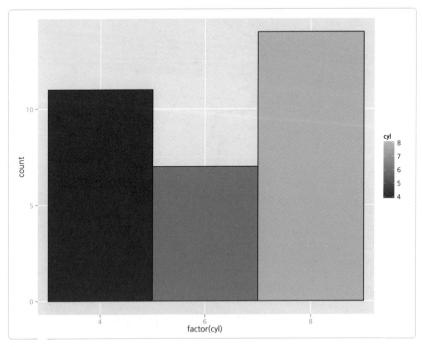

그림 6.94 카테시안 좌표계의 막대 그래프

---

21 나이팅게일 차트(Nightingale's Coxcombs)라고 부르기도 한다.

연습문제 6.19

카테시안 좌표계에 그린 막대그래프인 그림 6.94를 극좌표계로 변경하라. 변경된 플롯은 무엇인가?

예제에서는 다음처럼 막대 그래프를 생성했던 ggplot 객체 p를 coord_polar( ) 함수로 간단하게 극좌표계 시스템으로 변경했다. 결과인 그림 6.95를 보면 막대 그래프가 아닌 세그먼트 다이어그램이 그려졌음을 알 수 있다.

```
> p <- ggplot(mtcars, aes(x = factor(cyl)))
> p <- p + geom_bar(width = 1, colour = "black", aes(fill=cyl))
> p <- p + coord_polar( )
> p
> p$coordinates
```

```
$theta
[1] "x"
$r
[1] "y"
$start
[1] 0
$direction
[1] 1
attr(,"class")
[1] "polar" "coord"
```

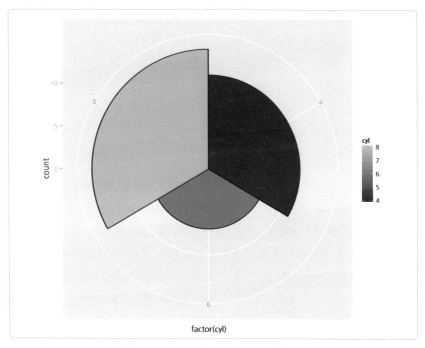

그림 6.95 극좌표계로 변경된 세그먼트 다이어그램

예제의 마지막 줄에서 좌표계 시스템의 정보를 조회하였더니 좌표계의 클래스는 "polar"으로 조회되었다. 그리고 극좌표계의 각도를 의미하는 theta에 "x", 즉 카테시안 좌표계에서의 x-축인 factor(cyl)가 매핑되어 있다. 이는 cyl의 수준 개수인 3으로 360°를 나누어 각 수준들을 120°의 각도로 만드는 것이다. 모든 수준에서 동일한 각도를 갖는 것이다. 또한 반지름을 의미하는 r에 "y", 즉 카테시안 좌표계에서의 y-축인 cyl별 도수인 ..count..가 매핑된다. 그래서 각 수준별 도수를 반지름에 적용한 세그먼트 다이어그램이 그려진다.

연습문제 6.20

카테시안 좌표계에 그린 막대그래프인 그림 6.94를 극좌표계로 변경해서 파이 차트를 만들어라.

예제에서 출력된 세그먼트 다이어그램 플롯이 익숙하지 않은 여러분도 있을 것이다. 막대 그래프를 익숙한 파이 차트로 그리려면, 다음과 같이 좌표계를 변형하여 표현할 수 있다. 그림 6.96을 보면 파이 차트가 만들어졌음을 알 수 있다.

```
> p <- ggplot(mtcars, aes(x = factor(1), fill = factor(cyl)))
> p <- p + geom_bar(width = 1, colour = "black")
> p <- p + coord_polar(theta = "y")
> p
> p$coordinates
```

```
$theta
[1] "y"
$r
[1] "x"
$start
[1] 0
$direction
[1] 1
attr(,"class")
[1] "polar" "coord"
```

예제의 마지막 줄에서 좌표계 시스템의 정보를 조회하였더니 좌표계의 클래스는 "polar"로 조회되었다. 그리고 극좌표계의 각도를 의미하는 theta에 "y", 즉 카테시안 좌표계에서의 y-축인 cyl별 도수인 ..count..가 매핑된 것이다. 그러므로 360°가 세 개 수준의 도수에 비례해서 분할된다. 또한 반지름을 의미하는 r에 "x", 즉 카테시안 좌표계에서의 x-축인 factor(1)이 매핑된다. 그러므로 모든 수준은 동일한 길이의 반지름을 갖는다. 파이 차트와 세그먼트 다이어그램은 서로 역의 관계를 가지고 있다. 세그먼트 다이어그램은 모든 수준에서 각도는 동일하고 도수에 비례하여 반지름을 표현하는 것이고, 파이 차트는 모든 수준에서 반지름은 동일하지만 도수에 비례하여 각도를 표현하기 때문이다. 그러므로 예제에서는 반지름을 동일하게 묶어 놓고 도수에 비례하여 각도를 부여하여 파이 차트를 만들기 위해서 coord_polar( ) 함수의 theta 인수에 "y"를 대입한 것이다.

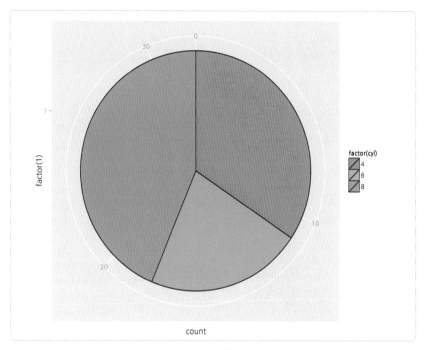

그림 6.96 극좌표계로 변경된 파이 차트

극좌표계 시스템은 원형의 그래프를 그리는 데 유용하게 사용된다. 원띠를 시각화는 등 매우 다양하게 변형이 가능하지만 직관성이 높지 않아 익숙하지 않으면 실제 적용하는 데 어려움이 많을 것이다. 극좌표계를 활용한 플롯을 빈번하게 사용한다면 ggplot2에서 제공하는 추가 예제를 실행해볼 것을 권한다.

6.6.6 coord_trans( ) 함수

coord_trans( ) 함수는 카테시안 좌표계를 변형(trasformation)한다. 주로 축의 스케일을 로그(logarithms)나 지수(exponetials) 스케일 등으로 변형할 때 사용한다.

ggplot2에서 데이터의 스케일을 바꾸는 Scales 함수군을 사용하면 데이터의 스케일 변형을 통해서 좌표계가 변형되는 듯한 효과를 줄 수 있다. 먼저 다음 예제를 실행해보자.

```
> p <- ggplot(data=diamonds, aes(x=carat, y=price, colour=factor(cut)))
> p <- p + geom_point( )
> p <- p + scale_x_log10( ) + scale_y_log10( )
> p
> p$coordinates

$limits
$limits$x
NULL
```

```
$limits$y
NULL
attr(,"class")
[1] "cartesian" "coord"
```

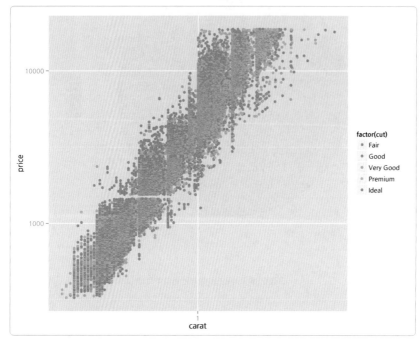

그림 6.97 좌표축에 로그를 취한 산점도

이 예제는 scale_x_log10( ) 함수와 scale_y_log10( ) 함수가 x-축과 y-축에 매핑된 변수 carat과 price의 스케일을 상용로그(log₁₀)로 변형시킨다. 결과는 그림 6.97과 같다.

다음처럼 coord_trans( ) 함수를 이용하면 동일한 효과를 주지만 개념은 다르다. 앞의 예제는 매핑된 데이터의 스케일을 변경한 경우이고, coord_trans( ) 함수는 카테시안 좌표계를 상용로그 좌표계로 변형한 것이다. 다음 예제 수행 결과인 그림 6.98의 산점도에서 점의 분포 모양은 그림 6.97과 동일하지만 좌표축에서 틱의 모양은 조금 다르다는 것을 알 수 있다.

```
> p <- ggplot(data=diamonds, aes(x=carat, y=price, colour=factor(cut)))
> p <- p + geom_point( )
> p <- p + coord_trans(x = "log10", y = "log10")
> p
> p$coordinates

Transformer:
```

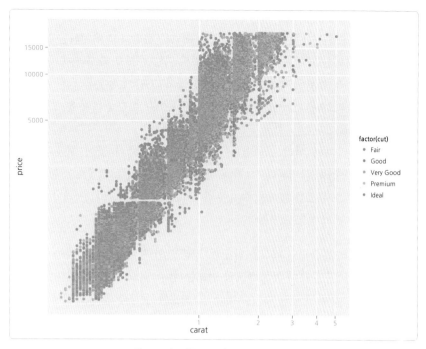

그림 6.98 좌표계를 로그 좌표계로 변형한 산점도

예제의 마지막 줄에서 좌표계 시스템의 정보를 조회하면, Transformer를 출력하여 좌표계의 변형이 발생되었음을 알려준다.

　플롯에서 좌표계의 변환은 데이터가 변형을 통해 선형성을 가지는지 확인하거나 모델에 적합한 데이터로 변형하기 위해 빈번하게 사용되므로 이 기회에 사용법을 익혀 두면, 시각화 기반의 데이터 분석을 할 경우 도움이 될 것이다.

6.7 Faceting 함수군

facets라는 영어 단어의 사전적인 뜻을 찾아보면 "(보석 따위의 깎인) 면(面)" 혹은 패싯이라는 음독으로 해석하고 있다. 그리고 ggplot2에서 그 의미는 트렐리스(Trellis) 디스플레이와 래티스(Lattice) 그래픽에서의 패널(panels)들로 구성된 플롯의 하위 플롯(sub-plots) 구조와 동일하다. 사실 ggplot2의 플롯 구조가 트렐리스 디스플레이와 래티스 그래픽의 플롯 모양과 다를 바 없다. 래티스 그래픽을 구현한 lattice 패키지가 grid 패키지를 기초로 개발한 것처럼 ggplot2 패키지 역시 grid 패키지를 기초로 개발되었다.

Faceting 함수군은 플롯을 여러 개의 패싯(facets)으로 나누어 표현하는 함수군으로 lattice 패키지에서 포뮬러 공식으로 패널을 분할하고 배치하는 것과 유사한 기능을 지원한다. 범주형 변수는 수준별로 단일 플롯을 작성하여 비교하는 것 보다는 하나의 플롯에 수준별로 패싯을 만들어 그 안에 플롯을 그린 후에 비교하는 것이 유리하다. Faceting 함수군은 이런 목적으로 다중 플롯을 그리는 데 사용하는 함수들이다.

ggplot2 패키지의 여러 도움말을 보면 명확한 기준이 없이 패싯과 패널(panels)을 혼용하여 설명한다. 그러나 이 책에서는 용어를 패싯으로 통일하여 설명하겠다. 다소 생소한 용어일 수 있으나 lattice에 익숙한 독자는 패널의 개념으로 이해하면 무리가 없을 것이다.

- facet_grid: 하위 플롯인 패싯을 만든 후 그리드 안에 패싯을 배치하는 함수
- facet_null: 하위 플롯이 없는 플롯을 만드는 함수
- facet_wrap: 하위 플롯인 패싯을 만든 후 지정한 수만큼 행이나 열에 패싯을 배치하는 함수
- label_both: 패싯의 라벨에 값과 함께 변수의 이름으로 출력하는 함수
- label_bquote: bquote( ) 함수를 이용해 패싯의 라벨에 출력될 수식을 값에 따라 바꿔 출력하는 함수
- label_parsed: 패싯의 라벨에 plotmath 형식의 수식을 출력하는 함수
- label_value: 패싯의 라벨에 값을 출력하는 함수

6.7.1 facet_grid( ) 함수
앞서 다뤄본 적이 있는 facet_grid( )는 다중 플롯을 그리는 데 가장 기본이 되는 함수로 인수인데, 포뮬러(formula)를 입력 받는다.

다음 예제로 연비와 차량의 중량에 대한 산점도를 그리되 실린더별로 하위 플롯으로 나눠보자. 결과는 그림 6.99와 같이 세 개의 패싯을 갖는 플롯이 그려진다.

```
> p <- ggplot(mtcars, aes(mpg, wt))
> p <- p + geom_point( )
> p + facet_grid(. ~ cyl)
```

facet_grid( ) 함수의 인수 값인 . ~ cyl는 실린더별로 구분하여 플롯을 나누어 그리라는 의미다. 그러므로 구분하기 위해 사용하는 변수의 데이터는 범주형이거나 이산형(discrete)이어야 한다.

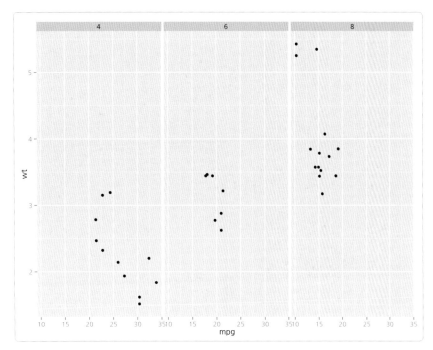

그림 6.99 실린더별 다중 산점도 플롯

앞의 예제에서 인수 값인 . ~ cyl를 살펴보면 ~를 기준으로 우항에 변수의 이름이 위치한다. 이는 x-축 기준으로 화면을 분할하여 패싯을 배치하라는 의미라서, 세로로 화면을 분할한다. 만약 가로로 화면을 분할하여 패싯을 배치하려면, 변수의 이름을 좌항에 위치시키면 된다. 즉, cyl ~ .으로 바꾸면 된다.

하위 플롯인 패싯의 배치 순서는 x-축 기준의 화면 분할은 왼쪽에서 오른쪽의 순서로 채워 나가고, y-축 기준의 화면 분할은 위쪽에서 아래쪽의 순서로 채워 나간다. 그리고 facet_grid( ) 함수로 패싯을 채워 나가면, 빈 패싯 없이 격자 모양으로 만들어지기 때문에 함수 이름의 접미어에 grid가 들어간 것이다.

다음 예제를 통해 화면을 분할하여 패싯을 배치하는 차이점을 확인하자. 결과는 그림 6.100과 같다. 여기서 단위 패싯은 화면의 가로 방향으로 분할되어 배치되었다.

```
> p <- ggplot(mtcars, aes(mpg, wt))
> p <- p + geom_point( )
> p + facet_grid(cyl ~ .)
```

위의 방식을 이용하여 포뮬러의 좌항과 우항에 변수를 모두 입력하면 x-축 기준과 y-축 기준으로 화면을 분할하여 패싯을 배치할 수 있다.

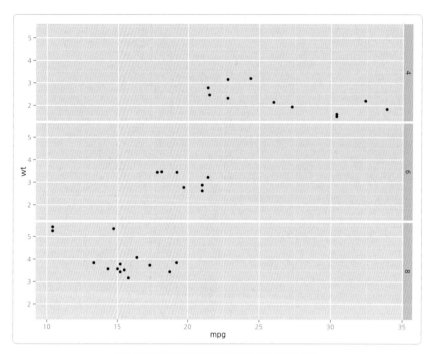

그림 6.100 가로 방향으로 분할 배치된 다중 산점도 플롯

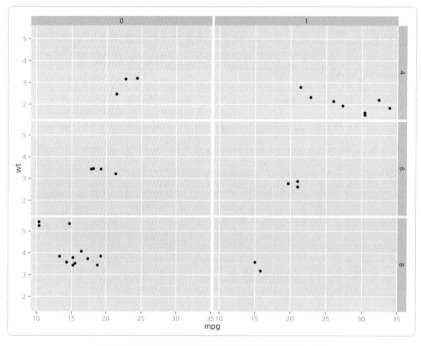

그림 6.101 가로와 세로 방향으로 분할 배치된 다중 산섬노 플롯

```
> p <- ggplot(mtcars, aes(mpg, wt))
> p <- p + geom_point( )
> p + facet_grid(cyl ~ am)
```

결과인 그림 6.101을 보면 x-축 기준으로 분할된 am 변수는 트랜스미션이 수동과 자동의 기준으로, y-축 기준으로 분할된 cyl 변수는 실린더의 개수가 각각 4, 6, 8개의 기준으로 나뉘어서 독립된 패싯에 산점도가 그려졌다.

연습문제 6.21

그림 6.101에 기어의 개수를 나타내는 변수 gear를 추가하라. 그리고 주변합(margins)[22]을 나타내는 패싯도 포함하라.

다음은 그림 6.101에 기어의 개수를 포함하여 패싯을 만들고, 주변합 패싯도 추가하는 예제로, 결과는 그림 6.102와 같다.

```
> p <- ggplot(mtcars, aes(mpg, wt))
> p <- p + geom_point( )
> p + facet_grid(gear ~ am + cyl, margins=TRUE)
```

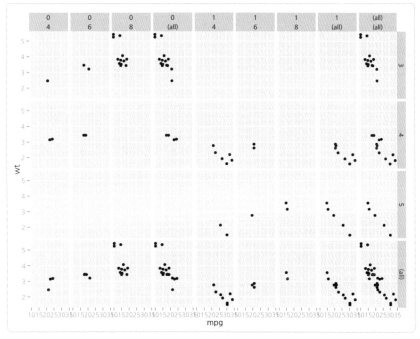

그림 6.102 주변합 패싯을 추가한 다중 플롯

---

22   통계학에서의 주변합은 분할표에서의 행 방향이나 열 방향에서 동일한 방향의 합계를 의미한다. 여기서는 동일한 방향의 개별 패싯의 산점도의 점을 모아서 하나의 합계 산점도를 그리는 의미로 해석한다.

주변합 패싯을 추가하기 위해서는 facet_grid( ) 함수의 margins 인수 값을
TRUE로 지정하면 된다. 이 방법은 전체 데이터를 모두 플로팅한 것과 분할된
하위의 개별 플롯을 각각 비교할 때 유용하다. 여러분도 좀 더 다양한 포뮬러 공
식으로 패싯의 생성과 배치를 자유자재로 다룰 수 있도록 포뮬러 공식을 추가로
학습하기 바란다.

6.7.2 facet_null( ) 함수

facet_null( ) 함수는 하위 플롯이 없는 단일 플롯의 출력을 설정하며 사실상 모
든 플롯에 적용되는 기본 값이다. facet_null( ) 함수는 자체로는 쓸모가 없으며,
기존에 설정한 패싯을 제거하는 용도로 쓸 수 있다.

연습문제 6.22

그림 6.102를 그렸던 ggplot 객체 p에서 하위 플롯을 없애고 단일 패싯으로 플롯을 출력하라.

앞의 예제에서 gear ~ am + cyl 포뮬러로 하위 플롯을 여러 개 그렸던 ggplot 객
체인 p가 다음 예제처럼 facet_null( ) 함수를 만나서 그림 6.103 같이 하위 플롯
이 없어진 단일 패싯의 플롯으로 변했다.

```
> p + facet_null( )
```

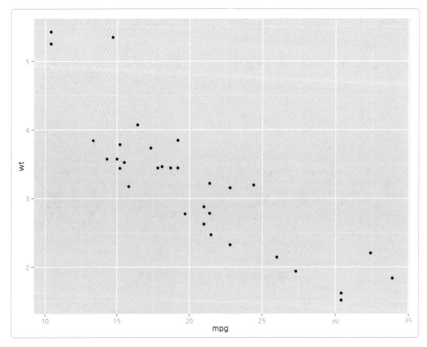

그림 6.103 하위 플롯을 하나로 설정한 플롯

6.7.3 facet_wrap( ) 함수

facet_wrap( ) 함수는 facet_grid( ) 함수와 유사하지만 하위 플롯인 패싯을 배치할 때 행이나 열의 한쪽을 고정하고 채워 넣기 방식으로 배치한다는 차이점이 있다. 즉, 행이나 열에 배치될 하위 플롯의 수를 지정하고 그만큼 계속 채워서 행이나 열을 만들고, 남는 것은 비워 두는 형식으로 플롯을 만든다. 이 방법은 만들어질 하위 플롯의 개수가 가변적이거나 많은 경우에 유용하다.

하위 플롯인 패싯의 배치 순서는 워드 랩(word wrap)을 연상하면 쉽다. 워드 랩은 워드 프로세서에서 행 끝에 넘치는 단어를 자동으로 다음 행으로 넘기는 것을 의미한다. 그러므로 배치 순서는 왼쪽 상단에서 시작해서 오른쪽으로 패싯을 채우다가 행 끝에서 넘치면, 다음 행의 왼쪽에서 오른쪽으로 채워 나간다. 그러므로 맨 마지막 패싯은 하단의 맨 오른쪽이 된다. 그런데 경우에 따라서 빈 패싯이 만들어질 수 있는데, 이는 행이나 열의 고정으로 생긴 가능한 패싯의 개수보다 하위 플롯의 개수가 적을 경우다. 함수의 이름은 마치 워드 랩과 같은 방식으로 패싯을 배치해서 접미어에 wrap이 들어간 것으로 추측된다.

facet_wrap( ) 함수의 주요 인수로는 ncol과 nrow가 있는데, ncol은 열의 개수를 지정된 수만큼 고정하고, nrow는 행의 개수를 고정한다. 두 인수는 동시에 사용할 수 없으며 둘 다 지정하지 않으면, facet_wrap( ) 함수는 행과 열의 수를 가능한 한 정방형이 되도록 맞춘다.

연습문제 6.23

diamonds 데이터 프레임에서 다이아몬드의 색상별로 가격 분포에 대한 히스토그램을 그려보자. 단 하위 패싯의 배치 시 열의 개수는 2가 되도록 고정하라.

다음은 열의 개수가 2가 되도록 다이아몬드의 색상별로 가격 분포에 대한 히스토그램 그리는 예제로, 결과는 그림 6.104와 같다.

```
> p <- ggplot(data = diamonds, aes(x=price))
> p <- p + geom_histogram(binwidth = 1000, aes(fill=..count..))
> p + facet_wrap(~ color, ncol=2)
```

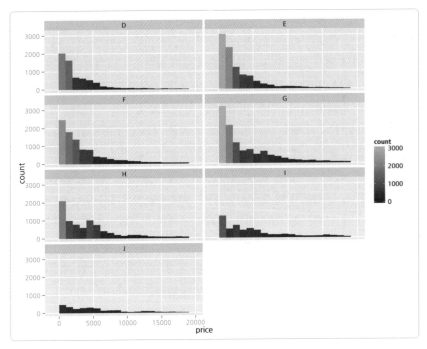

그림 6.104 facet_wrap( ) 함수를 이용한 열 개수 고정 플롯

연습문제 6.24

diamonds 데이터 프레임에서 다이아몬드의 색상별로 가격 분포에 대한 히스토그램을 그려보자. 단 하위 패싯의 배치 시 행의 개수는 2가 되도록 고정하라.

다음은 행의 개수가 2가 되도록 다이아몬드의 색상별로 가격 분포에 대한 히스토그램 그리는 예제로, 결과는 그림 6.105와 같다.

```
> p + facet_wrap(~ color, nrow=2)
```

앞의 두 예제에서 플롯이 모자란 위치의 패싯은 채우지 않고 비워 두는 것을 확인할 수 있다. 만약 nrow 인수와 ncol 인수 모두 사용하지 않으면 facet_wrap( ) 함수는 정방형의 구조를 만들기 위해서 3×3의 구조로 배치할 것이다. 물론 범주형 변수 color의 수준의 개수가 7이기 때문에 두 개의 패싯은 채워지지 않고 비워 둔다.

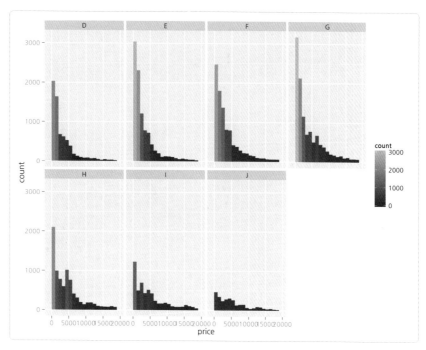

그림 6.105 facet_wrap( ) 함수를 이용한 행 개수 고정 플롯

6.7.4 label_both( ), label_value( ) 함수

Faceting 함수군을 이용해 하위 플롯을 그리는 경우 패싯의 라벨이 값으로만 출력되어 식별하기 어려운 경우가 발생할 수 있다. 이 문제를 해결하기 위해서 Faceting 함수군은 인수로 labeller를 가지고 있는데, labeller 인수는 패싯이 어떤 기준으로 구분되었는지 식별할 수 있는 패싯의 라벨을 지정하는 함수를 인수 값으로 사용한다. 예를 들면 labeller 인수 값에 label_both( ) 함수를 지정하면 패싯의 라벨에 변수명과 값을 모두 출력해준다.

다음은 패싯 라벨의 기본 설정인 변수의 값으로 출력되는 예제다. 패싯이 실린더의 개수로 구분되었으므로 cyl 변수의 값, 즉 수준 이름인 "4", "6", "8"이 패싯의 라벨로 출력되었다. 결과는 그림 6.106과 같다. 예제에서는 패싯의 라벨을 쉽게 해석하기 위해서 theme( ) 함수로 폰트의 크기와 색상을 조정하였다. theme( ) 함수의 자세한 사용법은 이후에 자세하게 다룬다.

```
> p <- ggplot(data = mtcars, aes(wt, mpg))
> p <- p + geom_point( )
> p <- p + facet_grid(. ~ cyl)
> p + theme(strip.text = element_text(size = 20, colour = "blue"))
```

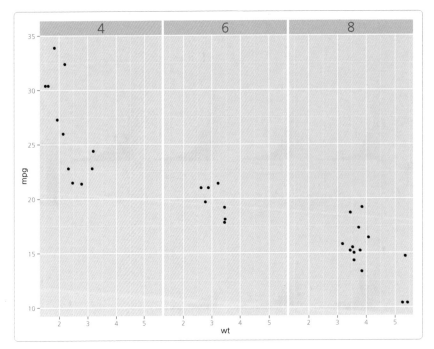

그림 6.106 패싯 라벨의 기본 출력

연습문제 6.25

그림 6.106의 패싯 라벨에 변수의 이름과 변수의 값을 모두 출력하라.

facet_grid( ) 함수의 labeller 인수 값에 label_both나 'label_both' 혹은 "label_both"을 지정하면, 그림 6.107과 같이 패싯의 라벨에 변수의 이름과 수준 이름이 함께 출력된다.

```
> p <- ggplot(data = mtcars, aes(wt, mpg))
> p <- p + geom_point( )
> p <- p + facet_grid(. ~ cyl, labeller="label_both")
> p + theme(strip.text = element_text(size = 20, colour = "blue"))
```

Faceting 함수군의 labeller 인수의 기본 값은 "label_value"이기 때문에 labeller 인수를 사용하지 않으면 패싯의 라벨은 변수의 값이 출력된다.

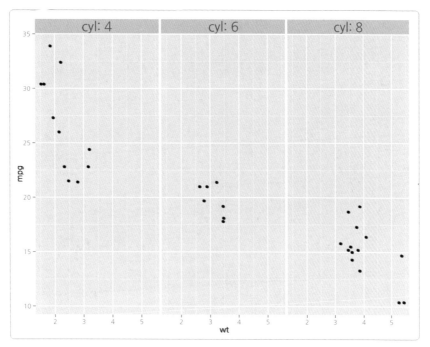

그림 6.107 패싯 라벨을 변수명과 값으로 설정

6.7.5 label_parsed( ) 함수

label_parsed( ) 함수는 패싯 라벨에 수식을 넣기 위한 함수다. 라벨에 수식을 부여하거나 수학 기호로 흔히 사용되는 그리스 알파벳(Greek Alphabet)을 출력하기 위한 용도로 사용된다.

이번에는 다음 두 예제를 수행한 후 차이점을 확인하자. 예제 출력을 위해 만든 라벨은 설명을 위해 만든 것으로 자체로는 아무런 의미가 없음을 알려둔다. 먼저 패싯의 라벨은 범주형 데이터인 factor의 경우에는 수준의 이름을 가져다 사용하기 때문에 수준의 이름을 수식으로 바꾸고 플롯을 그린다. 그러나 결과 화면인 그림 6.108을 보면 패싯 라벨에 수식이 출력된 것이 아니라 수식을 지정하는 문자열이 출력된다.

```
> mtcars$cyl2 <- factor(mtcars$cyl, labels = c("alpha^2", "beta+2",
                        "gamma[2]"))
> p <- ggplot(data = mtcars, aes(wt, mpg))
> p <- p + geom_point( )
> p <- p + facet_grid(. ~ cyl2)
> p + theme(strip.text = element_text(size = 20, colour = "blue"))
```

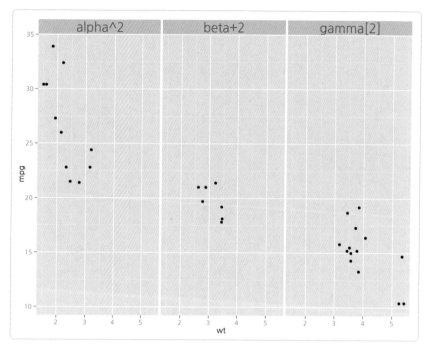

그림 6.108 패싯의 라벨이 일반 라벨인 플롯

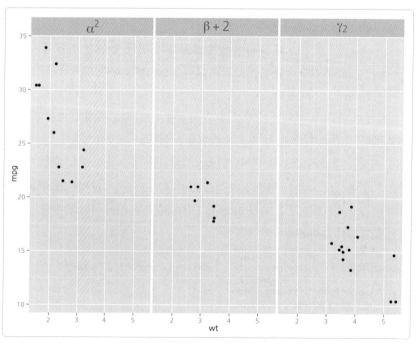

그림 6.109 패싯의 라벨이 수식 라벨인 플롯

수식을 표기하는 표현식으로서의 문자열이 아닌 표현식의 결과를 패싯 라벨에 출력하기 위해서는 Faceting 함수군의 labeller 인수 값에 다음 예제처럼 label_parsed( ) 함수를 지정해야 한다. 이제 비로소 그림 6.109처럼 패싯 라벨에 수식이 출력되었다.

```
> p <- ggplot(data = mtcars, aes(wt, mpg))
> p <- p + geom_point( )
> p <- p + facet_grid(. ~ cyl2, labeller = label_parsed)
> p + theme(strip.text = element_text(size = 20, colour = "blue"))
```

label_parsed( ) 함수의 수식 출력 방식은 LaTeX이 아닌 R에 기본 내장된 plotmath 방식을 이용하는데, 입력 예제는 R 콘솔에서 '? plotmath'을 입력해서 확인할 수 있다.

6.7.6 label_bquote( ) 함수

label_bquote( )는 앞서 설명한 label_parsed( )와 유사한 함수인데, 수식의 표현을 R의 기본 함수인 bquote( )의 표기법을 이용한다는 차이가 있다. bquote( )는 quote( )와 함께 R의 저수준 함수로 괄호 안에 입력 받은 R 구문을 바로 해석하지 않고 R 내부의 call 객체로 변환하여 반환한다. 이렇게 입력 받은 R 구문은 전처리를 거쳐 나중에 해석하도록 할 수 있다. 이 기능은 R의 여러 가지 유연한 기능을 구현하는 데 응용된다.

quote( ) 함수의 경우 입력된 구문이 바로 해석되지 않기 때문에 구문을 동적 생성하기 어렵다는 단점이 있다. 예를 들면 변수 x에 10이 할당되어 있을 때 quote( ) 함수에 x를 입력하면, x가 가진 10을 인식 못하고 그냥 x로만 인식되는 것이다. 이를 보완하기 위해 bquote( ) 함수를 제공하여 R 구문을 동적으로 생성하기 위한 표현식을 사용할 수 있도록 한 것이다.

label_bquote( ) 함수는 bquote( ) 함수를 도입하여 수식 형태의 라벨을 출력할 때 정적인 수식 외에도 특정 변수를 입력 받아 변수의 값을 동적으로 치환하여 수식을 완성할 수 있는 기능을 지원한다.

다음은 트랜스미션별로 패싯을 만들고 패싯의 라벨을 생성할 때, 트랜스미션의 종류를 나타내는 변수 am의 수준 이름을 동적으로 사용하는 예제로, 결과는 그림 6.110과 같다.

```
> p <- ggplot(data = mtcars, aes(wt, mpg))
> p <- p + geom_point( )
> p <- p + facet_grid(. ~ am, labeller = label_bquote(alpha == .(x)))
> p + theme(strip.text = element_text(size = 20, colour = "blue"))
```

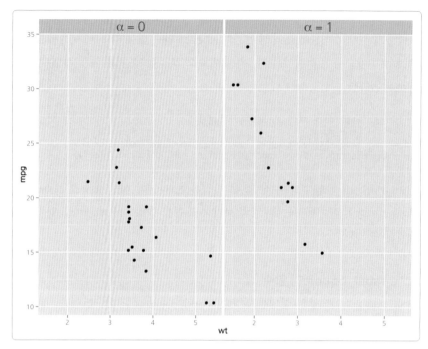

그림 6.110 label_bquote( ) 함수를 이용한 패싯의 수식 라벨

앞의 예제에서 label_bquote( ) 함수에 기술된 수식 구문인 alpha == .(x)를 보자. 이 구문에서 .(x) 부분은 특별한 표기법으로 괄호 안의 변수를 먼저 해석하라는 뜻이다. 즉 alpha == .(x)를 저장해서 라벨을 출력할 때, .(x)에 의해 x를 먼저 해석해서 치환된 값을 넘겨 받아서 라벨을 완성한다. 여기서 ==은 수식에서 =로 출력된다. 괄호 안의 x는 실제로 facet_grid( ) 함수의 첫 번째 인수 값으로 입력된 포뮬러 공식인 . ~ am의 am을 뜻한다. 활용도가 그리 높지 않으므로 이런 함수가 있다는 정도로 기억해 두자.

6.8 Position adjustments 함수군

Position adjustments 함수군은 지오메트릭이 플롯에 출력될 때 위치하는 방식을 설정한다. 함수명은 다음처럼 'position_'이라는 접두어와 위치를 조정 방식에 대한 사전적 의미의 접미어로 구성되어 있다.

· position_dodge: 지오메트릭을 겹치지 않도록 위치를 잡는 함수
· position_fill: 지오메트릭을 표준화한 방법으로 서로의 위에 겹치게 쌓아서 위치를 잡는 함수
· position_identity: 지오메트릭의 위치를 조절하지 않고 원래 위치로 잡는 함수

- position_stack: 지오메트릭을 서로의 위에 겹치게 쌓아서 위치를 잡는 함수
- position_jitter: 지오메트릭을 겹치기 않도록 랜덤하게 흐트러서 위치를 잡는 함수

6.8.1 position_dodge( ) 함수

position_dodge( )는 지오메트릭의 위치가 겹치지 않도록 위치를 조정하는 함수이다. 플롯이 겹친다는 것은 일반적으로 막대 그래프에서 스택(stack) 형식으로 막대를 쌓는 것과 여러 개의 지오메트릭을 겹쳐 그릴 때 발생하는 상황을 말한다.

다음 두 개의 플롯을 출력하고 그 차이점을 비교해보자. 첫 번째 플롯을 그리는 다음 예제는 막대 그래프를 출력한다. 이 예제에서는 aes( ) 함수를 통해서 fill에 factor(vs)를 매핑하였다. 막대 그래프에서 개별 막대의 내부를 범주형 변수 vs로 채운다는 것은 vs의 수준별로 막대를 쌓아 올린다는 것을 의미하므로 지오메트릭의 x-축의 위치가 겹쳐진다. 결과는 그림 6.111에서 그려진 누적 막대 그래프이다.

```
> p <- ggplot(mtcars, aes(x=factor(cyl), fill=factor(vs)))
> p + geom_bar( )
```

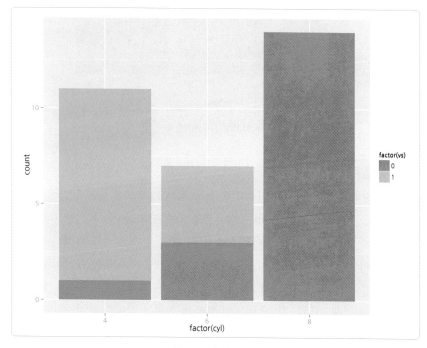

그림 6.111 평범한 스택 플롯

두 번째 플롯을 그리는 다음 예제는 geom_bar( ) 함수의 position 인수 값에 position_dodge( ) 함수를 적용하였다. 결과는 그림 6.112처럼 누적 막대 그래프가 아니라 범주형 변수 vs의 수준별로 그룹지어 막대 그래프를 그리면서 x-축의 위치가 겹치는 것을 회피할 수 있게 되었다. 예제에서 geom_bar( ) 함수의 position 인수 값을 "dodge"로 바꾸어 쓸 수도 있다.

```
> p <- ggplot(mtcars, aes(x=factor(cyl), fill=factor(vs)))
> p + geom_bar(position=position_dodge( ))
```

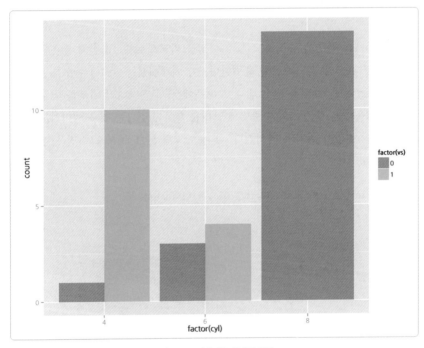

그림 6.112 겹치기를 회피한 플롯

6.8.2 position_fill( ) 함수

position_fill( ) 함수는 지오메트릭을 서로의 위에 겹치게 쌓으면서 위치시키는 함수로, 데이터를 표준화하여 비교되는 그룹들의 스택(stack) 높이가 동일하게 쌓아 올린다. 표준화되었다는 것은 그룹 간의 양적 비교를 위한 목적이 아니라 그룹 내에서의 다른 범주형 변수 수준(level)의 비중을 비교하는 목적이 반영된 것이다. 'fill'이라는 접미어를 가진 이유가 설령 다른 그룹보다 도수가 작더라도 모자람 없이 전체 영역을 꽉 채워 넣기 때문에 붙여진 것이라고 이해하면 편하다. 일반적으로 막대 기반의 플롯에 사용된다.

다음은 geom_bar( ) 함수로 누적 막대 그래프를 그리는 예제다. aes( ) 함수 내에서 fill에 factor(vs)를 매핑하여 x-축인 실린더 개수 위치에 표현하는 지오 메트릭은 factor vs의 수준인 0과 1 두 개다. 당연히 두 개가 중복되어서 겹칠 수밖에 없다. 그래서 geom_bar( ) 함수는 x-축에서 그 수준별 도수(frequency)에 비례하여 막대를 쌓아올려 누적 막대 그래프를 그리는데, 결과는 그림 6.113과 같다.

```
> p <- ggplot(mtcars, aes(x=factor(cyl), fill=factor(vs)))
> p + geom_bar( )
```

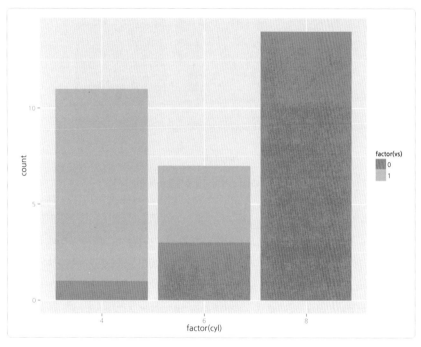

그림 6.113 누적 막대 그래프

연습문제 6.26

그림 6.113의 누적 막대 그래프에 position_fill( ) 함수를 적용하여 다시 그려보자.

position_fill( ) 함수를 적용하는 것은 다음 예제처럼 간단하게 처리된다. geom_bar( ) 함수의 position 인수 값으로 position_fill( )를 사용하거나 예제처럼 간단하게 "fill" 문자열을 기술하면 된다. 그럼 그림 6.114와 같은 누적 막대 그래프가 그려진다.

```
> p <- ggplot(mtcars, aes(x=factor(cyl), fill=factor(vs)))
> p + geom_bar(position="fill")
```

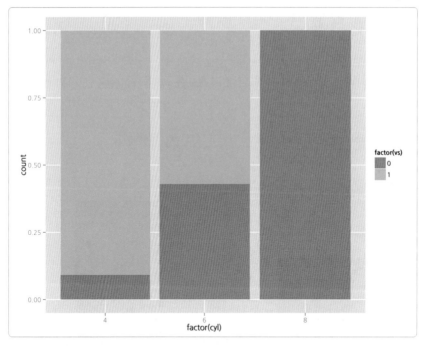

그림 6.114 표준화되어 전체 높이가 동일한 누적 막대 그래프

그림 6.114의 모양은 그림 6.113과 다르다. 그 이유는 실린더 개수별로 V/S의 도수가 표준화 작업을 거쳐서 실린더별로 도수의 크기를 비교하는 것이 아니라 실린더 개수 안에서 factor vs의 수준인 0과 1이 차지하는 비중을 비교하는 플롯이 그려졌기 때문이다. 그러므로 position_fill( ) 함수는 절대 지표로 도수를 비교하는 것이 아닌 상대 지표로 도수의 비중을 비교하는 시각화에 적합하다.

6.8.3 position_stack( ) 함수

position_stack( ) 함수는 지오메트릭을 서로의 위에 겹치게 쌓아서 위치를 잡아준다. 이 함수는 영역 기반의 지오메트릭을 생성하는 geom_area( ) 함수나 geom_bar( ) 함수의 position 인수에 기본 값으로 적용된다. 그러나 모든 경우에 적용되는 것이 아니라 aes( ) 함수로 fill, colour 속성에 데이터가 매핑이 되어 있는 지오메트릭 위치에 중첩이 발생한 경우에만 적용된다. 만약에 이 지오메트릭의 중첩이 없다면 아무런 효과가 없다. 그림 6.113을 생성하는 예제에서는 geom_bar( ) 함수를 사용했는데, 기본으로 position_stack( ) 함수가 적용되는 상황이라서 굳이 기술하지 않았고 그냥 누적(stack) 막대 그래프가 생성된 것이다. 그림 position 인수의 기본 값이 "identity"인 geom_line( )으로 이 함수의 기능을 학습하자.

먼저 data.set이라는 가상의 데이터로 지오메트릭 위치에 중첩을 만들어 선 그래프를 그린다. 다음 예제는 data.set 데이터 프레임의 Value 변수를 colour 속성에 매핑시켜 지오메트릭 위치에 중첩된 데이터를 만든다. 그리고 position 인수의 기본 값이 "identity"인 geom_line( ) 함수로 중첩된 선 그래프를 그린다. 결과는 그림 6.115처럼 복잡하게 그려진 시각화 그림이다.

```
> # 가상 데이터의 생성
> set.seed(2)
> data.set <- data.frame(
  Time=rep(1:4, each=4),
  Type=rep(letters[1:4], times=4),
  Value=rpois(n=16, lambda=10)
)
> p <- ggplot(data=data.set, aes(Time, Value, colour=Type))
> p + geom_line( )
```

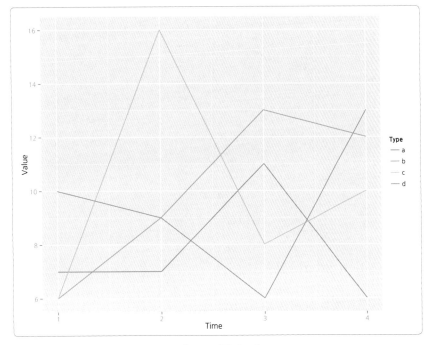

그림 6.115 다중 선 그래프

연습문제 6.27

그림 6.115의 선 그래프를 누적하여 표현하라.

선 그래프를 누적하는 방법은 일반적인 시각화 방법이 아니다. 연습문제의 경우는 geom_area( ) 함수로 영역 플롯을 그리는 것이 타당하나 position_stack( ) 함수의 사용 예시를 위해서 다음과 같은 예제 코드를 만들었다. 여기서는 ymax

인수가 사용되었다는 것에 주목할 필요가 있다. 일반적으로 이 인수가 없더라도 정상 작동되지만 yamx가 정의되지 않아서 y로 대체 처리되었다는 메시지가 출력된다. 이 인수는 누적된 y-축의 범위를 계산할 때 사용된다.

```
> p <- ggplot(data=data.set, aes(Time, Value, colour=Type, ymax=max(Value)))
> p + geom_line(position=position_stack( ))
```

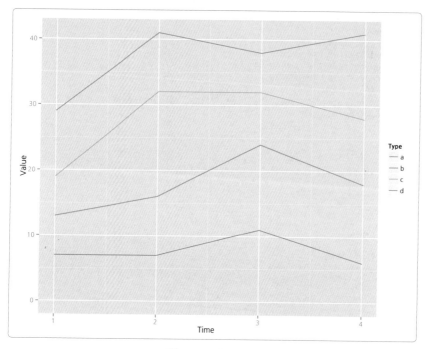

그림 6.116 누적 선 그래프

6.8.4 position_jitter( ) 함수

position_jitter( ) 함수는 geom_point( ) 함수와 함께 사용되어 geom_jitter( ) 함수를 만드는 데 사용된다. 이 함수는 지오메트릭을 겹치지 않도록 랜덤하게 흐트러뜨려서 위치를 잡아준다. 인수로는 흐트러뜨리는 너비의 변화량인 w와 높이의 변화량인 h를 지정할 수 있다. 이 함수는 산점도 등에서 동일한 위치에 여러 점이 플로팅되었지만 하나의 점으로 인식되는 오류를 줄이는 데 응용되기도 한다.

다음 예제는 난수로부터 발생시킨 500개의 가상의 데이터로 산점도를 그리는 예제다. 결과는 그림 6.117과 같다. 그런데 데이터의 개수가 500개임에도 불구하고 산점도에 그려진 점의 개수는 25개밖에 없다. 나머지 점들은 중복 표기되어서 하나의 점으로 인식된 것이다.

```
> exam <- data.frame(
  pos.x=sample(1:5, size=500, replace=TRUE),
  pos.y=sample(1:5, size=500, replace=TRUE)
)
> p <- ggplot(data = exam, aes(pos.x, pos.y))
> p + geom_point( )
```

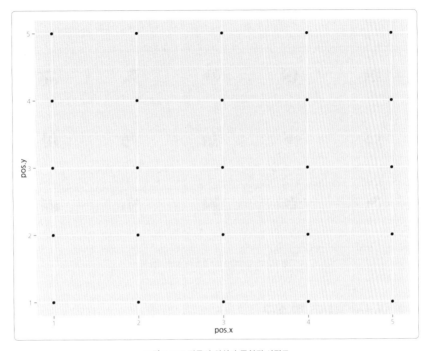

그림 6.117 점들의 위치가 중첩된 산점도

연습문제 2.28

그림 6.117의 산점도에서 중첩된 점들을 흐트려서 중첩된 점들도 표현되도록 산점도를 그려보자.

이 문제는 geom_point( ) 함수의 position 인수 값에 position_jitter( ) 함수를 적용하면 해결할 수 있다. 다음 예제에서는 position_jitter( ) 함수의 w와 h 모두 0.1로 지정하여 점들을 흩뿌렸다. 만약에 이들 두 인수 값을 0으로 설정한다면, 아무런 효과가 발생하지 않아서 그림 6.117과 같은 산점도가 만들어질 것이다. 결과는 그림 6.118과 같다.

```
> p + geom_point(position=position_jitter(w=0.1, h=0.1))
```

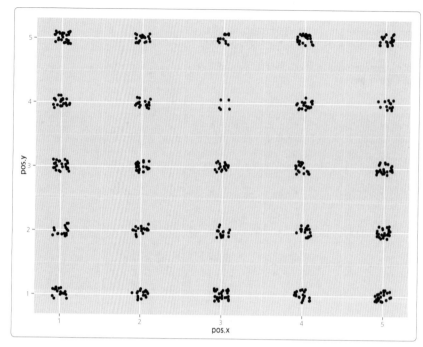

그림 6.118 점들의 위치 흐트러 놓은 산점도

6.9 Annotation 함수군

Annotation 함수군은 플롯에 주석(annotation)이나 설명 등 시각화 결과에 좀더 부연 설명을 위한 정보를 표기할 때 사용하는 것이다. 다소 혼동이 있을 수 있지만, 여기서는 편의상 annotation을 '설명'이라고 표현하겠다.

- annotate: 설명(annotation) 레이어를 추가하는 함수
- annotation_custom: grob를 이용해서 좀더 특별한 방법으로 설명을 추가하는 함수
- annotation_logticks: 좌표축의 로그틱을 위한 설명 함수
- annotation_map: 지도를 위한 설명 함수
- annotation_raster: 고성능 사각 타일 배열 함수
- borders: 맵의 경계 설정을 위한 함수

6.9.1 annotate( ) 함수

annotate( )는 플롯에 부연 설명을 추가할 때 가장 많이 사용되는, Annotation 함수군에서 기본이 되는 함수다. annotate( ) 함수의 필수 인수에는 geom가 있다. 이 인수는 부연 설명을 텍스트로 표현하기 위해 지오메트릭의 종류를 문자

열로 입력 받는다. 인수에서 지정한 지오메트릭의 종류에 따라 표현하는 부연 설명이 표현되는 모양이 달라진다.

geom의 인수 값으로 사용할 수 있는 문자열과 의미는 다음과 같다.

· "text": 문자열에 의한 설명
· "rect": 사각 영역에 의한 강조
· "segment": 분할선을 이용한 영역의 구분
· "pointrange": 점과 선에 의한 범위의 표현

먼저 "text"를 이용해 부연 설명을 추가하는 방법을 살펴본다. "text"는 플롯의 적당한 위치에 설명을 적어서 쉽게 해석하고 이해할 수 있도록 한다. 그러나 설명을 너무 많이 넣으면 플롯이 지저분해지고 오히려 몰입도를 떨어뜨리므로 적당히 추가하는 것이 좋다.

다음 예제는 mtcars 데이터 프레임으로 산점도를 그린 후 산점도의 점에서 'Ferrari Dino' 자동차 모델이 어느 위치에 있는지 화살표와 모델명으로 설명한다.

```
> ferrari <- mtcars[rownames(mtcars) == "Ferrari Dino",]
> # 산점도 그리기
> p <- ggplot(mtcars, aes(x = wt, y = mpg)) + geom_point( )
> p <- p + geom_point(data=ferrari, colour="red")
> # 문자열로 부연 설명하기
> p + annotate("text", x = ferrari$wt, y = ferrari$mpg,
            label=paste0("<-- ", rownames(ferrari)), hjust=-0.1, colour="red")
```

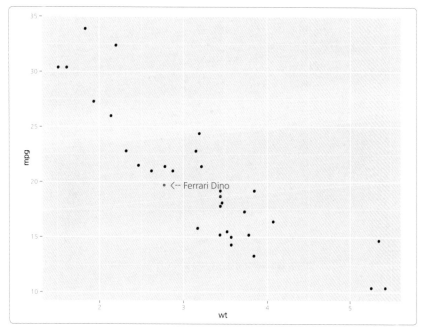

그림 6.119 문자열로 부연 설명하기("text" 이용)

annotate( ) 함수의 지오메트릭을 "text"로 지정하는 경우에는 출력할 좌표와 라벨을 입력해야 하며 벡터를 이용하여 여러 개를 출력하는 것도 가능하다. 또한 설명 문자열이 다른 정보를 가리지 않도록 빈 공간에 그려야 한다. 그런 이유로 예제에서는 hjust 인수를 마이너스(-) 값으로 주어 좌측정렬 후 거리를 띄어 주었으며, 더불어 색상도 변경했다. 결과는 그림 6.119와 같다.

다음은 "rect"를 이용해 부연 설명을 추가하는 방법을 살펴본다. "rect"는 사각형으로 데이터의 특정 영역을 강조하는 데 사용한다. 이 예제는 앞서 그린 산점도에서 이상치가 아닌 영역을 사각형으로 표현한다. 이상치를 계산하는 방법은 박스 플롯을 만들 때 사용하는 튜키(Tukey)의 방법을 사용하였다. 결과는 그림 6.120과 같다.

```
> # 이상치의 영역 구하기
> wt_bounds <- IQR(mtcars$wt) * c(-1.5, 1.5) + fivenum(mtcars$wt)[c(2, 4)]
> mpg_bounds <- IQR(mtcars$mpg) * c(-1.5, 1.5) + fivenum(mtcars$mpg)[c(2, 4)]
> # 사각형 영역 표현하기
> p + annotate("rect",
              xmin = wt_bounds[1], xmax = wt_bounds[2],
              ymin = mpg_bounds[1], ymax = mpg_bounds[2], alpha = .2)
```

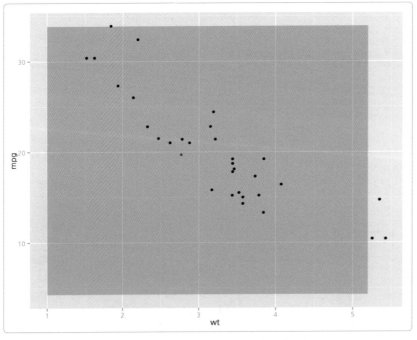

그림 6.120 사각형 영역으로 부연 설명하기("rect" 이용)

사각형을 그릴 때 alpha 인수로 투명도를 설정한 것은 겹쳐 그려야 하기 때문이다. 투명도를 주지 않고 겹쳐 그리려면 geom_point( ) 함수보다 annotate( ) 함수를 먼저 호출해서 점들을 표현할 수 있지만 플롯의 눈금선이 가려지므로 추천하는 방법은 아니다.

다음으로 "segment" 인수 값을 사용하여 분할선으로 영역을 구분하는 방법을 살펴본다. "segment"는 선분으로 특정 영역을 분할하는 데 사용한다. 이 예제는 annotate( ) 함수의 도움말의 예제로 사용자가 산점도에서 점을 두 그룹으로 설명할 때 사용할 수 있는 방법이다. 결과는 그림 6.121과 같다.

```
> # 분할선 그리기
> p + annotate("segment", x=2.5, xend=4, y=15, yend=25, colour="blue")
```

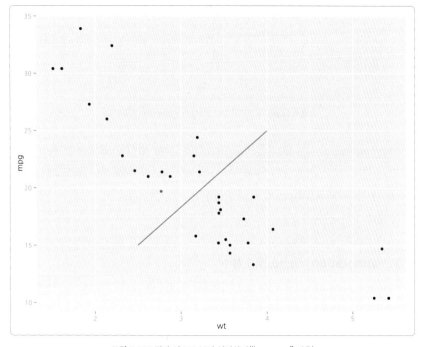

그림 6.121 점과 선으로 부연 설명하기("segment" 이용)

마지막으로 "rect" 예제를 수정한 다음 예제는 "pointrange"를 이용하여 점과 선을 출력한다. 결과는 그림 6.122와 같다. 여기서는 연비인 mpg의 중위수와 이상치가 아닌 범위를 점과 선으로 설명한다. 참고로 점은 산점도의 점과 구분하기 위해서 사각형 점을 사용하였다.

```
> # 점과 선으로 중위수와 이상치가 아닌 영역 표현하기
> p + annotate("pointrange", pch=15, cex=1.2,
               x = median(mtcars$wt), y = median(mtcars$mpg),
               ymin = mpg_bounds[1], ymax = mpg_bounds[2],
               colour="red")
```

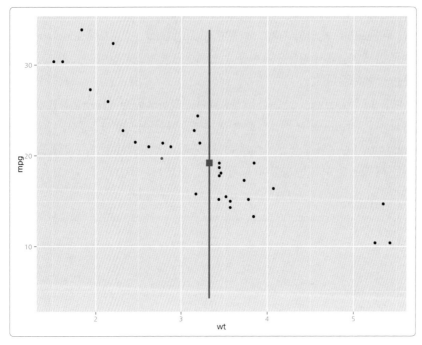

그림 6.122 점과 선으로 부연 설명하기("pointrange" 이용)

"pointrange"는 중심점을 기준으로 세로선을 그려 범위를 표현하는 용도로 사용된다. 가로선은 지원하지 않으며 가로선을 그리기 위해서는 별도로 geom_point( ) 함수와 geom_errorbach( ) 함수를 사용해야 하는데, 필요하다면 직접 응용해보기 바란다.

6.9.2 annotation_custom( ) 함수

annotation_custom( ) 함수는 좀 더 특별한 방법으로 부연 설명을 할 때 사용한다. 여기서 특별한 방법이란 테이블(table), 라운드 박스(round box: 모서리가 둥글게 처리된 사각형) 등의 지오메트릭을 적용하는 것을 뜻한다. annotation_custom( ) 함수는 필수 인수로 grob을 입력 받는데 grob은 grid 패키지에서 사용하는 'Grid Graphical Objects'를 말한다. annotation_custom( ) 함수의 첫 번째 인수에는 grob 객체가 전달되어야 하기 때문에 gridExtra 패키지를 설치하고 로딩해야 한다.

다음은 gridExtra 패키지를 설치하고 로딩하는 방법이다.

```
> # gridExtra 패키지의 로드, 없으면 설치 후 로드
> if (!require(gridExtra)) {
  install.packages("gridExtra")
  require(gridExtra)
}
```

여러분은 플롯에 테이블을 넣어서 표현하고 싶을 때도 있을 것이다. 다음은 예 annotation_custom( ) 함수를 이용해 연비가 가장 높은 자동차 열 개를 플롯 안에 테이블로 표현한 예제다. 결과는 그림 6.123과 같다.

```
> # 테이블로 출력될 table 클래스 객체 생성하기
> top10 <- head(mtcars[order(mtcars$mpg, decreasing=T), ], 10)
> table_grob <- tableGrob(top10[, c("mpg", "wt")])
> # 플롯 작성하기
> p <- ggplot(data=mtcars, aes(x=wt, y=mpg))
> p <- p + geom_point( )
> p <- p + expand_limits(xmax=10)
> # 테이블 타이틀 출력하기
> p <- p + annotate("text", x=8.2, y=31,
                    label="Best mpg Top 10 lists", hjust=0.5, colour="red")
> # 테이블 출력하기
> p + annotation_custom(grob=table_grob, xmin=6, xmax=Inf, ymin=-Inf, ymax=Inf)
```

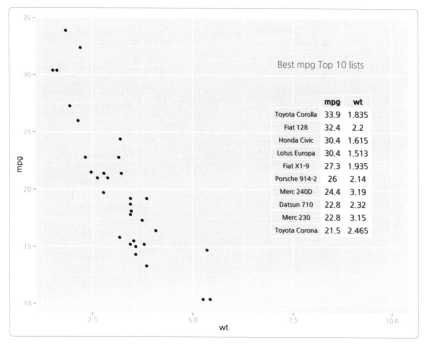

그림 6.123 플롯에 테이블 넣기

예제에서는 tableGrob( ) 함수를 이용해서 grob를 생성했는데, grob이 위치할 영역은 annotation_custom( ) 함수의 인수인 xmin, xmax, ymin, ymax를 이용해서 적당히 설정한다. 예제에서 사용한 위치를 나타내는 인수 값 Inf는 화면에서 보이는 플롯 영역의 끝을 의미하고, 테이블은 가운데 정렬로 표현된다. 예를 들면 ymin=-Inf, ymax=Inf는 테이블이 y-축 전체 영역에서의 중간에 위치한다는 것을 의미한다.

grob 객체는 tableGrob( ) 함수가 생성하는 것이므로 테이블의 모양을 바꾸기 위해서는 tableGrob( ) 함수의 인수를 조절해야 한다. tableGrob( ) 함수는 이 책에서는 자세히 다루지 않는데, 이에 관심이 있는 여러분은 tableGrob( ) 함수의 도움말을 살펴보기 바란다.

다음 예제는 라운드 박스의 생성을 설명하기 위한 것으로, 앞의 예제를 수정하여 테이블 대신 라운드 박스와 텍스트를 플롯에 출력한 것이다. 결과는 그림 6.124와 같다.

```
> # 테이블로 출력될 table 클래스 객체 생성하기
> p <- ggplot(data=mtcars, aes(x=wt, y=mpg))
> p <- p + geom_point( )
> p <- p + expand_limits(xmax = 8)
> p <- p + annotation_custom(grob=roundrectGrob( ), xmin=6, xmax=8, ymin=11,
ymax=34)
> p + annotate("text",
             x=rep(6.2, 10), y=seq(33, 12, length.out=10),
             label=paste0("No.", seq(1, 10), " ", rownames(top10)),
             hjust=rep(0, 10), size=3.5)
```

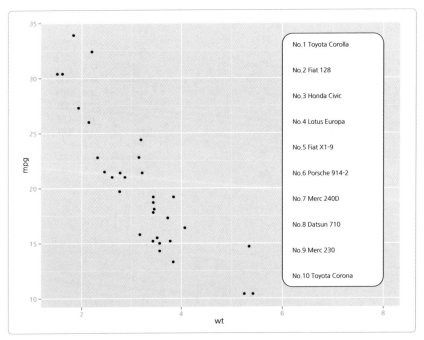

그림 6.124 플롯에 라운드 박스 넣기

annotation_custom( ) 함수는 라운드 박스를 생성하고, 라운드 박스에 넣을 컨텐츠는 annotate( ) 함수로 만들어 넣어야 한다. 일반적으로 라운드 박스에는 메모나 주석 등을 기입하므로 annotate( ) 함수의 geom 인수 값이 "text"인 경우가 일반적이다. 이 경우 폰트 크기는 고정이므로 플롯을 확대하거나 축소하는 경우

에 자동으로 조절되지 않는다는 점을 알아 두자.

gridExtra 패키지는 예제에서 사용한 객체 외에 많은 객체를 가지고 있으므로 필요하다면 gridExtra 패키지의 도움말을 참조해서 지원하는 객체들이나 사용법을 익히도록 한다.

6.9.3 annotation_logticks( ) 함수

annotation_logticks( ) 함수는 틱(ticks)을 좌표축에 그릴 때 사용하는데, 틱은 아날로그 손목 시계의 눈금과 같은 것을 말한다. 이 함수는 기본적으로 좌표축에 각 축의 주요 값과 데이터의 위치에 틱을 그려주는 기능을 한다. 이름에 log가 붙은 이유는 틱을 그릴 때 간격으로 로그를 이용하기 때문이다. 이 함수의 인수 중 base 인수는 로그의 밑수를 입력 받는데, 기본 값은 10이다. 결국 base 인수를 지정하지 않으면 밑이 10인 로그 단위로 틱을 그린다. 그러므로 이 함수는 데이터의 스케일을 로그로 변환하는 경우에 변환에 맞는 틱을 그리기 위한 유용하다.

우선 예제를 통해 산점도에 틱을 추가한 플롯을 살펴보자. 다음 예제의 결과는 그림 6.125와 같다.

```
p <- ggplot(iris, aes(x = Sepal.Width, y = Sepal.Length))
p <- p + geom_point( )
p + annotation_logticks(sides="trbl")
```

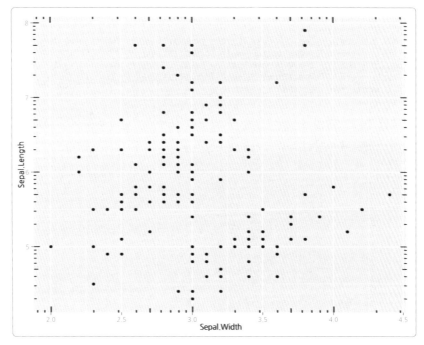

그림 6.125 annotation_logticks( ) 함수의 기본 출력

위 예제는 iris 데이터를 이용해서 산점도를 그리고 틱을 추가한 것이며, 로그 변환이 이루어진 데이터가 아니므로 사실 annotation_logticks( ) 함수의 본래 기능과는 어울리지 않지만 틱을 그리는 방법을 익힐 수 있다. sides 인수의 인수 값인 "trbl"은 Top, Right, Bottom, Left의 첫 글자를 합친 것으로 틱이 그려질 곳의 위치를 지정한다. 이 인수의 기본 값은 좌측과 하단부에만 틱을 그리는 "bl"이다.

그럼 이번에는 본래 목적에 맞는 플롯을 그려보자. 그러기 위해 먼저 MASS 패키지와 scales 패키지를 로딩해야 한다.

```
> library(MASS)
> library(scales)
```

MASS 패키지의 데이터 중 Animals 데이터 프레임은 동물의 몸무게와 뇌의 무게에 대한 데이터이다. 이 데이터는 지수적 스케일을 가지고 있어 데이터를 변환하지 않고 출력하면 탐색하거나 분석하기 어렵다.

다음 예제를 통해 ggplot2의 Scales 함수군을 사용해 로그 변환을 하고 annotation_logticks( ) 함수로 틱까지 그려본다. 예제에서 사용한 trans_breaks( ) 함수는 scales 패키지에서 제공하는 것으로 변환된 스케일에서 브레이크 (breaks)[23]를 적절하게 나눠준다.

```
> p <- ggplot(Animals, aes(x = body, y = brain))
> p <- p + geom_point( )
> p <- p + scale_x_log10(breaks = trans_breaks("log10", function(x) 10^x),
  labels = trans_format("log10", math_format(10^.x)))
> p <- p + scale_y_log10(breaks = trans_breaks("log10", function(x) 10^x),
  labels = trans_format("log10", math_format(10^.x)))
> p + annotation_logticks( )
```

예제의 결과인 그림 6.126에서 볼 수 있듯이 스케일 변환이 이루어진 데이터에 대해 스케일이 반영된 틱을 추가하면 데이터를 분석하는 데 유용하다.

---

23 연속 구간을 비닝(binnig)하여 구간을 나눌 때의 구간을 나누는 지점의 값들을 의미한다. 컷-오프(cut-off)값으로 이해해도 좋다.

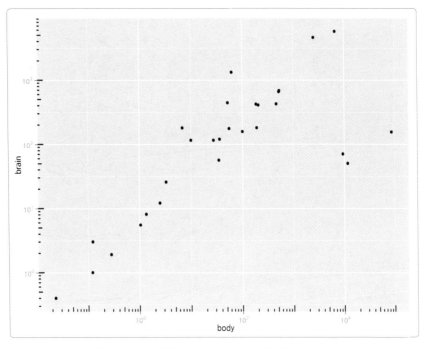

그림 6.126 로그 변환에 annotation_logticks( ) 함수를 사용한 플롯

6.9.4 annotation_map( ) 함수

annotation_map( ) 함수는 위도와 경도의 위치 변수가 y-축과 x-축에 매핑된 플롯에 지도를 붙여준다. 공간지리통계와 관련있는 함수로, 활용도는 높지 않으며 적절한 데이터를 구하는 것도 쉽지는 않다. 공간지리통계를 전문으로 하는 것이 아니라면 넘어가도 괜찮다. 이 함수에 대한 적절한 예제는 따로 만들기가 어려우므로 ggplot2의 도움말에서 제공하는 예제를 실행하고, 어떻게 활용할 수 있는지만 살펴보고 넘어가도록 한다.

```
> library(maps)
> usamap <- map_data("state")
> seal.sub <- subset(seals, long > -130 & lat < 45 & lat > 40)
> ggplot(seal.sub, aes(x = long, y = lat)) +
  annotation_map(usamap, fill = "NA", colour = "grey50") +
  geom_segment(aes(xend = long + delta_long, yend = lat + delta_lat))
```

예제에서는 동물의 이동경로를 나타내는 seals 데이터 프레임을 geom_segement( ) 함수를 이용해서 선으로 표현한 후 지도를 그 위에 덧입힌 것이다. 예제의 기본 플롯이 미국의 특정 영역에서 동물의 이동 경로를 시각화해서 살펴보는 것인데, 동물의 이동 경로는 지도를 더불어 표현하면 이해하기 편리하며 부가적인 정보를 더 획득할 가능성이 높다. 결과는 그림 6.127과 같다.

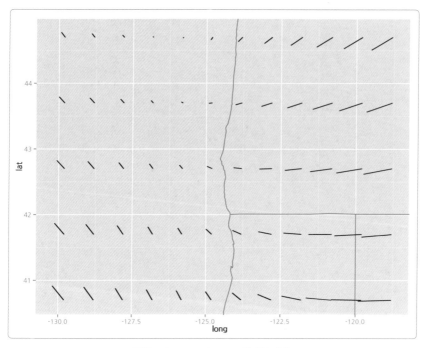

그림 6.127 annotation_map( ) 함수 예제

이와 같은 예제를 만들기 위해서는 지리 정보를 가진 데이터와 지도 데이터가 각각 필요하다. 사실 지리공간통계를 위한 시각화에서는 ggplot2 패키지가 다른 전문 지리공간통계 시각화 패키지보다 취약하므로 좀 더 전문적인 공간통계의 시각화는 별도로 다른 패키지를 활용하는 것이 유리하다. 그런데 이 경우에는 공간지리통계에 대한 학습도 더불어 필요하다는 점을 알려둔다.

6.9.5 annotation_raster( ) 함수

annotation_raster( )는 비트맵[24] 형식의 시각적 요소를 부가설명으로 넣어주며, geom_raster( )에 특별한 응용법이 필요할 때 사용하는 것이다. 앞의 annotation_map( ) 함수와 마찬가지로 활용도가 높지는 않으므로 간단히 ggplot2의 예제를 살펴보고 사용법만 기억해 두자.

```
> rainbow.colors <- matrix(hcl(seq(0, 360, length = 10), 80, 70), nrow = 1)
> rainbow.colors
```

```
      [,1]      [,2]      [,3]      [,4]      [,5]
[1,] "#FE86A1" "#E89A54" "#BAAE00" "#6DBF45" "#00C793"
      [,6]      [,7]      [,8]      [,9]      [,10]
```

---

24 일반적으로 직사각형 격자의 화소, 색의 점을 모니터, 종이 등의 매체에 표시하는 자료 구조이다. http://ko.wikipedia.org/wiki/래스터_그래픽스 참조

```
[1,] "#00C5D1" "#46B4F9" "#C297FF" "#F682DD" "#FE86A1"
> qplot(mpg, wt, data = mtcars) +
  annotation_raster(rainbow.colors, -Inf, Inf, -Inf, Inf) +
  geom_point( )
```

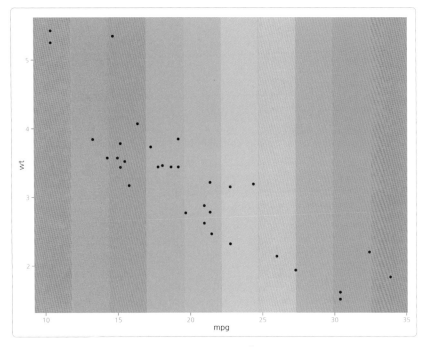

그림 6.128 anntation_raster( ) 함수 예제

이 예제는 산점도에 무지개 색상으로 배경을 만드는데, 결과는 그림 6.128과 같다. 함수의 활용법을 위한 예제로 데이터 분석의 관점에서는 큰 의미는 없으며, annotation_raster( ) 함수를 이용해 색상을 칠한 후 geom_point( ) 함수를 이용해서 산점도를 그린다.

hcl( ) 함수는 R의 기본 패키지인 grDevices 패키지에 포함된 것으로 색상(hue), 채도(chroma), 휘도(luminance) 방식으로 색상 코드를 생성하는 함수다. 결과 값으로 색상 값을 가진 문자열 벡터를 반환한다. hcl( ) 함수를 사용한 것은 무지개색을 쉽게 생성하기 위한 것 외에는 특별한 의미는 없다. 예제 코드에서 rainbow.colors는 문자열 색상 값을 원소로 갖는 1행 10열의 행렬 객체이다.

6.9.6 borders( ) 함수

borders( ) 함수는 지도의 경계선을 그려준다. Annotation 함수군에 포함되어 있긴 하지만 지도 표현에 관련된 함수로 활용도가 떨어진다.

다음 예제는 위도와 경도를 기준으로 도시의 인구밀도를 점의 크기로 표현한 플롯이다. 그리고 플롯에 지도 경계를 그려서 지도에서 인구 밀도를 시각적으로 확인하기 쉽도록 한 것이다. 예제에서는 borders( ) 함수가 지도에서 지형의 경계선을 표현하는 데 쓰인 것 외에는 특별한 것은 없다. 결과는 그림 6.129처럼 인구분포에 대한 주제도를 그려준다.

```
> library(maps)
> data(world.cities)
> world <- map_data("world")
> korea_south <- world.cities[world.cities$country == "Korea South", ]
> p <- ggplot(korea_south, aes(long, lat))
> p <- p + coord_map( )
> p <- p + borders("world", "South Korea", fill="white")
> p + geom_point(aes(size = pop), colour="blue", alpha=0.8)
```

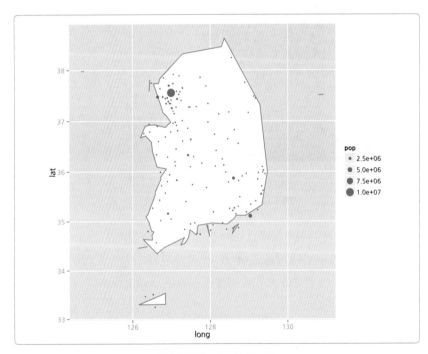

그림 6.129 borders( ) 함수 예제

maps 패키지에서 제공하는 world.cities 데이터는 2006년의 각 국가별 인구데 이터를 가지고 있으며 이를 geom_point( ) 함수를 통해서 위치별로 인구밀도를 점의 크기로 표현하였다. 공간적 위치를 시각적으로 확인하기 위해서 world 지 도 데이터에서 우리나라 영역을 추출하여 borders( ) 함수를 이용해 경계를 플 롯에 표현한 것이다. 예제에서 우리나라의 경계 모양이 매끄럽지 않은 것은 앞 서 설명한 바와 같이 world 데이터가 저해상도 데이터이기 때문이며, 고해상도 지도 데이터를 사용하면 좀 더 매끄럽게 표현된 플롯을 만들 수 있다.

6.10 Fortify 함수군

Fortify 함수군은 데이터 프레임이 아닌 다른 데이터 객체를 표현하기 위해 지원되는 함수군이다. 이름만으로는 의미를 쉽게 파악하기 어려운데, 이 함수군이 필요한 이유는 ggplot2에 플로팅을 하기 위해서는 데이터가 데이터 프레임 객체로 변환되어야 하기 때문이다. 특히 선형회귀인 모델인 lm 클래스 객체나 지도와 관련된 데이터들은 ggplot2를 이용해 시각화할 수 있지만, 모델이나 지도들을 원시 데이터(source data)와 함께 시각화하지 못한다. 그래서 이들과 원시 데이터를 데이터 프레임에 넣어주기 위한 별도의 전처리가 필요하다. 시각화 과정에서는 이러한 불편함이 빈번하게 발생하는데, 이에 대한 지원 함수로 이해하면 된다.

fortify는 사전적으로 '요새화' 또는 '성곽을 쌓다.'라는 뜻으로 정의되어 있다. 그러나 그렇게 직역하기에는 많이 어색하고 적절한 한국어 표현이 없어 이 책에서는 '묶는다'는 의미를 사용하였으므로 혼동하지 않도록 한다.

Fortify 함수군에는 다음과 같은 함수가 있다. 각 목록과 대략의 용도를 이해하고 넘어가자.

· fortify: 모델을 데이터와 함께 묶음
· fortify-multcomp(fortify.cld, fortify.confint.glht, fortify.glht, fortify. summary.glht): 분산분석 및 다중비교 모델을 묶음
· fortify.lm: 선형회귀 모델을 데이터와 함께 묶음
· fortify.map: 지도객체를 묶음
· fortify.sp(fortify.Line, fortify.Lines, fortify.Polygon, fortify.Polygons, fortify.SpatialLinesDataFrame, fortify.SpatialPolygons, fortify. SpatialPolygonsDataFrame): sp 패키지들의 클래스를 묶음
· map_data: 맵 데이터를 데이터 프레임으로 변환

6.10.1 fortity( ), fortify.lm( ) 함수 ✪

ggplot2 패키지는 모델링 알고리즘을 통해 생성된 모델 객체를 시각화할 수 있나. 그러나 작성된 모델 객체는 모델을 작성하는 데 사용한 원시 데이터를 포함하지 않는 경우가 많다. 이런 경우 모델 생성에 사용한 데이터를 모델과 함께 시각화하려면 모델과 데이터를 묶어서 데이터 프레임을 만드는 작업을 수행해야 한다. 이런 작업은 데이터 조작에 숙련되어 있지 않으면 어렵고 데이터 시각화 과정에서 가장 많은 시간을 할애해야 하는 부분이기도 하다. fortify( ) 함수는 Fortify 함수군에서 가장 기본이 되는 함수로 모델과 데이터를 묶어주는 기능을 제공한다.

예제를 통해 모델의 시각화와 모델과 데이터의 시각화에 대한 차이점을 확인하는 것이 Fortify 함수군 이해의 지름길일 것이다. 우선 mtcars 데이터를 사용해 간단한 선형회귀 모델을 작성해서 model이라는 이름의 lm 클래스 객체를 생성한다.

```
> model <- lm(mpg ~ wt, data = mtcars)
```

앞서 익힌 ggplot2 패키지의 시각화 작업의 패턴으로 선형회귀 모델을 다음과 같이 쉽게 시각화할 수 있다. 이 예제는 그림 6.130처럼 회귀분석의 모형진단에서 사용되는 "Residuals vs Fitted" 플롯[25]을 그린다.

```
> p <- ggplot(data=model, aes(x=.fitted, y=.resid))
> p <- p + geom_hline(yintercept=0)
> p <- p + geom_point( )
> p + geom_smooth(se=FALSE, method=loess)
```

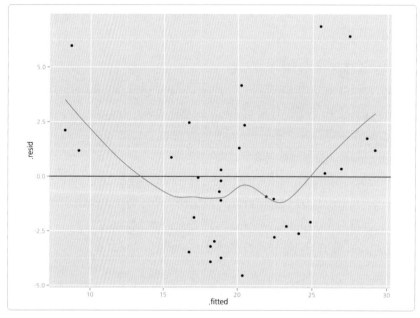

그림 6.130 회귀 모델의 회귀진단 플롯

그런데 여러분은 위 예제에서 이상한 점을 알아채야 한다. .fitted와 .resid는 lm( ) 함수로 생성된 lm 클래스 객체의 성분(components)으로 유추할 수 있지만 model 객체에는 이런 성분이 없다는 것인데, 이는 바로 fortify( ) 함수에 의해

---

25 선형회귀 모델(linear regression model)의 추정치와 실제 값의 차이를 잔차(residuals)라 한다. 그러므로 "Residuals vs Fitted" 플롯은 잔차와 추정치(Fitted values)를 직교좌표에 산점도로 표현한 플롯을 의미한다. 잔차의 값이 0에 가까울수록 예측 모델의 정확도가 높다고 할 수 있다.

자동 변환하기 때문이다. 다음 두 줄의 코드를 천천히 실행하고, 결과를 비교하면 차이점을 확인할 수 있을 것이다.

```
> names(model)
```

```
 [1] "coefficients"  "residuals"      "effects"
 [4] "rank"          "fitted.values" "assign"
 [7] "qr"            "df.residual"    "xlevels"
[10] "call"          "terms"          "model"
```

```
> names(fortify(model))
```

```
[1] "mpg"       "wt"        ".hat"      ".sigma"     ".cooksd"
[6] ".fitted"   ".resid"    ".stdresid"
```

```
> is.data.frame(fortify(model))
```

```
[1] TRUE
```

첫 번째 결과는 lm( ) 함수로 생성한 model 객체의 성분 목록이며 두 번째는 fortify( ) 함수에 의해 변환된 객체의 성분 목록이다. 예제에서 사용된 .fitted와 .resdi 성분이 fortify( ) 함수에 의해 변환된 데이터 프레임의 변수 이름으로 확인할 수 있다.

생성된 모델을 ggplot2가 자동으로 변환하기 때문에 여기까지는 큰 문제가 발생하지 않는다. 그럼 좀 더 응용된 시각화를 생각해보자. "Residuals vs Fitted" 플롯에서 실린더(cyl)별로 점의 색상을 구분해서 표현하는데, 만약 다음과 같이 코드를 고쳐서 실행하면 에러가 발생할 것이다.

```
> p <- ggplot(data=model, aes(x=.fitted, y=.resid))
> p <- p + geom_hline(yintercept=0)
> p <- p + geom_point(colour=factor(cyl))
```

다음에 오류가 있습니다factor(cyl) : 객체 'cyl'를 찾을 수 없습니다

```
> p + geom_smooth(se=FALSE, method=loess)
```

에러는 colour에 factor(cyl)를 매핑하려 할 때 발생한다. 사용하려고 하는 cyl 변수에 대한 실제 데이터가 model 객체에는 포함되어 있지 않기 때문이다. 앞서 names(fortify(model)) 명령으로 fortify( ) 함수로 변환한 객체의 내용을 다시 확인해 봐도 cyl 변수는 포함되어 있지 않은 것을 알 수 있다.

이제 "Residuals vs Fitted" 플롯에서 실린더(cyl)별로 점의 색상을 구분해서 표현하려면, 다음과 같이 코드를 고쳐야 한다. 다음 코드를 수행하면 그림 6.131처럼 원하는 결과를 얻을 수 있다.

```
> p <- ggplot(data=fortify(model, mtcars), aes(x=.fitted, y=.resid))
> p <- p + geom_hline(yintercept=0)
> p <- p + geom_point(aes(colour=factor(cyl)))
> p + geom_smooth(se=FALSE, method=loess)
```

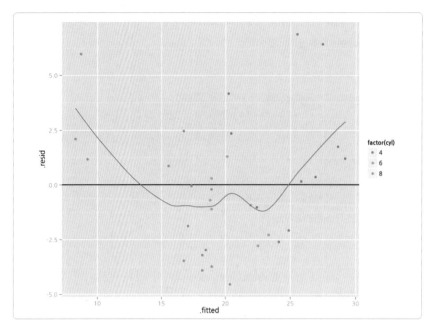

그림 6.131 fortify( ) 함수로 응용한 회귀진단 플롯

에러가 발생한 앞의 예제 코드와 차이점은 fortify( ) 함수로 model 객체와 mtcars 데이터 프레임을 합친 것뿐이다. 다음과 같이 모델과 데이터가 묶인 객체를 확인하면, fortify( ) 함수의 기능을 쉽게 이해할 수 있을 것이다.

```
> is.data.frame(fortify(model, mtcars))
```

```
[1] TRUE
```

```
> names(fortify(model, mtcars))
```

```
 [1] "mpg"       "cyl"       "disp"      "hp"        "drat"
 [6] "wt"        "qsec"      "vs"        "am"        "gear"
[11] "carb"      ".hat"      ".sigma"    ".cooksd"   ".fitted"
[16] ".resid"    ".stdresid"
```

fortify( )는 제너릭 함수인데, 인수로 입력된 모델 객체의 클래스를 인식한 후 해당하는 모델을 처리하는 실제 함수를 호출한다. 즉 입력된 모델이 lm( ) 함수로 생성된 lm 객체라면 내부에서 fortify.lm( ) 함수를 호출하지만, fortify.lm( ) 함수는 감춰진 함수로 직접 호출해서 사용할 수는 없다. 그래도 굳이 사용하겠다면 다음과 같이 숨겨진 함수의 호출이 가능하다.

```
> names(ggplot2:::fortify.lm(model, mtcars))
```

```
 [1] "mpg"       "cyl"       "disp"      "hp"        "drat"
 [6] "wt"        "qsec"      "vs"        "am"        "gear"
[11] "carb"      ".hat"      ".sigma"    ".cooksd"   ".fitted"
[16] ".resid"    ".stdresid"
```

6.10.2 fortity-multcomp( ) 함수

fortify.lm( ) 함수와 마찬가지로 실제로 fortity-multcomp( ) 함수도 호출할 수
없다. 함수의 이름마저도 '-'가 포함되어 있어 규칙에 위배되며 사실 실제로 존
재하지 않는다. fortity-multcomp는 분산분석의 사후검정인 다중비교(multiple
comparison procedures)를 지원하는 multcomp 패키지와 밀접한 관련이 있다.
이 함수는 다중비교를 통해 생성된 glht 클래스 객체를 Geoms 함수군의 data
인수에 전달하여 지오메트릭에 엮어주는 역할을 한다.

예제를 실행하기 위해서는 multcomp 패키지를 로딩해야 한다.

```
> library("multcomp")
```

먼저 분산분석의 사후 분석인 다중비교에 대한 시각화 예제를 실행한다. 다음
예제는 분산분석과 그 결과를 검정한 것을 결합하여 플로팅한 것이다. 결과는
그림 6.132와 같다.

```
> # 이원배치 분산분석 모델 생성
> aov_model <- aov(breaks ~ wool + tension, data = warpbreaks)
> # 튜키의 방법에 의한 다중비교
> ht <- glht(aov_model, linfct=mcp(tension="Tukey"))
> # wool에 대한 다중비교시
> # ht <- glht(aov_model, linfct=mcp(wool="Tukey"))
> ht_ci <- confint(ht)
> # 분산분석 모델의 다중비교 시각화
> p <- ggplot(mapping = aes(lhs, estimate))
> p <- p + geom_linerange(aes(ymin = lwr, ymax = upr), data=ht_ci)
> p <- p + geom_point(aes(size=p), data=summary(ht))
> p + scale_size(trans="reverse")
```

위 예제에서 warpbreaks 데이터 프레임은 울실에 대한 실험 데이터다. 변수
breaks는 베틀에서 끊어진 날실의 개수를 의미하고 변수 tension은 장력을 의
미한다. 장력의 수준은 L, M, H로 작음, 중간, 큼을 나타낸다. 변수 wool은 울의
종류를 나타내며 수준은 A와 B를 갖는다.

울의 종류와 장력에 따른 절단 회수에 대한 이원배치 분산분석을 aov( ) 함수
를 사용해서 모델을 생성한 후 glth( ) 함수를 사용해 사후검정으로 다중비교를
수행하였다. 그리고 confint( ) 함수를 이용해 이들의 신뢰구간까지 도출한 것이
다. 즉, 위 예제는 분산분석의 사후검정인 다중비교를 시각화한 예제다. 또한 예
제는 장력인 tension에 대한 다중비교의 사례인데, 만약 울의 종류인 wool에 대
한 다중비교를 수행하려면 주석처리한 내용처럼 glht( ) 함수 내의 mcp( ) 함수
의 호출을 수정하면 된다.

예제에서 주의할 점은 ggplot( ) 함수에는 데이터를 전달하지 않고 aes( ) 함
수를 사용해 매핑 관계만 먼저 정의한 후 실제 데이터 전달은 Geoms 함수군인

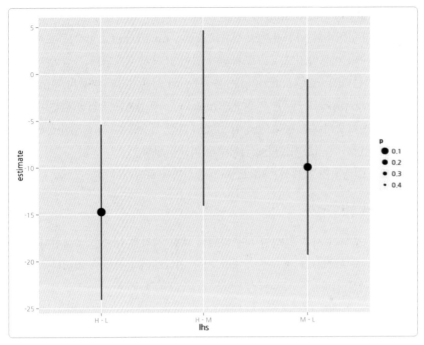

그림 6.132 fortify-multcomp( ) 함수 예제

geom_linerange( ) 함수와 geom_point( ) 함수에서 해당 지오메트릭별로 각각 지정해서 수행한다는 점이다. 이들 함수의 data 인수로 넘겨진 모델들은 암묵적으로 fortify( ) 함수, 즉 fortity-multcomp( ) 함수에 의해 변환된 것이다.

6.10.3 fortify.map( ) 함수

fortify.map( )은 제너릭 함수인 fortify( )의 data 인수로 전달된 데이터가 map 객체인 경우 내부적으로 자동 실행되는 함수다. 그러므로 fortify.map( )은 map 객체를 플로팅하기 위해 사용하는 함수라는 것을 알 수 있다. 쉽게 구할 수 있는 map 객체는 maps 패키지에 포함된 world, state, county 등이 있지만 fortify. map( ) 함수 예제로 사용할 수 있는 것은 group 변수를 가진 county 맵 정도다.

다음 예제를 통해 fortify.map( ) 함수가 작동하는 것을 살펴보자. 앞의 예제들과 마찬가지로 fortify.map( ) 함수도 암묵적으로 내부에서 자동으로 실행된다. 결과는 그림 6.133과 같다.

```
> library(maps)
> ca <- map("county", "ca", plot = FALSE, fill = TRUE)
> p <- ggplol(data=ca, aes(x=long, y=lat, group=group))
> p + geom_polygon(colour = I("white"))
```

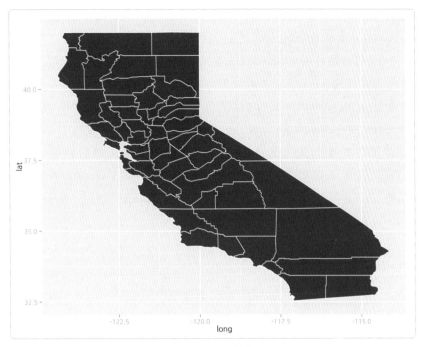

그림 6.133 fortify.map( ) 함수 예제

county 데이터는 미국의 카운티에 대한 지도 데이터이다. map( ) 함수에 주의 이름을 지정해서 해당 주에 속한 카운티의 지도를 가져오는데, 예제에서는 "ca", 즉 캘리포이나 주를 선택해서 캘리포니아 주에 포함된 카운티의 지도를 불러와 화면에 그대로 시각화한 것이다. 그런데 map 클래스 객체의 데이터 구조는 다 소 복잡하다. 그래서 복잡한 데이터 구조를 ggplot( ) 함수에서 사용할 수 있는 구조로 엮어주는데, 내부적으로 fortify.map( ) 함수가 사용된 것이다.

6.10.4 fortify.sp( ) 함수

지리정보를 시각화하기 위해 R은 map 객체를 기본으로 지원하지만 지도의 타 입도 구형인데다 설령 지도를 따로 구해서 map 객체로 변환한다고 해도 상당 히 복잡한 작업이다. 지도 데이터의 포맷으로 가장 유명한 것은 ESRI[26]의 shape 포맷이다. 이 데이터는 파일에 저장되며 파일의 확장자가 shp인 파일과 그 부 속 파일들로 구성된다. shape 포맷의 지도 데이터를 다루기 위한 R의 패키지는

---

26 ESRI는 지리정보시스템 소프트웨어를 제공하는 소프트웨어 개발사로서 본사는 미국 캘리포니 아주, 레드랜드에 위치하고 있다. ESRI는 1996년 Environmental Systems Research Institute라 는 이름으로 만들어진 소프트웨어 컨설팅 회사로 ArcGIS Desktop을 비롯하여 다양한 제품을 전 세계 시장에 공급하고 있으며 전 세계 GIS 소프트웨어 사용자의 80%의 점유율을 보유하고 있다. http://ko.wikipedia.org/wiki/ESRI 참조

maptools 패키지[27]와 sp 패키지[28]가 있는데, fortify.sp( ) 함수가 이 지도 데이터를 지원하기 위한 함수다.

예제를 수행하기 전에 지도 데이터를 구해야 하는데, http://www.gadm.org 에서 지도 데이터를 다운로드한 뒤 압축을 해제한다. 여기서는 예제 수행을 위해 KOR_adm.zip이라는 파일명의 한국 데이터를 다운로드했으며[29] 예제는 R 의 작업 디렉터리(working directory)의 하위에 map 디렉토리를 만든 뒤 KOR_adm이라는 디렉토리를 만들어 압축을 풀어두었다는 것을 전제로 한다.

다음은 shape 형식의 지도 데이터를 시각화하는 예제인데, 크고 작은 도서 (島嶼) 정보들이 많아서 플로팅하는 시간이 많이 소요될 것이다. 결과는 그림 6.134와 같다.

```
> library(sp)
> library(maptools)
> korea <- readShapePoly("map/KOR_adm/KOR_adm2.shp")
> p <- ggplot(korea, aes(x=long, y=lat, group=group))
> p + geom_polygon(colour="black", fill="white")
```

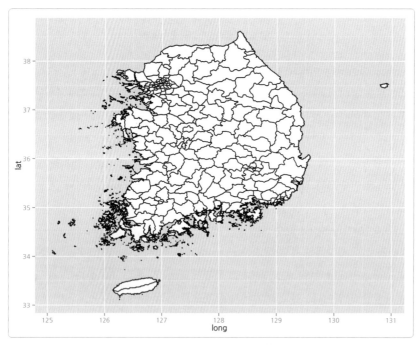

그림 6.134 fortify.sp( ) 함수 예제

---

27 map tools 패키지는 간단한 지도(maps)를 그리고, 그려진 지도 위에 파이 차트와 같은 간단한 부가 플롯(sub-plots)을 그릴 수 있는 패키지다.

28 sp 패키지는 공간 데이터(점, 선, 다각형 및 그리드) 클래스와 메소드를 제공하는 패키지로 R에서 제공하는 공간분석 패키지의 근간이 되는 패키지다. 공간분석에 관심있는 독자는 이 패키지의 학습을 권장한다.

29 한국 지도 데이터는 통계청 홈페이지에서 별도의 신청 과정을 통해서 받을 수도 있다.

예제를 보면 shp 확장자를 가진 지도 파일을 로딩해서 사용한 것 외에는 fortify. map( ) 함수의 예제와 큰 차이가 없음을 알 수 있다. 하지만 암묵적으로 fortify( ) 함수, 즉 fortify.sp( ) 함수가 사용되었다는 것을 인지해야 한다. 더불어 지도를 시각화하는 것은 ggplot2 패키지를 사용하는 것보다 sp 패키지와 maptools 패키지를 사용하는 것을 권장한다.

6.11 Themes 함수군

플롯에 미적 요소를 가미해서 꾸미는 작업은 데이터를 분석하는 데 직접 관계가 없을 것 같지만 중요한 작업 중 하나이다. 시각화 작업은 데이터를 탐색하고 어떤 사실을 발견하려는 관점으로 접근하지만, 명시성을 높이고 전달하려는 의미를 좀 더 강조해서 표현하기 위한 미적인 부분의 정성도 필요하다.

Themes 함수군에는 다음과 같은 것들이 있다. 각 함수 목록과 대략의 용도를 이해하고 넘어가도록 한다.

- theme: 요소별로 테마(theme) 설정
- theme_bw: 플롯의 내부에 흰색 배경의 검정색 격자선을 가진 테마를 설정
- theme_grey(theme_gray): 플롯의 내부에 회색 배경의 흰색 격자선을 가진 테마를 설정
- theme_update(theme_get, theme_set): 현재 설정된 테마의 일부 요소를 변경
- add_theme: 테마 객체 내 테마 요소에 지정된 속성을 수정
- element_blank: 비어 있는 테마 요소 객체를 생성
- element_line: 테마의 선을 위한 요소 객체를 생성
- element_rect: 테마의 영역을 위한 요소 객체를 생성
- element_text: 테마의 텍스트를 위한 요소 객체를 생성
- calc_element: 상속에 따라 적용된 테마 요소의 속성 값을 계산
- update_element: 속성 객체의 인수를 변경
- is.rel: 입력한 객체의 상대적 크기 객체 여부를 반환
- is.theme: 특정 객체의 테마 객체 여부를 반환
- opts: 테마 요소로부터 새 테마를 생성
- rel: 테마 요소에 적용하기 위한 상대적 크기 객체를 생성

6.11.1 theme( ) 함수

theme( )는 Themes 함수군에서 가장 중요하고 빈번하게 사용하는 함수다. 대부분의 테마와 관련된 설정 작업은 이 함수를 사용해 조정할 수 있다. 테마를

조정하기 위해서는 theme( ) 함수가 지원하는 테마 요소(theme elements)의
이름과 용도를 알아야 하는데 종류가 매우 많아 한번에 암기하는 것은 어렵지
만, 이름에 대한 규칙이 있기 때문에 Themes 함수군을 반복해서 사용하다보면
자연스럽게 기억할 수 있다. 테마 요소는 theme( ) 함수에서는 인수의 이름으
로 사용되며 인수 값은 테마 요소를 설정할 수 있는 element_text( ) 함수 또는
element_line( ) 함수 등의 호출 결과를 사용해야 한다. 이는 ggplot( ) 함수가
aes( ) 함수를 사용해서 지오메트릭과 데이터를 매핑하는 방식과 유사하다.

　다음은 theme( ) 함수에서 사용하는 테마 요소들의 이름과 용도다. 테마 요소
의 이름은 명명 규칙에 따라 점문자('.')로 구분된다. 점문자 왼쪽에서 오른쪽으
로 갈수록 테마 요소가 보다 구체화되면서 그 대상이 축소된다. 예를 들면 axis.
title는 축(axis)의 타이틀(title: 라벨) 요소를 의미한다. 그리고 axis.title.x는 축
의 타이틀 요소 중에서 x-축의 타이틀 요소를 의미한다. 테마 요소의 명명 규칙
과 상속관계에 대한 대략의 규칙을 알아두는 것이 중요하다.

- text: 모든 텍스트 요소(element_text로 적용)
- title: 모든 타이틀 요소(element_text로 적용. text로부터 상속)
- line: 모든 선 요소(element_line로 적용)
- rect: 모든 사각형 요소(element_rect로 적용)
- axis.title: 축(axes)의 라벨(element_text로 적용. text로부터 상속)
- axis.title.x: x-축의 라벨(element_text로 적용. axis.title로부터 상속)
- axis.title.y: y-축의 라벨(element_text로 적용. axis.title로부터 상속)
- axis.text: 틱(ticks)의 라벨(element_text로 적용. axis.text로부터 상속)
- axis.text.x: x-축의 틱 라벨(element_text로 적용. axis.text로부터 상속)
- axis.text.y: y-축의 틱 라벨(element_text로 적용. axis.text로부터 상속)
- axis.ticks: 틱 마크(element_line로 적용. line으로부터 상속)
- axis.ticks.x: x-축의 틱 마크(element_line로 적용. axis.ticks로부터 상속)
- axis.ticks.y: y-축의 틱 마크 (element_line로 적용. axis.ticks로부터 상속)
- axis.ticks.length: 틱 마크의 길이(unit)
- axis.ticks.margin: 틱 마크의 마진. 틱 마크와 틱 라벨 사이의 여백(unit)
- axis.line: 축의 라인(element_line으로 적용. line으로부터 상속)
- axis.line.x: x-축의 라인(element_line으로 적용. axis.line으로부터 상속)
- axis.line.y: y-축의 라인(element_line으로 적용. axis.line으로부터 상속)
- legend.background: 범례의 배경(element_rect로 적용. rect로부터 상속)
- legend.margin: 범례의 외부 여백(unit)

- legend.key: 범례 키의 배경(element_rect로 적용. rect로부터 상속)
- legend.key.size: 범례 키의 크기(unit; legend.key.size로부터 상속)
- legend.key.height: 범례 키의 높이(unit; legend.key.size로부터 상속)
- legend.key.width: 범례 키의 너비(unit; legend.key.size로부터 상속)
- legend.text: 범례의 라벨(element_text로 적용. text로부터 상속)
- legend.text.align: 범례의 라벨의 정렬(0부터 1까지의 숫자. 0은 왼쪽 1은 오른쪽)
- legend.title: 범례의 타이틀(element_text로 적용. title로부터 상속)
- legend.title.align: 범례 타이틀의 정렬(0부터 1까지의 숫자. 0은 왼쪽 1은 오른쪽)
- legend.position: 범례의 위치(상, 하, 좌, 우 또는 두 개의 요소를 가진 수치 벡터로 지정)
- legend.direction: 범례 안에서 아이템의 출력 방향('horizontal' 또는 'vertical')
- legend.justification: 범례 안의 정렬 방법('center' 또는 두 개의 요소를 가진 수치 벡터로 지정)
- legend.box: 다중 범례의 정렬 방식('horizontal' 또는 'vertical')
- legend.box.just: 다중 범례에서 각 범례의 정렬 위치('top', 'bottom', 'left', 'right')
- panel.background: 패싯(facets)의 배경(element_rect로 적용. rect로부터 상속)
- panel.borde: 패싯의 테두리. 틱 영역의 배경 포함(element_rect로 적용. rect로부터 상속)
- panel.margin: 패싯 외부 마진(unit)
- panel.grid: 패싯 격자의 선(element_line로 적용. line으로부터 상속)
- panel.grid.major: 패싯 주 격자의 선(element_line로 적용. panel.grid로부터 상속)
- panel.grid.minor: 패싯 보조 격자의 선(element_line로 적용. panel.grid로부터 상속)
- panel.grid.major.x: 패싯 주 격자의 세로 선(element_line로 적용. panel.grid.major로부터 상속)
- panel.grid.major.y: 패싯 주 격자의 가로 선(element_line로 적용. panel.grid.major로부터 상속)
- panel.grid.minor.x: 패싯 보조 격자의 세로 선(element_line로 적용. panel.

grid.minor로부터 상속)

- panel.grid.minor.y: 패싯 보조 격자의 가로 선(element_line로 적용. panel. grid.minor로부터 상속)
- plot.background: 전체 플롯의 배경(element_rect로 적용. rect로부터 상속)
- plot.title: 플롯의 타이틀(element_text로 적용. title로부터 상속)
- plot.margin: 전체 플롯의 외부 여백 (상, 하, 좌, 우의 여백 사이즈)
- strip.background: 패싯 라벨의 배경(element_rect로 적용. rect로부터 상속)
- strip.text: 패싯의 라벨(element_text로 적용. text로부터 상속)
- strip.text.x: 패싯의 x 라벨(element_text; strip.text로부터 상속)
- strip.text.y: 패싯의 y 라벨(element_text; strip.text로부터 상속)

theme( ) 함수의 많은 인수들은 'element_' 접두어를 가진 함수들을 이용해서 객체를 생성한 후 전달해야 한다. 예를 들어 text 인수에 값을 전달할 경우에는 element_text( ) 함수로 객체를 생성해야 하며, line 인수에 값을 전달할 경우에는 element_line( ) 함수로 객체를 생성해야 한다. 인수에 적용되는 element 계열의 함수에 대한 접미어 규칙을 이해하면, 호출할 함수 이름을 쉽게 선택할 수 있을 것이다.

　theme( ) 함수의 심화된 사용법을 학습하기 전에, 우선 diamonds 데이터를 이용해 theme( ) 함수를 사용하지 않은 간단한 산점도 플롯을 그리면, 결과는 그림 6.135와 같다.

```
> p <- ggplot(data=subset(diamonds, color=="J"), aes(x=carat, y=price,
              colour=clarity))
> p <- p + geom_point( )
> p <- p + ggtitle("Diamond plot (color=J)")
> p
```

그림 6.135에서 타이틀의 폰트와 글자 크기, 글자 색상을 바꾸려면, 다음과 같이 theme( ) 함수의 title 인수에 element_text( ) 함수의 호출을 인수 값으로 넘기면 된다. 그러면 title 요소의 테마 설정이 변경된다.

```
p + theme(title=element_text(family="Arial", size=14, colour="blue"))
```

타이틀의 테마 요소를 설정하는 element_text( ) 함수의 family 인수는 폰트의 종류, size 인수는 문자의 크기를 설정하고, colour는 문자의 색상을 설정한다. element_text( ) 함수에 대해서는 후에 별도로 설명할 것이지만, 복잡하지 않으므로 당장 이해하기도 어렵지는 않을 것이다. 위 예제는 타이틀의 폰트를 Arial로 바꾸고 색상을 파란색으로 설정했으며, 크기는 14포인트로 지정한 것이다.

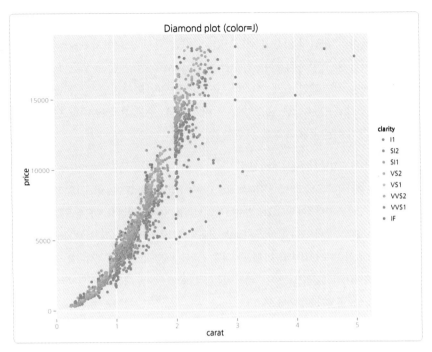

그림 6.135 기본 테마의 산점도 플롯

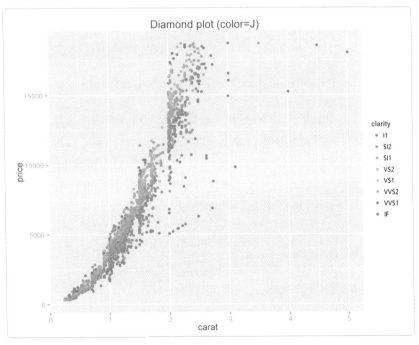

그림 6.136 title 요소가 변경된 플롯

그런데 결과인 그림 6.136을 보면 플롯의 메인 타이틀을 비롯해서 x-축, y-축, 범례의 타이틀까지 바뀌어 있음을 볼 수 있다. 이는 앞서 소개한 theme( ) 함수의 인수 중에서 '.'을 포함하지 않은 인수는 해당 요소를 상속 받은 모든 요소에 적용된다는 것을 기억하면 쉽게 이해가 된다. 이를 일반화시키면 '상속 받은 요소가 자식 요소이고, 상속당한 요소가 부모 요소라면, 부모 요소에 대한 설정은 자식 요소에도 적용된다'는 특징을 도출할 수 있다.

> **주의: 폰트의 크기를 나타내는 size 인수**
>
> ggplot2 패키지의 폰트 크기를 지정하는 size 인수는 R의 시각화 함수에서 문자의 크기를 나타내는 cex 인수와 차이점이 있다. cex 인수는 메인 타이틀, 각 축의 라벨 등에 모두 동일한 크기로 적용되는 절대 기준이지만 ggplot2의 size는 상대적 크기로 지정된다. 그래서 예제에서 타이틀의 폰트 size가 14로 변경되었는데 메인 타이틀, x-축과 y-축의 라벨, 범례의 타이틀 크기가 서로 다르게 출력되었다. 그러므로 R의 그래픽 파라미터 cex에 익숙한 여러분이라면 이러한 특징을 이해하고 실수를 범하지 말아야 한다.
>
> ggplot2 패키지에서는 타이틀의 size 값이 동일해도 타이틀의 문자 크기는 메인 타이틀의 문자 크기가 가장 크다. 그 다음으로는 x-축과 y-축의 라벨이 중간 정도의 크기이며, 범례의 타이틀의 크기가 가장 작다. 아주 합리적인 설정이다.

메인 타이틀에만 테마를 적용하고 싶다면 다음과 같이 theme( ) 함수의 title 인수를 plot.title 인수로 변경하면 된다. 결과는 그림 6.137과 같다.

```
p + theme(plot.title=element_text(family="Arial", size=14, colour="blue"))
```

상속의 개념을 활용할 수도 있다. 타이틀을 가진 전체 요소의 size를 14로 적용하고 플롯의 메인 타이틀의 색상을 파란색으로 바꾸고 싶다면, 다음과 같이 theme( ) 함수에서 두 개의 인수를 지정하면 된다. 이 방법은 타이틀을 가진 모든 요소들의 폰트와 글자 크기를 조정한 후에 메인 타이틀에 대한 색상만 변경한다. 결과는 그림 6.138과 같다.

```
> p + theme(title=element_text(family="Arial", size=14),
      plot.title=element_text(colour="blue"))
```

위의 예제 코드에서는 theme( ) 함수를 한 번 사용하였지만, 코드의 가독성을 높이거나 ggplot2 객체를 생성하고 후에 여러 형태로 조합해서 사용하는 등의 중분 방식을 지원하기 위해서 theme( ) 함수를 두 개로 분리할 수도 있다. 앞의 예제를 다음과 같이 고쳐도 동일하게 작동한다.

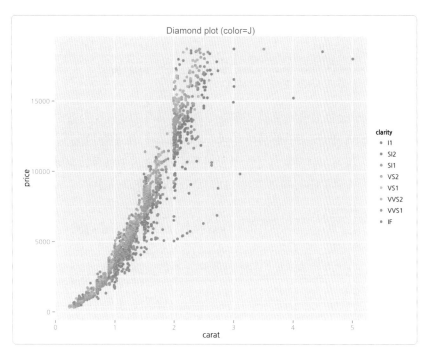

그림 6.137 plot.title 요소가 변경된 플롯

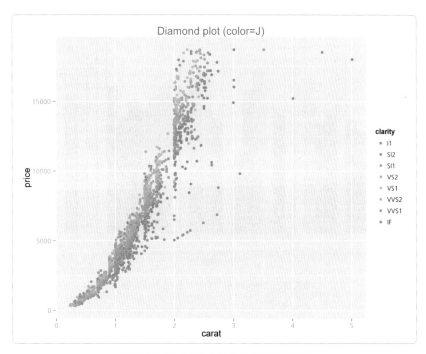

그림 6.138 title 요소와 plot.title 요소가 변경된 플롯

```
> p <- ggplot(data=subset(diamonds, color=="J"),
              aes(x=carat, y=price, colour=clarity))
> p <- p + geom_point( )
> p <- p + ggtitle("Diamond plot")
> p <- p + theme(title=element_text(family="Arial", size=14))
> p + theme(plot.title=element_text(colour="blue"))
```

이번에는 theme( ) 함수의 몇 개 인수를 살펴보기 위해 지금까지 익힌 것을 활용해서 mtcars 데이터로 간단한 막대 그래프를 그려보자. 예제에서 base.p라는 이름의 ggplot 클래스 객체를 생성한 것은 이후의 예제에서 반복적인 코딩 작업을 수행하지 않기 위함이다. 막대 그래프는 그림 6.139처럼 그려진다.

```
> p <- ggplot(mtcars, aes(x=rownames(mtcars), y=mpg))
> p <- p + geom_bar(stat="identity", aes(fill=cyl), colour="black")
> p <- p + ggtitle("Car MPG")
> p <- p + xlab("Car models") + ylab("Mile per Gallon")
> p <- p + scale_fill_gradient(low="#c3e9df", high="#063a2c")
> base.p <- p
> base.p
```

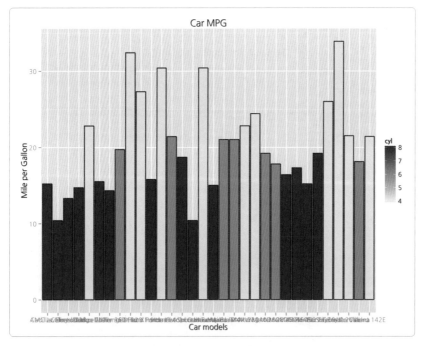

그림 6.139 theme( ) 함수 적용 전의 평범한 막대 그래프

그런데 플롯을 보면 x-축의 틱 라벨들이 겹쳐서 육안으로 구분하기 어려운 문제점이 있다. 다른 것은 특별히 고칠 것은 없지만 메인 타이틀이 조금 작은 편이고, y-축의 라벨이 90도 회전되어 있어서 해석하기가 조금 불편하다.

우선 가장 먼저 눈에 띄는 틱 라벨이 겹치는 문제를 해결하기 위해서 틱 라벨을 조금 회전시켜서 겹치지 않게 표현하도록 축의 틱 라벨을 조절하는 예제를 실행해보자. 결과는 그림 6.140과 같은데, 틱 라벨이 겹치지 않게 표현되어 데이터의 해석이 가능해졌다.

```
> base.p + theme(axis.text.x = element_text(angle=45, vjust=1, hjust=1))
```

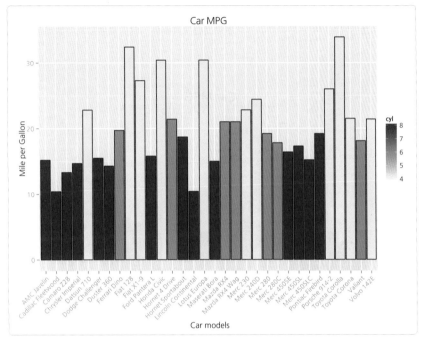

그림 6.140 틱 라벨을 회전한 플롯

element_text( ) 함수를 이용해 x-축의 틱 라벨을 의미하는 axis.text.x 인수에 angle과, vjust, hjust를 설정했다. angle의 단위는 호도법에서의 각도다. 이 값을 45로 지정하여 틱 라벨을 45도 회전시켰다. 90을 생각할 수도 있지만 90도로 라벨을 회전시키면, 읽기가 너무 어려운 단점이 있어 45로 설정하였다. vjust는 세로 정렬 기준, hjust는 가로 정렬 기준을 의미한다.

세로의 정렬 기준을 의미하는 vjust의 값은 0부터 1까지의 실수를 사용할 수 있다. 문자열이 0은 아래 정렬, 1은 위 정렬, 0.5는 가운데 정렬로 표현된다. 마찬가지로 가로의 정렬 방법을 의미하는 hjust의 값도 0부터 1 사이의 값을 가지며 0은 왼쪽 정렬, 1은 오른쪽 정렬, 0.5는 가운데 정렬을 의미한다.

이제 플롯의 메인 타이틀과 x-축의 타이틀, y-축의 타이틀을 적당히 조절해보자. y-축의 타이틀이 90도 회전되어 있는데, 읽기 좋게 원래대로 돌려 놓을 것이다. 또 가로 폭을 너무 많이 차지하지 않도록 문자열에 개행 문자를 넣어 조절할 것이다. 추가로 타이틀의 사이즈를 조절하고, 글씨도 굵은 글씨로 변경한다. 다음 예제를 수행하면, 이런 내용이 반영된 그림 6.141과 같은 플롯이 그려진다.

```
> p <- base.p + ylab("Mile\nper\nGallon")
> p <- p + theme(plot.title = element_text(face="bold", size=20))
> p <- p + theme(axis.title.x = element_text(face="bold", colour="#333333",
                 size=14))
> p <- p + theme(axis.title.y = element_text(angle = 0, face="bold",
                 colour="#333333", size=14))
> p2 <- p + theme(axis.text.x = element_text(angle = 45, vjust=1, hjust=1,
                 size=12))
> p2
```

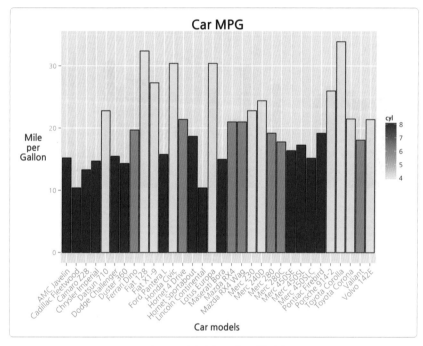

그림 6.141 여러 테마 요소를 수정한 플롯

굵은 글씨체로 변경하는 방법은 element_text( ) 함수의 face 인수를 조정하는 것이다. 여기서는 size 인수도 조정해서 여러 타이틀의 글자 크기가 변경한 것도 볼 수 있다. 마지막 설정에서 p2라는 이름의 ggplot 클래스 객체를 만든 이유도 이후의 예제에서 여기서 만든 플롯 기반으로 작업을 하기 위함이다.

이제 범례 부분을 수정해보자. 다음 예제에서는 범례로 사용된 연속형의 레벨 막대를 이산형의 박스 범례로 변경하고, 범례의 외곽에 점선으로 된 박스를 둘러칠 것이다. 결과는 그림 6.142와 같다.

```
> library("grid")
> p <- p2 + scale_fill_gradient(low="#c3e9df", high="#063a2c", guide=guide_
                                legend(title="Cylinder"))
> p <- p + theme(legend.background = element_rect(linetype="dotted",
                 colour="#333333", fill="#eeeeee"))
> p3 <- p + theme(legend.key.size = unit(10, "mm"))
> p3
```

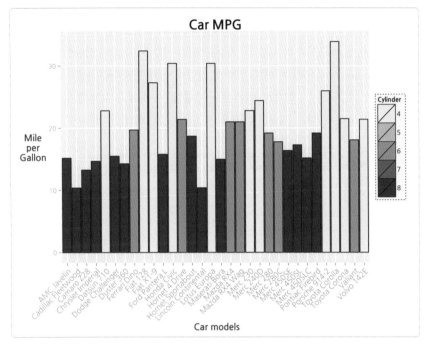

그림 6.142 범례 테마 요소를 수정한 플롯

먼저 예제에서 grid 패키지를 불러왔는데, 이는 범례 내부의 항목 크기를 조절하기 위해 사용된 unit( ) 함수가 grid 패키지의 함수이기 때문이다. 범례의 외곽에 상자를 두르기 위해서는 legend.background 인수 값을 사각형 요소를 설정하는 element_rect( ) 함수로 지정하였다. 예제에서는 사각형 상자의 선의 종류와 색상, 배경색을 모두 설정하였다.

범례 안의 항목의 크기를 의미하는 legned.key.size 인수는 unit( ) 함수로 적당한 크기로 변경하였다. unit( ) 함수로 크기를 조절할 때는 크기가 상대적 크기가 아닌 절대적 크기로 변경되므로 플롯의 크기를 조절하면 자동으로 조절되지 않는다는 것을 주의해야 한다.

theme( ) 함수는 'element_' 접두어의 이름을 가진 여러 함수의 조합으로 많은 테마 요소를 변경할 수 있다. 조합의 방법이나 시각화 결과의 명시성을 높이는 시도는 사용자 각자의 몫이고, 분량의 한계가 있어서 이 책에서는 모든 인수를 다루지 못했다. 그러나 기본적인 사용 방법은 숙지가 되었을 것이므로 다른 인수들은 필요에 따라 스스로 연습을 통해서 익히기 바란다.

6.11.2 theme_*( ) 함수들

6.11.2.1 theme_bw( ) 함수

theme_bw( ) 함수는 플롯의 내부 영역을 흰색 바탕으로 변경하고 격자의 색을 검정색으로 바꾸어주는 단순한 기능을 한다. 함수 이름의 접미어인 'bw'는 'black & white'기 때문에 이 테마 함수의 기능이 쉽게 유추된다.

먼저 이전의 theme( ) 함수의 예제에서 생성한 p3 객체를 수정해서 플롯의 배경색을 변경해보자. 다음 예제를 수행하면 그림 6.143과 같은 플롯이 그려진다.

```
> p <- p3 + theme(panel.background = element_rect(fill="#eeeeff"))
> p <- p + theme(plot.background = element_rect(fill="#eeeeee"))
> p
```

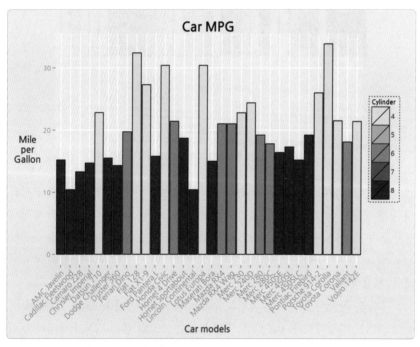

그림 6.143 배경색 테마 요소를 수정한 플롯

panel.background 인수를 이용해서 플롯이 그려지는 패널의 배경색을 엷은 보라색으로 변경했으며, 플롯 전체의 배경은 plot.background 인수를 이용해서 조절한 것을 알 수 있다.

그럼 위 예제에 다음과 같이 간단하게 theme_bw( ) 함수를 추가하자. 결과는 그림 6.144와 같다.

```
> p <- p3 + theme(panel.background = element_rect(fill="#eeeeff"))
> p <- p + theme(plot.background = element_rect(fill="#eeeeee"))
> p + theme_bw( )
```

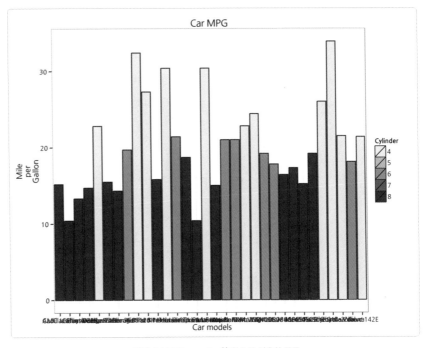

그림 6.144 theme_bw( ) 함수를 적용한 플롯

그림 6.144를 보면 명시적으로 패널 테두리가 그려졌으며 배경색도 흰색이어서 산뜻하다. 사실 ggplot2의 기본 테마로 그려진 회색 계열의 룩앤필(look and feel)은 다소 칙칙하다고 느껴질 때도 있다. 참고로 결과를 보면 이전에 적용한 일부 테마의 속성이 무효화된 것을 알 수 있다. theme_bw( ) 함수가 테마의 전체 셋을 바꾸기 때문이다. 그래서 theme_bw( ) 함수를 단독으로 사용할 것이 아니라 theme( ) 함수 등과 섞어 쓸 때는 순서를 고려해야 한다.

연습문제 6.29

그림 6.144에 적용한 theme_bw( ) 함수의 호출 순서를 변경하여 원했던 플롯으로 수정하라.

순서를 고려해서 다음과 같이 theme_bw( ) 함수를 먼저 적용하고, theme( ) 함수로 다른 테마의 요소를 수정하자. 그러면 그림 6.145와 같은 플롯을 얻을 수 있는데, 틱 라벨의 회전 등 여러 요소가 정상적으로 반영되었음을 알 수 있다. 그런데 호출의 순서가 바뀌어서 앞에서 만들어 놓은 p3 객체를 사용할 수가 없다.

```
> p <- ggplot(mtcars, aes(x=rownames(mtcars), y=mpg))
> p <- p + theme_bw( )
> p <- p + geom_bar(stat="identity", aes(fill=cyl), colour="black")
> p <- p + ggtitle("Car MPG")
> p <- p + xlab("Car models") + ylab("Mile\nper\nGallon")
> p <- p + scale_fill_gradient(low="#c3e9df", high="#063a2c", guide=guide_
                               legend(title = "Cylinder"))
> p <- p + theme(plot.title = element_text(face="bold", size=20))
> p <- p + theme(axis.title.x = element_text(face="bold", colour="#333333",
                 size=14))
> p <- p + theme(axis.title.y = element_text(angle = 0, face="bold",
                 colour="#333333", size=14))
> p <- p + theme(axis.text.x = element_text(angle = 45, vjust=1, hjust=1,
                 size=12))
> p <- p + theme(legend.background = element_rect(linetype="dotted",
                 colour="#333333", fill="#eeeeee"))
> p <- p + theme(legend.key.size = unit(10, "mm"))
> p
```

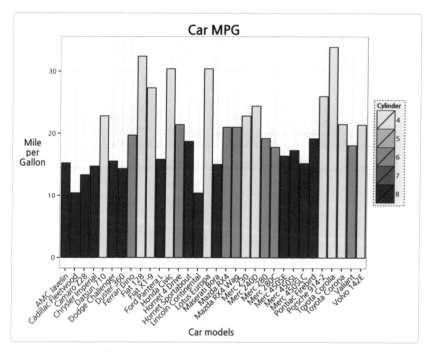

그림 6.145 호출 순서가 바뀐 theme_bw( ) 함수를 적용한 플롯

6.11.2.2 theme_gray( ) 함수

theme_gray( ) 함수는 theme_bw( ) 함수와는 반대로 플롯의 패널 영역을 회색 배경에 흰색 격자선으로 설정하는 테마 함수이다. 앞의 예제에서 theme_bw( ) 함수를 단순하게 theme_gray( ) 함수로 변경해서 호출하면 된다. 다음 예제의 결과는 그림 6.146과 같다.

```
> library(grid)
> p <- ggplot(mtcars, aes(x=rownames(mtcars), y=mpg))
> p <- p + theme_gray( )
> p <- p + geom_bar(stat="identity", aes(fill=cyl), colour="black")
> p <- p + ggtitle("Car MPG")
> p <- p + xlab("Car models") + ylab("Mile\nper\nGallon")
> p <- p + scale_fill_gradient(low="#c3e9df", high="#063a2c", guide=guide_
                               legend(title = "Cylinder"))
> p <- p + theme(plot.title = element_text(face="bold", size=20))
> p <- p + theme(axis.title.x = element_text(face="bold", colour="#333333",
                 size=14))
> p <- p + theme(axis.title.y = element_text(angle = 0, face="bold",
  colour="#333333", size=14))
> p <- p + theme(axis.text.x = element_text(angle = 45, vjust=1, hjust=1,
                 size=12))
> p <- p + theme(legend.background = element_rect(linetype="dotted",
                 colour="#333333", fill="#eeeeee"))
> p <- p + theme(legend.key.size = unit(10, "mm"))
> p
```

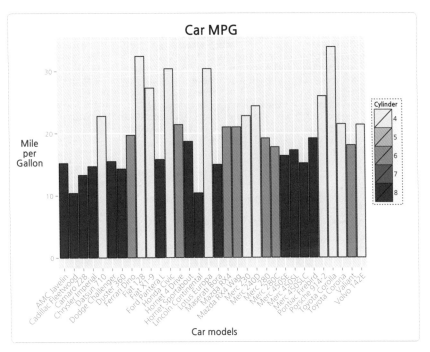

그림 6.146 theme_gray( ) 함수를 적용한 플롯

theme_bw( )와 theme_gray( )는 플롯을 흑백으로 인쇄할 경우를 대비해서 사용하거나 ggplot2의 기본 테마에 격자선을 쉽게 넣을 때 사용하는 유용한 함수들이다.

> **주의: 과도한 색상 처리의 문제**
>
> 데이터 시각화 시 열지도 그림(heatmap)[30]과 같이 꼭 필요한 경우가 아니라면 색상의 개수를 적게 사용하고 과도한 표현을 하지 않는 것이 좋다. 그런데 테마를 설명하는 예제들에서는 기능의 설명을 위해서 다소 어색한 색상을 선택하거나 과도하게 색상을 변경한 경향이 있다. 그러므로 이런 부분까지 실무에서 적용하지 않기를 당부한다.

6.11.2.3 테마 함수 정의하기

theme_bw( ) 함수와 theme_gray( ) 함수처럼 여러 테마의 요소를 설정할 수 있는 함수를 사용자정의 함수로 생성할 수 있다. 지금까지 theme( ) 함수로 설정했던 테마 요소를 모아 다음과 같이 사용자정의 함수인 theme_mine( ) 함수를 정의하였다.

```
> theme_mine <- function (base_size = 12, base_family = "") {
  theme_grey(base_size = base_size, base_family = base_family) %+replace%
     theme(plot.title = element_text(face="bold", size=20),
           axis.title.x = element_text(face="bold", colour="#333333", size=14),
           axis.title.y = element_text(angle = 0, face="bold", colour="#333333",
                                       size=14),
           axis.text.x = element_text(angle = 45, vjust=1, hjust=1, size=12),
           legend.background = element_rect(linetype="dotted", colour="#333333",
                                            fill="#eeeeee"),
           legend.key.size = unit(10, "mm")
     )
}
```

함수의 정의부를 보면 theme_mine( ) 함수는 theme_grey( ) 함수에서 정의한 테마 요소에 plot.title부터 legend.key.size까지 변경된 여섯 요소의 설정을 대치하는 것으로 정의된다.

연습문제 6.30

사용자정의 함수인 theme_mine( ) 함수를 사용해서 그림 6.146과 같은 플롯을 그려보자.

다음과 같이 ggplot 클래스 객체인 p에 theme_mine( ) 함수를 더하면, 그림 6.147과 같은 플롯이 그려진다. 그 결과를 살펴보면 그림 6.146과 동일함을 알 수 있다.

```
> p <- ggplot(mtcars, aes(x=rownames(mtcars), y=mpg))
> p <- p + geom_bar(stat="identity", aes(fill=cyl), colour="black")
> p <- p + ggtitle("Car MPG")
> p <- p + xlab("Car models") + ylab("Mile\nper\nGallon")
> p <- p + scale_fill_gradient(low="#c3e9df", high="#063a2c",
          guide=guide_legend(title = "Cylinder"))
> p + theme_mine( )
```

---

30 히트 맵(heat map)은 열을 뜻하는 히트(heat)와 지도를 뜻하는 맵(map)을 결합시킨 단어로, 색상으로 표현할 수 있는 다양한 정보를 일정한 이미지 위에 열분포 형태의 비주얼한 그래픽으로 출력하는 것이 특징이다. http://ko.wikipedia.org/wiki/히트_맵 참조

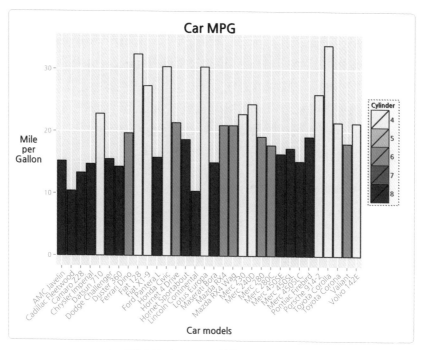

그림 6.147 theme_mine( ) 함수를 적용한 플롯

6.11.3 테마 조작 함수

R의 그래픽 장치의 전역 변수로는 그래픽 파라미터(parameters)가 있고 par( ) 함수로 조회하거나 변경할 수 있다는 것은 이미 알고 있다. 마찬가지로 ggplot2 에서도 전역 변수로 사용되는 테마가 있다. 앞서 다룬 예제들은 현재 작업 중인 ggplot 클래스 객체에 한해서 테마를 설정한 것이다. 그러므로 전역(global)의 개념으로 모든 ggplot의 시각화 작업에 적용되는 것이 아니라, 지역(local)의 개념으로 해당 ggplot 객체의 시각화에만 적용된 것이다. 그래서 플롯을 그릴 때 마다 테마를 설정해야 하는 것이다.

여러 용도의 테마를 미리 정의하고, 시각화의 용도에 맞게 적절한 테마를 가 져다 전역 테마(global themes)에 적용한다면 코드도 간결해지고 매번 작성해 야 하는 수고도 덜 수 있을 것이다. 이번에 다룰 theme_get( ) 함수, theme_set( ) 함수, theme_update( ) 함수가 바로 전역 테마를 조작하는 데 사용하는 것들이 다. 이 함수들은 전역 테마를 설정하므로 ggplot 객체로 플롯을 그리기 전후에 실행해야 하며, 함수의 호출로 변경된 테마의 설정은 이후의 모든 ggplot 시각화 에 적용된다는 것에 주의하면서 사용해야 한다. 마치 권한이 생기면 책임이 따 르는 이치와 같다.

6.11.3.1 theme_get( ) 함수

theme_get( ) 함수는 현재 ggplot에 설정된 테마를 가져오는 함수이다. 현재 그래픽 장치에 출력된 플롯의 테마를 가져오는 것이 아니라 ggplot 환경의 전역 테마를 가져오는 것임을 명심해야 한다.

다음 예제를 통해서 앞서 만들어 놓았던 p3 ggplot 객체를 시각화한 후 theme_get( ) 함수로 테마를 조회해보자. 이 예제를 수행하면 그림 6.142와 같은 플롯이 그려진다.

```
> # 앞서 만들어 놓았던 p3 ggplot 객체를 시각화함
> p3
> # 현재 전역 테마 설정을 조회하여 저장함
> my.theme <- theme_get( )
> # my.theme의 객체가 무엇일까?
> is(my.theme)
```

```
[1] "theme"
```

```
> # my.theme의 객체가 리스트 객체일까?
> is.list(my.theme)
```

```
[1] TRUE
```

```
> # 테마 요소들의 이름 조회
> names(my.theme)
```

```
 [1] "line"               "rect"                 "text"
 [4] "axis.text"          "strip.text"           "axis.line"
 [7] "axis.text.x"        "axis.text.y"          "axis.ticks"
[10] "axis.title.x"       "axis.title.y"         "axis.ticks.length"
[13] "axis.ticks.margin"  "legend.background"    "legend.margin"
[16] "legend.key"         "legend.key.size"      "legend.key.height"
[19] "legend.key.width"   "legend.text"          "legend.text.align"
[22] "legend.title"       "legend.title.align"   "legend.position"
[25] "legend.direction"   "legend.justification" "legend.box"
[28] "panel.background"   "panel.border"         "panel.grid.major"
[31] "panel.grid.minor"   "panel.margin"         "panel.margin.x"
[34] "panel.margin.y"     "strip.background"     "strip.text.x"
[37] "strip.text.y"       "plot.background"      "plot.title"
[40] "plot.margin"
```

```
> # 테마에서 x-축의 틱 라벨의 설정 조회
> my.theme$axis.text.x
```

```
List of 8
 $ family    : NULL
 $ face      : NULL
 $ colour    : NULL
 $ size      : NULL
 $ hjust     : NULL
 $ vjust     : num 1
 $ angle     : NULL
 $ lineheight: NULL
 - attr(*, "class")= chr [1:2] "element_text" "element"
```

앞의 예제에서는 theme_get( ) 함수로 조회한 결과를 my.theme에 할당하여 theme 클래스 객체를 생성하였다. theme 클래스 객체는 R의 리스트 객체와 동일한 구조로 만들어졌다. 그래서 예제의 is.list( ) 함수 질의에 TRUE의 결과가 반환된 것이다. 리스트 객체의 특징이 있어서 names( ) 함수로 설정된 테마 요소(리스트 객체에서는 성분이라 부르지만)의 목록을 조회하였더니 40개의 요소 이름이 출력되었다. 그리고 저장된 theme 클래스의 x-축의 틱 라벨의 요소인 axis.text.x의 설정을 조회했더니 vjust 값만 1이고, 나머지는 NULL의 값으로 설정되었음을 알 수 있다.

그림 6.142를 그린 테마라면 angle의 값이 45이고, hjust의 값도 1이어야 하는데 vjust 값만 1인 것은 앞에서도 설명하였듯 theme_get( ) 함수로 조회한 것은 개별 플롯에 적용된 지역 테마가 아닌 전역 테마의 설정이기 때문이다.

6.11.3.2 theme_set( ) 함수

theme_set( ) 함수는 new 인수를 갖는데, 이 new 인수 값에는 theme 클래스 객체를 지정해야 한다. 그럼 이 함수는 현재의 전역 테마의 값을 new 인수에 지정한 테마의 설정으로 변경하는 작업을 수행한다.

연습문제 6.31

p3 ggplot 클래스 객체를 시각화하기 전에 theme_bw( ) 함수를 전역 테마로 설정하라.

다음과 같이 theme_set( ) 함수의 인수 값에 theme_bw( ) 함수를 지정하여 테마 변경을 수행 후 p3 ggplot 클래스 객체를 출력하면, 그림 6.148과 같은 플롯이 그려진다.

```
> # theme_bw( ) 테마 적용
> old.theme <- theme_set(theme_bw( ))
> # p3 ggplot 객체의 시각화
> p3
> # old.theme 객체가 theme 클래스 객체인가?
> is(old.theme)
```

```
[1] "theme"
```

```
> # old.theme 테마의 패싯(facets)의 배경색
> old.theme$panel.background$fill
```

```
[1] "grey90"
```

```
> # 현재 테마의 패싯(facets)의 배경색
> theme_get( )$panel.background$fill
```

```
[1] "white"
```

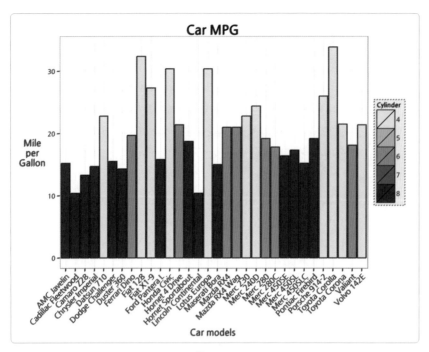

그림 6.148 theme_bw( ) 함수를 전역 테마에 적용한 플롯

theme_set( ) 함수는 new 인수에 지정한 테마로 테마 변경을 수행하기도 하지만 invisible( ) 함수로 현재의 테마를 반환한다. 그래서 예제에서는 theme_set( ) 함수가 호출되는 시점의 테마를 조회해서 old.theme에 할당하였다. 수행 결과인 그림 6.148을 보면, 패싯의 배경색이 흰색인 것처럼 현재 테마의 패싯 배경색이 "white"로 조회되고, old.theme theme 클래스 객체의 패싯 배경색은 "grey90"로 조회된다.

다음 예제는 앞서 정의한 사용자정의 함수인 theme_mine( ) 함수를 전역 테마에 설정하는 예제다. 예제에서 그린 그림 6.149의 산점도를 보면 x-축의 틱 라벨이 45도로 기울여져서 출력되었고, 범례의 테두리가 파선으로 그려지는 등 설정한 테마가 정상적으로 작동함을 알 수 있다.

```
> # theme_mine( ) 테마 적용
> theme_set(theme_mine( ))
> p <- ggplot(data=subset(diamonds, color=="J"),
            aes(x=carat, y=price, colour=clarity))
> p <- p + geom_point( )
> p <- p + ggtitle("Diamond plot (color=J)")
> p
```

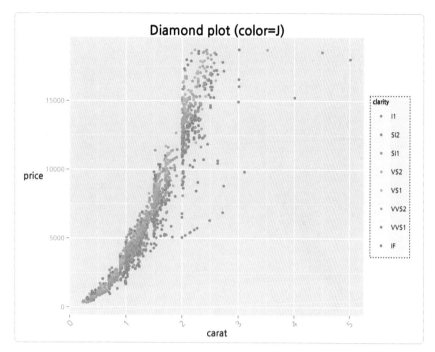

그림 6.149 theme_mine( ) 함수를 전역 테마에 적용한 플롯

연습문제 6.32

앞서 저장한 my.theme theme 객체를 테마로 적용하여 그림 6.149의 산점도를 그려보자.

theme 객체를 테마로 설정하는 방법도 함수를 인수로 사용하는 것과 동일하다.
코드는 다음과 같이 간단하게 고치면 되는데, 결과는 그림 6.150과 같다.

```
> # my.theme theme 객체를 테마로 적용
> theme_set(my.theme)
> p <- ggplot(data=subset(diamonds, color=="J"),
              aes(x=carat, y=price, colour=clarity))
> p <- p + geom_point( )
> p <- p + ggtitle("Diamond plot (color=J)")
> p
```

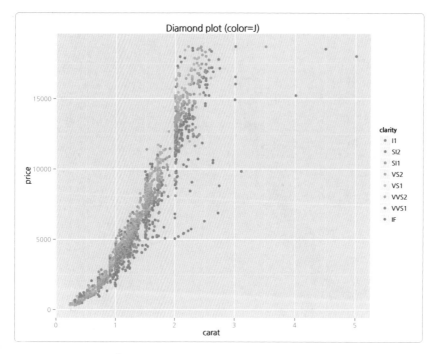

그림 6.150 my.theme theme 객체를 전역 테마에 적용한 플롯

6.11.3.3 theme_update( ) 함수

theme_update( ) 함수는 현재 설정된 테마의 일부 속성만 변경하는 용도로 사용한다. theme_update( ) 함수의 인수 설정은 theme( ) 함수에서의 인수를 지정하는 방법과 동일하다. 다음 예제는 theme_mine( ) 함수로 설정한 전역 테마 중에서 패싯의 패널 테두리 색상을 파란색으로 지정하는데, 결과는 그림 6.151 처럼 출력된다.

```
> theme_set(theme_mine( ))
> p <- ggplot(mtcars, aes(x=rownames(mtcars), y=mpg))
> p <- p + geom_bar(stat="identity", aes(fill=cyl))
> # 현재 테마의 panel.background 요소
> theme_get( )$panel.background
```

```
List of 4
 $ fill    : chr "grey90"
 $ colour  : logi NA
 $ size    : NULL
 $ linetype: NULL
 - attr(*, "class")= chr [1:2] "element_rect" "element"
```

```
> # 테마의 수정
> theme_update(panel.background = element_rect(colour = "blue"))
> #theme_update(panel.background = element_rect(colour = "blue",
fill="grey90"))
> # 수정된 테마의 panel.background 요소
> theme_get( )$panel.background
```

```
List of 4
$ fill    : NULL
$ colour  : chr "blue"
$ size    : NULL
$ linetype: NULL
- attr(*, "class")= chr [1:2] "element_rect" "element"
```

> p

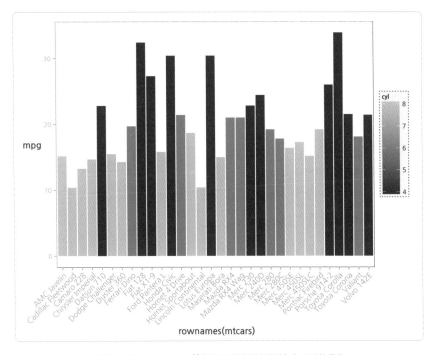

그림 6.151 theme_mine( ) 함수를 전역 테마에 적용 후 수정한 플롯

그림 6.151을 보면 전체적인 모양이 theme_mine( ) 함수의 테마가 적용된 모양이다. 다만 패싯의 패널 테두리 색상이 파란색으로 만들어졌다. 그런데 테두리뿐만 아니라 배경색도 흰색으로 바뀌었다. 그 이유는 설정을 변경할 때 theme_update( ) 함수에서 인수의 이름으로 panel.background를 사용하면서 colour의 값만 변경했기에 나머지 자식 요소들이 NULL이 되면서 흰색으로 출력된 것이다. 만약에 의도한대로 테두리만 변경하려면 주석처리한 코드처럼 fill의 값도 같이 기술해야 한다. 물론 fill의 값은 변경하려는 의도가 없다면 원래의 값으로 지정해야 한다.

6.11.4 element_*( ) 함수들

우리는 theme( ) 등의 함수들을 사용하면서 이미 'element_' 접두어를 가진 요소 설정 함수를 사용한 적이 있다. 테마의 요소들을 변경하기 위해서는 theme( )

함수의 인수 값으로 적절한 요소 객체를 전달해야 하는데, 이런 역할을 하는 함수가 요소 설정 함수다. 적절한 객체라고 한 이유는 테마 요소가 다양하고 설정해야 할 속성 값들도 다양하기 때문이다. 또한 element 계열의 함수들도 함수에 따라 사용할 수 있는 인수의 종류가 다르므로 어떤 인수가 있고 인수 값은 어떤 값을 사용하는지 알아 두는 것도 필요하다.

element 계열 함수들을 위한 별도의 설명과 예제는 다루지 않고 인수와 용도에 대해서만 간략히 설명한다.

6.11.4.1 element_blank( ) 함수

element_blank( ) 함수는 테마의 요소(element)를 초기화시키는 함수로 초기화 외에 아무런 설정도 하지 않는다. 그렇기 때문에 인수는 아무것도 없다.

6.11.4.2 element_line( ) 함수

element_line( )은 선과 관련된 속성 지정을 위한 요소 객체를 생성하는 함수인데, 다음과 같은 인수를 가지고 있다.

- colour 또는 color: 선의 색상
- size: 선의 두께
- linetype: 선의 종류
- lineend: 선의 끝 모양

color 인수는 값으로 색상 이름인 "blue", "white" 등을 사용하거나 "#"으로 시작하는 RGB 컬러인 웹컬러 색상을 사용할 수 있다.

선의 유형을 설정하는 linetype 인수가 설정할 수 있는 인수 값은 다음과 같다.

- "blank": 선을 그리지 않음
- "solid": 선
- "dashed": 대시(dash) 선
- "dotted": 점선
- "dotdash": 점 대시 선
- "longdash": 긴 대시 선
- "twodash": 점 두 개 대시 하나인 선
- "BW" 혹은 "BWBW" 포맷: 사용자정의 유형

앞의 인수 값은 값으로 기억하기보다는 선의 모양으로 기억하는 것이 편리하다. "BW" 혹은 "BWBW" 포맷의 B는 black, W는 white를 의미하며 16진수를 사용한다. B는 검은색 길이를 의미하므로 선의 길이를, W는 하얀색 길이를 의미하므로 공백의 길이를 의미한다. 파선일 경우는 "33" 정도로 표시할 수 있다. 선의 길이가 3이고 공백의 길이가 3인 것이 반복해서 이루어진 선의 모양을 정의하는 것이다. 이 인수 값은 저수준 그래픽 함수인 lines( ) 함수에서 사용하는 lty 인수와 동일하므로 2장에서 lty 인수를 참고해도 된다.

다음 예제를 실행해서 linetype 인수 값이 어떻게 생긴 선을 그리는지 확인해 보자. 결과는 그림 6.152처럼 출력된다.

```
> theme_update(axis.text.y=element_text(size=17))
> theme_update(panel.background = element_rect(colour = "black"))
> d <- data.frame(lt=c("blank", "solid", "dashed", "dotted", "dotdash",
                       "longdash", "twodash", "1F2F3F", "1F"))
> p <- ggplot( )
> p <- p + scale_x_continuous(name="", limits=c(0,1), breaks=NULL)
> p <- p + scale_y_discrete(name="")
> p <- p + scale_linetype_identity( )
> p + geom_segment(data=d, mapping=aes(x=0, xend=1, y=lt, yend=lt,
                   linetype=lt))
```

그림 6.152 linetype 인수 값별 선의 모양

lineend 인수는 선의 끝(line end) 모양을 지정하는데 "round", "butt", "square"의 세 가지 타입을 사용할 수 있다. "round"는 선의 끝을 둥글게 처리하며 "square"는 사각형으로 처리한다. "butt"는 "square"와 마찬가지로 사각으로 처리하지만 선의 시작 부분을 정확히 눈금에 맞춘다는 차이가 있다.

다음 예제를 실행해서 lineend 인수로 설정한 선의 종류를 확인해보자. 결과는 그림 6.153처럼 출력된다.

```
> theme_set(theme_bw( ))
> df1 <- data.frame(x=c(0,2,0), y=c(0,1,2))
> df2 <- data.frame(x=c(0,1,2), l=c("round", "butt", "square"))
> ggplot( ) +
    geom_path(data=df1, mapping=aes(x=x, y=y), size=10, lineend="round") +
    geom_path(data=df1, mapping=aes(x=x+1, y=y), size=10, lineend="butt") +
    geom_path(data=df1, mapping=aes(x=x+2, y=y), size=10, lineend="square") +
    geom_path(data=df1, mapping=aes(x=x, y=y), size=1, color="white") +
    geom_path(data=df1, mapping=aes(x=x+1, y=y), size=1, color="white") +
    geom_path(data=df1, mapping=aes(x=x+2, y=y), size=1, color="white") +
    geom_text(data=df2, mapping=aes(x=x+0.15, y=0, label=l), hjust=0, vjust=1.2)
```

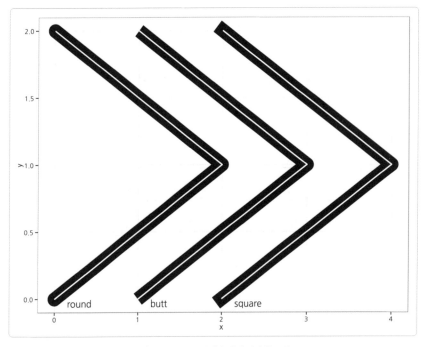

그림 6.153 lineend 인수 값별 선의 끝 모양

6.11.4.3 element_rect( ) 함수

element_rect( ) 함수는 테마의 사각형 요소들에 대한 속성을 지정하며, 사용 가능한 인수는 다음과 같다.

· fill: 영역의 내부를 채울 색상 값
· colour 또는 color: 영역 테두리의 색상 값
· size: 영역 테두리의 굵기
· linetype: 테두리 선의 종류

6.11.4.4 element_text( ) 함수

element_text( ) 함수는 문자열 테마 요소들의 속성을 바꿀 때 사용하며, 사용할 수 있는 인수는 다음과 같다.

- family: 폰트 패밀리
- face: 폰트의 서체 종류("plain", "italic", "bold", "bold.italic" 중 하나)
- colour 또는 color: 텍스트의 색상
- size: 텍스트의 크기
- hjust: 가로 정렬 기준(0에서 1 사이의 값)
- vjust: 세로 정렬 기준(0에서 1 사이의 값)
- angle: 텍스트의 회전 각도(0에서 360 사이의 값)
- lineheight: 텍스트의 높이

6.11.4.5 calc_element( ) 함수

마지막으로 calc_element( )가 있는데 이 함수는 다음 예제처럼 테마 요소의 현재 상태를 가져온다.

```
> thm <- theme_grey( )
> calc_element('text', thm)

List of 8
 $ family    : chr ""
 $ face      : chr "plain"
 $ colour    : chr "black"
 $ size      : num 12
 $ hjust     : num 0.5
 $ vjust     : num 0.5
 $ angle     : num 0
 $ lineheight: num 0.9
 - attr(*, "class")= chr [1:2] "element_text" "element"
```

calc_element( ) 함수는 테마를 빈번하게 수정하거나 상속 받는 작업 중에 테마 요소의 상태 값을 직관적으로 연상하기 어려울 때 설정 상태를 확인하거나, 속성 값을 저장해 두고 재사용할 때 활용한다. element 객체를 생성한 후 재사용하려는 목적이나 ggplot2를 확장하여 새로운 함수를 생성하는 데 사용하려는 목적이 아니면 사용할 일이 거의 없다.

6.11.5 기타 theme 함수

ggplot2의 테마 관련 함수는 지금까지 설명한 것으로 충분하다. 하지만 특별한 경우에 사용해야 하는 함수들이 몇 개 있다. 사용법까지 기억하지는 않아도 존재 여부 정도는 알아 두면 좋을 것이다.

is.theme( )는 심볼이 ggplot2의 theme 객체인지 확인하는 함수이다. 테마를 생성하고 업데이트할 때 자동화를 위해 사용하는 함수로 그 외의 용도는 없다.

```
> thm <- theme_bw( )
> is.theme(thm)
```

```
[1] TRUE
```

rel( ) 함수는 요소의 크기와 관련이 있다. theme( ) 함수를 이용해서 어떤 요소의 크기 속성을 바꿀 때 수치로 값을 지정하는 것을 경험했다. 그런데 이 수치가 직관적이지 않아서 어느 정도의 수치가 적당한지 판단이 서지 않는 경우가 있다. 이때 유용하게 사용할 수 있는 함수가 rel( )이다. 이 함수는 현재 크기를 기준으로 상대적으로 크기로 값을 설정한다.

다음은 x-축과 y-축의 라벨의 크기를 현재 설정된 크기의 2.5배로 키우는 예제로, 실행 결과는 그림 6.154와 같다. 그런데 결과를 보면 문자의 가로비율과 세로비율이 각각 2.5배 키워진 듯하다.

```
> theme_set(theme_gray( ))
> p <- ggplot(data=iris, aes(x=Sepal.Length, y=Sepal.Width))
> p <- p + geom_point( )
> p <- p + theme(axis.title.x=element_text(size=rel(2.5)))
> p + theme(axis.title.y=element_text(size=rel(2.5)))
```

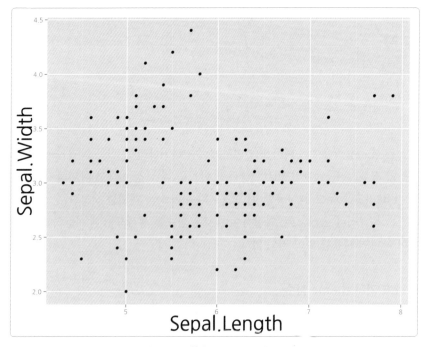

그림 6.154 rel( ) 함수로 크기 조정한 플롯

rel( ) 함수는 테마에 설정된 크기를 상대적으로 키우거나 줄일 때 사용하는 것으로 크기를 자동으로 조절하지는 않는다. 만약 플롯의 확대 축소에 따라 유기적으로 크기가 바뀌도록 하기 위해서는 플롯의 기본 기능을 그대로 사용해야 한다.

rel( ) 함수와 관련된 함수로 is.rel( ) 함수가 있는데 객체가 rel( ) 함수에 의해서 생성된 객체인지 확인하는 함수이다. 그러나 ggplot2 패키지 사용자는 사용이 불가능하며 ggplot2 패키지의 시스템 내부에서만 사용된다.

마지막으로 opts( )가 있는데 이 함수는 구 버전의 ggplot2 패키지에서 사용하던 것으로 현재는 사용하지 않는다. 그럼에도 불구하고 이 함수는 여전히 작동되는데, 만약 opts( ) 함수를 사용하고 있는 코드를 보게 된다면 오래 전에 작성한 것이므로 반드시 코드를 수정해야 한다. opts( ) 대부분의 기능은 theme( ) 함수로 승계되어 지원하고 있다.

지금까지 Themes 함수군을 살펴보았다. Themes 함수군은 사용할 일이 매우 많으므로 기본 사용법은 익히고 넘어가기를 다시 한 번 당부한다.

6.12 Aesthetics 함수군

aesthetics는 사전적으로 '미학'이라는 뜻을 가지고 있지만 Aesthetics 함수군과 미학과의 관련성을 쉽게 이하기 어려워 미학 함수라고 설명하는 것은 부자연스럽다. 또 원어의 철자나 발음이 어렵고 생소해서 발음을 그대로 병음하여 사용하기에도 무리가 있다. 그래서 불가피한 선택으로 이 책에서는 Aesthetics 함수군을 원어 그대로 표기할 것이며, 한국어로 설명이 필요한 경우 데이터 매핑 함수라고 설명하겠다. 데이터 매핑이라는 표현은 ggplot2의 지오메트릭 요소에 데이터를 매핑하는 의미로 사용한다.

Aesthetics 함수군은 데이터와 플롯의 요소들을 매핑하는 데 쓰이는 함수로 ggplot2에서 가장 중요한 함수군이라고 할 수 있다. 왜냐하면 데이터를 매핑하지 않고는 플롯을 그릴 수가 없기 때문이다.

aes( ) 함수는 Aesthetics 함수군 중에서 가장 많이 사용하는 것이다. 그리고 그 외에 몇 가지의 함수들이 있으며 이름과 용도 정도는 알아둘 필요가 있다. Aesthetics 함수군의 목록과 용도는 다음과 같다.

· aes( ): 지오메트릭 요소에 데이터를 매핑하는 함수
· aes_all( ): 문자열 벡터로 데이터를 매핑하는 함수
· aes_auto( ): 자동으로 데이터를 매핑을 해주는 함수
· aes_string( ): 데이터 매핑에 사용할 변수명을 문자열로 지정하는 함수

- aes_colour_fill_alpha( ): ggplot2 시스템 내부적으로 색상과 알파 투명도에 대한 매핑을 처리하는 함수(직접 사용 불가)
- aes_group_order( ): ggplot2 시스템 내부적으로 그룹과 순서에 관련된 매핑을 처리하는 함수(직접 사용 불가)
- aes_linetype_size_shape( ): ggplot2 시스템 내부적으로 선의 종류, 도형의 모양, 크기의 매핑을 처리하는 함수(직접 사용 불가)
- aes_position( ): 데이터의 위치 매핑을 처리해주는 함수(사용 불가)

6.12.1 aes( ) 함수

앞서 설명한 것처럼 aes( ) 함수는 지오메트릭 함수군과 함께 가장 많이 사용하는 함수이다. ggplot2를 처음 접하는 사용자의 경우 aes( ) 함수로 인해 코드의 난해함을 느끼는 경우가 많다. 이처럼 중요하지만 예제를 통해서 명확히 개념을 이해하지 못하면 혼동되기 쉬운 함수이다. 특히 aes( ) 함수 내부의 인수로 매핑한 것과 aes( ) 밖에서 지오메트릭 함수의 인수로 매핑한 것의 차이를 구분하지 못하면 ggplot2를 제대로 활용할 수 없다.

aes( ) 함수의 인수 종류는 다음과 같다.

- x: x-축에 사용할 데이터의 변수를 지정
- y: y-축에 사용할 데이터의 변수를 지정
- ...: 가변 인수로 여러 매핑의 지정이 가능함. color, fill 등의 인수가 있음

이전의 예제에서 ggplot( ) 함수와 같은 플롯생성 함수를 사용할 때 인수로 aes( ) 함수를 사용해서 데이터를 매핑한 것을 본 적이 있다. iris 데이터을 사용한 아주 간단한 다음 예제로 이 함수의 사용법을 다시 살펴보자.

```
> p <- ggplot(data=iris, mapping=aes(x=Sepal.Length, y=Sepal.Width))
> p + geom_point( )
```

예제에서는 ggplot( ) 함수의 두 번째 인수로 mapping이 있으며 mapping의 인수 값이 aes( ) 함수가 생성한 객체임을 알 수 있다. ggplot( ) 함수를 호출할 때 인수의 전달 방법이 위치에 의한 전달 방법을 사용하면서 인수의 이름인 mapping을 생략하는 경우가 많으므로 주의할 필요가 있다.

예제에서 aes( ) 함수는 산점도의 x-축 데이터에 Sepal.Length를 y-축 데이터에 Sepal.Width를 매핑하였다.

플롯 생성 함수인 ggplot( ) 함수나 qplot( ) 함수가 아닌 지오메트릭 함수에서도 aes( ) 함수로 매핑 정의가 가능하다. 앞의 예제를 다음과 같이 바꾸어도 똑같

은 플롯을 생성한다.

```
> p <- ggplot(data=iris)
> p + geom_point(mapping=aes(x=Sepal.Length, y=Sepal.Width))
```

위 두 예제의 차이는 플롯 전체의 매핑을 정의하는 것과 지오메트릭별로 따로
정의하는 것의 차이이다. 플롯을 그릴 때 각 지오메트릭별로 다른 데이터 매핑
을 가져야 한다면, 지오메트릭별로 따로 설정하고 그럴 일이 없다면 플롯 생성
함수에 적용한다.

다음은 두 개의 지오메트릭에서 서로 다른 데이터 매핑을 갖는 예제로, 결과
는 그림 6.155와 같다.

```
> p <- ggplot(data=iris)
> p <- p + xlab("Length") + ylab("Width")
> p <- p + geom_point(mapping=aes(x=Sepal.Length, y=Sepal.Width),
                       colour="blue", pch=19)
> p <- p + geom_point(mapping=aes(x=Petal.Length, y=Petal.Width),
                       colour="red", pch=17)
> p
```

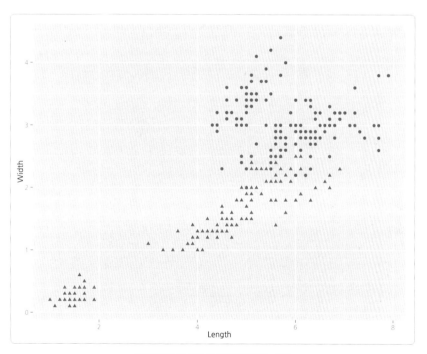

그림 6.155 두 개의 지오메트릭을 갖는 플롯

이 예제의 시각화는 나름 의미가 있다. 붓꽃의 꽃잎(petal)과 꽃받침(sepal)에
대해서 길이(length)와 너비(width)의 관계를 살피는 플롯을 만든 것이다. 구체

적으로 설명하자면 길이와 폭의 관계를 꽃잎과 꽃받침을 구분해서 비교하는 플롯이다. 꽃잎은 빨간색의 점(points) 지오메트릭으로 표현되었고 꽃받침은 파란색의 점 지오메트릭으로 표현되었다. 플롯을 해석하자면 꽃받침과 꽃잎 모두 길이와 너비 사이에 양의 상관관계가 있는 것처럼 보인다. 특히 꽃잎의 경우가 강한 상관관계로 보인다. 그리고 꽃잎의 크기가 꽃받침의 크기보다 대체로 작게 나타났다.

위의 예제에서 주의깊게 살펴볼 점은 geom_point( ) 함수의 colour 인수 값으로 각각 "blue"와 "red"가 설정된 것인데, 이는 geom_point( ) 함수가 생성하는 점 지오메트릭의 색깔을 각각 파란색과 빨간색으로 고정한다는 의미이다. 마찬가지로 pch 인수 값의 경우도 19와 17을 지정해서 원문자와 세모 문자로 고정하였다.

지오메트릭의 색상을 고정하지 않고 데이터에 따라 가변적으로 구분되도록 매핑할 수 있다. 다음은 산점도에서의 점 지오메트릭의 색상을 품종과 매핑한 예제로, 결과는 그림 6.156과 같다.

```
> p <- ggplot(data=iris)
> p + geom_point(mapping=aes(x=Sepal.Length, y=Sepal.Width, colour=Species))
```

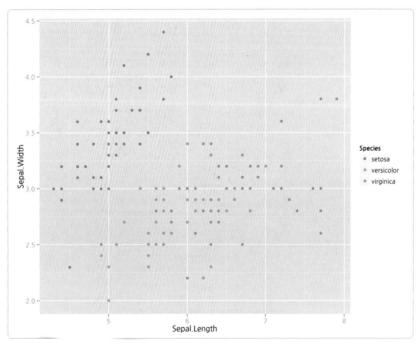

그림 6.156 지오메트릭의 색상을 데이터와 매핑한 플롯

예제에서는 aes( ) 함수의 인수로 colour를 사용했는데, colour는 geom_point( ) 함수도 가지고 있는 인수다. 그러므로 geom_point( ) 함수의 colour 인수를 Species 변수의 값을 이용해서 매핑하라는 것이다. 색상을 특정 색으로 고정하지 않았기 때문에 품종을 나타내는 Species 변수의 수준별로 서로 다른 색상이 부여된다.

색상이 아닌 점의 크기에 데이터를 매핑하고 싶다면 역시 동일한 방법으로 매핑하면 된다. 다음 예제를 수행하면, 결과는 그림 6.157과 같다.

```
> p <- ggplot(data=iris)
> p + geom_point(mapping=aes(x=Sepal.Length, y=Sepal.Width, colour=Species,
size=Petal.Length))
```

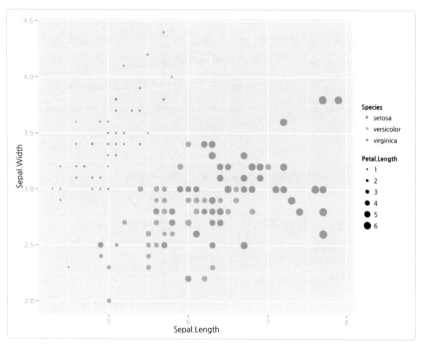

그림 6.157 지오메트릭의 크기를 데이터와 매핑한 플롯

앞서 설명한 매핑 관계를 이해하면 aes( ) 함수는 더 이상 어려울 것이 없다. 각 지오메트릭의 요소에 데이터를 매핑하려면 aes( ) 함수를 사용해야 한다는 것과 사용하는 인수는 지오메트릭 함수의 인수를 따른다는 것만 기억하자.

6.12.2 aes_all( ) 함수

aes_all( ) 함수는 문자열 벡터를 인수 값으로 갖는 vars라는 이름의 인수 하나만 가지고 있다. 이 함수는 문자열 벡터로 매핑을 만들어주는 함수이다. vars 인수 값인 문자열 벡터의 원소는 플롯 생성 함수인 ggplot( ) 함수 등의 data 인수에서 지정한 데이터 프레임의 변수 이름 안에서 선택되어야 한다. 그리고 이 변수의 이름은 지오메트릭의 요소 이름과 일치해야 한다. 즉, 데이터 프레임의 변수 이름에도 "x", "y"와 같은 이름이 있어야 한다. 즉, 데이터 프레임의 변수 이름이 사용하려는 지오메트릭의 요소 이름과 완전하게 일치해야 사용할 수 있는 함수이다. 이 데이터 프레임의 변수 이름이 지오메트릭의 요소 이름과 자동으로 매핑되는 것이다.

일반적으로 데이터 프레임의 변수명은 데이터의 의미를 잘 설명하는 단어나 복합 단어를 사용한다. 그런데 이 함수를 사용하기 위해서는 데이터 프레임의 변수명을 데이터의 의미를 대변하는 이름이 아니라 ggplot2의 지오메트릭의 요소 이름으로 명명해야 하는 문제가 있다. 즉, 데이터 프레임의 변수명을 온전히 ggplot2를 위해서 만들어야 한다는 것이다. 이 방법은 데이터 프레임의 변수명에 대한 직관성을 해치므로 보통의 상황에서는 좋은 방법이 아니다.

다음 예제로 매핑 원리를 이해해보자. x-축, y-축과 산점도로 출력할 라벨을 염두에 둔 데이터 프레임을 aes_all( ) 함수로 자동 매핑하는 예제로, 결과는 그림 6.158과 같다.

```
> # 데이터 프레임 생성
> df <- as.data.frame(cbind(x=mtcars$qsec, y=mtcars$mpg,
label=rownames(mtcars)))
> names(df)
```

```
[1] "x"      "y"      "label"
```

```
> # aes_all( ) 함수를 이용한 데이터 매핑
> p <- ggplot(df, aes_all(c("x", "y", "label")))
> p + geom_text( )
```

이 함수는 위의 예제처럼 직접 변수의 이름을 지정하기보다는 동적으로 데이터를 매핑해서 코드의 재사용성을 높이기 위한 목적으로 사용된다. 데이터의 변수 이름과 지오메트릭의 요소 이름이 같은 것을 매핑해주는 기능을 이용해서, 플롯을 그리는 코드에 직접 변수의 이름을 기술하는 것을 회피할 때 사용하는 것이다. 이런 목적이 아니라면 거의 사용되지 않는 함수다.

다음 예제는 변수의 이름을 직접 기입하는 것이 아니라 데이터 프레임의 변수 이름을 가져와서 매핑하는 예제다. 결과는 앞의 예제와 동일하게 그림 6.158과 같은 플롯 그림이다.

```
> df <- as.data.frame(cbind(x=mtcars$qsec, y=mtcars$mpg,
label=rownames(mtcars)))
> p <- ggplot(df, aes_all(names(df)))
> p + geom_text( )
```

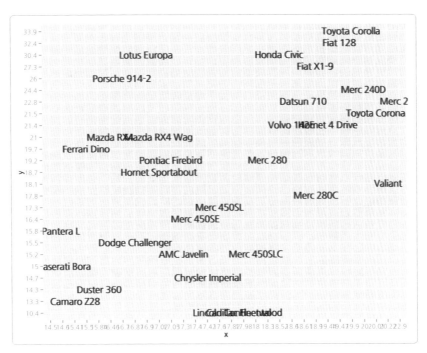

그림 6.158 변수의 이름으로 데이터와 매핑한 플롯

6.12.3 aes_auto( ) 함수

aes_auto( ) 함수는 aes_all( )과 유사하지만 매핑을 조금 더 자동으로 수행한다는 차이점이 있다.

다음 예제로 aes_auto( ) 함수의 사용법을 익혀보자. 결과는 그림 6.159와 같다.

```
> df <- with(iris, data.frame(
  x=Sepal.Length,
  y=Sepal.Width,
  colour=Species,
  label=as.character(Species))
)
> p <- ggplot(df, aes_auto(df))
> p + geom_text( )
```

aes_auto( ) 함수는 aes_all( ) 함수와 별반 차이가 없다고 볼 수 있다. aes_auto( ) 함수가 이름에 'auto'라는 단어를 포함하고 있는 이유는 입력된 인수의 객체 타입이 데이터 프레임인지 문자열 벡터인지에 따라 매핑을 자동으로 결정하기 때문인데, 연상하는 것만큼 특별히 자동화된 것은 아니다. 즉, 이 함수에서 말하는 자동화는 함수의 인수 값이 데이터 프레임 그 자체인지 혹은 데이터 프레임의 이름을 담은 문자열 벡터인지 상관하지 않고 매핑해주겠다는 것이다.

이 예제에는 인수 값에 데이터 프레임을 사용하였다. 만약 aes_all( ) 함수를

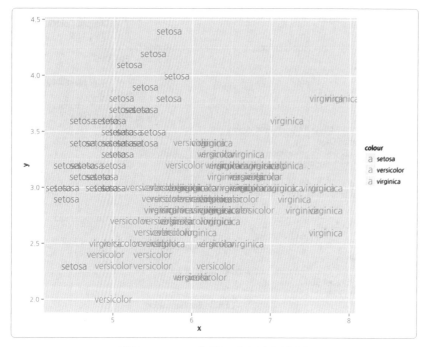

그림 6.159 aes_auto( ) 함수로 데이터와 매핑한 플롯

사용하였다면 데이터 프레임의 이름을 구하는 names( ) 함수를 더 사용해야 했을 것이다. 이 작업을 줄여주는 것이 이 함수의 존재의 이유인 것이다. 역시 코드의 재사용성을 위한 것으로 활용도가 떨어지는 함수이다.

6.12.4 aes_string( ) 함수

aes_string( ) 함수도 코드의 재사용성을 위한 함수다. 그러나 앞에서 소개한 같은 부류의 함수보다는 실용적이어서 가끔 유용하게 사용할 수 있다.

우선 아주 간단한 ggplot2 플로팅 예제 코드를 보자.

```
> p <- ggplot(mtcars, aes(x=mpg, y=qsec))
> p + geom_point( )
```

코드에서 aes( ) 함수 내부에서 변수를 매핑을 할 때 mtcars 데이터 프레임의 변수명인 mpg 변수와 qsec 변수는 문자열이 아닌 심볼을 사용하였다. 즉, 변수 이름을 지정할 때 ""를 사용해 묶어주지 않고 바로 입력한 것인데, 이는 aes( ) 함수가 입력된 심볼을 내부에서 문자열로 변환해주기 때문에 가능한 것이다. 이 방법은 R의 기본 철학과도 잘 맞으며 사용하는 데 편리하다. 하지만 입력될 데이터에 변수명이 없거나 변수명을 동적으로 받아야 하는 경우가 발생하면 처리하기가 곤란하다.

aes_string( ) 함수는 매핑할 때 변수명을 문자열로 입력 받을 수 있게 해주는 함수이다. 이 기능을 이용하면 변수명을 동적으로 받아야 하는 경우에 효과적으로 대처할 수 있다.

다음 예제는 데이터 프레임의 변수 이름이 매번 달라져서 동적으로 변수의 이름을 가져와서 사용할 필요가 있는 경우를 가정해서 만든 예제다. prefix에 "var"를 지정했는데, 이 prefix가 매번 바뀌는 경우에 유용하다. 이러한 기능은 사용자정의 함수를 작성할 때 자주 응용된다. prefix가 사용자정의 함수에서 인수라고 하면 그 함수를 사용하는 사람에 따라 입력 받는 값이 달라질 것이다. 그러므로 변수의 이름을 동적으로 가져올 필요가 있는 것이다. 코드를 실행하면 산점도가 정상적으로 그려질 것이다.

```
> prefix <- "var"
> df <- as.data.frame(cbind(mtcars$mpg, mtcars$qsec))
> names(df)

[1] "V1" "V2"

> names(df) <- paste0(prefix, 1:NCOL(df))
> names(df)

[1] "var1" "var2"

> p <- ggplot(df, aes_string(x=paste0(prefix, 1), y=paste0(prefix, 2)))
> p + geom_point( )
```

6.12.5 aes_colour_fill_alpha( ) 함수

aes_colour_fill_alpha( )는 사용자가 직접 사용할 수 없는 함수로, ggplot2 시스템 내부에서 암묵적으로 사용된다. 앞의 예제들 중에서 aes( ) 함수로 colour 인수나 fill 인수에 변수를 지정하여 매핑하면, 데이터에 따라 다른 색상으로 출력된 것을 기억하고 있을 것이다. 이 함수는 그런 매핑이 지정된 경우 내부적으로 수행되는 함수이므로 별도로 사용법을 익힐 필요는 없다.

유사한 함수로는 aes_group_order( )와 aes_linetype_size_shape( )가 있는데, 이 함수들도 지오메트릭의 크기나 도형의 모양 등에 데이터를 매핑할 때 ggplot2 시스템 내부적으로 사용된다.

참고로 ggplot2 매뉴얼을 보면 Aesthetics 함수군의 목록 중에서 aes_position( )을 볼 수 있다. 이 함수는 현재는 존재하지 않으며, ggplot2의 소스 코드에서도 이미 제거되었다. ggplot2 패키지가 계속해서 개선되고 업데이트됨에 따라 기존에 사용했던 함수들을 더 직관적인 기능으로 개선되거나 기능 자체가 바뀌는 경우가 많으므로 ggplot2를 주력 시각화 도구로 사용한다면 ggplot2의 변경 내역을 자주 확인하는 것이 좋다. 물론 예제를 반드시 실행하고, 차이점을 인지해야 한다는 것을 다시 한 번 강조한다.

6.13 Others 함수군

ggplot2는 별도로 분류하기 애매한 함수들의 목록을 따로 구분하고 있다. 그런데 사용 빈도가 높지 않지만 경우에 따라 유용하게 쓸 수 있는 함수도 있다. 하지만 일부는 이미 폐기된 것이고, 일부는 아직 구현이 안된 것들이 있어 혼란을 유발하고 있다. 이 함수들은 시간을 할애해서 학습하기보다는 간략하게 어떤 것들이 있는지 확인하는 정도면 족할 것 같다.

- cut_interval( ) 함수: 수치 벡터를 동일한 간격으로 잘라 비닝함
- cut_number( ) 함수: 수치 벡터를 지정한 개수의 동일한 간격으로 나누어 비닝함
- discrete_scale: 이산 스케일을 생성하는 생성자 함수
- gg_dep( ) 함수: 폐기, 에러, 경고, 메시지들을 버전에 따라 전달
- ggfluctuation( ) 함수: 변동 플롯을 생성(폐기됨)
- ggmissing( ) 함수: 결측치의 패턴을 찾기 위한 플롯을 생성(폐기됨)
- ggorder( ) 함수: 관측치가 저장된 순서를 조사하기 위한 플롯을 생성(폐기됨)
- ggpcp( ) 함수: 병렬 좌표 플롯을 생성
- ggsave( ) 함수: ggplot 클래스 객체를 파일로 저장하는 함수
- ggscale( ) 함수: 스케일에 사용하는 ggplot2 시스템 내부 함수(사용 불가)
- ggstructure( ) 함수: 이상치를 조사하기 위한 플롯을 생성(폐기됨)
- hmisc 계열 함수: stat_summary( ) 함수에서 사용하기 위한 집계 관련 함수들 모음. Hmisc 패키지의 함수를 랩핑(Wrap)한 것으로 mean_cl_boot( ) 함수, mean_cl_normal( ) 함수, mean_sdl( ) 함수, median_hilow( ) 함수가 있음
- last_plot( ) 함수: 가장 마지막에 사용한 플롯을 반환
- mean_se( ) 함수: 평균과 표준편차를 한꺼번에 구함
- plotmatrix( ) 함수: 산점도 행렬을 그리는 함수(폐기됨)
- resolution( ) 함수: 벡터에서 0이 아닌 값의 차이 중 최소 값을 구함
- scale_size_area( ) 함수: 반경 대신 영역으로 스케일을 변경
- theme_blank( ) 함수: 테마의 요소들을 초기화함(폐기됨)
- theme_classic( ) 함수: 클래식 테마를 생성
- theme_minimal( ) 함수: 간소화된 테마를 생성

· update_geom_defaults( ) 함수: 지오메트릭의 기본 설정 값을 변경하는 함수

6.14 ggplot2에서 한글 사용하기

여기서는 ggplot2에서 한글을 사용하는 방법을 학습한다. ggplot2이 아닌 다른 플롯에서 한글을 사용하는 방법과 폰트를 설치하는 방법에 대해서는 9장에서 자세히 소개할 것이다. 그런데 먼저 ggplot2에 대해서 따로 설명하는 것은 ggplot2를 사용하려는 사람들에게는 지금 당장 한글 출력에 관심이 많을 것이기 때문이다(9장에서 한글 사용법을 먼저 익히고 난 후 학습을 진행해도 좋다).

한글 처리 문제는 사용하는 운영체제에 따라 양상이 달라서 Mac, Linux, Windows를 구분해서 따로 설명해야 하는데 Mac과 Linux는 동일하게 작동하므로 Mac/Linux와 Windows에 대해서 두 가지로 구분해서 설명하겠다.

6.14.1 Mac/Linux

다음 예제는 mtcars 데이터로 단순한 막대 그래프를 그린 것이다. 나눔고딕 폰트가 설치된 환경을 가정하며, par( ) 함수를 사용해서 폰트 패밀리에 해당 한글 폰트를 지정한 후 라벨과 플롯의 제목을 한글로 표현하였다. 예제에서는 나눔고딕 폰트를 사용하였으므로 수행하기 전에 나눔고딕 폰트를 설치해야 한다. 폰트의 설치법을 잘 모른다면 9장을 먼저 참조하기 바란다.

```
> # 한글 폰트의 지정
> par(family="나눔고딕", cex=1.3)
> # 막대 그래프 그리기
> p <- ggplot(data=mtcars, aes(x=rownames(mtcars), y=mpg))
> p <- p + geom_bar(stat="identity", colour="gray", fill="blue", alpha=0.75)
> p <- p + coord_flip( )
> p <- p + xlab("자동차 모델")
> p <- p + ylab("연비(마일)")
> p <- p + ggtitle("자동차 모델별 연비 현황")
> p
```

수행 결과인 그림 6.160을 보면 한글 부분이 사각형으로 깨진 것처럼 보이는데, 이는 ggplot2가 par( ) 함수로 설정한 그래픽 파라미터의 설정을 따르지 않기 때문이다. 그러므로 폰드 패밀리를 나타내는 family 파라미터가 적용되지 않는다. ggplot2에서는 앞서 설명한 적이 있는 theme( ) 함수와 element_text( ) 함수를 이용해서 family 인수에 폰트 이름을 지정하여 한글을 표현해야 한다.

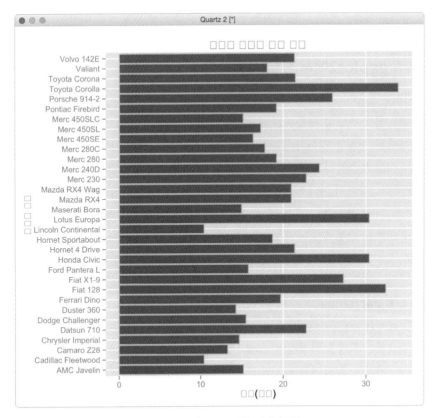

그림 6.160 Mac/Linux에서 한글이 깨진 플롯

이번에는 theme( ) 함수를 사용해서 폰트 패밀리에 한글 폰트를 설정한 다음 예

제를 수행하자.

```
> # 막대 그래프 그리기
> p <- ggplot(data=mtcars, aes(x=rownames(mtcars), y=mpg))
> p <- p + geom_bar(stat="identity", colour="gray", fill="blue", alpha=0.75)
> p <- p + coord_flip( )
> p <- p + xlab("자동차 모델")
> p <- p + ylab("연비(마일)")
> p <- p + ggtitle("자동차 모델별 연비 현황")
> # 한글 출력을 위한 테마 설정
> p <- p + theme(title=element_text(family="나눔고딕", face="bold", size=18))
> p
```

수행 결과인 그림 6.161을 보면 한글이 정상적으로 출력되었다.

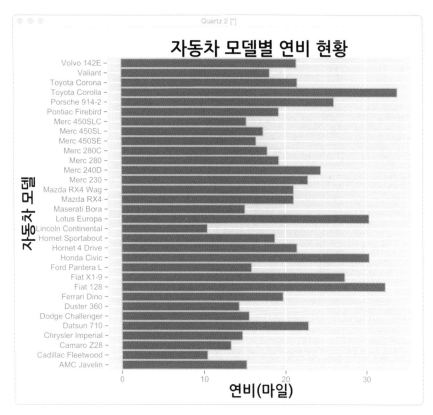

그림 6.161 Mac/Linux에서 한글이 출력된 플롯

6.14.2 Windows

다음 예제는 Mac/Linux에서 사용했던 것이다. Windows에서도 동일하게 작동하는지 확인하기 위해 플롯 출력을 시도해보자. 미리 말해두지만 Mac/Linux와는 달리 Windows에서는 다음과 같이 theme( ) 함수를 사용해도 폰트가 적용되지 않는다.

```
> # 막대 그래프 그리기
> p <- ggplot(data=mtcars, aes(x=rownames(mtcars), y=mpg))
> p <- p + geom_bar(stat="identity", colour="gray", fill="blue", alpha=0.75)
> p <- p + coord_flip( )
> p <- p + xlab("자동차 모델")
> p <- p + ylab("연비(마일)")
> p <- p + ggtitle("자동차 모델별 연비 현황")
> # 한글 출력을 위한 테마 설정
> p <- p + theme(title=element_text(family="나눔고딕", face="bold", size=18))
> p
```

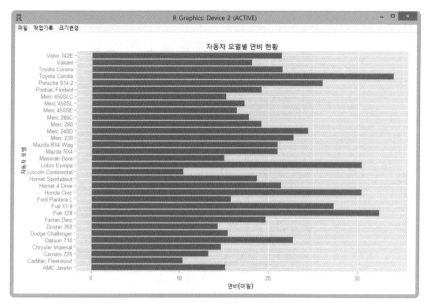

그림 6.162 Windows에서의 한글 설정 실패 화면

Windows 환경에서 예제를 수행하면, 그림 6.162처럼 한글이 정상적으로 출력될 것이다. 이를 보고 Windows에서도 Mac/Linux와 동일한 방법으로 가능하다고 착각할 수 있지만, 사실 그렇지 않다. 플롯에 한글이 보이긴 하지만 지정한 폰트가 제대로 설정된 것이 아니고, 기본 폰트가 그냥 적용된 것이다. 단지 한글만 출력할 것이면 폰트는 설정하지 않아도 되지만, 미려한 플롯을 출력하거나 캘리그라피를 고려한다면 원하는 폰트를 플롯에 설정할 수 있어야 한다.

폰트를 정확히 설정하기 위해서는 windowsFont( ) 함수와 windowsFonts( ) 함수로 폰트 패밀리를 미리 구성해야 한다. 다음 예제를 수행해보자.

```
> nanumgothic <- windowsFont("나눔고딕")
> windowsFonts(nanumgothic=nanumgothic)
>
> p <- ggplot(data=mtcars, aes(x=rownames(mtcars), y=mpg))
> p <- p + geom_bar(stat="identity", colour="gray", fill="blue", alpha=0.75)
> p <- p + coord_flip( )
> p <- p + xlab("자동차 모델")
> p <- p + ylab("연비(마일)")
> p <- p + ggtitle("자동차 모델별 연비 현황")
> # 한글 출력을 위한 테마 설정
> p <- p + theme(title=element_text(family="nanumgothic", face="bold", size=18))
> p
```

그림 6.163을 자세히 확인하면, 폰트가 바뀐 것을 알 수 있을 것이다. 기본 폰트와 나눔고딕 폰트가 모두 고딕체이므로 육안으로 확인이 어려울 수 있으므로 직접 플롯을 화면으로 출력해서 확대해서 비교하거나 폰트를 독특한 것으로 설정

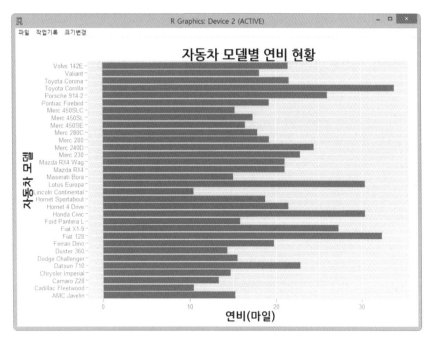

그림 6.163 Windows에서의 지정한 한글폰트 출력 성공

한 후 코드를 실행하면 그 차이를 알 수 있을 것이다.

6.15 ggplot2 에필로그

여러분은 지금까지 ggplot2의 사용법을 예제를 통해 알아보았다. 여러분 중 일부는 예제를 수행하면서 http://docs.ggplot2.org를 이미 방문했거나 인터넷에서 ggplot2 예제를 찾아본 적이 있을 것이다. ggplot2의 예제는 사전 학습 없이 코드만 보면, 이해하기 매우 난해하다. http://docs.ggplot2.org에는 자세한 설명이 없어서 ggplot2의 기본 철학을 이해한 뒤 각 함수별 사용 설명서를 자세히 읽지 않으면 습득하기 어렵지만, 대신 익숙해지면 가장 강력한 그래픽스 도구를 하나 더 가질 수 있다.

예제를 통해 느꼈겠지만 ggplot2는 정형화된 플롯을 빠르게 생성할 수 있는 기능을 지원하면서도 자신만의 독특한 플롯을 생성할 수 있는 기능 또한 지원한다. ggplot2의 응용법은 정해진 왕도가 없다. ggplot2의 기본 플롯으로부터 자신에게 필요한 플롯을 그리기 위해 변형하는 과정을 통해 자신만의 방법을 찾아나가길 바란다. 무엇보다도 플롯을 많이 그려보는 것이 ggplot2에 익숙해지는 지름길이 아닐까 한다.

이 책에서는 ggplot2 패키지의 저작자인 해들리 교수의 의도를 충분히 반영하기 위해서 http://docs.ggplot2.org의 예제를 적지 않게 사용하였다. 그리고 해들리 교수는 이 책에서 http://docs.ggplot2.org의 예제를 사용하는 것을 흔쾌히 허락해 주었다. 이 페이지를 빌어 다시 한번 해들리 교수께 감사의 마음을 전한다.

7장

R   V i s u a l i z a t i o n

유용한 플롯

데이터 분석은 다양한 데이터들이 쏟아져 나오고 각 데이터들도 나날이 복잡해져 가고 있는 정보화 사회에서 더욱 중요해지고 있다. EDA(Exploratory Data Analysis, 탐색적 데이터 분석)는 데이터의 분포를 파악하거나 데이터 간의 관계를 살피는 유용한 분석 기법으로 다양한 시각화의 기능을 동반한다. 각종 소셜 네트워크 서비스, 검색 서비스 등에서 발생하는 텍스트 데이터는 텍스트 분석을 통해서 사회 구성원들의 감성이나 의사를 추론하는 정보로 가공된다. 또한 위치의 이동에 따라 발생하는 위치 정보와 지역의 특성이 반영된 지리 데이터는 지리정보 플롯을 통해서 공간 통계로 가공된다. 다양한 데이터 소스에 따라 다양한 분석 기법과 시각화 방법이 사용되고 있는 것이다. 이 장에서는 EDA 및 텍스트 분석, 공간 분석 과정 등에서 사용되는 여러 유용한 시각화 기법을 소개한다.

7.1 EDA 플롯

EDA는 통계 및 마이닝 모델을 위한 선행 분석 작업으로 데이터의 분포를 이해하거나 데이터 간의 관계 등을 파악하기 위한 데이터 탐색 작업을 의미한다. 경우에 따라서는 EDA만으로도 데이터 분석을 마치는 경우도 있다. 이처럼 최근에는 EDA라는 용어가 데이터 분석 과정에서 빈번하게 사용되고 있으므로 이 책에서도 EDA라 부르겠다.

데이터 분석 과정에서는 EDA로 데이터를 충분히 이해한 후 통계 모형이나 마이닝 모형을 적합(fitting)시키는 등 좀 더 정교한 데이터 분석을 수행한다. EDA는 본격적인 데이터 분석을 수행하기 전에 데이터 분석을 어떻게 전개할지를 판단할 데이터에 대한 1차 인사이트를 제공한다. 이렇게 생성된 본 데이터 분석의 결과를 통해서 도출한 2차 인사이트가 의사결정을 위한 정보로 활용되는 것이다. EDA는 일반적으로 기술통계(discriptive statistics)[1]를 이용한 방법과 박스 플롯 등과 같은 시각화 기법을 사용한다. 최근에는 컴퓨팅 기술의 발전과 더불어 다양한 시각화 기법들이 제시되어 널리 사용되고 있다. 여기서는 EDA 과정에서 사용되는 여러 유용한 플롯의 소개와 그 사용방법을 다룬다.

7.1.1 상관행렬 플롯

상관계수(correlation coefficient)는 두 수치 변수 사이의 선형관계를 설명하는 통계량이다. 만약 두 개 이상의 수치 변수들 간의 상관관계를 알아보기 위해서는 변수를 두 개로 짝을 지어서 상관계수를 계산해야 한다. 그러므로 변수의 개수가 n개라면 $_nC_2$개의 상관계수를 구해야 한다. 이렇게 구한 상관계수는 행렬의 형태로 만들 수 있는데, 이를 상관행렬(correlation matrix)이라 한다.

연습문제 7.1

1973년도 미국의 50개주별로 폭력 범죄의 비율을 조사한 데이터인 USArrests 데이터 프레임은 다음과 같은 4개의 수치 변수를 가지고 있다.

· Murder: 인구 100,000만 명당 살인범죄자 수
· Assault: 인구 100,000만 명당 폭행범죄자 수
· UrbanPop: 시가지에 주거하는 인구의 백분율
· Rape: 인구 100,000만 명당 강간범죄자 수

USArrests 데이터 프레임의 네 개 변수에 대해서 상관행렬을 구하라.

```
> cor(USArrests)
```

```
          Murder   Assault   UrbanPop      Rape
Murder   1.00000000 0.8018733 0.06957262 0.5635788
Assault  0.80187331 1.0000000 0.25887170 0.6652412
UrbanPop 0.06957262 0.2588717 1.00000000 0.4113412
Rape     0.56357883 0.6652412 0.41134124 1.0000000
```

상관행렬은 cor( ) 함수로 간단하게 구할 수 있다. 예제 7.1의 결과인 상관행렬을 보면, 대각선에 위치한 상관계수가 모두 1로 표현되어 있다. 이는 자신과의 상관관계를 의미하기 때문이다. 또한 대각선을 중심으로 상하 값이 대칭으로 표현되었는데, 이는 두 변수가 x, y의 관계로 표현되거나 y, x의 관계로 표현되기 때문이다. 그러므로 상삼각행렬이나 하삼각행렬만 구하면 쉽게 상관행렬을 구

---

1   기술 통계학(descriptive statistics)은 측정이나 실험에서 수집한 자료의 정리, 표현, 요약, 해석 등을 통해 자료의 특성을 규명하는 통계적 방법이다. http://ko.wikipedia.org/wiki/기술통계학 참조

할 수 있다. 여기서는 상삼각행렬이나 하삼각행렬이 표현하는 개별 상관계수가 $_4C_2 = 6$개임을 알 수 있다.

상관행렬의 결과를 해석하면 살인범죄와 폭행범죄 간의 상관계수가 약 0.802로, 강력한 상관관계를 가지고 있다. 또한 폭행범죄와 강간범죄 간의 상관계수는 약 0.665, 살인범죄와 강간범죄 간의 상관계수는 약 0.564로, 양의 상관관계임을 알 수 있다. 그러나 이 상관행렬을 해석하기 위해서는 행렬을 분해하여 개별 원소의 수치인 상관계수를 일일이 해석하는 다소 번거로운 과정을 거쳐야 한다. 그래서 변수 간의 상관관계를 한눈에 직관적으로 파악하기 위해서 상관행렬을 시각화하는 방법(correlation matrix chart)을 시도하겠다.

상관행렬을 시각화한 플롯을 상관행렬 플롯(correlation plots)이라고 한다. R에는 상관행렬 플롯을 그리는 함수가 여러 개 있는데, 대표적인 것이 corrplot 패키지의 corrplot( ) 함수, ellipse 패키지의 plotcorr( ) 함수, corrgram 패키지의 corrgram( ) 함수 등이다. 여기서는 이 중에서 기능이 상대적으로 우월한 corrplot( ) 함수를 이용해서 상관행렬의 시각화 방법을 알아보자.

참고로 상관행렬을 시각화하는 corrplot( ) 함수는 그 기능만큼 매우 다양한 인수를 가지고 있다. 여기서는 핵심적인 인수 몇 가지의 사용법만 소개한다.

함수 원형 corrplot( )

```
corrplot(corr, method = c("circle", "square", "ellipse", "number", "shade",
"color", "pie"),
        type = c("full", "lower", "upper"), add = FALSE,
        col = NULL, bg = "white", title = "",  is.corr = TRUE,
        diag = TRUE, outline = FALSE, mar = c(0,0,0,0),
        addgrid.col = NULL, addCoef.col = NULL, addCoefasPercent = FALSE,
        order = c("original", "AOE", "FPC", "hclust", "alphabet"),
        hclust.method = c("complete", "ward", "single", "average",
                          "mcquitty", "median", "centroid"),
        addrect = NULL, rect.col = "black", rect.lwd = 2,
        tl.pos = NULL, tl.cex = 1,
        tl.col = "red", tl.offset = 0.4, tl.srt = 90,
        cl.pos = NULL, cl.lim = NULL,
        cl.length = NULL, cl.cex = 0.8, cl.ratio = 0.15,
        cl.align.text = "c",cl.offset = 0.5,
        addshade = c("negative", "positive", "all"),
        shade.lwd = 1, shade.col = "white",
        p.mat = NULL, sig.level = 0.05,
        insig = c("pch","p-value","blank", "n"),
        pch = 4, pch.col = "black", pch.cex = 3,
        plotCI = c("n","square", "circle", "rect"),
        lowCI.mat = NULL, uppCI.mat = NULL, ...)
```

corr

시각화할 상관행렬

method

상관행렬에서 개별 원소의 상관계수를 표현할 시각화 모양을 지정한다. 시각화 모양은 사각형 격자 안에 포함되는데, 기본 값은 "circle"로 격자 안에 원형 모양으로 표현된다. 이밖에 "square", "ellipse", "number", "shade", "color", "pie"가 있는데, 각각 사각형 모양, 타원 모양, 상관계수 숫자, 격자를 그림자 효과 색상으로 채우기, 격자를 색상으로 채우기, 파이 차트를 의미한다.

"circle"과 "square"는 상관계수의 절대 값 크기에 따라 그 면적의 크기가 비례한다. "pie" 인수의 파이 차트는 색상으로 표현한 파이 조각이 상관계수의 절대 값의 크기에 따라 그 크기가 비례한다. "shade"는 addshade 인수가 지정한 "negative", "positive", "all" 인수 값에 따라 음의 상관계수, 양의 상관계수, 모든 상관계수에 해당하는 셀의 격자 안에 그림자 효과를 추가한다.

그리고 가장 이해하기 쉬운 것이 타원 모양인 "ellipse"이다. 그 이유는 두 데이터의 관계를 타원체로 표현해서 해석이 쉽고 빠르기 때문이다. 시각화의 목적이 쉽고 빠르게 데이터의 분포를 파악하는 것이므로 "ellipse" 인수를 사용하는 것을 추천한다.

연습문제 7.2

corrplot( ) 함수의 method 인수에 따른 플롯의 모양을 비교하라.

다음은 corrplot( ) 함수의 method 인수 값에 따른 플롯 모양을 비교하기 위한 예제인데, 결과는 그림 7.1과 같다.

```
> library(corrplot)
> cor.usa <- cor(USArrests)
> par(mfrow=c(2, 4))
> corrplot(cor.usa, tl.pos="n", cl.pos="n", title="circle", mar=c(4, 0, 4, 0))
> corrplot(cor.usa, method = "square", tl.pos="n", cl.pos="n", title="square",
          mar=c(4, 0, 4, 0))
> corrplot(cor.usa, method = "ellipse", tl.pos="n", cl.pos="n",
          title="ellipse", mar=c(4, 0, 4, 0))
> corrplot(cor.usa, method = "number", tl.pos="n", cl.pos="n", title="number",
          mar=c(4, 0, 4, 0))
> corrplot(cor.usa, method = "shade", addshade="positive", tl.pos="n",
          cl.pos="n", title="shade", mar=c(4, 0, 4, 0))
> corrplot(cor.usa, method = "color", tl.pos="n", cl.pos="n", title="color",
          mar=c(4, 0, 4, 0))
> corrplot(cor.usa, method = "pie", tl.pos="n", cl.pos="n", title="pie",
          mar=c(4, 0, 4, 0))
> par(mfrow=c(1, 1))
```

그림 7.1을 보면 모든 격자가 양의 상관계수를 가지고 있기 때문에 색상이 푸른색으로 표현되었고 상관계수의 크기에 비례하여 색상이 짙어짐을 알 수 있다. 단순히 숫자로 상관계수를 표현하는 "number"의 경우도 그 상관계수 숫자의 색상에 농담이 적용되었다.

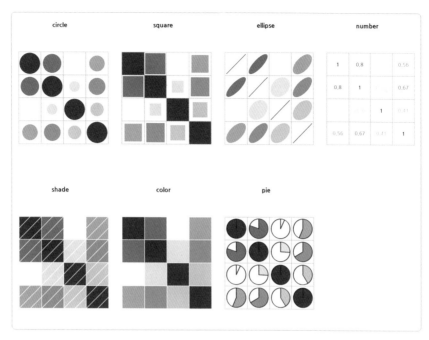

그림 7.1 상관행렬 플롯 1

type

상관행렬에서 시각화할 영역을 지정한다. 인수 값으로는 "full", "lower", "upper"을 사용할 수 있는데, 각각 상관행렬 전체, 하삼각행렬, 상삼각행렬을 뜻한다. 기본 값은 "full"로 행렬의 모든 원소를 표현한다.

tl.pos, tl.cex, tl.col, tl.offset, tl.srt

변수의 이름이 표현되는 텍스트 라벨(text label)의 속성을 지정하는 인수들이다. tl.cex와 tl.col은 각각 텍스트 라벨 문자의 크기와 색상을 지정하며, 기본 값은 1과 "red"다. tl.offset은 텍스트 라벨이 출력될 offset을 지정한다. 이 값이 커질수록 텍스트 라벨은 상관행렬이 표현된 격자로부터 더 멀리 출력되는데, 기본 값은 0.4다. tl.srt는 텍스트 라벨 문자열의 회전 각도로 기본 값은 90이다. tl.pos는 텍스트 라벨이 출력될 위치를 지정하는데, "lt", "ld", "td", "d", "n" 중에서 반드시 하나를 선택할 수 있다. 각 요소의 의미는 다음과 같다.

· "lt": 왼쪽과 위쪽(left and top)에 텍스트 라벨이 출력된다. type 인수 값이 "full"일 경우 기본 값으로 설정된다.
· "ld": 왼쪽과 대각행렬 위치(left and diagonal)에 텍스트 라벨이 출력된다. type 인수 값이 "lower"일 경우 기본 값으로 설정된다.
· "td": 위쪽과 대각행렬 위치(top and diagonal)에 텍스트 라벨이 출력된다.

type 인수 값이 "upper"일 경우 기본 값으로 설정된다.
- "d": 대각행렬 위치(diagonal)에 텍스트 라벨이 출력된다.
- "n": 텍스트 라벨을 출력하지 않는다.

cl.pos, cl.lim, cl.length, cl.cex, cl.ratio, cl.align.text, cl.offset

상관계수의 크기를 가늠할 수 있는 색상범례(color legend)의 속성을 지정하는 인수들이다. cl.pos는 색상범례가 출력될 위치를 지정하는데, "r", "b", "n" 중에서 반드시 하나를 선택할 수 있다. 각각은 오른쪽(right), 아래(bottom), 출력하지 않음(none)을 의미한다. 기본 값은 type이 "upper"이거나 "full"이면 "r"이고, "lower"이면 "b"가 된다. cl.lim는 범례에서 표현할 수 있는 색상범례의 범위로 c(최소 값, 최대 값)와 같이 지정한다. cl.length는 색상범례에서 출력할 수치 라벨의 개수를 지정한다. 만약 이 값을 지정하지 않으면 length(col)≤20일 경우에는 length(col) + 1을, length(col) > 20일 경우에는 11을 사용한다. cl.cex는 색상범례 문자의 크기를 지정하며, 기본 값으로 0.8을 사용한다.

cl.ratio는 색상범례의 너비를 지정하는데, 기본 값은 0.15으로 0.1과 0.2 사이의 값이 흔히 사용된다. 이 값이 크면 색상범례의 가로 너비가 넓어지며, 작으면 그 너비가 좁아진다. cl.align.text는 색상범례에서 출력할 상관계수의 수치 라벨에 대한 정렬 방법을 지정한다. "l", "c", "r"을 사용할 수 있는데, 각각 왼쪽 정렬, 가운데 정렬, 오른쪽 정렬을 의미한다. 기본 값은 "c"다. cl.offset은 색상범례에서 수치 라벨이 출력될 offset을 지정한다. 이 값이 커질수록 수치 라벨은 색상범례에서 더 멀리 출력되는데, 기본 값은 0.5다.

연습문제 7.3

corrplot( ) 함수의 type 인수 및 텍스트 라벨, 색상범례에 관련된 인수들을 사용하여 상관행렬 플롯을 그려라.

다음은 corrplot( ) 함수에서 type 인수 및 텍스트 라벨, 색상범례에 관련된 인수들의 사용법에 따른 플롯의 모양을 비교하기 위한 예제로, 결과는 그림 7.2와 같다.

```
> par(mfrow=c(2, 4))
> corrplot(cor.usa, type="upper", title="type=\"upper\"",
           mar=c(4, 0, 4, 1))
> corrplot(cor.usa, type="lower", title="type=\"lower\"",
           mar=c(4, 0, 4, 1))
> corrplot(cor.usa, tl.pos="d", cl.pos="b", title="tl.pos=\"d\",
           cl.pos=\"b\"", mar=c(4, 0, 4, 1))
> corrplot(cor.usa, tl.srt=45, tl.offset=2, title="tl.srt=45, tl.offset=2",
           mar=c(4, 0, 4, 1))
> corrplot(cor.usa, cl.length=5, , title="cl.length=5", mar=c(4, 0, 4, 1))
> corrplot(cor.usa, tl.col="blue", tl.cex=1.5,
           title="tl.col=\"blue\", tl.cex=1.5", mar=c(4, 0, 4, 1))
> corrplot(cor.usa, cl.ratio=0.5, title="cl.ratio=0.5", mar=c(4, 0, 4, 1))
```

```
> corrplot(cor.usa, cl.ratio=0.5, cl.align.text="l",
          title="cl.ratio=0.5, cl.align.text=\"l\"", mar=c(4, 0, 4, 1))
> par(mfrow=c(1, 1))
```

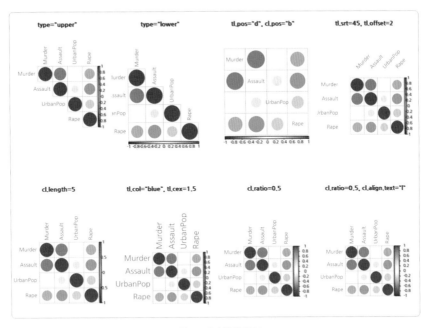

그림 7.2 상관행렬 플롯 2

그림 7.2를 보면 type 인수 및 텍스트 라벨, 색상범례에 관련된 인수들의 조합에 따라 다양한 형태의 플롯이 그려지는데, 다소 기능이 복잡해 보일 것이다. 일단 여러분은 그냥 기본 값을 사용하는 것이 현명한 방법이다.

order

상관행렬에서 변수의 표현 순서를 조정하는 것은 변수들 간의 숨겨진 구조와 패턴을 이해하는 데 있어 매우 중요한 작업이다. order 인수로 변수의 표현 순서를 재지정할 수 있으며 사용할 수 있는 인수 값은 다음과 같다. 그러나 자세한 계산 공식[2]이나 이론적 배경은 이 책에서는 다루지 않겠다.

· "original": 원래 데이터가 가지고 있는 변수의 순서
· "AOE": 고유벡터로 계산된 각도의 크기 순서
· "FPC": 주성분 분석의 첫 번째 주성분의 순서
· "hclust": 계층적 군집분석에서의 군집 순서
· "alphabet": 변수 이름의 알파벳 순서

---

2   corrMatOrder( ) 함수의 소스를 살펴보면 계산 공식이 기술되어 있음. 더 많은 종류의 방법은 seriation 패키지에 포함되어 있음

hclust.method

order 인수 값을 "hclust"로 지정하여 계층적 군집분석[3]에서의 군집 순서로 변수의 순서를 재조정할 경우, 계층적 군집군석에서 군집으로 묶어주는 방법을 지정한다. "ward", "single", "complete", "average", "mcquitty", "median", "centroid" 중에 하나를 사용할 수 있으며, 기본 값은 "complete"이다. 이 인수 또한 이론적 배경은 다루지 않겠다.

addrect

order 인수 값을 "hclust"로 지정할 경우에만 사용할 수 있다. 군집의 개수를 지정하면 군집분석을 수행 후 묶여진 변수의 군집을 둘러싼 사각형을 그린다. 인수 값으로는 군집의 개수를 나타내는 정수 값을 사용한다. 기본 값은 NULL로, 군집을 표현하는 사각형을 그리지 않는다.

연습문제 7.4

corrplot( ) 함수의 order와 addrect 인수의 사용법을 학습하자.

다음은 corrplot( ) 함수에서 order와 addrect 인수의 사용법에 따른 플롯 모양을 비교하기 위한 예제로, 결과는 그림 7.3과 같다.

```
> M <- cor(mtcars)
> par(mfrow=c(2, 4))
> corrplot(M, order = "original", title="order = \"original\"",
          mar=c(4, 0, 4, 1))
> corrplot(M, order = "AOE", title="order = \"AOE\"",
          mar=c(4, 0, 4, 1))
> corrplot(M, order = "hclust", title="order = \"hclust\"",
          mar=c(4, 0, 4, 1))
> corrplot(M, order = "FPC", title="order = \"FPC\"",
          mar=c(4, 0, 4, 1))
> corrplot(M, order = "alphabet", title="order = \"alphabet\"",
          mar=c(4, 0, 4, 1))
> corrplot(M, order = "hclust", addrect = 2,
          title="order = \"hclust\", addrect = 2", mar=c(4, 0, 4, 1))
> corrplot(M, order = "hclust", addrect = 3,
          title="order = \"hclust\", addrect = 3", mar=c(4, 0, 4, 1))
> par(mfrow=c(1, 1))
```

그림 7.3을 보면 order 인수 값에 따라 상관행렬에서 변수의 순서가 바뀌는 것을 알 수 있다. 여기서는 "original"과 "alphabet"을 제외한 모든 플롯에서는 상관계수의 크기에 따라 묶여서 표현되었다. 즉, 양의 상관을 나타내는 푸른색 계열과 음의 상관을 나타내는 빨간색 계열의 셀들이 묶여 있다. 또 addrect 인수에 따라

---

3   변수들의 유사성, 즉 데이터가 얼마나 비슷한 값을 갖는지를 수학적 거리로 환산하여 거리가 가까운 대상들을 동일한 집단으로 편입시키는 방법을 군집분석(clustering analysis)이라 한다. 군집분석 중 계층적 군집분석(hierarchical clustering analysis)은 군집들 사이의 거리를 이용하여 가까운 거리에 있는 군집들을 차례로 묶거나 먼 거리에 있는 군집들을 차례로 분리해 나가는 방법으로 군집을 생성하는 방법이다.

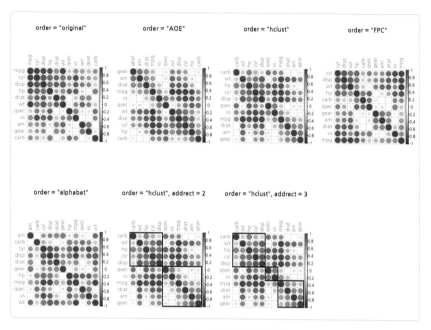

그림 7.3 order 인수별 상관행렬 플롯

묶이는 군집의 개수가 달라짐도 파악할 수 있다.

col

격자 안의 상관계수를 표현할 심벌과 문자의 색상을 지정하는 벡터다. 이 인수로 cl.lim 인수 안에서 균일하게 분포되는 영역에 색상을 지정한다.

연습문제 7.5

corrplot( ) 함수의 col 인수의 사용법을 학습하자.

다음은 corrplot( ) 함수에서 col 인수의 사용법에 따른 플롯의 모양을 비교하기 위한 예제로, 결과는 그림 7.4와 같다.

```
> col1 <- colorRampPalette(c("#7F0000","red","#FF7F00","yellow","white",
                "cyan", "#007FFF", "blue","#00007F"))
> col2 <- colorRampPalette(c("#67001F", "#B2182B", "#D6604D", "#F4A582", "#FDDBC7",
                "#FFFFFF", "#D1E5F0", "#92C5DE", "#4393C3", "#2166AC",
                "#053061"))
> col3 <- colorRampPalette(c("red", "white", "blue"))
> col4 <- colorRampPalette(c("#7F0000","red","#FF7F00","yellow","#7FFF7F",
                "cyan", "#007FFF", "blue","#00007F"))
> wb <- c("white","black")
> par(mfrow=c(2, 3))
> corrplot(M, order = "hclust", addrect = 2, col = col1(100), title="col = col1(100)",
        mar=c(4, 0, 4, 1))
> corrplot(M, order = "hclust", addrect = 2, col = col2(50), title="col = col2(50)",
        mar=c(4, 0, 4, 1))
> corrplot(M, order = "hclust", addrect = 2, col = col3(20), title="col = col3(20)",
        mar=c(4, 0, 4, 1))
```

```
> corrplot(M, order = "hclust", addrect = 2, col = col4(10), title="col = col4(10)",
        mar=c(4, 0, 4, 1))
> corrplot(M, order = "hclust", addrect = 2, col = wb, bg = "gold2", title="col = wb,
        bg = \"gold2\"", mar=c(4, 0, 4, 1))
> par(mfrow=c(1, 1))
```

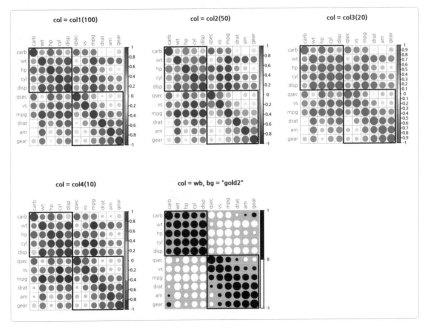

그림 7.4 col 인수별 상관행렬 플롯

그림 7.4를 보면 col 인수 값에 따라 색상범례의 색상에 차이가 나는 것을 알 수 있다. 색상에 따라 각 변수의 상관관계가 좀 더 직관적으로 파악되거나 혹은 반대의 결과가 초래될 수 있으므로 색상범례의 색상은 신중히 선택해야 한다.

p.mat

상관행렬의 각 원소 위치의 유의확률(p-value)[4]를 계산한 p-value 행렬을 지정한다. 일반적으로 이 행렬에서 사용하는 p-value는 쌍을 이루는 변수들 사이의 연관성을 검정하는 스피어만 상관관계 검정에서 양측검정의 유의확률을 사용한다.

sig.level

유의수준(significant level)[5]을 지정한다. p-value 행렬에서의 p-value가 지정한

---

4 유의확률은 귀무가설을 기각할 수 있는 최소한의 확률을 의미한다. 가설검정에서 유의확률 값이 유의수준보다 작을 때 귀무가설을 기각한다. 이것은 귀무가설이 타당하지 않음을 의미하며, 새로운 주장 또는 실제로 입증하려는 대립가설이 오히려 타당함을 의미한다.

5 유의수준(significance level)은 통계적인 가설검정에서 사용되는 기준 값이다. 일반적으로 유의수준은 α로 표시하고, 95%의 신뢰도를 기준으로 한다면 (1 - 0.95)인 0.05 값이 유의수준 값이 된다. 가설검정의 절차에서 유의수준 값과 유의확률 값을 비교하여 통계적 유의성을 검정한다. http://ko.wikipedia.org/wiki/유의수준 참조

유의수준보다 클 경우에는 해당 상관계수는 중요하지 않은 것으로 간주된다. 중요하지 않다는 것은 데이터 분석에서 관심있게 살펴보지 않아도 문제가 없다는 의미로 해석할 수 있다. 기본 값은 0.05이다.

insig

미미한 상관계수(insignificant correlation coefficients)를 갖는 위치의 격자를 표현하는 문자를 기술한다. "pch", "p-value", "blank", "n"을 사용할 수 있다. 기본 값은 "pch"로 pch 인수에서 지정한 문자를 격자 안에 추가한다. "p-value"는 해당 p-value를 추가하며, "blank"는 해당 격자를 비워 둔다. 그리고 "n"은 미미한 상관계수를 표시하지 않는다.

pch, pch.col, pch.cex

insig 인수 값에 "pch"을 지정했을 때 추가하는 문자의 속성으로 pch, pch.col, pch.cex는 각각 문자의 종류, 문자의 색상, 문자의 크기를 지정한다. pch의 기본 값은 4로 문자 ×를 의미하며, pch.col는 "black"으로 검정색, pch.cex는 3이 기본 값이다.

연습문제 7.6

corrplot( ) 함수의 p.mat, sig.level, insig 인수의 사용법을 학습하자.

다음은 corrplot( ) 함수에서 p.mat, sig.level, insig 인수의 사용법에 따른 플롯의 모양을 비교하기 위한 예제인데, 결과는 그림 7.5와 같다. cor.mtest( ) 함수는 corrplot( ) 함수의 도움말의 예제에서 따온 것이다.

```
> cor.mtest <- function(mat, conf.level = 0.95) {
      mat <- as.matrix(mat)
      n <- ncol(mat)
      p.mat <- lowCI.mat <- uppCI.mat <- matrix(NA, n, n)
      diag(p.mat) <- 0
      diag(lowCI.mat) <- diag(uppCI.mat) <- 1
      for (i in 1:(n - 1)) {
          for (j in (i + 1):n) {
              tmp <- cor.test(mat[, i], mat[, j], conf.level = conf.level)
              p.mat[i, j] <- p.mat[j, i] <- tmp$p.value
              lowCI.mat[i, j] <- lowCI.mat[j, i] <- tmp$conf.int[1]
              uppCI.mat[i, j] <- uppCI.mat[j, i] <- tmp$conf.int[2]
          }
      }
      return(list(p.mat, lowCI.mat, uppCI.mat))
  }
>
> res1 <- cor.mtest(mtcars, 0.95)
> res2 <- cor.mtest(mtcars, 0.99)
> par(mfrow=c(2, 4))
> corrplot(M, p.mat = res1[[1]], sig.level=0.2, title="sig.level=0.2",
          mar=c(4, 0, 4, 1))
> corrplot(M, p.mat = res1[[1]], sig.level=0.05, pch.cex=2,
          title="sig.level=0.05, pch.cex=2", mar=c(4, 0, 4, 1))
```

```
> corrplot(M, p.mat = res1[[1]], sig.level=0.01, pch.col="red",
          title="sig.level=0.01, pch.col=\"red\"", mar=c(4, 0, 4, 1))
> corrplot(M, p.mat = res1[[1]], insig="blank", title="insig=\"blank\"",
          mar=c(4, 0, 4, 1))
> corrplot(M, p.mat = res1[[1]], insig="p-value", title="insig=\"p-value\"",
          mar=c(4, 0, 4, 1))
> corrplot(M, p.mat = res1[[1]], insig="p-value", sig.level=-1,
          title="insig=\"p-value\", sig.level=-1", mar=c(4, 0, 4, 1))
> corrplot(M, p.mat = res1[[1]], order="hclust", insig="pch",
          title="order=\"hclust\", insig=\"pch\"", mar=c(4, 0, 4, 1))
> par(mfrow=c(1, 1))
```

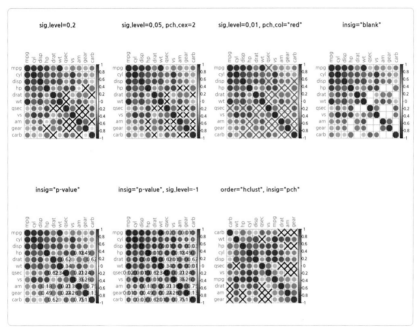

그림 7.5 p.mat 인수를 사용한 상관행렬 플롯

그림 7.5를 보면 p.mat, sig.level, insig 인수의 사용법에 따라 여러 가지 모양의 플롯이 나오는데, insig 인수에 기본 값인 "pch"를 사용하여 문자 '×'를 추가하는 것이 좀 더 직관적인 판단에 도움을 주는 것을 알 수 있다. 문자 '×'가 표시된 것에는 의미를 두지 않아도 된다.

연습문제 7.7

앞의 예제에서 사용한 mtcars 데이터 프레임은 1974년 Motor Trend US magazine에 실린 데이터로 1973년부터 1974년까지의 32개 자동차 모델의 연비 등 11개 성능지표에 대한 자료다. 각각의 성능 지표들 간의 상관관계를 파악할 수 있도록 다음의 조건을 만족하는 상관행렬을 시각화한 후 변수들 간의 연관성을 해석하라. 단, 상관행렬은 M, p-value 행렬은 p.mat을 사용한다.

- 상관계수는 상삼각행렬은 타원체 모양으로, 하삼각행렬은 숫자로 표현하라 (add 인수를 이용).
- 변수의 순서는 "AOE"로 재정의하라.
- 상삼각행렬에서 상관계수가 유의수준 0.05 기준에서 의미가 없는 것은 표현하지 않는다.
- pch는 "red" 색상을 사용하라.
- 텍스트 라벨의 문자 크기는 1.3, 색상범례의 문자 크기는 1을 사용하라.
- 색상범례의 수치 라벨의 정렬은 오른쪽 정렬로 설정하라.
- 플롯의 제목은 "Motor Trend Car Road Tests"로 표현하라.

```
> corrplot(M, p.mat = res1[[1]], method="ellipse", type="upper", order="AOE",
           tl.offset=0.5, sig.level=0.05, tl.pos="d", tl.cex=1.3, pch.col="red",
           cl.align.text = "r", cl.cex=1, title="Motor Trend Car Road Tests",
           mar=c(1, 0, 2, 0))
> corrplot(M, add=TRUE, type="lower", method="number", order="AOE",
           diag=FALSE, tl.pos="n", cl.pos="n")
```

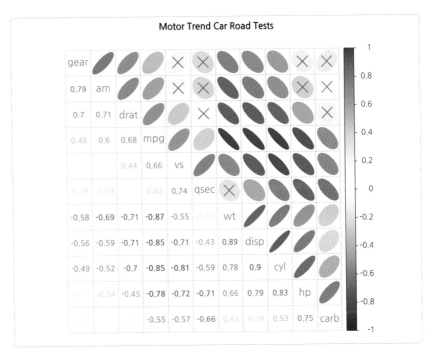

그림 7.6 Motor Trend Car Road Tests 상관행렬 플롯

예제 7.7의 결과는 그림 7.5와 같이 표현된다. 한쪽은 타원체로 표현하여 두 변수 간의 관계를 직관적으로 이해할 수 있으며 또 한쪽 면은 상관계수를 출력해서 구체적인 상관계수가 얼마인지도 알 수 있다.

몇 개의 변수의 상관관계를 해석한다면 차량의 중량(wt), 배기량(disp), 실린더 수(cyl), 마력(hp) 간에는 양의 상관관계가 있고, 이 네 변수와 연비(mpg)는 음의 상관관계가 있음을 알 수 있다.

7.1.2 열지도

행렬의 개별 원소들을 전체 원소 또는 동일한 행이나 열에 포함된 다른 원소들과의 상대적 크기를 구한 후 그 크기에 비례하여 그라데이션 색상으로 표현하는 시각화 기법에 열지도(heatmap)가 있다. 이름을 열지도라고 한 이유는 그라데이션의 색상을 열(heat)의 온도 크기를 연상할 수 있는 불꽃 색상으로 지정하기 때문이다. 열지도는 특정 범주의 수준별로 여러 수치 데이터를 비교하는 데 유용하게 사용된다. 이 경우는 범주의 수준을 행에 표현하고 각각의 수치 변수를 열에 표현하면 된다. 일반적으로 불꽃의 색상은 그 온도가 낮을수록 빨간색에 가깝다. 그리고 온도가 오르면서 노란색으로 보이다가 가장 높은 온도에서는 흰색에 가깝게 보인다. 그러므로 수치의 크기가 작은 것부터 큰 것까지 색상으로 표현하면 빨간색 → 노란색 → 흰색의 순서를 갖는다. 많은 사람들이 이 순서를 반대로 생각하기도 하는데, 열지도에서의 색상 순서를 올바로 이해해야 결과의 해석에 오류가 발생하지 않는다. 다시 한번 정리하자면 흰색이 빨간색보다 더 큰 값을 표현하는 색상이다.

열지도 플롯을 그리는 함수로 기본 패키지인 stats 패키지의 heatmap( )이 있는데, 핵심적인 인수의 사용법만 소개한다.

함수 원형 heatmap( )

```
heatmap(x, Rowv = NULL, Colv = if(symm)"Rowv" else NULL,
        distfun = dist, hclustfun = hclust,
        reorderfun = function(d, w) reorder(d, w),
        add.expr, symm = FALSE, revC = identical(Colv, "Rowv"),
        scale = c("row", "column", "none"), na.rm = TRUE,
        margins = c(5, 5), ColSideColors, RowSideColors,
        cexRow = 0.2 + 1/log10(nr), cexCol = 0.2 + 1/log10(nc),
        labRow = NULL, labCol = NULL, main = NULL,
        xlab = NULL, ylab = NULL,
        keep.dendro = FALSE, verbose = getOption("verbose"), ...)
```

x

시각화할 수치 행렬

Rowv, Colv

행의 덴드로그램과 열외 덴드로그램을 계산하고 재정렬하는 방법을 결정한다. 덴드로그램(dendrogram)은 군집의 생성 과정을 나타내기 위해 사용되는 시각화 방법으로, 범주 내 수준이나 수치변수들의 인접성과 상호 관계를 보여준다.

그 모양이 나뭇가지 모양과 유사해서 수형도(樹形圖), 혹은 계통수(系統樹)라고
도 불린다.

Rowv와 Colv는 행과 열의 덴드로그램의 순서를 변경하는 데 사용할 덴드로
그램이나 각 행과 열을 대표하는 값의 벡터를 지정한다. 덴드로그램을 그리지
않을 경우에는 NA를 사용한다. 기본 값은 NULL로, 이 경우 적당하게 덴드로그
램의 순서를 정한다.

다음 예제는 mtcars 데이터로 계층적 군집화를 위한 덴드로그램을 그린 것이
다. 결과인 그림 7.7을 보면 수형도 혹은 계통수라고 불리는 이유를 충분히 이해
할 수 있을 것이다.

```
> hc <- hclust(dist(mtcars))
> dend <- as.dendrogram(hc)
> plot(dend)
```

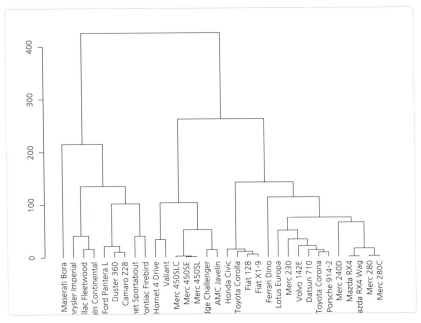

그림 7.7 mtcars의 덴드로그램

다음은 heatmap( ) 함수에서 Rowv 인수와 Colv 인수에 기본 값을 사용한 예제
인데, 결과는 그림 7.8과 같다.

```
> x <- as.matrix(mtcars)
> heatmap(x)
```

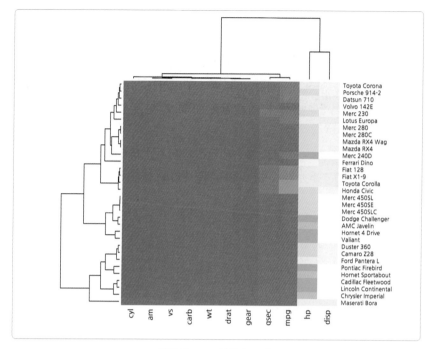

그림 7.8 mtcars의 열지도 그림

그림 7.8을 보면 그림 7.7과 거의 같은 덴드로그램이 행의 축에 그려져 있다. 또한 열의 축에도 덴드로그램이 그려져 있음을 알 수 있다. 행의 축으로는 유사한 자동차 모델이 묶여 있고, 열의 축으로는 자동차의 성능을 의미하는 11가지 변수의 값이 비슷한 스케일끼리 묶여 있다. 빨간색이 상대적으로 작은 값이므로 마력(hp)과 배기량(disp)이 다른 지표들보다는 그 값이 크다는 것을 의미한다. 그러나 이는 데이터 분석 관점에서는 거의 의미가 없는 사실이다.

연습문제 7.8

그림 7.8에서 열의 축에서 덴드로그램을 생략하여 표현하라. 열의 축에서 덴드로그램은 생략한다는 것은 유사한 행들을 묶는다는 것을 의미한다. 그러므로 이는 유사한 지표를 갖는 자동차를 살펴보기 위한 시각화 방법이다.

```
> heatmap(x, Colv = NA)
```

데이터 분석 측면에서는 열의 축에는 덴드로그램을 그리지 않는 것이 바람직하므로 다음과 같이 Colv 인수의 값을 NA로 지정하여 열의 축에서 덴드로그램을 생략하자. 결과는 그림 7.9와 같다.

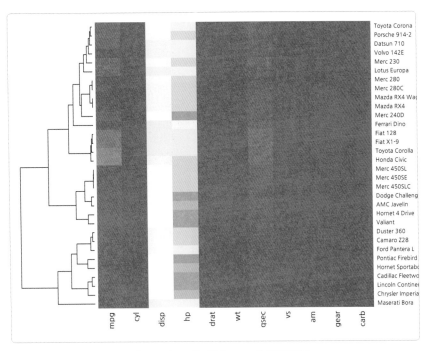

그림 7.9 Colv=NA를 사용한 mtcars의 열지도 그림

symm

행과 열을 대칭적(symmetrically)으로 처리할 경우에 사용한다. 시각화할 수치 행렬이 행의 수와 열의 수가 같은 정방행렬일 경우에만 사용할 수 있으며 TRUE 면 대칭적으로 처리한다. 데이터가 상관행렬일 경우에는 반드시 이 인수 값을 TRUE로 사용해야 왜곡된 시각화를 피할 수 있다.

연습문제 7.9

mtcars의 상관행렬을 열지도 그림으로 그려라.

```
> cor.x <- cor(x)
> heatmap(cor.x, symm = TRUE)
```

mtcars의 상관행렬을 열지도 그림으로 그리기 위해서는 heatmap( ) 함수에 상 관행렬을 대입하면, 간단하게 그릴 수 있다. 이때 다음 예제처럼 symm 인수 값 을 반드시 TRUE로 지정해야 한다. 예제의 결과는 그림 7.10과 같다.

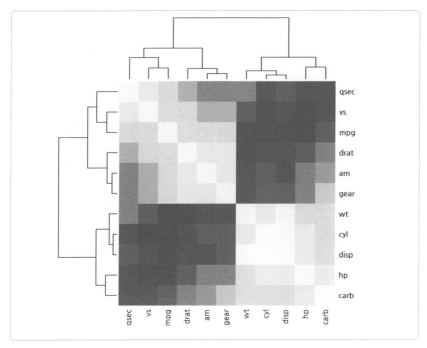

그림 7.10 symm=TRUE를 사용한 mtcars의 상관행렬 열지도 그림

그림 7.10을 보면 마치 상관행렬의 시각화를 위해서 corrplot( ) 함수로 그린 플롯이 연상된다. 이 플롯에서 파악할 수 있는 것은 대각선에 위치한 셀이 가장 밝은 색을 나타내서 상관계수가 큰 것을 알 수 있다. 상관행렬의 대각 원소는 1이므로 당연한 결과다. 그리고 wt 변수와 cyl 변수가 양의 상관관계가 있음을 알 수 있다. 그러나 corrplot( ) 함수보다는 해석하기 쉽지 않다. 그러므로 상관행렬을 군이 열지도 그림으로 해석할 이유가 없다. 그러나 전년도 지표와 금년도 지표를 비교할 경우에는 symm=TRUE를 사용한 열지도가 효과적일 수는 있다.

scale

행이나 열 방향으로 데이터를 표준화하여 스케일을 조정한다. 행의 경우를 예를 들면 i번째 행벡터와 행벡터의 평균 및 표준편차를 각각 X_i, $\overline{X}_i$, S_i라 할 경우 $\dfrac{X_i - \overline{X}_i}{S_i}$과 같이 표준화[6]한다. 인수 값 "row"와 "column"은 각각 행과 열 방향으로 표준화하며 "none"은 표준화를 시도하지 않는다. symm 인수의 인수 값이 FALSE일 경우에는 "row", 그 외에는 "none"이 기본 값으로 사용된다.

그림 7.10에서는 행방향으로 표준화된 스케일을 사용했다. cyl 변수부터 gear 변수까지 일곱 개 변수에 대한 색상이 모두 빨간색으로 표시되고, qsec 변수와

---

6   표준화(standardization)는 서로 다른 스케일을 갖는 변수들을 동일한 기준으로 비교하기 위한 방법으로 보통은 개별 값에 전체의 평균을 빼주고 표준편차로 나누어 주는 변환을 수행한다.

mpg 변수도 거의 빨간색으로 표현되었다. 그나마 hp 변수와 disp 변수만 노란색에 가까운 색상으로 표현되었는데, 행방향으로 데이터가 표준화되었기 때문이다. 그런데 이는 시각화가 잘못된 것이다. 사실 우리는 32개의 자동차 모델에 대해서 성능을 나타내는 11개 지표별로 어떤 특성이 있는가를 살펴봐야 한다.

참고로 변수들은 그 특성에 따라 스케일이 다를 수 있다. 예를 들면 어떤 학교의 중간고사 성적에 대해서 총점의 크기와 평균의 크기, 그리고 석차의 크기를 비교하는 것은 의미가 없다. 모든 학생에게 총점이 평균보다 크다는 것은 정보가 아니라 당연한 것이다. 이는 석차가 1등이나 꼴찌에게도 공통적으로 적용되는 사실이다. 그러므로 평균을 학생들 간에 비교하거나 총점도 학생들 간에 비교해야 한다. 마찬가지로 학생들 간에 석차도 비교해야 한다. 그러므로 그림 7.8을 올바로 시각화하기 위해서는 행방향의 표준화가 아니라 열 방향의 표준화를 수행해서 자동차 모델 간의 11개 변수들의 특징을 살펴봐야 한다.

일반적으로 데이터 프레임 데이터를 행렬로 변환해서 열지도 그림을 그릴 때에는 데이터 프레임의 행 이름(row.names)이 아닌 변수들이 표현된 행이나 열 방향으로 표준화한다. 그림 7.8을 수정하기 위해서는 다음과 같이 간단하게 scale="column"을 추가하면 된다. 결과는 그림 7.11과 같다.

```
> heatmap(x, scale="column")
```

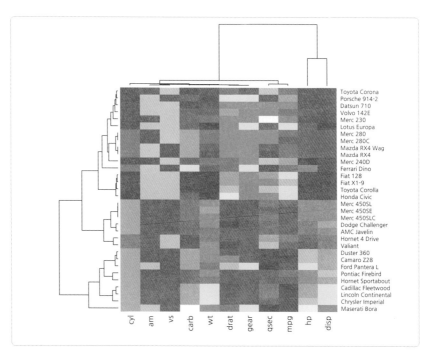

그림 7.11 scale="column"을 사용한 mtcars의 상관행렬 열지도 그림

그림 7.11을 보면 차량의 종류가 대체적으로 두 개의 그룹으로 나뉜다. 덴드로 그램과 시각화된 행렬을 보면, Toyota Corolla부터 Honda Civic까지의 16개 차종과 Merc 450SL부터 Maserati Bora까지의 16개 차종의 두 개 그룹으로 분류할 수 있다. 전자는 소형 차종이며, 후자는 중대형 고급 차종이다. 실린더 수(cyl), 마력(hp), 배기량(disp) 변수에 해당하는 셀은 전자는 빨간색에 가깝고, 후자는 노란색에 가깝기 때문이다. 즉, 전자보다 후자의 차종들이 해당 변수가 더 큼을 의미한다. 반대로 전자가 연비(mpg)가 높고, 자동/수동 변속기 여부(am, 0 = automatic, 1 = manual)에 수동 변속기가 많다.

연습문제 7.10

1973년도 미국의 각 주별로 폭력 범죄의 비율을 조사한 데이터인 USArrests 데이터 프레임으로 열지도를 그려 50개 주별로 범죄 발생 비율을 분석하라. 범죄 비율이 상대적으로 낮은 주는 어느 주인가? 또한 범죄 비율이 상대적으로 높은 주는 어느 주인가?

단 heatmap( ) 함수를 이용하되 행에는 50개 주를, 열에는 인구 100,000만 명당 살인범죄자 비율인 Murder, 폭행범죄자 비율인 Assault, 강간범죄자 비율인 Rape를 포함하고, 시가지에 주거하는 인구의 백분율인 UrbanPop은 제외하라.

예제 7.10을 수행하기 위해서 heatmap( ) 함수에서 scale="column", Colv=NA를 사용하였다. 시각화된 결과를 해석한 후 범죄 비율이 낮은 열 개의 주와 범죄 비율이 높은 16개 주를 선택할 때는 result라는 결과의 rowInd 성분을 이용하였다. 시각화 결과는 그림 7.12와 같다.

```
> i <- which(names(USArrests)=="UrbanPop")
> x  <- as.matrix(USArrests[, -i])
> result <- heatmap(x, scale="column", Colv=NA, cexCol=1,
                    main="Violent Crime Rates by US State (1973)")
> row.names(USArrests)[result$rowInd[1:10]]
```

```
 [1] "Minnesota"     "South Dakota"  "Maine"         "West Virginia"
 [5] "Hawaii"        "North Dakota"  "Vermont"       "Wisconsin"
 [9] "New Hampshire" "Iowa"
```

```
> row.names(USArrests)[result$rowInd[35:50]]
```

```
 [1] "North Carolina" "Florida"        "Arizona"       "Maryland"
 [5] "California"     "South Carolina" "New Mexico"    "Alaska"
 [9] "Michigan"       "Nevada"         "Delaware"      "Alabama"
[13] "Mississippi"    "New York"       "Illinois"      "Louisiana"
```

그림 7.12를 보면 미네소타(Minnesota) 주에서 아이오와(Iowa) 주까지의 열 개 주는 상대적으로 빨간색으로 묶여 있다. 색상이 빨갛다는 것은 강력 범죄 발생이 적음을 뜻한다. 또한 상대적으로 노란색과 흰색이 섞여 있는 노스캐롤라이나(North Carolina) 주부터 루이지애나(Louisiana) 주까지의 16개 주에 강력 범죄 발생이 많음을 알 수 있다.

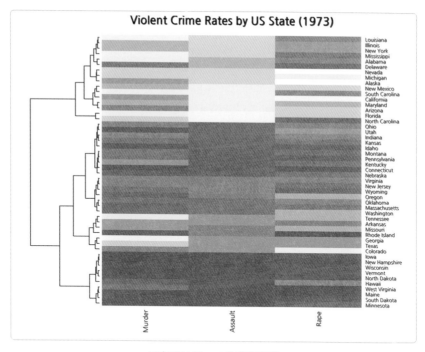

그림 7.12 USArrests의 열지도 그림

7.1.3 열지도 달력

열지도 달력(calendar heatmap)은 단일 시계열 데이터가 시간의 추이에 따라 어떻게 변하는지를 열지도 그림의 개념을 적용해서 살펴보는 시각화 기법이다. 일반적인 시계열 차트가 꺾은 선 그래프라면 열지도 달력은 하나의 날짜에 해당하는 지표를 하나의 셀에 그라데이션 색상으로 표현하여 월, 일, 요일별 분포의 차이를 비교할 수 있게 도와준다.

일반적으로 시계열 데이터는 주가지수나 물가지수, GDP 등의 금융지표를 사용하는 경우가 많다. 여기서는 주식 거래 데이터를 이용해서 열지도 달력을 그려본다. 그러기 위해서는 먼저 주식 거래 데이터를 가져와야 한다.

> **팁: 주가 정보 가져오기**
>
> 최근에는 여러 형태의 주식 거래 정보를 오픈 API를 이용해서 실시간으로 R에 가져올 수 있다. 다만 아쉬운 점은 국내 주식 거래정보의 오픈 API는 기능이 매우 제한적이고, R에 연동하기가 쉽지 않다는 점이다. 그러나 미국의 경우는 이미 오래 전부터 주식 거래정보를 조회하는 유용한 오픈 API를 제공하고 있다. 대표적인 것이 야후나 구글의 API이다. 또한 이들 API를 R과 인터페이스하여 주식 거래 정보를 쉽게 R의 환경에 불러올 수 있는 패키지도 개발되어 사용되고 있다.

미국 기업의 주가 정보를 CSV 파일로 가져오는 대표적인 오픈 API 중에 다음과 같은 야후의 오픈 API가 있다.

"http://ichart.finance.yahoo.com/table.csv?s=TICKER&a=fM&b=fD&c=fY&d=M&e=D&f=Y"

여기서 TICKER는 특정 주식에 대한 기호이며 fM, fD, fY는 가져올 주가 정보의 시작 월, 일, 년도를 의미한다. 그리고 M, D, Y는 가져올 주가 정보의 마지막 월, 일, 년도를 의미한다. TICKER의 대표적인 것을 정리하면 다음과 같다.

- AAPL: 애플(Apple Inc.)
- BAC: 뱅크오브어메리카(Bank of America)
- C: 시티그룹(Citigroup)
- GOOG: 구글(Google)
- HPQ: 휴렛-패커드(Hewlett-Packard)
- KO: 코카콜라(Coca-Cola Company)
- MMM: 쓰리엠(3M)
- MSFT : 마이크로소프트(Microsoft)
- TXN: 텍사스인스트루먼트(Texas Instruments)
- WMT: 월마트(Walmart)

이번에는 야후의 오픈 API를 이용해서 주식 거래 정보를 가져오는 getStock( )을 다음과 같이 정의했다. 앞서 소개한 http://ichart.finance.yahoo.com에서 정보를 가져오는 함수다. 주의할 것은 이 API가 월을 01~12월이 아니라 00~11월로 인식한다는 점이다. 그래서 getStock( ) 함수 안에 preMonth( ) 함수를 정의하여 우리에게 익숙한 월과 동일한 정보를 가져오도록 고쳐보겠다.

```
getStock <- function(ticker="AAPL", startDate="2011-01-01", endDate=Sys.Date(
)) {
  preMonth <- function(x) {
    year <- substr(x, 1, 4)
    month <- sprintf("%02d", as.integer(substr(x, 6, 7))-1)
    day <- substr(x, 9, 10)
    paste(year, month, day, sep="-")
  }
  startDate <- preMonth(startDate)
  endDate <- preMonth(endDate)
  url <- paste("http://ichart.finance.yahoo.com/",
               "table.csv?s=", ticker,
               "&a=", substr(startDate,6, 7),
               "&b=", substr(startDate, 9, 10),
               "&c=", substr(startDate, 1, 4),
               "&d=", substr(endDate,6, 7),
               "&e=", substr(endDate, 9, 10),
               "&f=", substr(endDate, 1, 4), sep="")
  read.csv(url)
}
```

연습문제 7.11

애플의 2014-01-01부터 2014-01-05까지의 주식 거래 정보와 마이크로소프트의 2014-05-01부터 2014-05-10까지의 주식 거래 정보를 조회하라.

getStock( ) 함수의 ticker 인수의 기본 값은 애플을 나타내는 "AAPL"이므로 애플의 2014-01-01부터 2014-01-05까지의 주식 거래 정보는 startDate 인수와 endDate 인수만 사용하였다. 마이크로소프트의 2014-05-01부터 2014-05-10까지의 주식 거래 정보는 인수의 이름 없이 세 개의 인수 값으로 함수를 호출하여 주식 거래 정보를 가져왔다. 휴일에는 주식 거래가 없으므로 휴일을 제외한 거래일의 거래 정보만 불러왔다. 가져오는 정보는 거래일자, 시가, 최고가, 최저가, 종가, 거래금액, 조정된 거래 종가로, 단위는 달러이다.

```
> getStock(startDate="2014-01-01", endDate="2014-01-05")

        Date   Open   High    Low  Close   Volume Adj.Close
1 2014-01-03 552.86 553.70 540.43 540.98 98116900     76.02
2 2014-01-02 555.68 557.03 552.02 553.13 58671200     77.73

> getStock("MSFT", "2014-05-01", "2014-05-10")

        Date  Open  High   Low Close   Volume Adj.Close
1 2014-05-09 39.54 39.85 39.37 39.54 29647600     39.02
2 2014-05-08 39.34 39.90 38.97 39.64 32120400     39.12
3 2014-05-07 39.22 39.51 38.51 39.42 41744500     38.90
4 2014-05-06 39.29 39.35 38.95 39.06 27112400     38.55
5 2014-05-05 39.52 39.64 39.30 39.43 22460900     38.91
6 2014-05-02 40.31 40.34 39.66 39.69 43416600     39.17
7 2014-05-01 40.24 40.36 39.95 40.00 28787400     39.47
```

quantmod(Quantitative Financial Modelling Framework) 패키지는 통계기반의 주식 드레이딩 모델의 개발, 검증, 적용을 위해 개발된 것이다. 이 패키지는 미국의 주식 거래 정보를 가져오는 여러 방법을 제공한다. 그중에서 앞서 사용했던 야후의 오픈 API처럼 야후로부터 주식 거래 정보를 가져오는 방법을 설명하겠다. getSymbols( )는 원하는 ticker의 주식 거래 정보를 가져오는 함수다. 데이터의 소스로는 야후, 구글 등 여러 개를 지원한다. 이 예제에서는 앞의 오픈 API의 URL을 이용하는 것과 동일한 기준의 데이터를 가져온다.

```
> if (!require(quantmod)) {
      install.packages("quantmod")
      require(quantmod)
  }
>
> getSymbols("AAPL", src="yahoo")

[1] "AAPL"

> getSymbols("MSFT", src="yahoo")
```

```
[1] "MSFT"

> AAPL['2014-01-01::2014-01-05']
```

	AAPL.Open	AAPL.High	AAPL.Low	AAPL.Close	AAPL.Volume	AAPL.Adjusted
2014-01-02	555.68	557.03	552.02	553.13	58671200	77.73
2014-01-03	552.86	553.70	540.43	540.98	98116900	76.02

```
> MSFT['2014-05-01::2014-05-10']
```

	MSFT.Open	MSFT.High	MSFT.Low	MSFT.Close	MSFT.Volume	MSFT.Adjusted
2014-05-01	40.24	40.36	39.95	40.00	28787400	39.47
2014-05-02	40.31	40.34	39.66	39.69	43416600	39.17
2014-05-05	39.52	39.64	39.30	39.43	22460900	38.91
2014-05-06	39.29	39.35	38.95	39.06	27112400	38.55
2014-05-07	39.22	39.51	38.51	39.42	41744500	38.90
2014-05-08	39.34	39.90	38.97	39.64	32120400	39.12
2014-05-09	39.54	39.85	39.37	39.54	29647600	39.02

```
> # xts to data.frame
> apple <- data.frame(date=index(AAPL), AAPL)
> row.names(apple) <- NULL
> head(apple)
```

	date	AAPL.Open	AAPL.High	AAPL.Low	AAPL.Close	AAPL.Volume	AAPL.Adjusted
1	2007-01-03	86.29	86.58	81.90	83.80	309579900	11.39
2	2007-01-04	84.05	85.95	83.82	85.66	211815100	11.64
3	2007-01-05	85.77	86.20	84.40	85.05	208685400	11.56
4	2007-01-08	85.96	86.53	85.28	85.47	199276700	11.61
5	2007-01-09	86.45	92.98	85.15	92.57	837324600	12.58
6	2007-01-10	94.75	97.80	93.45	97.00	738220000	13.18

getSymbols( ) 함수로 가져온 정보와 오픈 API의 URL을 이용하여 가져온 정보의 차이는 getSymbols( ) 함수로 가져온 것의 결과가 xts[7]로 반환된다는 점이다. 여기에 data.frame으로 변환하는 로직을 추가한다. 그리고 getSymbols( ) 함수는 거래일자로 오름차순으로 정렬하여 데이터를 가져오는데, 오픈 API의 URL을 이용하면 거래일자를 내림차순으로 정렬하여 데이터를 보여준다.

다음은 ggplot2 패키지를 이용해서 열지도 달력을 그리는 예제로, 앞서 정의한 getStock( ) 함수로 데이터를 가져온 후 MarginTale[8] 블로그에 포스팅된 코드를 사용하여 열지도 달력을 표현한 것이다. 결과는 그림 7.13과 같다.

```
> apple <- getStock(startDate="2010-01-01", endDate="2014-05-31")
>
> apple$year <- as.numeric(as.POSIXlt(apple$Date)$year+1900)
> apple$month <- as.numeric(as.POSIXlt(apple$Date)$mon+1)
>
> apple$monthf <-
      factor(apple$month, levels=as.character(1:12),
            labels=c("Jan", "Feb", "Mar", "Apr", "May", "Jun",
                     "Jul", "Aug", "Sep", "Oct", "Nov", "Dec"),
            ordered=TRUE)
>
```

---

7   eXtensible Time Series 패키지에서 지원하는 R의 시계열 객체인 ts를 확장한 객체
8   http://margintale.blogspot.kr

```
> apple$weekday <- as.POSIXlt(apple$Date)$wday
> apple$weekdayf <-
      factor(apple$weekday, levels=rev(1:7),
             labels=rev(c("Mon", "Tue", "Wed", "Thu", "Fri", "Sat", "Sun")),
             ordered=TRUE)
>
> apple$yearmonth<-as.yearmon(apple$Date)
> apple$yearmonthf<-factor(apple$yearmonth)
>
> apple$week <- as.numeric(format(as.Date(apple$Date),"%W"))
>
> library(plyr)
> apple <- ddply(apple,.(yearmonthf), transform, monthweek=1+week-min(week))
>
> library(ggplot2)
> ch <- ggplot(apple, aes(monthweek, weekdayf, fill = Adj.Close)) +
             geom_tile(colour = "white") + facet_grid(year~monthf) +
             scale_fill_gradient(low="red", high="yellow") +
             labs(title = "Time-Series Calendar Heatmap of Apple Stock") +
             xlab("Week of Month") + ylab("")
> ch
```

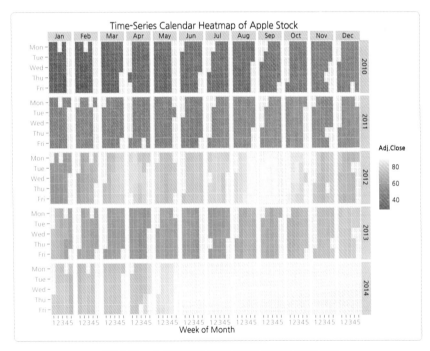

그림 7.13 ggplot2 패키지를 이용한 애플의 주식거래 열지도 달력

그림 7.13을 보면 애플사의 주가는 2010년 1월부터 서서히 오르다가 2012년도 8월과 9월에 정점을 찍고, 조금 하락하다가 2014년도에는 상승을 하고 있음을 알 수 있다. 그리고 요일별 주가의 차이는 없는 것 같다.

연습문제 7.12

2009년도에 폴 블레이커(Paul Bleicher)가 lattice 패키지를 이용해서 열지도 달력을 그리는

calendarHeat( ) 함수를 정의한 것이 있다. 이 함수의 소스는 인터넷 상에서 어렵지 않게 구할 수 있다. calendarHeat( ) 함수를 이용하여 애플사의 주가 정보 데이터를 열지도 달력으로 시각화하라.

다음은 레볼루션 어낼리틱스(Revolutions Analytics)에서 운영하는 블로그에서 해당 소스를 가져와서 앞의 예제에서 그렸던 애플사의 주가 정보 데이터를 열지도 달력으로 시각화한 것이다. 그럼 그림 7.14와 같은 열지도 달력을 그릴 수 있다.

```
> source("http://blog.revolutionanalytics.com/downloads/calendarHeat.R")
> args(calendarHeat)
```

```
function (dates, values, ncolors = 99, color = "r2g", varname = "Values",
    date.form = "%Y-%m-%d", ...)
NULL
```

```
> calendarHeat(apple$Date, apple$Adj.Close,
              varname="AAPL Adjusted Close")
```

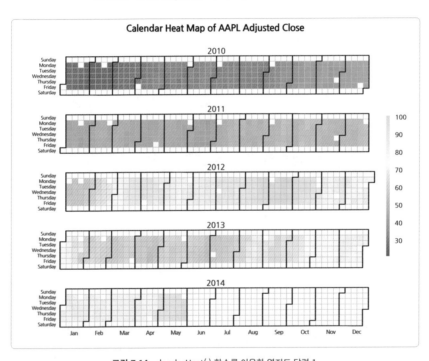

그림 7.14 calendarHeat( ) 함수를 이용한 열지도 달력 1

그림 7.14를 보면 주가의 크기를 나타내는 그라데이션 색상범례는 빨간색과 녹색의 사이에서 표현되었다. 이는 calendarHeat( ) 함수의 color 인수의 기본 값이 "r2g"[9]이기 때문으로 유추된다. ggplot을 이용한 것과의 큰 차이는 요일 중 데이터가 발생하지 않은 토요일과 일요일에 해당하는 셀도 표현되었다는 점이다. 결국 느낌만 다를 뿐 결과는 ggplot을 이용한 것과 다르지 않다.

---

9   "red to gree"

연습문제 7.13

애플의 주가 정보를 나타낸 apple 데이터 프레임과 calendarHeat( ) 함수로, 일 거래 규모의 데이터에 대한 열지도 달력을 그려라 단, 색상범례는 빨간색과 파란색 사이에서 표현하라..

```
> calendarHeat(apple$Date, apple$Volume, color="r2b", varname="AAPL Volume")
```

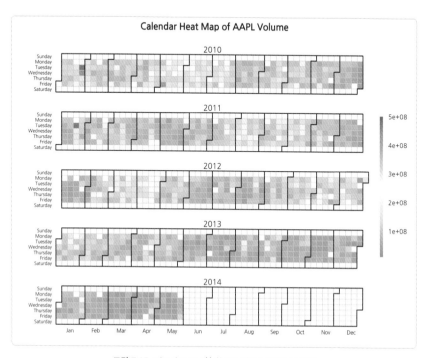

그림 7.15 calendarHeat( ) 함수를 이용한 열지도 달력 2

예제 7.13의 결과인 그림 7.15를 보면 2010년도 넷째 주 화요일과 2011년도 셋째 주 화요일에 해당하는 셀의 색깔이 빨간색으로 표현되었다. 즉, 거래 규모가 다른 날에 비해서 크게 나타났음을 알 수 있다. 그리고 전체적으로 거래 규모는 거의 비슷하지만, 2010년도의 거래 규모보다 2014년도의 거래 규모가 대체로 작다는 것을 알 수 있다.

7.1.4 테이블 플롯

데이터 사이즈가 제법 큰 다변량 데이터의 분포를 시각화하는 데 유용한 테이블 플롯(tableplot)이 있다. 테이블 플롯은 변수들 사이의 관계를 탐색하는 데 사용된다. 또한 데이터에서의 특이한 패턴을 발견 할 수도 있고, 결측 값들의 발생도 확인할 수 있다.

테이블 플롯은 tabplot 패키지의 tableplot( ) 함수로 그리는데, 핵심적인 인수의 사용법만 소개하겠다.

함수 원형 tableplot( )

```
tableplot(dat, select, subset = NULL, sortCol = 1, decreasing = TRUE,
          nBins = 100, from = 0, to = 100, nCols = ncol(dat), sample = FALSE,
          sampleBinSize = 1000, scales = "auto", max_levels = 50,
          pals = list("Set1", "Set2", "Set3", "Set4"), change_palette_type_at = 20,
          colorNA = "#FF1414", numPals = "Blues", limitsX = NULL,
          bias_brokenX = 0.8, IQR_bias = 5, select_string = NULL,
          subset_string = NULL, colNames = NULL, filter = NULL, plot = TRUE, ...)
```

dat

시각화할 데이터로 데이터 프레임이나 ff 패키지[10]의 ffdf 객체를 인수 값으로 사용한다. ffdf는 데이터를 .GlobalEnv의 메모리 영역이 아닌 디스크에 저장하여 대용량의 데이터를 지원하는 ff 패키지에서 사용하는 데이터 객체다. 데이터의 구조는 데이터 프레임과 유사하다.

select

시각화하려는 dat 인수 값의 데이터 칼럼을 지정하는 표현식이다. 칼럼 인덱스가 지원되며 기본 값은 모든 열이 시각화되는 것이다.

ggplot2 패키지에서 제공하는 데이터인 diamonds 데이터 프레임은 53,940개의 다이아몬드에 대한 데이터로 다음과 같은 변수를 가지고 있다.

- price: 가격. ($326~$18,823)
- carat: 무게. 단위로는 캐럿을 사용(0.2~5.01)
- cut: 원석의 커팅 품질(Fair, Good, Very Good, Premium, Ideal)
- color: 색상 등급. J(최하) 부터 D(최상)까지의 알파벳.
- clarity: 순도의 등급(I1(최하), SI1, SI2, VS1, VS2, VVS1, VVS2, IF(최상))
- x: 다이아몬드의 길이. 단위는 mm(0~10.74)
- y: 다이아몬드의 너비. 단위는 mm(0~58.9)
- z: 다이아몬드의 깊이. 단위는 mm(0~31.8)
- depth: 총 깊이 비율. z / mean(x, y) = 2 * z / (x + y). (43~79)
- table: 가장 넓은 점과의 비율. 다이아몬드 상단의 너비와의 비율(43~95)

diamonds 데이터 프레임을 tableplot( ) 함수로 시각화하는 다음 예제의 결과는 그림 7.16과 같다. 여기서 각 열은 변수를, 각 행의 빈(bins) 막대는 해당 빈 기준에서 집계된 정보를 나타낸다. 숫자 변수의 경우에는 평균으로 집계된 값의 막대 그래프가 그려지고, 범주형 변수의 경우는 범주의 각 수준별 도수의 비율이 누적 가로 막대형 차트로 묘사된다. 또한 결측치도 고려된다.

---

[10] ff 패키지는 데이터를 디스크에 저장하고, 저장된 데이터의 위치에 대한 매핑 정보만 메인 메모리에 저장하는 방식으로 대용량의 데이터를 핸들링할 수 있는 기능을 제공한다.

```
> if (!require(tabplot)) {
      install.packages("tabplot")
      require(tabplot)
  }
>
> require(ggplot2)
> names(diamonds)
```

```
[1] "carat"   "cut"    "color"   "clarity" "depth"   "table"   "price"
[8] "x"       "y"      "z"
```

```
> dim(diamonds)
```

```
[1] 53940    10
```

```
> tableplot(diamonds)
```

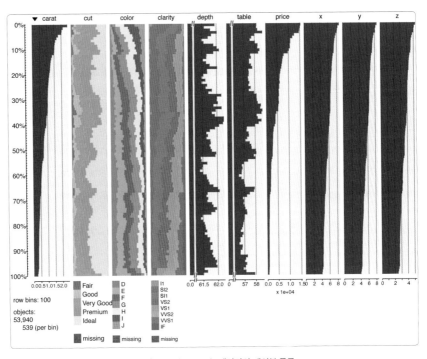

그림 7.16 diamonds 데이터의 테이블 플롯

그림 7.16을 보면 carat 변수는 내림차순으로 데이터가 정리되어 표현되었으며, 이를 기준으로 나머지 변수들이 집계되어 표현되었다. carat 변수 이름 옆에 있는 역삼각형이 정렬된 변수인 sortCol을 표시하는 기호다. 캐럿(carat)의 크기에 따라 price, x, y, z의 값이 비례하는 것으로 나타났다. 범주형 데이터인 cut, color, clarity는 각 수준별로 다른 색상이 할당된다. 그러므로 캐럿 값의 변화에 따라 이들 수준의 색상 띠 모양이 변하는 것으로 수준별 도수의 분포를 이해할 수 있다. 몇 가지 정보를 유추하자면 다이아몬드 캐럿 크기가 작아질수록 색상을 나타내는 color 변수에서 J 수준의 도수가 줄어들고, 순도를 나타내는 clarity

의 VVS1 수준에서의 도수는 늘어남을 알 수 있다. 수치변수인 depth와 table은 캐럿의 크기와 관계가 없는 것처럼 보인다.

subset

dat 데이터로부터 논리 조건을 만족하는 일부 데이터만 시각화하기 위한 논리식을 지정한다. 또한 특정 범주 안에서의 수준을 선택하는 것도 가능하다.

sortCol

데이터들을 재배치하기 위한 정렬 대상 변수를 지정한다. 변수의 인덱스나 이름으로 지정할 수 있다. 변수의 이름을 지정하는 것보다 인덱스를 사용하는 것을 권장한다. 기본 값은 1이며, 첫 번째 변수가 정렬의 기준이 된다.

decreasing

정렬 방법을 지정한다. 기본 값인 TRUE는 내림차순으로 정렬하고, FALSE는 오름차순으로 정렬한다.

연습문제 7.14

select, subset, sortCol, decreasing 인수의 사용법을 익히는 차원에서 diamonds 데이터 중 price가 2,000달러 이하이면서 cut의 수준이 Fair, Good일 경우에 한해서 carat, price, cut, color, clarity 변수를 tableplot( ) 함수로 시각화하라. 단, price 변수는 오름차순으로 정렬하라.

select, subset, sortCol, decreasing 인수를 사용하는 다음 스크립트의 결과는 그림 7.17과 같다.

```
> tableplot(diamonds, select=c(carat, price, cut, color, clarity), subset=price < 2000
        & cut %in% c("Fair", "Good"), sortCol=price, decreasing=FALSE,
        title=paste("subset=price < 2000 & cut %in% c(\"Fair\", \"Good\"),",
            "sortCol=price, decreasing=FALSE"))
```

nBins

빈 막대의 개수로 기본 값은 100이다.

from, to

정렬된 데이터가 표시되는 비율을 지정한다. from는 시작되는 비율 구간이고, to는 종료되는 비율 구간을 의미한다. 기본 값은 0과 100이다.

nCols

하나의 테이블 플롯에서 시각화할 최대의 변수 개수를 지정한다. 기본 값은 dat 인수에서 지정한 데이터 객체의 칼럼 수, 즉 ncol(dat)이다. 만약 이 값이 시각화를 위해 선택된 변수의 개수보다 작을 경우에는 여러 개의 테이블 플롯에 나뉘

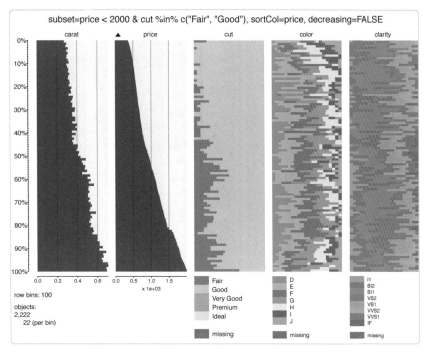

그림 7.17 select, subset, sortCol, decreasing 인수를 사용한 테이블 플롯

어서 표현된다. 이 경우에는 각각의 테이블 플롯에 정렬될 기준이 되는 변수가 중복되어 나온다.

sample, sampleBinSize

sample은 전체 데이터를 사용할지 표본 데이터를 사용할지를 결정한다. 기본 값은 FALSE로 시각화에 전체 데이터를 사용하는 것이다. 만약 데이터가 아주 큰 경우라면 TRUE를 지정하여 표본 데이터를 사용하는 것도 좋다. 만약 sample 인수가 TRUE일 경우에는 sampleBinSize 인수가 각 빈당 표본의 개수를 지정한다. 기본 값은 1000이다.

nBins, from, to, sample, sampleBinSize 인수의 사용법을 익히기 위해서 diamonds 데이터에서 가격이 상위 10%인 데이터를 다음 스크립트와 같이 시각화했다. 이때 빈의 개수는 50개로 설정하였고, 각 빈당 100개의 표본을 사용 하였다. 결과는 그림 7.18과 같은데, 고가의 다이아몬드는 커팅 등급이 대부분 Ideal, Premium, Very Good이다.

```
> tableplot(diamonds, sortCol=price, nBins=50, from=0, to=10, sample=TRUE,
            sampleBinSize=100, title=paste("sortCol=price, nBins=50, from=0,",
                                "to=10, sample=TRUE,
                                sampleBinSize=100"))
```

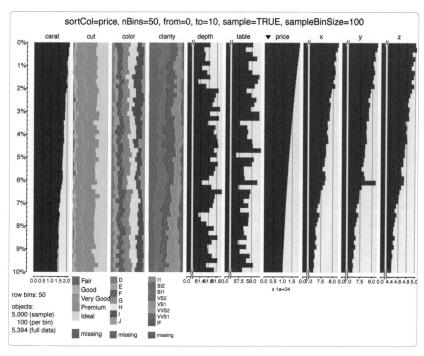

그림 7.18 nBins, from, to, sample, sampleBinSize 인수를 사용한 테이블 플롯

scales

수치 변수의 가로축 스케일을 결정한다. 기본 값은 "auto"인데, 이 경우 자동으로 스케일을 조정한다. 그밖에 "lin"과 "log"를 사용할 수도 있다.

연속형 변수의 각 빈의 평균 값이 지수분포를 보이는 경우에는 대수 변환 (logarithmic transformation)을 적용하는 것이 유용하다. "lin"는 선형 모드, "log"는 로그 모드로 스케일을 조정한다.

연습문제 7.15

http://biostat.mc.vanderbilt.edu/wiki/pub/Main/DataSets/titanic3.sav라는 데이터는 타이타닉 승객에 대한 정보로 14개 변수에 대한 1,309명의 승객에 대한 관측치로 구성되어 있다. 이 중에서 다음 변수의 테이블 플롯을 그려라(survived의 경우에는 1을 Yes, 0을 No로 변경).

- pclass: 승선등급으로 1st(일등석), 2nd(이등석), 3rd(삼등석)
- survived: 생존여부로 1(생존), 2(사망)
- sex: 성별로 female(여성), male(남성)
- age: 연령.
- sibsp: 함께 승선한 형제/배우자의 수(Number of Siblings/Spouses Aboard)
- parch: 함께 승선한 부모/자녀의 수(Number of Parents/Children Aboard)

· fare: 운임

· embarked: 탑승지로 Cherbourg(프랑스의 쉘부르), Queenstown(아일랜드의 퀸스타운),
 Southampton(영국의 사우샘프턴)

다음 url( ) 함수로 인터넷에서 데이터를 가져온 후 데이터 전처리를 거쳐 tableplot
( ) 함수의 기본 인수로 시각화하는 예제로, 결과는 그림 7.19와 같다.

```
> load(url('http://biostat.mc.vanderbilt.edu/wiki/pub/Main/DataSets/titanic3.sav'))
> dim(titanic3)
```

```
[1] 1309   14
```

```
> names(titanic3)
```

```
[1] "pclass"    "survived"  "name"      "sex"       "age"       "sibsp"
[7] "parch"     "ticket"    "fare"      "cabin"     "embarked"  "boat"
[13] "body"      "home.dest"
```

```
> titanic <-
    titanic3[, c("pclass", "survived", "sex", "age", "sibsp", "parch", "fare",
              "embarked")]
> titanic$survived <- factor(ifelse(titanic$survived, "Yes", "No"))
> tableplot(titanic)
```

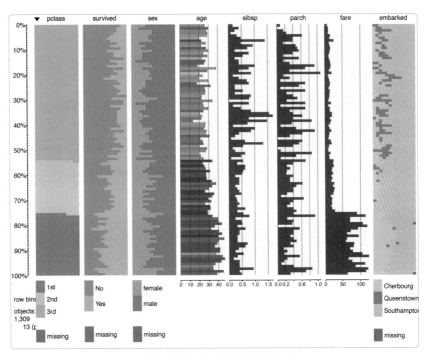

그림 7.19 타이타닉호 승객 정보의 테이블 플롯

그림 7.19를 보면 정렬 기준 변수가 승선등급으로 설정되었다. 결과를 보면, 일등석(1st)의 경우에 생존자가 많고, 상대적으로 연령대가 높으면서 함께 승선한 형제/배우자의 수와 부모/자녀의 수가 적음을 알 수 있다(운임도 높음). 맨 마지막 변수의 탑승지를 보면 프랑스의 쉘부르가 많다.

역사적인 사실에 의하면 타이타닉호는 영국의 사우샘프턴에서 출발해서 뉴욕으로 향하는 과정에 프랑스의 쉘부르와 아일랜드의 퀸스타운에 정박하여 승객을 추가로 태웠다. 특히 쉘부르에서는 부자들을 많이 태웠기에 일등석의 경우에 유난히 쉘부르에서 탑승한 승객의 수가 크게 표현된 것이다. 또한 여행을 떠나는 일등석 승객은 어른들 위주이기 때문에 연령대가 높은 것이다. 탑승자는 당연히 출발지인 사우샘프턴에서가 가장 많다.

삼등석 대부분의 승객들은 뉴욕으로 이민을 가는 이민자들이었다 한다. 이민은 모든 가족들이 함께하기 때문에 상대적으로 삼등석에서 함께 승선한 형제/배우자의 수와 부모/자녀의 수가 많았다. 운임은 일등석의 운임이 이등석과 삼등석에 비해 매우 비싸게 책정되어 있음을 알 수 있다. 타이타닉호는 일등석의 경우에는 초호화 설비로 꾸며졌다. 이등석과 삼등석의 경우의 운임과 시설은 거의 차이가 없었다. 다만 삼등석이 선박의 맨 아래층에 위치해서 상대적으로 생존자가 적었던 것이다.

7.1.5 트리맵

트리맵(treemap)은 범주의 수준별로 특정 수치 값이 차지하는 비율을 사각형의 크기로 표현한 영역 기반의 시각화 기법이다. 트리맵은 벤 슈나이더만(Ben Shneiderman)이 자신의 하드디스크 안에 어떤 파일들이 있는지 분포를 알고 싶어서 트리 구조의 다이어그램을 그리다가 몇 단계만 커져도 너무 거대해지고 복잡해지는 바람에 만들었다. 이 시각화 기법은 단순한 일차원 탐색이 아니라 계층구조가 있는 범주형 데이터의 분포를 파악할 때 아주 유용하다.

트리맵은 DescTools 패키지의 PlotTreemap( )으로 그리는데, 이 함수에서 사용하는 핵심적인 인수의 사용법을 추려서 소개하겠다.

함수 원형 PlotTreemap( )

```
PlotTreemap(x, grp = NULL, labels = NULL, cex = 1, text.col = "black",
            col = rainbow(length(x)), labels.grp = NULL, cex.grp = 3,
            text.col.grp = "black", border.grp = "grey50",
            lwd.grp = 5, main = "")
```

x

직사각형의 영역으로 계산되는데 사용되는 수치 벡터

grp

개별 수준의 그룹을 지정하는 벡터. 예를 들면 국가나 섹터, 권역 등의 정보로
계층을 나눌 때 사용됨

labels

직사각형 영역의 라벨을 지정하는 문자 벡터

col, text.col, text.col.grp, border.grp

색상을 지정하는 인수로 col은 직사각형 영역의 색상, text.col은 직사각형 영역의
라벨 색상, text.col.grp은 그룹 라벨 색상, border.grp은 그룹 영역을 구분하는 사
각형 테두리의 색상을 의미한다. col 인수의 기본 값은 rainbow(length(x))이다.

cex, cex.grp

문자의 크기를 지정하는 인수로 cex는 직사각형 영역의 라벨 크기, cex.grp은
그룹 라벨의 크기를 지정함

연습문제 7.16

datasets 패키지에는 미국 50개 주에 대한 정보를 담고 있는 다음과 같은 데이터가 들어 있다. 이 데
이터를 이용해서 주의 면적에 대한 트리맵을 그려라.

· state.name: 주의 이름. 알파벳 순으로 정렬됨

· state.abb: 주의 약어 이름. 알파벳 순으로 정렬됨

· state.region: 주의 권역. "Northeast", "South", "North Central", "West"으로 분류됨

· state.area : 주의 면적. 제곱 마일(in square miles) 단위

PlotTreemap( ) 함수로 미국 50개 주의 면적에 대한 트리맵을 시각화하는 다음
예제의 결과는 그림 7.20과 같다. 여기서 면적의 크기를 내림차순으로 정렬한
후 PlotTreemap( ) 함수를 호출한 이유는 어떤 주의 면적이 큰지가 관심사이기
때문이다. 여러분은 면적의 크기순으로 상대적인 크기를 가늠할 수 있다. col 인
수는 기본 값인 rainbow(length(x))가 사용되었기 때문에 크기가 큰 주는 빨간
색으로 표현되었다. 보라색 계열로 갈수록 면적의 크기가 작아진다.

```
> if (!require(DescTools)) {
      install.packages("DescTools")
      require(DescTools)
  }
> # 데이터 조작
> states <- state.abb
> area <- state.area
> names(area) <- states
```

```
> order.area <- sort(area, decreasing=TRUE)
> # 트리맵 시각화
> PlotTreemap(x=order.area, labels=names(order.area))
```

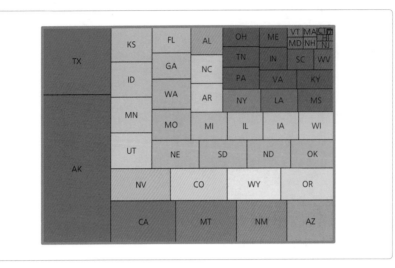

그림 7.20 미국 50개 주의 면적에 대한 트리맵

연습문제 7.17

계층구조가 있는 범주형 데이터의 분포를 파악하는 관점에서 미국 50개 주를 권역별로 그룹을 지어 면적에 대한 트리맵을 그려라.

다음의 예제는 주의 권역인 state.region별로 면적의 크기를 비교한다. 면적의 크기를 내림차순으로 정렬한 후 SetAlpha( ) 함수로 직사각형 영역의 색상을 지정하였다. 이때 권역별 색상의 계열을 달리하여 가독성을 높였다. SetAlpha( ) 함수는 DescTools 패키지 내의 함수로 색상에 알파 채널 값을 부여하는데, 그 결과는 RGB의 포맷으로 반환된다.

다음 예제를 실행하면 그림 7.21과 같은 결과를 얻는데 West 권역에는 알래스카 주인 AK의 면적이, South 권역에는 텍사스 주인 TX의 면적이 큰 것을 알 수 있다.

```
> grp <- state.region
> z <- Sort(data.frame(area=area, grp=grp, states=states), c("grp","area"),
            decreasing=c(FALSE,TRUE, TRUE))
> z$col <-
    SetAlpha(c("steelblue", "green", "yellow", "orangered")[z$grp],
             unlist(lapply(split(z$area, z$grp),
                           function(...) LinScale(..., newlow=0.1, newhigh=0.6))))
> PlotTreemap(x=z$area, grp=z$grp, labels=z$states, col=z$col,
             text.col.grp="gray50", cex.grp=1.8)
```

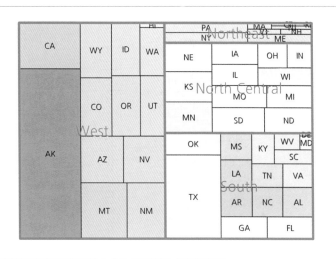

그림 7.21 권역별 주 면적에 대한 트리맵

일반적으로 트리맵은 두 개의 차원에 대한 정보를 표현한다. 면적이 그 첫 번째 차원으로 그 크기가 클수록 차원의 값이 큰 것을 의미한다. 두 번째 차원은 비율척도로 직사각형의 색상을 상대적인 크기의 그라데이션 색상으로 표시한다. 즉 색상이 짙을수록 두 번째 차원의 값이 큰 것을 의미한다. 혹은 빨간색과 녹색의 그라데이션으로 붉은색 계열은 음수를 녹색 계열 색상은 양수를 표현하기도 한다.

연습문제 7.18

미국 범죄 정보를 담고 있는 USArrests 데이터 프레임에서 UrbanPop 변수는 주의 인구 중에서 도시에서의 인구비율을 나타내는 측도이다. 즉, 도시에 인구가 밀집한 여부를 판단할 수 있는 변수이다. 그럼 이번에는 그림 7.21에서 직사각형의 내부 색상을 UrbanPop 변수로 채워라.

다음 예제의 결과는 그림 7.22와 같다. West 권역에는 알래스카 주인 AK의 면적이, South 권역에는 텍사스 주인 TX의 면적이 크지만, 도시의 인구 집중도는 상대적으로 낮다. 이렇게 해석하는 이유는 색상이 흐리게 표현되기 때문이다. 비록 면적은 넓지만 텍사스 주는 사막이 많고, 알래스카 주는 얼음으로 이루어진 동토가 많아서이다.

```
> pop <- as.vector(USArrests$UrbanPop)
> z <- Sort(data.frame(area=area, grp=grp, states=states, pop=pop), c("grp","pop"),
          decreasing=c(FALSE,TRUE, TRUE))
> z$col <-
    SetAlpha(c("steelblue", "green", "yellow", "orangered")[z$grp],
           unlist(lapply(split(z$pop, z$grp),
                         function(...) LinScale(..., newlow=0.1, newhigh=0.6))))
> PlotTreemap(x=z$area, grp=z$grp, labels=z$states, col=z$col,
           text.col.grp="gray50", cex.grp=1.8)
```

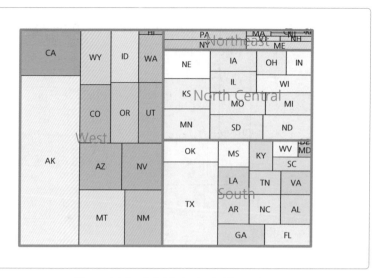

그림 7.22 권역별 주의 면적과 인구밀도에 대한 트리맵

7.2 지리정보 그래프

요즘에는 Geographics + Statistics의 합성어가 낯설지 않다. 네비게이션이나 구글 맵 등 지도 기반의 서비스에 익숙해졌고, 지도 위에 지역의 통계정보를 표현하는 것을 당연하게 여기고 있다. 지역에 대한 통계량을 수치로 표현하는 것이 아니라 지도 위에 시각화하여 지역별 통계량의 차이를 쉽게 파악할 수 있어서 지리정보와 통계정보의 융합이 많이 시도되고 있다.

이번에는 지리정보와 통계정보를 융합할 수 있는 기능을 제공하는 패키지들의 사용법을 알아본다. 다만 아쉬운 점은 공개된 국내 지리정보 데이터들이 해외의 사례에 비해서 양적으로나 질적으로 빈약하다는 점이다. 공개된 국내 지도를 구하려고 노력했지만, 마음에 드는 지리정보 데이터를 구하기가 어려웠다. 그래도 가급적이면 국내 지리정보를 이용한 예제로 이들 패키지의 사용법을 설명하겠으나 일부는 해외 지리정보 데이터를 사용하겠다.

지리정보를 시각화하는 방법은 정적인 방법과 동적인 방법의 두 가지로 나눌수 있다. 정적인 방법은 지리정보가 사용자 컴퓨터에 R 객체나 파일로 존재하고 이를 읽어서 시각화하는 방법이며, 동적인 방법은 인터넷이 연결된 환경에서 실시간으로 지리정보를 사용자 컴퓨터에 다운로드하는 동시에 시각화하는 방법이다. 그래서 정적인 방법은 지리 데이터를 입수해야 한다는 점이, 동적인 방법은 인터넷에 연결되지 못한 환경에서는 무용지물이라는 점이 단점이다.

두 지리정보 시각화 방법을 지원하는 대표적인 패키지는 다음과 같다.

· 정적인 방법: maps, mapdata, mapproj, maptools, mapplots
· 동적인 방법: RgoogleMaps, ggmap

여기서는 정적 표현 방법을 사용하는 maps, mapdata, mapproj, maptools, mapplots 패키지와 동적 표현 방법을 사용하는 ggmap 패키지를 다룬다. RgoogleMaps 패키지의 기능은 ggmap 패키지에서 표현이 가능하므로 ggmap 패키지를 사용하는 것을 권장한다.

7.2.1 maps, mapdata, mapproj

maps 패키지에서 제공하는 지리정보 데이터는 1980년대 미국에서 만든 'CIA World DataBank II'라는 자료를 R에서 사용할 수 있게 변환한 것이다. 이 패키지는 지도(Geographical Maps)를 그리는 패키지로, 맵(Map) 데이터베이스라 불리는 몇 개의 지도 데이터와 지도를 그리는 map( ) 함수 등으로 구성되어 있다. mapdata 패키지는 maps 패키지보다 좀 더 확장된 지도 데이터를 가지고 있다. mapproj 패키지는 지리정보의 시각화에서 투영(projection) 기능을 지원한다. 그러므로 이들 세 개의 패키지를 하나의 라이브러리라 생각해도 좋다.

7.2.1.1 maps 패키지

지리정보를 나타내는 여러 개의 맵 데이터베이스와 맵 데이터베이스를 시각화하는 map 함수군으로 구성되어 있다.

　map 함수군에는 맵 데이터를 시각화하는 map( ) 함수와 map.text( ) 함수, 시각화된 맵 위에 도시의 이름을 출력하는 map.cities( ) 함수, 위경도의 축을 그리는 map.axes( ) 함수, 축척 정보를 그리는 map.scale( ) 함수가 있다. 위도와 경도의 좌표로 해당 포인트가 위치한 지역의 이름을 알려주는 map.where( )도 시각화 함수는 아니지만 유용하게 사용할 수 있다.

map( ) 함수

함수 원형 map( )

```
map(database = "world", regions = ".", exact = FALSE, boundary = TRUE,
    interior = TRUE, projection = "", parameters = NULL, orientation = NULL,
    fill = FALSE, col = 1, plot = TRUE, add = FALSE, namesonly = FALSE,
    xlim = NULL, ylim = NULL, wrap = FALSE, resolution = if(plot) 1 else 0,
    type = "l", bg = par("bg"), mar = c(4.1, 4.1, par("mar")[3], 0.1),
    myborder = 0.01, ...)
```

database
지도를 그릴 지리 데이터인 맵 데이터베이스의 이름을 지정한다. 기본 값은

"world"로 설정되어 있는데, 세계 지도를 나타내는 맵을 의미한다. 또한 이전 map( ) 함수의 호출로 얻은 객체의 이름을 사용할 수도 있다.

다음 R 스크립트로 maps 패키지에 포함된 맵 데이터베이스 개수가 10개임을 알 수 있다. "world", "world2"는 세계 지도의 맵 데이터베이스인데 "world"는 보기 좋게 배치한 지도이고, "world2"는 경도 0부터 시작하는 지도다. "france", "italy", "nz"는 각각 프랑스, 이탈리아, 뉴질랜드의 맵 데이터베이스다. "usa", "state", "county"는 미국의 지도인데 각각 미국 전체, 주 단위, 카운티 단위의 지도다. "state.carto"와 "state.vbm"는 실측된 지리정보가 아닌 변형 가공된 맵 데이터베이스다. "state.carto"는 미국 주 단위의 인구 카르토그램(cartogram)[11]으로 인구 크기별로 각 주의 크기가 변경된 맵 데이터베이스다. "state.vbm"는 면적이 작은 주(state)에서도 주석을 표현할 수 있도록 충분한 공간 확보와 단순화된, 크기와 모양이 변경된 맵 데이터베이스다. 본 예제는 필자의 maps 패키지 2.3-6 버전에서 수행하였으며, 3.1.0 이상의 패키지를 설치한 독자는 다소 상이한 맵 데이터베이스를 가지고 있을 것이다. 그러나 maps() 함수 예제의 수행에는 차이는 없다.

```
> if (!require(maps)) {
  install.packages("maps")
  require(maps)
}
> # maps 패키지의 데이터가 있는 디렉터리 이름 가져오기 (Mac의 경우)
> pos <- grep("maps", searchpaths(), value=TRUE)
> Version <- installed.packages()["maps", "Version"]
>
> if (Version < "3.1.0") {
  pos <- paste(pos, "data", sep="/")
  # 데이터 파일 이름 중에서 postfix가 'MapEnv'인 맵 데이터베이스 이름 가져오기
  map.data <- grep("MapEnv", list.files(pos), value=TRUE)
  map.data <- sapply(map.data, function(x) strsplit(x, "MapEnv")[[1]][1])
  names(map.data) <- NULL
  map.data
} else {
  pos <- paste(pos, "mapdata", sep="/")
  map.data <- list.files(pos)
  map.data <- sapply(map.data, function(x) strsplit(x, "\\.")[[1]][1])
  map.data <- unique(map.data)
}
> pos
```

```
[1] "/Library/Frameworks/R.framework/Versions/3.1/Resources/library/maps/mapdata"
```

```
> map.data
```

```
[1] "county"     "france"    "italy"    "nz"        "state.carto"
[6] "state.vbm"  "state"     "usa"      "world2"    "world2"
```

---

11 카르토그램은 특정한 데이터 값의 변화에 따라 지도의 면적이 왜곡되는 그림을 말한다. 출처: 자연지리학사전, 한국지리정보연구회, 2006.5.25, 한울아카데미

regions

다각형을 그리기 위한 문자 벡터를 지정한다. 각 맵 데이터베이스는 다각형의 모음으로 구성되어 있고, 각 다각형은 고유한 이름을 가지고 있다. 지리 영역이 하나 이상의 다각형으로 구성되는 경우 각각의 개별 다각형은 "michigan:north"와 "michigan:south" 같이 콜론(:)으로 구분되는 이름을 가진다. 즉, "michigan"의 경우는 "michigan:north"와 "michigan:south"로 구성되기 때문에 c("michigan:north", "michigan:south")와 동일하다. 영역의 각 요소는 데이터베이스의 다각형 이름과 일치하므로 시각화하는 영역의 이름을 regions 인수로 선택하면 해당 영역이 그려진다. 기본 값은 "."로, 맵 데이터베이스에 있는 모든 다각형을 선택한다.

exact

regions 인수의 매핑 정확도를 설정하는 논리 인수다. 기본 값이 TRUE일 경우는 정확하게 이름이 일치한 지역만 선택되며, FALSE일 경우는 정규표현식으로 일치되는 모든 이름의 지역이 선택된다.

예를 들면 region 인수 값이 "new"이고, exact 인수 값이 FALSE일 경우에는 "New Hampshire", "New Jersey", "New Mexico", "New York"의 네 개의 주가 선택된다. 즉 state 맵 데이터베이스에서는 "new hampshire", "new jersey", "new mexico", "new york:manhattan", "new york:main", "new york:staten island", "new york:long island"에 해당한다.

boundary, interior

경계 세그먼트와 내부 세그먼트의 출력 여부를 지정한다. 경계 세그먼트는 지도 위에 그려질 다각형들이 구성하는 바깥의 경계를 나타내는 선분 세그먼트이고, 내부 세그먼트는 안쪽의 경계를 나타내는 선분 세그먼트다. 기본 값은 TRUE이며, FALSE인 경우에는 세그먼트가 그려지지 않는다. fill 인수가 TRUE면 이 인수는 무시된다.

projection

지도의 투영법(projection) 이름을 지정한다. 기본 값은 지도의 중앙에서 경도와 위도의 스케일이 같도록 종횡비를 설정한 rectangular 투영법을 사용한다. 투영법은 mapproj 라이브러리의 mapproject( ) 함수를 참고하기 바란다.

parameters

projection 인수와 함께 사용하기 위한 인수로 수치 벡터를 인수 값으로 갖는다. projections이 추가 인수를 필요로 하지 않으면 이 인수는 선택 사항이지만, 추가 인수가 필요할 경우, 이 인수를 반드시 지정해야 한다.

orientation

지도의 중심이 될 위치와 시계 방향으로의 회전 각도를 설명하는 c(위도, 경도, 회전)의 벡터를 지정한다.

fill

다각형 영역을 채우는 여부에 대한 논리 값을 지정한다. FALSE면 각 지역의 경계 라인만 그리고, 내부 영역은 채색하지 않는다. TRUE면, 각 지역은 col 인수에서 지정한 색상으로 채워진다.

col, bg

col 인수는 다각형 내부를 채울 색상 벡터를 지정한다. 기본 값은 1(검정색)이며 영역 개수보다 지정한 색상의 수가 작으면, 리사이클링 룰이 적용된다. bg 인수는 배경색을 지정하며 기본 값은 par("bg")로 설정된다.

plot, add

plot 인수는 맵의 시각화 여부를 지정하는 논리 값을 지정한다. FALSE면 맵을 그리지 않고 결과만 반환하고, TRUE면 맵을 그리고, 결과는 invisible( ) 함수로 반환된다. 그러므로 결과가 콘솔에 자동으로 출력되지는 않는다. 기본 값은 TRUE다.

　　add 인수는 현재의 플롯 위에 추가로 시각화할지의 여부를 설정한다. FALSE면 새로운 플롯이 그려지고 새로운 좌표계가 설정되지만, TRUE면 현재의 플롯 위에 덧그린다. 기본 값은 FALSE다.

resolution

맵의 해상도(resolution)를 지정하는 인수로 수치 값을 갖는다. 이 값이 0이면 데이터베이스의 풀 해상도가 설정된다. 이 값이 커질수록 해상도는 떨어지는데, 이 경우 지도의 잔 굴곡들이 펴지면서 간결한 모양으로 바뀐다. 기본 값은 if(plot) 1 else 0이다.

연습문제 7.19

마치 장화의 모양을 하고 있다고 알려진 이탈리아 지도를 map( ) 함수를 이용해서 그려라.

이번에는 map( ) 함수로 이탈리아 지도를 그리는 방법을 살펴보자. 맵 데이터베이스에 'italy'가 있으므로 이를 이용한다. 다음 예제의 결과는 그림 7.23과 같은데, col 인수의 색상이 적어서 발생하는 리사이클링 룰과 resolution 인수로 해상도를 낮춘 지도의 모습을 볼 수 있다.

```
> library(maps)
> op <- par(no.readonly=TRUE)
> par(mfrow=c(2, 2), mar=c(0, 0, 1, 0))
```

```
> map("italy")
> title("databse=\"italy\"")
> map("italy", fill=TRUE, col=2:4)
> title("fill=T, col=2:4")
> map("italy", resolution=5)
> title("resolution=5")
> map("italy")
> map("italy", "a", exact=FALSE, fill=TRUE, col="red", add=TRUE, lwd=3)
> title("exact=F, add=T, lwd=5")
> par(op)
```

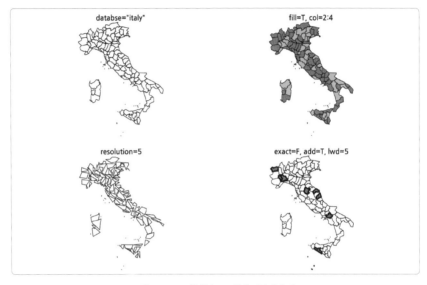

그림 7.23 map( ) 함수로 표현한 이탈리아 지도

map.text( ) 함수

map.text( ) 함수는 map( ) 함수의 기능을 그대로 수행하며 추가적으로 다각형
영역 안에 지역의 이름을 출력하는 함수다.

함수 원형 map.text( )

```
map.text(database, regions = ".", exact = FALSE, labels, cex = 0.75,
         add = FALSE, move = FALSE, ...)
```

database, exact, exact, add

database, exact, exact, add 인수는 map( ) 함수에서의 기능과 동일하다.

labels

인수 값은 다각형 영역 안에 출력할 이름을 지정하는 문자열 벡터를 지정한다.
기본 값은 맵 데이터베이스에서 정의된 이름을 사용한다.

cex

다각형 영역 안에 출력할 문자의 크기를 지정한다.

연습문제 7.20

미국 뉴저지(New Jersey) 주의 모든 카운티를 시각화하라.

미국 뉴저지 주의 카운티를 구분한 다각형 영역 안에 카운티의 이름을 출력하는 다음 예제의 결과는 그림 7.24와 같다.

```
> map.text("county", "new jersey")
```

그림 7.24 map.text( ) 함수로 그린 뉴저지의 카운티 지도

map.cities( ) 함수

map.cities( )는 이미 그려진 지도 플롯 위에 도시 이름을 출력해주는 함수다.

함수 원형 map.cities( )

```
map.cities(x = world.cities, country = "", label = NULL, minpop = 0,
        maxpop = Inf, capitals = 0, cex = par("cex"), projection = FALSE,
        parameters = NULL, orientation = NULL, pch = 1, ...)
```

x

도시 정보를 담고 있는 도시 데이터베이스의 이름

country

도시 이름을 출력할 국가나 지역의 이름

minpop, maxpop

특정 도시가 출력되지 않게 하기 위한 인구의 하한 값과 상한 값을 지정한다. 하한 값인 minpop(minimum population)보다 인구가 많은 도시의 이름이 출력되고, 상한 값인 maxpop(maximum population)보다 인구가 적은 도시의 이름이 출력된다. 기본 값은 각각 0과 Inf이다.

capitals

정치 행정 등의 중심이 되는 수도(首都, capitals)의 표시 레벨을 지정한다. 1은 국가의 수도, 2는 주나 도등 지역의 수도, 3은 지역의 중심도시를 의미한다. 기본 값은 0으로 도시 데이터베이스의 모든 도시의 위치가 점으로 표시되나 도시 이름은 출력되지 않는다.

연습문제 7.21

map.cities( ) 함수로 중국 지도 위에 대표 도시의 위치를 표시하라.

중국 지도로 map.cities( ) 함수의 사용 방법을 살펴보자. 다음 예제의 결과는 그림 7.25와 같다. 이 그림을 보면 capitals 인수의 레벨에 따라 출력되는 도시 이름의 차이를 알 수 있으며, 네 번째 지도는 레벨 3을 지정한 플롯으로 인구가 3,500,000~5,000,000에 포함된 도시가 세 곳임을 보여준다.

```
> op <- par(no.readonly=T)
> par(mfrow=c(2, 2), mar=c(0, 0, 1, 0))
> map("world", "China")
> map.cities(country = "China", capitals = 1)
> title("capitals = 1")
> map("world", "China")
> map.cities(country = "China", capitals = 2)
> title("capitals = 2")
> map("world", "China")
> map.cities(country = "China", capitals = 3)
> title("capitals = 3")
> map("world", "China")
> map.cities(country = "China", capitals = 3, minpop = 3500000, maxpop = 5000000)
> title("capitals=3, minpop=3500000, maxpop=5000000")
> par(op)
```

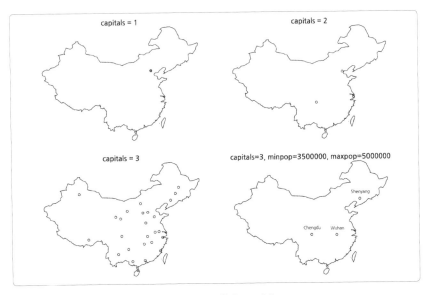

그림 7.25 map( ) 함수로 예제

map.axes( ) 함수

map.axes( )는 지도에 좌표축을 그리는 함수로, 어떤 인수도 갖지 않는다.

함수 원형 map.axes( )

```
map.axes( )
```

map.scale( ) 함수

map.scale( ) 함수는 지도에서의 크기와 실제 지형의 크기 비율을 설명하는 축척을 표현한다.

함수 원형 map.scale( )

```
map.scale(x, y, relwidth = 0.15, metric = TRUE, ratio = TRUE, ...)
```

x, y

축척을 표시할 위치를 지정하는데, 그 위치는 축척의 왼쪽 끝의 위치에 해당된다. 지정되지 않은 경우에는 지도의 왼쪽 아래 모서리 근처에 표시된다.

relwidth

축척 지시자의 폭을 지정한다. 지도의 전체 폭에서의 비율로 표현하며, 기본 값은 0.15이다. 이 경우 지도의 폭의 15%에 해당하는 너비로 축척이 표현된다.

metric

축척의 표현 측도로 미터법을 사용할 지의 여부를 지정한다. 기본 값인 TRUE는 킬로미터(km) 단위로, 그 외에는 마일(miles)단위로 표현된다.

ratio

축척 비율의 표시 여부를 설정한다. FALSE면 축척 비율이 표시되지 않으며, 기본 값은 TRUE로 축척 비율을 표시한다.

연습문제 7.22

중국 지도를 그리고 축척 비율과 좌표축, 눈금을 표현하라.

축척을 표시하는 map.scale( ) 함수와 지도 위에 좌표축을 표현하는 map.axes( ) 함수를 사용하는 다음 예제는 그림 7.26을 출력한다.

```
> map("world", "China")
> map.scale( )
> map.axes( )
```

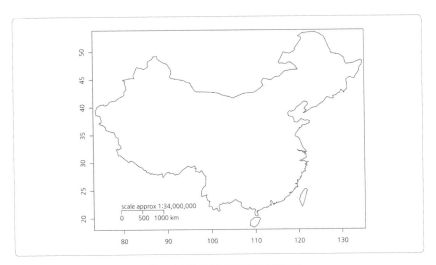

그림 7.26 축척 비율과 좌표축을 표현한 지도

연습문제 7.23

USArrests 데이터를 가지고 1973년도 알래스카 주와 하와이 주를 제외한 미국 48개 주에 대해서 폭

행범들의 수의 통계를 지도에 표현하라.

예제 7.23을 수행하는 다음의 예제는 그림 7.27과 같은 결과를 얻는다.

```
> library(maps)
> # 데이터 조작을 위한 사용자정의 함수
> # (문자열을 Mixed Case로 변환하는 함수)
> .simpleCap <- function(x) {
    s <- strsplit(x, " ")[[1]]
    paste(toupper(substring(s, 1, 1)), substring(s, 2), sep = "", collapse = " ")
}
> # map 패키지 지리정보에 USArrests 범죄정보의 색상을 매핑하는 함수
> getMatch <- function(mstates, arrests) {
    idx <- grep(paste0("^", mstates), as.character(arrests$states))
    ifelse(length(idx) == 0, "#FFFFFF00", as.character(arrests$col.level[idx]))
}
> # 본토에서 떨어진 Alaska, Hawaii 데이터 제외
> sub.usa <- subset(USArrests,!rownames(USArrests) %in% c("Alaska", "Hawaii"))
> # 주 이름, 폭행범 수를 갖는 데이터 프레임 생성
> usa.data <- data.frame(states = rownames(sub.usa), Assault = sub.usa$Assault)
> # 범례 데이터 생성
> col.level <- cut(sub.usa[, 2], c(0, 100, 150, 200, 250, 300, 350))
> legends <- levels(col.level)
> # 주 이름, 폭행범 수, 색상을 갖는 데이터 프레임 생성
> levels(col.level) <- sort(heat.colors(6), decreasing = TRUE)
> usa.data <- data.frame(usa.data, col.level = col.level)
> # 지리정보와 USArrests 매핑
> mstate <- map('state', plot=FALSE)$names
> mstate <- sapply(mstate, function(x) .simpleCap(strsplit(x, ":")[[1]][1]))
> mstate <- unlist(sapply(t(mstate), getMatch, usa.data))
> # Map 데이터 시각화
> map('state', fill = TRUE, col = mstate)
> title("USA Assault map")
> legend(-76, 35, legends, fill = sort(heat.colors(6), decreasing = TRUE),
        cex = 0.7)
```

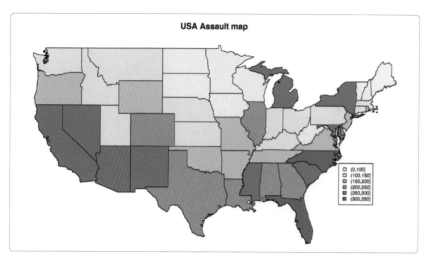

그림 7.27 미국의 48개 주의 폭행범 현황

예제 7.23에서 알래스카(Alaska) 주와 하와이(Hawaii) 주를 제외한 이유는 미국 본토로부터 멀리 떨어져 있어 이들을 포함하면 캐나다 및 태평양 등의 영역도 지도에 포함되어 그 모양이 이상하기 때문이다.

주 영역의 내부 색상이 빨간색에 가까운 주는 인구 십만 명당 폭행범의 수가 많은 주이고, 반대로 노랗고 엷은 색의 주는 폭행범의 수가 적은 주를 의미한다. heat.colors( ) 함수는 빨간색에서 흰색으로 향하는 그라데이션 팔레트를 만들어주기 때문에 sort( ) 함수의 decreasing 인수 값을 TRUE로 설정해서 그 순서를 흰색에서 빨간색으로 향하는 그라데이션 팔레트로 조정하였다. 그 이유는 많은 사람들이 흰색보다는 빨간색이 더 큰 수치를 설명하는 것처럼 인식하고 있기 때문이다.

미국의 주(state)에 대한 맵 정보는 63개로 세분화되어 있다. 예를 들면 USArrests 데이터 프레임의 미시간(Michigan) 주는 "michigan:north"와 "michigan:south"로 구분되어 있다. 그래서 48개 주의 데이터 프레임 정보와 63개의 맵 정보를 매핑하기 위해 예제에서 사용자정의 함수로 getMatch( ) 함수와 .simpleCap( ) 함수를 만들어서 예제를 수행하였다.

maps 패키지에 포함된 미국의 지도 데이터는 주의 하부 구역 단위인 카운티(county) 정보까지 포함하고 있다. 그러므로 데이터가 카운티까지의 정보가 있다면 카운티로 구역을 나누어서 표현할 수도 있다.

연습문제 7.24

maps 패키지의 unemp 데이터 프레임은 2009년도 미국의 카운티 레벨의 실업률 데이터다. 이를 이용해서 카운티별로 실업률을 나타내는 지도를 그려라.

maps 패키지의 unemp 데이터 프레임은 2009년도 미국의 카운티 레벨의 실업률
데이터로 카운티를 나타내는 FIPS 코드(fips)와 인구수(pop) 및 실업률(unemp)
정보를 가지고 있다. county.fips 데이터 프레임은 카운티를 나타내는 FIPS 코드
(fips)와 해당하는 주와 카운티의 이름(polyname)을 가지고 있다. 이 두 개의 데
이터로 카운티 레벨의 실업률을 지도에 표현하자. 다음 예제는 map( ) 함수의 도
움말 섹션에 있는 예제[12]를 조금 수정한 것으로, 결과는 그림 7.28과 같다.

```
> library(mapproj)
> data(unemp)
> data(county.fips)
>
> # define color buckets
> colors = c("#F1EEF6", "#D4B9DA", "#C994C7", "#DF65B0", "#DD1C77", "#980043")
> unemp$colorBuckets <- as.numeric(cut(unemp$unemp, c(0, 2, 4, 6, 8, 10, 100)))
> leg.txt <- c("<2%", "2-4%", "4-6%", "6-8%", "8-10%", ">10%")
>
> cnty.fips <- county.fips$fips[match(map("county", plot=FALSE)$names,
                                county.fips$polyname)]
> colorsmatched <- unemp$colorBuckets [match(cnty.fips, unemp$fips)]
>
> # draw map
> map("county", col = colors[colorsmatched], fill = TRUE, resolution = 0,
      lty = 0, projection = "polyconic")
> map("state", col = "white", fill = FALSE, add = TRUE, lty = 1, lwd = 0.7,
      projection="polyconic")
> title("unemployment by county, 2009")
> legend("bottomright", leg.txt, fill = colors, bty = 'n')
```

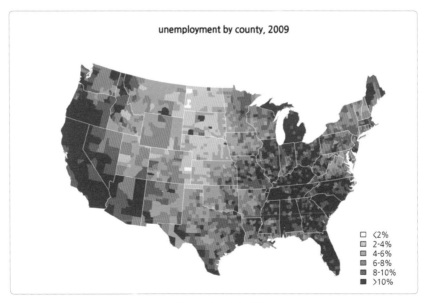

그림 7.28 미국 실업률 현황

---

12   도움말의 예제에서는 http://blog.revolutionanalytics.com/2009/11/choropleth-challenge-result.
html 페이지를 참고하였으며, 이 페이지 또한 http://www.thisisthegreenroom.com/2009/
choropleths-in-r 페이지를 참고하였다.

7.2.1.2 mapdata 패키지

mapdata 패키지는 맵 데이터베이스를 확장한 것으로 해상도도 maps 패키지보다 높다. 중국과 일본 맵 데이터베이스도 별도로 제공하지만, 아쉽게도 우리나라의 맵 데이터베이스는 제공하지 않는다. 다만 세계지도에 남한과 북한이 포함되어 있을 뿐이다.

연습문제 7.25

우리나라의 지리정보는 maps 패키지의 'world' 데이터베이스와 mapdata 패키지의 'worldHires' 맵 데이터베이스에 포함되어 있다. 화면을 반으로 나누어 각각 좌우에 우리나라 지도를 그려라.

우리나라의 지리정보를 시각화하자. map( ) 함수의 region 인수 값에 c('South Korea', 'North Korea')을 지정하여 그리며, 시각화 결과는 그림 7.29와 같다.

```
> library(mapdata)
> par(mfrow = c(1, 2))
> map(database = 'world', region = c('South Korea', 'North Korea'))
> title("Korea map in maps packages")
> map(database = 'worldHires', region = c('South Korea', 'North Korea'))
> title("Korea map in mapdata packages")
> par(mfrow = c(1, 1))
```

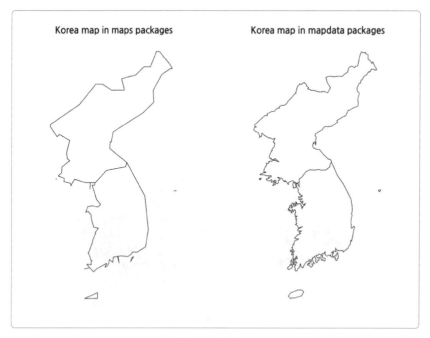

그림 7.29 우리나라 지도

아쉬운 대로 지도를 그렸는데, 그림 7.29의 왼쪽 지도는 maps 패키지의 맵 데이터베이스이고, 오른쪽 지도는 mapdata 패키지에 있는 맵 데이터베이스로 그린 것이다. mapdata 패키지의 것이 좀 더 높은 해상도로 표현됨을 알 수 있다. 제주도와 울릉도도 보이지만 독도는 워낙 작은 섬이라 보이지 않는다.

연습문제 7.26

우리나라와 중국, 일본 등 주변국의 지도를 그려라.

만약에 중국과 일본을 포함해서 지도를 그린다면, 다음과 같이 region 인수에 국가명을 추가하면 된다. 이 예제는 국가별로 색상을 달리하여 시각화한 것으로, 결과는 그림 7.30과 같다.

```
> map('worldHires', region=c('South Korea', 'North Korea', 'Japan', 'China'))
> map('worldHires', region=c('South Korea'), col = 'blue', add = TRUE, fill = TRUE)
> map('worldHires', region=c('North Korea'), col = 'red', add = TRUE, fill = TRUE)
> map('worldHires', region=c('Japan'), col = 'black',add = TRUE, fill = TRUE)
> map('worldHires', region=c('China'), col = 'yellow',add = TRUE, fill = TRUE)
```

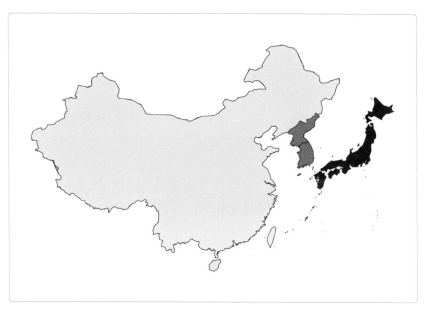

그림 7.30 한반도와 주변국

7.2.1.3 mapproj 패키지

mapproj(Map Projection) 패키지는 경도, 위도를 투영법에 의거 좌표 변환을 적용시켜 시각화하는 기능을 제공하는데, 위도와 경도를 투영 좌표로 변환하는 mapproject( ) 함수와 투영된 지도 위에 그리드를 표현하는 map.grid( ) 함수로 구성되어 있다.

mapproject( ) 함수

mapproject( ) 함수의 함수 원형은 다음과 같다.

함수 원형 mapproject( )
```
mapproject(x, y, projection="", parameters=NULL, orientation=NULL)
```

x, y
투영될 위도와 경도 좌표계의 위치 정보

projection
투영법을 지정하는 문자열. 지원하는 투영법의 종류는 30여개 이상이 있다. 일반적으로 우리가 익숙한 세계 전도는 메르카토르 투영법(mercator projection)에 의해 제작된 것인데, "mecca" 문자열로 정의되어 있다. 그 밖의 투영법에 대한 기능은 도움말을 참고하기 바란다.

parameters
projection 인수에서 지정한 투영법의 선택 인수

orientation
투영된 좌표를 계산할 때 북극이 있어야 할 위치를 선택하는 벡터로, c(위도, 경도, 회전)로 구성되어 있다.

일반적으로 mapproject( ) 함수는 독립적으로 사용되는 것보다 map( ) 함수 안에서 projection, parameters, orientation 인수로 사용되는 것이 일반적이다.

map.grid( ) 함수

map.grid( )의 함수 원형은 다음과 같다.

함수 원형 map.grid( )
```
map.grid(lim, nx=9, ny=9, labels=TRUE, pretty=TRUE, cex, col, lty, font, ...)
```

lim
projection 인수에서 지정한 투영법의 선택 인수

nx, ny
등간격으로 표시될 경도 및 위도 격자 선의 개수로 기본 값은 각각 9로 아홉 개의 격자 라인을 출력한다.

labels
격자 눈금선에 경도, 위도 값의 라벨 표시 여부를 나타내는 논리 값이다. 기본

값은 TRUE로 눈금선에 라벨을 출력한다.

pretty

격자 선을 그릴 위치가 반올림된 좌표 위치인지의 여부를 선택한다. TRUE면 반올림된 좌표에, FALSE면 계산된 좌표의 위치에 격자 선을 그린다. 기본 값은 TRUE다.

cex, col, lty, font

cex, col, lty, font은 각각 라벨의 문자 크기, 격자와 라벨의 색상, 격자 선의 유형, 라벨의 폰트를 지정한다.

연습문제 7.27

'worldHires' 맵 데이터베이스로 세계지도를 정적도법(正積圖法, equal area projection)으로 투영하여 표현하되 독도를 중앙에 표시하고, 그 위치에 "x"를 출력하라.

다음 스크립트는 mapproj 패키지를 이용한 투영 예제로, 결과는 7.31과 같다.

```
> library(mapproj)
> library(ggmap)
>
> geocode("독도")
```

```
Information from URL : http://maps.googleapis.com/maps/api/geocode/json?addre
            ss=%eb%8f%85%eb%8f%84&sensor=false
Google Maps API Terms of Service : http://developers.google.com/maps/terms
        lon      lat
1 131.8643 37.24223
```

```
> m <- map("worldHires", plot = FALSE)
> map('worldHires', proj = 'azequalarea', orient = c(37.24223, 131.8643, 0))
> map.grid(m, col = 2)
> points(mapproject(list(y = 37.24223, x = 131.8643)), col = "blue",
        pch = "x", cex = 2)
> title("지구본에서의 독도")
```

예제 7.27은 독도의 위치를 구하기 위해서 ggmap 패키지의 geocode( ) 함수[13]를 이용하였고, 동경 131.8643, 북위 37.24223에 위치한 독도를 기준으로 세계지도를 투영하여 마치 지구본을 보는 것처럼 그렸다. 마지막으로 독도가 위치한 131.8643, 북위 37.24223의 위치에 파란색으로 "x" 표시를 해서 독도의 위치를 파악할 수 있도록 하였다. 문자 "x"의 중심점에 독도가 위치하고 있는 것이다. 그러나 지구본에서의 독도의 위치는 아주 작은 점에 불과하므로 정확한 위치와 모양은 식별하기란 불가능하다. 단순히 어느 위치에 존재한다는 것만 상징적으로 보여주는 것이다.

---

13   geocode() 함수는 구글 맵(Google Maps)을 이용해서 지역(locations)의 지오코드(geocodes) 정보인 위도와 경도를 반환한다.

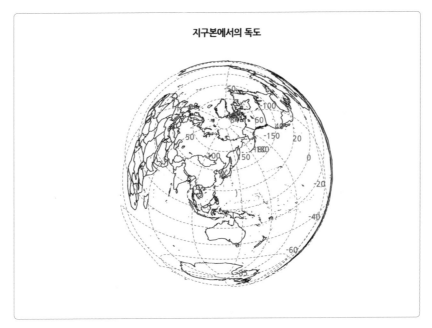

그림 7.31 독도는 한국땅

7.2.2 maptools 패키지

maptools 패키지는 GIS 관련 소프트웨어의 지리정보 파일과 연동을 위한 도구의 모음이다. 특히 지리정보시스템 전문 업체인 에스리(ESRI)사 제품의 Shape[14] 파일에서 지리 데이터를 조작하고 읽기 위한 도구가 유용하게 사용된다.

여기서는 maptools 패키지를 사용하여 통계청의 인구 센서스 정보와 센서스용 행정구역경계 Shape 파일로 인구통계 주제도를 그리는 방법을 알아본다.

먼저 2010년도 행정구역경계 Shape 파일과 2010년도 센서스 통계 파일을 다운로드한다. 인구 센서스는 5년마다 수행하므로 최신 센서스 자료인 2010년도 자료를 다운로드해야 한다. 특히 Shape 파일은 최신 파일이 아니라 센서스 수행 년도와 동일한 년도의 파일이어야 한다.

> **팁: 센서스용 행정구역경계 Shape 파일 얻기**
>
> 1. 통계지리정보서비스(SGIS, http://sgis.kostat.go.kr) 회원 가입
>
> 2. "행정구역경계지도제공" 화면으로 이동
>
>   - http://sgis.kostat.go.kr/statbd/statbd_03.vw

---

14 1990년 초부터 ESRI에 의해 개발되어 오늘날 GIS 업계에서 일반적으로 사용되고 있는 파일 형식으로, 복수의 파일로 구성된 GIS 데이터를 의미한다. 한 개의 데이터 세트에 최소 세 개의 파일(shp, shx, dbf)이 필요하며 지형이나 도로, 호수, 하천 등의 기하학적인 정보를 담을 수 있다. 출처: http://www.forum8.co.jp/topic/up70-p8-kr.htm

3. 센서스용 행정구역경계 SHP 원데이터 다운로드

- 경계: 시도, 시군구, 읍면동 세 가지

- 년도: 2010년

- 지역: 전국

팁: 센서스 통계 파일 얻기

1. 국가통계포털(http://kosis.kr/) 접속

2. "국내통계" 화면으로 이동

3. "주제별통계" 메뉴로 이동

4. 서브 메뉴로 이동

(a) 인구, 가구 선택

(b) 인구총조사 선택

(c) 인구부문 선택

(d) 총조사인구(2010) 선택

(e) 전수부문 선택

5. "인구,가구 및 주택 - 읍면동" 다운로드

7.2.2.1 데이터 파일 불러오기

2010년도 행정구역경계 Shape 파일은 시도 정보는 2010_1_0.zip, 시군구 정보
는 2010_2_0.zip, 읍면동 정보는 2010_3_0.zip 파일로 제공된다. 그리고 각 압
축파일에는 temp.dbf, temp.shp, temp.shx라는 이름을 가진 파일 세 개가 들
어 있다. 또한 2010년도 인구 센서스 통계자료는 101_DT_1IN1002_F_2010.csv
파일로 제공된다.

먼저 다운로드한 파일들을 다음과 같은 디렉터리에 복사해 넣는다.

· 2010년도 센서스 통계자료 파일

- ./datas/101_DT_1IN1002_F_2010.csv

· 2010년도 시도 Shape 파일

- ./datas/2010_1_0/temp.dbf

- ./datas/2010_1_0/temp.shp

- ./datas/2010_1_0/temp.shx

- 2010년도 시군구 Shape 파일
  - ./datas/2010_2_0/temp.dbf
  - ./datas/2010_2_0/temp.shp
  - ./datas/2010_2_0/temp.shx

- 2010년도 읍면동 Shape 파일
  - ./datas/2010_3_0/temp.dbf
  - ./datas/2010_3_0/temp.shp
  - ./datas/2010_3_0/temp.shx

파일을 R이 사용할 수 있는 데이터로 만들기 위해서는 다음과 같이 세 개의 패키지가 필요하다. maptools 패키지는 SHP 파일을 읽는 데 사용하고, foreign 패키지는 DBF 파일을 읽는 데 사용한다. rgdal 패키지는 좌표계를 변환하기 위해 사용한다.

```
> library(maptools)
> library(foreign)
> library(rgdal)
```

GDAL(Geospatial Data Abstraction Library)은 래스터 지리공간 데이터 포맷(raster geospatial data formats)을 읽거나 작성하는 목적으로 만들어진 라이브러리다. 이 라이브러리는 오픈소스 지리정보 재단(OSGF, Open Source Geospatial Foundation)에서 X/MIT 스타일의 무료 소프트웨어 라이선스로 배포되고 있다. rgdal 패키지는 R에서 GDAL 라이브러리의 기능을 사용하도록 하는 패키지다.[15] 그러므로 지도를 그리거나 공간 데이터를 활용하는 데 유용하게 사용할 수 있다.

MS-Windows에서는 install.packages( ) 함수의 기본 값으로 쉽게 rgdal 패키지를 설치할 수 있지만 Mac에서는 다음과 같은 리파지토리(저장소)를 지정해야 한다.

```
> install.packages('rgdal',repos="http://www.stats.ox.ac.uk/pub/RWin")
```

일곱 개의 파일 이름은 다음과 같이 R 객체로 저장하였다.

```
> data.path <- "./datas"
> census.file <- "101_DT_1IN1002_F_2010.csv"
> # 행정구역 경계 파일
> level1.shp.file <- "2010_1_0/temp"
> level2.shp.file <- "2010_2_0/temp"
> level3.shp.file <- "2010_3_0/temp"
```

---

15   http://en.wikipedia.org/wiki/GDAL에서 발췌

```
> # 행정구역별 통계 데이터
> level1.dbf.file <- "2010_1_0/temp.dbf"
> level2.dbf.file <- "2010_2_0/temp.dbf"
> level3.dbf.file <- "2010_3_0/temp.dbf"
```

이번에는 2010년도 인구 센서스 데이터부터 로드하자. CSV 파일이라서 read.csv( ) 함수를 사용하는데, 필자의 Mac OS X에서 사용하는 예제이므로 fileEncoding 인수에 "cp949"를 적용하였다. 이는 공개 배포하는 인구 센서스 데이터의 인코딩(encoding)이 MS-Windows의 표준 인코딩인 "cp949"로 되어 있다는 것을 의미한다. 필자가 "utf-8" 환경의 Mac OS X를 사용하기 때문에 넣은 선택 인수로, MS-Windows를 사용하는 독자라면 굳이 넣지 않아도 된다.

데이터가 로딩되면서 데이터의 변수명은 R의 변수명 규칙과 충돌되지 않도록 괄호나 하이픈은 점(.) 문자로 대체된다. 그런데 최근에는 데이터를 조작하는 sqldf 등의 패키지에서 점 문자가 특수한 의미로 사용되므로 정규표현식을 이용해서 이를 다시 언더라인(_)으로 변경했다. 그리고 C행정구역별_읍면동 변수의 데이터 앞에 작은 따옴표가 붙어 있는 것도 제거하였다. R은 한글 변수명도 지원하므로 한글 변수 이름은 그대로 남겨두었다.

```
> # 2010년도 인구 센서스 데이터 파일 경로와 이름
> census.file <- paste(data.path, census.file, sep="/")
> # Mac OS나 Linux의 경우
> census.data <- read.csv(census.file, header=T, skip=2,
fileEncoding="cp949")
> # MS-Windows의 경우
> #census.data <- read.csv(census.file, header=T, skip=2)
>
> # 변수명 정리하기
> names(census.data)
```

```
 [1] "C행정구역별.읍면동."        "행정구역별.읍면동."
 [3] "시점"                       "총인구..명."
 [5] "남자..명."                  "여자..명."
 [7] "내국인.계..명."             "내국인.남자..명."
 [9] "내국인.여자..명."           "외국인.계..명."
[11] "외국인.남자..명."           "외국인.여자..명."
[13] "가구.계..가구."             "일반가구..가구."
[15] "집단가구..가구."            "외국인가구..가구."
[17] "주택.계..호."               "단독주택..호."
[19] "아파트..호."                "연립주택..호."
[21] "다세대주택..호."            "비거주용.건물내.주택..호."
[23] "주택이외의.거처..호."
```

```
> names(census.data) <- gsub("[[:punct:]]+", "_", gsub("[[:punct:]]$", "",
                            names(census.data)))
> names(census.data)
```

```
 [1] "C행정구역별_읍면동"         "행정구역별_읍면동"
 [3] "시점"                       "총인구_명"
 [5] "남자_명"                    "여자_명"
 [7] "내국인_계_명"               "내국인_남자_명"
 [9] "내국인_여자_명"             "외국인_계_명"
[11] "외국인_남자_명"             "외국인_여자_명"
```

```
[13] "가구_계_가구"              "일반가구_가구"
[15] "집단가구_가구"            "외국인가구_가구"
[17] "주택_계_호"              "단독주택_호"
[19] "아파트_호"               "연립주택_호"
[21] "다세대주택_호"            "비거주용_건물내_주택_호"
[23] "주택이외의_거처_호"
```

```
>
> # 데이터에서 ' 떼어내기
> head(census.data$C행정구역별_읍면동)
```

```
[1] '00    '03    '04    '05    '11    '11010
3794 Levels: '00 '03 '04 '05 '11 '11010 '1101053 ... '3902062
```

```
> census.data$C행정구역별_읍면동 <- sub("^\\'", "", census.data$C행정구역별_읍면동)
> head(census.data$C행정구역별_읍면동)
```

```
[1] "00"     "03"     "04"     "05"     "11"     "11010"
```

readShapePoly( ) 함수

행정구역경계 Shape 파일은 maptools 패키지의 readShapePoly( ) 함수로 불러
온다. readShapePoly( ) 함수의 원형은 다음과 같다.

함수 원형 readShapePoly( )

```
readShapePoly(fn, IDvar=NULL, proj4string=CRS(as.character(NA)),
              verbose=FALSE, repair=FALSE, force_ring=FALSE, delete_null_obj=FALSE,
              retrieve_ABS_null=FALSE)
```

fn

*.shp, *.shx, *.dbf 등의 확장자를 생략한 Shape 파일의 레이어 이름을 지정한
다. 혹은 shp 파일의 이름을 지정한다. 세 개 파일이 한 디렉터리에 같은 이름으
로 존재해야 한다.

IDvar

도형의 ID 값을 포함한 Shape 파일의 칼럼을 지정한다. 만약 이 인수를 지정하
지 않으면, Shape DBF 파일의 shpID 값이 다각형의 ID 값으로 사용된다.

proj4string

proj4 문자열로 정의된 CRS 클래스[16]의 객체를 지정한다.

verbose

작업 결과를 콘솔로 리포팅하는 여부를 지정한다. TRUE면 작업 결과를 요약해
서 보여주는데, Shape의 유형, Shape의 개수(지역의 개수) 등이 나온다. FALSE
면 작업 결과를 리포팅하지 않는다. 기본 값은 FALSE다.

---

[16] 공간 데이터인 Spatial 클래스에서 좌표체계는 PROJ.4 시스템을 따르는 CRS 클래스로 저장된다.

repair

Geolytics사가 제공하는 일부 Shape 파일을 읽을 때 발생할 수 있는 오류를 복구하는 기능을 설정한다. TRUE면, 복구하여 자료를 읽어 들인다.

이 예제에서는 통계청 행정구역경계 지도가 TM 중부 좌표계[17]로 작성된 지리정보이기 때문에 rgdal 패키지의 CRS( ) 함수로 TM 중부 좌표계에 해당하는, 위도 38과 경도 127을 원점으로 하여 작성된 proj4 정보를 readShapePoly( ) 함수의 proj4string 인수에 사용하였다. 그리고 readShapePoly( ) 함수를 통해서 Shape의 유형을 Polygon으로 읽어 왔다.

우리가 익히 알고 있는 위도, 경도의 좌표계인 WGS84 경위도 좌표계[18]는 구글 지도에서 채용하고 있다. 이 좌표계의 proj4string을 crsWGS84lonlat 객체에 저장한 이유는 이후 예제에서 구글 지도를 활용하는 기회가 있기 때문이다.

```
> # 2010년도 센서스용 행정구역경계 지도 데이터 로드
> level1.shp.file <- paste(data.path, level1.shp.file, sep="/")
> level2.shp.file <- paste(data.path, level2.shp.file, sep="/")
> level3.shp.file <- paste(data.path, level3.shp.file, sep="/")
>
> # TM 중부 좌표계: 통계청 지도
> crsTMcenter <- CRS("+proj=tmerc +lat_0=38 +lon_0=127 +k=1 +x_0=200000 +y_0=500000
                     +ellps=bessel +units=m +no_defs")
> # WGS84 경위도 좌표계: 구글 지도
> crsWGS84lonlat <- CRS("+proj=longlat +zone=52 +ellps=WGS84 +datum=WGS84 +units=m
                        +no_defs +lat_0=38N +lon_0=127E")
>
> # 시도 지도 데이터
> level1.shp <- readShapePoly(level1.shp.file, verbose=T, proj4string=crsTMcenter)

Shapefile type: Polygon, (5), # of Shapes: 16

> # 시군구 지도 데이터
> level2.shp <- readShapePoly(level2.shp.file, verbose=T, proj4string=crsTMcenter)

Shapefile type: Polygon, (5), # of Shapes: 251

> # 읍면동 지도 데이터
> level3.shp <- readShapePoly(level3.shp.file, verbose=T, proj4string=crsTMcenter)

Shapefile type: Polygon, (5), # of Shapes: 3472
```

foreign 패키지의 read.dbf( ) 함수를 이용하여 지도 메타정보인 *.dbf 파일을 로드한다. 그리고 "cp949" 인코딩으로 되어 있는 지역의 이름을 iconv( ) 함수로 "utf-8"으로 변경한다. 만약 여러분이 MS-Windows 환경에서 R을 사용한다면, 이 과정은 생략한다.

---

17 우리나라에서 사용되는 대표적인 평면직각 좌표계는 TM(Transverse Mercator) 좌표계다. 그 중에서 TM 중부 좌표계는 N38°00'00"/E127°00'00" 원점을 기준으로 동서방향의 거리 값(m)과 남북방향의 거리 값(m)으로 표시한다. 그리고 최근에는 현재 세계적으로 표준이 되고 있는 세계측지계의 GRS80(≒WGS84) 타원체로 대체하고 있다.

18 WGS84 경위도 좌표계는 1984년 미 국방성이 군사용으로 GPS 시스템를 이용하면서 만든 좌표계이다.

```
> # 2010년도 센서스용 행정구역경계 지도 메타정보 로드
> level1.dbf.file <- paste(data.path, level1.dbf.file, sep="/")
> level2.dbf.file <- paste(data.path, level2.dbf.file, sep="/")
> level3.dbf.file <- paste(data.path, level3.dbf.file, sep="/")
>
> level1_dbf <- read.dbf(level1.dbf.file)
> level2_dbf <- read.dbf(level2.dbf.file)
> level3_dbf <- read.dbf(level3.dbf.file)
>
> # cp949 코드를 utf-8로 변경(MS-Windows 환경에서는 필요 없음)
> level1_dbf$name <- iconv(level1_dbf$name, "cp949", "utf-8")
> level2_dbf$name <- iconv(level2_dbf$name, "cp949", "utf-8")
> level3_dbf$name <- iconv(level3_dbf$name, "cp949", "utf-8")
```

인구 센서스 데이터 파일인 101_DT_1IN1002_F_2010.csv에는 시도, 시군구, 읍면동의 통계가 모두 포함되어 있다. 지역코드인 C행정구역별_읍면동 변수의 데이터 길이가 두 자리이면 시도, 다섯 자리이면 시군구, 일곱 자리이면 읍면동 자료다. 다만 두 자리에서 00, 03, 04, 05는 각각 전국, 동부, 읍부, 면부의 합이기 때문에 시도에서 지역코드가 10보다 큰 경우만 사용한다.

이번에는 sqldf 패키지[19]의 sqldf( ) 함수로 지도 메타정보의 code 변수와 인구 센서스 통계량의 C행정구역별_읍면동 변수의 값이 같은 조건을 찾아서 두 데이터를 병합했다. MS-Windows 환경에서는 변수 이름에 한글이 있을 경우 sqldf( ) 함수에서 에러가 발생한다. 그래서 변수명 C행정구역별_읍면동을 C1으로 변경한 다음 sqldf( ) 함수를 호출하였다.

```
> library(sqldf)
>
> data1 <- subset(census.data, nchar(C행정구역별_읍면동)==2 & C행정구역별_읍면동>10)
> data2 <- subset(census.data, nchar(C행정구역별_읍면동)==5)
> data3 <- subset(census.data, nchar(C행정구역별_읍면동)==7)
>
> # 한글 변수명을 백업한 후 영문으로 수정
> tabname <- c(names(level1_dbf), names(data1))
> names(data1) <- names(data2) <- names(data3) <- paste("C", 1:23, sep="")
> level1_dbf <- sqldf("select level1_dbf.*, data1.* from level1_dbf, data1
                       where level1_dbf.code = data1.C1")
> level2_dbf <- sqldf("select level2_dbf.*, data2.* from level2_dbf, data2
                       where level2_dbf.code = data2.C1")
> level3_dbf <- sqldf("select level3_dbf.*, data3.* from level3_dbf, data3
                       where level3_dbf.code = data3.C1")
> # 영문 변수명을 한글 변수명으로 돌려놓기
> names(level1_dbf) <- names(level2_dbf) <- names(level3_dbf) <- tabname
```

이제 비로소 인구 센서스 정보를 지도에 표현하기 위한 데이터 전처리 작업을 마쳤다. 이 예는 통계청에서 제공하는 정보를 R에서 사용하기 위한 전처리의 예시지만, 응용하여 여러 지리정보 기반의 통계를 처리할 때 사용할 수 있을 것이다.

---

19 R의 데이터 프레임을 DBMS의 sql로 조작할 수 있는 기능의 패키지

7.2.2.2 전국 시도 인구분포도

2010년도 전국의 시도 레벨로 인구의 분포를 시각화하자. 앞서 시도 레벨의 지도 정보는 level1.shp에 저장해 두었으니, 이를 사용하면 된다. 다음 예제는 시도의 인 구의 분포를 색상으로 표현하는 주제도를 시각화한다. 결과는 그림 7.32와 같다.

```
> nlevel <- 5
> col.level <- cut(level1_dbf$총인구_명, pretty(level1_dbf$총인구_명, n=nlevel),
dig.lab=8)
> legends <- levels(col.level)
> levels(col.level) <- heat.colors(length(legends))
> # 인구분포도 그리기 및 수행시간 계산
> runtime1 <- system.time(plot(level1.shp, axes=FALSE, bty="n",
                              col=as.character(col.level), lwd=0.3,
                              border="#000055"))
> # 수행시간 보기
> runtime1
```

```
   user  system elapsed
 21.397   0.422  22.275
```

```
> title("전국 시도 인구분포도")
> legend("bottomright", legends, fill=levels(col.level), cex=0.8,
         title="인구 (단위:명)")
> box( )
```

그림 7.32 전국 시도 인구분포도

그림 7.32를 그릴 때 사용한 plot( ) 함수는 sp:::plot.SpatialPolygons( ) 함수를 호출한다. 이는 sp 패키지의 plot.SpatialPolygons( ) 함수를 의미하는데, 숨겨 진 함수이므로 ::: 연산자를 통해서 함수 내용을 살펴볼 수 있다. 그리고 인구분 포도에서 빨간색에 가까울수록 상대적으로 인구수가 적은 것을 의미한다. 그러

므로 노랗게 표현된 서울과 경기는 인구수가 많다는 것을 의미한다.

　plot( ) 함수는 엄밀히 말해서 sp:::plot.SpatialPolygons( )인데, 이 함수로 국내 시도, 시군구, 읍면동의 전국 지도를 출력하면 오랜 시간이 걸린다. 그 이유는 서해, 특히 남해는 리아스식 해안이라 작은 부속 섬들의 수가 엄청나기 때문이다. 크기는 작지만 여러 개의 섬들을 일일이 다각형(Ploygon)으로 그리는 시간들이 누적되어 오랜 시간이 걸리는 것이다. 예제에서의 수행속도는 22.275초가 걸렸다. 필자는 이 함수로 통계청에서 제공하는 전국 Shape 지도를 출력할 때 인내심을 테스트하는 기분이 들었다. 그래서 다음과 같이 다각형 면적이 특정 크기 이하인 것은 그리지 않고 생략하는 함수를 만들어서 좀 더 빨리 시각화될 수 있도록 하였다.

```
plotShp <- function (x, minArea=50000000, col=NULL, border = par("fg"),
                     add = FALSE, xlim = NULL, ylim = NULL, xpd = NULL,
                     density = NULL, angle = 45, pbg = NULL, axes = FALSE,
                     lty = par("lty"), ...)
{
  poly_i <- slot(x, "polygons")
  p_i <- slot(x, "plotOrder")
  if (is.null(pbg))
    pbg <- par("bg")
  if (!add)
    plot(as(x, "Spatial"), xlim = xlim, ylim = ylim, axes = axes, ...)
  n <- length(slot(x, "polygons"))
  if (length(border) != n)
    border <- rep(border, n, n)
  if (!is.null(density)) {
    if (missing(col))
      col <- par("fg")
    if (length(col) != n)
      col <- rep(col, n, n)
    if (length(density) != n)
      density <- rep(density, n, n)
    if (length(angle) != n)
      angle <- rep(angle, n, n)
  }
  else {
    if (missing(col))
      col <- NA
    if (length(col) != n)
      col <- rep(col, n, n)
  }
  NAr <- as.double(c(NA, NA))
  for (i in p_i) {
    p_j <- slot(poly_i[[i]], "plotOrder")
    poly_j <- slot(poly_i[[i]], "Polygons")
    regions <- matrix(ncol=2)
    for(j in p_j) {
      if (slot(poly_j[[j]], "area") < minArea)
        next
      regions <- rbind(regions, coordinates(x@polygons[[i]]@Polygons[[j]]), NAr)
    }
    regions <- regions[-1, ]
    regions <- regions[-NROW(regions), ]
    if (!is.null(density))
      polypath(x = regions[, 1], y = regions[, 2], border = border[i],
               col = col[i], xpd = xpd, density = density[j], angle = angle[j],
```

```
                lty = lty, bg = pbg, ...)
   else
     polypath(x = regions[, 1], y = regions[, 2], border = border[i],
              col = col[i], lty = lty, xpd = xpd, bg = pbg, ...)
 }
}
```

이제는 plot( ) 함수가 아닌 사용자정의 함수인 plotShp( ) 함수로 지도를 그려보자. 결과는 그림 7.33과 같다. 작은 부속섬들은 표현되지 않았지만, 그림 7.32와 거의 동일하게 그려졌다.

```
> runtime2 <- system.time(plotShp(level1.shp, axes=FALSE, bty="n",
                                   col=as.character(col.level), lwd=0.3,
                                   border="#000055"))
> runtime2

  user  system elapsed
 0.809   0.065   0.902

> title("전국 시도 인구분포도 - 사용자정의 함수")
> legend("bottomright", legends, fill=levels(col.level), cex=0.8,
         title="인구 (단위:명)")
> box( )
```

그림 7.33 전국 시도 인구분포도 - 사용자정의 함수

plot( ) 함수로는 전국 시도의 인구분포를 지도 위에 시각화하는 데 22.275초가 소요되었는데, plotShp( ) 함수에서는 불과 0.902초가 소요되었다. plot( ) 함수로 그린 것이 약 25배 더 걸린 셈이다. 게다가 시각화 결과도 큰 차이가 나지 않는다. 다만 작은 면적의 섬들은 출력을 하지 않았기 때문에 독도나 남해안의 작은 섬들은 출력되지 않았다.

연습문제 7.28

서울시의 동별 인구 분포도를 그려라. 참고로 서울시의 지역은 지역코드인 C행정구역별_읍면동 변수
의 값이 11로 시작한다.

다음 스크립트는 서울시의 동별 인구 분포도를 그리는데, 결과는 그림 7.34와
같다. level3.shp 중에서 서울에 해당하는 것만 추리면, 서울의 지도만 그려진
다. 다른 지역도 동일하게 작업하면 해당 지역의 지도만 출력할 수 있다.

```
> seoul_dbf <- level3_dbf[grep("^11", level3_dbf$code),]
> seoul_shape <- level3.shp[level3.shp$code %in% seoul_dbf$code,]
>
> nlevel <- 5
> col.level <- cut(seoul_dbf$총인구_명, pretty(seoul_dbf$총인구_명, n=nlevel),
                  dig.lab=6)
> legends <- levels(col.level)
> levels(col.level) <- heat.colors(length(legends))
>
> plot(seoul_shape, axes=FALSE, bty="n", col=as.character(col.level), lwd=0.5,
       border="#000055")
> title("동별 서울 인구분포도")
> legend("topleft", legends, fill=levels(col.level), cex=0.8, title="인구 (단위:명)")
> box( )
```

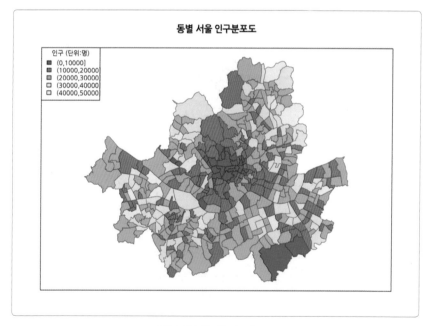

그림 7.34 동별 서울 인구 분포도

7.2.2.3 특정 지역 표시하기

출력된 지리정보 좌표 위의 특정 지역을 points( ) 함수 등을 이용하여 표시할 수
있다. 왜냐하면 지리 좌표계도 스케일이 다를 뿐 동일한 그래프 좌표이기 때문

이다. 그러므로 좌표인 (x, y)의 좌표 값만 구하면 어렵지 않게 표시할 수 있다.

연습문제 7.29

ggmap 패키지의 geocode( ) 함수는 지명이나 건물 등의 고유명사로 해당 위치의 좌표 정보를 조회할 수 있다. 우리나라 지도를 그리고 "설악산", "태백산", "지리산", "소백산", "한라산", "내장산", "북한산"을 표시하라.

몇 개의 대표적인 명산의 위도와 경도 좌표는 ggmap 패키지의 geocode( ) 함수로 쉽게 구할 수 있다. 그리고 이 위치에 points( ) 함수로 심볼을 표시하면, 그림 7.35처럼 국내의 대표적인 명산 위치를 지도 위에 표시할 수 있다. 그런데 이 geocode( ) 함수는 구글의 지도 서비스를 이용하기 때문에 좌표 정보는 WGS84 경위도 좌표계 정보다. 그러나 우리가 사용할 지도는 TM 중부좌표계를 따르기 때문에 rgdal 패키지의 spTransform( ) 함수로 좌표 변환을 수행해야 한다.

```
> library(ggmap)
> mountains <- c("설악산", "태백산", "지리산노고단", "소백산", "한라산", "내장산", "북한산")
> # 명산들의 위도와 경도의 조회
> xy <- geocode(mountains)
> mountains[3] <- "지리산"
> # WGS84 경위도 좌표계를 TM 중부좌표계로 변환
> xy.new <- spTransform(SpatialPoints(xy, proj4string=crsWGS84lonlat),
crsTMcenter)
> # 지도를 그리고 명산의 위치를 표시하기
> plotShp(level1.shp, bg="lightblue", col="cornsilk")
> points(xy.new, pch=17, col="blue", cex=1.5)
> text(x=xy.new@coords[, "lon"], y=xy.new@coords[, "lat"],
        col="red", labels=mountains, adj=0, pos=4, offset=0.5)
```

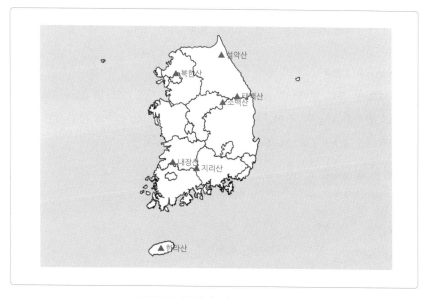

그림 7.35 한국의 대표적인 명산 출력하기

7.2.3 mapplots 패키지

mapplots 패키지는 지도 위에 파이 차트나 버블 차트와 같은 간단한 시각화 플롯을 표현할 때 사용한다. 이 패키지의 대표 함수로는 지리정보를 표현하기 위해 정확한 종횡비를 갖는 빈 맵을 만드는 basemap( ) 함수와 기존 플롯 좌표 위에 Shape 파일의 정보를 그리는 draw.shape( ) 함수가 있다. 또한 지도 위에 버블 차트를 그리는 draw.bubble( ) 함수와 파이 차트를 그리는 draw.pie( ) 함수도 유용하게 사용된다.

7.2.3.1 맵을 시각화하는 함수

basemap( ) 함수

빈 맵을 만들어 주는 basemap( ) 함수의 원형은 다음과 같다.

함수 원형 basemap( )

```
basemap(xlim, ylim, xlab = "Longitude", ylab = "Latitude", bg = "lightblue", ...)
```

xlim, ylim

지도의 x-축과 y-축 영역을 제한하는 범위를 지정하는 길이 2의 수치 벡터

xlab, ylab

x-축과 y-축의 라벨 이름을 지정한다. 기본 값은 각각 "Longitude"와 "Latitude"다.

bg

지도의 배경색을 지정한다. 기본 색상은 "lightblue"이다.

draw.shape( ) 함수

이미 그려진 플롯 위에 Shape 파일의 정보를 추가로 그리는 draw.shape( ) 함수의 원형은 다음과 같다. 여기서 다루는 것은 shapefiles 패키지의 read.shapefile( ) 함수로 만든 Shape 파일의 정보만 해당한다.

함수 원형 draw.shape( )

```
draw.shape(shape, type = "poly", col = 1, ...)
```

shape

read.shapefile( ) 함수로 만들어진 객체

type

플롯의 유형을 지정한다. "p"는 점, "l"이나 "lines"은 선이다. 기본 값은 "poly"로 다각형으로 지도를 그린다.

col

점, 선, 다각형의 색상을 지정한다. 기본 값은 1인데, 이 경우 검은색으로 설정된다.

7.2.3.2 맵에 플롯을 그리는 함수

플롯 위에 버블 차트를 그리는 draw.bubble( ) 함수와 파이 차트를 그리는 draw.pie( ) 함수는 맵이 아닌 일반 플롯 위에서도 시각화가 가능하다. 마치 저수준 그래픽 함수와 유사하다.

draw.bubble( ) 함수

함수 원형 draw.bubble( )

```
draw.bubble(x, y, z, maxradius = 1, ...)
```

x, y

버블의 위치를 지정하는 x-축과 y-축의 위치를 나타내는 수치 벡터

z

버블의 표면적에 대응하는 양의 수치 벡터

maxradius

y-스케일 단위에서 가장 큰 버블의 반경을 지정한다. 기본 값은 1이다.

> **주의: 유사한 기능의 함수**
>
> 유사한 기능을 구현한 서로 다른 함수들의 차이를 명확히 이해하지 않으면, 오류를 유발할 수 있으니 주의해야 한다.
>
> - Shape 파일을 읽어오지만 다른 기능의 함수임
>   - maptools 패키지의 readShapePoly( ) 함수
>   - shapefiles 패키지의 read.shapefile( ) 함수
>
> - DBF 파일을 읽어오지만 결과에 다소 차이가 있어 주의해야 함
>   - maptools 패키지의 read.dbf( ) 함수
>   - foreign 패키지의 read.dbf( ) 함수
>   - shapefiles 패키지의 read.dbf( ) 함수

- PROJ.4 투영 시스템 인터페이스 클래스로 동일한 기능을 수행함

  - rgdal 패키지의 CRS( ) 함수

  - sp 패키지의 CRS( ) 함수

이번에는 시도별 인구 센서스의 인구수를 지도 위에 버블 차트로 표현하자. draw.shape( ) 함수를 사용하려면, shapefiles 패키지의 read.shapefile( ) 함수로 Shape 파일의 정보를 가져와서 sido에 저장해야 한다. 이 객체는 리스트 객체로 앞서 불러온 level1.shp의 SpatialPolygonsDataFrame 클래스[20]와는 차이가 있음을 알 수 있다.

  xlim과 ylim은 지리 데이터의 경도와 위도에서 최소 값과 최대 값을 구한 것이고, Lon와 Lat는 16개 시도의 다각형 영역에 대한 경도와 위도에서의 평균 값을 구한 것이다. 이 평균 값의 위치에 버블을 그려 넣는다.

```
> library(shapefiles)
>
> sido <- read.shapefile("./datas/2010_1_0/temp")
> is(sido)
```

```
[1] "list"    "vector"
```

```
> is(level1.shp)
```

```
[1] "SpatialPolygonsDataFrame" "SpatialPolygons" "Spatial"
```

```
>
> xlim <- c(sido$shp$header$xmin, sido$shp$header$xmax)
> ylim <- c(sido$shp$header$ymin, sido$shp$header$ymax)
>
> Lon <- sapply(sido$shp$shp, function(x) mean(x$points$X))
> Lat <- sapply(sido$shp$shp, function(x) mean(x$points$Y))
```

버블 차트를 그릴 때는 draw.bubble( ) 함수를 사용하고, 범례를 그릴 때는 legend.bubble( ) 함수를 사용한다. 다음 예제의 결과는 그림 7.36과 같다.

```
> library(mapplots)
>
> basemap(xlim, ylim, xlab="", ylab="", main="전국 시도 인구현황 (단위:천명)",
          axes=F)
> draw.shape(sido, col="cornsilk")
> draw.bubble(Lon, Lat, level1_dbf$총인구_명, maxradius=50000, pch=21,
             bg='#00FF0070')
>
> legend.z <- round(max(level1_dbf$총인구_명)/1000,0)
> legend.bubble("topright", z=legend.z, maxradius=50000, inset=0.02,
               bg="lightblue", txt.cex=0.8, pch=21, pt.bg="#00FF0050")
```

---

20 지리정보(spatial)를 구성하는 다각형(polygons)이 데이터 프레임(Data Frame) 구조로 저장되는 클래스

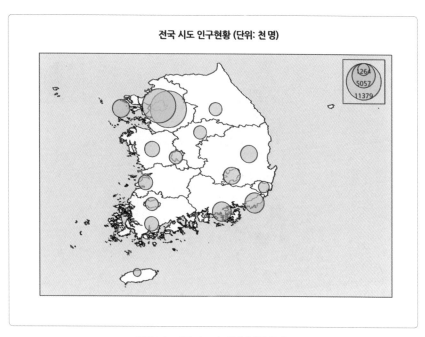

그림 7.36 전국 시도 인구현황 (버블 차트) 1

연습문제 7.30

SpatialPolygonsDataFrame 클래스인 level1.shp로 지도를 그리고, 그 위에 인구현황에 대한 버블 차트를 그려라.

지리 데이터의 경도와 위도에서 최소 값, 최대 값과 16개 시도의 다각형 영역에 대한 경도와 위도에서의 중심 위치를 구하는 방법의 차이가 있을 뿐 결과는 그림 7.37처럼 비슷하게 그려진다.

```
> xlim <- level1.shp@bbox[1, ]
> ylim <- level1.shp@bbox[2, ]
>
> Lon <- sapply(level1.shp@polygons, function(x) x@labpt)[1, ]
> Lat <- sapply(level1.shp@polygons, function(x) x@labpt)[2, ]
>
> plot(level1.shp, bg="lightblue", col="cornsilk")
> draw.bubble(Lon, Lat, level1_dbf$총인구_명, maxradius=50000, pch=21,
             bg='#00FF0070')
>
> legend.z <- round(max(level1_dbf$총인구_명)/1000,0)
> legend.bubble("topright", z=legend.z, maxradius=50000, inset=0.02,
               bg="lightblue", txt.cex=0.8, pch=21, pt.bg="#00FF0050")
```

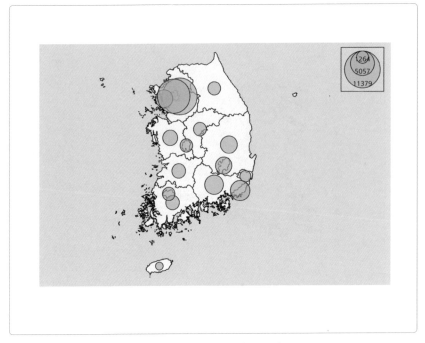

그림 7.37 전국 시도 인구현황(버블 차트) 2

draw.pie( ) 함수

지도 위에 파이 차트를 그리는 draw.pie( ) 함수의 원형은 다음과 같다.

함수 원형 draw.pie( )

```
draw.pie(x, y, z, radius, scale = T, labels = NA, silent = TRUE, ...)
```

x, y

파이 차트의 위치를 지정하는 x-축과 y-축의 위치를 나타내는 수치 벡터

z

x와 y의 위치 값과 파이 차트로 그리려는 범주 안에서의 레벨에 대응하는 칼럼을 갖는 행렬. make.xyz( ) 함수로 z 값을 쉽게 생성할 수 있다.

maxradius

y-스케일 단위에서 가장 큰 파이의 반경을 지정한다. 기본 값은 1이며, 단일 값이나 x 인수와 동일한 개수의 벡터를 지정할 수도 있다.

scale

논리값을 인수 값으로 사용한다. TRUE면 각각의 파이 면적이 자동으로 z 값의 합계로 스케일되어 계산된다.

labels

각 파이 조각의 레이블. 기본 값은 NA로 legend.pie( ) 함수에 의해서 가장 최적화된 위치에 배치된다.

silent

함수 수행 후 진행되는 메시지가 콘솔에 표시되는 것을 설정하는 논리 값이다. 기본 값은 FALSE인데, TRUE면 진행 메시지가 콘솔에 출력된다.

연습문제 7.31

지도 위에 전국 시도 주거현황을 단독주택, 아파트, 연립주택, 다세대주택 레벨에 대한 파이 차트로 표현하라.

전국 시도 주거현황에 대한 파이 차트는 다음 스크립트처럼 draw.pie( ) 함수와 legend.bubble( ) 함수를 이용하여 그릴 수 있으며, 결과는 그림 7.38과 같다.

```
> library(reshape2)
>
> household <- cbind(Lon, Lat,
                     level1_dbf[, c("code", "단독주택_호", "아파트_호", "연립주택_호",
                        "다세대주택_호")])
> names(household) <- do.call("c", sapply(names(household), strsplit,
                        split="_호"))
> household <- melt(household, id=c("Lon", "Lat", "code"), na.rm=TRUE)
>
> xyz <- make.xyz(household$Lon, household$Lat, household$value,
                  household$variable)
> cols <- rainbow(4, alpha=0.8)
>
> basemap(xlim, ylim, xlab="", ylab="", main="전국 시도 주거현황 (단위:가구)",
          axes=F)
> draw.shape(sido, col="cornsilk")
> draw.pie(xyz$x, xyz$y, xyz$z, radius=30000, col=cols)
>
> labs <- c("단독주택", "아파트", "연립주택", "다세대주택")
> legend.pie(550000, 100000, labels=labs, radius=30000, bty="n", col=cols,
            cex=0.8, label.dist=1.3)
> legend.z <- round(max(rowSums(xyz$z, na.rm=TRUE))/10^3, 0)
> legend.bubble(550000, 200000, z=legend.z, round=1, maxradius=30000,
                bty="n", txt.cex=0.6)
> text(550000, 250000, "가구 수(천 가구)", cex=0.8)
```

전국 시도 주거현황 시각화 결과를 보면 서울특별시 및 주요 광역시에는 아파트의 비중이 높고, 일반 행정도는 단독주택의 비중이 높음을 알 수 있다.

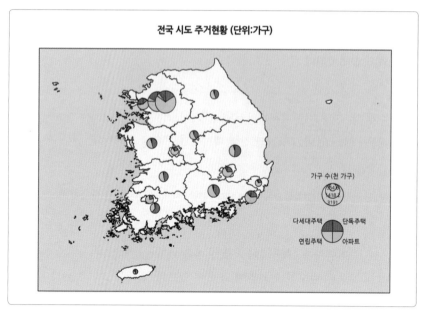

그림 7.38 전국 시도 주거현황 (파이 차트)

7.2.4 ggmap 패키지

ggmap 패키지는 ggplot2 패키지를 확장하여 지도를 그리는 패키지다. 이 패키지는 구글 맵(Google Maps)과 오픈스트리트 맵(OpenStreetMap) 등을 이용하여 공간 데이터를 시각화한다.

7.2.4.1 get_map( ) 함수

ggmap 패키지로 지도를 공간 데이터로 시각화하기 위해서는 먼저 인터넷을 이용해서 지도를 가져와야 한다. 지도를 가져오는 함수는 get_map( ) 함수로 RgoogleMaps 패키지의 GetMap( ) 함수와 같은 기능을 한다. get_map( ) 함수는 지도를 얻기 위해서 구글 맵, 오픈스트리트 맵, 혹은 스태이맨 맵(Stamen Maps) 서버에 지역과 줌(zoom) 값으로 질의하고 그 결과를 가져오는 역할을 한다.

get_map( ) 함수는 구글 맵[21]에 질의하는 get_googlemap( ) 함수, 오픈스트리트 맵[22]에 질의하는 get_openstreetmap( ) 함수, 스태이맨 맵[23]에 질의하는 get_stamenmap( ) 함수, 그리고 클라우드매이드 맵(CloudMade Maps)[24]에 질의하는 get_cloudmademap( ) 함수를 감싸서 만들어졌다. 그러므로 개별 함수를 사

---

21 https://developers.google.com/maps/documentation/staticmaps

22 http://www.openstreetmap.org

23 http://maps.stamen.com/#watercolor

24 http://cloudmade.com/user/show

용하는 것보다 get_map( ) 함수를 사용하는 것이 편리하다.

유럽이나 북미 등 외국 지도 서비스는 그 품질이 훌륭하지만 국내의 지도 서비스는 매우 취약하다. 어쨌든 필자가 느끼기에는 구글 맵이 그나마 가장 좋은 편이고, 오픈스트리트 맵과 스태이맨 맵은 그럭저럭 쓸만한 품질을 제공한다. 국내의 지도 서비스가 상대적으로 취약한 이유는 아마 남북 분단의 특수한 환경으로 인해 지도 정보의 다양성과 정확성에 제약을 두기 때문인 듯하다. 국내 구글 맵 서비스는 국내 회사의 지도를 OEM하는데, 줌 확대 기능이 외국과 차이가 나는 등 API 스펙에 정해진 내용을 만족하지 못하는 수준이다. 그러므로 간단한 연구용이나 재미삼아 그려보는 정도로 활용하기 바란다. 참고로 클라우드메이드 맵을 사용하기 위해서는 오픈 API 키를 생성해야 하기 때문에 더욱 번거로우므로 필자는 구글 맵의 사용을 권장한다.

get_map( ) 함수는 위도와 경도의 픽셀을 채우는 정보를 데이터 프레임 형태로 갖는 ggmap이라는 래스터 오브젝트(raster object)를 반환한다. 즉, 이 함수는 지도 데이터를 가져오는데, 함수의 원형과 핵심 인수들의 사용법은 다음과 같다.

함수 원형 get_map( )

```
get_map(location = c(lon = -95.3632715, lat = 29.7632836),
    zoom = "auto", scale = "auto",
    maptype = c("terrain", "satellite", "roadmap", "hybrid", "toner",
                "watercolor"),
    messaging = FALSE, urlonly = FALSE,
    filename = "ggmapTemp", crop = TRUE,
    color = c("color", "bw"),
    source = c("google", "osm", "stamen", "cloudmade"),
    api_key)
```

location

지도의 위치(location)를 나타낼 때 다음과 같은 세 가지 방법(location_type)을 사용할 수 있다.

· address: 위치를 나타내는 문자열. 'seoul', '서울', 'houston', '휴스턴', 'hallasan', '한라산', 'Tour Eiffel', '에펠탑' 등 도시 이름, 산 이름, 건물 이름을 지정할 수 있으며, 영문명과 한글명 모두 지원된다. 해당 주소가 지도의 중심으로 설정된다.
· lonlat: 중심 위치를 나타내는 경도, 위도의 길이 2인 벡터로 c(lon=-95.3632715, lat=29.7632836)와 같이 지정한다. 해당 위치가 지도의 중심으로 설정된다.
· bbox: 지도 영역의 네 변의 위치를 나타내는 왼쪽, 아래, 오른쪽, 위의 길이 4인 벡터를 지정한다. 각각 경도, 위도, 경도, 위도의 좌표로 표현된다.

기본 값은 중심 위치를 나타내는 경도, 위도의 쌍으로 c(lon=-95.3632715,

lat=29.7632836)가 정의되어 있는데 미국 텍사스 주의 휴스턴(Houston)을 나타 낸다.

zoom

지도의 줌 확대를 지정한다. 정수 값을 사용하며 3(대륙을 구분할 정도의 줌인) 부터 21(건물을 구분할 정도의 줌인)까지의 정수를 사용한다. 기본 값은 도시를 구분할 정보의 줌 확대인 10이다. 오픈스트리트 맵은 줌 확대가 18로 제한되고 스태이맨 맵의 한계는 maptype에 따라 달라진다.

'auto'는 정해진 박스 사양의 경계를 적당하게 표현하기 위해서 줌 확대를 결 정하는 센터, 줌 사양으로 10이 기본값으로 설정된다. 전 세계의 지도는 현재 지 원되지 않는다.

size

구글 맵과 오픈스트리트 맵에서 세로×가로로 구성되는 직사각형 차원의 픽셀 을 설정한다. 최대 값은 c(640, 640)인데, 이는 기본 값으로 설정된다.

scale

구글 맵과 오픈스트리트 맵의 scale 인수다. 지도의 가능한 픽셀수를 정의하기 위한 곱셈의 젯수로 size 인수에 scale 값을 곱해서 픽셀수를 정의한다. 예를 들 면 size 인수가 c(640, 640)이고, scale이 2라면 1280×1280픽셀에 해당하는 지 도를 얻는다. 인수로 사용이 가능한 값은 1, 2, 4이다. 기본 값은 2이며, 4는 구글 의 상용 서비스인 비즈니스 사용자용으로 예약되어 있다.

maptype

지도의 유형을 지정한다. "terrain", "satellite", "roadmap", "hybrid", "toner", "watercolor" 중에 하나를 선택할 수 있다. 구글 맵은 "terrain", "satellite", "roadmap", "hybrid"를 사용할 수 있고, 스태이맨 맵은 "terrain", "toner", "watercolor"를 사용할 수 있다.

"terrain"은 지형과 초목을 표시하는 실제 입체 지도 이미지, "satellite"는 위성 이미지, "roadmap"은 로드 맵, "hybrid"는 위성 이미지와 로드맵 이미지의 하이 브리드를 지정하여 위성 이미지 위에 주요 도로 및 장소 이름의 투명한 레이어 를 표현한다. "toner"는 대비(contrast)가 높은 흑백 지도, "watercolor"는 수채화 처럼 손으로 그린 것을 연상시키는 지도를 표현한다.

filename

지도가 다운로드될 파일의 이름을 지정한다. 기본 값은 "ggmapTemp"이다.

source

지도를 가져올 소스를 지정한다. "google"(구글 맵), "osm"(오픈스트리트 맵), "stamen"(스테이맨 맵), "cloudmade"(클라우드메이드 맵) 중에 하나를 선택할 수 있다.

> **주의: 구글 맵에서의 bbox**
>
> source 지도가 '구글 맵'이고 location 타입이 bbox일 경우에는 bbox 값을 lonlat 값으로 근사 (approximate) 변환한 후 이 값을 이용하여 지도를 가져온다. 그런데 이 변환에 오차가 발생하여 원하는 지도를 못 가져올 수 있다. 그러므로 가급적 구글 맵을 사용할 경우에는 location 타입에 bbox를 사용하지 않는 것이 좋다.

7.2.4.2 ggmap( ) 함수

ggmap( ) 함수는 get_map( ) 함수에 의해 생성 래스터 오브젝트(지도)를 시각화한다. 즉, get_map( ) 함수로 가져온 지도 데이터를 시각화하는 것이다. 함수의 원형과 핵심 인수들의 사용법은 다음과 같다.

함수 원형 ggmap( )

```
ggmap(ggmap, extent = "panel", base_layer,
    maprange = FALSE, legend = "right", padding = 0.02,
    darken = c(0, "black"), ...)
```

ggmap

get_map( ) 함수로 생성한 ggmap 클래스[25] 객체

extent

지도가 얼마나 영역을 차지하는지 지정한다. "normal", "panel", "device"를 사용할 수 있다. "normal"은 일반적인 ggplot의 시각화처럼 회색의 패널의 테두리가 표현되고, 그 테두리 안에 지도를 그린다. "panel"은 패널의 테두리가 없이 모든 패널 영역에 지도가 그려진다. 기본 값은 "device"로 그래픽 디바이스 화면 전체를 채운다.

maprange

일반적으로 지리정보 그래프는 지도 위의 특정 영역에 점이나 선, 면 등으로 정보를 표현한다. 그런데 표현할 정보의 위치가 get_map( ) 함수로 가져온 ggmap

---

25 ggmap 클래스는 지도(maps) 정보를 담고 있는 ggplot2 패키지의 ggplot 객체다. 지도 정보는 R의 행렬(matrix) 구조와 유사하게 표현하며, 각각의 행과 열이 교차하는 위치의 원소는 지도 이미지에서의 해당 픽셀의 색상을 의미한다. 색상을 표현하는 방법은 "#RRGGBB" 포맷으로 표현하고 기본 값으로 생성된 ggmap 객체는 행의 크기와 열의 크기가 1280인 행렬 구조를 갖는다. 즉, 1280×1280 픽셀의 래스터(raster) 이미지 정보이다.

이라는 래스터 오브젝트의 범위를 벗어난다고 가정하자. 그럼 두 가지 방법을 생각해볼 수 있는데, 첫 번째는 지도의 범위를 벗어난 영역의 정보 표현을 생략하는 것이다. 그리고 두 번째는 가져온 지도의 범위를 벗어난 곳의 위치를 유추할 수 있으므로 시각화의 범위를 확장하여 해당 위치에도 정보를 표현하는 것이다. maprange 인수는 기본 값이 FALSE인데, 두 번째 방법으로 정보를 표현한다. 그러므로 만약 범위를 벗어난 위치의 정보를 표현하지 않으려면, TRUE로 지정하면 된다. 단, extent 인수 값이 "normal"일 경우에만 적용된다.

legend

범례를 표시할 위치를 지정하는 인수로 extent 인수 값이 "device"일 경우에만 유효하다. 만약 extent 인수 값이 "device"가 아닐 경우에는 기본 값인 "right"가 적용되어 지도의 오른쪽에 범례가 그려진다. 범례는 ggmap( ) 함수가 만드는 것이 아니라 geom_point( ) 함수 등을 이용해서 지도 위에 점과 같은 정보를 표현할 때 생성되는 범례를 의미하며, legend 인수는 이들의 위치를 미리 지정하는 것이다. 인수 값에 따른 범례의 위치는 다음과 같다.

- "left": 지도 바깥 여백의 왼쪽
- "right": 지도 바깥 여백의 오른쪽. 기본 값
- "top": 지도 바깥 여백의 위쪽
- "bottom": 지도 바깥 여백의 아래쪽
- "topleft": 지도의 왼쪽 상단
- "topright": 지도의 오른쪽 상단
- "bottomleft": 지도의 왼쪽 하단
- "bottomright : 지도의 오른쪽 하단
- "none": 지도 바깥 여백의 오른쪽

7.2.4.3 qmap( ) 함수

지도 정보를 가져오는 get_map( ) 함수와 지도 정보를 시각화하는 ggmap( ) 함수를 감싸서 간단하게 만들어 놓은 qmap( ) 함수가 있다. 이 함수를 사용하면, 간단하게 지도를 그릴 수 있다. 두 함수에서 제공하는 인수도 지원하므로 다양한 인수를 사용해서 세밀한 작업을 수행할 수도 있다.

함수 원형 qmap( )

```
qmap(location = "houston", ...)
```

location

get_map( ) 함수에서 사용하는 location 인수와 동일하며 기본 값은 "houston"이다.

연습문제 7.32

구글 맵 지도를 가져와서 여러분이 살고 있는 곳의 위치를 마커로 표현하라.

필자의 자택은 서울시 노원구에 소재하며, 그 위치는 위도와 경도 기준으로 대략 동경 127.064471, 북위 37.666028에 해당한다. 구글 맵 지도를 가져와서 마커로 그 위치를 표현하는 다음의 예제는 그림 7.39를 그려 준다. 마커 위치 가까이에 외곽순환도로가 있음을 알 수 있다.

```
> library(ggmap)
> # 필자의 집 위도와 경도
> longitude <- 127.064471
> latitude <- 37.666028
> # 구글 맵에서 해당 위치의 맵 정보 가져오기
> map <- get_googlemap("서울", zoom = 11, maptype = "roadmap",
                       markers = data.frame(longitude, latitude))
> # 맵 그리기
> ggmap(map)
```

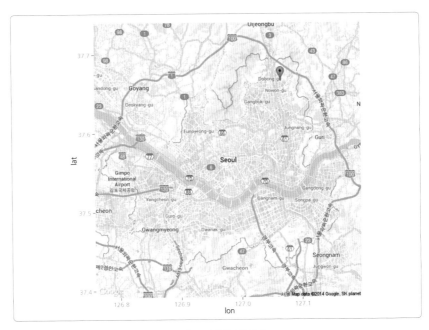

그림 7.39 필자의 집 위치

그림 7.39를 그리기 위해서 get_googlemap( ) 함수로 서울 중심의 11배 줌 지도를 얻어왔다. 가져온 지도의 유형은 'roadmap'으로 도로 정보가 표현된 지도다. 그리고 이때 markers 인수에 필자의 자택 위치를 지정하여 마커가 표현된 지도가 그려지는 것이다. 마지막으로 ggmap( ) 함수로 가져온 지도를 시각화하였다. 여기서 기억할 것은 가져온 지도 위에 마커를 표현한 것이 아니라 get_googlemap( ) 함수를 통해서 마커가 표현된 지도 정보를 가져온다는 것이다.

하단에 드롭박스(Dropbox) 서비스로 공유해 놓은 샘플 데이터는 서울시 오픈 API 서비스 중 하나인 '교통 돌발상황 조회'[26] 서비스 데이터의 일부다. 샘플 데이터는 https://dl.dropboxusercontent.com/u/46305178/datas/traffic.csv라는 링크로 공유되어 있는데, 이 데이터에서 돌발상황의 위치를 지도 위에 시각화하기 위해서 다음과 같은 데이터 전처리를 수행한다.

먼저 read.csv() 함수로 드롭박스의 공개 데이터를 다운로드하여 traffic이라는 데이터 프레임을 생성한다. 이 방법은 예제처럼 Mac OS X 환경과 MS-Windows 환경에서의 사용 방법이 다르므로 주의해야 한다. 그리고 데이터에 돌발상황의 시작점인 경도와 위도 변수인 start.pos.x와 start.pos.y 값이 0인 것이 존재하여 이를 제거한다. 그런데 이 데이터가 서울시의 교통정보를 담고 있다고 하나 돌발상황 위치가 서울시가 아닌 경기도 지역도 일부 포함되어 있다. 심지어는 강원도, 충청도, 경상도의 지역도 존재한다. 그러므로 traffic 데이터 프레임을 사용할 때 이를 항상 유념해야 한다.

```
> # 1. 데이터 다운로드 및 R로 읽어 오기
> url <- "https://dl.dropboxusercontent.com/u/46305178/datas/traffic.csv"
> if (.Platform$OS.type == "unix") {
    traffic <- read.csv(url, row.names=NULL)
} else if (.Platform$OS.type == "windows") {
    Sys.setlocale(category = "LC_ALL", locale = "C")
    traffic <- read.csv(url, row.names = NULL, encoding  = "UTF-8")
    Sys.setlocale(category = "LC_ALL", locale = "Korean")
}
```

```
Downloading data from: https://dl.dropboxusercontent.com/s/wsjmfxx1cex5mbv/traffic.csv
SHA-1 hash of the downloaded data file is:
58085057a9ebb79c3107200b401d9199c99ee0d4
```

```
>
> # 2. 돌발상황 시작점 경도/위도 데이터의 범위 살펴보기
> range(traffic$start.pos.x)
```

```
[1]   0.0000 129.1827
```

```
> range(traffic$start.pos.y)
```

```
[1]   0.00000 37.69728
```

```
>
> # 3. 경도/위도 데이터가 0인 데이터 필터링하기
> traffic <- traffic[!traffic$start.pos.x==0, ]
> traffic <- traffic[!traffic$start.pos.y==0, ]
```

연습문제 7.33

서울시 교통 돌발상황 조회 샘플 데이터인 traffic의 돌발상황 시작점들을 지도 위에 출력하라. 단,

---

26 필자가 본 페이지의 예제를 만들 때에는 해당 서비스가 정상적으로 제공되었으나, 최근에는 서비스가 정상적으로 제공되지 않는 것 같다. 그러므로 제공하는 데이터만 사용하기 바란다.

qmap( ) 함수를 이용하여 주소(address)로 지도를 가져오고 geom_point( ) 함수로 점을 그리되 점의 크기는 5로 지정하고, 정보 유형명을 나타내는 info.tit 변수별로 점의 색상을 구분하라. 또한 점이 중복되는 것을 감안하여 알파 채널을 0.7로 설정하라.

```
> theme_set(theme_classic(base_family = "나눔고딕"))
>
> map <- qmap(location = "서울", zoom = 11, maptype = "roadmap", legend = "topleft")
> p <- map + geom_point(aes(x = start.pos.x, y = start.pos.y, colour = info.tit),
        size = 5, alpha = 0.7, data = traffic)
> p + ggtitle("서울시 돌발상황 위치")
```

그림 7.40 서울시 돌발상황 위치

그림 7.40을 보면 좌측 상단에 info.tit 변수의 범례가 한글로 출력된 것을 볼 수 있다. 만약 ggmap 패키지로 지도를 그릴 때 범례나 제목에 한글이 포함되어 있다면, 테마의 base_family에 한글 폰트를 지정해야 한다. 이 예제에서는 theme_classic 테마에 한글 폰트를 "나눔고딕"으로 지정하였다. 한글 폰트는 사용자의 작업 환경에 설치되어 있는 한글 폰트를 지정해야 하며, 한 번만 수행하면 이후에 그려지는 모든 지도에 적용된다.

지도를 벗어난 위치의 돌발상황 시작점들은 표현되지 않았다. 그 이유는 qmap( ) 함수의 extent 인수 기본 값이 "device"이기 때문이다. 만약 이 인수 값이 "normal"이고 maprange 인수 값을 FALSE로 지정하면, 지도를 벗어난 위치의 돌발상황 시작점들도 표현될 것이다.

연습문제 7.34

서울시 교통 돌발상황 조회 샘플 데이터인 traffic의 돌발상황 시작점들을 지도 위에 출력하라. 단, 발생
빈도에 비례하는 버블 차트로 표현하는데, 발생건수는 최대 발생건수의 위치를 기준으로 표준화하라.

빈도를 구하기 위해서 데이터를 키에 의해 집계하는 aggregate( ) 함수로 키에
해당하는 경도, 위도, 정보 유형인 start.pos.x, start.pos.y, info.tit별로 lengh(
) 함수를 적용해서 건수를 구한 후 표준화하여 agg 데이터 프레임의 z에 할당을
하였다. 그리고 scale_size( ) 함수로 지도 위에 적당한 크기로 출력되도록 버블
의 크기를 조정한다. 결과는 그림 7.41과 같다.

```
> agg <- aggregate(list(z=traffic$rpt.id),
                   list(x=traffic$start.pos.x, y=traffic$start.pos.y,
                        class=traffic$info.tit), length)
> maxz <- max(agg$z, na.rm = T)
> agg$z <- sqrt(agg$z)/sqrt(maxz)
>
> map <- qmap(location='서울', zoom=11, maptype="roadmap")
> p <- map + geom_point(aes(x=x, y=y, size=z, bg=class),
      alpha=0.6, pch=21, data=agg) + scale_size(range=c(0, 20))
> p + ggtitle("서울시 돌발상황 위치별 버블 차트")
```

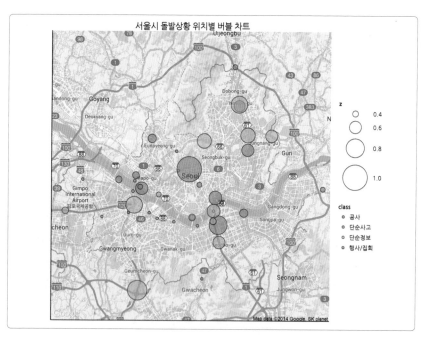

그림 7.41 서울시 돌발상황 위치별 버블 차트

연습문제 7.35

서울시 교통 돌발상황 조회 샘플 데이터인 traffic의 돌발상황 시작점들을 지도 위에 출력하라. 단,
get_map( ) 함수를 이용하여 중심 위치를 나타내는 경도, 위도로 위성사진 지도를 가져오고 시작점

들은 stat_bin2d( ) 함수를 사용하여 사각형 영역으로 표현하라. 이때 bins 값은 30으로 지정하고 알파 채널을 0.7로 설정하라.

먼저 서울의 중심 위치를 구하기 위해 geocode( ) 함수를 호출하여 서울의 경도, 위도를 조회했다. 결과를 보면 경도가 126.978이고, 위도가 37.56654인 데이터 프레임이다. 이는 as.numeric( ) 함수를 이용하여 벡터로 변환되었다.

```
> loc <- geocode("서울")
> loc
```

```
      lon      lat
1 126.978 37.56654
```

```
> is(loc)
```

```
[1] "data.frame" "list"        "oldClass"    "vector"
```

```
> loc <- as.numeric(loc)
```

get_map( ) 함수와 경도, 위도 벡터인 loc로 지도를 가져온 후 ggmap( ) 함수와 stat_bin2d( )로 그린 서울시 돌발상황 분포는 그림 7.42와 같다.

```
> map <- get_map(loc, zoom=11, maptype="satellite")
> p <- ggmap(map, extent="device", legend="topleft") +
        stat_bin2d(aes(x=start.pos.x, y=start.pos.y, colour=info.tit, fill=info.tit),
                   bins=30, alpha=1/2, data=traffic)
> p + ggtitle("서울시 돌발상황 분포")
```

그림 7.42 서울시 돌발상황 분포

그림 7.42를 보면 행사/집회로 인한 돌발상황이 강북의 중심가에서 발생함을 알수 있다. 위성사진의 해상도가 낮아서 그 위치 파악이 다소 어려우나 줌 값을 키워서 위성사진을 확대해보면, 광화문과 시청 근처로 쉽게 파악된다.

연습문제 7.36

서울시 교통 돌발상황 조회 샘플 데이터인 traffic의 돌발상황 시작점들의 분포를 등고선으로 지도 위에 출력하라. 단, 입체 지도로 표현하고, 시작점들은 stat_density2d( ) 함수를 사용하여 등고선을 표현하라. 이때 bins 값은 4로 지정하고, 알파 채널을 0.45로 설정하라.

```
> map <- qmap(location='서울', zoom=11, maptype="terrain", legend="topleft")
> p <- map + stat_density2d(aes(x=start.pos.x, y=start.pos.y, fill=..level..),
        alpha=0.45, size=2, bins=4, data=traffic, geom="polygon")
> p + ggtitle("서울시 돌발상황 분포 - 레벨 플롯")
```

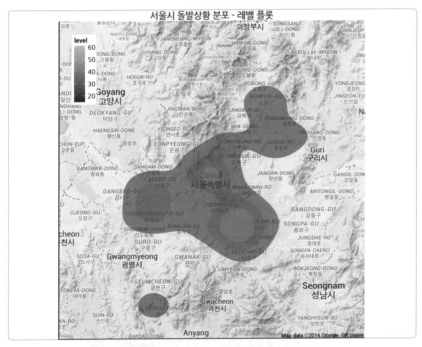

그림 7.43 서울시 돌발상황 분포(레벨 플롯)

그림 7.43을 보면 등고선의 색상을 통해서 돌발상황은 강남구, 강북의 도심지및 목동 근처에 빈번하게 일어난다는 것을 알 수 있다.

연습문제 7.37

서울시 교통 돌발상황 조회 샘플 데이터인 traffic의 돌발상황 시작점들을 지도 위에 벌집 플롯[27] (HexBin, Hexagonal Binning)으로 출력하라. 단, geom_hex( ) 함수와 scale_fill_gradientn( ) 함수를 이용하고, 그라디언트 색상은 terrain.colors( ) 함수를 이용하라.

ggplot2 패키지의 geom_hex( ) 함수는 연속 구간의 값을 육각형으로 비닝 (binning)하는 함수다. 예제에서는 비닝 시에 파라미터로 bins를 이용하였는데, binwidth 인수를 사용해도 무방하다. 결과는 그림 7.44와 같다.

```
> map <- qmap(location='서울', zoom=11, maptype="roadmap", legend = "topleft")
> p <- map + coord_cartesian() + geom_hex(aes(x=start.pos.x, y=start.pos.y),
       bins=12, alpha=0.6, color="white", data=traffic)
> p <- p + scale_fill_gradientn(colours = terrain.colors(15))
> p + ggtitle("서울시 돌발상황 위치별 HexBin 플롯")
```

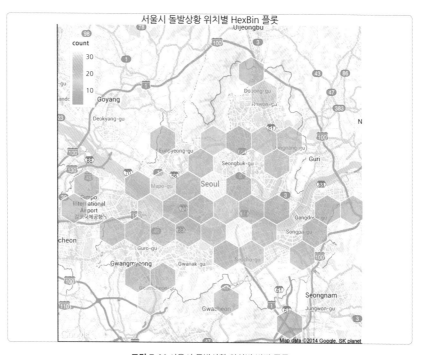

그림 7.44 서울시 돌발상황 위치별 벌집 플롯

---

27   HexBin 플롯에 대한 마땅한 번역이 없지만, 그 모양이 벌집과 유사하고 벌집 플롯이 HexBin 보다 이해도가 높아서 이 책에서는 hexagonal binning plots을 벌집 플롯으로 부른다.

7.3 텍스트정보 그래프

페이스북(facebook)이나 트위터(twitter), 카카오톡과 같은 SNS(Social Network Service)에서의 단문(短文)이나 논문의 초록(Abstract), 설문조사에서의 주관식 항목 등의 텍스트 데이터에서 유의미한 정보를 추출하려는 노력으로의 텍스트 마이닝은 상당히 전문적인 도구와 기술을 요구하며 여러분이 생각한 만큼 간단 치 않다. 이 절에서는 아주 지극히 간단한 텍스트 데이터를 시각화하는 방법을 제시하고자 한다. 심도 있게 다루지 않으므로 중요도가 낮고 간단한 연구에만 사용할 것을 제안한다.

7.3.1 트위터 검색하기

2015년 4월 이 책을 막 출간하던 당시에는 R에서 트위터의 트윗을 검색하는 twitteR 패키지의 버전이 1.1.7이었다. 그런데 1.1.8(2016년 7월 23일 기준 1.1.9) 이후 버전의 사용자 인증 기능이 변경되었기에 2쇄가 인쇄되는 시점에 1.1.9 버전 기준으로 수정하였음을 밝혀둔다. 단, 버전업으로 인해서 작업 과정 이 제법 많이 변경되었지만 그 차이점에 대한 비교는 다루지 않겠다.

　트위터의 오픈 API를 이용하여 특정 주제어가 들어 있는 트윗을 검색하는 환 경을 만들자. R에서 트위터의 오픈 API를 사용하기 위해서는 다음 과정을 수행 해야 한다.

1. 트위터 가입하기
2. Application 생성하기
3. Access Token 생성하기
4. twitteR 패키지 설치하기
5. twitteR 패키지로 인증 후 데이터 검색하기

7.3.1.1 트위터 가입과 Application 및 Access Token 생성하기

https://twitter.com/에서 '트위터 가입하기'를 수행한다. 이미 계정이 있다면 로그인을 수행한다. 그리고 그림 7.45와 같은 https://apps.twitter.com/ 사 이트에서 'Create New App' 버튼을 눌러 신규 Application을 만든다. 이미 Application이 있는 사용자는 기존 Application을 사용해도 된다.

　Application 생성 화면에서는 그림 7.46처럼 Name, Description, Website의 값을 채워 넣어야 한다. 필자는 'Scrap Twitt', 'Scraping twitter with R'을 기입하 였는데 독자들도 각자 원하는 내용을 입력하면 된다. 마지막의 'Your Web site URL'은 독자의 웹사이트 주소를 입력하라는 의미를 표현한 것이다. 웹사이트 주

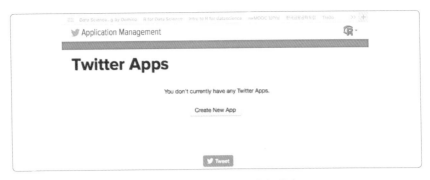

그림 7.45 apps.twitter.com 사이트 화면

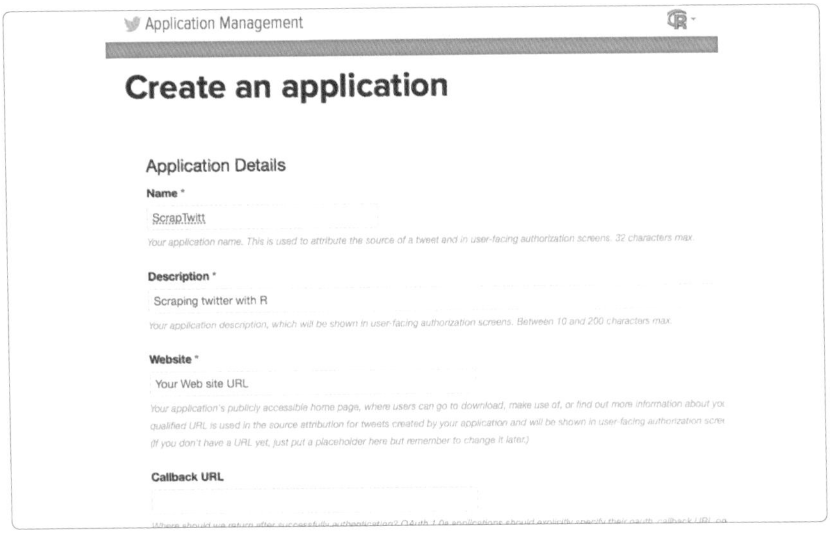

그림 7.46 Application 생성 화면

소에는 독자들의 블로그나 카페 주소 등을 입력하면 된다. 필수 기입 사항을 입력한 후 하단의 동의 여부를 체크한 후 'Create your Twitter application' 버튼을 눌러 Application을 생성한다. 이때, 트위터 프로필에 휴대전화를 추가하지 않았다면 Application이 생성되지 않는다. 이 경우에는 https://twitter.com/ 사이트로 돌아가 '프로필 및 설정' 〉 '설정' 〉 '모바일' 메뉴에서 휴대전화 번호를 추가한 후 수행해야 한다.

Application이 정상적으로 생성되면 그림 7.47과 같은 화면을 만나게 된다. 필자가 기입한 대로 Application 이름이 'Scrap Twitt'로 설정되었다. 이제 Application을 만들었으니 'Keys and Access Tokens' 탭을 눌러 Access Token을 만들 차례다.

'Keys and Access Tokens' 탭 화면은 그림 7.48과 같다. 이 화면에서 'Consumer Key(API Key)'와 'Consumer Secret(API Secret)' 정보는 트윗을 검색할 때 사용

— R

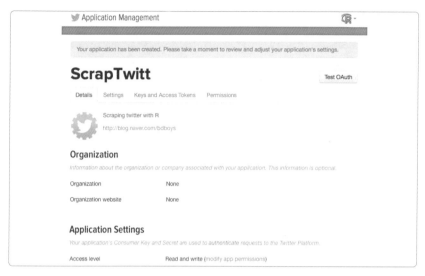

그림 7.47 Application 화면

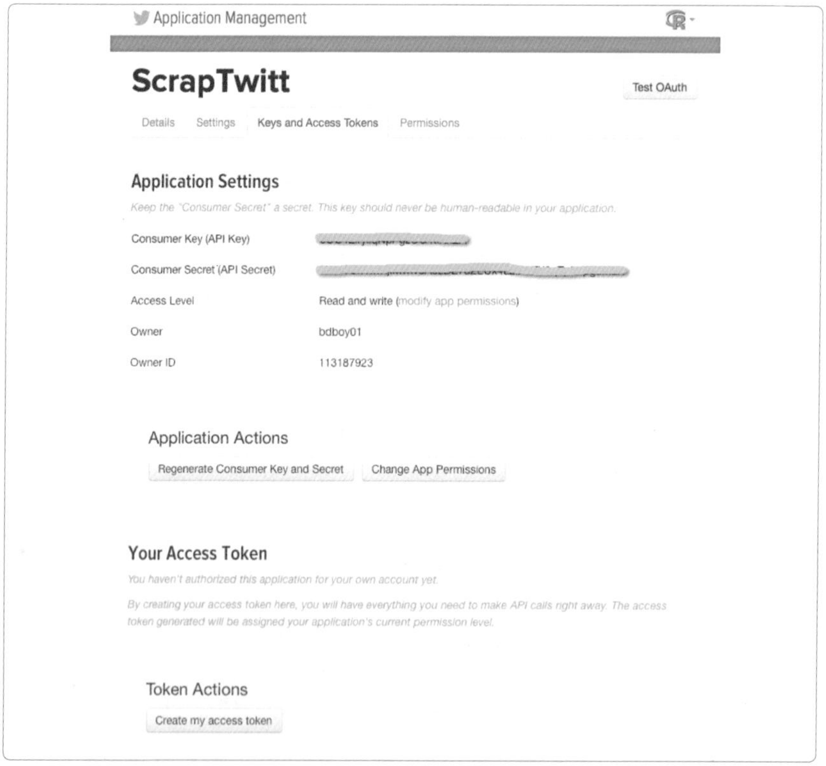

그림 7.48 Keys and Access Tokens 화면

하므로 메모해 놓자. 필자는 그림 7.48에서 이 정보를 이미지로 마스킹처리했다. 공유되어서는 안 될 정보이기 때문이다. 그러므로 독자들도 가급적 비밀번

호처럼 소중히 다루기 바란다.

이 화면의 하단에는 Access Token 정보 영역이 있는데 아직은 Access Token 정보가 없기 때문에 'Create my access token' 버튼을 눌러 Access Token을 생성한다.

그림 7.49는 Access Token과 Access Token Secret이 생성된 화면이다. 필자는 역시 이 정보도 마스킹처리했다. 그러므로 이 정보 역시 소중히 다루어야 한다. 이제 비로소 R에서 트윗을 검색하기 위한 네 가지의 정보를 모두 얻었다.

그림 7.49 Access Token이 생성된 화면

7.3.1.2 트위터 접근 권한 획득하기

twitteR 패키지를 설치한 후 로드한다. consumerKey와 consumerSecret은 Application의 Keys and Access Tokens 화면에서 적어 놓았던 Consumer Key와 Consumer Secret을 입력한다. accessToken과 accessSecret에는 Access Token과 Access Token Secret을 입력한다. 중요한 것은 개인에게만 부여된 정보이므로 타인에게 절대로 오픈해서는 안 된다. 그래서 필자는 이 부분을 'x' 문자를 이용해서 예시로 표현했다. 그러므로 실제 여러분은 자신이 획득한 정보들을 입력해야 한다.

options( ) 함수로 httr_oauth_cache 인수값을 TRUE로 지정한 후 setup_twitter_oauth( ) 함수를 호출하면 R에서 트윗을 검색할 수 있는 권한을 획득하게 된다. 그런데 이 권한은 R 세션이 유지되는 동안만 유효하므로 다시 R을 구동하고 작업할 경우에는 다시 이 작업을 수행해야 한다.

```
> # twitteR 패키지 설치하기
> if (!require(twitteR)) {
    install.packages("twitteR")
require(twitteR)
}
>
> # Application의 Consumer Key 설정하기
> consumerKey <- "xxxxxxxxxxxxxxxxxxxxxxxxxxxx"
>
> # Application의 Consumer Secret 설정하기
> consumerSecret <- "xxxxxxxxxxxxxxxxxxxxxxxxxxxxxxxxxxxxx"
>
> # Application의 Access Token 설정하기
> accessToken <- 'xxxxxxxxxxxxxxxxxxxxxxxxxxxxxxxxxxxxxxxxxxxxxxxx'
>
> # Application의 Access Secret 설정하기
> accessSecret <- 'xxxxxxxxxxxxxxxxxxxxxxxxxxxxxxxxxxxxxxxxxxxxx'
>
> # OAuth token의 캐싱을 위한 환경 설정
> options(httr_oauth_cache = TRUE)
>
> # R에서 트위터 접근 권한 확득하기
> setup_twitter_oauth(consumer_key = consumerKey,
                      consumer_secret = consumerSecret,
                      access_token = accessToken,
                      access_secret = accessSecret)

[1] "Using direct authentication"

>
```

7.3.1.3 twitteR 패키지로 데이터 검색하기

정상적인 권한을 획득하였다면 트윗 데이터를 검색하자. searchTwitter( ) 함수로 원하는 키워드를 포함하는 트윗을 검색하면 된다.

```
> library(twitteR)
>
> searchTwitter("Big Data", n=3)

[[1]]
[1] "phabeebmcse: RT @jimkaskade: Security Will Need Big Insight, Not Just
Big Data - TechCrunch (blog) http://t.co/w6EgvUTIFP"
[[2]]
[1] "dwest999: Big Data and Analytics in Three Verbs :: MSP :: Midsize
Insider http://t.co/bbkkcmjOMf"
[[3]]
[1] "itknowingness: RT @wytedocinisa: Check Out Our Blog Post: How Do You
Build Intelligence from Social Media Big Data? t,co/ornLatVfYH #BigData"
>
> searchTwitter("Visualization", n=3, lang="en")
[[1]]
[1] "D1Visualization: Teradata, Datawatch Ally for Data Visualization -
http://t.co/g8ZGYI1llR http://t.co/0ZqWEfTk6g"
[[2]]
[1] "seo_____: #PabloenEcuador Top 10 Free Data Visualization Tools For
```

```
Content Marketers http://t.co/wGzVBwLeOv"
[[3]]
[1] "JaydenHawkins1: Kenya slide tours-an turn of events against encourage
visualization: MeJPeEsKr"
```

7.3.1.4 searchTwitter( ) 함수 사용하기

searchTwitter( ) 함수는 검색 문자열을 이용해서 트위터에서의 이슈 글을 검색하는데, twitteR 패키지 안에 포함되어 있다.

함수 원형 searchTwitter( )

```
searchTwitter(searchString, n=25, lang=NULL, since=NULL, until=NULL,
              locale=NULL, geocode=NULL, sinceID=NULL,
              retryOnRateLimit=120, ...)
```

searchString

검색하고자 하는 키워드

n

반환하고자 하는, 검색된 트윗의 최대 개수를 지정한다. 기본 값은 25이다. 만약 검색된 트윗의 개수가 n보다 작다면, 그 수만큼 반환한다.

lang

생성된 트윗의 언어 종류를 지정한다. 한글의 경우는 "ko", 영어의 경우에는 "en"을 지정한다. 기본 값은 NULL로 언어를 따로 한정하지 않기 때문에 어떤 나라의 언어로 작성된 트윗인지 컨트롤할 수 없다.

since, until

since는 지정된 날짜 이후에 트윗된 글, until는 지정된 날짜까지의 트윗된 글로 검색을 제한한다. 그러므로 특정 시점에서의 트윗을 검색할 때 유용하게 사용된다. 날짜의 포맷은 'YYYY-MM-DD'의 포맷을 따른다.

locale

검색에 로케일을 지정한다.

geocode

지정된 위도와 경도의 특정 반경 내에 있는 사용자의 트윗을 반환한다. '37.781157,-122.39720,1mi'와 같이 지정한다. 여기서 반경의 단위는 mi(miles) 혹은 km(kilometers)로 지정한다.

sinceID

지정된 ID보다 큰(새로운) 트윗을 대상으로 검색을 수행한다.

다음의 스크립트는 2014-07-21부터 2014-07-25의 5일 동안 "Visualization Analytics"라는 단어를 포함한 영문 트윗 100건을 검색하는 예제다.

```
> twitter.vis <- searchTwitter("Visualization Analytics", n=100, lang="en",
                        since="2014-07-21", until="2014-07-25")
```

먼저 필자는 다음과 같은 키워드로 며칠 동안 한글과 영문으로 두 가지의 주제로 트윗 자료를 검색하여 각각 vis.en과 vis.ko를 만들고, 이를 vis_twit.RData라는 이름의 R 데이터 파일로 저장해 두었다. 특히 MS-Windows 환경에서 한글 키워드로 검색할 경우에는 예제처럼 enc2utf8( ) 함수를 사용해야 한다. 필자의 Mac OS X 환경에서는 이 작업이 필요하지 않다.

```
> vis.en <- searchTwitter("Visualization Analytics", lang="en")
> vis.ko <- searchTwitter("데이터 시각화", lang="ko")
> # 한글 검색 시 MS-Windows에서는 enc2utf8( ) 함수를 사용해야 정상적으로 검색됨
> # vis.ko <- searchTwitter(enc2utf8("데이터 시각화"), lang="ko")
> save(vis.en, vis.ko, file="vis_twit.RData")
```

7.3.2 텍스트 데이터의 전처리

텍스트 데이터의 전처리는 텍스트 데이터를 분석하는 과정에서 가장 중요하고 가장 어려운 작업 중의 하나다. 여기서는 트위터 트윗 데이터의 전처리를 통해서 일반적인 텍스트 데이터의 전처리를 살펴보고자 한다.

먼저 텍스트 데이터를 장만하기 위해서 3장에서 정의한 getDropboxRData( ) 함수를 사용하여 드롭박스에 공유해 놓은 vis_twit.RData 파일을 읽어 들인다.

```
> URL <- "https://dl.dropboxusercontent.com/u/46305178/datas/vis_twit.RData"
> getDropboxRData(URL)
```

```
Loading objects:
  vis.en
  vis.ko
```

7.3.2.1 불필요한 문자열 제거하기

텍스트 데이터는 여러 가지로 오염되어 있다. 가장 대표적인 것은 불필요한 문자열이다. 다음의 사용자정의 함수 clean.text( )는 http://www.r-bloggers.com/create-twitter-wordcloud-with-sentiments/에 수록된 함수를 조금 수정한 것으로 트윗 문자열에서 필요 없는 여러 문자나 패턴을 제거하는 함수다. 트윗 문자열을 분석하고자 할 경우에 유용하다. 일반적으로 불필요한 문자열을 제거하는 방법은 정규표현식과 정규표현식을 지원하는 함수를 사용한다. clean. text( ) 함수에서는 문자열 패턴 매칭(pattern matching)과 대치(replacement)

를 수행하는 gsub( ) 함수로 제거할 문자열의 패턴을 ""로 대치하는 방법으로 불
필요한 문자열을 제거한다. 정규표현식과 gsub( ) 함수의 구체적인 사용법은 다
루지 않으므로 관심있는 여러분은 정규표현식 관련 서적을 참고하기 바란다.

```
> clean.text <- function(some_txt)
  {
      some_txt <- gsub("(RT|via)((?:\\b\\W*@\\w+)+)", "", some_txt)
      some_txt <- gsub("@\\w+", "", some_txt)
      some_txt <- gsub("[[:punct:]]", "", some_txt)
      some_txt <- gsub("[[:digit:]]", "", some_txt)
      some_txt <- gsub("http\\w+", "", some_txt)
      some_txt <- gsub("[ \t]{2,}", "", some_txt)
      some_txt <- gsub("^\\s+|\\s+$", "", some_txt)
      some_txt <- gsub("amp", "", some_txt)
      some_txt <- gsub("\\n", "", some_txt)
      some_txt <- gsub("[\u{0093}-\u{0094}]", "", some_txt)
      try.tolower <- function(x)
      {
          y <- NA
          try_error <- tryCatch(tolower(x), error=function(e) e)
          if (!inherits(try_error, "error"))
              y <- tolower(x)
          return(y)
      }
      some_txt <- sapply(some_txt, try.tolower)
      some_txt <- some_txt[some_txt != ""]
      names(some_txt) <- NULL
      return(some_txt)
  }
```

vis.en은 300개의 트윗을 포함한 리스트 객체다. 이번에는 이 데이터로 불필요
한 문자열을 제거하는 전처리를 수행하자.

먼저 리스트 객체를 데이터 조작이 용이한 벡터 객체로 변환한다.

```
> vis.txt <- sapply(vis.en, function(x) x$getText( ))
```

그리고 벡터의 각 원소에 대해서 clean.text( ) 함수로 불필요한 문자열을 제거
한 후 중복된 트윗을 걸러낸다. 실제로 vis.en에는 중복된 데이터가 포함되어 있
기 때문이다.

```
> vis.clean <- unique(clean.text(vis.txt))
```

> **팁: 주제를 벗어나는 텍스트 제거하기**
>
> clean.text( ) 함수는 특수문자나 URL 주소 등 불필요한 문자열을 제거하지만 가장 어려운 것은
> 연구하려는 주제에 벗어나는 텍스트를 제거하는 것이다. 만약에 데이터 마이닝에 대한 연구를
> 위한 텍스트 데이터에 '광물을 채굴하는 주제를 뜻하는 마이닝'이 포함되어 있다면 이것은 가비
> 지(gabage) 데이터이며 연구 결과를 오염시킬 수 있다. 이런 텍스트 데이터는 해당 연구 분야에
> 전문성이 있는 연구자가 수작업을 통해서 필터링해야 한다.

7.3.2.2 텍스트 데이터 구조화하기

텍스트 데이터를 구조화하는 방법 중에서 제일 먼저 수행하는 것은 명사나 형용사 등의 의미 있는 단어들을 추려내는 것이다. 일반적으로 자연어 처리 (NLP, Natural Language Processing)라는 영역으로 형태소 분석기와 같은 툴이 필요하다. 이 책에서는 자연어 처리와 텍스트 마이닝을 깊게 다루지 않는다. 다만 기본적인 개념을 이해할 수 있는 수준으로 tm(Text Mining) 패키지와 KoNLP(Korean NLP) 패키지를 소개할 것이다.

다음 스크립트는 VectorSource( ) 함수와 Corpus( ) 함수로 트윗 데이터를 말뭉치[28]로 구조화한 후 TermDocumentMatrix( ) 함수로 문서-용어 행렬(Term-Document Matrices)을 생성한다.

```
> library(tm)
>
> vis.corpus <- Corpus(VectorSource(vis.clean))
>
> tdm <- TermDocumentMatrix(
     vis.corpus,
     control = list(
         removePunctuation = TRUE,
         stopwords = c("visualization", "analytics", "data", "big",
         stopwords("english")),removeNumbers = TRUE, tolower = TRUE)
  )
> tdm
```

```
<<TermDocumentMatrix (terms: 453, documents: 97)>>
Non-/sparse entries: 583/43358
Sparsity            : 99%
Maximal term length: 26
Weighting           : term frequency (tf)
```

```
> m <- as.matrix(tdm)
> m[11:13, 1:5]
```

```
        Docs
Terms    1 2 3 4 5
  amount 0 0 0 0 0
  ana    0 0 0 1 0
  anal   0 0 0 0 0
```

문서-용어 행렬은 문서(documents)의 컬렉션에서 발생하는 용어(terms)의 빈도를 설명하는 수학적인 행렬 구조다. 문서-용어 행렬에서 행은 용어에 해당하고 열은 문서에 해당하므로 행렬의 원소는 특정 문서에서 특정 용어가 발생하는 빈도를 의미한다. 트윗 데이터에서 문서는 개별 트윗을 의미하고 용어는 트윗에서 발생하는 용어(단어)를 의미한다.

TermDocumentMatrix( ) 함수에서 stopwords는 금칙어로, 제거해야 할 단

---

[28] 이는 언어를 연구하는 각 분야에서 필요로 하는 연구 재료로 언어의 본질적인 모습을 총체적으로 드러내 보여줄 수 있는 자료의 집합을 뜻한다. 출처: http://ko.wikipedia.org/wiki/말뭉치_언어학

어를 의미한다. 여기서는 트윗 검색 검색 키워드인 "visualization", "analytics" 와 대표적인 연관 단어의 제거 목적으로 "data", "big"을 금칙어로 선정하였다. removePunctuation 인수와 removeNumbers 인수로 구두점 등의 기호와 수치 데이터를 제거하였으며 tolower 인수로 모든 단어를 소문자로 변경하였다.

문서-용어 행렬인 tdm의 생성 결과를 보면 453 용어, 97 문서의 행렬로 희박 도가 99%임을 알 수 있다. 희박도인 Sparsity는 문서-용어 행렬의 전체 원소 개 수 중에 빈도가 0인 원소의 백분율을 의미한다. 일반적으로 문서-용어 행렬은 희박도가 매우 높은 특징을 가지고 있다.

여기서 TermDocumentMatrix 객체의 내용을 확인하기 위해서는 inspect( ) 함수를 사용하며, 마지막에는 as.matrix( ) 함수로 TermDocumentMatrix 객체 인 tdm을 matrix 객체로 변환을 하였다.

7.3.3 워드 클라우드

워드 클라우드(word cloud)는 단어의 출현 빈도를 쉽게 이해할 수 있도록 단어 를 구름 마치 모양으로 표현하는 시각화 기법이다. 일반적으로 빈도에 비례하여 글자의 크기가 커지며, 빈도가 높은 단어일수록 중앙에 위치한다.

wordcloud 패키지의 wordcloud( ) 함수는 워드 클라우드를 그린다.

함수 원형 wordcloud( )

```
wordcloud(words,freq,scale=c(4,.5),min.freq=3,max.words=Inf,
          random.order=TRUE, random.color=FALSE, rot.per=.1,
          colors="black",ordered.colors=FALSE,use.r.layout=FALSE,
          fixed.asp=TRUE, ...)
```

words, freq
words는 표현하고자 하는 단어들의 문자 벡터이며, freq는 단어들의 도수 (frequncy)를 나타내는 수치 벡터

scale
단어의 크기의 범위를 나타내는 길이 2의 벡터로, 기본 값은 c(4, .5)이다.

min.freq
min.freq(minimum frequncy)보다 작은 도수를 갖는 단어는 출력하지 않는다. 기본 값은 3으로, 3보다 작은 도수의 단어는 출력하지 않는다.

max.words
max.words(maximum number of words) 인수는 출력하고자 할 단어의 개수 를 지정한다. 기본 값은 Inf으로 words에서 지정한 모든 단어가 출력되지만, 이

값을 지정할 경우에는 도수를 내림차순으로 계산하여 지정한 수만큼의 단어만 출력한다.

random.order

워드 클라우드에서 그리는 단어는 순서에 따라 화면의 중심에서 가장 자리로 배치된다. random.order 인수가 TRUE면 단어가 임의의 순서로 그려지고, FLASE의 경우는 단어가 도수의 내림차순으로 그려진다. 그러므로 FALSE면, 출현 빈도가 높은 단어일수록 중앙에 위치한다. 기본 값은 TRUE다.

random.color

워드 클라우드에서 그리는 단어의 색상은 도수의 크기별로 달리할 수 있다. random.color 인수가 FALSE면 도수의 내림차순으로 colors 인수에서 지정한 색상의 순서로 단어의 색상이 지정되고, TRUE면 무작위로 지정된다. 기본 값은 FALSE다.

colors

colors 인수는 도수별로 표현할 단어의 색상을 지정한다.

연습문제 7.38

"Visualization Analytics"이라는 키워드로 검색한 트윗에 어떤 단어들이 자주 출현하는지, 앞서 생성한 행렬 m으로 워드 클라우드를 그려라.

"Visualization Analytics"이라는 키워드로 검색한 트윗에 어떤 단어들이 자주 출현하는지 행렬 m으로 워드 클라우드를 그렸다. 물론 데이터의 크기가 크지 않기 때문에 일반화시킬 수는 없지만, 결과인 그림 7.50을 보면 "top", "story", "google", "tools", "bigdata" 등의 단어들이 출현 빈도가 높음을 알 수 있다.

```
> library(wordcloud)
>
> word_freqs <- sort(rowSums(m), decreasing=TRUE)
> dm <- data.frame(word=names(word_freqs), freq=word_freqs)
>
> wordcloud(dm$word, dm$freq, random.order=FALSE, min.freq=2,
            colors=brewer.pal(8, "Dark2"))
```

"데이터 시각화"로 검색한 트윗 데이터인 vis.ko로 워드 클라우드를 그리기 위해서는 한글 자연어 처리를 수행해야 한다.

일반적으로 자연어 처리는 형태소 분석기를 통해서 품사 기준으로 문장을 분해하는 작업을 거친다. 한글 형태소 분석기 중에 하나인 한나눔[29] 한국어 형태소

---

29   Hannanum, http://semanticweb.kaist.ac.kr/home/index.php/HanNanum

그림 7.50 워드 클라우드

분석기는 KAIST Semantic Web Research Center에서 개발되어 현재 오픈 소스로 관리되고 있는데, 이 공개 JAVA 라이브러리를 인터페이스하는 것이 KoNLP 패키지다. 그러므로 R에서 한나눔 한국어 형태소 분석기를 이용해서 형태소 분석을 수행하려면 KoNLP을 사용해야 한다.

다음 스크립트에서는 한글 트윗의 워드 클라우드를 출력하는 스크립트로 KoNLP에서 세종사전[30]을 이용하기 위해서 useSejongDic( ) 함수를 사용했다. 그리고 mergeUserDic( ) 함수로 "편집", "도구", "인사이트"의 단어를 사전에 추가한 후 Map( ) 함수와 extractNoun( ) 함수를 이용해서 모든 트윗에서 명사를 추출했다. 그리고 table( ) 함수로 명사들의 도수를 구한 후 "데이터", "자료", "시각화", "한", "것", "수", "곳", "적"의 단어를 삭제했다.

워드 클라우드의 결과는 그림 7.51과 같다. "도구"와 "저널리즘"이라는 단어가 가장 많이 출현했으며, 명사를 추출하였지만 명사가 아닌 듯 한 단어들이 눈에 띈다. 이런 경우에는 명사가 아닌 단어를 제거하는 작업을 반복적으로 수행하면서 좀 더 의미 있는 워드 클라우드를 그릴 필요가 있다. 아무래도 상용이 아닌 공개용 형태소 분석기가 갖는 한계를 느낄 수 있는 예제이다.

```
> library(KoNLP)
>
> vis.txt <- sapply(vis.ko, function(x) x$getText( ))
> vis.clean <- unique(clean.text(vis.txt))
>
> useSejongDic( )
```

---

30 국립국어원의 '21세기 세종계획'이라는 사업 분야 중 하나가 한글 전자사전 배포가 있다. http://www.sejong.or.kr/

```
Backup was just finished!
87007 words were added to dic_user.txt.

> mergeUserDic(data.frame("편집", "ncp"))

1 words were added to dic_user.txt.

> mergeUserDic(data.frame("도구", "ncn"))

1 words were added to dic_user.txt.

> mergeUserDic(data.frame("인사이트", "ncn"))

1 words were added to dic_user.txt.

>
> result_nouns <- Map(extractNoun, vis.clean)
>
> vis.table <- table(unlist(result_nouns, use.name=F))
> vis.table <- vis.table[!names(vis.table) %in%
                        c("데이터", "자료", "시각화", "한", "것", "수", "곳", "적")]
> wordcloud(names(vis.table), vis.table, random.order=FALSE,
            min.freq=1, colors=brewer.pal(8, "Dark2"))
```

그림 7.51 한글 워드 클라우드

7.3.4 계통수

계통수[31]는 마치 덴드로그램(dendrogram)과 유사한 시각화 방법이다. 계통수
와 덴드로그램을 이용하면 트윗에서 어떤 단어들이 서로 유기적인 관계를 가지
고 있는지를 파악할 수 있다.

---

31 phylogenetic tree, 系統樹. 생물이 진화의 결과 여러 종이나 분류군 사이에서 나타나는, 신체
적이거나 유전적 특징의 유사성과 차이를 바탕으로 친연 관계를 수형도로 나타낸 다이어그램.
출처: http://ko.wikipedia.org/wiki/계통수

7.3.4.1 덴드로그램 그리기 ✪

덴드로그램은 계층적 군집분석(hierarchical clustering analysis) 기법에서 군집 (cluster)을 적절하게 나눌 때 유용하게 사용되는 시각화 기법이다. 덴드로그램을 그리려면, 다음 함수를 사용한다.

· dist( ): 행렬에서 행 사이의 거리를 계산한 거리의 측도로 구성된 거리 행렬 (distance matrix)을 반환하는 함수
· hclust( ): 거리 행렬을 기반으로 계층적 군집분석을 수행하는 함수
· plot( ): hclust 객체로 덴드로그램을 그리는 함수
· rect.hclust( ): 덴드로그램에서 군집을 묶어서 사각형(rectangle)으로 분리, 표현하는 함수. 생략이 가능함

결국 거리가 가깝다는 것은 유사성(similarity)이 존재한다는 것으로 해당 단어들이 트윗에 공통적으로 빈발한다는 의미다. 그러므로 덴드로그램에서 하나의 군집으로 묶이는 단어들은 하나의 트윗을 구성하는 단문(短文)에서의 공통된 주제를 표현하는 단어가 되는 것이다.

계층적 군집분석과 덴드로그램을 그리는 함수의 상세한 사용 방법은 독자들에게 숙제로 넘기고, vis.en 데이터로 덴드로그램을 그리는 방법을 다음 스크립트로 제시한다. 먼저 문서-용어 행렬을 기준으로 전체 문서에 걸쳐 3회 이상 표현된 용어를 선택하여 mm이라는 행렬을 만들고, "binary" 방법으로 거리 행렬을 구한 후 "ward" 방법으로 계층적 군집분석을 수행한다. 그리고 plot( ) 함수로 덴드로그램을 그리고 rect.hclust( ) 함수로 군집의 개수를 세 개로 가정하여 덴드로그램에서 유사성이 있는 단어를 구분하여 표현하였다. 결과는 그림 7.52와 같다.

그림 7.52를 보면 첫째 군집으로부터 "시장의 리스크(risk) 등을 분석하기 위해서 스코어보드(scoreboards)와 같은 시각화를 사용한다."는 문장을, 셋째 군집으로부터는 "데이터비즈(databiz) 툴로 spotfire라는 도구(tools)가 빅데이터 (bigdata) 분석에서도 즐겨(favorite) 사용되고 있다."는 문장을 유추해볼 수 있다. 물론 정확하지는 않지만, 많은 문장 안에서의 핵심 단어들의 유기적인 연계를 통해서 이야기의 주제를 도출할 수 있겠다.

```
> mm <- m[apply(m, 1, sum) >= 3, ]
>
> m.clus <- hclust(dist(mm, method="binary"), method="ward")

The "ward" method has been renamed to "ward.D"; note new "ward.D2"

>
> plot(m.clus)
> rect.hclust(m.clus, k=3, border="red")
```

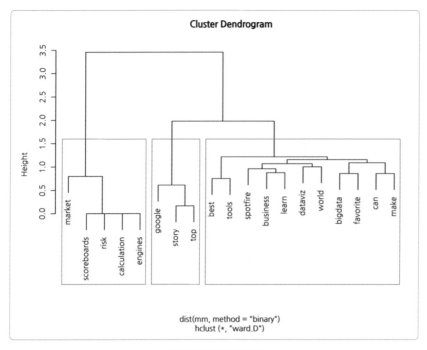

그림 7.52 군집 덴드로그램

7.3.4.2 계통수 그리기

ape 패키지는 계통 발생과 진화에 대한 분석(Analyses of Phylogenetics and Evolution)을 목적으로 만들어진 것이다. 이 패키지의 plot.phylo( ) 함수가 계통수를 그려준다. 이 함수는 S3 함수이므로 plot이라는 이름으로도 호출이 가능하다. 여기서는 '계통 발생과 진화'에 대한 분석은 다루지 않고 계통수를 그리는 방법만 다룬다.

함수 원형 plot.phylo( )

```
plot(x, type = "phylogram", use.edge.length = TRUE,
    node.pos = NULL, show.tip.label = TRUE, show.node.label = FALSE,
    edge.color = "black", edge.width = 1, edge.lty = 1, font = 3,
    cex = par("cex"), adj = NULL, srt = 0, no.margin = FALSE,
    root.edge = FALSE, label.offset = 0, underscore = FALSE,
    x.lim = NULL, y.lim = NULL, direction = "rightwards",
    lab4ut = NULL, tip.color = "black", plot = TRUE,
    rotate.tree = 0, open.angle = 0, node.depth = 1, ...)
```

x

계통수를 표현하는 phylo 클래스의 객체

type

시각화하려는 계통 발생의 유형을 지정한다. 기본 값은 "phylogram"이며

"cladogram", "fan", "unrooted", "radial"을 사용할 수 있다. 이 인수에 따라 계통수의 모양이 달리 표현된다.

use.edge.length

가지를 그리기 위한 수형도의 edge lengths 사용 여부를 지정한다. 기본 값은 TRUE며, FALSE면 edge lengths를 사용하지 않는다. phylo 객체에 edge.length 요소가 없는 경우에는 아무런 효과가 없다.

show.tip.label

수형도에서 tip이라 함은 말단의 문자를 의미하는데, show.tip.label 인수는 tip 문자의 라벨 표시 여부를 결정한다. 기본 값인 TRUE는 라벨을 출력하고, FALSE는 라벨을 출력하지 않는다.

edge.color, edge.width, edge.lty

수형도에서 가지를 나타내는 선분에 대한 색상, 두께, 선분의 유형을 지정한다. 기본 값은 각각 "black", 1, 1로 검정색과 두께 1, 실선을 사용한다.

tip.color

tip 문자의 라벨 색상을 지정하는 벡터. 단어의 수보다 작을 경우에는 리사이클링 룰이 적용된다.

lab4ut

(labels for unrooted trees). 즉, type 인수 값이 "unrooted"일 경우의 tip 라벨의 표현 방법을 지정한다. "axial"인 경우에는 가지의 기울기에 수평으로 표현되고, 기본 값인 "horizontal"는 가지의 기울기와 무관하게 화면의 수평방향으로 표현된다. type 인수 값이 "fan", "radial"인 경우에도 동작한다.

다음은 여러 유형의 수형도를 그리는 예제다. 군집의 개수는 세 개가 적당해 보이나 여기서는 네 개로 지정하였다. 각 군집의 tip 라벨 색상을 지정하기 위해서 brewer.pal( ) 함수로 색상 팔레트를 만들고, cutree( ) 함수로 군집을 분류하였다. as.phylo( ) 함수는 계층적 군집분석의 결과를 수형도 객체로 변경하는 함수다. plot.phylo( ) 함수의 다양한 인수의 사용으로 표현되는 수형도는 그림 7.53과 같다.

```
> library(ape)
>
> # 군집의 개수를 4으로 설정
> k <- 4
> clus3 <- cutree(m.clus, k=k)
>
```

```
> # Dark2 팔레트에서 k개의 색상을 추출함
> word.colors <- brewer.pal(k, "Dark2")
>
> # 각각의 단어에 색상을 부여함
> clus.colors <- word.colors[clus3]
>
> m.phylo <- as.phylo(m.clus)
>
> # 수형도를 그림
> par(mfrow=c(2, 3))
> plot.phylo(m.phylo, type="phylogram", cex=log(sqrt(rowSums(mm))),
             edge.color="gray50", tip.color=clus.colors, lab4ut="axial",
             main="type=\"phylogram\"")
> plot.phylo(m.phylo, type="cladogram", cex=1, edge.color="black",
             tip.color="red", lab4ut="axial", main="type=\"cladogram\"")
> plot(m.phylo, type="fan", cex=log(sqrt(rowSums(mm))), edge.color="blue",
       tip.color=clus.colors, lab4ut="axial", main="type=\"fan\"")
> plot(m.phylo, type="radial", cex=log(sqrt(rowSums(mm))),
       edge.color="gray50", tip.color=clus.colors, lab4ut="axial",
       main="type=\"radial\"")
> plot(m.phylo, type="unrooted", cex=log(sqrt(rowSums(mm))),
       edge.color="red", tip.color=clus.colors, main="type=\"unrooted\"")
> plot(m.phylo, type="unrooted", cex=log(sqrt(rowSums(mm))),
       edge.color="red", tip.color=clus.colors, lab4ut="axial",
       use.edge.length=FALSE, main="type=\"unrooted\", use.edge.length=F")
> par(mfrow=c(1, 1))
```

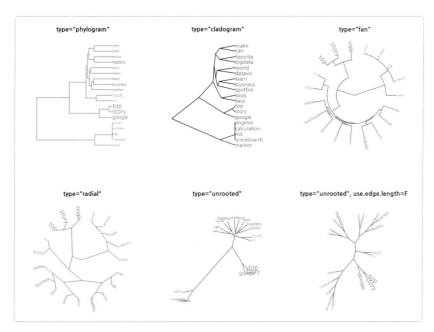

그림 7.53 여러 모양의 수형도

7.3.5 연관규칙 플롯⊙

연관규칙(association rules) 분석은 흔히게 알려진 "기저귀를 구매하는 남성이 맥주를 함께 구매한다."는 장바구니 분석 사례에서 활용되는 분석 기법이다. 그런데 트윗 데이터도 장바구니 분석을 확장하여 적용할 수 있다. 개별 트윗이 장바구니이고, 트윗에 사용된 단어들이 구매를 목적으로 장바구니에 담아 놓은 상품으로 생각하면 간단하다.

일반적으로 연관규칙 분석을 위한 데이터 구조는 행렬구조로 행을 트랜잭션(transactions)이라 하고 열을 아이템(items)이라 한다. 그러므로 개별 트윗은 트랜잭션이고 용어(단어)는 아이템이 된다. 이것은 문서-용어 행렬의 전치행렬 구조와 동일하다. 그러므로 간단하게 연관규칙 분석을 수행할 수 있다.

연관규칙 그래프를 그리기 전에 다음의 지표는 반드시 알고 있어야 한다. A와 B는 구매한 아이템이고, N은 전체 트랜잭션의 개수라 가정하면 다음과 같다.

· 지지도(support): 전체 트랜잭션 중 아이템 A와 아이템 B를 함께 구매한 거래의 비율

$$Support(A{\Rightarrow}B) = Pr(A \cap B) = \frac{n(A \cap B)}{N}$$

· 신뢰도(confidence): 아이템 A 구매 중 아이템 B가 포함된 트랙잭션의 비율

$$Confidence(A{\Rightarrow}B) = \frac{Pr(A \cap B)}{Pr(A)} = \frac{n(A \cap B)}{r(A)}$$

· 향상도(lift): 아이템 A 구매 중 아이템 B가 포함된 트랜잭션과 아이템 B를 구매한 트랜잭션과의 비율

$$Lift(A{\Rightarrow}B) = \frac{Pr(A \cap B)}{Pr(A) \cdot Pr(B)} = \frac{n(A \cap B)}{r(A) \cdot r(B)}$$

R에서 연관규칙 분석은 arules 패키지를 사용한다. 그리고 연관규칙 분석의 시각화는 별도로 arulesViz 패키지를 사용한다.

다음 스크립트는 트윗 데이터로 연관성 분석을 수행하는 예제로, 먼저 문서-용어 행렬 m을 t( ) 함수로 전치행렬로 만든 후 as( ) 함수를 이용하여 transactions 객체로 변경한다. 그런데 이미 트랜잭션 구조의 행렬 객체라면 굳이 transactions 객체로 변경하지 않아도 된다.

apriori( ) 함수는 Apriori 알고리즘으로 연관 규칙을 분석한다. 이 함수는 transactions 객체나 트랜잭션 구조의 행렬을 사용하여 연관규칙 분석을 수행하는데, parameter 인수로 지지도, 신뢰도, 향상도의 기준을 설정하면 설정한 기준을 만족하는 규칙을 추출한다. 예제에서는 지지도가 0.03보다 크고, 신뢰도가 0.6보다 큰 규칙을 추출하는데, 그 결과 35개의 규칙이 나왔다. 이 규칙은 rules 클래스 객체로 반환되며, 그 결과는 inspect( ) 함수로 조회해야 한다. 예제에서는 첫째와 둘째 규칙을 조회하였고, tm 패키지의 inspect( ) 함수와 충돌의 피하기 위해서 arules::inspect처럼 패키지를 지정하여 호출하였다.

inspect( ) 함수는 lhs, rhs, support, confidence, lift 값을 출력한다. lhs는

left-hand-side의 약자로 선행(antecedent)을 의미하며, rhs는 right-hand-side의 약자로 후항(後項, consequent)을 의미한다. 즉, "Visualization Analytics"라는 검색어로 트윗을 검색하였을 때 lhs의 'scoreboards' 단어와 rhs의 'risk' 단어가 트윗에 같이 포함되는 규칙으로 지지도, 신뢰도, 향상도는 각각 0.03092784, 1, 32.33333라고 해석할 수 있다. 그런데 워낙 데이터의 크기가 작아서 얻어진 규칙의 결과로 의미 있는 해석을 할 수 없지만, 활용 방법은 보는 데 의미가 있다.

arulesViz 패키지의 plot( ) 함수는 rules 클래스의 연관규칙을 시각화하는 함수이다. plot( ) 함수의 method 인수에 따라 여러 가지 유형의 연관규칙 그래프를 그릴 수 있는데, 예제에서는 "graph"와 "grouped"만 제시한다. 그 결과는 각각 그림 7.54, 그림 7.55와 같다.

그림 7.54는 그래프 차트로 그래프의 방향성으로 해석하는데, 화살의 방향성은 lhs ⇒ rhs로 해석되고 원의 크기는 지지도, 색상의 농담은 향상도에 비례한다.

그림 7.55는 grouped matrix 차트로 열의 요소는 선행, 행의 요소는 결과를 의미한다. 해석을 하자면 선행인 LHS의 좌측 첫 번째 내용인 "3 (scoreboards + 0)"은 최대 0개의 다른 아이템과 'scoreboards'를 포함하는 선행을 포함한 세 개의 규칙이 있다는 것이다. 그 규칙은 교차점의 원을 따라 RHS를 살펴보면, 후항이 각각 'risk', 'engines', 'calculation'임을 알 수 있다. 마찬가지로 원의 크기는 지지도, 색상의 농담은 향상도에 비례한다.

두 결과를 보면 'google', 'top', 'story'의 세 단어 사이의 연관규칙이 높게 나타남을 확인할 수 있다. 특히 'top'과 'story'의 지지도가 높은 것은 트윗에 "top story"가 자주 출현하기 때문이다. 이는 검색 키워드인 "Visualization Analytics"와 무관한 관용어구이기 때문에 제거하는 것이 바람직할 수 있다. 하지만 이 예제에서는 인사이트를 도출하는 분석이 아닌 시각화의 예시를 보여주는 것이 목적이기 때문에 포함하였다.

```
> library(arulesViz)
> # 트랜잭션 클래스 객체로 변환
> trans <- as(t(m), "transactions")
> trans
```

```
transactions in sparse format with
 97 transactions (rows) and
 453 items (columns)
```

```
> rules <- apriori(trans, parameter=list(support=0.03, confidence=0.6))
```

```
parameter specification:
 confidence minval smax arem  aval originalSupport support minlen maxlen
        0.6    0.1    1 none FALSE           TRUE    0.03      1     10
 target   ext
  rules FALSE
algorithmic control:
 filter tree heap memopt load sort verbose
```

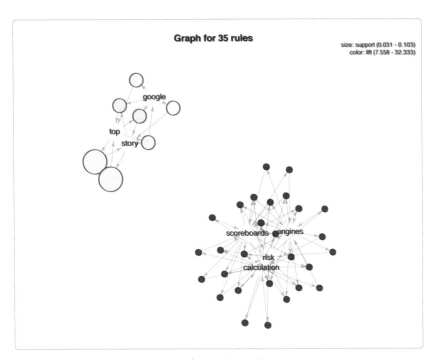

그림 **7.54** rules graph

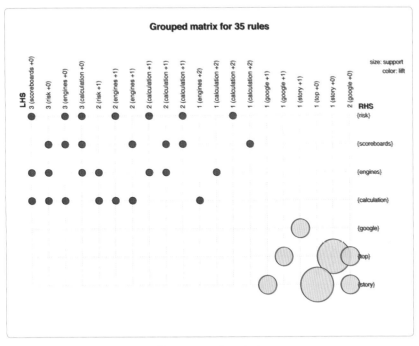

그림 **7.55** grouped matrix chart

```
    0.1 TRUE TRUE  FALSE TRUE   2    TRUE
apriori - find association rules with the apriori algorithm
version 4.21 (2004.05.09)       (c) 1996-2004   Christian Borgelt
set item appearances ...[0 item(s)] done [0.00s].
set transactions ...[453 item(s), 97 transaction(s)] done [0.00s].
sorting and recoding items ... [19 item(s)] done [0.00s].
creating transaction tree ... done [0.00s].
checking subsets of size 1 2 3 4 done [0.00s].
writing ... [35 rule(s)] done [0.00s].
creating S4 object  ... done [0.00s].
```

```
> arules::inspect(rules[1:2])
```

```
  lhs                  rhs             support confidence   lift
1 {scoreboards} => {risk}       0.03092784          1 32.33333
2 {risk}        => {scoreboards} 0.03092784          1 32.33333
```

```
> # 연관규칙 플롯 그리기
> plot(rules, method="graph", control=list(type="items"))
> plot(rules, method="grouped")
```

7.4 기타 유용한 그래프

7.4.1 다변량 데이터 시각화

삼차원 이상의 여러 변수 사이의 관련성을 통계적으로 분석하고, 현상을 요약하거나 숨어 있는 구조를 찾아내는 등의 분석을 수행하는 것을 다변량통계해석법 (methods of multivariate statistical anaysis)이라 한다. 또한 다변량통계해석의 방법 중에 다변량 변수 하나하나를 직접 평면에 할당하여 시각화하는 방법이 고안되어 사용된다. 그리고 이들 대표적인 다변량 데이터를 시각화하는 방법에 대해서 제시하고자 한다.

7.4.1.1 안형 그래프

체르노프(Chernoff, H., 1973)에 의해 제안된 안형 그래프(faces graph)는 다차원의 각 변량을 사람의 얼굴의 윤곽, 눈, 코, 입, 귀, 눈동자, 눈썹 등으로 이루어진 얼굴의 표정으로 시각화한 것이다. 친숙한 사람의 얼굴로 각 관측치를 표현하여 쉽게 관측치 간의 유사함을 파악할 때 유용하게 사용된다. 안형 그래프는 DescTools 패키지의 PlotFaces( ) 함수를 이용하여 그릴 수 있다. 이 함수는 얼굴의 윤곽, 눈, 코, 입, 귀, 눈동자, 눈썹 등에 대한 15가지 속성을 표현한다.

함수 원형 PlotFaces( )

```
PlotFaces(xy, which.row, fill = FALSE, nrow, ncol,
          scale = TRUE, byrow = FALSE, main, labels)
```

xy

관측치가 행으로 변량이 열로 구성된 행렬이나 데이터 프레임 객체

which.row

안형 그래프를 그릴 때 사용할 변수와 순서를 정하는 수치 벡터. 수치 벡터는 xy 인수 값인 데이터의 열과 순서를 표현한다.

fill

안형 그래프를 그릴 때 15개의 얼굴 속성 중에서 다변량 변수 개수만큼의 속성이 반영되는 것을 지정한다. 기본 값은 FALSE로 모든 속성이 반영되지만, TRUE라면 변수의 개수만큼의 속성이 반영된다.

nrow, ncol, byrow

안형 그래프를 배치할 방법을 지정하는 인수로 nrow와 ncol은 각각 행과 열의 개수를 지정하고, byrow 인수는 관측치별 안형 그래프를 배치할 때 행의 우선 여부를 지정한다. 세 인수 모두 행렬을 만드는 matrix( ) 함수와 사용 방법이 동일하다.

다음은 미국 Northeast 지역에 해당하는 주들에 대해서 안형 그래프를 그리는 예제로, 결과는 그림 7.56과 같다. 메인(Maine)주와 뉴햄프셔(New Hampshire)주의 그래프가 유사하고, 뉴욕(New York)주는 전체적인 얼굴의 윤곽과 이목구비가 커서 데이터의 크기가 상대적으로 크다는 것을 알 수 있다.

```
> if (!require(DescTools)) {
      install.packages("DescTools")
      require(DescTools)
  }
> # 데이터 조작
> northeast.states <- USArrests[state.region=="Northeast", ]
> # 안형 그래프 출력
> PlotFaces(northeast.states)
```

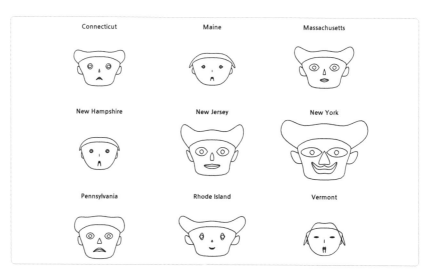

그림 7.56 안형 그래프

PlotFaces( ) 함수에서 지원하는 얼굴 체형의 15가지 속성을 표현하기에는 northeast.states 데이터가 네 개의 변수로 그 종류가 많지 않다. 그렇지만 그림 7.56은 얼굴의 속성을 잘 표현해준다. 그러나 다음과 같이 fill 인수 값을 TRUE로 지정하면, 네 개의 속성만 적용된다. 그래서 그림 7.57과 같이 거의 비슷한 안형 그래프가 그려진다.

PlotFaces( ) 함수의 도움말에 의하면 15가지 속성 중에 네 번째까지의 속성은 다음과 같다.

· 1 height of face(얼굴의 높이)
· 2 width of face(얼굴의 너비)
· 3 shape of face(얼굴의 형태)
· 4 height of mouth(입술의 높이)

즉, 얼굴의 크기와 윤곽 및 입술의 높이만 차이가 있고, 나머지 11가지의 속성은 동일하게 표현된다. 그림 7.57을 보면 눈, 코, 귀 등 나머지 속성의 모양은 동일함을 알 수 있다. 역시 뉴욕주의 입술의 높이가 가장 높게 표현되었다.

```
> PlotFaces(northeast.states, fill=TRUE)
```

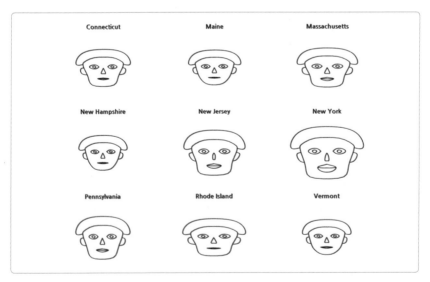

그림 7.57 fill=TRUE인 안형 그래프

7.4.1.2 스타 플롯

스타 플롯(star plots)은 다차원의 각 변량을 별의 빤짝이는 꼭지로 표현한 시각화 방법이다. 안형 그래프와 유사한 개념의 방법으로 데이터를 파악한다. 스타 플롯은 기본 그래픽 패키지인 graphics 패키지의 stars( ) 함수로 그릴 수 있다. 함수는 이미 3장에서 다루었기 때문에 자세한 사용 방법은 생략한다.

앞서 만든 미국 북동부(Northeast) 지역에 해당하는 주들에 대한 데이터에 면적을 담고 있는 state.area를 병합하여 데이터 프레임을 만들고, 이를 stars( ) 함수로 스타 플롯을 다음과 같이 그렸다.

```
> # 주의 면적을 나타내는 Area 변수의 추가
> northeast.states <- cbind(USArrests, Area=state.area)[state.region=="Northeast", ]
> # 데이터 조작
> stars(northeast.states, key.loc = c(9, 2), len=0.6, mar=c(3,2,2,5))
```

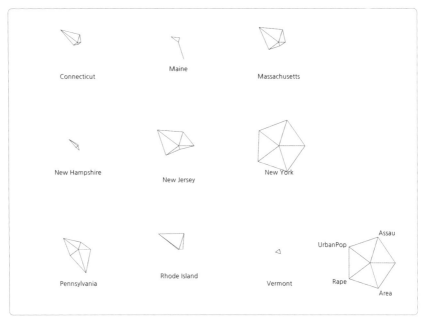

그림 7.58 스타 플롯

그림 7.58을 보면 아홉 개의 스타 플롯이 3×3으로 배치되었다. 그리고 오른쪽 하단에 범례인 키(key)가 표현되었다. 예제에서 mar 인수를 사용한 이유는 키가 잘려 잘 보이지 않는 것을 막기 위함이다. 키는 이 예제로 화면에 잘 보이지만, pdf 파일로 출력할 경우에는 화면에 잘려 보이지 않는 부분이 생길 수 있다.

키가 화면에 잘려 잘 보이지 않는 경우에는 개별 플롯의 배치를 정방행렬 구조가 아니게 배치 후 남은 여백에 그리는 것이 좋다. 다음 예제는 이러한 방법으로 키를 배치하는 예제이다. 3×4로 배치 후 (3, 4) 위치에 키를 배치한 것이다. 그리고 full 인수를 사용하여 스타 플롯을 위쪽의 반쪽 영역만 표현되도록 하면, 결과는 그림 7.59와 같다.

```
> stars(northeast.states, key.loc = c(9, 2), ncol=4, len=0.6, full=FALSE)
```

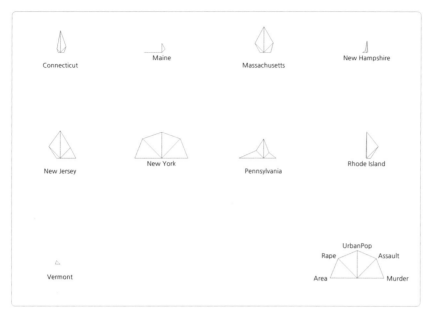

그림 7.59 full=FALSE인 스타 플롯

7.4.1.3 세그먼트 다이어그램

세그먼트 다이어그램(segment diagrams)은 스타 플롯과 거의 흡사한 모양을 하고 있는 시각화 방법으로 스타 플롯을 그리는 graphics 패키지의 stars( ) 함수로 그릴 수 있다. 세그먼트 다이어그램을 그리려면, 먼저 draw.segments 인수의 값을 TRUE로 지정해야 한다. 다음 예제는 그림 7.60과 같은 세그먼트 다이어그램을 출력한다.

```
> stars(northeast.states, key.loc = c(9, 2), ncol=4, draw.segments = TRUE, len=0.6)
```

세그먼트 다이어그램의 키를 생략하고 범례를 그리는 legend( ) 함수를 이용해서 우측 상단에 범례를 그려 넣었다. 또한 색상도 기본 색상이 아닌 사용자정의 색상으로 표현하였다. mar 인수를 사용하는 이유는 legend( ) 함수를 사용할 경우에 범례가 일부만 표현되는 것을 방지하기 위함이다. 결과는 그림 7.61처럼 출력된다. 사각형의 테두리가 만들어진 것은 frame.plot 인수의 값을 TRUE로 지정하였기 때문이다. 스케일된 그림이기 때문에 모든 변수가 가장 큰 뉴욕주가 가장 크게, 즉 반원처럼 표현되었다.

```
> cols <- c("lightblue", "mistyrose", "lightcyan", "lavender", "lightyellow1")
> stars(northeast.states, draw.segments = TRUE, len=0.6,
        col.segments=cols, mar=c(2, 2, 4, 4),
        full=FALSE, frame.plot=TRUE, main="segment diagrams example")
> legend("topright", names(northeast.states), fill=cols)
```

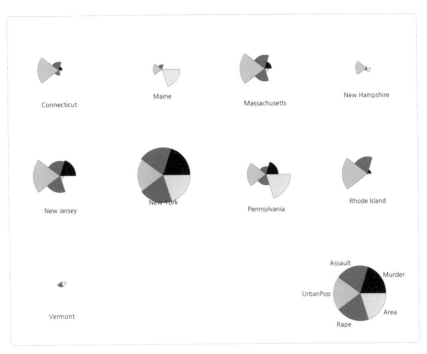

그림 7.60 세그먼트 다이어그램

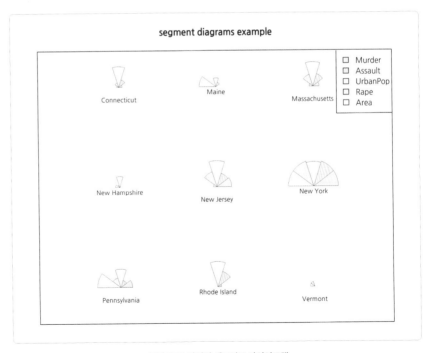

그림 7.61 반원의 세그먼트 다이어그램

8장

데이터분석 모델 지원 시각화

데이터 분석을 위한 통계 및 마이닝 방법론은 복잡한 연산을 수행한 후 수리적 결과를 해석해야 한다. 수리적 결과를 논리적인 형태로 해석하는 과정에서 시각화가 중요한 역할을 담당한다. 또한 경우에 따라서는 수리적 결과의 보완제로 시각화를 사용하기도 한다. 예를 들면, 회귀분석에서 회귀진단(regression diagnostics)을 위한 회귀진단 플롯(diagnostics plot)이나 주성분분석에서 주성분의 개수를 판단하기 위한 스크리 차트(scree chart) 등이다.

이 장에서는 데이터분석 모델을 지원하는 여러 시각화 기법을 소개한다. 그러나 이 책이 데이터 분석 방법의 이해를 목적으로 하지 않기 때문에 이론적 설명보다는 분석 모델을 지원하는 시각화 방법의 소개 수준에서 다룰 것이다. 만약 데이터 분석에 관심이 없다면 이 장을 건너뛰어도 무방하다.

8.1 선형모형 ✪

선형모형(linear model)은 독립 변수의 선형식으로 관심이 있는 목적 변수를 예측하는 분석 기법이다. 일반적으로 알려진 회귀분석이 이 방법에 속한다.

8.1.1 회귀진단

회귀분석에서는 추정된 회귀식의 타당성을 진단하는 회귀진단(regression diagnostics)을 잔차분석(analysis of residuals)을 통해 판단한다. 이 잔차분석에서는 회귀 모형식의 이론적 전제 사항인 오차항의 가정인 정규성(normality), 독립성(independence), 등분산성(equal variance) 여부 및 이상치(outliers)와 영향치(influential observations) 검출을 위해서 시각화 기법을 이용한다.

회귀모형인 lm 객체의 잔차분석은 generic 함수인 plot( )으로, 더 엄밀히 말하자면 plot.lm( ) 함수를 이용하여 수행한다. 이 함수는 여섯 가지의 플롯을 생성할 수 있는데, which 인수로 플롯의 종류를 지정한다. 인수 값에 따른 시각화의 종류는 다음과 같다.

- 1: "Residuals vs Fitted" - 잔차의 독립성, 등분산성 파악
- 2: "Normal Q-Q" - 잔차의 정규성 파악
- 3: "Scale-Location" - 잔차의 등분산성 파악
- 4: "Cook's distance" - 영향치의 검출
- 5: "Residuals vs Leverage" - 이상치, 영향치의 검출
- 6: "Cook's dist vs Leverage h_{ii} / (1 - h_{ii})" - 영향치의 검출

datasets 패키지에 포함되어 있는 LifeCycleSavings 데이터 프레임은 50개 국가에 대한 1960년부터 1970년까지의 저축률 데이터이며, 국가별로 다음과 같은 다섯 개의 변수로 구성되었다.

- sr: 개인의 저축률(%) = 개인저축 통계 / dpi 100
- pop15: 15세 미만 인구의 비율(%)
- pop75: 75 이상 인구의 비율(%)
- dpi: 인당 실 가처분 소득
- dpii: dpi의 성장율(%)

이번에는 LifeCycleSavings 데이터에서 개인의 저축률인 sr을 예측하는 회귀모형 lm.fit을 다음과 같이 만들었다.

```
> lm.fit <- lm(sr ~ pop15 + pop75 + dpi + ddpi, data = LifeCycleSavings)
> lm.fit
```

```
Call:
lm(formula = sr ~ pop15 + pop75 + dpi + ddpi, data = LifeCycleSavings)
Coefficients:
(Intercept)          pop15          pop75            dpi           ddpi
 28.5660865     -0.4611931     -1.6914977     -0.0003369      0.4096949
```

8.1.1.1 Residuals vs Fitted

"Residuals vs Fitted" 플롯은 which 인수 값을 1로 지정하여 그린다. 모형 lm.fit에 대한 "Residuals vs Fitted" 플롯의 결과는 그림 8.1과 같이 출력된다. 그래프의 모양을 보면 y-축의 잔차가 0을 기준으로 위아래 균등하게 분포되어 있어서 잔차의 독립성과 등분산성이 만족됨을 알 수 있다.

```
> plot(lm.fit, which = 1)
```

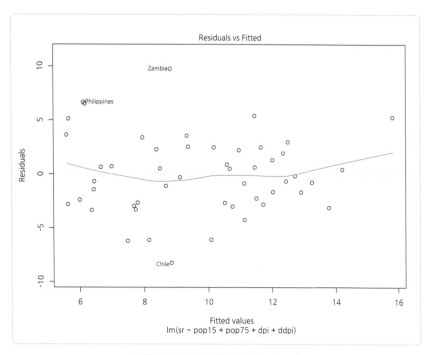

그림 8.1 회귀진단 플롯(Residuals vs Fitted)

8.1.1.2 Normal Q-Q

"Normal Q-Q" 플롯은 which 인수 값을 2로 지정하여 그린다. 모형 lm.fit에 대한 "Normal Q-Q" 플롯의 결과는 그림 8.2와 같이 출력된다. 그래프에서 점들의 모양이 직선에 가까우므로 잔차의 정규성이 만족됨을 알 수 있다.

```
> plot(lm.fit, which = 2)
```

8.1.1.3 Scale-Location

"Scale-Location" 플롯은 which 인수 값을 3으로 지정하여 그린다. 모형 lm.fit에 대한 "Scale-Location" 플롯의 결과는 그림 8.3과 같이 출력된다. 산점도가 고르게 분포되는 것으로 보아 잔차의 등분산성이 만족됨을 알 수 있다.

```
> plot(lm.fit, which = 3)
```

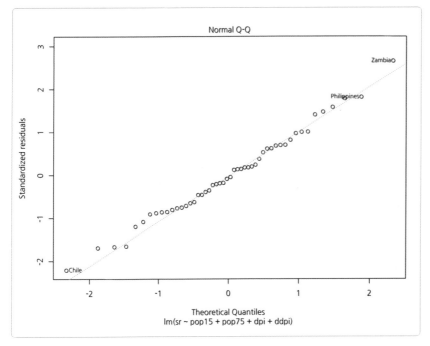

그림 8.2 회귀진단 플롯(Normal Q-Q)

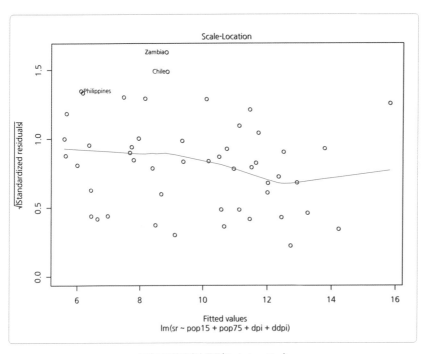

그림 8.3 회귀진단 플롯(Scale-Location)

8.1.1.4 Cook's distance

"Cook's distance" 플롯은 which 인수 값을 4로 지정하여 그린다. 모형 lm.fit에 대한 "Cook's distance" 플롯의 결과는 그림 8.4와 같이 출력된다. 일본(Japan), 잠비아(Zambia), 리비아(Libya)는 영향치(influential)[1]라 볼 수 있겠다.

```
> plot(lm.fit, which = 4)
```

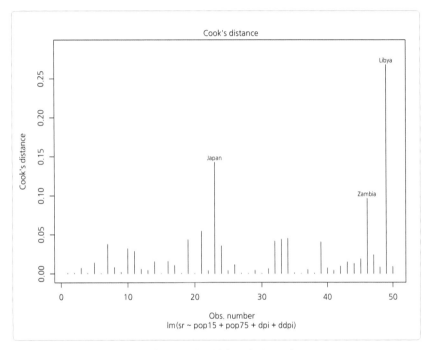

그림 8.4 회귀진단 플롯(Cook's distance)

8.1.1.5 Residuals vs Leverage

"Residuals vs Leverage" 플롯은 which 인수 값을 5로 지정하여 그린다. 모형 lm.fit에 대한 "Residuals vs Leverage" 플롯의 결과는 그림 8.5와 같이 출력된다. 일본, 잠비아는 이상치(outliers)로, 리비아는 영향치로 볼 수 있다.

```
> plot(lm.fit, which = 5)
```

---

1 선형모형에 영향을 주는 관측치로 설명변수(x-축 기준) 범위 면에서 다른 관측치와 떨어진 관측치이다.

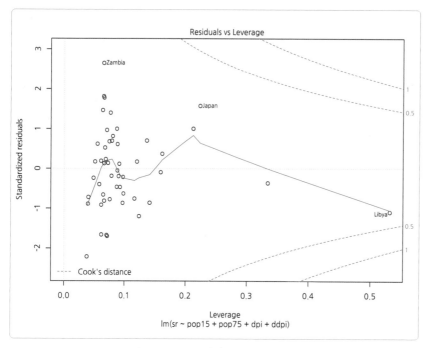

그림 8.5 회귀진단 플롯(Residuals vs Leverage)

8.1.1.6 Cook's dist vs Leverage h_{ii} / $(1 - h_{ii})$

"Cook's dist vs Leverage h_{ii} / $(1-h_{ii})$" 플롯은 Cook's dist vs Leverage(1-Leverage) 을 의미하며, which 인수 값을 6으로 지정하여 그린다. 모형 lm.fit에 대한 "Cook's dist vs Leverage" 플롯의 결과는 그림 8.6과 같이 출력된다. 일본, 잠비아, 리비아는 영향치라 볼 수 있다.

```
> plot(lm.fit, which = 6)
```

plot.lm( ) 함수에서 which 인수의 기본 값은 c(1:3, 5)이다. 즉, 일반적인 분석에서는 "Residuals vs Fitted", "Normal Q-Q", "Scale-Location"로 오차항의 가정을 진단한 후 "Residuals vs Leverage"로 영향치를 검출한다. 그리고 이것을 한 화면에 보기 위해서 화면을 네 개로 분할하여 시각화한다.

다음 예제는 일반적인 시각화 방법으로, 결과는 그림 8.7과 같이 표현된다.

```
> par(mfrow=c(2, 2))
> plot(lm.fit, ask=FALSE)
> par(mfrow=c(1, 1))
```

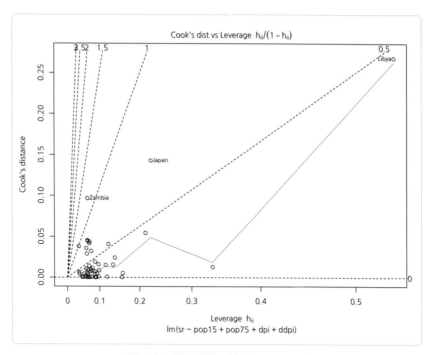

그림 8.6 회귀진단 플롯(Cook's dist vs Leverage)

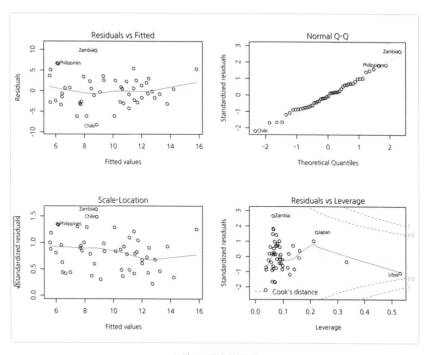

그림 8.7 회귀진단 플롯

8.2 의사결정 트리 모델 ✪

마이닝 기법의 하나인 의사결정 트리 모델(tree model)에서의 시각화는 모델의 구조를 나무 모양으로 표현하는 시각화와 모델의 정확도를 표현하는 시각화로 나눌 수 있다. R에서 의사결정 트리 모델을 지원하는 대표적인 패키지에 tree, rpart, party 등이 있다. 이 패키지들은 알고리즘의 차이가 있으나 tree, rpart 패키지는 모델을 나무 모양으로 표현하는 시각화는 동일하므로 이 절에서는 tree와 party 패키지만 비교하도록 한다.

예측 모형인 의사결정 트리 모델은 예측하려는 목적 변수가 연속형인 경우와 범주형인 경우로 나눌 수 있다. 통상적으로 목적 변수가 연속형일 경우에는 regression tree, 범주형일 경우에는 classification tree라고 한다.

8.2.1 tree 패키지

tree 패키지에서 모델을 나무 모양으로 표현하는 시각화는 기본적인 정보만 표현되는 아주 기초적인 수준이다.

8.2.1.1 regression tree

MASS 패키지의 cpus 데이터 프레임은 209가지의 컴퓨터 CPU에 대한 상대적인 성능(performance) 측정 데이터다. 이 데이터의 목적변수 perf는 벤치마크 상태에서의 성능 지표다. 다음 예제는 여러 특성 지표로 성능 지표를 예측하는 tree model로, 결과는 그림 8.8과 같다. 나무 모양의 모델 시각화는 plot( ) 함수가 수행하고, 각 노드의 라벨은 text( ) 함수가 출력한다.

```
> if (!require(tree)) {
      install.packages("tree")
      require(tree)
  }
> data(cpus, package="MASS")
> cpus.ltr <- tree(log10(perf) ~ syct+mmin+mmax+cach+chmin+chmax, cpus)
> plot(cpus.ltr)
> text(cpus.ltr)
```

8.2.1.2 classification tree

iris 데이터는 붓꽃의 품종에 대한 꽃잎과 꽃받침의 특성치를 측정한 데이터다. 이 꽃잎과 꽃받침의 특성치로 품종을 예측하는 모델을 tree 패키지로 만들어서 플로팅하면, 그림 8.9와 같다.

```
> iris.tr <- tree(Species ~., iris)
> plot(iris.tr)
> text(iris.tr)
```

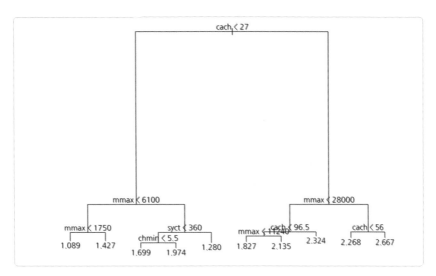

그림 8.8 regression tree 플롯

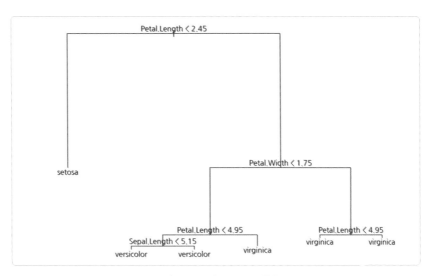

그림 8.9 classification tree 플롯

8.2.2 party 패키지

party 패키지는 party 패키지의 ctree( ) 함수를 이용해서 조건부 추론 트리 (Conditional Inference Trees) 모델을 생성한다. 그리고 이 모델을 나무 모양으로 표현하는 시각화는 여러 유용한 정보를 알차게 보여준다. 특히 리프노드(leaf node 혹은 terminal node)에는 독립적인 플롯을 표현하여 정보 전달이 극대화된 시각화 결과를 만들어 준다.

  일반적으로 CART(Classification And Regression Trees)가 regression tree 와 classification tree를 의미하지만 여기서는 편의상 조건부 추론 트리 모델

중에서 목적 변수가 연속형일 경우에는 regression tree, 범주형일 경우에는 classification tree라고 분류하겠다.

8.2.2.1 regression tree

airquality는 1972년도 뉴욕의 대기 중 오존의 농도에 관련된 측정 데이터로 다음과 같은 6개의 변수를 가지고 있다.

- Ozone: 오존의 농도. 단위 ppb(parts per billion, m3당 10억분의 1)
- Solar.R: 태양의 복사량. 단위 langley(랭글리라고 읽는다. 태양열 복사(輻射)의 단위로 1cal/cm2*min이다. 즉, 1분당 1cm2에 비춰진 1칼로리의 에너지)
- Wind: 바람의 세기. 단위 mph(miles/hour)
- Temp: 기온. 단위 F(화씨)
- Month: 월(1~12)
- Day: 일(1~31)

이 데이터 중 태양의 복사량, 기온, 바람의 세기 등으로 대기 중의 오존 농도를 예측하는 조건부 추론 트리 모델을 생성하고 생성한 트리 모델을 플롯팅하면 그림 8.10과 같다. 모델을 나무 모양으로 표현하는 시각화는 plot( ) 함수만으로 가능하다. 다섯 개의 리프노드를 보면 오존 농도의 박스 플롯이 그려져 있음을 알수 있다. 그중 Node 5인 두 번째 리프 노드의 오존 농도의 분포가 가장 낮게 분포하고 있다. 이 트리 모델의 결과를 해석하면 온도(Temp)가 화씨 77도 이하이면서 바람의 세기(Wind)가 6.9(miles/hour)보다 큰 날의 오존의 농도가 가장 낮다. 즉, 오존은 기온이 높은 날 발생하므로 기온이 낮고, 바람이 적당히 불어주어서 생성된 오존이 머물지 않도록 한다면 대기중의 오존의 양이 적다고 할 수있다. 그리고 태양의 복사량은 모델에 포함되지 않았다. 태양의 복사량은 기온과 강한 양의 상관관계가 있을 것으로 추정되며, 그래서 기온만 모델이 포함된 것으로 생각할 수 있다.

```
> if (!require(party)) {
      install.packages("party")
      require(party)
  }
> airq <- subset(airquality, !is.na(Ozone))
> airct <- ctree(Ozone ~ ., data = airq, controls = ctree_
control(maxsurrogate = 3))
> plot(airct)
```

8.2.2.2 classification tree

iris 데이터 중 꽃잎과 꽃받침의 특성치로 품종을 예측하는 모델을 party 패키지로 표현하면 그림 8.11과 같다. 예측되는 붓꽃 품종의 분포가 막대 그래프로 표현되었다.

```
> iris.ct <- ctree(Species ~ ., data = iris)
> plot(iris.ct)
```

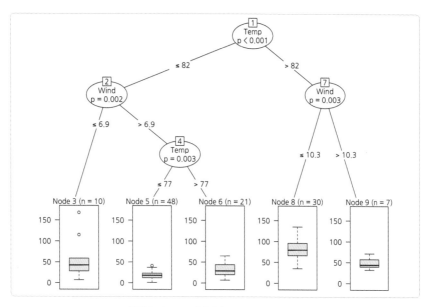

그림 8.10 party 패키지의 regression tree 플롯

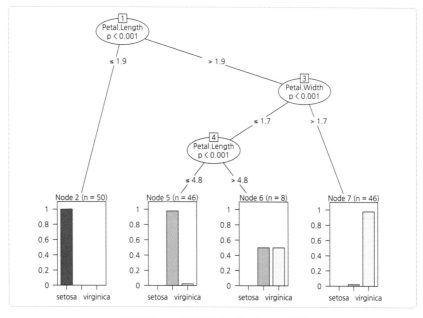

그림 8.11 party 패키지의 classification tree 플롯

classification tree 중 목적 변수의 범주 수준 개수가 두 개인 경우를 이진 트리(binary classification tree)라 한다. 고객의 이탈 여부, 여신 상품의 연체 여부, 제품의 불량 여부 등 일상 생활의 많은 관심 사항을 예측할 때 이진 트리 모델이 유용하게 사용된다.

연습문제 8.1

TH.data 패키지의 GlaucomaM 데이터 프레임은 녹내장에 관한 데이터다. 61종의 시신경에 대한 레이저 스캐닝 결과에 대한 변수와 녹내장 여부인 Class 변수를 가지고 있다. 그리고 스캐닝 데이터로 녹내장 여부를 예측하는 이진트리 모델을 적합(fiting)한 후 시각화하라.

스캐닝 데이터로 녹내장 여부를 예측하는 이진트리 모델을 적합한 후 시각화하면, 그림 8.12와 같은 그림을 얻을 수 있다.

```
> if (!require(TH.data)) {
      install.packages("TH.data")
      require(TH.data)
  }
> data("GlaucomaM", package = "TH.data")
> glauct <- ctree(Class ~ ., data = GlaucomaM)
> plot(glauct)
```

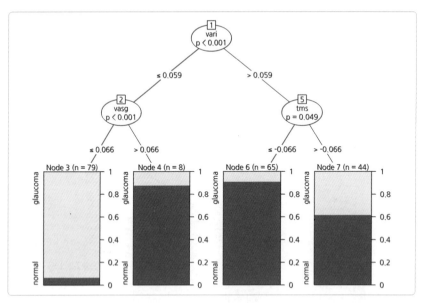

그림 8.12 party 패키지의 이진트리 플롯

8.2.2.3 survival analysis tree

party 패키지는 생존분석(survival analysis)의 tree model도 지원한다. TH.data 패키지의 GBSG2 데이터 프레임은 GBSG2(German Breast Cancer Study

Group 2)의 연구 자료를 담고 있다. 이 데이터로 생존분석 tree model을 적합
한 후 시각화하면, 그림 8.13과 같은 그림을 얻을 수 있다. 이 그림은 개별 노드
에 카플란-마이어(Kaplan-Meier) 생존분석 곡선을 출력한다.

```
> if (!require(survival)) {
      install.packages("survival")
      require(survival)
  }
> data("GBSG2", package = "TH.data")
> GBSG2ct <- ctree(Surv(time, cens) ~ .,data = GBSG2)
> plot(GBSG2ct)
```

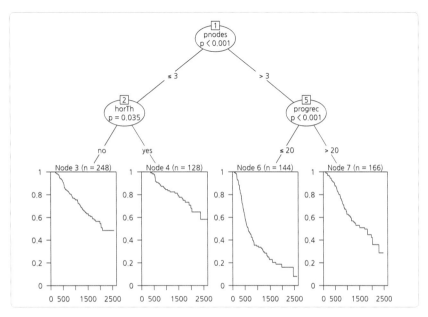

그림 8.13 party 패키지의 survival analysis tree 플롯

8.2.3 모형성능 평가 곡선

두 개의 범주를 갖는 변수를 예측하는 분류 모델에 대한 성능 평가 방법에는 여
러 가지가 있다. 그중에는 ROC(Receiver Operating Characteristic) 곡선(curve)
을 그려보는 빙법도 있다. 여기서는 ROCR 패키지를 이용해서 ROC 곡선 및 유
사한 기능의 곡선을 그리는 방법을 소개한다.

8.2.3.1 ROC curve

먼저 녹내장 데이터인 GlaucomaM 데이터 프레임을 7:3의 비율로 모형 개발 데
이터(training set)와 모형 검증 데이터(test set)로 나눈 후 tree 패키지와 party
패키지로 모델을 만들었다. GlaucomaM 데이터 프레임에서 Class 변수는 범주

형 변수로 "normal"이 정상군을, "glaucoma"가 녹내장 환자군을 의미한다. 여기서는 단순히 ROC 곡선을 소개하는 목적이라서 모델의 성능을 높이기 위한 시도를 하지 않았다.

ROCR 패키지의 performance() 함수로 녹내장 환자군을 녹내장 환자군으로 분류한 조건부 확률인 "tpr"[2]과 정상군을 녹내장 환자군으로 분류한 조건부 확률인 "fpr"[3]을 구한 후 plot( ) 함수로 ROC curve를 그린다. 결과는 그림 8.14와 같다.

```
> if (!require(ROCR)) {
      install.packages("ROCR")
      require(ROCR)
  }
> # 데이터를 training set과 test set으로 70%:30%로 나누기
> set.seed(3)
> idx <- sample(2, size=NROW(GlaucomaM), replace=TRUE, prob=c(0.7, 0.3))
> GlaucomaM.train <- GlaucomaM[idx==1, ]
> GlaucomaM.test <- GlaucomaM[idx==2, ]
>
> # tree 패키지와 party 패키지로 모델 만들기
> GlaucomaM.trian.tr <- tree(Class ~ ., GlaucomaM.train)
> GlaucomaM.trian.ct <- ctree(Class ~ ., GlaucomaM.train)
>
> # tree 패키지의 모델 성능 계산
> test.tr <- predict(GlaucomaM.trian.tr, newdata = GlaucomaM.test)
> tr.pred <- prediction(test.tr[, 2], GlaucomaM.test$Class)
> tr.perf <- performance(tr.pred, "tpr", "fpr")
>
> # party 패키지의 모델 성능 계산
> test.ct <- predict(GlaucomaM.trian.ct, type = "prob", newdata = GlaucomaM.test)
> test.ct <- t(sapply(test.ct, "rbind"))
> ct.pred <- prediction(test.ct[, 2], GlaucomaM.test$Class)
> ct.perf <- performance(ct.pred, "tpr", "fpr")
>
> # ROC curve 그리기
> plot(tr.perf, col=2, main="ROC curve")
> plot(ct.perf, col=4, add=TRUE)
> lines(c(0, 1), c(0, 1), lwd=0.8, col="gray")
> legend("topleft", c('tree', 'party'), lty=1, col=c(2, 4))
```

8.2.3.2 precision/recall 곡선

다음은 ROCR 패키지의 performance( ) 함수로 "prec"[4]과 "recall"[5]을 구한 후 plot( ) 함수로 precision/recall curve를 그리는 예제로, 결과는 그림 8.15와 같다.

2　True positive rate. $P(\hat{Y}=+|Y=+)$. +는 녹내장 환자군을, -는 정상군을 의미함. 민감도(sensitivity)와 동일하다.

3　False positive rate. $P(\hat{Y}=+|Y=-)$. +는 녹내장 환자군을, -는 정상군을 의미한다.

4　Precision. $P(Y=+|\hat{Y}=+)$. +는 녹내장 환자군을, -는 정상군을 의미함. 정밀도로 번역되며 녹내장 환자로 예측한 사람 중 실제로 녹내장 환자인 비율을 의미한다.

5　Recall. $P(\hat{Y}=+|Y=+)$. +는 녹내장 환자군을, -는 정상군을 의미함. 재현율로 번역되며 녹내장 환자 중 녹내장 환자로 예측한 사람의 비율을 의미한다.

```
> tr.perf <- performance(tr.pred, "prec", "rec")
> ct.perf <- performance(ct.pred, "prec", "rec")
>
> plot(tr.perf, col=2, main="precision/recall curve")
> plot(ct.perf, col=4, add=TRUE)
> legend("topright", c('tree', 'party'), lty=1, col=c(2, 4))
```

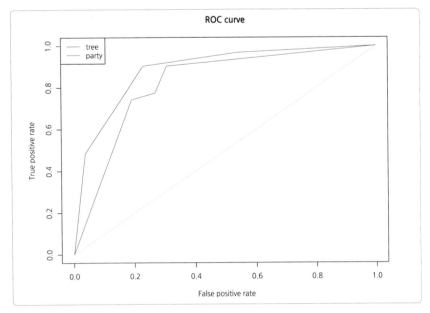

그림 **8.14** ROC 곡선

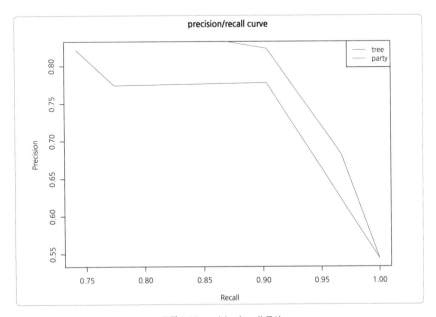

그림 **8.15** precision/recall 곡선

8.2.3.3 sensitivity/specificity 곡선

다음은 ROCR 패키지의 performance( ) 함수로 "sens"[6]과 "spec"[7]을 구한 후 plot( )
함수로 sensitivity/specificity curve를 그리는 예제인데, 결과는 그림 8.16과 같다.

```
> tr.perf <- performance(tr.pred, "sens", "spec")
> ct.perf <- performance(ct.pred, "sens", "spec")
>
> plot(tr.perf, col=2, main="sensitivity/specificity curve")
> plot(ct.perf, col=4, add=TRUE)
> lines(c(0, 1), c(1, 0))
> legend("topright", c('tree', 'party'), lty=1, col=c(2, 4))
```

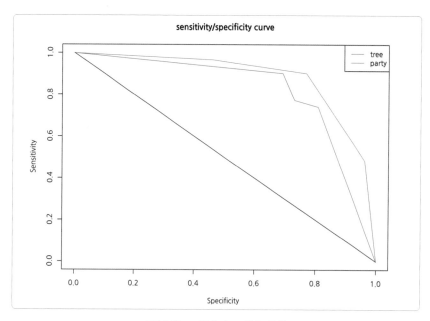

그림 8.16 sensitivity/specificity 곡선

8.3 군집분석 ✿

군집분석(clustering analysis)은 다변량 데이터로 변수의 특성을 이용해서 유사
한 특성을 갖는 그룹끼리 서로 나누어 주는 분석 방법이다.

8.3.1 계층적 군집분석

계층적 군집분석 과정에서는 군집들이 병합되거나 분리되는 과정을 덴드로그램
(dendrogram)으로 시각화한다.

6　Sensitivity. $P(\hat{Y}=+|Y=+)$. +는 녹내장 환자군을, -는 정상군을 의미함. 민감도로 번역되며 녹내장
　　환자 중 녹내장 환자로 예측한 사람의 비율을 의미한다.
7　Specificity. $P(\hat{Y}=-|Y=-)$. +는 녹내장 환자군을, -는 정상군을 의미함. 특이도로 번역되며 정상군
　　중 정상군으로 예측한 비율을 의미한다.

연습문제 8.2

미국 50개 주의 범죄 데이터인 USArrests 데이터 프레임으로 계층적 군집분석을 수행하고, 덴드로그램으로 시각화하라.

관측치 간의 비상사성(dissimilarity)을 측정하기 위해서 dist( ) 함수로 거리행렬을 구한다. 이 함수의 method 인수가 거리를 구하는 방법을 지정하는데, 기본값인 "euclidean"를 적용하여 거리를 구하였다. 계층적 군집분석은 hclust( ) 함수로 수행하며, 예제에서는 "ward"의 방법을 이용하였다. 마지막으로 plot( ) 함수로 덴드로그램을 시각화한다.

예제의 결과는 그림 8.17과 같은 덴드로그램을 그리는데, 50개 주에 대해서 범죄의 특성별로 계층을 만들었음을 알 수 있다. 이 모양은 hclust( ) 함수의 method 인수인 "ward", "single", "complete", "average", "mcquitty", "median", "centroid"에 따라 그 모양이 조금씩 달라진다.

```
> distance <- dist(USArrests)
> hc <- hclust(distance, method="ward")

The "ward" method has been renamed to "ward.D"; note new "ward.D2"

> plot(hc)
```

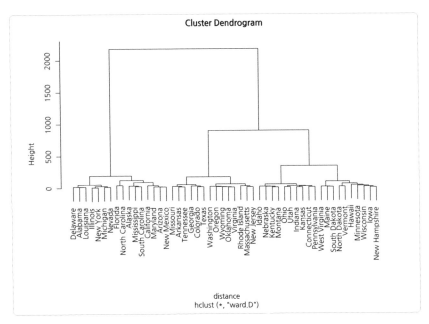

그림 8.17 덴드로그램

덴드로그램을 살펴보면서 사용자가 수작업으로 군집을 나눌 수도 있지만 rect.hclust( ) 함수를 이용하면 더 쉽게 군집을 나눌 수 있다. 이 함수의 인수인 k 값에 군집 개수를 지정하면, 덴드로그램 위에 그 지정한 개수만큼으로 군집을 나누기 때문이다.

　　다음 예제는 그림 8.17의 덴드로그램에 다섯 개의 군집을 자동으로 나누어 표시하는 방법을 제시한다. rect.hclust( ) 함수는 그래픽 디바이스에 덴드로그램이 그려져 있어야 작동한다. 즉, 저수준 그래픽 함수의 특징을 가지고 있다. 그래서 plot( ) 함수로 먼저 hclust 객체의 덴드로그램을 그린 후 k 인수의 값을 5로 지정해서 rect.hclust( )를 호출하였다. 결과는 그림 8.18과 같다.

```
> plot(hc)
> rect.hclust(hc, k=5, border="red")
```

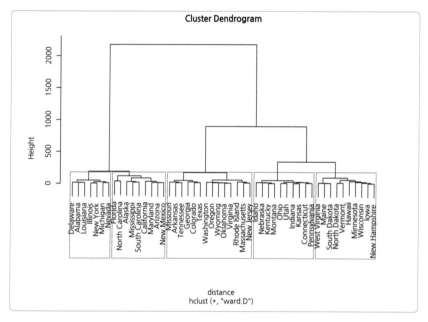

그림 8.18 군집을 분류한 덴드로그램

8.3.2 K-Means 군집분석

8.3.2.1 군집의 개수 지정하기

K-Means는 군집분석에서 가장 인기 있는 방법 중의 하나로, 사전에 군집의 개수인 K를 지정해야 한다. 그런데 군집의 개수는 임의로 정할 수도 있지만, 데이터의 분포에 기반하여 가장 적절한 개수로 선정해야 할 경우는 잘 선정하기 어렵다.

　　K-Means 군집분석에서 군집의 개수를 선정하는 방법은 군집의 개수를 여러 개 지정하여 K-Means 군집분석을 수행한 후, 수행한 결과 중에서 가장 적절한

군집의 개수를 선택하는 다음의 방법[8]을 사용한다.

다음 예제를 수행하면, 그림 8.19와 같은 플롯이 그려진다. 이런 플롯은 스크리 차트(scree chart)라 하는데, 급격한 경사가 완만해지는 지점에서 군집의 개수를 선택한다. 결과를 보면 3에서 이러한 경향이므로 군집의 개수는 3으로 선택하는 것이 적절하다. 스크리 차트는 주성분 분석에서 주성분의 개수를 선택하는 데에도 사용되는 시각화 기법이다.

```
> wss <- (nrow(USArrests)-1) * sum(apply(USArrests, 2, var))
> for (i in 2:15)
      wss[i] <- sum(kmeans(USArrests, centers=i)$withinss)
> plot(wss, type="b", pch=19, xlab="Number of Clusters",
      ylab="Within groups sum of squares")
```

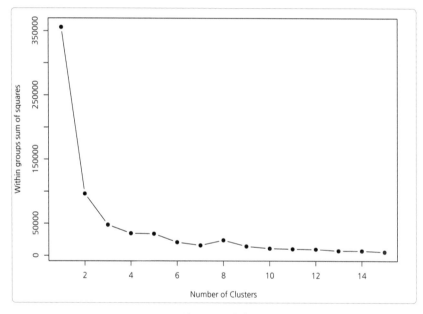

그림 8.19 스크리 차트

8.3.2.2 군집분석 수행 및 해석

스크리 차트가 군집의 개수로 3개[9]가 적당하다고 제시했으니 이제 다음과 같이 kmeans( ) 함수로 K-Means 군집분석을 수행한다. 50개 주가 속한 군집은 kmeans 객체의 cluster 성분에 저장된다. 군집별 변수의 평균을 구한 후 그 결과를 cluster.mean에 담았다.

---

8 http://www.statmethods.net/advstats/cluster.html 참조
9 x-축의 Number of Clusters가 3인 지점에서 갑자기 기울기가 완만해졌음

```
> # 3개의 군집 구하기
> fit <- kmeans(USArrests, 3)
> fit$cluster
```

Alabama	Alaska	Arizona	Arkansas	California
3	3	3	1	3
Colorado	Connecticut	Delaware	Florida	Georgia
1	2	3	3	1
Hawaii	Idaho	Illinois	Indiana	Iowa
2	2	3	2	2
Kansas	Kentucky	Louisiana	Maine	Maryland
2	2	3	2	3
Massachusetts	Michigan	Minnesota	Mississippi	Missouri
1	3	2	3	1
Montana	Nebraska	Nevada	New Hampshire	New Jersey
2	2	3	2	1
New Mexico	New York	North Carolina	North Dakota	Ohio
3	3	2	2	2
Oklahoma	Oregon	Pennsylvania	Rhode Island	South Carolina
1	1	2	1	3
South Dakota	Tennessee	Texas	Utah	Vermont
2	1	1	2	2
Virginia	Washington	West Virginia	Wisconsin	Wyoming
1	1	2	2	1

```
> # 군집별 변수의 평균 구하기
> cluster.mean <- aggregate(USArrests, by=list(fit$cluster), FUN=mean)
> names(cluster.mean)[1] <- "cluster"
> cluster.mean
```

	cluster	Murder	Assault	UrbanPop	Rape
1	1	4.270000	87.5500	59.75000	14.39000
2	2	11.812500	272.5625	68.31250	28.37500
3	3	8.214286	173.2857	70.64286	22.84286

일단 군집이 나눠지면 군집들의 특성을 이해해야 한다. 그러기 위해서 앞서 구한 각 변수별 평균 값을 레이더 플롯으로 그렸다. 다음은 레이더 플롯을 그리기 위한 사용자정의 함수다.

```
> RADAR <- function(x, fill=TRUE, col=c("blue", "red", "cyan", "yellow",
                    "green"), alpha=0.2,
                    main="Cluster RADAR Chart", varname=NULL, locator=FALSE) {
    n.vars <- NCOL(x)
    n.clusters <- NROW(x)
    # min-max standardization
    std <- function(x)
        sx <- (x - min(x)) / diff(range(x)) + 0.5
    sx <- apply(x, 2, std)
    #그래프를 그리기 위한 값 설정
    max.value <- max(sx)
    limit <- 25 * max.value / 20
    # 색상 정의
    cols <- col2rgb(col)/255
    cols <- rgb(cols[1,], cols[2, ], cols[3, ], alpha=alpha)
    # 그래픽 환경 저장
    op <- par( )
    on.exit(par(op))
    # 기초 그래프 출력
    plot.new( )
    par(mar = c(0.5, 0.5, 1.5, 2))
```

```
    plot.window(xlim = c(-limit, limit), ylim = c(-limit, limit), asp = 1)
    # 각 변수들의 점수를 출력
    for (i in 1:n.clusters) {
        temp <- sx[i, ]
        theta <- seq(0, length = n.vars, by = 2 * pi/n.vars)
        x <- temp * cos(theta)
        y <- temp * sin(theta)
        # 변수들의 점수를 표현
        if (fill) polygon(x, y, col = cols[i])
        else polygon(x, y, col = col[i], density = 0, lwd = 2, lty = i)
    }
    segments(0, 0, max.value * cos(theta), max.value * sin(theta),
            lty = "dotted", lwd = 0.8)
    # 원을 그린다.
    base.score <- seq(0, max.value, length=5)[-c(1, 5)]
    # 기준원(25, 50, 75, 100)을 그린다.
    phi <- seq(3, 360 - 3, length = 72) * (pi/180)
    for (r in base.score)
        lines(r * cos(phi), r * sin(phi), lty = "dotted")
    lines(max.value * cos(phi), max.value * sin(phi))
    # 기준점수 가이드를 출력한다.
    pos <- c(base.score, max.value)
    text(pos, rep(0, length(pos)), c(25, 50, 75, 100))
    # 변수 이름 출력하기
    varname <- if (is.null(varname)) names(x) else varname
    text(25 * max.value / 20 * cos(theta), 23 * max.value / 20 * sin(theta),
        varname, cex=.8)
    title(main=main)
    legends <- paste("Cluster", 1:n.clusters)
    # 범례출력
    if (locator) {
        if (fill) legend(locator(1), legends, fill=cols[1:length(legends)],
                cex=.8)
        else legend(locator(1), legends, lty=1:length(legends), col=col,
                cex=.8)
    }
    else {
        if (fill) legend("topright", legends, fill=cols[1:length(legends)],
                cex=.8)
        else legend("topright", legends, lty=1:length(legends), col=col,
                cex=.8)
    }
}
```

연습문제 8.3

사용자정의 함수인 RADAR( )로 cluster.mean 데이터 프레임의 레이더 플롯을 그려라.

사용자정의 함수인 RADAR( )로 cluster.mean 데이터 프레임의 레이더 플롯을 다음과 같이 그렸는데, 결과는 그림 8.20과 같다. 군집들의 영역이 겹치면 색상이 변경됨을 알 수 있다. 만약 이로 인해 데이터 파악이 불편하다면, 인수 fill의 값에 FALSE를 지정하면 면적이 아니라 선으로 표현되므로 좀 더 쉽게 파악될 것이다.

```
> RADAR(cluster.mean[, -1])
```

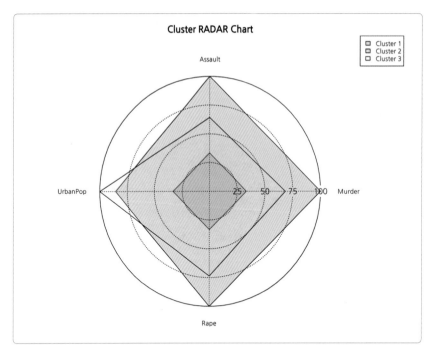

그림 8.20 군집의 특성을 파악하는 레이더 플롯

군집 1은 범죄가 적은 주이며, 군집 2는 범죄가 많은 주, 군집 3은 도시에서의 인구밀도가 상대적으로 높으며 범죄가 중간 정도 발생하는 주를 뜻한다. 레이더 플롯은 K-Means 군집분석뿐 아니라 모든 군집분석에 사용할 수 있는 시각화 기법이므로 RADAR( ) 함수는 잘 기억해 두기 바란다.

8.3.3 모델기반 군집분석

모델기반 군집분석(model based clustering analysis)은 군집을 나누는 방법에 수리적인 모델을 사용하는 기법이다. 여기서는 EM 알고리즘 기반의 Gaussian finite mixture 모델로 군집분석을 수행하는 mclust 패키지를 소개한다. USArrests 데이터 프레임으로 모델기반의 군집분석을 수행하는 다음 예제를 살펴보자.

　Mclust( ) 함수로 모델 기반의 군집분석을 수행한다. 그리고 summary( ) 함수의 classification 인수 값을 TRUE로 지정하여 50개 주가 어느 군집으로 분류가 되었는지 살펴본다. 결과를 보면 세 개의 군집으로 나누어졌음을 알 수 있는데, 만약 사용자가 군집의 개수를 지정하려면 Mclust( ) 함수의 G 인수에 군집의 개수를 기술하면 된다.

```
> if (!require(mclust)) {
      install.packages("mclust")
      require(mclust)
  }
> model <- Mclust(USArrests)
> summary(model, classification=TRUE)
```

```
----------------------------------------------------
Gaussian finite mixture model fitted by EM algorithm
----------------------------------------------------
Mclust VEI (diagonal, equal shape) model with 3 components:
 log.likelihood  n df       BIC       ICL
      -757.5611 50 20 -1593.363 -1597.743
Clustering table:
 1  2  3
20 20 10
Classification:
       Alabama         Alaska        Arizona       Arkansas     California
             1              1              1              2              1
      Colorado    Connecticut       Delaware        Florida        Georgia
             1              2              2              1              1
        Hawaii          Idaho       Illinois        Indiana           Iowa
             2              3              2              2              3
        Kansas       Kentucky      Louisiana          Maine       Maryland
             2              2              1              3              1
 Massachusetts       Michigan      Minnesota    Mississippi       Missouri
             2              1              3              1              1
       Montana       Nebraska         Nevada  New Hampshire     New Jersey
             2              2              1              3              2
    New Mexico       New York North Carolina   North Dakota           Ohio
             1              1              1              3              2
      Oklahoma         Oregon   Pennsylvania   Rhode Island South Carolina
             2              2              2              2              1
  South Dakota      Tennessee          Texas           Utah        Vermont
             3              1              1              2              3
      Virginia     Washington  West Virginia      Wisconsin        Wyoming
             2              2              3              3              2
```

Mclust( ) 함수로 만든 군집분석의 모델인 Mclust 객체인 model을 시각화할 때는 plot( ) 함수를 사용한다. 플롯의 종류는 "BIC", "classification", "uncertainty", "density"를 지원한다.

"BIC" 플롯은 군집(cluster)의 개수를 선택하기 위한 BIC 값의 플롯을 그린다. "BIC" 플롯은 다음과 같이 출력하며, 그 결과는 그림 8.21과 같다.

```
> plot(model, what="BIC")
```

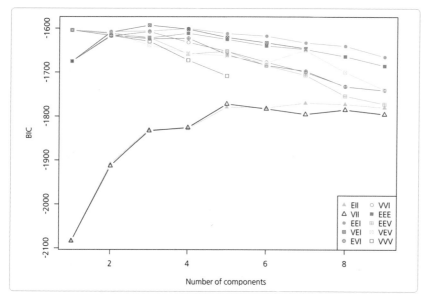

그림 8.21 BIC 플롯

연습문제 8.4

Mclust 객체인 model을 "classification" 플롯, "uncertainty" 플롯, "density" 플롯으로 표현하라.

"classification" 플롯은 모델 기반으로 구해진 군집의 분포를 보여주는 플롯을 그린다. 모델에 사용된 변수 중 두 개 차원의 쌍으로 구성된 산점도(scatter plots)의 조합을 그린다. "classification" 플롯은 다음과 같이 출력하며 그 결과는 그림 8.22와 같다.

```
> plot(model, what = "classification")
```

"uncertainty" 플롯은 모델 기반으로 구해진 군집의 분포를 보여주는 플롯을 그린다. 모델에 사용된 변수 중 두 가지 차원의 쌍으로 구성된 산점도(scatter plots)의 조합을 그린다. 다만, "classification"와 다른 점은 군집의 경계 지점에 위치하여 확실하게 분류되지 못하는 불확실한 점을 크게 표현해 구분한다. "uncertainty" 플롯은 다음과 같이 출력하며, 결과는 그림 8.23과 같다.

```
> plot(model, what = "uncertainty")
```

"density" 플롯은 모델 기반으로 구해진 군집의 추정 밀도를 등고선(contour) 그림으로 보여준다. 등고선의 가지 수는 "classification"와 동일한 조합으로 표현된다. "density" 플롯은 다음과 같이 출력하며 그 결과는 그림 8.24와 같다.

```
> plot(model, what = "density")
```

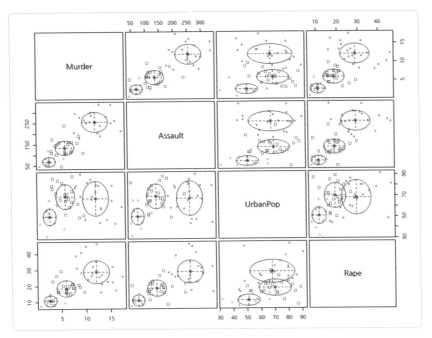

그림 8.22 classification 플롯

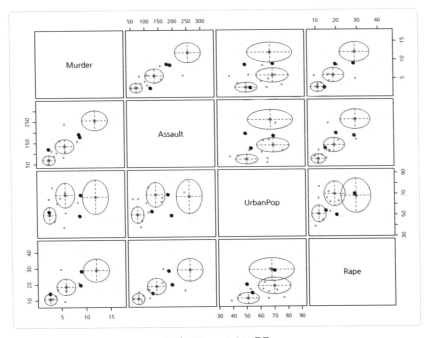

그림 8.23 uncertainty 플롯

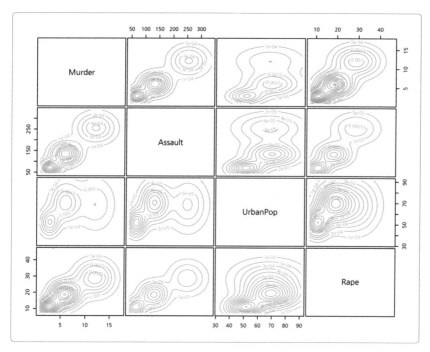

그림 8.24 density 플롯

8.4 분산분석 ⚙

분산분석(ANOVA, ANalysis Of VAriance)은 세 개 이상, 다수의 집단을 비교할 때 유용하게 사용되는 통계적 방법이다. 일반적으로 변수를 요인(factor)이라 하고, 요인 안에서의 집단들을 수준(level)이라 한다. 즉, 요인 안에서 수준별 유의차를 분석하는 방법론이다.

8.4.1 일원분산분석

일원배치법(One-Way ANOVA)은 하나의 요인 안에서의 수준별 차이를 살펴보는 방법이다. 분산분석을 수행하는 함수는 aov( )이다. 이 함수의 사용법을 익히기 위해서 datasets 패키지에서 제공하는 warpbreaks 데이터 프레임으로 다음과 같이 일원분산분석을 수행해보자. breaks는 베틀에서 끊어진 날실의 개수를 의미하고, 요인 tension은 장력을 의미한다. 장력의 수준은 L, M, H로 작음, 중간, 큼을 나타낸다. 일원분산분석의 모형은 oneway라는 이름의 객체로 저장하고, 분산분석표는 summary( ) 함수로 계산하였다.

```
> oneway <- aov(breaks ~ tension, data=warpbreaks)
> oneway
```

```
Call:
  aov(formula = breaks ~ tension, data = warpbreaks)
Terms:
               tension Residuals
Sum of Squares 2034.259  7198.556
Deg. of Freedom       2        51
Residual standard error: 11.88058
Estimated effects may be unbalanced
> summary(oneway)
           Df Sum Sq Mean Sq F value  Pr(>F)
tension     2   2034  1017.1   7.206 0.00175 **
Residuals  51   7199   141.1
---
Signif. codes:  0 '***' 0.001 '**' 0.01 '*' 0.05 '.' 0.1 ' ' 1
```

8.4.1.1 수준별 차이 보이기

분산분석에서 박스 플롯은 요인의 수준별 관심있는 연속형 데이터의 차이를 비교할 때 유용하게 사용된다.

연습문제 8.5

장력별로 끊어진 날실의 분포에 대한 박스 플롯을 그려라.

장력별로 끊어진 날실의 분포는 다음처럼 boxplot( ) 함수로 박스 플롯을 그려 살펴볼 수 있다. 결과는 그림 8.25와 같다.

```
> boxplot(breaks ~ tension, data=warpbreaks)
```

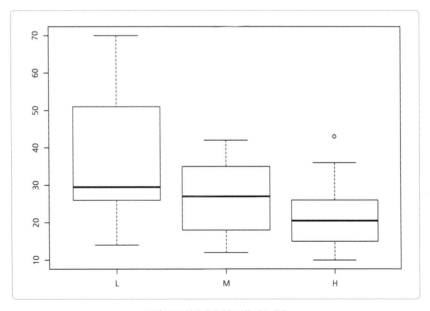

그림 8.25 일원배치법을 위한 박스 플롯

gplots 패키지의 plotmeans( ) 함수는 수준별 평균과 평균에 대한 신뢰구간을 보여 주는 플롯이다. 신뢰구간은 p 인수로 정하는데 기본 값은 0.95로 95% 신뢰구간을 표현한다. 다음 예제는 장력의 수준별 끊어진 날실 개수의 평균과 신뢰구간을 표현한다. 결과는 그림 8.26과 같다.

```
> if (!require(gplots)) {
      install.packages("gplots")
      require(gplots)
  }
> plotmeans(breaks ~ tension, data=warpbreaks, xlab="The level of tension",
            ylab="The number of breaks", main="Mean Plot\nwith 95% CI")
```

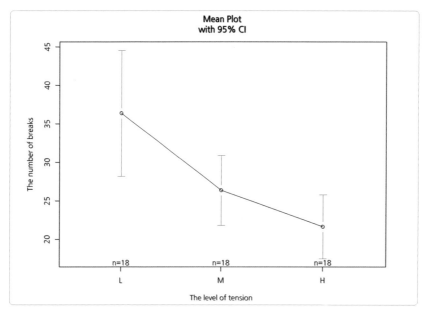

그림 8.26 Means with Error Bars 플롯

8.4.2 이원배치법

이원배치법(Two-Way ANOVA)은 두 개 이상의 요인에 대해서 수준과 수준의 조합별 차이를 살펴보는 방법이다. warpbreaks 데이터에서 wool은 울의 종류를 나타내는 인자로 A와 B의 수준을 갖는다. 다음은 이원배치법의 예제로, 여기서는 울의 종류 인자를 포함한 이원분산분석의 모형을 twoway라는 이름의 객체로 저장하고 분산분석표를 계산한다.

```
> twoway <- aov(breaks ~ wool + tension, data=warpbreaks)
> twoway

Call:
   aov(formula = breaks ~ wool + tension, data = warpbreaks)
Terms:
```

```
               wool  tension Residuals
Sum of Squares   450.667 2034.259  6747.889
Deg. of Freedom        1        2        50
Residual standard error: 11.61713
Estimated effects may be unbalanced
> summary(twoway)
            Df Sum Sq Mean Sq F value  Pr(>F)
wool         1    451   450.7   3.339 0.07361 .
tension      2   2034  1017.1   7.537 0.00138 **
Residuals   50   6748   135.0
---
Signif. codes:  0 '***' 0.001 '**' 0.01 '*' 0.05 '.' 0.1 ' ' 1
```

8.4.2.1 수준별 차이 보이기

장력별, 울의 종류별로 끊어진 날실의 분포는 다음처럼 boxplot( ) 함수로 박스 플롯을 그려 살펴볼 수 있다. 결과는 그림 8.27과 같다. 그런데 결국에는 하나의 박스 플롯에는 하나의 인자만 표현된다. 그래서 그림 영역(figure region)을 par( ) 함수의 mfrow 인수를 사용해서 두 개로 나누어서 각각의 플롯 영역(plot region)에 장력 인자와 울의 종류 인자에 대한 박스 플롯을 그린 것이다. 어쨌든 두 개의 인자별로 끊어진 날실의 분포를 파악할 수 있는 시각화다.

```
> op <- par(no.readonly = TRUE)
> par(mfrow = c(1, 2), oma = c(0, 0, 1.1, 0))
> plot(breaks ~ tension, data = warpbreaks, col = "lightgray",
       varwidth = TRUE, subset = wool == "A", main = "Wool A")
> plot(breaks ~ tension, data = warpbreaks, col = "lightgray",
       varwidth = TRUE, subset = wool == "B", main = "Wool B")
> mtext("warpbreaks data", side = 3, outer = TRUE)
> par(op)
```

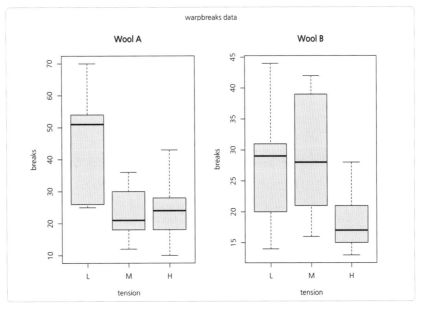

그림 8.27 이원배치를 위한 박스 플롯

8.4.2.2 교호작용 파악하기

이원분산분석에서 교호작용[10]을 파악하기 위한 이원 교호작용(Two-way inter-action) 플롯은 interaction.plot( ) 함수로 쉽게 그릴 수 있다. 다음 예제는 장력과 울의 종류에 대한 교호작용 여부를 파악할 수 있는 시각화로, 결과는 그림 8.28과 같은 이원 교호작용 플롯을 출력한다. 만약 교호작용이 존재한다면 그림처럼 두 개의 선이 교차된다.

```
> with(warpbreaks, {
      interaction.plot(tension, wool, breaks, fixed = TRUE, col = 2:3,
      leg.bty = "o")
  })
```

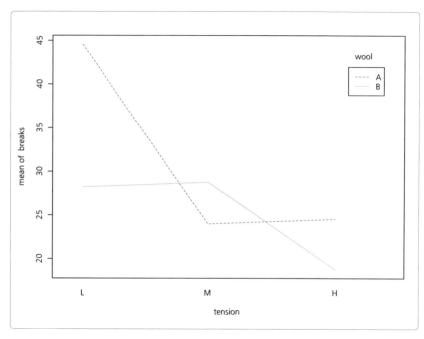

그림 8.28 이원 교호작용 플롯

8.4.3 다중비교

분산분석의 귀무가설은 인자 안에서 적어도 하나의 수준이 다른 수준과 유의한 차이를 보인다는 것이다. 그러므로 어떤 수준의 평균 값이 크거나 작은지를 검정하지 않는다. 그래서 분산분석에서는 사후검정이라는 절차를 통해서 어떤 수준이 상대적으로 크거나 작은지를 파악하는 데 일반적으로 다중비교(Multiple Comparisons)라는 방법을 사용한다.

---

10 교호작용(Interaction)은 두 인자들 사이의 조합에서 일어나는 효과를 의미한다.

다중비교를 수행하는 패키지로는 multcomp가 있다. 다음은 multcomp 패키지로 다중비교를 수행하는 예제인데, 다중비교의 여러 알고리즘 중에서 Tukey의 방법으로 장력인 tension 인자에 대한 다중비교를 수행한 후 이를 시각화한다. 결과는 그림 8.29와 같다. M-L(중 장력과 저장력의 차)과 H-L(고장력과 저장력의 차)가 기준선 0을 벗어나 음의 값을 가지므로 저장력인 L에서 breaks의 값이 크게 나타난다고 할 수 있겠다.

```
> if (!require(multcomp)) {
      install.packages("multcomp")
      require(multcomp)
  }
> # set up all-pair comparisons for factor 'tension'
> wht <- glht(twoway, linfct = mcp(tension = "Tukey"))
> wht

   General Linear Hypotheses
Multiple Comparisons of Means: Tukey Contrasts
Linear Hypotheses:
           Estimate
M - L == 0  -10.000
H - L == 0  -14.722
H - M == 0   -4.722

> # 95% simultaneous confidence intervals
> plot(confint(wht))
```

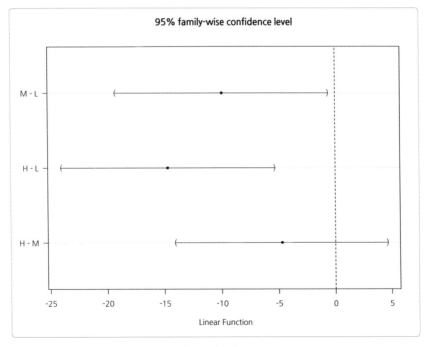

그림 8.29 다중비교 플롯

8.5 연관규칙 분석 ✪

구매한 아이템들 간의 유용한 연관 패턴을 찾아내는 마이닝 방법에 연관규칙 (association rules) 분석이 있다. "기저귀를 구매하는 남성이 맥주를 함께 구매한다"라는 장바구니 분석 사례에서 자주 회자되는 분석 방법이다.

8.5.1 트랜잭션 객체 생성

연관 규칙 분석을 수행하기 위해서는 트랜잭션(transaction) 객체를 만들어야 한다. arules 패키지를 이용해서 트랜잭션 데이터를 만들고 연관분석을 수행하는 방법을 알아보자.

트랜잭션은 장바구니 분석에서 하나의 장바구니를 의미한다. 즉, 마트에서 장을 보고 계산대에서 계산할 때 담아온 제품들의 구성이 하나의 독립적인 트랜잭션이다. 이 트랜잭션은 매번 다르다. 어제 구입한 제품 목록과 오늘 구입한 제품 목록이 동일할 수 없기 때문이다. 물론 동일한 경우도 있을 수 있으나 다른 경우가 더 많을 것이다. 장바구니가 트랜잭션이라면, 제품은 아이템(items)이라 한다. 이들은 행렬 구조로 변환하여 행에 트랜잭션을, 열에 아이템을 배치할 수 있을 것이다. 이렇게 배치한 데이터 객체는 transactions라 하며, arules 패키지에 구현되어 있다. 여기서는 연관규칙 분석을 위해서 transactions 객체를 만드는 법을 다루겠다.

R 패키지에는 종속(Depends)의 개념이 있다. 예를 들면 A 패키지를 만들기 위해서 B, C 패키지를 사용하였다면, A 패키지는 B와 C 패키지에 종속되어 있는 것이다. 그럼 여기서 A 패키지를 트랜잭션이라 생각하고, B와 C 패키지를 아이템이라 해보자. 즉, 특정 패키지를 트랜잭션으로 인식하고, 특정 패키지에 사용된 패키지들을 아이템이라 생각하는 것이다. 그러면 패키지 생성에 이용되는 패키지들 간에 연관 규칙을 살펴볼 수 있을 것이다.

다음 예제는 CRAN에 등록되어 있는 R 패키지의 목록을 가져오고, 종속 관계에 있는 패키지를 구한 후 trans라는 이름의 transactions 객체로 만드는 일련의 과정을 구현한 예제이다. 종속관계는 "Depends", "Imports", "LinkingTo" 중에서 "Depends"와 "Imports"에 해당하는 것만 가져왔다. CRAN에서 정보를 가져와야 하기 때문에 인터넷에 연결되어 있지 않은 환경에서는 에러가 발생한다.

available.packages( ) 함수는 현재 사용이 가능한 패키지의 목록을 반환하는 함수다. 그리고 tools 패키지의 package_dependencies( ) 함수는 종속관계에 있는 패키지를 반환한다. 이 함수는 리스트를 반환하기 때문에 unlist( ) 함수로 벡터를 만드는 로직을 사용하였다. 마지막으로 trans 객체를 as( ) 함수로

transactions 객체로 강제로 형 변환하여 transactions 객체로 변경하면서 종속
관계로 트랜잭션 데이터를 만들어서 연관규칙 분석의 준비를 마쳤다.

```
> # 종속 패키지를 가져오는 사용자정의 함수
> getDepends <- function(whichs=c("Depends", "Imports", "LinkingTo",
"Suggests")) {
        # arules 패키지 자원 불러오기
        if (!require(arules)) {
            install.packages("arules")
            require(arules)
        }
        # CRAN에서 사용 가능한 패키지 정보 가져오기
        pkgs <- available.packages( )
        pkg.name <- pkgs[, "Package"]
        # 종속 패키지 가져 오기
        depends <- tools::package_dependencies(pkg.name, pkgs, which=whichs)
        # 종속 패키지가 없는 패키지 제거
        depends <- depends[unlist(lapply(depends, function(x) length(x)>0))]
        # 종속 패키지로 트랜잭션 데이터 생성하기
        as(depends, "transactions")
}
> # 종속 패키지 가져 오는 함수 호출
> options(repos = "http://cran.r-project.org")
> trans <- getDepends(whichs=c("Depends", "Imports"))
```

그런데 CRAN에는 하루가 멀다 하고 새로운 패키지들이 개발되어 공유되므로
트랜잭션 데이터는 시점에 따라 그 내용이 다를 수 있다. 이 책과 동일한 결과를
얻기 원한다면, 다음과 같은 스크립트로 4장에서 정의한 getDropboxRData( )
함수를 사용하여 Dropbox에 올려 놓은 트랜잭션 데이터를 가져다가 작업하기
바란다.

```
> URL <- "https://dl.dropboxusercontent.com/u/46305178/datas/trans.RData"
> getDropboxRData(URL)

Loading objects:
  trans
```

transactions 객체를 집계하기 위해서는 간단하게 summary( ) 함수를 사용한다.
결과를 보면 총 1467개의 아이템으로 구성된 4201개의 트랜잭션이 존재하며,
methods 패키지가 다른 패키지에서 사용된 횟수가 807회로 가장 많음을 알 수
있다. 또한 종속된 패기지 중에서 패키지를 만들 때 한 개의 패키지를 참조한 것
이 1211개로 가장 많다.

```
> summary(trans)

transactions as itemMatrix in sparse format with
 4201 rows (elements/itemsets/transactions) and
 1467 columns (items) and a density of 0.002190052
most frequent items:
 methods     MASS    stats   utils graphics  (Other)
    807      564      543     295      285    11003
```

```
element (itemset/transaction) length distribution:
sizes
   1    2    3    4    5    6    7    8    9   10   11   12
1211  973  623  490  276  217  131   92   47   40   32   19
  13   14   15   16   17   18   19   20   21   23   24
  14   14    6    3    2    2    4    1    1    2    1
  Min. 1st Qu.  Median    Mean 3rd Qu.    Max.
 1.000   1.000   2.000   3.213   4.000  24.000
includes extended item information - examples:
   labels
1     abc
2    abind
3  acepack
includes extended transaction information - examples:
  transactionID
1            A3
2           abc
3       abcdeFBA
```

8.5.2 연관규칙[11] 탐색하기

Apriori 알고리즘으로 연관분석 마이닝을 수행하기 위해서는 apriori( ) 함수를 사용한다. 이 함수의 parameter 인수에 규칙을 정의한다. 규칙을 정의하는 파라미터에는 confidence, minval, smax, arem, aval, originalSupport, support, minlen, maxlen, target을 사용할 수 있다. 자세한 내용은 도움말 페이지를 참고하기 바란다.

　　transactions 객체인 trans에서 지지도(support)가 0.005 이상이고 신뢰도(confidence)가 0.6 이상인 규칙을 찾기 위해서 다음과 같이 apriori( ) 함수를 호출한 결과를 보면, 33개의 규칙이 검출되었음을 알 수 있다.

```
> rules <- apriori(trans, parameter=list(supp=0.005, conf=0.6,
               target="rules"))
```

```
parameter specification:
 confidence minval smax arem  aval originalSupport support
        0.6    0.1    1 none FALSE            TRUE   0.005
 minlen maxlen target   ext
      1     10  rules FALSE
algorithmic control:
 filter tree heap memopt load sort verbose
    0.1 TRUE TRUE  FALSE TRUE    2    TRUE
apriori - find association rules with the apriori algorithm
version 4.21 (2004.05.09)        (c) 1996-2004   Christian Borgelt
set item appearances ...[0 item(s)] done [0.00s].
set transactions ...[1467 item(s), 4201 transaction(s)] done [0.00s].
sorting and recoding items ... [110 item(s)] done [0.00s].
creating transaction tree ... done [0.00s].
checking subsets of size 1 2 3 4 done [0.00s].
writing ... [33 rule(s)] done [0.00s].
creating S4 object  ... done [0.00s].
```

11　지지도, 신뢰도, 향상도, inspect( ) 함수가 생소하다면 7장 3.5절의 '연관규칙 플롯'을 참고하기 바란다.

summary( ) 함수로 규칙을 집계하면, 33개의 규칙에 대한 길이의 분포와 지지도, 신뢰도, 향상도의 분포 등을 볼 수 있다.

```
> summary(rules)
```

```
set of 33 rules
rule length distribution (lhs + rhs):sizes
 2  3  4
16 14  3
   Min. 1st Qu.  Median   Mean 3rd Qu.    Max.
  2.000   2.000   3.000   2.606   3.000   4.000
summary of quality measures:
    support           confidence          lift
 Min.   :0.005475   Min.   :0.6053   Min.   :  3.687
 1st Qu.:0.005713   1st Qu.:0.6744   1st Qu.:  6.963
 Median :0.008093   Median :0.7722   Median : 11.994
 Mean   :0.010430   Mean   :0.7698   Mean   : 20.286
 3rd Qu.:0.012378   3rd Qu.:0.8519   3rd Qu.: 16.050
 Max.   :0.047608   Max.   :0.9600   Max.   :149.110
mining info:
  data ntransactions support confidence
 trans         4201   0.005        0.6
```

inspect( ) 함수는 실제 연관규칙 내용을 보여준다. 예제에서는 33개 규칙 중에서 첫 번째부터 열 번째까지 열 개의 개별 규칙의 목록을 조회하였다. 열 개의 규칙 중에서는 {stats4} ⇒ {methods} 규칙의 지지도가 0.008093311로 가장 크며, {latticeExtra} ⇒ {lattice} 규칙의 신뢰도가 0.96으로 가장 크게 나타났다.

```
> inspect(rules[1:10])
```

```
    lhs                rhs            support   confidence      lift
1  {R.oo}          => {R.methodsS3}  0.005474887  0.9583333  149.109568
2  {R.methodsS3}   => {R.oo}         0.005474887  0.8518519  149.109568
3  {DBI}           => {methods}      0.005474887  0.7187500    3.741597
4  {latticeExtra}  => {lattice}      0.005712925  0.9600000   15.276364
5  {rgeos}         => {sp}           0.005950964  0.8928571   28.415855
6  {gridExtra}     => {ggplot2}      0.005474887  0.9200000   17.976372
7  {stats4}        => {methods}      0.008093311  0.7083333    3.687371
8  {maptools}      => {sp}           0.006903118  0.6744186   21.463883
9  {rgdal}         => {sp}           0.007855273  0.7857143   25.005952
10 {raster}        => {sp}           0.007855273  0.6346154   20.197115
```

8.5.3 연관규칙의 시각화

arules 패키지로 만든 연관규칙을 시각화하기 위해서는 arulesViz 패키지를 사용해야 한다.

8.5.3.1 산점도

연관규칙의 산점도(scatter plot)는 이차원 좌표에 지지도(support), 신뢰도(confidence), 향상도(lift)를 출력한다. 다음 plot( ) 함수는 기본으로 설정된 인수를 사용여 산점도를 그린다. 그러므로 plot(rules)과 동일한 결과를 출력한다.

결과는 그림 8.30과 같은데, x-축에는 지지도인 "support"를 y-축에는 신뢰도인 "confidence"를 설정하고, 출력되는 점들의 색상으로는 향상도인 "lift"가 설정되었다. 색상이 짙을수록 향상도의 값이 크다는 것을 의미한다.

```
> if (!require(arulesViz)) {
      install.packages("arulesViz")
      require(arulesViz)
  }
> plot(rules, measure=c("support", "confidence"), shading="lift")
```

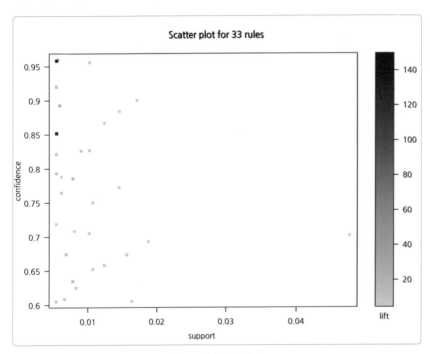

그림 8.30 연관규칙의 산점도

8.5.3.2 그룹화행렬 기반 시각화

그룹화행렬 기반 시각화(grouped matrix-based visualization)는 다음과 같이 plot( ) 함수의 method 인수 값에 "grouped"를 지정하여 출력한다. 이 그룹화행렬 기반 시각화는 그림 8.31과 같다. 원의 크기가 클수록 지지도의 값이 크고, 색상이 짙을수록 향상도의 값이 크다는 것을 의미한다.

　오른쪽 맨 아래의 원, 즉 x-축인 2 (DBI +1)과 y-축인 {methods}의 교차점에 생긴 원은 "DBI와 최대 한 개의 다른 아이템을 포함한 선항과 methods의 후항은 두 개의 규칙을 가지고 있다"라고 해석한다. 그 크기와 색상을 감안하면 규칙의 지지도와 향상도는 다른 것들과 비교하여 크지 않음을 알 수 있다.

```
> plot(rules, method="grouped")
```

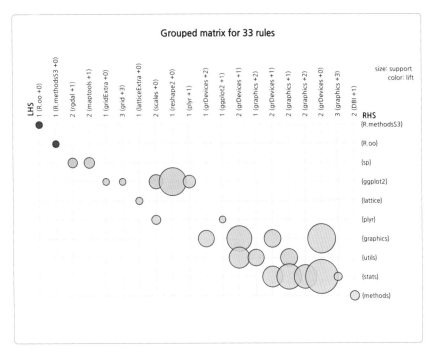

그림 8.31 그룹화 행렬 시각화

8.5.3.3 그래프 기반 시각화

그래프 기반 시각화(graph-based visualizations)는 다음과 같이 plot( ) 함수의 method 인수 값에 "graph"를 지정하여 출력한다. 이 그룹화 행렬 시각화는 그림 8.32와 같다. 원의 크기가 클수록 지지도의 값이 크고, 색상이 짙을수록 향상도의 값이 크다. 또한 화살표의 방향은 LHS(left-hand-side, 선항) ⇒ RHS(right-hand-side, 후항)를 의미한다.

그림 8.32을 보면 ggplot2 패키지는 여러 패키지들과 연관이 있으며 격자 모양의 시각화와 관련된 lattice 패키지와 latticeExtra 패키지의 관계라든가 공간 시각화 관련된 sp 패키지와 rgeos, rgdal, raster, maptools 패키지들과의 관계는 우리가 이미 알고 있는 이들 패키지의 관계를 잘 설명한다. 그러므로 연관규칙 분석을 통한 도출된 연관관계의 효용성이 어느 정도 증명된 셈이다.

```
> plot(rules, method="graph", control=list(type="items"))
```

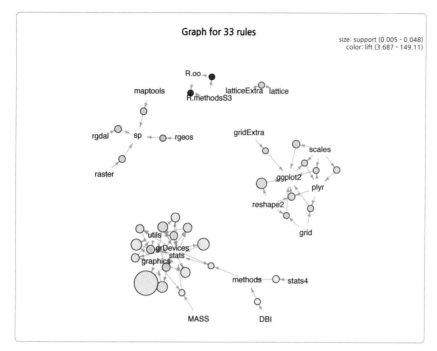

그림 8.32 그래프 기반 시각화

8.5.3.4 병렬좌표 플롯

병렬좌표 플롯(parallel coordinates plots)은 다음과 같이 plot( ) 함수의 method 인수 값에 "paracoord"를 지정하여 출력한다. 이 병렬좌표 플롯은 그림 8.33과 같다. 화살표의 종착점이 RHS이며 시작점과 중간 기착점의 조합이 LHS인데, x-축과 교차하는 y-축은 해당 아이템의 이름을 파악할 수 있도록 한다. 또한 선의 굵기는 지지도의 크기에 비례하고, 색상의 농담은 향상도의 크기에 비례한다.

```
> plot(rules, method="paracoord", control=list(reorder=TRUE))
```

8.5.4 규칙의 간결화

그래프 기반의 시각화 결과인 그림 8.32는 복잡해서 해석에 다소 어려움이 있다. 이 경우에는 규칙을 만들 때 다음처럼 maxlen 값을 2로 지정하여 아이템 셋당 최대 2개의 아이템으로 한정하면 된다. 그러면 LHS에 포함되는 아이템이 한개가 되어 플롯이 간결해지므로, 핵심 규칙을 쉽게 파악할 수 있다. 이 방법은 연관규칙 분석의 모든 시각화에 적용된다.

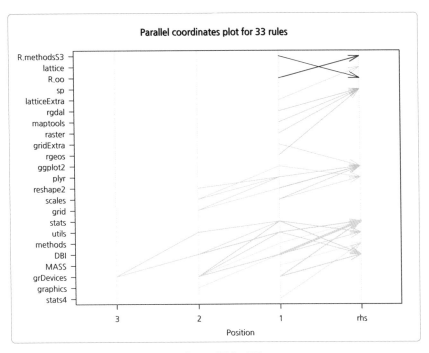

그림 8.33 병렬좌표 플롯

```
> rules <- apriori(trans, parameter=list(supp=0.005, conf=0.6, maxlen=2,
                   target="rules"))
```

```
parameter specification:
 confidence minval smax arem  aval originalSupport support
        0.6    0.1    1 none FALSE           TRUE   0.005
 minlen maxlen target   ext
      1      2  rules FALSE
algorithmic control:
 filter tree heap memopt load sort verbose
    0.1 TRUE TRUE  FALSE TRUE    2    TRUE
apriori - find association rules with the apriori algorithm
version 4.21 (2004.05.09)        (c) 1996-2004   Christian Borgelt
set item appearances ...[0 item(s)] done [0.00s].
set transactions ...[1467 item(s), 4201 transaction(s)] done [0.00s].
sorting and recoding items ... [110 item(s)] done [0.00s].
creating transaction tree ... done [0.00s].
checking subsets of size 1 2 done [0.00s].
writing ... [16 rule(s)] done [0.00s].
creating S4 object  ... done [0.00s].
```

```
> plot(rules, method="graph", control=list(type="items"))
```

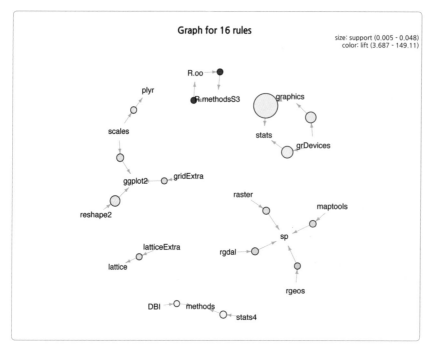

그림 8.34 간결해진 그래프 기반 시각화

8.6 네트워크 분석 ✪

R에서는 네트워크 분석을 위한 igraph, sna, network 등의 패키지를 제공하고 있다.

8.6.1 R 패키지의 네트워크 정보 만들기

이번에는 앞서 다룬 R 패키지의 종속관계 정보를 가져오는 함수를 수정해서 네트워크 분석에서 사용하는 edge list 구조의 데이터를 생성하는 사용자정의 함수를 만든다.

　getTaskViewPackages( )는 CRAN의 Task Views 페이지에서 제안하는 패키지들의 목록을 가져오는 사용자정의 함수다. 이 함수를 만든 이유는 모든 패키지를 대상으로 종속 관계의 네트워크를 구성하면 너무 많은 edge가 만들어져서 그 대상을 줄이고자 함이다. 동일한 주제의 패키지를 소개하는 Task View 페이지에는 추천할만한 유용한 패키지들의 소개가 있기 때문에 이들 패키지를 대상으로 네트워크 분석의 사례를 알아보려 한다.

　getDepndsNetwork( )는 종속 관계로부터 네트워크의 edge list를 만드는 사용자정의 함수다. topic 인수가 "all"일 경우에는 CRAN에 등록된 사용 가능한 모든 패키지를 대상으로 네트워크의 edge list를 생성한다. 만약 Task Views 페이지의 패키지로 한정하려면 해당 Task Views 페이지의 이름을 지정하면 된다. pos 인수는 topic 인수에서 지정한 패키지들을 중심으로 edge list를 만들 때 transmitter 기준인지 receiver 기준인지 혹은 둘 다 포함된 기준인지를 지정한다.

참고로 여기서 transmitter 기준은 타 패키지에 참조되는 패키지를 중심으로 종속 관계를 찾는 것이고, receiver 기준은 타 패키지를 참조하는 패키지를 중심으로 종속 관계를 찾는 것을 의미한다.

```
> # Task View에 포함되어 있는 패키지 이름 가져오는 사용자정의 함수
> getTaskViewPackages <- function(topic="Graphics") {
      library(RCurl)
      library(XML)
      # Task View URL 만들기
      topic <- paste("http://cran.r-project.org/web/views/", topic, ".html", sep="")
      html <- getURL(topic, followlocation = TRUE)
      href <- getNodeSet(htmlParse(html),"//a")
      pkg.flag <- as.logical(unlist(lapply(href, function(x) length(grep("index\\.html$",
                             xmlAttrs(x))))))
      # 패키지명만 가져오기
      href <- href[pkg.flag]
      unique(unlist(lapply(href, getChildrenStrings)))
  }
> # 종속관계를 가져오는 사용자정의 함수
> getDepndsNetwork <- function(topic="all", pos=c("transmitter", "receiver", "both")[1],
                               whichs=c("Depends", "Imports", "LinkingTo", "Suggests")) {
      library(tools)
      # transmitter와 receiver 모두 가져오기
      if (pos=="both") {
          return(rbind(getDepndsNetwork(topic=topic, pos="transmitter", whichs=whichs),
                  getDepndsNetwork(topic=topic, pos="receiver", whichs=whichs)))
      }
      # CRAN에서 패키지 정보 가져오기
      pkgs <- available.packages( )
      pkg.name <- if (topic=="all") pkgs[, "Package"] else getTaskViewPackages(topic)
      # transmitter와 receiver의 경우에 따른 reverse 인수 설정
      if (pos=="transmitter") reverse <- TRUE
      if (pos=="receiver") reverse <- FALSE
      # CRAN에서 패키지 의존성 정보 가져오기
      depends <- package_dependencies(pkg.name, pkgs, which=whichs, reverse=reverse,
                               recursive=FALSE)
      depends <- depends[unlist(lapply(depends, function(x) length(x)>0))]
      # edge에 대한 변수 초기화
      edge.cnt <- sum(unlist(lapply(depends, length)))
      edge <- matrix(character(0), ncol=2, nrow=edge.cnt)
      vertex.name <- attr(depends,"names")
      # edge 구하기
      idx <- 1
      for (pkg in vertex.name) {
          vertex <- unlist(depends[pkg])
          cnt <- length(vertex)
          edge[idx:(idx+cnt-1), ] <- if (pos=="transmitter") cbind(pkg, vertex) else
                                     cbind(vertex, pkg)
          idx <- idx + cnt
      }
      colnames(edge) <- c("transmitter", "receiver")
      edge
  }
```

연습문제 8.6

"Graphics" Task Views 페이지인 http://cran.r-project.org/web/views/Graphics.html에 소개된
R 패키지의 목록을 구하라.

"Graphics" Task Views 페이지에 소개된 R 패키지의 목록은 다음과 같이 getTask
ViewPackages( ) 함수를 호출하여 구할 수 있다.

```
> pkgs <- getTaskViewPackages(topic="Graphics")
> pkgs
```

```
 [1] "lattice"        "ggplot2"          "vcd"         "plotrix"
 [5] "gclus"          "gplots"           "aplpack"     "scatterplot3d"
 [9] "misc3d"         "rgl"              "onion"       "cba"
[13] "seriation"      "biclust"          "ash"         "scagnostics"
[17] "ape"            "ade4"             "igraph"      "diagram"
[21] "cairoDevice"    "RGtk2"            "RSvgDevice"  "JavaGD"
[25] "colorspace"     "RColorBrewer"     "dichromat"   "rggobi"
[29] "iplots"         "playwith"         "gridBase"    "animation"
[33] "Cairo"          "IDPmisc"          "klaR"        "latticeExtra"
[37] "RGraphics"      "RSVGTipsDevice"   "tkrplot"     "vioplot"
[41] "xgobi"
```

41개의 패키지가 출력되는데, lattice 패키지와 ggplot2 패키지 이름이 보인다.

"Graphics" Task Views 페이지에 소개된 R 패키지의 목록을 대상으로
"Depends" 종속관계로 네트워크 edge list를 구하는 세 가지 방법의 결과는 다
음과 같다.

```
> # transmitter 기준
> options(repos = "http://cran.r-project.org")
> edge.transmitter <- getDepndsNetwork(topic="Graphics", whichs=c("Depends"))
> NROW(edge.transmitter)
```

```
[1] 650
```

```
> head(edge.transmitter, n=3)
```

```
     transmitter receiver
[1,] "lattice"   "abcdeFBA"
[2,] "lattice"   "abd"
[3,] "lattice"   "Actigraphy"
```

```
> # receiver 기준
> edge.receiver <- getDepndsNetwork(topic="Graphics", pos="receiver",
whichs=c("Depends"))
> NROW(edge.receiver)
```

```
[1] 38
```

```
> head(edge.receiver, n=3)
```

```
     transmitter receiver
[1,] "stats"     "ggplot2"
[2,] "methods"   "ggplot2"
[3,] "grid"      "vcd"
```

```
> # transmitter 기준 + receiver 기준
> edge.both <- getDepndsNetwork(topic="Graphics", pos="both",
whichs=c("Depends"))
> NROW(edge.both)
```

```
[1] 688
```

```
> head(edge.both, n=3)
```

```
     transmitter receiver
[1,] "lattice"   "abcdeFBA"
[2,] "lattice"   "abd"
[3,] "lattice"   "Actigraphy"
```

```
> tail(edge.both, n=3)
```

```
      transmitter receiver
[686,] "grDevices" "tkrplot"
[687,] "tcltk"     "tkrplot"
[688,] "sm"        "vioplot"
```

getDepndsNetwork( ) 함수는 열이 두 개인 행렬을 반환한다. 이 행렬이 edge list의 포맷인 것이다. 2014-11-01 일자의 결과를 보면 transmitter 기준으로는 edge의 개수가 652개, receiver 기준으로는 edge의 개수가 38개, 둘 다 포함된 기준으로는 edge의 개수가 690개가 반환되었다.

8.6.2 네트워크 그래프 그리기

igraph 패키지는 네트워크 분석 및 시각화를 지원하는 대표적인 패키지다. 이 패키지를 이용해서 네트워크 그래프를 그리는 방법을 살펴보자.

8.6.2.1 igraph 그래프 만들기

graph.data.frame( ) 함수는 데이터 프레임이나 행렬을 igraph 그래프로 변환하는 함수다. 앞서 만들었던 edge.receiver는 네트워크의 edge list이지만, 행렬 객체이기 때문에 igraph 그래프 객체로 변환하였다. 그리고 degree( ) 함수는 degree를 구하는데, 예제에서는 in-degree와 out-degree를 계산하여 각각 in_degree 벡터와 out_degree 벡터를 만들었다.

앞서 말했듯 Graphics Task Views 페이지에 언급된 41개의 패키지가 있는데, in_degree는 패키지를 만들 때 다른 패키지를 몇 개 이용하였는지를 의미한다. 그러므로 in_degree가 크다는 것은 타 패키지의 의존도가 높다는 것을 의미한다. 상위 열 개의 목록을 보면 RGraphics 패키지가 타 패키지를 여덟 개 이용하였다는 것을 알 수 있다.

한편 out_degree는 Graphics Task Views 페이지에 언급된 41개의 패키지 중에 몇 개의 패키지가 해당 패키지를 이용하였는지를 의미한다. 그러므로 out_degree가 크다는 것은 타 패키지에서 많이 사용되었으므로 활용도가 높다는 것

을 의미한다. 상위 열 개의 목록을 보면 methods 패키지가 여섯 개의 타 패키지에서 이용되었다는 것을 알 수 있다.

```
> if (!require(igraph)) {
     install.packages("igraph")
     require(igraph)
  }
> # igraph 그래프 객체로 변환
> g <- graph.data.frame(edge.receiver)
> # degree의 계산
> in_degree <- igraph::degree(g, mode="in")
> out_degree <- igraph::degree(g, mode="out")
> # degree가 큰 상위 열개의 패키지 조회
> sort(in_degree, decreasing=T)[1:10]
```

RGraphics	biclust	IDPmisc	ggplot2
8	4	3	2
vcd	rgl	cba	iplots
2	2	2	2
latticeExtra	tkrplot		
2	2		

```
> sort(out_degree, decreasing=T)[1:10]
```

methods	stats	grid	lattice	grDevices	tcltk
6	5	5	4	3	2
MASS	rJava	cluster	proxy		
2	2	1	1		

> **주의: degree( ) 함수 사용시 패키지 지정하기**
>
> 네트워크 분석에 사용하는 sna 패키지와 igraph 패키지는 모두 degree( ) 함수를 제공하고 있다. 그래서 두 패키지를 섞어서 사용하는 경우의 충돌을 회피하기 위해서는 degree( ) 함수를 사용할 때 명시적으로 패키지의 이름을 지정해야 한다. 예제처럼 igraph::degree(g, mode="out")와 같이 패키지명::함수명의 방법으로 함수를 호출하기 바란다.

8.6.2.2 receiver 중심의 네트워크 시각화

receiver 중심으로 패키지의 종속 관계를 가져온 네트워크 그래프를 시각화할 때 라벨의 크기를 in_degree에 비례하게 표현하면 어떤 패키지가 타 패키지에 의존성이 높은지를 알 수 있다. 그래서 V( ) 함수를 이용해서 vertex의 라벨 크기를 기본 값인 1에 in-degree 값인 in_degree 벡터의 min-max 표준화[12] 값을 더했다. 결과는 그림 8.35와 같다.

```
> if (!require("RColorBrewer")) {
     install.packages("RColorBrewer")
     library(RColorBrewer)
  }
```

---

12 min-max 표준화(min-max standardization)는 데이터의 개별 변수들에 대해서 (X - min X)/(max X - min X)로 계산된다. 여기서 X는 원래의 데이터에서의 변수의 값을 의미한다. 그러므로 표준화된 값의 범위가 0과 1 사이에 존재하는데, 이 때문에 0-1 scaling이라고도 부른다.

```
> # in_degree에 비례하는 색상 정의
> cols <- colorRampPalette(brewer.pal(9,"Blues"))(15)
> idx <- as.integer(cut(in_degree, pretty(in_degree, n=5),
                  include.lowest=TRUE)) * 2 + 3
> V(g)$degree <- in_degree
> V(g)$label.cex <- 1 + (in_degree - min(in_degree)) / diff(range(in_degree))
> V(g)$label.color <- cols[idx]
> plot(g, layout=layout.kamada.kawai(g, niter=10000), vertex.size = 0,
       edge.arrow.size=0.1)
```

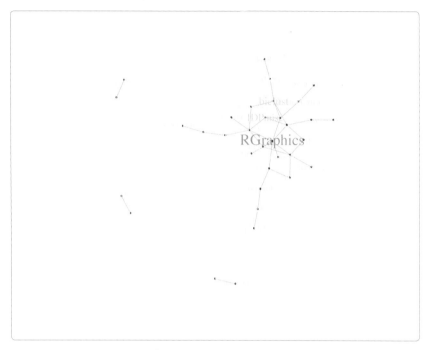

그림 8.35 in-degree 기준 네트워크 플롯

8.6.2.3 transmitter 중심의 네트워크 시각화

transmitter 중심으로 패키지의 종속 관계를 가져온 네트워크 그래프를 시각화할 때 라벨의 크기를 out_degree에 비례하게 표현하면 어떤 패키지가 타 패키지에서 사용성이 높은지를 알 수 있다. 그래서 V( ) 함수를 이용해서 vertex의 라벨 크기를 기본 값인 1에 out-degree 값인 out_degree 벡터의 min-max 표준화 값을 더했다. 결과는 그림 8.36과 같다.

```
> # out_degree에 비례하는 색상 정의
> cols <- colorRampPalette(brewer.pal(9,"Blues"))(15)
> idx <- as.integer(cut(out_degree, pretty(out_degree, n=5), include.lowest=TRUE)) * 2 + 3
> V(g)$degree <- out_degree
> V(g)$label.cex <- 1 + (out_degree - min(out_degree)) / diff(range(out_degree))
> V(g)$label.color <- cols[idx]
> plot(g, layout=layout.kamada.kawai(g, niter=10000), vertex.size = 0, edge.arrow.size=0.1)
```

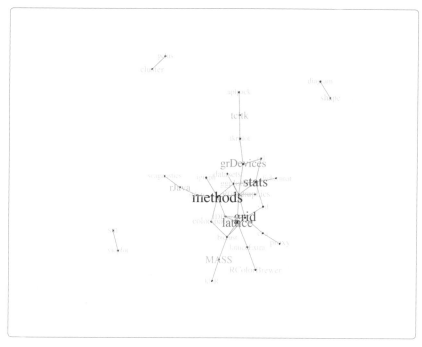

그림 8.36 out-degree 기준 네트워크 플롯

8.6.2.4 커뮤니티 네트워크 시각화

igraph 패키지에서 커뮤니티(community)를 구할 때는 walktrap.community( ) 함
수를 사용한다. 이 함수는 short random walks를 이용해서 커뮤니티를 구한 후
plot( ) 함수로 시각화한다.

```
> # vertex와 edge의 모양 변경
> V(g)$label.cex <- 0.8
> V(g)$label.color <- "black"
> E(g)$arrow.size <- 0.3
> wc <- walktrap.community(g)
> plot(wc, g)
```

그림 8.37은 walktrap.community( ) 함수를 이용한 위 예제의 결과로 플롯에서
열 개의 커뮤니티를 구분한다.

8.6.2.5 응집력 블록 네트워크 시각화

만약 undirected 그래프인 경우에는 응집력 블록(cohesive blocks)을 구할 수
있다. igraph 패키지에서 응집력 블록을 구하기 위해서는 다음 예제와 같이
cohesive.blocks( ) 함수를 사용한다. 이 함수로 응집력 블록을 구한 후 plot( )
함수로 시각화한다. 다음은 cohesive.blocks( ) 함수의 도움말에 있는 예제로,

결과는 그림 8.38과 같다.

```
> mw <- graph.formula(1-2:3:4:5:6, 2-3:4:5:7, 3-4:6:7, 4-5:6:7,
                      5-6:7:21, 6-7, 7-8:11:14:19, 8-9:11:14, 9-10,
                      10-12:13, 11-12:14, 12-16, 13-16, 14-15, 15-16,
                      17-18:19:20, 18-20:21, 19-20:22:23, 20-21,
                      21-22:23, 22-23)
> mwBlocks <- cohesive.blocks(mw)
> plot(mwBlocks, mw)
```

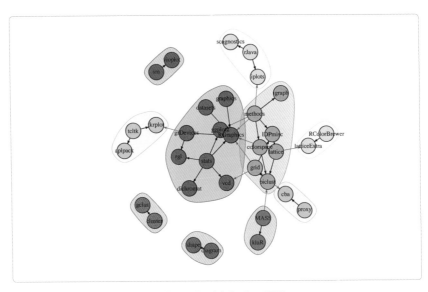

그림 8.37 커뮤니티 네트워크 시각화

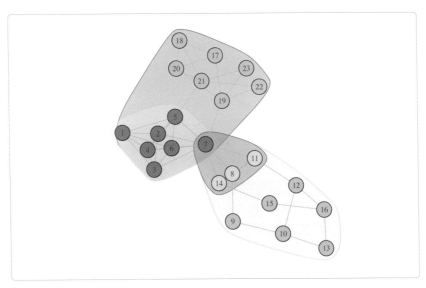

그림 8.38 응집력 블록 네트워크 시각화

8.6.3 기타 네트워크 관계 시각화

네트워크 시각화는 그 모양이 랜덤하게 그려지므로 함수의 호출 시마다 조금씩 다른 모양으로 표현된다. 또한 복잡하게 얽혀 있는 경우에는 해석이 어려울 때가 있다. 이러한 단점이 보완된 네트워크 시각화 기법에 여러 가지가 있다. 물론 절대적이지 않기 때문에 여러 가지 시각화 도구에서 적당한 것을 찾아 사용하는 것이 필요하다.

이번에는 네트워크 구조 데이터의 시각화를 지원하는 몇몇 패키지를 소개하고자 한다. 이들 패키지는 아크 다이어그램(arc diagram)이나 원형 플롯(circular plot) 등을 지원한다.

8.6.3.1 이분 교차 플롯

bipartite 패키지의 plotweb( ) 함수는 행과 열의 기준으로 집계된 분할표 구조의 데이터를 이분 상호작용 플롯(visualize a bipartite interaction matrix)으로 시각화한다.

다음 예제는 행렬 객체인 edge.receiver를 xtabs( ) 함수로 집계 후 t( ) 함수로 전치하는 과정을 거쳐 데이터를 전처리한다. 행렬 구조의 데이터를 전치하는 이유는 플롯의 상단에 타 패키지에 사용되는 패키지를, 하단에는 타 패키지를 사용하는 패키지를 배치하기 위함이다. 전치를 하지 않으면 그 반대로 표현된다. 결과는 그림 8.39와 같이 표현된다.

```
> if (!require("bipartite")) {
      install.packages("bipartite")
      library(bipartite)
  }
> # 데이터 전처리
> pivot.receiver <- xtabs(~transmitter+receiver, data=edge.receiver)
> pivot.receiver <- t(pivot.receiver)
> # bipartite 플롯
> plotweb(pivot.receiver, col.high="lightblue", col.low="mistyrose")
```

지금까지 다룬 패키지 의존성 데이터의 맹점은 모든 edge들이 유일하다는 점이다. 즉 모든 edge의 빈도(frequency)들이 1인 가중치가 없는 네트워크다. 만약 가중치가 있는 가중 네트워크(weighted network)라면 edge 선의 굵기가 다음 예제처럼 차이가 날 것이다. 이 예제는 plotweb( ) 함수의 도움말에 실린 것으로 결과는 그림 8.40과 같다.

```
> plotweb(Safariland)
```

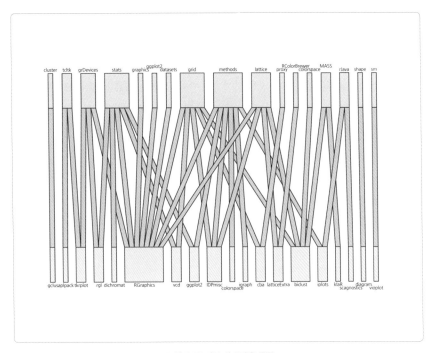

그림 8.39 이분 상호작용 플롯

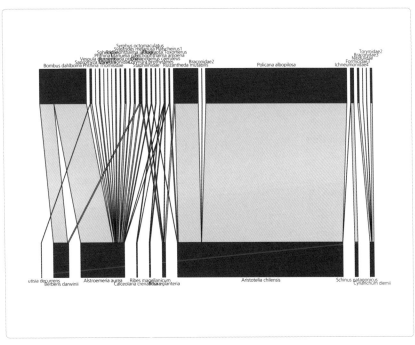

그림 8.40 가중 네트워크의 이분 상호작용 플롯

8.6.3.2 원형 플롯

DescTools 패키지의 PlotCirc( ) 함수는 행과 열의 기준으로 집계된 분할표 구조의 데이터를 원형 플롯(circular plot)으로 시각화한다. 이 방법이 이분 상호작용 플롯과 차이점은 네트워크가 방향성이 없는 unidirectional 네트워크 구조라는 점이다. 참고로 edge의 개수가 많으면, 복잡해서 해석이 어려우므로 edge 개수가 작은 경우에 사용하기 바란다.

다음은 pivot.receiver 행렬을 PlotCirc( ) 함수를 이용해서 원형 플롯으로 시각화하는 예제로, 결과는 그림 8.41과 같다. 연결선 중에서 두께가 없는 실선은 해당 edge의 degree가 0으로 연결 관계가 없음을 의미한다. 그런데 너무 많은 degree가 0인 edge로 인해서 결과가 너무 복잡하여 해석이 쉽지 않다.

```
> if (!require("DescTools")) {
    install.packages("DescTools")
    library(DescTools)
  }
> # 데이터 전처리
> pivot.receiver <- xtabs(~transmitter + receiver, data = edge.receiver)
> # bipartite 플롯
> op <- par(no.readonly = TRUE)
> par(mar=c(1, 1, 1, 1))
> PlotCirc(pivot.receiver)
> par(op)
```

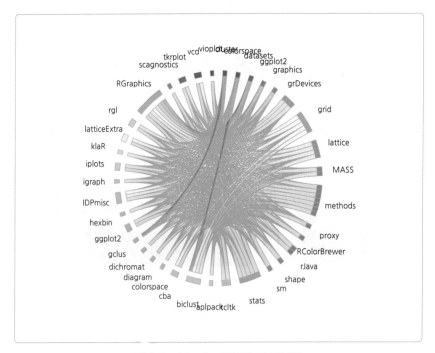

그림 8.41 unidirectional 네트워크의 원형 플롯

연습문제 8.7

그림 8.41이 너무 복잡해서 해석이 어려운 상태이다. 좀 더 단순화된 원형 플롯을 그려보자.

edge.receiver 데이터에서 lattice 패키지나 stats 패키지를 사용하는 패키지에 해당하는 데이터를 추출, 집계한 후 원형 플롯을 그리면 그림 8.42와 같은 결과를 얻는다. RGraphics 패키지는 lattice 패키지와 stats 패키지 모두 사용하였음을 알 수 있다.

```
> # lattice 패키지나 stats 패키지를 사용한 패키지
> subnetwork <- xtabs(~transmitter+receiver,
                      subset=transmitter %in% c("lattice", "stats"),
                      data=edge.receiver, drop.unused.levels=TRUE)
> op <- par(no.readonly = TRUE)
> par(mar=c(1, 1, 1, 1))
> PlotCirc(subnetwork)
> par(op)
```

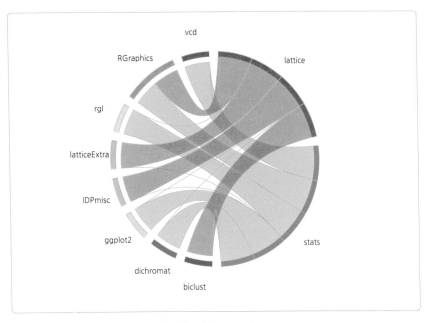

그림 8.42 단순화된 원형 플롯

8.6.3.3 아크 다이어그램

github 사이트에서 배포하는 arcdiagram 패키지의 arcplot( ) 함수는 아크 다이어그램(arc diagram)을 그린다. 아크 다이어그램은 네트워크 구조를 반원 형태의 모양으로 바꿔서 표현해 해석의 용이성을 제공한다. 이 플롯도 방향성이 없는 단방향(unidirectional) 네트워크 구조의 데이터를 사용하며 제공하는 기능도 다양하다.

다음은 edge.receiver edge list의 네트워크 구조를 아크 다이어그램으로 시각화하는 예제로, 결과는 그림 8.43과 같다. 방향성이 없기 때문에 종속의 관계를 전혀 유추할 수가 없다.

```
> if (!require(arcdiagram)) {
      install.packages("devtools")
      library(devtools)
      install_github('gastonstat/arcdiagram')
      require(arcdiagram)
  }
> # 아크 다이어그램 플롯팅
> arcplot(edge.receiver)
```

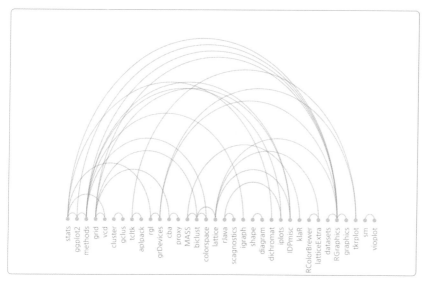

그림 8.43 아크 다이어그램

연습문제 8.8

degree의 크기에 따라 vertex의 크기를 크게 표현하는 아크 다이어그램을 그려보자. 이때 타 패키지에 사용되기만 하는 패키지의 경우는 보라색 계열의 색상으로 반대의 경우는 노란색 계열의 색상으로 표현하라.

이번에는 degree의 크기에 따라 vertex의 크기를 크게 하였다. 그리고 타 패키지에 사용되기만 하는 패키지, 즉 in_degree가 0인 경우에는 보라색 계열의 색상을 지정하였다. 반대의 경우는 노란색 계열의 색상을 지정하였다. 그리고 두 그룹을 분리해서 배치하였으며, 동일 그룹 안에서는 degree가 큰 것을 앞에 배치했고, 동일한 순서일 경우에는 vertex 라벨 이름의 사전 순으로 배치하였다. 결과는 그림 8.44와 같은데, edge의 빈도들이 1인 가중치가 없는 네트워크여서 edge 선의 굵기가 동일하다.

```
> # igraph 그래프 객체로 변환
> g <- graph.data.frame(edge.receiver)
> # edgelist 구하기
> edgelist <- get.edgelist(g)
> # vertex degree 구하기
> out_degree <- igraph::degree(g, mode="out")
> degrees <- igraph::degree(g)
> # vertex labels 구하기
> vlabels <- names(degrees)
> # vertex 내부 색상 지정
> vfill <- ifelse(in_degree==0, "#8b91d4", "#f0c753")
> # vertex 테두리 색상 지정
> vborders <- ifelse(in_degree==0, "#6f74a9", "#b89e54")
> # vertex 그룹 지정
> vgroups <- ifelse(in_degree==0, 1, 0)
> # 임시 데이터 프레임 생성
> x <- data.frame(vgroups, degrees, vlabels, ind = 1:vcount(g))
> # vgroups, degrees, vlabels로 순서를 정함
> if (!require("plyr")) {
      install.packages("plyr")
      library(plyr)
  }
> y <- arrange(x, desc(vgroups), desc(degrees))
> # 'ind'로 새로운 순서를 정하기 위한 변수 생성
> new_ord <- y$ind
> # arc diagram 플롯팅
> arcplot(edgelist, vertices=vlabels, ordering=new_ord, cex.labels=0.8,
          cex.nodes=log(degrees)+0.5, bg.nodes=vfill, col.nodes=vborders,
          pch.nodes=21, lwd.nodes=1.5)
```

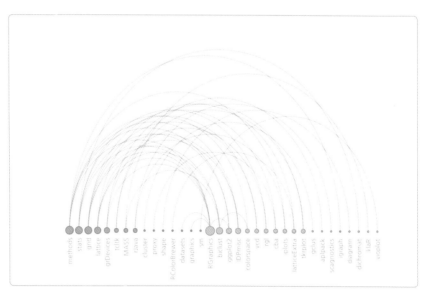

그림 8.44 데코레이션한 아크 다이어그램

edge의 빈도들이 1인 가중치가 없는 네트워크여서 edge 선의 굵기가 동일하다는 문제점이 있다. 이를 해결하는 방법은 degree의 값에 1.5를 곱한 값을 edge의 굵기로 표현하는 것이다. 이를 위해 다음과 같이 arcplot( ) 함수에 lwd.arcs

인수와 col.arcs 인수를 적용하였다. 그 결과 그림 8.45처럼 edge의 굵기가 다른
플롯이 그려졌다.

```
> values <- degrees * 1.5
> arcplot(edgelist, vertices=vlabels, ordering=new_ord, cex.labels=0.8, cex.
nodes=log(degrees) + 0.5,
          bg.nodes=vfill, col.nodes=vborders, pch.nodes=21, lwd.nodes=1.5,
          col.arcs=hsv(0, 0, 0.2, 0.25), lwd.arcs=values)
```

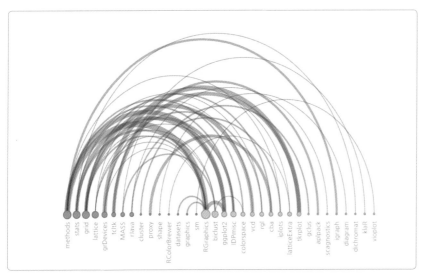

그림 8.45 가중치가 있는 아크 다이어그램

8.7 시계열 분석 ✪

8.7.1 시계열 데이터 그리기

datasets 패키지의 UKDriverDeaths는 1969년 1월부터 1984년 12월 동안 영국
에서 발생한 교통사고 정보로 사망과 중상을 입은 운전자의 월 집계를 담은 시
계열(time series) 데이터다. 또한 Seatbelts는 같은 문제에 대한 좀 더 많은 종류
의 정보를 담고 있는 다중 시계열(multiple time series) 데이터다.

8.7.1.1 단일 시계열 그리기

단일 시계열인 UKDriverDeaths를 그래프로 표현하기 위해서는 plot( ) 함수를
호출하면 된다. 이 경우 시계열 객체인 ts 클래스를 상속 받은 UKDriverDeaths

객체가 plot.ts( ) 함수의 호출로 시계열 그래프로 그려진다. 결과는 그림 8.46과
같다.

```
> plot(UKDriverDeaths)
```

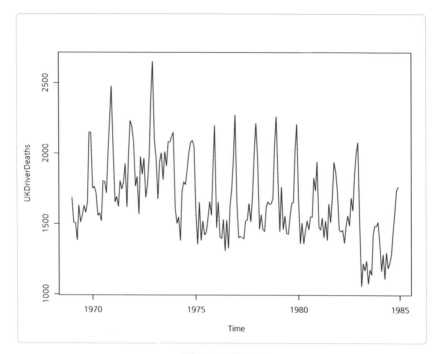

그림 8.46 시계열 그래프

8.7.1.2 다중 시계열 그리기

다중 시계열 데이터도 plot( ) 함수를 호출하여 시각화한다.

연습문제 8.9

다중 시계열 데이터인 Seatbelts 데이터 객체를 시각화하라.

Seatbelts 데이터를 시각화하는 다음 예제의 결과인 그림 8.48을 보면, 여덟 개
의 시계열 데이터가 한 화면에 출력되었다.

```
> plot(Seatbelts)
```

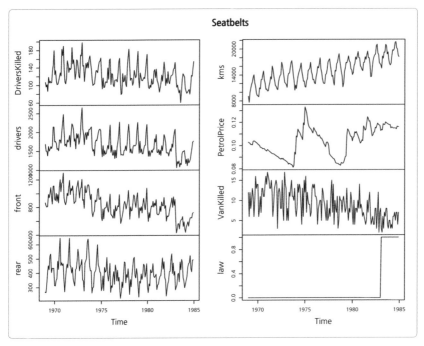

그림 8.47 다중 시계열 그래프

8.7.2 시계열 모형

8.7.2.1 분해법(decomposition method)

stl( ) 함수는 시계열 데이터를 추세 변동(trend component), 계절 변동(seasonal component), 불규칙 변동(irregular component)으로 분해한다. 그리고 stl( ) 함수로 분해된 stl 객체는 plot( ) 함수로 시각화한다.

UKDriverDeaths를 stl( ) 함수로 분해하여 시각화한 결과는 그림 8.48과 같다. 네 번째의 remainder는 불규칙 변동을 의미하며 추세 변동과 계절 변동을 포함한 모형에서의 잔차(residuals)를 의미한다.

```
> plot(stl(UKDriverDeaths, s.window="periodic"))
```

8.7.2.2 평활법(smoothing method)

변화 폭이 심한 시계열 데이터를 평탄하고 변화가 완만한 값으로 변환시켜서 데이터 파악을 용이하게 하는 것을 평활법이라 한다. 평활법의 대표적인 방법에는 이동평균법(moving average method)과 지수평활법(exponential smoothing method)이 있다.

이동평균법은 시계열 자료로부터 일정한 기간에 해당하는 데이터의 값을 묶

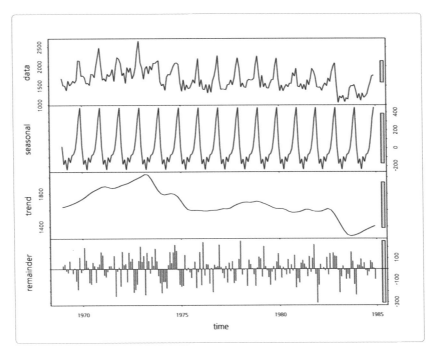

그림 8.48 분해된 시계열 그래프

어 반복해서 산술평균을 구해 새로운 시계열 데이터를 얻는 방법이다. 이동평균은 수식을 포함한 스크립트로 구할 수 있지만, filter( ) 함수를 사용하는 것이 쉽다. 다음은 UKDriverDeaths 시계열 데이터를 filter( ) 함수로 3개월 이동평균, 6개월 이동평균, 12개월 이동평균을 구하고 시각화하는 예제로, 결과는 그림 8.49와 같다. 묶는 데이터가 많을수록 분포의 모양이 완만해짐을 알 수 있다.

```
> model3 <- filter(UKDriverDeaths, filter=rep(1/3, 3))
> model6 <- filter(UKDriverDeaths, filter=rep(1/6, 6))
> model12 <- filter(UKDriverDeaths, filter=rep(1/12, 12))
> op <- par(no.readonly = TRUE)
> par(mfrow=c(4, 1), mar=c(3, 1, 3, 1))
> plot(UKDriverDeaths, main="original data")
> plot(model3, main="3-points moving average")
> plot(model6, main="6-points original data")
> plot(model12, main="12-points original data")
> par(op)
```

지수평활은 HoltWinters( ) 함수의 gamma 및 beta 인수 값을 FALSE로 지정하여 구한다. UKDriverDeaths의 지수평활된 시계열의 시각화 결과는 그림 8.50과 같다. 검정색이 실제 시계열이고 빨간색이 지수평활된 시계열이다.

```
> m <- HoltWinters(UKDriverDeaths, gamma = FALSE, beta = FALSE)
> plot(m)
> legend("topright", c("original", "exponenatial smoothing"), lty=1,
        col=c(1,2))
```

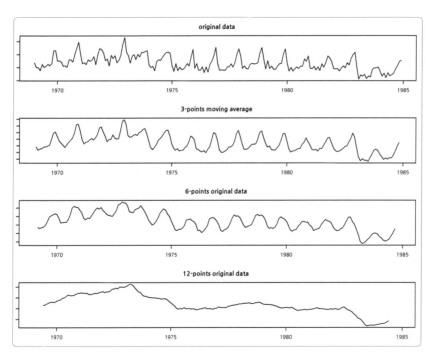

그림 8.49 이동평균 그래프

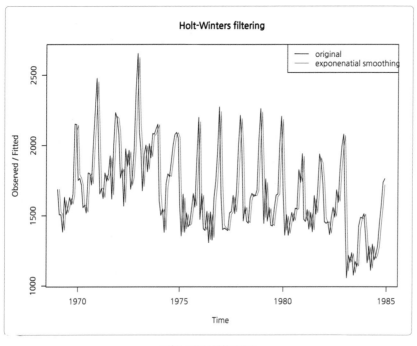

그림 8.50 지수평활 그래프

8.7.2.3 ARIMA 모형

ACF(autocorrelation function, 자기상관 함수) 플롯은 acf( ) 함수의 type 인수 값을 기본 값인 "correlation"로 지정하여 그린다. 또한 plot 인수 값의 기본 값은 TRUE로 함수의 호출 시 자기상관계수(autocorrelations)를 계산 후 자기상관계수 시계열을 시각화한다. 만약 이 인수 값이 FALSE면 플롯은 그리지 않고, 각 lag별 추정된 acf의 값만 반환한다.

연습문제 8.10

acf( ) 함수로 UKDriverDeaths 시계열의 ACF 그래프를 그려라.

다음은 UKDriverDeaths 시계열의 ACF 그래프를 그리는 예제로, 결과는 그림 8.51과 같다.

```
> acf(UKDriverDeaths)
```

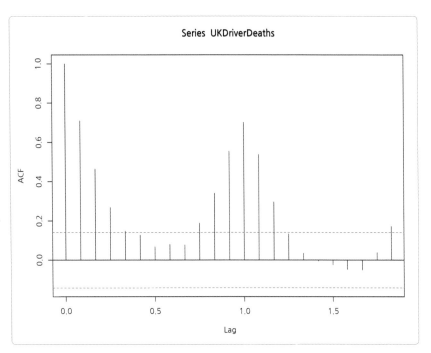

그림 8.51 ACF 그래프

PACF(partial autocorrelation function: 편자기상관 함수) 그래프는 pacf( ) 함수로 그린다. pacf( )도 plot 인수 값의 기본 값이 TRUE로 함수의 호출 시 편자기상관계수(partial autocorrelations)를 계산 후 편자기상관계수 시계열을 시각화한다. 만약 이 인수 값이 FALSE면 플롯을 그리지 않고, 각 lag별로 추정된

pacf의 값만 반환한다.

다음은 UKDriverDeaths 시계열의 PACF 그래프를 그리는 예제로, 결과는 그림 8.52와 같다.

```
> pacf(UKDriverDeaths)
```

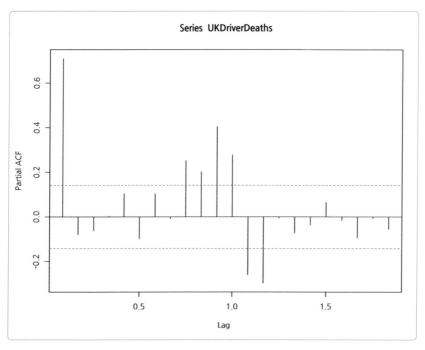

그림 8.52 PACF 그래프

PACF 그래프와 PACF 그래프를 해석하여 ARIMA 모형을 적합하지만, forecast 패키지의 auto.arima( ) 함수는 ARIMA 모형을 자동으로 적합시킨다.

연습문제 8.11

UKDriverDeaths 시계열 데이터에 대한 ARIMA 모형을 적합시킨 후에 forecast( ) 함수로 24개월의 값을 예측 후 plot( ) 함수로 시각화하라.

다음은 auto.arima( ) 함수로 ARIMA 모형을 적합한 후에 24개월 값을 예측 후 시각화하는 예제로, 결과는 그림 8.53과 같다. 1985년도 이후의 파란색 곡선이 예측치이고, 회색은 그 농담에 따라 80%와 95%의 신뢰구간을 의미한다.

```
> if (!require(forecast)) {
      install.packages("forecast")
      require(forecast)
  }
> fit <- auto.arima(UKDriverDeaths)
> plot(forecast(fit, h=24))
```

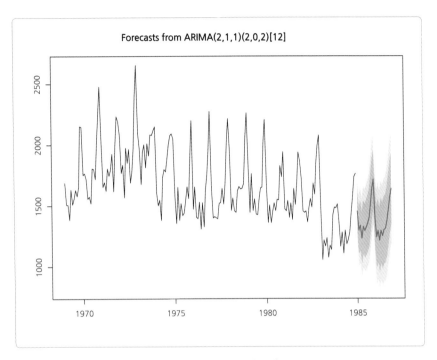

그림 8.53 ARIMA 모형 예측 그래프

9장

유용한 R 그래픽 팁

"보기 좋은 떡이 먹기에도 좋다"라는 격언이 있듯이 시각화 결과물도 이왕이면 해석하기 편하도록 보정하는 것이 필요하다. 이러한 작업을 수행하기 위해서는 그래픽 파라미터를 적절하게 설정하는 것부터 시작해서 한글로 표현된 타이틀이나 라벨의 문자를 문제 없이 출력하는 기술적인 스킬도 필요하다. 또한 경우에 따라서는 삼차원의 플롯이나 동적 기능을 갖는 플롯을 통해서 적극적으로 데이터를 해석하려는 노력도 필요하다.

이 장에서는 '유용한 R 그래픽 팁'이라는 주제로 데이터 분석 과정이나 보고서 작성을 위한 시각화 과정에서 반드시 필요한 유용한 팁에 대해서 다루고자 한다. 특히 한글 텍스트를 플롯에 정상적으로 출력하기 위한 지침인 '한글 그래픽 환경설정하기'는 아주 중요한 팁이므로 반드시 숙지하기 바란다.

9.1 인포그래픽

인포그래픽(Information Graphics)은 효과적으로 정보를 전달하기 위한 시각화 방법을 의미한다. 도나 M. 윙의 저서 『월스트리트저널 인포그래픽 가이드』[1]에는 저자의 인포그래픽 분야에서의 경험을 잘 설명하고 있다.

인포그래픽은 데이터 분석에 대한 결과를 공유하기 위한 시각화 방법으로, 이 절에서는 도나 M. 윙이 제시하는 몇 개의 대표적인 시각화 방안을 R로 구현할 것이다.

---

1   원제는 *The Wall Street Journal Guide to Information Graphics: The Dos and Don'ts of Presenting Data, Facts, and Figures*. 번역서는 2014년 인사이트 출판사에서 발간했다.

9.1.1 가독성 좋은 파이 차트

pie( ) 함수로 그리는 파이 차트로도 데이터를 파악하는 것이 어렵지는 않다. 여러분이 조금만 더 신경을 쓰면 인포그래픽 측면에서 가독성을 높인 파이 차트를 그릴 수도 있다.

그림 9.1은 pie( ) 함수의 도움말에 실려 있는 베이커리의 한 종류인 파이 종류별 상대도수 데이터를 파이 차트로 그린 것이다. 데이터의 크기를 조금 수정하였지만 pie( ) 함수의 기본 값을 사용한, 아주 간단한 방법으로 그린 파이 차트이다. 이 그림에서는 체리파이의 비율이 가장 높고, 그 다음으로는 사과파이의 비율이 높다. 그런데 비중이 높은 것을 파악하려고 만든 이 플롯은 시선을 좌우로 왔다 갔다 하면서 해석해야 해서 불편하다.

```
> pie.sales <- c(0.06, 0.15, 0.56, 0.09, 0.04, 0.1)
> names(pie.sales) <- c("Blueberry", "Cherry", "Apple",
                        "Boston Cream", "Other", "Vanilla Cream")
> pie(pie.sales) # default colours
```

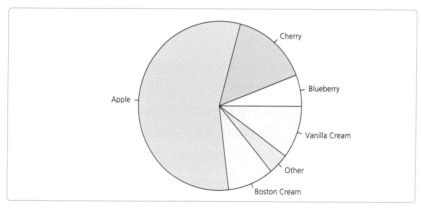

그림 9.1 R에서 제공하는 파이 차트

도나 M. 윙은 파이 차트를 그릴 때 필요한 다음과 같은 몇 가지 유용한 시각화 팁을 제시한다.

· 12시를 중심으로 오른쪽에 가장 빈도가 높은 데이터를 위치시키고, 나머지 데이터는 내림차순으로 시계 반대 방향으로 배치시키는 것이 데이터 해석에 용이함
· 파이 조각의 개수는 다섯 개를 넘지 않도록 함. 지나치게 많으면 비교 대조가 어려움
· 파이 조각의 색상 명암은 단순하게 표현함
· 항목 값에 백분율과 실제 값을 모두 표기하여 해당 부분의 실제 의미를 파악하기 쉽게 함

연습문제 9.1

앞서 제시한 유용한 시각화 팁을 적용하여 사용자정의 함수인 info.pie( )를 만들자. 그리고 이 함수를 이용해서 베이커리의 파이 종류별 상대도수 데이터로 파이 차트를 그려본다.

도나 M. 윙의 제언에 따라서 info.pie( )라는 사용자정의 함수를 만들었다. 여기서는 12시를 중심으로 오른쪽에 가장 빈도가 높은 데이터를 위치시키고, 나머지 데이터는 내림차순으로 시계 반대 방향으로 배치시켰다. 또한 하위 몇 개의 데이터는 합쳐서 '기타'와 같은 항목으로 표현하도록 설정했고, 파이 조각의 개수를 적절하게 줄여 주고, 각 조각을 동일한 색상으로 통일하여 가독성을 높이는 기능도 추가하였다. 또한 백분율과 실제 값을 모두 표기하는 기능을 구현하였다. 함수의 정의부를 보면 pie( ) 함수의 인수를 적절하게 튜닝한 정도의 사용자정의 함수임을 알 수 있다.

```
> info.pie <- function(x, labels = names(x), col = NULL, border = NULL,
                       etc=FALSE, ratio=FALSE, lty = NULL, main = NULL, ...)
  {
      # 데이터 정렬
      x <- sort(x)
      x <- c(x[length(x)], x[-length(x)])
      # 파이 조각이 5개가 넘을 경우의 처리
      if (etc & length(x) > 5) {
          x <- sort(x, decreasing=TRUE)
          x <- c(x[1], sum(x[-c(1:4)]), x[4:2])
          names(x)[2] <- if (all(nchar(names(x), type="chars") ==
                              nchar(names(x), type="bytes")))
              "Others" else "기타"
      }
      # 백분율을 표시하는 로직
      if (ratio) names(x) <- paste(names(x), paste(prop.table(x)*100, "%",
                              sep=""), sep="\n")
      # pie( ) 함수를 이용한 파이 차트 출력
      pie(x, clockwise=TRUE, col=col, border=border, lty=lty, main=main, ...)
  }
```

다음은 info.pie( ) 함수의 사용 예제인데, 결과는 그림 9.2와 같다. 모든 파이 차트에서 12시를 중심으로 오른쪽에 가장 빈도가 높은 데이터를 위치시키고, 나머지 데이터는 내림차순으로 시계 반대 방향으로 배치시킨다는 것을 알 수 있다. 그리고 함수의 인수에 따라 여러 모양의 파이 차트가 그려진다는 것을 알 수 있다. 파이 조각의 색상에 단색의 색상을 이용할 경우에는 예제처럼 회색 계열의 색상을 사용하는 것을 추천한다.

```
> op <- par(no.readonly = TRUE)
> par(mfrow = c(2, 2), mai=c(1, 1, 1, 1), mar=c(1, 1, 1, 1))
> info.pie(pie.sales)
> info.pie(pie.sales, border="white", col="gray")
> info.pie(pie.sales, border="white", col="gray", etc=TRUE)
> info.pie(pie.sales, border="white", col="gray", ratio=TRUE)
> par(op)
```

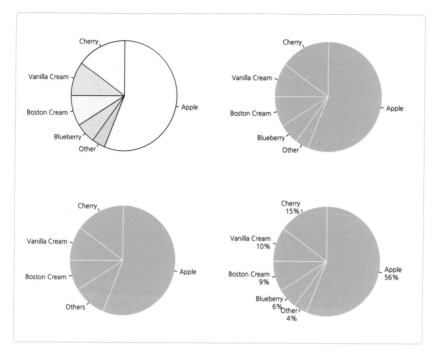

그림 9.2 인포그래픽 적용 파이 차트

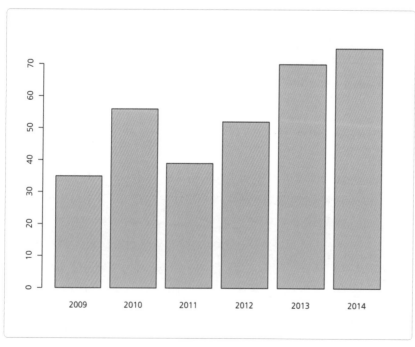

그림 9.3 R에서 제공하는 막대 그래프

9.1.2 가독성 좋은 막대 그래프

barplot( ) 함수로 그리는 막대 그래프로도 데이터 파악이 어렵지 않지만, 조금만 신경 쓰면 인포그래픽 측면에서 더 가독성이 높은 막대 그래프를 그릴 수 있다.

그림 9.3은 barplot( ) 함수를 이용하여 가상의 데이터로 막대 그래프를 그린 결과다. 기본적인 데이터를 파악하는 데는 큰 어려움이 없지만, y-축의 라벨의 문자가 세로로 회전되어 있어 해석하기 약간 불편하고, 기준선이 없어서 각 막대의 크기를 가늠하기가 쉽지 않다.

```
> index <- c(35, 56, 39, 52, 70, 75)
> names(index) <- c("2009", "2010", "2011", "2012", "2013", "2014")
> barplot(index)
```

도나 M. 웡은 막대 그래프를 포함한 그래프를 그릴 때도 다음과 같은 몇 가지 유용한 시각화 팁을 제시한다.

· 공간을 절약하기 위해 축의 라벨에서 글꼴을 회전하지 않음
· 기준선을 그리되 0 기준선은 두껍고 진하게 표현해야 함
· 그래프는 잘라내지 말고 0 기준선에서 시작해야 함
· 회색 바탕을 써서 막대 그래프에서 음의 영역을 표현해야 함
· 지나치게 좁은 막대, 집중을 방해하는 음영, 삼차원 표현은 지양해야 함
· y-축의 증가분은 단순함을 유지하면서도 0, 5, 10, 15, 20처럼 자연스러워야 함

연습문제 9.2

막대 그래프에 제시한 유용한 시각화 팁을 적용하여 사용자정의함수 info.bar( )를 만들자. 그리고 이 함수를 이용해서 벡터 index로 막대 그래프를 그리자.

도나 M. 웡의 제언에 따라서 info.bar( )라는 사용자정의 함수를 만들었다. 함수의 정의부를 보면 barplot( ) 함수와 lines( ) 함수, rect( ) 함수를 적절하게 혼합한 사용자정의의 함수임을 알 수 있다.

```
> info.bar <- function(x, labels=names(x), col="gray", border=FALSE, main=NULL) {
      # Graphics Parameter 설정
      op <- par(no.readonly = TRUE)
      par(las=1)
      on.exit(par(op))
      # 차트의 각종 설정 값 구하기
      posx <- barplot(x, border=col, col=col, axes=FALSE)
      usr <- par("usr")
      yaxp <- axTicks(side=2, par("yaxp"))
      minx <- ifelse(min(0, x)<0, min(x)-abs(min(x))/5, 0)
      # y-축의 지시선 그리기
      for (i in yaxp)
```

```
        lines(x=usr[1:2], y=c(i, i), lwd=0.8)
    # 음수 영역 표현하기
    if (minx < 0) {
        bg <- gray(level=0.7, alpha=0.3)
        rect(xleft=usr[1], ybottom=0, xright=usr[2], ytop=minx, border=bg, col=bg)
    }
    # 막대 그래프 그리기
    names(x) <- NULL
    barplot(x, border=col, col=col, axes=FALSE, main=main, add=T)
    axis(2, at=yaxp, labels=yaxp, tick=FALSE)
    # y-축이 0인 지시선 그리기
    lines(x=usr[1:2], y=c(0, 0), lwd=2.5)
}
```

다음은 info.bar( ) 함수의 사용 예제로, 결과는 그림 9.4와 같다. 기준선에 의해서 막대의 길이를 가늠하기 쉬워졌으며, y-축의 라벨을 회전하지 않아서 해석이 용이하다.

```
> info.bar(index, main="연도별 지수 현황")
```

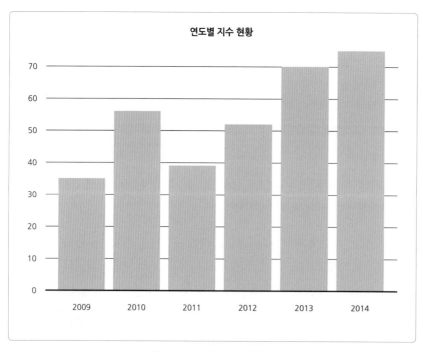

그림 9.4 인포그래픽 적용 막대 그래프 1

데이터에 음수가 있을 경우의 막대 그래프는 그림 9.5와 같다. 이번에는 음수 영역에 밝은 회색의 배경색을 입혀서 음수의 파악이 쉬워졌다. 음수의 데이터는 0 기준선에서 출발하여 아래 방향으로 막대가 그려졌다.

```
> index <- c(-7, 6, 10, 12, 15)
> names(index) <- c("2010", "2011", "2012", "2013", "2014")
> info.bar(index, main="음수를 포함한 연도별 지수 현황")
```

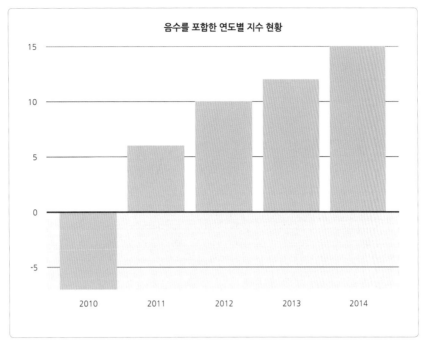

그림 9.5 인포그래픽 적용 막대 그래프 2

9.1.3 가독성 좋은 선 그래프

선 그래프는 시간의 추이에 따른 값의 변화를 파악할 때 유용한 시각화 도구다. 일반적으로 plot( ) 함수의 type 인수에 "l"을 지정하여 그린다. 선 그래프 또한 인포그래픽 측면의 노력이 필요하다.

그림 9.6은 애플의 주가 데이터를 plot( ) 함수를 이용하여 선 그래프로 표현한 것이다. 7장에서 만든 getStock( ) 함수로 데이터를 가져온 후 일간 마감 가격인 Close 변수로 선 그래프를 그렸다. 아주 최소한의 표현으로도 쉽게 선 그래프를 그리지만, y-축의 라벨의 문자가 세로로 회전되어 있어 해석하는 데 약간 불편함이 있다. 또한 여전히 기준선이 없어서 각 시점에서의 크기를 가늠하기 쉽지 않다.

```
> data <- getStock(startDate="2014-01-01", endDate="2014-05-31")
> stock <- rev(data$Close)
> adj.stock <- rev(data$Adj.Close)
> names(stock) <- names(adj.stock) <- rev(data$Date)
> plot(stock, type="l")
```

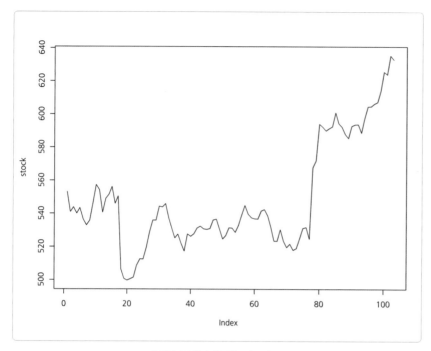

그림 9.6 R에서 제공하는 선 그래프

도나 M. 윙은 차트를 포함한 선 그래프를 그릴 때 다음과 같은 몇 가지 유용한 시각화 팁을 제시한다.

· 공간을 절약하기 위해 축의 라벨에서 글꼴을 회전하지 않음
· 기준선을 그리고 0 기준선은 두껍고 진하게 표현해야 함
· y-축의 척도를 표현할 때 추세선은 대략 전체 범위의 2/3를 차지해야 함
· 추세선의 두께는 기준선보다 굵어야 하며 굴곡진 부분이 드러나야 함
· y-축의 증가분은 단순함을 유지하면서도 0, 5, 10, 15, 20처럼 자연스러워야 함

연습문제 9.3

선 그래프에 제시한 유용한 시각화 팁을 적용하여 사용자정의 함수 info.line( )을 만들자. 그리고 이 함수를 이용해서 애플 주가로 선 그래프를 그려라.

도나 M. 윙의 제언에 따라서 info.line( )이라는 사용자정의 함수를 만들었다. 함수의 정의부를 보면 plot( ) 함수와 lines( ) 함수를 적절하게 혼합한 사용자정의 함수임을 알 수 있다.

```
> info.line <- function(x, col="lightblue", lwd=3, main=NULL, ...)
  {
      # Graphics Parameter 설정
      op <- par(no.readonly = TRUE)
```

```
    par(las=1)
    on.exit(par(op))
    # 선 그래프의 그리기
    xlim <- c(-2, length(x))
    ylim <- range(x) + c(-1, 1) * diff(range(x))/4
    plot(x, col=col, xlim=xlim, ylim=ylim, type="l",
         main=main, xlab="", ylab="", lwd=lwd, axes=FALSE)
    # 차트의 각종 설정 값 구하기
    usr <- par("usr")
    yaxp <- axTicks(side=2, par("yaxp"))
    xaxp <- axTicks(side=1, par("xaxp"))
    # y-축의 지시선 그리기
    for (i in yaxp) {
        lines(x=usr[1:2], y=c(i, i), lwd=ifelse(i==0, 2.5, 0.8))
    }
    # y-축 그리기
    axis(2, at=yaxp, labels=yaxp, tick=FALSE)
    # x-축 그리기
    for (i in xaxp) {
        if (i==0)
            i <- 1
        lines(c(i, i), c(yaxp[1], yaxp[1]-diff(range(yaxp))/100*length(yaxp)))
        if (yaxp[1]-usr[3] < 5) {
            mtext(side=1, at=i, names(x)[i])
        } else {
            text(i, yaxp[1]-diff(range(yaxp))/30*length(yaxp), names(x)[i])
        }
    }
}
```

다음은 info.line( ) 함수의 사용 예제다. 애플 주식의 일간 마감 가격인 stock을 표현한 결과는 그림 9.7과 같다. 기준선을 포함하여 주식의 등락을 파악하기 쉬워졌고, y-축의 라벨을 회전하지 않고 출력해서 해석이 용이하다.

```
> info.line(stock, main="Apple stock (2014-01-01 ~ 2014-05-31)")
```

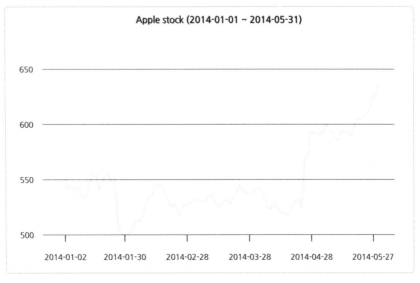

그림 9.7 인포그래픽 적용 선 그래프 1

—R

수정된 애플 주식의 일간 마감 가격인 adj.stock 데이터의 선 그래프는 그림 9.8 과 같다. 그림 9.7과 크게 다르지 않지만, 기준선의 개수가 늘어났다. y-축의 증가분은 65, 70, 75, 80과 같이 단순하면서도 자연스럽게 표현되었다.

```
> info.line(adj.stock, main="Apple adjected stock (2014-01-01 ~ 2014-05-31)")
```

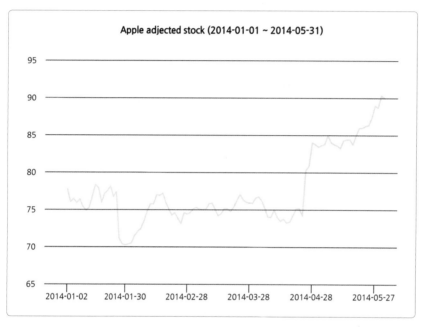

그림 9.8 인포그래픽 적용 선 그래프 2

9.1.4 인포그래픽 만들기

기존에 없었던 새로운 플롯을 개발하는 경우에는 인프그래픽 측면의 고민이 필요하다. 보기 좋은 떡이 먹기 좋다고 기능적인 요소에 더불어 미적인 요소를 충족한다면, 플롯을 해석할 때 즐거움을 더할 수 있을 것이다.

애플의 애플워치에서 제공하는 피트니스 앱인 Activity[2]는 하루 동안의 신체 활동 전체를 간단하면서도 강렬한 하나의 그래픽으로 보여주는데, 이는 그림 9.9와 같다. 이 시각화 기법은 각각 움직이기, 운동하기, 일어서기인 'MOVE', 'EXERCISE', 'STAND'를 세 개의 링으로 표현한다. 전달하려는 내용도 간결할 뿐 아니라 미적으로도 훌륭한 플롯이라 할 수 있다.

피트니스 앱인 Activity의 인포그래픽을 다음과 같이 구현했다. 글자의 크기와 선의 굵기는 그래픽 윈도우의 크기에 따라 그 모양이 달라지므로, 사용자정의의

---

2 http://www.apple.com/kr/watch/features/

758

그림 9.9 애플워치의 Activity 앱 예시

함수인 activity( ) 함수에서 cex 인수와 lwd 인수는 적당히 변경하여 사용하기
바란다.

```
> activity <- function (m=1, e=1, s=1, cex=1.5, lwd=58) {
      # 기본 환경 값 정의
      n <- 100
      bangle <- (0:n)/n*2*pi
      fangle <- bangle[c(26:1, 100:27)]
      # 배경인 원을 표현하기 위한 속성 정의
      bband <- 4:1
      bx <-  bband %o% cos(bangle)
      by <-  bband %o% sin(bangle)
      # 전경인 링을 표현하기 위한 속성 정의
      fband <- 3.5:1.5
      fx <- fband %o% cos(fangle)
      fy <- fband %o% sin(fangle)
      # 색상과 라벨 정의
      bcols <- c("#470E1D", "#2C4202", "#133D3C", "#030303")
      fcols <- c("#FF0F5A", "#9BFE03", "#18D4DD")
      labels <-c("MOVE", "EXERCISE", "STAND")
      # 인포그래픽을 그릴 영역 정의
      par(pty='s', mar = rep(0.7, 4))
      plot(c(-5, 5),c(-5, 5), type='n', axes=F, xlab='', ylab='')
      # 배경인 원의 출력
      for (i in rev(bband)) {
          polygon(bx[i, ], by[i, ], col=bcols[i])
      }
      # 전경인 링의 출력
      index <- c(m , e, s)
      for (i in 1:3) {
          lines(fx[i, 1:(index[i]*n+1)], fy[i, 1:(index[i]*n+1)],
              col=fcols[i], lwd=lwd)
          text(x=fx[i, 1]-0.7, y=fy[i, 1], labels=labels[i], col=fcols[i],
              cex=cex, adj=1)
      }
  }
```

움직이기 지표는 목표치의 70%, 운동하기는 45%, 일어서기는 25% 수준을 만족하는 경우에서는 다음과 같이 실행하며, 결과는 그림 9.10과 같다. 핵심적인 기능만 구현하였기 때문에 그림 9.9와 완전하게 일치하지는 않지만, 표현하고자하는 정보의 전달에는 무리가 없어 보인다.

```
> activity(0.7, 0.45, 0.25)
```

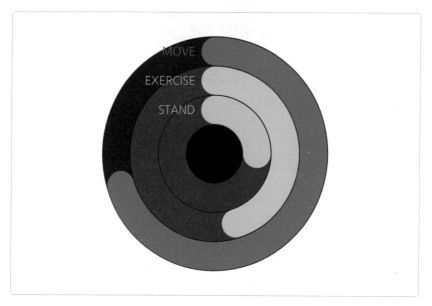

그림 9.10 Activity 앱의 인포그래픽

9.2 한글 그래픽 환경설정하기

모든 컴퓨터 언어(computer language)나 데이터 분석 도구를 포함한 소프트웨어를 사용할 때 한글 처리는 필연적으로 해결해야 할 문제이다. 특히 플롯에서한글 데이터를 표현할 때나 시각화의 타이틀, 범례, 각 변수 축의 라벨을 표현할때 한글이 아니라 영문으로 표기하면 의미 전달력이 매우 감소한다. 그러므로변수 이름이나 변수가 담고 있는 데이터에 포함된 한글을 표현하기 위한 방법등은 미리 익혀 두는 것이 중요하다.

대부분의 오픈소스 소프트웨어들이 로마자 문화권에서 개발되는 이유로 인해CJK[3]문제에 대한 이슈가 발생하는 경우가 많다. R도 한글의 설정 문제가 제법까다로운 편이다. 특히 R 내부에서 TeX을 기본 문서 시스템으로 사용하기 때문에 문서화 작업에 있어서 TeX의 설정 및 운영체제(OS, operating system)의 인

---

3 Chinnese, Japanese, Korean의 첫글자를 합쳐 CJK라고 하며, 문자 출력 및 인코딩에서 2바이트 이상을 차지하는 문자를 사용하는 언어권에서 발생하는 문제를 포괄적으로 통칭한다.

코딩 방식과 폰트 설정 등에 따른 영향을 매우 많이 받으므로 한글 환경은 더더욱 복잡하다.

R을 사용하면서 가장 사용자를 괴롭히는 한글 문제는 R 코드를 MS Windows에서 작성하고 테스트한 후 리눅스 서버에 배포하여 일괄 작업(batch processing)하거나 시스템화하는 경우이다. 이때 자신이 배포한 코드가 타인의 환경에서는 제대로 작동하지 않거나 한글이 잘못 표현되어 보이지 않거나 깨지는 일이 발생하곤 한다. 만약 플롯을 동적으로 생성하거나 타 시스템과 연동할 일이 있다면, 이에 대한 해결책은 미리 알아 두어야 한다. 그렇지 않으면 한글 문제를 해결하는 데 많은 시행착오와 시간적인 소모를 경험하게 될 것이다.

한글 설정 및 폰트 설치는 운영체제별로 다르고, R에서의 한글 설정 또한 운영체제의 영향을 매우 많이 받으므로 운영체제별로 폰트를 설정하는 방법과 R에서 한글을 출력하는 방법을 따로 설명할 것이다. 또한 R을 데스크탑 용도로 사용하기 적합한 운영체제는 MS Windows와 Mac이므로 이를 기준으로 설명한다. Linux는 데스크탑 용도보다는 서버의 자원을 활용하기 위해서 사용하는 경우가 많으므로 RStudio Server에서 한글 그래픽 작업을 할 수 있도록 설정하는 방법을 중점적으로 설명할 것이다.

9.2.1 운영체제와 R의 한글 사용

R은 소프트웨어이며 컴퓨터 랭귀지이므로 언어, 인코딩 등과 같은 로케일(locale)[4] 문제는 사용하는 운영체제와 관련 설정에 큰 영향을 받는다. R을 사용하는 운영체제는 대부분 잘 알려진 MS Windows(이하 Windows로 표기), Mac OS X(이하 Mac으로 표기), Linux이다. R에서 플로팅할 때 한글을 표현하기 위한 설정은 OS별로 각기 다르기에 따로 설명해야 한다.

R의 사용 환경인 Linux에서는 RStudio의 서버 버전인 RStudio Server를 사용하는 것을 전제로, R을 이용한 서비스 또는 배치 프로세싱을 하는 경우를 대비한 한글 사용법을 다루는데, Linux 데스크탑에서 R과 RStudio의 한글 설정 부분은 제외하겠다. 그리고 Windows와 Mac에서는 RStudio의 데스크탑 버전 사용 환경에서의 한글 설정법을 설명할 것이다.

더불어 여기에서 설명하는 내용은 향후 R의 기능이 업데이트되면서 한글 처리 문제가 개선되면서 필요 없어지거나 오류가 발생할 수도 있다. 그리고 사용자의 구성 환경에 따라 설명하는 내용과 일치하지 않을 수도 있는 점, 모든 가능한 상황에 대응할 수 있는 해결책이 되지 않는다는 것에 대해 미리 양해를 구한다.

4 　로케일(locale)은 사용자의 언어, 국가뿐 아니라 사용자 인터페이스에서 사용자가 선호하는 사항을 지정한 매개 변수의 모임이다. http://ko.wikipedia.org/wiki/로케일 참조

9.2.2 한글 폰트 설치

보통 한글 문제를 해결하기 위해서 먼저 해결해야 하는 것이 인코딩 설정이지만, 최근에는 이런 문제는 많이 해결되어 특별한 경우가 아니면 문제가 되지 않는다. R은 여전히 기본 상태로는 한글 출력이 완벽하지 않으며, 폰트 설정 또한 R의 플롯을 출력하는 그래픽 디바이스에 따라 달라진다. 물론 모든 운영체제별 그래픽 디바이스별로 설정하는 방법을 모두 알아둘 필요는 없지만, 사용하는 운영체제의 폰트 설정 방법은 숙지해야 한다.

플로팅에서 기본 폰트만을 사용하지 않을 것이라면 당연히 폰트를 설치하고 R에서 사용할 수 있게 설정하는 작업이 필요하다. 대부분 최신 운영체제들은 기본 한글 폰트 몇 가지를 내장하고 있기 때문에 폰트에 민감하지 않다면, 기본 폰트를 사용해도 무리는 없다. 하지만 플롯의 미려함과 가독성을 높이기 위해서 플롯의 폰트를 변경하는 작업이 필요할 때가 있다. 그래서 한글 폰트를 설치하고 설정하는 방법을 학습해야 한다.

한글 폰트를 사용하기 위해서는 먼저 폰트를 구해야 하는데, 지불 형태로 구분하면 무료 폰트와 상용 폰트로 나눌 수 있다. 상용 폰트는 구매 후에 사용해야 하며, 무료 폰트는 무료이긴 하지만 각 폰트의 라이선스에 따라 사용 범위에 제약을 받을 수 있으므로 폰트별로 사용 범위에 대한 확인이 필요하다. 최근에는 무료로 사용할 수 있는 폰트가 많이 공개되어 있고 사용 범위에 대한 제약이 많지 않은 편이다. 그러므로 무료 폰트는 몇 가지 알아 두면 별도의 비용 없이 미려한 폰트를 사용할 수 있다.

폰트 파일의 확장자 및 타입은 매우 다양하고 여러 종류가 있지만, 가장 많이 사용하는 것이 트루타입 폰트인 TTF(True Type Font의 약어이며 가장 흔히 볼 수 있는 폰트타입), 오픈타입 폰트인 OTF(Open Type Font의 약어로 TTF의 개량된 버전이다)이다. 대부분의 상용 폰트 및 무료 폰트들은 이 형태로 제공된다. 오픈타입 폰트도 설치하고 설정하는 방법이 트루타입 폰트와 같으므로 이 글에서는 트루타입으로 통칭해서 설명한다.

9.2.3 폰트의 라이선스

폰트도 저작물이며 지적재산권을 가지므로 폰트의 라이선스 범위를 알아 두어야 한다. 왜냐하면 폰트가 제공하는 사용 범위를 넘어서 사용하는 경우에는 법적 문제로 인해 피해를 볼 수 있기 때문이다.

폰트는 운영체제에 내장된 것을 비롯해 상용 버전, 무료 버전 모두 각기 다른 라이선스를 가지고 있다. 특히 재판매, 재배포, 출판물에서의 사용, 동영상에서 사용, 웹 폰트로의 변환, 애플리케이션 내장 등에 대한 라이선스가 각기 다르므로 각 폰트별로 사용할 수 있는 권리를 확인해야 하며 사용할 때도 주의가 필요하다. 예를 들어 Windows에서 기본 제공하는 고품질의 한글 폰트인 '맑은 고딕'은 Windows 운영체제하에서 어떤 작업을 하는 것도 허용되지만 판매나 재배포가 금지되어 있으며 특히 Windows 외의 운영체제인 Mac이나 Linux에 복사해서 사용하는 것은 금지되어 있다.

현재 저작권 문제가 거의 없고 쉽게 받아서 사용할 수 있는 한글 폰트는 네이버에서 제공하는 무료 폰트인 '나눔글꼴'인데, 여기서도 나눔글꼴을 예시에 사용할 것이다. 나눔글꼴은 미려한 폰트이지만 역시 생성하는 플롯에 따라 미려하게 표현되지 않는 경우도 많다. 그러므로 이 책을 통해서 폰트를 설정하는 기본적인 방법을 익히고, 이후 작업하려는 플롯에 맞는 적절한 폰트를 선택해서 사용하기 바란다.

9.2.4 Windows에서 한글 사용하기

9.2.4.1 한글 폰트 설치

Windows에서 폰트 설치는 매우 쉽다. 트루타입 폰트를 다운로드하여 사용할 경우에는 설정 메뉴에서 '글꼴'을 선택하면 설치된 글꼴이 보이는데, 이 디렉터리에 마우스로 폰트 파일들을 끌어 넣거나 '글꼴 관리자'에서 설치 기능을 이용하면 된다. Windows의 폰트 설치 경로는 'C:₩Windows₩Fonts'로 되어 있다. 또한 나눔글꼴 폰트의 경우 별도의 설치 프로그램을 제공하므로 설치 프로그램을 실행하여 설치한다. 다른 폰트 중에도 별도의 설치 프로그램을 제공하는 것이 있다. 폰트의 이름은 Windows의 '글꼴 관리자'를 열어서 확인할 수 있는데, 설치할 때 폰트의 명칭을 미리 기억해 두는 것이 향후 폰트를 사용할 때 번거로움을 줄일 수 있다.

나눔글꼴 폰트를 제공하는 사이트는 다음과 같다.

http://hangeul.naver.com/

나눔글꼴은 나눔고딕을 비롯한 여러 가지 글꼴을 제공하는데, 필요한 것을 설치해서 사용하거나 모두 설치하고 필요에 따라 용도에 맞게 선택할 수 있다. 설치 프로그램을 다운로드하여 설치하거나 압축된 폰트파일을 다운로드한 후 폰트 관리 소프트웨어를 이용해 설치하면 된다. 나눔글꼴에는 현재 다음과 같은 글꼴들이 포함되어 있다.

- 나눔바른고딕
- 나눔고딕

- 나눔명조
- 나눔손글씨
- 나눔고딕에코
- 나눔명조에코

9.2.4.2 한글 폰트 사용

Windows에서 R을 사용한다면 플롯에 한글을 출력하는 것은 매우 쉽다. 아무 설정 없이 다음과 같이 한글을 입력하는 것만으로 기본 폰트가 적용된 한글을 플롯에 출력할 수 있다. 결과는 그림 9.11과 같은데, 플롯의 타이틀에 한글이 표현된 것을 볼 수 있다.

```
> hist(faithful$waiting, main="간헐천 유휴 시간")
```

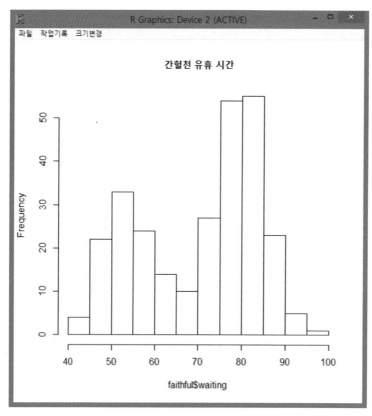

그림 9.11 Windows에서 기본 폰트로 한글 출력

PNG와 같은 그래픽 파일에 플롯을 저장하는 경우에도 동일하게 사용할 수 있다. 다음과 같이 png( ) 함수로 저장할 파일을 지정해서 플롯을 PNG 파일로 출력하면, 결과는 그림 9.12와 같다.

```
> png("./korean_win.png")
> hist(faithful$waiting, main = "간헐천 유휴 시간")
> dev.off( )
```

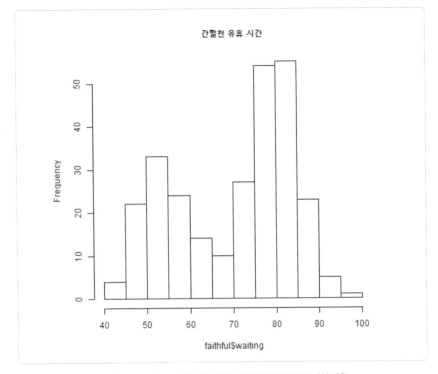

그림 9.12 Windows에서 기본 폰트로 한글을 출력한 PNG 파일 내용

기본 폰트만으로 괜찮은 편이지만, 사용자는 미려한 플롯을 생성하는 데 부족함을 느끼거나 생성된 결과물이 만족스럽지 않을 수 있다. 따라서 맑은 고딕 폰트 외에도 앞서 설명한 나눔고딕과 같이 사용자가 직접 설치한 폰트를 이용해서 플롯을 화면에 출력하거나 파일로 저장하고자 하는 경우도 생길 것이다.

Windows용 R에서는 별도의 폰트를 지정하여 플롯에 표현되는 텍스트의 폰트를 바꾸는 작업이 의외로 복잡하다. 사실 R의 그래픽 처리는 Linux 운영체제를 근간으로 개발되었다. 그래서 Windows에서 작동하는 R은 내부적으로 또 다른 방식을 사용하기 때문이다. 여러 가지 복잡한 이유로 Windows에서는 par( ) 함수를 이용해서 트루타입 폰트의 패밀리를 바로 지정해서 사용할 수는 없다. 대신 Windows용 R에서는 한글 폰트를 지정하기 위한 함수로 windowsFonts( )를 제공하고 있다. windowsFonts( ) 함수는 par( ) 함수로 지정해서 사용할 수 있는 폰트의 패밀리 목록을 보여 준다.

```
> windowsFonts( )   # Windows에 설치된 폰트 목록을 출력한다.
```

앞의 함수를 호출하면 다음과 같이 출력될 것이다.

```
$serif
[1] "TT Times New Roman"

$sans
[1] "TT Arial"

$mono
[1] "TT Courier New"
```

결과를 보면 사용할 수 있는 폰트 목록에 세 개의 영문 폰트만 보이고, 맑은 고딕과 같은 기본 폰트조차도 포함되어 있지 않다. 이 상태에서는 플롯을 생성할 때 par(family="맑은 고딕")과 같이 폰트 패밀리를 지정해도 박스 모양의 깨진 한글만 출력된다. Windows용 R에서는 폰트 패밀리를 지정하기 전에 windowsFonts( ) 함수를 이용해서 별도로 폰트 패밀리(font family)[5]를 등록하는 번거로운 작업이 필요한데, 현재는 이 작업을 대신할 대안이 없다.

참고로 Windows용 폰트를 사용하기 전에는 windowsFont( )라는 함수로 폰트 객체를 만들고, windowsFonts( ) 함수를 이용해서 이를 등록해야 한다. 그런데 windowsFonts( )와 windowsFont( )는 끝의 철자 's' 하나만 차이가 있는 비슷한 이름이라서 혼동하기 매우 쉽다. 또한 첫 글자도 대문자가 아닌 소문자로 시작한다는 것도 사소한 것이지만, 주의해야 한다. 또한 이 작업은 R 세션이 종료된 후[6] 다시 시작하는 경우에는 매번 수행해야 한다.

windowsFont( ) 함수와 windowsFonts( ) 함수를 이용한 폰트 등록은 다음과 같이 수행한다.

```
> nanumgothic <- windowsFont("나눔고딕")  # 나눔고딕 폰트
> windowsFonts(nanumgothic=nanumgothic)
```

이번 예제에서 첫 번째 줄은 나눔고딕 폰트를 nanumgothic이라는 이름의 폰트 객체로 만들었는데, 물론 다른 이름을 사용해도 무방하다. 두 번째 줄은 nanumgothic이라는 폰트 객체를 nanumgothic이라는 이름으로 Windows용 폰트 패밀리에 등록하는 작업이다. windowsFonts( ) 함수에서 nanumgothic이라는 인수 이름도 변경이 가능하다. 일단 정의한 인수 이름은 폰트를 사용할 때 실제 적용하는 이름이라는 것을 기억해야 한다. 혼동을 피하기 위해서 같은 이름으로 관리하는 것도 편리한 방법이며 일단 등록한 후에는 재등록할 수 없으므로 실수로 잘못 지정하였다면 R 세션을 종료한 후 다시 시작해야 한다.

---

5 고유한 특성을 유지하면서 한 글자체로부터 여러 가지 갈래를 파생시킨 글자체 집단. 타이포그래피 사전, 한국타이포그라피학회 저(안그라픽스, 2012) 참조

6 세션이 종료된다는 것은 데스크탑의 경우 R을 종료하는 것을 말하며, RStudio Server나 R을 내장(embeded)한 시스템이라면, 별도로 R 세션을 가진 프로세스를 종료하는 것을 의미한다.

한편 플롯에 나눔고딕 폰트를 사용하려면 par( ) 함수의 family 인수 값에 앞에서 등록한 'nanumgothic'을 지정하면 된다. 폰트 패밀리의 이름이 '나눔고딕'이 아닌 'nanumgothic'으로 영문 이름이라는 것을 주의해야 한다. 그러므로 한글을 출력하기 위해서는 다음과 같이 기술해야 한다.

```
> par(family="nanumgothic")
> hist(faithful$waiting, main="간헐천 유휴 시간")
```

PNG 파일과 같은 그래픽 파일에 나눔고딕 폰트를 사용하는 방법도 화면에 플롯을 출력하는 것과 동일하다. 그러므로 다음 예제처럼 par( ) 함수의 family 인수에 'nanumgothic'을 지정하는데, 결과는 그림 9.13과 같다. 크게 차이가 나지 않지만, 그림 9.12의 메인 타이틀과 한글 모양이 다름을 알 수 있다.

```
> png("./windows_korean_1.png")
> par(family="nanumgothic")
> hist(faithful$waiting, main="간헐천 유휴 시간")
> dev.off( )
```

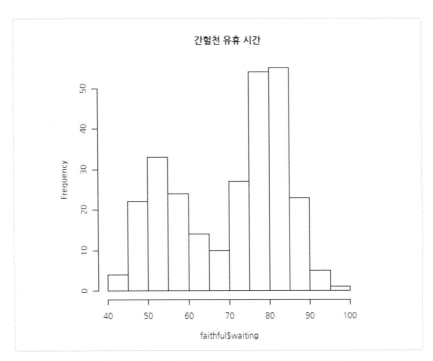

그림 9.13 Windows에서 PNG 파일에 나눔고딕 폰트 한글 출력 예제

PNG 파일 외의 다른 그래픽 파일도 위와 같이 png( ), bitmap( )과 같은 그래픽 디바이스 함수를 이용하면 된다.

9.2.4.3 PDF 플롯에 한글 출력하기

여러분은 앞서 windowsFonts( ) 함수를 이용해서 폰트 패밀리를 등록하고, 사용하는 방법을 익혔다. 그런데 때에 따라 윈도우 화면이나 PNG 파일이 아닌 PDF 파일로 그래픽을 저장해야 하는 경우도 있을 것이다. 참고로 PDF로 저장되는 플롯은 벡터 방식으로 저장되므로 파일을 열어 사이즈를 임의 조정하여 확대 및 축소할 경우에도 그래픽의 품질이 일정하게 유지되는 장점이 있다.

그럼 이번에는 다음과 같이 간단한 플롯을 PDF 파일로 저장해보자.

```
> nanumgothic <- windowsFont("나눔고딕")    # 나눔고딕 폰트
> windowsFonts(nanumgothic=nanumgothic)    # 이전에 실행한 적이 있다면 이 줄은 에러가 발생한다.
> pdf("./windows_korean_1.pdf")
> par(family="nanumgothic")
> hist(faithful$waiting, main="간헐천 유휴 시간")
> dev.off( )
```

이 예제를 실행하면 히스토그램을 그리는 hist( ) 함수가 실행되면서 다음과 같은 에러가 발생한다.

```
> hist(faithful$waiting, main = "간헐천 유휴 시간")

Error in title(main = main, sub = sub, xlab = xlab, ylab = ylab, ...) :
  유효하지 않은 폰트타입입니다
In addition: Warning messages:
 1: In title(main = main, sub = sub, xlab = xlab, ylab = ylab, ...) :
  PostScript 폰트 데이터베이스에서 찾을 수 없는 폰트 패밀리 'nanumgothic'입니다
2: In title(main = main, sub = sub, xlab = xlab, ylab = ylab, ...) :
  PostScript 폰트 데이터베이스에서 찾을 수 없는 폰트 패밀리 'nanumgothic'입니다
3: In title(main = main, sub = sub, xlab = xlab, ylab = ylab, ...) :
  PostScript 폰트 데이터베이스에서 찾을 수 없는 폰트 패밀리 'nanumgothic'입니다
4: In title(main = main, sub = sub, xlab = xlab, ylab = ylab, ...) :
  PostScript 폰트 데이터베이스에서 찾을 수 없는 폰트 패밀리 'nanumgothic'입니다
5: In title(main = main, sub = sub, xlab = xlab, ylab = ylab, ...) :
  PostScript 폰트 데이터베이스에서 찾을 수 없는 폰트 패밀리 'nanumgothic'입니다
```

위 에러 메시지로 한글 폰트가 제대로 적용되지 않은 것을 알 수 있는데, 이는 PDF를 생성할 때 지정한 폰트 패밀리를 PDF 파일에 내장하지 않아서 발생하는 문제이다. Windows용 R에서는 PDF 파일에 트루타입 폰트를 내장하는 기능을 제대로 지원하지 않으므로 별도의 PDF 편집 소프트웨어를 사용해야 한다. 하지만 폰트를 내장하지 않고 한글을 표현할 수 있는 방법이 있는데, 그중에 showtext 패키지를 이용하는 것이 있다. showtext 패키지는 PDF 파일에 포함되는 다국어 폰트를 이미지로 변환하여 삽입하므로 폰트를 내장하지 않고도 한글과 같은 다국어 폰트의 출력을 지원한다. 그럼 먼저 해당 패키지를 설치하고 로드하자.

```
> install.packages("showtext")
> library("showtext")
```

showtext 패키지를 이용해서 한글을 PDF 파일에 출력하는 방법은 조금 번거롭다. 먼저 font.add( ) 함수로 사용할 폰트를 등록해야 하며 플로팅하기 전에 showtext.begin( ) 함수로 시작을 선언하고 끝난 후에는 showtext.end( ) 함수로 종료 부분을 지정해야 한다.

폰트를 등록할 때는 폰트 파일이 있는 경로에 절대경로와 상대경로 모두 사용할 수 있다. 결과는 그림 9.14와 같다. PDF로 생성된 플롯은 지면에서 확인하면 차이가 없는 것으로 보일 수 있지만, 실제 파일을 열어보면 PNG 파일보다는 좀 더 미려한 품질을 확인할 수 있다.

```
> font.add("나눔고딕", "c:\\Windows\\Fonts\\nanumgothic.ttf")
> pdf("./windows_korean_3.pdf")
> par(family="나눔고딕")
> showtext.begin( )
> hist(faithful$waiting, main="간헐천 유휴 시간")
> showtext.end( )
> dev.off( )
```

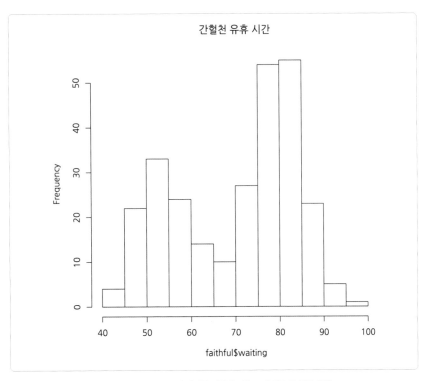

그림 9.14 showtext 패키지를 이용한 나눔고딕 폰트로 한글 출력

9.2.5 Mac에서 한글 사용하기

9.2.5.1 한글 폰트 설치

Mac에서는 응용프로그램인 '서체관리자'를 이용해서 폰트를 설치할 수 있다. '서체관리자'는 Windows의 글꼴 설정과 유사한 기능을 제공하는 것으로 폰트를 쉽게 설치하도록 돕는다. 설치한 폰트의 정보는 '서체관리자'에서 확인할 수 있지만, 실제로 R에서 사용할 수 있는 폰트의 정식 명칭을 명확하게 확인하기는 어렵다.

Mac의 터미널(terminal)을 열어 'fc-list' 명령어를 실행하여 설치된 폰트의 내역을 확인할 수 있다.

```
$ fc-list
```

'fc-list' 명령어는 다음과 같은 결과를 출력하여 설치된 폰트의 목록을 확인할 수 있다. 이 목록은 전체 결과에서 일부만 발췌한 것이다.

```
/opt/X11/share/fonts/75dpi/helvO10-ISO8859-1.pcf.gz: Helvetica:style=Oblique
/usr/X11R6/lib/X11/fonts/100dpi/UTRG__10-ISO8859-1.pcf.gz: Utopia:style=Regular
/opt/X11/share/fonts/75dpi/ncenBI24-ISO8859-1.pcf.gz:
    New Century Schoolbook:style=Bold Italic
/opt/X11/share/fonts/misc/6x12-ISO8859-1.pcf.gz: Fixed:style=SemiCondensed
/usr/X11R6/lib/X11/fonts/100dpi/lutRS18-ISO8859-1.pcf.gz:
    LucidaTypewriter:style=Sans
/Library/Fonts/Microsoft/Lucida Fax: Lucida Fax:style=Italic,kursiv,Cursiva,
    Kursivoitu,Italique,Corsivo,  Cursief,Itálico
/usr/X11R6/lib/X11/fonts/100dpi/UTRG__14-ISO8859-1.pcf.gz: Utopia:style=Regular
/opt/X11/share/fonts/100dpi/lubI14.pcf.gz: LucidaBright:style=Italic
/opt/X11/share/fonts/100dpi/timBI14.pcf.gz: Times:style=Bold Italic
```

결과는 여러 폰트의 목록일 것인데, 폰트의 이름이 길고 복잡하게 표현되어 있다. 그런데 우리는 한글 폰트를 주로 다룰 것이므로 사용하고 있는 시스템에 설치된 한글 폰트에 어떤 것들이 있는지 대략적인 목록을 확인하는 것이 좋다. 나눔글꼴을 설치한 후 사용하려고 한다면, 간단하게 다음과 같은 터미널 명령어로 확인이 가능하다.

```
$ fc-list | grep "Nanum"
```

이 명령의 결과는 대략 다음과 같다.

```
/Library/Fonts/NanumGothic.ttc: 나눔고딕,Nanum Gothic:style=Regular
/Library/Fonts/NanumMyeongjo.ttc: 나눔명조,Nanum Myeongjo
  ,NanumMyeongjoExtraBold,나눔명조 ExtraBold:style=Regular,ExtraBold
/Library/Fonts/NanumScript.ttc: 나눔손글씨 펜,Nanum Pen Script:style=Regular
/Users/ruser/Library/Fonts/나눔고딕코딩.ttf: 나눔고딕코딩,NanumGothicCoding:style=Regular
/Library/Fonts/NanumGothic.ttc: 나눔고딕,Nanum Gothic:style=Bold
/Library/Fonts/NanumMyeongjo.ttc: 나눔명조,Nanum Myeongjo:style=Bold
/Users/ruser/Library/Fonts/나눔고딕코딩-Bold.ttf: 나눔고딕코
딩,NanumGothicCoding:style=Bold
```

```
/Library/Fonts/NanumGothic.ttc: 나눔고딕,Nanum Gothic,NanumGothic ExtraBold
  ,나눔고딕 ExtraBold:style=ExtraBold
/Library/Fonts/NanumScript.ttc: 나눔손글씨 붓,Nanum Brush Script:style=Regular
/Library/Fonts/NanumMyeongjo.ttc: 나눔명조,Nanum Myeongjo:style=Regular
```

'fc-list' 명령어의 결과 중 R에서 사용할 폰트의 대표 이름을 찾아보자. 개별 목록을 콜론(:)으로 분리하면 두 번째 열에 폰트 이름들이 포함된 것을 확인할 수 있다. 두 번째 열은 각 폰트의 별칭을 ,로 구분하므로 그중에 아무것이나 대표 이름으로 사용할 수 있다. 그러나 경우에 따라 폰트 정보가 잘못 작성된 것이 있어서 대표 이름으로도 한글이 출력되지 않을 수 있다. 그래서 비효율적인 방법이지만 폰트별로 사용 가능 여부를 확인하기 위해 여러 이름을 대입해서 작동하는 것을 경험적으로 알아두는 것이 필요하다. 필자도 많은 시도를 해보았지만 현재까지는 모든 폰트에서 확실하게 적용되는 이름을 알아내는 방법을 발견하지 못했다. 이 문제는 사실상 정보를 잘못 작성한 폰트 자체의 문제로 해결책이 없는 것으로 알려져 있다.

위 목록을 기준으로 사용할 수 있는 폰트 이름들은 다음과 같다.

```
나눔고딕,Nanum Gothic
나눔명조,Nanum Myeongjo,NanumMyeongjoExtraBold,나눔명조 ExtraBold
나눔손글씨 펜,Nanum Pen Script
나눔고딕코딩,NanumGothicCoding
나눔고딕,Nanum Gothic
나눔명조,Nanum Myeongjo
나눔고딕코딩,NanumGothicCoding
나눔고딕,Nanum Gothic,NanumGothic ExtraBold,나눔고딕 ExtraBold
나눔손글씨 붓,Nanum Brush Script
나눔명조,Nanum Myeongjo
```

9.2.5.2 한글 폰트 사용

이번에는 폰트를 설치한 후 다음과 같이 간헐천 데이터를 이용해 간단한 히스토그램을 출력하자. 결과는 그림 9.15와 같이 메인 타이틀에 작은 사각형만 보이고 실제 글자가 보이지 않는데, 이는 현재 설정된 폰트의 문제이다.

```
> hist(faithful$waiting, main="간헐천 유휴 시간")
```

par( ) 함수를 이용해 폰트 패밀리(family)를 나눔고딕으로 설정한 후 히스토그램을 다시 출력하면, 한글 출력 문제를 해결할 수 있다. par( ) 함수는 전역 변수로 R 세션이 종료될 때까지 설정이 유효하기 때문에 한 번만 호출하면 된다. 결과는 그림 9.16과 같다.

```
> par(family="나눔고딕")
> hist(faithful$waiting, main="간헐천 유휴 시간")
```

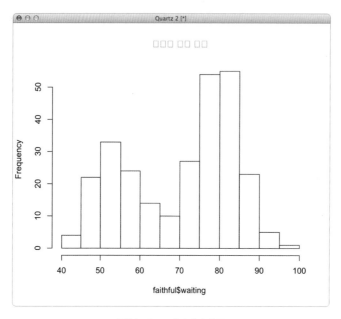

그림 9.15 Mac에서 깨진 한글

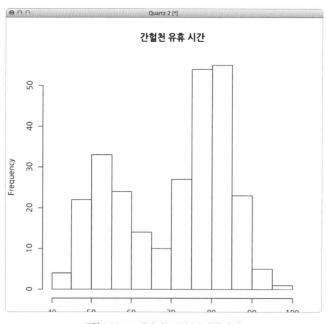

그림 9.16 Mac에서 나눔고딕으로 한글 출력

추가로 폰트를 설치하지 않았다면 현재 Mac에서 제공하는 기본 폰트인 'Apple SD 산돌고딕 Neo'를 사용하는 것이 좋다. 하지만 이 폰트는 Mac 운영체제에만 있는 폰트이므로 작성한 코드를 Windows 사용자, Linux 사용자나 Linux 서버에 배포해서 플롯을 생성하면 폰트가 적용되지 않을 것이다. 그러므로 만약 소스 코드를 공유해야 하는 경우에는 주의해야 한다. 그리고 나눔글꼴과 같은 별도로 설치한 폰트를 사용하면, 소스 코드를 배포 받는 사용자의 PC나 서버에 동일한 폰트가 설치되어 있어야 한다는 것을 기억해야 한다.

다음은 Mac에서 제공하는 기본 폰트인 'Apple SD 산돌고딕 Neo'를 사용하는 예제로 결과는 그림 9.17과 같다.

```
> par(family="Apple SD Gothic Neo")
> hist(faithful$waiting, main="간헐천 유휴 시간")
```

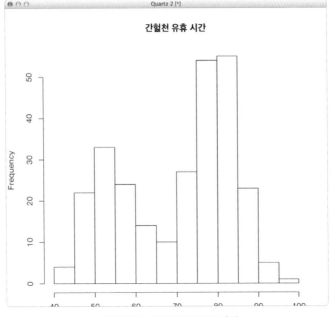

그림 9.17 Mac에서 애플고딕으로 출력

예제에서는 'Apple SD 산돌고딕 Neo' 폰트를 설정할 때 이름을 "Apple SD 산돌고딕 Neo"로 지정하지 않았는데, 이는 각 폰트의 전체 이름(fullname)과 관련이 있다. 아마 여러분은 혼란을 느낄 수도 있을 것이다. Mac에서 폰트를 지정할 때 시스템 내부에서 폰트를 찾는 절차는 순서상 전체 이름을 먼저 검색하고, 전체 이름이 없는 폰트는 대체 이름의 첫 번째 것을 찾는 것이다. 그런데 'Apple SD 산돌고딕 Neo'는 전체 이름이 없어 대체 이름의 첫 번째인 'Apple SD Gothic Neo'를 사용해야 하기 때문이다. 참고로 이 절차는 항상 명확하게 작동하는 것이 아니고, 폰트 파일 내부에 폰트의 정보가 잘못 기입된 경우에는 적용이 되지 않는다. 사실 이런 경우에는 해결책을 찾기가 매우 어렵다. 이는 폰트 파일의 문제가 대부분이며 해결하기에는 너무 번거로우므로 특정 폰트 파일의 한글이 잘 적용되지 않는다면, 무책임하다고 생각할 수 있지만 해당 폰트를 사용하지 않는 것을 권장한다.

나눔고딕 폰트는 전체 이름을 가지고 있으며 전체 이름의 첫 번째가 '나눔고딕'이다. 이를 확인하기 위해서는 fc-cat 명령으로 폰트 정보를 일일이 확인해야 한다. 이 불편함을 해소하려면, fc-list 명령의 결과 중에서 첫 번째로 보이는 폰트의 파일명에서 경로와 확장자를 제외한 파일 이름 부분을 지정해도 된다.

필자의 시스템에는 나눔고딕 폰트가 시스템 디렉터리에 설치되어 있으며 fc-list 명령으로 폰트 목록을 확인하면, 나눔고딕에 해당하는 부분은 다음과 같이 출력된다.

```
/Library/Fonts/NanumGothic.ttc: 나눔고딕,Nanum Gothic:style=Regular
```

이 목록의 "/Library/Fonts/NanumGothic.ttc"에서 폰트 파일의 경로와 확장자인 ".ttc"를 제외하고 "NanumGothic"을 사용하여 폰트를 지정할 수도 있다. 하지만 폰트 파일의 이름을 변경하였을 경우 각 시스템별로 호환이 되지 않을 수 있어 권장하는 방법은 아니다.

나눔고딕 폰트 외의 다른 폰트도 사용이 가능하며, 메인 타이틀뿐 아니라 모든 문자 출력에 한글 출력이 가능하다. 다음은 몇 개의 폰트 이름을 지정해서 그려본 히스토그램으로 결과는 그림 9.18과 같다.

```
> op <- par(no.readonly = TRUE)
> par(mfrow=c(2, 2))
> par(family="나눔명조")
> hist(faithful$waiting, main="간헐천 유휴시간 히스토그램 (나눔명조)", xlab="유휴시간",
      ylab="빈도")
> par(family="NanumMyeongjo")
> hist(faithful$waiting, main="간헐천 유휴시간 히스토그램 (NanumMyeongjo)",
      xlab="유휴시간", ylab="빈도")
> par(family="NanumMyeongjoExtraBold")
> hist(faithful$waiting, main="간헐천 유휴시간 히스토그램 (NanumMyeongjoExtraBold)",
      xlab="유휴시간", ylab="빈도")
> par(family="나눔명조 ExtraBold")
> hist(faithful$waiting, main="간헐천 유휴시간 히스토그램 (나눔명조 ExtraBold)",
      xlab="유휴시간", ylab="빈도")
> par(op)
```

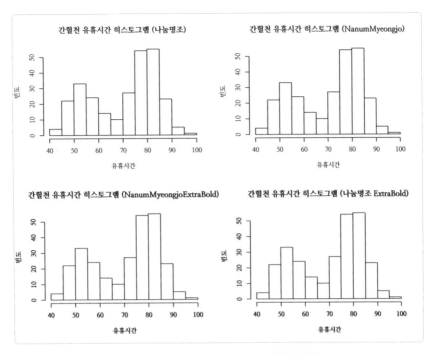

그림 9.18 나눔명조와 나눔명조 ExtraBold 폰트의 플롯

9.2.6 Linux 서버에서 한글 사용하기

9.2.6.1 한글 폰트 설치

R을 사용하는 사람 중에 R 커미터(R 시스템 자체를 개발하는 사람)들을 비롯한 일부 과학자들은 Ubuntu Linux를 PC의 주 운영체제로 사용한다. 그런데 한국에서 일반 사용자가 Linux를 PC의 데스크탑으로 사용하는 경우는 드물다. Linux에서 R을 사용할 때 워크스테이션의 GUI를 직접 사용하는 경우도 있지만, 대부분의 R 사용자들은 Linux 데스크탑이 아닌 웹브라우저를 통해 RStudio Server가 설치된 서버에 원격 접속해서 작업한다. RStudio Server를 사용한다는 것은 다자간 협업이나 자원 공유를 통한 복잡한 분석을 수행하기 위한 목적과 서버의 풍부한 시스템 자원을 사용하기 위한 것이 목적이다. 이런 환경 또한 한글이 포함된 작업을 위해 별도의 설정이 필요하고 RStudio Server 환경에서 플로팅을 하면, 사용자의 데스크탑이 아닌 서버 환경을 이용해 플롯을 생성하므로 폰트가 설정된 내용을 알아 둘 필요가 있다.

Linux 운영체제는 Windows 운영체제만 주력으로 사용하는 사람이 다루기에는 많은 추가 지식이 필요하며, 한글 폰트 설치 또한 Linux 환경에 익숙하지 않은 사용자에게는 매우 까다롭다. 특히 시스템 공통 폰트의 설치와 개인의 폰트 설정을 다르게 설정할 수도 있어 더욱 복잡하다. Linux를 데스크탑으로 사용하는 것이 아니라면, 폰트 설치는 터미널로 접근하여 shell 명령으로 설치해야 하는 문제도 있다. 더불어 Linux를 서버로 사용하는 경우 시스템 공통 폰트 설치를 위해서는 시스템 관리자 권한인 root 계정이나 root로의 전환을 위해 sudoer 권한(sudo privileges)을 획득해야 하는 문제까지도 있다.

Linux 서버에서는 폰트 설정 등을 특정 사용자의 환경에서만 작동하도록 개별적 설정할 수 있지만, RStudio Server를 사용하거나 R script의 작성 후 서버에서 공통 설정을 이용해서 실행해야 하는 경우도 있다. 그러므로 개별 사용자들이 각자 폰트를 설치하기보다는 서버의 모든 사용자가 폰트를 사용할 수 있도록 설치하는 것이 관리 및 사용상 편리하다. 하지만 이렇게 설치하는 것은 보안상의 위험이나 시스템을 망가뜨릴 수 있는 위험이 더불어 존재하므로 유의하여야 한다. Linux 서버에 폰트를 설치할 때는 터미널을 이용한 작업이 편리하며, 만약 별도로 폰트 설치를 도와줄 시스템 관리자가 있다면 시스템 관리자에게 폰트 설치를 요청해야 한다.

폰트 설치를 위해서는 먼저 폰트 파일을 준비해야 한다. Linux 서버에서 사용할 폰트를 데스크탑에 다운로드하거나 받을 수 있는 URL을 준비하면 된다. 전자의 경우는 데스크탑에서 Linux 서버로 폰트 파일을 전송하고, 후자의 경우는 터미널에서 wget 등의 명령어를 이용해서 원격 사이트로부터 폰트를 다운로드한다. 폰트가 준비되면 폰트를 설치할 디렉터리를 결정해야 한다. CentOS Linux와 Ubuntu Linux에서는 '/usr/share/fonts'에 시스템 폰트를 설치한다. '/usr/share/fonts' 디렉터리에 이미 생성된 하위 디렉터리가 있으며 여기에 기본 폰트가 설치되어 있다.

CentOS의 경우 다음과 같은 하위 디렉터리를 가지고 있다. Ubuntu는 이와는 다른 디렉터리 목록을 가지고 있지만, 목록 자체는 폰트를 설치하는 데는 그리 중요하지는 않다.

```
X11
cmap
truetype
type1
```

하위 디텍토리의 이름은 특별한 의미가 없고 각 배포판에서 관리상 구분하는 것이므로 폰트를 설치할 때는 적절한 이름의 디렉터리를 추가로 만들 필요가 있다. 여기서는 관리하기 쉽도록 'truetype' 디렉터리 하위에 임의로 'korean_fonts'라는 디렉터리를 만들고 나눔글꼴을 설치할 것이다. 따라서 폰트를 설치할 전체 경로는 '/usr/share/fonts/truetype/korean_fonts'인데, 여러분은 다른 이름을 가진 경로로 디렉터리를 생성해도 문제는 없다.

이제 터미널로 RStudio Server가 설치된 Linux에 접속한 후 root 계정으로 전환하거나 sudo 명령을 이용해 관리자 권한으로 작업을 수행한다. Mac 사용자는 기본 터미널을 사용하면 되고, Windows 사용자라면 PuTTY와 같은 터미널 소프트웨어를 설치해야 한다. 터미널 소프트웨어에 대한 설명과 리눅스 명령어에 대한 부분은 이 책에서 다루는 범주에서 벗어나므로 자세한 설명은 생략한다.

그럼 이번에는 Linux 서버에서 원격 사이트로부터 한글 폰트를 다운로드하여 설치해보자. 여기서는 RStudio Server가 설치되거나 R을 사용하려고 하는 Linux 서버의 IP 주소가 192.168.0.1이고 작업자의 계정은 'ruser'로 가정했는데, 이는 여러분의 환경에 맞게 고쳐야 한다. 우선 아래와 터미널을 이용해 서버에 접속한다. Windows 사용자는 PuTTy와 같은 터미널 소프트웨어를 별도로 설치해서 사용해야 하는데, 여기서 자세한 사용법은 다루지 않는다.

```
$ ssh ruser@192.168.0.1
```

앞서 설명한 폰트를 설치할 디렉터리를 생성한 후 해당 디렉터리로 이동한다. 폰트를 설치할 디렉터리는 'korean_fonts'라고 만들 것이지만, 다른 이름으로 변경해도 무방하다.

```
$ sudo mkdir /usr/share/fonts/truetype/korean_fonts
$ cd /usr/share/fonts/truetype/korean_fonts
```

이제 폰트를 다운로드하기 위해 'http://hangeul.naver.com/download.nhn'에서 수동 설치용 폰트꾸러미의 다운로드 URL을 알아내야 한다. 2015년 3월 기준으로 수동 설치용 폰트의 다운로드 URL은 'http://cdn.naver.com/naver/NanumFont/fontfiles/NanumFont_TTF_ALL.zip'이지만, 향후 변경될 수 있으므로 반드시 설치 전에 경로를 다시 확인할 것을 권한다. 이제 폰트의 다운로드 URL을 알아냈으니 wget 명령으로 파일을 다운로드 받은 후 압축을 해제한다.

```
$ sudo wget http://cdn.naver.com/naver/NanumFont/fontfiles/NanumFont_TTF_ALL.zip
$ sudo unzip NanumFont_TTF_ALL.zip
$ sudo rm NanumFont_TTF_ALL.zip
```

압축 파일 내에 다음과 같은 파일이 있는 것을 확인할 수 있을 것이다. 참고로 압축 파일 내에 포함된 파일 역시 변경될 수 있음을 알려둔다.

```
Archive:  NanumFont_TTF_ALL.zip
  inflating: NanumBrush.ttf
  inflating: NanumGothic.ttf
  inflating: NanumGothicBold.ttf
  inflating: NanumGothicExtraBold.ttf
  inflating: NanumMyeongjo.ttf
  inflating: NanumMyeongjoBold.ttf
  inflating: NanumMyeongjoExtraBold.ttf
  inflating: NanumPen.ttf
```

만약 wget이나 Linux 명령에 익숙하지 않다면, 사용하고 있는 운영체제에 폰트를 다운로드하거나 이미 설치한 폰트 파일을 SFTP 또는 FTP를 이용해 서버에 복사해도 된다. Windows를 데스크탑으로 사용하고 있는 사용자라면 FTP 클라이언트를 이용해야 하며, Mac 사용자는 터미널을 실행한 후 scp 명령으로 전송해도 된다. Windows와 같이 SFTP를 지원하는 애플리케이션을 사용해도 된다.[7]

이제 폰트를 사용하기 위해서 폰트 캐시(font cache)를 재생성해야 한다. 폰트의 캐시는 폰트의 정보를 생성해서 보관하는 것으로, 폰트를 복사했거나 삭제한 후에는 반드시 실행해야 한다. 그럼 먼저 다음 명령어로 폰트 캐시를 재생성한다.

```
$ sudo fc-cache -fv
```

폰트 적용 방법을 알아보자. 우선 Linux를 데스크탑으로 사용하고 있다면 시스템에서 로그아웃하거나 시스템을 리부팅해야 하는데, 그 이유는 그래픽스 엔진이 시작될 때 폰트 정보를 가져오기 때문이다. 그리고 RStudio Server를 사용하고 있다면, 메뉴에서 'File - Quit RStudio...'를 찾아 실행한 후 R 세션을 닫고 다시 접속해야 한다. 참고로 RStudio Server에 많은 사용자가 접속하여 세션을 열어 놓은 상태라면 개별적으로 모든 세션을 종료하고, 다시 시작해야 한다. R을 shell script처럼 실행하는 경우에는 세션을 종료하거나 별도의 다른 작업이 필요하지 않다.

폰트의 목록을 확인하는 것은 Mac 운영체제에서 확인하는 방법과 동일하다. Mac 운영체제의 내부 커널은 BSD라는 운영체제를 계승하고 있는데, BSD가 Linux와 매우 유사한 운영체제이기 때문이다.

```
$ fc-list | grep 'Nanum'
```

fc-list 명령어만 입력하면 매우 많은 폰트 목록이 출력되는데, 일일이 눈으로 확

---

7   Windows 사용자는 FileZilla나 WinSCP등을 사용할 수 있으며 Mac 사용자는 CyberDuck과 같은 것을 사용할 수 있다.

인하기 어려우므로 앞의 예제와 같이 grep 명령어로 나눔글꼴만을 출력하면 다음과 같은 목록을 볼 수 있다.

```
나눔손글씨 펜,Nanum Pen Script:style=Regular
나눔명조,NanumMyeongjo:style=Bold
나눔고딕,NanumGothic,NanumGothicExtraBold,나눔고딕 ExtraBold:style=Bold,ExtraBold,Regular
나눔명조,NanumMyeongjo,NanumMyeongjoExtraBold,나눔명조 ExtraBold:style=ExtraBold,Regular
나눔손글씨 붓,Nanum Brush Script:style=Regular
나눔고딕,NanumGothic:style=Bold
나눔명조,NanumMyeongjo:style=Regular
나눔고딕,NanumGothic:style=Regular
```

9.2.6.2 한글 폰트 사용

Linux에서의 트루타입 폰트 지정은 Windows보다 간단하다. 이미 폰트를 설치하였고 폰트의 이름을 알고 있다면, 다음과 같이 par( ) 함수를 이용해서 한글 폰트의 사용을 지정할 수 있다. 이 방법은 Mac에서의 것과 동일하다.

```
> par(family="나눔고딕")
> hist(faithful$waiting, main="간헐천 유휴 시간")
```

만약 설치되지 않은 폰트를 지정하였거나 폰트 이름을 잘못 적었다면, 한글 부분이 박스로 대체된 실패한 플롯을 보게 될 것이다.

9.2.7 Mac과 Linux에서 PDF 플롯에 한글 출력하기

R을 사용해서 분석 보고서를 작성하는 경우 문서 전체를 PDF로 변환하거나 플롯만을 따로 PDF로 저장할 수 있음을 앞서 설명한 바 있다. PDF 파일은 벡터 그래픽스 형식으로 저장되므로 출력물의 품질이 더 미려하고 확대와 축소로 인한 품질 저하가 덜하다는 장점이 있다. 그래서 플롯을 파일로 저장할 때 비트맵이 아닌 SVG나 PDF 등으로 저장하여 배포하기도 한다. 하지만 PDF 포맷을 위한 폰트 설정은 매우 까다롭고 복잡하다. Linux와 Mac 환경의 R은 기본적으로 TeX 조판 시스템을 이용하는데, TeX 조판 시스템의 폰트 추가는 매우 어렵고 복잡하다. TeX 조판 시스템의 일반적인 최종 출력물은 PDF 파일이기에 PDF 플롯과 TeX 조판 시스템은 어느 정도의 관계성을 가지고 있다.

R에서 PDF 파일에 플롯 이미지를 생성하는 방법은 다음과 같다. 그래픽스 디바이스를 PDF로 설정하기 위해서 pdf( ) 함수로 PDF 디바이스를 오픈하고 오픈된 환경에서 원하는 플로팅 작업을 수행 후 dev.off( ) 함수로 오픈된 디바이스를 닫으면 된다.

```
> pdf( )
> par(family="나눔고딕")
> hist(faithful$waiting, main="간헐천 유휴 시간")
> dev.off( )
```

그러나 원하는 바와는 달리 Mac과 Linux에서 위의 예제는 다음과 같은 경고 메시지를 발생시킬 것이다. 또한 PDF 파일은 생성되지만, 내용은 없는 빈 껍데기의 PDF 파일로 생성된다.

```
다음에 오류가 있습니다title(main = main, sub = sub, xlab = xlab, ylab = ylab, ...) :
    유효하지 않은 폰트타입입니다
추가정보: 경고 메시지:
1: In title(main = main, sub = sub, xlab = xlab, ylab = ylab, ...) :
    PostScript 폰트 데이터베이스에서 찾을 수 없는 폰트 패밀리 '나눔고딕'입니다
2: In title(main = main, sub = sub, xlab = xlab, ylab = ylab, ...) :
    PostScript 폰트 데이터베이스에서 찾을 수 없는 폰트 패밀리 '나눔고딕'입니다
3: In title(main = main, sub = sub, xlab = xlab, ylab = ylab, ...) :
    PostScript 폰트 데이터베이스에서 찾을 수 없는 폰트 패밀리 '나눔고딕'입니다
4: In title(main = main, sub = sub, xlab = xlab, ylab = ylab, ...) :
    PostScript 폰트 데이터베이스에서 찾을 수 없는 폰트 패밀리 '나눔고딕'입니다
5: In title(main = main, sub = sub, xlab = xlab, ylab = ylab, ...) :
    PostScript 폰트 데이터베이스에서 찾을 수 없는 폰트 패밀리 '나눔고딕'입니다
```

pdf( ) 함수는 기본적으로 postscript라는 매우 고전적인 출력 시스템을 사용해 플롯을 PDF로 변환하는데, postscript 시스템에서는 postscript 폰트가 필요하다. 그런데 나눔고딕 폰트는 postscript 폰트가 아니기 때문에 출력되지 않는 것이다. 이는 트루타입 폰트를 postscript용 폰트로 변환해서 다시 등록해야 해결하는데, 이는 매우 복잡하고 어렵다.

일단 위의 문제를 폰트와 상관없이 한글만을 출력하기를 원한다면, 단순한 해결방법이 있다. postscript용으로 미리 등록되어 있는 폰트인 'Korea1'과 'Korea1deb' 둘 중 하나를 par( ) 함수를 이용해서 설정하는 것이다.

postscript용 폰트의 목록을 R에서 확인하는 방법은 다음과 같다.

```
> names(postscriptFonts( ))  # 또는 names(pdfFonts( ))
```

예제의 결과는 다음과 같다.

```
 [1] "serif"            "sans"                "mono"
 [4] "AvantGarde"       "Bookman"             "Courier"
 [7] "Helvetica"        "Helvetica-Narrow"    "NewCenturySchoolbook"
[10] "Palatino"         "Times"               "URWGothic"
[13] "URWBookman"       "NimbusMon"           "NimbusSan"
[16] "URWHelvetica"     "NimbusSanCond"       "CenturySch"
[19] "URWPalladio"      "NimbusRom"           "URWTimes"
[22] "ArialMT"          "ComputerModern"      "ComputerModernItalic"
[25] "Japan1"           "Japan1HeiMin"        "Japan1GothicBBB"
[28] "Japan1Ryumin"     "Korea1"              "Korea1deb"
[31] "CNS1"             "GB1"
```

이 목록에서 사용할 수 있는 한글 폰트는 앞서 말한 'Korea1'과 'Korea1deb'가 있는데, 이 폰트 이름은 별칭으로 postscript용 폰트는 '백묵'으로 PDF용 폰트는 '한양고딕'과 '한양명조'로 매핑되도록 설정되어 있지만, 사용자의 환경에 따라 다르게 보인다. 하지만 어쨌든 이 폰트로 지정하면, 정확한 폰트는 알 수 없지만 한글을 볼 수 있다.

다음은 par( ) 함수를 이용한 사용 방법이다.

```
> pdf("./korea_default_font.pdf")
> par(family='Korea1')
> hist(faithful$waiting, main = "간헐천 유휴 시간")
> dev.off( )
```

이 폰트들은 postscript와 PDF를 위해 내장된 것들이다. 만약 다른 폰트를 사용하려면 R의 extrafont 패키지를 사용하는 것이 권장되는데, 이 패키지는 트루타입 폰트를 postscript 폰트로 변환하여 설치한다. 하지만 extrafont 패키지는 트루타입 폰트를 AFM(Adobe Font Metric)이나 Type 1 font로 변환하지만, 시스템 인코딩과 한글 폰트의 정보를 처리하는 데 오류가 발생하는 등의 문제점이 있다. 그래서 영문이 아닌 한글 운영체제 및 한글 폰트 사용자에게 이 패키지는 역시 의미가 없다.

그 외에 폰트 변환 유틸리티로 직접 폰트를 일일이 개별 변환하는 방법도 있지만, 폰트의 변환 작업 자체가 쉽지 않다. 이는 TeX 조판 시스템이나 Linux와 Mac 환경에 익숙한 사용자에게도 매우 어려운 일이므로, 폰트에 대한 전문지식과 조판 시스템의 구조 등을 잘 알아야 한다.

참고로 앞서 다룬 여러 문제점을 쉽게 해결하면서 한글이 포함된 플롯을 PDF 파일로 내보내는 방법이 있다. Mac이나 Linux를 사용한다면 cairo_pdf( ) 함수를 이용하는 것이 가장 쉬운 해결책인데, 이 함수를 사용하면 pdf( ) 함수를 사용해 만든 PDF 파일보다 품질이 미려하다는 장점도 있다. 다음과 같이 사용하며 예제의 결과는 그림 9.19와 같다.

```
> cairo_pdf("./linux_korean_1.pdf")
> par(family="나눔고딕")
> hist(faithful$waiting, main="간헐천 유휴 시간")
> dev.off( )
```

이 예제로 PDF 간단히 한글을 출력할 수 있다. cairo_pdf( ) 함수는 grDevices 패키지에 내장된 함수로 별도로 패키지를 설치할 필요가 없이 바로 사용할 수 있다.

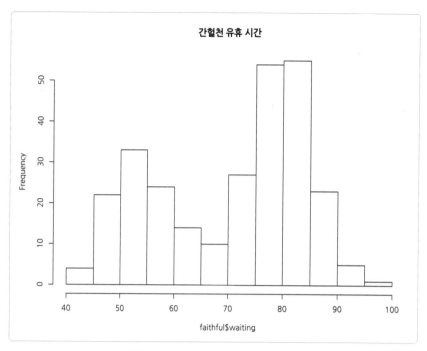

그림 9.19 cairo_pdf( ) 함수로 한글 PDF 생성

만약 PDF에 폰트를 내장하지 않고 한글이 포함된 플롯을 생성하고 싶다면, Windows 운영체제와 마찬가지로 showtext 패키지를 사용하면 된다. 다음과 같이 사용하며, 사용법은 Windows, Mac, Linux 모두 동일하다.

```
> library(showtext)
> font.add("나눔손글씨 붓", "/usr/share/fonts/truetype/korean_fonts/NanumBrush.ttf")
> pdf("./linux_korean_2.pdf")
> par(family="나눔손글씨 붓")
> showtext.begin( )
> hist(faithful$waiting, main="간헐천 유휴 시간")
> showtext.end( )
> dev.off( )
```

위 두 가지 방식의 차이점은 앞서 설명했지만, 폰트를 PDF에 내장한다는 것과 폰트를 이미지로 변환하여 폰트를 내장하지 않는다는 점뿐이다. 그리고 재차 말하지만 생성되는 PDF의 파일 크기와 PDF에 삽입된 폰트 정보가 다르다는 점을 꼭 알아야 한다.

9.2.8 ggplot2에서 한글 사용하기

ggplot2는 par( ) 함수에 의한 폰트 설정을 따르지 않으므로 par( ) 함수를 사용해서 폰트를 설정할 수 없다. ggplot2는 별도로 구비된 theme 함수나 각 ggplot2

의 각 지오메트릭 함수의 인수를 사용하여 폰트를 지정해야 한다. ggplot2의 폰트 설정 방법은 6장에서 이미 다루었으므로 다시 설명하지 않겠다.

9.3 유용한 팁들

9.3.1 그래픽 파라미터 다루기

그래픽 파라미터(graphical parameters)는 par( ) 함수로 조회하거나 설정할 수 있는, 그래픽을 출력하는 데 중요한 환경변수의 집합이다. 굳이 parameters를 인수라 번역하지 않고, 파라미터라 번역한 이유는 그래픽 함수에서의 인수와 구분하기 위함이다. 물론 mar, cex, omi, xpd 등 그래픽 함수에서의 인수와 동일한 역할을 한다. 그러나 이 그래픽 파라미터는 함수의 인수와 달리 전역 변수로 R 세션이 종료되기 전까지 그 설정이 유지된다.

간혹 특정 시각화 함수를 사용할 때 화면을 분할하는 mfrow, mfcol이나 여백의 크기 설정은 mar, omi 등과 같은 파라미터를 조정하여 설정할 필요가 있다. 그런데 par( ) 함수가 호출된 이후 모든 시각화 함수는 par( ) 함수에서 설정한 파라미터에 영향을 받는다. 그래서 원치 않는 결과를 초래하기도 한다.

다음은 단순 선형회귀의 회귀진단을 위한 시각화 예제다. par( ) 함수의 mfrow 인수로 화면을 분할하고, mar 인수로 여백을 조정하였다. 그리고 마지막으로 pty 인수로 plot 영역을 정사각형으로 조정하였는데, 결과는 그림 9.20과 같다.

```
> x <- rnorm(200)
> y <- rnorm(200)
> fit <- lm(y ~x)
> par(mfrow=c(2, 2), mar=c(2, 1, 2, 1), pty="s")
> plot(fit)
> box(which="outer", lwd=2)
```

다음은 독립 변수 x의 히스토그램을 그려 그 분포를 파악하는 예제이다. 그런데 그림 9.21처럼 원치 않는 결과가 발생하였다. 전체 화면이 아닌 그림 영역(figure region)의 일부에 히스토그램이 그려진 것이다. 그 이유는 앞서 회귀진단 시각화를 위한 플롯이 그림 9.20을 그릴 때 전역 번수인 그래픽 파라미터가 mfrow=c(2, 2)로 변경되었기 때문이다.

```
> hist(x)
> box(which="outer", lwd=2)
```

par( ) 함수로 그래픽 파라미터를 변경하였을 때 그 설정이 다음 그래픽 함수에 영향을 주지 않기 위해서는 다음과 같은 방법을 이용해야 한다. 이 방법은 par( )

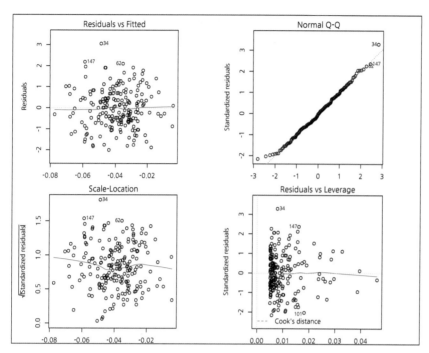

그림 9.20 par( ) 함수 적용 결과

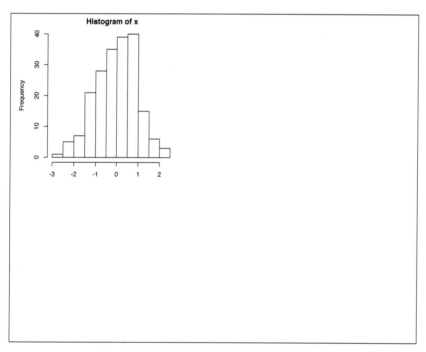

그림 9.21 그래픽 파라미터의 변경으로 출력된 플롯

함수로 현재의 그래픽 파라미터를 조회하여 임시 객체에 할당한 다음 원하는 시각화 작업을 마친 후에 임시 객체로 다시 그래픽 파라미터를 설정하는 것이다.

그래픽 파라미터를 조회할 때는 no.readonly 인수의 값을 TRUE로 지정하면, par( ) 함수로 설정이 가능한 모든 그래픽 파라미터를 출력한다. 그러므로 가급적이면 no.readonly = TRUE를 사용하는 것이 좋은데, 이 책의 많은 예제에서 이 방법을 사용했음을 눈치챈 여러분도 있을 것이다.

다음 예제는 par( ) 함수에서 no.readonly 인수를 사용하여 다음에 사용할 그래픽 함수에 설정된 그래픽 파라미터가 영향을 주지 않도록 한 방법이다.

```
> # 현재의 그래픽 파라미터를 op에 저장
> op <- par(no.readonly = TRUE)
> # 그래픽 파라미터 설정
> par(mfrow=c(2, 2), mar=c(2, 1, 2, 1), pty="s")
> plot(fit)
> # 저장된 그래픽 파라미터가 담긴 op를 그래픽 파라미터로 설정
> par(op)
```

사용자정의 함수를 만들 경우에는 다음 방법이 요긴하게 사용된다.

```
> my.chart <- function(x) {
    # 현재의 그래픽 파라미터를 op에 저장
    op <- par(no.readonly = TRUE)
    # 함수 종료 시 그래픽 파라미터가 담긴 op를 그래픽 파라미터로 설정
    on.exit(par(op))
    # # 그래픽 파라미터 설정
    par(mfrow=c(2, 2), mar=c(2, 1, 2, 1), pty="s")
    # 함수의 내용 기술 시작
    # 함수의 내용 기술 종료
  }
```

on.exit( ) 함수는 함수가 종료될 때 반드시 실행하는 함수로 인수에는 실행할 코드를 담는다. 함수가 종료된다는 것은 함수 수행 중 에러가 발생해서 함수의 끝부분까지 수행하지 못하고 강제로 종료되는 경우도 포함한다. 만약 par( ) 함수로 그래픽 파라미터를 변경한 후 par( ) 함수로 그래픽 파라미터를 원래대로 돌려놓는 부분까지 수행을 하지 못하고 에러로 종료되면, 그래픽 파라미터가 원래대로 수정되지 않아서 문제가 발생할 수 있다. 그래서 함수 내에서 on.exit( ) 함수로 함수의 종료됨과 동시에 그래픽 파라미터를 원래대로 돌려놓는 것이 좋다.

만약 여러분이 RStudio를 사용하고 예기치 않는 그래픽 파라미터의 변경으로 플롯이 이상하게 출력된다면, 그냥 plot window 화면의 "Clear All" 메뉴를 실행하면 된다. 물론 지금까지 그렸던 모든 플롯은 삭제되지만, 그래픽 파라미터가 R 세션이 시작할 때의 값으로 초기화되어서 이후에 그리는 플롯은 정상적으로 출력될 것이다.

9.3.2 약어로 표현하기

축의 이름, 축 눈금(틱, ticks)의 이름, 범례 등의 문자열이 너무 길 경우에는 겹쳐서 출력되거나 일부는 출력되지 않는 경우가 발생할 수 있다. 이런 경우에는 약어(abbreviate)를 사용하여 겹치지 않고 제대로 출력할 필요가 있다.

다음 예제는 12개월에 대한 임의의 지표를 막대 그래프로 표현한 것으로, 그림 9.22처럼 2월(February)과 9월(September)의 눈금 문자열이 생략되어 출력된다.

```
> set.seed(1)
> x <- sample(12)
> names(x) <- month.name
> barplot(x)
```

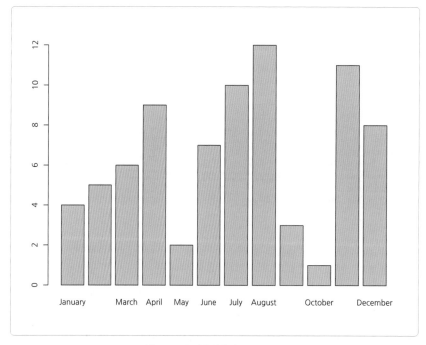

그림 9.22 모든 이름이 출력되지 않은 플롯

R의 base 패키지에 12개월의 영문 이름을 나타내는 month.name와 약어인 month.abb가 있으며, datasets 패키지에는 미국 50개 주의 이름인 state.name 와 약어인 state.abb가 있다.

```
> apropos("\\.abb$")
```

```
[1] "month.abb" "state.abb"
```

다음 예제처럼 12개월의 영문 약어인 month.abb를 사용하면 그림 9.23처럼 모든 월이 표현된다.

```
> names(x) <- month.abb
> barplot(x)
```

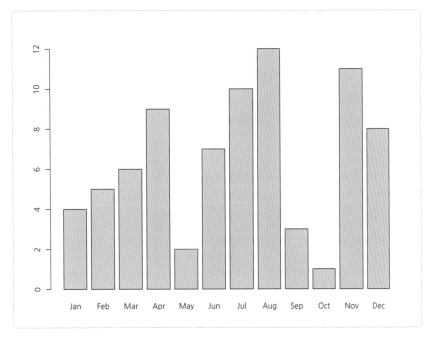

그림 9.23 모든 이름이 출력된 플롯

month.abb, state.abb와 같이 이미 정의된 약어가 없을 경우에는 abbreviate( ) 함수로 쉽게 약어를 만들 수 있다. 그러나 이 함수는 한글에서는 작동되지 않는다는 단점을 안고 있다. 그러므로 한글의 경우에는 사용자가 적당한 약어를 만들어야 한다.

```
> x <- c("count", "amount", "total count", "total amount", "average")
> abbreviate(x, 3)
      count      amount  total count  total amount     average
      "cnt"       "amn"        "ttc"         "tta"       "avr"
```

9.3.3 축의 눈금 조정하기

축의 눈금 이름이 길 경우에 약어로 표현하는 방법으로 해결될 수도 있지만, 축의 눈금이 많을 경우에는 이 방법으로도 해결되지 않을 수 있다. 또한 축의 눈금은 이름 외에 수치 값이 올 수도 있는데, 이는 때때로 가독성이 저하되는 요소이기도 하다.

9.3.3.1 지수 형태의 눈금 라벨 조정하기

다음 예제는 12개월에 대한 임의의 지표를 막대 그래프로 표현한 것으로, 결과는 그림 9.24와 같다. 그런데 y-축의 라벨이 지수의 형태로 표현되었다. 그런데 우리는 지수 형태의 수치에 익숙하지 않아서 해석하는 데 어려움이 있을 수 있다.

```
> set.seed(1)
> x <- sample(12) * 1000000
> names(x) <- month.abb
> barplot(x, xlab="월도", main="지수 형태의 축 눈금 라벨")
```

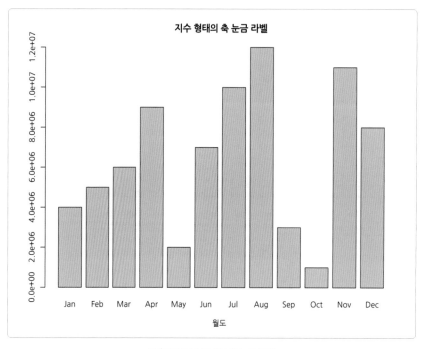

그림 9.24 지수 형태의 축 눈금 라벨

지수 형태의 눈금 라벨은 다음과 같이 pretty( ) 함수로 적당히 구간을 나눈 후 formatC( ) 함수의 인수 format에 "d"를 지정해서 십진수로 변경할 수 있다. 그리고 이 값은 y-축의 눈금에 라벨로 출력한다.

barplot( ) 함수 등 데이터 시각화 함수들은 벡터 x를 축에 표현할 때 지수형으로 표기할 것이다. 그래서 barplot( ) 함수의 axes 인수에 FALSE를 지정하여 y-축을 표현하지 않게 한 후 axis( ) 함수로 십진수의 눈금을 출력하였다. 그림 9.25를 보면 y-축의 눈금 라벨이 십진수로 표현된 것을 알 수 있다.

```
> y <- pretty(x)
> y.lab <- formatC(y, format="d")
> y.lab
```

```
[1] "0"        "2000000"  "4000000"  "6000000"  "8000000"
[6] "10000000" "12000000"
```

```
> barplot(x, axes=FALSE, xlab="월도", main="십진수의 축 눈금 라벨")
> axis(side=2, at=y, labels=y.lab)
```

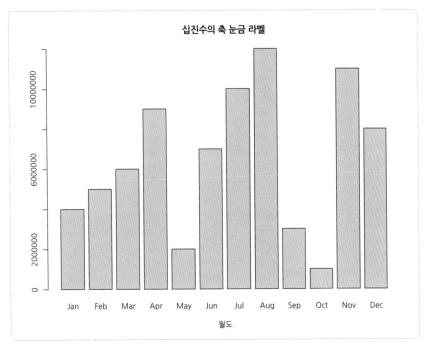

그림 9.25 십진수 형태의 축 눈금 라벨

9.3.3.2 축 눈금 라벨 스타일 조정

그림 9.25를 보면 라벨이 수직 방향으로 출력되었다. 라벨의 스케일이 작으면 해석이 어렵지 않으나 스케일이 커서 그 단위를 짐작하는 데 어려움이 있으므로 라벨을 회전하지 않게 출력하겠다.

일반적으로 데이터 시각화 함수의 인수 중에 las 인수가 축의 눈금 라벨 스타일을 지정한다. 그 인수 값과 의미는 다음과 같다.

· 0: 기본 값으로 라벨을 축과 같은 방향으로 출력한다.
· 1: 모든 축의 라벨을 수평 방향으로 출력한다.
· 2: 모든 축의 라벨을 축의 방향과 직교가 되게 출력한다.
· 3: 모든 축의 라벨을 수직 방향으로 출력한다.

y-축의 눈금 라벨은 수평으로 출력하려면, 다음 예제처럼 axis( ) 함수의 las 인수에 1을 지정하면 된다. 일반적으로 las가 데이터 시각화 함수에 사용되는 인수임에도 불구하고 저수준 그래픽 함수인 axis( ) 함수에 사용되는 것은 이 함수가 축을 그리기 때문이다.

그림 9.26을 보면 y-축의 눈금 라벨이 수평으로 출력되었다. 그런데 데이터의 스케일이 커서 라벨의 길이가 길다. 이 때문에 par( ) 함수로 y-축을 꾸밀 마진 2의 값을 5로 지정했다.

```
> op <- par(no.readonly=TRUE)
> par(mar=c(3, 5, 3, 2))
> barplot(x, axes=FALSE, xlab="월도", main="수평 방향의 축 눈금 라벨")
> axis(side=2, at=y, labels=y.lab, las=1)
> par(op)
```

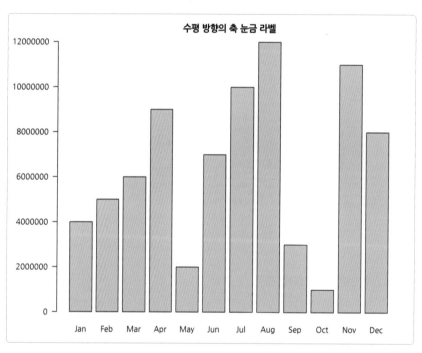

그림 9.26 수평 방향의 축 눈금 라벨

9.3.3.3 스케일의 조정

그림 9.26은 y-축의 눈금 라벨이 십진수이고 수평으로 출력되었지만, 그 길이가 너무 길다. 이 경우에는 데이터의 스케일을 조정하면 짧게 출력할 수 있다.

그러면 스케일을 백만 단위로 조정하자. 라벨의 길이가 줄어들기 때문에 여백의 조정도 필요 없고, axis( ) 함수도 사용하지 않아도 된다. 결과는 그림 9.27처럼 보기 좋게 만들어진다. 그러나 단위를 나타내는 "(단위 : 백만)"가 ylab 인수로 출력되었기에, 이는 수평으로 표현하기가 어렵다.

```
> new.x <- x/1000000
> barplot(new.x, ylab="(단위 : 백만)", las=1, xlab="월도",
        main="백만 단위의 축 눈금 라벨")
```

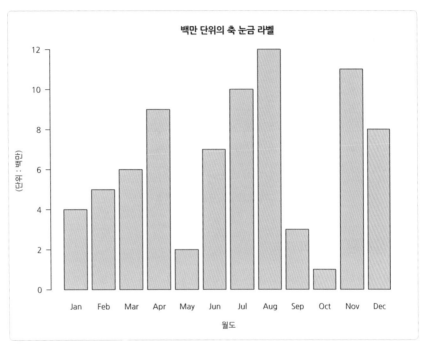

그림 9.27 백만 단위의 축 눈금 라벨

단위를 나타내는 y-축의 라벨이 수직으로 출력되는 것이 플롯의 해석상 불편하다면, 다음과 같이 mtext( ) 함수로 마진 3의 위치에 단위를 출력할 수 있다. 결과는 그림 9.28처럼 보기 좋게 출력된다.

```
> barplot(new.x, las=1, xlab="월도", main="단위를 포함한 백만 단위의 축 눈금 라벨")
> mtext("(단위 : 백만)", side=3, line=1, at=-2, adj=0)
```

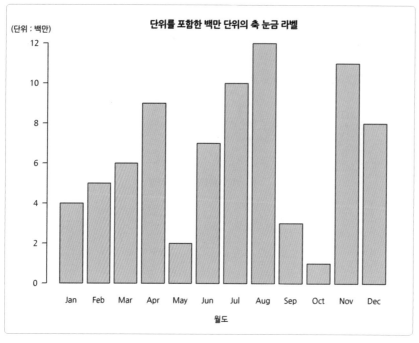

그림 9.28 y-축 라벨의 위치 조정

9.4 삼차원 시각화

최근에 생산되는 많은 데이터들은 변수의 차원이 높기 때문에 이차원의 평면에 시각화하기 어려운 것들이 많다. 이런 경우는 ggplot2와 같은 패키지를 사용해서 지오메트릭에 여러 변수를 매핑하거나 개별 플롯은 패널에 격자 형태로 나열해서 다차원 데이터를 표현하기도 하지만, 때로는 삼차원으로 시각화해서 데이터를 살피는 경우가 있다. 우리는 3장에서 persp( ) 함수에 대해서 살펴본 적이 있는데, 이를 사용해 삼차원 플롯을 생성할 수도 있다. 하지만 삼차원 플롯의 생성을 목적으로 개발된 패키지를 이용해서 좀 더 쉬운 방법으로 플로팅하거나 부가적인 기능을 사용하는 것이 바람직할 수 있다. 이 절에서는 R에서 3D 플롯을 지원하는 몇 개의 패키지를 설명한다.

9.4.1 plot3D 패키지

plot3D 패키지는 이차원 평면에 삼차원 시각화를 표현한다. 내부에서는 persp( ) 함수를 사용하여 재구성한 것으로 삼차원 산점도, 삼차원 히스토그램, 삼차원 텍스트 그리고 조금 강화된 등고선 플롯을 그릴 수 있는 함수를 제공하고 있다.

먼저 plot3D 패키지를 설치하고 로딩하자.

```
> install.packages("plot3D")
> library(plot3D)
```

9.4.1.1 scatter3D( ) 함수

이제 mtcars 데이터 프레임으로 삼차원으로 표현된 산점도를 그려보자. 다음 예제를 수행하면 그림 9.29와 같은 삼차원의 산점도가 그려진다.

```
> par(mar = c(1, 1, 1, 1))
> scatter3D(x = mtcars$wt, y = mtcars$gear, z = mtcars$mpg, pch = 19)
```

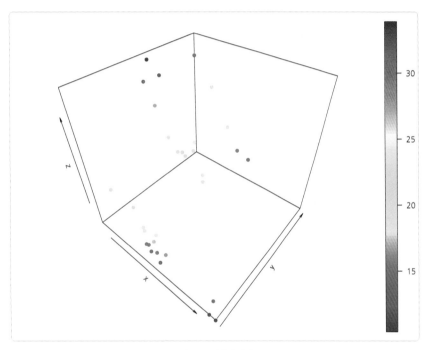

그림 9.29 삼차원 산점도

plot3D는 기본 마진을 크게 설정했기 때문에 단순히 플로팅하면 여백이 많아지므로, par( ) 함수의 mar 인수로 마진을 강제로 줄였다.

scatter3D( ) 함수는 plot3D 패키지에서 제공하는 삼차원 산점도를 그리기 위한 함수이다. 기본 인수로는 x, y, z를 받는데, 각각 x-축, y-축, z-축을 의미한다. 위의 예제에서는 x-축은 중량, y-축은 기어의 수, z-축은 연비로 표현된 것이다.

그림 9.29는 각 축의 라벨이 "x", "y", "z"로 표현되어 각 축이 어떤 변수와 매핑되었는지 알 길이 없다. 이 함수도 R의 다른 시각화 함수와 유사한 인수를 가지고 있으므로, 다음과 같이 각 축의 라벨을 설정할 수 있다. 결과는 그림 9.30과 같은데, 이제야 비로소 각 축이 의미하는 바를 알 수 있다.

```
> par(mar = c(1, 1, 1, 1))
> scatter3D(x = mtcars$wt, y = mtcars$gear, z = mtcars$mpg, pch = 19,
        main = "mtcars", xlab = "weight", ylab = "gear", zlab = "mile per galon")
```

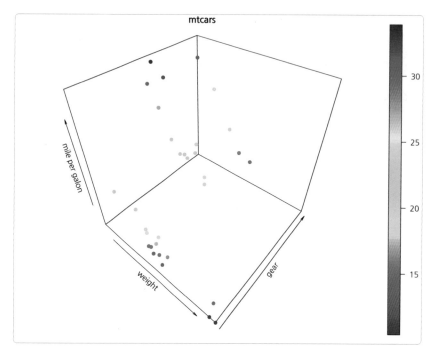

그림 9.30 축 라벨을 수정한 삼차원 산점도

각 축의 라벨에 의해 해석하는 것이 조금 나아졌지만, 아직도 공간 위에 있는 점들의 위치를 잘 파악하기 어렵다. 물론 점의 색상이 mpg 변수의 값에 따라 달라지므로 점의 색과 범례를 비교해서 보면 z-축의 위치는 어느 정도 인지가 가능하지만, x-축과 y-축에 따른 데이터의 위치를 확인하기는 어렵다. 그 이유는 삼차원 데이터를 이차원 평면에 표현하는 원리가 착시로 인해서 삼차원처럼 느껴지게 하기 때문이다. 홀로그램이 가능한 디스플레이가 상용화되지 않고선 해결할 수 없을 것이다.

그림 9.30의 입체감 부족으로 인한 위치 파악의 어려움을 어느 정도 해결할 수 있는 방법은 다음과 같이 scatter3D( ) 함수가 지원하는 몇 개의 인수를 더 사용해서 배경에 격자를 그리고 플롯의 각도와 원근법을 조절하는 것이다. 예제를 수행하면, 그림 9.31과 같은 플롯이 그려진다. 이제 어느 정도 점들의 위치 파악이 용이해졌다.

```
> par(mar = c(1, 1, 1, 1))
> scatter3D(x = mtcars$wt, y = mtcars$gear, z = mtcars$mpg, pch = 19,
        main = "mtcars", xlab = "weight", ylab = "gear", zlab = "mile per galon",
        bty = "g", ticktype = "detailed", d = 3, theta = 30, phi = 20)
```

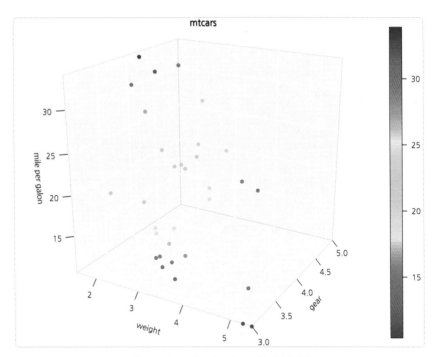

그림 9.31 격자를 넣고 원근법을 조정한 삼차원 산점도

위의 예제에서 격자를 그리는 데 사용한 인수는 bty이며, theta와 phi 인수를 이용해 정육면체의 좌우 방향을 조금 회전하고 시선의 높이도 조금 조정하였다. 그리고 d 인수를 사용해 원근감을 줄여 조금 더 가까이에서 본 것처럼 조절하였다. ticktype은 눈금 표기에 대한 인수이다. 앞의 예제보다는 더 보기가 편해졌지만, 삼차원 플롯을 이차원으로 보고 있는 것이기 때문에 역시 완벽하게 모든 점의 위치를 직관적으로 파악하기는 어려운 점이 있다. 때문에 각도를 조절해가면서 가장 적절한 플롯을 선택하거나 각도가 다른 여러 개의 플롯을 그려야 한다.

참고로 인수가 다소 많아 복잡하다고 생각할 수 있는데, plot3D 패키지는 grDevices의 persp( ) 함수를 사용하고 있기 때문에 일부 파라미터는 persp( ) 함수의 것을 그대로 사용한다. 그래서 만약 이 함수의 도움말에 설명이 없다면 persp( ) 함수의 인수 사용법에 대한 도움말을 살펴보는 것도 좋다.

이번에는 그림 9.31에 회귀선을 추가하자. 삼차원 산점도에 회귀선을 추가하는 방법을 학습하기 위해 다음과 같은 회귀모형을 만들어서 산점도에 넣으면, 결과는 그림 9.32와 같다.

```
> # 선형 회귀모형 적합
> fit <- lm(mpg ~ wt + gear, data = mtcars)
>
```

```
> wt.pred <- seq(1.5, 5.5, length.out = 30)
> gear.pred <- sample(c(3, 4, 5, 6), 30, replace = TRUE)
> exp.xy <- expand.grid(wt = wt.pred, gear = gear.pred)
> mpg.pred <- matrix(nrow = 30, ncol = 30,
                     data = predict(fit, newdata = data.frame(exp.xy), interval =
                     "prediction"))
> # 모형으로 예측 값 구하기
> fits <- predict(fit)
> # 산점도 그리기
> par(mar = c(1, 1, 1, 1))
> scatter3D(x = mtcars$wt, y = mtcars$gear, z = mtcars$mpg, pch = 19,
           xlab = "weight", ylab = "gear", zlab = "mile per galon", main = "mtcars",
           bty = "g", ticktype = "detailed", d = 3, theta = 30, phi = 20,
           surf = list(x = wt.pred, y = gear.pred, z = mpg.pred, facets = NA,
           fit = fits))
```

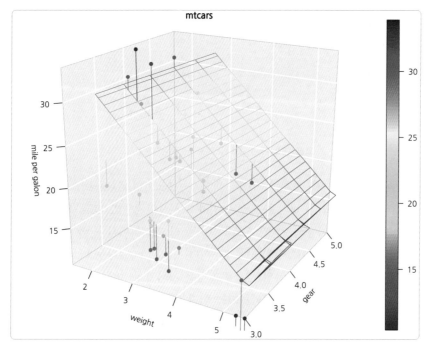

그림 9.32 삼차원 산점도와 선형 회귀직선

예제를 실행하면 컬러풀한 격자된 선형회귀 평면이 보이고, 회귀평면(선이 아니므로 회귀평면으로 표현한다)에서 점의 거리가 직선으로 표현된다. 이 예제의 핵심은 선형회귀 모형을 만들고, 모형을 surf 인수에 list 타입으로 여러 인수를 묶어서 전달한 것이다. 지면 문제로 인수에 대한 설명은 따로 하지 않으므로 스스로 수치를 조절해가면서 각 인수의 효과를 살펴보기 바란다.

9.4.1.2 hist3D( ) 함수

산점도와 함께 가장 많이 사용하는 시각화 도구는 아마도 히스토그램일 것이다.

plot3D 패키지는 히스토그램을 삼차원으로 그릴 수 있는 hist3D( ) 함수를 제공한다.

다음 예제에서 hist3D( ) 함수의 사용 방법을 알아보자. 예제를 수행하면, 그림 9.33처럼 마치 엑셀에서 삼차원 막대그래프를 그린 모양과 흡사한 막대 그래프가 그려진다.

```
> # 데이터 전처리 (비닝)
> x_breaks <- seq(min(iris$Sepal.Length), max(iris$Sepal.Length), length.out = 30)
> y_breaks <- seq(min(iris$Sepal.Width), max(iris$Sepal.Width), length.out = 30)
> x_values <- 0.5 * (x_breaks[-1] + x_breaks[-length(x_breaks)])
> y_values <- 0.5 * (y_breaks[-1] + y_breaks[-length(y_breaks)])
> z_values <- table(cut(iris$Sepal.Length, x_breaks),
                    cut(iris$Sepal.Width, y_breaks))
> # 히스토그램 그리기
> par(mar = c(1, 1, 1, 1))
> hist3D(x = x_values, y = y_values, z = z_values, border = "black",
         xlab = "Sepal Length", ylab = "Sepal Width", zlab = "Freq", main = "Iris",
         bty = "g", ticktype = "detailed", d = 3)
```

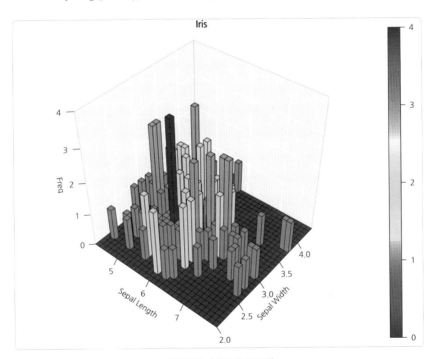

그림 9.33 삼차원 히스토그램

히스토그램은 비닝(binning)이 필요하므로 예제에서는 전처리 과정으로서 비닝 처리를 선행했다. 그림 9.33에서 볼 수 있듯이 삼차원이므로 x-축과 y-축에 따른 빈도를 확인하기에 매우 유용하다.

9.4.1.3 text3D( ) 함수

삼차원에 텍스트를 표현한다는 것은 산점도의 표현과 크게 다르지 않다. 다만 텍스트는 그 자체로 삼차원 공간에 표현하면, 위치를 파악하기 어려우므로 scatter3D( ) 함수를 이용해 위치를 직선으로 위치를 표시하는 것이 좋다. 다음 예제는 USArrests 데이터를 활용해 미국의 주별 범죄에 대한 정보를 시각화한 것으로, 결과는 그림 9.34와 같다.

```
> par(mar = c(1, 1, 1, 1))
> text3D(USArrests$Murder, USArrests$Assault, USArrests$Rape, colvar =
USArrests$UrbanPop,
        labels = rownames(USArrests), cex = 0.7, main = "USA arrests",
        xlab = "Murder", ylab = "Assault", zlab = "Rape", theta = 30,
        phi = 20, clab = c("Urban", "Pop"), adj = 0.5, bty = "g",
        ticktype = "detailed", d=3)
>
> scatter3D(USArrests$Murder, USArrests$Assault, USArrests$Rape - 1,
        colvar = USArrests$UrbanPop, type = "h", pch = ".", add = TRUE)
```

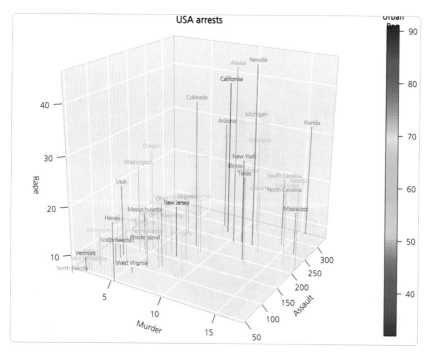

그림 9.34 삼차원 텍스트

그림 9.34를 보면 주의 이름이 삼차원 공간에 위치해 있고, scatter3D( ) 함수로 그린 선은 마치 풍선의 끈처럼 텍스트의 위치를 파악할 수 있도록 했다. 사실 이 플롯은 산점도에서의 점을 텍스트로 대체한 것 외에는 차이가 없다. 참고로 변수에 라벨로 쓸 수 있는 텍스트가 포함되어 있는데, 텍스트의 길이가 길지 않다면 가끔 응용할 수 있는 플롯이다.

9.4.2 rgl 패키지

삼차원 플롯도 이차원 평면에 표현하기 때문에 시점에 따라 보이지 않는 곳이 있거나 겹쳐 보여 식별하기 어려운 것이 많다. 그때마다 매번 시야의 각도를 바꿔어 플롯을 작성하거나 여러 플롯을 작성해서 한꺼번에 나열해서 보는 것은 데이터 탐색이나 분석을 위해서 그리 효율적인 방법이 아니다. 플롯을 문서에 첨부하거나 인쇄를 하는 것이 아니고 탐색을 위한 목적이라면 삼차원 플롯은 원하는 즉시 회전시키면서 탐색하는 것이 더 유리하다. rgl 패키지는 이런 목적으로 사용할 수 있는 잘 알려진 패키지이다. rgl은 R을 위한 실시간(real-time) 3D 렌더링 시스템으로 OpenGL을 인터페이스하여 개발되었다.

늘 그렇듯이 먼저 패키지를 설치해야 한다는 것을 잊지 말자. 다음 예제는 앞의 plot3D 패키지를 설명하면서 사용했던 예제를 rgl 패키지를 이용해 작성한 산점도 플롯이다. 만약 운영체제로 Mac OS X를 사용하는 독자라면, http://xquartz.macosforge.org/에서 제공하는 XQuartz를 추가로 설치해야 한다.

```
> install.packages("rgl")
> library(rgl)
```

다음은 rgl로 산점도를 그리는 예제다. 이 예제를 실행하면, 9.35와 같은 rgl 창을 볼 수 있을 것이다.

```
> plot3d(x = mtcars$wt, y = mtcars$gear, z = mtcars$mpg, col = mtcars$mpg, size = 2,
         type = "s", main = "mtcars", xlab = "wt", ylab = "gear", zlab = "mpg")
```

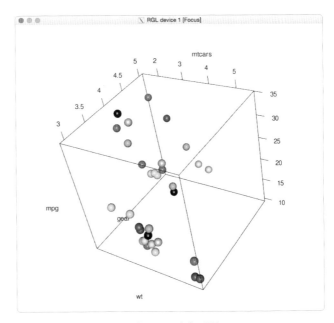

그림 9.35 rgl 산점도 플롯

plot3D 패키지에 비해 화려하지 않지만 분석과 탐색을 위한 용도로는 적당하다. plot3D 패키지가 정적 플롯인 반면 rgl 패키지는 동적 플롯을 그려주는 것이다. 이 기능은 plot3D 패키지가 따라올 수 없는 유용한 기능이다.

rgl로 플롯을 그리면, 플롯은 별도의 창(그래픽 장치)에 표현되며 마우스를 이용해 회전시킬 수 있다. 플롯을 출력하고 직접 마우스를 이용해 플롯을 회전하면서 데이터를 살펴보도록 한다.

이제 iris 데이터를 이용해 rgl 패키지로 히스토그램을 그리자. 참고로 hist3d( ) 함수는 rgl 패키지에 내장되어 있지만 버그로 인해 바로 로딩되지 않는다. '??rgl' 명령으로 소스 코드를 보고 함수를 동적으로 생성하거나 'demo(hist3d)' 명령으로 hist3d에 대한 데모를 보면, 로딩되므로 주의한다.

내친김에 rgl 데모를 먼저 감상한 후 히스토그램을 그리자. 다음 데모는 'demo(hist3d)'도 포함하므로 데모를 마친 후에 히스토그램을 그리는 예제를 진행하겠다.

```
> demo(rgl)
```

다음 예제는 hist3d( ) 함수로 히스토그램을 그린 것으로, 그림 9.36과 같은 rgl 창을 볼 수 있다.

```
> rgl.bg(col = "#ffffff")
> hist3d(iris$Sepal.Length, iris$Sepal.Width, nclass = 10, scale = 40)
> axes3d( )
> title3d("Iris", "", "Length", "Width", "Freq")
```

위 예제는 nclass 인수를 이용해 비닝을 정해주었고, scale 인수를 이용해 스케일을 조금 조절하였다. 역시 마우스를 이용해 히스토그램을 회전시켜 확인할 수 있을 것이다. rgl은 다양한 함수와 인수를 가지고 있다. 여러 인수를 사용하고 인수 값을 조정하면 원하는 많은 플롯을 삼차원으로 표현할 수 있을 것이다. 'demo(rgl)'을 통해서 rgl로 할 수 있는 삼차원 플롯의 예제들을 확인할 수 있다. 그림 9.37과 그림 9.38는 그 예제 중 일부로 동물의 서식과 선형회귀에 대한 것이다.

이외에도 많은 예제가 있지만, 모두 다 소개할 수 없으므로 직접 확인해보고 어떤 플롯을 그릴 수 있는지 추가로 학습할 것을 권한다.

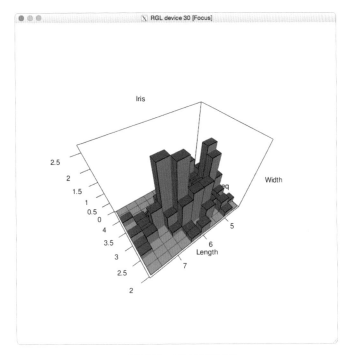

그림 9.36 rgl 히스토그램 플롯

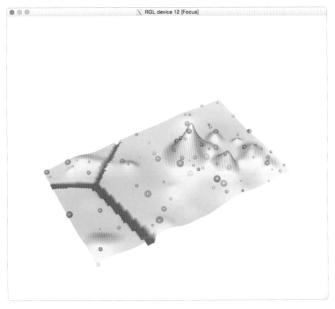

그림 9.37 rgl 데모 - 동물의 서식

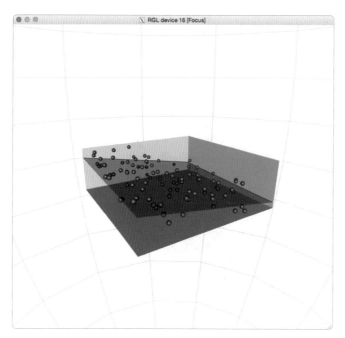

그림 9.38 rgl 데모 - 선형회귀

## 10장

R   V i s u a l i z a t i o n

데이터 분석을 위한 시각화

앞서 살펴본 여러 가지 플롯들은 데이터가 내포한 의미를 파악하려는 동일한 목적으로 만들어졌다. 하지만 데이터의 속성에 따라 플롯의 사용법 및 해석 방법, 도출할 수 있는 정보에는 차이가 있다. 그러므로 데이터의 특성을 효과적으로 파악하기 위해서는 각각의 플롯의 특징과 목적을 충분히 이해해야 한다. 이 장에서는 데이터 분석 과정에서 플롯을 이용해서 데이터 특성을 표현하는 방법을 알아보고, 이를 응용하는 방법을 제시하고자 한다.

10.1 데이터의 종류

데이터 분석을 위한 시각화의 방법을 살펴보기에 앞서 여러분은 데이터의 특성을 먼저 이해해야 한다. 분석하려는 데이터의 특성에 따라 사용해야 할 그래픽의 종류가 달라지기 때문이다.

수집된 개별 항목의 데이터는 통상 변수(variable)라는 이름으로 인식된다. 즉, 연구자가 관찰을 통해서 수집한 자료를 의미하는데, 예를 들면 몸무게, 키, 체온 등이 변수이다. 사전적으로 유추하더라도 변수는 여러 번 측정할 때 그 값이 변할 수 있다는 특징이 있어서 항상 일정한 값을 갖는 상수와는 구별된다.

변수는 그 특성에 따라 수치 데이터(numeric data)와 범주 데이터(categorical data)로 구분할 수 있다. 수치 데이터는 몸무게, 키, 거리와 같이 수치로 표현되고, 범주형 데이터는 성별, 연령대처럼 이미 정해진 수준(level)으로 표현된다. 성별 변수에서의 수준은 남성, 여성이며, 연령대 변수에서의 수준은 10대, 20대, 30대, 40대, 50대, 60대 이상이 될 수 있다.

수치 데이터는 정량적(quantitative)인 속성의 수치 값을 가지며 범주 데이터는 정성적(qualitative)인 속성의 수준(level)을 갖는다. 만약 주민등록번호나 회사의 사원번호와 같은 수치처럼 보이는 수준(level)이더라도 수준은 인식자(identifiers)로만 의미를 가지므로 수치 연산은 불가능하다.

변수를 수치로 표현한 값을 변량(variate)이라 한다. 예를 들면 몸무게라는 수치 변수는 76.8, 67.2, 59.4와 같은 변량으로 표현되는데, 이 경우는 변수와 변량의 차이를 느낄 수 없다. 하지만 남성과 여성으로 구성된 범주형 데이터인 성별 변수에서 남성의 수가 45명이고 여성의 수가 55명라는 집계를 통해서 45, 55라는 변량으로 표현될 수 있는데, 이 경우는 변수와 변량의 차이를 쉽게 느낄 수 있다.

플롯을 그리는 데 사용하는 데이터는 엄밀히 말하면 변수가 아니라 변량인데, 변량의 개수에 따라 플롯의 표현 방법이 다를 수 있다. 일변량 데이터(univariate data)는 변량을 하나 갖는 단일 데이터이며, 다변량 데이터(multivariate data)는 여러 변량으로 구성된 데이터를 의미한다. 다변량 데이터는 그 개수에 따라 몇 가지로 구분할 수 있는데, 이 책에서는 두 개의 변량을 갖는 데이터는 이변량 데이터(bivariate data), 세 개의 변량을 갖는 데이터는 삼변량 데이터(trivariate data), 그 이상의 변량을 갖는 데이터는 초변량 데이터(hypervariate data)로 분류한다.

10.2 단변량 플롯

단변량 데이터를 표현하는 플롯은 수치 데이터를 표현하는 플롯과 범주형 데이터를 표현하는 플롯으로 나눌 수 있다.

10.2.1 수치 데이터를 표현하는 단변량 플롯

수치 데이터는 몸무게, 키와 같은 연속형 데이터(continious data)와 동전을 열 번 던져서 나오는 앞면 개수를 조사하는 실험을 50번 수행한 데이터와 같은 이산형 데이터(discrete data)로 구분할 수 있을 것이다. 그리고 수치 데이터에서 가장 먼저 알고 싶은 정보는 데이터가 "어떤 분포를 따르는가"이다. 즉, 데이터의 분포가 어떠한 연속형 분포와 이산형 분포를 따르는지 알고 싶은 것이다. 몸무게나 키는 정규분포를 따르는 것을 기대할 것이고, 동전 던지기 데이터에서는 앞면이 나올 확률이 0.5인 베르누이 시행[1]을 5번 수행한 이항분포를 따르는 것을 기대할 것이다.

단변량 연속형 수치 데이터가 어떤 분포를 따르는지 알아보기 위해서 히스토

---

1 통계학에서 시행의 결과가 성공 또는 실패의 두 가지 중 하나인 시행을 베르누이 시행이라 한다.

그램을 그려보자. 이는 히스토그램의 막대들이 만드는 모양으로 데이터의 분포를 이해하는 것이다.

연습문제 10.1

어느 고등학교 3학년 5반의 학생이 50명인데 이 학급 학생들의 신장이 평균 172cm, 표준편차가 3cm라고 가정한 가상의 데이터를 만들자. 그리고 히스토그램을 그려서 신장의 분포를 파악하라.

```
> n <- 50
> avg <- 175
> std <- 3
> set.seed(2)
> height <- round(rnorm(n, mean = avg, sd = std), 1)
> height
```

```
 [1] 172.3 175.6 179.8 171.6 174.8 175.4 177.1 174.3 181.0 174.6 176.3
[12] 177.9 173.8 171.9 180.3 168.1 177.6 175.1 178.0 176.3 181.3 171.4
[23] 179.8 180.9 175.0 167.6 176.4 173.2 177.4 175.9 177.2 176.0 178.2
[34] 174.1 172.7 173.2 169.8 172.3 173.3 174.3 173.8 169.1 172.5 180.7
[45] 176.9 181.0 174.1 174.7 174.4 171.4
```

```
> hist(height, col = "lightblue", main = "신장의 분포", xlab = "신장(cm)")
```

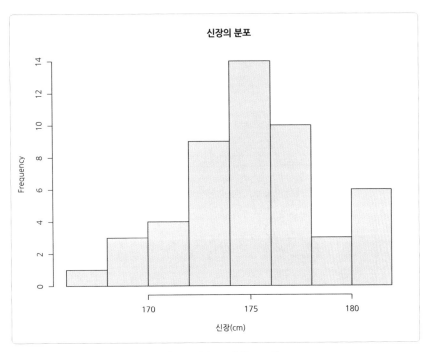

그림 10.1 신장 분포의 히스토그램

3학년 5반 학생들의 신장을 만들기 위해서 rnorm( ) 함수로 평균 175, 표준편차 3을 따르는 정규난수 50개를 생성한다. 히스토그램을 그리는 함수인 hist( )로 히스토그램을 그려본 결과는 그림 10.1과 같다. 175cm 주변의 신장이 가장 많다. 그런데 정규난수로 만든 신장이라고 보기에는 180cm 이상의 신장도 적지 않다는 것을 알 수 있다.

연습문제 10.2

예제 10.1에서 다룬 3학년 5반 학생들의 신장에 대한 분포를 파악할 수 있는 곡선 모양의 분포 플롯을 그려라.

```
> den <- density(height)
> den

Call:
 density.default(x = height)
Data: height (50 obs.); Bandwidth 'bw' = 1.275
      x                y
 Min.   :163.8   Min.   :0.0000918
 1st Qu.:169.1   1st Qu.:0.0113236
 Median :174.4   Median :0.0412686
 Mean   :174.4   Mean   :0.0467926
 3rd Qu.:179.8   3rd Qu.:0.0786028
 Max.   :185.1   Max.   :0.1178007

> plot(den, main = "신장의 분포", xlab = "신장(cm)")
```

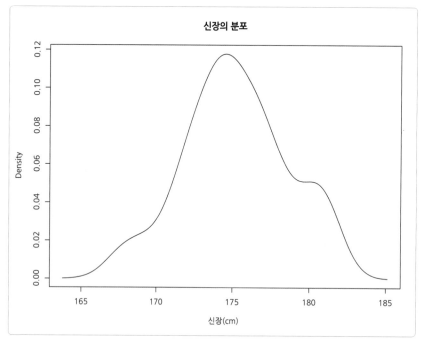

그림 10.2 신장의 분포도

density( ) 함수는 커널 밀도 추정(kernel density estimation)을 수행하는 함수다. 이 함수로 밀도의 추정치를 구하고, plot( ) 함수로 그림 10.2과 같은 곡선모양의 분포도를 그릴 수 있다. 히스토그램보다는 한층 부드러워졌다.

앞의 예제에서 각각 만든 히스토그램과 분포곡선을 따로 그리지 말고 하나의 플롯에 표현한다면, 좀 더 효과적으로 데이터의 분포를 파악할 수 있을 것 같다. 하나의 화면 안에 하나의 플롯만 그리란 법은 없기 때문이다.

```
> hist(height, col = "lightblue", probability = TRUE,
      main = "신장의 분포", xlab = "신장(cm)")
> lines(density(height))
```

예제의 수행 결과로 출력된 그림 10.3에서는 히스토그램과 분포곡선이 잘 어울려 보인다. 히스토그램의 부족한 2%를 분포곡선이 보완해주는 느낌이다.

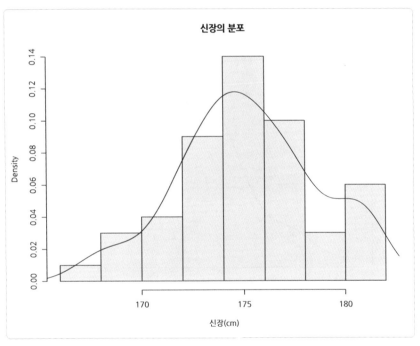

그림 10.3 히스토그램과 분포곡선

3학년 5반 신장의 분포를 보면 평균 175를 기준으로 왼쪽은 거의 정규분포와 유사한 분포를 보이지만 오른쪽은 다소 차이가 있다는 것을 알 수 있다. 여러분은 아마 분포곡선 위에 정규분포의 밀도함수를 겹쳐 그려 그 차이를 확인하고 싶을 것이다. 그런데 어차피 이 방법도 하나의 화면에 두 가지의 플롯을 그리는 것이다.

연습문제 10.3

그림 10.2 위에 평균이 175이고, 표준편차 3인 정규분포의 밀도함수의 곡선을 추가하라. 그리고 평균에 해당하는 위치에 직선을 그려라.

```
> plot(den, main = "신장의 분포", xlab = "신장(cm)", ylim = c(0, + 0.15))
> den.norm <- function(x) dnorm(x, mean = avg, sd = std)
> curve(den.norm, col = "red", add = TRUE, lty = 2)
> abline(v = avg, col = "blue", lty = 3)
> legend("topleft", c("3학년5반 신장", "X~N(175, 3)", expression(mu == 175)),
        lty = 1:3, col = c("black", "red", "blue"))
```

3학년 5반 신장의 분포와 정규분포의 곡선이 함께 표현된 그림 10.4를 보면 평균 175를 기준으로 왼쪽은 거의 유사한 분포를 보이지만, 오른쪽은 다소 차이가 난다는 것을 알 수 있다. 아무래도 3학년 5반의 경우는 180cm 이상의 학생의 수가 정규분포에 비해 상대적으로 많다고 할 수 있다.

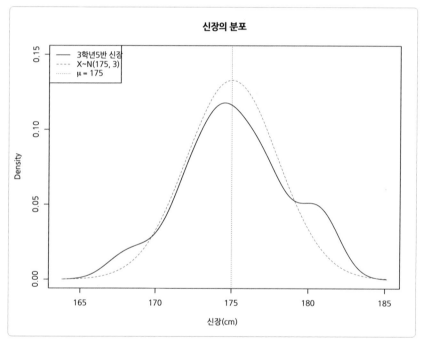

그림 10.4 신장의 분포도와 정규분포 곡선

단지 주어진 수치 데이터가 정규분포를 따르는지 아닌지의 여부에만 관심이 있다면, Q-Q 플롯(Quantile-Quantile plots)을 그려보면 된다.

연습문제 10.4

3학년 5반 학생들의 신장의 분포가 정규분포를 따르는지를 Q-Q 플롯을 그려서 확인하라.

```
> qqnorm(height, pch = 16)
> qqline(height)
```

Q-Q 플롯을 그리는 함수는 qqplot 함수군이다. 이 함수군은 주어진 데이터가 특정한 확률 분포를 따르는가를 판단하는 Q-Q 플롯을 그린다. 우리가 알고 싶

었던 것은 3학년 5반의 신장 분포가 정규분포를 따르는지 여부다. 이 경우에는 qqnorm( )를 사용하면 되는데, 이는 확인하려고 하는 확률분포가 정규분포일 경우에 간단하게 사용하는 함수다. 데이터가 정규분포를 따른다면 플롯에 출력되는 점들이 일직선에 놓이는데, 이 직선을 표현하는 함수가 qqline( )이다.

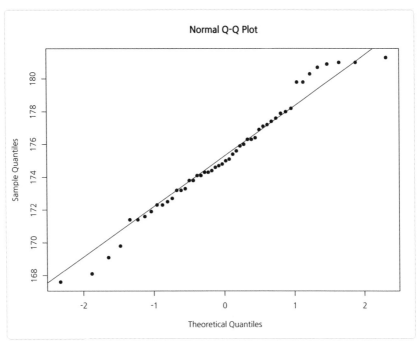

그림 10.5 정규분포를 따르는가를 확인하는 Q-Q 플롯

그림 10.5를 보면 대부분의 점들이 직선상에 위치하여 정규분포를 따르지만, 양쪽 극단의 값들은 정규분포와 다소 떨어진 분포를 보인다고 판단할 수 있다.

　업무 현장에서 데이터 분석을 경험하다 보면, 생각보다 많은 데이터가 정규분포를 따르지 않는다는 것을 쉽게 경험할 수 있다. 그래서 순서통계량 기반의 박스 플롯(box plots)이 아주 유용하다는 것을 느끼게 될 것이다. 박스 플롯은 주어진 데이터를 정렬 후 각각 Q1(1/4분위수, 25 percentile), Q2(2/4분위수, 중위수), Q3(3/4분위수, 75 percentile) 및 최소 값과 최대 값, 이상치(outliers) 여부 등을 파악하는 플롯이다.

— R

연습문제 10.5

3학년 5반에 신장 190cm의 학생이 전학을 왔다. 전학 이전과 이후의 3학년 5반 학생들의 신장 분포를 설명하는 박스 플롯을 그린 후 분포를 해석하라.

```
> before <- height
> after <- append(height, 190)
> mean(before)
```

```
[1] 175.208
```

```
> mean(after)
```

```
[1] 175.498
```

```
> median(before)
```

```
[1] 174.9
```

```
> median(after)
```

```
[1] 175
```

```
> boxplot(list(전학 이전 = before, 전학 이후 = after), xlab = "전학 이전 이후 여부",
          ylab = "신장(cm)", main = "3학년 5반 신장의 Box plot")
```

새로 전학 온 학생의 신장은 기존 학생들에 비해 상대적으로 매우 크다. 그렇기 때문에 이 학생을 포함하기 전의 신장의 평균과 포함한 이후의 평균은 다소 차이가 난다. 그 이유는 산술평균은 극단 값에 쉽게 영향을 받기 때문이다. 그러나 순서통계량인 중위수는 극단 값에 영향을 많이 받지 않는다.

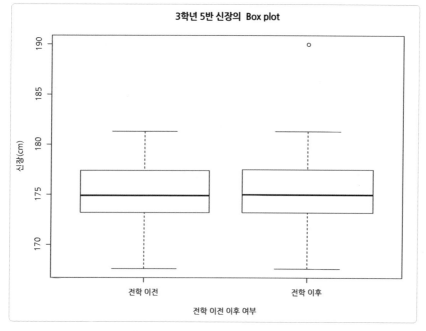

그림 10.6 3학년 5반 학생 신장 데이터의 박스 플롯

그림 10.6의 박스 플롯을 보면 전학생이 포함된 학급의 신장 분포에서 190cm인 전학생이 이상치로 나타난다는 것을 알 수 있다. 그러나 이 학생을 포함한 것에 상관없이 박스 플롯의 모양은 거의 변하지 않았다. 그 이유는 중위수뿐 아니라 Q1, Q3도 극단 값에 영향을 적게 받는 순서 통계량 값이기 때문이다.

단변량 이산형 수치 데이터가 어떤 분포를 따르는지를 알기 위해서도 히스토그램을 그려볼 수 있지만 앞서 다룬 연속형 수치 데이터와는 다소 차이가 있다.

연습문제 10.6

동전 던지기 실험으로, 100원짜리 동전을 10회 던져서 앞면이 나타나는 횟수를 조사하는 것을 50번 수행한다고 가정하자. 이 가상의 데이터를 이용해서 히스토그램을 그리고, 앞면이 나온 횟수의 분포를 파악하라.

```
> p <- 1/2
> n <- 50
> size <- 10
> set.seed(1)
> toss <- rbinom(n = n, size = size, prob = p)
> toss
```

```
 [1] 4 4 5 7 4 7 7 6 6 3 4 4 6 5 6 5 6 9 5 6 7 4 6 3 4 5 2 5 7 4 5 5
[33] 5 4 6 6 6 3 6 5 6 6 6 5 5 5 6 2 5 6 6
```

```
> toss.table <- table(toss)
> toss.table
```

```
toss
 2  3  4  5  6  7  9
 2  3  9 13 17  5  1
```

```
> plot(toss.table, main="동전 던지기의 분포 (실험 수=50, 던지기 횟수=10)",
      xlab="10번 던지기 중 앞면이 나온 횟수", ylab="실험에서 출현 횟수")
```

동전 던지기 실험은 이항분포의 난수를 발생하는 rbinom( ) 함수로 시뮬레이션한다. rbinom( ) 함수는 50개의 관측치를 갖는 가상의 데이터를 생성한다. 인수 n이 실험의 횟수이고, size가 동전을 던지는 횟수이며, prob 인수가 앞면이 나올 확률을 의미한다. table( ) 함수는 앞면이 나타난 개수인 이산형 데이터 toss에 대해서 앞면이 나온 숫자별로 도수(frequency)를 구한다. 마지막으로 plot( ) 함수로 히스토그램을 그렸는데, hist( ) 함수가 아닌 plot( ) 함수로도 히스토그램을 그릴 수 있다는 것을 기억하자.

그림 10.7의 결과를 보면 연속형 데이터의 히스토그램과 다름을 알 수 있다. 그 이유는 동전 던지기 실험에서의 앞면의 횟수는 2.5나 6.7과 같은 실수를 갖지 않고 정수를 갖기 때문이다. 이는 이산형 분포의 특징이기도 하다. 결과에서 다소 아쉬운 것은 실험에서 여덟 번 나오는 사례가 없어서 x-축의 눈금에서 8이 출력되지 않았다는 것이다.

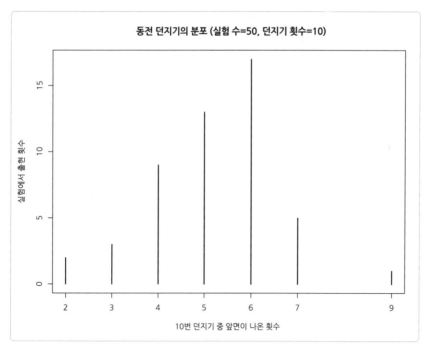

그림 **10.7** 동전 던지기 실험의 히스토그램

이산형 수치 데이터의 히스토그램은 앞서 보았던 히스토그램과 그 모양이 사뭇 다르다. 어떻게 보면 막대 그래프를 그려 놓은 것과 같다. 그러므로 차라리 막대 그래프를 그리는 것도 좋을 듯 하다. 굳이 그림 10.7을 히스토그램이라고 칭한 이유는 plot( ) 함수에서의 type 인수 값이 "h" 일때의 모양과 동일하기 때문이다. 인수 값 "h"는 histogram의 앞 글자에서 따온 것으로 히스토그램을 그린다고 정의되어 있기 때문이다.

연습문제 10.7

동전 던지기 실험 데이터로 막대 그래프를 그리자. 이때 앞면이 여덟 번 출현한 사례가 없기 때문에 발생하는 문제를 해결하라. 좌측에는 8이 없는 문제를 해결하지 않은 플롯을 우측에는 8이 없는 문제를 해결한 플롯을 그려야 한다.

```
> par(mfrow = c(1, 2))
> barplot(toss.table, main = "동전 던지기의 분포 \n(실험수=50, 던지기 횟수=10)",
          xlab = "10번 던지기 중 앞면이 나온 횟수", ylab = "실험에서 출현 횟수")
> toss.fac <- factor(toss, level = min(toss):max(toss))
> toss.fac
```

```
 [1] 4 4 5 7 4 7 7 6 6 3 4 4 6 5 6 5 6 9 5 6 7 4 6 3 4 5 2 5 7 4 5 5
[33] 5 4 6 6 6 3 6 5 6 6 6 6 5 5 6 2 5 6 6
Levels: 2 3 4 5 6 7 8 9
```

```
> toss.tab <- table(toss.fac)
> toss.tab
```

```
toss.fac
 2  3  4  5  6  7  8  9
 2  3  9 13 17  5  0  1
```

```
> barplot(toss.tab, main = "동전 던지기의 분포 \n(실험 수=50, 던지기 횟수=10)",
          xlab = "10번 던지기 중 앞면이 나온 횟수", ylab = "실험에서 출현 횟수")
> par(mfrow = c(1, 1))
```

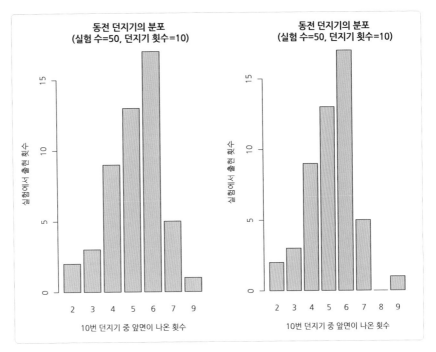

그림 10.8 동전 던지기 실험의 막대 그래프

barplot( ) 함수로 그린 막대 그래프가 오히려 우리가 잘 알고 있는 히스토그램과 유사함을 알 수 있다. 좌측의 플롯은 8이 없는 문제가 해결되지 않은 플롯이며, 이 문제를 해결하기 위해서 데이터를 factor로 전환 후 table( ) 함수로 도수를 구했다. 여기서 중요한 것은 factor를 만들 때 출현하지 않은 8회에 대한 정보를 level에 포함해야 한다는 점이다. 그래야 0의 값을 갖는 수준 8이 만들어진다.

가상의 동전 던지기 데이터는 이항분포를 따르는 데이터이고, 그 실험 회수도 50이므로 중심극한정리[2]에 의해서 정규분포와 유사한 모양을 갖는다. 그러면 이 막대 그래프에 이항분포를 따르는 질량함수의 플롯을 추가해서 그려보면 어떨까?

연습문제 10.8

동전 던지기 실험 데이터로 막대 그래프에 n=10, p=0.5인 이항분포 질량함수의 플롯을 추가로 그려라.

---

2   Central Limit Theorem. 모집단에서 출출한 크기 n개의 표본의 평균은 n이 증가할수록 모집단의 분포 유형에 상관없이 정규분포에 근사한다는 법칙

```
> toss.prop <- prop.table(toss.tab)
> toss.prop
```

```
toss.fac
   2    3    4    5    6    7    8    9
0.04 0.06 0.18 0.26 0.34 0.10 0.00 0.02
```

```
> x <- barplot(toss.prop, main = "동전 던지기의 분포 (실험 수=50, 던지기 횟수=10)",
             xlab = "10번 던지기 중 앞면이 나온 횟수", ylab = "실험에서 출현 횟수")
> number.head <- min(toss):max(toss)
> biom.prop <- dbinom(x = number.head, size = size, prob = p)
> biom.prop
```

```
[1] 0.043945312 0.117187500 0.205078125 0.246093750 0.205078125 0.117187500
[7] 0.043945312 0.009765625
```

```
> x
```

```
      [,1]
[1,]  0.7
[2,]  1.9
[3,]  3.1
[4,]  4.3
[5,]  5.5
[6,]  6.7
[7,]  7.9
[8,]  9.1
```

```
> for (i in 1:length(x)) lines(c(x[i], x[i]), c(0, biom.prop[i]), col = "blue")
> points(x, biom.prop, col = "red", pch = 16, cex = 1.2)
> legend("topright", "X~bin(n=10, p=0.5)", bty = "n", pch = 16, lty = 1)
```

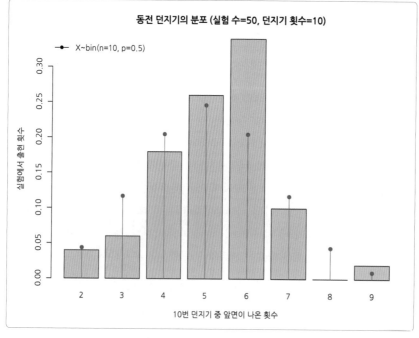

그림 10.9 동전 던지기 실험의 히스토그램

막대 그래프에 질량함수의 플롯을 붙여넣기 위해서는 막대 그래프의 y-축이 도수가 아니라 확률로 표현되어야 한다. 그래서 앞서 구한 도수분포를 가지고 있는 toss.tab에 prop.table( ) 함수를 취해서 확률 값으로 변경한 뒤 이것으로 막대 그래프를 그렸다. 중요한 것은 이때 x라는 객체에 막대 그래프에서 각 막대의 x-축 위치를 저장한다는 것이다. 마지막으로 dbinom( ) 함수를 이용해서 이항분포의 질량함수로 확률변수 X의 질량(확률)을 구한 후 저수준 그래픽 함수인 lines( ) 함수와 points( ) 함수로 기둥의 높이와 확률 값을 나타내는 점을 그려넣었다. 플롯의 모양은 그림 10.9와 같이 만들어진다.

10.2.2 범주형 데이터를 표현하는 단변량 플롯

R에서 범주형 데이터는 factor( ) 함수로 코딩된다. 그렇기 때문에 순서의 의미가 있는 서열 척도(ordinal scale) 데이터인 ordered factor와 순서의 의미가 없는 명목 척도(nominal data)인 factor에 대한 시각화를 나누어서 생각할 수 있다. 그리고 시각화 방법은 각 수준에 대한 도수를 파악하는 것이 일반적이다. 좀 더 확장한다면, 전체 중에서 각 수준이 차지하는 비율을 살펴보는 것 정도이다.

범주형 데이터를 표현하는 시각화 방법에서 도수를 파악하는 것은 막대 그래프로 표현하고 전체 중에서 각 수준이 차지하는 비율을 살펴보는 것은 파이 차트로 표현할 수 있다.

연습문제 10.9

3학년 5반의 학생들에게 설문조사로 선호하는 과일의 종류를 조사하였다고 가정하자. 과일의 종류는 딸기, 복숭아, 사과, 체리, 포도의 다섯 가지로, 각자 하나의 과일만 선택하도록 한다. 조사 결과를 가지고 막대 그래프로 학생들의 선호 과일을 파악하라.

```
> set.seed(1)
> fruits <- sample(x = 1:5, size = 50, replace = TRUE)
> fruits <- c("사과", "포도", "딸기", "체리", "복숭아")[fruits]
> fruits <- factor(fruits)
> fruits

 [1] 포도    포도    딸기    복숭아 포도    복숭아 복숭아 체리    체리    사과    포도
[12] 사과    체리    포도    체리    딸기    체리    복숭아 포도    체리    복숭아 포도
[23] 체리    사과    포도    포도    사과    포도    복숭아 포도    딸기    딸기    딸기
[34] 사과    복숭아 체리    체리    사과    체리    딸기    복숭아 체리    체리    딸기
[45] 딸기    체리    사과    딸기    체리    체리
Levels: 딸기 복숭아 사과 체리 포도

> fruits.tab <- table(fruits)
> fruits.tab

fruits
 딸기 복숭아  사과  체리  포도
    9     8     7    15    11

> barplot(fruits.tab, main = "과일 선호도 조사", col = "lightgreen",
          xlab = "과일의 종류", ylab = "선호 학생 수")
```

sample( ) 함수로 난수를 생성하여 가상으로 50명이 선호하는 과일을 생성하였다. 1부터 5까지의 다섯 가지의 경우의 수에서 50개를 추출하는 것이므로 복원추출 (sampling with replacemet)[3]의 방법을 시도하기 위해서 replace 인수 값을 TRUE 로 지정하였다. 그 다음에 이 50개의 숫자로 다섯 가지의 과일 이름 벡터와 매핑하여 최종적으로 선호 과일을 선택하는 가상의 설문조사 데이터를 생성하였다.

일반적으로 범주형 데이터에 대한 시각화 방법에서는 항상 먼저 수행해야 할 과정이 있다. 이는 범주의 각 수준별로 그 도수를 구하거나 비율을 구하는 것이다. 이 예제에서도 다섯 가지의 과일에 대한 도수를 구하기 위해서 table( ) 함수를 사용하였다. 이 과정을 정리한다면 fruits라는 범주형 데이터 변수가 집계를 통해서 도수(frequency) 변량으로 변환된 것이라 할 수 있다.

barplot( ) 함수로 그린 과일선호도 막대 그래프는 그림 10.10과 같이 그려진다. 색상을 기호에 맞게 선택하는 것만으로 그 느낌이 달라질 수 있다. 예제에서는 col 인수의 값에 "lightgreen"을 지정하였다. 일반적으로 R의 시각화에서는 라이트 계열의 밝은 색상이 무난하다.

만약에 3학년 5반의 과일 선호도를 조사하는 것이 아니라 3학년 각 반별로 과일 선호도를 조사한다면, 그림 10.10은 조금 수정을 해야 한다. 그 이유는 각 반

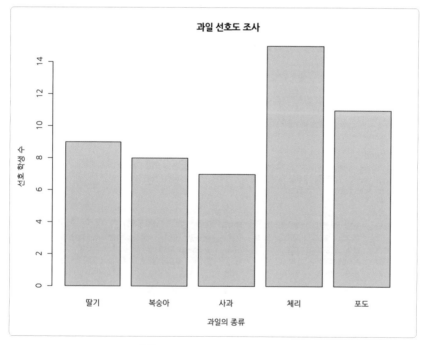

그림 10.10 과일 선호도 막대 그래프 - 도수

---

3 한 개의 표본을 추출하고 난 다음 두 번째 표본을 추출할 때 처음 추출한 것을 다시 넣고 추출 하는 것을 복원추출이라 한다.

별로 학생의 수가 같지 않을 수 있기 때문이다. 그러므로 도수보다는 전체 학생 수 대비 선호하는 과일의 상대비율이 더 적절할 수 있다. 물론 이 경우에 막대의 크기는 변하지 않는데, 차이점은 y-축의 스케일이 도수에서 비율로 변경된다는 것뿐이다.

연습문제 10.10

3학년 5반의 과일 선호도 조사 막대 그래프를 상대비율로 표현하라.

```
> fruits.prop <- prop.table(fruits.tab)
> fruits.prop
```

```
fruits
  딸기   복숭아   사과   체리   포도
  0.18   0.16   0.14   0.30   0.22
```

```
> barplot(fruits.prop, main = "과일 선호도 조사", col = "lightgreen",
          xlab = "과일의 종류", ylab = "선호 학생의 비율")
```

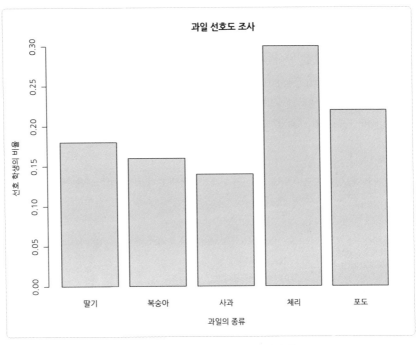

그림 10.11 과일 선호도 막대 그래프 - 상대비율

그림 10.11을 보면 그림 10.10과 그 모양에서의 차이점은 없다. 다만 y-축의 스케일이 도수에서 비율로 바뀌었을 뿐이다. 경우에 따라서 비율이 아니라 백분율로 출력하고 싶다면 fruits.prop에 100을 곱한 데이터를 인수로 사용하면 된다. 물론 ylab 인수로 y-축의 라벨을 백분율로 변경해야 한다. 그 이유는 시각화의

결과를 타인도 쉽게 해석할 수 있도록 최대한 친절하게 범례나 플롯의 제목, 축에 대한 설명을 기술해야 하기 때문이다.

그림 10.10에서 그림 10.11로 변환하는 과정을 표로 정리하면, 표 10.1와 같은 데이터의 변환이 이루어진 것을 알 수 있다. 참고로 경우에 따라서는 백분율로 변환하여 막대 그래프를 그릴 수도 있다.

과일 이름	도수(frequency)	상대비율	백분율(%)
딸기	9	0.18	18
복숭아	8	0.16	16
사과	7	0.14	14
체리	15	0.30	30
포도	11	0.22	22
합계	50	1.00	100

표 10.1 도수 데이터의 상대비율 변환표

플롯을 그리는 본질적인 목적은 수치보다 시각화된 플롯이 정보 해석이 용이하고, 전달하려는 의미를 더 빠르게 인지할 수 있기 때문이다. 최근에는 컴퓨터와 그래픽 기술에 도움을 받아 예전보다 적극적으로 시각화 표현을 시도하는 추세다. 이제는 Infovis(Information Visualization: 정보시각화)라는 신조어도 낯설지가 않은데, 여기에서도 시각적인 이해도를 높이기 위해 3학년 5반의 과일 선호도 막대 그래프를 고쳐볼 것이다.

연습문제 10.11

3학년 5반의 과일 선호도 조사 막대 그래프를 가로로 출력하고, 각각의 막대 안에 해당하는 과일 그림을 그려 넣어라.

```
> imageBar <- function(x, imgfiles, main=NULL, xlab=NULL, ylab=NULL) {
    library(png)
    getImgName <- function(x) {
      x <- strsplit(strsplit(x, "\\.png")[[1]], "\\/")[[1]]
      x[length(x)]
    }
    imgname <- sapply(imgfiles, getImgName)
    for (i in 1:length(imgname)) {
      assign(imgname[i], readPNG(imgfiles[[i]]))
    }
    y <- barplot(x, horiz=TRUE, col="white", las=1, main=main,
                 xlab=xlab, ylab=ylab)
    for (i in 1:length(x)) {
      for (j in 1:x[i]) {
        rasterImage(get(imgname[i]), j-1, y[i] - 0.5, j, y[i] + 0.5)
      }
      rect(0, y[i] - 0.5, x[i], y[i] + 0.5, border="black")
    }
  }
```

```
> # dropbox에서 과일의 모양을 나타내는 이미지 파일을 가져오는 루틴
> # qdap 패키지의 로드, 없으면 설치 후 로드
> if (!require(qdap)) {
      install.packages("qdap")
      require(qdap)
  }
> # qdap::url_dl( ) 함수로 파일을 다운로드함
> url_dl("https://dl.dropboxusercontent.com/u/46305178/images/strawberry.
png")
> url_dl("https://dl.dropboxusercontent.com/u/46305178/images/peach.png")
> url_dl("https://dl.dropboxusercontent.com/u/46305178/images/apple.png")
> url_dl("https://dl.dropboxusercontent.com/u/46305178/images/cherry.png")
> url_dl("https://dl.dropboxusercontent.com/u/46305178/images/grape.png")
> files <- list(strawberry = "strawberry.png",
                 peach = "peach.png",
                 apple = "apple.png",
                 cherry = "cherry.png",
                 grape = "grape.png")
> imageBar(fruits.tab, imgfiles=files,
          main="3학년 5반 과일 선호도", xlab="학생수", ylab="과일 종류")
```

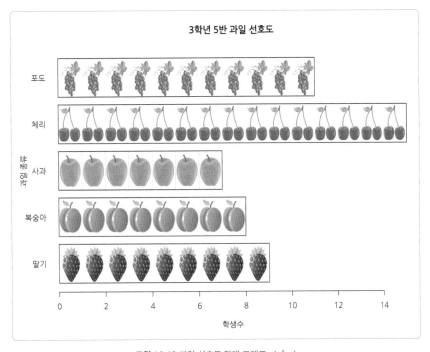

그림 10.12 과일 선호도 막대 그래프 - Infovis

먼저 해당 과일을 표현하는 아이콘 이미지 파일을 구한 후 같은 픽셀 사이즈로 변경한다. 그래픽 툴을 잘 다루고 미술적인 감각이 있는 독자라면 직접 만들어 도 좋다. 참고로 중요한 것은 인터넷에서 원하는 아이콘을 구할 때 저작권에서 자유로운, 공개된 아이콘인지 확인한 후 사용해야 한다는 점이다. 자칫 잘못하 여 저작권 문제로 골치 아플 수 있기 때문이다.

아이디어는 간단하다. 구한 이미지를 읽어 들여서 막대에 채워 넣으면 되는데, 이 방법을 사용하려면 png 패키지를 설치해야 한다. 이 패키지는 그래픽 파일의 하나인 png 파일을 읽어서 R의 객체로 만들 수 있는 readPNG( )를 사용할 수 있도록 한다. 이 함수를 사용할 때는 아이콘 파일이 반드시 png 파일이어야 하는데, 만약 다른 포맷의 파일이면 png 파일로 변환해야 한다.

rasterImage( )는 기본 패키지인 graphics 패키지 안에 포함된 함수로 비트맵 이미지를 R의 플롯 영역(plot region)에 그려주는 기능을 한다. 통상적으로 비트맵 이미지를 래스터 이미지(raster images)라고도 부른다. 이 래스터 이미지는 미세한 격자형 색점(pixel)로 표현된다. 그림 10.12의 막대 그래프를 보면 막대 안에 과일 이미지가 표현되어서 굳이 y-축의 과일 이름을 보지 않고서도 쉽게 의미를 파악할 수 있다.

범주형 데이터로 그릴 수 있는 다른 플롯으로는 파이 차트가 있다. 파이 차트의 특징은 전체 집합에서 각각의 수준이 차지하는 비율을 면적으로 표현한다는 점이다. 그러므로 각 수준의 절대적인 크기가 아니라 전체 범주에서 수준들이 상대적으로 어느 정도의 비중을 차지하고 있는지를 판단할 때 사용한다.

연습문제 10.12

3학년 5반의 과일 선호도 조사 데이터로 파이 차트를 그려라.

```
> pie(fruits.tab, main = "3학년 5반 과일 선호도")
```

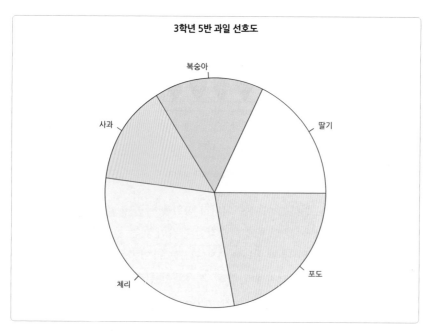

그림 10.13 과일 선호도 파이 차트

파이는 구운 과자의 한 종류로 그 모양이 둥글다. 마치 피자와 모양이 흡사하다. 우리가 피자를 주문하면 보통 여덟 등분으로 나누어서 잘라 먹기 좋게 내놓는다. 이때 만약에 세 명이 모여서 파이를 나눠 먹는다면, 많이 먹고 덜 먹는 사람이 생기게 마련이다. 이처럼 하나(total mass)의 파이를 조각 내서 먹을 때 각자의 사람들이 얼마나 먹을 수 있는가(partial proportion)를 설명하는 시각화 기법이다. 그림 10.12의 파이 차트는 3학년 5반 학생들이 뷔페 음식점에서 후식으로 가져온 과일을 둥근 쟁반에 담아낸 후 과일 종류별로 분류하여 먹기 좋게 배열한 것처럼 보이지 않는가? 물론 과일의 크기가 동일하다는 전제가 필요하다.

순서의 의미가 있는 범주형 데이터(ordinal data)의 시각화는 일반적인 범주형 데이터의 시각화와 크게 다르지 않다. 다만 순서가 중요한 의미를 가지고 있기 때문에 막대 그래프나 파이 차트에서 서열의 순서대로 수준이 표현되어야 한다는 점만 신경 쓰면 된다.

연습문제 10.13

서열을 갖는 범주형 데이터를 R의 ordered factor 객체로 생성하고, 이를 막대 그래프로 그려라(가상의 중간고사 국어 점수를 만들고 수>우>미>양>가의 5등급 점수로 범주를 나누는 기준은 표 10.2처럼 적용하라. 표에 기술된 X_i는 i번 학생의 국어 성적이고 국어 성적의 평균과 표준편차는 각각 μ와 σ).

범주	분류 기준	환산점수	과락 여부
수	$X_i > \mu + 1.5 \times \sigma$	5	과락 아님
우	$\mu + 0.5 \times \sigma < X_i \leq \mu + 1.5 \times \sigma$	4	과락 아님
미	$\mu - 0.5 \times \sigma < X_i \leq \mu + 0.5 \times \sigma$	3	과락 아님
양	$\mu - 1.5 \times \sigma < X_i \leq \mu - 0.5 \times \sigma$	2	과락
가	$X_i \leq \mu - 1.5 \times \sigma$	1	과락

표 10.2 성적 변환 기준

```
> set.seed(1)
> korean <- round(rnorm(50, mean = 70, sd = 10))
> korean
```

```
 [1] 64 72 62 86 73 62 75 77 76 67 85 74 64 48 81 70 70 79 78 76 79 78 71
[24] 50 76 69 68 55 65 74 84 69 74 69 56 66 66 69 81 78 68 67 77 76 63 63
[47] 74 78 69 79
```

```
> mu <- mean(korean)
> sigma <- sd(korean)
> breaks <- c(0, mu - 1.5 * sigma, mu - 0.5 * sigma, mu + 0.5 * sigma,
              mu + 1.5 * sigma, 100)
> breaks
```

```
[1]   0.00000  58.49776  66.83259  75.16741  83.50224 100.00000
```

```
> lab <- c("가", "양", "미", "우", "수")
> korean.grade <- ordered(cut(korean, breaks = breaks, labels = lab))
> pass.flag <- factor(ifelse(korean.grade %in% c("가", "양"), "과락", "과락 아님"))
```

```
> table(pass.flag)
```

```
pass.flag
과락 과락 아님
13 37
```

```
> korean.tab <- table(korean.grade)
> korean.tab
```

```
korean.grade
가 양 미 우 수
4 9 19 15 3
```

```
> barplot(korean.tab, main = "국어 성적 등급 현황", ylab = "학생 수", xlab = "성적 등급",
          col = ifelse(names(korean.tab) %in% c("가", "양"), "orangered", "lightblue"))
> legend("topleft", c("과락", "과락아님"), bty = "n", fill = c("orangered", "lightblue"))
```

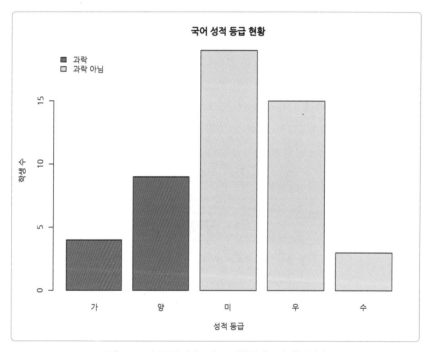

그림 10.14 성적 등급 막대 그래프 - 서열이 있는 범주형 데이터

서열이 있는 범주형 데이터로 플롯을 그릴 때 중요한 점은 표현되는 수준의 순서가 서열과 같아야 한다는 점이다. 그러기 위해서는 데이터를 ordered factor 객체로 만들어야 한다. 만약 factor로 만들 경우에는 원하는 대로 순서가 지켜지지 않는 결과를 초래한다. 또 가〈양〈미〈 우〈수(혹은 수〉우〉미〉양〉가)의 순서가 있는 수준을 고려하지 않고 factor로 만들 경우 자칫 잘못하면 가〈미〈수〈양〈우와 같은 순서로 플롯이 그려질 수 있는데, 그 이유는 수준의 이름인 라벨(labels)의 사전순으로 만들어지기 때문이다.

예제에서는 cut( ) 함수로 이산형 데이터를 범주형 데이터로 전환하였다. 이 범주화(binging) 함수는 자연스럽게 순서를 갖는 범주형 데이터를 생성한다. 그렇기 때문에 ordered( ) 함수를 굳이 사용하지 않아도 된다. 필자는 cut( ) 함수가 아닌 논리식으로 범주화를 수행하는 경우도 고려해서 ordered( ) 함수를 사용했다.

그림 10.14를 보면 수준이 순서대로 잘 표현되었으며, 과락을 의미하는 "가"와 "양"을 빨간색으로 표현하여 과락에 대한 정보도 시각적으로 함께 표현하였다.

10.3 이변량 플롯

이변량 데이터를 표현하는 플롯도 수치 데이터를 표현하는 플롯과 범주형 데이터를 표현하는 플롯으로 나눌 수 있다. 또한 하나의 범주형 데이터와 하나의 수치형 데이터로 구성된 플롯도 가능하다.

10.3.1 수치 데이터를 표현하는 이변량 플롯

이변량 수치 데이터를 표현하는 대표적인 플롯으로는 산점도(scatter plot)가 있다. 이 플롯은 두 변수 간의 상관관계(correlation) 등을 살펴보는 목적으로 그려진다. 그러므로 하나의 데이터는 x-축에 또 다른 하나의 데이터는 y-축에 그려진다. 수치 데이터에는 연속형과 이산형이 있으므로 굳이 x-축과 y-축의 조합을 세분한다면 연속형-연속형, 연속형-이산형, 이산형-연속형, 이산형-이산형의 네 가지로 나눌 수 있다. 여기서는 연속형-연속형의 산점도만 다룬다.

회귀(regression)의 사전적인 의미는 옛날 상태로 돌아간다는 것으로, 프란시스 골턴(Francis Galton)이 처음으로 사용하였다. 골턴은 부모의 키와 자녀의 키와는 직선의 관계가 있다는 것에 대해 관찰하였으며, 자녀의 키는 부모 키의 평균으로 회귀하려는 경향이 있다는 것을 발견하였다. 이후 칼 피어슨(Karl Pearson)이 수학적인 전개를 통하여 회귀분석의 수리적인 모형을 완성하였다. 이 과정에서 피어슨은 1708명의 부모와 자식 간의 키를 조사한 데이터를 사용하였고 골턴은 928쌍의 부모와 자식의 키 데이터를 사용하였다.

10.3.1.1 산점도 그리기

이번에는 오래 전에 골턴과 피어슨이 사용한 데이터로, 이변량 수치 데이터의 시각화를 시도한다.

연습문제 10.14

골턴의 부모와 자식 간의 키 데이터를 구하여 산점도를 그려라.

```
> # HistData 패키지의 로드, 없으면 설치 후 로드
> if (!require(HistData)) {
    install.packages("HistData")
    require(HistData)
  }
>
> data(Galton)
> dim(Galton)
```

```
[1] 928 2
```

```
> names(Galton)
```

```
[1] "parent" "child"
```

```
> head(Galton)
```

```
  parent child
1 70.5 61.7
2 68.5 61.7
3 65.5 61.7
4 64.5 61.7
5 64.0 61.7
6 67.5 62.2
```

```
> summary(Galton)
```

```
     parent          child
Min.   :64.00   Min.   :61.70
1st Qu.:67.50   1st Qu.:66.20
Median :68.50   Median :68.20
Mean   :68.31   Mean   :68.09
3rd Qu.:69.50   3rd Qu.:70.20
Max.   :73.00   Max.   :73.70
```

```
> table(Galton)
```

```
       child
parent 61.7 62.2 63.2 64.2 65.2 66.2 67.2 68.2 69.2 70.2 71.2 72.2 73.2 73.7
  64      1    0    2    4    1    2    2    1    1    0    0    0    0    0
  64.5    1    1    4    4    1    5    5    0    2    0    0    0    0    0
  65.5    1    0    9    5    7   11   11    7    7    5    2    1    0    0
  66.5    0    3    3    5    2   17   17   14   13    4    0    0    0    0
  67.5    0    3    5   14   15   36   38   28   38   19   11    4    0    0
  68.5    1    0    7   11   16   25   31   34   48   21   18    4    3    0
  69.5    0    0    1   16    4   17   27   20   33   25   20   11    4    5
  70.5    1    0    1    0    1    1    3   12   18   14    7    4    3    3
  71.5    0    0    0    0    1    3    4    3    5   10    4    9    2    2
  72.5    0    0    0    0    0    0    0    1    2    1    2    7    2    4
  73      0    0    0    0    0    0    0    0    0    0    0    1    3    0
```

```
> plot(child ~ parent, data = Galton, pch = 16, main = "부모 키와 자식 키의 관계")
```

HistData 패키지는 통계학사에 있어서 유명한 데이터들을 모아 놓은 것이다. 이 패키지에는 골턴과 피어슨이 연구에 사용한 데이터가 포함되어 있다. 예제를 수행하기 위해서 HistData 패키지의 Galton 데이터 프레임을 사용할 것인데, 데이

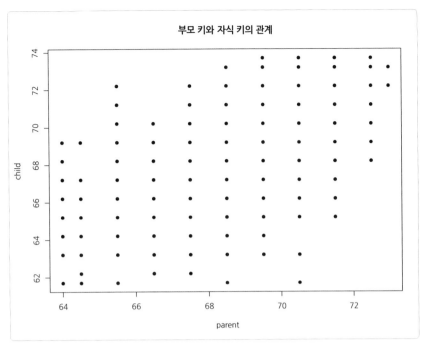

그림 10.15 부모와 자식 간의 키의 관계

터 프레임의 변수 parent는 아버지와 어머니의 키의 평균을 의미하고 변수 child
는 자식의 키를 의미한다. 일반적으로 연구하는 대상의 정보는 y-축에 표현하고
연구하고자 하는 데이터를 설명하는 대상은 x-축에 표현한다. 그래서 관심있는
자식의 키를 y-축에 놓았고, 아들의 키에 영향을 줄 수 있다고 생각하는 부모의
키를 x-축에 놓은 것이다. y-축에는 종속 변수(dependent variable)[4]를 x-축에는
독립 변수(independent variable)[5]를 놓는 것이라 생각해도 좋다.

table( ) 함수는 부모의 키와 자식의 키의 분할표(contingency table)를 만든
다. 이 분할표를 보면 좌측 상단에서 우측 하단으로의 대각선에 데이터들이 몰
려 있다는 것을 알 수 있다. 이는 부모의 키와 자식의 키 간에 어느 정도 양의
상관관계가 존재함을 의미하는데, 그림 10.15에서도 이러한 관계를 파악할 수
있다.

상관관계가 존재함을 파악하기 위해서는 산점도 위에 단순 선형회귀선을 그
려보는 것이 좋다. 이미 시각적으로 점들의 분포를 통해서 상관관계를 파악
할 수 있으나, 단순 선형회귀선은 더욱 직관적으로 상관관계를 파악할 수 있어
좋다.

---

4   다른 변수에 영향을 받는 변수로 반응 변수라고도 불린다.
5   다른 변수에 영향을 주는 변수로 설명 변수라고도 불린다.

연습문제 10.15

골턴의 부모와 자식 간의 키 데이터의 산점도 위에 단순 선형회귀선을 추가로 그려 넣어라.

```
> plot(child ~ parent, data = Galton, pch = 16, main = "부모키와 자식키의 관계")
> lm.fit <- lm(child ~ parent, data = Galton)
> abline(lm.fit, col = "red")
```

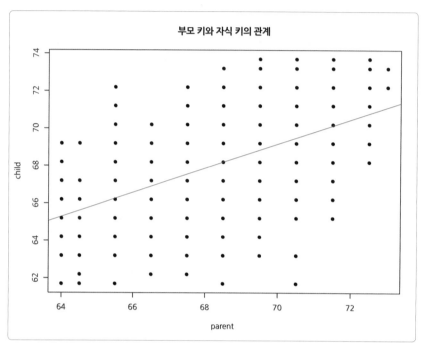

그림 10.16 부모와 자식 간의 키의 회귀선

그림 10.16을 보면 산점도 위에 선형 회귀선이 추가로 그려져서 두 변수 간의 관계를 쉽게 파악할 수 있다. lm 객체를 abline( ) 함수에 적용하기만 하면, 간단하게 그릴 수 있으므로 그리 어렵지 않게 활용할 수 있다.

　그림 10.15와 그림 10.16에서는 928쌍의 데이터가 다 그려진 것으로 보이지는 않는다. 어림잡아 100여개 정도로 보이는데, 그 이유는 동일한 여러 데이터들이 겹쳐서 하나의 점으로 보이게 출력되었기 때문이다. 이는 산점도가 가진 아주 치명적인 결함이다. 심지어 눈으로 보이는 하나의 점에 하나의 데이터가 매핑된 것이 아니라 어느 점은 수십 개 이상의 데이터가 매핑된 것도 있다. 앞서 살펴본 분할표를 보면 최고 48개의 데이터가 한 점으로 표현된 것을 알 수 있다.

　이렇게 한 점에 여러 데이터가 겹쳐서 출력됨으로 발생하는 문제를 해결하기 위해서 다음과 같은 몇 가지의 대안이 있다.

- 산점도의 점들을 흩어 놓기(jitter)
- 해바라기 산점도(sunflower scatter plot)로 그리기
- 좌표점의 도수 크기를 색상으로 표현하기
- 좌표점의 도수 크기를 점의 크기로 표현하기
- 벌집 플롯(hexagonal binning plot)으로 그리기
- 데이터 분포의 밀도를 등고선으로 표현하기

10.3.1.2 산점도의 점들을 흩어놓기

연습문제 10.16

골턴의 부모와 자식 간의 키 데이터의 산점도를 그릴 때 점들이 겹치지 않고 흩어지게 그려라.

```
> plot(jitter(child, 5) ~ jitter(parent, 5), data = Galton,
      main = "부모 키와 자식 키의 관계 (jitter plot)",
      xlab = "부모의 키", ylab = "자식의 키")
```

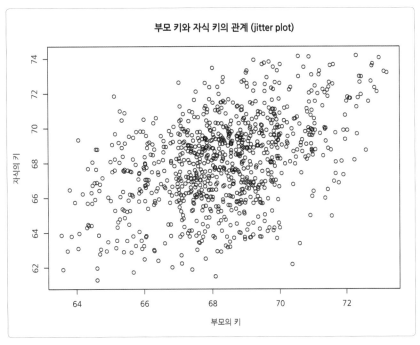

그림 10.17 부모와 자식간의 키 산점도 (jitter)

그림 10.17은 단순하게 점들을 살짝 흩어놓았을 뿐인데 겹쳐진 점들이 잘 분리되어 보일 뿐 아니라 데이터의 분포도 쉽게 이해할 수 있다. 이런 그림을 그리는 데는 단지 jitter( )를 사용하면 되는데, 이 함수는 수치 벡터에 간단하게 잡

음(noise)를 만들어 주는 함수로, 뭉친 데이터를 분리할 때 유용하게 사용할 수 있다.

10.3.1.3 해바라기 산점도로 그리기

연습문제 10.17

골턴의 부모와 자식 간의 키 데이터로 해바라기 산점도(sunflower scatter plot)를 그려라.

```
> sunflowerplot(Galton, size = 1/15, main = "부모 키와 자식 키의 관계 (sunflower)",
                xlab = "부모의 키", ylab = "자식의 키")
```

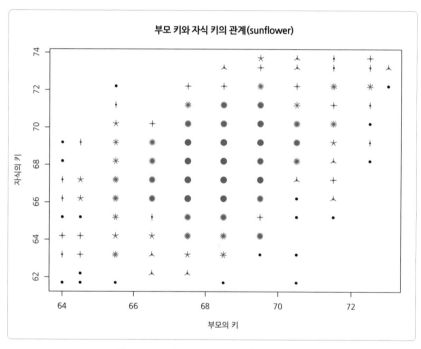

그림 10.18 부모와 자식 간의 키 산점도(해바라기 산점도)

그림 10.18의 해바라기 산점도에서는 해바라기 꽃잎 한 장당 하나의 데이터를 의미한다. 검정색의 점은 하나의 데이터를 의미하고, 빨간색의 꽃잎이 늘어날수록 데이터가 여러 개임을 나타낸다. 활짝 만개한 해바라기는 마치 붉은 꽃처럼 보이는데, 30~40여개가 있는 데이터는 붉은 원처럼 보인다. 각 꽃잎을 통해 데이터 분포의 밀도를 이해할 수 있는 시각화 도구이다.

10.3.1.4 도수 크기를 색상으로 표현하기

좌표점의 도수 크기를 색상으로 표현하는 방법은 데이터가 많이 밀집된 지역과 희박한 지역의 점들의 색상을 농도로 구분하여 데이터를 분포를 파악하는 방법이다. 저농도의 색상과 고농도의 색상을 등 간격으로 나눈 그라데이션 효과의 색상으로 산점도를 그린다면, 색상의 농담으로 데이터의 집중도를 파악할 수 있을 것이다.

> **팁: 알파 채널 색상 이용하기**
>
> 알파 채널(alpha channel)의 색상을 이용한 시각화는 데이터의 표현이 중첩될 경우의 문제점을 해결하는 것 이상의 의미가 있다.
>
> 알파 채널을 적절히 사용한다면 시각화의 결과가 좀 더 멋지게 표현될 수 있으므로 플롯의 데코레이션 목적으로도 사용할 수 있다. 특히 히스토그램 이나 분포를 표현하는 플롯의 내부를 알파 채널로 표현하면 유용할 것이다.

연습문제 10.18

골턴의 부모와 자식 간의 키 데이터로 산점도를 그려라. 이때 점들의 색상을 알파 채널로 표현하여 점들의 색상 농도로 데이터의 분포를 파악할 수 있게 하라.

```
> plot(Galton, col = "#0000FF08", pch = 16, cex = 1.2,
       main = "부모 키와 자식 키의 관계 (alpha color)",
       xlab = "부모의 키", ylab = "자식의 키")
```

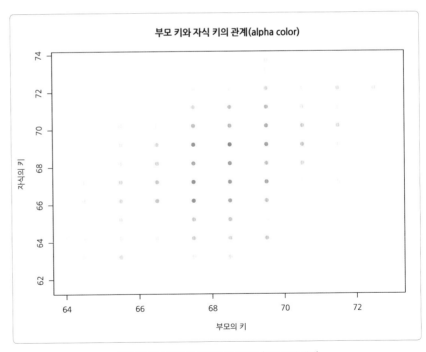

그림 10.19 부모와 자식 간의 키 산점도 (알파 채널 색상)

도수 크기를 색상으로 표현한 그림 10.19의 해석 방법도 해바라기 산점도와 유사하다. 단지 꽃잎의 개수가 아니라 점들의 색상 농도로 데이터의 밀집 여부를 확인할 수 있다. 그 이유는 점들의 색상에 알파 채널을 사용해서 같은 위치에 점들이 여러 번 찍힐수록 점의 색상이 짙어지기 때문이다. 알파 채널을 이용하는 방법 외에 그라데이션 효과를 줄 수 있는 색상 팔레트를 정의하거나 이미 정의된 팔레트 함수를 사용하는 것도 시도할 수 있는 응용법이다.

10.3.1.5 도수 크기를 점의 크기로 표현하기

좌표점의 도수 크기를 점의 크기로 표현는 방법도 있는데 이 아이디어는 좌표점의 도수 크기를 색상으로 표현하는 방법과 유사하다. 단 차이점은 색상의 농담 대신 점의 크기로 표현한다는 점이다.

> **주의: 면적으로 표현할 때의 정확한 비례**
>
> 데이터의 규모를 면적으로 표현할 때 범하기 쉬운 오류는 데이터의 규모를 이차원 값인 면적으로 표현하면서 그 크기를 규모의 제곱 배로 표현하는 오류다. 예를 들면 $2 \times r$이 r보다 반지름은 두 배 크지만 면적으로 환산하면, 네 배로 커지기 때문이다. 그러므로 배율을 정할 때는 면적 기준의 배율로 환산해야 한다.
>
> symbols( ) 함수의 circles 인수나 plot( ) 함수의 cex 인수를 사용할 때는 환산된 배율 값으로 지정해야 한다. 원을 예로 들면, 면적 $S = \pi \times r^2$이므로 $r = \sqrt{S/\pi}$이다. 여기서 S가 바로 원래 데이터의 크기이고, r이 환산된 데이터의 크기 배율이다. 정사각형의 경우에는 $S = r^2$이므로 $r = \sqrt{S}$이다. 여기서 π가 상수이므로 일반화하여 $r = \sqrt{S}$을 사용하면 된다.

연습문제 10.19

1, 2, 3 크기의 데이터를 plot( ) 함수를 사용하여 산점도로 표현하라. 이때 pch 인수는 16을 사용하라. 그리고 cex 인수 값은 데이터의 크기에 비례하여 1, 2, 3으로 지정하고, 면적의 비율로 환산한 값도 지정해서 두 종류의 산점도를 비교하자.

```
> op <- par(no.readonly = TRUE)
> x <- 1:3
> par(mfrow = c(2, 1))
> # cex 값
> plot(x, xlim = c(0, 4), ylim = c(0, 4), pch = 16, cex = 1:3, main = "cex의 크기")
> # 면적 기준으로 환산한 cex 값
> plot(x, xlim = c(0, 4), ylim = c(0, 4), pch = 16, cex = sqrt(1:3), main = "면적의 크기")
> par(op)
```

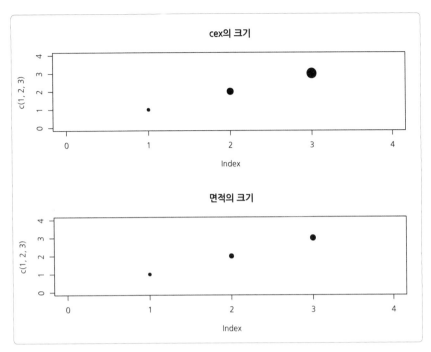

그림 10.20 면적의 크기에 비례한 데이터 산점도

그림 10.20의 플롯을 보면 상단의 산점도가 cex 인수 값에 데이터의 크기를 적용한 오류가 있는 산점도이고, 하단의 산점도가 데이터의 크기를 면적의 크기에 비례하여 오류를 수정한 산점도이다. 데이터의 크기가 1, 2, 3인데 상단의 플롯은 원의 면적이 1, 2, 3의 비율로 보이지 않는다. 이처럼 데이터를 이차원의 면적으로 표현할 때 의도적이든 실수든 정보를 왜곡할 수 있으므로 주의해야 한다.

연습문제 10.20

골턴의 부모와 자식 간의 키 데이터로 산점도를 그리는데, 도수의 크기를 점의 크기로 표현하라. 단, table( ) 함수로 분할표를 그리고, 분할표의 크기에 따라 점의 크기를 달리하라.

```
> tab <- table(Galton)
> x <- as.numeric(dimnames(tab)$parent)
> y <- as.numeric(dimnames(tab)$child)
> axis.grid <- expand.grid(x, y)
> plot(axis.grid, cex = sqrt(tab/pi), col = "blue", pch = 19,
       main = "부모 키와 자식 키의 관계(점의 크기)",
       xlab = "부모의 키", ylab = "자식의 키")
```

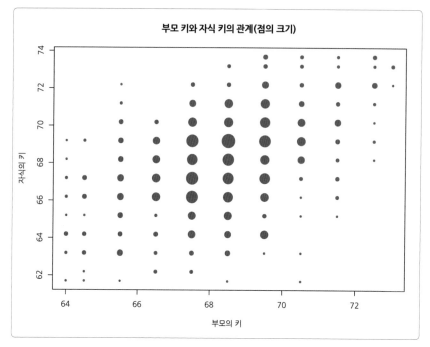

그림 10.21 부모와 자식 간의 키 산점도(점의 크기)

그림 10.21의 플롯은 table( ) 함수로 그린 도수분포를 2차원 플롯에 옮겨 놓은 플롯으로 분할표의 도수에 비례하여 점의 크기를 표현하였다. 여기서 expand. grid( ) 함수는 x-축과 y-축의 조합에 해당하는 좌표점을 만드는 데 사용되었다.

그림 10.21의 플롯과 유사한 기법에는 버블 차트(bubble chart)라는 시각화 기법이 있다. 이름에서 유추할 수 있듯 산점도에 표현하는 점을 거품 방울이라고 칭하는데, 도수의 크기에 따라 이 거품 방울의 크기를 달리하는 것이다. 어찌 보면 그림 10.19의 플롯은 버블 차트라 불러도 이상하지 않을 것이다.

여기서는 symbols( ) 함수의 circles 인수를 사용하면 버블 차트를 그릴 수 있다. 이 방법은 circles 인수에 데이터를 지정하는데, 이 인수 값은 원의 반지름을 의미하므로 원의 면적으로 데이터를 변환하기 위한 작업이 필요하다. 이번에는 예제 10.20에서 사용한 데이터 변환 작업을 응용할 수 있다.

연습문제 10.21

골턴의 부모와 자식 간의 키 데이터로 버블 차트를 그려라.

```
> symbols(axis.grid, circles = as.vector(sqrt(tab/pi)),
          inches = 0.15,
          fg = "blue", bg = "lightblue",
          main = "부모 키와 자식 키의 관계(symbols 함수)",
          xlab = "부모의 키", ylab = "자식의 키")
```

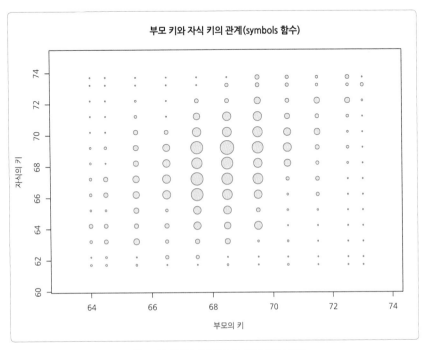

그림 10.22 부모와 자식 간의 키 산점도(버블 차트)

10.3.1.6 벌집 플롯으로 그리기

연습문제 10.22

골턴의 부모와 자식 간의 키 데이터로 벌집 플롯(hexagonal binning plot)을 그려라.

```
> # hexbin 패키지의 로드, 없으면 설치 후 로드
> if (!require(hexbin)) {
    install.packages("hexbin")
    require(hexbin)
}
>
> bin <- hexbin(Galton)
> plot(bin, main = "부모 키와 자식 키의 관계 (Hexagon Binning)",
       xlab = "부모의 키", ylab = "자식의 키")
```

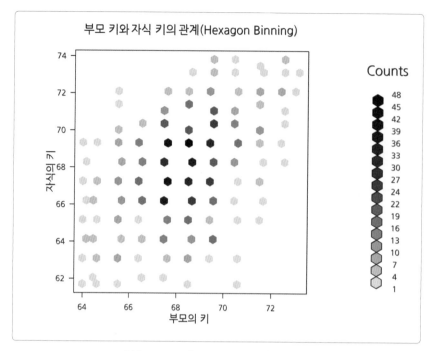

그림 10.23 부모와 자식 간의 키 산점도(벌집 플롯)

그림 10.23의 벌집 플롯도 데이터의 분포의 밀도를 색상의 농도로 표시하는 것은 알파 채널을 이용하는 것과 유사하다. 다만 데이터를 점으로 표현하는 것이 아니라 일정 구간을 적절하게 육각형으로 나누어서 셀을 만든 후 해당 셀의 데이터 밀도에 비례하여 색상의 농도를 증가시키는 방법으로 플롯을 그린다.

벌집 플롯을 그리기 위해서는 hexbin 패키지를 설치해야 한다. 이 패키지의 hexbin( ) 함수로 연속형 수치 데이터를 범주화하는데, 통상적으로 이런 작업을 비닝(binning)이라 한다. 마치 히스토그램에서 계급 구간을 구하는 것과 동일한 방법을 취하는데, 차이점은 차원이 이차원이라는 점이다. 즉, x-축과 y-축의 데이터에 대한 구간을 나누고, 그 셀에 들어가는 데이터의 도수를 구한다. 그 후 그라데이션(gradation) 기법을 적용해 색상의 명암 차이로 데이터를 시각화한다.

골턴의 부모와 자식간의 키 데이터는 연속형 데이터이지만 데이터 측정의 단위가 세밀하지 못하여 이산형의 데이터처럼 보이는 경향이 있다. 만약 좀 더 연속형에 가깝고 데이터가 희박하지 않게 분포한다면, 육각형은 벌집모양으로 연결되어서 보일 것이다.

그림 10.24는 연속형 데이터를 벌집 플롯으로 그린 예제인데, 이제야 비로소 벌집처럼 보이는 것 같다. 예제에서는 hexbin( ) 함수로 데이터를 구간으로 나누어 집계한 후 plot( ) 함수로 플롯을 그리는데, plot( ) 함수는 내부적으로 hexbin

패키지의 gplot.hexbin( ) 함수를 호출한다. 그리고 이 함수는 예제처럼 기본 색 상인 회색계열의 색상이 아니라 여러 색상의 팔레트를 사용할 수도 있다. 예제에 서는 등고선의 느낌을 살리기 위해서 terrain.colors 팔레트를 사용하였다.

```
> set.seed(101)
> bin <- hexbin(rnorm(10000), rnorm(10000))
> plot(bin, colramp = terrain.colors)
```

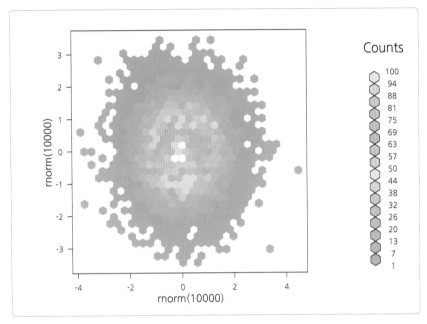

그림 10.24 벌집 플롯 - 연속형 데이터

10.3.1.7 데이터 분포의 밀도를 등고선으로 표현하기

밀도 기반의 플롯(density based plot)의 아이디어는 x-축과 y-축으로 정의된 좌 표에 일정한 크기의 점을 쌓는 것을 상상하면 쉽게 이해가 된다. 점의 높이가 높 을수록 데이터가 밀집되어 밀도가 높다는 것을 의미한다. 그리고 같은 높이 대 역의 위치를 선으로 이어서 등고선처럼 표현하고 그라데이션 효과를 주면 밀도 기반의 플롯을 생성할 수 있다.

연습문제 10.23

골턴의 부모와 자식 간의 키 데이터로 image( ) 함수 및 contour( ) 함수를 이용하여 밀도 기반의 분 포도를 그려라.

```
> image(x, y, tab, main = "부모 키와 자식 키의 관계(밀도 기반)",
        xlab = "부모의 키", ylab = "자식의 키")
> contour(x, y, tab, col = "pink", add = TRUE, method = "edge")
```

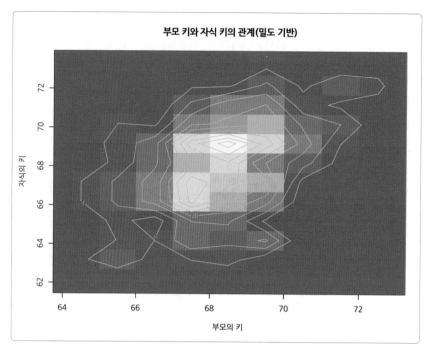

그림 10.25 부모와 자식 간의 키 분포(image/contour)

그림 10.25의 플롯은 image( ) 함수로 그린 밀도 기반의 이미지 그림 위에 contour( ) 함수로 등고선을 그려 넣은 그림이다. 등고선은 같은 밀도를 갖는 데이터들이 연결된 모습을 보여주며, 등고선 지도를 해석하는 것과 동일하게 촘촘하게 여러 줄로 표현된 곳에는 데이터의 밀도가 높다고 보면 된다.

연습문제 10.24

골턴의 부모와 자식 간의 키 데이터로 filled.contour( ) 함수를 이용하여 밀도 기반의 분포도를 그려라.

```
> filled.contour(x, y, tab, color = terrain.colors,
                plot.title = title(main = "부모 키와 자식 키의 관계",
                xlab = "부모의 키", ylab = "자식의 키"),
                key.title = title(main = "신장\n(10*inch)"),
                key.axes = axis(4, seq(0, 50, by = 5)))
```

그림 10.26의 플롯은 filled.contour( ) 함수로 그린 밀도 기반의 등고선 그림이다. 마치 그림 10.25의 image( )함수와 contour( ) 함수를 함께 사용한 플롯처럼 보인다. 그러나 오른쪽의 범례 정보가 추가로 표현되고, 플롯의 표현 능력도 더 뛰어나다.

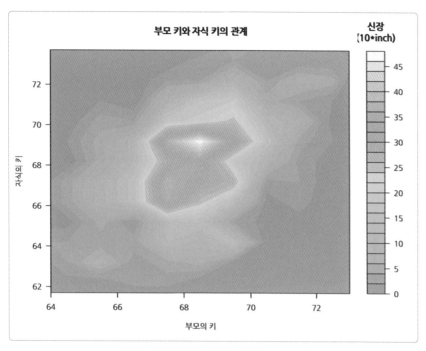

그림 10.26 부모와 자식 간의 키 분포(filled.contour)

연습문제 10.25

골턴의 부모와 자식 간의 키 데이터를 car 패키지의 dataEllipse( ) 함수를 이용하여 밀도 기반의 분포도로 그려라.

```
> # car 패키지의 설치를 위한 사전 작업
> if (!require(pbkrtest) &
    paste(R.version$major, sub("\\.", "", R.version$minor), sep = ".") < 3.23) {
  install.packages("lme4")
  cran <- "https://cran.r-project.org/"
  if (.Platform$OS.type == "unix") {
    packageurl <- paste0(cran, "src/contrib/Archive/pbkrtest/pbkrtest_0.4-4.tar.gz")
    install.packages(packageurl, repos=NULL, type="source")
  } else if (.Platform$OS.type == "windows") {
    packageurl <- paste0(cran, "bin/windows/contrib/3.1/pbkrtest_0.4-4.zip")
    install.packages(packageurl, repos=NULL, type="win.binary")
  }
}
> # car 패키지의 로드, 없으면 설치 후 로드
> if (!require(car)) {
    install.packages("car")
    require(car)
  }
>
> plot(axis.grid, cex = tab/15, col = "blue", pch = 19, xlab = "부모의 키",
       ylab = "자식의 키", main = "부모 키와 자식 키의 관계(밀도 기반 + 타원체)")
> dataEllipse(Galton$parent, Galton$child, plot.points = FALSE, levels = 0.2 * 1:4,
            ellipse.label = 0.2 * 1:4, lwd = 1, lty = 2, fill = TRUE,
            fill.alpha = 0.1)
```

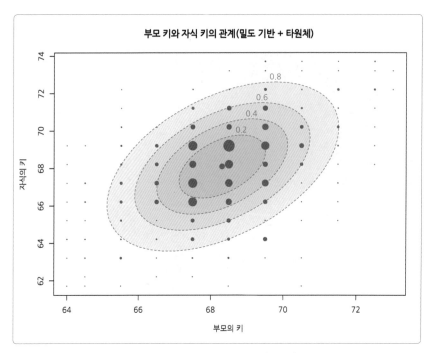

그림 10.27 부모와 자식간의 키 분포(Ellipse)

car 패키지는 pbkrtest 패키지에 종속성이 있어서, car 패키지 설치 시에 pbkrtest 패키지를 설치한다. 그런데 2016년 7월 기준으로 pbkrtest 패키지는 버전 0.4.6으로 R 버전 3.2.3 이상에서만 설치된다. 만약 R 버전이 3.2.3 미만이고 pbkrtest 패키지가 설치되지 않는다면, 예제처럼 0.4-4 버전의 pbkrtest 패키지를 설치한 후 car 패키지를 설치한다.

car 패키지의 dataEllipse( ) 함수는 산점도 위에 정규확률(normal-probability)의 등고선을 중첩하여 그린다. x-축과 y-축의 두 변수가 동일한 정규분포를 따른다면 원형의 등고선을 그리지만, 대개의 분포는 타원처럼 보일 것이다. 그래서 함수 이름이 dataEllipse( )이다.

그림 10.27의 플롯은 앞서 plot( ) 함수로 도수 크기를 점의 크기로 표현한 플롯 위에 dataEllipse( ) 함수로 타원체의 등고선을 추가로 표현한 플롯이다. 만약이 인수 값이 TRUE라면 앞의 plot( ) 함수로 그린 그림은 무시하고, dataEllipse( ) 함수가 산점도와 타원의 등고선을 함께 그릴 것이다.

등고선에서 파선으로 그려진 띠는 가운데의 빨간색의 점으로부터 계산된 신뢰수준을 의미한다. 즉 중심점이 데이터의 평균 점일 때의 신뢰수준을 의미한다. 그러므로 80%의 신뢰수준이 나타내는 신뢰구간은 맨 바깥의 타원체로 x-축을 보면, 대략 [65.2, 71.8], y-축은 [64, 72] 정도라 할 수 있다. 물론 자식들의 키는 부모들의 평균 키에 비례하는 경향이 있다는 것도 알 수 있다.

10.3.1.8 산점도를 다른 플롯과 결합하기

산점도는 x-축과 y-축의 이차원 플롯으로 두 변수 간의 관계를 살펴보는 시각화 도구다. 그런데 산점도로부터 x-축이나 y-축의 데이터의 개별 분포를 파악하는 것은 쉽지 않은 작업이다. 산점도에서는 두 변수 간의 관계를 파악하는 것은 쉽지만 개별 변수의 분포를 파악하는 것은 히스토그램이나 박스 플롯이 유용하다. 그래서 산점도의 주변에 히스토그램이나 박스 플롯을 추가한 플롯이 좋다.

연습문제 10.26

mtcars 데이터 프레임은 32종의 자동차에 대한 로드 테스트 데이터이다. 자동차의 마력을 배기량에 대비하여 산점도를 그리는데, x-축과 y-축 주변에 히스토그램을 추가하여 그려라.

```
> # scatterplot with marginal histograms fuction
> scatter.hist <- function(x, y, xlab = "", ylab = "", pch = 16, col =
"black", cex = 1, hcol = "lightblue") {
      op <- par(no.readonly = TRUE)
      zones <- matrix(c(2, 0, 1, 3), ncol = 2, byrow = TRUE)
      layout(zones, widths = c(4/5, 1/5), heights = c(1/5, 4/5))
      xhist <- hist(x, plot = FALSE)
      yhist <- hist(y, plot = FALSE)
      par(mar = c(4, 4, 1, 1))
      plot(x, y, col = col, pch = pch, cex = cex, xlab = xlab, ylab = ylab)
      par(mar = c(0, 4, 1, 1))
      barplot(xhist$counts, axes = FALSE, space = 0, col = hcol)
      par(mar = c(4, 0, 1, 1))
      barplot(yhist$counts, axes = FALSE, space = 0, col = hcol, horiz = TRUE)
      par(op)
  }
>
> with(mtcars, scatter.hist(hp, disp, pch = 16, col = "#0000FF", cex = 1.3,
      xlab = "마력(hp)", ylab = "배기량"))
```

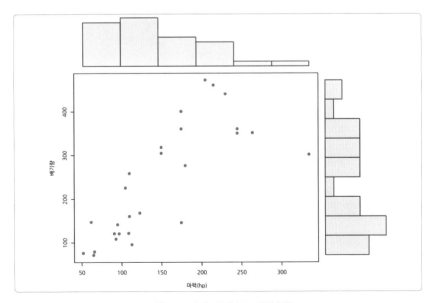

그림 10.28 산점도와 히스토그램의 통합

그림 10.28을 보면 산점도 주변에 x-축과 y-축에 대한 히스토그램이 표현되어서 두 변수와의 관계와 각 변수들의 분포를 한 눈에 파악할 수 있다. 여기서는 layout( ) 함수로 화면을 분할하고, 각각의 분할된 영역에 산점도와 히스토그램을 그려 표현하였다. 이를 응용하면 주변 영역에 박스 플롯이나 분포곡선을 그려 넣을 수도 있다.

10.3.2 범주형 데이터를 표현하는 이변량 플롯

범주형 데이터를 표현하는 이변량 플롯의 목적은 두 범주형 변수의 수준들 간의 관계를 살펴보려는 것이다. 예를 들면 성별과 연령대별로 인구의 분포를 살펴보거나 흡연의 여부에 따른 폐암의 여부를 연구하는 자료로 폐암에 흡연이 미치는 인과관계를 살펴볼 수 있다.

두 개의 범주형 데이터를 집계하는 방법에 분할표(contingency table)가 있다. 두 범주형 데이터의 수준의 조합별로 도수(frequency)를 계산하여 두 수준이 교차하는 행과 열의 셀에 정리한 것을 분할표라 한다. 열명의 학생에 대해서 성별과 안경 착용 여부를 조사한 자료가 표 10.3과 같다고 하자. 이 데이터에서 성별과 안경 착용 여부라는 두 변수를 집계하여 이변량 변수로 집계한 분할표는 표 10.4처럼 표현된다. 즉, 두 개의 변수가 이변량 범주형 데이터로 변환된 것이다.

순번	성별	안경 착용 여부
1	남자	착용
2	여자	미착용
3	여자	착용
4	남자	미착용
5	남자	미착용
6	남자	착용
7	여자	착용
8	남자	착용
9	여자	미착용
10	남자	착용

표 10.3 안경 착용 여부 조사 데이터

성별 \ 안경 착용 여부	착용	미착용	합계
남자	4	2	6
여자	2	2	4
합계	6	4	10

표 10.4 성별 안경 착용 여부별 분할표

10.3.2.1 누적 막대 그래프와 스파인 플롯 그리기

이변량 범주형 데이터를 표현하는 대표적인 것으로는 막대 그래프를 개량한 스파인 플롯(spine plot)이 있다.

막대 그래프 일변량 범주형 자료의 수준(levle)별 도수의 크기(혹은 상대도수)를 막대의 길이로 표현하지만, 스파인 플롯은 막대의 길이(높이)는 동일하게 하고 수준의 도수 비율을 막대의 너비로 표현한다. 막대의 길이를 동일하게 표현하는 이유는 막대를 또 다른 범주의 수준별 도수 비율에 비례하여 분할하여 두 변수 간의 관계를 파악하기 위함이다.

만약 막대 그래프처럼 도수에 비례하여 막대의 길이를 다르게 표현한다면, 두 범주형 데이터의 관계를 파악할 수 없을 것이므로 스파인 플롯은 단변량 범주형 데이터도 표현할 때보다 이변량 범주형 데이터에서 비로소 그 장점을 발휘할 수 있다.

막대 그래프와 스파인 플롯의 가장 큰 차이점은 막대 그래프는 축의 눈금에 도수를 표현할 수 있지만, 스파인 플롯은 축의 눈금에 도수를 표현할 수 없다는 점이다. 그 이유는 스파인 플롯는 범주에서 수준이 차지하고 있는 상대 비율을 표현하기 위한 플롯이기 때문이다. 그래서 일반적으로 축의 눈금에 도수 대신 비율(상대도수)을 표현한다. 물론 막대 그래프는 비율을 표현할 수도 있다는 특징이 있다.

타이타닉 승객의 생존 데이터인 Titanic은 1등석, 2등석, 3등석 및 승무원으로 분류된 Class, 남성과 여성으로 분류된 Sex, 어린이와 성인으로 분류된 Age, 사망과 생존으로 분류된 Survived의 네 가지 변수로 구성된 사차원 배열(array)이다. 이 데이터를 이용해서 barplot( ) 함수와 spineplot( ) 함수로 막대 그래프와 스파인 플롯을 비교해보자.

연습문제 10.27

Titanic 데이터로 Class, Sex, Age, Survived의 네 변수에서 각각 생존과 사망여부를 비교할 수 있는 막대 그래프를 그려라.

```
> par(mfrow = c(2, 2))
> barplot(apply(Titanic, c(4, 1), sum), col = c("lightblue", "mistyrose"),
        main = "Survived over Economic status (class)")
> legend("topleft", fill = c("lightblue", "mistyrose"), c("Death", "Survive"))
> barplot(apply(Titanic, c(4, 2), sum), col = c("lightblue", "mistyrose"),
        main = "Survived over Sex")
> legend("topright", fill = c("lightblue", "mistyrose"), c("Death",
        "Survive"))
> barplot(apply(Titanic, c(4, 3), sum), col = c("lightblue", "mistyrose"),
        main = "Survived over Age")
> legend("topleft", fill = c("lightblue", "mistyrose"), c("Death", "Survive"))
> barplot(apply(Titanic, 4, sum), col = c("lightblue", "mistyrose"),
        main = "Survived")
> par(mfrow = c(1, 1))
```

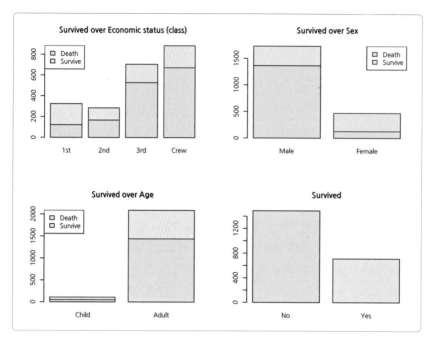

그림 10.29 타이타닉 데이터의 막대 그래프

그림 10.29를 보면 누적 막대 그래프가 그려지는데, 그 이유는 apply( ) 함수의 연산 결과가 행렬로 반환되었고, 이를 barplot( ) 함수의 데이터 인수로 사용했기 때문이다. 이 플롯을 해석하면 Class에서는 승무원 ⟨ 3등석 ⟨ 2등석 ⟨ 1등석의 순으로 생존률이 높아지고, Sex에서는 여성이 남성보다 생존률이 높고, Age에서는 어린이가 성인보다 생존률이 높다. 그리고 마지막 플롯을 통해서 전체 승선자 중에서 사망자가 생존자보다 거의 두 배 가량 많다는 것을 알 수 있다.

연습문제 10.28

Titanic 데이터로 Class, Sex, Age, Survived의 네 변수에 대해서 각각 생존과 사망여부를 비교할 수 있는 스파인 플롯을 그려라.

```
> par(mfrow = c(2, 2))
> spineplot(margin.table(Titanic, c(1, 4)), col = c("lightblue", "mistyrose"),
            main = "Survived over Economic status (class)")
> spineplot(margin.table(Titanic, c(2, 4)), col = c("lightblue", "mistyrose"),
            main = "Survived over Sex")
> spineplot(margin.table(Titanic, c(3, 4)), col = c("lightblue", "mistyrose"),
            main = "Survived over Age")
> spineplot(t(as.matrix(margin.table(Titanic, 4))),
            col = c("lightblue", "mistyrose"),
            main = "Survived", xlab = "All Data", ylab = "Survived",
            xaxlabels = "Total")
> par(mfrow = c(1, 1))
```

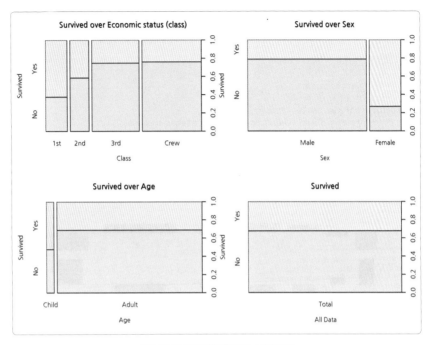

그림 10.30 타이타닉 데이터의 스파인 플롯

그림 10.30을 보면 누적 막대 그래프보다 각 변수와 생존과 사망 여부의 관계를 파악하기 용이하다. 그리고 가장 두드러진 차이는 막대 그래프의 Class에서는 승무원 < 3등석의 순으로 생존률의 차이가 컸지만, 스파인 플롯에서는 3등석과 승무원의 경우 생존률의 차이가 거의 없다. 이는 승무원인 Crew의 도수가 3등석인 3rd의 도수보다 크기 때문에 막대 그래프에서 승무원 < 3등석의 순으로 생존률의 차이가 발생하는 것처럼 보인 것이다.

　이 예제를 통해서 누적 막대 그래프는 전체 도수 안에서의 해당 도수의 비율을 가늠하는 용도의 플롯이고, 스파인 플롯은 하나의 범주 안에서의 개별 수준과 교차하는 또 다른 범주의 비율을 가늠하는 용도의 플롯이라는 것을 알 수 있다.

10.3.2.2 어소시에이션 플롯 그리기

3장에서 다룬 어소시에이션 플롯(association plot)도 두 범주형 데이터의 관계를 살펴볼 수 있는 유용한 시각화 도구인데, 2차원 분할표(contingency table)에서 행과 열의 독립성 여부를 설명한다. 그러므로 이 플롯으로 각각의 변수들과 생존 및 사망 여부에 대한 변수간의 독립성 여부를 판단할 수 있다.

연습문제 10.29

Titanic 데이터로 Class, Sex, Age와 Survived 변수에 대해서 독립성 여부를 파악할 수 있는 어소시에이션 플롯을 그려라.

```
> par(mfrow = c(2, 2))
> assocplot(margin.table(Titanic, c(1, 4)),
            main = "Survived over Economic status (class)")
> assocplot(margin.table(Titanic, c(2, 4)), main = "Survived over Sex")
> assocplot(margin.table(Titanic, c(3, 4)), main = "Survived over Age")
> par(mfrow = c(1, 1))
```

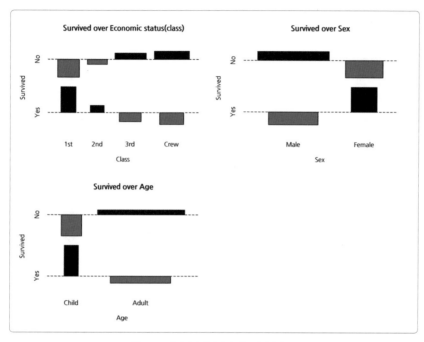

그림 10.31 타이타닉 데이터의 어소시에이션 플롯

어소시에이션 플롯에서는 기본 색상 설정에 의해서 피어슨의 잔차(Pearson's residuals)가 양수이면 검정색, 음수이면 빨간색으로 표현된다. 분할표에서 잔차란 기대도수와 발생도수와의 차를 의미하므로 검정색으로 표현된 것은 상대적으로 다른 수준보다 더 많이 발생되었고, 빨간색으로 표현된 것은 상대적으로 다른 수준보다 더 적게 발생되었음을 의미한다. 그러나 색상은 임의로 변경이 가능하므로 기준선(수평선) 위의 막대는 양의 잔차를 아래의 막대는 음의 잔차를 의미한다고 이해하는 것이 더 정확하다.

그림 10.31을 보면 Class 변수에서 1등석과 2등석의 생존자는 기대도수의 것보다 크고, 3등석과 승무원의 생존자는 기대도수의 것보다 작다. 성별로는 여성의 생존자가 기대도수의 것보다 크며, 연령은 어린아이의 생존자가 기대도수의

것보다 크게 나타남을 알 수 있다.

앞선 몇 개의 시각화를 통해서 우리는 분명히 1등급과 2등급의 승객보다는 구조된 승무원의 비율이 작다는 것을 알고 있다. 그러나 3등급과 승무원의 생존비율은 거의 비슷하다. 이런 결과로 '타이타닉호의 승무원이 과연 승객의 안전한 대피를 위해서 노력을 했을까?'라는 의구심을 지울 수 없다.

연습문제 10.30

Titanic 데이터에서 성별이 여성인 경우에 한해서 Class와 Survived 변수의 관계를 스파인 플롯과 어소시에이션 플롯으로 살펴보자.

```
> sub.data <- apply(Titanic, c(1, 2, 4), sum)[, 2, ]
> sub.data
```

```
      Survived
Class  No Yes
  1st   4 141
  2nd  13  93
  3rd 106  90
 Crew   3  20
```

```
> par(mfrow = c(1, 2))
> spineplot(sub.data, col=c("lightblue", "mistyrose"),
          main="Survived over Economic status\n(Female, 3rd vs Crew)")
> assocplot(sub.data, col=c("red", "blue"),
          main="Survived over Economic status\n(Female, 3rd vs Crew)")
> par(mfrow = c(1, 1))
```

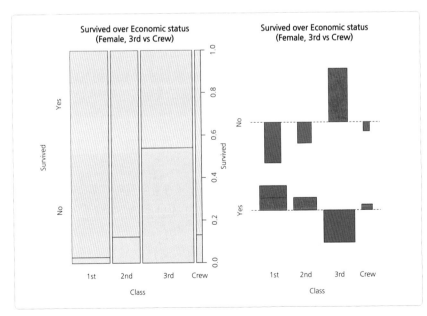

그림 10.32 타이타닉호의 여성 구조 현황

그림 10.32를 보면 두 플롯 모두 3등실의 여성 승객보다 여성 승무원의 생존률이 더 크다는 것을 알 수 있다. 앞서 그린 시각화 자료와 종합해 보면 등급이 높은 승객이 우선 구조되었고, 특히 여성 승무원도 우선적으로 대피하였음을 알 수 있다. 3등실의 승객들은 구조 과정에서 여성을 우선시하는 프리미엄도 적용받지 못했음을 알 수 있다.

10.4 다변량 플롯

단변량과 이변량 데이터의 경우는 데이터를 잘 집계하여 적절한 통계량으로 변환하면, 시각화 못지않게 나름대로 내포된 의미를 쉽게 파악할 수도 있다. 그러나 사람의 인지능력의 한계로 인해 데이터의 차원이 삼차원을 넘어서면서부터는 시각화가 아닌 통계량으로 데이터의 분포를 파악하는 것이 어렵다.

다변량 데이터의 시각화를 위해서 다음과 같이 두 가지의 유형으로 데이터를 분류하기로 한다.

· 수치형 데이터의 확장 시각화: 관심 있는 변수는 수치형이며, 몇 개의 범주형 변수가 포함된 삼차원 이상의 데이터
· 범주형 데이터의 확장 시각화: 관심있는 범주형 변수로만 구성된 삼차원 이상의 데이터

10.4.1 수치형 데이터의 확장 시각화

수치형 데이터의 확장 관점에서 시각화는 한 화면에 범주의 수준별로 여러 개의 수치 데이터를 보여주는 방법을 사용한다. 예를 들면 남성과 여성의 키에 대한 분포를 비교하기 위해서 한 화면에 히스토그램을 성별로 각각 그려 두 개의 히스토그램을 비교하는 것이다.

10.4.1.1 단일 값의 비교(single comparisons)

단일 수치 값의 비교를 위한 시각화에는 두 가지 방법이 있다. 하나의 플롯에 범주의 수준별로 구분되도록 표현하는 방법과 아예 범주의 수준별로 영역을 나누어 표현하는 것이다.

연습문제 10.31

iris 데이터에서 품종별로 꽃잎 길이에 대해서 ggplot2 패키지를 이용해서 히스토그램을 그려라. 이때 품종별 히스토그램을 한 플롯 영역에 표현하라.

```
> library(ggplot2)
> p <- ggplot(iris, aes(x = Petal.Length, fill = Species))
> p <- p + geom_histogram(binwidth = 0.2, alpha = 0.5, position = "identity")
> p <- p + ggtitle("Histogram of petal length")
> p + theme_bw( )
```

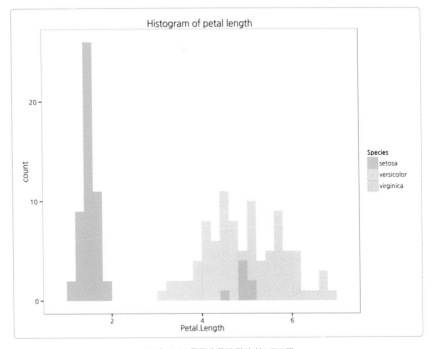

그림 10.33 품종별 꽃잎 길이 히스토그램

그림 10.33을 보면 품종별 히스토그램이 하나의 플롯 영역에 표현되었다. 알파 채널을 0.5로 지정하였기 때문에 붓꽃 품종 중 versicolor와 virginica에 의해 중첩된 부분의 기둥이 범례에는 없는 혼합색으로 표현되었다. 그러나 겹쳐진 두 품종의 분포를 분리하여 이해할 수는 있다.

연습문제 10.32

iris 데이터에서 품종별로 꽃잎 길이에 대해서 ggplot2 패키지를 이용해서 히스토그램을 그려라. 이때 품종별 히스토그램을 각각의 패싯(패널)에 표현하라.

```
> library(ggplot2)
> p <- ggplot(iris, aes(x = Petal.Length))
> p <- p + geom_histogram(binwidth = 0.2, fill = "lightblue")
> p <- p + facet_grid(. ~ Species)
> p <- p + ggtitle("Histogram of petal length")
> p + theme_bw( )
```

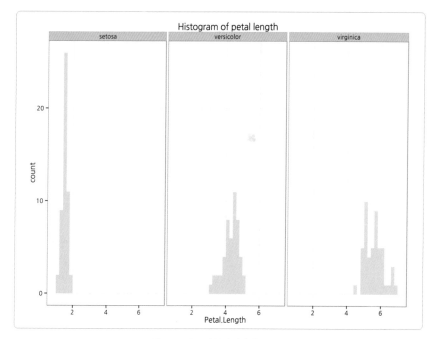

그림 10.34 품종별 꽃잎 길이 히스토그램

그림 10.34을 보면 품종별 히스토그램이 각각 다른 그리드 영역에 표현되었다. facet_grid( ) 함수를 사용하면 간단하게 각 품종별 히스토그램을 각각의 그리드 영역에 표현할 수 있다.

10.4.1.2 쌍의 비교 (pairwise comparisons)

쌍의 비교(pairwise comparisons)는 두 개의 수치형 변수로 표현하는 산점도를 여러 개 그려서 각 산점도에서의 분포를 비교, 파악하는 방법을 의미한다. 각각의 산점도는 수치형 변수의 조합으로 구성되므로 수치형 변수가 n개면 $2 \times {}_nC_2$개의 산점도가 그려진다. 조합의 개수는 ${}_nC_2$개지만 x-축과 y-축을 바꿔서 그린 산점도가 한 벌 더 있어서 조합의 개수의 두 배에 해당하는 산점도를 그린다. 이러한 시각화 방법을 산점도 행렬(SPLOM, ScatterPLOt Matrix)이라고 한다.

연습문제 10.33

iris 데이터의 수치변수인 꽃잎 길이, 꽃잎 너비, 꽃받침 길이, 꽃받침 너비로 산점도 행렬을 그려라.

```
> plot(iris[, !names(iris) %in% c("Species")], main = "SPOLM of iris")
```

그림 10.35는 가장 기본적인 산점도 행렬이다. 변수의 개수가 네 개이므로 $2 \times {}_nC_2 = 2 \times {}_4C_2 = 12$개의 단위 산점도로 구성되었음을 알 수 있다. 대각행렬을 중

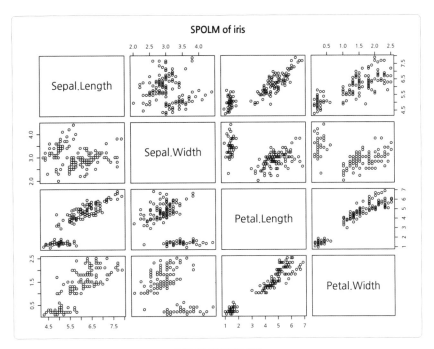

그림 10.35 산점도 행렬

심으로 상하 산점도 그림이 대칭이므로 굳이 12개가 아닌 여섯 개만 그려도 분
포를 파악하는 데 문제가 없어 보인다.

연습문제 10.34

iris 데이터의 수치변수인 꽃잎 길이, 꽃잎 너비, 꽃받침 길이, 꽃받침 너비로 산점도 행렬을 그리되 개
별 산점도 안에서 품종별로 데이터를 구분할 수 있도록 표현하라.

```
> plot(iris[, !names(iris) %in% c("Species")], col = c(1:3)[iris$Species],
    pch = c(16:18)[iris$Species], main = "SPOLM of iris")
> mtext(levels(iris$Species), line = 1, adj = c(0.2, 0.5, 0.7), col = 1:3)
```

그림 10.36은 개별 산점도 안에서 세 개의 품종별로 서로 다른 색상과 문자를 부
여하여 품종별 분포의 차이를 가늠할 수 있도록 표현한 산점도 행렬이다. 즉, 개
별 산점도 안에서 범주형 변수를 포함하는 산점도 행렬인 것이다.

연습문제 10.35

iris 데이터의 수치변수인 꽃잎 길이, 꽃잎 너비, 꽃받침 길이, 꽃받침 너비로 산점도 행렬을 그리되 품
종별로 구분하여 산점도 행렬을 그려라. 단, lattice 패키지를 활용하라.

```
> library(lattice)
> splom(~iris[1:4] | Species, data = iris, layout = c(2, 2), pscales = 0,
    varnames = c("Sepal\nLength", "Sepal\nWidth", "Petal\nLength",
    "Petal\nWidth"))
```

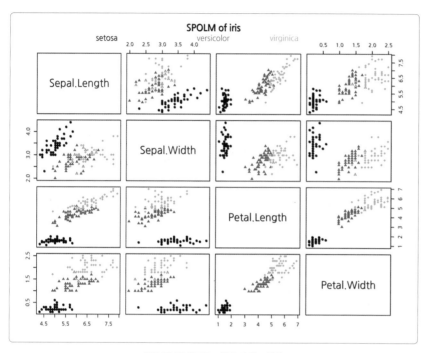

그림 10.36 범주를 포함한 산점도 행렬

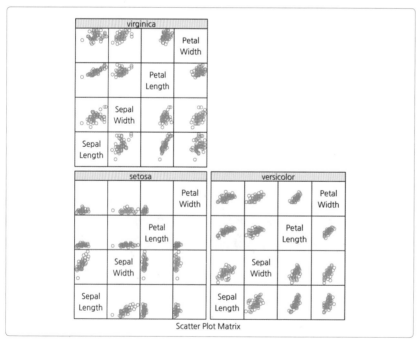

그림 10.37 범주별로 구분하여 그린 산점도 행렬

그림 10.37은 세 개의 품종별로 서로 다른 산점도 행렬을 그린 그림이다. 품종별로 산점도 행렬을 그린 것이므로 개별 산점도의 개수는 $3 \times 2 \times {}_nC_2 = 36$개다.

psych 패키지는 아주 유용한 시각화 함수들을 가지고 있다. 그중에 대표적인 함수인 pairs.panels( )는 산점도 행렬에 몇 가지 유용한 정보를 추가로 표현한다. 예를 들면 수치형 변수에 대한 히스토그램 및 밀도곡선과 개별 산점도에 대한 상관계수 및 분포의 모양을 나타내는 타원 분포(correlation ellipses)와 평활선(loess smooths)을 추가할 수 있다.

연습문제 10.36

psych 패키지의 pairs.panels( ) 함수로 iris 데이터의 산점도 행렬을 그려라.

```
> # psych 패키지의 로드, 없으면 설치 후 로드
> if (!require(psych)) {
    install.packages("psych")
    require(psych)
  }
>
> pairs.panels(iris[1:4], bg = c("red", "yellow", "blue")[iris$Species],
               pch = 21, main = "Fisher Iris data by Species")
```

psych 패키지의 pairs.panels( ) 함수로 그린 그림 10.38은 히스토그램 및 밀도곡선과 개별 산점도에 대한 상관계수 및 분포의 모양을 나타내는 타원 분포와 평활선이 추가로 그려져 있어 데이터의 분포를 파악하는 데 유용하다.

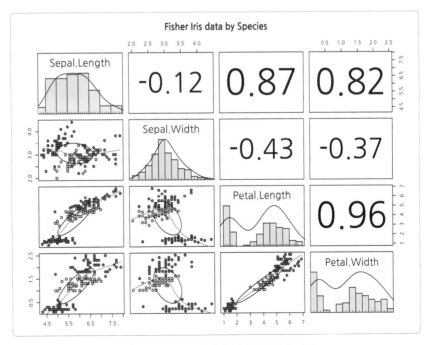

그림 **10.38** pairs.panels( ) 함수로 그린 산점도 행렬

10.4.1.3 여러 변수의 비교

수치 데이터를 시각화하는 가장 기본적인 방법은 좌표축을 만들고 좌표 영역에 데이터를 표시하는 것이다. 일차원은 x-축, 이차원은 x-축과 y-축, 삼차원은 x-축과 y-축 그리고 z-축과 교차하는 좌표점 위에 점을 찍어 표현한다. 점을 찍어 표현하므로 산점도(scatter plot)이라고 부른다. 이때 각각의 좌표축은 서로 직교해야 한다. 다만 일차원의 경우에는 차원이 하나이므로 일반적으로 수평선으로 축을 지정한다. 그러나 사차원 이상의 수치 데이터는 이 방법으로 표현할 수 없다.

여러 개의 수치형 변수 사이의 관계를 파악할 수 있는 시각화로, 병렬좌표 플롯(parallel coordinate plots)이 있다. 이 방법은 좌표축을 직교 배치하지 않고 서로 평행하게 배치하고 각각의 좌표축 위에 데이터를 매핑한 후 모든 좌표축 위에 매핑된 데이터를 선으로 연결시켜 시각화한다. 그러므로 연결된 선들의 패턴으로 변수 사이의 관계를 파악할 수 있다.

연습문제 10.37

lattice 패키지의 parallelplot( ) 함수로 iris 데이터의 네 개의 수치형 변수 사이의 관계를 살펴볼 수 있는 병렬좌표 플롯을 그려라.

```
> library(lattice)
> parallelplot(~iris[1:4], iris, groups = Species,
              auto.key = list(text = levels(iris$Species),
              space = "top", columns = 3, lines = TRUE),
              main = "Parallel Coordinate Chart", horizontal.axis = FALSE,
              scales = list(x = list(rot = 90)))
```

그림 10.39를 보면 네 개의 수치 변수에 대한 좌표축을 세로로 그리고, 150개의 관측 데이터가 각각 선으로 연결되어 변수 사이의 관계를 파악할 수 있다. 그리고 품종별로 변수들 간의 관계를 파악할 수 있도록 선의 색상이 품종별로 다르게 표현되었다.

플롯을 해석하면 파란색 선의 setosa 품종의 경우는 다른 품종에 비해서 꽃잎의 너비 (Sepal.Width)가 크지만, 나머지 변수의 값은 작게 분포함을 알 수 있다. 보라색 선의 versicolor 품종의 경우는 다른 품종에 비해서 꽃잎의 너비가 작지만 나머지 변수의 값은 중간 정도를 차지하며, 녹색 선의 virginica 품종은 꽃잎의 너비가 다른 품종의 크기에 중간 정도 위치하고 나머지 변수의 값은 상대적으로 크게 나타난다.

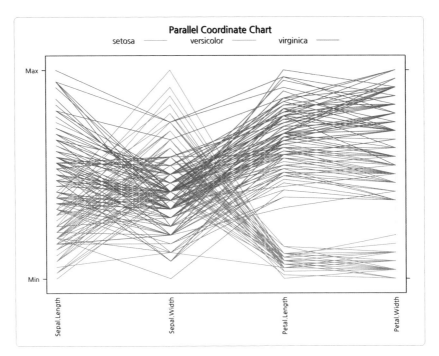

그림 10.39 병렬좌표 플롯

연습문제 10.38

iris 데이터에서 네 개의 수치형 변수 사이의 관계를 살펴볼 수 있는 병렬좌표 플롯을 그리고, 품종별로 각각 서로 다른 패널 위에 병렬좌표 플롯을 표현하라.

```
> library(lattice)
> parallelplot(~iris[1:4] | Species, iris)
```

그림 10.40을 보면 세 개의 품종별로 각각의 병렬좌표 플롯을 그리는데, setosa 품종의 경우는 다른 두 가지 품종보다 두드러지게 다른 패턴을 가지고 있음을 파악할 수 있다.

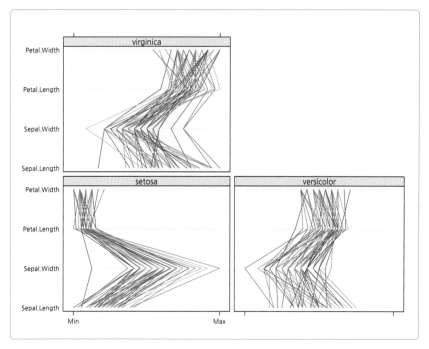

그림 10.40 범주의 수준별 병렬좌표 플롯

10.4.2 범주형 데이터의 확장 시각화

범주형 데이터의 확장은 차원만 증가한다는 점만 빼고는 일반적인 범주형 데이터의 시각화와 같다. 이는 범주형 변수를 각 수준별로 도수를 구해서 변량을 만든 후 전체에서 해당 수준의 도수가 차지하는 비율에 비례하여 면적의 크기나 막대의 길이 등으로 표현하면 된다.

10.4.2.1 다차원 범주의 시각화

모자이크 플롯으로 다차원 범주의 시각화를 구현할 수 있다. 전체의 모자이크 면적이 1이라 할 때, 범주형 데이터의 차원별로 교차하는 조합들의 도수에 비례하여 각각의 비율을 면적으로 환산하여 모자이크 조각을 표현한다. 그러므로 개별 모자이크 조각의 크기로 분포를 파악하면 된다.

연습문제 10.39

타이타닉 데이터에서 승객과 승무원들의 생존여부의 관계를 살펴보기 위한 모자이크 플롯을 그려라.

```
> data <- c(apply(Titanic[dimnames(Titanic)[[1]] != "Crew", , , ], 2:4, sum),
            Titanic[dimnames(Titanic)[[1]] == "Crew", , , ])
> dim(data) <- c(2, 2, 2, 2)
> dimnames(data) <- list(Sex = c("Male", "Female"), Age = c("Child", "Adult"),
```

```
            Survived = c("No", "Yes"), Class = c("Passenger", "Crew"))
> mosaicplot(apply(data, c(4, 3), sum),
            main = "Titanic Mosaic Survived over Class & Sex",
            col = hcl(c(240, 120)), off = c(5, 5, 5))
```

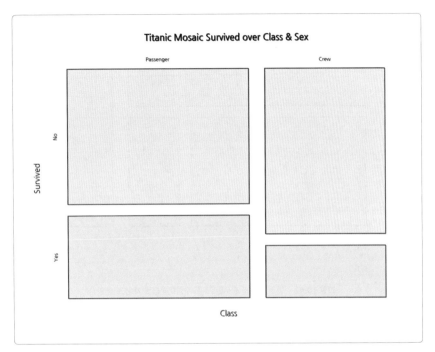

그림 10.41 승객과 승무원 구분, 사망여부의 모자이크 플롯

그림 10.41의 모자이크 플롯을 보면 생존을 나타내는 녹색의 영역이 승무원인 Crew에서 더 낮게 표현되었다. 즉, 승객이 승무원보다 생존율이 높게 나타남을 알 수 있다. 또한 이 플롯은 탑승 인원의 경우 승객이 더 많음을 보여준다. 하지만 승무원의 수도 의외로 많음을 알 수 있다. 좌측과 우측의 모자이크 조각 모음이 각각 승객과 승무원의 탑승 인원이고, 그 안에서 상하로 나눈 조각 중에서 위의 것이 사망자의 수이고, 아래의 것이 생존자의 수를 표현한 것이다.

연습문제 10.40

타이타닉 데이터에서 성별/승객과 승무원 구분/생존여부의 관계를 살펴보기 위한 모자이크 플롯을 그려라.

```
> mosaicplot(apply(data, c(1, 4, 3), sum),
            main = "Titanic Mosaic Survived over Class & Sex",
            col = hcl(c(240, 120)), off = c(5, 5, 5))
```

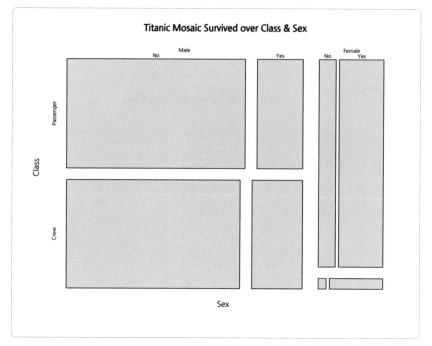

그림 10.42 성별과 승객과 승무원 구분, 사망여부의 모자이크 플롯

타이타닉의 개별 데이터만 보면 승무원의 사망률이 승객의 사망률보다 훨씬 높은 것처럼 보인다. 그러나 그림 10.42의 모자이크 플롯을 보면 승무원은 남자의 경우와 여자의 경우 모두 생존율이 승객의 것보다 높은데, 이는 세로축으로 비교하면 쉽게 파악된다.

이처럼 어떤 범주 내에서 속성에 대한 비율이 하위 차원의 범주로 세분화하였을 때의 속성에 대한 비율과 상반되는 현상을 심프슨의 파라독스(Simpson's paradox)라 한다. 그러므로 이차원 분할표에 자료해석을 의존하지 말고 영향을 줄 수 있는 여러 변수를 모두 고려해야 한다. 아무튼 데이터는 타이타닉호의 승무원은 승객을 먼저 구해야 한다는 책임을 다하지 않고 자신들이 먼저 탈출했다는 것을 알려준다.

참고자료

· 유충현, 이상호, 김정일 지음, R 그래픽스(자유아카데미, 2005)

· 도나 M. 웡 지음. 이현경 옮김. 월스트리트저널 인포그래픽 가이드(인사이트, 2014)

· Hadley Wickham(2007). ggplot2: An implementation of the grammar of graphics. http://ggplot2.org/resources/2007-vanderbilt.pdf

· Roger D. Peng. Plotting with ggplot2: Computtng for Data Analysis

· Andri Signorell. (2014). DescTools: A Hardworking Assistant for Describing Data

· David Kahle and Hadley Wickham. (). ggmap: Spatial Visualization with ggplot2

· Michael Friendly(2013). Package 'HistData'. URL http://cran.r-project.org/web/packages/HistData/HistData.pdf

· Hadley Wickham. (2010). Tutorial: ggplot2, About the ggplot2 Package

· Paul Butler(2010). https://www.facebook.com/notes/facebook-engineering/visualizing- friendships/469716398919

· Immer, R. F., H. K. Hayes, and LeRoy Powers(1934). Statistical Determination of Barley Varietal Adapta- tion. Journal of the American Society of Agronomy, 26, 403--419.

· Cleveland, William S(1993). Visualizing Data. Hobart Press. Summit. New Jersey

· Francis J. Anscombe(1973). Graphs in statistical analysis. American Statistician. 27, 17-21

· Data Science with R Documenting with KnitR. Graham.Williams@togaware.com, 15th May 2013

· R Core Team(2014). R: A language and environment for statistical computing. R Foundation for Statistical Computing, Vienna, Austria. URL http://www.R-project.org/.

· H. Wickham. ggplot2: elegant graphics for data analysis. Springer, New

York, 2009.

- Leland Wilkinson. The Grammar of Graphics. Springer, New York. 2005.

- Sarkar, Deepayan(2008) Lattice: Multivariate Data Visualization with R. Springer, New York. ISBN 978-0-387-75968-5

- David Kahle and Hadley Wickham(2013). ggmap: A package for spatial visualization with Google Maps and OpenStreetMap. R package version 2.3. http://CRAN.R-project.org/package=ggmap

- Daniel Adler, Duncan Murdoch and others(2014). rgl: 3D visualization device system (OpenGL). R package version 0.93.1098. http://CRAN. R-project.org/package=rgl

- Duncan Temple Lang(2014). RCurl: General network (HTTP/FTP/...) client interface for R. R package version 1.95-4.3. http://CRAN.R-project. org/package=RCurl

- Andri Signorell(2014). DescTools: Tools for descriptive statistics. R package version 0.99.8.1. http://CRAN.R-project.org/package=DescTools

- Jeffrey A. Ryan(2014). quantmod: Quantitative Financial Modelling Framework. R package version 0.4-2. http://CRAN.R-project.org/ package=quantmod

- Hadley Wickham(2007). Reshaping Data with the reshape Package. Journal of Statistical Software, 21(12), 1-20. URL http://www.jstatsoft.org/ v21/i12/.

- Original S code by Richard A. Becker and Allan R. Wilks. R version by Ray Brownrigg. Enhancements by Thomas P Minka ⟨tpminka@media. mit.edu⟩ (2014). maps: Draw Geographical Maps. R package version 2.3-9. http://CRAN.R-project.org/package=maps

- Original S code by Richard A. Becker and Allan R. Wilks. R version by Ray Brownrigg(2014). mapdata: Extra Map Databases. R package version 2.2-3. http://CRAN.R-project.org/package=mapdata

- Baptiste Auguie(2012). gridExtra: functions in Grid graphics. R package version 0.9.1. http://CRAN.R-project.org/package=gridExtra

- Martijn Tennekes and Edwin de Jonge(2014). tabplot: Tableplot, a visualization of large datasets. R package version 1.1. http://CRAN. R-project.org/package=tabplot

- Brian Ripley(2014). tree: Classification and regression trees. R package version 1.0-35. http://CRAN.R-project.org/package=tree

· Torsten Hothorn, Kurt Hornik and Achim Zeileis(2006). Unbiased Recursive Partitioning: A Conditional Inference Framework. Journal of Computational and Graphical Statistics, 15(3), 651--674.

· Torsten Hothorn(2014). TH.data: TH's Data Archive. R package version 1.0-3. http://CRAN.R-project.org/package=TH.data

· Sing T, Sander O, Beerenwinkel N and Lengauer T(2005). "ROCR: visualizing classifier performance in R." _Bioinformatics_, *21*(20), pp. 7881. ⟨URL: http://rocr.bioinf.mpi-sb.mpg.de⟩.

· Chris Fraley, Adrian E. Raftery, T. Brendan Murphy, and Luca Scrucca(2012) mclust Version 4 for R: Normal Mixture Modeling for Model-Based Clustering, Classification, and Density Estimation Technical Report No. 597, Department of Statistics, University of Washington

· Gregory R. Warnes, Ben Bolker, Lodewijk Bonebakker, Robert Gentleman, Wolfgang Huber Andy Liaw, Thomas Lumley, Martin Maechler, Arni Magnusson, Steffen Moeller, Marc Schwartz and Bill Venables (2014). gplots: Various R programming tools for plotting data. R package version 2.14.2. http://CRAN.R-project.org/package=gplots

· Torsten Hothorn, Frank Bretz and Peter Westfall(2008). Simultaneous Inference in General Parametric Models. Biometrical Journal 50(3), 346--363.

· Michael Hahsler, Christian Buchta, Bettina Gruen and Kurt Hornik(2014). arules: Mining Association Rules and Frequent Itemsets. R package version 1.1-5. http://CRAN.R-project.org/package=arules

· Michael Hahsler and Sudheer Chelluboina(2014). arulesViz: Visualizing Association Rules and Frequent Itemsets. R package version 0.1-9. http://CRAN.R-project.org/package=arulesViz

· Csardi G, Nepusz T: The igraph software package for complex network research, InterJournal, Complex Systems 1695. 2006. http://igraph.org

· Erich Neuwirth(2011). RColorBrewer: ColorBrewer palettes. R package version 1.0-5. http://CRAN.R-project.org/package=RColorBrewer

· Dormann, C.F., Fruend, J., Bluethgen, N. & Gruber B. 2009. Indices, graphs and null models: analyzing bipartite ecological networks. The Open Ecology Journal, 2, 7-24.

- Dormann, C.F., Gruber B. & Fruend, J(2008). Introducing the bipartite Package: Analysing Ecological Networks. R news Vol 8/2, 8 - 11.

- Dormann, C.F(2011). How to be a specialist? Quantifying specialisation in pollination networks. Network Biology 1, 1 - 20.

- Gaston Sanchez(2014). arcdiagram: Plot pretty arc diagrams. R package version 0.1.11. http://www.gastonsanchez.com

- Hadley Wickham(2011). The Split-Apply-Combine Strategy for Data Analysis. Journal of Statistical Software, 40(1), 1-29. URL http://www.jstatsoft.org/v40/i01/.

- Rob J Hyndman with contributions from George Athanasopoulos, Slava Razbash, Drew Schmidt, Zhenyu Zhou, Yousaf Khan, Christoph Bergmeir and Earo Wang(2014). forecast: Forecasting functions for time series and linear models. R package version 5.6. http://CRAN.R-project.org/package=forecast

- Rinker, T. W(2013). qdap: Quantitative Discourse Analysis Package. version 2.2.0. University at Buffalo. Buffalo, New York. http://github.com/trinker/qdap

- Michael Friendly(2014). HistData: Data sets from the history of statistics and data visualization. R package version 0.7-5. http://CRAN.R-project.org/package=HistData

- Dan Carr, ported by Nicholas Lewin-Koh, Martin Maechler and contains copies of lattice function written by Deepayan Sarkar(2014). hexbin: Hexagonal Binning Routines. R package version 1.27.0. http://CRAN.R-project.org/package=hexbin

- John Fox and Sanford Weisberg(2011). An {R} Companion to Applied Regression, Second Edition. Thousand Oaks CA: Sage. URL: http://socserv.socsci.mcmaster.ca/jfox/Books/Companion

- Markus Loecher(2014). RgoogleMaps: Overlays on Google map tiles in R. R package version 1.2.0.6. http://CRAN.R-project.org/package=RgoogleMaps

- Hadley Wickham(2014). scales: Scale functions for graphics.. R package version 0.2.4. http://CRAN.R-project.org/package=scales

- Venables, W. N. & Ripley, B. D(2002) Modern Applied Statistics with S. Fourth Edition. Springer, New York. ISBN 0-387-95457-0

· Pebesma, E.J., R.S. Bivand(2005). Classes and methods for spatial data in R. R News 5 (2), http://cran.r-project.org/doc/Rnews/.

· Roger S. Bivand, Edzer Pebesma, Virgilio Gomez-Rubio(2013). Applied spatial data analysis with R, Second edition. Springer, NY. http://www.asdar-book.org/

· Roger Bivand and Nicholas Lewin-Koh(2014). maptools: Tools for reading and handling spatial objects. R package version 0.8-30. http://CRAN.R-project.org/package=maptools

· Taiyun Wei (2013). corrplot: Visualization of a correlation matrix. R package version 0.73. http://CRAN.R-project.org/package=corrplot

· Doug McIlroy. Packaged for R by Ray Brownrigg, Thomas P Minka and transition to Plan 9 codebase by Roger Bivand(2014). mapproj: Map Projections. R package version 1.2-2. http://CRAN.R-project.org/package=mapproj

· G. Grothendieck(2014). sqldf: Perform SQL Selects on R Data Frames. R package version 0.4-7.1. http://CRAN.R-project.org/package=sqldf

· Ben Stabler(2013). shapefiles: Read and Write ESRI Shapefiles. R package version 0.7. http://CRAN.R-project.org/package=shapefiles

· Christopher Gandrud(2014). repmis: A collection of miscellaneous tools for reproducible research with R.. R package version 0.3. http://CRAN.R-project.org/package=repmis

· Jeff Gentry and Duncan Temple Lang(2013). ROAuth: R interface for OAuth. R package version 0.9.3. http://CRAN.R-project.org/package=ROAuth

· Jeff Gentry(2013). twitteR: R based Twitter client. R package version 1.1.7. http://CRAN.R-project.org/package=twitteR

· Ingo Feinerer and Kurt Hornik(2014). tm: Text Mining Package. R package version 0.6. http://CRAN.R-project.org/package=tm

· Ian Fellows(2014). wordcloud: Word Clouds. R package version 2.5. http://CRAN.R-project.org/package=wordcloud

· Heewon Jeon(2013). KoNLP: Korean NLP Package. R package version 0.76.9. http://CRAN.R-project.org/package=KoNLP

· Paradis E., Claude J. & Strimmer K. 2004. APE: analyses of phylogenetics and evolution in R language. Bioinformatics 20: 289-290.

- Duncan Temple Lang(2013). XML: Tools for parsing and generating XML within R and S-Plus.. R package version 3.98-1.1. http://CRAN.R-project.org/package=XML

- Erich Neuwirth(2011). RColorBrewer: ColorBrewer palettes. R package version 1.0-5. http://CRAN.R-project.org/package=RColorBrewer

- Yixuan Qiu and authors/contributors of the included software. See file AUTHORS for details(2014). showtext: Enable (any) R Graphics Device to Show Text Using System Fonts. R package version 0.2. http://CRAN.R-project.org/package=showtext

- Karline Soetaert(2014). plot3D: Plotting multi-dimensional data.. R package version 1.0-2. http://CRAN.R-project.org/package=plot3D

- Simon Urbanek(2013). png: Read and write PNG images. R package version 0.1-7. http://CRAN.R-project.org/package=png

- Revelle, W(2014) psych: Procedures for Personality and Psychological Research, Northwestern University, Evanston, Illinois, USA, http://CRAN.R-project.org/package=psych Version = 1.4.8.

- http://ko.wikipedia.org/wiki/SVG
- http://ko.wikipedia.org/wiki/PNG
- http://ko.wikipedia.org/wiki/BMP_파일_포맷
- http://ko.wikipedia.org/wiki/TIFF
- http://ko.wikipedia.org/wiki/지리_정보_시스템
- http://en.wikipedia.org/wiki/Chart
- http://en.wikipedia.org/wiki/Graph
- http://en.wikipedia.org/wiki/Plot_(graphics)
- ttp://ko.wikipedia.org/wiki/레이더_도표
- http://ko.wikipedia.org/wiki/지도의_종류
- http://en.wikipedia.org/wiki/GDAL
- http://ko.wikipedia.org/wiki/말뭉치_언어학
- http://ko.wikipedia.org/wiki/계통수
- http://ko.wikipedia.org/wiki/탐색적_자료_분석
- http://ko.wikipedia.org/wiki/신뢰구간
- http://ko.wikipedia.org/wiki/내접원
- http://ko.wikipedia.org/wiki/극좌표계
- http://ko.wikipedia.org/wiki/지도_투영법

- http://ko.wikipedia.org/wiki/메르카토르_도법
- http://ko.wikipedia.org/wiki/ESRI
- http://ko.wikipedia.org/wiki/히트_맵
- http://ko.wikipedia.org/wiki/기술통계학
- http://ko.wikipedia.org/wiki/유의_수준
- http://ko.wikipedia.org/wiki/로케일
- http://semanticweb.kaist.ac.kr/home/index.php/HanNanum
- https://developers.google.com/maps/documentation/staticmaps/index
- http://cm.bell-labs.com/cm/ms/departments/sia/project/trellis/wwww.html
- http://blog.revolutionanalytics.com/2009/11/choropleth-challenge-result.html
- http://www.thisisthegreenroom.com/2009/choropleths-in-r
- http://www.forum8.co.jp/topic/up70-p8-kr.htm
- https://developers.google.com/maps/documentation/staticmaps
- http://www.openstreetmap.org
- http://maps.stamen.com/#watercolor
- http://cloudmade.com/user/show
- http://www.statmethods.net/advstats/cluster.html
- http://www.apple.com/kr/watch/features/

찾아보기

함수 찾아보기

함수의 인수 찾아보기